Alsace

ENTRE TRADITION ET MODERNITÉ

Terre de mystères et de légendes immémoriales, l'Alsace, bien que forte de son histoire, n'en demeure pas moins un territoire d'innovation qui ne cesse de se réinventer sans faire fi (bien au contraire) de son prestigieux passé. Que vous veniez pour la première fois ou que vous soyez un habitué de la région, il y a fort à parier que vous n'en serez pas moins surpris ! Allier la tradition et la modernité est sans nul doute la vraie maxime de l'Alsace. Les visiteurs férus d'œnologie arpenteront la mythique route des vins avec un plaisir non dissimulé, les gastronomes s'attableront dans les nombreuses winstubs au charme délicat ou chez les étoilés les plus réputés, les randonneurs chevronnés comme les promeneurs du dimanche se délecteront de nombreux paysages vallonnés et verdoyants, de villages coquets tout droit sortis d'un conte des frères Grimm, de marchés de Noël féeriques. En toute saison, l'Alsace se découvre en voiture, à pied et à vélo via ses nombreuses pistes cyclables. On y découvre un patrimoine architectural riche et varié. Grâce à ce guide du *Petit Futé*, nous vous proposons aujourd'hui nos meilleures clés pour découvrir l'une des 10 plus belles régions du monde, de celles qu'il faut absolument visiter ! L'occasion pour nous de vous présenter une rigoureuse sélection de bons plans incontournables (restaurants, gîtes, musées, balades...) mais également des meilleurs artisans locaux. Vous voilà donc équipé pour vous laisser happer et surprendre par la magie des mille et une richesses qu'offre l'Alsace, terre de tous les possibles...

PEFC
10-31-1510
Certifié PEFC
Ce produit est issu de forêts gérées durablement et de sources contrôlées.
pefc-france.org

SOMMAIRE

© SHUTTERSTOCK.COM - SAVVAPANF PHOTO

Balade à Colmar. © FOKKE BAARSSEN - SHUTTERSTOCK.COM

6 INSPIRER

Cette rubrique porte bien son nom, avec des propositions de périodes où visiter l'Alsace, des bonnes raisons de le faire, des idées séjour et des mots clés.

27 DÉCOUVRIR

C'est ici que vous pourrez en apprendre plus sur cette belle région, son histoire, sa géographie, son architecture, son art, sa gastronomie et bien plus encore !

81 BAS-RHIN

Proche de la frontière allemande, le Bas-Rhin offre une culture et une architecture mêlant influences latine et germanique. Strasbourg est la capitale de Noël !

Linzer Torte. © ANNA_PUSTYNNIKOVA - SHUTTERSTOCK.COM

Vignoble à Hunawihr. © DAVID ESPIN - FOTOLIA

295 HAUT-RHIN

Proche des Vosges, le Haut-Rhin est une destination merveilleuse pour profiter des joies de la nature et de la montagne, réputée pour ses musées prestigieux.

513 ORGANISER SON SÉJOUR

La plus pratique des rubriques, elle vous permettra de tout planifier pour un séjour serein et détaché de toutes les contraintes, vous n'aurez plus qu'à profiter.

Vignoble dans les environs de Baroville. © FREEPROD33 - SHUTTERSTOCK.COM

Façades typiques à Obernai. © PACKSHOT _ STOCK.ADOBE.COM

WISSEMBOURG
Vers Karlsruhe
LAUTERBOURG
Lauter
Obersteinbach
Niedersteinbach
DAMBACH
LEMBACH
Seebach
Hunspach
Merkwiller-Pechelbronn
Soultz
Vers Metz
Sarralbe
Vers Sarreguemines
NIEDERBRONN-LES-BAINS
Reichshoffen
Wœrth
Seltz
Herbitzheim
MORSBRONN-LES-BAINS
Betschdorf
Sarre-Union
MOSELLE
Sarre
INGWILLER
Forêt d'Haguenau
Rhin
Drulingen
LA PETITE-PIERRE
Soufflenheim
Eschwiller
BOUXWILLER
BAS-RHIN
HAGUENAU
Bischwiller
Drusenheim
Hochfelden
Autoroute
Nationale 4 voies
Nationale
Départementale
Ville
Vers Nancy
Brumath
SAVERNE
Canal de la Marne au Rhin
MARMOUTIER
Truchtersheim
La Wantzenau
WASSELONNE
MARLENHEIM
WANGENBOURG
STRASBOURG
MOLSHEIM
Oberhaslach
MEURTHE-ET-MOSELLE
MUTZIG
ROSHEIM
Schirmeck
OTTROTT
OBERNAI
Mont Ste-Odile
BARR
Erstein
LE HOHWALD
MITTELBERGHEIM
ANDLAU
Bourg-Bruche
BENFELD
Saales
Villé
EPFIG
Rhinau
DAMBACH-LA-VILLE
Vers Epinal
SAINTE-MARIE-AUX-MINES
SÉLESTAT

ALLEMAGNE
VOSGES
SUISSE
HAUTE-SAÔNE
HAUT-RHIN
RIQUEWIHR
ZELLENBERG
Illhaeusern
Marckolsheim
LAPOUTROIE
KAYSERSBERG
ORBEY
AMMERSCHWIHR
COLMAR
TURCKHEIM
EGUISHEIM
NEUF-BRISACH
Vers Fribourg
MUNSTER
Vers Gérardmer
SOULTZMATT
ROUFFACH
FESSENHEIM
Grand Canal d'Alsace
le Markstein
GUEBWILLER
SOULTZ
Forêt de la Harth
Vers Epinal
St-Amarin
ENSISHEIM
Chalampé
Vers Fribourg
HUSSEREN-WESSERLING
THANN
CERNAY
Ottmarsheim
Vers Fribourg
BOURBACH-LE-HAUT
Masevaux
MULHOUSE
Habsheim
KEMBS
Sierentz
Vers Belfort
Dannemarie
ALTKIRCH
ST-LOUIS
Basel
HIRTZBACH
Hirsingue
Vers Zürich
FERRETTE
BETTLACH
LUCELLE
KIFFIS
25 KM

QUAND Y ALLER

JANVIER

STRASBOURG

-2° / 5°

MULHOUSE

-1° / 5°

FÉVRIER

STRASBOURG

-1° / 7°

MULHOUSE

-1° / 6°

CARNAVAL DE MULHOUSE
(MULHOUSE)

© VILLE DE MULHOUSE

Le Carnaval de Mulhouse réveille la ville engourdie au cœur de l'hiver, cette année au printemps dans différents quartiers.

STRASBOURG MON AMOUR
(STRASBOURG)
Durant dix jours, Strasbourg est la ville la plus romantique de France, offrant rencontres emblématiques et moments d'exception.

MARS

STRASBOURG

2° / 12°

MULHOUSE

2° / 12°

L'Alsace se visite tout au long de l'année. Été comme hiver, on trouve toujours quelque chose d'intéressant à faire ou à découvrir. Nous vous proposons ici quelques inspirations pour planifier vos voyages avec des périodes où des événements marquants, de grande envergure, sont proposés habituellement aux locaux comme aux touristes. Bien sûr, ils sont bien plus nombreux que ceux-là. Faites votre choix, il y en a pour tous, petits et grands, pour tous les goûts et pour tous les budgets !

AVRIL

STRASBOURG

5° / 16°

MULHOUSE

5° / 16°

LE MARCHÉ AUX PLANTES
(MULHOUSE)
En avril, les amoureux des jardins et des plantes se retrouvent au parc zoologique pour le grand marché aux plantes annuel.

OSTERPUTZ - VIVE LE PRINTEMPS
(MULHOUSE)
Décors printaniers, chocolats, animaux de la ferme, mais aussi randonnées pédestres patrimoniales dans les quartiers mulhousiens...

FORUM DU LIVRE DE SAINT-LOUIS
(SAINT-LOUIS)
Le rendez-vous des bibliophiles ! La ville de Saint-Louis accueille une des plus importantes foires littéraires du Grand Est.

MAI

STRASBOURG

9° / 20°

MULHOUSE

9° / 21°

NUIT DES MUSÉES
(STRASBOURG)

© SERGEY KELIN_SHUTTERSTOCK.COM

La nuit des musées est l'occasion de découvrir ces lieux autrement grâce à de nombreuses animations et ouvertures exceptionnelles.

LA NUIT DES MYSTÈRES
(MULHOUSE)
Grande chasse au trésor ludique et culturelle, cette longue nuit nous mène dans les musées et dans des lieux patrimoniaux.

JUIN

STRASBOURG

13° / 23°

MULHOUSE

12° / 24°

QUAND Y ALLER

JUILLET	AOÛT	SEPTEMBRE
STRASBOURG 14° / 26°	STRASBOURG 14° / 26°	STRASBOURG 11° / 21°
MULHOUSE 14° / 26°	MULHOUSE 14° / 26°	MULHOUSE

JUILLET

LA FOIRE AUX VINS D'ALSACE DE COLMAR
(COLMAR)
La Foire aux Vins d'Alsace de Colmar (la FAV pour les initiés), c'est vraiment l'événement incontournable de l'été pour les vins !

SCÈNES DE RUE
(MULHOUSE)
Plus de trente compagnies investissent toute la ville : théâtre de rue, danse, cirque, musique, prouesses et performances...

$$$

AOÛT

AU GRÈS DU JAZZ
(LA PETITE-PIERRE)
Plongé dans un écrin de verdure, le festival Au grès du Jazz est un moment exceptionnel de rencontres au cœur des Vosges du nord.

MÉTÉO – MULHOUSE MUSIC FESTIVAL
(MULHOUSE)
Pendant une semaine, solos et grands rassemblements musicaux d'importance se succéderont dans une dizaine de lieux de la ville.

BIBLIOTHÈQUES IDÉALES
(STRASBOURG)
Les Bibliothèques idéales, festival dédié aux livres, à la littérature, aux auteurs, ainsi qu'à la pensée est un immanquable !

$$$

SEPTEMBRE

WILLKUEMMA IM DORF
(MULHOUSE)
Vignerons et producteurs font la fête un week-end au son des orchestres alsaciens pour mettre à l'honneur les meilleurs produits.

FESTIVAL DE JAZZ
(COLMAR)
Aucun style n'est privilégié, la programmation est de plus en plus éclectique, avec des master class et sessions live gratuites.

FOIRE EUROPÉENNE
(STRASBOURG)
Produits du terroir, gastronomie, vêtements innovants, stands institutionnels... On trouve tout à la foire européenne.

$$

OCTOBRE

STRASBOURG

7° / 15°

MULHOUSE

6° / 16°

JOURNÉES D'OCTOBRE
(MULHOUSE)
Une fête où les 6 traditionnels villages présentent les savoir-faire des créateurs régionaux, des animations, des innovations...

FOLIE'FLORE
(MULHOUSE)
Ce sont 10 000 m² de jardins éphémères qui prennent vie au rythme des jeux d'eau et de lumière pour 10 jours de spectacle.

$

NOVEMBRE

STRASBOURG

3° / 9°

MULHOUSE

2° / 9°

SALON DU TOURISME ET DES VOYAGES DE COLMAR
(COLMAR)
Dans le Top 5 des plus grands salons français, cette manifestation dévoile les plus belles curiosités touristiques du monde.

MARCHÉ DE NOËL
(MULHOUSE)
Dès la fin novembre, Mulhouse déploie les chalets de son marché de Noël sur sa mythique place de la Réunion.

CHEMIN DES CRÈCHES DE BERGHEIM
(BERGHEIM)
Un parcours original composé de plus de 80 crèches artisanales fabriquées par les différentes associations de Bergheim et ses habitants.

NOËL AU JARDIN
(HUSSEREN-WESSERLING)
Le Parc de Wesserling - Écomusée Textile vous invite à découvrir son Noël à travers un conte, au cœur de ses jardins illuminés.

$

DÉCEMBRE

STRASBOURG

0° / 5°

MULHOUSE

0° / 6°

MARCHÉ DE NOËL MÉDIÉVAL
(RIBEAUVILLÉ)
Découvrez l'authenticité de ses décors et plongez-vous déguisé dans l'ambiance médiévale et festive de la cité des ménétriers.

MARCHÉ DE NOËL DES MUSÉES ET DES CRÉATEURS
(OTTMARSHEIM)
Ottmarsheim célèbre chaque année le Noël du patrimoine. Son marché, authentique et convivial, est situé au pied de l'abbatiale romane.

LES FÊTES DE NOËL
(TURCKHEIM)

© MARINAD_37-SHUTTERSTOCK.COM

Turckheim s'illumine rituellement en décembre et propose plusieurs rendez-vous qui vous transporteront à travers la magie de Noël.

$ $ $

LES BONNES RAISONS D'Y ALLER

© SHUTTERSTOCK.COM - RI_CYRIL

LES 3 MASSIFS

Vosges, Jura alsacien, Forêt-Noire, ces massifs rivalisent avec les plus grandes stations.

L'ÉCOMUSÉE D'ALSACE

Pour tout découvrir du patrimoine et des arts et traditions populaires alsaciens.

© ECOMUSÉE D'ALSACE

© SHUTTERSTOCK.COM - GKRPHOTO

ROUTE DE LA CARPE FRITE

Un incontournable cheminement culinaire pour tout gourmet avide de découvertes.

© VILLE DE MULHOUSE

LES MUSÉES DE MULHOUSE

Histoire, technique, industrie, art, tradition et mémoire alsacienne, ils sont nombreux !

© FRANCIS GOOSSENS - FOTOLIA

L'AUTOMOBILE

Entre Bugatti, le Musée automobile de Mulhouse et la Grange à Bécanes, soyez conquis.

© SHUTTERSTOCK.COM - GUGU MANNSCHATZ

HUNSPACH

Après Eguisheim et Kaysersberg, Hunspach 3e village élu Village préféré des Français.

© SHUTTERSTOCK.COM - PAWEL KAZMIERCZAK

LA VÉLOROUTE DU VIGNOBLE

La plus ancienne route des vins, longue de 170 km, de Marlenheim à Thann.

LES BONNES RAISONS D'Y ALLER

LES CHÂTEAUX FORTS

Ils sont plus de 500 en Alsace dont 80 visitables en toutes saisons !

© SHUTTERSTOCK.COM - ALEXANDER SOROKOPUD

© SHUTTERSTOCK.COM - ANTOINE POUILLARD

LA GRANDE TRAVERSÉE

L'un des plus grands chemins de randonnée balisé de France et d'Europe !

© SHUTTERSTOCK.COM - SAHARA PRINCE

NEUF-BRISACH

Fortifiée par Vauban et inscrite au Patrimoine mondial de l'Unesco.

LES 12 MOTS-CLÉS

#ART CONTEMPORAIN

En Alsace, plus d'une soixantaine de lieux dédiés aux arts (musées, lieux d'exposition, salons...) font la part belle à la création artistique contemporaine et à l'art urbain. Parmi eux, on trouve Versant Est, une association qui fédère des acteurs des arts visuels contemporains en Alsace et le Centre européen d'actions artistiques contemporaines.

#BRETZELS

Le bretzel, avec sa forme caractéristique, est le véritable emblème de l'Alsace gourmande ! Vous le trouverez ici dans chaque boulangerie en version classique, mais vous pourrez aussi pousser plus loin grâce à différentes recettes : à l'instar du bretzel gratiné, au chèvre ou dans sa version flammekueche (à passer au four quelques instants !).

© SHUTTERSTOCK.COM - NEYDTSTOCK

#CATHÉDRALE

Avec sa flèche unique culminant à 142 mètres, la cathédrale et sa robe en dentelle de grès rose dominent toute la plaine d'Alsace. Laissez-vous envoûter par ce chef-d'œuvre d'art gothique, symbole par excellence de Strasbourg. Il aura fallu près de 3 siècles de travail pour achever ce « prodige du gigantesque et du délicat » (Victor Hugo).

© DMYTRO SURKOV - STOCK.ADOBE.COM

#CUEILLETTES

Découvrir l'Alsace, c'est aussi découvrir ses producteurs et ce qu'ils cultivent. Et quoi de mieux que d'aller directement à leur rencontre ? Sur tout le territoire, ils sont très nombreux à vous proposer de venir faire votre propre cueillette dans leurs champs afin de vous offrir, entre amis ou en famille, une expérience ludique et éducative !

#ESPACE RHÉNAN

L'Europe rhénane, ou espace rhénan, est l'ensemble des régions à forte densité de population, de la Suisse aux Pays-Bas, parcourues par un vaste réseau de voies de communication, montrant un ensemble de villes de toutes tailles liées au Rhin et à ses affluents. La population de l'espace rhénan est nombreuse, généralement riche et bien formée.

© SHUTTERSTOCK.COM - LEONID ANDRONOV

#GASTRONOMIE

Dans cette région, les plats sont gargantuesques, copieux, riches mais aussi goûteux et très variés. Traditionnellement un Alsacien a besoin de beaucoup d'énergie pour faire face au rude climat continental d'hiver et pour pouvoir réaliser les travaux de la vigne, des champs ou encore de la forêt... Le labeur a changé mais la cuisine est restée.

#RANDONNÉES

Admirez les plus beaux panoramas alsaciens sur plus de 17 000 km de sentiers balisés. Randonneurs aguerris ou promeneurs du dimanche, inventez votre parcours au gré de vos envies ou laissez-vous guider par un accompagnateur ! Sentiers pédestres racineux, chemins forestiers, dénivelé, traversée du Gazon du Faing, lac Noir... Il y en a pour tous !

#TEXTILE

L'Alsace a vu naître au cours du XVIIIe siècle les premières manufactures royales et a bâti sa notoriété textile sur des impressions indiennes. Cette région a su développer au XIXe siècle un véritable empire industriel primé aux Expositions universelles. Aujourd'hui, c'est notamment 250 entreprises, 8 500 emplois, 250 brevets en 3 ans...

#TOURISME VERT

L'écotourisme, qui consiste à privilégier la découverte de la nature dans le respect des ressources environnementales et des populations locales, est de plus en plus développé en Alsace avec de nombreux moyens de transport doux, des labels environnementaux pour l'hébergement et la restauration, des espaces naturels, des visites atypiques...

#TRADITION

Ici, la tradition est un réel maître mot, à chaque coin de rue et dans chaque action de ses habitants. Que l'on parle d'architecture, de gastronomie, d'art de vivre et de recevoir ou encore de langage, l'Alsace et ses habitants ont su préserver leurs spécificités, envers et contre tout, malgré les influences françaises et allemandes alternatives.

#VÉLO

2 500 km de véloroutes et voies vertes : petites et grandes boucles se conjuguent en Alsace pour le plaisir de tous. L'Alsace est à la croisée de trois EuroVélo routes et de parcours transfrontaliers. Aménagées le long de canaux, de voies ferrées entretenues et revêtues, les véloroutes d'Alsace offrent un grand confort et plus de sécurité.

© ISTOCKPHOTO.COM - U. J. ALEXANDER

#VINS D'ALSACE

Grâce à une excellente situation géographique, le vignoble alsacien produit des vins aux arômes internationalement reconnus. La nature exubérante, le climat privilégié et les terroirs d'une exceptionnelle diversité offrent un choix de vins incomparables. Les Appellations d'Origine Contrôlée sont nombreuses et les vignerons attachés à la nature.

VOUS ÊTES D'ICI, SI...

- Vous êtes fier de vos deux jours fériés en plus par an, que le reste de la France « de l'intérieur » vous envie, même si vous vous savez que Strasbourg est en France et non pas en Allemagne.
- Vous dites de quelqu'un qu'il a du *schpeck*, vous mangez des *kneppfles*, du *baeckeoffe* et de la choucroute, vous prenez un *stück* et non pas un morceau ou que vous buvez un *schlouck* de *schnaps* et non pas une gorgée d'eau-de-vie.
- Vos amis s'appellent Muller ou Schmitt et que vous savez prononcer le nom de villages pleins de consonnes et finissant par heim.
- Vous avez suivi à l'école des cours de religion et que saint Nicolas vous rendait visite.
- Vous comprenez les petites guerres entre Haut-Rhinois et Bas-Rhinois, entre autres sur la manière de prononcer *manalA* et *bredelA*.
- Cela vous énerve lorsqu'un Alsacien est interviewé à la télévision et que les reporters font exprès de choisir celui qui a le pire accent du village mais qu'eux-mêmes n'arrivent pas à prononcer le nom de là où il vient.

MON ALSACE

avec Julia Vesque, auteure

Interview

Julia Vesque est ethnozoologue et muséologue. Strasbourgeoise d'adoption depuis presque 10 ans, elle écrit les Guides Petit Futé Strasbourg et Alsace depuis 2016 avec passion, toujours à la recherche de nouveaux bons plans à vous présenter. Active sur son territoire, elle est engagée dans de nombreuses associations et a écrit plusieurs livres, notamment sur des sites touristiques de la région.

TOP 10

SE RESTAURER

Découvrir une région, c'est aussi découvrir sa gastronomie. Dans ce top, qui met en valeur les chefs autant que le service, vous découvrirez les restaurants qui offrent les plats les plus typiques et les recettes traditionnelles, les plus inventifs et les plus respectueux du produit. Nous avons ainsi mis un accent tout particulier sur ceux qui utilisent des ingrédients biologiques, frais et de saison, issus des productions locales avoisinantes pour établir cette liste de nos recommandations préférées. N'ayez crainte, nous avons pensé à représenter des établissements pour tous les budgets !

© CRÉAHOME

332

À LA TRUITE

Illhaeusern
La meilleure matelote de poissons d'eau douce d'Alsace et un marbré de sandre et saumon en gelée de crustacés médaille d'or !

© EGI – STOCK.ADOBE.COM

106

HÔTEL LES HARAS

Strasbourg
Un cadre sublime et historique, où goûter à la gastronomie alsacienne mais aussi à ses vins les plus renommés et primés.

LA CASSEROLE

Strasbourg
Un cadre intimiste et élégant pour profiter au mieux de mets subtils et délicats grâce à une incroyable capacité d'invention.

© ANNE LIENART

105

© LA PORTE BLEUE

411

LA PORTE BLEUE

Sainte-Croix-en-Plaine
Dans un écrin cosy, ce bistro créatif fait pétiller les papilles à deux pas de Colmar. Une cuisine respectueuse et locale.

RESTAURANT DE LA GARE

Guéwenheim
Cette institution en place depuis 1874 délivre une cuisine de brasserie particulièrement goûteuse et une carte des vins réputée !

© CATHERINE KOHLER

© EGI – STOCK.ADOBE.COM

IL CORTILE

Mulhouse
Cet étoilé propose une cuisine méditerranéenne d'une belle créativité. Le cadre sublime et contemporain est un vrai plus !

L'INCONTOURNABLE

Colmar
Du frais, du brut, des produits de saison, le tout cuisiné par un gagnant de Top Chef, dans une superbe bâtisse du XVIe siècle.

© L'INCONTOURNABLE

LES SALES GOSSES

Strasbourg
Toutes les six semaines de nouvelles recettes accompagnées de vins originaux pour découvrir chaque fois de nouveaux pays.

© EGI – STOCK.ADOBE.COM

HÔTEL-RESTAURANT LE VALTRIVIN

Lapoutroie
Pour les passionnés de vin. Ici, on se régale d'une cuisine biologique et écoresponsable servie avec une belle générosité.

© JEAN-MARC DE BALTHASAR

© LUCAS-MULLER (LUKAM)

LE YAM

Saint-Louis
Un bel établissement dédié à une cuisine thaï de haut vol dans un espace hybride et multiple. À découvrir de toute urgence !

TOP 10

SE LOGER

Lorsque l'on parle d'hôtels et chambres d'hôtes, on pense forcément aux moments où l'on est en déplacement. Mais avec ce top, nous avons souhaité vous proposer aussi des idées, à vous qui habitez tout près, pour changer un peu d'air et décompresser, car on en a bien besoin. Les établissements que nous avons choisis ici misent tout sur votre confort, par des équipements d'exception comme des espaces bien-être ou par des originalités de situation ou d'idéologies comme avec cet établissement 100 % écologique. Profitez de cette sélection pour vous accorder une parenthèse de détente bien méritée !

© AU TILLEUL_LABAROCHE

363

HÔTEL-RESTAURANT & SPA AU TILLEUL

Labaroche
Un bel hôtel 3 étoiles doté d'un restaurant avec terrasse offrant de délicieuses spécialités. Pour un beau moment de détente !

© EMMA

458

FERME-AUBERGE LES BUISSONNETS

Bourbach-le-Haut
Profitez de la petite maison à la montagne, loin de tout mais au plus proche de la nature et des bons produits à déguster.

LE MARÉCHAL****

Colmar
Au bord de la Lauch, ce superbe hôtel haut de gamme plein de surprises se déploie au sein d'une vénérable demeure du XVIe siècle.

© HOSTELLERIE LE MARÉCHAL

403

© HÔTEL ARNOLD & SPA ITTERSWILLER

261

HÔTEL & SPA ARNOLD***

Itterswiller
Adresse offrant le must de l'hébergement en Alsace pour ses chambres, suites et duplex avec balcons, son spa à l'esprit zen.

474 **BRISTOL*****
Mulhouse
Un bel hôtel de charme, central, qui vous permet d'être à un saut de puce de tout ce que la ville de Mulhouse a à offrir…

102 **HÔTEL LES HARAS******
Strasbourg
Aux portes de la Petite France, les Haras de Strasbourg ouvrent un dialogue entre le calme, le confort et l'innovation !

351 **HÔTEL SPA HUSSEREN COLLECTIONS******
Husseren-les-Châteaux
Cet établissement 4 étoiles vous propose un réel moment d'authenticité et de bien-être au cœur de notre belle région. À découvrir !

184 **HÔTEL-RESTAURANT MULLER**
Niederbronn-les-Bains
Dormir dans une suite façon loft au cœur de la nature, profiter d'un espace spa et d'une cuisine de maître restaurateur.

473 **PEONIA AT HOME**
Mulhouse
Dans le quartier du Rebberg, une bâtisse chargée de charme et d'histoire pour un week-end romantique et plein d'authenticité…

131 **CHÂTEAU DE L'ÎLE*******
Ostwald
Hôtellerie de luxe dans un ancien manoir proposant des chambres, suites, restaurant gastronomique, winstub, spa, piscine

TOP 10

ACTIVITÉS

Les activités sont nombreuses en Alsace et chaque village presque a la sienne. Dans ce top, nous avons choisi d'en proposer une à retenir pour chaque domaine, que l'on aime l'escalade, le golf, le VTT ou encore les sports d'hiver, ou que l'on préfère découvrir le patrimoine minier en s'amusant. Il y a aussi des idées sorties plus douces pour les moins téméraires et des choses pour les plus petits. Les fans d'animaux ne sont pas non plus oubliés, tout comme ceux qui aiment les activités aquatiques, particulièrement agréables durant nos étés alsaciens à la chaleur parfois étouffante.

ABBATIALE D'OTTMARSHEIM

Ottmarsheim
Un joyau d'architecture romane à découvrir pour un beau moment d'histoire et de spiritualité. Laissez-vous imprégner par les lieux.

CIGOLAND

Kintzheim
Dans ce parc de loisirs et animalier, profitez en famille des nombreuses activités. Quand le ludique s'associe au grand air…

BARRAGE DE MICHELBACH

Aspach-Michelbach
Une sortie idéale et instructive à faire en famille pour découvrir cet étonnant barrage artificiel ainsi que la faune et flore…

LA MAISON DU FROMAGE

Gunsbach
Dans la vallée de Munster, une occasion unique de goûter et découvrir de façon ludique tout l'univers marcaire. Original !

MUSÉE NATIONAL DE L'AUTOMOBILE

Mulhouse
Pour le plaisir des petits et des grands, la grande histoire de l'automobile vous attend pour un voyage temporel inoubliable.

PARC DES EAUX VIVES

Huningue
Ce lieu permet à tous de pratiquer en milieu urbain les sports d'eaux vives : rafting, canoë-kayak, hydrospeed, stand-up paddle.

NATUROPARC

Hunawihr
Un parc animalier incroyable, à la découverte des emblèmes de la région : la cigogne blanche et le grand hamster d'Alsace.

TELLURE MINE D'ARGENT

Sainte-Marie-aux-Mines
Une occasion unique de découvrir l'univers de la mine de Saint-Jean Engelsbourg de manière ludique quel que soit son âge.

PARC DE L'ORANGERIE

Strasbourg
Le plus ancien parc de la ville, avec des jeux pour enfants, un espace d'exposition, un petit zoo et un restaurant gastronomique.

TOTAL JUMP

Lauterbourg
Passez la journée à Total Jump ! Sur l'AquaPark, grimpez, sautez, plongez, glissez... grâce à des modules gonflables géants.

IDÉES DE SÉJOUR

Au-delà de ce que vous proposent les tour-opérateurs avec leurs formules toutes prêtes et leurs itinéraires très touristiques et souvent noirs de monde, il y a bien d'autres façons de découvrir l'Alsace ! On peut ainsi mettre l'accent sur une découverte écologique du Sud du territoire à vélo, sur le patrimoine architectural et historique qui s'offre à nous à chaque coin de rue ou de forêt, ou bien sûr, après avoir fait du vélo ou de la marche pendant une semaine, sur une escapade gourmande à la découverte de la gastronomie régionale. C'est ce que nous vous proposons avec trois idées séjour originales et peu connues. Nous les avons choisies courtes, réalisables sur un long week-end si l'on en choisit des portions, pour que chacun puisse en profiter. Bien sûr, il ne s'agit là que de pistes à explorer et vous êtes libres de vous en inspirer pour créer vos propres parcours et organiser votre séjour !

CYCLOTOURISME DANS LE SUNDGAU AU DÉPART DE MULHOUSE

La pratique du cyclotourisme est assez aisée en Alsace. Beaucoup de pistes cyclables sont proposées et la plupart proposent des niveaux de difficulté très raisonnables. Nous avons choisi de vous présenter ici une balade dans le Sundgau au départ de Mulhouse.

› Jour 1

De Mulhouse à Seppois-le-Bas, la première étape est facile au départ. Elle fait 38 kilomètres. En gare de Mulhouse, on rejoint l'Eurovélo 6. Le long du canal, on passe par le port de plaisance de Wolfersdorf avant de bifurquer pour rejoindre à terme la Maison de la Nature du Sundgau à laquelle on peut faire une pause sympathique. On reprend ensuite la piste cyclable pour rejoindre Seppois-le-Bas. Ici, le camping Les Lupins est idéal pour s'arrêter et offre à petit budget un repos bien mérité.

› Jour 2

La seconde étape propose de rejoindre Altkirch. 28 kilomètres pour aujourd'hui. Les boucles proposées dans le Sundgau se suivent à sens unique et ne passent pas toujours par des pistes cyclables, prudence donc. Entre Seppois-le-Bas et Altkirch, il faut suivre le boucle 3 de couleur orange ou la boucle 5 de couleur verte. Beaucoup de villages typiques sont traversés, mais les montées sont très raides. Arrivés à Hirtzbach, on peut faire une petite pause déjeuner et déguster la carpe frite, par exemple au Restaurant de la Gare. A Altkirch, on peut dormir au camping les Acacias.

› Jour 3

A Altkirch, la boucle 4 « les deux vallées » propose un itinéraire de 28 kilomètres. On passe par Hundsbach et son moulin (visite sur rendez-vous), par Grentzingen et par Henflingen avant de revenir à Altkirch où l'on pourra profiter, si l'on n'est pas épuisés par cette boucle très dénivelée, du CRAC et du street art local.

› Jour 4

Le retour à Mulhouse se fait en prenant la boucle 4 violette jusqu'à Emlingen puis l'itinéraire des 3 pays. La pause peut se faire à Illfurth où l'on visite le cimetière militaire allemand et la chapelle. Si l'on veut aller plus loin, l'itinéraire des 3 pays passe par la Suisse et l'Allemagne et l'on peut donc allonger à loisir selon les envies et la motivation cette idée de séjour cyclo touristique dans le Sundgau.

A LA RECHERCHE DU PATRIMOINE MILITAIRE ET DES CHÂTEAUX

L'Alsace est connue pour son patrimoine militaire et pour ses nombreux châteaux forts. Vous pourrez d'ailleurs vous reporter à la partie « architecture » de ce guide pour en apprendre un peu plus.

› Jour 1 : La route des châteaux et citées fortifiées d'Alsace

On peut démarrer le circuit de la Route des châteaux et citées fortifiées d'Alsace à Wissembourg. Elle se prolonge jusque dans le Haut-Rhin mais, selon le temps dont vous disposez, vous pouvez n'en emprunter que des portions. Redescendus dans les villages, vous rejoindrez votre point de départ en train aisément si besoin. A Wissembourg, vous découvrez la première ville fortifiée de l'itinéraire avec ses remparts. La ville est d'ailleurs l'une des étapes d'une autre route, la route Romane. En remontant dans les forêts des Vosges du Nord, on rejoint ensuite le château fort de Fleckenstein, du XIIe siècle. Situé sur les tracés des sentiers de grande randonnée, vous pourrez aussi accéder à l'aire de jeux médiévale du Gimbelhof, au circuit des 4 châteaux, au « sentier des légendes » en Allemagne et à la mine de fer de Nothweiler. Du Fleckenstein on rejoint le château de Lichtenberg, du XIIIe siècle et fortifié au XVIe siècle, premier à utiliser le canon.

De Lichtenberg on part ensuite vers le château de plaine de Lorentzen, du XIVe siècle. Il est néanmoins privé. Le chemin poursuit ensuite vers la cité fortifiée de la Petite Pierre et son château du XIIe siècle qui est aujourd'hui le siège du Parc naturel régional des Vosges du Nord. Vous y verrez aussi le Musée du Sceau Alsacien et celui des Arts et Traditions populaires. Suivant l'itinéraire, viennent ensuite Saverne, Wangen, Westhoffen, Wangenbourg, le Nideck, Obernai, Dambach-la-Ville, Bernstein, Châtenois, Ortenbourg, Kintzheim et le Haut-Koenigsbourg. Ce dernier est l'un des monuments les plus visités de France ! Détruit lors de la guerre de Trente Ans, le château est restauré début 1900 par l'empereur d'Allemagne Guillaume II dans l'esprit du château de la fin du XVe siècle. Les pont-levis, la salle d'armes, le donjon et les canons rappellent la vocation de ce château fort, plusieurs fois assiégé, détruit et pillé. La cour basse et son auberge, la forge, le moulin, les escaliers en colimaçon qui mènent aux appartements du seigneur : les lieux sont chargés d'histoires. Cette route des châteaux forts et villes fortifiées d'Alsace est donc très riche et l'on ne saurait ici vous la décrire précisément pour chaque point. Les offices de tourisme vous renseigneront néanmoins avec des brochures sur cet itinéraire qui n'a rien à envier à son cousin plus célèbre, la Route des vins. A pied ou à VTT, elle saura vous combler.

› Jour 2 : La Ligne Maginot et le patrimoine militaire

Dans le Bas-Rhin, pendant 3 jours au départ de la casemate de Dambach-Neunhoffen, parcourez sur 71 kilomètres les villages et sites clés de la Ligne Maginot en Alsace du Nord. Vous aurez ainsi de nombreuses occasions de visiter monuments, forts, et blockhaus de la Seconde Guerre Mondiale. Le faible dénivelé et l'absence de difficulté technique du premier jour de marche permet un échauffement en douceur, le parcours devient plus sportif une fois entré dans le Parc naturel régional des Vosges du Nord, au second jour de marche. De là, votre tracé sera partiellement commun à celui du GR 532 puis du GR 531. On peut scinder la randonnée grâce aux différentes liaisons ferroviaires mais l'itinéraire passe par de nombreux gîtes et hôtels-restaurants. Si on préfère le vélo à la marche, un itinéraire semblable est proposé. Il part du bac de Seltz-Plittersdorf, et traverse les villages de la bande rhénane pour gagner la limite Est de la forêt de Haguenau avant de longer la Ligne Maginot. La randonnée s'effectue en forêt jusqu'à Hatten puis à travers une région de collines jusqu'au pied des Vosges du Nord. Protégé à nouveau par la forêt, l'itinéraire franchit le col du Pfaffenschlick avant de déboucher dans la vallée de la Sauer puis celles du Jaegerthal et du Schwarzbach qui conduisent à Bitche en Lorraine. Au pays de l'Outre-Forêt, la route alterne les curiosités historiques et les villages pittoresques. À quelques kilomètres, Lembach est reconnu comme une étape gastronomique. Tout au long de l'itinéraire se succèdent des sites de la Ligne Maginot récemment mis en valeur : l'abri de Leutenheim, la casemate Esch et le Musée de l'Abri à Hatten, le Fort de Schoenenbourg, le Fort du Four à Chaux à Lembach et enfin la casemate de Dambach-Neunhoffen. Dans le Haut-Rhin on profite du sentier des bunkers de Burnhaupt-le-Bas, composé de 14 étapes et d'une dizaine d'ouvrages fortifiés datant de la Première Guerre Mondiale. On découvre ainsi progressivement les bunkers allemands qui délimitaient autrefois la ligne de front. A certains endroits, on découvre d'autres sites remarquables tels que les moulins, le lavoir ou encore la source Hagendorn. Le parcours, long de 8,6 kilomètres, comporte de nombreux panneaux explicatifs permettant de saisir les caractéristiques des ouvrages ainsi que l'histoire du site.

Château du Haut-Koenigsbourg.

© S.MOEBS - SHUTTERSTOCK.COM

Kaysersberg.

FOOD ET WINE TOUR

Parce que la gastronomie et la viticulture sont des incontournables en Alsace, il est possible de réaliser des parcours gastronomiques complets pour en profiter. Le spécialiste de cela, c'est L'Alsaciette ! Vous aurez plusieurs possibilités, et même l'occasion de réaliser des parcours sur mesures en minibus 9 places.

› Jour 1 : Entre montagnes et vignes

A Colmar, on prend un petit déjeuner traditionnel, avec par exemple, une viennoiserie typiquement alsacienne, le croissant ou le pain au chocolat nappé de sucre. On part ensuite pour la vallée de Munster pour y découvrir la Maison du Fromage qui propose un musée et des dégustations autour de cet incontournable. On monte ensuite à midi jusqu'à la Ferme aux Rennes, où l'on déjeune très bien et où l'on côtoie les fidèles amis du Père Noël. Enfin, en redescendant, on s'arrête dans des petites caves avant de passer par Eguisheim, élu plus beau village de France.

› Jour 2 : Entre vignes et châteaux

Tout débute au château du Haut-Koenigsbourg, dont on profite lors d'une visite, libre ou guidée. Pour se mettre en appétit, on fait une petite halte à Saint-Hippolyte chez un caviste avant d'aller déjeuner dans l'un des nombreux restaurants typiques de la Route des Vins. La petite marche digestive se fait à Ribeauvillé avec une visite de ses trois châteaux. Entre Ribeauvillé et Kaysersberg, lui aussi élu village préféré des français, on peut s'arrêter dans une cave ou attendre d'avoir rejoint Colmar pour un goûter autour d'une pâtisserie avec vue sur la Petite Venise.

› Jour 3 : Suivre la route des vins

La Route des Vins d'Alsace est la plus ancienne de France ! On y visite des villages pittoresques, des paysages magnifiques et des cités viticoles incroyables tout en rencontrant des vignerons passionnés. Marlenheim est la porte de cette route des vins. Si vous le pouvez, privilégiez l'automne car le paysage est incroyable avec ses feuilles de vignes dorées. Si vous souhaitez profiter au mieux des viticulteurs, restez prudents et ne conduisez pas après plusieurs dégustations. D'ailleurs, nous vous conseillons de visiter les caves et vignerons le matin, quand il y a moins de monde, et de vous limiter à quatre. En effet, en plus de la nécessaire modération de la consommation d'alcool, les vins sont si riches en arômes qu'on ne saurait les apprécier pleinement en en ayant trop goûté. Pour profiter de la route des vins à vélo, prenez la Véloroute du Vignoble d'Alsace qui passe par des châteaux, villages typiques et vignes de différents cépages avec de nombreux panneaux explicatifs. Complet, cet itinéraire mesure 131,5 kilomètres et rejoint un tronçon de l'EuroVélo5. Il emprunte des anciennes voies ferrées et des portions de l'ancienne route roumaine, loin de la circulation et en pleine nature. De nombreux offices de tourisme de la région vous proposeront des escapades écotouristiques dans le vignoble. Certains vignerons proposent de partir à la découverte des animaux qui habitent leurs terres, de profiter d'un dîner insolite sur le domaine, de faire des jeux et des apprentissages ludiques du métier, ou même de méditer et de développer vos 5 sens ! Les parenthèses vigneronnes de la Route des Vins proposent ces activités combinées à des dégustations de fromages, de vins ou de repas traditionnels et l'on peut même s'offrir un parcours dans les vignes en bus cabriolet, les cheveux au vent !

DÉCOUVRIR

L'Alsace, c'est une grande diversité de territoires, de paysages, mais aussi une histoire et des traditions particulières. Au fil de ces pages, vous découvrirez tout ce qui fait l'Alsace, de sa géographie à sa nature, en passant par son architecture et ses repères historiques. Vous découvrirez aussi des traditions, dans les domaines du textile, de la danse, de ses beaux-arts ou de la littérature par exemple. Vous trouverez aussi dans cette rubrique les incontournables de la gastronomie locale, et des bons plans pour pratiquer tous vos sports et loisirs et enfin pour rapporter plein de bonnes choses de votre voyage. Vous serez bientôt incollables sur tout ce qui fait l'Alsace et, avec cette présentation, vous aurez certainement envie de découvrir les autres pages de ce guide pour en savoir plus sur les établissements que nous avons sélectionnés et pour lire nos interviews exclusives et zooms sur des thématiques particulières.

NOËL EN ALSACE

Chaque année, des touristes toujours plus nombreux se rendent en Alsace pour vivre la « magie de Noël ». Les plaquettes touristiques du monde entier le disent avec force : l'Alsace est LE pays de Noël... et cette réputation n'est vraiment pas usurpée. Il suffit d'observer les visiteurs ravis qui arpentent les allées des différents marchés de Noël d'Alsace, découpés en sept pays chacun avec sa spécificité. Dès le premier dimanche de l'Avent, villes et villages accueillent leur *Christkindelsmärik*, marché de Noël émaillé de petits chalets éclatants de lumière qui présentent boules, santons, décorations variées, mais aussi produits du terroir, friandises. Sans oublier les échoppes où mijote le vin chaud ! Le plus ancien et le plus célèbre marché de Noël est celui de Strasbourg qui existe depuis 1570. Le *Christkindelsmärik*, littéralement marché de l'Enfant-Jésus, se tient place Broglie, mais les marchés fleurissent partout en ville.

Père Noël, saint Nicolas et Hans Trapp

Le Père Noël n'a pas toujours été celui que l'on connaît aujourd'hui. Saint Nicolas serait, selon la légende, en grande partie son ancêtre. C'est seulement après la Seconde Guerre mondiale que le vieil homme vêtu de rouge est adopté en Europe, mais en Alsace, il n'a jamais remplacé saint Nicolas, et les enfants alsaciens ont donc le double de cadeaux !

À l'origine de la célébration de Noël, il y a, avant même la naissance de Jésus, la célébration païenne du solstice d'hiver. Déjà à cette époque, les maisons sont décorées, en partie avec des branches de sapin, et mets de fête et cadeaux s'échangent. C'est en 354 que le pape Libère décide de casser ces traditions païennes et fixe la date de la naissance de Jésus au 25 décembre, faisant ainsi du solstice une fête religieuse.

Quelque sept cents ans plus tard, saint Nicolas fait son apparition. Cet évêque ayant vécu au IIIe siècle en Turquie est célèbre dans l'Europe germanique et on lui attribue de nombreuses qualités, dont une extrême générosité et une légende selon laquelle il aurait réalisé le miracle de ressusciter des enfants : perdus, ils avaient cru trouver refuge chez un gentil boucher, mais celui-ci, qui ne l'était pas du tout, les a découpés en petits morceaux et a mis le tout dans un saloir. Bien des années plus tard, saint Nicolas passa par là et après un signe de croix sur les tonneaux, les enfants se réveillèrent... Sa mort est datée du 6 décembre et c'est pourquoi on le fête à cette date en distribuant des cadeaux aux enfants sages pour rendre hommage à sa générosité. Dans plusieurs pays, il arrive dans la nuit avec son âne et passe par les cheminées pour distribuer ses cadeaux tandis que son compagnon profite des carottes et pommes que les enfants laissent en remerciement.

Mais attention, dans la tradition alsacienne, saint Nicolas est souvent accompagné d'un personnage, le Hans Trapp qui est parfois appelé *Rüpelz* car il est le plus souvent représenté couvert de peaux de bêtes. Hans Trapp est en quelque sorte le contre-point négatif de saint Nicolas : il apparaît pour châtier les enfants qui n'ont pas été sages comme des images et possède même un sac pour les enlever ! À la fin du Moyen Âge, Johann von Drodt était un chevalier brigand du château de Berwartstein situé à 15 km de Wissembourg. Il semait tant la terreur que les habitants en ont fait le personnage de Hans Trapp dans leur légende locale...

Mais comment saint Nicolas a-t-il donné le Père Noël ? Au XIXe siècle, les Hollandais qui s'expatrient aux États-Unis emportent cette tradition avec eux. Ils appellent alors cela *Sinterclaes* et cela se transformera petit à petit en Santa Claus. En 1823, *The Night before Christmas* est publié aux États-Unis et raconte la légende de saint Nicolas avec quelques modifications : c'est maintenant un gentil lutin avec un embonpoint qui descend du ciel en traîneau tiré par huit rennes et qui distribue ses cadeaux dans la nuit du 24 au 25 décembre. Progressivement, la légende se modifie selon l'imagination des romanciers et des illustrateurs. En 1885, nouvelle modification d'importance : Santa Claus ne vient plus du ciel mais du Pôle Nord et possède une usine de jouets (on sent ici l'influence de l'ère industrielle). En 1931, Coca-Cola invente, avec son publiciste Haddon Sundblom, la version que l'on connaît du Père Noël, un vieil homme rouge et blanc, aux couleurs de la marque. Ce n'est qu'en 1945 que cette image du Père Noël arrive en Alsace, alors encore très fidèle à saint Nicolas. Refusant de délaisser le premier venu, les Alsaciens fêtent donc les deux sur un pied d'égalité.

La couronne de l'Avent

À l'origine, cela pourrait être une tradition païenne puisque dans l'Empire romain, juste avant le solstice d'hiver, on tressait des couronnes de buis qui symbolisaient la vie, la renaissance végétale après l'hiver.

FOCUS

LES COUPS DE CŒUR DE LIESEL

POUR DÉCOUVRIR L'ALSACE AUTHENTIQUE

Liesel se plie en quatre pour vous

Liesel ? Tout le monde l'adore déjà ! Avec ses yeux rieurs et sa fameuse *schlupkapp**, elle sillonne la région en quête de coups de cœur et de pépites à partager avec les voyageurs. Restaurants typiques, visites insolites, grands évènements ou petites fêtes de villages : Liesel se plie en quatre pour vous inspirer. Événements, manifestations, marchés locaux, musées, activités ludiques ou insolites, Liesel vous dévoile ses plus jolies pépites.

On fait quoi ce soir ?

Entre deux feuilletés au munster et une gorgée de crémant rosé, l'éternelle question vient d'être posée. Oubliez le scroll pendant des heures devant votre écran au hasard du Web : ayez plutôt le réflexe Liesel ! Sur le site **www.liesel.alsace**, la plus connectée des Alsaciennes vous propose des idées personnalisées en fonction de vos envies ou de votre localisation. En quête d'une table d'exception ? Découvrez les restaurants les plus raffinés autour de vous. Envie de trinquer dans une authentique brasserie ? Levez les chopes entre amis et partagez un précieux moment de convivialité. À moins que vous ne cherchiez un beau marché de Noël illuminé ?

Le meilleur de l'Alsace juste pour vous

Laissez-vous inspirer. Liesel vous permet également de recevoir le meilleur de l'Alsace en fonction de votre lieu de séjour. Le tout directement dans votre boîte mail, tous les soirs à l'heure de l'apéro. Parce que la seule pression qu'on aime, c'est celle du brasseur !

Pour vous inscrire, rien de plus simple, en plus c'est 100 % gratuit. Rendez-vous sur **www.liesel.alsace**. Renseignez vos dates de séjour, vos coordonnées et... hop là !... le tour est joué. Simple comme *buschur*** !

Alors... À très vite en Alsace !

* *Schlupkapp* : coiffe alsacienne

** *Buschur* : bonjour en alsacien

LES COUPS DE CŒUR DE LIESEL POUR DÉCOUVRIR L'ALSACE AUTHENTIQUE

1, rue Camille Schlumberger - **COLMAR**

✆ 03 89 20 10 68 - www.liesel.alsace

© C. FLECKINGER - ADT

© F GALLIOT

© C. FLECKINGER - ADT

Au XVIe siècle, l'Église aurait intégré cette pratique. Une autre légende raconte que la couronne de l'Avent serait une invention d'un pasteur luthérien Johann Hinrich Wichern, qui s'occupait d'enfants nécessiteux qui lui demandaient toujours quand Noël allait venir et il aurait donc fabriqué cela en guise de décompte. Aujourd'hui, les couronnes de l'Avent sont faites de branches de sapin parmi lesquelles on place quatre bougies. La période de l'Avent commence quatre semaines avant Noël (date de la naissance de l'Enfant Jésus pour les chrétiens) et, chaque dimanche, on allume une nouvelle bougie en plus des précédentes. La symbolique est encore forte : le monde et ses quatre points cardinaux, l'éternité, la vie, la lumière qui éclaire le monde la nuit de Noël, le pardon, la foi, la joie et la paix.

Le Pays des Mystères

Entre Haguenau, Wissembourg et Betschorf, ce pays de Noël est celui des plus belles maisons traditionnelles (Seebach, Hoffen et Hunspach sont classés parmi les plus beaux villages de France). Le Pays des Mystères est celui du Hans Trapp. Le quatrième dimanche de l'Avent, tous les marchés de ce secteur, en particulier celui de Wissembourg, sont nimbés d'un halo de mystère à l'occasion du cortège du Hans Trapp... Le Pays des Mystères est aussi celui des potiers et les marchés dédiés à ces productions traditionnelles ou aux crèches artisanales sont nombreux. De l'Avent à l'Épiphanie, prenez part à de captivantes chasses aux trésors et plongez de manière originale dans l'ambiance des villes et villages participants. Une activité idéale pour compléter une visite sur un marché de Noël !

Le Pays des Lumières

Ce Pays de Noël blotti entre collines et montagnes autour de Saverne englobe également Wasselonne, La Petite Pierre, Marmoutier et Wangenbourg-Engenthal. Il est traversé par le Parc naturel régional des Vosges du Nord. Ici, on fête surtout la légende de Christkindel (l'enfant Jésus personnifié par une jeune fille toute de blanc vêtue et coiffée d'un voile qui apparaît le soir de Noël), symbole de lumière ! Dès la fin du mois de novembre, villes et villages brillent de mille feux. De l'éclat des verreries de Wingen-sur-Moder aux fenêtres illuminées de Wangenbourg-Engenthal, c'est ici que vous trouverez les meilleures décorations, car particuliers, entreprises ou encore associations réinventent chaque année avec une implication rare les décors féeriques des rues. Le marché de Noël de Bouxwiller est le plus grand du Pays des Lumières. Il a lieu durant un seul week-end de décembre et la foule y vient nombreuse. Passez aussi voir le musée des Arts et Traditions populaires de La Petite Pierre, entièrement dédié aux *springerle*, biscuits traditionnels alsaciens à l'anis, décorés d'un motif en relief et pouvant être mangés mais aussi servir de décorations pour le sapin de Noël.

Le Pays des Étoiles

C'est le plus étendu des sept « Pays de Noël », puisqu'il regroupe Colmar, Kaysersberg, Éguisheim, Turckheim, Munster, Riquewihr, Ribeauvillé, Neuf-Brisach, Rouffach... Munster met en avant le thème des bredalas (petits gâteaux de Noël) et une soupe au munster est également distribuée par la Confrérie Saint-Grégoire ; Turckheim transforme les volets de

Le célèbre sapin de Noël de Strasbourg, dominant la place Kléber.

© ISTOCKPHOTO.COM - SAMI SERT

Marché de Noël de Colmar.

ses maisons en calendrier de l'Avent géant et un volet du calendrier est ouvert chaque soir. Ne manquez pas non plus la ronde du Veilleur de nuit à 22h à Éguisheim. À Rouffach, c'est l'artisanat traditionnel qui est mis en avant, tout comme à Kaysersberg. À Ribeauvillé, le marché de Noël joue à fond la carte médiévale et à Neuf-Brisach, c'est Vauban que l'on met à l'honneur, avec personnages costumés à la mode du XVIIe siècle. Le label « Villes et villages de Noël » distingue les villes et villages tels que Colmar, Éguisheim, Kaysersberg, Munster, Ribeauvillé et Riquewihr qui proposent des animations d'envergure et de qualité durant toute la période de l'Avent.

Le Pays des Saveurs

Il s'agit de Strasbourg et de sa région qui revendique le titre de « capitale de Noël ». Le *Christkindelsmärik* y a été fondé en 1570 pour remplacer le marché de la Saint-Nicolas. Vous admirerez à Strasbourg l'incroyable sapin de la place Kléber qui fait la fierté des habitants. Dominant le centre-ville du haut de ses quelque 30 mètres, c'est, avec ses 7,5 tonnes (en moyenne), l'un des plus imposants sapins naturels décorés en Europe. Chaque année, la ville organise le lancement des illuminations avec un grand événement qui fait venir des artistes internationaux !

Le Pays des chants et des étoffes

Il regroupe la zone des « Ballons », Mulhouse, Thann, Saint-Louis, Altkirch et le Sundgau. Emblème de son passé industriel, l'étoffe se décline ici sur les différents marchés de Noël, les façades de la cathédrale de Mulhouse, au musée de l'Impression sur étoffes… Mais le Pays des étoffes est aussi celui des chants : chorales, ensembles musicaux, instrumentaux, concerts de l'Avent et chants participatifs vous feront revivre la tradition de Noël en Alsace. Le marché de Noël d'Altkirch, dit aussi « la capitale des légendes du Sundgau », vous étonnera avec sa forêt enchantée et sa grotte aux lucioles.

Le Pays des sapins

Au travers de promenades autour de Sélestat, Obernai, Barr, Gertwiller, Rosheim, Molsheim et Grendelbruch, vous pourrez découvrir différentes manières, parfois originales, de parer votre sapin ! C'est à Sélestat qu'on trouve les premières mentions écrites en 1521 (le texte original est conservé à la très réputée Bibliothèque humaniste sélestadienne) de la première vente de sapin de Noël, les décorations (rubans, friandises, pommes…) viendront par la suite.

Le Pays des veillées

C'est un peu le jardin secret de la région… implanté à l'Écomusée d'Ungersheim. Plus de soixante-dix bâtiments traditionnels (maisons, échoppes ou ateliers) se côtoient ici dans un espace de 25 hectares aménagé de manière traditionnelle (champs, rues…). Pendant les quatre semaines de l'Avent, l'Écomusée propose diverses activités et animations autour de l'esprit de Noël : fabrication de petits objets (en bois, en acier ou en terre), confection de Winachsbredala, exposition de sapins de Noël, contes et veillées villageoises…

L'INDUSTRIE TEXTILE

L'impression sur étoffes est très importante en Alsace, dans le Haut-Rhin en particulier puisqu'à Mulhouse, un musée entier y est consacré, comme à Wesserling où l'Écomusée textile raconte, par une approche vivante et artistique, la fabuleuse épopée de cette ancienne « Manufacture Royale du Textile » qui a marqué l'histoire de toute la vallée de Saint-Amarin. Dans *Le Rouge et le Noir*, Madame de Rénal ne porte-t-elle pas des robes faites de tissus de Mulhouse ? Malgré de nombreuses péripéties historiques, l'Alsace n'a jamais délaissé l'impression sur étoffes ou la production textile et cet art alsacien est encore vivace aujourd'hui grâce à de grandes maisons qui font perdurer la tradition. La nappe alsacienne en est d'ailleurs l'un des éléments les plus marquants. Qu'elle soit imprimée de motifs floraux, ornée de dessins conçus par Hansi ou encore simplement en kelsch, elle représente une part non négligeable du patrimoine régional.

Historique

Après la guerre de Trente Ans, toute l'Alsace est française... sauf Mulhouse qui a connu un destin particulier. Mulhouse fait d'abord partie de la Décapole, l'alliance de dix villes libres d'Empire alsaciennes au sein du Saint-Empire romain germanique en une ligue fondée en 1354 et dissoute en 1679. Lorsque la ville décide de la quitter, cela se fait au profit d'une nouvelle alliance avec des cantons suisses après la guerre des Six Deniers de 1466 jusqu'à obtenir le statut de « canton allié » à la Confédération helvétique en 1515. À la suite des traités de Westphalie de 1648, Mulhouse devient finalement une république indépendante. Les raisons de ces changements sont doubles : politiques et économiques, la ville de Mulhouse choisissant ses alliances successives en fonction des avantages que cela peut lui apporter.

En 1746, Samuel Koechlin, Jean-Jacques Schmalzer, Jean-Henri Dollfus et Jean-Jacques Feer (quatre jeunes notables mulhousiens) s'associent pour fonder la première manufacture d'impressions sur tissus. Ils ont l'idée de lancer cette activité en profitant du statut particulier de l'Alsace, qui échappe aux mesures d'interdiction d'achat et de vente d'indiennes en France (arrêté de Louis XIV du 26 octobre 1686, à cause de la concurrence avec les fabrications de laine et de soie), et du statut de Mulhouse. C'est lors d'un séjour à Bar-le-Duc que Schmalzer découvrit l'importance du trafic clandestin de toiles peintes étrangères vers la France, et qu'il eut l'idée de créer une manufacture à Mulhouse, sentant l'appât du gain. « Koechlin,Schmaltzer,Dolffus & Cie » produira ainsi 30 000 pièces d'étoffes en 1756.

On appelle alors « indiennes » les tissus de coton fabriqués en France par la Compagnie des Indes orientales et concurrentes d'articles importés du continent indien. Elles sont réalisées à partir d'étoffes de coton écrues, imprimées à la main et enluminées au pinceau en camaïeu ou en deux couleurs, les couleurs étant fixées à l'aide de mordants.

En 1762 débute la fabrication des premières indiennes dans le château de Wesserling, profitant là encore du statut à part de l'Alsace. 40 ans plus tard la ville compte 26 fabriques. Si Mulhouse souhaite vendre ses productions textiles en France, elle subit de lourds droits de douane et cette situation entraine contrebande, blocus, contrôles incessants…

Le 4 janvier 1798, Mulhouse demande donc son rattachement à la France en partie pour cette raison... La situation économique est devenue insupportable pour cette ville qui a fait de l'industrie textile son fleuron et qui souhaite continuer à en vivre et à se développer, chose impossible sans pouvoir exporter ses indiennes vers la France. La même année, les idées de la Révolution française font leur chemin parmi la bourgeoisie mulhousienne, ce qui ajoute encore à cette volonté. Le jour de la Réunion (rattachement à la jeune République française le 15 mars 1798) est ainsi un jour marquant pour la ville ! À compter de cette date, Mulhouse peut continuer d'accroître sa production et de la vendre sereinement, sans pour autant se laisser influencer dans le style ou les motifs.

Au début du XIXe siècle, la première entreprise textile d'Alsace se trouve à Wesserling. Les activités textiles comprennent la filature, le tissage et l'impression. Les tissus sont distribués sous la marque « Gros-Roman et Cie ». Les familles Gros et Roman sont alors visionnaires et se lancent dans l'aventure de la mécanisation faisant de leur manufacture l'une des plus célèbres au monde avant la Première Guerre mondiale. Ils employaient alors 5 000 ouvriers, faisant

© ISTOCKPHOTO.COM - PIXAVRIL

Tarte aux quetsches posée sur une nappe alsacienne en kelsch.

partie de plusieurs générations de travailleurs attachés à cette industrie. Durant l'entre-deux-guerres, l'entreprise, qui compte trois filières, filature, tissage et impression, est rachetée par Marcel Boussac. Il n'hésite pas à remplacer la planche de bois traditionnelle par le cadre plat pour fabriquer ses imprimés fleuris et colorés en 1946 et l'année suivante l'un de ses imprimés habille la boutique Dior à Paris. Les années 1990 marquent l'arrivée de nouveaux motifs parmi les plus connus. En 2004, c'est Pierre Frey qui rachète l'entreprise. Le Musée textile de Husseren-Wesserling retrace cette histoire.

Un autre musée est dédié à l'histoire textile en Alsace, le **musée de l'Impression sur étoffes** (p.470) à Mulhouse. En 1833, les industriels mulhousiens rassemblés au sein de la Société industrielle de Mulhouse décident de conserver leurs créations. Mieux, ils s'efforcent de compléter ces archives en collectionnant les productions d'autres pays et d'autres temps. Créé en 1955, le musée conserve 6 millions d'échantillons, près de 50 000 documents textiles : métrages, dessus-de-lit, foulards, châles, etc. du XVIIIe siècle à nos jours.

Le kelsch

Le kelsch est un incontournable alsacien, fabriqué essentiellement dans la région du Grand Ried; l'un des derniers artisans tisserands est à Muttersholtz. L'étoffe est tricolore (bleu, blanc et rouge), rayée ou composée de carreaux. Elle est colorée à l'aide de pigments d'origine végétale : le pastel à l'origine puis l'indigo pour le bleu et la garance pour le rouge. Sur des tissus de lin ou de chanvre, les lignes et les carreaux s'entrecroisent et composent d'infinies variétés de motifs géométriques : carreaux bleus et lignes blanches, carreaux rouges et lignes blanches, carreaux blancs et lignes bleues, etc. Ce tissu, dont les pièces anciennes sont les plus recherchées, se décline en nappes, serviettes, et linge de literie, très appréciés en raison de leur solidité et de leur caractère esthétique indéniable.

Le quilt amish ou patchwork

À la fin du XVIIe siècle, quelques familles d'anabaptistes suisses persécutées dans leur pays viennent s'établir dans la vallée de Sainte-Marie-aux-Mines et conduiront en 1693 à la création de la communauté amish. Avec leur vie simple, avec de la récupération et du réemploi, loin des autres hommes, les Amish ont exploité le quilt, un art fondé sur la récupération des étoffes jugées inutiles et habituellement jetées. Quilt vient du terme anglo-saxon signifiant « piquer ». Les femmes qui fabriquent le quilt assemblent de tissus piqués ou surpiqués. Petit à petit, on passe de l'utilitaire à une forme artistique et on utilise ces pièces comme couverture ou dessus de lit. Le quilt présente des teintes austères propres aux Amish, les tissus imprimés et colorés étant jugés frivoles, et des assemblages géométriques de figures, carrés ou losanges, d'une grande beauté. On peut admirer de très belles pièces chaque année au Carrefour européen du patchwork de Sainte-Marie-aux-Mines. Si beaucoup croient aujourd'hui que la pratique est née ici et a été exportée ensuite aux États-Unis pas les Amish, il n'en est rien car ils n'emportaient aucun quilt, mais des sacs de plume, à la manière allemande et ce n'est que 150 ans après leurs premières migrations que les Amish se sont inspirés de leurs cousins européens pour assembler leurs étoffes de laine.

GÉOGRAPHIE

L'Alsace offre des paysages extrêmement variés. Entre plaines et montagnes, une multitude de reliefs sont observables. L'eau est aussi très présente sur ce territoire, qu'il s'agisse des plaines inondables que l'on appelle rieds, des nombreux cours d'eau, du Rhin ou encore des canaux. Avec cette multitude d'avantages naturels, il est possible de réaliser du nord au sud de la région de nombreuses activités sportives de plein air : escalade, spéléologie, sports d'hiver, randonnées et autres. N'hésitez donc pas, lors de votre visite, à profiter de tous ces atouts et à vous essayer à plusieurs sports parfois même extrêmes. Selon la saison, vous aurez également l'occasion de profiter de paysages surprenants et enchanteurs, qui ravissent les amoureux de nature et les photographes amateurs comme professionnels, prenant de la hauteur sur des sommets naturels ou historiques tels que les châteaux forts.

Le ried : des forêts uniques en France !

Le ried est une région naturelle bordée à l'ouest par l'Ill et à l'est par le Rhin. Cette zone fut modelée par les divagations du Rhin dans sa zone d'épandage avant sa canalisation et par les variations de niveau de nappes phréatiques. Ried provient de l'alémanique *Reith* qui signifie jonc, roseau. À Rhinau, on peut observer le dernier exemple de forêt galerie tempérée d'Europe occidentale. À Erstein, le polder pour réguler les crues du Rhin est classé réserve naturelle et permet de se rendre compte de la diversité biologique des rieds quand le Rhin n'était pas maîtrisé.

Le Petit Ried se situe au nord de Strasbourg et le Grand Ried au sud. On y découvre la Weichholzauenwald, « forêt alluviale à bois tendre », et la Hartholzauenwald, « forêt alluviale à bois dur », dont il ne reste presque plus rien par rapport aux étendues qu'elles occupaient il y a quelques siècles alors qu'elle méritait encore le surnom de jungle rhénane. L'Illwald, forêt de Sélestat, est au centre du ried, de manière générale, qui couvrait autrefois 250 km². Elle est aujourd'hui la plus grande réserve naturelle régionale française avec ses 2 000 ha de prairies de fauche, de roselières, de forêts et de rivières. La flore et la faune spécifiques à cette zone humide y sont extrêmement fragiles. Parmi cette faune, les oiseaux tiennent une place importante car le ried se situe sur un couloir migratoire important et abrite le courlis cendré qu'il a pris pour emblème alors que la diminution drastique de ses effectifs faisait rage. Grâce à des efforts importants, certaines espèces sont de retour : busard des roseaux, hibou des marais, butor étoilé, castor, iris de Sibérie…

Le Sundgau : pays des carpes !

Au sud de Mulhouse, jusqu'à la frontière suisse, s'étend le Sundgau, fait de collines douces adossées au Jura alsacien. Sundgau signifie « comté du Sud » en alémanique en référence à sa posi-

DÉCOUVRIR

© SHUTTERSTOCK.COM - TANJA MIDGARDSON

Brume hivernale dans la région du Ried.

tion de limite sud de l'Alsace. Ce territoire particulier abrite des espèces végétales rares telles la gentiane printanière et la carline acaule. Les espèces animales ne sont pas en reste et c'est dans le Sundgau que les amateurs de photographie animalière trouvent leur bonheur, entre autres auprès des nombreux oiseaux rares d'espèces migratoires qui s'arrêtent ici à l'aller ou au retour.

Les Sundgau présente plusieurs milieux distincts : hêtraies, espaces cultivés et villages où serpentent les rivières de l'Ill et de la Largue. L'incontournable du Sundgau, ce sont les étangs. Ils y sont extrêmement nombreux et la pêche y est élevée au rang de sport local. Ce n'est pas pour rien que la carpe frite ne se déguste qu'ici !

Fleuves et rivières, promenades au fil de l'eau

Les cours d'eau alsaciens forment trois grands réseaux : celui de l'Ill qui est le plus important, l'ensemble Moder-Zorn, et le réseau de la Sauer. Tous trois se raccordent au Rhin en aval de Strasbourg. Le Rhin forme une frontière naturelle entre l'Alsace et le Bade-Wurtenberg (Baden-Württemberg en allemand).

Le Rhin est un fleuve d'Europe centrale et de l'Ouest, long de 1 233 km. Son bassin versant, de 198 000 km², comprend le Liechtenstein, la majeure partie de la Suisse et du Grand-Duché de Luxembourg, une partie de l'Autriche, de l'Italie et de la Belgique, de grandes parties de l'Allemagne et des Pays-Bas et une partie de la France. Il s'agit du plus long fleuve se déversant dans la mer du Nord et de l'une des voies navigables les plus fréquentées du monde.

L'Ill est une rivière qui baigne la plaine d'Alsace. Important affluent gauche du Rhin et principale rivière d'Alsace avec ses 216,7 km, elle prend sa source dans les contreforts nordiques du Jura et coule dans les départements du Haut-Rhin et du Bas-Rhin, traversant le centre-ville de Strasbourg. L'Ill bifurque vers le nord et se jette dans le Rhin à Offendorf, en aval de Strasbourg, après le barrage hydro-électrique de Gambsheim. Avant les travaux de rectification du Rhin, l'Ill se jetait dans le Rhin à la hauteur de la Wantzenau.

La Moder, également appelée Motter ou Mottern, tire son nom de *Matrae* (déesse gauloise des rivières). La Moder prend sa source dans les Vosges du Nord à Zittersheim au lieu dit « Moderfeld ». Elle rejoint le Rhin en rive gauche, au sud de Beinheim, après avoir parcouru 82,1 km. La Zorn quant à elle est un affluent droit de la Moder et sous-affluent du Rhin long de 96,8 km. Enfin, la Sauer, appelée Saarbach en Allemagne dans son cours supérieur, est longue de 70 km.

Autre voie d'eau d'importance, le canal de la Marne au Rhin, long de 314 km et 178 écluses à l'origine, relie la Marne (à Vitry-le-François) au Rhin (à Strasbourg). Par le canal latéral de la Marne, il est connecté au réseau navigable de la Seine vers l'Île-de-France et la Normandie. Commencé en 1838, le canal fut mis en service en 1853. Le canal franchit les Vosges par la trouée du col de Saverne. Sur toute sa longueur, de nombreuses autres voies navigables sont connectées. L'ouvrage le plus remarquable est le plan incliné de Saint-Louis-Arzviller mis en service en 1969. Il double et remplace 17 écluses rapprochées. Le canal comporte aussi trois tunnels et plusieurs ponts-canaux dont le pont-canal de La Madeleine. En 2007, les communes du pays de Phalsbourg ont créé la « vallée des éclusiers », un projet de cyclotourisme et randonnée pédestre destiné à rappeler l'importance économique et logistique de la trouée de Saverne, et en particulier les prouesses techniques réalisées au XIXᵉ siècle.

Les plaines, paradis de l'agriculture

Entre le Piémont sous-vosgien et le Rhin, la plaine d'Alsace, intensément urbanisée, conserve encore quelques milieux de nature : de beaux massifs forestiers au nord (forêt de Haguenau) et au sud (Hardt et Nonnenbruch), les Ried, et le Jura alsacien. Les plaines d'Alsace présentent différentes natures, souvent riches, et ont ainsi permis aux agriculteurs d'y diversifier leurs productions : blé, maïs, choux, betteraves sucrières, houblon, asperges ou encore tabac sont cultivés sur des terres portées soit par des apports alluviaux anciens, soit par des placages de limon ou de loess, sédiments fins et jaunâtres très fertiles déposés par les vents. C'est le cas à l'Ouest de Strasbourg, dans la plaine du Kochersberg surnommée le « grenier de l'Alsace » en raison de sa fertilité exceptionnelle. Les grandes étendues cultivées y sont rythmées par de rondes collines. À partir d'Osthoffen-Dahlenheim, elles cèdent le pas à la vigne qui s'étire sur les coteaux de la Mossig, sur les flancs du mont Scharrach.

Montagnes et sommets, rêve des randonneurs

Le contact entre la montagne et la plaine se fait par un piémont en pente douce, appelé « collines sous-vosgiennes », mises en place lors de l'effondrement de la plaine d'Alsace. Il s'agit d'une mosaïque de gradins plus ou moins soulevés et bien individualisés par le cours des nombreuses rivières descendant des Vosges pour aller rejoindre l'Ill ou le Rhin. La Zorn, la Bruche, la Fecht ou la Thur en sont des exemples parmi tant d'autres. Les versants de ces collines bien exposées au soleil du matin et souvent constituées de sols calcaires secs, ont été le lieu d'implantation idéal des vignes. Le piémont est l'un des secteurs les plus chauds et secs de la région alsacienne. Grâce à ces caractéristiques climatiques, le site accueille une faune et une flore spécifiques, proches des milieux méditerranéens.

Le lac Blanc dans les Vosges.

On peut par exemple citer les groupements végétaux variés (chênaie, chênaie-charmaie, bétulaie, châtaigneraie, pineraies, pelouses), la mycoflore riche, et la présence du pin sylvestre, l'arbre des sols pauvres. Lui seul pouvait recoloniser ces landes à bruyère sur les versants les plus ensoleillés, presque sur la roche nue.

La chaîne des Vosges est recouverte dans les régions supérieures de forêts de conifères (pin, sapin, épicéa, mélèze) et de forêts de hêtres, de chênes, de charmes et de châtaigniers dans ses parties inférieures. Au-delà de 1 200 m, les sommets ne produisent plus que du gazon formant de vastes et beaux pâturages. Les céréales sont cultivées encore à une altitude de 900 m. Il faut distinguer, dans les Vosges, deux chaînes de montagnes distinctes : celle du Sud, de beaucoup la plus élevée, composée de roches cristallines ; celle du Nord formée de grès.

Les montagnes cristallines du Sud sont composées de montagnes à roches granitiques ou à roches métamorphiques. Les premières s'étendent depuis le Ballon d'Alsace (1 250 m) jusqu'à la vallée de Sainte-Marie-aux-Mines en formant le Gresson (1 249 m), la Tête du Drumont (1 223 m), le Grand-Ventron (1 204 m), le Rainkopf (1 304 m), le Hohneck (1 362 m, la cime la plus élevée des montagnes granitiques), le Gazon du Faing et le Rocher Belmont (1 303 m et 1 272 m), qui surplombent le lac Noir (960 m) et le lac Blanc (1 054 m), le col du Bonhomme (949 m) et enfin le Brézouard (1 228 m). Plus au nord, une dernière montagne granitique, le massif du Champ du Feu (1 095 m), forme un système à part.

Les Vosges septentrionales, formées du grès forment une vaste bande partant de Phalsbourg, passant par Épinal et s'étendant jusqu'à Luxeuil, Lure et Belfort. Ses principales montagnes sont le Donon (1 009 m), le Hengst (890 m), le Hohneck (1 362 m), Hohkoenigsbourg (807), le Climont (974 m) le plateau de la Bloss avec le Moennelstein (819 m) et Sainte-Odile (764 m).

Forêts et bois, l'endroit où se ressourcer

L'Alsace est la 5e région forestière française. Les forêts couvrent les cônes de déjection des rivières descendant des Vosges. Elles sont constituées d'un mélange d'essences variées. En plus des forêts spécifiques aux Rieds, que nous avons déjà évoquées, on trouve les forêts rhénanes très riches sur le plan écologique avec plus de 40 essences d'arbres et d'arbustes et qui bénéficient d'un plan de protection spécifique ; les forêts de colline qui sont très visitées par exemple autour du vignoble et des châteaux forts, les forêts de plaine dont deux comptent parmi les 10 plus grandes forêts publiques françaises et les forêts de montagne boisées à plus de 80 %, qui constituent un patrimoine naturel économique et écologique important.

La plus grande des forêts alsaciennes est celle de Haguenau. Dans la partie Sud on trouve celle de la Hardt, la forêt du Nonnenbruch et celle qui recouvre en partie le Sundgau. Deux parcs naturels régionaux couvrent ces zones.

Le parc naturel régional des Ballons des Vosges du Nord a été créé en juin 1989 à l'initiative de trois anciennes régions : l'Alsace, la Lorraine et la Franche-Comté. Il est à cheval sur quatre départements et ses 3 000 km² en font l'un des plus vastes de France et l'un des plus peuplés. Le Parc naturel régional des Vosges du Nord a été créé en décembre 1975. Contrairement à ce que son nom pourrait laisser croire, ce parc n'est pas situé dans le département des Vosges et n'est pas non plus centré sur le massif vosgien. Le parc fait partie de la réserve de biosphère transfrontalière des Vosges du Nord-Pfälzerwald.

Vignes dans la région de Colmar.

NATURE

La nature est très présente en Alsace. Lorsque l'on sort un peu des grandes agglomérations, elle est littéralement partout ! La biodiversité alsacienne est très riche et diversifiée, grâce notamment à des espaces géographiques très variés ayant bénéficié très tôt d'efforts de conservation considérables. La faune et la flore alsacienne regorgent d'espèces parfois très rares que l'on observe à loisir dans les parcs naturels régionaux, les réserves naturelles, mais aussi dans les parcs et jardins ou simplement en se promenant un peu sur les sentiers de randonnée. Pour aller encore plus loin, de nombreuses associations qui maillent le territoire proposent des découvertes et des conférences et des parcs animaliers dédiés à la découverte et à la protection de la faune locale comme le Naturoparc à Hunawihr offrent une vision globale de ce qu'a à offrir le territoire alsacien en termes de biodiversité.

Mammifères

Le plus connu des mammifères alsaciens est sans doute le grand hamster d'Alsace, que l'on appelait aussi autrefois « marmotte de Strasbourg ». Vous aurez malheureusement peu de chances de l'observer, hormis au Naturoparc. Il a en effet presque disparu à cause de l'agriculture intensive mais de nombreuses associations œuvrent à sa réintroduction. Vous aurez certainement plus de chances de voir biches, cerfs, chevreuils, sangliers et renards le long des sentiers. Avec un petit effort, en montant sur certains sommets, vous pourrez aller à la rencontre des chamois, qui avaient été introduits mais qui sont aujourd'hui bien acclimatés. Enfin, les plus chanceux croiseront peut-être la route des deux espèces de carnivores discrets et protégés que sont le loup et le lynx.

Reptiles et amphibiens

Quatre espèces de reptiles sont recensées en Alsace : la couleuvre collier (on la trouve dans la plaine d'Alsace et jusqu'à 800 mètres d'altitude), la coronelle lisse (localisée sur le piémont vosgien et en Alsace Bossue), la vipère aspic (présente sur les pelouses sèches des collines sous-vosgiennes dans les régions de Ribeauvillé et de Rouffach) et la vipère péliade (présente dans une tourbière de la région de Lapoutroie). Pas de panique, les serpents ont plus peur de vous que vous n'avez peur d'eux ! Avec ses nombreuses zones humides, l'Alsace est aussi un paradis pour de nombreux amphibiens rares comme la salamandre tachetée, qui a inspiré blasons médiévaux et légendes.

Un chamois dans les Vosges.

Oiseaux

Les oiseaux sont très présents sur tout le territoire. Les rieds sont le lieu de prédilection pour le repos des espèces migratrices et pour l'établissement des courlis cendrés. Dans les Vosges du Nord, vous apercevrez peut-être près des falaises le hibou grand-duc, le faucon pèlerin, les petites chouettes Tengmalm et chevêchette ou bien le grand corbeau. Dans les forêts, vivent les pics (dont le plus grand pic noir), mésanges, roitelets et sittelles et certaines montagnes abritent le grand tétras, que l'on entend plus que l'on ne voit.

Mais bien sûr on ne saurait parler d'oiseaux alsaciens sans penser à la cigogne ! Dans les années 1970, elles n'étaient même plus une cinquantaine. Aujourd'hui, grâce à de nombreux programmes de protection, la cigogne est partout et même en ville ! Au printemps, ses claquements de bec caractéristiques annoncent l'arrivée prochaine de bébés, pour elles mais aussi pour vous peut-être ? En effet en Alsace, les enfants ne viennent ni des choux ni des roses, mais sont parachutés par les cigognes ! Ces dernières ont aussi le pouvoir d'annoncer les mariages. Si vous êtes une femme non mariée et que l'une d'elles s'approche de vous au sol, c'est pour bientôt !

© SHUTTERSTOCK.COM - SAVVAPANF PHOTO

Deux cigognes près de Strasbourg.

Parcs naturels

L'Alsace compte deux parcs naturels. Leur mission est de protéger durablement les patrimoines par une gestion adaptée des milieux naturels et des paysages tout en contribuant au développement économique, social et culturel.

À cheval sur l'Alsace et la Lorraine, le Parc naturel régional des Vosges du Nord a été créé en 1975. Il couvre plus de 1 300 km² dont plus de la moitié couverts par la forêt. Son point culminant est le Grand Wintersberg à 581 mètres d'altitude. Il compte 2 600 kilomètres d'itinéraires pédestres, équestres, VTT et cyclotouristes dont 1 700 kilomètres de sentiers balisés par le Club vosgien. La présence de plus de trente châteaux forts en ruines est aussi l'une des caractéristiques de ce territoire.

Le territoire du Parc naturel régional des Ballons des Vosges créé en 1989 couvre près de la moitié sud du massif, sur quatre départements (Haut-Rhin, Haute-Saône, Vosges, Territoire de Belfort) : soit 3 000 km². Près des trois quarts de son territoire sont occupés par la forêt. Il compte 400 tourbières et 4 réserves naturelles. Son point culminant est aussi celui des Vosges : le Grand Ballon qui culmine à 1 424 mètres d'altitude. Le siège du Parc des Ballons se trouve à Munster et propose un espace d'exposition régulièrement renouvelé ainsi que des informations sur le massif des Hautes-Vosges, faune, flore, hébergements, etc.

Réserves naturelles

Le Rhin forme une frontière naturelle entre l'Alsace et le Bade-Wurtemberg. Cinq réserves naturelles jalonnent le fleuve et présentent des milieux très variés. Bras d'eau, mares et vasières, prairies humides et pelouses sèches, gravières et forêts alluviales hébergent une faune et une flore riches en biodiversité. Des recherches scientifiques y sont régulièrement menées sur les différentes espèces d'oiseaux, les amphibiens et reptiles, les insectes, etc., ainsi que sur la flore et la fonge (champignons).

Constituée de saulaies, de vasières, de roselières ou encore de cariçaies, la réserve naturelle du Delta de la Sauer nous offre un dépaysement assuré. Ce sont 486 ha qui composent ce site remarquable d'un point de vue ornithologique, botanique, mais également paysager ou encore hydrologique, c'est un des derniers secteurs où les eaux du Rhin viennent s'épancher en cas de crues.

Située sur un ancien banc de graviers rhénans, la réserve naturelle de la forêt d'Offendorf protège 60 hectares de forêt alluviale. Dans les zones ouvertes s'épanouissent les inules britanniques, les violettes élevées, les euphorbes palustres et les séneçons des marais. De nombreuses espèces de papillons envahissent lisières, clairières et sous-bois : sylvain azuré, grand mars changeant, carte géographique, machaon, aurore, citron, etc. Dans les amphibiens, on compte les grenouilles agile, verte et rousse, les tritons crêtés, alpestre ou ponctué.

D'une superficie de 309 hectares, la réserve naturelle de l'île du Rohrschollen est composée de 157 hectares de forêt, 25 hectares de prairie, le reste étant constitué par le domaine fluvial à seulement 10 km de Strasbourg.

La réserve naturelle de la forêt d'Erstein est presque exclusivement de nature forestière. Le site de 180 ha est parcouru par un dense réseau d'anciens bras actifs du fleuve, les Giessen.

L'île de Rhinau et la réserve voisine du Taubergiessen, en Allemagne, sont réputées pour leur grand intérêt vis-à-vis de la protection des oiseaux qui viennent y passer l'hiver. La réserve naturelle de l'île de Rhinau fait 311 ha et couvre les deux tiers sud de l'île. Elle est gérée par le Conservatoire des sites alsaciens qui propose des sorties guidées.

Enfin, la Petite Camargue alsacienne, première classée, offre reliques et témoins de la jungle rhénane.

HISTOIRE

L'histoire de l'Alsace fut mouvementée et en particulier, on s'en souvient encore beaucoup ici, durant les deux guerres mondiales. C'est sans doute son histoire si particulière qui lui a donné aujourd'hui tant de particularités. Les héritages multiples se dessinent encore dans chacune des actions quotidiennes des Alsaciens, à la culture si spécifique. Outre des traces historiques dans la culture, on découvre également en Alsace de nombreuses traces de toutes les périodes depuis la préhistoire jusqu'à nos jours en passant par l'Antiquité sur de nombreux sites de fouilles. Ils sont nombreux autour des châteaux ou dans les champs et les nombreux musées historiques comme ceux de Strasbourg, Haguenau, Saverne, Colmar ou Mulhouse présentent ce patrimoine retrouvé. Sachez aussi que les Alsaciens sont très impliqués dans la préservation de leur histoire, par du bénévolat ou par le biais des nombreuses associations historiques.

4000 AVANT J.-C

Mésolithique

La riche couverture en loess de l'Alsace a attiré des peuples des régions danubiennes, porteurs des techniques de céramique dites rubanées et poinçonnées.

2200-1600 AV. J.-C

Chalcolithique et bronze ancien

Des centaines de sépultures sous tumulus du bronze moyen (1500-1200 av. J.-C.) ont été découvertes dans la région de Haguenau. L'Alsace fut ensuite colonisée par les peuples des Champs d'Urnes qui incinéraient leurs morts.

750-550 AV. J.-C

Premier âge du fer

Les tertres funéraires du Hallstattien final (550-480 av. J.-C.) et leurs restes prouvent l'importance des échanges économiques et culturels avec le monde grec.

Antiquité

58 AVANT J.-C

César chasse Arioviste de la région, intéressante économiquement et géographiquement pour son empire. La grande bataille d'Alsace qui oppose les deux chefs de guerre se déroule à l'ouest de Mulhouse. L'Alsace entre dans le district de Germanie supérieure. À cette époque, la romanisation culturelle s'opère facilement et pacifiquement.

IIIᴱ SIÈCLE

Le limes romain n'arrive pas à empêcher l'incursion fréquente d'Alamans, qui pillent et détruisent tout. À l'aube du Vᵉ siècle, l'Alsace tombe finalement aux mains de ceux-ci.

L'héritage carolingien

IXᴱ-XIᴱ SIÈCLES

Charlemagne se rend en Alsace à plusieurs reprises dans la seconde moitié du VIIIᵉ siècle. Lorsqu'il est couronné empereur en 800, la région occupe une place centrale dans cet Empire d'Occident. Les abbayes alsaciennes connaissent alors un âge d'or en obtenant plus de droits, des avantages financiers, une justice indépendante et un important agrandissement de leurs domaines.

962 Le Saint Empire germanique est créé par Othon Ier : ses limites vont perdurer jusqu'au XVIIe siècle.

L'Alsace est au cœur de la civilisation rhénane

XIIE-XVE SIÈCLES

Les ducs de Souabe et d'Alsace dominent l'Empire. On retrouve de nombreuses traces de cette lignée un peu partout dans la région. L'Empire est divisé en plusieurs territoires appelés landgraviats qui sont aux mains de grands seigneurs au service de l'Empereur. Les comtes d'Eguisheim et les Habsbourg font partie de ces grandes familles qui ont régné sur ces territoires avant que l'évêque de Strasbourg ne mette la main sur presque toute la région au XIVe siècle. L'une des particularités de l'Alsace dès le Moyen Âge est l'importance des villes, entités à part entière qui prennent de plus en plus de pouvoir.

L'humanisme

XVE SIÈCLE

En Alsace naissent plusieurs grandes figures de ce mouvement de pensée : Jean Geiler de Kaysersberg, Jacob Wimpfeling, Sebastian Brant et son chef-d'œuvre, *la Nef des fous*, Thomas Murner ou encore l'imprimeur Jean Mentel. Avec son école latine au rayonnement intellectuel international, Sélestat est incontournable pour l'humanisme rhénan.

L'ère de la réforme

XVIE SIÈCLE

À Strasbourg s'impose la très forte personnalité de Martin Bucer (ancien dominicain converti) : la ville devient officiellement protestante en 1529, et la cathédrale prend alors le statut de temple.

La guerre des paysans

1525

Les frustrations latentes, l'explosion du prix des céréales, l'ingérence et les exactions des seigneurs, conduisent au regroupement en bandes de 30 à 40 000 indignés sur toute l'Alsace, réclamant plus de droits et de justice. Malgré la sympathie des populations locales, la répression très violente est menée par le duc de Lorraine. Un Alsacien sur dix est tué et l'on surnomme cet épisode « la boucherie de l'Alsace ».

La guerre de Trente Ans

XVIIE SIÈCLE

L'Alsace sort effondrée de ces trois décennies de guerre quasi constante : la moitié de la population rurale de la région a disparu, ravagée par la famine et la peste. 1648 marque l'arrêt des hostilités avec les traités de Westphalie et le changement de main de la région qui passe du côté français.

Mulhouse indépendante

1648

Mulhouse s'allie à des cantons suisses après la guerre des Six Deniers de 1466 jusqu'à obtenir le statut de « canton allié » à la Confédération helvétique en 1515 et devient complètement réformée dès 1529. La révolte des Fininger met la ville à feu et à sang entre 1580 et 1590 mais elle est peu touchée par la guerre de Trente Ans. À la suite des traités de Westphalie de 1648, la ville devient une république indépendante avant de demander, le 4 janvier 1798, son rattachement à la France.

1789 - 1815

La Révolution française et le Premier Empire

C'est l'intégration complète de la province à la nation française. En 1790, la généralité d'Alsace est divisée en deux départements : Bas-Rhin au nord (chef-lieu Strasbourg) et Haut-Rhin au sud (chef-lieu Colmar). En 1815, suite à l'intervention du tsar Alexandre Ier au congrès de Vienne, et malgré les revendications de nombreux nationalistes allemands, l'Alsace est laissée à la France.

1815 - 1870

La première révolution industrielle

La grande industrie textile mécanisée va se développer dans les vallées vosgiennes et dans la plaine de Mulhouse. Toutes les villes de ces vallées possèdent leurs filatures ou leurs tissages et de petites industries villageoises apparaissent. Strasbourg, carrefour de routes depuis l'époque romaine, n'est encore qu'un centre d'industries alimentaires, une ville de garnison et un lieu de transbordement de marchandises.

1870-1871

Guerre et annexion

Les dirigeants français du Second Empire déclarent la guerre à la Prusse en juillet 1870. Mal préparées et mal conduites par les Français, les opérations aboutissent à la capitulation de Napoléon III à Sedan et à la défaite au bout de six mois. L'armistice est signé à Versailles le 18 janvier 1871. La France perd l'Alsace.

1911

L'Alsace, terre impériale

En 1911, les revendications de l'autonomisme alsacien semblent satisfaites par une constitution qui accorde au Reichsland un Parlement provincial à deux chambres siégeant à Strasbourg. Le mécontentement persiste et conduit à l'émeute à Saverne en 1913. Pendant cette période, l'Alsace participe à la très forte croissance économique de l'Allemagne. Dès le début du XXe siècle, l'un des plus grands gisements de potasse au monde est découvert et exploité près de Mulhouse. Strasbourg, bombardée en 1870 est reconstruite dans un style monumental et classique.

1914 - 1918

La Première Guerre mondiale

L'Allemagne de Guillaume II déclare la guerre à la France le 3 août 1914. Le conflit voit l'Alsace exposée en première ligne. Ce n'est qu'en novembre 1918, après l'armistice, que les troupes françaises pourront pénétrer en Alsace et à Strasbourg. Par le traité de Versailles de 1919, l'Alsace redevient officiellement française dans les limites de ses deux départements d'avant 1871.

Signature du Traité de Versailles à la Galerie des Glaces, 1919.

La Seconde Guerre mondiale

1939 – 1945 Le 3 septembre 1939, la France et le Royaume-Uni déclarent la guerre à l'Allemagne. Dès la défaite française de juin 1940, l'Allemagne annexe de nouveau l'Alsace jusqu'en novembre 1944. L'Alsace est définitivement libérée en mars 1945.

Reconnaissance des « malgré-nous »

1986 Une loi d'amnistie sera votée pour les Alsaciens ayant revêtu l'uniforme allemand pendant la guerre et en 1986, l'Allemagne accepte de dédommager les familles concernées. L'Alsace dans la paix est devenue le symbole de la réconciliation franco-allemande.

1993 Naissance de la Communauté européenne.

Naissance de l'Union européenne

2007 Le cœur politique de l'Union européenne (l'assemblée parlementaire, puis le Parlement) est basé à Strasbourg.

© SHUTTERSTOCK.COM - LEONID ANDRONOV

Le Parlement européen à Strasbourg.

Collectivité européenne d'Alsace

2021 En 2016, le Grand Est marque la réunion des régions Alsace, Lorraine et Champagne-Ardenne à la suite de la réforme des régions françaises de 2015. En 2021, l'Alsace devient la Collectivité européenne d'Alsace, plus indépendante.

TOP 10

PERSONNALITÉS LOCALES

L'Alsace a vu naître de nombreuses personnalités, connues au niveau national ou international. Nées, ayant vécu en Alsace, ayant eu un chemin de vie remarquable, nous vous en présentons ici 10, issues de différents domaines de la vie : sciences, arts, architecture ou politique.

HANSI

Illustrateur, caricaturiste et aquarelliste, ambassadeur des traditions populaires alsaciennes.

ALFRED DREYFUS

Officier français d'origine alsacienne et de confession juive victime d'une machination judiciaire.

© ISTOCKPHOTO.COM - ILBUSCA.JPG

GUTENBERG

Imprimeur dont l'invention des caractères métalliques mobiles a révolutionné l'imprimerie européenne.

© SHUTTERSTOCK.COM - EVERETT COLLECTION

AUGUSTE BARTHOLDI

Sculpteur et peintre connu entre autres pour avoir été l'auteur de la *Statue de la Liberté*.

© SHUTTERSTOCK.COM - MORPHART CREATION

MÉLANIE DE POURTALÈS

Familière de la cour de Napoléon III, elle préconise l'abandon des robes à traîne pour des robes courtes.

© FRANZ XAVER WINTERHALTER, WIKIMEDIA COMMONS (DOMAINE PUBLIC).

DR SCHWEITZER

Médecin, pasteur et théologien protestant, philosophe et musicien alsacien, créateur d'hôpital.

© SHUTTERSTOCK.COM - BORIS15

MARTIN SCHONGAUER

Au Moyen Âge, graveur le plus illustre de son temps, sa renommée s'étend jusqu'en Italie et aux Pays-Bas.

© SHUTTERSTOCK.COM - MARZOLINO

HÉLÈNE BURGER

Infirmière bénévole de la Croix-Rouge qui sauva des enfants juifs pendant la Seconde Guerre mondiale.

WILLIAM WYLER

Réalisateur connu pour avoir réalisé *Vacances romaines* ainsi que *Ben-Hur*, récompensé par onze Oscars.

TOMI UNGERER

Peintre, dessinateur, illustrateur et auteur alsacien traitant aussi bien de l'enfance que de l'érotisme.

ARCHITECTURE

L'architecture alsacienne est marquée par de nombreuses particularités, influencée notamment par les Allemands et par les conflits très nombreux qui ont fait de cette région l'une des plus disputées lors des affrontements guerriers jusqu'à aujourd'hui. Si ce qui vient en premier à l'esprit est la célèbre et traditionnelle maison à colombages, il n'y a pourtant pas que cela. Outre ces habitations quotidiennes, des ouvrages à l'architecture bien plus surprenante jalonnent routes et chemins, entre édifices religieux d'importance mondiale, châteaux forts surprenants et incontournables et éléments de militaria démesurés. Partez donc à la découverte de cette facette méconnue de l'Alsace qui mérite pourtant que l'on s'y attarde longuement tant elle recèle de découvertes et de trésors. De nombreux musées et guides touristiques vous apprendront tout ce qu'il y a à savoir sur les différentes périodes.

Les maisons à colombages

La maison à colombages est l'un des éléments emblématiques du patrimoine alsacien. Si en France elle fait figure de particularité par rapport aux autres régions, elle est néanmoins tout aussi répandue le long du Rhin, en Europe centrale, aux Pays-Bas ou en Lorraine.

Il n'est pas étonnant que la maison alsacienne utilise le bois comme matière première : cet élément se trouve partout dans les forêts alentour et permet de résister à l'affaissement tout en isolant bien. Traditionnellement, ces maisons sont construites par des charpentiers. Chaque élément de la structure s'emboîte dans un « équilibre architectonique ». L'ossature en bois, solide, fait appel à des chevilles de bois. Entre les poutres, les mirs sont composés de mortier de boue et de paille que l'on appelle *wickelbodde*. Ce torchis est appliqué avec des palançons et est recouvert ensuite de chaux blanche ou aux couleurs très vives. Le toit est incliné à 60° afin de permettre à la neige de ne pas se stabiliser dessus et la toiture est composée de tuiles en forme de queue de castor : *biberschwanz*.

Chaque maison exprime une symbolique selon les motifs de ses poutres de bois. Le Mann est par exemple caractéristique : deux K opposés l'un à l'autre évoquent la silhouette d'un homme et renvoie à la virilité ou à la force physique. Dans la région de Sélestat, on trouve plusieurs Manns qui évoquent le coq (une tête avec un œil) car cet animal du soleil éloignerait les mauvais sorts des sorcières. Parmi les autres motifs symboliques, la croix de Saint-André évoque la fécondité ou l'union maritale, le losange qui renvoie à la maternité, le siège curule qui indique l'importance sociale du propriétaire, l'arbre de vie (plus présent dans le Sundgau) qui permet de différencier le bien et le mal, les poteaux d'angle décorés…

La plupart des maisons alsaciennes anciennes étaient depuis les années 1970 détruites ou laissées à l'abandon. Cela motiva la création de l'association Maisons paysannes d'Alsace ou de l'association pour la Sauvergarde de la Maison alsacienne qui démontent chaque pièce de l'ossature des maisons vouées à la destruction pour les remonter sur le site de l'Écomusée d'Ungersheim. Plus de soixante-dix bâtiments traditionnels (maisons, échoppes ou ateliers) se côtoient dans un espace de 25 hectares aménagé de manière traditionnelle (champs, rues…).

La plus ancienne maison alsacienne encore sur son lieu d'origine se situe à Rosheim. Elle fut construite en 1154 et est nommée « Maison Païenne ». D'autres maisons très anciennes méritent d'être visitées : la maison Katz (1605) à Saverne, la Cour des Chaines (1592) à Mulhouse, la Maison des Tanneurs, la Maison Kammerzell et la Cour du Corbeau, toutes trois à Strasbourg et datant du début du XVIe siècle.

La Neustadt

Après la défaite de 1870, Strasbourg doit se reconstruire après de très nombreux dégâts. C'est ainsi que naît la Neustadt (nouvelle ville), aujourd'hui classée au Patrimoine mondial de l'Unesco.

La reconstruction de la ville à proprement parler ne prendra que 5 ans mais son extension est l'un des points importants de la nouvelle politique allemande. Le milieu des affaires souhaite des infrastructures performantes (gare, port, circulation, etc.) tandis que les autorités politiques veulent, pour le « Reichsland d'Alsace-Lorraine », une capitale exemplaire, grandiose, toute à la gloire de l'Empire et de la germanité. En 1880 est décidé le nouveau plan de la ville qui prévoit l'ajout de 386 hectares aux 230 anciens. J.-G. Conrath, architecte municipal depuis 1849, prévoit un secteur de prestige réservé aux bâtiments officiels (palais impérial, ministères, siège de l'assemblée régionale, bibliothèque et université). En 1900, tout sera déjà terminé

© SHUTTERSTOCK.COM - MARINAD_37

Maisons à colombages, Strasbourg.

et les secteurs d'habitat se construiront, eux, jusqu'en 1920. La Neustadt est le seul exemple de cette architecture allemande si particulière, les autres quartiers similaires d'autres villes ayant été détruits pendant la Seconde Guerre mondiale.

En visitant ce quartier post-haussmannien, vous découvrirez certaines extravagances architecturales, mêlant la néo-Renaissance italienne, le néogothique et l'Art nouveau. La place de la République est construite autour d'un parc. C'est un ensemble monumental remarquable. Il comprend le Palais du Rhin, bâti dans l'objectif de servir de résidence à l'empereur mais qui servira plus tard d'hôpital militaire et depuis 1920 de résidence de la Commission centrale pour la navigation du Rhin ; la Bibliothèque nationale et universitaire ; le Théâtre National de Strasbourg, ancien Landtag, palais de la diète d'Alsace-Lorraine. Ne manquez pas l'avenue de la Liberté, entre le Palais du Rhin et le Palais universitaire de style Renaissance italienne, conçue comme des Champs-Elysées strasbourgeois avec ses hôtels particuliers et son Hôtel des Postes, de style néo-gothique. Passez aussi devant les Bains municipaux, inscrit aux Monuments historiques et construit entre 1904 et 1911, dans un style néo-classique et néo-baroque. L'Art nouveau n'est pas en reste dans la Neustadt et l'exemple le plus marquant en est sans doute la maison égyptienne, mélange d'Art nouveau et d'orientalisme.

Châteaux forts

L'Alsace est le pays des châteaux ! Ils sont plus de 500 en tout dont plus de 80 visitables ! Construits sur les contreforts des Vosges, ils ont été progressivement abandonnés et bon nombre ne sont plus que des ruines. Grâce au chemin des châteaux forts d'Alsace, vous pourrez en découvrir beaucoup. Le tracé passe par plus de 80 châteaux, sur une longueur d'environ 450 km, de Wissembourg à Thann, complété par le circuit des 3 châteaux du Jura alsacien.

Les plus connus des châteaux pouvant être visités (entrée payante et musées intégrés) sont : le Haut-Koenigsbourg, le Hohlandsbourg, le Fleckenstein, le Lichtenberg, le Château des comtes d'Éguisheim, les Trois Châteaux de Ribeauvillé ou du Haut-Eguisheim. De plus, de nombreux villages alsaciens ont conservé leurs fortifications et donnent un aperçu intéressant de la vie et de l'architecture régionales au Moyen Âge.

Architecture religieuse

Le patrimoine architectural religieux est varié en Alsace. Les églises construites aux XIe et XIIe siècles présentent toutes les spécificités de l'art roman : le plan en croix latine, les parois épaisses, le décor réduit au maximum... L'église Saints-Pierre-et-Paul de Rosheim, l'église Saint-Ulrich de Wissembourg, l'abbatiale de Marmoutier ou encore l'église Saints-Pierre-et-Paul à Sigolsheim comptent parmi les incontournables de cette période stylistique et sont intégrées dans une route des églises romanes d'Alsace qui rejoint 19 édifices importants.

Au XIIIe siècle, l'architecture gothique remplace peu à peu la romane. En 1230 est ainsi construit sur ce mode le croisillon Sud de la cathédrale de Strasbourg. La lumière entre plus, les décorations se font plus variées et colorées. La flamme de la cathédrale de Strasbourg, la collégiale Saint-Thiébaud de Thann, la basilique Saint-Georges de Sélestat, l'abbatiale de Wissembourg, Notre-Dame-de-l'Assomption de Rouffach ou encore la collégiale Saint-Martin à Colmar en sont de parfaits exemples.

Château du Haut-Koenigsbourg.

RULANTICA
L'univers aquatique d'EUROPA-PARK
Ouvert toute l'année !
FANTASTIQUE
tickets.rulantica.de
Informations : Bureau en France au 03 88 22 68 07
© Mack INTERNATIONAL

L'abbatiale d'Ebersmunster.

L'Alsace offre aussi des curiosités. Le clocher vrillé de Niedermorschwihr en est un exemple frappant et il fait partie de la centaine seulement de clochers de ce genre en Europe. Mais pourquoi est-il vrillé ? Parce que le diable y avait enroulé sa queue ! L'abbatiale d'Ebersmunster, près de Sélestat, est elle aussi très particulière car elle est d'architecture baroque du XVIIIe siècle, style très rare en France.

Certains édifices religieux témoignent de la diversité religieuse en Alsace : un tiers des protestants français sont alsaciens ou d'origine alsacienne. Certaines églises, utilisées successivement ou sous la forme du simultaneum par les deux cultes, en ont été très marquées.

Les juifs d'Alsace ont représenté plus de la moitié du judaïsme français au XVIIIe siècle mais ils ont dû attendre 1791 pour avoir le droit de revenir dans les villes qui leur avaient été interdites. On peut aujourd'hui observer des cimetières, bains rituels et synagogues dans les campagnes même si la majorité des 90 synagogues alsaciennes ont disparu. Synagogues restaurées et musées aménagés forment aujourd'hui un parcours juif passionnant et unique en son genre.

Architecture militaire

L'architecture militaire en Alsace laisse des traces depuis 2 000 ans. L'évolution des fortifications à travers les différentes époques n'a eu de cesse de modeler le paysage. Inscrits dans l'histoire, ces différents ouvrages permettent de mieux comprendre le paysage urbain local, le rôle politique de certains sites comme le fort de Mutzig, la Ligne Maginot ou le Struthof, l'évolution des techniques de défense et des matériaux (apparition de la poudre, crise de l'obus torpille...). Sur les premiers témoins, les châteaux forts, on trouve souvent des meurtrières à niches, parmi les plus anciennes connues en France.

En 1893, les Allemands construisent le fort cuirassé de Mutzig. Cet édifice est alors le premier à présenter les caractéristiques des fortifications du XXe siècle, un essai en quelque sorte. Il est l'un des premiers à se composer essentiellement de béton et à utiliser l'électricité, tout en étant relié en souterrain à d'autres ouvrages spécialisés du même type : c'est la naissance de la fortification éclatée. On en voit surtout dépasser les tourelles d'observation et d'artillerie mais, alors que le fort est à ce moment-là plus puissante fortification d'Europe, personne ne se doute de visu de son importance souterraine.

Après la Première Guerre mondiale, l'architecture militaire en Alsace est essentiellement issue de la Ligne Maginot (André Maginot était ministre de la Guerre), la « grande muraille de France » comme on la surnommait. Avec tout ce qu'avait vécu l'Alsace, son but était de bloquer tout le nord du territoire, en prévision d'une autre vague guerrière éventuelle... Prémonitoire puisqu'elle sera utilisée ! Entre 1930 et 1935, le Four à Chaux, le Schoenenbourg et la casemate Hesch entre autres sont construits, parmi tant d'autres. Aujourd'hui ils se visitent avec des intérieurs reconstitués.

LES BAINS MUNICIPAUX

UNE RÉNOVATION RÉUSSIE

Très fréquentés par les Strasbourgeois, les Bains municipaux viennent de rouvrir en grande pompe, après une rénovation impressionnante et historique. L'occasion pour tout un chacun de replonger dans cet établissement chargé d'histoire et dont l'architecture a retrouvé tout son éclat d'antan. Pour le plaisir des petits et des grands...

Histoire d'eau...

Conçus en 1908 par l'architecte Fritz Beblo, alors que la ville était encore allemande, les bains municipaux se sont vus inscrits en 2017 au titre des Monuments historiques, le plus important niveau de protection patrimonial, en faisant par là même un enjeu de préservation nationale. Bien au-delà du décorum exceptionnel et de la prouesse architecturale que ce fut à l'époque, les Bains municipaux ont également séduit grâce à des prouesses techniques déjà très modernes : l'utilisation du chauffage par le sol, l'utilisation du béton armé... Une infrastructure qu'il était alors impossible de trouver ailleurs dans l'Hexagone. Il est également à noter que les habitants d'Outre-Rhin ont amené en ces lieux une véritable et importante culture des bains, de l'hygiène et de l'exercice physique jusqu'alors peu connus en France. En effet, à l'époque, seuls 4 % des Strasbourgeois bénéficiaient d'un point d'eau. Une véritable innovation, donc. Les habitants de la ville se sont très vite mis au fait des quarante-huit cabines avec baignoire (et trois classes tarifaires) et des soixante bains aux vertus thérapeutiques. Dès lors, près de 300 000 visites étaient enregistrées chaque année, avec un véritable boom dans les années soixante. À chaque visiteur, son bassin, sa cabine favorite. Des générations d'Alsaciens y ont appris à nager et d'autres activités natatoires et cela s'inscrit inévitablement dans la mémoire collective. Un joyau, au cœur de la Neustadt qui a beaucoup manqué durant ces deux longues années de rénovation. Un lieu de sociabilisation, de bien-être, de sport et de santé ouvert à tous les publics sans distinction.

Conserver un héritage

Toute la question a été justement de se poser les bonnes questions, lors de cette rénovation titanesque. Comment respecter et sublimer un héritage aussi fort pour la ville et ses habitants tout en l'adaptant aux normes de notre époque ? Comment fait revivre dans la modernité cette magnifique robinetterie en laiton, cette structure centrale du rez-de-chaussée, le merveilleux bassin circulaire des bains romains, ce nuancier vert-bleu tellement iconique des lieux ? Ainsi, à l'issue de nombreuses discussions et négociations entre les services techniques de la communauté urbaine de Strasbourg, les associations de protection du patrimoine, les associations de quartier et les architectes, les travaux ont pu démarrer pour le plus grand plaisir de tous. Lancés en 2019, les travaux ont mobilisé de nombreux professionnels et d'artisans au savoir-faire d'exception. Tous ont fait preuve d'inventivité, de génie créatif, de détermination, de réflexion profonde et de respect pour la mémoire des murs.

Les Bains version 2021

Désormais gérés par la société Equalia, les nouveaux Bains municipaux ont su maintenir un véritable dialogue entre histoire et modernité. Ainsi, on peut y venir quelle que soit sa catégorie socio-professionnelle, en famille ou entre amis. Et un seul objectif : la mixité sociale et le sport santé. Une vraie gageure pour l'avenir, absolument nécessaire si l'on souhaite garder l'esprit de l'établissement tout en le faisant évoluer. Pour nager dans les deux bassins intérieurs, il en coûte 5 euros comme dans toutes les autres piscines de l'Eurométropole. Il est également possible de s'inscrire à des cours de natation, d'aquagym et d'aquabike. Une prestation haut de gamme pour un tarif plus qu'accessible : on ne peut rêver mieux ! Ainsi, les plus petits, les ados, les scolaires, les adultes, les seniors et les femmes enceintes peuvent à nouveau exercer leurs activités natatoires dans ce luxueux décor de cinéma. Plus encore, certains pôles se sont diversifiés avec un espace fitness, un espace bien-être et des ateliers sur l'alimentation. Construits il y a plus d'un siècle, les Bains municipaux ont retrouvé leur lustre d'antan tout en s'adaptant aux nouveaux besoins de son éclectique clientèle. Un, deux, trois... Plongez !

BEAUX-ARTS

Les beaux-arts en Alsace ont connu de longues évolutions, sous les influences successives de la France et de l'Allemagne notamment. Qu'il s'agisse de peinture, de sculpture, d'imagerie, de gravure, de marqueterie, de faïence, de mobilier ou plus récemment de street art, le territoire alsacien est un terreau fertile pour les artistes et a créé des personnages à la renommée internationale dont les œuvres émerveillent des millions de personnes à travers le monde. Les musées dédiés aux arts sont nombreux et la formation artistique est aussi unique en Alsace grâce notamment à la Haute École des arts du Rhin (HEAR) née en janvier 2011 de la fusion de l'École supérieure des arts décoratifs de Strasbourg (ESADS) et de l'École supérieure d'art de Mulhouse (Le Quai) et des enseignements supérieurs de la musique du conservatoire de Strasbourg, en un seul et même établissement d'enseignement supérieur artistique.

Peinture

La peinture alsacienne regorge d'artistes reconnus, tantôt pour leurs productions académiques et bourgeoises, tantôt pour celles plus folkloriques voire purement esthétiques. Même si l'art populaire local reste imprégné par une esthétique germanique, l'assimilation des arts décoratifs français trouve un écho dans les grandes villes.

L'art en Alsace a beaucoup pris sa source dans le secteur industriel, qui a été déterminant. Au XVIIIe siècle le néo-classicisme était à la mode. Une école de peinture de fleurs est d'ailleurs née et a prospéré pendant le XIXe siècle. Durant ce même siècle, le romantisme a été un courant d'art majeur auprès de nombreux artistes locaux. Ce mouvement a particulièrement duré jusqu'à la guerre franco-prussienne. La peinture pompier, académique, réaliste ou d'histoire, typique du Second Empire, s'est avant tout exprimée chez les artistes alsaciens de Paris ! Cette école alsacienne de peinture regroupant, Auguste Bartholdi, Gustave Brion, Théodore Deck, Jean-Jacques Henner, Gustave Jundt, Théodore Lix, Camille-Alfred Pabst, Théophile Schuler, Alfred Schutzenberger… était bien placée auprès du comte Émilien de Nieuwerkerke. Les artistes locaux ont constitué aussi dès le milieu du XIXe siècle une iconographie régionale, qui fera sa renommée et deviendra son image de marque dès 1900, avec pour beaucoup l'imagerie de Jean-Jacques Waltz, alias Hansi ou Oncle Hansi. La période du Reichsland d'Alsace-Lorraine (1871-1918) a freiné dans un premier temps le développement artistique. Pourtant, très rapidement une nouvelle génération allait émerger, vers 1900, autour de Charles Spindler et Gustave Stoskopf. C'est ici encore l'industrie qui incite les artistes locaux à se développer. Petit à petit, la peinture impressionniste a trouvé dans la région une école autour de l'artiste Lothar von Seebach. L'Art nouveau a également pu s'exprimer par des artistes comme Anton Seder ou Charles Spindler. Plus tardivement, l'expressionnisme allemand, la nouvelle objectivité (Neue Sachlichkeit), avaient trouvé auprès de quelques artistes un fort intérêt.

Sculpture

La statuaire du XIIIe siècle provenant de la cathédrale de Strasbourg constitue l'un des ensembles les plus prestigieux du musée de l'Œuvre Notre-Dame. Les sculptures furent pour la plupart déposées au moment de la Révolution, où un édit imposa la destruction et l'enlèvement de la cathédrale de toute marque extérieure du culte. Elles furent parfois réimplantées sur l'édifice, puis à nouveau déposées au tout début du XXe siècle pour les garantir contre les intempéries et la pollution. Elles sont depuis pour la plupart remplacées sur le monument par des copies.

DÉCOUVRIR

Auguste Bartholdi.

© OLIVEROUGE 3 - SHUTTERSTOCK.COM

Lazare de Schwendi, par Auguste Bartholdi à Colmar.

À cette collection originelle s'ajoute celle de la Société pour la conservation des monuments historiques d'Alsace, qui réunit entre autres un ensemble lapidaire très important depuis l'Antiquité jusqu'aux temps modernes. Provenant d'églises de toute l'Alsace, la série de reliefs, de chapiteaux et de colonnes de la section romane retrace l'épanouissement de la statuaire au XIIe siècle.

La sculpture alsacienne connaîtra son âge d'or au XVe siècle autour d'une figure brillante : Nicolas de Leyde, à découvrir au travers de son sublime *Buste d'homme accoudé*. Si son influence sur la sculpture strasbourgeoise est décisive, d'autres courants de cette même époque sont cependant observables, en particulier dans les reliefs des retables.

Parmi les sculpteurs célèbres alsaciens, on trouve 4 figures internationalement connues : Gustave Doré (1832-1883), Auguste Bartholdi (1834-1904) créateur de la statue de la Liberté, Hans Peter Wilhelm Arp dit Jean Arp (1886-1966), cofondateur du mouvement dada et proche du surréalisme, Marie Tussaud (1761-1850) créatrice du musée de cire Madame Tussauds à Londres.

Marqueterie

La marqueterie fait partie intégrante du patrimoine alsacien. La marqueterie alsacienne apparaît dès la Renaissance mais son histoire est surtout liée au renouveau culturel de la fin du XIXe siècle et à un homme : Charles Spindler. Grâce à l'Art nouveau et au champ de création initié par Gallé et Majorelle au sein de l'École de Nancy, Charles Spindler a redécouvert la marqueterie quelque peu délaissée à la fin du XIXe siècle et a renouvelé cette pratique en en faisant un art de chevalet. L'artiste n'est pas ébéniste, mais peintre de formation. Sa grande originalité est de concevoir la marqueterie en tableau de bois et de réinventer sa palette en s'inspirant des thèmes de sa région, l'Alsace. Cette mode du tableau est devenue ensuite une « spécialité alsacienne » prolongée et renouvelée par Paul et Jean-Charles Spindler.

Meubles polychromes

Les meubles peints sont traditionnels en Europe centrale depuis le XVIIe siècle. En France, c'est en Alsace que cet art s'est le plus développé. Souvent en bois de sapin, les meubles alsaciens sont ornés de panneaux colorés agrémentés de motifs réalisés au pochoir avec un fond veiné de brun à l'aide d'un peigne ou d'un tampon. Les meubles tiennent une place d'importance dans l'art populaire régional. On pense par exemple aux armoires en bois polychrome du début du XIXe siècle que l'on nomme « Olmer » et que l'on plaçait généralement dans le vestibule de la maison alsacienne ou dans le « Stub » ; à la chaise alsacienne si typique avec ses pieds droits divergents, son assise en bois plein mais surtout par son dossier vertical sculpté et souvent à contours chantournés ; ou encore à ces coffres anciens qui constituaient avec le simple lit bâti de planches, le seul mobilier des paysans.

Faïence de Strasbourg

Le terme faïence de Strasbourg se réfère aux faïences produites par les faïenceries de Strasbourg et de Haguenau à Strasbourg au cours du XVIIIe siècle. Trois générations de la famille Hannong ont fondé et dirigé au cours du XVIIIe siècle (entre 1721 et 1784) les manufactures de faïence de Strasbourg et Haguenau en Alsace, et la manufacture de porcelaine de Frankenthal dans le Palatinat.

Plusieurs types de production, toujours d'une plus grande technicité, peuvent être distingués : les faïences de grand feu bleues, de 1721 à 1730, puis polychromes de 1730 à 1745. L'apparition d'une « technique mixte » de cuisson entre 1735 et 1745 permet de nouveaux décors. Entre 1745 et 1781, les faïences de petit feu décorées au pourpre de Cassius seront enseignées à l'école de peinture de la manufacture. Entre 1765 et 1775 apparaîtront des décors au chinois et des pièces de forme décorative, trompe-l'œil, surtout de table, flambeaux, statuettes. Les Hannong auront fabriqué de la porcelaine dure entre 1752 et 1755 puis de 1774 à 1779.

Street art

Il s'agit de l'ensemble des œuvres (fresques, installations, sculptures…) présentes dans le paysage urbain et public. On le voit souvent comme illégal mais, à Mulhouse ou à Strasbourg, la ville a su travailler main dans la main avec différents artistes. Elle leur a laissé carte blanche pour décorer ses rues, dédie un budget annuel à l'acquisition d'œuvres et encourage les associations et artistes à prendre possession du paysage urbain. À Mulhouse, on découvre quelques-uns des 200 panneaux de signalisation décorés par les stickers de Clet, les boîtes aux lettres investies par C215, les dessins de Zer, les graffitis humoristiques d'Oak Oak, les sculptures en matériaux de récup' d'Yves Carrey, la licorne colorée de Livia de Poli, les tricots du gang des tricoteuses… À Strasbourg, c'est Dan23 qui est le plus présent. Après 10 ans à peindre illégalement, le premier festival de street art est organisé en 2015 sous l'impulsion de l'hôtel Graffalgar, la Pop Artiserie, les peintres locaux et la mairie du quartier Gare. Dan23 peint alors tous les coffrets Sirac.

Le street art en Alsace est si tendance qu'il a même aujourd'hui un musée : le Mausa (p.443), musée des Arts urbains et de Street Art à Neuf-Brisach. Ouvert depuis le 7 juillet 2018 en mode progressif dans les remparts Unesco de la forteresse historique de Neuf-Brisach construite par Vauban entre 1698 et 1704, il propose sur 1 200 m^2 à des artistes urbains de renommée internationale de se succéder pour peindre les murs devant les visiteurs.

Affiches et imagerie

Au cours des XVIIIe et XIXe siècles, c'est certainement en Alsace que l'imagerie populaire fut la plus développée. Partout, des peintres-imagiers travaillaient à la demande des habitants qui voulaient conserver le souvenir d'événements importants, gais ou tristes. Qu'elles soient sur vélin ou papier, au dos d'une plaque de verre ou sur un objet, ces représentations de la vie quotidienne nous en apprennent plus sur ceux qui nous ont précédés que bien des livres d'histoire. Découvrez le musée de l'Image populaire à Pfaffenhoffen. Il propose un discours sobre dans un écrin d'une grande qualité muséographique et offre au visiteur un parcours plein de charme où, au-delà de leur valeur esthétique et de leur charge émotionnelle, ces images nous parlent avec poésie de l'Alsace d'hier et de son goût pour le décorum.

Visitez aussi sur Internet le corpus « Affiches et images d'Alsace » qui rassemble plus de 35 000 images. Cette collection rend accessible une grande part du fonds iconographique alsatique de la Bibliothèque nationale et universitaire, de 1870 à après la Seconde Guerre mondiale. La BNU, en partenariat avec le Cabinet des Estampes et des Dessins de la ville de Strasbourg, la Bibliothèque municipale de Mulhouse, le Musée historique de Mulhouse et la Bibliothèque municipale de Colmar, est à l'origine de ce projet.

L'imagerie alsacienne a aussi été influencée par celle, célèbre, d'Épinal. L'Imagerie d'Épinal est à l'origine une imprimerie fondée en 1796 par Jean-Charles Pellerin et où furent gravées les premières images d'Épinal en série (estampes aux sujets populaires et aux couleurs vives). Vous pourrez aujourd'hui visiter le site qui propose une collection de 1 344 bois gravés faisant l'objet d'un classement au titre des monuments historiques, un très important fonds iconographique de plusieurs centaines de milliers d'images et un peu plus de 6 000 pierres lithographiques des XIXe et XXe siècles.

Détail de la fresque peinte par INTI dans le centre de Mulhouse.

MUSIQUES ET SCÈNES

La musique et les scènes alsaciennes, qu'il s'agisse de théâtre ou de danse, offrent des particularités significatives qui en font des exceptions françaises. Imprimées de leurs traditions passées, elles ont su s'ouvrir sur le monde et sur les évolutions actuelles en ne reniant pas pour autant leur côté traditionnel et leurs origines. Si aujourd'hui les opéras, théâtres et orchestres (dont l'Orchestre universitaire ou le Philarmonique de Strasbourg) connaissent une renommée internationale, la tradition alsacienne c'est aussi le folklore et les occasions de vous le prouver ne manquent pas, des grands festivals de musique actuelle ou du monde aux présentations de villages. Annie Cordy n'avait-elle pas fait un tabac avec Frida Oum Papa qu'elle nous avait emprunté en se moquant gentiment ? Avec ce chapitre, nous vous invitons à découvrir les arts vivants alsaciens, leurs histoires et leurs spécificités.

Musique alsacienne

La musique traditionnelle alsacienne est essentiellement orchestrale, proche de la musique allemande, autrichienne, suisse et tchèque. On pourrait la croire disparue mais elle est pourtant encore bien présente dans chaque fête de village. La plupart des chansons traditionnelles proposent des paroles en dialecte alsacien mais elles sont de plusieurs types.

La *Bloosmusik* ou *Blôsmusik*, c'est-à-dire, musique « à souffler », produite par un orchestre d'instruments à vent, proche d'un *brass band*, avec quinze à trente musiciens (essentiellement cuivres, bois, accordéons et percussions) est la plus connue. Alors que, depuis la dernière guerre, la musique de chambre urbaine a disparu, ce sont les fanfares et les harmonies villageoises qui ont pris le relais, accompagnant souvent les danses folkloriques alsaciennes. Les musiciens sont en général vêtus de gilets rouges, chemises blanches et pantalons noirs typiques. Très populaires, les interprétations sont souvent entrecoupées d'apartés ou de cocasseries dialectales.

Chaque brasseur alsacien (Kronenbourg, Fischer, Meteor, Perle, Ancre, Adelshoffen, etc.) avait il n'y a pas si longtemps encore, son orchestre dédié de *Stubenmusik* (« musique de taverne »). On trouve aussi la *Guggenmusik* (fanfares qui font de la musique avec des déguisements) qui intervient notamment dans les carnavals de la région rhénane.

Dès les années 1970, les compositeurs se mettent de plus en plus à composer des chansons en dialecte pour le faire vivre et le rendre plus populaire auprès des jeunes générations. Aujourd'hui, c'est le rock alsacien qui a le vent en poupe et qui rencontre un succès croissant. Parmi les grands chanteurs de variété alsaciens, on peut citer Alain Bashung, Rodolphe Burger, Pierre Dac, Cookie Dingler, Pierre Fresnay, Jacques Higelin, Herbert Léonard, Le Mime Marceau, The Marx Brothers, Jean-Pierre Melville, Matt Pokora…

Les orgues

Les Silbermann sont assurément les plus connus des facteurs d'orgues alsaciens. En 80 ans (1703-1783) d'activité à Strasbourg, cette famille a réalisé 91 instruments, d'une qualité bien supérieure aux standards de leurs contemporains. Matériaux de choix, étain « anglais », étude approfondie de la facture, des édifices, de l'acoustique, mais aussi étude sociale de leurs commanditaires : les Silbermann ont assurément su se donner les moyens de produire une œuvre destinée à traverser les siècles. On peut aujourd'hui admirer ces superbes orgues dans de très nombreuses églises alsaciennes mais aussi bien au-delà de nos frontières et les entendre sonner procure un sentiment enchanteur.

Albert Schweitzer, philosophe, médecin, mais aussi musicien, musicologue et organiste, a très tôt été baigné dans la musique d'orgue et s'est concentré sur l'héritage de Jean-Sébastien Bach, tant du point de vue de l'interprétation que de l'analyse (il lui a consacré une monographie). On lui doit aussi la conception d'un système d'orgue nouveau, dont quelques exemplaires sont encore implantés en Alsace. Il donna de très nombreux concerts dans différentes églises et est à ce titre important pour la culture musicale alsacienne.

Danse

Il existe des dizaines de danses traditionnelles alsaciennes, une pour chaque village ou presque. Dans la société rurale alsacienne d'avant 1930, les grands travaux agricoles tels que la moisson ou le battage du blé se terminaient toujours par de grands rassemblements populaires. À cette occasion, les communautés villageoises festoyaient autour d'un repas tout en pratiquant diverses danses collectives. Ces danses trouvent leur origine dans les églises où la plupart des fêtes, repas et offices se tenaient. Les rondes étaient alors de rigueur. Les fidèles marquaient le rythme en frappant des mains et des pieds tout en accompagnant par la voix. Ces pratiques sont la survivance de rites païens très anciens. Par la suite, l'Église a interdit progressivement cette habitude.

Au XIVe siècle, les musiciens se développent et la ronde médiévale se transforme en bransle. Cette danse plus complexe mêle déplacements latéraux en cercle et figures (sauts, croisés, tours, piqués, etc.). Chaque contrée avait son bransle, par exemple le bransle gai alsacien « geh mer net ». Progressivement, ces danses s'invitent dans la noblesse dès le XVIe siècle et les cours intègrent des rythmes baroques : l'allemande, la courante, la sarabande, la gigue, le menuet, etc. Les bals des villages s'enrichissent eux aussi et plus encore dès le XIXe siècle : quadrille (anciennement contredanse), polka, mazurka, scottish, valses, expriment la joie du peuple et rythment leur vie.

Les danses traditionnelles régionales ne sont pas oubliées pour autant et l'Alsace dispose aujourd'hui d'un riche répertoire. Citons la champêtre sur un air de mazurka, la valse des roses « Rosenwalzer » connue pour ces changements de partenaires, la ronde des cigognes « Rheinländer » et bien d'autres. Les groupes folkloriques, vêtus en costumes traditionnels, continuent de présenter ces danses alsaciennes à chaque fois que l'occasion se présente !

Théâtre

Le théâtre populaire alsacien est une des plus intéressantes et des plus créatives formes d'expression de l'alsacien et de la culture alsacienne. Influencé bien sûr par le théâtre français aussi bien que le théâtre allemand, il a pourtant ses propres racines culturelles, qui sont profondes, avec ses références propres, son langage, ses expressions et aussi sa forme d'humour si particulière.

Le théâtre alsacien récent a largement été influencé par Germain Muller et Roger Siffer. En 1946, Germain Muller fonde un cabaret satirique bilingue alsacien, « De Barabli ». Pendant la Première Guerre mondiale, les prisonniers alsaciens ou allemands n'avaient pas le même statut. Pour les distinguer, le chanoine Émile Wetterlé, ardent patriote, avait mis au point un test à sa façon. Il brandissait un parapluie en demandant : « Wass esch dess ? » (« Qu'est-ce que c'est ? »), et les Alsaciens répondaient « s'isch a Barabli » comme on dit en alsacien, alors que les Allemands disaient « ein Regenschirm ». C'est ainsi que le Barabli est devenu l'emblème de l'authenticité alsacienne. Dans la troupe du Barabli des débuts, on comptait Jacques Martin…

Roger Siffer est quant à lui un ancien élève de Germain Muller et fut directeur du restaurant-cabaret et salle de spectacle La Choucrouterie. Haut lieu emblématique du renouveau du cabaret alsacien de la fin des années 1980, La Chouc' fut un incontournable lieu de spectacles satiriques en français et en alsacien, il fut aussi celui d'une émission radiophonique régulièrement retransmise en direct sur la station locale de France Bleu Alsace.

Parmi les compagnies actuelles qui ont le vent en poupe, on trouve « Le Kafteur théâtre d'humour », spécialisée dans les formes humoristiques, créé en 1993. Plus de 40 créations différentes dans des registres très variés ont permis au Kafteur de marquer le paysage culturel de la région : comédie, pièce visuelle burlesque, théâtre musical, drame contemporain, one man show, music-hall, jeune public… Citons aussi Les Improvisateurs, fondée en 2000, qui propose des spectacles pour le public dans toute l'Alsace, mais aussi une école où tout improvisateur du débutant à l'expert pourra trouver sa place en fonction de ses souhaits d'évolution et de perfectionnement. Forte de ses 400 000 spectateurs depuis sa création et de son école qui compte plus de 200 élèves, la compagnie les Improvisateurs est l'une des plus importantes du Grand Est.

Grandes scènes actuelles

Les grandes scènes actuelles en Alsace sont nombreuses. On y trouve bien sûr les classiques comme l'Opéra national du Rhin ou le Théâtre national de Strasbourg, mais aussi des lieux ouverts à de nombreuses disciplines autant que sur le monde. L'Alsace, si elle est attachée à ses traditions, est aussi une terre ouverte sur l'actualité et de nombreuses grandes salles ou scènes font régulièrement venir des artistes à la renommée internationale.

La Filature de Mulhouse est un lieu pluridisciplinaire ouvert à la création contemporaine française et internationale. Sa programmation est composée de théâtre, d'opéra, de danse, de musique, de nouveau cirque, de performances, de ciné-concerts, mais aussi de spectacles jeune public. On peut aussi citer à Mulhouse le Noumatrouff, labellisé Scène de musiques actuelles depuis 1998, doté de deux salles de concert de 600 et 300 places, lieu de diffusion mais aussi structure d'accompagnement des pratiques musicales, via ses 6 locaux de répétition équipés et son Centre de ressources. Mentionnons aussi le Squ'art, association pour la promotion des musiques actuelles qui offre un lieu de création mais aussi un lieu d'échange de savoir et d'expérience.

LITTÉRATURE

La littérature alsacienne a connu les influences de quatre langues au fil des époques : latin, allemand, dialecte et français. Son histoire a été très mouvementée mais a connu de nombreux personnages d'importance mondiale et les traces de cette histoire se découvre dans des musées dédiés, Bibliothèque humaniste de Sélestat, Bibliothèque nationale universitaire de Strasbourg ou Bibliothèque alsatique du Crédit Mutuel. Aujourd'hui, la littérature est célébrée de multiples façons avec le festival des Bibliothèques idéales à Strasbourg qui a l'exclusivité de beaucoup d'auteurs, le Salon du livre de Saint-Louis ou encore celui de Colmar. Elle ne renie pourtant pas son passé avec de nombreux événements autours des alsatiques et des bibliothèques spécialisées. Un alsatique est un écrit portant sur l'Alsace (livre d'histoire, de géographie, recueil de photographie, revue, etc.). Ils sont écrits en français, allemand ou alsacien.

Moyen Âge et Renaissance

Au Moyen Âge, le latin est la langue la plus utilisée dans les écrits. On note déjà une spécificité dans l'*Hortus deliciarum* (*Le Jardin des délices*), composé et illustré entre 1169 et 1175 par l'abbesse Herrade de Landsberg, à l'attention des novices et moniales de son abbaye, et qui est la première encyclopédie écrite par une femme. Entre le IXe et le XIIIe siècle, c'est plutôt l'allemand qui sera pourtant utilisé pour la diffusion de textes.

Extrait de l'Hortus deliciarum, Herrade de Landsberg, ca. 1170.

À la Renaissance, la situation particulière de l'Alsace sur la vallée du Rhin qui fait circuler tant de marchands influe grandement sur ses écrits. Mais c'est aussi à cette période que Gutenberg imagine à Strasbourg en 1440 la typographie d'imprimerie à caractères mobiles. Johannes Mentelin, strasbourgeois, est quant à lui le premier à imprimer une bible allemande en 1466. Petit à petit, les ouvrages se font plus engagés et politiques, en fonction des guerres et conflits.

Humanisme

L'humanisme est une autre grande période de la littérature alsacienne. Aujourd'hui, on peut d'ailleurs encore visiter la Bibliothèque humaniste à Sélestat qui vous invite à un voyage entre manuscrits médiévaux et imprimés des XVe et XVIe siècles dans un bâtiment imaginé par l'architecte Rudy Ricciotti. Vous y suivrez les traces du célèbre humaniste Beatus Rhenanus grâce au témoignage précieux laissé par sa bibliothèque inscrite au Registre Mémoire du monde de l'Unesco. Dans le même esprit humaniste, la Haute École est fondée à Strasbourg en 1538 et confiée au pédagogue et réformateur Jean Sturm (Johannes Sturm).

Si les humanistes écrivent surtout en latin, la littérature de langue allemande n'en fleurit pas moins à la Renaissance, popularisée par l'imprimerie. À cette époque œuvrent Sebastian Brant connu pour *La Nef des fous* notamment ; Geiler de Kaysersberg dont les sermons furent populaires à l'extrême ; Thomas Murner pour ses pamphlets contre Luther ; Johann Fischart appelé le Rabelais allemand… L'essor de l'imprimerie provoque l'émergence en Alsace d'une littérature romanesque destinée au peuple instruit qu'on appelle les livres populaires (*Volksbücher*).

Au XVIIe siècle, la littérature alsacienne connaît le creux de la vague après la guerre de Trente Ans. Si quelques écrits qu'elle a inspirés

© ISTOCKPHOTO.COM - MARIA SEDOVA

Bibliothèque humaniste de Sélestat.

connurent ensuite un peu de succès, coupée politiquement de l'Allemagne, la littérature allemande d'Alsace tend à se réduire à la dimension régionale, l'allemand demeurant néanmoins la langue littéraire et culturelle.

Les Lumières

Au XVIIIe siècle, au contraire des autres régions de France et d'Allemagne, l'Alsace ne produit pas de philosophes des Lumières sauf peut-être l'auteur bilingue et éducateur Théophile Conrad (ou Gottlieb Konrad) Pfeffel (1736-1809), mais produit en revanche un auteur prolifique considéré comme le père du piétisme, Philipp Jacob (ou Philippe Jacques) Spener (1635-1705). C'est surtout le *Sturm und Drang* qui marque l'histoire littéraire alsacienne au XVIIIe siècle, principalement en raison du séjour à Strasbourg du jeune Goethe en 1770-1771, date importante puisqu'elle marque précisément le début de ce « printemps du lyrisme allemand ». C'est là qu'il rencontre Herder, promoteur du *Volkslied*, qu'il va recueillir dans la campagne alsacienne les vieilles chansons populaires et compose ses premières poésies. C'est là qu'il eut dans la cathédrale de Strasbourg la révélation d'un art qu'il croyait révélateur du génie germanique, c'est là aussi qu'il tomba éperdument amoureux de Frédérique Brion, la fille du pasteur de Sessenheim.

Dialecte et changements successifs de langue

Au XIXe siècle, le dialecte revient en force dans les écrits et notamment chez les poètes. Ehrenfried Stoeber officie à cette époque et est considéré comme l'un des créateurs du théâtre alsacien. Auguste Stoeber, inspiré par les frères Grimm, parcourt l'Alsace et publie en 1852 son recueil *Sagen des Elsasses*, une véritable encyclopédie des légendes et traditions populaires alsaciennes qui restera la principale source des nombreuses publications ultérieures de légendes d'Alsace.

En Alsace, on parle l'alsacien et on en est fier ! Ce dialecte se pratique encore beaucoup au quotidien, mais sait aussi s'écrire dans des productions de plus en plus nombreuses qui lui sont dédiées ou qui l'utilisent.

D'origine germanique, le dialecte est mouvant. On devrait en réalité plutôt parler des dialectes alsaciens car entre le Nord et le Sud de la région, d'un village à l'autre, les mots et expressions, les écritures et prononciations varient. On pense par exemple à « bredele » ou « bredala » et à et « mannele » ou « mannala » qui sont au cœur des querelles de clocher (amicales) entre Bas-Rhinois et Haut-Rhinois. Plusieurs orthographes sont en fait tolérées et l'essence de l'alsacien est plus dans l'oralité.

Depuis la Révolution, l'alsacien était associé à la langue de l'ennemi à cause de sa forte imprégnation allemande. Les changements successifs de nationalité du territoire et de langue officielle ont chaque fois influencé le dialecte qui est même parfois devenu un véritable biais politique. En 1848, le philosophe allemand Johann Gottfried Herder considérait que l'alsacien était l'expression vivante de l'esprit d'un peuple, ce qui eut pour conséquence de faire naître la crainte d'une nouvelle revendication d'annexion de l'Alsace par l'Allemagne, entraînant alors sous le Second Empire une politique d'enseignement en français dès le primaire. Entre 1870 et 1918, le français est totalement interdit et le dialecte permet de résister. Après 1918, c'est le français qui redevient obligatoire et les Alsaciens commencent, suite à la volonté d'introduction des lois laïques françaises dans la région, à vouloir être autonomes. Ils intègrent donc à l'école l'allemand et le français académiques, dans un bilinguisme qui perdure encore, mais qui sera supprimé sous le régime nazi. Le dialecte a donc toujours servi de tampon, de moyen d'adaptation et de résistance face à des changements de langue importants.

Après la Seconde Guerre mondiale cependant, il disparaît car il est jugé trop proche de l'allemand, langue nazie. On voulait oublier ce passé et parler français est valorisé. Savoir parler français est alors un acte citoyen et de contrition. Le bilinguisme restait toléré, était présent dans les formulaires administratifs, sur les affiches et dans la presse. À l'école, on parlait français. Aujourd'hui, avec un peu de recul, on enseigne en deux langues, et parfois même en dialecte mais ne dites jamais que l'alsacien est de l'allemand : l'alsacien, c'est de l'alsacien !

La poésie alsacienne

La poésie alsacienne comprend des poèmes bien sûr, mais aussi des fables en vers et de nombreuses chansons. Parmi les grands auteurs on trouve Conrad Pfeffel (1736-1809), Auguste Lamey (1772-1861) et ses chants révolutionnaires, ou encore les frères Matthis qui s'inscrivent parfaitement dans cette « d'alsacianité de l'esprit » définie par René Schickele comme un rôle de passerelle de la culture alsacienne entre France et Allemagne. La poésie alsacienne rend évidemment souvent hommage à son histoire mouvementée, mais comte aussi bon nombre de textes plus légers ou de production carrément grivoises. Souvent, les œuvres poétiques alsaciennes sont accompagnées d'illustrations de Spindler, Kamm ou Braunagel, artistes importants pour la Belle Époque locale, dans des éditions tout à fait incroyables.

Contes et légendes

Les contes et légendes alsaciens sont nombreux, inspirés par les châteaux forts, la cathédrale, les forêts profondes, les montagnes vosgiennes, le vignoble ou encore le Rhin. Ces récits continuent de se transmettre et connaissent encore beaucoup de succès. Auguste Stoeber (1808-1884) a été l'un des folkloristes alsaciens qui a recensé les contes et légendes de la région en utilisant le modèle des frères Grimm. Parmi les plus connus, la livraison des bébés par les cigognes, le vent soufflant autour de la cathédrale de Strasbourg, la légende de sainte Odile, saint Nicolas, Hans Trapp et Christkindel, les Indiens d'Alsace, les nains de la Goge aux loups, la légende de la carpe d'or, le moulin du diable ou les sorcières du Bastberg. Chaque château a lui aussi sa légende, a accueilli l'amour ou le diable, seigneurs et brigands, bêtes fantastiques et chevaliers, magie et fantômes…

Une mise en avant incroyable de la littérature

S'agissant de la littérature alsacienne contemporaine, qu'elle soit en français, en allemand ou en dialecte, tout est fait pour la mettre en avant. Les festivals sont extrêmement nombreux et les maisons d'édition locales très vivantes.

La bibliothèque idéale est une liste de documents publiés ayant vocation à représenter l'ensemble d'une discipline. C'est aussi le nom que s'est donné l'un des plus grands festivals littéraires de France, à Strasbourg. Chaque année en septembre, ce sont des milliers de personnes qui se pressent pour rencontrer des invités prestigieux. La Librairie Kléber met ainsi en avant des auteurs internationalement reconnus comme des locaux durant cette incroyable occasion d'échange avec les auteurs. Le Forum du livre de Saint-Louis ou le Festival du Livre de Colmar sont deux autres événements d'importance à ne pas manquer pour les amoureux de littérature.

Nous l'avons vu, l'alsacien est encore bien présent dans la culture populaire et beaucoup d'habitants de cette région s'intéressent aux alsatiques, ouvrages sur l'Alsace. Le plus grand salon de ce genre se tient à Marlenheim en avril et draine chaque année passionnés et collectionneurs. Il y a peu d'équivalents de cette pratique et de cet amour pour la littérature régionale ailleurs en France.

Enfin, la littérature alsacienne sait se faire aussi résolument contemporaine et concerne tous les styles. Strassbulles, le festival européen de la bande dessinée est par exemple un incontournable pour les amoureux de ce neuvième art. Le genre du polar est lui aussi très en vogue et l'on trouve en Alsace une maison d'édition spécialisée, les Éditions du Bastberg, qui offre aux jeunes talents de la région la possibilité d'exprimer toute l'étendue de leur imagination et aux lecteurs des polars surprenants ancrés dans le territoire.

QUE RAPPORTER ?

Lorsque l'on visite un territoire que l'on a apprécié, on a toujours envie d'en rapporter un petit bout chez soi en souvenir. En Alsace, vous n'aurez que l'embarras du choix ! Bien sûr, il y aura dans vos bagages un tissu traditionnel, le kelsch, une poterie des villages potiers de Betschdorf ou Soufflenheim qui durera toute votre vie et avec laquelle vous pourrez cuisiner les recettes apprises auprès des locaux, mais aussi pourquoi pas un peu des vins qui sont si nombreux et si délicieux ou quelques gadgets amusants en jouant sans complexe le kitsch et les motifs cigognes et Hansi. Quel que soit votre choix, vous trouverez forcément quelque chose pour faire plaisir ou vous faire plaisir car les boutiques mais surtout les artisans et créateurs sont légion et ils seront ravis, dans tous les villages d'Alsace, de vous faire découvrir leurs univers et techniques en partageant un moment avec vous !

Un tissu traditionnel : le kelsch

Vous ne pourriez pas revenir d'Alsace sans rapporter un tissu en kelsch, par exemple une nappe tricolore (bleu, blanc et rouge), rayée ou composée de carreaux, colorée à l'aide de pigments d'origine végétale : le pastel à l'origine puis l'indigo pour le bleu et la garance pour le rouge. Sur des tissus de lin ou de chanvre, les lignes et les carreaux s'entrecroisent et composent d'infinies variétés de motifs géométriques : carreaux bleus et lignes blanches, carreaux rouges et lignes blanches, carreaux blancs et lignes bleues, etc. Le kelsch se décline aussi en serviettes et linge de literie.

Vous en trouverez entre autres de la marque Beauvillé, depuis plus de deux siècles à Ribeauvillé. Dans les plus grandes ambassades, les meilleurs restaurants et chez tous les amateurs de belles matières, Beauvillé signe des tissus haut de gamme à la qualité irréprochable.

En période de Noël, pensez à l'étoffe de Mulhouse. Avec des motifs et des couleurs spécialement créés chaque année par la styliste Marie-Jo Gebel, elles sont un hommage à la créativité artistique et à l'innovation technique des manufactures mulhousiennes de la fin du XIXe siècle. La créatrice puise son inspiration dans des étoffes, venant des archives du musée de l'Impression sur étoffes, et datant des années 1887 et 1888.

Des poteries

De nombreux éléments de vaisselle traditionnelle sont confectionnés dans deux villages du nord de la région : Betschdorf et Soufflenheim.

À Betschdorf, les pièces sont composées de différentes argiles façonnées au tour puis séchées et décorées. Gravées au stylet elles sont peintes une fois sèches à l'aide d'un enduit principalement composé de bleu de cobalt. Le tout est cuit à plus de 1 200 °C et l'aspect vernissé des poteries est obtenu grâce à une réaction chimique qui résulte de la projection de gros sel durant la cuisson.

À Soufflenheim, la teinte traditionnelle est l'ocre. Ces poteries sont fabriquées à partir d'une argile provenant de la forêt de Haguenau, selon une tradition datant du XIIe siècle. La différence avec celles de Betschdorf réside dans la pellicule d'argile colorée appliquée sur la poterie séchée puis décorée à l'aide d'un barolet, un récipient muni à son extrémité d'une plume d'oie d'où s'écoule l'engobe colorée. La poterie est émaillée par aspersion ou trempage avant d'être cuite à 1 020 °C. Ce processus de fabrication confère à aux poteries de Soufflenheim un aspect souvent lisse et satiné.

À Kaysersberg, Philippe Thomann, artisan potier depuis 1984, réalise des moules culinaires, à kougelhopf, baeckaoffa, moules à tartes, à gâteaux…

© ISTOCKPHOTO.COM - NEYOTSTOCK

Les cœurs en Alsace symbolisent l'espoir et sont souvent représentés sur les maisons.

© ISTOCKPHOTO.COM - AUDAXL

Moule à kougelhopf.

Un moule à kougelhopf

Vous en trouverez partout, chez les artisans de Betschdorf et Soufflenheim bien sûr, mais aussi dans toutes les boutiques alsaciennes. Les moules à kougelhopf récents sont aujourd'hui améliorés pour passer au four, au lave-vaisselle, et même au micro-ondes ! Mais si vous souhaitez pousser la tradition plus loin pour la confection de ce gâteau, vous trouverez des moules anciens chez presque tous les antiquaires et sur les étals des brocanteurs, parfois même en cuivre.

De la verrerie d'art

Jusqu'en 1858, il était coutume d'accrocher des pommes au sapin de Noël. Mais cette année-là, une grande sécheresse priva la région de pommes. C'est alors qu'un artisan verrier alsacien créa les fameuses boules de Noël ! Le site verrier de Meisenthal est composé de 3 structures : le Centre international d'Art verrier, le musée du Verre et la Halle Verrière. Chaque année, la verrerie sort une nouvelle boule à collectionner !

La verrerie d'art de Kaysersberg propose, de son côté, toute une gamme d'articles en verre : lampes, vases, coupes, animaux, bougeoirs... pour la décoration et l'ambiance d'intérieur.

Vous pourrez aussi profiter des pièces exceptionnelles de chez Lalique à Wingen-sur-Moder mais attention, les budgets sont plus conséquents.

Un T-shirt Bretzel Airlines

C'est la marque de vêtements humoristiques par excellence. Vous trouverez dans les boutiques alsaciennes un large choix de T-shirts aux visuels créatifs et humoristiques et des souvenirs décalés. Des logos sont détournés et c'est particulièrement original. Avec ces créations novatrices et pleines d'humour, qui sont sans cesse renouvelées, vous afficherez votre fierté d'être alsacien de façon décalée et remarquée.

À manger

Du vin d'Alsace, bien sûr ! C'est le cadeau le plus facile à trouver avec les eaux-de-vie et liqueurs d'Alsace à base de fruits. Emportez aussi une bonne choucroute garnie emballée sous vide pour un transport facile, des bredalas et le pain d'épices de Gertwiller, un pot de confiture d'églantine faite avec les fruits de l'églantier sauvage, un bon munster fermier sous vide et un kougelhopf et vous aurez un magnifique panier garni ! De nombreux commerçants vous proposeront même de rejoindre les afficionados qui se font ensuite envoyer les produits gourmands car on devient vite accro ! Pensez aussi aux livres de recettes !

Quelques autres petits cadeaux

Les verres à vin blanc Suzel avec leurs pieds verts caractéristiques sont incontournables, ce sont les meilleurs verres pour déguster son vin blanc d'Alsace. Ils présentent bien certes, mais sont aussi mieux conçus pour profiter de tous les arômes des vins alsaciens. Pour les amateurs de bières, n'hésitez pas à prendre dans vos bagages une chope, en verre ou en grès à couvercle en étain. En alsacien, *schoppe* signifie « grand verre à bière ». Pendant longtemps, la coutume voulait que l'on offre à un soldat finissant son temps de service actif une chope ornée de différents motifs rappelant son engagement.

Pensez aussi à prendre une peluche de cigogne pour les enfants (et les plus grands) ou des gadgets aux motifs Hansi ou aux couleurs du drapeau européen si cher à Strasbourg. Certes, les locaux riront sûrement surtout si vous adoptez la cigogne en chapeau, mais autant jouer la découverte à fond !

Les décorations de Noël traditionnelles, vendues aux marchés de Noël (boules, petits sujets en bois, couronnes de l'Avent, guirlandes, décoration de table, bougies, etc.), sauront vous conquérir. Toute l'année, on en trouve chez Magie de Noël à Riquewihr ou chez Un Noël en Alsace à Strasbourg.

Les cœurs en Alsace symbolisent l'espoir, un bon présage, et sont souvent représenté sur les volets, les portes, les colombages, etc., mais également en éléments décoratifs à suspendre ou à accrocher, en tissus, en bois ou en métal. C'est un classique !

Envoyez des cartes postales à vos proches. Avec des monuments incontournables, des cigognes ou des personnages Hansi, vous leur ferez un petit clin d'œil sympathique avant même d'être rentrés.

SPORTS ET LOISIRS

Nous l'avons vu en abordant la géographie et la nature, l'Alsace est une terre riche de paysages et de reliefs variés, entre montagnes et eaux de plaines. Vous trouverez donc ici une multitude de sports à pratiquer, selon vos goûts, envies, et niveaux en toutes saisons ! Les clubs sont nombreux et les équipements ne manquent pas avec, en petit plus, beaucoup de gratuits même dans les sports d'hiver. Les offices de tourisme vous donneront le nécessaire pour évoluer en solitaire ou vous conseilleront des guides et accompagnateurs ou moniteurs expérimentés et diplômés. Profitez des nombreux sentiers de randonnée, à pied, à vélo ou à cheval, laissez-vous tenter par une baignade ou du sport aquatique, cherchez les sensations fortes avec l'escalade, l'accrobranche ou le parapente, foncez en hiver sur les différentes stations et remettez-vous de toutes ces pratiques sportives par un moment détente dans les eaux thermales.

Randonnée

Admirez les plus beaux paysages alsaciens sur plus de 17 000 kilomètres de sentiers balisés. Randonneurs aguerris ou amateurs de promenades, inventez votre parcours au gré de vos envies ou laissez-vous guider par un accompagnateur ! C'est le Club vosgien qui a lancé la mode de la marche en Alsace. Depuis 1872, ses membres bénévoles balisent les sentiers et les entretiennent, mettent à jour les cartes disponibles aux offices de tourisme. Chaque randonnée proposée, sur une journée, 3 à 5 jours ou même jusqu'à deux semaines, permet de découvrir le territoire alsacien autrement, en prenant son temps. Les refuges et abris, tout comme la signalisation homogène et très claire, permettent de profiter sans encombre. La randonnée en Alsace peut aussi se faire sur deux itinéraires européens : l'E5 et le GR5. Le Chemin de Saint-Jacques-de-Compostelle passe lui aussi par la région, de Wissembourg à Belfort, et propose aux pèlerins comme aux promeneurs un itinéraire à travers forêts et patrimoine jacquaire qui se transforme en véritable aventure humaine.

Balades à cheval

Les Vosges du Nord, la Suisse d'Alsace, le vignoble d'Alsace du Nord au Sud, le circuit des Cigognes, celui des Vosges centrales, ceux des Lignes bleues du Sundgau aux Crêtes vosgiennes, ou encore la route équestre des Châteaux forts sont autant de possibilités de balades à cheval proposées par le Comité régional de tourisme équestre d'Alsace. En complément, le comité propose un répertoire des gîtes équestres, des pensions, des adresses des maréchaux-ferrants, etc.

Vélo

Plus de 2 500 kilomètres de pistes cyclables sont disponibles en Alsace, dont 400 kilomètres balisés dans les Vosges. On trouve parmi les itinéraires proposés la Véloroute du Vignoble d'Alsace, idéale pour allier plaisirs de la bouche et pratique sportive. Une autre piste non négligeable est celle qui longe le canal de la Marne au Rhin, celui de la Bruche ou du Rhône au Rhin. Elles sont plates et agréables même pour les moins sportifs. Si vous vous rendez en offices de tourisme, vous découvrirez d'autres itinéraires, transfrontaliers ou spécifiques pour les VTT et parfois spécialement conçus pour découvrir le patrimoine communal. La plupart de ces offices proposent aussi la location de vélos et bien sûr des cartes.

Petite curiosité, la station du lac Blanc dans la vallée de Kaysersberg a mis en place le seul Bike Park du Grand Est à travers les forêts du domaine, sur une quinzaine de kilomètres avec modules aménagés, dont une piste handisport et 300 mètres de dénivelé. Le télésiège permet aux cyclistes de rejoindre le sommet sans effort, de mai à octobre. Si besoin, une location de vélos et de matériel de protection est proposée sur place.

© SHUTTERSTOCK.COM - WILDSNAP

Skieurs alpins dans les Vosges.

Alsace, une terre cyclable chargée d'histoire

Partez découvrir l'Alsace à vélo, une destination de rêve pour tout cycliste avec près de 2 500 km d'aménagements vélo. Profitez d'un territoire unique en France, traversé par trois itinéraires du réseau européen cyclable. La diversité des paysages vous offre la possibilité d'explorer le canal du Rhône au Rhin, ou encore les célèbres vignobles et de visiter les charmants villages alsaciens à l'architecture atypique.

Région chargée d'histoire et d'émotion, l'Alsace regorge de châteaux, de lieux emblématiques et de musées. Parmi les incontournables, prenez le temps de visiter les deux sites alsaciens inscrits au patrimoine mondial de l'Unesco : Strasbourg - Grande Île et Neuf-Brisach, place forte de Vauban.

De la ville capitale Strasbourg à « La Petite Venise », Colmar, en passant par la « Route des vins » et les villages historiques, rouler à vélo en Alsace est la garantie de réaliser une escapade inoubliable !

Veloenfrance.fr vous invite à découvrir la région

La Fédération française de cyclotourisme a développé le site veloenfrance.fr pour vous faire découvrir la France à vélo avec des circuits spécialement conçus pour leurs attraits touristiques. Ce site gratuit et simple d'accès rassemble plus de 4 000 circuits route et VTT. Vous y trouverez un large choix d'itinéraires plus ou moins longs ainsi que des centaines de Bonnes adresses pour se restaurer et se reposer.

L'Alsace y propose 164 circuits : 112 sur route et 52 à VTT. Chaque pratiquant, qu'il soit vététiste ou routier, y trouvera la formule qui lui correspond le mieux.

Circuit : entre cols, vignobles et châteaux

Route	5:40
Guebwiller	Difficile
68 km	1 285 m
Haut-Rhin	

Ce parcours vous invitera à apprécier la diversité et la richesse de la région de Guebwiller. Dans un premier temps, vous roulerez au sein d'un espace naturel très paisible. Au cours de votre voyage, deux cols seront à gravir : celui du Bannstein au km 7 puis le col du Firstplan au km 20... il faudra forcer un peu sur les pédales ! Un dernier effort sera demandé lorsque vous emprunterez la route des cinq châteaux. Cela sera une opportunité inouïe d'apercevoir la fortification du Hohlandsbourg et son magnifique panorama. Cette belle escapade se conclura sur la « Route des vins », produit d'exception de la région, avec une vue somptueuse sur le vignoble et le massif vosgien.

Cette randonnée rassemble tous les attraits de l'Alsace : un patrimoine fait d'Histoire, de reliefs et de produits locaux.

ACTF GUEBWILLER
03 89 74 22 31
fernand.boh68@free.fr
www.cyclo-actf.fr

© Vianney Muller - Panorama de Bouxwiller

Baignade

Plusieurs lacs de montagne permettent de se baigner et de profiter de plages aménagées. Les lacs de barrages ont toutefois une réglementation spécifique. Dans la vallée de Saint-Amarin, les berges du barrage de Kruth-Wildenstein sont aménagées pour accueillir les baigneurs et on peut même y faire du bateau à pédales. C'est l'un des sites les plus courus mais les lacs de montagne offrent tous un côté sauvage et la qualité de leur eau est incomparable. Dans la vallée de Munster, le lac du Schiessrothried ou le lac des Truites, sur les hauteurs de Soultzeren, sont des endroits propices à l'amusement. Ceux qui ne craignent pas l'eau froide apprécieront un plongeon dans le lac d'Alfeld, dans la vallée de la Doller après Masevaux : dans un cadre de rochers, de cascades et de sombres forêts, ce lac accueille les baigneurs, les pêcheurs et les adeptes de la plongée.

Parcours dans les arbres

Plusieurs parcs vous permettent la pratique de l'accrobranche en Alsace : Ostwald, Breitenbach, Oberhaslach, Kruth, Lac Blanc-Orbey... Selon les parcs, il existe des parcours pour les tout-petits à quelques dizaines de centimètres du sol seulement, des aires de jeux, des courses d'orientation et diverses activités de plein air qui font de ces lieux LA sortie familiale par excellence ! Bien sûr, quel que soit le parc de votre choix, vous serez encadrés par des professionnels compétents qui vous expliqueront les règles essentielles de sécurité et qui vérifient le matériel très régulièrement.

Escalade

Le Martinswand, façade granitique offrant une vue imprenable sur le Hohneck et la réserve naturelle du Frankenthal, attire des amateurs de toute l'Europe car son granit est comparable à celui des Hautes-Alpes, par sa dureté et sa texture. Le site historique de la Martinswand est l'une des plus hautes falaises du Grand Est (une centaine de mètres) parfaitement équipée et entretenue. Il y en a pour tous les niveaux : du rocher-école aux voies type montagne avec le gaz qui accompagne le grimpeur. Vous aurez besoin ici d'une corde de rappel de 90 mètres. Le Gueberschwihr et ses deux sites d'escalade, le Windstein, le Sandkopf et le Waldeck, ou encore le site d'Obersteinbach comptent aussi parmi les incontournables des passionnés d'escalade.

Golf

Avec une douzaine de golfs, goûtez au plaisir de parties mémorables lors d'une échappée sportive et vivifiante sur les greens alsaciens ! Entre le Haut-Rhin et le Bas-Rhin les parcours sont très diversifiés, entre parcours de golf actuels de plaine ou vallonnés. Ils sont presque tous affiliés à l'association Golfs in Alsace et à la Ligue d'Alsace (et de France) de golf. Citons en exemple le Golf du Kempferhof à Plobsheim classé parmi les 15 plus beaux golfs d'Europe, le Golf Club de Strasbourg et ses 27 trous offrant une grande diversité de jeu et des fairways posés sur un lit de sable, ou le Golf de la Largue, à la frontière suisse, dont l'environnement et la qualité de l'entretien vous enchanteront à coup sûr.

Parapente

Le parapente en Alsace n'a rien à envier aux autres sites français peut-être plus connus. Même les experts auront ici des sensations fortes, sur les sites du Treh-Markstein près de Fellering (l'un des plus beaux sites de vol libre en Europe), de Drumont, du Stockenberg, du Siebach ou du Gustiberg dans la vallée de la Thur, mais également de Breitenbach, de l'Altenberg, ou du Schnepfenried-Sondernach...

Ski et raquettes

Le ski alpin, le ski de fond, la randonnée à raquettes, et, accessoirement, les balades en chiens de traîneaux, les possibilités de sports d'hiver ne manquent pas ! On pense moins souvent à cette région qu'aux Alpes ou aux Pyrénées mais l'Alsace a pourtant beaucoup à offrir dans ce domaine.

La Bresse-Hohneck est le plus important domaine skiable du Nord-Est de la France avec 32 pistes et près de 300 canons à neige. C'est aussi la station la plus familiale du massif des Vosges. Le Champ-du-Feu est l'un des rares sites du Bas-Rhin où l'on puisse pratiquer le ski alpin à une soixantaine de kilomètres de Strasbourg. Il englobe 3 domaines. Il n'y a pas de pistes noires, mais c'est un endroit idéal pour le ski en famille et beaucoup d'Alsaciens ont appris à skier sur la piste de la Serva ! Le Champ-du-Feu est surtout prisé par les skieurs de fond : les itinéraires couvrent 100 kilomètres de pistes tracées et damées (skating et alternatif) tout niveau. Les Bagenelles est une station qui comporte deux remontées mécaniques, 3 pistes de ski alpin, 46 kilomètres de pistes de ski de fond ainsi que 4 circuits balisés pour la raquette à neige. Le Lac Blanc 900 et 1200 est un domaine skiable tous niveaux qui va de 850 mètres à 1 230 mètres d'altitude. On peut y pratiquer le ski alpin, le snowboard, le snowscoot et le ski de fond. Elle est la station la plus attractive d'Alsace avec son télésiège débrayable de 6 places, son boardercross et son airbag freestyle. Les pistes de ski de fond sont très variées et permettent la pratique du skating sur certains tracés.

Parapente dans les Vosges.

Le Tanet est une petite station située sur les hauteurs de Soultzeren, très appréciée par les skieurs confirmés. Elle offre en effet une piste noire, courte mais raide, ainsi qu'une combe où le hors-piste est possible. Elle est aussi appréciée pour son aspect naturel et préservé. Le Schnepfenried présente des dénivelés plutôt doux. Elle est équipée en neige de culture et est destinée à une clientèle plutôt familiale. Là encore les amateurs de glisse apprécient le panorama autant que les pistes. Il est possible de faire du ski en nocturne ainsi que du snowboard sur un parc dédié. Le ski de fond se pratique sur une piste nordique gratuite tracée sur la route des Crêtes vers le Breitfirst et le Markstein. Les Trois-Fours offrent une petite palette de pistes de ski de fond fort agréables et gratuites. Le Grand Ballon, point culminant du massif des Vosges, situé à 1 424 mètres d'altitude, et le Markstein, situé à 1 200 mètres d'altitude, sont deux sites renommés qui offrent tous les plaisirs de la montagne. En toute saison on profite ici des bienfaits de la montagne. Les randonnées en raquettes sont proposées sur l'ensemble des stations alsaciennes.

Canoë et kayak

Ces activités ludiques et originales sont proposées sous forme de parcours variés, sur bon nombre de cours d'eau alsaciens. Avec ou sans guide, vous pourrez profiter de tous les plaisirs du sport aquatique. Les parcours sont sécurisés et amateurs comme aguerris pourront trouver leur bonheur. Souvent, une location de matériel vous sera proposée : le canoë canadien, qui peut accueillir 2 personnes (plus un enfant), le kayak « sit-on-top » (de gros kayaks ouverts, très stables et autovideurs) et enfin le kayak habituel, est réservé aux personnes ayant déjà fait du kayak mais les autres embarcations sont accessibles à tous.

Il est même possible de faire du canoë-kayak en plein cœur de Strasbourg ! L'association Strasbourg Eaux Vives, propose des randonnées en canoë-kayak à Strasbourg et autour de la ville. Différents circuits sont proposés : le centre-ville de Strasbourg, le tour de l'Aar, le Rhin Tortu, la Wantzenau… Mais attention, le canoë n'est pas toujours simple : courants, écluses, barrages, croisement des bateaux… Si vous n'êtes pas expert, faites-vous accompagner !

Thermalisme

Il existe en Alsace deux stations thermales situées toutes deux dans le Nord du Bas-Rhin : Niederbronn-les-Bains, au pied du Parc naturel régional des Vosges du Nord, et Morsbronn-les-Bains. Leurs eaux particulières permettent la détente aussi bien que le soin.

Niederbronn propose une source minérale, mieux connue sous le nom de Source Romaine, déjà utilisée par les Romains en leur temps. Depuis l'Antiquité, cette eau minérale de type chlorurée, sodique et carbo-gazeuse est particulièrement indiquée en cure de balnéation pour les atteintes rhumatismales ou traumatiques. L'établissement de cure thermale, place des Thermes, est ouvert à tous, pour des cures prescrites par le médecin ou des soins de détente et de remise en forme, de courte comme de longue durée.

Les eaux de Morsbronn proviennent de deux sources différentes : les Cuirassiers à 38,9 °C puisée à 400 m de profondeur, et Saint-Arbogast, à 41,9 °C, puisée à 670 m. Plusieurs cures sont proposées allant de celle dédiée à l'arthrose des mains ou bien celle spécifique aux femmes ayant souffert du cancer du sein. Une cure santé de 6 ou 12 jours est également disponible.

© SHUTTERSTOCK.COM - AERIALFLIGHTS

Visite de Strasbourg en kayak.

EUROPA-PARK ET RULANTICA
DEUX PARCS, UN RESORT

Installé au sein d'un parc arboré de 95 ha, Europa-Park offre la possibilité de découvrir la diversité architecturale, culturelle et gastronomique de l'Europe au travers de 15 quartiers thématiques. 13 grands huit parsèment le parc pour le plus grand bonheur des amateurs de sensations fortes ! Europa-Park compte également de nombreuses attractions pour les moins héroïques et les plus jeunes. 160 artistes offrent au public une grande diversité de spectacles. Situé en Allemagne (à Rust) à 30 min de Strasbourg, Europa-Park est un parc francophone où une partie des 4 450 employés sont français.

Une véritable histoire familiale qui a vu le jour en 1975. À l'origine, vitrine grandeur nature de l'unité de production MACK Rides, Europa-Park, s'affirme aujourd'hui comme un savant mélange de divertissement, de culture et d'attractions innovantes.

En 2022, le quartier autrichien s'agrandit avec l'attraction « Josefina et son voyage magique ». Les visiteurs pourront admirer les beautés de l'Autriche et l'art somptueux des jardins lors d'une croisière sur le lac.

Manifestations et divertissement tout au long de l'année

Le parc propose un concept de différents univers adaptés aux 5 saisons. Au printemps, il intensifie son offre avec de nombreuses nouveautés tandis que l'été, attractions aquatiques et soirées festives jouent les stars. Halloween est le rendez-vous incontournable de l'épouvante ! En journée, ombres sinistres, sorcières et revenants s'installent dans un univers ensorcelant composé de 180 000 citrouilles tandis que lors des soirées de l´horreur « Horror Nights-Traumatica » transforment le parc en un univers lugubre où des créatures étranges attendent leurs futures proies dans des décors dignes d'Hollywood. La saison « HALLOWinter » offre le mélange parfait entre l'ambiance automnale d'Halloween et la féerie de la période de Noël. Puis le parc revêt son manteau blanc et se pare de mille feux pour offrir aux visiteurs l'authenticité des traditions de Noël.

Rulantica

L'univers aquatique d'Europa-Park vous emmène vers le cap au nord, direction la Scandinavie : sur une superficie de 32 600 m², petits et grands aventuriers peuvent profiter toute l'année de 12 espaces thématisés et 37 attractions aquatiques uniques dont 27 toboggans, une grande piscine à vagues, une rivière sauvage, un espace toboggans en extérieur promettent de bons moments pour toute la famille. Situé à deux pas d'Europa-Park, le parc aquatique Rulantica est ouvert toute l'année, tous les jours de 10h à 22h. Les billets d'entrée devront être achetés, au préalable, via la billetterie en ligne.

À deux pas de Rulantica, petits et grands peuvent découvrir encore plus d'aventures en plongeant dans des mondes virtuels avec l'expérience de réalité virtuelle YULLBE.

Europa-Park et son restaurant étoilé !

Le restaurant gastronomique « Ammolite - The Lighthouse Restaurant » a vu son chef Peter Hagen-Wiest récompensé par 2 étoiles au guide Michelin et 18 points Gault & Millau. Né à Bregenz (Autriche) en 1977, il décline une cuisine internationale tout en sublimant les produits de la région. Un très bel endroit, à l'atmosphère à la fois exclusive et élégante. Les nombreuses expériences du chef étoilé sur la scène internationale ont été une source d'inspiration.

▶ **Horaires :** du mercredi au samedi dès 18h. Dimanche de 12h à 14h et dès 18h. Fermeture annuelle du 17 août au 4 septembre 2022. Parking gratuit.

Des nuits pleines de rêves

Que ce soit pour un séjour en famille ou un week-end romantique en amoureux, les hôtels 4 étoiles El Andaluz et Castillo Alcazar ainsi que les hôtels 4 étoiles supérieur Colosseo, Santa Isabel, Bell Rock et Krønasår permettent de satisfaire toutes les envies des hôtes d'Europa-Park Resort. L'ambiance et les décors sont particulièrement harmonieux et appropriés aux thématiques des hôtels. Ainsi les visiteurs peuvent découvrir l'atmosphère sereine d'un monastère portugais, l'Espagne et son tempérament endiablé, la douceur de vivre italienne, le charme chic de la Nouvelle-Angleterre ou encore l´ambiance scandinave.

Pour les fans d'aventure et de liberté, Europa-Park offre un hébergement plus atypique au Camp Resort comprenant des tipis, des maisons en rondins, des roulottes et 220 emplacements de camping et camping-car. Les fans de golf sont les bienvenus à « Europa-Park Golfclub Breisgau e.V » qui offre une vue imprenable sur le vignoble, et où deux parcours de 9 et 18 trous les attendent.

▶ **Renseignements :** Ouvert tous les jours du 26 mars 2022 au 8 janvier 2023. Bureau en France : ✆ 03 88 22 68 07
www.europapark.com

GASTRONOMIE

Visiter l'Alsace ce n'est pas seulement profiter de paysages naturels rayonnants et de villes et villages à l'ambiance chaleureuse et accueillante. En effet, votre séjour dans cette belle région sera aussi l'occasion de vous essayer à la généreuse et délicieuse gastronomie alsacienne. L'Alsace c'est, en somme, un régal pour les pupilles autant que pour les papilles et se régaler est une nécessité ! La tarte flambée et les bretzels à toute heure, la choucroute garnie ou le jarret braisé au déjeuner, pourquoi pas si vous avez encore faim un baeckehoffe le soir... le choix est vaste ! Rendez-vous dans les winstubs, bar-restaurant à vin traditionnel spécifique de l'Alsace. La winstub, peu chère et plutôt populaire, fréquentée par des habitués, est coquettement rustique, d'atmosphère chaleureuse. Véritable institution alsacienne, on y sert malgré son nom plutôt de la bière mais rien ne vous empêchera de goûter aux vins du coin !

Plats traditionnels et emblématiques

Le premier des plats traditionnels alsaciens est le baeckehoffe. Mais qu'est-ce donc ? C'est en fait une potée, traditionnellement avec trois viandes (bœuf, porc et agneau) marinées dans du vin blanc puis mijotées avec des légumes. Attention pas de baeckehoffe réussi sans plat du même nom ! Cette terrine est idéale pour le préparer et tient son nom, tout comme le plat, de sa préparation originelle. Baeckehoffe se traduit par « four du boulanger ». Si de nos jours on le cuit pendant 24h de façon classique, c'est autrefois les femmes qui le faisaient et qui le déposaient les jours de lessive dans le four du boulanger, le seul du village. Elles le préparaient la veille, le déposaient au matin et le récupéraient en rentrant.

Kugelhof.

De nos jours, la choucroute est traditionnellement garnie de pommes de terre à la vapeur et de charcuteries : saucisse de Strasbourg, knack, saucisse fumée, poitrine salée, palette, jambon... La charcuterie alsacienne est variée et les plus connues sont les knacks, schiffala, gendarmes fumés, cervelas ou encore presskopf. Mais si lorsque l'on parle de choucroute on pense à cela, il n'en est en fait rien. La choucroute (« Sürkrüt » en alsacien, de « Sür », aigre, et « Krüt », herbe), au sens strict, est le légume préparé, obtenu par fermentation lactique de feuilles de choux préalablement découpées en lanières, et mises en cuves de fermentation, en y ajoutant le sel nécessaire à la conservation du produit. Ce légume fermenté est diététique, seul, et plein de vitamines et d'éléments utiles au microbiote intestinal. L'Alsace produit environ 60 000 tonnes de choux à choucroute sur 500 hectares, soit environ 70 % de la production française.

La tarte flambée, ou flammekueche, est une pâte extra-fine nappée de crème épaisse, parsemée d'oignons et de lardons, cuite quelques minutes par les flammes d'un four à bois... Elle est rectangulaire, servie sur une planche de bois posée au milieu de la table, pour être partagée par les convives. Elle se déguste presque à toute heure, comme le bretzel, un petit pain qui date du XIIe siècle dont la croûte est garnie de gros sel. Sa forme est symbolique car on y voit 3 fois le soleil.

La matelote au Riesling est un mélange de plusieurs poissons d'eau douce (anguille, brochet, sandre, carpe, truite...) mitonnés avec des légumes et une sauce au Riesling, le tout servi avec des pâtes alsaciennes. Dans le Sundgau, la spécialité de poisson est la carpe frite. Les carpes panées sont plongées dans une friture, puis accompagnées de frites, de mayonnaise et de salade.

Fromages

Le munster géromé bénéficie d'une appellation AOP (Appellation d'Origine Protégée) depuis 1996. Ses origines remonteraient au VIIe siècle ; période de l'implantation des moines du « Monasterium Confluentes » dans la vallée de Saint Gérôme devenue aujourd'hui la fameuse vallée de Munster. Ces moines italiens auraient inventé le « Munster Kaes » (fromage du monastère). Sous sa croûte orangée odorante, ce fromage cache une pâte molle plutôt crémeuse au goût plus doux que ce à quoi on pourrait s'attendre mais particulièrement long en bouche, avec des saveurs franches de lait et des arômes de foin, de fruits et d'épices. Si le munster est le plus connu des fromages alsaciens, d'autres sont à signaler : le bargkass, aussi appelé barikass, est un fromage à pâte pressée non cuite au lait cru de vaches originaires des Vosges ; le bibeleskaes, fromage blanc alsacien, était autrefois élaboré à partir du caillé du munster frais et non salé, son nom se traduit par « fromage des poussins » et on le consomme avec des pommes de terre et de la charcuterie.

Fruits et légumes

A chaque saison son légume ou son fruit en Alsace ! Au printemps, ce sont les asperges qui ouvrent le bal et notamment à Hoerdt, qui se revendique capitale de ce légume. 250 producteurs y cultivent 400 hectares dédiés et l'écoulent chez les restaurateurs qui lui dédient des recettes. En juin, la saison des asperges se termine et on profite des fruits, dont la cerise. Elle est noire à Westhoffen et géante à Hedelfingen. Peu après viennent les mirabelles et quetsches, appelées aussi « l'or bleu » de l'Alsace. Septembre marque la récolte des choux, des céréales et du houblon, que l'on consommera tout l'hiver.

Les pâtes

Le tout premier livre de cuisine publié en Alsace en 1507 mentionnait déjà les « Wasser Striebele ». Les pâtes d'Alsace sont anciennes, et à part car elles remplacent l'eau des pâtes italiennes par 7 œufs frais au kilo. Deux familles de pâtes s'opposent : les Wasser Striebele et les Nüdle. Les Wasser Striebele sont issues d'une pâte liquide dont on fait tomber des fragments plus ou moins épais dans de l'eau bouillante, comme pour les Spätzle et Knepfle, alors que les Nüdle sont des lanières détaillées dans une pâte étalée au rouleau, comme pour les nids.

Les condiments

N'est pas Alsacien qui ne fait pas sa vinaigrette au Melfor et ne remplace pas sa moutarde par du raifort ! Le Melfor est produit depuis 1922 à Mulhouse et on ne le trouve qu'en Alsace. Vinaigre, plantes et miel sont mélangés pour un produit doux. Le raifort est lui une racine râpée, piquante mais dont l'effet ne dure pas en bouche ni ne vient supplanter les autres goûts. Il est de la même famille que le wasabi.

Douceurs sucrées

Les bredele, ou bredalas, sont des petits gâteaux secs de noël dont les familles se transmettent les recettes de génération en génération. Glacés au sucre ou au citron, à la confiture, à la cannelle, au pain d'épices, aux noisettes et aux amandes... il en existe presque autant de recettes que de familles et ils sont incontournables ici, presque autant que le kugelhof ! Préparé toute l'année, la forme de celui-ci est inspirée du couvre-chef de l'un des trois Rois Mages, un turban serti de diamants en forme d'amande. La reine Marie-Antoinette l'aurait introduit en Alsace lors de son séjour au Palais des Rohan à Strasbourg. C'est en fait une brioche. Sucré, le kugelhof contient des raisins secs, des amandes entières et est saupoudré de sucre glace ; salé, il intègre des noix ou des lardons grillés.

Fabriqué en Alsace depuis le Haut Moyen Âge, le pain d'épices est très répandu dans la culture alsacienne, surtout à l'approche de noël. La capitale alsacienne du pain d'épices est Gertwiller, village bas-rhinois où l'on peut visiter le Musée du Pain d'Épices et de l'Art Populaire Alsacien. Et que serait un pain d'épices sans miel ? On compte plus de 35 000 ruches réparties entre plus de 3 000 apiculteurs en Alsace. Une Indication Géographique Protégée a d'ailleurs été attribuée au miel de sapin d'Alsace en 2005.

Pour le goûter aussi l'Alsace propose de bonnes choses, par exemple du chocolat avec la « Route du chocolat et des douceurs d'Alsace ». Si on n'aime pas le chocolat, pourquoi pas une tartine de pain avec de la confiture ? Celles de Christine Ferber, du Climont, sont depuis longtemps très médiatisées et, en bonnes alsaciennes, elles sont éventuellement parfumées au marc de gewurtz, au schnaps, ou au kirsch.

Eaux d'Alsace

Depuis plus de 150 ans, les Sources de Soultzmatt embouteillent l'eau minérale Nessel et l'eau de source Lisbeth issue des montagnes vosgiennes à déguster Nature, Légère ou Pétillante. L'entreprise propose également une large gamme de boissons dont des eaux aromatisées, des limonades, l'Elsass Cola, le T'Glacé de Lisbeth, ou encore Pom' de Lisbeth, le schörle alsacien.

Wattwiller propose une eau très peu salée et garantie zéro nitrate, particulièrement adaptée aux nourrissons. Elle se décline également en version plate, légère ou pétillante. Elle a été adoptée par tous les restaurants gastronomiques, de France au Japon en passant par les USA.

© SHUTTERSTOCK.COM - KARL ALLGAEUER

Tarte flambée et vin alsacien.

Celtic est une eau minérale des Vosges du Nord, conditionnée à Niederbronn-les-Bains : très pauvre en sodium et en uranium, elle est parfaitement adaptée à la préparation des biberons.
La dernière eau alsacienne est Carola. Dans les restaurants, lorsque vous en demandez une, on vous répondra : bleue, verte ou rouge ? C'est un peu perturbant mais la couleur correspond simplement à plate, moyennement pétillante ou très pétillante.

Alcools et vins

De l'apéritif au dessert, en Alsace on déguste toujours de bons vins et de bons alcools.
Pour commencer le repas, ou après une journée de travail avant de rentrer, rien de tel qu'une bonne bière désaltérante ! Au XIIIe siècle, le premier brasseur professionnel s'établit en Alsace. Auparavant, les femmes brassaient artisanalement la bière à domicile. En 1789, on dénombre 33 brasseurs à Strasbourg, majoritairement protestants tandis que les vins sont plutôt réservés aux catholiques. La bière se consomme alors dans les brasseries et en-dehors des repas. Au XIXe siècle, la brasserie devient une véritable activité source de grands revenus pour la région. Les découvertes scientifiques de Pasteur sur la fermentation ainsi que de l'avènement du chemin de fer qui va permettre d'expédier des trains de bière de Strasbourg à Paris permettent pour beaucoup l'intensification de la production de bière alsacienne. Encore de nos jours, le Bas-Rhin est le premier producteur de houblon de France (97 %), et les houblonnières sont caractéristiques des paysages alsaciens.
Voilà donc pour la bière. Vient alors le moment de manger et cela ne peut se faire sans ouvrir une bonne bouteille de vin ! En Alsace, c'est le cépage, et non le terroir, qui donne son nom aux vins mis en bouteille obligatoirement dans cette région dans des flûtes allongées à la forme très caractéristique. Les vins d'Alsace, à déguster entre 6 et 8°C, proviennent de sept cépages : sylvaner, pinot blanc, riesling, muscat, pinot gris, gewurztraminer et pinot noir.
Le vignoble alsacien s'étend de Strasbourg à Mulhouse et couvre plus de 15 000 hectares de vignes plantées en coteaux. La région est la plus grosse productrice de vins blancs française. Grâce à une situation géographique très favorable et à des sols très différents, les vins alsaciens sont très variés et bon nombre d'entre eux sont des Appellations d'Origine Contrôlée. Parmi ces vins, on trouve les Vendanges Tardives, les Sélections de Grains Nobles et les Crémants d'Alsace qui valent pour certains un Champagne. L'Alsace compte 51 Grands Crus en Riesling, Muscat, Pinot Gris et Gewurztraminer. Les vins d'Alsace sont si variés qu'on peut toujours en trouver un pour l'accorder à n'importe quel met, des fruits de mer aux viandes en passant par les fromages et desserts et même par la cuisine du monde.
Si l'on a dégusté bières et vins avec assez de modération, on se laisse tenter au dessert par les « schnaps » et eaux-de-vie d'Alsace pour bien digérer ! Traditionnellement, ils sont élaborés à base de mirabelle, de cerise (Kirsch), de framboise, de poire Williams ou encore de fraises des bois. Les distillateurs actuels tentent cependant de plus en plus de saveurs : cumin, marc de pinot noir, bourgeon de sapin, gingembre, fleur de tilleul, prunelle sauvage... De nombreuses distilleries locales et familiales ouvrent leur porte aux visiteurs pour leur faire découvrir cet univers particulier.

TOP 10

GASTRONOMIE LOCALE

La gastronomie alsacienne est riche et variée, faite d'incontournables. De l'entrée au dessert, en passant par l'apéritif, le fromage et les boissons, chacun y trouve quelque chose à son goût. Voici quelques incontournables du coin à déguster à toute heure de la journée.

BIÈRE

L'Alsace est le pays de la bière et on la déguste en toute saison. Ici, la version normale est le bock de 50 cl.

© SHUTTERSTOCK.COM - STENKO VLAD

CARPE FRITE

Incontournable du pays du Sundgau, tout est dans le nom de ce plat à qui l'on a même dédié une route.

© 2020 SHUTTERSTOCK. NO USE WITHOUT PERMISSION.

TARTE FLAMBÉE

Cuite au feu de bois, classique aux lardons et oignons sur de la crème, on la déguste à toute heure.

© SHUTTERSTOCK.COM - SEAGULL_L

TORCHE

La torche aux marrons est l'un des incontournables dans les pâtisseries alsaciennes dès que la saison arrive.

© SHUTTERSTOCK.COM - SINGERGM

BRETZEL

Connu dans toute la France avec sa version miniature pour l'apéritif, en Alsace le bretzel est autre chose !

© SHUTTERSTOCK.COM - NEYDTSTOCK

FOIE GRAS

Les foies gras d'Alsace n'ont rien à envier à ceux du Sud-Ouest et sont tout aussi délicieux ici !

© SHUTTERSTOCK.COM - NOBTIS

BREDELE

Ce sont les petits gâteaux secs incontournables de Noël avec autant de recettes que d'Alsaciens.

© ISTOCKPHOTO.COM - PIXAVRIL

CHOUCROUTE

Incontournable, la choucroute est un chou macéré que l'on sert garni de charcuteries ou de poissons.

© SHUTTERSTOCK.COM - MARGOUILLAT PHOTO

BACKEHOFFE

À base de pommes de terre, de légumes, et d'assortiment de viandes d'agneau, de bœuf et de porc.

© SHUTTERSTOCK.COM - FANFO

MUNSTER

Le fromage emblématique de la région, que l'on déguste sur un plateau ou fondu sur des plats.

© SHUTTERSTOCK.COM - DANI VINCEK

Riesling d'Alsace.
Elégant et terriblement unique.*
VINS ALSACE | Tant de personnalité(s)
* La diversité des sols du vignoble alsacien, unique au monde, rend le Riesling d'Alsace absolument unique
L'ABUS D'ALCOOL EST DANGEREUX POUR LA SANTÉ, À CONSOMMER AVEC MODÉRATION

AGENDA

L'Alsace est un territoire qui sait vivre et s'amuser. Il n'est donc pas étonnant que l'on y retrouve tout au long de l'année une multitude d'événements importants et de renommée grandissante. Il y en a pour tous les goûts : que l'on aime la culture, les carnavals, les plantes, les tatouages, le patrimoine, la littérature, la musique ou encore les festivités de villages (que l'on appelle ici *messti*), chacun y trouve son compte, toujours dans une ambiance très conviviale de partage. N'hésitez pas à suivre les réseaux sociaux des villes et villages pour vous tenir au courant de toutes les nouvelles propositions et dates. Nous vous présentons ici quelques incontournables de chaque mois, parmi tant d'autres. Ces événements sont pour le moment maintenus mais les dates peuvent évoluer en fonction de la crise sanitaire que nous traversons. C'est pourquoi nous vous proposons surtout des mois plutôt que des dates précises.

STRASBOURG MON AMOUR

STRASBOURG

✆ 03 88 52 28 28

www.strasbourg-monamour.eu

De début février à mi-février chaque année.

Chaque année, l'office de tourisme organise tout un programme sur le thème de l'amour. Pendant dix jours, Strasbourg devient la ville la plus romantique de France et offre aux amoureux la possibilité de déclarer leur flamme à travers plusieurs rencontres devenues emblématiques : baignade au clair de lune, slow party, guinguette amoureuse, Pont des Soupirs, apéritif à l'opéra, séances photos, café des amours, concerts insolites... Des moments d'exception pour séduire encore plus votre partenaire ou tout simplement profiter d'une ambiance atypique et romanesque.

SCÈNES DE RUE

MULHOUSE

www.scenesderue.fr

En juillet. Gratuit.

Plus de trente compagnies investissent la ville...Théâtre de rue, danse, cirque, musique, prouesses et performances sans oublier des buvettes rigolotes, une silent party phénoménale... Pendant quatre jours, Mulhouse se métamorphose et explose de vie. Tous les spectacles vivants sont gratuits et accessibles à toute la famille. Un festival qui chamboule les codes et invite le spectateurs à vivre des expériences inédites dans des lieux surprenants : un parking, le parvis de la gare, un square, un bus, une rue, une place, aux abords du canal...

MÉTÉO - MULHOUSE MUSIC FESTIVAL

MULHOUSE

✆ 03 89 45 36 67

Du 23 au 27 août 2022.

Une édition qui fait une large place à une jeune génération d'improvisateurs, qui mêle créations et premières, jazz, musiques expérimentales, noise, traditionnelles, improvisées ou électro-acoustiques, et tente de se jouer des contraintes plutôt que de les subir. La partie « campagne » du festival Météo vogue de villages en communes pour y rencontrer le public en proposant, aux oreilles curieuses, une ouverture sur des mondes sonores moins fréquentés. En août.

FESTIVAL DE L'AVENT

Place de la Réunion

MULHOUSE

✆ 03 89 46 58 25

A partir du 25 novembre et pendant toute la durée de l'Avent. Entrée libre/payant pour les concerts de l'Avent.

Au cœur de la ville et du marché de Noël, le temple Saint-Étienne propose tous les samedis de l'Avent, des chants participatifs, des concerts et expositions. La veillée de Noël du 24 décembre en est le point d'orgue. Les associations locales sont partenaires de ce festival. Les magnifiques éclairages de Noël sur les façades extérieures du temple contribuent à l'atmosphère féerique de ce festival par lequel on accède en traversant le marché de Noël, place de la Réunion. Abordez les festivités de Noël de la plus belle des façons !

MINERAL & GEM

SAINTE-MARIE-AUX-MINES ✆ 03 89 73 53 52
www.sainte-marie-mineral.com
57e édition du 23 au 26 juin 2022. Gratuit pour enfants - 10 ans accompagnés d'1 adulte. Adulte : 10 €/j., 15 €/2 j.

Chaque année, au cours de la dernière semaine de juin, Sainte-Marie-aux-Mines dévoile mille et une merveilles issues des entrailles de la terre, des trésors aussi mystérieux que fascinants. On découvre des minéraux du bout du monde et des pierres précieuses dont la pureté et la rareté peuvent atteindre des sommets. Mineral & Gem hisse Sainte-Marie-aux-Mines dans le top 3 mondial entre Hong Kong et Tucson, avec un millier d'exposants issus d'une cinquantaine de pays. Professionnels et amateurs peuvent admirer et acquérir minéraux, fossiles ou encore pierres fines.

LA NUIT DES MYSTÈRES

MULHOUSE
www.musees-mulhouse.fr
En mai pendant la Nuit européenne des Musées. Passeport à retirer dans les semaines précédant l'événement.

Grande chasse au trésor ludique et culturelle, cette longue nuit nous mène dans les musées et dans des lieux patrimoniaux ou friches commerciales. Des scénarios bien ficelés stimulent la curiosité et l'ingéniosité sans oublier humour et plaisir de la découverte. À minuit, on départage les meilleures équipes. Un grand prix récompense les meilleurs. Le passeport comprend l'entrée illimitée dans les musées, les transports en commun, les navettes spéciales et les supports de jeux. Une journée unique à Mulhouse, capitale européenne des musées techniques !

ST'ART

Parc des Expositions
STRASBOURG
✆ 03 88 37 21 21
www.st-art.com
Fin novembre. Restauration.

St'Art, la foire d'art contemporain de Strasbourg, est devenue au fil des années un événement incontournable pour les galeristes et les collectionneurs. De dimension internationale, ce salon accueille des artistes et des galeries de toute l'Europe. Si les professionnels y font acquisitions et rencontres, les amateurs peuvent déambuler au milieu d'œuvres comme des peintures, sculptures, photographies ou encore des installations du XXe et XXIe siècles. Et pourquoi pas se faire plaisir et craquer pour l'une d'entre elles si le budget le permet ?

FÊTE DE LA CHOUCROUTE

6, rue du Maire François Nuss
GEISPOLSHEIM
✆ 03 90 29 72 72
www.geispolsheim.fr
En général le dernier dimanche du mois d'août. Entrée libre. Repas choucroute midi et soir : 20 €.

Cette fête traditionnelle démarre dès le petit matin, les stands du vide grenier s'installent dans les rues. Puis les cours des fermes ouvrent leurs portes pour présenter des expositions artistiques, faire des démonstrations de métiers anciens et vous permettre de déguster l'incontournable choucroute. Vers midi c'est l'apéritif-concert. L'après-midi un cortège déambule dans le village. Vous apprécierez le défilé en costume traditionnel, les musiques, les danses folkloriques et l'exposition d'outils anciens. Marché d'art, d'artisanat et de produits du terroir.

FÊTE DE LA TRANSHUMANCE ET DE LA TOURTE

✆ 03 89 77 32 98
www.vallee-munster.eu
Septembre 2022.

Les troupeaux redescendent des prairies vosgiennes où ils ont passé l'été. À Munster, on célèbre toujours dans la bonne humeur ce moment important dans le calendrier paysan. La fête de la transhumance et de la tourte est émaillée de multiples animations : marché paysan, démonstration de fabrication de fromage, danses traditionnelles et concerts de cors des Alpes, défilé de belles vaches vosgiennes dans les rues de Munster, expositions et bien sûr dégustation de succulentes tourtes !

LES MARCHÉS DE NOËL DE STRASBOURG

STRASBOURG
www.noel.strasbourg.eu
Inauguration le dernier vendredi de novembre. Ouvert jusqu'au 24 décembre (pour certains quartiers jusqu'au 30).

Ce sont près de 300 chalets en bois qui vous attendent ! Le *Christkindelsmärik*, place Broglie est historique tout comme celui de la cathédrale, et propose de l'artisanat et des décoration pour votre sapin de Noël. Le marché des Bredeles est situé place d'Austerlitz. Le marché du Carré d'Or réunit des producteurs et pas seulement de la région. Sur la place Kléber : le grand sapin et des stands. Et à la Petite France, vous trouverez des stands de producteurs et d'artisanat.

JOURNÉES D'OCTOBRE

120, rue Lefèbvre
MULHOUSE
Du 6 au 16 octobre 2022 (tous les ans, première quinzaine d'octobre). Restauration.

Événement incontournable de l'automne à Mulhouse : les Journées d'Octobre, foire axée sur la gastronomie et l'artisanat local. Une fête populaire où les six traditionnels villages présentent les savoir-faire des créateurs régionaux, des animations variées, des innovations étonnantes... Un véritable temps d'échange et d'émerveillement ! Folie'Flore ravive les couleurs de la manifestation à travers des créations végétalisées originales. Des jardins éphémères ou des installations créées de toutes pièces par des paysagistes d'une vingtaine de communes du département.

JOURNÉES DE L'ARCHITECTURE

MULHOUSE
En septembre.

En 2010, l'association les Journées de l'architecture devient la Maison européenne de l'architecture-Rhin Supérieur Europaïsches Architekturhaus-Oberrhein. Conférences, visites, expositions, concerts, cinéma, les Journées de l'architecture ont lieu conjointement dans tout le Rhin Supérieur. Cette manifestation trouve parfaitement sa place à Mulhouse avec sa très grande diversité architecturale notamment Mittel-Europa ! Conférences et courts-métrages sont aussi au programme.

LE MARCHÉ AUX PLANTES

Parc zoologique et botanique
MULHOUSE
En avril. Zoo et marché.

Dans ce bel écrin végétal de 25 hectares classé « Jardin remarquable », une soixantaine de professionnels rencontrent un public toujours plus nombreux, le temps d'un week-end. Des espèces florales rares, des décorations de jardin, un choix incroyable de plantes annuelles et vivaces parmi lesquelles il est parfois bien difficile de choisir. Des animations, expositions, conseils et astuces de jardinage sont aussi au programme. Pour quelques jours, le jardin zoologique et botanique devient le temple du jardin et de la botanique, ce qui lui va plutôt bien !

FORUM DU LIVRE DE SAINT-LOUIS

SAINT-LOUIS
✆ 03 89 69 52 43
forumlivre.fr
3 jours en mai. Entrée gratuite. Restauration.

Saint-Louis accueille une des plus importantes foires littéraires du Grand Est. Plus de 250 auteurs français et étrangers, des écrivains régionaux et de nombreux éditeurs sont attendus par le public. C'est le rendez-vous incontournable des bibliophiles, un espace où l'on peut flâner au gré de ses envies, découvrir de nouveaux romans, assister à des conférences ou à des débats, récolter de prestigieuses signatures. Plusieurs prix littéraires sont décernés dont le prix du Lys.

TOUS AUX CHÂTEAUX

www.chateauxfortsalsace.com
Le 1er mai 2022.

Saviez-vous que l'Alsace est une des régions d'Europe qui compte le plus de châteaux forts ? De nombreuses animations sont prévues pour valoriser les vieilles pierres, de nombreux acteurs touristiques et associations de patrimoine se mobilisent pour organiser la journée « Tous aux châteaux ». Les châteaux et cités fortifiées vont reprendre vie grâce à des bénévoles qui accueilleront le public toute la journée pour des visites guidées ou costumées, des expositions, des contes, des jeux, des ateliers, des chasses au trésor, des démonstrations...

LE PRINTEMPS DU TANGO

MULHOUSE
✆ 06 81 39 23 04
www.leprintempsdutango-mulhouse.fr
Du 9 au 12 juin 2022.

Le Printemps du tango, événement majeur dans la région, c'est le rendez-vous pour 4 jours de danse et de soleil en provenance de Buenos Aires ! Que vous soyez spécialiste ou néophyte, vibrez avec les danseurs et danseuses au bal Tango, vivez les concerts à fleur de peau, les *abrazos* les yeux fermés ou bien inscrivez-vous à une masterclass de tango. L'émotion et la passion vous attendent dans une quinzaine de lieux volontairement atypiques de la ville. L'idée est de décloisonner le tango et permettre de découvrir la culture argentine.

FOCUS

TROIS SALONS EN VAL D'ARGENT

MINÉRALOGIE, GEMMOLOGIE, PATCHWORK ET MODE

Mineral & Gem

Du 23 au 26 juin 2022.

Sainte-Marie-aux-Mines fête le début de l'été en dévoilant mille et une merveilles issues des entrailles de la terre. Venez découvrir des trésors aussi mystérieux que fascinants : minéraux du bout du monde, pierres précieuses dont la pureté et la rareté peuvent atteindre des sommets. Mineral & Gem hisse Sainte-Marie-aux-Mines dans le top 3 mondial entre Hong Kong et Tucson, avec un millier d'exposants issus d'une cinquantaine de pays. Professionnels et amateurs affluent dans le Val d'Argent pour admirer et acquérir minéraux, fossiles et pierres fines.

Carrefour Européen du Patchwork

Du 15 au 18 septembre 2022.

Cet événement unique en son genre attire des milliers de fans d'une tradition textile pratiquée depuis 1755 dans le Val d'Argent. C'est aussi à Sainte-Marie-aux-Mines qu'est né, en 1693, le fameux mouvement amish. La 27e édition du Carrefour européen du Patchwork valorise l'art textile au fil d'expositions, conférences et séminaires. Des navettes assurent l'accès aux galeries d'art et sites d'exposition dans le Val d'Argent. Un concours est organisé autour d'un thème qui évolue au fil des années, mettant merveilleusement en lumière la créativité et l'inventivité des participants. Un événement à ne manquer sous aucun prétexte !

Mode et Tissus

Du 23 au 26 mars 2023.

Fabricants de tissus européens, créateurs de mode et stylistes, mais aussi accessoires, matériel *Do It Yourself*, mercerie, ateliers, et défilés : le salon Mode et Tissus à Sainte-Marie-aux-Mines donne rendez-vous aux fans de couture et de mode. Depuis 1973, la tradition textile du Val d'Argent sert d'inspiration pour un événement fashion unique dans le Grand Est. Qualité, innovation, *Made in France*, professionnels alsaciens du textile et acteurs européens, ateliers et défilés de mode : joli programme en perspective !

MINERAL & GEM

SAINTE-MARIE-AUX-MINES
✆ 03 89 73 53 52
www.sainte-marie-mineral.com
www.patchwork-europe.eu
https://modetissus.fr

© J. ANTENAT

© MARION KELLER / CARREFOUR EUROPÉEN DU PATCHWORK

© MARION KELLER / MODE ET TISSUS

FÊTE DE LA SORCIÈRE

ROUFFACH
www.fete-sorciere.com
Le 16 juillet 2022.

Tout au long de la journée s'enchaînent de nombreux spectacles et animations pour petits et grands ! Le top départ est donné par un cortège. La fête est divisée en 4 zones : le campement médiéval, la grande scène, l'animation enfant et le sentier de l'étrange. La fête se finit par un grand spectacle de feu. Organisée par l'association fête de la Sorcière Rouffach, cette fête est totalement réalisée par des bénévoles. L'objectif est de proposer une fête authentique, de donner du plaisir, du rêve et de nombreuses émotions fortes.

NOËL AU JARDIN

Rue du Parc
HUSSEREN-WESSERLING
✆ 03 89 38 28 08
www.parc-wesserling.fr
18 soirées d'exception autour de Noël.

Chaque année, le Parc de Wesserling – Écomusée Textile vous invite à découvrir son Noël authentique à travers un conte en plein cœur de ses jardins illuminés et une ouverture du musée étendue jusqu'à 21h ! Tout le long du mois de décembre, le Parc de Wesserling propose des représentations de sa balade contée spécialement pour les fêtes de Noël : le Noël au Jardin. Rencontrez d'étonnants personnages et laissez-vous séduire par la douceur des lumières, des contes et des traditions de Noël ! 18 soirées exceptionnelles pour qui veut être séduit par la féerie de Noël !

LE PRINTEMPS DES CIGOGNES

MUNSTER
✆ 03 89 77 31 80
www.vallee-munster.eu
En mars.

La vallée de Munster célèbre les fêtes de Pâques et l'arrivée du printemps avec son événement « Le Printemps des Cigognes ». De nombreuses animations sont au programme à Munster et dans toute la vallée : chasse aux œufs, marché printanier et de créateurs, rencontre avec les animaux, ateliers culinaires ou créatifs, expositions, concerts... Vous aurez ainsi l'occasion d'en savoir plus sur cet oiseau emblématique et de découvrir les richesses de la très attrayante vallée de Munster.

BIENNALE D'ART CONTEMPORAIN

Rue Wencker
STRASBOURG
https://biennale-strasbourg.eu

Avec la vocation de s'adresser à l'ensemble des citoyens, sensibles ou non à l'art contemporain, la Biennale de Strasbourg propose des expositions accessibles accompagnées d'ateliers, de conférences et de débats, qui nous interrogent sur notre vie à l'heure de la révolution numérique. Plusieurs dizaines d'œuvres, et tout autant d'artistes, sont installées dans un lieu emblématique de Strasbourg. Toutes les créations artistiques exposées sont liées par une thématique commune.

Cigogne à Munster.

www.petitfute.com
1er site d'information touristique
GUIDES DE VOYAGE
ADRESSES ET AVIS
EXPÉRIENCES
IDÉES DE SÉJOURS
JEUX CONCOURS
BONS PLANS
PLUS D'INSPIRATION SUR
petit futé

PASSPORT

BAS-RHIN

Proche de la frontière avec l'Allemagne, le Bas-Rhin arbore une culture et une architecture mêlant les influences latine et germanique. Strasbourg est la capitale de Noël ! Vous pourrez visiter l'emblème de la ville, la somptueuse cathédrale gothique Notre-Dame, au décor ciselé comme un ouvrage de dentelle, propose des animations quotidiennes autour de son horloge astronomique. Le Bas-Rhin offre une extraordinaire palette de découvertes, tant au niveau architectural, historique et religieux qu'au niveau gastronomique et traditionnel : la route romane, le patrimoine brassicole, les villages typiquement alsaciens, les châteaux forts comme par exemple le château du Haut-Koenigsbourg, la célèbre route des Vins, les forêts des Vosges du Nord. Vous pouvez aussi visiter de part et d'autre du Rhin, le vignoble alsacien, la montagne et les lacs, des villes et des villages de charme en profitant de paysages d'une grande diversité.

Bas-Rhin
Herbitzheim
Dehlingen
Vœllerdingen
Keskastel
Domfessel
Altwiller
Sarre-Union
Diemeringen
Lichtenbe
Wingen-sur-Moder
Diedendorf
Struth
LA PETITE-PIERRE
BOUXWILL
Neuwiller-lès-Saverne
Graufthal
Dossenheim-sur-Zinsel
Monswiller
SAVERNE
Haegen
MARMOUTIEF
Willgotthe
WANGENBOURG-ENGENTHAL
WASSELON
MOSELLE
MARLENHE
Wangen
Westhoffen
Tra
Balbronn
Soultz-les-Bains
Avolshei
Oberhaslach
MOLSHEI
MUTZIG
Dinsheim-Sur-Bruche
Gresswiller
Muhlbach-sur-Bruche
Do
Mollkirch
Grandfontaine
ROSHEIM
Schirmeck
Grendelbruch
Boer
La Broque
Klingenthal
OTTROTT
Natzwiller
Heiligenstein
Fouday
Waldersbach
Belmont
BARR
Colroy-la-Roche
LE HOHWALD
MIT
Breitenbach
ANDLAU
Ranrupt
Steige
Albé
ITTER
Bourg-Bruche
Triembach-au-Val
Blienschwiller
E
Villé
Urbeis
Saint-Pierre-Bois
Breitenau
DAMBACH-LA-VIL
Dieffenbach-au-Val
Scherwiller
La Vancelle
Châtenois
Lièpvre
SÉLESTAT
Kintzheim
SAINTE-MARIE-AUX-MINES
Orschwiller
VOSGES
BERGHEIM
RIQUEWIHR

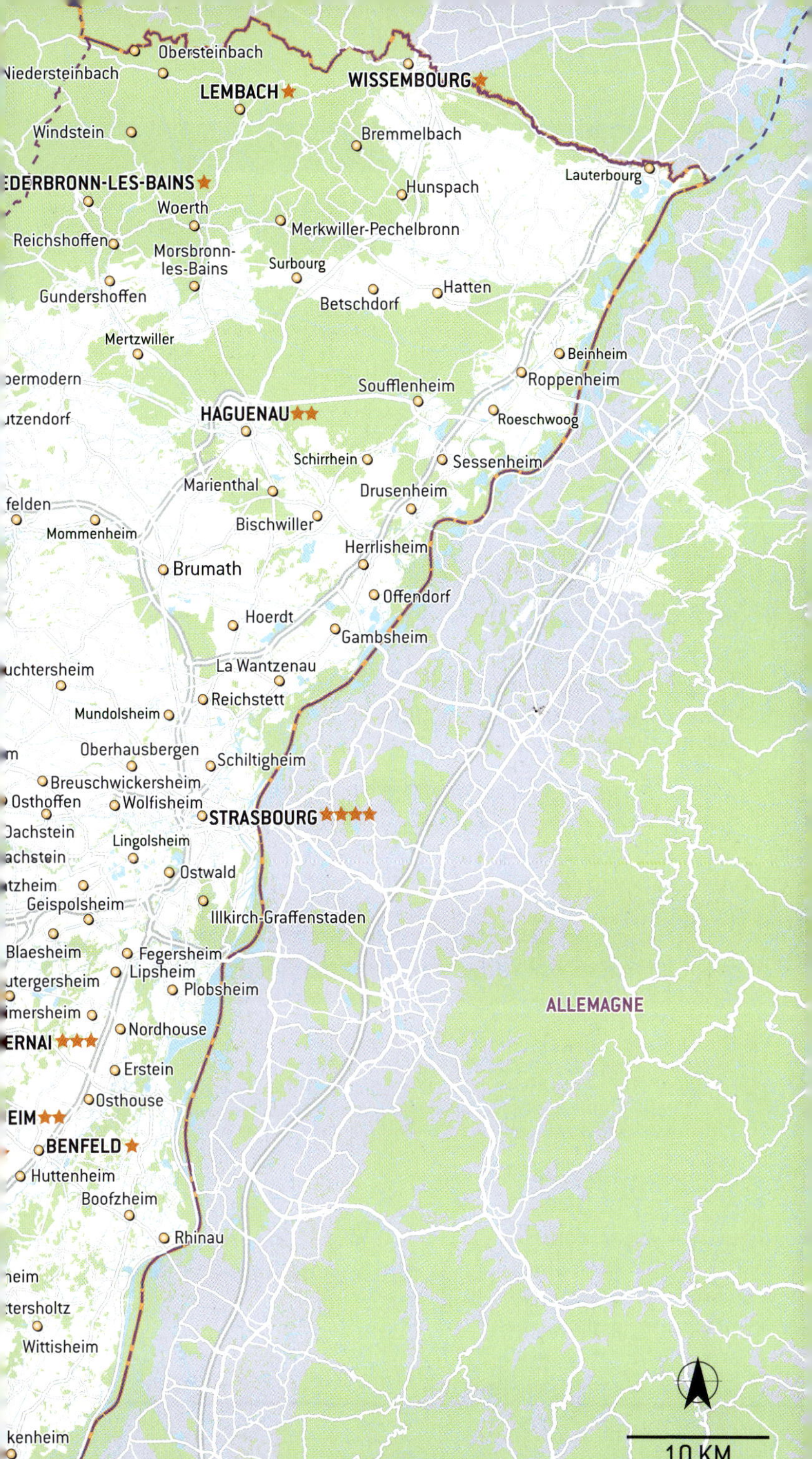
Obersteinbach
Niedersteinbach
LEMBACH
WISSEMBOURG
Windstein
Bremmelbach
EDERBRONN-LES-BAINS
Hunspach
Lauterbourg
Woerth
Merkwiller-Pechelbronn
Reichshoffen
Morsbronn-les-Bains
Surbourg
Gundershoffen
Betschdorf
Hatten
Mertzwiller
Beinheim
Roppenheim
ermodern
Soufflenheim
tzendorf
HAGUENAU
Roeschwoog
Schirrhein
Sessenheim
Marienthal
Drusenheim
felden
Mommenheim
Bischwiller
Herrlisheim
Brumath
Offendorf
Hoerdt
Gambsheim
uchtersheim
La Wantzenau
Reichstett
Mundolsheim
Oberhausbergen
Schiltigheim
Breuschwickersheim
Osthoffen
Wolfisheim
STRASBOURG
Dachstein
Lingolsheim
achstein
Ostwald
tzheim
Geispolsheim
Illkirch-Graffenstaden
Blaesheim
Fegersheim
utergersheim
Lipsheim
Plobsheim
imersheim
ALLEMAGNE
Nordhouse
ERNAI
Erstein
Osthouse
EIM
BENFELD
Huttenheim
Boofzheim
Rhinau
heim
tersholtz
Wittisheim
kenheim
ckolsheim
10 KM

PAGES

Haguenau est née il y a 900 ans de la Moder et des intérêts des Hohenstaufen qui avaient besoin d'un pied-à-terre en Alsace pour imposer le pouvoir impérial à ceux de leurs vassaux qui leur avaient préféré une alliance avec le pape. Un château en bois fut donc construit en 1115 sur une île de la Moder par Frédéric le Borgne. Jusqu'au XVIe siècle la ville rayonne sur le plan économique et culturel.

PAGES

STRASBOURG

Proche de la frontière avec l'Allemagne, siège du Parlement européen, capitale de Noël, de l'Alsace, Strasbourg arbore une culture et une architecture mêlant les influences latine et germanique. Emblème de la ville, la somptueuse cathédrale gothique Notre-Dame de Strasbourg, au décor ciselé comme un ouvrage de dentelle, propose des animations quotidiennes autour de son horloge astronomique. En grimpant à mi-hauteur de son clocher, de 140 m de haut, vous jouissez d'un beau panorama sur le Rhin et l'une des plus belles villes européennes. Strasbourg, 2 000 ans d'histoire, a vu l'ensemble de son centre-ville classé au patrimoine mondial de l'humanité par l'Unesco dès 1988. On y vient pour découvrir son histoire et son patrimoine, et jouir de son art de vivre et sa gastronomie. Nourrie de traditions séculaires, la cuisine strasbourgeoise se renouvelle sans cesse sous l'influence de chefs inspirés et audacieux.

SE REPÉRER SE DÉPLACER

Strasbourg est vaste, d'autant plus lorsque l'on considère l'intégralité de l'Eurométropole. Partout sur le territoire, il y a de belles choses à voir et l'on ne saurait se contenter, pour une visite représentative de la richesse culturelle régionale, de la Grande Île de la capitale alsacienne. Il faut oser bouger, se déplacer partout, de communes en communes, de villages en villages. Certes, leurs noms sont parfois compliqués à prononcer pour un non-initié au dialecte alsacien mais pas de panique, de nombreux points d'informations, plans, applications, visites guidées seront là pour vous aider. Avec de nombreux services de transports en commun ou de location de vélos, trottinettes et autres engins atypiques à moteur ou non, vous pourrez accéder partout sans vous fatiguer et à moindre coût grâce à des tarifs avantageux. Laissez donc la voiture au parking et profitez de l'ambiance si chaleureuse et accueillante de l'Alsace !

AÉROPORT INTERNATIONAL DE STRASBOURG-ENTZHEIM

Bâtiment Louis Blériot - **ENTZHEIM**
✆ 03 88 64 67 67
www.strasbourg.aeroport.fr
L'aéroport est desservi jusqu'à quatre fois par heure par une navette train et une navette bus CTS.

L'aéroport international de Strasbourg accueille plusieurs compagnies aériennes, et propose plus de 50 destinations régulières. Il est relié aux principaux hubs européens Paris CDG, Amsterdam, Bruxelles, Madrid et Prague permettant ainsi de voyager partout dans le monde. Dans la salle d'embarquement : de nombreuses boutiques, des restaurants et des cafés, des espaces détente avec wifi gratuit, un distributeur permettant le retrait d'argent et des agences de voyage.

GARE CENTRALE DE STRASBOURG

20, place de la Gare
✆ 36 35
www.voyages-sncf.com
Ouvert du lundi au vendredi de 4h45 à 1h ; le week-end de 5h à 1h. Chèque Vacances.

La célèbre gare de Strasbourg permet aux voyageurs de se rendre facilement en train dans de grandes villes comme Paris, Aéroport CDG2 TGV ou Marseille. L'aéroport d'Entzheim y est aussi relié régulièrement directement. Elle permet aussi grâce à son réseau TER de rayonner facilement dans toute l'Alsace. Les services proposés y sont nombreux et ce lieu historique est en outre un formidable bâtiment que l'on peut visiter et découvrir grâce à des applications.

CITIZ - AUTOPARTAGE

5, rue Saint Michel
✆ 03 88 23 73 47
www.alsace.citiz.coop
Ouvert du lundi au vendredi de 10h à 12h et de 14h à 18h ; le samedi de 10h à 12h et de 14h à 17h.

Profitez des avantages de la voiture sans ses inconvénients ! Les voitures blanches du réseau CITIZ sont disponibles dans les 58 stations de la métropole strasbourgeoise et dans le reste de l'Alsace. Pour bénéficier des services d'autopartage, il suffit d'effectuer votre réservation via le site ou l'application mobile, après inscription dans une agence ou via le site web. Les tarifs dépendent de la distance parcourue et de la durée de la location. L'assurance, l'assistance, l'entretien de la voiture et l'essence sont compris dans le prix de la location.

VELHOP

Gare de Strasbourg
✆ 03 67 70 70 70
www.velhop.strasbourg.eu
5 € la journée en boutique. 1 €/heure sans abonnement en station automatique.

Avec 600 km de pistes cyclables, il est très agréable de visiter Strasbourg à vélo. S'il est désormais nécessaire de s'inscrire sur une liste d'attente pour la location longue durée (entre 1 et 12 mois), succès oblige, il est toujours possible de louer un vélo pour quelques heures ou une journée en se rendant en boutique, ou bien directement aux bornes libre-service, disséminées un peu partout dans la ville. Velhop s'occupe de tout et pour l'entretien et les petits soucis du quotidien sur la route vous n'aurez rien à gérer. Plusieurs types de vélos sont proposés.

À VOIR / À FAIRE

Salons, festivals, animations festives, illuminations... Il y a tant à voir et à faire, dans l'offre de la ville qui est une véritable invitation à danser, à s'ouvrir sur l'art et le patrimoine, à échanger et faire des rencontres. Vous trouverez ici tous les lieux emblématiques, mémoire du passé comme ouverture vers de nouvelles connaissances ! Il n'y a plus qu'à choisir : musées insolites, sites historiques, découvertes ludiques... Envie d'une balade ? Des jardins remarquables, des parcs qui invitent parfois à la rencontre de sympathiques animaux, dont les incontournables cigognes, vous attendent. Il y en aura pour tous les goûts et chaque saison sera l'occasion de redécouvrir avec un œil neuf Strasbourg, que l'on apprécie autant en été qu'en hiver, qui s'anime et se réinvente sans cesse, pour le plaisir toujours plus grand de ses habitants d'y vivre et de ses touristes d'y flâner en complète sérénité.

L'ÉCHAPPÉE BIÈRE

550, boulevard Sébastien Brant
ILLKIRCH-GRAFFENSTADEN ✆ 06 42 05 15 45

Visite insolite de Strasbourg 26 €. Organisation sur rendez-vous, des visites, challenges et dégustations.

L'Échappée bière vous propose de découvrir le monde de la bière alsacienne d'une manière ludique, par le biais de challenges, visites insolites et dégustations. Accompagnés d'un guide-biérologue passionné, vous irez dans les meilleurs spots de Strasbourg où l'on sert des bières artisanales. Durant la balade à travers les rues de Strasbourg, vous ferez deux pauses dégustation. Cette visite est le moyen idéal pour découvrir le savoir-faire brassicole. Organisation possible de jeux de piste, de rallyes urbains et d'animations sur mesure, sur le thème de la bière.

LE GIESSEN

24, rue de la Scierie - **PLOBSHEIM**
✆ 06 71 43 63 26 - www.legiessen.com

2 départs de balade proposés de mai à octobre : mercredi et samedi 14h et 16h. Durée 2h30. Sur réservation. 12 € à 17 €.

Pour cette promenade bucolique, vous vous installerez d'abord dans une calèche confortable et sécurisée, pour sillonner les rues du village, avant de traverser le golf du Kempferhof, pour finalement arriver au plan d'eau de Plobsheim. Après une courte pause à la buvette des Sept Écluses, vous embarquerez à bord d'une barque à fond plat, pour une descente sur la rivière Altrhein. L'histoire de Plobsheim, ancien village de pêcheurs, son patrimoine et de nombreuses anecdotes vous seront contés. La balade allie nature et culture : vous passerez un moment agréable.

SEGWAY ONE CITY TOURS

5, petite rue du Vieux Marché
✆ 09 84 46 39 24
www.onecity-tours.com/colmar/

A partir de 35 € par personne. Réservation possible sur le site Internet.

Pourquoi ne pas penser à pimenter sa visite de la ville sur un Segway ? Il existe plusieurs formules de balade en Segway en fonction de vos envies, des quartiers que vous souhaitez découvrir et du temps dont vous disposez. En famille ou entre amis, que l'on soit touriste ou résident, c'est une belle idée pour voir la ville avec un œil neuf, des institutions européennes au quartier de la Petite France. Avec un encadrement et de bons conseils de pilotage, vous voilà prêts à passer un excellent moment fait de découvertes et de sensations fortes.

VISITE DE STRASBOURG AVEC AUDIO-GUIDE

17, place de la Cathédrale ✆ 03 88 52 28 28
www.otstrasbourg.fr

Office de tourisme ouvert tous les jours de 9h à 19h. Adulte : 5,50 €. Gratuit pour les moins de 12 ans.

La Ville de Strasbourg met à disposition des audio-guides qui suivent un parcours reliant entre eux ses principaux points d'intérêts. En toute indépendance, vous pouvez choisir l'itinéraire de votre visite, ou réécouter plusieurs fois les explications. La durée du parcours avec commentaires est estimée à environ 1h30 mais la location se fait pour 3h, ce qui vous laisse amplement le temps de vous arrêter où bon vous semble afin de profiter pleinement des édifices présentés en les visitant.

LE 5E LIEU ★

5, place du Château
www.strasbourg.eu
Ouvert du mardi au samedi de 11h à 19h ; le dimanche de 11h à 17h.

Strasbourg possède désormais son centre d'interprétation de l'architecture et du patrimoine. Il offre une découverte de l'urbanisme et du patrimoine à travers un parcours pédagogique et interactif développé sur 600 m². Après une introduction historique, le parcours présente la ville sous différentes approches : urbaine, architecturale et humaine. Une salle permet des ateliers éducatifs et une programmation riche et variée propose des expositions temporaires tout au long de l'année pour voir la ville avec un regard neuf, en invitation à la déambulation.

BARRAGE VAUBAN ★

Place du Quartier Blanc
✆ 03 88 52 28 28
www.otstrasbourg.fr
Ouvert en basse saison : tous les jours et les jours fériés de 8h30 à 16h. Haute saison : de 8h à 19h. Gratuit.

© LAMAX - SHUTTERSTOCK.COM

Près des Ponts Couverts, cet édifice construit vers 1690 par Tarade, permettait d'inonder tout le front Sud de la ville pour faire face à un éventuel assaut ennemi. Vers 1880 les autorités allemandes firent surélever d'un étage l'édifice pour le recouvrir de terre et de gazon. Enjambant l'Ill, ce monument historique est aujourd'hui un lieu de flânerie, apprécié pour sa terrasse panoramique aménagée par la ville de Strasbourg en 1966 au sommet du bâtiment. Elle offre une vue incroyable et imprenable sur le quartier de la Petite France et ses canaux.

CAVE HISTORIQUE DES HOSPICES DE STRASBOURG

1, place de l'Hôpital
✆ 03 88 11 64 50
www.vins-des-hospices-de-strasbourg.fr
Ouvert du lundi au vendredi de 8h30 à 12h et de 13h30 à 17h30 ; le samedi de 9h à 12h30. Gratuit. Visite guidée.

La Cave historique des Hospices de Strasbourg existe depuis 1395 et servait déjà au Moyen Âge à la garde des vins, du grain et d'autres denrées périssables. 600 ans plus tard, elle retrouve sa fonction d'autrefois. La somptueuse cave voûtée exalte la charpente et les arômes des vins conservés dans une cinquantaine de pièces de chêne restaurées et trois foudres historiques datés de 1472, 1519 et 1525. Le plus ancien contient le plus vieux vin en tonneau du monde !

CHÂTEAU MUSÉE VODOU

4, rue de Koenigshoffen
✆ 03 88 36 15 03
www.chateau-vodou.com
Ouvert du mercredi au dimanche de 14h à 18h. Adulte : 14 €. Tarif enfant 6 à 12 ans, amis du musée : 8 €. Atout Voir 4 €

Le Musée Vodou offre la possibilité de découvrir une philosophie de vie pratiquée par des millions de personnes dans le monde. Dans un ancien château d'eau datant de 1883, plus de 1 000 pièces constituent une collection unique en Europe : fétiches, amulettes et masques utilisés en culte des ancêtres, divination, sorcellerie et autres événements liés aux grandes étapes de la vie. Visites thématiques avec un guide ou en toute autonomie avec un audiophone. Le musée est adapté pour tous les publics. Vous avez aussi la possibilité de le privatiser.

JARDINET GOTHIQUE DU MUSÉE DE L'ŒUVRE NOTRE-DAME

3, place du Château
✆ 03 88 52 50 00
Ouvert du mardi au dimanche et les jours fériés de 10h à 18h. Fermé en cas de pluie. Adulte : 6,50 €.

Conçu pour évoquer les *Paradiesgärtlein* médiévaux, le Jardin gothique du musée de l'Œuvre Notre-Dame fut élaboré en 1937 par Hans Haug, fondateur du musée éponyme. Ce jardin s'inspire des préceptes de l'époque médiévale. Situé à l'emplacement d'une ancienne cour, le jardin présente neuf modules rectangulaires regroupant plusieurs types de plantes : plantes médicinales, condimentaires et ornementales. Sur le côté sud, des dalles funéraires sont exposées.

CATHÉDRALE NOTRE-DAME ★★★★

Place de la Cathédrale
www.cathedrale-strasbourg.fr
Cathédrale ouverte en visite libre tous les jours de 7h à 11h20 et de 12h40 à 19h. Plateforme accessible de 9h30 à 20h.

Construite à l'emplacement d'une ancienne basilique rhénane de 1015 détruite par un incendie dont on peut voir les vestiges dans la crypte, la réalisation de Notre-Dame s'étala sur trois siècles entre 1176 et 1439. La cathédrale de Strasbourg est assurément un des chefs-d'œuvre de l'architecture médiévale, mêlant le style roman de son abside et de son transept au style gothique de sa nef et de sa façade.

Sa haute flèche, qui culmine à 143 mètres, a été longtemps le monument le plus haut de la chrétienté. Elle donne toute sa beauté et sa cohérence à ce chef-d'œuvre de grès rose dont Victor Hugo dira : « J'ai vu Chartres, j'ai vu Anvers. Il me fallait Strasbourg, prodige du gigantesque et du délicat. »

Impossible de détailler ici toutes ses richesses mais citons tout de même la rosace, les tympans, les vitraux de la nef dont les plus anciens datent du XIIIe siècle, le pilier des anges, la chaire de style gothique tardif et le buffet d'orgue orné de curieux personnages.

L'horloge astronomique (1547) mérite que l'on s'y attarde. Elle présente un phénomène étrange découvert en 1974 : à chaque équinoxe et à heure précise, si le temps le permet, un rayon de soleil traverse un vitrail et illumine en vert le Christ ornant la chaire.

Autant les édifices romans séduisent par la pureté de leurs lignes autant le gothique, caractérisé ici de « flamboyant », impressionne par sa complexité architecturale et l'impression de verticalité accrue.

On peut accéder à la plate-forme qui constitue la base des six étages de tourelles ajourées qui offre un point de vue exceptionnel à 66 m de hauteur. On y monte via 332 marches.

Avec environ plus de 4 millions de visiteurs par an, la cathédrale de Strasbourg est la deuxième cathédrale la plus visitée de France après Notre-Dame de Paris et ses 12 millions de visiteurs, bien avant Reims et Chartres.

Église-mère du diocèse de Strasbourg, abritant le siège – la cathèdre – de l'évêque, la cathédrale appartient depuis la Révolution à l'État. Cependant, selon une tradition qui remonte au XIIIe siècle, la ville de Strasbourg prend part à son entretien à travers la Fondation de l'Œuvre Notre-Dame (OND).

Siège d'un chapitre de chanoines et d'une paroisse conduite par un archiprêtre, la cathédrale accueille de nombreux fidèles lors des offices du dimanche et de la semaine. Une douzaine de prédicateurs s'y relaient lors des messes dominicales mais elle s'ouvre aussi à des concerts et à d'autres manifestations culturelles, dans le respect de son affectation cultuelle et de son rayonnement spirituel.

© PSA - FOTOLIA

LA MAISON KAMMERZELL ★★

16, place de la Cathédrale
✆ 03 88 32 42 14
www.maison-kammerzell.com
Ouvert toute l'année. Hôtel Resturant.

Les fondations gothiques datent de 1427 et cette magnifique maison à colombages compte trois étages de bois sculpté, d'innombrables fenêtres aux vitraux en cul-de-bouteilles et des sculptures sacrées ou profanes ornant poutres et colombages. La maison Kammerzell attire des visiteurs du monde entier. Sur la façade vous trouverez Judas, César, Charlemagne, Hector et Godefroy de Bouillon… Au XIXe siècle, la maison devient un restaurant, ce qui fait d'elle l'un des plus vieux édifices encore exploités de la ville. Vous pourrez donc y manger, mais aussi y séjourner.

MUSÉE D'ART MODERNE ET CONTEMPORAIN ★★★

1, place Hans-Jean-Arp
✆ 03 68 98 51 55
www.musees.strasbourg.eu
Entrée adulte : 7 €. Tarif réduit : 3,50 €. Tarif de groupe dès 25 personnes. Ouvert du mardi au dimanche de 10h à 18h.

Sur 5 000 m², les collections du MAMCS couvrent la période de 1870 à nos jours avec plus de 18 000 œuvres entreposées entre ses murs. L'impressionnisme, l'art nouveau, le primitivisme, le cubisme ou encore le surréalisme comptent parmi les différents courants artistiques représentés. On s'arrête plus spécialement sur les toiles de Picasso, Kandinsky, Monet, Dali ou encore Max Ernst. Les amateurs de gravure se régaleront de la salle consacrée à l'œuvre du grand Gustave Doré. Grâce aux différents espaces, le promeneur accède ainsi à une importante collection picturale d'art moderne et contemporain, mais également à des espaces dédiés aux arts graphiques et à la photographie. Le MAMCS garde également un œil particulièrement aiguisé sur une jeune génération d'artistes venus des quatre coins du monde et propose un programme annuel d'expositions, ainsi qu'une véritable politique d'acquisition d'œuvres récentes. Au-delà de l'aspect purement esthétique, le lieu invite à la réflexion, à s'interroger, se laisser même déranger, bousculer dans ses convictions, que ce soit d'une façon ludique ou plus profonde autour des scénographies proposées.

Un auditorium, une bibliothèque pléthorique, une librairie boutique parfaitement agencée complètent le lieu. Pour une pause détente, on file avec bonheur à l'Art Café, qui offre une vue imprenable sur Strasbourg, le temps d'un verre ou d'un déjeuner. Ce dernier espace propose quelquefois des show-cases d'artistes reconnus.

MUSÉE DES BEAUX-ARTS DE STRASBOURG ★

2, place du Château
✆ 03 68 98 51 60
www.musees.strasbourg.eu
Ouvert du mercredi au lundi de 10h à 18h. Gratuit jusqu'à 18 ans. Adulte : 6,50 € (réduit 3,50 €).

Le musée des Beaux-Arts vous invite à la découverte de la peinture en Europe de la fin du Moyen Âge jusqu'à 1870. Les époques sont faciles à discerner avec un code couleur pour chaque époque historique. Les noms les plus fameux se côtoient : Botticelli, Raphaël, Rubens ou encore Goya. Ne manquez pas *La Belle Strasbourgeoise* de Largillière, sans doute l'une des œuvres les plus appréciées. À noter : les premiers samedis du mois, les réserves du musée sont ouvertes à tous.

MUSÉE HISTORIQUE ★★

2, rue du Vieux-Marché-aux-Poissons
✆ 03 68 98 51 60
www.musees.strasbourg.eu
Ouvert tous les jours sauf lundi de 10h à 18h. Gratuit pour les - de 18 ans. Entrée : 6,50 €. Tarif réduit : 3,50 €

Logé dans l'ancienne grande boucherie de 1587, le Musée historique retrace l'histoire urbaine de Strasbourg depuis le Moyen Âge jusqu'à la création des institutions européennes. Sur 1 700 m², des œuvres d'art et autres objets : figurines, drapeaux, maquettes... Le musée vous propose un parcours à la fois chronologique et thématique : du Saint-Empire à la Réforme, en passant par la période royale et révolutionnaire. Point fort de la visite : un plan en relief datant de 1727 d'une surface de 70 m² qui reproduit la ville et ses alentours au 1/600e.

PALAIS ROHAN ★

2, place du Château
✆ 03 68 98 51 60
www.musees.strasbourg.eu
Ouvert tous les jours de 10h à 18h. Fermé le mardi. Gratuit jusqu'à 18 ans. Adulte : 6,50 €. Tarif réduit 3.50 €.

Bâti entre 1732 et 1742 par Robert de Cotte, cet édifice de style classique était la résidence des princes-évêques de Strasbourg. Véritable témoignage de l'art de vivre du XVIIIe siècle, le Palais Rohan est construit d'après les plans des grands hôtels parisiens de l'époque qui distinguent alors un côté cour et un côté jardin. Les bâtiments s'organisent autour d'une cour d'honneur. Par leur décor et leur mobilier d'apparat, les appartements reflètent les fastes et l'art de vivre princier de l'époque. Le Palais Rohan abrite trois musées.

LA PETITE FRANCE ★★★

Vieille ville

Au cœur du Strasbourg classé Patrimoine mondial de l'Unesco, La Petite France est le quartier le plus pittoresque de la vieille ville. Elle est un condensé de l'Alsace avec ses maisons à colombages des XVIe et XVIIe siècles, avec ses canaux et ses ruelles étroites. C'est l'un des quartiers les plus anciens de Strasbourg bâti au fil de l'Ill, omniprésente, ce qui lui vaut parfois d'être comparée à une petite Venise. Là où le quartier se dessine, la rivière forme un étonnant delta composé de cinq bras. Vus du ciel, ceux-ci ressemblent étrangement aux doigts d'une main cherchant à saisir la cité tout entière. À la fois paisible et impétueuse, l'Ill irrigue le quartier de tout son charme. Laissez-vous aller à une balade sur ses quais, et admirez les reflets des façades colorées des vieilles maisons.

Les pêcheurs, les meuniers et les tanneurs vivaient et travaillaient autrefois dans ce quartier : les noms des rues en témoignent, tandis que les maisons ont gardé les toits pentus en escaliers qui abritaient les greniers où l'on faisait sécher les peaux. Arrêtez-vous devant la très belle bâtisse des Tanneurs de 1572, transformée en restaurant en 1949. La Petite France doit son nom au « mal français », autrement dit « la petite vérole » ou « syphilis » que les soldats de François Ier venaient soigner dans l'hôpital du quartier au XVIe siècle.

Continuez la visite jusqu'au musée d'Art moderne et contemporain : depuis sa terrasse panoramique, vous aurez une vue d'ensemble exceptionnelle sur les ponts couverts et avec trois hautes tours de garde austères et massives, vestiges de la muraille moyenâgeuse, et le barrage Vauban construit en 1690. Ce dernier vient renforcer le rideau défensif de la ville, en son temps totalement ceinte. Il compte treize arches. Pour l'histoire, le barrage, toutes vannes fermées, interdisait à l'Ill de suivre son cours, inondant ainsi toutes les terres situées au sud de Strasbourg. Les armées ennemies s'y embourbaient.

Situé au sortir de la rue du Bain-aux-Plantes, vous découvrirez le pont du Faisan, aussi appelé localement « le Pont Tournant ». Petit et discret, ce pont piétonnier dicte sa volonté à tous les passants. Il vous faudra peut-être en effet patienter pour le traverser, car il aura pivoté pour autoriser son franchissement à un bateau-promenade. Une attraction sans pareil. Le pont Saint-Martin, pont de pierre aux deux arches et à l'unique pile, en est tout proche. De là, ne manquez pas la vue sur les moulins, barrages et écluses mais aussi sur une pittoresque petite terrasse sur l'eau.

AS - ICONOTEC

JARDIN DE LA PLACE DE LA RÉPUBLIQUE

Tram arrêt République

Ouvert toute l'année. Gratuit.

Endroit très fréquenté dès que le soleil est là, les promeneurs s'allongent sous les ginkgos biloba centenaires qui ont été offerts par un empereur japonais vers 1880, ou sous les magnolias fleuris au printemps. C'est en 1919 que le jardin est nommé Place de la République. Le monument aux morts, placé au centre, fut quant à lui érigé en 1936. La ville de Strasbourg est symbolisée par une femme qui serre dans ses bras ses deux enfants agonisant, l'un français et l'autre allemand.

MUSÉE DE MINÉRALOGIE

1, rue Blessig

✆ 03 68 85 04 52

http://musee-mineralogie.unistra.fr

En visite libre (donc sans réservation au préalable) le mercredi après-midi de 13h30 à 18h.

Le musée de Minéralogie a beau n'être constitué que de deux salles, il est non seulement l'un des plus anciens musées de Strasbourg mais surtout l'un des mieux dotés en minéraux en France, le deuxième après Paris, avec près de 30 000 échantillons. Créé en 1890, il se compose de près de 7 500 objets : 3 936 plaques photographiques, 2 773 modèles cristallographiques en bois, 582 cartes déroulantes, 150 instruments scientifiques... D'autant plus que le conservateur, Denis Leypold se fait une joie d'animer les visites et de répondre à toutes les questions.

JARDIN DU PALAIS DU RHIN

2, place de la République

✆ 03 88 52 28 28

Gratuit.

Derrière les hautes grilles, les courbes des chemins dessinent les parterres au sein desquels s'élèvent des arbres centenaires. Le Jardin du Palais du Rhin existe depuis 1890. Il abrite une vingtaine de sarcophages et des éléments de monuments antiques provenant de la nécropole romaine de Strasbourg. Côté Nord, on admire une sculpture de l'alsacien René Hetzel et, côté Sud, l'échelle céleste en granit blanc d'Annie Greiner qui rend hommage au philosophe Jan Patoch. Sur la clôture à l'angle du quai Sturm se trouve un médaillon qui indique l'altitude du lieu.

MUSÉE DU BARREAU

3, rue du Général-Frère

✆ 03 88 37 12 66

Visite guidée sur rendez-vous au 03 88 37 12 66. Gratuit.

Ce musée retrace l'histoire des avocats et du barreau de la ville. Il a été créé en 1823 avec des objets collectés au fil du temps. Lors de la visite guidée vous découvrirez de grands noms comme Alphonse Ratisbonne ou encore Jacques Kablé, dont l'impact sur Strasbourg est attesté par de nombreux documents. Ce lieu dédié à l'histoire des avocats abrite des manuscrits, gravures et objets rares. Inédit, il donne un autre regard sur la profession. Ce musée mérite une visite, pour la particularité du thème, le type d'objets exposés et la qualité des explications.

MAISON DE CAGLIOSTRO

12, rue de la Râpe

Giuseppe Balsamo est né à Palerme en 1743 et il est plus connu sous le nom d'Alessandro comte de Gagliostro. Il occupa les lieux entre 1780 à 1783 et intrigua dans l'affaire du collier de la Reine, compromettant le Cardinal de Rohan. Cette maison de 1747 est particulière avec les nombreuses fenêtres présentes sur ses trois façades. On remarque aussi le balcon du premier étage sur lequel se pavanaient les invitées de l'aventurier italien, la porte de style rococo surmontée d'un beau fronton armorié et la Vierge au Lys nichée à l'angle de la rue des Écrivains.

PALAIS DU RHIN

Place de la République

✆ 03 88 52 28 28

www.strasbourg.eu

Ouvert du lundi au vendredi de 9h à 17h. Horaires de la Direction régionale des Affaires culturelles d'Alsace. Gratuit.

Autrefois nommé *Kaiserpalast*, « palais impérial », il fut construit par Hermann Eggert entre 1883 et 1888 à la demande de l'empereur Guillaume Ier. Il matérialise l'implantation définitive du IIe Reich. Classé Monument Historique depuis 1993, il abrite le siège de la Direction Régionale des Affaires Culturelles du Grand Est et la Commission centrale pour la navigation du Rhin. Son parc abrite quelques sculptures et une allée de sarcophages provenant de la nécropole de Strasbourg. Pour ceux qui souhaitent en savoir plus, une brochure est en vente à l'accueil.

MUSÉE TOMI UNGERER - CENTRE ILLUSTRATION ★★

2, avenue de la Marseillaise
✆ 03 68 98 51 53
www.musees.strasbourg.eu
Ouvert du mercredi au lundi de 10h à 18h. Adulte : 6,50 € (enfant 3,50 €). Label Tourisme & Handicap.

Affichiste, dessinateur, illustrateur, auteur, collectionneur ou encore inventeur d'objets né en 1931, Tomi Ungerer a été jusqu'en 2019, date de son décès, le seul dessinateur alsacien ayant eu de son vivant un musée dédié. Une icône alsacienne reconnue à travers le monde pour ses ouvrages pour enfants (*Les Trois Brigands*, *Jean de la Lune*...) son trait humoristique, parfois satyrique (on lui doit de nombreuses illustrations dénonçant les dérives d'une certaine société américaine, principalement pour le célèbre journal *New-Yorker*) et souvent même émouvant... Certaines illustrations, érotiques, ne sont pourtant pas à mettre entre toutes les mains ! Après avoir parcouru le monde et s'être engagé pour de nombreuses causes, à l'instar de la guerre du Vietnam et les affres de la ségrégation raciale aux États-Unis, cet artiste protéiforme s'est installé définitivement en 1976 à Cork, en Irlande, patrie de son épouse et où ses trois enfants verront le jour. La Villa Greiner expose 300 œuvres originales de l'artiste, renouvelées tous les 4 mois. Parmi elles, des dessins et des sculptures et bien d'autres encore issues de différents registres, y compris enfantin. En parallèle, le musée accueille avec un roulement régulier des expositions temporaires d'illustrateurs français et étrangers principalement issus des XXe et XXIe siècle. Les fans de Tomi ont ici accès à 14 000 œuvres du maître et 1 500 jouets. Il y a une boutique de vente de livres et de reproductions.

PALAIS UNIVERSITAIRE

9, place de l'Université
✆ 03 88 13 41 32
www.unistra.fr
Ouvert du lundi au vendredi de 8h à 19h. Gratuit.

Bâti durant l'annexion allemande par Otto Warth, le Palais Universitaire est inspiré de la Renaissance italienne. Il a été inauguré par l'empereur Guillaume Ier en 1884. Le hall est une aula carrée, couverte d'une verrière fermée sur les côtés par deux étages d'arcades. La première session du Conseil de l'Europe s'y déroula en 1949. Le bâtiment abrite les facultés d'histoire, d'histoire de l'art, d'archéologie, d'arts plastiques et de théologie catholique et protestante. Le « Palais U » abrite également de riches collections, dont celles du musée des Moulages.

PARC DU CONTADES

Avenue de la Paix
Ouvert toute l'année. Gratuit.

Créé en 1764 sur un ancien champ de tir, le parc du Contades d'une superficie d'environ huit hectares, porte le nom du Maréchal de Contades, commandant militaire de la Province d'Alsace. À l'arrière du parc se trouve la très belle villa Osterloff, construite au début des années 1900. C'est l'une des dernières villas qui longeaient le parc. Le kiosque à musique en fonte, dont la scène accueille des concerts d'harmonie chaque été, date de 1882. Des aires de jeux pour les enfants ainsi qu'un terrain de pétanque et des tables de ping-pong animent le parc.

RÉPUBLIQUE

Quartier République

Le quartier République fait la liaison entre l'ancienne ville et la nouvelle, appelée aussi Neustadt. Sa place circulaire verdoyante accueille d'imposants bâtiments comme le théâtre national de Strasbourg, le palais du Rhin (ancien palais impérial allemand), la préfecture, ou encore la bibliothèque nationale universitaire. Ce quartier au style néogothique construit sous l'annexion allemande est entré récemment au patrimoine de l'Unesco. Une fierté supplémentaire pour les Strasbourgeois et une belle découverte pour les amoureux d'architecture.

SYNAGOGUE DE LA PAIX

1 A, rue René-Hirschler
Gratuit.

La Synagogue de la Paix a été inaugurée le 23 mars 1958, remplaçant l'ancien lieu de culte du quai Kléber détruit en 1941 par les nazis. Conçue par l'architecte Claude Meyer-Lévy d'après un plan basilical, la synagogue, en béton, est de style contemporain. La façade extérieure avant est recouverte de nombreuses étoiles de David. La voûte de la nef principale est portée par douze colonnes de béton, représentant les douze tribus d'Israël. Actuellement, le Centre Communautaire abrite deux écoles, Radio Judaïca et plusieurs associations. N'hésitez pas à la visiter.

BALADE DE LA CEINTURE VERTE DE STRASBOURG ★

17, place de la Cathédrale
✆ 03 88 52 28 28
www.otstrasbourg.fr
En accès libre. Gratuit.

Au départ des ponts reliant les places de l'Étoile et de la Bourse, ce parcours de 17 kilomètres vous permettra de partir à la découverte des différents espaces verts de la ville. Longeant les cours d'eau qui irriguent Strasbourg, vous découvrirez des édifices chargés d'histoire. Depuis le centre ville, en passant par différents quartiers, vous longerez les berges et flânerez dans le parc de l'Orangerie, entre autres. Une manière originale et écologique de découvrir Strasbourg.

CAPTAIN BRETZEL

Quai du Bassin Dusuzeau
✆ 06 28 69 83 25
www.captainbretzel.eu
Accessible tous les jours de 10h à 19h. Pour 1h de 35 € à 65 € selon la taille du bateau.

Venez faire une balade sur l'eau, sur les bateaux mis à votre disposition en location d'une à plusieurs heure, voire une journée. Après une rapide prise en main et la transmission des consignes de sécurité, vous pourrez voguer et apprécier les magnifiques paysages. Différents itinéraires vous seront proposés. Pas besoin de permis, les bateaux sont faciles à manier. Emportez l'un des paniers proposés : *Apéro boat* avec bretzel et bière, *coffee boat* avec muffin, fruit et boisson chaude, *birthday boat* pour votre anniversaire, ou *Love boat* avec bouteille de crémant.

LA GRAVIÈRE NATURISTE

Route du Glaserwoerth
✆ 03 88 84 03 19
www.blauelsand.blogspot.fr
Ouvert toute l'année. Gratuit.

L'accès se fait par le quai Jacoutot, en direction du Port aux Pétroles puis toujours tout droit sur la route EDF entre le Grand Canal d'Alsace et la forêt. Au panneau rouge « Blauelsand », troisième entrée possible, se trouve un grand parking gratuit. Petit snack, toilettes, douches, tables de pique-nique, ping-pong et terrains de pétanque sont à disposition et vous avez la possibilité d'aller plus loin à d'autres gravières fréquentées plus particulièrement par un public naturiste gay et lesbien. L'avantage : un esprit naturiste non imposé qui est respecté.

JARDIN DES DEUX RIVES

3, rue des Cavaliers
✆ 03 88 52 28 28
Ouvert toute l'année. Tous les jours de 7h à 24h. Gratuit. Animations.

Symbole de l'amitié franco-allemande, le Jardin des Deux-Rives est l'un des lieux culturels incontournables de Strasbourg et Kehl. Au milieu, le Pont de l'Europe est une invitation à la découverte et à la traversée de la frontière. Vous pouvez profiter de cet havre de paix, théâtre de concours, d'espaces éphémères, de spectacles, sans oublier les nombreux promeneurs et cyclistes qui sillonnent le fameux pont alliant les deux villes. Evénement annuel : l'orchestre philharmonique de Strasbourg y donne un concert en plein air le dernier week-end du mois de juin.

MARIN D'EAU DOUCE

5, quai du Woerthel
✆ 03 88 22 64 97
www.marindeaudouce.fr
De mars à la fin des vacances de la Toussaint 7j/7 –de 9h30 à 22h en été. Pour 1h de 40 à 80 €. Tarif dégressif.

Découvrez le charme de Strasbourg sur l'eau, au rythme des flots. La base est située au centre-ville, près des Ponts Couverts et de la Petite France. Après une courte prise en main d'un quart d'heure, vous pourrez sillonner sur les flots selon plusieurs itinéraires : historiques (monuments de Strasbourg), nature ou La Petite France. Durant une à six heures (en fonction de l'option choisie) vous découvrirez une autre facette de la ville. Accueil charmant. Installez-vous sur leur terrasse pour déguster un apéritif, un café ou une boisson fraîche à emporter.

PARC DE LA CITADELLE

Rue de Boston
✆ 03 68 98 50 00
Ouvert toute l'année. Gratuit. Accueil enfants (jeux). Animations.

La Citadelle, loin de l'actuel parc accueillant de 13 hectares, est à l'origine une création militaire hexagonale de Vauban de 1681 constituant la garde la plus probante du pont du Rhin. Les douves qui longent le sentier sont agréables, plantées d'iris, de nénuphars et peuplées de nombreux animaux. Vous trouverez des bancs au calme, terrains de basket et de pétanque, agrès de sport ainsi que des aires de jeux pour enfants. Lieu de pique-nique idéal, l'été des vendeurs de glaces et de boissons fraîches et des manifestations culturelles et musicales sont proposés.

SE LOGER

Où dormir à Strasbourg ? Pour une ou plusieurs nuits, de nombreuses possibilités s'offrent à vous ! Grandes chaînes hôtelières, hôtels de charme, appart'hôtels, meublés, chambres d'hôtes, campings ou auberges de jeunesse… Tout est là pour répondre à vos attentes et pour tous les budgets ! Il y a 12 sessions du Parlement européen par an, qui se déroulent du lundi au jeudi, et la période de Noël est particulièrement chargée. À ces périodes-là, il est donc très difficile de se loger en ville. Pensez à réserver votre hôtel longtemps à l'avance ! Sans oublier que les prix des chambres triplent. À toute autre période, n'hésitez pas à vous renseigner sur les tarifs auprès de l'hôtel de votre choix ou sur le site de l'office de tourisme. Hors saison, de nombreux hébergements proposent des offres alléchantes, n'hésitez pas pour en profiter à entrer en relation directement avec eux plutôt que de passer par des centrales de réservation.

HÔTEL BEAUCOUR**** €€

5, rue des Bouchers © 03 88 76 72 00
www.hotel-beaucour.com

49 chambres. Chambre simple dès 134 €, suite dès 197 €. Petit déjeuner : 13,50 €. Gratuits pour les -12 ans.

En 1895, le bâtiment abritait une usine de cannes et de parapluies, aujourd'hui, c'est un charmant hôtel en plein centre de Strasbourg qui se réinvente sans cesse. Vous profiterez de quarante-neuf chambres suréquipées : télévision LCD 32 pouces avec plus de 50 chaînes disponibles, minibar, climatisation… Elles possèdent presque toutes des baignoires balnéo pour encore plus de détente ! Trois suites sont également proposées avec toujours plus de confort. L'hôtel Beaucour propose souvent des offres spéciales sur son site, n'hésitez pas, bons plans à la clé !

HÔTEL BOMA €€

7, rue du 22-Novembre
© 03 90 00 00 10
www.boma-hotel.com

103 chambres. Chambre double de 87 € à 369 €.

En Afrique, une *boma* est une enceinte qui protège les habitants et le cheptel des animaux sauvages. Espace convivial, on s'y retrouve autour du feu pour manger, danser, échanger et partager avec autrui. C'est cette ambiance que cet hôtel tente de retranscrire à Strasbourg. Plus qu'un hôtel, Boma est un véritable lieu de vie avec de belles et grandes chambres confortables à la déco ethnique et chic. Avec son offre de distractions très variée, vous passerez ici un agréable moment où vous ressourcer, vous cultiver et échanger. Le bar est très prisé des citadins.

HÔTEL CATHÉDRALE*** €€

12-13, place de la Cathédrale
© 03 88 22 12 12
www.hotel-cathedrale.fr

Chambres de 105 € à 290 €. Une vue d'exception sur la cathédrale.

Quel privilège que de pouvoir se réveiller et ouvrir les yeux sur la cathédrale ! Les chambres sont cosy, romantiques, entièrement rénovées, décorées de peintures originales, aux meubles en bois lasurés, équipées de salles de bains tout confort, connectées au réseau wifi gratuit. Les lits sont immenses et si douillets que l'on a du mal à en sortir… Pour les familles, des chambres ont été optimisées. Au bar, à l'atmosphère *club* et décontractée, vous pourrez déguster une coupe de champagne ou un cappuccino, surfer sur Internet, et parcourir quelques journaux.

HÔTEL GUTENBERG**** €€

31, rue des Serruriers
© 03 88 32 17 15
www.hotel-gutenberg.com

Accueil 24h/24. 42 chambres (dont 1 chambre communicante). Chambre double de 89 € à 240 €. Petit déjeuner buffet : 14 €.

L'hôtel Gutenberg est idéal pour une escapade romantique ou familiale au cœur de la capitale de Noël. Cet établissement dispose de chambres contemporaines, lumineuses et confortables, aux nombreux petits plus agréables pour le client : peignoir et chaussons, mini bar, grande télévision, machine à expresso et produits d'hygiène de qualité supérieure. Les attentions d'un grand hôtel sont associées à la chaleur et aux valeurs d'une maison de famille. N'hésitez pas à demander les chambres sous les toits qui offrent une vue imprenable sur la ville.

HÔTEL KAMMERZELL*** €€

16, place de la Cathédrale
✆ 03 88 32 42 14
www.maison-kammerzell.com
Chambre simple de 110 € à 140 € ; chambre double de 150 € à 210 €. Petit déjeuner : 10 €. Restauration.

Face à la cathédrale, la Maison Kammerzell est l'une des plus belles et des plus anciennes de la ville. Depuis 1427 elle offre un charme fou ! Elle fût même citée dans le livre des 100 lieux qu'il faut avoir vu dans sa vie ! Chacune de ses neuf chambres est climatisée et équipée d'une télévision à écran LCD, d'un minibar, d'un bureau ainsi que d'une connexion gratuite au réseau Wifi. Grâce à son emplacement stratégique au cœur du centre-ville de Strasbourg, vous aurez tout le loisir de visiter les lieux touristiques les plus prisés durant votre séjour.

HÔTEL LE GRAFFALGAR €€

17, rue Déserte
✆ 03 88 24 98 40
www.graffalgar-hotel-strasbourg.com
Chambre simple à partir de 70 € ; chambre double à partir de 100 €. Animaux non autorisés.

C'est l'un des hôtels les plus atypiques de Strasbourg. Ici, c'est simple : 38 chambres = 38 artistes ! Chacune propose donc un univers qui lui est propre, selon la carte blanche donnée aux artistes urbains de la région lors de la création. Mais toutes proposent bien sûr des équipements et services de grande qualité pour un excellent séjour. Le Graffalgar est aussi un lieu d'exposition et d'évènements en tous genres où la culture est mise à l'honneur sous toutes ses formes. Dans certaines chambres, des services tels que coiffeurs ou maquilleurs sont proposés.

HÔTEL LE KLÉBER** €€

29, place Kleber
✆ 03 88 32 09 53
www.hotel-kleber.com
Chambre simple de 55 € à 65 € ; chambre double de 60 € à 70 € ; chambre triple à partir de 80 €.

Dans cet hôtel central, chaque étage possède sa propre ambiance : harmonie des « épices et saveurs », ambiance fruitée avec les « fruits du verger », atmosphère gourmande avec les « idées sucrées ». Chaque chambre a une décoration en phase avec son nom : cardamone, amande, miel, pistache, noisette. Ce sont autant de petits nids douillets, soigneusement décorés où vous vous sentirez bien. Vous êtes un peu *heimlich*, « chez vous », comme aiment le dire les Alsaciens. Vous prendrez votre petit déjeuner dans un espace chaleureux, convivial avec vue sur la place Kléber.

OKKO HOTEL**** €€

46, rue du Bassin-d'Austerlitz
✆ 03 88 39 80 80
www.okkohotels.com
Chambre double de 89 € à 249 €. Animaux acceptés. Restauration.

Les dirigeants d'Okko Hotel ont bousculé les codes habituels de l'hôtellerie afin de concevoir un espace fonctionnel et design, pour un véritable séjour cocooning qui répond aux besoins des voyageurs d'aujourd'hui. La liberté que vous offre cet hôtel est très différente de ses concurrents, puisque votre carte magnétique vous donne accès à de nombreux services comme l'espace remise en forme, le salon et l'espace snacking, jour et nuit, sans modération ni supplément. Le professionnalisme et la gentillesse de l'équipe renforcent cette sensation de *comme chez soi*.

ALOFT STRASBOURG ÉTOILE €€€

2, avenue du Rhin
✆ 03 67 70 78 10
www.marriott.fr
Demi-pension. Animaux acceptés. Wifi gratuit. Tv satellite.

Aloft Strasbourg Étoile propose des chambres au décor tendance et pop art. Un espace de vie vous entraînera dans un monde de musique, d'échange et de partage. Art de vivre et pop-culture seront le modus vivendi de votre séjour au sein de cet hôtel très bien situé. Les chambres sont spacieuses, plus de 20 mètres carrés, et bien équipées. La décoration est sobre mais élégante pour que chacun puisse se sentir ici chez lui. Au bar, vous pourrez prendre un en-cas de qualité, que vous pourrez ensuite vous empresser d'éliminer dans un centre de fitness optimisé.

COUR DU CORBEAU**** €€€

6-8, rue des Couples
✆ 03 90 00 26 26
www.cour-corbeau.com
57 chambres (dont 19 suites). Chambre double de 188 € à 530 € ; suite de 289 € à 800 €. Petit déjeuner : 24 €.

Située au cœur de Strasbourg et à deux pas de la cathédrale, la Cour du Corbeau est l'un des plus anciens hôtels d'Europe mais aussi un des plus beaux ensembles architecturaux de la Renaissance. Chacune des 63 chambres, toutes différentes, reflète une partie de l'Histoire et de la culture alsacienne. Idéalement situé avec vue sur l'Ill, il fait partie des plus raffinés et courus de la ville. Les chambres sont vastes et baignées de lumière, de style Louis XV avec un parquet en chêne massif, nuancées de touches subtiles de modernité. Un écrin incontournable !

© CHRISTOPHE BIELSA

© CHRISTOPHE BIELSA

© CHRISTOPHE BIELSA

MAISON ROUGE STRASBOURG HOTEL & SPA, AUTOGRAPH COLLECTION•••• €€€

4, rue des Francs-Bourgeois ✆ 03 88 32 08 60
www.maison-rouge.com
Chambre simple à partir de 153 € la nuit, la nuit ; chambre double de 187 € à 217 € ; chambre triple à partir de 264 €.

Véritable institution nichée en plein cœur de la ville, Maison Rouge Hotel & Spa vous promet une évasion hors du temps. Ambiance feutrée, raffinée, vous serez séduits par l'élégance du décor où codes et traditions alsaciens se mêlent aux touches d'Art déco. Les chambres et suites, spacieuses, élégantes et confortables, sont dotées d'équipements et d'une literie haut de gamme, en plus d'un design travaillé. Un établissement où luxe et authenticité se mêlent, pour une expérience unique.

© CHRISTOPHE BIELSA

© CHRISTOPHE BIELSA

HANNONG HOTEL & WINE BAR**** €€€

15, rue du 22-Novembre
✆ 03 88 32 16 22
www.hotel-hannong.com

72 chambres : double de 79 € à 359 € ; suite de 149 € à 489 €. Petit déjeuner buffet : 16 €. Terrasse privatisable.

L'hôtel Hannong doit son nom à l'ancienne usine de faïences de la célèbre famille hollandaise homonyme qu'il remplace. L'établissement fut réhabilité dans les années 1920 pour devenir un hôtel de charme en plein centre-ville de Strasbourg. Cette maison possède un grand charme de par son parquet et ses grands espaces. Les chambres, à la fois élégantes et raffinées, sont très confortables. Les chambres supérieures disposent d'un coin salon et d'un bain à remous.

HILTON**** €€€

1, avenue Herrenschmidt
✆ 03 88 37 10 10
www.strasbourg.hilton.com

De 95 € à 560 €. Petit déjeuner buffet : 25 € (continental : 15 €. Formule express du lundi au vendredi : 9 €).

Le Hilton Strasbourg vous fait accéder à l'une des plus grandes chaînes de l'hôtellerie de luxe. L'ambiance est feutrée, comme il se doit. Les chambres sont spacieuses, lumineuses, très confortables quoiqu'un peu froides. Elles donnent toutes soit sur le Parlement européen, soit sur la cathédrale. Vous aurez accès gratuitement à la salle de sport et au sauna dans le centre de bien-être. La connexion Wi-Fi est gratuite. Vous serez également très bien reçus si vous souhaitez organiser un séminaire ou une réunion dans l'un des nombreux salons.

HÔTEL LES HARAS**** €€€

23, rue des Glacières
✆ 03 90 20 50 00
www.les-haras-hotel.com

Chambre double de 149 € à 490 € ; suite de 229 € à 605 €. Parking fermé : 30 €.

Aux portes de la Petite France, les Haras de Strasbourg ouvrent un dialogue harmonieux entre le calme, le confort et l'innovation sur plus d'un hectare. Construit au milieu du XVIIIe siècle, l'ancien Haras national de Strasbourg constitue un ensemble remarquable classé au titre des Monuments historiques. En 2021, une offre room-service pour les petits déjeuners et repas, un nouveau Spa de 400 m², 3 salles de séminaires et 60 chambres on été ajoutés ! L'hôtel dispose désormais de 115 chambres au total avec les catégories Classique, Supérieure, Deluxe et Suite.

LE LÉONOR**** €€€

11, rue de la Nuée-Bleue
✆ 03 67 29 29 29
leonor-hotel.com

Chambre double à partir de 150€ la nuit pour la classique. Nombreuses formules disponibles.

Le Léonor, c'est le nouvel hôtel quatre étoiles de la ville, dans un cadre surprenant et magnifique. Passé les portes, on découvre déjà la magnifique façade classée aux Monuments historiques. Ici tout est sublime sans pour autant que l'on s'y sente mal à l'aise. On y vit et on prend plaisir à en découvrir les recoins. Les chambres et suites sont toutes magnifiques, avec des références au passé du lieu délicieusement mises en avant dans des intérieurs modernes où le maître mot est la qualité, s'ouvrant sur des vues incroyables de la ville.

RÉGENT PETITE FRANCE & SPA***** €€€

5, rue des Moulins
✆ 03 88 76 43 43
www.regent-petite-france.com

Chambre double de 199 € à 535 € ; suite de 329 € à 870 €.

Luxueux et discret établissement dont le livre d'or recèle des commentaires de Mary Higgins Clark, Jean Reno ou encore Catherine Deneuve, le Régent Petite France est un incontournable ! Toutes les chambres et suites offrent une vue sur le quartier pittoresque de la Petite France, sur l'Ill et sur les maisons à colombages. Grâce à l'architecture du bâtiment, les 75 chambres ont chacune un caractère unique, de beaux volumes, une décoration raffinée avec une marqueterie exclusive.

VOCO STRASBOURG CENTRE - THE GARDEN €€€

9, rue des Magasins
✆ 03 88 10 10 47

Chambre double à partir de 94 €. Wifi gratuit. Restauration. Bain bouillonnant.

Voco c'est un style contemporain, un esprit écologique avec des terrasses-jardins et murs végétaux et une situation privilégiée au cœur de la ville. Meublées avec des matériaux naturels et nobles, les chambres ont le WiFi gratuit, une literie de qualité et des salles de bains carrelées avec de puissantes douches. Les chambres Premium disposent en plus d'un canapé-lit, tandis que les séjours séparés et les terrasses privatives font des suites l'endroit parfait pour un séjour romantique.

SE RÉGALER

Séjourner en Alsace, ce n'est pas seulement jouir de paysages naturels verdoyants et de villes et villages à l'atmosphère chaleureuse et accueillante. En effet, votre séjour dans cette belle région sera aussi l'occasion de vous ouvrir à la généreuse et savoureuse gastronomie alsacienne. L'Alsace c'est, en somme, un régal pour les pupilles autant que pour les papilles et se régaler est un maître-mot ! La tarte flambée et les bretzels à toute heure, la choucroute garnie ou le jarret braisé au déjeuner, pourquoi pas, si vous avez encore faim un baeckehoffe le soir... le choix est pléthorique! Prenez place dans les winstubs, bar-restaurant à vin traditionnel spécifique à l'Alsace. La winstub, peu chère et plutôt populaire, fréquentée par des habitués, est coquettement rustique et l'ambiance chaleureuse. Véritable institution régionale, on y sert malgré son nom plutôt de la bière mais rien ne vous empêchera de goûter aux vins du terroir!

© MADDAS - SHUTTERSTOCK.COM

La tarte flambée est une des spécialités gastronomique de la région.

STRASBOURG

AUX 12 APÔTRES €€

7, rue Mercière ✆ 03 88 32 08 24

Cuisine en continu.

On connaît les 12 Apôtres pour ses bières mais ce que l'on sait moins, c'est que l'on peut aussi s'y restaurer et même très bien ! La cuisine ici est authentique, travaillée mais sans prétention, loin des attrape-touristes du quartier. Les produits utilisés sont frais et locaux, et les bons petits plats se partagent toute la journée dans une grande convivialité. Des classiques aux innovations, on trouvera toujours quelque chose pour ravir les papilles. Le bar complète le restaurant, toujours avec un large choix de bières minutieusement sélectionnées.

L'ANCIENNE DOUANE €€

6, rue de la Douane ✆ 03 88 15 78 78

www.anciennedouane.fr

Tous les jours de 12h à 22h (avril-décembre). Menu unique à 23,50 € (entrée + plat + dessert). Menu enfant : 9,90 €.

Dans un cadre typique et rustique avec son mobilier, ses nappes et ses boiseries (ne pas manquer le lustre en verres à vin), ce restaurant quelque peu bruyant, aux multiples salles et grandes tablées, dont la jolie terrasse surplombe l'Ill, sert avant tout des spécialités régionales : presskopf, escargots, choucroute garnie ou encore jarret gratiné au munster. Des plats riches et roboratifs préparés dans la cuisine du chef Frédéric Kurtz, qui raviront les grands appétits. En journée, l'Ancienne Douane se mue en winstub et propose des petits plats en continu.

À L'ABATTOIR €€

16, place de l'Abattoir

✆ 03 88 26 29 60

Ouvert du lundi au vendredi le midi de 12h à 13h et le soir de 19h à 21h30. Carte : 26 € environ. Chèque Restaurant.

Réputé comme l'un des meilleurs restaurants de viande de Strasbourg depuis 1969, À l'Abattoir propose une large variété de viandes françaises mises en valeur par un charmant couple de restaurateurs. Claude en cuisine et Sabine en salle se chargeront de vous régaler avec leurs délicieuses pièces de bœuf ou de porc de qualité. Les amateurs de foies, de têtes et de langues de veau seront également satisfaits. Côté déco, un style traditionnel avec boiseries et nappes. Une belle terrasse est disponible en été. Tout est réuni pour passer un moment de plaisir carnassier.

ARGENTORATUM €€

14, rue du Bain aux Plantes

✆ 03 88 10 21 21

Cuisine traditionnelle alsacienne, tartes flambées.

À l'entrée de la Petite France, ce bel établissement, quelque peu à l'écart de la foule, vous accueille avec chaleur et un brin d'humour dans un cadre intimiste et contemporain. Outre les délicieuses tartes flambées, vous dégusterez sans complexe une cuisine alsacienne à la fois traditionnelle et modernisée. On fond sans complexe pour les fleichkiechles à la crème et aux champignons, la choucroute aux six garnitures ou encore la bouchée à la reine d'une finesse absolue. À noter : leur fraisier proposé en saison est tout simplement le meilleur de la ville !

AEDEN PLACE €€

4-6, rue des Aveugles

✆ 03 90 00 90 01

www.aedaen-place.com

Ouvert du mardi au vendredi de 11h à 1h30 ; le week-end de 10h à 1h30. Carte : 20 € environ. Terrasse.

L'Aedaen, acronyme de « Art Every Day and Every Night », est à la fois une brasserie, une pizzeria, un café littéraire et un bar. C'est un lieu branché agencé en plusieurs espaces et ambiances, où fusionnent gastronomie et culture. La carte propose chaque midi deux entrées, deux plats et deux desserts. Les choix sont plus variés le soir avec un vif intérêt pour les saveurs orientales ou asiatiques. Côté pizzeria, vous retrouvez une ambiance digne de Brooklyn. En journée, l'Aedaen se transforme en café proposant des animations. Un endroit atypique à découvrir !

BISTROT DES TANNEURS €€

36, rue du Fossé-des-Tanneurs

✆ 03 90 23 19 79

bistrotdestanneurs.fr

Ouvert du mercredi au dimanche de 12h à 14h30 et de 19h à 22h.

Ce restaurant propose une cuisine ancrée dans la tradition alsacienne avec des plats emblématiques comme la choucroute, la tarte flambée, le baeckeoffe, les spaetzele mais aussi des plats issus de la cuisine bourgeoise française. Vous pouvez également déguster de délicieux burgers faits maison ou profiter d'un apéro convivial en happy hour. Ce restaurant s'inscrit dans une démarche écologique en faisant fi des bouteilles plastique, en utilisant un système de compostage et en privilégiant l'usage du papier et du verre. Une belle démarche qui mérite d'être saluée.

LA CASSEROLE €€€

24, rue des Juifs
✆ 03 88 36 49 68
www.restaurantlacasserole.fr

Ouvert du mardi au samedi le midi et le soir. Menus à découvrir. Bons cadeaux par tranche de 50 €.

Située à l'ombre de la cathédrale Notre-Dame de Strasbourg, La Casserole se veut comme un écrin, une parenthèse à la fois gastronomique et esthétique. Entre les mains de Cédric Kuster depuis l'été 2015, cette adresse se distingue par sa créativité, son exigence et sa volonté de proposer une cuisine raffinée dans une ambiance décomplexée. La carte, évoluant au fil des saisons, est signée par le chef Jean Roc. Entre créativité, jeux de textures et de saveurs et sublimation de produits frais, il invite à des moments délicieusement gourmands...

© ANNE LIENART

LE BOCCACCIO €€

14, rue Finkwiller
✆ 03 88 37 11 51
Fermé mardi, samedi midi et dimanche. Plat du jour entrée + plat ou plat + dessert 19 €. Entrée + plat + dessert 25 €.

Le Boccaccio, c'est le restaurant italien et aux saveurs méditerranéennes qui monte en puissance. Dans ce petit espace convivial et décoré avec goût ou sur la terrasse, l'ambiance est tout de suite agréable notamment grâce au charmant serveur Vincent. À la carte, on trouve quelques pizzas mais les incontournables ce sont les plats de Thierry, le jeune chef, qu'il réalise à partir de produits en provenance directe d'Italie auprès des meilleurs producteurs locaux. Les fruits et légumes viennent de son jardin. Ne manquez pas les divines suggestions du midi.

CRÊPERIE LE MOULIN DU DIABLE €€

29, rue Finkwiller
✆ 03 88 15 96 50
Ouvert du mardi au vendredi le midi et le soir ; le week-end le soir. Réservation recommandée. Carte : 15 € environ.

Vous voilà niché dans un vrai coin de Bretagne avec ses filets de pêche, son moulin qui trône sur le bar et sa musique celtique. Un large choix de galettes et de crêpes qui permet de se régaler, même pour les intolérants au gluten (farine de sarrasin). On craquera aisément pour la chèvre, miel et noix. Restaurant souvent complet à l'heure du déjeuner : il faut penser à réserver. Comme dans la légende du moulin du diable situé à Guérande, le lieu permettrait d'éloigner le diable...

HONESTY RESTAURANT €€

2, quai Finkwiller
✆ 03 90 40 37 16
www.honesty-restaurant-strasbourg.com
Ouvert du mardi au samedi de 12h à 14h et de 19h à 21h30. Menus de 18 € à 60 €.

Chez Honesty, il y a l'amour de la cuisine et des bons produits qui transparaît partout. Les plats utilisent chaque produit en totalité et la carte change avec les saisons pour plus de fraîcheur. L'accueil et le lieu sont très chaleureux, on s'y sent tout de suite à l'aise. Le midi, les tarifs sont plus réduits tandis que le soir la carte est plus variée et plus chère. Chacun compose son menu en piochant dans les entrées, plats et desserts proposés ce qui lui plaît. Des mets aux saveurs originales comme en dessert le baba au limoncello et myrtilles.

CAFÉ RAVEN €

5, place du Corbeau
✆ 03 88 36 49 35
Ouvert du dimanche au jeudi de 7h à 1h30 ; le vendredi et le samedi de 7h à 3h. Menu unique à 14,90 €.

Voici un café-restaurant *hype*, cosy et *lounge* ! Le cadre est composé de tables, tabourets et banquettes de style scandinave agrémentés de coussins dodus, de grandes baies vitrées, de murs de briques et d'œuvres d'art contemporain à l'effigie de corbeaux – patronyme du lieu oblige. Vous pouvez y prendre votre petit déjeuner dès 7h du matin. En soirée, le Raven propose également une carte faite de petits plats, de *finger food* et de planchettes à partager entre amis. Beaucoup de choix parmi les cocktails : des basiques comme le *Cosmopolitan*... aux plus... créatifs !

HÔTEL LES HARAS €€

23, rue des Glacières ✆ 03 90 20 50 00
www.les-haras-hotel.com
Tous les jours le midi et le soir. Formule du midi (entrée ; plat ; dessert) : 33 € en semaine ; 38 € le week-end.

Cet ancien ensemble qui abritait jadis les haras de la ville, est de nos jours une adresse reconnue et fréquentée par de nombreux visiteurs. L'accès à l'établissement s'effectue de prime abord par un porche puis par une magnifique cour où boire un verre en été se révèle fort agréable. Une fois à l'intérieur, vous pourrez vous installer dans une grande salle aux boiseries apparentes. La carte met ses vins à l'honneur et mise sur les valeurs sûres qui font la renommée de la viticulture alsacienne. Une belle sélection de vins au verre vous est également proposée.

PIZZÉRIA TORRICELLI €€

3, place Meuniers
✆ 03 88 32 60 18
Ouvert du lundi au samedi de 12h à 14h30 et de 19h à 22h30 ; le dimanche de 18h à 22h30.

À la pizzeria Torricelli, on déguste de très honorables pizzas et autres spécialités italiennes bien servies et pour un prix défiant toute concurrence. Ce restaurant convient parfaitement aux petits budgets sans pour autant trop rogner sur la qualité des mets. À l'intérieur, on aime le cadre intimiste aux lumières tamisées et bordé de vieux livres... Le service est lui aussi très bon, agréable, patient et souriant, même si certains soirs d'été et le week-end, la terrasse est souvent bondée et le temps d'attente nécessairement un peu plus long.

TAPAS CAFÉ €

16, rue du Bain-Finkwiller
✆ 03 88 24 57 30
www.tapas-cafe.fr
Ouvert du lundi au samedi à partir de 9h et jusqu'à 1h30. Carte : 20 € environ. Vin au verre.

Depuis 1997, le Tapas Café propose ses amuse-gueules très *caliente* ! Dans un cadre de taverne ibérique souvent comble les amateurs de bonne ambiance et de grandes tablées conviviales de tous âges viennent boire une bonne sangria ou un pichet de mojito maison à partager tout en picorant dans un assortiment de tapas salés et sucrés. Vous en trouverez ici pour tous les goûts et il est impossible que chacun n'y trouve pas son compte. Attention cependant, le lieu est souvent bondé et ne prend pas de réservations pour moins de quatre personnes.

AU PONT DU CORBEAU €€

21, quai Saint-Nicolas
✆ 03 88 35 60 68
Ouvert du lundi au vendredi le midi et le soir ; le dimanche soir. Carte : 25 € environ. Formule du midi : 13,50 €.

Cette winstub a su garder toute sa belle rusticité : fenêtres en cul-de-bouteille, chaises en bois sculptées et nappes à carreaux. La cuisine est à l'avenant : tarte à l'oignon moelleuse, crudités comme dans toute bonne maison alsacienne, choucroute d'anthologie, tartes aux fruits de saison gourmandes. Le patron est un connaisseur hors pair des bons crus de la région, et l'on peut découvrir la production de la nouvelle génération de la viticulture alsacienne, comme les viticulteurs plus renommés. Une adresse sympathique et fort courue : il vaut mieux réserver.

THE PEOPLE BAR €

7, rue de la Krutenau
✆ 09 78 36 20 29
lamanut.info
Ouvert le dimanche et le lundi de 11h à 0h ; du mardi au samedi de 11h à 1h30. Bar.

Le bar-restaurant de la Manu'T, vous propose un large éventail de plats traditionnels alsaciens bio, pour le déjeuner et le dîner, des snackings tout au long de la journée, différentes bières issues de brasseries locales et des cocktails avec et sans alcools élaborés avec soin. Que l'on soit flexitarien ou végétarien, il y a de quoi se faire plaisir : burger au pain bretzel ou salade veggie bowl... De nombreux événements sont organisés dans cet espace très vivant et convivial et il y en a pour tous les goûts ! On pourra en profiter pour dormir au People Hostel.

LE SCHNOCKELOCH €€

1, quai Saint-Jean
✆ 03 88 13 45 04
www.schnockeloch.fr
Ouvert tous les jours de 12h à 14h30 et de 18h à 22h30. Sur réservation.

Le Schnockeloch, littéralement « le trou à moustiques », est typiquement alsacien : palette fumée sur choucroute, jambonneau gratiné au munster, blanquette de volaille, choucroute... Les portions sont roboratives, à l'image de l'équipe accueillante, toujours bienveillante et rarement débordée. Pour ceux qui sont plus à grignoter en buvant un verre, il y a aussi de quoi faire avec de nombreuses tartes flambées et l'incontournable et mythique paire de knacks. Le Schnockeloch est donc une adresse idéale pour découvrir la gastronomie et la culture locale.

LE TROQUET DES KNECKES €

112, Grand-Rue ✆ 03 88 22 57 45
www.troquet-kneckes.alsace
Ouvert du lundi au vendredi de 11h à 1h30 ; le week-end de 10h à 1h30. Sans réservation. Carte : 12 € environ.

Le Troquet des Kneckes (garnements en alsacien) est un café-restaurant pleinement dédié à l'Alsace et à son dialecte. Aux murs sont placardées des expressions alsaciennes et leurs traductions (les plus grivoises sont aux toilettes !). À la carte, en plus du menu du jour, on revisite les traditions gourmandes de la région – tarte flambées au saumon et miel, pot-au-feu vietnamien, *fish and kneckes* – en les mariant avec une spécialité d'ailleurs. Le dimanche on y brunch dès 10h, le mardi soir on y apprend l'alsacien gratuitement avec un professeur dédié. Hop là !

CHEZ 2 AMIS €€

183, route du Polygone
✆ 03 67 97 56 79
https://chez2amis.eatbu.com
Cuisine traditionnelle et pizzas. Possibilité de privatisation et accueil de groupes sur réservation.

Ne vous fiez pas à la devanture ! À l'intérieur, cet établissement vous accueille dans un écrin de pub contemporain avec le charme discret des restaurants de quartier. On s'y régale autour d'une large carte de pizzas délicieuses et d'un éventail de plats traditionnels, du terroir, aux saveurs justement dosées et maîtrisées. Bavette Black Angus, Cordon bleu de veau maison savoureux, rognons de veau déglacés au cognac... Les jeunes actifs de Neudorf s'y précipitent déjà. On a aimé le service sympathique et l'accueil d'une belle convivialité. Une jolie adresse !

CAFÉ DE L'OPÉRA €€

19, place Broglie
✆ 03 88 22 98 51
cafedelopera.fr
Restaurant. Bar. Brunch. Événements

Véritable institution à Strasbourg, le Café de l'Opéra vous accueille au sein du mythique Opéra du Rhin, dans un écrin contemporain et épuré. Si le lieu s'avère très fréquenté par l'intelligentsia strasbourgeoise et les acteurs du milieu culturel, ne soyez pas timide : la maîtresse des lieux vous accueillera avec chaleur et veillera à ce que vous passiez un bon moment. Une carte axée terroir version chic pour le déjeuner et le dîner, des plats du jour et un brunch dominical qui rallie tous les suffrages. La terrasse avec vue sur la place Broglie est un atout !

L'AMUSE-BOUCHE €€€

3a, rue de Turenne ✆ 03 88 35 72 82
www.lamuse-bouche.fr
Mardi et mercredi 12h-13h30 ; du jeudi au samedi 12h-13h30 et 19h-21h. Menus de 44 € à 150 €. Formule du midi : 16 €.

Stella, en cuisine, n'a pas son pareil pour régaler tout son petit monde dont de nombreux habitués qui viennent notamment pour le déjeuner et sa formule. Mais ce qui vaut le plus le détour, c'est le menu découverte servi en 5 plats dégustation, cuisinés au gré des inspirations du moment. A la carte par exemple : noix de Saint-Jacques rôties, lard fumé, bouillon de parmesan et risotto au potimarron ; fruits tropicaux, en gelée et crémeux, mousseux au chocolat blanc, ananas confit et sorbet piña colada. Un bon moment en perspective sublimé par des vins de qualité !

AU COIN DES PUCELLES €€

12, rue des Pucelles
✆ 03 88 35 35 14
www.aucoindespucelles.fr
Maître Restaurateur.

Au Coin des pucelles innove : produits frais et locaux en direct des producteurs, cuisine de chef maison, fraîche et de saison, respect animal, choix des origines et des labels... Dans le menu du chef qui change chaque semaine, on est toujours certain de trouver la meilleure qualité ! On y aura toujours un choix de viande, un de poisson et un végétarien. À la carte, les incontournables sont la tourte Élisabeth et la tête de veau. Pour accompagner cela, vous trouverez une sélection de plus de 150 vins alsaciens ou de l'intérieur, dont beaucoup en bio ou en nature.

BIG FERNAND €€

4, rue du Parchemin
✆ 01 23 45 67 89
www.bigfernand.com
Ouvert tous les jours de 12h à 22h30.

Envie de déguster des burgers faits maison dans un espace agréable et chaleureux ? Ici le hamburger atteint un haut niveau. Les recettes sont particulièrement créatives. Les portions peuvent paraître un peu légères pour certains mais tous les produits sont frais et 100 % français pour le plus grand plaisir des papilles. La décoration est moderne et mélange styles industriel et rustique. Le personnel est disponible à chaque instant et vous accueillera comme des rois. Il veillera également à ce que vous soyez parfaitement à l'aise tout au long de votre repas.

AU CRUCHON €€

11, rue des Pucelles ✆ 03 88 35 78 82
www.aucruchon.fr
Ouvert du mardi au samedi de 12h à 14h et de 18h30 à 22h. Réservation recommandée. Carte : 20 € environ

Ce restaurant propose des plats traditionnels, du fait-maison axé sur des produits frais. Les mets sont savoureux et soigneusement dressés. Parmi les suggestions proposées, vous pouvez vous régaler avec un os à moelle et ses toasts, une soupe à l'oignon, un cordon de volaille au munster ou le fameux jarret de porc sur son lit de choucroute. Et pour conclure ces agapes, laissez-vous tenter par une portion de munster fermier ou une gourmandise sucrée : un kougelhopf glacé au gewurztraminer. L'accueil est vraiment sympathique et l'ambiance typiquement alsacienne.

LES FUNAMBULES €€

17, rue Geiler ✆ 03 88 61 65 41
www.restaurantlesfunambules.com
Ouvert le mardi et du jeudi au samedi le midi et le soir ; le mercredi midi. Le midi, entrée/plat/dessert : 24 €.

Cette adresse est impeccablement gérée par trois amis qui, à la sortie du lycée hôtelier, se rêvaient en *funambules des fourneaux*. Chloé, Guillaume et Jean-Baptiste concrétisent aujourd'hui leurs désirs de cuisine authentique, savoureuse et bio, au fil de mets élaborés selon les saisons dans la cuisine de leur restaurant où tout 100% fait maison à partir de produits frais et locaux. Un engagement auquel le Guide Michelin est particulièrement sensible, au point de décerner une 1re étoile amplement méritée aux Funambules en janvier 2019 et renouvelée depuis !

H ! BRASSERIE €€

1, avenue Herrenschmidt
✆ 03 88 37 41 10
www.h-eat-drink.fr
Ouvert du lundi au samedi de 12h à 14h et de 19h à 22h ; le dimanche de 11h à 14h et de 19h à 22h. Menu Express 24 €.

La H ! Brasserie offre un cadre cosy et contemporain, idéal pour des repas d'affaires ou entre amis. Le Chef Eric Bonnamant délivre une cuisine de saison et pleine de fraicheur et la cave du Hilton comptant près d'une centaine de bouteilles de vin garantit un choix pléthorique, avec une offre de vin au verre changeant au gré des saisons. La grande terrasse est parfaite pour profiter du soleil les jours d'été et du calme des environs de l'hôtel. Si vous souhaitez prolonger la soirée, le H ! Bar vous accueille juste à côté jusqu'à une heure avancée...

HARMONIE BOWL & JUICE €

5, rue Saint-Etienne
✆ 03 88 22 78 22
www.harmoniebowlandjuice.com
Ouvert du lundi au jeudi et le samedi de 8h30 à 18h ; le vendredi de 8h30 à 22h. Carte : 10 € environ. A emporter.

Harmonie Bowl & Juice un restaurant de type bio, végan et sans gluten. Ses deux gérants, un cuisinier passionné et son épouse naturopathe, sont parvenus à relier les recettes de la cuisine traditionnelle asiatique aux modes de consommation d'aujourd'hui. Des bols de riz vous seront servis accompagnés de sésame et de légumes en sauce. Vous pouvez également consommer des smoothies réalisés à l'extracteur, du café bio et plusieurs jus différents. L'établissement est ouvert tout au long de la journée. Du petit déjeuner au dîner : une cuisine saine et goûteuse !

L'ATELIER €€

31, avenue des Vosges
✆ 03 88 35 71 18
www.latelier-restaurant-strasbourg.fr
Ouvert du lundi au vendredi de 12h à 14h et de 19h à 22h. Réservation recommandée. Vin au verre.

Evelyne, en salle, reçoit avec bienveillance dans une ambiance familiale. En cuisine, Philippe, maître restaurateur, mitonne avec l'amour des bons produits et on ne peut que le ressentir lorsque l'on goûte aux assiettes. L'ardoise suggère au gré des marchés et des saisons des plats savoureux : entrecôtes à la fondue d'oignons caramélisés, côtes de bœuf, terrines de foie gras et son chutney, presskopfs vinaigrette, cordons bleus de veau au comté, viandes de chevreau, nems de boudins aux pommes ou encore currys de poissons aux légumes.

CHEZ MON EX €

47, boulevard de la Victoire
✆ 03 88 37 31 74
Ouvert du lundi au samedi de 11h à 1h (dernier service à 00h). Réservation recommandée. Carte : 15 € environ.

Murs noirs décorés de tags et dessins blancs, recouverts d'azulejos, mobilier vintage, grandes baies vitrées, un petit coin canapé-bibliothèque où livres et jeux de société sont mis à disposition, Chez mon Ex mise énormément sur la décoration ludique des lieux. Vous trouvez ici midi et soir une cuisine simple et sans chichis mais bien exécutée, idéale pour déjeuner vite avec un rapport qualité-prix correct : burger, cordon bleu, cœur d'entrecôte, filet de cabillaud..., mais aussi planchettes de charcuteries, croque-monsieur, salades, panna cotta, crème brûlée...

LA PETITE MAIRIE €€

8, rue Brulée
✆ 03 88 32 83 06
www.lapetitemairie-strasbourg.com
Ouvert du lundi au vendredi de 12h à 14h et de 19h à 22h. Réservation recommandée.

Marie, la maîtresse des lieux, vous accueille avec une extrême sympathie ! Les plats concoctés par son fils Lucas sont ceux de l'Alsace traditionnelle et conviviale. Le jarret de porc grillé au miel et le cordon bleu de volaille sont à tomber. La choucroute garnie est copieuse, les galettes de pommes de terre sont fondantes. En guise d'apéritif, des tartes flambées servies avec un verre de vin blanc. À la belle saison, des salades variées viennent compléter l'ardoise. Côté sucré, les tartes faites maison sont divines, comme le soufflé glacé au Grand-Marnier.

LES SALES GOSSES €€

56, boulevard Clemenceau ✆ 03 88 25 55 44
www.restaurantlessalesgosses.com

Du lundi au vendredi de 12h à 13h45 et de 19h à 21h30 ; le samedi de 19h à 21h30. Formule du midi : 16,80 €.

Toutes les six semaines, une nouvelle destination est mise en assiette, avec de nouvelles recettes, toujours issues de produits frais et accompagnées des meilleurs vins. Il n'y a donc pas de carte mais Arnaud passera à votre table vous raconter les plats du moment. Toujours des plats inventifs et hauts en couleur pour un voyage visuel et gustatif. Pour le déjeuner, la formule propose de choisir entre deux entrées et deux plats sans se ruiner et toujours un poisson ou une viande. Gage de qualité, le restaurant dispose du titre de Maître Restaurateur depuis 2014.

LA TABLE DE CHRISTOPHE €€

28, rue des Juifs
✆ 03 88 24 63 27
www.tabledechristophe.com

Menu Bouche à Oreilles : 34 €. Menu sur commande à partir de 10 personnes. Formule entrée + plat : 14,50 €.

C'est une cuisine du marché inventive et modelée au fil des saisons que vous propose la Table de Christophe. L'endroit est à la fois chaleureux et cosy. Angèle, serviable et très attentionnée, prend le temps de vous raconter l'origine de ses plats les plus appétissants. Christophe Ischia, le chef, réalise une cuisine de terroir délicieuse et généreuse en goût. La carte change régulièrement et le chef marie les saveurs avec subtilité pour toujours vous satisfaire. La salle est grande et les plats sont bien présentés. On n'a qu'une seule envie : y revenir !

SÉOUL STATION €€

24, rue des Frères
✆ 03 88 51 55 38
www.seoulstation-coreen.com

Ouvert du lundi au samedi de 11h45 à 14h et de 18h45 à 21h30.

Cette échoppe typiquement coréenne avec son mur de soju (l'alcool national), ses guirlandes lumineuses et ses barbecues traditionnels insérés dans les tables vous offriront un dépaysement total le temps d'un déjeuner ou d'un dîner. Au menu : une cuisine fine et savoureuse dans un esprit *street*. Les amoureux de kimchi (plat national à base de chou saumuré) ou autre japchae (nouilles sautées au bœuf) seront comblés. Le lieu permet aussi d'organiser son propre barbecue à table, à la coréenne. Pour les plus pressés : on peut emporter son *dosirak* (le bento coréen) !

VELOCE €

14, rue des Frères
✆ 09 61 65 79 08

Du mardi au samedi de 11h30 à 15h.

Avec des plats frais, des ingrédients biologiques et de saison, et bien sûr des saveurs délicieusement italiennes, Véloce c'est la promesse de la pause déjeuner rapide mais saine et gourmande. Entre les focaccias, les pizzas et les petits plats, le cœur balance d'autant que les produits italiens vienne de chez Pan Y Vino, bien connu pour son exigence et la qualité de ses produits. On retrouve d'ailleurs ici quelques petites choses de l'épicerie pour prolonger le plaisir. Avec des prix abordables, Véloce deviendra vite une cantine d'habitués !

SNACK MICHEL €

20, avenue de la Marseillaise
✆ 03 88 35 45 40
www.cafe-brasserie-michel.com

Ouvert du lundi au vendredi de 6h à 21h ; le samedi de 6h à 19h. Carte : 13 € environ. Vente à emporter.

Cette brasserie historique attire depuis plus de 40 ans une clientèle de tous les âges. Il faut dire que l'ambiance est sympathique, le cadre chaleureux et la cuisine d'un bon rapport qualité-prix. Prenez votre café du matin accompagné de viennoiseries. Des plats simples et gourmands vous attendent pour la pause déjeuner. Retournez-y à l'heure du goûter, le café gourmand et les tartes sont délicieux. Des cafés philo, histoire ou politique sont aussi régulièrement organisés. Une institution strasbourgeoise très prisée à l'heure du petit déjeuner ! !

CHEZ YVONNE €€€

10, rue du Sanglier
✆ 03 88 32 84 15
www.restaurant-chez-yvonne.net

Nouveau chef : Serge Cutillo

Ouvert depuis 1873, l'établissement est une véritable institution et n'a rien perdu de son charme. Tenu aujourd'hui par la famille Valmigère, Chez Yvonne (du nom d'une ancienne gérante) propose des plats régionaux, majoritairement faits maison avec des produits frais et de haute qualité issus de producteurs locaux. Un nouveau chef, Serge Cutillo est venu redorer avec finesse la carte. La charmante Maria accueille toujours avec chaleur les anonymes comme les célébrités. De Jacques Chirac à Amélie Nothomb, tous ont passé comme vous un moment suspendu dans le temps !

À LA GARE « CHEZ JOËL » €€

30, rue de la Gare - **LINGOLSHEIM**
✆ 03 88 78 00 45
www.resto-gare-lingo.fr
Ouvert le dimanche et le lundi midi ; du mardi au vendredi midi et soir. Formule du midi : 10,50 € (entrée/plat).

Le chef, Joël Vix a fait ses armes dans divers établissements, avant d'ouvrir ce restaurant fréquenté par de nombreux habitués. Un retour aux sources, car comme il aime à le souligner, il est natif du village ! En salle, sa femme Sophie l'épaule avec conviction. Ici la qualité du service et l'accueil sont un élément primordial et les plats régionaux sont faits maison. En saison, des spécialités sont servies : gibiers bien sûr, mais aussi carpes frites, selon la recette traditionnelle transmise par sa mère – filets de carpe panés dans la semoule.

TOUT EST BON DANS LE CAMION €

18, rue de Graffenstaden - **LINGOLSHEIM**
✆ 06 65 77 83 65
www.toutestbondanslecamion.com
Ouvert le mardi et le jeudi le soir. Le mercredi midi. Présent sur d'autres sites. Chèque Restaurant.

Avec un CAP de pâtissier, chocolatier et cuisinier en poche, et une expérience en restauration, Gaël Schwach a créé son Food Truck il y a déjà plusieurs années. Au menu vous trouverez des pâtes et bien sûr toute la gamme des hamburgers. Ceux-ci se déclinent en 5 variantes : classique, césar, du chef, suisse ou encore basque. Tous les jours, un plat cuisiné (viande mijoté et accompagnement) est proposé en suggestion. Les desserts apporteront la note sucrée pour terminer votre en-cas.

AU BUREAU €€

Boulevard des Enseignes - **REICHSTETT**
✆ 03 68 69 94 00
www.aubureau.fr
Du dimanche au jeudi de 11h30 à 23h30. Vendredi et samedi de 11h30 à 00h30.

Dans un décor inspiré des pubs anglais, avec sa banquette Chesterfield, ses petits canapés en cuir noir, son bois sombre et une moto exposée au beau milieu du bar ! Au menu : crispy chicken, beignets d'avocat épicés, poutine, cheddar sticks, planchettes de charcuteries, tortillas, camembert rôti, fish and chips, welsh, mijoté d'agneau à la Leffe, burgers, entrecôtes, bavette, confit de canard, brochette tandori, flammekueches et croque-monsieur. Au dessert, crumble ! Pour accompagner cela, on profite d'une large gamme de bières belges et de cocktails variés.

LE CONFIDENTIEL €€

13, rue de la Haye
SCHILTIGHEIM
✆ 03 90 22 60 36
www.le-confidentiel.fr
Plats bio et sans gluten. Ouvert du lundi au vendredi : midi et soir. Menu de 30 € à 39 €. Terasse.

Restaurant d'affaires atypique : les plats sont bio, sans gluten et sans laitage ! Les produits sont frais et tout est 100 % fait maison. Le chef Johann Gonzales œuvrait précédemment Au Cerf à Marlenheim. Les plats sont élaborés en collaboration avec une naturopathe. Les recettes sont élaborées à base de racines, herbes, algues, fruits et légumes... L'établissement vous accueille aussi pour des petits déjeuners et des after works. L'établissement dispose de trois salles à l'étage où vous pouvez déjeuner en toute confidentialité.

AU WACKEN €

1, rue des Contades
SCHILTIGHEIM
✆ 03 88 36 67 62
www.auwacken.fr
Ouvert tous les jours midi et soir, sauf le samedi midi. Carte 20 € environ. Tartes flambées le soir.

Dans une demeure ancienne ou sur la terrasse à l'écart du monde, ce restaurant est des plus chaleureux. Il y a peu de plats mais leurs saveurs et ingrédients principaux diffèrent assez pour que chacun y trouve son compte. Le soir, l'incontournable c'est la tarte flambée, qui se décline sous de nombreuses formes. Les amateurs de viande apprécieront la qualité des entrecôtes. Un grand choix de vins de qualité au verre est disponible. En salle, le personnel a été renouvelé, et apporte un sentiment de nouveauté. Voici donc un lieu très agréable pour divers évènements.

LA TABLE DE VENDENHEIM €€

2, rue des Artisans
VENDENHEIM
✆ 03 88 81 80 44
https://latabledevendenheim.fr/
Ouvert du lundi au samedi de 11h45 à 14h et de 18h45 à 22h. Pizza à partir de 10 €.

À la lisière de la zone artisanale, dans une maison avec des décorations en bois, Marc, Aslan et leur équipe proposent une belle cuisine méditerranéenne : penne à la sicilienne, tartare à l'italienne, carpaccio de bœuf à volonté, risotto aux noix de Saint-Jacques. Les pizzas sont cuites au feu de bois pour une cuisson optimale. La Table de Vendenheim est une maison parfaite pour les déjeuners d'affaires. En soirée, des animations sont souvent proposées, attirant de nombreux habitués lors de spectacles (concerts de vieux rock américain, dîner à l'aveugle...).

FAIRE UNE PAUSE

Pour faire une petite pause à Strasbourg, le choix est vaste et des plus divers ! La ville regorge de bars et bistrots bien sûr, mais elle réserve aussi de belles surprises avec de nombreuses pâtisseries à la renommée inégalée et aux spécialités alléchantes, des salons de thés cosy où l'on prend le temps, des terrasses et bars cachés en retrait du tumulte des rues touristiques, des lieux aux concepts détonants comme les bars à chats ou spécialisés dans un type de boisson, des glaciers célèbres dans le monde entier aux coupes gigantesques et créatives... Pour l'apéritif, l'offre est vaste et l'on se rue sur les bières accompagnées de planchettes composées de fromages et charcuteries locaux. Sachez en outre qu'à chaque saison correspond une nouvelle bière dont la sortie, notamment pour celles de printemps et de Noël, est un véritable évènement attendu de tous que l'on ne manque pas de fêter dignement !

L'ALLÉGORIE

17, rue d'Austerlitz
✆ 03 88 66 89 59
www.lallegorie.com
Tous les jours de 7h à 19h30.

L'Allégorie est le lieu de la créativité et de l'expression de la passion de Sébastien qui depuis deux ans propose ses talents de boulanger aux Strasbourgeois. Tout est ici 100 % fait maison, avec des blés 100 % bio et du levain naturel et français pour les pains et une gamme traiteur très vaste, chaude ou froide. Du côté des pâtisseries, Sébastien propose des classiques revisités. Les deux compères n'ont de cesse de créer, de réinventer les choses, et l'on ne se lasse ainsi jamais de venir déguster à toute heure une petite douceur.

LA BÄCKERSTUB

2, place Clément
✆ 09 83 64 01 34
www.labackerstub.fr
Du mardi au samedi 7h-19h. Ateliers culinaires : 60 €. Brunch : 25 €. Lieu de distribution d'AMAP.

C'est dans un décor chaleureux, tout en boiseries, que Jonathan Miquel et Edith Maurer vous accueillent à quelques pas de la place des Halles. L'ambiance est conviviale et les grandes tablées donnent envie de se laisser aller à goûter quelques douceurs salées ou sucrées bio. La structure s'inscrit dans un projet d'économie solidaire et sociale. Les produits utilisés sont issus du commerce équitable et Jonathan travaille avec des producteurs bio locaux. Pour les personnes concernées, on vous proposera des productions sans allergènes tels que le gluten.

BARAKA JEUX

6, place de l'Homme de Fer
✆ 03 90 23 18 16
www.barakajeuxstrasbourg.fr
Du lundi au vendredi de 17h à 1h et le week-end à partir de 14h.

Dans un décor à la Jumanji, vous vous amuserez en dégustant des bières belges à la pression, des cocktails ou des rhums arrangés par exemple. Et pour combler vos petites faims, planchettes de charcuteries et fromages espagnols en provenance de l'Epicerie Iberica ou tartinades maison vous attendent. Tous les mois, ne manquez pas les blindtests et tournois de billard. Vous pourrez ainsi défier vos amis ou vous mesurer à de parfaits inconnus dans une ambiance agréable et bon enfant. L'établissement n'est pas accessible aux personnes à mobilité réduite.

BULLES GOURMANDES

4, rue de la Mairie
SCHILTIGHEIM
✆ 03 88 49 82 31
www.bullesgourmandes.fr
Ouvert du mardi au vendredi de 8h à 18h30 ; le samedi de 9h à 12h30.

Jessica Krusty est une véritable passionnée qui vous reçoit toujours avec le sourire dans sa belle boutique. Si les pâtisseries sont ici belles et excellentes, elles sont aussi le reflet des valeurs de la pâtissière : produits régionaux ou AOP, fruits du marché, pâtisserie à manger sur le pouce mais de grande qualité, tout maison avec amour et passion... Bulles Gourmandes, c'est aussi une pâtisserie responsable qui œuvre en partenariat avec de petits producteurs locaux. Chaque nouvelle saison est l'occasion de goûter à des créations uniques.

AU FOND DU JARDIN

6, rue de la Râpe
✆ 03 88 24 50 06
www.aufonddujardin.fr
Du mercredi au vendredi 9h30-13h, et 14h30-18h30. Samedi et dimanche 9h30-16h et 16h30-18h. Boutique.

Au Fond du Jardin est un salon de thé de style anglais, où les roses anciennes sont à l'honneur. La spécialité affichée est la Madeleine de voyage aux confitures élaborées avec soin. Vous pourrez les déguster avec une sélection de thés raffinés. Laurent Renaud la décline en plus de 80 versions, sur place ou via la boutique en ligne. N'en oubliez pas pour autant les autres pâtisseries qui sont tout aussi délicieuses. Vous pourrez aussi profiter du brunch ou du petit déjeuner mais attention, l'établissement est très régulièrement victime de son succès.

PÂTISSERIE RISS

35, rue du 22-Novembre
✆ 03 88 32 29 33
www.patisserie-riss.fr
Ouvert du mardi au samedi de 8h à 18h45. Ouvert le lundi en hiver de 13h30 à 18h30.

Il ne fait aucun doute que c'est là l'une des meilleures adresses de la ville : il y a bien entendu les gâteaux, du sur mesure pour les anniversaires, mariages et autres grands événements, ils sont colorés et rigolos pour les enfants, élégants et recherchés pour les adultes. Les chocolats sont rois dans cette boutique, à déguster sans modération. Découvrez aussi la gamme Riss de tartes, cupcakes, mousses et autres biscuits, de véritables œuvres d'art à croquer. Et puis bien sûr, il y a les macarons, les petits fours, les kouglofs et les petites bouchées salées.

L'ORÉE 85

32, Impasse de l'Ecluse

L'Orée 85, c'est un lieu de vie, de partage et de stimulation, dans un cadre naturel et singulier, au bord d'une écluse. Vous y trouverez un espace de restauration, pour toutes les bourses et tous les estomacs, avec des aliments et des boissons locales, fournis par des producteurs comme l'îlot de la Meinau pour les légumes, Perle et Meteor pour les bières. Dehors, une ferme pédagogique, avec un potager en permaculture, des ruches et un poulailler. Et une programmation culturelle avec des ateliers, des concerts, des dj-sets, des vide-dressing, des projections…

PAIN D'ÉPICES - MIREILLE OSTER

14, rue des Dentelles
✆ 03 88 32 33 34
www.mireilleoster.com
Ouvert tous les jours de 9h à 19h. Cours de cuisine sur réservation.

On ne présente plus Mireille Oster et ses pains d'épices généreux dont les recettes lui ont été dictées par ses voyages, son amour des épices et la transmission d'un savoir familial depuis 1933. Découvrez ses produits traditionnels de Noël dont les saveurs vous entraînent sur les routes du Sud, de l'Orient ou encore dans la forêt voisine ! Mireille Oster vous propose également de réaliser vous-même vos propres pains d'épices grâce à ses livres et dispose d'une boutique en ligne.

LE THÉ DES MUSES

19, rue Sainte-Barbe
✆ 03 88 37 13 77
www.thedesmuses.com
Ouvert le lundi de 14h à 19h ; du mardi au samedi de 10h à 19h.

Le Thé des Muses, c'est plus qu'un salon de thé, c'est une « maison du thé » où l'on peut à la fois en acheter et en déguster confortablement installé dans un canapé. À la carte et à la vente au poids, ce sont plus de 300 références de thé de toutes les couleurs et de toutes les origines, majestueusement exposées dans cet espace calme et reposant. Une très bonne adresse pour le goûter en hiver, pour déjeuner d'un sandwich et se rafraichir avec un thé glacé en été, pour faire cadeau ou tout simplement obtenir des conseils de préparation de ce breuvage millénaire.

(SE) FAIRE PLAISIR

Se faire plaisir, c'est bien essentiel lorsque l'on visite une ville. Pour rapporter à la famille ou aux amis, ou pour en profiter soi-même égoïstement car c'est aussi permis, les boutiques strasbourgeoises vous proposeront tout un tas de belles et bonnes choses. Il y a d'abord bien sûr les vins, bières et autres spécialités gastronomiques que l'on trouvera chez bien des marchands. À Noël, ne manquez pas de rapporter des bredele, petits gâteaux secs incontournables. Vous trouverez également à Strasbourg de nombreux magasins de souvenirs, avec leurs cartes postales et petits objets flanqués de personnages de Hansi ou de cigognes. Vêtements, bijoux et accessoires sont aussi très représentés, avec des boutiques spécialisées dans la vente de créations locales et écoresponsables notamment, qui raviront petits et grands. Enfin, rendez visite aux artisans qui se feront un plaisir de vous faire découvrir leur travail !

BRETZEL AIRLINES

2, rue du Parchemin ✆ 03 88 36 57 68
www.bretzelairlines.com
Ouvert du mardi au samedi de 10h à 12h30 et de 13h30 à 19h. Boutique en ligne. Ouvert le dimanche (en décembre).

Dans cette boutique, vous trouverez de bonnes idées cadeaux pour les alsaciens de souche ou des souvenirs à ramener dans votre contrée. Un large choix de t-shirts aux visuels créatifs et humoristiques sont sur les présentoirs. Des souvenirs décalés mais toutefois pratique vous attendent sur les étagères (mugs, tabliers, chopes à bière...) ! Des logos sont détournés et c'est particulièrement original. Avec ces créations novatrices et pleines d'humour, qui sont sans cesse renouvelées, vous afficherez votre fierté d'être alsacien de façon décalée et remarquée.

CURIEUX ? CONCEPT STORE STRASBOURGEOIS

6a, quai Kellermann
✆ 09 84 48 33 62
www.curieux-store.com
Ouvert le lundi de 14h à 19h30 ; du mardi au samedi de 11h à 19h30.

Ce bel espace regroupe mode, design et art. La culture est également à l'honneur grâce aux expos renouvelées chaque mois. Ici, les produits proposés sont originaux et constituent souvent des pièces uniques, des vêtements et des chaussures vintage, des articles de papeterie, des parfums, et bien d'autres accessoires ou gadgets branchés. Un bar à thé proposant de nombreux mélanges de thés bio des Jardins de Gaïa est disponible. Bon à savoir : le loft peut être loué pour des événements.

JEANNALA & SEPPALA

Boulevard des Enseignes
REICHSTETT
✆ 03 88 18 69 20
www.jeannalaetseppala.com
Du lundi au samedi de 10h à 19h.

Rondouillards et rigolards, les personnages créés par David Grandmaire séduisent au premier regard ! Vêtus de leur plus beau costume alsacien, ils s'invitent sur des cartes, des tableaux, des nappes, des sets de table et il leur arrive aussi de se transformer en bougies ! En prime, ils décorent des assiettes, plats de service, moules à baeckaoffe et à kougelhopf... Réalisées en poterie d'Alsace dans un atelier créé en 1750 à Soufflenheim, les diverses collections proposées sont aussi jolies que pratiques car elles passent au micro-ondes comme au lave-vaisselle !

CAVE HISTORIQUE DES HOSPICES DE STRASBOURG

1, place de l'Hôpital ✆ 03 88 11 64 50
www.vins-des-hospices-de-strasbourg.fr
Ouvert du lundi au vendredi de 8h30 à 12h et de 13h30 à 17h30 ; le samedi de 9h à 12h30. Visite libre et gratuite.

Créé en 1395 pour l'autosuffisance alimentaire de l'institution, ce lieu exceptionnel à l'entrée des Hospices civils nous rappelle l'époque où l'on considérait le vin comme un remède. On peut visiter le lieu et y voir le plus vieux vin du monde en tonneau mais aussi y acheter des vins de vignerons partenaires alsaciens qui donnent une partie de leur récolte pour continuer à faire fonctionner cette institution qui reverse ses bénéfices à l'hôpital universitaire de Strasbourg.

CHEZ CHRISTIAN

10, rue Mercière
✆ 03 88 22 12 70
www.christian.fr
Ouvert du lundi au samedi de 7h30 à 18h. Terrasse de mars à octobre.

Depuis 1960, travail et passion sont deux atouts majeurs de cette chocolaterie exceptionnelle où les meilleurs crus du terroir se retrouvent parmi une gamme de produits originale. Chocolat d'origine vénézuélienne Del Lago, malgache Sanbirano, au maltitol (sans sucre) : les produits sont uniques et sauront satisfaire la curiosité des passionnés de chocolat. Les pâtisseries de Chez Christian sont elles aussi très célèbres, goûteuses et réalisées à la main. Elles varient avec les saisons : classiques, galettes, bûches, tartes aux fruits...

L'OUSTAL DE L'AUBRAC

3, rue de la Division Leclerc

Comme son nom l'indique, cette nouvelle boutique vous propose des produits de l'Aubrac. C'est une aubaine pour les amateurs qui peinent à les trouver à Strasbourg ! Ce sont deux sœurs adorables et aux petits soins qui vous reçoivent et vous conseillent en fromages, charcuteries et autres produits. Vous n'avez pas encore votre couteau pour déguster ces mets ? Pas de panique, la boutique propose les célèbres Laguiole ! N'hésitez pas à vous laisser guider et à tenter plein de choses dans des plateaux dégustation auxquels vous serez vite accros !

LUPANAR

33, rue du Fossé-des-Tanneurs
✆ 03 90 29 08 39
Ouvert le lundi de 15h à 19h ; du mardi au samedi de 10h à 19h.

© LUPANAR

Cette charmante petite échoppe située rue du Fossé-des-Tanneurs ravira les amateurs de breuvages alcoolisés en tous genres. Des vins fins venus de tout l'Hexagone mais également de l'étranger, une importante palette de bières artisanales venues également des quatre coins de la planète, mais aussi des spiritueux de toutes sortes, des plus connus aux plus étonnants. Ici, on se targue de vous procurer ce que vous ne trouverez pas ailleurs ! Une belle occasion de surprendre vos hôtes ou vos invités avec un bel accord mets et vins...

MARMI FRATELLI

29, rue Saint-Aloise
✆ 03 88 55 03 72
Lundi de 14h à 20h. Du mardi au vendredi de 10h30 à 20h. Samedi de 9h à 19h.

Marmi Fratelli, c'est une épicerie italienne oui, mais une épicerie à part. Bien loin de se contenter de vous proposer des classiques vus et revus, ici toute l'équipe cherche en permanence des pépites de petits producteurs de toutes les régions italiennes et des produits tous plus qualitatifs les uns que les autres. Saviez-vous par exemple que les bières italiennes sont nombreuses ? Non ? Vous le découvrirez ici parmi bien d'autres choses. Quand on a à boire, il faut à manger et il y a de quoi faire ! De l'entrée au dessert, composez vos menus complets.

CHAPELLERIE CLERFF-FRAIKIN

40, Grand'Rue
✆ 03 69 32 78 26
www.clerff-fraikin-strasbourg.com
Ouvert le lundi de 14h à 18h. Du mardi au samedi de 10h à 19h.

Depuis 1872, la chapellerie Clerff-Fraikin propose ses chapeaux dans sa belle boutique de la Grand'Rue. Femmes et hommes peuvent ici trouver leur bonheur parmi le large choix de chapeaux, casquettes, foulards et ceintures sur mesure et customisables grâce au talent et à la passion professionnelle de la charmante Sabine. Bérets basques Laulhère de fabrication française et européenne, panama, chapeaux de cérémonie, parapluies, accessoires de mode, maroquinerie...

ARTS ET COLLECTIONS D'ALSACE

4, place du Marché aux Poissons
✆ 03 88 14 03 77
www.arts-collections-alsace.com
Ouvert le lundi de 14h à 19h ; du mardi au vendredi de 10h à 19h ; le samedi de 9h à 19h.

Ici, tout est estampillé « fabriqué en Alsace » : nappes, serviettes et torchons en tissu traditionnel Kelsch, chemins de table, housses de coussins en lin brodé ou en coton. Vous trouverez également de nombreuses poteries de Soufflenheim et de Betschdorf. Meubles polychromes, chaises traditionnelles, tabourets, guéridons... Authenticité et qualité sont les maîtres mots. La boutique est très jolie, elle donne sur la place qui mène à la terrasse du Palais Rohan.

LA MAISON DE HANSSEN ET GRETEL

7, rue du Chaudron
✆ 03 88 38 31 62
Ouvert du mardi au samedi de 10h à 12h et de 14h à 18h30.

Dans cette jolie boutique vous trouverez de très beaux objets alsaciens. Utiles ou décoratifs, vous serez sûr de ramener des souvenirs de la région qui plairont par leurs couleurs et motifs, dont certains ont été revisités, pour donner un coup de jeune à la tradition. Sur deux étages, vous évoluerez entre les rayonnages, à la découverte de linge de maison, coussins, vaisselle, poteries de Soufflenheim... De plus les articles sont fabriqués localement : une garantie d'authenticité.

LES HERBES FOLLES

44, rue du Jeu-Des-Enfants
✆ 03 69 57 29 50
Ouvert du mardi au samedi de 10h30 à 19h.

Située à seulement quelques pas de la place de l'Homme de Fer, Les Herbes Folles est l'une des incontournables boutiques de créateurs du centre-ville de Strasbourg. Fany Moraitis, à l'origine de sa création, a eu pour volonté de promouvoir l'art du fait-main alsacien. Vous découvrirez dans cette enseigne pas moins d'une vingtaine de créateurs locaux. Des bijoux, des pierres naturelles, de l'illustration, de la petite enfance, et plein d'autres petits trésors. Tous les objets y sont faits main et vous racontent une histoire !

CLUB CROQUETTE

45, rue du Fossé-des-Tanneurs
✆ 09 73 22 82 73
www.clubcroquette.fr
Du mardi au samedi de 10h à 19h.

Club Croquette est bien plus qu'une simple animalerie : c'est une philosophie. Cette petite boutique indépendante propose des produits naturels et respectueux des besoins de votre animal ainsi que de l'environnement. Issus de circuits courts de fabrication, les articles mettent en avant le « made in France » ainsi que l'utilisation de matières premières biologiques grâce au savoir-faire de jeunes créateurs et de passionnés des animaux. Que ce soit pour votre chien ou pour votre chat, il y a tout pour faire plaisir, et vous serez très bien conseillés !

LALIQUE

25, rue du Dôme
✆ 03 88 75 55 52
www.lalique.com
Ouvert le lundi de 13h45 à 18h45 ; du mardi au samedi de 10h15 à 12h et de 13h45 à 19h.

Lalique, l'un des plus prestigieux noms du cristal français. Les créations sont réalisées par des maîtres-verriers, de véritables sculpteurs de lumière, en Alsace à l'usine de Wingen-sur-Moder où un magnifique musée retrace la vie et l'œuvre de René Lalique. Vous y admirez ses vases Art déco, vases Bacchantes, ses figurines de cristal et des bijoux d'art qui marient joaillerie et bijouterie. Une collection nouvelle naît chaque année, dont certaines pièces exceptionnelles sont en tirage limité très collectionnés dans le monde entier.

UNDERGROUND INK FAMILY

12, rue Sainte-Hélène
✆ 03 88 22 34 89
Lundi de 14 à 18h. Du mardi au samedi de 11h à 18h.

Chez Underground Ink Family, vous trouverez tatoueurs et perceurs prêts à répondre à toutes vos envies ! Vous accompagnant pour réaliser tous vos projets, cette équipe de professionnels vous orientera et vous conseillera au mieux pour que les modifications corporelles choisies soient même au-delà de vos attentes ! Ici on ne plaisante pas avec l'hygiène, ni avec le suivi car le perceur vous revoit régulièrement tout au long de la cicatrisation, chose plutôt rare. S'il fallait ajouter un dernier point, c'est l'extrême sympathie de l'équipe !

BOUGER & BULLER

Strasbourg est une ville particulièrement active ! Mais attention, on sait aussi s'amuser et se détendre, il y en a pour tous les goûts ! Dans les parcs publics, vous trouverez de très nombreux agrès sportifs en libre accès, mais aussi en ville de nombreux cours et clubs pour s'entraîner. Pour ceux qui ont envie de bouger de façon plus ludique qu'en salle de sport, l'offre est aussi énorme avec des activités de plein air sur les plans d'eau, dans les airs sur les parcours d'accrobranche, ou en salle avec de l'insolite comme le lancer de haches, les escape games, les aires de jeux et piscines à balles réservées aux adultes ou les parcours de ninja par exemple. Pour se remettre de ces émotions, rendez-vous à la belle saison aux gravières pour bronzer au bord de l'eau. Ces plans d'eau sont incontournables chez les Strasbourgeois en été. La ville offre aussi de belles possibilités de spas, de massages, de soins. La clé du bonheur ?

AÉRODROME DU POLYGONE

80, rue de la Musau
✆ 03 88 84 51 15
www.polygone67.com

Ouvert toute l'année. Voyages en interne organisés.

Le terrain du Polygone vit défiler les armées du Kaiser, les prestigieuses unités de chasse les Cigognes ou encore Antoine de Saint-Exupéry. Aujourd'hui, l'Aéro-club d'Alsace accueille de nombreuses activités de loisirs comme les vols moteur et à voile ou encore du parachutisme. Débutant, vous pouvez réaliser votre baptême de l'air et les plus jeunes pourront passer leur brevet d'initiation aéronautique. Enfin, si vous souhaitez devenir pilote, votre rêve est tout à fait réalisable. N'hésitez pas à vous rendre sur le site Internet.

ÉCOLE DE VOILE DE STRASBOURG

Route du Plan d'Eau
PLOBSHEIM
✆ 03 88 98 70 77

Stages pendant les vacances. Initiation et perfectionnement dès 7 ans. Tarif à la semaine variable selon formule.

Envie de découvrir les sports de voile ou de voguer sur l'eau ? L'école de voile de Strasbourg, installée à la base nautique de Plobsheim, vous propose différentes formules : découverte, perfectionnement ou villégiature. Des stages sont organisés pendant l'été. Les plus jeunes (7 à 12 ans), s'essayeront à l'optimist, tandis que les aînés embarqueront sur les planches à voile, catamarans et dériveurs. L'encadrement est assuré par des moniteurs diplômés.

BLOCK'OUT STRASBOURG

4, rue Alexandre Dumas
✆ 03 90 23 06 91
www.blockout.fr

Du lundi au vendredi de 11h à 23h et du samedi au dimanche de 9h à 23h. Entrée : 15 €.

Block'Out est la plus grande salle de bloc de l'Est de la France, avec ses 800 m² de surface ! Les blocs sont tous les mois renouvelés afin que vous puissiez vivre une expérience d'escalade à la fois sensationnelle et unique. Plusieurs forfaits vous sont proposés selon vos envies. Vous pouvez soit régler votre activité à la carte ou bénéficier de plusieurs formules d'abonnement. Vous pouvez aussi manger au restaurant Au Cube Gourmand mais également de la musculation, vous détendre au sauna, au hammam ou encore suivre plusieurs cours collectifs comme du yoga.

L'AQUARIVE

1, rue Georges Cuvier - **LA WANTZENAU**
✆ 03 88 59 53 20
www.aquarive.com

Ouvert du lundi au vendredi de 9h30 à 22h30 et du samedi au dimanche de 9h à 19h. Forfait journée 16 €, annuel 398,50 €.

Ce centre de remise en forme propose un vaste choix de prestations. Un espace musculation et fitness (climatisé), pour faire du cardio-training et des cours de gym collectifs ou de la salsa. Des terrains de squash, une piscine (pour faire quelques brasses, de l'aquabiking et de l'aquagym). Le centre dispose aussi un espace bien-être : saunas, hammam, bains à remous, cabine à UV, cabine collagène et une terrasse extérieure. Des sandwichs, des salades et des petits plats sont servis en continu. Vous pouvez aussi siroter un verre au bar, en toute décontraction.

LA COUR DE HONAU

Allée de Honau - **LA WANTZENAU**
✆ 03 88 96 33 44
www.cour-de-honau.fr

Ouvert du lundi au jeudi de 9h à 23h. Du vendredi au dimanche et jours fériés de 9h à 21h.

Ce centre de remise en forme propose de nombreuses activités : cours de tennis, séances de cardio-fitness, de musculation, endurance sur vélo, zumba, body karaté, bodypump, aquabiking, gym (chinoise, aérogym, stretching)... Et bien sûr l'utilisation à votre rythme de machines de musculation et de fitness dernier cri. Les services d'un coach sont proposés. Mais vous pouvez aussi venir pour profiter de l'espace détente : piscine, spa, bain bouillonnant, sauna, hammam et solarium. Le restaurant sert des repas au déjeuner, et le bar est accessible en permanence.

HAVRE DE BEAUTÉ

12, rue du Renard-Prêchant
✆ 03 88 35 73 42
www.havredebeaute.fr

Ouvert le mardi et le vendredi de 10h à 19h ; le mercredi de 9h à 17h ; le samedi de 9h à 13h.

Le Havre de Beauté est un lieu d'ancrage qui vous permet de vous retrouver, de vous recentrer, de vous recharger en énergie et d'éliminer vos toxines. Ici on s'occupe du corps mais aussi de l'esprit et les effets n'en sont que plus durables, dans la détente et le ressourcement que cela procure. Profitez des massages divers (méthode traditionnelle chinoise, massage ayurvédique, soin Reiki, massage indien...), des soins esthétiques du visage, des mains et des pieds, de l'épilation, de soins énergétiques traditionnels chinois holistiques ou encore d'offres spéciales.

KRAEMER CONTADES BY NATHALIE ALBRES

19A, avenue de la Paix
✆ 03 88 32 94 32
groupekraemer.com

Du mardi au samedi de 9h à 19h.

Nathalie est la spécialiste des extensions (Hairdreams et Great Lengths). Dans un espace dédié au bien-être et cocooning, elle est avec son équipe à votre entière disposition pour vous offrir une parenthèse beauté et prendre soin de vous. Ici on respecte votre cuir chevelu en travaillant avec des produits naturels. Un événement exceptionnel ? L'envie d'une coiffure éphémère ? En exclusivité à Strasbourg, découvrez seulement ici le « chignon express » !

TAAKA BEER SPA

6, rue Marbach ✆ 06 29 20 46 47
www.taakabeerspa.com

Le tout premier spa à la bière de la région vient d'ouvrir ! Le parcours se fait en trois étapes : 15 minutes de sauna permettent de se détendre et de préparer son corps à recevoir les bénéfices du bain de bière ; plongez dans des baignoires pendant 30 min et bénéficiez d'un soin tout en dégustant des produits locaux ; 15 minutes de relaxation pour infuser les bénéfices du bain de bière. Ici vous aurez donc tous les bienfaits du houblon, à l'intérieur comme à l'extérieur et vous passerez un moment convivial de détente originale.

LES BATELIERS (CENTRE CRÉATIF ET ARTISTIQUE)

3, rue Munch
✆ 03 88 36 39 77
www.lesbateliers.com

Ouvert du lundi au vendredi de 8h30 à 12h et de 13h30 à 18h. Adhésion annuelle 13 € par famille + prix de l'atelier.

Depuis plus d'une quarantaine d'années un millier d'adhérents se rendent ici pour profiter des ateliers proposés par des experts en leurs domaines, que l'on soit enfant ou même adulte. Au programme : arts plastiques, expression corporelle, divers artisanats d'art (ébénisterie, reliure, poterie, etc.). Dessin, peinture, photographie, illustration, mais aussi stylisme, menuiserie, sculpture, cartonnage, les domaines où exercer ses talents sont nombreux.

SQUARE INDOOR

1, rue du Fort - **GEISPOLSHEIM** ✆ 03 90 67 27 84
www.le-square-indoor.fr

Vendredi de 14h à 18h. Samedi de 11h à 23h. Dimanche de 11h à 20h. Jeux gonflables 1h : 10 €. Escape game : 22 € à 34 €.

Le Square Indoor est le seul parc de jeux pour adultes ! Des jeux gonflables (attrape-mouche, joutes, baby-foot humain, parcours jungle), un escape game, une piscine à boules, un bar à jeux. Il y a également un bar avec petite restauration pour (re) prendre des forces.. Tous les ingrédients sont réunis pour passer des moments endiablés entre amis ou collègues ! On vous fournira sur demande des chaussettes antidérapantes, pour jouer en toute sécurité. Allez-y pour vous amuser et vous défouler. Possibilité de privatiser le lieu pour des événements particuliers.

One man show, soirée cabaret, spectacle humoristique ou burlesque, jeux en groupe, rencontres littéraires ou vernissages artistiques... À Strasbourg et dans les communes avoisinantes, de nombreuses animations sont proposées tout au long de l'année. Et ça tombe bien ! Si vous avez décidé de sortir pour vous changer les idées, en feuilletant le guide, vous vous rendrez compte que vous n'avez que l'embarras du choix. La pièce de théâtre, le film d'art et d'essai ou le concert de l'orchestre philharmonique, rien ne vous échappera. Guinguettes, discothèques et soirées thématiques sont aussi au rendez-vous. En été, les animations de rue sont nombreuses et en hiver on ne se lasse pas d'arpenter les rues animées à la recherche des illuminations. Avec une offre très diversifiée, Strasbourg est une ville vivante où chacun pourra trouver, tous les jours de la semaine, une soirée à son goût, plutôt calme et culturelle ou pour danser toute la nuit !

JAM SESSIONS

Place André-Malraux - **GEISPOLSHEIM**
✆ 03 0 29 72 72
www.geispolsheim.fr
Le 3e vendredi du mois, la commune de Geispolsheim organise une soirée concert. Entrée libre. Bar, petite restauration.

Envie d'aller voir un spectacle et de passer une soirée entre amis, sans se ruiner ? Rendez-vous à l'Espace Malraux. Vous pourrez découvrir des artistes peut-être encore méconnus, mais prometteurs. Au programme : World music, jazz manouche, poetic post-pop, rock and blues ou rock alsacien, trio vocal... L'offre est diversifiée et de nombreux groupes locaux se produisent sur scène. Vous pouvez boire un verre et manger un morceau (petite restauration). Un RDV prisé par les habitants du secteur et les habitués. Programme disponible sur le site de la mairie.

CANAPÉ QUEER

20, rue des Couples
✆ 06 13 26 56 05
Du lundi au mercredi de 17h à 1h30. Du jeudi au samedi de 17h à 4h.

Canapé Queer est, comme son nom l'indique, le tout nouveau lieu inclusif de la ville. On vous reçoit ici, qui que vous soyez, et si vous êtes « différent » alors tant mieux ! La décoration est pleine de références au milieu LGBT avec de nombreux vinyles de collection au mur et même une bibliothèque thématique en libre accès. De nombreux événements sont organisés, des spectacles aux concerts en passant par les expositions d'artistes. À la carte, très amusante d'ailleurs, on trouve de nombreux cocktails et des bières dont les brasseurs sont engagés.

ORCHESTRE PHILHARMONIQUE

Place de Bordeaux
✆ 03 68 98 68 15
https://philharmonique.strasbourg.eu
De 25 à 66 €. Différentes réductions possible. Abonnement.

La programmation annuelle de l'Orchestre philharmonique est très riche en thèmes : musique de chambre, concert symphonique, ciné-concert jeune public, opéra et opérettes... Vous n'aurez pas la possibilité de vous lasser. De découvertes en sensations nouvelles, vous évoluerez dans la symphonie musicale avec bonheur. Depuis 2012, MArko Letonja assure la fonction de directeur artistique, et conduit de nombreux projets au niveau international. A l'occasion des soirées des billets *gala*, pour une soirée d'exception sont au programme.

FUNGAMES

21, rue du Chemin de Fer
LAMPERTHEIM
✆ 06 28 54 70 68
www.fungamesnet.fr
Ouvert du lundi au samedi de 10h à 19h. En ligne, utilisez le code promo petitfuté67.

Quel que soit votre âge, quels que soient vos goûts ou vos envies, vous serez sûrs de trouver quelque chose d'amusant pour la famille, les amis, les enfants ou même juste pour vous sans casser votre budget ! Besoin de conseils ou bien de vous offrir les dernières nouveautés et les grands classiques ? Fungames s'occupe de tout et vous déniche toutes vos envies, même si elles ne sont pas en stock malgré 5 000 références ! Le magasin propose également des animations, des anniversaires, des découvertes de jeux et des tournois tous les mercredis et samedis.

BLAESHEIM

Blaesheim, situé au sud de l'Eurométropole de Strasbourg, culmine à 198 mètres d'altitude, au flan d'une colline. À son sommet, se trouve la Tour du Gloekelsberg, haut lieu du paganisme romain au moment de la christianisation de la région (construction estimée au XIIe siècle). Aujourd'hui, il ne subsiste que le linteau de l'entrée de cette église romane. L'arc en plein cintre est orné de deux personnages primitifs. En 1977 et 1981, les chefs d'État Valéry Giscard d'Estaing et Helmut Schmitt ont déjeuné au restaurant Au Bœuf. Promenez-vous dans les rues de ce charmant village, pour admirer les belles maisons à colombages, typiques de l'Alsace.

HOTEL AU BŒUF*** €€

32, rue du Maréchal-Foch
✆ 03 88 68 68 99
www.hotel-au-boeuf.com

3 étoiles. Logis 3 cheminées. Qualité Tourisme. 22 chambres (2 pour PMR). Chambre de 89 € à 119 €. Restaurant. Animaux.

Niché dans le charmant village de Blaesheim, au cœur du vignoble alsacien, l'hôtel Au Bœuf a été entièrement rénové en 2020. Les nouvelles chambres sont climatisées, avec de nouvelles literies king size haut de gamme, écran plat TV 150 cm 4K, mini bar, coffre-fort, machine Nespresso, bouteille d'eau offerte... En parallèle l'établissement propose 5 salles de séminaire, adaptables à tout type de manifestation. Les produits régionaux de qualité au restaurant et au buffet du petit déjeuner. Une belle prestation, avec de nombreuses petites attentions.

LA DILIGENCE €€€

7, rue Maréchal-Foch - **LINGOLSHEIM**
✆ 03 88 78 32 24
www.ladiligence.net

Tous les jours midi et soir sauf samedi midi et mercredi soir. Formule du jour 15,50 €. Plat seul 9,50 €.

Le changement de propriétaire apporte un vent de nouveauté à ce restaurant. La Diligence dispose de deux salles avec des ambiances différentes. L'une est de style jardin d'hiver et l'autre salle offre une ambiance feutrée. A la carte, vous trouverez des plats alsaciens réalisés à base de produits frais, locaux et de saison. Petit plus, vous trouverez ici des tartes flambées salées et sucrées, classiques ou plus originales, même le midi ! Pour compléter, vous trouverez des burgers, des plats végétariens et véganes. Le tour fumé est fait maison sur place !

LA GRANGE DU GLOECKELSBERG €€

21, rue du Maréchal Foch
✆ 03 88 68 93 31
www.gloeckelsberg.fr

Ouvert du lundi au dimanche, midi et soir. Plat du jour : 8,50 €.

Ce bel établissement alsacien a les allures d'une vieille ferme traditionnelle. La décoration a été préservée pour maintenir ce charme si spécifique à l'Alsace. Pour les plaisirs gustatifs, l'équipe, dynamique et chaleureuse, vous conseillera avec justesse. À la carte, vous trouverez : preskopf maison, jarret cuit au feu de bois, lewerknepfle, cordon bleu au munster. Et naturellement les incontournables tartes flambées, la plus originale demeurant celle nappée de choucroute !

BREUSCHWICKERSHEIM

Ce petit village a un patrimoine historique et traditionnel, ce qui lui confère l'attrait d'une visite culturelle. Dans la rue Principale, vous découvrirez des bâtiments remarquables, et notamment un ancien séchoir à lin et à garance du XIXe siècle (au n° 24), plusieurs fermes datant des années 1800 et toujours habitées. Et bien sûr le château féodal, magnifique avec ses tourelles et son fossé apparent par endroits... Pour maintenir une tradition ancestrale, l'avant-dernier week-end du mois d'août se tient l'incontournable Messti du village. Breuschwickersheim est concerné par le projet autoroutier de Grand Contournement ouest de Strasbourg (GCO).

LES CŒURS DE CACHEMIRE €€

15, rue Étroite
✆ 06 85 70 89 75

Le gîte est ouvert toute l'année. Tarif selon saison. Piscine et grand jardin.

Le gîte allie une belle décoration et une situation idéale (dans un charmant village à quelques kilomètres de Strasbourg). Bien aménagé et très lumineux, vous apprécierez d'y passer vos vacances en hiver comme en été. Lydia et Yvon vous accueilleront avec chaleur, et vous donneront des conseils avisés pour visiter la région : balades dans les vignobles, découvertes des eaux villages alsaciens, petits marchés de Noël villageois... De plus, vous profiterez avec plaisir de leur beau jardin ornementé de nombreux rosiers, et d'une piscine bien agréable en été.

FERME MARTZLOFF €€

51, rue Principale

✆ 03 88 96 02 89

www.fermemartzloff.com

5 chambres. Chambre double de 57 € à 82 €. Petit déjeuner inclus. 2 gîtes à partir de 350 €/sem.

Cette ancienne ferme familiale du XVIIIe siècle a été rénovée avec goût par Christiane et Pascal Weimer. L'établissement abrite deux gîtes et cinq chambres équipées. Les pièces sont lumineuses et disposent d'une salle de bains et d'une kitchenette. Au petit déjeuner, vous vous régalerez des confitures faites maison, accompagnées de pain et viennoiseries variées. L'hiver, le feu de cheminée flambe dans la salle à manger, offrant une ambiance cosy. Appréciez la vue sur le jardin et le château du XIIe siècles. Le jardin dispose de nombreux aménagements.

À LA CHARRUE €€

59, rue Principale

✆ 03 88 96 00 04

www.restaurantlacharrue.fr

Ouvert tous les jours sauf lundi, mardi et le samedi midi. Menu du jour entrée + plat 12,50 €. Menus de 36 € à 42 €.

Une ferme à colombages avec beaucoup de charme et généreusement fleurie, une terrasse agréablement paysagée, des serveuses professionnelles, une cuisine savoureuse et créative, avec une addition raisonnable ! À midi, le plat du jour est une vraie aubaine avec des plats traditionnels et régionaux. À la carte, on trouve par exemple un rouleau de tee de veau, un waedele, un munster frit. Et des desserts qui vous feront pâlir d'envie. Une salle à manger privatisable est disponible. Le restaurant est accessible à vélo à partir de Strasbourg, pour les plus téméraires !

AU LION €€

33, rue Principale

✆ 03 88 96 64 10

Fermé lundi soir et mercredi. Carte et menu. Environ 50 couverts.

Vous allez aimer la salle avec sa dominante bois, joliment décorée dans un style alsacien. À la carte, un large choix de plats régionaux, mais aussi quelques basiques en viandes et poissons. Avec en plus, un buffet d'entrée très bien fourni. Le soir, diverses tartes flambées sont cuisinées. Le chef organise régulièrement des week-ends à thème (pot-au-feu, baeckeofe). Les vins proviennent des domaines régionaux, et sont proposés au verre. Dans la cour, un aménagement très judicieux permet d'augmenter la capacité du restaurant et de recevoir les grands groupes.

ENTZHEIM

Entzheim est connu pour son aéroport, mais a aussi un passé historique : l'existence d'Entzheim est déjà mentionnée en 736, sous le règne de Pépin le Bref ! Parmi son patrimoine, subsistent toujours l'église dont la base du clocher date du XIIe siècle, la nef de 1810, et les orgues Stiehr de 1811. L'ancien relais de poste, créé par acte du 15 juillet 1774, abrite actuellement un restaurant. Il était la première halte que trouvait les usagers sur la route qui menait de Strasbourg à Belfort, en passant par Sélestat et Colmar. Concurrencé par le chemin de fer, le relais de poste d'Entzheim cessa progressivement ses activités postales à partir de 1854.

HÔTEL LE PÈRE BENOÎT*** €€

34, route de Strasbourg ✆ 03 88 68 98 00

www.hotel-perebenoit.com

Hôtel 3 étoiles. 60 chambres de 79 € à 129 €. Dispose de chambres familiales et adaptées aux PMR. PDJ buffet 9,90 €.

L'Hôtel Père Benoît, ce sont 60 chambres modernes et bien équipées, dont certaines sont des chambres familiales et adaptées aux PMR. Installées dans une authentique ferme alsacienne, typique de la région avec ses colombages, les chambres sont calmes et donnent sur la cour et les jardins de l'hôtel. Un véritable écrin de verdure, avec ses balcons fleuris en été avec de magnifiques géraniums. Vous pourrez également manger dans le restaurant Steinkeller situé dans l'établissement, avec une cuisine traditionnelle et régionale. Les petits déjeuners sont goûteux.

LE 1774 - LES JAMBONS DE MARINETTE €€

28, route de Strasbourg

✆ 03 88 25 72 52

www.lesjambonsdemarinette.fr

Ouvert le lundi midi ; du mardi au vendredi et le dimanche le midi et le soir ; le samedi soir. Terrasse.

Ancien Relais de poste aux chevaux, le charme ancien de cet établissement est demeuré. Au menu, vous trouverez des salades, et surtout de bonnes spécialités alsaciennes. Comme par exemple des waedele (jambonneau), cuisinés de différentes manières. De bouchées à la reine, et des rognons de veau sublimés. Laissez-vous tenter par les caquelons de spätzles... Côté dessert, goûtez au Brownie de Marinette, il est fondant à souhait. Un endroit où il fait bon se poser.

L'ATELIER GOURMAND €€

Route de l'Aéroport
✆ 03 88 64 50 06
www.strasbourg.aeroport.fr
Ouvert en continu, tous les jours.

Cet établissement propose une carte relativement simple mais parfaitement régionale. Les recettes locales sont parfaitement élaborées et exécutées par le chef Hervé Gilgenmann. Le jambon Forêt Noire, le munster, bretzel gratiné et bien d'autres produits locaux sont au cœur des recettes. Côté douceur : kougelopf et streussel raviront les palais des gourmands et permettront aux néophytes de découvrir la gastronomie alsacienne. La décoration est simplissime, le service rapide. Si vous venez d'atterrir à Strasbourg, vous pourrez faire une halte gourmande de qualité.

LE BUEREHOF €€

51, route de Strasbourg
✆ 03 88 68 92 97
http://buerehof.fr
Ouvert du lundi au dimanche à partir de 12h et de 19h. Fermé le samedi midi. Chèques vacances acceptés.

Ce restaurant traditionnel est à un saut de puce de l'aéroport de Strasbourg. Vous apprécierez le cadre typique avec ses poutres apparentes, ses nappes rouges, ses objets en poterie et décorations en kelsch... L'ancien corps de ferme du XIXe siècle dispose de 2 salles climatisées à l'étage, d'une salle privative au RDC et d'une terrasse très prisée en été. La carte est complétée par des suggestions : filet de sandre, rognons de veau flambés au cognac, et l'assiette de Juliette composée de 7 petits desserts. La formule tartes flambées à volonté est parfaite !

LA DILIGENCE €€€

7, rue Maréchal-Foch - **LINGOLSHEIM**
✆ 03 88 78 32 24
www.ladiligence.net
Tous les jours midi et soir sauf samedi midi et mercredi soir. Formule du jour 15,50 €. Plat seul 9,50 €.

Le changement de propriétaire apporte un vent de nouveauté à ce restaurant. La Diligence dispose de deux salles avec des ambiances différentes. L'une est de style jardin d'hiver et l'autre salle offre une ambiance feutrée. A la carte, vous trouverez des plats alsaciens réalisés à base de produits frais, locaux et de saison. Petit plus, vous trouverez ici des tartes flambées salées et sucrées, classiques ou plus originales, même le midi ! Pour compléter, vous trouverez des burgers, des plats végétariens et véganes. Le tour fumé est fait maison sur place !

FLIGHT ADVENTURES

Aéroport International de Strasbourg
✆ 09 72 30 07 77
www.flightadventures.fr
Prestations sur réservation de 10h à 18h. Tarif de 99 € à 429 € selon la prestation.

Le centre de simulation de vol Flight Adventures est situé dans l'aéroport d'Entzheim. Ici vous avez la possibilité de prendre les manettes de commande, pour une simulation de vol. Aux commandes d'un avion de ligne ou de chasse : le simulateur reproduit à l'identique le cockpit d'un avion et les sensations sont garanties ! Grâce à un instructeur vous maîtriserez rapidement les bases. Décollage, procédures, maintien de l'altitude et de l'atterrissage, tout est au plus près de la réalité. Des stages sont proposés pour vaincre la peur de prendre l'avion.

ESCHAU

Eschau fut pendant sept siècles (de 770 à 1525) une communauté de bénédictines, fondée par l'évêque de Strasbourg Remigius. Durant tout le Moyen Âge, l'abbaye d'Eschau, situé sur la Route romaine, fut le lieu d'un pèlerinage dédié à sainte Sophie et à ses filles : leurs reliques sont toujours conservées dans l'abbatiale Saint-Trophime. Ce pèlerinage important au XIIe siècle, entraîna la fondation en 1143 d'un hôpital pour pèlerins, qui étaient soignés grâce aux plantes du jardin monastique. Très fleuri, Eschau est récompensé par le label « trois fleurs ». La construction récente du pont Pierre-Pflimlin permet de se rendre rapidement en Allemagne.

ABBATIALE SAINT TROPHIME

Rue de la 1ère-Division-Blindée
✆ 03 88 64 20 74
Ouverte en journée. Visites gratuites : premier et dernier dimanche du mois de juin à septembre à 14h, sur inscription

Eschau abrita pendant 750 ans (770-1525) une communauté de bénédictines. Sur cette « Route Romaine », un hôpital pour pèlerins fut fondé en 1143. Cette abbatiale romane est l'un des plus beaux exemples en Europe de la basilique à transept bas de l'époque carolingienne-ottonienne. Un sarcophage en grès renferme les reliques de sainte Sophie. Admirez les statues de saints, certaines datent de 1500. Des dalles funéraires et des vitraux datant du XIXe siècle sont également visibles. Des fiches d'information sur l'histoire de cet édifice vous seront proposées.

BAS-RHIN

COUR DU CHARBONNIER

2, rue du 27-Novembre
✆ 03 88 64 01 52
Ouvert sur RDV uniquement. Gratuit.

Ce musée privé, géré par un particulier, est aménagé dans la grange de son habitation. Grâce aux objets exposés, vous découvrirez l'histoire des vieux métiers, qui avaient cours au siècle dernier : des objets qui éveilleront des souvenirs ou de la curiosité. Ici, vous trouverez de tout : de la batteuse des années 1950, à la pompe à bras utilisée au XIXe siècle par les pompiers, en passant par une ruche en osier... Et Pierre Schaeffer, charbonnier à la retraite, saura vous expliquer avec passion, leur utilisation et vous raconter de nombreuses anecdotes.

AUBERGE D'ESCHAU €€

30, rue des Fusillés-Marins
✆ 03 88 64 22 33
Ouvert tous les jours midi et soir, sauf mercredi soir et lundi. Formule du midi : 9,90 €. Terrasse.

Dans son cadre à la belle rusticité, ce restaurant propose des plats traditionnels mitonnés à l'ancienne. Foie gras de canard mi-cuit, pièce de bœuf au poivre vert, chaussons de veau farcis et frites maison. La viande de bœuf est particulièrement tendre et la cuisson des plats est fort maîtrisée ! Les fromages frits sont croustillants à souhait ! La salle est spacieuse et la terrasse attenante au verger est particulièrement agréable. Le restaurant est ouvert le dimanche, idéal pour un repas en famille ou pour faire une pause lors d'une visite dans le secteur.

JARDIN MONASTIQUE

Rue de la 1ère-Division-Blindée ✆ 03 88 64 20 74
http://jardinmonastique-eschau.alsace
Ouvert de la mi-mai à fin septembre, samedi et dimanche de 14h30 à 18h. Visite guidée dimanche à 15h. Gratuit, plateau.

Classé Jardin remarquable, il a été réaménagé sur sa base historique : un jardin monastique dont les plantes étaient usitées par les abbesses, afin de soigner les pèlerins de passage. Situé face à l'abbatiale romane, l'espace de 10 ares est conçu en damiers. Vous découvrirez près de 400 plantes répertoriées dans les domaines de la pharmacopée, d'origine médiévale ou actuelle. Le Comité de l'Institut des Arts et traditions populaires d'Alsace a décerné un Bretzel d'or pour la mise en valeur de ce site. La visite guidée fourmille d'enseignements et d'anecdotes.

FEGERSHEIM

Marqué par un cœur ancien et une architecture alsacienne remplie d'histoire, la commune affiche une forte volonté de préservation de ses richesses patrimoniales. Particulièrement dynamique, Fegersheim propose une programmation culturelle éclectique (concerts, spectacle jeune public, conférences). La nature et l'agriculture, encore très présentes, caractérisent aussi la vie du village. De nombreuses exploitations agricoles sont toujours en activité, et vous avez la possibilité d'acheter directement chez le producteur les fruits, légumes et surtout les fameuses asperges d'Alsace. Fegersheim a su allier, patrimoine, culture, et activités commerciales.

HÔTEL-RESTAURANT AU CYGNE** €€

38, rue de la 1ère-Division-Blindée
✆ 03 88 64 04 79 - cygne-eschau.com
24 chambres. Chambre de 80 € à 155 €. PMR. Parking. Animaux accepté. Restaurant spécialités alsaciennes.

L'hôtel-restaurant Au Cygne est un charmant établissement, situé à dix minutes de Strasbourg, et proche de différents golfs. Thierry et Frédérique Bouyoud vous accueillent avec professionnalisme. Récemment rénové, l'hôtel-restaurant offre un décor et un confort appréciable, avec des chambres spacieuses et lumineuses. Vous pouvez déjeuner et diner dans la salle à la décoration magnifique ou sur la terrasse ombragée. Les plats proposés sont traditionnels et savoureux. Espace lounge.

MAISON D'HÔTES LES CHALINETTES €€

2, rue Amiral Courbet
✆ 03 88 64 36 66
www.les-chalinettes.com
Chambres de 60 € à 75 € petit déjeuner inclus.

Cette maison d'hôtes au décor contemporain dispose de quatre chambres très confortables aux couleurs chatoyantes. Si vous souhaitez un moment de repos, profitez du salon- coin détente de 35 m^2. Le petit déjeuner est gourmand, avec des confitures maison et des viennoiseries. Marie-Paule et Gérard Schaal vous accueillent chaleureusement et vous donneront des idées de visites. L'établissement est idéalement situé à proximité de Strasbourg, de la route des vins et de la Forêt noire.

LA CROISÉE DES CHEMINS €€

43, rue de Lyon
✆ 03 88 68 53 54
www.restaurantlacroiseedeschemins.com
Fermé lundi, mardi, mercredi soir. Et samedi midi. Menus de 29 € à 39 €. Formule du midi : 19 € à 23 €. PMR. Terrasse.

Le cadre est typique : maison à colombage, salle voutée et décorée avec goût. Et la terrasse très accueillante pendant les beaux jours. La carte annonce des plats à base de poissons frais ou de viandes. Le chef propose des créations décalées et savoureuses. Le savoir-faire du chef se révèle dans ses plats, faits maison et souvent à la minute ! Vous aurez le choix entre le parmentier de canard au foie gras poêlé, l'assiette du pêcheur au riz crémeux, plats du terroir, et gibier en saison. Les conseils pour les accords mets/vin au verre sont d'une belle justesse.

FERME RIEFFEL

61-63, rue du Général-de-Gaulle
✆ 03 88 64 06 49
fermerieffel.wordpress.com
Ouvert le vendredi de 15h à 18h ; le samedi de 8h à 12h.

Asperges, pommes de terre, tomates, carottes, radis, salades, petits pois, haricots verts, oignons, échalotes, rhubarbe… Chez les Rieffel, agriculteurs de père en fils, les fruits et légumes passent du champ à votre panier sans aucun intermédiaire. Le produit roi ici, c'est évidemment l'asperge blanche, cultivés sur 4 hectares, dans une terre particulièrement riche. Pour le reste, fraîcheur et qualité sont de mise au petit rayon charcuterie (jambon fumé et lard de la ferme), et les œufs sont issus du poulailler familial. Vous adorerez l'ambiance typique !

LE CAVEAU

27, rue de Lyon
✆ 03 88 59 04 59
Le programme des spectacles et animations est consultable sur le site de la mairie de Fegersheim. Tarifs variables.

Le Caveau est une salle municipale qui accueille une grande variété de performances artistiques. La programmation est particulièrement variée et permet à des artistes professionnels et amateurs de monter sur scène. Musiques du monde, chanson française, jazz, concerts, pièces de théâtre, contes, conférences, projections, etc. L'objectif est aussi de permettre à des artistes locaux de se produire. La salle voûtée en pierre est idéale au niveau du rendu de la qualité sonore. Le Caveau étant petit, il vaut mieux réserver auprès de la mairie.

KART INDOOR CHRONO

Rue du Colonel Lilly
✆ 03 88 59 03 40
www.kartindoorchrono.fr
Du mardi au jeudi et le dimanche de 14h à 22h ; vendredi et samedi de 14h à 00h. Une session 18 €. 10 sessions 160 €.

© KART INDOOR

Ce complexe de loisirs de 4 000 m² offre plusieurs activités. Vous avez la possibilité de faire du karting, de jouer à l'espace game et d'aller dans la salle de réalité virtuelle. La piste de karting est en bioéthanol, avec une piste spéciale pour les enfants, pour plus de sécurité. Tentez une aventure escape game, en jouant le rôle de l'inspecteur Scope pour mener une enquête. La salle d'arcade de réalité virtuelle propose un laser game virtuel. Pour reprendre des forces et vous reposer un peu, un espace de détente avec un bar est également accessible.

GEISPOLSHEIM

Le village de Geispolsheim était déjà cité dès 871, dans un document mentionnant des terres appartenant à l'évêque de Strasbourg. Et au sud du village, dans la forêt du Bruch de l'Andlau, se trouve encore la chapelle de Hattisheim (du XIVe siècle), dédiée à Notre Dame des Sept Douleurs : dernier témoin d'un village disparu et devenu aujourd'hui lieu de pèlerinage. Ce village était particulièrement florissant au siècle dernier : on peut encore admirer les magnifiques maisons alsaciennes, tout le long de la route principale. Un village qui allie la tradition avec ses fêtes folkloriques, et le dynamisme urbain et culturel avec notamment les Jam sessions.

MUSÉE DU CHOCOLAT

Rue du Pont-du-Péage
✆ 03 88 55 04 90
www.musee-du-chocolat.com
Du mardi au samedi de 9h30 à 12h et de 13h à 18h. Dimanche de 14h à 18h. Adulte 9,50 €. Enfant 7 €. Étudiant 8,50 €.

Le musée des « Secrets du Chocolat » est un lieu unique en Alsace. Un lieu idéal pour tout connaître sur le chocolat : l'origine, sa fabrication, sa déclinaison de saveurs... La visite est commentée. Des ateliers chocolat sont proposés. Vous pouvez également boire une bonne boisson chaude au salon de thé (sans forcément avoir visité le musée avant) ; chocolat chaud bien sûr, mais aussi thé ou bière au chocolat, que vous pourrez accompagner d'une pâtisserie maison. Allez faire un tour à la boutique souvenir, il y a de belle créations à prix attractif !

AYUTTHAYA €€

1, petite rue de l'Industrie
✆ 03 88 79 46 82
restaurant-ayutthaya.fr
Cuisine fusion thaï sur place, à emporter ou en livraison.

Ne vous fiez pas à l'adresse peu attrayante, en pleine zone industrielle de Geispolsheim. Ayutthaya réussit le pari de vous accueillir dans un espace contemporain et intimiste. La carte s'articule autour d'une cuisine thaï flirtant joliment avec la fusion. Bo bùn, pad thaï, nems croustillants à souhait, et wok à composer soi-même... En effet, presque toute les recettes de l'établissement sont personnalisables selon vos goûts, avec un peu de témérité. Côté service, la bienveillance et l'efficacité asiatiques sont de mise. Un joli voyage à prix raisonnable !

AUBERGE DE LA CHAPELLE €€€

Rue de la Chapelle
✆ 03 88 68 83 67
www.auberge-chapelle.fr
Ouvert lundi et mardi midi. Du jeudi au dimanche le midi et le soir. Menu à 33 €. Terrasse. Chèque restaurant.

Vous apprécierez le cadre verdoyant et boisé de cet endroit chargé d'Histoire ! Dans la salle de l'Auberge, le mur principal est orné d'une grande fresque représentant la chapelle d'Hattisheim du XIVe siècle, dernier témoin d'un village disparu et devenu aujourd'hui lieu de pèlerinage. Les chefs Jean-Claude Schmit et Jérémy Weber concoctent des plats traditionnels joliment revisités. Goûtez leurs spécialités : le foie gras maison, et surtout les bouchées à la reine au poulet fermier (récompensées par une médaille d'argent). Profitez du site pour faire une balade.

SQUARE INDOOR

1, rue du Fort ✆ 03 90 67 27 84
www.le-square-indoor.fr
Vendredi de 14h à 18h. Samedi de 11h à 23h. Dimanche de 11h à 20h. Jeux gonflables 1h : 10 €. Escape game : 22 € à 34 €.

Le Square Indoor est le seul parc de jeux pour adultes ! Des jeux gonflables (attrape-mouche, joutes, baby-foot humain, parcours jungle), un escape game, une piscine à boules, un bar à jeux. Il y a également un bar avec petite restauration pour (re) prendre des forces.. Tous les ingrédients sont réunis pour passer des moments endiablés entre amis ou collègues ! On vous fournira sur demande des chaussettes antidérapantes, pour jouer en toute sécurité. Allez-y pour vous amuser et vous défouler. Possibilité de privatiser le lieu pour des événements particuliers.

ILLKIRCH-GRAFFENSTADEN

Illkirch est bien desservie par les transports en commun. Une piste cyclable longe le canal du Rhône au Rhin et permet de rejoindre Strasbourg en toute sécurité. De nombreux magasins animent le centre-ville. Côté loisirs, vous pourrez profiter gratuitement d'une gravière pour vous baigner. Des animations sont proposées tout au long de l'année, dont le festival Le Printemps des Bretelles (apprécié par les amateurs d'accordéon) et un marché de Noël. La marque de l'histoire est encore présente, avec la winstub La Tankstell, dont le nom vient des pompes à essence qui étaient installées le long du trottoir avant la Seconde Guerre mondiale.

© LEONID ANDRONOV - ISTOCKPHOTO

Église Saint-Symphorien d'Illkirch-Graffenstaden.

PARC ANIMALIER FRIEDEL

Rue du Girlenhirsch
✆ 03 88 66 80 80
www.illkirch-graffenstaden.fr
Haute saison ouvert tous les jours de 14h à 19h. Basse saison mercredi et week-end de 14h à 18h. Gratuit.

Dans le quartier du Girlenhirsch, le parc animalier Friedel est un site de promenade qui accueille de nombreux animaux, dont certains se promènent librement dans les sentiers. Sur deux hectares, à l'ombre des arbres ou au bord de la mare, des chèvres, boucs, alpagas gambadent parmi les visiteurs. Dans leurs enclos, les vaches, poneys, lapins et poules... Les cigognes sont perchées dans leurs nids et les paons saluent les visiteurs avec leur cri caractéristique. Une balade parfaite à faire en famille pour se rapprocher du monde animal !

PARC DU FORT UHRICH

4, route du Fort-Ulrich
✆ 03 88 66 80 80
www.illkirch.eu
Ouvert du 1er mai au 31 octobre, tous les jours de 8h à 20h. Gratuit. Fermeture automatique du portail à 20h.

Cette place forte est l'un des 14 forts construits par les prussiens autour de Strasbourg entre 1872 et 1882, afin de protéger la ville en cas de guerre. Le site est accessible, à pied ou à vélo, par la piste des Forts. Vous pourrez faire le tour du Fort (non visitable) en empruntant les sentiers tout autour. Les douves historiques, qui ceinturaient autrefois l'édifice, ont été réhabilitées pour mettre en valeur ses abords naturels. Le parcours aménagé permet aux visiteurs de découvrir ce patrimoine. Des panneaux informatifs retracent l'historique du fort.

L'ÉCHAPPÉE BIÈRE

550, boulevard Sébastien Brant
✆ 06 42 05 15 45
Visite insolite de Strasbourg 26 €. Organisation sur rendez-vous, des visites, challenges et dégustations.

L'Échappée bière vous propose de découvrir le monde de la bière alsacienne d'une manière ludique, par le biais de challenges, visites insolites et dégustations. Accompagnés d'un guide-biérologue passionné, vous irez dans les meilleurs spots de Strasbourg où l'on sert des bières artisanales. Durant la balade à travers les rues de Strasbourg, vous ferez deux pauses dégustation. Cette visite est le moyen idéal pour découvrir le savoir-faire brassicole. Organisation possible de jeux de piste, de rallyes urbains et d'animations sur mesure, sur le thème de la bière.

HÔTEL LE DOMINO** €

1, rue du Rempart ✆ 03 88 79 12 88
www.hoteldomino.fr
Hôtel 2 étoiles. Chambre double 55 € à 88 €. Petit déjeuner 9 €. Week-end 59 € PDJ offert. Animaux acceptés. Parking.

Ce charmant petit hôtel familial est à quelques minutes à peine de Strasbourg. Au calme, dans un cadre verdoyant. Les chambres lumineuses sont spacieuses et bien agencées, avec une décoration différente pour chacune d'elles. Celles orientées vers le canal du Rhône au Rhin disposent d'une terrasse, particulièrement appréciable en été. Les petits déjeuners sont savoureux. Que ce soit pour un déplacement d'affaires ou une virée touristique, vous aurez tous les agréments et une prestation personnalisée. Station tram à 15 minutes à pied, pour rejoindre Strasbourg.

HÔTEL RESTAURANT DU CHASSEUR €

70, route de Lyon ✆ 03 88 66 77 69
www.hotellechasseur.fr
Hôtel 1 étoile. Chambres de 50 € à 68 €. Soirée étape à 75 €. Restaurant traditionnel. Terrasse. PMR.

Bienvenue chez Christian et Sabine Recht, à la tête de cet hôtel-restaurant familial, situé au cœur d'Illkirch ! Cette auberge du XVIIIe siècle était jadis une boulangerie. Neuf charmantes chambres (simples ou doubles dont certaines communicantes pour les familles) sont proposées. Chacune est unique en son genre, accueillante, sobre et décorée de façon contemporaine. L'accueil est convivial. Possibilité de déjeuner et dîner au restaurant de l'établissement (cuisine traditionnelle).

HÔTEL D'ALSACE*** €€

187, route de Lyon
✆ 03 90 40 35 00
www.hotelalsace.com
Hôtel 3 étoiles. De 59 € à 71 €. Studio de 125 € à 180 €. PMR. Animaux acceptés. Hammam, sauna. Restaurant. Terrasse

Les chambres et les appartements de cet hôtel sont modernes et confortables. Très pratiques, les six salles modulables peuvent accueillir des séminaires. On peut également se retrouver au bar relooké au mobilier design ouvert tous les jours de 8h à 22h30 pour un RDV. Le restaurant de l'hôtel propose des menus et des plats du jour, avec une cuisine du terroir et traditionnelle. Un espace de remise en forme est accessible pour tous les clients (salle de fitness et espace bien-être). Arrêt de tram « Illiade » est en face de l'hôtel, pour un accès direct à Strasbourg.

ESTAMINET À L'AGNEAU €€

185, route de Lyon
✆ 03 88 66 06 58
www.agneau-illkirch.com
Déjeuner du mardi au vendredi de 12h à 13h30. Dîner vendredi et samedi uniquement de 19h à 21h. Terrasse.

Le chef Guillaume Kern a épuré sa carte et s'est acoquiné aux tendances culinaires actuelles. Guillaume twiste les plats d'autrefois, ce qui amène de succulentes saveurs qui nous rappellent avec bonheur les repas de nos grands-mères. C'est un esprit bistrot parisien où l'on commande à l'ardoise. Des plats iconiques de brasserie, tous cuisinés maison ! Petite originalité, vous (re) découvrirez ici le vin à la ficelle, une méthode pour calculer d'un coup d'œil la quantité consommée. Vous avez la possibilité d'acheter des plats en bocaux, à emporter.

AU FOYER DES PÊCHEURS €€

Chemin du Routoir
✆ 03 88 66 14 85
Déjeuner de 12h à 13h30 (sauf le samedi). Dîner du mercredi au dimanche de 19h à 21h30. Carte : 30 €. Terrasse.

Situé dans la forêt d'Illkirch, ce restaurant vous accueille dans un espace lumineux et contemporain. On aime la grande terrasse bucolique, et le feu de cheminée en hiver. Les plats sont copieux et de qualité : filet de loup sauce aux tomates cerises, carré de veau aux girolles fraîches... Côté sucré, la soupe d'orange et pamplemousse aux pignons de pin est désaltérante. Et en soirée uniquement, les tartes flambées cuites au feu de bois se déclinent : traditionnelle, gratinée, forestière, au munster, tomme et jambon cru, et la sucrée pomme/cannelle.

SAVEURS & SAISONS €€

239, route de Lyon
✆ 03 88 38 80 78
www.saveurssaisons.fr
Ouvert à midi sauf le samedi. Le soir sauf le lundi et dimanche. Menu midi : 10 € ou 15 €. Terrasse.

Après une expérience au restaurant La Ruelle des saveurs à Strasbourg-Krutenau, Lionel, le chef de cuisine, a ouvert cet établissement en banlieue de la capitale alsacienne. Les plats sont élaborés avec des produits de qualité – le chef sait faire preuve de créativité – et se renouvellent au fil des saisons. Quelques exemples pour se mettre l'eau à la bouche : sanglier au jus de cidre (en automne) ou risotto de riz, carotte confite à l'orange. Les poissons sont aussi proposés. Maxime, responsable de salle et sommelier, saura vous conseiller judicieusement.

LA TANKSTELL €€

81, avenue de Strasbourg
✆ 03 88 65 09 74
www.latankstell.fr
Tous les jours de 11h30 à 14h et de 18h30 à 22h. Menu 39 €. Plat du jour 9 €. Terrasse. Chèque restaurant.

Cette winstub alsacienne est historique à Illkirch. D'ailleurs, le nom « Tankstell » vient des pompes à essence qui étaient installées le long du trottoir avant la Seconde Guerre mondiale. Le propriétaire de l'époque servait habilement à la fois à boire et du carburant aux Illkirchois et gens de passage. L'établissement a entièrement été rénové. À la carte et à l'ardoise, vous trouverez les plats incontournables de la région : choucroute, tartes flambées ou waedele gratiné au munster... Le restaurant est à proximité d'un arrêt de tram, reliant Strasbourg.

AUX TROIS FLEURS €€

19, route de Lyon
✆ 03 88 66 53 54
Ouvert du mardi au vendredi et dimanche le midi. Du mardi au samedi le soir. Plat du jour 10,50 €. Terrasse.

Le cadre de cette auberge, à la décoration typique et chaleureuse, vous plonge dans l'ambiance irrésistible des winstubs. Le beau comptoir d'époque, les boiseries blondes et le nappage en lin s'harmonisent merveilleusement. Gage de qualité, la carte du restaurant est réduite : le chef Hervé Stoebener privilégie la qualité à la quantité ! Ici, tout est fait maison et avec une passion bien réelle. Grillade, poisson, viande et desserts... Les plats sont parfaitement dressés et cela met l'eau à la bouche. Une ambiance douce se dégage de cet établissement.

L'ATELIER DE SANDRA KAST

237, route de Lyon
✆ 06 81 44 02 89
www.sandrakast.fr
Mardi et jeudi : 15h à 19h ; mercredi : 9h à 12h ; vendredi : 14h à 16h ; samedi : 10h à 12h. Label Made in Alsace.

Sandra Kast a des doigts de fée ! Elle réalise de merveilleuses créations en céramique. Diplômée en histoire de l'art, elle a aussi été formée au modelage et la céramique. Le modelage, la cuisson et l'émaillage n'ont plus de secret pour elle. Dans la boutique, vous trouverez des cadeaux personnalisés, des cœurs, des bijoux, des photophores, des décorations intérieures et extérieures résistantes au gel, des Fontaines, des tableaux... Sandra peut aussi réaliser des créations sur mesure sorties de votre imagination. Vous pouvez suivre ses cours hebdomadaires.

GOLF DU FORT

Route du Fort-Uhrich
✆ 03 90 40 06 70
www.golfdufort.com

Du lundi au dimanche de 9h à 19h. Green-fee pour un parcours week-ends et jours fériés 25 €. Boutique. Restauration.

Le Golf du Fort offre toutes les options pour pratiquer cette discipline en toute liberté. Quel que soit votre niveau, ou votre envie de jouer, il y a la formule qui vous convient ! Et nul besoin d'être membre : l'entrée est libre ! Avec un parcours homologué de 9 Trous, un practice de 45 postes dont 15 couverts, un putting green et 2 chippings greens, ce golf est un excellent centre de formation. Au club-house, des petits plats sont servis à midi, avec une terrasse, ouvert aussi aux non-adhérents du club. Une boutique est également à votre disposition.

LAC ACHARD

Centre nautique de la Hardt
✆ 03 88 66 41 63
www.illkirch.eu

Baignade surveillée de mi-juin à fin août de 10h à 19h. Accès libre. Label Handiplage.

À l'arrivée des beaux jours, le lac Achard (qui est en fait une ancienne gravière) est prisé par les estivants en quête de baignade et de loisirs en plein air. Vous aurez le choix entre plage de sable et grande pelouse pour poser votre serviette et faire bronzette. Et pour ceux qui préfèrent se défouler, des terrains sont aménagés pour le volley, le foot ou la pétanque. Si le mauvais temps s'invite, vous pouvez vous réfugier à la piscine de la Hardt toute proche. Contrôle régulier de la qualité de l'eau et surveillance de la baignade en été.

EVA STRASBOURG

21, rue de l'Industrie
✆ 03 88 31 28 64
www.eva.gg

Ouvert du lundi au samedi de 14h à 23h ; le dimanche de 14h à 20h.

Le concept est simple : à l'aide d'un casque de réalité virtuelle et d'une arme connectée, vous évoluez sur différentes cartes et affrontez vos amis. Escape games et jeux immersifs en réalité virtuelle complètent l'offre. Ce qui surprend vraiment, c'est la qualité des mondes virtuels dans lesquels vous êtes totalement happés. Ils ont en effet été pensés pour une expérience complète et très surprenante qui séduira même les plus sceptiques. Vous pouvez venir seul et jouer contre des inconnus ou en équipes déjà formées. Profitez aussi d'un espace bar et snacking.

L'ILLIADE

11, allée François Mitterrand
✆ 03 88 65 31 06
www.illiade.com

Billetterie sur place et en ligne. Programmation et tarif visible sur le site. Pique-nique musical en été (gratuit).

L'Illiade est le centre culturel de la ville d'Illkirch-Graffenstaden dont la programmation n'a rien à envier à celle des grandes villes. Dans cette salle, spacieuse et bien équipée, les spectateurs peuvent apprécier des pièces de théâtre, des spectacles humoristiques ou musicaux, mais aussi du cabaret et des expositions. Le cirque Plume présente également son spectacle. La programmation propose un large panel de ce que peut offrir le spectacle vivant, avec même de l'opéra en partenariat avec l'Opéra national du Rhin. Possibilité d'achat de bons cadeaux.

LIPSHEIM

Historiquement (en 1800), la plupart des habitants de Lipsheim étaient tisserands : chaque maison avait un rouet, et les femmes réalisaient leur linge de maison. D'ailleurs l'ensemble du village était entouré d'un fossé continu, qui se prolongeait entre les rues principales, permettant le lavage du chanvre. Cette étape étant préalable au tissage. Aujourd'hui, le village a garder son charme et sa douceur de vivre, avec ses maisons alsaciennes typiques, décorées selon la saison, et ses petites rues. Vous donnant ainsi l'occasion de vous balader dans un village représentatif de l'Alsace, avant de vous attabler à la table de l'un des deux restaurants.

HÔTEL LES ALIZÉS*** €€

9, rue des Vosges
✆ 03 88 59 02 00
www.hotel-les-alizes.com

Chambres de 99 € à 119 €. Suite 162 €. Forfait escapade. Label Tourisme & Handicap. 2 restaurants. Espace détente SPA.

À l'hôtel Les Alizés, l'authenticité des belles bâtisses alsaciennes, avec en prime tout le confort moderne. L'espace détente SPA offre un accès à une piscine intérieure, un bain bouillonnant, un hammam, un laconium et des saunas, le tout avec vue sur la forêt environnante. Dans les chambres, vous trouverez le confort ergonomique et fonctionnel optimal. De votre arrivée à votre départ, l'équipe hôtelière est aux petits soins pour sa clientèle. Deux restaurants pour déjeuner ou dîner : la winstub A l'Ange et la table gourmande Au Chalet de l'Hôtel.

BAS-RHIN

RESTAURANT À L'ANGE €€

30, rue Jeanne-d'Arc ✆ 03 88 64 07 78
www.fr.restaurantalange.com
Maître Restaurateur. Ouvert lundi et samedi soir. Du mardi au vendredi midi et soir. Terrasse. Chèque resto et vacances.

Au cœur de cette winstub pleine de charme, vous aimerez le service professionnel et la qualité de la cuisine, qui privilégie le terroir. La famille Feger vous propose, à la carte, une large palette de choucroutes qui se déclinent avec différents accompagnements, et des plats plus traditionnels de viande ou de poisson. Des suggestions dévoilent le talent fort imaginatif du chef. À la belle saison, les portes s'ouvrent sur une belle terrasse. Dans cet ancien corps de ferme à colombages, vous apprécierez les décorations régionales, notamment à la période des fêtes.

LE CHALET DE L'HÔTEL €€€

9A, rue des Vosges
✆ 03 88 64 89 64
www.chaletdelhotel.com
Ouvert le lundi et mercredi midi, le mardi, jeudi et vendredi midi et soir, le samedi soir. Terrasse. Parking.

Jérémy et Oriane ont concrétisé leur utopie en créant cet établissement : une charmante ambiance, des menus gourmands, une cuisine savoureuse et qualitative. En salle, Oriane vous accueille chaleureusement. Elle vous conseillera et vous guidera dans le choix des plats et l'accord des vins. L'inspiration du Chef Jérémy Feger ? La revisite d'une cuisine de terroir, sublimée par des découvertes liées à ses voyages. Il maîtrise les cuissons traditionnelles et innovantes, et a enrichi sa cuisine de nouvelles saveurs, d'épices et d'assaisonnements. Bluffant !

OBERHAUSBERGEN

Oberhausbergen est réputée pour sa colline, très fréquentée par les promeneurs. Le Fort Ulrich est l'un des sites le mieux conservés d'Europe, datant de la fin du XIXe siècle (ouvrage de la ceinture fortifiée allemande de Strasbourg, construit en 1872). En effet, dès 1871, les ingénieurs prussiens projettent de construire une ceinture comprenant 14 forts détachés, sur une longueur d'environ 33 kilomètres, distants entre 4 et 8 kilomètres des murs de l'enceinte urbaine et espacés entre eux de 1 500 à 4 400 mètres. Le fort est accessible uniquement dans le cadre des visites guidées. Une ceinture verte est préservée à l'ouest.

FORT FRÈRE

Chemin des Coteaux
✆ 06 98 23 30 14
www.fort-frere.eu
Visite guidée de juillet, aout, septembre. Groupe sur RDV. Tarif 4 €, Adolescent : 2 €, Moins de 12 ans : Gratuit.

Restauré avec talent et goût de la grande Histoire par une association de bénévoles passionnés et ouvert au public depuis 2000, ce site constitue le fort de type Biehler le mieux conservé d'Europe ! Ce superbe monument (architecture militaire européenne de la fin du XIXe siècle) est un ouvrage de la ceinture fortifiée allemande de Strasbourg, construit en 1872. Vous visiterez la place d'armes de gorge, la caserne, les locaux d'artillerie, le rempart et son armement, le fossé et ses défenses, le glacis et les alentours du fort.

OSTHOFFEN

Premier village de la Couronne d'Or aux portes de Strasbourg, Osthoffen veut dire « domaine à l'est ». L'origine d'Osthoffen tient d'un camp romain qui s'installa à l'emplacement actuel du château. Celui-ci faisait partie des postes d'observation le long de la route romaine du Piémont des Vosges. Le château d'Osthoffen, mélange de styles hérités des différentes constructions et rénovations a beaucoup de charme. Vous pourrez passer la nuit dans les chambres du château et combiner votre séjour avec la visite guidée du château et de son parc. Et pour découvrir les produits de qualité de la région, allez à l'ancienne laiterie, pour y déguster un brunch.

LE CHÂTEAU D'OSTHOFFEN €€€

1, rue du Château
✆ 03 88 96 00 23
www.chateau-dosthoffen.com
7 chambres. Simple 100 €. Double à partir de 140 € (selon la saison). Petit déjeuner inclus. Parking.

Passer une nuit dans ce cadre d'exception est réellement une expérience particulière à vivre. Transformé plusieurs fois, ce château médiéval du XIIe a subi d'importants travaux, effectués au XIXe siècle par les généraux de Grouvel, dont les descendants occupent toujours les lieux. Le château est entouré d'un beau parc à l'anglaise. Les chambres fastueuses portent les noms des membres de la famille. Dans chaque chambres des objets et portraits rappellent les épisodes de la vie de ceux qui y ont vécu. Un lieu parfait pour oublier les tracas du monde contemporain.

JUS DE LA VIGNE

✆ 03 69 32 00 77
https://jusdelavigne.fr
Ouvert jeudi, vendredi, samedi et dimanche : 10h à 12h et de 14h à 19h30. Commander sur Internet et prendre au magasin.

Passionnés des vins naturels, Aurélie et Adrien Boi ont créé le Jus de la Vigne et propose une approche originale en matière d'achat en ligne. Ces jeunes Strasbourgeois vous proposent, sur abonnement, de découvrir tous les deux mois en vidéo deux vignerons bio et éthiques. En outre, vous recevrez chaque mois un coffret composé de deux vins naturels (issus de raisins certifiés en bio ou en biodynamie), fournis par les vignerons sélectionnés. Vous pourrez acheter en ligne du vin, des charcuteries et des fromages bio, majoritairement locaux, sans aucun abonnement.

CHÂTEAU DE L'ÎLE***** €€€

4, quai Heydt ✆ 03 88 66 85 00
www.restaurants-chateau-ile.fr
Chambre double à partir de 155 € ; suite à partir de 660 €. Pension complète. Demi-pension. Petit déjeuner : 24 €.

Cet ancien manoir ceint d'un vaste parc verdoyant au bord de l'Ill est une référence dans l'hôtellerie de luxe. L'aménagement des chambres et des suites témoignent du style de l'établissement : meubles anciens, baldaquins, coin boudoir. De nombreuses stars y ont leurs habitudes. Pour vous restaurer, vous aurez le choix entre restaurant gastronomique et Winstub. Spa et soins esthétiques compléteront cette parenthèse de détente. L'espace piscine, hammam et sauna est accessible aux non-résidents de l'hôtel de 10h à 20h sauf le week-end et uniquement sur rendez-vous.

OSTWALD

Ostwald est délimitée par l'Ill sur le flan Est, et par l'axe autoroutier au sud. Ce village s'est construit de manière hétérogène autour d'un centre-ville historique et de deux quartiers d'habitats. Ostwald possède 38 hectares de forêts qui se répartissent entre la forêt du Niederwald au nord et la forêt de la Nachtweid à l'est. Une partie de cette dernière est aménagée et propose un parcours de santé, un sentier botanique et un parc acrobatique. La salle culturelle du Point d'Eau propose un programme d'animation et de spectacles diversifiés. Ostwald se caractérise aussi par plusieurs gravières, qui sont toujours en exploitation.

BISTROT RÉGENT €

9, rue Pierre et Marie Curie
✆ 03 88 79 32 40
www.bistro-regent.fr
Ouvert tous les jours le midi et le soir. Formule : 13,90 € (le plat au choix avec frites). Vin au verre. Terrasse.

Une cuisine goûteuse au sein d'une ambiance décontractée. À l'origine, un bistro constituait le lieu privilégié des classes populaires qui venaient s'y détendre après une journée de travail. C'est encore le cas aujourd'hui. Le service est rapide et efficace, l'accueil agréable, et les plats proposés à la carte sont simples et maîtrisés. La cuisson s'avère juste, les proportions sont correctes, et l'accompagnement (des frites à volonté) est cohérent. Tous les plats sont au même prix – c'est le principe de la formule –, et les dessert à prix abordable. Pratique !

HÔTEL MISTER BED €€

12, rue Ferdinand Braun
✆ 03 88 66 77 74
www.misterbed.fr
Hotel F1. 76 chambres. Wifi.

Cet hôtel pour petits budgets est idéalement situé, à proximité de Strasbourg et de l'Allemagne. Certes, les chambres ne sont pas très grandes, mais elles sont bien aménagées. Quant au mobilier il est sommaire, sobre et fonctionnel. L'établissement ne dispose pas de restaurant, mais une prestation de petit déjeuner est assuré. Accessible 24H/24, et 7 jours sur 7, grâce à la borne automatique. Il correspond à ce que l'on attend d'un hôtel petit budget, avec un certain confort. En plus, votre animal de compagnie est accepté. Wifi et parking gratuits.

AUBERGE DE LA NACHTWEID €€

Chemin de la Nachtweid ✆ 03 88 66 58 88
www.auberge-nachtweid.fr
Ouvert dimanche, lundi, jeudi et vendredi : midi et soir. Et samedi soir. Plat du jour 9,50 €. PMR. Terrasse.

À l'auberge de la Nachtweid, vous pouvez opter pour une soirée tartes flambées entre amis ou pour une pause gourmande dans un environnement bucolique au bord de l'Ill. Le cadre apaisant vous permettra de déconnecter de la vie trépidante de la ville : il est propice à la détente et au ressourcement. Côté carte, vous aurez le choix entre plats bourgeois et spécialités alsaciennes, sans oublier les tartes flambées cuites au bois de hêtre. Les habitués ne se lassent pas de la cuisine et de l'ambiance conviviale de cette auberge à quelques encablures de Strasbourg.

BAS-RHIN

LE PERCHERON €€

22, rue du Général-Leclerc ✆ 03 88 66 14 58
www.le-percheron-ostwald.com

Ouvert du mardi au samedi le midi et le soir. Menu unique à 35 €. Formule du midi : 12 €. Vente à emporter. Parking.

Le chef vient de Normandie, et de fait il aime mettre à l'honneur les produits de la mer. Fruits de mer et poissons sont très largement représentés, accommodés de mille manières délicieuses : cordon bleu de lieu, poêlée de calamars... Goûtez la spécialité de la maison : *la cotriade normande,* une marmite de poissons et de coquillages, pommes de terre mijotés dans une fine soupe de poisson. Les carnivores trouveront quand même eux aussi de quoi se régaler avec un mignon de veau aux girolles par exemple. La livraison des plats à la carte est proposée dans le secteur.

RESTAURANT LE 15 €€

15, rue Pierre et Marie Curie
✆ 09 51 69 65 94
www.restaurantle15.com

Ouvert du mardi au samedi, midi et soir.

Le chef Jaimes Madeira œuvre en cuisine avec brio tandis que Maun Altisen, fort de 25 ans d'expérience, gère parfaitement la salle. Le duo est indubitablement fonctionnel ! L'ambiance sereine et chaleureuse est un petit bonheur. L'accueil est professionnel et attentionné. Ici, vos souhaits sont anticipés et les suggestions pertinentes. Les plats sont originaux et cuisinés avec passion, avec une harmonie de saveurs, une cuisson maîtrisée, et une belle présentation. Un menu prestige est proposé autour de la philosophie des lieux : une gastronomie décomplexée !

LES TERRASSES DU BOHRIE €€

74, rue de Lingolsheim ✆ 03 88 30 83 70

Ouvert le lundi, le mardi, le jeudi et le vendredi de 12h à 14h et de 19h à 22h ; le week-end de 19h à 22h.

Ce restaurant près du terrain de tennis est un véritable havre de paix. Dans un cadre chaleureux et agréable, en intérieur comme sur la belle et immense terrasse au bord de l'étang du Bohrie, on profite des talents de deux chefs ultra doués dans leurs domaines. Le premier propose des pizzas préparées de façon traditionnelle avec une pâte au levain réalisée à la main, qu'il laisse maturer parfois jusqu'à six jours. Parfaite ! D'ailleurs, ici, la meilleure preuve de la qualité de cette pâte est que personne ne laisse sa croûte de pizza !

V AND B STRASBOURG LA VIGIE

3, rue Ferdinand Braun
vandb.fr

Du lundi au mercredi 14h30-20h ; mardi et mercredi 10h-13h ; jeudi et vendredi 10h-21h ; samedi 10h-20h.

V And B est un concept associant cave à vins et bar. Vous pourrez déguster plus de 1 000 références de bières, des centaines de vins et de nombreux spiritueux du monde entier, parfois rares. Pour vous y retrouver, l'équipe vous conseille selon vos goûts, envies et idées d'associations. Côté bar, on fait aussi de belles découvertes avec de très nombreuses bières pression, à prendre pourquoi pas sur l'immense terrasse calme et ensoleillée. Des animations sont régulièrement proposées.

NATURAPARC

35, rue de la Nachtweid
✆ 03 88 58 78 92
www.naturaparc.com

Ouvert tous les jours en été. Mercredi, samedi et dimanche les autres mois. De 14 € à 24 € selon le forfait choisi.

Découvrez la nature autrement en profitant en famille ou entre amis des joies de l'accrobranche ou encore du quickjump ! Cela se passe au parc de loisirs Naturapac où l'on profite des parcours aménagés avec beaucoup de soin dans la forêt. Vous pourrez essayer l'accrobranche, la tyrolienne, le pont de singe, la corde de Tarzan ou encore le saut pendulaire (un sacré saut dans le vide). Si vous n'avez pas le vertige, optez pour les structures élevées à 20 mètres. Les moniteurs qualifiés vous accompagnent pour rassurer les néophytes.

LE POINT D'EAU

17, allée René-Cassin
© 03 88 30 17 17
www.lepointdeau.com

Programmation et horaires des spectacles consultable sur le site. Tarif en fonction du type de spectacle.

Le Point d'eau d'Ostwald se veut un lieu multiculturel ! La programmation de spectacles et concerts pour tous publics est vaste et particulièrement diversifiée : concerts, danses, mais aussi des pièces de théâtre sont présentés tout au long de l'année. L'espace culturel possède deux salles : celle de 250 places avec une petite scène, tandis que la salle de 580 places est adaptée au grand show possibilité d'acheter les billets en ligne. Le Point d'eau propose également des ateliers théâtre (pour jeunes et adultes), et des cours de danse pour tout âge.

PLOBSHEIM

Plobsheim est un ancien village de pêcheurs professionnels, qui fournissaient les habitants du secteur, jusqu'à Strasbourg. A juste titre, car cette commune est traversée par plusieurs cours d'eau. Le plan d'eau, zone naturelle et protégée, accueille de nombreux oiseaux migrateurs durant l'hiver, et offre un beau cadre de balade. A proximité, le centre nautique accueille des bateaux à voile et propose des sports nautiques. Le golf (avec sa très belle chapelle privée), la balade en calèche et en barque à fond plat, tout comme la visite de chapelle Notre-Dame-du-Chêne (qui accueille toujours des pèlerinages) offrent une belle parenthèse culturelle.

LE GIESSEN

24, rue de la Scierie © 06 71 43 63 26
www.legiessen.com

2 départs de balade proposés de mai à octobre : mercredi et samedi 14h et 16h. Durée 2h30. Sur réservation. 12 € à 17 €.

Pour cette promenade bucolique, vous vous installerez d'abord dans une calèche confortable et sécurisée, pour sillonner les rues du village, avant de traverser le golf du Kempferhof, pour finalement arriver au plan d'eau de Plobsheim. Après une courte pause à la buvette des Sept Écluses, vous embarquerez à bord d'une barque à fond plat, pour une descente sur la rivière Altrhein. L'histoire de Plobsheim, ancien village de pêcheurs, son patrimoine et de nombreuses anecdotes vous seront contés. La balade allie nature et culture : vous passerez un moment agréable.

LE GÎTE LA COUR ANGLAISE €€

2, rue du Verger © 03 88 98 70 28
www.gitelacouranglaise.fr

Gîte de France de 70 m² (4 épis) pour 2 personnes. 7 nuits 490 €. Linge maison fourni.

Décor raffiné et romantique pour ce spacieux gîte, idéalement situé à proximité de Strasbourg. La cuisine est ouverte sur le séjour-salle à manger et offre une vue sur la terrasse. L'ensemble est parfaitement agencé et confortable. Vous profiterez d'une vue imprenable sur le jardin remarquable, auquel vous aurez librement accès. Car le gîte est situé dans le Jardin de Marguerite, un espace de verdure harmonieusement aménagé sur 5 000 m², où se côtoient essences rares et nombreux rosiers. Un endroit idéal pour passer un séjour romantique, ou se ressourcer.

L'AUBERGE DU MOULIN €€

24, rue du Général-Leclerc © 03 88 11 45 11
www.restaurant-auberge-du-moulin.fr

Ouvert tous les jours de 11h45 à 14h et de 18h45 à 22h. Deux grandes salles sur deux étages. Spacieuse terrasse abritée.

L'identité traditionnelle a été préservée dans cette magnifique auberge alsacienne. Sa façade pimpante, la décoration typique et soignée, l'accueil chaleureux... Tout est agencé pour vous offrir un moment de convivialité. Le chef privilégie le produits locaux et tous les plats sont faits maison ! Les tartes flambées de la Confrérie du Véritable Flammekueche d'Alsace sont cuites au feu de bois, et les spécialités alsaciennes sont d'une absolue maîtrise. Nous vous recommandons les rognons de veau en cocotte, flambés au cognac, sauce moutarde et le tiramisu maison.

ÉCOLE DE VOILE DE STRASBOURG

Route du Plan d'Eau
© 03 88 98 70 77

Stages pendant les vacances. Initiation et perfectionnement dès 7 ans. Tarif à la semaine variable selon formule.

Envie de découvrir les sports de voile ou de voguer sur l'eau ? L'école de voile de Strasbourg, installée à la base nautique de Plobsheim, vous propose différentes formules : découverte, perfectionnement ou villégiature. Des stages sont organisés pendant l'été. Les plus jeunes (7 à 12 ans), s'essayeront à l'optimist, tandis que les aînés embarqueront sur les planches à voile, catamarans et dériveurs. L'encadrement est assuré par des moniteurs diplômés.

GOLF CLUB LE KEMPFERHOF

351, route du Moulin ✆ 03 88 98 72 72
www.kempferhof.fr

Ouvert toute l'année, ce golf propose 3 parcours de 3 à 18 trous. Tarif de 31 € à 95 €. Complexe hôtel et restaurant.

Le Kempferhof offre plusieurs parcours dessinés par l'architecte américain Bob von Hagge dans le Top 15 des 150 meilleurs parcours et parmi les 5 meilleurs golfs répertoriés en France, selon le guide *Rolex*. Il s'étend sur 85 ha de nature sauvegardée autour d'une demeure seigneuriale du XVIIe siècle. Il offre une zone d'entrainement de 3 trous, d'un parcours 9 et 18 trous Le golf fait partie d'un complexe plein de charme et d'élégance, avec un hôtel aménagé dans un magnifique château, datant de 1865, d'une chapelle privée et d'un restaurant bistronomique.

PARC DE LA MAISON ALSACIENNE

Rue du Terrain ✆ 03 88 20 59 90
www.maisonalsacienne.fr

Ouvert du 1er septembre a mi-octobre : jeudi de 10h à 17h, dimanche pairs de 14h à 18h. 2,50 €. Visite guidée possible.

Dans ce parc, d'anciennes bâtisses alsaciennes traditionnelles démontées dans différents villages, ont été remontées sur ce site. Aménagées, elles nous content l'histoire de la vie en Alsace. Vous pourrez visiter une maison de 1698 issue de Herrlisheim, évoquant la vie paysanne sous Louis XIV. Celle de Blaesheim, raconte la vie au temps de la Révolution. Une grange de 1807, démontée à Plobsheim, abrite du matériel agricole. Un atelier de tonnellerie du XIXe siècle est également recréé.

REICHSTETT

Reichstett est entourée d'une ceinture verte et bordée du très agréable plan d'eau ouvert à la baignade durant l'été. Le site est très apprécié par les promeneurs originaires de l'agglomération strasbourgeoise, à la recherche d'un coin de nature proche de la ville. Le Fort Rapp, inscrit sur la liste complémentaire des Monuments historiques, est un ouvrage avancé de la ceinture des forts de Strasbourg, construit en 1872. Propriété de la Commune, il est restauré par des associations de bénévoles et le soutien des collectivités locales. Des visites y sont organisées régulièrement. De bons restaurants vous proposent des spécialités locales.

FORT RAPP

Rue du Fort
✆ 06 52 16 43 04
www.fort-rapp-moltke.fr

D'avril à fin septembre : les mercredi de chaque mois à 15h00. Les 2e et 4e dimanche de chaque mois. Tarif 3,50 €.

Le Fort Rapp-Moltke de Reichstett a été restauré par des passionnés par l'histoire de la ceinture fortifiée de Strasbourg et de la conservation du patrimoine local. Ces bénévoles férus de *militaria* restaurent et entretiennent depuis plusieurs années le Fort de Reichstett. Plusieurs salles ont été remises en état, ainsi que des éléments tels que le pont à bascule... Le site abrite deux musées : le musée de la Coloniale et le musée de l'Ecole. Les bénévoles vous font visiter ces différentes salles et vous enseignent leur savoir sur ces objets chargés d'histoire.

HÔTEL AIGLE D'OR*** €€

5, route de la Wantzenau ✆ 03 88 20 07 87
www.aigledor.com

Hotel 3 étoiles. 17 chambres (dont une suite). Chambre double de 94 € à 210 € (suite). PMR. animaux acceptés. Parking.

L'hôtel familial et 3 étoiles de l'Aigle d'Or propose de belles chambres de taille variable, sobres, raffinées et confortables. Les fenêtres de la suite donnent sur un nid de cigognes, que l'on observe couver durant la nidification. Couleurs chaudes, espaces lumineux, décoration de bon goût. Pour le petit déjeuner buffet, des viennoiseries alsaciennes sont proposées accompagnées de confitures maison. L'accueil est fort sympathique : Marie-Hélène vous reçoit toujours avec bienveillance. Pour vos escapades, on vous propose un service lunch box. Restaurant sur place.

AUX 3 SAVEURS €€

28, rue de la Wantzenau
www.aux3saveurs.fr

Ouvert tous les jours à midi et le soir. Fermé le samedi et dimanche midi. Carte : 15 € environ.

Cet établissement atypique et melting-pot propose trois spécialités. En cuisine, le chef se plie en trois : le choix des mets est vaste. Le cuisinier, d'origine indienne, maîtrise parfaitement ces plats typiques et vous pourrez commander les spécialités sans être désappointé. Pour les plus traditionnalistes : pizzas, pâtes, salades, bouchées à la reine, cordon bleu ou autres viandes et poissons sont également au programme. En résumé, un bel éventail de saveurs françaises, italiennes et indiennes pour un mini tour du monde. D'où le nom du restaurant !

A L'ETRIER €€

19, rue du Général de Gaulle
✆ 03 88 18 43 20
www.hotel-restaurant-a-l-etrier.fr
Ouvert du lundi au samedi : midi et soir. Menu unique à 18 € (menu étape). Plat du jour 9,50 €. Hôtel 2 étoiles.

Dans cette jolie maison bleue, l'accueil se veut convivial et les plats sont copieux. À la carte, des plats traditionnels alsaciens mettent en valeur le terroir de la région. Jarret de porc à la dorelei, camembert frit aux truffes, baeckeoffe et galettes de pommes de terre... Côté salades, elles sont gourmandes : mixte ou aux foies de volailles... N'hésitez pas à tenter la cassolette d'escargots aux girolles ou encore les déclinaisons de cordon bleu ! Des tartes flambées sont présentées le soir. L'établissement abrite également un hôtel.

SCHILTIGHEIM

Schiltigheim a été une ville brassicole en 1850. Les nombreuses brasseries implantées fournissaient les clients de Strasbourg et de ses banlieues, avant de se développer à l'exportation. Aujourd'hui encore, l'histoire brassicole est présente dans cette ville, par le biais de ses bierstubs et winstubs qui proposent bières artisanales et tartes flambées, et sa fête de la bière. La culture populaire est omniprésente, grâce à ses nombreux spectacles, dont l'incontournable Revue Scout. Du point de vue économique, la ville a réussi sa mutation, grâce à la création de l'Espace Européen de l'Entreprise dédié à l'innovation et aux technologies de pointe.

SILLON

Boulevard des Enseignes
✆ 03 67 10 38 77
https://sillon.alsace
Du lundi au samedi de 9h à 19h.

Imaginez une trentaine de producteurs locaux réunis en un même lieu, qui ont à cœur de vous offrir le meilleur : des exploitations familiales souvent, des structures solidaires parfois, l'amour de leur métier et du terroir toujours. De leur premier Sillon à leur rencontre avec vous, les producteurs ont un seul objectif : vous convertir au bon, au local et à leur passion. Sillon vous propose dans un même espace convivial les meilleurs produits dans son marché paysan, une vente à la rue, un restaurant bistronomique, un lieu de vie et d'animations.

PARC DE LA ROSERAIE

Parc de la Roseraie
✆ 06 81 58 89 04
www.ville-schiltigheim.fr
Ouvert du 01/06 à fin septembre : du lundi au jeudi 13h30-16h. Samedi, dimanche et jours fériés 14h-18h. Gratuit.

Créé en 1926, ce jardin abrite près de 390 variétés de roses et 4 000 rosiers (buissons, tiges, arbustes, grimpants, miniatures...). Placée sous la protection de l'Association des Amis des Roses, la Roseraie s'étend sur 30 ares. Elle est entretenue par des bénévoles, amoureux de ces fleurs. Vous rencontrez toujours un jardinier dans les allées pour répondre à vos questions. Au mois de juin, à l'occasion de la Fête de la rose, la roseraie ouvre ses portes et s'anime avec un apéritif concert, et vous propose un moment convivial autour de grillades et tartes flambées.

PLAN D'EAU DE REICHSTETT

✆ 03 88 20 02 26
www.reichstett.fr
Ouvert tous les jours de 10h à 19h. Baignade surveillée. Gratuit.

Ce site est incontournable pour la baignade en milieu naturel. En saison estivale, la surveillance est assurée par un maître-nageur diplômé. En famille, entre amis ou en solo, vous profiterez d'une plage aménagée autour du plan d'eau. Et si vous avez envie de vous amuser un peu, un aménagement sportif est à votre disposition pour pratiquer le volley, le basket ou le ping-pong. C'est un endroit agréable pour passer une journée dans la nature et profiter du beau temps à moindre coût. Une buvette permet l'essentiel pour vous désaltérer et manger un morceau.

KYRIAD STRASBOURG NORD PALAIS DES CONGRÈS*** €€

6, avenue Pierre-Mendès-France ✆ 03 88 81 24 44
www.kyriad-strasbourg-nord.fr
Hôtel 3 étoiles. 4 chambres adaptées pour PMR. Snacking 24h/24. A partir de 55 €. Animaux acceptés. Parking.

L'hôtel allie avec esthétisme métal, terre, feu et bois. Les peintures murales sont à base de pigments naturels, les parquets des chambres sont en bois brut, la literie haut de gamme, les serviettes en fibres de bambou. Les chambres sont d'un confort optimal. Au rez-de-chaussée, une salle de fitness est accessible à toute heure. Le petit déjeuner buffet propose de nombreux produits régionaux (munster, kougelhopf...). Le restaurant Les 5 Éléments délivre des plats traditionnels.

AU MERLENCHANTEUR €€

10, rue Principale
✆ 06 20 74 28 31

2 chambres et 2 suites de 23 à 46 m². De 75 € à 125 €, petit déjeuner inclus. Jardin et terrasse.

Les appartements sont composés de deux pièces avec kitchenette. Confortables et soigneusement décorés : lit à baldaquin, objets chinés aux quatre coins du monde… Les salles de bains sont bien agencées, avec baignoire ou douche à l'italienne. Les petits déjeuners sont servis dans la stub, la pièce centrale de la cette belle maison du XVIIe siècle, très typique. Dans la bibliothèque, des alsatiques et des brochures régionales sont à votre disposition pour préparer vos visites. Et vous avez la possibilité de louer des vélos en vue de belles balades.

LE BOUCANIER €€

1, place de la Liberté
✆ 03 88 33 43 77
www.le-boucanier.fr

Ouvert tous les jours de 12h à 22h30. Le soir, du lundi au jeudi : tarte flambée, pizza, carpaccio à volonté. Terrasse.

Le restaurant est justement situé en plein cœur du vieux Schiltigheim. En été, vos apprécierez particulièrement la grande terrasse installée au calme sur la place. La spécialité du restaurant ? Les tartes flambées et la fameuse pizza du boucanier. Bien sûr, à la carte, le choix est large : plusieurs variantes de plats de pâtes, et quelques suggestions de poissons. Mais surtout un grand choix de plats de viande de bœuf et de veau, cuisinés de différentes manières (grillés ou en sauce). Convivialité et simplicité pour ce restaurant incontournable à Schiltigheim.

L'ASSIETTE DU VIN €€

154, route de Bischwiller
✆ 03 90 46 54 19
www.assietteduvin.fr

Ouvert du lundi au samedi le midi et le soir. Plateau dégustation 15 €. Chèque Restaurant. Caviste à côté du restaurant.

L'Assiette du Vin est un bistro à vin qui vous propose une carte originale où les produits frais sont à l'honneur. A la carte : tapas terre et mer pour grignoter avec un bon verre de nectar vinicole. Les suggestions à l'ardoise changent au fil des saisons et du marché. Le chef Michaël vous conseille avec professionnalisme et bienveillance. Vous pourrez profiter des conseils, déguster des vins délicats au tarif caviste. L'espace cave est ouvert toute la journée : il propose une vingtaine de vins au verre et des plateaux apéritifs conviviaux, et ce dès 18h.

BRASSERIE DE L'AAR €€

19, rue de la Glacière
✆ 03 88 48 31 02
www.brasseriedelaar.fr

Ouvert du lundi au samedi de 11h à 1h30 (en continu). Carte et formule à volonté. Plat du jour : 10 €.

Ce restaurant bistronomique est ouvert en continu. La terrasse a l'avantage d'être située dans une rue peu passante. Les plats sont faits maison, avec des produits frais. La cuisson des viandes est d'une belle justesse, les plats sont savoureux, et la présentation réussie. Salades, tartes flambées, magret de canard braisé au thym avec fruits rôtis, risotto végétarien aux champignons, et un plat de poisson selon arrivage sont proposés à la carte. Des formules « à volonté » sont disponibles pour les tartes flambées, le carpaccio de bœuf, et les moules-frites.

LA BOCA LOCA €€

8a, rue Principale
✆ 03 88 33 40 30

Ouvert du lundi au vendredi à midi et le soir et le samedi soir. Carte : 22 € environ. Chèque Restaurant.

Niché au fond d'une ruelle, ce petit restaurant accueillant vous attend. Les plats argentins proposés sont succulents. Lorsque la carte arrive, on ne sait que choisir. En entrée, les *empanadas* aux légumes ou à la viande. Les viandes, importées d'Argentine, sont fondantes et savoureuses. Des plats traditionnels sont également servis. Pour une note sucrée, laissez-vous tenter par le *dulce de leche*, confiture de lait, partie intégrante du patrimoine gastronomique national. On vous recommande la bière argentine Quilmes et le vin Malbec d'Argentine.

LE CONFIDENTIEL €€

13, rue de la Haye
✆ 03 90 22 60 36
www.le-confidentiel.fr

Plats bio et sans gluten. Ouvert du lundi au vendredi : midi et soir. Menu de 30 € à 39 €. Terasse.

Restaurant d'affaires atypique : les plats sont bio, sans gluten et sans laitage ! Les produits sont frais et tout est 100 % fait maison. Le chef Johann Gonzales œuvrait précédemment Au Cerf à Marlenheim. Les plats sont élaborés en collaboration avec une naturopathe. Les recettes sont élaborées à base de racines, herbes, algues, fruits et légumes… L'établissement vous accueille aussi pour des petits déjeuners et des after works. L'établissement dispose de trois salles à l'étage où vous pouvez déjeuner en toute confidentialité.

FISCHERSTUB €€

5, route de Bischwiller
✆ 03 88 18 19 19
www.fischerstub.fr
Du dimanche au vendredi à midi. Du lundi au dimanche en soirée. Maître restaurateur.

La Fischerstub créée en 1905, est une véritable institution. Elle a conservé son atmosphère d'antan, avec ses boiseries et sa décoration riche en clins d'œil à la Brasserie Fischer et à la région. On pourra y déguster toutes les incontournables spécialités régionales : choucroute, presskopf, camembert frit, sandre, rosbif, cervelas, jambonneau... En saison vous trouverez également du gibier au menu. Ici les proportions sont gargantuesques et roboratives. Le service est agréable et les bons vins régionaux au verre ou en carafe accompagneront vos mets avec panache !

LA HOUBLONNIERE €€

42, rue Principale
✆ 03 88 81 43 00
Ouvert du lundi au samedi de 9h à 22h30. Formule du midi. Tarte flambée. Terrasse.

Tenté par une bonne flammenkuche ou un véritable repas alsacien ? Ça tombe à pic, car la houblonnière propose une belle sélection d'assiettes régionales : cordon-bleu au munster et plats mitonnés, bretzel burger... Ou simplement un plateau apéritif pour un afterwork détente. La décoration est sobre. La grande salle est accueillante et au cours de la belle saison, vous apprécierez particulièrement la véranda et l'accueillante terrasse. Ponctuellement, la bierstub organise des brunchs avec buffet à volonté (sucré et salé), varié et copieux.

LES MARMITONS €€

9, rue de la Glacière
✆ 03 88 33 64 65
www.lesmarmitons.fr
Ouvert tous les jours à midi, fermé le soir. Plat du jour 9 €. Carte et suggestions.

Sabrine et Stéphane Zerr ont ouvert leur nouveau restaurant Les Marmitons en 2019, après avoir vécu différentes expériences culinaires pendant 20 ans. Dans leur marmite, ils concoctent de bons petits plats riches en saveurs, traditionnels ou régionaux. À la carte, vous trouverez des pièces de bœuf, des rognons de veau à la moutarde, une choucroute aux trois poissons, et pour les végétariens : le Marmiton de légumes de saison. Mais aussi un poisson à la façon du chef, et des desserts maison. Un plat du jour et des suggestions quotidiennes sont au programme.

AUX QUATRE VENTS €€

15, rue de la Mairie
✆ 03 88 33 16 00
Ouvert midi et soir le lundi, mercredi, jeudi et vendredi. Le mardi midi et le samedi soir. Plat du jour.

On apprécie grandement l'ambiance familiale de ce restaurant. En cuisine, c'est la maman qui concocte des plats exquis et fort bien servis. Ces derniers changent au gré des saisons. Une cuisine simple et savoureuse ! Le service est chaleureux : vous vous sentez ici comme à la maison. La décoration typique y contribue particulièrement : napperons en dentelles, lustres de style ancien... Un cadre qui rappelle l'ambiance des repas familiaux préparés par grand-maman. Vous pourrez déguster un foie gras maison, un civet de biche et une bonne tarte aux fruits de saison.

CÔTÉ LAC €€€

2, place de Paris
✆ 03 88 83 82 81
www.cote-lac.com
Ouvert du lundi au dimanche le midi. Du mardi au samedi le soir. Carte et menu. PMR. Terrasse.

Ce restaurant gastronomique est niché au bord d'un petit lac. Depuis la terrasse ou de la salle du restaurant, vous pouvez contempler la beauté du lac. Le service est précis et à attentif. Restaurant contemporain, Côté Lac vous propose un moment culinaire d'exception où les plats sont présentés de manière délicate et graphique. Yoann Gonzalez, chef talentueux, réalise une cuisine à partir de produits du marché. La carte évolue régulièrement. Leur boutique en ligne vous permet d'acheter des coffrets de vins, spiritueux ou épices, dans des tubes dégustation.

L'IMAGINAIRE €€€

18, rue Principale
✆ 03 88 62 43 38
www.limaginaire.fr
Du mardi au samedi midi et soir. Menu unique à 52 €. Terrasse. Climatisation.

Dans une ambiance cosy, vous apprécierez un repas sur la terrasse ou à l'intérieur. La cuisine est raffinée et inventive, les produits sont qualitatifs et les plats faits maison. Laissez-vous tenter par le dampfnudle farci à la queue de bœuf braisée accompagné de son velouté de cèpes des Vosges et truffe de Bourgogne, ou par un ris de veau laqué... L'originalité et la créativité sont au rendez-vous ! Le dressage des mets est remarquable et offre une belle mise en valeur des plats. Couleur, délicatesse, harmonie... Voilà ce qui caractérisent les créations du chef.

LES PLAISIRS GOURMANDS €€€

35, route du Général de Gaulle ✆ 03 88 83 55 55
https://les-plaisirs-gourmands.com

1 Étoile au Guide Michelin. Ouvert du mercredi au samedi à midi et le soir. Mardi uniquement le soir.

Le Chef Guillaume Scheer avait déjà décroché une Étoile Michelin lorsqu'il était aux fourneaux du restaurant 1741. Sans surprise, il obtient ce macaron pour Les Plaisirs Gourmands, établissement qu'il a ouvert en 2018. Avec sa femme Charlotte, qui gère la salle avec une réelle virtuosité, le duo réalise ainsi une belle prestation. Le chef excelle dans la maîtrise des saveurs et propose une cuisine moderne et créative. Ce qui le démarque ? Des sauces aux notes d'agrumes et d'herbes fraîches ! Des menus en 4 ou 5 temps, ou des plats à la carte raviront vos papilles.

BULLES GOURMANDES

4, rue de la Mairie
✆ 03 88 49 82 31
www.bullesgourmandes.fr

Ouvert du mardi au vendredi de 8h à 18h30 ; le samedi de 9h à 12h30.

Jessica Krusty est une véritable passionnée qui vous reçoit toujours avec le sourire dans sa belle boutique. Si les pâtisseries sont ici belles et excellentes, elles sont aussi le reflet des valeurs de la pâtissière : produits régionaux ou AOP, fruits du marché, pâtisserie à manger sur le pouce mais de grande qualité, tout maison avec amour et passion... Bulles Gourmandes, c'est aussi une pâtisserie responsable qui œuvre en partenariat avec de petits producteurs locaux. Chaque nouvelle saison est l'occasion de goûter à des créations uniques.

BRASSERIE MICHEL DEBUS

85, route de Bischwiller
✆ 03 88 62 13 56
www.brasserie-michel-debus.fr

Brasserie, restaurant et bar. Ouvert tous les jours de 11h45 à 15h et de 18h45 à 1h30. Formule du midi.

Le restaurant est situé au cœur de la brasserie artisanale et l'établissement est entièrement dédié à la petite et grande mousse ! Les fûts de bière entreposés, la prédominance du cuivre et du bois dans la déco et la brasserie artisanale à l'entrée vous plonge dans cet univers spécifique. Installez-vous à l'espace bar ou sur l'une des deux terrasses, pour manger une viande maturée ou la cocotte de noix de joue de porc. À l'arrière, un jardin de la bière (*Biergarten*) vous permet de déguster une bière artisanale accompagnée d'une tarte flambée cuite au feu de bois.

LES HALLES DU SCILT

17, rue Principale
✆ 03 88 83 84 96
www.hallesduscilt.fr

Ouvert du mardi au samedi de 9h à 19h. Dimanche de 9h à 13h.

Ici, c'est avant tout un lieu de vie bien plus qu'un marché : allez-y pour vous imprégner de cette ambiance festive. Vous trouverez de nombreux produits alimentaires si vous voulez faire des emplettes. Vous pourrez également profiter des pléthoriques expositions et animations proposées, ainsi que du restaurant qui se fournit sur place. Selon les saisons, les commerçants présents varient et il y a toujours des nouveautés à découvrir : poissons, viandes, légumes, produits artisanaux, confiseries... Au mois de septembre, un Festival de la gastronomie est organisé.

LE CHEVAL BLANC

25, rue Principale
✆ 03 88 81 53 20

Salle de spectacle et winstub. Ouvert jeudi, vendredi et dimanche à midi. Du jeudi au dimanche en soirée. Plat du jour.

Aménagée dans une ancienne ferme du XVIIIe siècle, Le Cheval Blanc est l'une des principales salles culturelles de la ville de Schiltigheim. Sa salle peut accueillir 170 spectateurs, sa régie son et lumière garantit une bonne qualité de prestation. Tout au long de l'année pièces de théâtre, spectacles, concerts, projections cinématographiques sont organisés. Vous pouvez boire un verre, déguster une tarte flambée ou un plat du jour dans la winstub. Tous les détails de la programmation, ainsi que les tarifs, sont consultables sur le site Internet.

LA WANTZENAU

Au cœur de l'Alsace, sur les bords de l'Ill, La Wantzenau allie charme et quiétude. Un vrai village, qui entend le rester, tout en offrant une belle offre de services. Ses rues pittoresques, ses maisons à colombages, ses espaces verts, sa forêt, les berges de l'Ill, son parc animalier, son musée militaire offrent un cadre de vie appréciable. La Wantzenau est d'ailleurs classée « Village fleuri » (3 étoiles). Dans cette commune, dont l'histoire agricole est prégnante, la gastronomie est véritable institution. Volailles, foies gras, poissons d'eau douce sont quelques exemples des spécialités culinaires proposées dans les restaurants locaux.

MM PARK FRANCE

4, rue Gutenberg
✆ 03 88 59 25 43
www.mmpark.fr

Ouvert tous les jours de 9h à 19h. Adulte : 9 €. Enfant : 5 €. Accrobranche 6 €, simulateur vol 7 €. 3 activités 15 €.

Ce musée privé est dédié aux équipements militaires et à la Seconde Guerre mondiale : plus de 120 véhicules, des uniformes, armes, insignes, photos, cartes postales, témoignages... Vous pourrez approcher de nombreux engins de guerre de tous types. Il y a aussi un avion, une vedette allemande dans un bassin et surtout la collection du plan Sussex 1944... L'une des plus importantes collections européennes sur 7 000 m². Espace animation : parcours D-Day, accrobranche, stand de tir, simulateur, bar-restauration. Les amateurs de *militaria* seront comblés.

LA COUR DES CHASSEURS €€

47, faubourg du Capitaine-d'Alençon
✆ 03 88 96 24 83
www.lacourdeschasseurs.fr

Ouvert du mardi au dimanche midi et soir. Fermé samedi midi. Menus 25 à 48 €. Formule midi 9,90 €. PMR. Terrasse.

À la Cour des Chasseurs, les saveurs du terroir sont mises en avant. Nathalie et Roger Lutz ont donné une touche personnelle à cette auberge, en créant un style cosy, mi-alsacien, mi-club anglais ! Le chef Dominic Richard réalise d'excellentes tartes flambées avec une pâte faite maison. La carte axée surtout sur les spécialités régionales et les créations maison, offre des plats inventifs. Choucroute royale ou aux poissons, tête de veau en cocotte, et champignons... Tous les produits sont frais et locaux, et sélectionnés avec une vraie rigueur.

AU PONT DE L'ILL €€

2, rue du Général-Leclerc
✆ 03 88 96 29 44
www.aupontdelill.com

Maître Restaurateur. Label Tourisme & Handicap. Ouvert tous les jours midi et soir. Menus de 25 € à 43 €. Terrasse.

Depuis une trentaine d'années Pierre Daull et sa femme gèrent ce bucolique restaurant au bord de l'eau. Sa spécialité ? Les poissons de mer ou de rivière : à la plancha, pochés ou encore rôtis, cuisinés avec la rigueur et amour du produit. Vous pourrez également choisir de déguster une bouillabaisse (sur commande, à partir de 2 personnes), un foie gras maison, des viandes savoureuses ou des salades. Les incontournables fruits de mer préparés avec dextérité par l'écailler dans sa guérite vitrée, peuvent être vendus en service traiteur, ou dégustés sur place.

LE JARDIN SECRET €€€

32, rue de la Gare ✆ 03 88 96 63 44
www.restaurant-jardinsecret.fr

Ouvert du mardi au samedi le soir ; du mercredi au vendredi et le dimanche le midi. Menus 54 € à 63 €. Terrasse.

Le Jardin Secret vous accueille dans l'écrin feutré et élégant d'une salle à manger aux tons crème et taupe. En été vous pourrez vous installer sur la terrasse installée à l'arrière de l'établissement. A la tête de cette maison, Gilles Leininger est le jeune chef, enthousiaste, perfectionniste et très inspiré. Lauréat du trophée Masse 2018 du foie gras, il a aussi relevé le défi du concours le Bocuse d'Or France. Chaque quinzaine, le menu est revisité en fonction des produits dénichés au marché. On se régale de plats mijotés (paleron de bœuf en cuisson longue).

ZIMMER €€€

23, rue des Héros
✆ 03 88 96 62 08
www.restaurant-zimmer.fr

Ouvert du mardi au samedi à midi et soir, et dimanche midi. Menus de 28 € à 65 €. Terrasse.

Dans un cadre agréable et chaleureux, Paula et Dominique Nadeau savent mettre en valeur leur savoir-faire. Un mélange entre cuisine inventive et saveurs du terroir. La carte est sélective, avec des produits frais et de qualité issus des marchés locaux. On apprécie la présentation imaginative, raffinée et colorée. Le chef s'est formé auprès des meilleurs chefs étoilés, dont notamment Joël Robuchon. Pendant les beaux jours, profitez de la terrasse fleurie. Nous vous recommandons le Menu découverte idéal pour avoir un bel aperçu de la prestation culinaire.

LA COUR DE HONAU

Allée de Honau
✆ 03 88 96 33 44
www.cour-de-honau.fr

Ouvert du lundi au jeudi de 9h à 23h. Du vendredi au dimanche et jours fériés de 9h à 21h.

Ce centre de remise en forme propose de nombreuses activités : cours de tennis, séances de cardio-fitness, de musculation, endurance sur vélo, zumba, body karaté, bodypump, aquabiking, gym (chinoise, aérogym, stretching)... Et bien sûr l'utilisation à votre rythme de machines de musculation et de fitness dernier cri. Les services d'un coach sont proposés. Mais vous pouvez aussi venir pour profiter de l'espace détente : piscine, spa, bain bouillonnant, sauna, hammam et solarium. Le restaurant sert des repas au déjeuner, et le bar est accessible en permanence.

GOLF DE LA WANTZENAU

✆ 03 88 96 37 73
www.golf-wantzenau.fr
Haute saison : de 8h à 19h. Tarifs semaine (green-fee : 65 €), week-end (green-fee : 85 €).

Un cadre exceptionnel, des fairways impeccables, des bunkers traîtres desquels vous ne pouvez sortir que d'un brillant coup de sand-wedge… Bienvenue au golf de la Wantzenau. Cet espace d'entraînement ouvert au public réunit un compact 12 trous, un practice couvert, un practice sur herbe et deux putting greens. Pour l'agrément, club-house, restaurant, bar… Pour accéder aux parcours, il faut posséder la licence-assurance et être titulaire au minimum de la carte verte. Des initiations gratuites ont lieu le dimanche d'avril à octobre sans inscription préalable.

WOLFISHEIM

Aux portes de Strasbourg, en bordure de la Bruche, la commune de Wolfisheim appartient aux plus anciens villages d'Alsace. Celtes, Romains, Francs, Alamans et Gaulois marquent Wolfisheim de leur empreinte. La population païenne deviendra chrétienne à partir du VIe siècle. En longeant le chemin de halage du canal de la Bruche, le promeneur passe à proximité du château, du moulin et de l'église. Ces anciens édifices sont très représentatifs du passé de ce village. La nature est omniprésente, avec le circuit des forts (praticable à pied et à vélo), et le parc animalier. Ces lieux, accessibles en horaire libre, sont une invitation à la balade.

BASSE-COUR DU FORT KLEBER

13, rue du Fort-Kléber ✆ 06 12 76 17 14
www.bassecourdufortkleber.over-blog.fr
Ouvert le samedi de 9h à 12h et de 17h30 à 19h. Tous les autres jours de la semaine de 17h30 à 19h. Gratuit.

Cette ferme pédagogique vous permet de découvrir une multitude d'animaux de basse-cour. Tout au long de l'année, des événements sont organisés : chasse aux œufs à Pâques, fête de la basse-cour, exposition avicole ou encore marché de Noël. Le soir, vous pourrez aider les bénévoles en nourrissant les animaux ou en nettoyant les enclos. Idéal pour profiter d'un moment de tendresse avec les charmants pensionnaires de la basse-cour, et saluer la mascotte du centre : le petit cochon nain.

ITINÉRAIRE POUR LES FORTS À VÉLO

En accès libre toute l'année. Gratuit.

La piste des forts est un itinéraire balisé, d'une longueur de 85 km, qui permet de faire le tour des forts, à pied ou à vélo. La piste forme une boucle autour de l'agglomération, et passe sur la rive allemande. Vous passerez dans les communes d'Oberhausbergen, Mittelhausbergen et Niederhausbergen, Mundolsheim, Lampertheim et Souffelweyersheim. Pour accéder aux forts Kléber, Frère, Ducrot, Rapp et Ney, Blumenthal, Bose et Kirchbach, Hoche et Ulrich. Vous pouvez visiter ces forts.

TRUCHTERSHEIM

À 20 minutes au nord de Strasbourg, aux portes du Kochersberg, Truchtersheim offre le confort de services d'une petite ville moderne mais avec le charme d'un village traditionnel. L'EsKapade, l'office de tourisme, vous renseignera sur les nombreux chemins de randonnée sillonnant la campagne environnante à parcourir à pieds, à vélo ou... à cheval, grâce au centre équestre. Le parcours de santé éco-pédagogique, le long de la rivière, ponctué d'agrès et de silhouettes décoratives, est à la fois familial et sportif. Enfin, dans ce Beau Jardin, vous trouverez dans les fermes alentour fromages, viandes, fruits, légumes, miel et confitures.

L'ESKAPADE

4, place du Marché
✆ 03 88 21 46 90
www.eskapade.alsace
Ouvert toute l'année.

Le roi Louis XIV se serait exclamé, en apercevant le Kochersberg du haut de Saverne : « Quel beau jardin ! » Des exploitants vendent directement leurs fruits, légumes, produits laitiers, viande, escargots ou foie gras. À l'office de tourisme l'Eskapade, vous trouverez des guides de promenades pour petits et grands, les adresses des bonnes tables, des fermes ou des artisans pour trouver de jolis souvenirs. L'Eskapade cohabite avec la Maison-Musée du Kochersberg, un atelier d'artiste visible sur rendez-vous ainsi qu'un restaurant italien.

ÉGLISE D'OLWISHEIM

3, place du Tilleul - **OLWISHEIM**
www.olwisheim.fr/category/eglise
Accès libre, parking à proximité.

Cet édifice roman, construit au XIIe siècle et dédié à saint Pierre et à saint Paul, a été modifié jusqu'au XVIIIe siècle. Quand le roi français Louis XIV impose aux Alsaciens le *simultaneum*, l'obligation de partager un même lieu de culte par les catholiques et les protestants, les deux communautés s'en disputent l'usage. Depuis, les relations se sont apaisées. Nichée au cœur du vieux village, entourée de maisons à pans de bois et de verdure, l'église accueille parfois, outre les cultes et les offices, concerts ou lectures poétiques.

SENTIER DE DÉCOUVERTE DU HOUBLON

1, rue de la Première Armée
WINGERSHEIM LES QUATRE BANS
✆ 03 88 21 46 90
Balade sur sentier balisé (gratuit). Visite guidée de mai à septembre sur réservation et sur rendez-vous (payant).

Le houblon apporte à la bière conservation et saveur. Cheminant autour des plants dont les lianes poussent sur des perches, les marcheurs suivent le sentier indiqué depuis la rue des Acacias. Sur moins de cinq kilomètres, il dévoile de belles vues sur les vallons environnants. Des visites guidées en petit train touristique sont également possibles. Elles sont suivies d'un film vidéo présentant la culture du houblon et parfois de la découverte d'une exploitation.

ÉGLISE SAINT PIERRE ET PAUL D'HOHATZENHEIM

Rue Notre-Dame
WINGERSHEIM LES QUATRE BANS
L'église Saint-Pierre-et-Paul d'Hohatzenheim est un lieu de pèlerinage marial et un joli but de promenade.

Élevée sur le site d'un ancien sanctuaire romain, l'église de style roman a été construite au XIIe siècle et classée Monument historique au XIXe siècle. On l'atteint par la route ou en longeant les champs au départ de Wingersheim-les-Quatre-Bans. L'église contient une Piéta dorée à la feuille d'or, de nombreux ex-votos ainsi que des décors peints dans le goût du XIXe siècle. Dans le cimetière, une inscription rappelle les méfaits d'Euloge Schneider pendant la Révolution française.

LA MAISON MUSÉE DU KOCHERSBERG

4, place du Marché ✆ 03 88 21 46 91
www.kochersberg.fr
Gratuit : moins de 16 ans, étudiants, Amis de la Maison du Kochersberg et détenteurs du Pass Musées.

Le rez-de-chaussée accueille une collection de jouets anciens, une pièce à vivre, la *Stub*, une cuisine et un atelier de cordonnier équipés tels qu'au XIXe siècle. Quelques vestiges romains sont disposés près de l'écurie disparue. À l'étage, des expositions temporaires historiques, patrimoniales ou d'art contemporain alternent. Animations, ateliers et conférences y sont régulièrement organisés. La maison-musée abrite aussi l'office de tourisme et un restaurant.

LES GÎTES DES HOUBLONNIÈRES €

40, rue des Vignes
WINGERSHEIM LES QUATRE BANS
✆ 03 88 51 48 41 - www.gites-des-houblonnieres.fr

1 chambre 1 lit 2 personnes, 1 chambre 2 lits 1 personne. Location à partir de 400 €/semaine. Terrasse et jardin.

Sébastien et Salomé Holtzmann vous accueillent dans leur gîte au cœur d'une houblonnière. Les chambres sont confortables et décorées avec goût. Vous vous reposerez à la belle saison dans une campagne de houblon vert, de champs de blés blonds et de tournesols jaune éclatant. C'est un point de départ idéal pour partir à la découverte de la région et s'adonner à de multiples activités de loisirs à proximité : tennis, équitation, pêche, baignade, sentiers pédestres et randonnées à vélo.

CHEZ HANSEL ET GRETEL €€

1, rue de la Forge - **WINGERSHEIM LES QUATRE BANS** ✆ 06 17 09 24 12
www.gitelanoix.com

2 chambres 60 €/90 €. 1 gîte dès 500 €/semaine. Tarifs dégressifs. Linge fournis. Ménage 40 €. Taxe de séjour 0,80 €/j.

Les amoureux des vieilles demeures succomberont à ce gîte de charme installé dans une ravissante maison à colombages, typique des habitations alsaciennes du XIXe siècle. Liliane Lanoix l'a décorée d'objets chinés anciens. Vous prendrez votre petit déjeuner dans la « Stub » s'il fait froid ou dans le jardin si le temps est clément. Ce dernier est une merveille d'art paysager. Plantes grimpantes, arbustes et fleurs odorantes s'y épanouissent autour d'une pelouse parfaitement entretenue. Ça et là des figurines et autres poteries complètent le décor.

HÔTEL-RESTAURANT-SPA À L'ÉTOILE*** €€

21, rue de la Hey - **WINGERSHEIM LES QUATRE BANS** ✆ 03 88 51 28 44
www.hotel-etoile.eu/fr

3 étoiles. 31 chambres dont 2 pour PMR. De 73 € à 125 €. Demi-pension. Animaux acceptés. Restaurant, bar, jardin, SPA.

Les Bruckmann perpétuent, dans l'imposante bâtisse du XIXe siècle, une longue tradition d'accueil et d'hébergement, alliant traditionnel et contemporain. Trois formules de chambres participent d'un repos bienvenu, après un passage-détente par le spa et les différents soins du corps proposés. La cuisine aussi y est raffinée : terrine de truite aux grenouilles, pâté en croûte de chevreuil, filet de daurade barigoule d'artichaut, filet de canette aux coings...

MAISON D'HÔTES LA VALLÉE €€

21, rue de la Vallée - **KUTTOLSHEIM**
✆ 03 88 33 17 05 - www.21-lavallee.com

3 duplex, 4 chambres de 1 à 4 personnes ; de 95 € à 150 €, selon le nombre de personnes. Petit déjeuner inclus. Jardin.

Patrick l'Alsacien et Caroline l'Anglo-Suisse ont réalisé ici un petit paradis. Chaque logement dispose d'une entrée et d'une terrasse séparées ouvertes sur des intérieurs blancs, poétiques. Dans la cour, les sculptures de Caroline ajoutent une touche encore plus personnelle au décor. Où que le regard se pose, tout est joli. La nature immédiatement environnante permet de s'échapper dans le bois proche et de faire quelques marches alentour. Au petit déjeuner, on commence bien la journée avec des céréales, des fruits frais, des jus, des laitages, des viennoiseries.

METZGER CHARLES €€

21, rue 1ère Armée - **WINGERSHEIM LES QUATRE BANS** ✆ 03 88 51 20 83

Gîte pour 4-5 personnes. 5 lits adultes. Lit bébé sur demande. Animaux acceptés. Entre 390 € et 420 € la semaine.

Chez les Metzger, vous logerez dans une ancienne et coquette maison alsacienne. Le gîte dispose d'une entrée séparée et d'une cour privée. Aux beaux jours, votre hôtesse pare sa demeure de nombreuses fleurs emblématiques de la région : les géraniums. De nombreuses possibilités de randonnées pédestres s'offrent à vous aux alentours, tel le site de pèlerinage marial de Hohatzenheim et sa très jolie église. Vous cheminerez à travers champs et plantations de houblon. À vélo, vous pourrez rejoindre le canal de la Marne au Rhin pour découvrir encore d'autres paysages.

A LA VIGNETTE €

1, route de Saverne
SCHNERSHEIM
✆ 03 88 69 77 85
www.alavignette-heimburger.fr

Ouvert tous les jours, midi et soir. Terrasse. Plat du jour 10 € (avec entrée et dessert 15 €).

La brasserie-restaurant familiale séduit les visiteurs depuis 1903. Une durée qui atteste de son succès car ici, tout est fait maison. La cuisine est bonne, les assiettes, généreuses. La carte mêle classique et moderne : foie gras de canard, tournedos Rossini, burger de black angus ou bouchées à la reine. Le menu à emporter est renouvelé chaque semaine. Il est même possible de commander le 23 décembre pour Noël. Quant aux cochonnailles, victimes de leur succès, il faut les réserver longtemps à l'avance (jusqu'à 4 mois) pour avoir une place.

LE BURESTUBEL €€

8, rue de Lampertheim
PFULGRIESHEIM
✆ 03 88 20 01 92
www.burestubel.fr
Ouvert du mardi au samedi : midi et soir. Terrasse.

Le Burestubel, niché dans une ancienne demeure à colombages, vous accueille dans un cadre 100 % alsacien. On s'y régale de tartes flambées, sur place ou à emporter, de quenelles de foie ou de pommes de terre, de boudin noir, de joues de porc braisées, de pot-au-feu, de pommes de terre sautées accompagnées de fromage blanc, lardons fumés, ail, oignons et persil, de foie gras, de choucroute, de fromage de tête ou de harengs à la crème. Tout est fait maison. La carte des vins offre une sélection parmi les meilleurs crus de la région.

AU COQ D'OR €€

20, route de Strasbourg
FURDENHEIM
✆ 03 88 69 02 82
www.restaurantaucoqdor.com
Large choix à la carte. Tarte flambée du vendredi au lundi en soirée. Fermé les mardis et mercredis.

Situé en bord de route, impossible de manquer le restaurant à la façade animée de stores rouge vif. Bernadette et Christophe Siegwald y déclinent le filet de sandre, tout comme la choucroute aux trois poissons, les rognons, les filets de bœuf, les cordons bleus de veau ou les tartes maison. Les lundis, jeudis et vendredis midi, le restaurant sert un plat du jour dont la carte change chaque semaine. On peut aussi commander des plats à emporter. Les tartes flambées sont réservées au soir. Les habitués y sont fidèles. L'accueil chaleureux incite à revenir.

LE CORDON ROUGE €€

15, route de Strasbourg - **FURDENHEIM**
✆ 03 88 68 37 68
www.lecordonrouge.fr
Ouvert du lundi au jeudi à midi, vendredi à midi et le soir, samedi et dimanche uniquement le soir. Terrasse.

Plusieurs espaces et une grande terrasse font une large place aux gourmands qui s'attablent au Cordon Rouge. Ici, on réjouit les carnivores en déclinant le tartare en huit versions et le cordon bleu en six. Le choix des pièces de viande est large : onglet ou merlan de bœuf, escalope de veau, magret de canard. Les végétariens trouveront des plats variés spécialement conçus à leur intention. Quant aux tartes flambées, toutes les classiques y sont, avec une spécialité en plus, la Cordon rouge : bœuf mariné, champignons, oignons, emmental sur une base crème.

HÔTEL-RESTAURANT LA FERME DE MARIE-HÉLÈNE €€

11, rue de l'Église - **NEUGARTHEIM-ITTLENHEIM**
✆ 03 88 04 29 29
www.fermehelene.com
Du mardi au vendredi midi et soir, samedi soir, dimanche midi. Terrasse. Mariage, fêtes de famille, séminaires. PMR

Un ancien corps de ferme à colombages et une extension contemporaine abritent hôtel et restaurant. Ils closent un jardin enchanteur qui invite à s'attarder. Dans ce cadre pittoresque alsacien, on vous sert du filet de sandre au beurre blanc, du brochet à la crème, un suprême de pintade ou un filet de bœuf. Pour faciliter vos visites alentour, le chef vous confectionnera un pique-nique composé, par exemple, de salade de pâtes, charcuterie, fromage et tarte maison.

L'AIGLE €€

22, rue Principale - **PFULGRIESHEIM**
✆ 03 88 20 17 80
www.alaigle.fr
Ouvert du mardi au samedi, le soir uniquement. Accueil des groupes de 15 personnes. Terrasse. Parking.

Installés depuis les années 1960 dans l'ancien café du village, André et Marthe Roth y mitonnent une cuisine alsacienne traditionnelle. Le décor pittoresque, tout de kelsch et de poteries locales, prédispose pour se régaler de tartes flambées, jambon de sanglier, foie gras, magret fumé et cuisse de canard, waedele braisé, joue de porc, ragoût de biche et autre délice typique de la région... Dans les années 2000, Lydia prend le relais, faisant honneur à la réputation acquise par ses parents, épaulée par une équipe fidèle qui vous réservera un accueil chaleureux.

LES SAVEURS DU MARTZENBERG €€€

1, Lieu-dit Le Martzenberg
✆ 03 88 69 27 98
Ouvert du mardi au vendredi à midi et soir, samedi soir, et dimanche midi. Terrasse.

Ce restaurant gastronomique sert une cuisine fine, en privilégiant les produits locaux, issus de l'agriculture biologique. Dans un cadre contemporain, le chef Louis Feger vous proposera des plats originaux : cuillère de foie gras de canard, carpaccio d'espadon. Et pour les douceurs sucrées, nous vous recommandons le chocolat grand cru en différentes textures et son sorbet calamansi... L'accueil est chaleureux, le service courtois. L'établissement propose des chambres d'hôtes.

LE FIL AMANT

21, route de Saverne
STUTZHEIM-OFFENHEIM
✆ 06 50 86 66 60

Cours de couture, vente de machines à coudre et de mercerie, brocante.

Aussi inattendu que rare, le Fil Amant dispose de tout ce qu'il faut pour apprendre la couture : des machines aux tissus en passant par la mercerie et tous les petits outils utiles. Par groupe de quatre à cinq personnes, sur réservation, Marie Fabbro vous enseigne, vous guide, vous conseille pour réussir vos créations. Vous n'êtes pas encore équipé ? Un bar à couture est à votre disposition ! Et si vous n'aimez pas la couture mais adorez chiner, vous trouverez peut-être ici de quoi dénicher la perle rare dans le coin brocante de la boutique.

AU PETIT KOCHERSBERG €€

39, rue Principale
✆ 03 88 64 70 79
www.aupetitkochersberg.fr

Du mardi au jeudi le midi ; du vendredi au dimanche le midi et le soir. Réservation recommandée. Formule du midi 16€.

A une vingtaine de kilomètres au nord-ouest de Strasbourg, le Petit Kochersberg est une institution. Le restaurant de la petite commune de Willgottheim existe en fait depuis toujours. Repris depuis plus de 10 ans par Sébastien, la cuisine traditionnelle est mise en avant. Cordon bleu, filet de bœuf, escalope de poulet ou encore pavé de saumon, ici vous aurez de quoi vous régaler. Le point fort : l'adaptation. Si vous n'avez pas envie de produits nobles, la carte propose également des pizzas et des formules du jour très abordables.

WILLGOTTHEIM

Dès l'Antiquité, le long de la voie consulaire romaine reliant Argentoratum (Strasbourg) à Tres Tabernae (Saverne) s'établissent quelques communautés. Willgottheim est mentionnée pour la première fois au XIIe siècle. Elle se développe en bénéficiant de cet axe de circulation. Au XVIIe siècle, elle est un centre administratif, financier et juridique. Son importance est telle que la fille du roi de Pologne, en route pour Nancy, y fait étape dans un relais. Au XIXe siècle, on l'appelle fièrement *S'klene Paris*, le petit Paris. Aujourd'hui la commune œuvre pour la préservation de son patrimoine architectural, rural et naturel (orchidées sauvages).

L'OIE GOURMANDE €€

51, rue Principale
✆ 03 88 69 90 65
www.oiegourmande.fr

Une petite et une grande salle, terrasse. Cochonnailles en hiver. Vente de bredele, petits gâteaux de Noël en saison.

Ici, la petite salle du restaurant est une *stub*, pièce à vivre agencée à la mode alsacienne d'autrefois : meubles anciens polychromes, terres cuites artisanales locales, chaises en bois sculpté composent le décor. Sur la terrasse, une quinzaine de tables. Une grande salle peut accueillir jusqu'à 80 convives. À la carte, des recettes de la cuisine traditionnelle telles les *lewerknepfle*, quenelles de foie, saucisse et *fleischneke* (roulé de pâte et de viande) au canard, mais aussi foie gras, rillettes, tartes flambées et cochonnailles en hiver.

LA COUR DE LISE €€€

26, rue Principale ✆ 07 84 11 04 44
www.lacourdelise.fr

5 chambres et 2 suites 140 €/nuit pour 2 personnes. 1 gîte 6 personnes 600 € à 800 €/semaine. Piscine et spa.

Chantal, Yves et leur fils Timothée Henry succèdent à Isabelle et Jean-Paul Bossée partis en Isère. Les chambres sont élégantes et romantiques. La table d'hôte est ouverte en soirée uniquement. On peut bruncher deux dimanches matin par mois ou assister à la soirée à thème mensuelle. Les festivités de mariage, jusqu'à 25 personnes au maximum, y trouvent un cadre idéal. Une salle dédiée accueille les séminaires, jusqu'à 20 personnes. Pour compléter la détente du bain dans la piscine, un spa (bain à bulles, sauna et douche norvégienne) est prévu courant 2022.

LE GAVEUR DU KOCHERSBERG

14, route du Hochfelden
✆ 03 88 69 90 77
www.gaveur-kochersberg.fr

Ouvert du lundi au vendredi de 8h30 à 12h et de 13h à 19h (18h le lundi). Samedi de 8h30 à 12h et de 13h à 17h.

La ferme Nonnenmacher de Woellenheim élève des canards et cultive les céréales pour les nourrir. Elle se visite au début du mois d'octobre ou sur rendez-vous. Ses produits, transformés sur place, sont issus d'une agriculture raisonnée. En saison, elle cultive aussi des asperges. La ferme dispose d'une salle de réception pour 50 personnes et d'un service traiteur. Elle propose des plateaux-repas, un large choix de viandes dont une large déclinaison à base canard : rillettes, terrines, saucisson, paupiettes et plusieurs spécialités à base de foie gras.

HAGUENAU ★★

Ville impériale au XIIe siècle, Haguenau traverse l'Histoire dont elle conserve quelques vestiges remarquables. Dans l'église Saint-Georges, la chaire sculptée d'un bas-relief du XVIe siècle montre le saint terrassant le dragon. Plusieurs façades du centre sont Renaissance. Le tabac, la garance et le houblon feront la fortune de quelques habitants au XIXe siècle. La Halle au houblon rappelle cette période. À l'aube du XX[a] siècle, le Millionviertel, quartier des millionnaires, accueille les riches demeures d'Haguenoviens fortunés et de hauts gradés allemands établis dans la région. Autres points d'intérêt, les musées Alsacien, Historique et du Bagage.

ÉGLISE SAINT-GEORGES ✞ ★

5, rue du Presbytère ✆ 03 88 93 90 03
www.stgeorgeshaguenau.fr
Ouvert tous les jours jusqu'à 18h. À voir : fontaine aux Abeilles, étalons de mesures, chaire de prêche, retable.

Devant l'église Saint-Georges, au centre de la fontaine venant de l'abbaye de Neubourg, les enfants sont comparés aux « abeilles » : ils s'activent dans la ruche de l'église. L'imposant édifice roman et gothique a conservé de sa superbe malgré les nombreux remaniements. Endommagée par les bombardements de la Seconde Guerre mondiale, l'église est restaurée à la fin des années 1950. On lui retire la quasi-totalité des mobilier et peintures néogothiques qui la recouvraient depuis le XIXe siècle. À voir, la custode des saints sacrements, si délicatement ouvragée.

ÉGLISE SAINT-NICOLAS ★

206, Grand-Rue
✆ 03 88 73 19 92
Église ouverte tous les jours jusqu'à 18h. Visite guidée : renseignements à l'office de tourisme.

© POLEIJPHOTO - SHUTTERSTOCK.COM

L'empereur germanique Frédéric Barberousse offre, au XIIe siècle, un refuge aux indigents et aux malades. Construit dans le style gothique, cet hôpital est confié à une communauté de prêtres, des chanoines, qui suivent la règle de l'ordre récemment créé des Prémontrés. Le lieu devient un sanctuaire dont les bâtiments, affectés par les conflits au cours de l'histoire, sont régulièrement reconstruits. L'église actuelle conserve les superbes stalles en bois de style gothique de l'abbaye disparue de Neubourg, sauvées de la destruction pendant la Révolution française.

BAS-RHIN

MUSÉE ALSACIEN 🏛 ★★

1, place Joseph-Thierry
✆ 03 88 06 59 99
www.ville-haguenau.fr
Ouvert du mercredi au dimanche. En juillet et septembre de 10h à 12h30 et 13h30 à 17h30. Octobre à juin de 14h à 17h30.

Ici, à l'ancienne chancellerie, du temps de l'empereur Frédéric Barberousse, on scellait les missives et les décrets impériaux. Ce lieu central abritait également les documents administratifs et le trésor de la ville. On y découvre désormais une collection d'objets alsaciens anciens : meubles polychromes, poteries, textiles, costumes traditionnels, *kacheloffe* (chauffage à bois recouvert de carreaux de céramique). De magnifiques boiseries d'alcôve servent de décor aux mannequins. Le temps s'est figé au XIXe siècle, donnant corps à la vie d'autrefois.

MUSÉE DU BAGAGE 🏛

5, rue Saint-Georges
✆ 03 88 63 44 43
www.museedubagage.com
Ouvert samedi et dimanche de 14h à 17h30. Visite guidée tous les dimanches à 15h. Entrée 4 €, tarif réduit 2 €.

Deux passionnés, Marie et Jean-Philippe Rolland, ont collectionné et restauré avec talent 200 malles et bagages du XVIIe siècle au milieu du XXe siècle. Au point que leur savoir-faire d'excellence est labellisé Entreprise du Patrimoine Vivant. Leur collection occupe l'ancienne Banque de France. En cheminant à travers ces objets, on se prend à imaginer voyages et voyageurs. Les bagages anciens pesaient lourds et étaient parfois nombreux. Ils étaient aussi astucieusement conçus et assemblés. Des ouvrages d'art à venir admirer.

MUSÉE HISTORIQUE ★

9, rue du Maréchal-Foch
✆ 03 88 90 29 39
www.ville-haguenau.fr
Du mercredi au dimanche : 16/09 au 30/06 de 14h à 17h30, 15/07 au 15/09 de 10h à 12h30 et 13h30 à 18h. Tarif 4 €.

Qui se souvient de *La Comparution de Richard Cœur de Lion devant Henri IV ?* Au musée, un vitrail dessiné par Léo Schnug en 1903 commémore le procès du célèbre personnage qui eut lieu à Haguenau en 1193. Les collections commencent au sous-sol avec les vestiges archéologiques. Au rez-de chaussée sont présentés la fondation de la ville de 1115 et son rayonnement jusqu'au XVIe siècle. Au premier étage, la narration continue, couvrant le XVIIe siècle jusqu'à l'ère contemporaine. De nombreux objets précieux illustrent ces époques.

OFFICE DE TOURISME DU PAYS DE HAGUENAU

1, place Joseph-Thierry
✆ 03 88 06 59 99
www.tourisme-haguenau-potiers.com
Du lundi au vendredi de 9h30 à 12h et 13h30 à 17h30. Samedi et dimanche de 14h à 17h30.

L'office de tourisme se trouve, comme le Musée alsacien, dans le bâtiment de la Chancellerie, construit en 1489 et récemment restauré. On en admirera la façade Renaissance avant d'entrer dans le bâtiment. Sur celle-ci un cadran-astrolabe a été installé, copie exacte de celui construit en 1581 pour l'hôtel de ville d'Ulm. L'équipe vous indiquera les monuments d'Haguenau, comment vous rendre dans sa forêt labellisée « Forêt d'exception » et les points d'intérêt des villages alentour.

GÎTE À L'AIGLE €

40, rue du Général de Gaulle
NIEDERSCHAEFFOLSHEIM
✆ 03 88 93 02 77
5 chambres et un appartement pour 5 personnes. De 50 € à 130 €. Jardin, climatisation, réfrigérateur, four, télévision.

Astride Winling vous accueille pour faire une pause conviviale loin du stress ! Le temps d'un week-end ou d'un court séjour, cet hébergement est une solution idéale pour les couples, les familles ou les professionnels en déplacement. Vous vous sentirez chez vous dès votre arrivée : les chambres d'hôtes en duplex sont dans un espace privé, tout équipé, bénéficiant d'une entrée indépendante. Un petit déjeuner copieux vous sera servi sur la terrasse. Vous pourrez vous détendre dans le salon ou encore vous relaxer avec un agréable bain moussant....

EUROPE HÔTEL** €€

15, avenue du Professeur René Leriche
✆ 03 88 93 58 11
www.europehotel.fr
Hôtel 2 étoiles. Jardin, piscine intérieure, spa, soins du corps. Restaurant, demi-pension possible. Animaux admis.

Cet établissement moderne dispose de chambres lumineuses et confortables, d'une salle de séminaire et d'une grande salle de restauration ainsi que d'un restaurant, Chez Ernest. La formule entrée-plat-dessert au choix, la planchette, ainsi que le menu enfant évoluent au gré du marché et des saisons. Par beau temps, la terrasse et la véranda sont ouvertes pour profiter de l'extérieur. Dans un bâtiment indépendant, piscine intérieure, transats, sauna, hammam et soins du corps vous attendent pour un moment de détente et de bien-être.

HÔTEL- RESTAURANT À L'ÉTOILE D'OR*** €€

55, rue Principale - **BATZENDORF**
✆ 03 88 73 87 07 - www.etoile-dor.eu
Hôtel 3 étoiles. Réseaux Logis. 17 chambres. Soirée étape. Fitness, piscine et sauna. Restaurant. Animaux acceptés.

Au calme, au pays du houblon, l'Étoile d'or est une halte reposante. Les chambres y sont spacieuses. L'hôtel est équipé d'une piscine intérieure et d'un sauna. Possibilité de cours de fitness. Le restaurant sert, à emporter ou en livraison, tartes flambées et pizzas, un plat du jour du mardi au vendredi et un plat unique le dimanche à commander directement par téléphone le jour même entre 9h et 10h ou par Facebook et Messenger. Il y a sept menus au choix pour les banquets.

HÔTEL-RESTAURANT LES PINS €€

112, route de Strasbourg
✆ 33 03 88 93 68 40
www.hotelrestaurantlespinshaguenau.com
23 chambres. De 56 € à 90 €. PMR. Parking. Restaurant. Demi-pension possible. Soirée étape.

Cet hôtel-restaurant, environné d'arbres, s'inspire du style alsacien pour sa salle de restaurant : boiseries, chaises rustiques sculptées... tandis que la véranda, plus contemporaine et close de larges baies en hiver, s'ouvre sur la nature environnante par temps clément. Les chambres sont modernes et tout confort. Le buffet du petit déjeuner est copieux. À la carte du restaurant, par exemple, suprême de pintade farci aux marrons sauce morilles et knepfle de potimarron.

GOLLA - HÔTEL - RESTAURANT AU BŒUF ROUGE €€€

39, rue du Général-de-Gaulle
NIEDERSCHAEFFOLSHEIM ✆ 03 88 73 81 00
Label Logis. Restaurant fermé dimanche soir, lundi la journée et mardi midi. PMR. Jardin. Parking. Espace afterwork.

Depuis le XIXe siècle, cinq générations de Golla se sont succédé dans cet établissement, se transmettant un certain savoir-faire. Les suites rendent hommage à d'illustres Alsaciens : Albert Schweitzer, Tomi Ungerer, Germain Muller, Biréli Lagrène, Marcel Marceau, Charles Munch. Dans le restaurant, on déguste omble chevalier des Vosges, suprême de sandre, truite de Sparsbach, canard, pigeonneau, chevreuil et lièvre. Au dessert, les pommes de Kriegsheim au Streussel vous régaleront.

L'ANCIENNE DOUANE €€

16, place d'Armes
✆ 03 88 72 60 45
www.lanciennedouane-haguenau.fr
Ouvert tous les jours. Service de 11h30 à 23h. Terrasse. PMR.

Ouvert 7 jours sur 7, le restaurant s'adresse à un large public de gourmands. Le décor reprend les codes typiques alsaciens en les modernisant. L'endroit est spacieux et bien agencé ; il donne envie d'entrer et de s'attarder. Petits ou grands appétits, la carte donne l'embarras du choix : tartes flambées, planchettes, salades, cordon bleu de dinde en quatre déclinaisons, entrecôte, rognons, jarret, hamburger... À noter, un « régal » du végétarien. La carte des vins indique plusieurs crus régionaux. S'y ajoutent le plat du jour et son buffet d'entrées.

LE BINÔME €

13, rue Meyer
✆ 03 88 93 30 90
Ouvert lundi, mardi, jeudi, vendredi et samedi midi et soir. Terrasse. Animaux acceptés.

Jouxtant le théâtre de la ville de Haguenau, dans une maison à colombages bleus, Le Binôme s'est installé dans un cadre à l'esprit résolument moderne, tout comme la cuisine. Vous voyagerez aux quatre coins du monde sans quitter votre siège en découvrant des assiettes intitulées avec humour comme le « tartarthaï » coupé au couteau, cacahuètes, sauce soja, huile de sésame, coriandre et oignons. Idem pour les desserts comme le « Paris-Brest en un éclair » une mousse pralinée et sa glace pralin avec noisettes et coulis chocolat. Vous pouvez réserver pour un banquet.

AU CERF €€

2, route de Fort-Louis - **ROESCHWOOG**
✆ 03 88 86 26 22
www.au-cerf.com
Label Maître restaurateur. Ouvert lundi, mardi, vendredi et samedi uniquement le soir. Dimanche : midi et soir. Terrasse

Denise et Materne ont un rêve : acheter une certaine maison alsacienne, la rénover et y créer un restaurant. Leur rêve devient réalité. C'était en 1989, l'aventure dure encore aujourd'hui. Après un tour de France, David, leur fils, rejoint Materne en cuisine. Kelsch et boiseries signent une décoration façon winstub. Dans les assiettes, des déclinaisons de cuisses de grenouilles, des entrecôtes de black angus, du filet de bœuf, des médaillons de veau et des tartes flambées. Le kouglof glacé au dessert achève la carte postale. Plat du jour en semaine.

LE CAQUELON €

10, rue Georges-Clemenceau
✆ 03 88 93 04 04
Ouvert toute la semaine. Terrasse.

Au Caquelon, qui porte bien son nom, on vient avant tout pour les raclettes et fondues, bourguignonne ou savoyarde ! Il y a aussi le fameux vacherin mont-d'or avec ses pommes de terre et sa charcuterie. On y trouve également des burgers, des poêlées de roestis variées, des salades et de belles pièces de viande dont un tartare traditionnel au charolais coupé au couteau. En somme : au Caquelon, vous mangez bien et vous mangez beaucoup ! Le tout est servi par un personnel accueillant, attentionné et chaleureux dans un décor fait de boiseries et nappes vichy.

AUBERGE DU GROS CHÊNE €€

Route forestière de Schwabwiller
✆ 03 88 73 15 30
www.aubergedugroschene.fr
Ouvert du mardi au dimanche à midi et le soir. Terrasse.

Aux abords du Gros Chêne, dans la forêt de Haguenau labellisée forêt d'exception, l'auberge aux allures de chalet de contes de fées accueille jusqu'à 150 personnes : 50 en salle, 100 sur la terrasse. On y vient au retour d'une promenade, pour le plaisir ou y célébrer un événement : elle se privatise et vous pourrez commander un menu sur mesure. À la carte, tartes flambées, repas à thèmes, couscous, baeckehoffe, choucroute, sanglier ou agneau à la broche pour 15 personnes, gibier, rösti, munster chaud, salades, plats végétariens et végétaliens. Plats à emporter.

CLEM'S €€

6, rue Georges Clemenceau
✆ 03 88 93 23 20
Ouvert du lundi au samedi midi et soir. Terrasse.

Le Clem's s'inscrit dans la lignée des bistrots d'autrefois, avec une décoration plus contemporaine. On a une agréable sensation de « dedans-dehors » quand les baies vitrées s'ouvrent sur la terrasse. Le dressage sur assiette est particulièrement soigné et les portions sont généreuses. Ici on prépare du crabe en rillettes avec guacamole d'avocat, coriandre et citron vert, un wok de légumes accompagné de queues de crevettes snackées déglacées au sukiyaki ou, au dessert, un nougat glacé pistache coulis griotte et griottines. Le Clem's prépare des menus à emporter.

AU REPÈRE DES SORCIÈRES €€

79, route de Bischwiller
✆ 03 88 63 88 23
www.repere-des-sorcieres.fr
Ouvert lundi, mardi, jeudi, vendredi à midi et le soir. Samedi et dimanche uniquement le soir. Terrasse. Parking.

Tremblez… ou profitez, c'est selon si vous aimez les sorcières ou pas : elles sont partout dans la décoration. Cependant ici, point de bave de crapaud, ni d'œil d'araignée, mais plutôt du cordon bleu de veau au munster, du pavé de bœuf grillé à la mignonnette, de la salade au chèvre chaud de la chèvrerie d'Obersteinbach, des burgers ou des tartes flambées… Les seuls ingrédients magiques sont les produits de saison et le talent du chef. Leurs trois salles comptent respectivement 20, 30 et 45 couverts et 70 sur la terrasse en été.

LE JARDIN DE BACCHUS €€

112, route de Strasbourg
✆ 03 88 93 68 40
www.hotelrestaurantlespinshaguenau.com
Ouvert le lundi et le samedi le soir ; du mardi au jeudi le midi et le soir ; le dimanche midi.

Niché au cœur de l'hôtel Les Pins, le restaurant Le Jardin de Bacchus vous accueille dans trois salles. Les boiseries du décor créent une atmosphère chaleureuse. La lumineuse véranda s'ouvre sur les bois par de larges baies vitrées. À la carte, bœuf picanha mariné, tartare de céleri et pommes, siphon à la fourme d'Amber, ou bar en ballottine aux herbes, risotto à la butternut sauce homardine. Au dessert, le mille-feuille praliné et tartare de mangue ou la pomme de pin en trompe-l'œil au chocolat au lait, insert orange-cannelle et sorbet orange se distinguent.

RESTAURANT AU CERF €€

2, rue Principale - **OBERHOFFEN-SUR-MODER**
✆ 03 88 63 22 64
www.restaurant-cerf.fr
Ouvert mardi, vendredi et samedi midi et soir. Mercredi, jeudi et dimanche midi uniquement. Terrasse.

Francis Dorn officie au Cerf depuis quelques décennies. Il signe une cuisine gastronomique, à base de produits frais et de saison comme les asperges ou les gibiers. On la déguste dans une salle chaleureuse, rustique, cosy et chic. Inscrite dans le droit fil d'une cuisine traditionnelle, les plats sont savoureux : burger, carpaccio, tartare, blanc de turbot en écailles de pomme de terre, sandre marmite du pêcheur, foie gras tiède. La clientèle y revient avec plaisir, parfois même des années après, retrouvant le Cerf tel qu'en leurs souvenirs.

L' ESSENTIEL €€

2, place du Marché aux Bestiaux
✆ 03 88 73 39 47
www.lessentiel-haguenau.fr
Ouvert du mardi au vendredi de 12h à 13h et de 19h à 20h30 ; le samedi de 19h à 20h30. PMR. Terrasse.

Banquettes rouges et miroirs plantent le décor d'un authentique bistrot à l'ancienne. Les ardoises traditionnelles affichent les suggestions du jour composées selon les saisons et le marché. La carte propose des plats savoureux, raffinés et copieux : crevettes black tiger et grondin en bisque de crustacés et rattes du Touquet, black angus américain, ravioles aux champignons et jus aux girolles et figues rôties au crémeux pistache et sorbet citron… La terrasse se déploie aux beaux jours. Le chef compose également des menus spéciaux pour les fêtes.

RESTAURANT AU LION D'OR €€

1, rue de Fort Louis - **ROESCHWOOG**
✆ 03 88 86 41 12
www.auliondor-roeschwoog.com
Ouvert du mercredi au samedi, midi et soir. Dimanche midi. Terrasse. PMR.

Face à la mairie, à l'angle de la rue, l'établissement vous accueille dans une grande salle, toute de boiseries. Les tables couvertes de nappes en kelsch complètent ce décor rustique et traditionnel. Ici le chef décline des classiques de la cuisine tels que les escalopes de foie de canard poêlées aux pommes, le filet de sandre au pinot noir, les bouchées à la reine, le carré d'agneau au thym et ail confit. La crème brûlée à l'alisier ou le café gourmand terminent le repas en beauté. L'auvent de la terrasse et les arbres ombragent agréablement la terrasse en été.

RESTAURANT AUX POTS CASSÉS €€

2a, route de Haguenau - **WINTERSHOUSE**
✆ 03 88 90 76 63
www.auxpotscasses.fr
Ouvert du mardi au vendredi et le dimanche midi et soir ; et samedi soir uniquement. Jardin et terrasse.

Impossible de ne pas trouver son bonheur à cette adresse où les options sont multiples. Il y les plats du jour à consommer sur place ou à emporter (pizzas, tartes flambées, filets de bœuf ou rognons de veau...). À la carte, des classiques, cordon bleu ou escalope de veau à la crème, et cassolette de Saint-Jacques. En week-end, couscous royal, tête de veau, pot-au-feu et estomac de porc farci. L'accueil sincère et chaleureux de l'équipe contribue à faire salle comble.

RESTAURANT CHEZ ERNEST €€

15, avenue du Professeur René Leriche
✆ 03 90 59 01 75 - www.europehotel.fr
Ouvert du lundi au vendredi à midi et le soir, samedi soir, et dimanche midi. Terrasse. PMR.

Le restaurant Chez Ernest sert une cuisine bistronomique. Elle a pour cadre plusieurs alcôves et une véranda vitrée dont les larges baies donnent sur la terrasse. Sur les planchettes, des charcuteries de Monsieur Janes à Marmoutier et des fromages affinés par Monsieur Steinmetz à Schirrein. Le reste de la carte, confectionnée à base de produits régionaux est à l'avenant : suprême de pintade farci au foie gras de canard, duxelle, légumes et knepfle au fromage, forêt-noire destructurée, mousse au chocolat, griotte et chantilly...

GRAINS DE SEL €€€

113, Grand'Rue ✆ 03 88 90 83 82
www.restaurant-grainsdesel.fr
Ouvert du mardi au samedi le midi et le soir. Menus de 23 € à 50 €. Carte : 29 € environ. Menu enfant : 10 €.

Gilles Schnoering fait ses gammes comme second de cuisine dans le restaurant gastronomique réputé le Cheval Blanc à Lembach. Aux Grains de sel, l'élégance sobre de la salle s'inscrit dans la ligne des tables raffinées. Dans l'assiette, le chef transforme les saisons. L'œuf parfait et la sphère de meringue indiquent une connaissance, voire une maîtrise de la cuisine moléculaire. On retient le carpaccio de Saint-Jacques sur lit de tourteaux, vinaigrette, gel au kalamansi et râpé de combawas ou la noisette de biche aux légumes oubliés et pain d'épice maison.

LE JARDIN €€€

16, rue de la Redoute
✆ 03 88 93 29 39
www.lejardinhaguenau.fr
Ouvert du jeudi au lundi, midi et soir. Terrasse. parking.

Une façade richement peinte distingue le restaurant de son environnement immédiat. À l'intérieur, le décor est à l'avenant : tons chauds, boiseries peintes ou marquetées au plafond évoquent Arcimboldo. Formé au contact des plus grands chefs étoilés de la région, Romain Meyer a rejoint son père Damien en cuisine. On y découvre, par exemple, un foie gras de canard en terrine accompagné d'une fine marmelade gélifiée de myrtilles sauvages et son pain brioché au romarin, ou un poulpe grillé au boudin noir, pomme, pesto basilic et jus réduit de viande au cidre.

LE RELAIS DU FORT

FORT-LOUIS
✆ 09 70 51 03 28
https://le-relais-du-fort.eatbu.com
Ouvert samedi soir ; dimanche, lundi, jeudi, vendredi midi et soir. PMR. Terrasse.

Au Relais du Fort, Nathalie vous accueille. En cuisine, Fabrice dresse des assiettes graphiques aux recettes traditionnelles savoureuses, tandis que leur fils Morgan conclut le repas sur une très bonne note pâtissière. On apprécie la daurade royale entière en croûte de sel accompagnée de sa poêlée d'épinards, les médaillons de veau aux girolles et spätzle ou le citron en trompe-l'œil. Le restaurant étant proche des vestiges des forts défensifs dessinés par Vauban du temps du Louis XIV, on s'y rendra facilement à pied pour une balade digestive.

LE BOUDOIR

3, place Joseph Thierry
✆ 09 67 24 15 43
Ouvert du mardi au dimanche de 9h à 19h. Terrasse.

Le Boudoir est un petit salon de thé, restaurant et bar à cocktail rose bonbon. Cosy comme un petit salon de dame du XIXe siècle, sa chaude couleur réconforte. Confortablement installé sur d'élégantes chaises tapissées à dossier médaillon, on déguste d'abord avec les yeux. Les pâtisseries et entremets sont graphiques, sobres, élégants, ouvrent l'appétit. On y sert aussi de la petite restauration salée au quotidien et pour les fêtes avec par exemple des kougelopfs aux lardons et noix ou des pains surprise. Le plus difficile reste de se raisonner.

CHOCOLATERIE DANIEL STOFFEL

50, route de Bitche
✆ 03 88 63 95 95
www.daniel-stoffel.fr
Ouvert du lundi au samedi de 9h à 12h30 et de 13h30 à 18h30. Vente en ligne.

Bienvenue dans la « maison mère » Daniel Stoeffel. C'est à Haguenau que tout a commencé pour le chocolatier. Dans la boutique, une offre étendue adaptée aux saisons : friture en chocolat de Pâques ou moulages de lapins, Pères Noël, cœurs, tubes de rouge à lèvre, cigognes en chocolat... Au nombre des créations permanentes, pâtes à tartiner et tablettes. Et comme ici on se doute bien qu'il est difficile de résister, on vous propose parfois de goûter...

MAÎTRE CHOCOLATIER PÂTISSIER HEITZ

62, Grand-Rue
✆ 03 88 93 92 78
www.chocox.com
Ouvert le lundi de 8h à 18h30 ; du mardi au vendredi 8h et à 19h ; samedi de 9h et à 18h30.

La chocolaterie-pâtisserie Heitz est une institution haguenauvienne. Fondée en 1918, quatre générations de maîtres pâtissiers s'y sont succédé. D'un côté, la boutique de chocolat où de nombreuses spécialités occupent les rayonnages. De l'autre côté, la pâtisserie-salon de thé. Les viennoiseries y côtoient de nombreux desserts, une trentaine de glaces artisanales ainsi que les célèbres tartes au fromage blanc ou à la rhubarbe en saison. Un plat du jour est servi le midi.

PÂTISSIER MAXIME

25, grand Rue
✆ 03 88 93 94 72
www.patisseriemaxime.fr
Ouvert du lundi au vendredi de 7h30 à 19h, samedi de 7h30 à 18h30.

Du matin jusqu'au soir, ici c'est une farandole de gourmandises pour chaque moment de la journée. Ça commence avec les viennoiseries et brioches du petit déjeuner. Pour le midi, plats du jour ou salades, sandwiches, quiches, pizzas, burgers et bowls. L'après-midi, les pâtisseries prennent le relais avec des entremets, verrines, tartes, cakes, macarons, glaces et autres gourmandises. Vous pouvez également commander votre pièce montée pour votre mariage ou tout autre dessert personnalisé pour vos événements privés ou professionnels.

À LA FERME ADAM

9, rue Principale
WAHLENHEIM
✆ 03 88 51 02 11
Ouvert du mardi au vendredi de 8h à 12h et de 13h30 à 19h. Samedi de 8h à 18h.

À la tête de cette entreprise familiale, lancée par leur père en 1964, les frères Adam proposent une gamme complète de produits pour tartes flambées : fonds de tartes et préparation pour la garniture sont assurés dans leurs ateliers avec des produits frais. Ils proposent également la location du four ! À la ferme, grâce au lait de leur centaine de vaches, yaourts, crème fraîche, fromage blanc, crèmes glacées et tomme aux fruits sont produits... Ils proposent aussi dans leur boutique des viandes et produits d'épicerie locale.

LA BOUTIQUE DU SOMMELIER

9, rue des Messieurs
WEITBRUCH
✆ 03 88 72 11 18
https://laboutiquedusommelier.fr
Ouvert du mardi au samedi de 9h à 12 et de 14h à 19h.

Philippe Schlick est respectivement 4e meilleur caviste du monde en 2005 et meilleur caviste de France en 2016. Un beau palmarès pour ce passionné. Il met ses connaissances à votre disposition en animant cinq cours de 2h chacun. Sa réputation le précède : le calendrier des cours affiche souvent rapidement complet. Heureusement, vous pouvez bénéficier de ses conseils en boutique. De même, pour vos événements privés ou professionnels : sur la base de vos menus, le caviste vous indiquera les meilleurs accords pour sublimer vos repas.

VINS ET TERROIRS

12, rue du Maréchal-Foch
✆ 03 88 07 16 47
www.vins-terroirs.fr
Ouvert du mardi au vendredi de 9h30 à 12h et de 14h à 18h45. Samedi de 9h à 18h.

Ce caviste dispose d'une large gamme. La liste de vignerons alsaciens compte une majorité de vins bio ou produits en biodynamie. Les autres cépages proviennent de vignobles de Bourgogne, du Jura, du Beaujolais et de la Loire. Les bières sont issues de brassins du Bas et du Haut-Rhin. Quant aux spiritueux, whiskys, rhums et cognacs, ils arrivent des quatre coins du monde. Au rayon épicerie fine, des partenaires emblématiques du terroir : Christine Ferber, Foies gras Artzner, condiments Raifalsa... La boutique propose aussi plusieurs idées cadeaux.

LA FABRIQUE D'ANAÏS

42, rue du Préteur
✆ 06 59 77 31 44
www.la-fabrique-danais.com
15 € à 70 €.

Anaïs crée dans son atelier jouxtant sa maison. Établie depuis un an, cette autodidacte passionnée réalise des tasses, des bols, des assiettes ou des théières. Elle vous accueillera sur rendez-vous dans son espace de travail. Anaïs propose aussi des cours de modelage d'une durée de trois heures chacun pour fabriquer sa propre vaisselle. Cette durée suffit pour aboutir 2 à 3 pièces en céramique. Les participants disent apprécier autant le travail manuel que l'apaisement qu'il procure : la concentration et le plaisir de modeler la terre est une détente.

LOCKS ADVENTURE-ESCAPE GAME

16, rue du Ried - **SCHWEIGHOUSE-SUR-MODER**
✆ 06 65 33 03 05
www.locksadventure.wixsite.com
Ouvert tous les jours de 10h à 22h. De 32 € à 10 € par personne. Tarifs dégressif selon le nombre de joueurs.

Sauvez-vous ! À partir de 10 ou 12 ans selon les scénarios, pour 2 à 6 joueurs maximum, résolvez des énigmes et échappez-vous ! Trois espaces de jeu vous sont proposés : chez soi, en ville ou en salle. La mission pour la maison, devenir un Mage supérieur en remportant la compétition. Devenez un cambrioleur hors pair dans l'escape game urbain. En salle vous partirez à l'abordage du navire d'un vieux marin ou vous triompherez des pièges du manoir hanté. À vous de jouer !

BOWLING DU MEGAREX

5, rue Georges-Méliès
✆ 03 88 63 99 07
www.megarex.fr
Ouvert du lundi au dimanche de 14h à 19h et jours fériés. Dès 3 € la partie. Restauration. Location de chaussures.

Au sortir d'un film, pour passer un bon moment entre amis ou en famille, le complexe Mega Rex vous attend. Doté d'un mini bowling et d'un grand de 16 pistes, et d'une salle avec 11 tables de billard, divertissement des petits et grands garanti ! Vous pouvez également y aller à fond les manettes sur les jeux vidéo dernière génération. Une petite restauration est servie sur place. Les groupes d'enfants sont les bienvenus pour y prendre des goûters d'anniversaire. Les chaussures sont proposées à la location. Que le meilleur gagne !

BISCHWILLER

L'évêque de Hunebourg aurait fondé la cour domaniale de Bischofeswilre au XIIe siècle, sur de vastes terres de chasse. Il s'y dresse bientôt un petit hameau qui deviendra village. Les propriétaires, de petite puis de grande noblesse, se succèdent jusqu'au XVIe siècle. L'arrivée des huguenots lance la production de drap de laine. Grâce à elle, Bischwiller connaîtra son apogée économique au XIXe siècle. En 1686, le protecteur de la confrérie des ménétriers installe le siège des musiciens à Bischwiller. Une fête contemporaine commémore cet événement tous les deux ans en été. Elle compte 300 artistes et attire près de 15 000 visiteurs.

LA MAISON DES ARTS

19, rue des Charrons ✆ 03 88 53 99 28
www.ville-bischwiller.fr
Ouvert vendredi, samedi et dimanche de 14h à 18h. Tarif 2 €, gratuit pour les moins de 18 ans. Accessible aux PMR.

Dans cette pittoresque demeure alsacienne du XVIIe siècle, annexe du musée de la Laub, vécurent deux artistes natifs de la ville : le marqueteur Henri Baumer et le peintre Philippe Steinmetz. La Maison des Arts abrite le legs d'Odette Pierron, veuve du sculpteur et graveur Daniel Meyer, qui a donné les œuvres de son défunt mari en hommage à Philippe Steinmetz et deux bustes en bronze, dont celui de ce dernier. Les œuvres du peintre Paul Weiss, le « Corot du Ried », ont également intégré la Maison des Arts. À découvrir aussi, des expositions temporaires.

MUSÉE DE LA LAUB

Place de la Mairie
✆ 03 88 53 99 28
Ouvert vendredi, samedi et dimanche de 14h à 18h. Entrée 2 €. Entrée couplée Maison des Arts/Musée de la Laub 3 €. PMR.

Dans cette jolie maison à colombages et à clocheton construite en 1665, les ménétriers (bateleurs et musiciens ambulants) se réunissaient jadis. C'était en quelque sorte un trait d'union entre les protestants allemands et français qui représentaient la majorité de la population mais habitaient des quartiers séparés. Le musée est consacré au patrimoine industriel textile et présente des témoignages de l'histoire locale (de la Préhistoire au XIXe siècle) et aux hommes de lettres ayant des liens avec la commune, dont André Maurois et Claude Vigée.

BAS-RHIN

LE VERGER - HÔTEL RESTAURANT €

29, rue de Haguenau
✆ 03 88 63 08 48
www.verger.fr

Hôtel 3 étoiles. Chambres de 62 € à 95 €. Animaux admis. Restaurant.

De style contemporain, les chambres spacieuses et claires de cet hôtel offrent une literie confortable, des couettes douillettes, un coin bureau, une télévision, et une salle de bains récente et fonctionnelle. L'établissement dispose également d'un restaurant. Un menu est réservé aux résidents. Le chef fait la part belle aux produits du potager et du verger et les plats sont cuisinés maison. À la carte, filet de bœuf aux morilles ou crème brûlée à la vanille Bourbon...

CHAMBRES D'HÔTES ET RESTAURANT LE KATIOLO €€

28, route de Strasbourg
✆ 09 52 05 55 97
www.lekatiolo.fr

3 chambres de 75 à 90 € avec petit déjeuner. Appartement 120 €. Piscine extérieure, sauna. Jardin, terrasse. Restaurant.

L'établissement fait chambres d'hôte et restaurant africain. Il propose de nombreux événements (carnaval, thé dansant, soirées africaines…). Les chambres, décorées dans le style africain, se composent d'une pièce à coucher, d'un séjour et d'une somptueuse salle de bains. Lors de votre séjour, vous pourrez profiter du spa et de la piscine extérieure. Pour une immersion complète, déjeunez au restaurant et faites un tour dans la boutique d'artisans africains.

RESTAURANT AU VIEUX MOULIN €€

2, rue de l'Étang
✆ 03 88 63 55 74
www.restaurant-au-vieux-moulin.fr

Ouvert du jeudi au dimanche midi et soir. Terrasse. A emporter.

Dans cet ancien moulin, Audrey et Michel proposent une cuisine familiale. En hiver, le feu de cheminée diffuse une ambiance chaleureuse. Au Vieux Moulin, on s'installe pour déguster des spécialités alsaciennes et les fameuses tartes cuites au feu de bois. Pendant les beaux jours, vous pourrez vous installer sur la terrasse face à l'étang, entourée de magnifiques géraniums. À la carte : faux-filet de bœuf, cordon bleu de veau au munster, waedele grillé...

DRUSENHEIM

Drusus, fils de l'impératrice romaine Livie, fait construire au bord du Rhin un camp contre les Germains. Devenu village, positionné sur une zone stratégique, Drusenheim subit à plusieurs reprises les remous de l'Histoire. Au XVIIIe siècle, la cité profite d'une relative accalmie, propice aux premiers travaux majeurs d'endiguement sur le fleuve et au développement de l'industrie. Devenue ville depuis la fin de la Seconde Guerre mondiale, Drusenheim a doublé sa population et accueille plusieurs entreprises. On aime notamment le Jardin de l'Altwasser, les promenades au bord de l'eau, les activités nautiques et traverser le Rhin avec le bac.

HÔTEL AU GOURMET €€

4, route de Herrlisheim
✆ 03 88 53 30 60
www.au-gourmet.fr

8 chambres de 62 € à 105 €. Petit déjeuner 10 €. Animaux acceptés. Parking gratuit. Jardin. Restaurant. Soirée étape.

L'hôtel-restaurant Au Gourmet est un lieu moderne et chaleureux. C'est dans un magnifique coin de verdure que l'équipe du gourmet vous propose de séjourner dans ses chambres confortables. Pour une nuitée en famille ou lors de vos déplacements professionnels, Sandie et Ludovic vous reçoivent dans la convivialité et la bonne humeur. Une halte dans l'hôtel est l'occasion de découvrir le talent du chef, qui vous propose une cuisine bourgeoise élaborée avec de beaux produits. Son cadre sobre et chic saura plaire à tout type de clientèle.

RELAIS DU RHIN €€

1, Pont du Rhin
✆ 03 88 80 33 74
www.relaisdurhin-drusenheim.com

Ouvert du mardi au mercredi à midi, et du jeudi au dimanche midi et soir. Terrasse. PMR.

Cette jolie maison blanche tout à côté de l'embarcadère du bac de Drusenheim, séduit par son agréable terrasse nichée dans un cadre bucolique et par sa salle intérieure lumineuse, sobre et cosy. Ici, vous êtes accueillis par Sonia Keller pour déguster les mets délicieux concoctés par sa maman Anne : une cuisine familiale et généreuse, élaborée à partir de produits locaux. Le week-end, des repas à thème sont proposés : moules frites, sanglier à la broche avec animation musicale. À la carte : pot-au-feu à l'ancienne, fleichkachele maison...

RESTAURANT BIM BUEWELE €€

38, rue du Gal de Gaulle
✆ 03 88 53 11 50
https://bimbuewele.com

Ouvert mardi, mercredi, vendredi, dimanche midi et soir ; jeudi midi et samedi soir. Accès PMR. Parking.

On aime le cadre chaleureux avec ses boiseries, poutres apparentes et la décoration typique de ce joli restaurant. La terrasse permet de s'attabler pour profiter de cet espace extérieur verdoyant et calme. Au piano, le chef vous concocte de bons petits plats régionaux : Fleischkechle à la crème, Büewespaetzele aux deux saumons, mais aussi plus traditionnels tels que le filet mignon de veau aux girolles, ou la cassolette de Saint-Jacques et scampis. Et pour finir sur une note sucrée, rien ne vaut le crumble aux pommes. Plat du jour avec entrée ou menu complet.

HERRLISHEIM

Herrlisheim se trouve dans la région historique et culturelle d'Alsace, à 18 kilomètres au nord-est de Strasbourg et au sud-est de Haguenau. On trouve pour la première fois la mention du nom de Herrlisheim dans un acte de donation signé en 743 en faveur du couvent de Wissembourg. Le bourg est désigné à cette époque sous le nom de Hariolfesvilla (la ferme de Hariold). Ce sont les landgraves de la Basse-Alsace, les comtes d'Œtingen qui administrent le bourg en 1251. En 1332, le bourg passe aux Lichtenberg. Puis d'autres seigneurs se rendent propriétaires du lieu. La localité subit de nombreuses destructions au cours de la Libération en février 1945.

RESTAURANT AU GOURMET €€€

4, route de Herrlisheim ✆ 03 88 53 30 60
www.au-gourmet.fr

Ouvert mercredi soir ; du jeudi au samedi, midi et soir ; dimanche midi. Cuisine gastronomique.

Le chef Ludovic Kientz a décroché sa première Étoile au Guide Michelin. Avec sa compagne Sandie Ling, il dirige cet établissement depuis 2018. Avec sa brigade, il s'était déjà fait remarquer par une distinction du guide Gault & Millau dans la catégorie Jeunes Talents 2020. Il faut dire qu'il affiche un beau palmarès, avec notamment un long passage dans la brigade du chef Émile Jung, restaurant Au Crocodile à Strasbourg (2 ** au guide Michelin). Ambiance et décors élégants, cuisine raffinée et créative...Tous les ingrédients d'une expérience gustative réussie !

AU CHASSEUR €€

4, rue du Général Reibel
✆ 03 88 96 49 23

Ouvert mardi midi et du mercredi au dimanche, midi et soir. PMR.

Ce restaurant est spécialisé dans les plats de gibier, notamment le sanglier et le chevreuil, issus de leur chasse. L'établissement propose aussi des plats plus traditionnels : rosbif accompagné de spaetzele, pot-au-feu, faux-filet de poulain... Et bien sûr de croustillantes tartes flambées maison. Le week-end et certains soirs, des repas à thème sont programmés : couscous royal, paella... La décoration est plutôt sobre, axée sur la chasse, avec parfois des objets surprenants. On y va pour la convivialité du lieu et les repas copieux.

H2O PASSION

4, rue du Cimetière ✆ 03 88 06 11 38
www.h2opassion.fr

Magasin ouvert du mardi au samedi 10h-12h et 14h-19h. Location canoë : tous les jours du 1er mai au 15 octobre.

La Moder est une rivière idéale pour les randonnées en canoë en famille (enfants à partir de 6 ans). H2O passion propose divers circuits, accompagnés ou non. Le matériel (gilet de sauvetage, pagaies) est mis à disposition. Au cours de votre balade, vous rencontrerez certainement des canards, des ragondins, des cygnes, des oies bernaches et autres martins-pêcheurs. Vous pouvez également apprendre à plonger chez H2O Passion grâce à Frédéric, moniteur titulaire du Brevet d'État. La boutique en ligne propose des articles de sport et de loisirs aquatiques.

AU CHEVAL NOIR €€

3, rue Saint-Arbogast
✆ 03 88 96 78 80
www.restaurant-au-cheval-noir.fr

Ouvert du mercredi au samedi midi et soir, dimanche midi. Terrasse.

Une cuisine simple et goûteuse dans un cadre alsacien, voilà ce qui définit le restaurant Au Cheval noir. Il s'agit d'une bonne adresse où vous pourrez déguster un foie gras avec son chutney aux fruits de saison, un magret de canard au miel, ou une salade de pot-au-feu avec pommes sautées. Les desserts, pommes au four ou vacherin glacé, sont faits maison également. Une terrasse en bois couverte peut accueillir les clients en saison. Soirées dansantes et à thèmes sont proposées régulièrement. Un bel endroit pour une sortie conviviale.

MARIENTHAL

Au XIIIe siècle, le chevalier Albert de Haguenau se retire du monde pour aller dans la forêt, à l'instar de Guillaume de Malvelle, ermite contemplatif fondateur d'un ordre aujourd'hui disparu. Venus de Graefenthal dans la Sarre, des moines guillemites fondent le sanctuaire qui grandit au fil des siècles. Au XVIIIe siècle, Marienthal n'est qu'un hameau de 4 maisons. À cette époque, Stanislas Leszczynski y vient plusieurs fois en pèlerinage en famille. La majorité des dons précieux de sa fille, la très pieuse Marie Leszczynska, épouse du roi Louis XV, disparurent à la Révolution. Au XIXe siècle, le sanctuaire redevient un important lieu de pèlerinage.

BASILIQUE NOTRE-DAME DE MARIENTHAL

1, place de la Basilique
✆ 03 88 93 90 91
www.basiliquemarienthal.fr

Accès libre. Chaque jour, possibilité de déjeuner ou de séjourner à la maison d'accueil : contacter la sœur hôtelière.

Au XIIIe siècle, Albert de Haguenau se retire sur les terres de sa mère et décide de se consacrer à Dieu. Avec des moines ermites, il bâtit un couvent et une chapelle. Au XVe siècle, Notre-Dame réalise de nombreux miracles et les pèlerins affluent depuis lors. Aujourd'hui, des visites guidées sont organisées en été, ainsi qu'une procession aux flambeaux à l'Assomption et des conférences. Possibilité d'être hébergé pour un temps de retraite, une nuit d'adoration...

MAISON D'ACCUEIL DE MARIENTHAL €

1, place de la Basilique
✆ 03 88 93 90 91

25 chambres avec sanitaires, plus une capacité de 80 lits. Grand jardin. WIFI. Restauration possible.

La maison d'accueil de Marienthal vous reçoit pour déjeuner et pour dormir (seul ou en groupe jusqu'à 400 personnes). L'entrée de la maison d'accueil jouxte la basilique. Vous entrez dans une belle cour fleurie pour accéder au hall d'entrée où vous recevrez les informations pratiques : clé de chambre et codes d'accès au jardin, au parking... Le grand couloir de la maison conduit au réfectoire qui rappelle le passage de Marie Leszczynska, reine de France, épouse du roi Louis XV.

LA PETITE AUBERGE €€

2 b, route de Haguenau
✆ 03 88 93 89 90
www.lapetiteauberge-marienthal.com

Ouvert le soir du mercredi au samedi, et le dimanche midi et soir. Terrasse. A emporter.

La Petite Auberge avec son jardin propose des petits plats goûteux, mitonnés au feu de bois : d'excellentes tartes flambées qui se déclinent dans diverses variétés. Pour les menus, il faut réserver pour que le chef puisse faire son marché. À la carte, noisettes de canard aux épices et risotto aux cèpes, croustade de gambas sur fondue de poireaux, médaillon de veau mijoté au cidre, ravioles de cabillaud sauce homardine ou foie gras de canard maison en brioche perdue au chutney de poires. Le tout fait maison avec des produits frais. Plat du jour à emporter.

Basilique Notre-Dame de Marienthal.

RELAIS PRINCESSE MARIA LECZINSKA €€

1, rue de Rothbach
✆ 03 88 93 43 48
www.leczinska.com
Ouvert lundi, mardi, jeudi et vendredi midi et soir. Samedi soir et dimanche midi. PMR.

Le couple Okamoto régale ses clients depuis plus de 14 ans. Le chef et son épouse sont d'ardents défenseurs de la cuisine française qu'Akira agrémente subtilement de touches exotiques. Le restaurant se niche dans une petite rue près de la basilique. Dans l'assiette, c'est un enchantement pour les yeux et les papilles. Le nougat de foie gras de canard mariné dans la fleur de bière est l'un des plats signature d'Akira Okamoto. Le plat du jour décline des recettes alsaciennes typiques.

AU BERCEAU DU LOUP AGILE €€

22, route de Gambsheim ✆ 09 53 15 55 16
www.auberceauduloupagile.fr
75 € à 140 €, petit déjeuner inclus. Tarifs dégressifs à partir de 3 nuitées. Table d'hôtes.

Brigide, la propriétaire, vous accueille dans une maison spacieuse où le cadre, comme l'accueil, sont chaleureux. Au choix, deux chambres bleue et violette, communicantes, avec deux lits doubles et un lit simple, ou la chambre africaine à l'étage. Bref, vous l'aurez compris, ces chambres d'hôtes sont uniques en leur genre, à chaque pièce son univers. La salle de bains commune qui rend hommage à Marilyn Monroe, incite à prendre le temps de se pomponner. Enfin, pour être impeccable jusqu'au bout des doigts, Brigide propose un service de manucure.

OFFENDORF

Offendorf est une petite ville de longue tradition batelière ; un musée-péniche y montre la vie des bateliers au quotidien. Implantée depuis le IXe siècle au bord du Rhin, elle compte quatre bases nautiques et un port de plaisance. Celui-ci dispose d'une capacité de 600 amarrages et d'un restaurant. Tout à côté se trouve la réserve naturelle de l'île du Rossmoerder, 60 hectares de forêt alluviale où vivent plusieurs espèces de tritons ou de grenouilles et bien d'autres animaux. Des sentiers la traversent ; l'occasion d'y observer une nature préservée. Enfin, l'étang de pêche de 75 hectares le Beilenkopf offre un bel espace aux pêcheurs passionnés.

LE FLAMMESTUEBEL €€

7, rue Principale
✆ 03 88 96 49 91
Ouvert mardi, mercredi, vendredi, samedi, dimanche midi et soir, vendredi midi. Terrasse.

Le Flammestuebel vous propose de vous attabler dans une charmante salle de restaurant joliment décorée, dans une lumineuse véranda, ou sur une agréable terrasse, dès le retour des beaux jours. Ce restaurant alsacien vous propose des mets de saison pour un très bon rapport qualité/prix. Vous pouvez ainsi déguster des spécialités alsaciennes, des tartes flambées et de la cochonnailles en hiver. Sans oublier des dîners à thème : Kesselfleich (banquet autour de la viande de porc), matelote de poissons… Ambiance agréable et service souriant.

MUSÉE DE LA BATELLERIE

15, quai des Bateliers
✆ 03 88 96 75 14
www.offendorf.fr
Ouvert les samedi, dimanche et jours fériés de 14h à 19h du 01/05 au 30/09. Visites groupées toute l'année sur RV.

Offendorf fut le plus grand village de bateliers de l'Est de la France. En 1987, la municipalité acquiert la péniche Padova, construite en 1931. Aujourd'hui elle abrite un musée qui retrace l'évolution de la batellerie, de la traction humaine à la motorisation au cours du siècle dernier. Il rend hommage aux bateliers et mariniers d'Offendorf. Le musée-péniche présente aussi une importante collection d'objets, de documents et de maquettes retraçant l'histoire et les techniques de navigation. On y évoque également le fonctionnement des écluses.

LE NAUTIC €€

4, route du Port
✆ 03 88 96 40 87
https://nautic-port.fr
Ouvert de mars à décembre du mercredi au dimanche midi et soir. Terrasse.

Au restaurant Le Nautic, on déguste autant la vue imprenable sur le le port de plaisance et le Rhin majestueux que les bons petits plats servis. Bouchée à la reine en version maritime, fish and chips sauce tartare, cuisses de grenouilles à l'ail, palanquée de moules et frites maison, pluma ibérique, saucisse de sanglier, pizzas, tartes flambées… Une bonne adresse pour casser la graine dans un environnement calme. Il est possible d'embarquer sur Le Libellule, bateau à moteur, pour une balade sur l'eau à la découverte du fleuve.

RESTAURANT LA FORÊT DU RHIN €€

2, rue Principale
✆ 03 88 96 54 04
www.foret-du-rhin.com
Ouvert mardi et mercredi midi. Du jeudi au dimanche midi et soir. Terrasse.

Père et fils cuisinent à quatre mains, inspirés par le marché et le terroir. Pendant ce temps, en salle, l'épouse du premier et mère du second veille à ce que la musique plaise aux gourmands. Une histoire de famille ! La famille Risser compose une cuisine pleine de fraîcheur et de saveurs qui représente l'Alsace avec talent. Ici, tout est fait maison ! Par exemple à la carte : jarret braisé à la bière, cordon bleu au munster... La carte des vins propose de beaux accords Vin/Mets.

HÔTEL RESTAURANT LA COURONNE €€

8, rue Principale
✆ 03 88 86 40 14
www.couronne-roppenheim.com
Hôtel 2 étoiles. 10 chambres de 82 € à 126 €. Restaurant prix moyen 22 €. PMR. Animaux acceptés.

Très bien placé, cet établissement vous permettra de partir à la conquête de l'Est, notamment de Baden-Baden. Les chambres sont simples, spacieuses et confortables. Les petits déjeuners, très copieux, sont l'occasion de profiter des conseils avisés de vos hôtes pour organiser vos visites. Une adresse bien sympathique, où le rapport qualité/prix est excellent, y compris au restaurant qui propose de la cuisine française et des spécialités alsaciennes.

BAS-RHIN

ROPPENHEIM

Dans la rue principale du village de Roppenheim s'aligne une succession de maisons à pans de bois alsaciennes typiques. On peut en admirer en différents endroits, comme l'ancienne grange dîmière. Deux mignonnes petites églises se dressent, proches l'une de l'autre. Dans la protestante, construite au XVIe siècle et dédiée à saint Michel, le clocher percé de meurtrières rappelle un passé agité. D'ailleurs, on pouvait s'y réfugier et s'y verrouiller de l'intérieur. Depuis la construction du village des marques dans la commune, on y vient également pour faire du shopping dans un espace dédié. On y trouve plusieurs espaces de restauration.

COFFEE SHOP SEGAFREDO ZANETTI €

1, route de l'Europe
✆ 09 81 97 17 59
Ouvert du lundi au samedi de 10h à 19h.

Ce café est installé au cœur du centre commercial de Roppenheim. Près d'un petit bassin, il dispose d'une terrasse avec tables, chaises et même fauteuils douillets munis de couvertures chaudes pour l'hiver. L'aire de jeux, juste en face de l'établissement, est idéale pour les plus petits qui pourront se défouler en toute sécurité. Vous pouvez vous y restaurer toute la journée. Petits et gros appétits trouveront satisfaction avec les salades ou les sandwiches.

HOSTEL-RESTAURANT LA BOHÈME* €€

24, rue Principale
✆ 03 88 53 70 45
www.hostellerie-la-boheme.fr
Hôtel 1 étoile. 8 chambres de 55 € à 105 € selon le nombre de personne. Restaurant. Parking. PMR.

L'hôtel, situé à 2 minutes du célèbre centre de marques The Style Outlets, vous permet d'aller faire des emplettes à « tarif d'usine ». L'Hostellerie La Bohème est une enseigne conviviale, tenue par Nathalie et Andrew. L'environnement est calme et paisible, au cœur du petit village typique de l'Alsace du Nord et entre les rives du Rhin et le delta de la Sauer. Vous serez agréablement surpris par la cadre original et l'ambiance familiale du lieu. Le restaurant accueille 20 couverts.

RUFF'S BURGER €

1, place de l'Europe
✆ 09 67 12 45 84
Ouvert du lundi au samedi de 10h à 19h.

Dans une décoration de style américain, avec ses grosses bouteilles de sauces sur la table, vous prendrez place sur une banquette en cuir. À la carte, le burger de toutes les façons comme le veggie avec sa galette de légumes, ou le César : beau steak haché, huile de truffe, parmesan et sauce César. Choix varié aussi du côté des frites : façon mexicaine, à l'ail ou encore au chili et fromage. Les portions sont généreuses. Le restaurant partage l'espace avec Le Kaimug : pratique si un membre de votre famille préfère manger thaïlandais.

KAIMUG €

1, route de l'Europe
✆ 09 67 12 45 84
www.kaimug.de

Ouvert du lundi au vendredi de 10h à 19h. Le samedi de 10h à 20h. Sur place et à emporter.

Si une grosse faim survient pendant votre séance shopping à Roppenheim, pourquoi ne pas manger thaïlandais ? Situé dans le village des marques, Kaimug vous dépayse. À la carte : propositions végétariennes, nouilles de riz à l'œuf, poitrine de canard avec ses accompagnements. Le petit piment rouge sur la carte signale les plats piquants pour éviter les surprises. En dessert, beignets de banane, un régal ! La décoration est moderne, avec murs rouges, tables en bois et petites bougies. Kaimug partage la salle avec un autre un restaurant : Ruff's Burger.

BOUTIQUE ET CHOCOLATERIE LINDT

1, route de l'Europe
✆ 03 88 80 10 99
www.lindt.fr

Ouvert du lundi au vendredi de 10h à 19h. Samedi de 9h à 20h.

Amoureux du chocolat ou fans de la marque Lindt, la boutique n'est pas une illusion : montagnes de chocolats de toutes sortes, tablettes, coffrets à prix cassés, mais aussi des boissons chaudes (chocolat viennois...), des milkshakes ou des glaces... Vous pourrez savourer votre commande sur la terrasse au soleil, ou alors à l'intérieur sur les quelques tables hautes disponibles. Possibilité de faire des assortiments de chocolats, payables au poids. Quelques exclusivités en boutique.

CHEZ MURIEL - FERME TUSCHERER

25, rue Principale
✆ 03 88 86 30 27

Ouvert lundi, jeudi et vendredi de 16h à 19h, samedi de 6h30 à 17h et dimanche de 7h30 à 12h.

Tout à la fois pimpante et ravissante, cette jolie ferme signalée par une végétation luxuriante vous invite à vous approvisionner en œufs frais, pommes de terre, oignons et échalotes. Elle vous ravitaille également en légumes et fruits de saison : cerises, fraises, groseilles, pommes, poires... Mais c'est aussi un charmant salon de thé où l'on peut savourer diverses variétés de thés, cafés, chocolats, pains croustillants et autres viennoiseries et pâtisseries faites maison !

SESSENHEIM

Sessenheim s'enorgueillit d'avoir accueilli deux personnalités. Au XVIIIe siècle, l'Allemand Johann Wolfgang Goethe, étudiant en droit à Strasbourg, y vient, avec son ami Friedrich Weyland. Sitôt arrivé, Goethe s'éprend de Frédérique Brion, la fille du pasteur. Cette romance inspire à l'auteur plusieurs écrits. Le chêne de Goethe, vieil arbre centenaire est un joli but de promenade, tout comme le mémorial et le petit musée. Au XIXe siècle, Henri Loux grandit à Sessenheim. Les dessins de ce peintre talentueux sont immortalisés, grâce aux faïenceries de Sarreguemines, sur un service de table complet Obernai très prisé encore aujourd'hui.

ÉGLISE PROTESTANTE

Place de la Mairie
✆ 03 88 86 97 04

En accès libre en journée. Visite guidée pour groupes sur RV, renseignements en mairie.

L'église est catholique jusqu'à l'introduction de la Réforme protestante en 1543. Le roi Louis XIV encourage le catholicisme au XVIIe siècle. Catholiques et protestants se partagent l'édifice dès 1688 et jusqu'à sa reconstruction 1912 dans un style néo-Renaissance. Peintures et vitraux apportent de vives et lumineuses couleurs à l'édifice. Quant à l'orgue, il est néo-baroque. Le jeune écrivain Goethe fréquenta l'église le temps de son séjour en Alsace. Il y croisait Frédérique, la fille du pasteur protestant dont il était épris.

LE MÉMORIAL GŒTHE

2, rue Frédérique-Brion
✆ 03 88 86 97 25

Ouvert tous les jours. Haute saison de 8h à 19h. Basse saison, de 8h à 17h. Gratuit. Visite libre.

L'ancien corps de garde de 1820 de style impérial a été transformé en 1961 pour accueillir le souvenir du grand poète allemand Goethe. Un moulage du buste réalisé par le sculpteur français David d'Angers rappelle son visage. En 1770, Gœthe, alors jeune homme, se trouve en Alsace. Séduit par la fraîche Frédérique Brion, la fille du pasteur de Sessenheim, il compose les *Sesenheimer Lieder* dont certains comme *Heidenröslein* ont été mis en musique par Franz Schubert. La grange restaurée dans la rue derrière le mémorial est le dernier vestige du presbytère.

BAS-RHIN

HÔTEL LE BOEUF €€

1, rue de l'Église ✆ 03 88 86 97 14
www.auberge-au-boeuf.fr

4 chambres et suites. De 135 € à 225 €. Restaurant 1 étoile Michelin. Bain à bulles, sauna. Terrasse. Climatisation.

Claudine et Yannick Germain ont imaginé quatre chambres et suites de charme. De nombreux éléments de confort vous y attendent : superbe terrasse bucolique donnant sur un bassin à carpes Koï, sauna privé extérieur pour 2 personnes, bain bouillonnant privé, climatisation, coin salon, salle de bains, literie haut de gamme, TV, Wi-Fi, machine à expresso et mini bar. Pour vous restaurer, Yannick propose une cuisine fine du terroir. En réinventant le traditionnel *stammtisch*, il vous invite à profiter d'un moment gourmand dans la plus pure tradition alsacienne.

HÔTEL RESTAURANT A LA CROIX D'OR €€

1, rue Goethe
✆ 03 88 86 97 32

Hôtel ouvert tous les jours de la semaine, restaurant ouvert du jeudi au samedi.

Cet hôtel à l'ambiance familiale est situé sur un axe passant. L'accueil est chaleureux et les chambres sont fonctionnelles. L'établissement dispose d'un restaurant, ce qui vous permettra de vous restaurer sans vous déplacer. Ici, c'est à la bonne franquette et l'on y déguste de très bonnes tartes flambées (une recette qui se perpétue de génération en génération), ou des spécialités alsaciennes. Une bonne adresse, surtout au niveau rapport qualité/prix.

AUBERGE AU BŒUF €€

1, rue de l'Église
✆ 03 88 86 97 14
www.auberge-au-boeuf.com

1 étoile Michelin, 2 toques Gault & Millau 2019. Mercredi soir et du jeudi au dimanche, midi et soir. Terrasse. PMR.

Yannick Germain est la 4e génération aux fourneaux dans l'établissement, avec son épouse Claudine. Produits de terroirs rigoureusement sélectionnés, cuissons parfaites, vins triés sur le volet : l'auberge étoilée au Guide Michelin brille ! En piochant dans la carte qui se révèle tout à la fois rigoureuse et créative, vous pourrez déguster, par exemple des ormeaux de pleine mer de l'île Vierge, de la baudroie pêchée par son ami Stéphane à Plouguerneau et rôtie doucement, accompagnée de scorsonères, cèpes, avec une émulsion au cidre et aux algues.

AUX TROIS CYGNES €€

11, route de Strasbourg
✆ 09 80 59 58 72

Ouvert jeudi midi, du vendredi au dimanche, midi et soir. Terrasse. Animations musicales.

Ici, la cuisine est résolument française, diversifiée et traditionnelle. Les plats typiques de la région ne sont pas en reste. Dans la salle climatisée ou sur la belle terrasse pour profiter du soleil, l'ambiance est agréable et chaleureuse. Il n'y a rien à redire, tout est bon, de l'entrée au dessert en passant par les fromages soigneusement sélectionnés et affinés jusqu'au pain fait maison ! Pour tous vos événements, vous pouvez privatiser les lieux. Des menus spéciaux seront élaborés pour l'occasion en collaboration avec le chef, selon vos goûts et envies.

BREDELE BOUTIQUE

15, rue de la Gare à Roeschwoog - **AUENHEIM**
✆ 03 68 38 67 68
www.bredele.boutique

Ouvert du mardi au vendredi de 10h à 12h et de 14h à 18h et le samedi de 10h à 12h et de 14h à 17h.

Le *bredele*, c'est le petit gâteau de Noël confectionné en Alsace lors des fêtes de fin d'années depuis la nuit des temps ! Découpé dans plusieurs formes, il prend aussi différentes textures et saveurs selon votre goût ! Ici, vous trouverez tout ce qu'il faut pour réaliser ces délicieux biscuits, comme différents ingrédients ou des moules et bien sûr les emporte-pièces traditionnels aux formes multiples jusqu'aux rouleaux à pâtisserie 100 % alsaciens, décorés de motifs typiques ainsi que des livres de recettes succulentes. Venez chez nous !

SAUTTER POM'OR

13, route de Strasbourg
✆ 03 88 86 97 01
www.sautter-pomor.fr

Ouvert le lundi de 14h à 18h ; du mardi au vendredi de 9h à 12h et de 14h à 18h ; le samedi de 9h à 12h. Visite sur RDV.

Depuis 1888, cette entreprise familiale transforme des fruits en boissons et les embouteille. Elle diversifie sa gamme en 1953 en créant des jus de fruits. Aujourd'hui, c'est plus d'une quarantaine de produits : des purs jus (pomme, raisin, poire, pomme-mangue, pomme-coing…), des jus bio (tomate biologique, betterave, myrtille…), à base de concentré, des nectars, des sirops et du cidre. Avec des fruits provenant d'Alsace transformés sur place et vendus en boutique. Vous pouvez déposer des pommes et repartir avec jus et cidres, à tarif préférentiel.

BAS-RHIN

SOUFFLENHEIM

Dans la forêt de Haguenau, l'argile de qualité favorise l'activité potière de très longue date. On en trouve les premières traces dès l'âge du bronze. Dans l'Antiquité, la terre sert aux tuiles, à la poterie. La création au XIIe siècle de Haguenau, ville impériale, donne un nouvel essor à cet artisanat. Il en connaîtra d'autres, dynamisé par des mouvements de population, mus par les remous de l'Histoire, fondant des dynasties de potiers. À Soufflenheim, leurs ateliers-boutiques se répartissent de part et d'autres de la rue Principale. Vous y serez accueillis chaleureusement et les artisans auront plaisir à répondre à toutes vos questions.

OFFICE DE TOURISME

20 B, Grand-Rue
✆ 03 88 86 74 90
www.ot-soufflenheim.fr
Ouvert du lundi au jeudi de 10h à 12h et de 14h à 17h.

L'office de tourisme de Soufflenheim gère les informations touristiques de la région comprise entre Wissembourg - Lauterbourg - Gambsheim. Il vous fournira, en plus bien sûr de tous les renseignements utiles à votre séjour, toutes sortes d'informations concernant les manifestations locales, régionales, voire transfrontalières. Le personnel de l'office de tourisme répondra également à toutes vos interrogations concernant les poteries de Soufflenheim et leur utilisation. Et vous indiquera les sites à visiter absolument, en fonction de vos goûts.

AUBERGE AU VIEUX COUVENT €€

4, rue de Koenigsbruck - **LEUTENHEIM**
✆ 03 88 86 39 86
www.auberge-au-vieux-couvent.fr
Ouvert vendredi et samedi de 12h à 14h et de 18h30 à 21h30 ; le dimanche de 12h à 14h. Terrasse.

Niché dans l'incroyable et légendaire forêt de Koenigsbruck, à l'intérieur d'une belle et enchanteresse maison alsacienne à colombages du XVIIIe siècle, le Vieux Couvent propose une cuisine familiale typique d'un restaurant traditionnel revisité. En été, les tables sont dressées dans le pré adjacent ou sous la terrasse couverte. La carte change régulièrement. Vous y trouverez notamment : un croustillant de langoustines au fenouil confit, un duo de foie gras de canard poêlé sur tatin aux pommes et en terrine au pain d'épices...

RESTAURANT AU BŒUF €€

48, Grand-Rue ✆ 03 88 86 72 79
www.boeuf-soufflenheim.com
Ouvert du lundi au mercredi midi, du jeudi au dimanche midi et service continu jusqu'au soir. Terrasse.

Cet établissement, géré avec talent par Patrick Jambois, est spécialisé dans les plats de viande de bœuf : faux-filet, entrecôte... qui régaleront les inconditionnels. Mais vous pourrez aussi déguster des spécialités alsaciennes comme choucroute, waedele, ou la spécialité maison médaillée : les bouchées à la reine. Le chef pense aussi aux végétariens. En été, on peut profiter de la grande terrasse fleurie autour d'une fontaine en grès des Vosges. Pendant la mauvaise saison, 3 chalets permettent de savourer viandes grillées, raclette (6 à 22 personnes).

BAS-RHIN

© S. NICOLAS - ICONOTEC

Poterie de Soufflenheim.

POTERIE FRIEDMANN

3, rue de Haguenau
© 03 88 86 61 21
www.poteriefriedmann.fr
Ouvert du lundi au samedi de 10h à 12h et de 14h à 18h30. Dimanche de 14h à 18h30.

La demeure abrite l'atelier de poterie et le magasin. La cour déborde de plantes verdoyantes et de fleurs et l'on est immédiatement séduit par l'humour et l'originalité des créations exposées de la poterie Friedmann. Ces objets sont réalisés avec la terre pure de Soufflenheim, qui résiste à de hautes températures. Les belles daubières rondes supportent le gaz. La décoration se fait au barolet, petit récipient en terre pourvu d'une plume d'oie évidée et contenant les engobes colorés. Vous pouvez visiter l'atelier tous les jours, sauf le week-end.

POTERIE MICHEL STREISSEL

25, rue de Haguenau
© 03 88 86 64 69
http://poterie-streissel.com
Du lundi au mercredi, vendredi et samedi de 10h à 12h et 14h à 18h. Horaires variables le dimanche et jours fériés.

Michel Streissel produit deux types de poteries : au four à bois et en four classique. La première est plus rustique, et s'inspire des décorations de la poterie typique du XIXe siècle, la seconde se veut plus moderne, avec une décoration contemporaine, mais toujours dans l'esprit alsacien. Il a même créé un petit personnage alsacien, le « Holzschumännele », c'est-à-dire le petit bonhomme aux sabots. Autre attrait de leur production : les formes et les tonalités. Les assiettes de la gamme Tendance sont très séduisantes dans leur coloris saturés.

POTERIE RICHARD HAUSSWIRTH

1, rue de la Montée
© 03 88 86 74 31
www.alsace-poterie.com
Ouvert du lundi au samedi de 9h à 12h et de 13h30 à 18h. Dimanche de 10h à 12h et de 13h30 à 18h. Visite de l'atelier.

Issu d'une longue lignée de potiers, Richard Hausswirth s'est installé à Soufflenheim en 1979. C'est ici que vous trouverez son atelier et sa boutique d'objets en terre cuite émaillée, qui sont réalisés sur place. Originellement créée en1884, cette poterie s'efforce de pérenniser l'esprit 100 % alsacien dans ses créations. Vous trouverez les emblèmes traditionnels d'Alsace (cigognes, cœurs et fleurs) sur la plupart de ses terrines, cruches, moules à kougelhopf.

POTERIE SIEGFRIED-BURGER & FILS

10, rue de la Montagne
© 03 88 86 60 55
www.siegfriedburger.fr
Ouvert du lundi au samedi de 8h30 à 12h et de 13h30 à 17h30. Visites de l'atelier. Boutique en ligne.

Cette poterie implantée à Soufflenheim depuis 1842 s'illustre en matière d'innovation : en ce qui concerne les décors et les formes, elle vous en fera voir de toutes les couleurs ! On retrouve ici les plats à baeckeoffe ou à kougelhopf, ainsi que les saladiers, cruches et autres plats à tarte ou à gâteaux. Cette poterie familiale vous propose aussi des tirelires cochons, objets pour enfants, assiettes et autres pièces de vaisselle personnalisées.

LA FORÊT DE HAGUENAU EN VTT

20b, Grand-Rue
© 03 88 86 74 90
www.ot-soufflenheim.fr
En accès libre. Gratuit. Durée de la balade environ 1h. Difficulté : facile.

Suivez, au départ du centre de secours du village de Soufflenheim, 3 pistes de VTT balisées sillonnent la forêt de Haguenau. Les trois chemins se suivent sur quelques kilomètres, puis la verte, la plus simple, fait une boucle avant les autres. Laissez-vous surprendre, au cours de ces 8 kilomètres, par le calme de cette vaste étendue forestière. Les plus téméraires pourront continuer sur la piste bleue de 14 km, ou sur la piste rouge de 20 km allant jusqu'au Gros Chêne de Haguenau.

GOLF SOUFFLENHEIM BADEN BADEN

Allée du Golf © 03 88 05 77 00
www.golfclub-soufflenheim.com
Ouvert toute l'année. Parcours 18 trous ou 9 trous. Practice et terrain de 6 trous. Tous les jours de 8h à 17h.

Ce golf, pour débutants et confirmés, a été dessiné par Bernhard Langer, golfeur de renommée mondiale. Entouré de forêts et composé de 33 greens et 18 étendues d'eau, il comprend un parcours de championnats 18 trous, un 9 trous, un 6 trous pitch and putt, ainsi qu'un practice de 300 mètres. Le clubhouse offre une vue fantastique sur le terrain de golf. Après quelques balles, le restaurant et sa terrasse ensoleillée invitent à la détente. Des tournois de golf sont organisés.

BAS-RHIN

BETSCHDORF

Ancien village de pêcheurs sur la Moder et le Rhin, Betschdorf voit son activité évoluer à l'arrivée de l'Allemand Knoetchen en 1586. Il apporte avec lui un savoir-faire de poterie de grès dont le succès et la tradition perdurent depuis. D'autres artisans arriveront de Rhénanie au XVIIIe siècle, renforçant ce patrimoine local. La vaisselle ainsi façonnée est le plus souvent peinte de motifs bleus sur fond gris. Dans ce délicieux village, les maisons à pans de bois alsaciennes s'alignent au long de la rue Principale. On visitera avec plaisir le petit musée de la Poterie et les quelques artisans du village où les jolis souvenirs sont nombreux.

JARDIN-MUSÉE DE L'OUTRE-FORÊT

34, rue des Seigneurs

✆ 06 77 79 86 03

Ouvert du 1er juin au 30 septembre, sur rendez-vous. Visite guidée pour 10 personnes. Animations. Adulte 5 €.

Philippe Obliger ouvre au public son jardin extraordinaire et remarquable, inscrit au patrimoine botanique de France ! Il aime vous parler de sa collection de plantes potagères rares et méconnues et ses collections de spécimens ethnobotaniques (herbes magiques, médicinales ou encore chamaniques). Dans le musée, plus d'un millier d'objets ethnobotaniques venant des quatre coins de la planète sont visibles : objets de vannerie, masques en fibres, outils de travail...

MUSÉE DE LA POTERIE ★

2, rue de Kuhlendorf

✆ 03 88 54 48 07

Fermé d'octobre à avril. Ouvert du mardi au samedi de 10h à 12h et de 13h à 18h. Dimanche de 14h à 18h. Adulte : 3,50 €.

Ce musée expose des collections de poteries en grès à sel, dont les couleurs dominantes sont le gris et bleu, caractéristiques des productions locales depuis le XVIIIe siècle. Aujourd'hui, si les formes et les motifs sont revisitées pour répondre au goût du jour, les artisans de Betschdorf connaissent tous leurs classiques, particulièrement ceux du musée. Un atelier a été reconstitué dans la grange adjacente à la maison. Projections vidéos, expositions temporaires complètent un parcours de visite potentiellement audioguidée.

MAISON RURALE DE L'OUTRE-FORÊT

1, rue de l'Église
KUTZENHAUSEN

✆ 03 88 80 53 00

www.maison-rurale.fr

Haute saison, ouvert du mardi au dimanche et jours fériés ; basse saison, mercredi, jeudi, week-end et jours fériés.

Au Centre d'Interprétation du Patrimoine, on découvre la vie rurale d'autrefois en Alsace du Nord ! Grâce à des collections très riches et présentées de manière très ludique, vous découvrirez les traditions d'antan au travers d'objets et de mises en scène dans une maison typiquement alsacienne. De la vie quotidienne aux métiers d'autrefois, c'est un véritable voyage dans le temps qui vous est proposé. Ne manquez pas les très nombreuses animations et expositions temporaires !

MUSÉE MÉMORIAL WALBOURG - 2MCLADN

Rue de l'Église - **WALBOURG**

✆ 06 82 70 93 63

2mcladn.fr

Ouvert le mercredi et le dimanche de 14h à 18h. Gratuit jusqu'à 6 ans. Adulte : 8 €.

Mais quel musée incroyable que celui-ci ! Cédric a réuni une collection unique d'objets militaires et historiques et travaille avec des associations locales, des historiens, des étudiants, dans ce musée qui retrace l'histoire de la Seconde Guerre mondiale en Alsace. Fait rare : tous les objets présentés ont un lien avec le territoire et une histoire connue et on regarde ainsi l'histoire autrement. C'est une visite à faire absolument, en questionnant Cédric ou les bénévoles présents !

PARC À CIGOGNES

Rue du Bannholz

En accès libre. Enclos abritant des cigognes.

Ce charmant parc abrite des cigognes, et sa visite est incontournable, si vous passez dans le secteur. Ce site vous permettra d'approcher ces oiseaux emblématiques de l'Alsace, sans risque de perturber leur vie. Vous aurez ainsi la possibilité d'admirer le lustre de leurs plumages, leur taille impressionnante, et l'allégresse avec laquelle les cigognes se déplacent. À la belle saison, il y aura sans doute aussi des petits dans les nids. Observez-les. Savez-vous que la cigogne claquette ? Écoutez son cri particulier qui porte loin.

PIZZ' EDDY - DISTRIBUTEUR DE PIZZAS ARTISANALES ET LOCALES €

2, route de Walbourg - **DURRENBACH**

✆ 07 86 75 98 33 - www.pizzeddy.com

14 distributeurs en Alsace du Nord accessibles tous les jours : Woerth, Haguenau, Wissembourg, Surbourg, Betschdorf...

Pizz'Eddy' ce sont 14 distributeurs automatiques de pizzas en Alsace du Nord mais attention ! ici les pizzas sont artisanales, elles sont l'alliance d'un savoir-faire depuis 1989 et de la technologie ! Dans les distributeurs, on retrouve le goût exact des pizzas que l'on dégustait autrefois au restaurant pour notre plus grand plaisir. Bien mieux que du surgelé, ce sont de véritables pizzas de qualité, fraîches, maison et locales qui sont proposées.

HOSTELLERIE DU CERF BLANC €€

16, place du Général-de-Gaulle - **NEUHAEUSEL**

✆ 03 88 86 41 60

www.cerf-blanc.com

Maître Restaurateur. Ouvert mardi, jeudi, vendredi, dimanche midi et vendredi au dimanche soir. Samedi soir. Terrasse.

Cécile et Bruno Rapp vous recevront dans leur chaleureuse auberge. La cuisine rend logiquement hommage au terroir : ils sont membres de la Fédération des Chefs d'Alsace. Le soir et le week-end, on y sert des tartes flambées à partager en famille ou entre amis. À la carte par exemple : cordon bleu de saumon frais et fumé sur lit de légumes et crème de safran, filet de bœuf sauce crème de cognac et girolles, steak de cerf aux cèpes et aux girolles et jus réduit au vin rouge...

RESTAURANT AU CHEVAL NOIR €€

4, rue de la Gare

NIEDERROEDERN

✆ 03 88 86 52 91

Ouvert du vendredi au mardi, midi et soir. Terrasse. Réservation par téléphone.

Dans cette jolie maison à colombages à la façade foisonnante de géraniums, 3 salles de restaurant vous accueillent. L'accueil est familial et enjoué ; c'est d'ailleurs la même famille qui gère cette auberge depuis 1820. Les plats changent régulièrement et complètent les classiques : filet de canette aux marrons, tournedos aux morilles, civet de biche, noix de Saint-Jacques au safran, filet de sandre au riesling, duo de poissons sur choucroute... Possibilité de plat à emporter.

RESTAURANT AU SOLEIL €€

27, rue du Tilleul

HOFFEN

✆ 03 88 80 40 14

Ouvert lundi midi, du mardi au jeudi midi et soir et vendredi soir.

Ce charmant établissement dispose de deux salles. Des spécialités alsaciennes y sont cuisinées et varient en fonction des envies et des saisons du chef : les mercredis hivernaux c'est kesselfleisch (tête de porc cuite) et à la belle saison, c'est tête de veau vinaigrette. Les incontournables tartes flambées et pizzas sont servies le soir. Vous pourrez aussi déguster des dampfnudle (sorte de pain soufflé) accompagnés de compote de fruits : ils font le régal des connaisseurs ! La carte propose aussi une grande variété de viandes, poissons ou pâtes.

AGNICÉRAMIQUE REMMY

8, route de Soufflenheim

✆ 03 88 54 44 16

https://agniceramique.com

Ouvert tous les jours et les jours fériés de 9h à 12h et de 14h à 19h. Créations sur demande. Emplacement camping-car.

Vincent Remmy et son épouse produisent des objets en agnicéramique. Vous serez émerveillés par la diversité des modèles proposés, tant par leur texture que par leur couleur. Cuisson au cuivre pour un aspect mordoré, au feu de bois sur des argiles polies faisant semblables à de l'onyx ou cuisson rapide pour le raku dont les tons rougeâtres sont vraiment atypiques. Les crèches et personnages de Noël, exposés en fin d'année dans l'atelier, sont disponibles à la vente. Vous pourrez également visiter leur atelier-salle d'exposition.

INTERVIEW

PIZZ'EDDY

EDDY ET DURRENBACH, UNE HISTOIRE DE PLUS DE 30 ANS

En 1989, Eddy s'installe dans ce village pour apporter son savoir-faire culinaire aux Durrenbachois. Aujourd'hui, c'est Julien Girou qui est à la tête de cette florissante entreprise.

Quelle évolution pour Pizz'Eddy ?

La notoriété d'Eddy ayant largement dépassé les frontières de la commune, nous nous sommes lancés dans cette aventure de la distribution automatique de pizzas artisanales et locales pour étendre ce service 24h/24 et 7j/7 à nos pizz'amis. Aujourd'hui, les fameuses pizzas d'Eddy sont disponibles dans 14 distributeurs.

Et la crise sanitaire chez Pizz'Eddy ?

Cette période compliquée nous redonne le sens des priorités et nous rappelle qui nous sommes. 2020 et 2021 ayant été deux tristes années, il nous a semblé évident de venir en aide aux personnes ou associations qui en ont besoin. Les Restos du Cœur, la SPA de Haguenau, Caritas Woerth, Les Femmes en Rose, l'hôpital civil de Haguenau ainsi que quelques associations sportives ont bénéficié de notre soutien tout au long de ces deux dernières années et soyez assurés de notre soutien en 2022 !

Quels sont vos engagements ?

Il nous tient à cœur de faire perdurer les valeurs d'Eddy que sont sa passion pour la pizza et l'amour du travail bien fait. Sa recette secrète de la pâte à pizza mais également la sauce tomate faite maison sont notre signature. À cela s'ajoutent deux éléments clés : la qualité et la fraîcheur des produits utilisés. Chez Pizz'Eddy, nous privilégions le circuit court, c'est pourquoi nous avons des partenariats avec des producteurs locaux, que ce soit de légumes, de charcuteries, de crème, de farine… Nous approvisionnons nos 14 distributeurs tous les jours pour garantir à nos clients une fraîcheur optimale. Vous l'aurez compris, nos mots-clés sont Artisanat et Proximité.

Comment vous trouver ?

Notre site web www.pizzeddy.com vous permet de trouver nos distributeurs mais aussi notre gamme de 10 pizzas artisanales et locales.

PIZZ' EDDY - DISTRIBUTEUR DE PIZZAS ARTISANALES ET LOCALES

2, route de Walbourg
DURRENBACH ✆ 07 86 75 98 33
www.pizzeddy.com

© PIZZ'EDDY

© DR

© DR

HATTEN

Située sur le ligne de défense Maginot, Hatten est une zone militaire stratégique de la Seconde Guerre mondiale qui détruisit 350 des 365 maisons du village dans les derniers combats de 1945. De cette époque, la commune conserve la casemate Esch et le musée de l'Abri de Hatten qui se visitent l'un et l'autre. Ils retracent la vie des militaires dans ces murs pendant le conflit à l'aide de mannequins et d'objets d'époque mis en scène. On trouve à Hatten un troisième musée plus joyeux, La Cour de Marie, qui présente, sur deux niveaux, une importante collection évoquant la mode et le design des années 1960 et 1970 ainsi que des dizaines de poupées Raynal.

CASEMATE ESCH ★★

Route de Seltz
✆ 03 88 80 96 19
www.lignemaginot.com
De mai à septembre le dimanche de 10h à 12h et de 13h30 à 18h. Entrée : 2 €. Durée : 30 min. Animaux non acceptés.

Cette casemate typique de l'infanterie de la ligne Maginot fut construite en 1931 puis restaurée par les Amis de la Ligne Maginot. Elle a ainsi retrouvé son état originel avec son armement et ses équipements. Ouverte à la visite depuis 1986, elle abrite un musée de matériels, d'équipements, de documents, d'objets du quotidien, d'armes, d'uniformes et de souvenirs. Installé sur une dalle de béton, le char américain Sherman M4 est un témoin privilégié de ce passé. Vous pourrez observer des engins militaires et des reconstitutions de scènes de vie.

LA COUR DE MARIE

49, rue Principale
✆ 03 88 80 13 39
www.lacourdemarie.fr
Ouvert samedi 10h-12h et 13h30-18h ; dimanche et jours fériés 14h-17h30. Accueil groupes. Réservation obligatoire.

Depuis 2010, Natalie et Jean-Claude, aidés d'une trentaine de bénévoles, accueillent le public dans ce musée privé de 1 500 mètres carrés sur deux niveaux. Il retrace la vie au temps des années 1960-1970. Des mannequins animent des espaces évoquant l'insouciance de cette époque légère. Au rendez-vous, magasin d'électroménager, salle à manger, chez le coiffeur... et une importante collection de poupées. Après la visite, boissons locales et tarte au fromage blanc vous attendent. En août, une soirée nocturne tarte flambée à ne pas rater.

MUSÉE DE L'ABRI DE HATTEN

Rue de l'Abri
✆ 03 88 80 14 90
www.abrihatten.fr
Ouvert en basse saison du vendredi au dimanche de 10h à 18h. En haute saison : tous les jours de 10h à 18h. Tarif : 7 €.

L'Abri de Hatten est un casernement souterrain édifié en 1930 et disposant de tous les équipements nécessaires pour abriter et nourrir une troupe de soldats en temps de guerre : chambres, cuisines, sanitaires, puits, chaufferie, infirmerie, salle des machines... De 1936 à 1940, l'abri fut occupé par les troupes françaises. En 1994 le site devient musée. Du matériel militaire est exposé sur 4,2 hectares. Compter 2 à 3 heures de visite et prévoir des vêtements chauds.

LE PETIT STAMM €€

9, rue de Buhl ✆ 03 88 73 74 72
http://lepetitstamm.com
Ouvert du mardi au jeudi midi. Les vendredi et samedi midi et soir. Le samedi après-midi brasserie-glacier.

Karine, Thierry et Loïc vous accueillent dans ce restaurant alsacien. À la carte, vous trouverez un cocktail de crevettes, foie gras ou encore saumon gravlax en entrée. Les plats de consistance se dévoilent avec des bouchées à la reine Grand-Mère et un suprême de pintade rôtie à la sauces morilles. Et pour finir, un cheesecake au sirop d'érable ou un délice chocolat orange... Mention spéciale : les cartes se renouvellent chaque saison. La maison sert des plats du jour et des menus pour les groupes. Passez le samedi après-midi pour une glace ou une douceur.

PIZZERIA LE LAMBRUSCO €€

1, place de la Gare
✆ 03 90 55 19 90
Ouvert du vendredi au dimanche le soir. Distributeur de pizzas devant le bâtiment.

Astrid et Jean-Paul vous accueillent dans la grande salle ce restaurant-pizzeria. Un dépaysement. Il comblera votre faim par le choix étendu de pizzas (une trentaine de propositions), de pâtes, de tartes flambées et salades. Les portions sont généreuses et l'ambiance, très chaleureuse. Et pour pallier les petites fringales imprévues, un distributeur, installé devant l'établissement, vous délivrera différentes sortes de pizzas en quelques minutes. En été la terrasse ombragée par une tonnelle vous attable au-dehors. Plats à emporter sur commande.

BRUMATH

Depuis 5000 ans, le lieu a été occupé sans interruption. Les Triboques lui donnent son premier nom : Brocomagnus devenue Brumath. La ville connait son apogée au XIIIe siècle. Elle devient dès lors l'objet de querelles continues et destructrices entre seigneurs. Le dernier château érigé encore visible aujourd'hui date du XVIIIe siècle. Il abrite depuis une église protestante et le musée archéologique de Brumath. Le plan d'eau accueille plusieurs animations ainsi que le Parc Adventure. Alentours, champs et forêts favorisent de nombreuses promenades en terrain plat, à pieds ou en vélo. Enfin, l'aéro-club vous permettra de vous balader dans les airs.

ÉGLISE NOTRE-DAME DE STEPHANSFELD

141, avenue de Strasbourg

L'église se trouve dans l'enceinte de l'hôpital de Brumath (EPSAN). En accès libre.

Deux monuments remarquables sont à voir dans l'enceinte de l'hôpital de Brumath. Le premier est l'église Notre-Dame de Stephansfeld, enregistrée en 1965 aux Monuments Historiques et construite par l'ordre des Hospitaliers entre le XIe et le XIIIe siècle. Le second est l'édifice gnomonique, un ensemble de trois cadrans solaires situés à gauche de l'entrée principale et datant du XVIIIe siècle. Constitués de demi-sphères sculptées dans le grès, ils se distinguent par leur rareté.

FUN PARC

Rue du Plan d'Eau

✆ 03 67 10 39 61

www.fun-parc-brumath.fr

Tarifs selon l'âge et l'activité choisie.

© FUN PARC

Le Fun Parc Brumath vous accueille autour de son plan d'eau avec une multitudes d'activités : Accrobranche, paintball, mini-golf, aquapark, chasse au trésor, course d'orientation, trampolines, tir à l'arc, embarcations nautiques... Et la nouveauté 2022 encore inédite dans la région : un téléski-nautique 5 poulies ! Wakeboard et Ski nautique enfin dans le bas-rhin ! Profitez également des paillotes au bord du lac, d'un restaurant de plage, de bars avec terrasses en rooftop et sur pilotis, les pieds dans l'eau, idéal pour se détendre sur un sable fin !

ÉGLISE SAINT-MAURICE

14, rue de l'Église

MOMMENHEIM

En accès libre.

L'église d'origine fut construite à l'initiative des moines bénédictins de l'abbaye de Schwarzach. Elle faisait partie des vastes ensembles religieux fleurissant en nombre de chaque côté du Rhin aux XIe et XIIe siècles en réponse à la réforme clunisienne. La tour du clocher est la partie la plus ancienne. Son plafond orné d'une fresque peinte par Peter Sauer, habitant de Haguenau, fut terminé en 1766. L'autel baroque du célèbre peintre Feurstein, qui vécut au XVIIIe siècle, est muni de statuettes de sainte Sophie et de saint Maurice.

MAISON ARCHAÏQUE S'KLEENDERFEL

11, rue du Petit Village

WEYERSHEIM

✆ 03 88 51 39 46

http://kleenderfel.free.fr/index.html

Visites lors d'évènements ou sur demande auprès de l'association.

L'Association de Promotion et de Sauvegarde du Patrimoine de Weyersheim assure l'entretien de la Maison Archaïque, la plus ancienne maison rurale du Ried du Nord : la dendrochronologie situe sa construction vers 1621. Des fouilles archéologiques attestent d'une présence à cet endroit dès le XVIe siècle. Début XVIIIe, la maison fut occupée par un tisserand dont le métier à tisser est resté sur place. L'association y organise des évènements dans l'année.

L'ESCALIER

10, rue de Pfaffenhoffen
✆ 06 08 69 55 68
www.a-lescalier.com
Jardin ouvert tous les jours sauf le lundi et le mardi de 14h à 18h de début mai à fin septembre. Entrée 5 €.

© L'ESCALIER

Michèle Schneider, la très accueillante propriétaire des lieux vous accueille dans son jardin secret. Elle est la jardinière, inventrice, sculptrice et peintre de ce jardin devenu Jardin remarquable en 2007 où différents artistes s'exposent. Les visiteurs peuvent parcourir le jardin et y déguster une cuisine saine et créative basée sur les fruits et légumes biologiques issus du potager... D'incroyables agrumes en pot, un étonnant bonsaï de ficus, des figuiers vous feront imaginer que vous êtes dans une belle maison de thé japonaise.

MUSÉE ARCHÉOLOGIQUE

Place du Château
✆ 03 88 51 05 15
http://brumath.shabe.free.fr
Gratuit. Prendre RDV avec les bénévoles de la Société d'Histoire et d'Archéologie de Brumath et environs.

Les trésors du musée archéologique sont présentés dans le sous-sol de l'église protestante. Ce bâtiment était autrefois un château, érigé en 1717. Les pièces présentées sont des restes romains : bijoux, fibules, urnes, sarcophage, stèles sculptées, dédicaces votives, statuettes en bronze, poteries... Admirez le vase à engobe gallo-romain du IIe siècle après J.-C., présentant une scène de chasse, un amour sculpté en demi-bosse et provenant d'un mausolée démantelé. La Société d'Histoire et d'Archéologie propose régulièrement des visites guidées.

AU BOUQUET DE HOUBLON €€

29, rue Principale
BILWISHEIM
✆ 06 76 71 21 70
1 gîte pour 4 pers : 90 € la nuit. 1 gîte pour 8 pers : 180 € la nuitée. 2 nuitées minimum. Ménage compris.

Ces deux gîtes de charme, au cœur de l'Alsace, se trouvent à une vingtaine de kilomètres au nord de Strasbourg, idéalement situé au cœur de la culture du houblon alsacien, et proche de la Route des Vins et des sites touristiques. Les chambres sont spacieuses, et décorées avec goût. Le charme de l'Alsace transparaît, avec des tentures en kelsch et de belles boiseries ! Vous pourrez profiter du sauna, et vous apprécierez l'accueil chaleureux des propriétaire, qui n'hésitent pas à vous faire goûter le fameux kougelhopf accompagné d'un délicieux vin blanc.

LA TÊTE DANS LES ÉTOILES €€

18, rue des Étoiles - **WEYERSHEIM**
✆ 03 88 68 14 94
Gîtes de France. 5 chambres. Chambre simple 65 €. Chambre double 75 €. Petit déjeuner inclus. Wifi. Jardin, parc arboré.

Lucienne et sa famille vous souhaitent la bienvenue dans leur ravissante maison d'hôte, nichée dans la plaine du Ried, au bord de la Zorn. La maison à colombages du XVIIIe siècle, son incroyable parc arboré, les chambres de haut standing avec son joli mobilier en bois...Vous apprécierez le charme de ce lieu, surtout si vous décidez de prendre votre petit déjeuner dans le jardin. Des vélos sont mis gracieusement à votre disposition pour partir en quête de découvertes insolites au long des pistes cyclables... La table d'hôtes est également tout à fait recommandable.

MAD AVEL LA CRÈPERIE €

182 A, avenue de Strasbourg
✆ 03 88 14 04 72
Ouvert le mardi soir. Du mercredi au dimanche le midi et le soir.

Bienvenue dans le monde des pirates ! Le décor vous emporte dans les aventures des forbans bretons. Musique de circonstance pour l'ambiance et déguisements à disposition pour les enfants. À la carte, vous n'aurez que l'embarras du choix : galettes de noix de Saint-Jacques, au steak haché boucher ou encore à la véritable andouille de Guémené ou crêpes sucrées originales et magnifiquement présentées. Forcément, puisque c'est un véritable maître crêpier qui les réalise. Même la salade est présentée de façon originale, dans une crêpe roulée... À l'abordage !

BAS-RHIN

AUBERGE DU PONT DE LA ZORN €€

2, rue de la République - **WEYERSHEIM**
✆ 03 88 51 36 87
Maître Restaurateur. Ouvert du mercredi au samedi soir et dimanche midi et soir. Terrasse. Grand parking.

Plus de trois cents ans d'histoire familiale se sont déroulés dans cette jolie maison à colombages du XVIIIe siècle. Désormais Auberge du Pont de la Zorn, on s'y régale de soupe de cèpes crémée aux noisettes torréfiées, déclinaison de foie gras de canard (au naturel, façon nougat, pain bretzel, chutney), cèpes entiers poêlés avec leur coulis de persil, bibelesskäse au munster, bœuf gros sel au raifort. Et côté douceur, le kougelhopf glacé au kirsch avec son coulis de griottes.

L'AUBERGE DU RELAIS €€

8, rue du Maréchal Foch
MOMMENHEIM
✆ 03 88 51 57 18
Ouvert du mardi au jeudi le midi. Du vendredi au dimanche le midi et le soir. Terrasse. Vente à emporter.

Dominique Savariat officie en cuisine à l'Auberge du Relais. Il vous propose une escalope de foie gras au pinot noir suivie d'un cordon bleu de Monsieur Seguin (fromage de chèvre et lard), ou d'un magret de canard caramélisé au miel. Ceux qui préfèrent les plats au goût marin pourront opter pour des noix de Saint-Jacques en paupiettes. Les salades composées et les tartes flambées sont plébiscitées. Vous apprécierez la chaleur du Kachelofe (poêle alsacien en faïence) en hiver, et la terrasse joliment végétalisée ouverte dès l'arrivée des beaux jours.

AU BŒUF NOIR €€

2, place Geoffroy-Velten
✆ 03 88 51 12 07
www.auboeufnoir.com
Ouvert lundi midi ; mardi à vendredi et dimanche midi et soir ; samedi soir. Terrasse.

C'est une véritable affaire de famille : le grand-père cultive salades, légumes, fruits et herbes aromatiques. Nicole et Denis Goetz reçoivent les clients avec chaleur et leur fils est en cuisine. Le midi, un buffet d'entrées (crudités du potager, charcuteries locales et poisson) précède le plat du jour. Le vendredi on sert du poisson. Les viandes sont de qualité : bœuf Angus ou Simmenthal. En été, plusieurs salades composées peuvent se déguster sur la belle terrasse ombragée. En dessert, choisissez la salade de fruits ou la tarte du verger.

O'BROCOMAGUS €€

5, rue Jacques-Kablé
✆ 03 88 64 20 93
Ouvert du mardi au vendredi de 9h à 18h. Samedi jusqu'à 17h. Terrasse. Vente à emporter. Boutique. PMR.

O'Brocomagus (l'appellation antique de Brumath) est un salon de thé, situé en face de la médiathèque sur la place du Château, qui se transforme en restaurant pour le déjeuner. Il est tenu par la famille de boulanger-pâtissier-épicier Bernhard. L'établissement propose, en plus de ses pâtisseries et glaces, une petite restauration : quiches, sandwichs, petits plats du jour (poulet tandoori, paella du chef) et de brasserie (filet de perche, carpaccio, salades). Une jolie terrasse est à la disposition des clients à la belle saison.

RESTAURANT LA PLACE CHEZ CHINO & THIERRY €€

7b, place de la Liberté
✆ 03 88 25 10 90
https://laplace75.wixsite.com
Ouvert tous les jours, sauf dimanche soir, lundi et mardi. Terrasse.

Agréable terrasse, décors modernes, accueil et cuisine auxquels on ne peut rien reprocher. On y dégustera un grümberger (hamburger régional à la viande de bœuf, jambon fumé et sauce bibelskäss), des bouchées à la reine et leurs spaetzle ou de tagliatelles aux girolles. Les amateurs de viandes rouges se délecteront avec une côte de bœuf ou entrecôte sauce béarnaise. Une cuisine issue des produits frais des marchés, des portions généreuses, un service agréable et réactif !

S'BRONNE STUEBEL €€

44, rue Principale - **BERNOLSHEIM**
✆ 03 88 68 49 48
www.sbronnestuebel.fr
Membre de la Confrérie de la Véritable tarte flambée. Ouvert tous les jours à midi sauf samedi. Terrasse. A emporter.

Philippe vous reçoit ici depuis 2008, dans la plus pure tradition alsacienne, avec chaleur et convivialité. Salades, charcuteries alsaciennes et autres spécialités locales vous attendent au buffet. Parmi les plats on trouve plusieurs classiques : presskopf, salade de pot-au-feu tiède, escalope de foie gras poêlée aux griottes, poêlée de Saint-Jacques et scampis, rognons à la moutarde, magret de canard... Des tartes flambées sont proposées le soir. Traditions toujours au dessert avec le kougelhopf glacé. Des soirées à thème sont régulièrement organisées.

BOULANGERIE-PÂTISSERIE BERNHARD

3, rue du Général Leclerc - **MOMMENHEIM**
✆ 03 88 51 60 42
www.bernhard.fr
Ouvert du lundi au vendredi de 5h à 19h. Samedi de 5h à 17h. Dimanche de 7h à 12h. Service traiteur. Plats à emporter.

Sportifs matinaux et adeptes du petit déjeuner au lit : la boulangerie-pâtisserie Bernhard sera votre adresse fétiche. Ici, le savoir-faire de plusieurs générations de boulangers-pâtissiers-chocolatiers est à l'œuvre pour vous fournir de délicieux chocolats, des glaces maison, des gâteaux, des pâtes de fruits, des macarons... Pour les amateurs de salé : des pâtés en croûte, tarte salée... Installez-vous dans le petit salon. En bonus, un rayon traiteur, une cave à vins et une épicerie.

ADVENTURE PARAMOTEUR ALSACE

Herrenwald Zone de loisirs de Brumath
✆ 06 20 71 87 00
www.paramoteur67.fr
Se renseigner par téléphone pour les horaires et jours d'ouverture. Baptême de l'air à partir de 120 €/20 minutes.

Le paramoteur est une sorte d'ULM plus facile à manier, accessible dès l'âge de 15 ans. Pour le décollage à pied, il suffit de courir quelques mètres avec le moteur harnaché sur le dos, puis d'utiliser la poignée des gaz pour monter. Pierre Fritsch est l'instructeur du club, il vous propose des initiations et l'utilisation d'un simulateur de vol. Il vous faudra environ 20 séances de vol en solo encadrées par le moniteur plus quelques heures de cours théoriques pour voler seul.

BRUMATH PLAGE

Rue du Plan-d'Eau
✆ 03 88 21 09 74
Baignade surveillée de fin juin à début septembre, du lundi au vendredi 10h-19h ; le week-end et jours fériés 10h-20h.

Dès les heures les plus chaudes de l'été, bronzez sur les plages de sable fin ou profitez de la baignade surveillée du plan d'eau. Les plus sportifs profiteront des nombreuses activités nautiques du Parc Aventure. Venez avec votre planche à voile ! Beaucoup d'autres amusements sont possibles : mini-golf, volley-ball ou tennis de table. Une aire de pique-nique aménagée avec des tables et des bancs est à disposition. La buvette snack est ouverte l'été. Des animations variées et des soirées thématiques sont régulièrement organisées.

FUN PARC

Rue du Plan d'Eau
✆ 03 67 10 39 61
www.fun-parc-brumath.fr
Tarifs selon l'âge et l'activité choisie.

Le Fun Parc Brumath vous accueille autour de son plan d'eau avec une multitudes d'activités : Accrobranche, paintball, mini-golf, aquapark, chasse au trésor, course d'orientation, trampolines, tir à l'arc, embarcations nautiques... Et la nouveauté 2022 encore inédite dans la région : un téléski-nautique 5 poulies ! Wakeboard et Ski nautique enfin dans le bas-rhin ! Profitez également des paillotes au bord du lac, d'un restaurant de plage, de bars avec terrasses en rooftop et sur pilotis, les pieds dans l'eau, idéal pour se détendre sur un sable fin !

GAMBSHEIM

Dans cette commune au bord du Rhin, 70 maisons à colombages se dressent encore, formant quelques jolis îlots. On peut y venir depuis Strasbourg via la piste cyclable longeant le fleuve dès La Wantzenau. On appréciera les paysages typiques du Ried chemin faisant. Un livret de jeu à destination des enfants de 4 à 12 ans est disponible à l'office de tourisme, près des écluses, pour agrémenter les balades alentour. Car ici, tout tourne autour de l'eau, turbines hydro-électriques ou activités nautiques au plan d'eau ou sur le Rhin. À voir, le Passage 309, une passe à poissons, tout à côté du pont de construction franco-allemande, symbole fort de paix.

PASSAGE 309

Ecluse du Rhin
✆ 03 88 96 44 08
www.passage309.eu
Basse saison : dimanche et jours fériés 14h-17h. Haute saison : du mercredi au lundi 11h-13h et 14h-17h. Payant.

Les barrages hydro-électriques bloquèrent longtemps la migration des poissons du Rhin. Le Passage 309 à Gambsheim-Rheinau leur permet à nouveau de remonter le fleuve. Cette construction aide à l'observation de la faune aquatique locale et sa protection, ouvrant la route des saumons, truites de mer, lamproies... Le meilleur moment pour y venir est le mois de mai, pic de circulation aquatique. Le Passage 309 offre alors un incroyable spectacle : les visiteurs y voient et entendent les poissons traverser, grâce à des grandes baies vitrées.

FLEUR DE SUREAU €€

22, rue du Chemin-de-Fer
✆ 03 88 21 85 22
www.fleurdesureau.fr

Gault & Millau. Ouvert jeudi, vendredi, dimanche et lundi midi et soir, samedi soir. Terrasse. PMR.

Louis Ciolfi, propriétaire et cuisinier, a été à bonne école avec ses parents qui tenaient La Fleur de Lys, une institution à Metz. Puis il est passé à la Cadière d'Azur à Bandol, chez René Bouvarel dans le Vercors, à Londres chez Gagnaire et enfin à l'Arnsbourg. Il vous propose des produits classiques mais excellents, dans des recettes et associations revisitées ou novatrices. Marie-Laure vous sert en salle avec le sourire et vous conseillera au mieux. À déguster par exemple : effiloché de crabe aux agrumes, filet de canette, tarte au citron version « Louis »...

HOERDT

Hoerdt conserve de nombreuses maisons anciennes à colombages comme le remarquable ancien relais postal. Plusieurs fermes de la commune produisent, en saison, des asperges réputées et des légumes vendus en direct toute l'année. Riche de plusieurs sentiers dont certains balisés sensibilisent à l'écosystème environnant, la campagne alentour conserve une fleur rare : l'œillet superbe. On peut les observer à l'automne dans quelques prés préservés. Avec le Carnaval, un défilé de chars décorés au milieu d'un public costumé revient chaque année. Les amoureux des chevaux vivront leur passion à l'hippodrome où des rencontres nationales ont lieu régulièrement.

LE PARC €€

12, route Nationale
✆ 03 88 96 70 71
www.parc-restauration.com

Ouvert tous les jours midi et soir. Terrasse.

Depuis 1989, cette entreprise familiale s'identifie par la qualité et la fraîcheur des produits servis. Leur cuisine innovante leur permet d'être toujours à la recherche des meilleurs produits. Par exemple, pour se mettre l'eau à la bouche : sandre rôti et sa sauce crustacés, viandes d'exception comme la noix d'entrecôte Black Angus, onglet de bœuf Wagyu et échalotes confites ! La nage de fraises et framboises marinées basilic menthe ou le fondant au chocolat et fève tonka apporteront une touche finale originale. La salle est très lumineuse.

LE PANORAMIQUE €€

Rue du Cheval-Noir
✆ 03 88 51 71 43

Ouvert les jours de course hippique. Réservation impérative.

L'hippodrome de Strasbourg dispose de son propre restaurant panoramique, tout en haut des gradins, avec vue plongeante sur le champ de course et entraînement des chevaux. Un superbe point de vue pour caler sa faim avec une cuisine française traditionnelle ou pour boire un verre. Ouvert uniquement pendant les jours de courses hippiques, il peut être l'occasion d'une visite en famille où les enfants ne verront pas le temps passer grâce à l'espace jeu qui leur est dédié, tandis que les parents pourront miser quelques euros sur leur cheval favori.

BAS-RHIN

LA FERME DU GRAND CHÊNE

3, rue du Grand Chêne
✆ 03 88 96 85 96
www.ferme-grand-chene.fr

Ouvert du lundi au vendredi de 9h à 12h et de 14h à 18h30 ; le samedi de 9h à 16h.

Vous aimez les légumes frais ? Vous êtes un adepte des produits locaux issus des petits producteurs ? Alors faites une virée à la ferme du grand chêne. Vous pourrez choisir à la ferme de beaux produits, mûris à point : tomates, salades, carottes, aubergines, pommes de terre, radis, rhubarbe, courges et potirons... Et bien sûr les fameuses asperges au printemps. Et à Noël, la ferme vend des sapins Nordmann d'origine alsacienne. Lors de votre passage, prenez le temps de rendre visite aux animaux : des poules, des chats, et même un lapin.

RESTAURANT BORSALINO €€

195, avenue de la République
✆ 03 88 68 19 64
www.le-borsalino.com

Du lundi au mardi et du jeudi au vendredi midi et soir ; samedi et dimanche soir.

Ce ne sont pas moins de vingt-cinq recettes de pizzas et douze de pâtes qui vous attendent au Borsalino. Les végétariens et intolérants au gluten seront ravis d'apprendre que certains plats leur sont dédiés. Des suggestions complètent régulièrement la carte, assorties des vins de petits producteurs soigneusement sélectionnés. Les desserts sont délicieux. Tout ici est extrêmement copieux. Pour ajouter encore à tous ces avantages, les horaires sont assez larges et quelle que soit l'heure à laquelle on vient on est toujours reçu avec un grand sourire !

RESTAURANT LE PIGEONNIER €€

33, rue de la République
✆ 03 90 64 66 28

Ouvert du mercredi au dimanche, midi et soir. Terrasse.

Ce petit établissement vous charmera à coup sûr avec sa décoration typiquement alsacienne. Ici, vous êtes invités à déguster des mets traditionnels : fleischnaka, lewerknepfle, grumberekechele, jarret de porc braisé ou encore cordon bleu vosgien... Sur réservation, profitez de la convivialité du barbecue en intérieur avec la brasérade de bœuf. En semaine, plat du jour. Baeckehoffe et choucroute pour 4 personnes à commander quatre jours à l'avance. Tartes flambées pour les groupes de plus de 10 personnes. Possibilité de menu unique pour les banquets.

LE VULCANO €€

20, rue de la République
✆ 03 88 68 10 10
www.levulcano.fr

Maître restaurateur. Ouvert du mardi au vendredi midi et soir et samedi soir. Vente à emporter. Terrasse.

Le maître-restaurateur Elias Saadi transporte avec lui un énorme bagage culinaire qui donne tout son charme au Vulcano. Né au Liban, creuset historique mariant cultures orientales et occidentales, Elias s'appuie sur son expérience personnelle et professionnelle pour créer une cuisine atypique. Au Vulcano, les parfums épicés des spécialités libanaises se marient aux saveurs plus familières des tartes flambées chères à l'Alsace. Les desserts siciliens feront voyager vos papilles avec bonheur. Des soirées spéciales sont souvent organisées.

FERME DOLLINGER

39, rue de la République
✆ 03 88 51 79 20
www.ferme-dollinger.com

Du lundi au vendredi de 9h à 19h. Samedi de 8h30 à 15h. Dimanche de 10h à 12h. Panier de 10 € à 15 € ou fruits 9,50 €.

Ici vous trouverez des fruits et des légumes du jardin, produits par la ferme depuis cinq générations. Ses spécialités sont avant tout l'asperge bien sûr en tant que spécificité de la ville de Hoerdt, mais aussi les pommes de terre, patates douces, artichauts, courges et les fraises. Possibilité d'acheter des produits locaux provenant d'autres fermes comme du fromage, du miel ou encore de la viande et de la charcuterie. Vous pouvez réserver en ligne votre panier de la semaine et venir le chercher quand cela vous arrange. Bon et pratique !

FERME MATHIS

9, rue de Geudertheim ✆ 03 88 68 11 20
www.fermemathis.com

Cueillette libre ouverte de juin à début septembre (hors asperges et pommes de terre). Paniers de 5 € à 15 €.

À la ferme Mathis, vous trouverez légumes frais, conserves, plats cuisinés (réalisés dans la cuisine et vendus dans le magasin de la ferme) et même des produits issus de producteurs environnants. Vous pouvez cueillir dans les champs, ou acheter les produits dans leur magasin. Il est aussi possible de commander son panier légumes et œufs. Lors de la saison des asperges (de mi-avril à juin), la structure propose de nombreux événements comme la visite des aspergeraies, des ateliers de conditionnement et même un restaurant éphémère avec asperges à volonté.

FERME RIEDINGER

60, rue de la République
✆ 03 88 68 14 75
www.ferme-riedinger.com

Ouvert du lundi au jeudi de 9h à 12h30 et de 14h à 19h ; vendredi de 8h30 à 13h et de 14h à 19h ; samedi de 8h à 17h.

Vous trouverez sur les étals l'asperge locale qui fait la renommée de Hoerdt, mais aussi différentes variétés de salades, carottes, champignons, potirons, courgettes, tomates, brocolis, pissenlits, légumes anciens... œufs d'araucana (une poule dont les œufs sont bleus), ou encore de la choucroute fraîche. La boutique propose les produits de producteurs locaux partenaires : charcuterie, produits laitiers, truites fraîches ou fumées artisanales, saumon fumé, foie gras, légumes secs, épices, jus de fruits artisanaux, bières artisanales, kéfirs...

HIPPODROME DE STRASBOURG-HOERDT

97, rue du Cheval-Noir
✆ 03 88 51 32 44
www.hippodrome-strasbourg.fr

Le calendrier des réunions est indiqué sur le site. Entrée : 5 €. Restaurant.

En une quarantaine d'années seulement, le petit hippodrome local est devenu une référence régionale, voire nationale : huit réunions nationales y ont lieu chaque année. Des réunions – trot, galop, obstacles – auxquelles les amateurs de « tiercé-quarté-quinté-quinté+ » peuvent assister dans le but de parier ou simplement d'assister à ces courses équestres, dans une ambiance détendue, conviviale et très familiale des plus agréables. Laissez-vous griser par le suspens d'un pari !

WISSEMBOURG ★

La magnifique abbatiale Saint-Pierre-et-Saint-Paul de Wissembourg conserve le clocher-beffroi de l'église élevée au XIe siècle. Au XVe siècle, la ville connait une ère de peur sous la tyrannie de Jean de Dratt entré dans la légende du bon saint Nicolas sous les traits du Hans Trapp, un homme sauvage, barbu et effrayant qui punit les enfants désobéissants. Au XVIIIe siècle, le roi exilé de Pologne, Stanislas Leszczynski y est accueilli en famille. Avec sa fille Marie, future épouse du roi de France Louis XV, ils passent six années à Wissembourg. La ville conserve un centre historique riche de superbes maisons anciennes à pans de bois ou renaissance.

HÔTEL WEISS €€

23, avenue de la Gare
✆ 03 88 94 13 67
www.hotel-weiss.biz

17 chambres simples à familiales à partir de 65 € à 100 €. Parking privatif. Garage. Location de bicyclettes : 5 €/jour.

La situation, la qualité de l'accueil et le rapport qualité/prix de cet établissement en font un lieu idéal pour les petits budgets qui ne veulent pas rogner sur la qualité. Les chambres sont grandes et très lumineuses. La proximité de la gare offre de nombreuses possibilités de visites et facilite les déplacements, si vous ne possédez pas de voiture, sans pour autant nuire au calme des nuits passées ici. Aux beaux jours, vous pourrez profiter du jardin. Une multitude d'offres de visites touristiques sont proposées et expliquées par l'hôtelier.

HÔTEL-RESTAURANT DE LA COURONNE** €€

12, place de la République ✆ 03 88 94 14 00
www.couronne-wissembourg.com/fr/

Hôtel 2 étoiles. 10 chambres, 5 suites à partir de 63 € et 171 €. Demi-pension possible. Restaurant. Parking proche.

Situé au centre de la ville, au cœur du quartier historique, l'hôtel-restaurant est aménagé dans l'ancien relais de la poste de Wissembourg ; il date du XVIIIe siècle. À l'Hôtel La Couronne, l'équipe veille à ce que votre séjour soit un moment de détente et de plaisir. Chambres et suites confortables et spacieuses, décoration et prestations soignées, accès au sauna et au salon de modelages corporels... Tout y est, même un excellent restaurant de spécialités alsaciennes !

MAISON JÜLG €€

116, rue des Églises - **SEEBACH-NIEDERSEEBACH**
✆ 03 88 94 79 98
www.vins-julg.fr

2 chambres d'hôte. Caviste : dégustation de vin au caveau jeudi vendredi après-midi, samedi de 9h à 12h et de 14h à 18h.

Peter et Lydia Jülg, les propriétaires de ce domaine viticole proposent deux chambres d'hôtes, pouvant accueillir jusqu'à trois personnes, dans une maison de plus de 200 ans d'âge. Le gîte est idéalement situé au cœur du pittoresque village de Seebach et au sein d'un domaine viticole, dans une dépendance agréablement aménagée. Vous pourrez y découvrir l'ambiance viticole, notamment pendant les vendanges, qui se font manuellement. Le matin, dégustez le copieux petit déjeuner, constitué de confitures maison et d'un excellent pain croustillant du boulanger du coin.

BAS-RHIN

Wissembourg.

ABBATIALE SAINTS-PIERRE-ET-PAUL ★

14, avenue de la Sous-Préfecture
✆ 03 88 94 10 11
Visite guidée sur réservation auprès de l'office de tourisme de l'Alsace Verte.

Déclaré site du patrimoine mondial de l'Unesco depuis 1930, cette abbaye de style gothique a été construite entre la fin du XIIIe et le début du XIVe siècle. Parmi le mobilier de l'abbaye, figure un lustre, copie d'une célèbre pièce du XIe siècle et une grande fresque du XIVe représentant saint Christophe. On peut y voir aussi une statue du bon roi Dagobert, réputé fondateur de l'abbaye, de belles sculptures ainsi que des peintures murales datant du XIVe siècle.

© PISCES2386 - SHUTTERSTOCK.COM

© PETER DE KIEVITH - SHUTTERSTOCK.COM

AUBERGE LA VIEILLE GRANGE €

77, rue des Églises
SEEBACH-NIEDERSEEBACH
✆ 03 88 53 18 40
www.lavieillegrangeseebach.com
Ouvert du jeudi au lundi soir. Terrasse.

Dans cette auberge typiquement alsacienne, vous dégusterez des plats régionaux : wädele, rognons de veau à la crème ou sauce moutarde, tartes flambées. En particulier des produits locaux et de saison : truite aux amandes, tourtes ou asperges au jambon du pays. Goûtez la spécialité de la maison, le « chapeau tartare » composé de trois sortes de viandes marinées à griller ou à cuire dans le bouillon. La carte des vins offre des nectars de la région et des domaines viticoles proches.

RESTAURANT À L'AGNEAU €

1, route de Strasbourg - **SELTZ**
✆ 03 88 86 53 11
www.restaurant-agneau.com
Ouvert du lundi au jeudi midi. Vendredi et dimanche midi et soir. Terrasse. Livraison à domicile. Plats à emporter.

Ce petit restaurant invite à faire une pause. Dès votre arrivée, vous serez séduit par la belle terrasse aménagée en en granit brut. Dans la salle le mobilier Louis Philippe offre des chaises très confortables. De quoi se mettre à l'aise pour bien commencer le repas. On peut commencer avec le cocktail de crevettes aux épices douces, wakamé et fritot de scampis, poursuivre avec le rumsteak Simmental, beurre maître d'hôtel, frites et légumes et finir avec une coupe glacée Copa-Cabbana. Le restaurant propose des menus et plats du jour en livraison ou à emporter.

RESTAURANT À L'ARBRE VERT €

13, rue Principale
SELTZ
✆ 09 51 52 21 27
Ouvert du jeudi au samedi soir et dimanche midi et soir.

Dans ce restaurant pavoisé aux couleurs italiennes, on s'attable dans la grande salle pour se régaler au choix d'une des vingt-sept variétés de pizzas, d'une tarte flambée ou d'un plat de la carte bistronomique : escalope, cordon bleu, faux-filet, magret de canard... Les portions sont très généreuses. À noter, les bouchées à la reine médaillées d'or en 2011. Le restaurant accueille également vos évènements privés. Pour les plats à emporter, pensez à commander.

BAS-RHIN

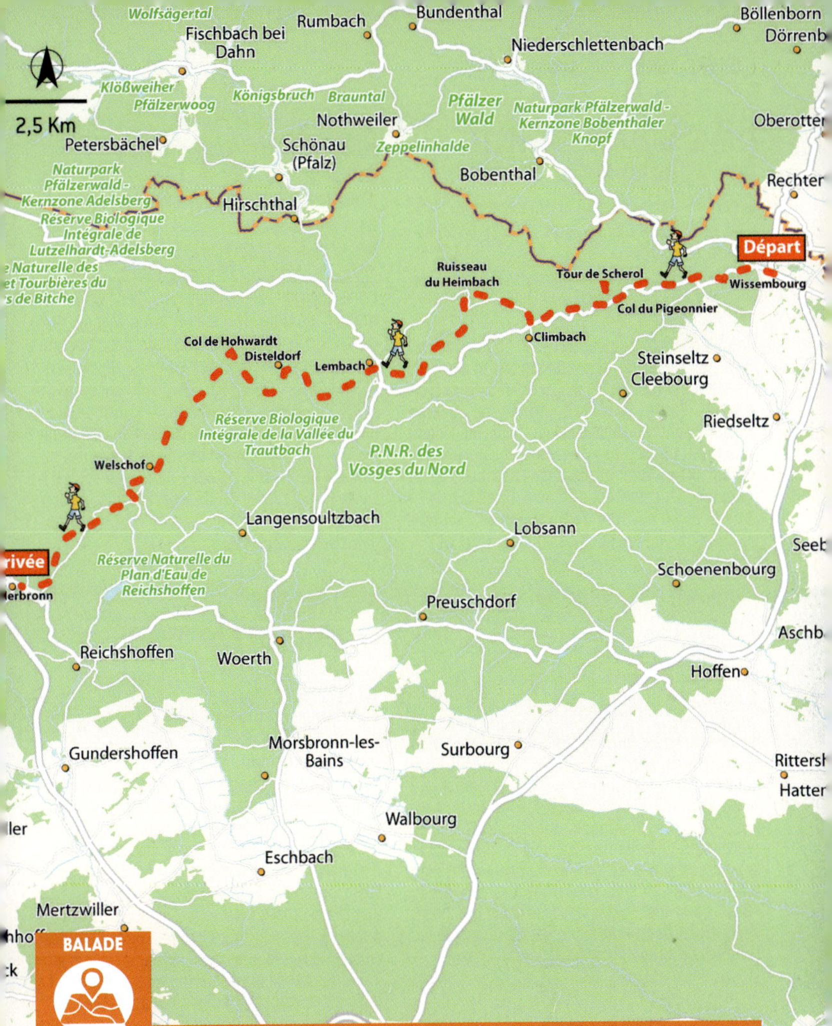

BALADE

MASSIF DES VOSGES

La Grande Traversée Pédestre des Vosges au fil des GR est le premier itinéraire français certifié « Leading Quality Trails – Best of Europe ». Majoritairement en forêt, il propose de marcher une vingtaine de jours sur 430 kilomètres de chemins de terre et sentiers. Cette randonnée est assez difficile pour les enfants, elle convient plutôt à des profils confirmés ou sportifs.

La première étape relie Wissembourg à Jaegerthal. Depuis la gare, on longe les remparts avant de monter vers le col du Pigeonnier en suivant le balisage de rectangles rouges du GR53. On pourra déjà dormir à l'abri de la Tour de Scherol mais il n'a pas de source. Depuis là, on continue sur le GR53 après le col en direction de Climbach. On longe ensuite la route D503 jusqu'à trouver le sentier balisé de croix bleues qui permettra de longer le ruisseau du Heimbach jusqu'à Lembach, qu'on traverse pour rejoindre le GR532 balisé en jaune. On passe ainsi par Disteldorf avant de rejoindre le col de Hohwardt puis le balisage bleu du GR531 après lui. On part ainsi en direction de Jaegerthal et Niederbronn, passant par un abri au bord d'un étang à Welschof où l'on peut passer la nuit. Arrivé à Niederbronn, on prend une pause bien méritée et on peut remonter en transports à Wissembourg.

FERME AUBERGE DU MOULIN DES 7 FONTAINES €€

Sur la D 77 entre Lobsann et Drachenbronn
DRACHENBRONN-BIRLENBACH ✆ 03 88 94 50 90
http://7fontaines.fr

Gîtes de France, Bienvenue à la ferme. Fermé lundi et jeudi. Chambres d'hôte : 54 € à 110 €. Table d'hôte soir : 20 €.

Dans une magnifique bâtisse construite au XVIIIe siècle par un serviteur du baron de Fleckenstein, à proximité de deux moulins (l'un à grain, l'autre à huile), une ferme-auberge et dix chambres d'hôtes. À la carte, des plats alsaciens : bäckeoffe, fleischknepfle, pot-au-feu, canard, grumbereknepfle, tartes flambées le samedi soir. Le cadre est agréable. On séjourne et l'on se régale au cœur de l'exploitation. Alentour se dressent les vestiges des autres moulins.

RESTAURANT À LA ROSE €€

66, rue des Forgerons
SEEBACH-NIEDERSEEBACH ✆ 03 88 94 75 40
www.rose-seebach.fr

Ouvert tous les jours midi et soir, sauf le mardi et lundi soir en période hivernale. Terrasse. PMR.

Le restaurant a pris ses quartiers dans une maison typique de ce charmant village alsacien. La cuisine servie est issue des traditions alsaciennes. Inspirée des goûts et des saveurs d'autrefois, imprégnée des tendances d'aujourd'hui. Vous y trouverez les traditionnels plats de viande, et des spécialités de la maison : les nuddle d'Aloyse et les ravioles russes maison. Et bien sûr les tartes flambées salées et sucrées, pizzas, et en dessert la fameuse tarte maison. La grande salle permet d'accueillir des groupes et événements.

L'HOMME SAUVAGE €€

3, rue de l'Ours
✆ 03 88 54 34 44

Ouvert du mardi midi au dimanche midi et soir. Terrasse.

Restaurant sans prétention proposant des plats du terroir, savoureux et copieux. La décoration est sobre, l'accueil chaleureux. Le lieu est idéal pour passer un moment agréable, en famille ou entre amis à prix raisonnables. Vous vous régalerez de tartes flambées, baeckeofe et autres spécialités alsaciennes. La langue de bœuf et la bouchée à la reine sont particulièrement bien réussies par le chef. Pour un encas plus léger, optez pour les salades, variées et fraîches... Pendant les beaux jours, profitez de la spacieuse terrasse ombragée bordée de lauriers roses.

RESTAURANT LA MIRABELLE €€

3, rue du Général Leclerc
✆ 03 88 54 33 41

Ouvert du mardi au vendredi midi et soir, samedi et dimanche midi.

Dans ce restaurant, vous trouverez des grands classiques : brochette et côtes d'agneau, escalope de veau, mais aussi des plats à base de poissons et de fruits de mer, ainsi que de nombreuses salades composées. Pizzas et tartes flambées complètent l'offre. L'originalité de la carte porte sur les formules : « express » si vous êtes pressés ou au feu de bois... Quelques desserts compléteront votre repas. La spacieuse terrasse est bien agréable aux beaux jours. Le décor est contemporain et sobre. La salle est spacieuse et c'est bien agréable.

HOSTELLERIE AU CYGNE €€

3, rue du Sel
✆ 03 88 94 00 16
www.hostellerie-cygne.com

Hôtel-restaurant. 8 chambres 5 suites à partir de 90 € et 220 €. Demi-pension. PMR.

Dans cette magnifique bâtisse du XVIIe siècle, le décor est coquet et les belles boiseries offrent un cadre agréable, à la taverne traditionnelle et au restaurant. Vous vous attablerez pour savourer des plats concoctés par le chef et son second. La carte est variée : noix de Saint-Jacques rôties, côte de veau de Dordogne... Les plats sont sublimés par les sauces, originales et savoureuses. En dessert, optez pour la douceur des îles et son sorbet agrumes. Vous dormirez au choix dans une chambre équipée d'une salle de bains ou dans une suite avec balnéo.

RESTAURANT AU PONT M €€€

3, rue de la République
✆ 03 88 63 56 68
www.aupontm.com

2 fourchettes au Guide Michelin et 1 toque au Gault & Millau. Ouvert du mercredi midi au dimanche midi.

Dès votre arrivée, Maud Meyer la gérante du restaurant, vous accueille chaleureusement. Ses conseils avisés, tant au niveau des plats que de l'accord mets/vin sont judicieux. À moins que vous n'optiez pour un menu Bistrot (entrée, plat, dessert) ou le menu m (4 assiettes pour plus de gourmandise). Le chef Philippe Meyer, réalise des plats de viandes, de poissons et de crustacés... Il apporte un soin particulier à la présentation des mets. La décoration est sobre et raffinée. La terrasse, à l'arrière du restaurant, vous ouvre ses bras dès les beaux jours.

CHEMIN DES CIMES ALSACE

1, route de la BA 901
DRACHENBRONN-BIRLENBACH ✆ 03 69 50 86 00
www.chemindescimes-alsace.fr

De janvier à mars, en novembre et décembre 9h-16h. Avril et octobre 9h30-18h. De mai à septembre 9h30-19h.

Avec un sentier d'une hauteur de 5 à 23 mètres, de nouveaux horizons sur la plaine du Rhin, la Forêt-Noire et les Vosges du Nord s'offrent à vous. Avec une longueur totale de 1 050 mètres, le Chemin des Cimes Alsace offre une expérience unique de la nature. Le point culminant est la tour panoramique de 29 mètres de haut, avec en son centre un toboggan de 75 mètres de long. Petits et grands s'amuseront, observeront le paysage, mais aussi apprendront beaucoup grâce à de nombreux panneaux informatifs et ludiques. Le Chemin des Cimes est une belle sortie en famille !

PÂTISSERIE REBERT - SALON DE THÉ

7, place du Marché-aux-Choux ✆ 03 88 94 01 66
https://patisserie-rebert.fr
Ouvert du mardi au vendredi de 7h30 à 18h30, samedi de 7h à 18h, dimanche et jours fériés de 8h à 18h. Terrasse.

Le salon de thé dispose de trois salles et d'une terrasse couverte. Vous avez la possibilité de déjeuner sur place ou commander une prestation traiteur. À la carte, des pâtisseries ou des créations salées, comme des pâtés en croûte ou des marbrés au foie gras et à la pistache. Verrines, quiches, petites brioches fourrées complètent la gamme proposée. Par ailleurs, le maître pâtissier réalise des bonbons de chocolats. Enfin, l'établissement propose aussi des cours de pâtisserie.

LA BOÎTE À BISCUITS

40, rue Nationale
✆ 03 88 94 00 50
http://boite-biscuits.com/fr
Ouvert du mardi au samedi de 9h30 à 18h30.

Sur quels critères choisir sa confiture préférée à La Boîte à Biscuits parmi les différentes sortes proposées ? Il y a plusieurs gammes à tartiner, à mettre dans un laitage ou pour accompagner viandes et fromages : sucrées-salées, insolites, fruitées, gourmandes, chocolatées, saisonnières, spéciales fêtes ou les extras. Côté biscuits, il y a aussi du choix : sablés, macarons, truffes, meringues... Cette boutique ne propose que des produits artisanaux, réalisés en famille. Comme la boutique est aussi un petit salon de thé, venez goûter sur place !

BRETZEL AIRLINES

12, place de la République
✆ 03 88 90 79 44
www.bretzelairlines.com
Ouvert du mardi au vendredi de 10h à 12h15 et de 14h à 18h30, samedi de 10h à 12h30 et de 13h30 à 18h30.

Le concept de Bretzel Airlines ? Surfer sur l'Alsace et l'humour. Sur différents types de supports, l'Alsace se décline, avec ses spécificités, ses emblèmes ou ses jeux de mots. La marque évolue régulièrement, déposant les nouveaux motifs sur des mugs, casquettes, sacs et nombreux autres accessoires. Le magasin idéal pour trouver une multitude d'idées cadeaux, souvenirs ou pour dénicher l'article original, qui correspond à votre personnalité. La boutique en ligne permet de choisir, de commander tranquillement et de se faire livrer.

CLEEBOURG-BREMMELBACH

Cleebourg, la ville (bourg) du trèfle (Klee), tient son blason qui reprend le motif de son nom. Ses coteaux idéalement exposés sont couverts de vignes depuis le VIIIe siècle. La réputation de ses bons vins perdure depuis lors. Une terre très appréciée par ses différents maîtres, comme un temps, les princes de Suède. Le bourg est entièrement détruit au XVIIe siècle pendant la guerre de Trente Ans, à l'exception du moulin du château. Les jolies demeures visibles aujourd'hui sont donc toutes postérieures à cette époque. On appréciera les nombreux départs de randonnées sur les collines alentour dont méandres et reliefs séduisent les plus sportifs.

LE SENTIER VITICOLE

Au départ du parking de la Cave Vinicole de Cleebourg
✆ 03 88 94 50 33
Visite libre toute l'année, hors période de vendanges. Gratuit.

Ce sentier de balade est le plus septentrional des sentiers viticoles. Accessible librement, il débute au niveau du lieu-dit du Pfeiffersberg à proximité de la Cave coopérative de Cleebourg pour une balade d'une distance de 4,6 km. Le sentier marque le début de la Route des Vins d'Alsace. Des panneaux explicatifs jalonnent l'itinéraire accessible aux marcheurs de tous niveaux. Si vous souhaitez plus d'explications sur le site, un dépliant-carte peut être acquis auprès des offices de tourisme de Wissembourg et de Hunspach, ou tout simplement à la Cave de Cleebourg.

GÎTE ANNE ET JEAN-PAUL KLEIN €€

56, rue Principale ✆ 03 88 94 50 95
http://cleebourg.chez.com
Gîtes de France 3 épis. 4 chambres dont 2 familiales. 58 € à 85 €. Parking fermé. Restauration le soir sur réservation.

Anne et Jean-Paul Klein vous accueillent dans leur charmante maison alsacienne à colombages. Les 4 chambres sont situées au rez-de-chaussée et disposent d'une salle de bains privative. Dehors, la jolie cour fleurie et son salon de jardin sont à votre disposition. Le petit déjeuner se compose de charcuteries et fromages régionaux, d'œufs, de confitures maison mais aussi de viennoiseries alsaciennes. Anne et Jean-Pierre cuisinent des spécialités régionales le soir.

GÎTE CHEZ CHRISTINE €€

21, rue Principale
© 03 88 94 54 09
www.gitechristine67.fr
Chambre double : 75 € la 1re nuit, 65 € la suivante. Chambre simple : 65 € la 1re nuit, 58 € la suivante.

Vous serez très bien accueillis dans ce gîte, situé dans le charmant village viticole de Cleebourg. Les chambres, confortables et joliment décorées sont installées dans l'une des ailes de la maison à colombages. Il y a possibilité de cuisiner et de prendre vos repas sur place, dans une cuisine très bien équipée. Christine et Patrice Strasser vous donneront de nombreux conseils avisés pour visiter le coin et manger des plats de qualité. Motards pendant leur loisir, Christine et Patrice vous prêteront leur atelier et outils si votre bécane a besoin d'un tour de vis.

CAVE COOPÉRATIVE VINICOLE DE CLEEBOURG

Route du Vin
© 03 88 94 50 33
www.cave-cleebourg.com
Ouverture lundi au vendredi 8h-12h et 13h30-18h, samedi 8h-12h et 14h-18h, dimanche et jours fériés 10h-12h et 14h-18h.

La cave vinicole de Cleebourg dispose d'un large panel de vins de qualité : pinot gris, pinot noir, gewurztraminer, riesling, auxerrois... Des vins locaux, vinifiés sur place et issus des vignes qui s'étendent sur les 109 hectares alentour. En complément, le domaine propose, par ailleurs, un parcours découverte des vignes et des vins : visite des installations de la cave vinicole avec une présentation de la vinification des vins et crémants d'Alsace.

HUNSPACH

Laissez-vous séduire par Hunspach, élu village préféré des Français en 2020 et labellisé parmi les Plus Beaux Villages de France. De jolies maisons à pans de bois et colombages, blanchies à la chaux et serrées les unes contre les autres, forment un ensemble adorable. Là, le temps semble s'être figé au début du siècle précédent. De fait, Hunspach abrite de nombreux bâtiments inscrits aux Monuments historiques : église, école, mairie, fermes, à découvrir en déambulant dans les rues du village. Alentour, les vergers et les champs offrent de nombreux sentiers de promenade. Pour ceux qui préfèrent être véhiculés, des balades en calèches sont possibles.

LE FORT DE SCHŒNENBOURG ★★

Rue du Commandant Martial Reynier
© 03 88 80 96 19 - www.lignemaginot.com
D'avril à novembre, du lundi au samedi 14h-16h ; le dimanche 9h30-11h et 14h-16h (et l'été). Adulte : 9 €. Enfant : 5 €.

Le fort de Schoenenbourg est le plus important ouvrage d'artillerie de la ligne Maginot visitable en Alsace : près de 3 km de galeries, à une profondeur moyenne de 22 mètres sous la surface du sol reliant 6 blocs dispersés sur plusieurs hectares et comprenant cuisine, usine de production électrique, centrale de filtrage de l'air, caserne, infirmerie, poste de commandement, bloc de combat avec tourelle équipée de canons. La découverte continue à l'extérieur du bâtiment militaire avec un parcours jalonné de pancartes explicatives. Visite guidée accessible aux PMR.

BAS-RHIN

© HUANG ZHENG - SHUTTERSTOCK.COM

Le Fort de Schœnenbourg.

TOTAL JUMP

Plage des Mouettes - **LAUTERBOURG**
✆ 07 89 65 76 29
www.total-jump.fr

Juin à septembre, du lundi au vendredi, 13h-19h ; samedi, dimanche, jours fériés, 10h-19h. 10 € à 22 € la 1re heure.

Rafraîchissez-vous à Total Jump ! Sur l'Aqua-Park, grimpez, sautez, plongez, glissez... grâce à des modules gonflables géants. Sur le Water Jump, ce seront des descentes en bouée, toboggan et tremplin pour se propulser en l'air et atterrir dans l'eau. Les plus motivés pourront se lancer des défis, faire la course, ou simplement s'amuser entre amis ou en famille. Et quand vous vous serez bien défoulés, vous pourrez vous détendre au plan d'eau et vous restaurer sur le site. L'ensemble des activités est sous la surveillance d'un maître-nageur BNSSA.

MAISON UNGERER•••• €€

3, route de Hoffen
✆ 03 88 80 59 39
www.maison-ungerer.com

6 gîtes et 3 chambres d'hôtes (de 2 à 5 pers.). Capacité totale 35 lits. De 335 € à 540 € la semaine. Jardin. Boutique.

Les gîtes de la Maison Ungerer vous accueille le temps d'un week-end ou pour un plus long séjour. L'hébergement a gardé la typicité alsacienne : la grande cour de ferme, les colombages, la décoration, avec un authentique poêle en faïence... Profitez de la quiétude du jardin et du confort des pièces bien aménagées. De plus vous aurez accès aux jeux pour les enfants, à une table de ping-pong, bibliothèque, lingerie et barbecue. A proximité, il y a un court de tennis, l'office de tourisme, une boutique, un centre d'équitation, une piscine, une discothèque...

DANIEL ROTH BALADE EN CALÈCHE

66, rue Principale
✆ 03 88 80 50 91

Visite guidée du village, sur réservation.

Daniel Rott vous emmène pour une balade dans les rues de ce village typiquement alsacien ou dans le vignoble tout proche. Installés sur les bancs de la calèche, vous profiterez d'une escapade de deux heures qui vous laissera tout le temps d'admirer le paysage. Que ce soit dans le cadre d'un mariage, d'un anniversaire, pour le plaisir d'une virée ou pour assurer des défilés, confiez-lui vos attentes et Daniel Rott vous concoctera un parcours sur mesure.

PÂTISSERIE SALON DE THÉ FISCHER

52, rue Principale
✆ 03 88 80 42 36

Ouvert du lundi au vendredi de 5h à 12h30 et de 15h à 18h30 ; le samedi de 6h à 12h30 et de 14h à 17h.

Quand on fait du tourisme dans la région et que l'on veut déguster des *bredele* (les fameux petits gâteaux alsaciens) hors de la période traditionnelle de Noël, on fait un tour à Hunspach. Dans cette pâtisserie, vous en trouverez toute l'année ! Pour faire une pause rafraîchissante ou pour manger un petit quelque chose dans la journée, posez-vous un moment pour déguster une glace artisanale ou une pâtisserie maison. Bretzel géante en brioche, kougelopf, et tartes savoureuses...

DISTILLERIE ARTISANALE HOEFFLER

17, rue des Jardins - **LOBSANN**
✆ 03 88 80 45 79
www.distillerie-hoeffler.com

Visites guidées de la distillerie et accès à la boutique sur rendez-vous. Visite guidée. Boutique. Animations.

Pour tout comprendre du mode de distillerie, suivez la visite de Marc Hoeffler. Vous apprendrez tout de la double distillation, une technique de distillation ancienne, qui permet d'obtenir des eaux-de-vie parfumées. Les alambics à cloches, datant de plusieurs générations, s'alignent contre le mur. Le charme de l'ancienne tradition plane dans la salle de distillation, avec les paniers en osier et les fûts en chêne... Après cette découverte, faites un tour à la boutique.

BOUTIQUE KELSCH'IDÉE

76, rue Principale
✆ 03 88 80 53 67

Ouvert sur demande : téléphoner avant de passer à la boutique. Simone peut également vous faire visiter le village.

Simone vous invite à entrer dans son univers fait de lampes, de petits cœurs en kelsch (tissu en lin, à petits carreaux bleus ou rouges, typique de l'Alsace), mais aussi de poteries, coussins, savons, dentelles, rubans, nappes... Sur les étagères trônent des pots de confiture et des breuvages aux fruits. Certaines créations sont réalisées par Simone, mais elle laisse aussi une place aux artisans du coin, ce qui permet de proposer une gamme complète d'objets décoratifs. La boutique abrite aussi un petit musée, d'objets et de vêtements alsaciens.

LEMBACH ★

Classée depuis 2010 Station Verte de vacances, Lembach offre plusieurs prestations liées à l'écotourisme : hébergement, commerces, baignades..., pratiqués et organisés dans le respect du développement durable et des mobilités douces. Le village conserve de très nombreuses maisons à pans de bois et colombages. Sur le ban communal relativement étendu se trouvent les ruines de l'imposant château du Fleckenstein ainsi que l'ouvrage du four à chaux de la Ligne Maginot, système défensif de la Seconde Guerre mondiale. Chaque été revient la Semaine des charbonniers, portée par l'association Les Charbonniers du Fleckenstein. L'occasion de découvrir le métier.

CHÂTEAU FORT DU FROENSBOURG

✆ 03 88 90 77 50
www.chateauxfortsalsace.com

La tour d'habitation sur le rocher Sud appartenait vers la fin du XVe siècle aux Fleckenstein. La porte d'entrée date de 1481. Le grand château recouvrait alors l'ensemble du rocher nord. Il comportait, au niveau supérieur, un donjon du côté de l'attaque à l'extrémité nord, avec logis en enfilade vers le sud. Aux niveaux intermédiaire et inférieur se situaient les communs et dépendances en pan de bois complétés par des aménagements troglodytiques.

CHÂTEAU DE FLECKENSTEIN ★★★★

Lieu-dit Fleckenstein ✆ 03 88 94 28 52
www.fleckenstein.fr

Ouvert du 26 mars au 6 septembre tous les jours de 10h à 17h30 et jusqu'à 18h en juillet/août.

Au nord de la D662 et de Philippsbourg, émergeant de la dense et verte forêt des Vosges du Nord, se dresse le plus incroyable des châteaux forts bâtis dans la région : le Fleckenstein. Protégés du célèbre et puissant Empereur du Saint Empire germanique, Frédéric Barberousse, dont l'une des capitales était Haguenau, les Fleckenstein érigent leur forteresse dès le XIIe siècle, gardienne de l'axe stratégique reliant Bitche à Wissembourg. Fondé sur un imposant rocher de grès rose de 120 m de long et de 20 m de large, le château conserve de son origine quelques salles troglodytes desservies par un escalier de pierre aménagé à l'époque romane. Dès sa construction, un ingénieux système de canalisations distribue les eaux de pluie stockées dans une citerne. Le Fleckenstein connaît plusieurs remaniements. En 1564, il est ravagé par un incendie. Il atteint son apogée au XVIe siècle quand deux branches de la famille y cohabitent dans la « paix castrale ». Au XVIIe siècle, les troupes du roi français Louis XIV le ruinent à coups de canon. La dynastie des Fleckenstein s'éteint en 1720. Passant de mains en mains, le château est finalement acquis par le syndicat d'initiative de Lembach en 1958. Ouvert à la visite, il se gagne à pied, depuis un parking un peu en contrebas. Les familles pourront suivre un parcours ludique composé d'une vingtaine de jeux divertissants durant trois heures environ. Parvenu au sommet de la roche, dont l'éperon semble la proue d'un navire naviguant sur la forêt, vous apprécierez le panorama ouvert sur 360°.

BAS-RHIN

Château de Fleckenstein.

LE FOUR À CHAUX - OUVRAGE DE LA LIGNE MAGINOT ★★

Schmelzer Weiher ✆ 03 88 94 48 62
www.lignemaginot.fr
Horaires de visites variables selon les saisons, consulter le site Internet. Tarif adulte : 8 € ; étudiant : 6 €.

Érigé entre 1930 et 1935, cet ouvrage dont le nom provient d'un ancien four à chaux construit à proximité, est l'un des plus imposants de la ligne Maginot. Les quatre kilomètres de galeries descendent jusqu'à 30 mètres sous la terre. Elles pouvaient accueillir plus de six cents hommes. Les visiteurs se familiariseront peu à peu avec les conditions de vie de ces soldats qui foulèrent le sol avant eux en visitant leurs dortoirs, leurs sanitaires, leurs cuisines ou encore leur infirmerie.

LE MOULIN À HUILE

13, Annexe Pfaffenbronn
✆ 03 88 94 24 23
Accueil et visite sur demande. Visite guidée. Boutique.

Le propriétaire de ce moulin construit, comme la ferme, au XIXe siècle, Chrétien Jamin, vous expliquera les étapes de la fabrication de l'huile en vous faisant une démonstration. Passionné et passionnant, M. Jamin ponctue sa démonstration avec quelques anecdotes. Mieux encore, si vous en avez, apportez vos cerneaux de noix : vous aurez le plaisir de les voir broyés et transformés sous vos yeux. Laissez-vous chatouiller les narines par la bonne odeur ! Des bouteilles d'huiles de colza et de noix sont commercialisées sur place.

SENTIER TRANSFRONTALIER FRANCO-ALLEMAND « DE CHÂTEAU EN CHÂTEAU »

✆ 03 88 90 77 50
www.tourisme-nordalsace.fr

La vallée de la Sauer relie les Vosges du Nord au Palatinat allemand, sinuant dans un paysage idyllique de forêts où le grès a permis la construction d'édifices perchés sur des éperons rocheux. Ce magnifique circuit transfrontalier vous permettra de découvrir de nombreux châteaux forts. L'occasion de faire une randonnée inoubliable pour tous les amateurs d'histoire et de paysages époustouflants. Renseignez-vous auprès de l'Office de Tourisme pour connaître les différents itinéraires.

OFFICE DE TOURISME SAUER-PECHELBRONN

2, route de Bitche
✆ 03 88 86 71 45
www.tourisme-nordalsace.fr
Horaires variables selon les saisons, appeler ou consulter le site Internet.

Découvrez ici, grâce au professionnalisme et à la connaissance des employés, tous les bons plans de la région pour y séjourner agréablement, profiter au maximum des différentes activités proposées et de l'impressionnant maillage de sentiers balisés parcourant la région. Des sentiers transfrontaliers complètent maintenant le réseau et une vaste gamme de forfaits touristiques est proposée que vous soyez mélomane, gourmand, amateur d'artisanat, de nature ou d'architecture militaire.

CAMPING DU FLECKENSTEIN** €

À 20 km de Wissembourg et à 4 km du centre du village de Lembach. ✆ 03 88 94 40 38
www.lembach.fr/camping/
Ouverture de fin mars à début octobre. Étang de baignade l'été.

Ce camping deux étoiles de deux cents places vous accueillera sur un terrain plat, bordé de grands sapins et de chênes. À 50 mètres, l'étang du Fleckenstein permet de s'adonner à la pêche sportive ou de loisir, ou à la baignade. Un des rivages est aménagé pour vous permettre de profiter au maximum des joies de la belle saison. Une buvette avec terrasse vous proposera ses petits plats à déguster les pieds dans l'eau. La forêt toute proche permet de nombreuses escapades nature.

GÎTE L'ATELIER CHEZ KATIA ET LAURENT SCHLICK-KIENY €€

16, route de Bitche - **CLIMBACH**
✆ 03 88 94 27 99
Gîtes de France. 1 chambre, 80 € par nuit pour 2 personnes minimum deux nuits.

À l'intérieur de l'un des bâtiments d'un corps de ferme intégralement restauré vous trouverez des chambres sur trois étages, très vastes et merveilleusement décorées. Au rez-de-chaussée, une grande table et un espace cuisine équipé permettent de se cuisiner des petits plats comme chez vous. Cette cuisine offre un accès à une terrasse de bois donnant sur le charmant jardin. Le petit déjeuner se compose de pain, viennoiseries, gâteaux... ou sur demande charcuterie et fromage.

HÔTEL AU HEIMBACH** €€

15, route de Wissembourg
✆ 03 88 94 43 46
www.hotel-au-heimbach.fr
Chambre double de 78 € à 115 €. Demi-pension possible.

Au Heimbach est un hôtel familial de charme et de caractère avec ses colombages et ses tourelles, qui vous accueillera dans une ambiance cosy. Les chambres sont très agréables avec leur mobilier en bois et leurs murs de couleurs claires. Certaines disposent d'un balcon et d'une baignoire. Cet établissement vous permettra de profiter de nombreuses découvertes gastronomiques comme au restaurant gastronomique le Cheval Blanc tout proche. Sa situation en fait un lieu privilégié pour découvrir la région et pratiquer l'ensemble des activités proposées aux alentours.

AUBERGE DU PFAFFENSCHLICK €€

Col du Pfaffenschlick
CLIMBACH
✆ 03 88 54 28 84
www.pfaffenschlick.com
Ouvert du mercredi au dimanche, midi et soir. Menus de 25 € à 37 €. Carte : 18 € environ.

La famille Séraphin est à la tête de cet établissement depuis 1928. Cheminée ouverte et décor de relais forestier donnent une touche chaleureuse lorsque l'on s'attable pour déguster une cuisine traditionnelle : le baeckeoffe, le poulet fermier au riesling, la choucroute royale, le pot-au-feu à l'alsacienne... Des petits plats sont servis les après-midi en fin de semaine. Pour les fêtes de famille, l'établissement compose des menus sur mesure, selon vos envies.

RESTAURANT À L'ARBRE VERT €€

2, route de Wingen
✆ 03 88 94 41 01
Ouverture lundi et mardi midi et du jeudi au dimanche, midi et soir.

Dans cette très belle maison à colombages du XVIIe siècle, la famille Gerlinger vous reçoit dans la plus pure tradition régionale. Le chef vous concocte de bons petits plats saisonniers et selon arrivages. Le canard à l'orange est sa spécialité mais chacun pourra trouver de quoi ravir ses papilles entre bonnes viandes, poissons frais très travaillés. Une formule végétarienne est proposée et les gros appétits seront ravis car les plats sont à l'image du service, généreux !

AUBERGE DU CHEVAL BLANC €€€

4, rue de Wissembourg ✆ 03 88 94 41 86
www.au-cheval-blanc.fr
Hôtel et restaurant étoilés. Table ouverte le mercredi soir et du jeudi au dimanche de 12h à 13h30 et de 19h à 21h.

Les chambres incroyables, le spa à l'arrière du bâtiment historique, le fumoir et ses confortables fauteuils club, la grande salle de séminaire, l'agréable véranda... Autant de choses qui font de cette auberge dirigée par Carole et Pascal Bastian l'une des plus renommées d'Alsace. Avec ses trois toques au Gault & Millau et ses deux étoiles au guide Michelin, le chef vous proposera un repas inoubliable, plein de saveurs et de créativité, pour décliner l'art de vivre, de savourer et de profiter, à l'alsacienne, sans oublier pour l'accompagner les plus de 600 vins !

MORSBRONN-LES-BAINS ★

Comme à Merckwiller-Pechelbronn, c'est par hasard, lors d'un forage pétrolier en 1904, qu'une source thermale, riche en chlorure de sodium et en calcium qui jaillissait à 44 °C, a été découverte. Aujourd'hui, ce sont deux autres sources à 38,9 °C et 41,9 °C qui viennent alimenter la station thermale qui accueille notamment les patients souffrant de fibromyalgie, mais également d'arthrose, de rhumatismes inflammatoires ou de séquelles de traumatismes ostéo-articulaires. Des cures « bien-être » et des soins sont également proposés. Renseignements concernant la commune au syndicat d'initiative, à la mairie de Morsbronn : 03 88 09 30 18.

DIDI'LAND

1, route de Gunstett
✆ 03 88 09 46 46
www.didiland.fr
Ouvert tous les jours de 10h à 18h à partir d'avril. Adulte 21,50 €, enfant 20 €.

Ici il y en a pour tous les goûts : attractions à sensations, pour tous les âges et pour toute la famille ! Et on n'oublie pas les tous petits ! Ces derniers aimeront tout particulièrement l'Arbre Magique, nouveauté de 2021. Didi'Land innove avec le cirque ambulant rodéo et l'Apollo side car... On vous laisse découvrir par vous-même. Après toutes ces sensations, il est possible de manger sur place au self-service ou de pique-niquer sur les espaces aménagés. Et pour combler les petits creux vous pourrez aller au snack, à la buvette ou chez le glacier.

BAS-RHIN

HÔTEL RESTAURANT RITTER HOFT** €€

23, rue Principale
✆ 03 88 54 07 37
www.ritterhoft.com

Chambres de 65 € à 86 € la nuit. Pension et demi-pension.

Le Ritter Hoft propose 16 chambres de grand confort, baignées de lumière du jour et décorées avec goût, avec salle de bains privative. L'établissement offre des formules à prix réduits pour les séjours en cure thermale. Il dispose d'espaces réservés aux séminaires. Le restaurant propose plats du jour ou formules à la carte : carpaccio de saumon d'Écosse à l'huile d'olive et au citron vert, civet de biche forestière aux trompettes de la mort accompagné de spaetzle maison...

LA SOURCE DES SENS*** €€€

19, route de Haguenau
✆ 03 88 09 30 53
www.lasourcedessens.fr

Logis de France d'exception. 32 chambres. Demi-pension. PMR

Ce lieu exceptionnel est dédié au calme et au repos. Du choix des matériaux à l'agencement de l'espace, tout a été soigneusement étudié. Ainsi, chacune des chambres est un écrin de bonheur : éléments mobiliers contemporains dans un esprit zen, tapis duveteux et lumières tamisées, équipements variés, terrasses privatives offrant la vue sur le jardin. Sur près de deux mille mètres carrés, vous profiterez bien agréablement de la piscine chauffée, du bain bouillonnant, du jardin sensoriel et aromatique, des soins et massages qui finissent le travail.

VALVITAL MORSBRONN-LES-BAINS

12, route de Haguenau ✆ 03 88 09 84 93
www.valvital.fr

Ouvert du lundi au samedi de 9h à 12h30 et de 13h30 à 17h. Saison thermale de mars à décembre.

Les eaux thermales viennent de la source des Cuirassiers à 38,9 °C puisée à 400 m de profondeur, et de celle de Saint-Arbogast, à 41,9 °C, puisée à 670 m. Les cures soignent spécifiquement l'arthrose, la fibromyalgie et le stress post-traumatique ou lié à un cancer du sein. Une cure santé de 6 ou 12 jours est disponible ainsi que des soins du corps spécifiques. Le spa thermal est ouvert à tous, vous pourrez profiter tranquillement de la piscine thermale ou bien du hammam.

WOERTH

La petite ville de Wœrth est assurément bien plus célèbre pour la bataille du 6 août 1870 qui attire encore beaucoup de passionnés en pèlerinage que pour son passé médiéval, pourtant bien présent grâce à son château, entre autres. Il a été édifié au début du XIVe siècle par Wernher de Bolanden, prévôt de Saint-Victor près de Mayence et a été reconstruit au XVIe siècle par la famille des Deux-Ponts-Bitche de Lichtenberg. Il y a à l'arrière une belle façade Renaissance avec un grand balcon et un oriel en grès rose sur lequel sont sculptés les profils du comte Jacques Ier et de son épouse Catherine de Honstein avec la date 1555.

Monument aux morts d'un régiment allemand pendant la bataille du 6 août 1870.

BAS-RHIN

MUSÉE DE LA BATAILLE DU 6 AOÛT 1870 ★

2, rue du Moulin
© 03 88 09 30 21
www.webmuseo.com/ws/musee-woerth
Ouvert de 14h à 17h du mercredi au vendredi et de 14h à 18h le week-end. Tarif : 5 € ; gratuit pour les jeunes.

Le musée présente chronologiquement la bataille du 6 août 1870 avec des thématiques sur les turcos et les zouaves, l'infanterie, la cavalerie et l'artillerie. Ainsi le public peut mieux comprendre les enjeux de la guerre de 1870 et remonter l'histoire grâce aux armes, uniformes et objets du quotidien du soldat, trouvés pour la plupart sur le lieu de la lutte. Le propos du musée s'achève sur la réconciliation franco-allemande et la construction de l'Europe.

RESTAURANT LA CHAUMIÈRE €€

25, route de Lembach © 03 88 09 30 06
Ouvert du lundi au jeudi le midi, vendredi et dimanche midi et soir ; samedi soir. Menu unique à 19 €.

À la Chaumière, vous découvrirez toute une incroyable palette de saveurs, composée en fonction des produits de saison car tout est local, frais et fait maison. On ne se lasse jamais de goûter à l'incroyable créativité du chef qui réinvente sans cesse sa carte pour que vous puissiez toujours découvrir de nouvelles saveurs et ne jamais vous lasser. À la belle saison, la terrasse accueillante permet de profiter agréablement des rayons chauds du soleil pour se restaurer en profitant de la vue. Le service est tout bonnement excellent.

RESTAURANT LA PÉPINIÈRE €€

11, rue de la Pépinière © 03 88 09 30 79
www.restaurantlapepiniere.fr
Ouvert jeudi 10h-18h, vendredi-samedi 10h-18h et 19h-21h30, dimanche 9h-18h

Dans ce très beau et très bon restaurant, on utilise des produits frais issus de la production personnelle ou des fournisseurs alentour. Les menus et plats varient souvent mais sont toujours très travaillés et inventifs. Bistro chic, table du quotidien et cuisine gastronomique, La Pépinière vous dévoile ses multiples facettes dans un écrin des plus agréables. Olivier Fuchs est un passionné inclassable qui marie les inspirations, les expériences et un zeste de folie pour vous proposer une carte savoureuse, différente, unique, ou des initiations lors de cours.

NIEDERBRONN-LES-BAINS ★

La tradition thermale est ancienne et n'a été que brièvement interrompue à Niederbronn : les thermes gallo-romains et l'établissement thermal construit par le comte de Hanau-Lichtenberg en témoignent. Sous l'égide de la famille de Dietrich, Niederbronn devint à partir du XVIIe siècle un important centre métallurgique. De nombreuses empreintes architecturales, que les circuits organisés permettent d'apprécier, illustrent ce passé. L'eau minérale naturelle Celtic, produite localement depuis le pompage à la commercialisation, est l'eau la moins minéralisée de France et Niederbronn est un lieu privilégié pour la remise en forme et les soins du corps.

ABBAYE CISTERCIENNE ✝

11, rue Principale - **STURZELBRONN**
© 03 87 06 20 15
http://abbaye.sturzelbronn.free.fr
Ouvert toute l'année. Tous les jours. Visite libre de l'extérieur. Visite guidée (sur demande uniquement).

Fondée par saint Bernard de Clairvaux en 1135, l'ancienne abbaye fut le lieu de sépultures de plusieurs ducs de Lorraine. Il en reste aujourd'hui encore le grand portail, le pilori, les armoiries de l'un des 45 abbés, le tympan de l'ancienne église abbatiale, la grotte-cellier et la glacière des moines ainsi que le fameux calendrier perpétuel en pierre, unique en France, qui servait à déterminer la date de Pâques. Une statue de saint Bernard de Clairvaux fut érigée en 1935, à l'occasion du 800e anniversaire de la fondation de l'abbaye.

ANCIENNE SYNAGOGUE ✡

Rue Sœur Élisabeth Eppinger
Ouvert tous les jours de 8h à 19h.

Construite en 1869, cette synagogue est classée aux Monuments Historiques. Elle présente une architecture orientalisante par la domination des fenêtres à arcs outrepassés. Très grande par rapport à la taille de la communauté juive de la région, ses dimensions se justifiaient par l'abondance des lieux de culte concurrents, qu'ils soient églises ou temples. La Seconde Guerre mondiale eut raison du bel édifice qui fut cédé à la commune en 1989. Aujourd'hui, il est occupé par un foyer catholique et peut se visiter tout de même librement.

BAS-RHIN

ANCIENNE USINE D'ÉLECTRICITÉ

24, rue à l'Ancienne Gare

L'Elektrizität Werk fut terminée en 1900. Avec son grès et son architecture gothique remarquable, ce bâtiment fait penser au premier abord à un petit château médiéval. Son principal attrait tient à l'application de ce style à un contexte industriel. Après sa rénovation en 1993, l'édifice fut intégré au centre de secours de la ville. Il est classé Monument Historique. Si l'usine a cessé son activité en 1927, vous pourrez aujourd'hui toujours l'admirer de l'extérieur.

ROCHER DE LA LIESE - CAMP CELTIQUE ★

6, place de l'Hôtel-de-Ville

✆ 03 88 80 89 70

www.niederbronn.com

À mi-chemin entre le petit et le grand Wintersberg, se dresse le rocher de la Liese, un Rutschfelsen, un rocher sur lequel les femmes infertiles se laissaient glisser du haut jusqu'en bas. Si elles y parvenaient, leur vœu avait une chance d'être exaucé. Un peu plus loin, au Ziegenberg, se dresse l'ancien camp celtique. Des rochers épars, d'anciens menhirs, des signes gravés et quelques cupules attestent d'une ancienne occupation attestée par des fouilles archéologiques au XIXe siècle.

CHÂTEAU DE LA WASENBOURG

Accès à partir de la route départementale 1062, à la sortie de Niederbronn.

De son passé militaire, le château, érigé sur la colline du Riesberg, conserve l'énorme mur bouclier dressé face à la montagne qui faisait office de donjon. Une magnifique baie gothique, composée de neuf lancettes surmontées de rosaces ajourées signale l'habitat du seigneur. Sur la Wasenbourg, comme ailleurs d'autres châteaux alsaciens, il tombera en 1677 au cours de la campagne de « pacification » de Louis XIV. L'écrivain Goethe s'y promena et y admira la vue sur la plaine alsacienne. On doit à l'association Les Amis de la Wasenbourg l'entretien du site.

COUVENT DES SŒURS DU TRÈS SAINT SAUVEUR €

2, rue Principale - **OBERBRONN** ✆ 03 88 80 84 50

www.maison-accueil-oberbronn.com

57 chambres. Chambre double à partir de 39 €. Pension complète : 64 €. 1/2 pension : 52 €. Petit déjeuner inclus.

Fondé au XIXe siècle, le couvent offre un espace de quiétude propice aux rencontres et aux échanges. Toutes les chambres sont équipées d'une salle de bains privative, avec douche ou baignoire, lavabo et WC. Vous pourrez méditer et vous ressourcer, partir à la découverte de la région, le tout à petit prix. Pour vous restaurer, l'établissement propose déjeuners et dîners, paniers repas et buffets. Le chef proposera également des menus adaptés à toutes les occasions.

MAISON DE L'ARCHÉOLOGIE DES VOSGES DU NORD ★

44, avenue Foch ✆ 03 88 80 36 37

www.musee-niederbronn.fr

Ouvert 1/03 au 31/10, mercredi, jeudi, vendredi et le 1er dimanche du mois de 14h à 17h. Fermé les jours fériés.

La Maison de l'Archéologie propose un panorama des recherches archéologiques dans le Nord de l'Alsace, de la Préhistoire à l'ère industrielle. Des objets trouvés sur les anciens sites thermaux où dans un sanctuaire de Mercure attestent de la présence gallo-romaine. Les châteaux forts sont également évoqués par des jeux de société. Les vestiges des forges de Jaegerthal toutes proches témoignent de la naissance et du développement important de l'industrie métallurgique dans la région.

HÔTEL-RESTAURANT MULLER €€

16, avenue de la Libération ✆ 03 88 63 38 38

www.hotelmuller.com

Chambre double à partir de 90 € ; suite à partir de 159 €. Pension complète. Demi-pension. Petit déjeuner buffet : 11 €.

Christine Rauch et Pierre Muller vous accueillent dans des chambres grand confort ou dans des suites façon loft, dans lesquelles vous pourrez vous prélasser dans une baignoire balnéo. Les baies vitrées de la piscine intérieure s'ouvrent en été sur le magnifique parc. L'espace Spa Galéo, ouvert également aux non-résidents, vous propose sur ses 400 m² zen de pierre et de bois dédiés au bien-être et à la détente, sauna, hammam, salles de fitness... Des professionnels de l'esthétique proposent des soins du corps et du visage en complément.

JARDINS DE LA FERME BLEUE €€

21, rue Principale - **UTTENHOFFEN**
✆ 03 88 72 84 35
www.jardinsdelafermebleue.com
Gîtes de France (3 épis). 1 chambre double 85 €, petit déjeuner inclus. Visite du Jardin Remarquable, 4 €/adulte.

Les propriétaires Jean-Louis Cura, paysagiste, et Alain Soulier, créateur d'abat-jour, ont fait de ce jardin un havre de paix, classé Jardin Remarquable. Les 17 ares s'ornent à la belle saison de lauriers roses, glycines, rosiers, hortensias, pivoines, nénuphars, buis... Tout ici est enchanteur, y compris la chambre d'hôte sur le thème de la Belle au bois dormant et le salon de thé où l'on peut aussi bruncher les dimanches ou assister à des concerts de mai à septembre sur réservation.

VILLA LE RIESACK €€

Route de Jaegerthal
✆ 03 88 09 18 60
www.leriesack.fr
Prix en fonction de la spécificité de votre attente. Capacité : 30 à 42 personnes avec 17 chambres.

Pour un court ou long séjour, installez-vous dans cette magnifique maison de maître construite en 1912 par la famille de Dietrich, qui a marqué la vie économique alsacienne depuis plus de trois siècles. Dans ce bâtiment chargé d'histoire, les chambres, décorées avec goût sont équipées de sanitaires individuels. Les pièces à vivre, salles à manger et de buffet, salles de travail et de musique avec piano, ou grande salle de réception, sont modulables... Le parc privé offre un havre de paix dans un écrin de verdure, avec des bancs de grès invitant à la méditation.

AUBERGE AUX DEUX CLEFS €€

21, route de Bitche - **MERTZWILLER**
✆ 03 88 90 13 20
www.auberge-auxdeuxclefs.fr
Maître Restaurateur. Ouvert du jeudi au lundi le midi et le soir. Menus de 26 € à 38 €. Carte : 22 € environ.

Angela et Loïc Regnier ont rendu ce lieu chaleureux et accueillant. La carte varie souvent car elle suit les produits frais et les saisons. Ici, vous pourrez goûter à des plats typiquement régionaux mais aussi issus de la tradition française : terrine de foie gras « anguille fumée – pommes Granny Smith », persillé de bœuf « Angus Aberdeen » imprimé à l'ail noir, veau fermier de Dordogne au wasabi... Les recettes sont créatives et suivent le rythme de la nature. Des soirées à thème sont régulièrement proposées et on peut profiter du gîte pour prolonger le plaisir.

RESTAURANT AU RELAIS DU BOIS €€

27, rue du Général-Leclerc
MERTZWILLER
✆ 03 88 90 31 31
www.relais-du-bois.fr
Ouvert mardi et dimanche midi ; du mercredi au samedi midi et soir.

Lucien et son fils concoctent de bons petits plats en s'inspirant de la région en y ajoutant une touche originale secrète. Les Labbé ont racheté ce restaurant en 1987 et l'ont changé petit à petit en établissement renommé dans toute la région. Depuis quelque temps, les fils suivent les pas de leur père : Franck aux fourneaux et Steve au service. Chaque jour les plats varient ; laissez-vous surprendre ! Drive et livraison jusqu'à 15 km sur réservation.

RESTAURANT LE CAVEAU DE L'ÉTABLE €€

43, rue du Général-de-Gaulle
✆ 03 88 09 62 02
www.aucaveaudeletable.fr
Maître Restaurateur. Ouvert mardi, mercredi et vendredi midi et soir ; samedi soir et dimanche midi.

Au cœur d'une ancienne ferme remise au goût du jour, Hélène Ober, maître restauratrice, mitonne de bons petits plats alsaciens avec des produits de saison en provenance des exploitations locales. Vous trouverez ici tous les classiques de la région : rosbif de cheval à l'alsacienne du père Ober, rognons de veau sautés aux champignons flambés au cognac, boudins aux châtaignes de la boucherie Busche sur son lit de choucroute... Plat du jour, sur place ou à emporter.

RESTAURANT LES AKCIAS €€

35, rue des Acacias
✆ 03 88 09 06 25
www.les-akcias.fr
Formule midi 29 € à 39 €. Menu 39 € à 61 €. Terrasse. Animations. Ouvert lundi et du jeudi au dimanche, midi et soir.

Ce restaurant met en avant la cuisine traditionnelle raffinée et généreuse. Inspirés du terroir, du Sud de la France et de l'Italie, les plats sont savoureux et magnifiquement présentés. Parfait pour des repas originaux, le kota grill peut être privatisé pour des soirées raclette ou fondue. Le cadre est sobre et agréable, et le service est attentionné. Pour chaque plat vous sera proposé un accord mets et vins très travaillé, vous permettant de découvrir les meilleures bouteilles de la maison. Le dimanche, pensez au brunch, abordable et très copieux.

WINSTUB ZUEM BUERESTUEBEL €€

9, rue de la République
© 03 88 80 84 26
www.winstub-zuem-buerestuebel.com
Ouvert mercredi midi et du jeudi au dimanche, midi et soir. Carte 19 €. Plat du jour : 9,50 €.

La Winstub Zuem Buerestubel propose un mélange de cuisine typiquement régionale et de suggestions variées s'ouvrant vers de nouveaux horizons, n'hésitant pas à sortir des sentiers battus. Le décor est très chaleureux. Dès la porte passée, on vous installe confortablement et on vous apporte pour l'apéritif : de petites bretzels à grignoter pour patienter. Les quenelles de foie maison accompagnées d'oignons frits et les joues de porc confites au pinot noir sont divines !

LA CAVE ANWEILLER

10, rue de la République
© 03 88 80 39 04
www.vins-anweiller.com
Fermé le lundi toute la journée et mercredi après-midi.

On passe la porte pour entrer dans l'univers d'Anne-Marie : elle vous propose côté vin ses coups de cœur des domaines alsaciens des bières ou des paniers cadeau découverte. Une sélection de cognacs, armagnacs, rhums et whiskys ravira le palais des plus avertis. On trouve du côté de l'épicerie fine de bons produits du terroir : huiles, vinaigres, confits, chocolats, foie gras, tapenades, thés, confitures... Un coin de l'échoppe est réservé à la décoration et aux arts de la table. Ce rayon est source d'inspiration pour vos idées d'embellissement de vos dîners..

DOMAINE DES BUFFLONNES

Chemin de la Forêt
UHRWILLER
© 07 87 51 32 64
www.domainedesbufflonnes.fr
Ouvert le vendredi de 18h à 19h ; le samedi de 9h à 12h.

En se promenant en lisière de forêt à Uhrwiller on peut croiser de drôles d'animaux... Des buffles ! Oui oui, ce sont bien des buffles, ou plus précisément des bufflonnes, qui sont là tranquillement à brouter l'herbe tendre. Ces vaches noires à caractère de cheval comme les qualifie l'éleveuse passent à la traite deux fois par semaine. Si leur lait est bien plus faible en quantité, il est néanmoins plus gras et bien plus protéiné que celui des vaches. Tomme, yaourt, faisselle, mozzarella, brie et glaces sont ainsi produits !

PISCINE LES AQUALIES

19, rue du Nord
© 03 88 09 13 00
www.niederbronn.com
Horaires en fonction des saisons, voir le site Internet. PMR

Quel bonheur de nager ou de barboter tout en profitant du bon air purifiant des Vosges du Nord ! La piscine est facilement accessible et cet espace familial a vocation à satisfaire tous les publics grâce à ses équipements variés (bassin sportif, d'apprentissage, de loisirs extérieur avec jets massants, banquettes à bulle, pataugeoire pour les petits et toboggan de 55 mètres). Composée de deux bassins couverts (le bassin sportif est découvert en été), la piscine dispose également d'un bassin extérieur chauffé accessible toute l'année.

CASINO BARRIÈRE DE NIEDERBRONN

10, place des Thermes © 03 88 80 84 88
www.lucienbarriere.com
Ouvert toute l'année. Du dimanche au jeudi et les jours fériés de 10h30 à 2h ; le vendredi et le samedi de 10h30 à 4h.

Le casino Barrière met à la disposition des joueurs 125 machines à sous à partir de 1 centime et 12 roulettes anglaises électroniques. La salle des machines à sous est ouverte dès 10h30. À partir de 20h, les amateurs de jeux de tables n'auront que l'embarras du choix : black-jack, Texas Hold'em Poker, roulettes française et anglaise... et même bataille. Des animations ponctuelles (soirées à thème, dîners spectacle, jeux) sont aussi proposées tout au long de l'année.

SALLE DE CONCERT MOULIN 9

42, avenue Foch
© 03 88 80 37 66
www.niederbronn-culture.fr
Ouvert le lundi de 9h à 12h et de 14h à 16h et du mardi au vendredi de 9h à 12h et de 14h à 18h.

Située à 25 minutes d'Haguenau et 45 minutes de Strasbourg, cette salle est ouverte aux concerts (rock, philharmonique...) et aux représentations théâtrales. Sa programmation culturelle est très riche et éclectique. Sur le site Internet vous découvrirez toutes les nouveautés. En tant que particulier, vous pouvez aussi louer une salle pour vos événements. Enfin, des conférences permettent de rencontrer scientifiques et spécialistes, ou de participer à des débats.

GUNDERSHOFFEN

Le site de la commune s'est formé à la suite de l'effondrement du fossé rhénan. Ce phénomène géologique explique la très grande diversité de terrains que Gundershoffen recouvre actuellement. Les pêcheurs trouveront leur bonheur au bord des étangs de la Breitmatt et de la Hardt. Gundershoffen est la seule ville du canton à faire l'accueil à beaucoup de dénominations religieuses : lieu de prière pour le culte musulman, Salle du royaume pour la secte des Témoins de Jéhovah, ancien oratoire de l'église méthodiste, cimetière juif avec une synagogue, monuments protestants, catholiques et charismatiques...

LA FABRIQUE À BRETZELS BOEHLI

14, rue des Genêts

✆ 03 88 07 16 75

www.lafabriqueabretzels.fr

Ouvert du mardi au samedi de 10h à 12h et de 14h à 18h ; dimanche de 14h à 18h. PMR

Partez à la découverte de l'un des plus importants sites de fabrication de bretzels en suivant un parcours ludique et interactif pour petits et grands, sur plus de 500 mètres carrés, vous plongeant dans les secrets de l'invention d'une des méthodes de fabrication du biscuit au siècle dernier. Pour les petits creux après la visite, vous pourrez en déguster sur place. Si vous préférez les manger ailleurs, la boutique contient de nombreux alsatiques et biscuits apéritifs à emporter.

CHAMBRES D'HÔTE AUX TEMPS D'AVANT €€

24, Grand-Rue

✆ 03 88 72 88 60

www.aux-temps-d-avant.fr

3 chambres. Chambre double à partir de 90 € ; chambre triple à partir de 120 €. Petit déjeuner inclus.

Christian et Carine Cura vous accueilleront dans leur magnifique ferme bleue du XVIIIe siècle. La décoration combine le charme de l'ancien avec de subtiles touches modernes. Le petit déjeuner est servi à partir de 9h dans l'ancienne étable encore pourvue de sa mangeoire ou sur la terrasse donnant sur le jardin en été. C'est idéalement placé pour visiter les villages aux maisons traditionnelles, les cités potières, verrières ou thermales ainsi que les vestiges militaires.

HÔTEL LE MOULIN €€€

7, rue du Moulin

✆ 03 88 07 33 30

www.hotellemoulin.com

5 chambres doubles de 99 € à 160 €, 6 suites junior de 235 € à 290 €, 1 maison à 360 €. Petit déjeuner : 25 €.

Au Moulin, le vrai luxe, c'est prendre le temps d'exister, redécouvrir les richesses de la nature, écouter ses envies, et pourquoi pas... juste ne rien faire ! Le bois, les couleurs chaudes ou les meubles anciens vous environnent du confort douillet d'un hébergement de qualité. Ici, tout est calme et reposant. Le restaurant gastronomique attenant permet de prendre son repas en contemplant la rivière, le poulailler ou l'écurie. De nombreuses formules complètes alléchantes vous seront proposées pour que votre séjour vous comble de joie.

RESTAURANT SALLE DES BOUCHERS €

23, Grand rue ✆ 03 88 72 63 58

www.salledesbouchers.com

Ouvert mercredi midi, jeudi et vendredi midi et soir, samedi et dimanche soir. Plat du jour sur place et à emporter.

La Salle des Bouchers propose une carte très variée : viandes, hamburgers, poisson, servis pour la plupart avec spaetzles ou frites. On y sert aussi des tartes flambées. Les spécialités italiennes sont également bien représentées, pizzas et pâtes, tout comme celles du monde entier grâce à des soirées à thème permettant de constater la virtuosité du chef quel que soit le plat. Ces soirées très animées sont idéales pour les petits budgets car elles restent très qualitatives et joyeuses.

RESTAURANT AU CYGNE €€

35, Grand' Rue ✆ 03 88 72 96 43

www.aucygne.fr

Ouvert le mardi, le mercredi, le vendredi et le samedi le midi et le soir ; le dimanche midi. Menus de 34 € à 85 €.

Le Cygne se définit comme une table bistronomique. Il s'agit d'un lieu incontournable pour tester des plats généreux, de haute qualité. Ce restaurant bas-rhinois a misé sur une carte gourmande et créative. Au menu élaboré par Fabien Mengus et Jean-François Royer : foie gras d'oie mi-cuit et variation autour de la poire, noix de Saint-Jacques et crème de butternut avec émulsion de pommes à cidre ou carré de veau en cuisson longue, poêlée de jeunes légumes, jus à l'estragon crémé, entremets marron et cassis... plus des menus créés pour les jeunes et seniors.

RESTAURANT LES JARDINS DU MOULIN €€€

7, rue du Moulin
03 88 07 52 70
www.les-jardins-du-moulin.fr

Restaurant ouvert le lundi et du jeudi au dimanche midi et soir.

Les Jardins du Moulin, idéalement situés, invitent à l'évasion et à la détente. Corinne et Arnaud Zinck ont ouvert leur table dans cette jolie demeure alsacienne. Les plats varient au gré des saisons et de l'imagination du chef formé auprès des plus grands comme Antoine Westermann, François Paul ou Joël Robuchon. De quoi vivre une expérience culinaire de haute volée comme avec l'œuf parfait avec cappuccino de champignon, noix de cajou, sticks de foie gras de canard poêlé et truffe.

OFFWILLER

Ce joli village est fameux pour célébrer l'équinoxe de printemps, fête solaire païenne, par un lancer de disques enflammés, ou Schieweschlawe. À la tombée de la nuit, les habitants montent au Schiewebarri, un bûcher est allumé et un petit disque en bois percé d'un trou central est fixé sur une baguette souple. Le disque est plongé dans les braises. Le lanceur effectue quelques moulinets, se dirige vers une pierre inclinée vers la vallée, et frappe le disque sur le tremplin, pour que la rondelle de bois se détache et effectue une trajectoire lumineuse dans le ciel nocturne. En lançant haut et loin, on est sûr d'avoir acquis la faveur des dieux.

MUSÉE D'ART ET TRADITIONS POPULAIRE

42, rue de la Libération
03 88 89 31 31
www.mairie-offwiller.fr

Tous les dimanches de 14h à 18h durant les mois de juin à septembre. Sur rendez-vous tout le reste de l'année.

Dans une ancienne maison paysanne qui permet de découvrir l'habitat et la vie domestique des ouvriers-paysans du piémont des Vosges au XIXe siècle. On peut observer un mode de vie fait de labeur, de traditions et de fêtes, comme celle du lancer de disques enflammés : le « Schieweschlawe ». Vous y découvrirez une stub traditionnelle, une cuisine, des documents, des costumes traditionnels, des objets de la vie quotidienne ou de fêtes, une cave et une grange.

REICHSHOFFEN

Des tombes romaines attestent l'occupation du lieu depuis l'Antiquité. Le site connaît l'évolution d'un hameau adossé à un château, grossissant jusqu'à devenir une ville. Rasée par les Suédois au XVIIe siècle, elle subit les effets des guerres franco-allemandes de 1870 et mondiales. Reichshoffen connaît son apogée au XIXe siècle avec l'ère industrielle et l'art de la métallurgie dont la famille De Dietrich est la plus noble représentante. Depuis quelques années, à l'été, deux jours durant, la ville organise Reichshoffen en fête ressuscitant la vie d'antan avec de nombreux stands artisanaux, démonstrations et lieux des restauration en plein air.

CHÂTEAU DE DIETRICH

16, rue du Château
06 13 93 03 63
www.château-reichshoffen.com

Ouvert du lundi au vendredi de 9h à 18h ; le samedi de 10h à 12h.

Le château de Reichshoffen est un lieu très important pour la ville, théâtre de nombreux événements marquants de l'histoire locale. C'est une superbe construction entourée d'un magnifique parc et baigné par le Schwarzbach et le Falkensteinerbach. La famille De Dietrich s'y établit au XVIIIe siècle. Aujourd'hui, le château peut se visiter sur réservation, pour les groupes ou les individuels, et il peut être loué aux particuliers comme aux professionnels pour toutes sortes de manifestations. À l'été, son parc accueille l'événement Reichshoffen en fête.

MÉMORIAL DE LA BATAILLE DE 1870

Au bord de la D28 entre Reichshoffen et Froeschwiller

Ce mémorial est un immense promontoire en escalier. Il commémore ce que l'on a coutume d'appeler la bataille de Reichshoffen. Pourtant, dans les archives françaises, on parle de bataille de Froeschwiller, et de celle de Woerth dans les archives allemandes. Le 6 août 1870, c'est le début de la guerre contre la Prusse. Les cuirassiers français ont chargé avec force, entrant ainsi dans l'histoire, mais ils furent vaincus et les Allemands purent ainsi conquérir les routes des Vosges.

MUSÉE HISTORIQUE ET INDUSTRIEL, MUSEE DU FER

9, rue Jeanne-d'Arc
✆ 03 88 80 89 30
www.reichshoffen.fr
Ouvert du 1er mai au 31 octobre, du mercredi au dimanche de 14h à 18h.

Le musée offre un parcours chronologique évoquant du Paléolithique à l'âge de Bronze. L'évolution de l'artisanat gallo-romain dans la région, le travail de la céramique, de l'os, du bronze et du fer ainsi que la circulation monétaire, les rites funéraires, la religion et la vie quotidienne de l'époque sont abordés. On pourra aussi découvrir l'histoire de Reichshoffen du Moyen Âge à la Révolution française, les premiers hauts-fourneaux et les forges de l'ère industrielle.

LA RENARDIÈRE €€

5, rue des Baigneurs
✆ 06 79 59 82 50
www.larenardiere-alsace.com
2 chambres. Les chambres à 95 € la nuit avec petit déjeuner bio, local, durée minimum 2 nuits.

Evelyne Fuchs vous propose dans une maison alsacienne ancienne rénovée ses deux chambres d'hôtes « Suite au bord de l'eau » et « Suite du renard » de 35 m² chacune avec salle de bains privée et vue sur la rivière. Le petit déjeuner composé de confitures maison, viennoiseries, pains traditionnels, beurre, jus de fruits bio, café ou thé bio sera pris dans la Stub ou sur la belle terrasse en été. N'hésitez pas à profiter du week-end découverte pour profiter de tous les atouts gastronomiques, œnologiques, naturels et touristiques du coin.

RESTAURANT AU SAPIN €

24, rue de Strasbourg
✆ 03 88 09 16 31
Lundi, mardi, mercredi, vendredi de 9h à 15h. Jeudi, samedi et dimanche de 9h à 22h. Plat du jour à midi.

En semaine le midi, chaque jour le plat unique change ; il peut être livré sur commande. Pizzas et tartes flambées sont à emporter. Le week-end la carte est étoffée et on profite de soirées dansantes, karaokés et concerts mensuels. Tous les premiers mardis du mois, c'est joues de porc, les deuxièmes mardis du mois, pot-au-feu et les troisièmes jeudis du mois, c'est couscous. Cette adresse est idéale pour déjeuner sur le pouce, mais reste aussi sympathique pour un dîner entre amis ou en famille sans chichis et sans se ruiner, dans une ambiance très conviviale.

WINDSTEIN

Paysages époustouflants, châteaux forts aux restes encore impressionnants, la région est sublime et bien sûr, balisée de nombreux sentiers de randonnée. À pied, à vélo ou à cheval, on ne se lasse pas de fréquenter le coin que l'on redécouvre à chaque saison. Les férus d'escalade adoreront le château du vieux Windstein, site référencé par la Fédération française de la montagne et de l'escalade. Les passionnés d'architecture et d'histoire industrielles visiteront avec intérêt les vestiges de la forge du Jaegerthal fondée en 1602 et l'ancienne usine électrique, emplacement où se trouvait le premier haut fourneau allumé par Jean III de Dietrich en 1685.

CHÂTEAU DU NOUVEAU WINDSTEIN

A partir du restaurant Aux Deux Châteaux, un sentier balisé rectangle rouge/blanc/rouge mène au nouveau Windstein.

En 1339, Guillaume de Windstein fait construire ce château en remplacement de l'ancien. Une dizaine d'années après, le château est divisé en quatre parts, mais l'évêque de Spire réussira en 1413 à racheter l'ensemble. Aujourd'hui ruiné, il en reste une grande tour d'habitation défendue par un mur bouclier aveugle du côté de l'attaque, une barbacane percée de nombreuses embrasures de tirs, une grande salle, des fenêtres géminées, une tour d'habitation et un bastion pentagonal.

CHÂTEAU DU VIEUX WINDSTEIN

A partir du restaurant Aux Deux Châteaux, un sentier balisé croix jaune nous mène au vieux château.

Ce château daterait de 1205, construit sous l'impulsion de l'abbé Pierre de Neubourg. Il fallait alors à tout prix protéger la route menant à Haguenau. Ce sont les Windstein qui en prirent ensuite possession avant de devenir un lieu de repli pour les brigands de la région. En 1333, les habitants se plaignent de ce mauvais voisinage et le château est assiégé puis détruit. La famille Windstein commence sa reconstruction une décennie plus tard avant de l'abandonner.

CHÈVRERIE DU WINDSTEIN

Route de Nehwiller

Ouvert tous les jours de 16h à 18h.

Envie de câliner de jolis animaux et de faire découvrir à vos enfants la vie à la ferme ? La Chèvrerie du Windstein est idéale pour cela ! Ici, il y a bien sur des chèvres, mais aussi des vaches Highland Cattle et des porcs gascons. Durant une heure et demie, sur réservation auprès de l'office de tourisme, partez à la découverte de la chèvrerie, des habitants de la ferme dans les prés, et terminez par une petite dégustation des très bons produits que l'on fabrique ici. Un moment proche de la nature et des sources de la gastronomie que l'on appréciera forcément.

HÔTEL-RESTAURANT DU WINDSTEIN €€

8, route d'Obersteinbach

✆ 03 88 09 24 18

www.hotelduwindstein.com

Chambre double de 33 € à 47 € ; triple 69 €. Demi-pension : 50 €. Petit déjeuner buffet : 7,50 €.

Sylvie et Ralf vous reçoivent dans leur hôtel idéalement situé pour les amoureux de grand air, de randonnée et de patrimoine. Vous profiterez agréablement des extérieurs bien aménagés, au bord de la petite rivière qui borde le lieu. Pour vous restaurer, le restaurant propose des plats issus de produits presque tous cultivés par le couple lui-même. En bonus, ils vous proposent des massages ayurvédiques, des sorties guidées, des cours de cuisine et des soirées barbecue.

FERME MARAÎCHÈRE BIO DU WINDSTEIN

10, rue Grunenthal

✆ 07 68 50 96 48

www.ferme-maraichere-bio-windstein.com

Ouvert vendredi de 16h à 19h.

La maraîchère bio Candy Pfeiffer détonne et surprend ! Depuis sa récente installation, elle propose de très nombreux légumes fort étonnants dont par exemple 27 variétés de tomates. Pour Cindy, la passion des légumes prime et elle aime tout particulièrement les variétés anciennes et délaissées, pas les hybrides sans goût de l'agriculture intensive. Pour les restaurateurs et les particuliers, elle vend ses paniers maraîchers. Pour les jardiniers, elle vend ses plans.

OBERSTEINBACH

On trouve, dans la très pittoresque vallée du Steinbach, les ravissants villages d'Obersteinbach et de Niedersteinbach, sources d'inspiration de femmes peintres allemandes venues nombreuses au XIXe siècle en immortaliser les contours et les paysages. Les treize fontaines et les maisons à colombages d'Obersteinbach, qui se déploient sous le piton gréseux où les vestiges du château du Petit Arnberg font encore belle impression, incitant les touristes à la rêverie et à la promenade. De nombreux sentiers pédestres ou VTT traversent la réserve de biosphère transfrontalière des Vosges du Nord. Ils offrent de jolis points de vue sur la vallée.

CHÂTEAU DU LUTZELHARDT

Construit au milieu du XIIIe siècle pour protéger la seigneurie de Bitche, c'est un château semi-troglodytique comme presque tous ceux de la région. Il en reste les murs du donjon originel, du logis seigneurial, de puits et de citernes. Ses ruines romantiques se dressent au milieu des massifs forestiers. On y accède à la sortie du village en prenant la route de Bitche puis en tournant vers la maison forestière de Lutzelhardt. Vous pourrez vous garer sur le parking et suivre à pied pendant un quart d'heure le sentier balisé par le Club Vosgien (rectangles jaunes).

CHÂTEAU DU PETIT ARNSBERG

Suivre le balisage depuis Obersteinbach.

www.parc-vosges-nord.com

Bâti sur de grandes et hautes roches abruptes, le château semi-troglodytique du Petit Arnsbourg appartenait à l'abbaye de Wissembourg. Cet édifice atypique suit les courbes de la roche : là, escaliers et passages s'engouffrent dans le grès rose des Vosges. On peut admirer les ruines du palais seigneurial et d'une grande tour, qui aurait été dotée de canonnières visant à défendre les accès. La basse-cour avait été placée sur l'autre rive de la douve défensive.

FERME ÉLEVAGE DE STEINBACH

6, rue du Langenacker
✆ 03 88 09 50 98
Ouvert toute l'année. Du lundi au samedi de 8h à 12h et de 14h à 18h.

Dans cette exploitation agricole qui compte près de 10 hectares de pâturages, Christine et Christophe Jahn élèvent des chevaux islandais, juments, étalons destinés à la reproduction ou au commerce. Leur exploitation est aussi un gîte qui permet aux cavaliers de se reposer et de passer la nuit avec leurs chevaux accueillis dans des prés, paddocks et box. Si vous souhaitez vous balader, les Jahn vous organiseront des escapades sur les nombreux chemins que comptent les Vosges du Nord.

JARDIN ÉCOLOGIQUE HYMENOPTERA

7, rue Principale
✆ 06 51 82 57 01
http://hymenoptera.fr/
Visite guidée sur RV les deux derniers week-ends de juin et les 3 premiers week-ends de juillet. Conseils en jardinage.

Sur 42 ares et pendant une visite guidée d'environ une heure et demie, en compagnie de Sébastien et Kamila, véritables passionnés, partez à la découverte d'un jardin planté en permaculture, beau et sauvage. Vous découvrirez ainsi toute la faune et la flore qu'il est possible d'accueillir chez soi. Ces spécialistes vous partagent leurs connaissances écologiques. Vous pourrez également lors de ces visites déguster les plantes sauvages comestibles du moment.

LA ROCHE DU JUDENHUBEL

Cette roche tire cette dénomination étrange du dialecte alsacien : *juden* signifie juif et *hubel*, chapeau, comprenez donc le chapeau des juifs. Sa forme étonnante rappelle en effet le couvre-chef que portaient les habitants de la région appartenant à cette confession au Moyen Âge. Les différents circuits qui y conduisent offrent énormément de sorties possibles pour les randonneurs, amis de la nature, photographes et artistes peintres en passant, pourquoi pas, par plusieurs édifices ou monuments naturels du coin dans une boucle plus ou moins facile.

LE ZIGEUNERFELS OU ROCHER DES TZIGANES

Le Zigeunerfels, que l'on peut traduire de l'alsacien par « rocher des Tsiganes », est un petit château semi-troglodytique construit au XIVe siècle par une branche de la famille Wasigenstein. Poste de défense avancé ou aide au placement des membres de cette famille nombreuse ? Il ne reste aujourd'hui de l'édifice qu'un escalier creusé à même la roche et des traces de vestiges de murs sur la plate-forme. Le château est difficile d'accès, prenez de bonnes chaussures et prudence !

GÎTE LA FERME DU HEUBUHL €€

2, rue du Heubuhl ✆ 03 88 09 56 08
Gîtes de France (3 épis) 650 € la semaine ou 300 € le week-end. Roulotte 100 € la nuit avec petit déjeuner compris.

Jean-Louis Muller, Joëlle et Bernard vous proposent leur gîte dans un imposant bâtiment seigneurial de XVIIIe siècle en grès rose des Vosges. Il se loue à la semaine. Pour les amateurs de logement insolite, découvrez leur roulotte située sur leur terrain à environ 100 mètres de l'ancien corps de ferme. Équipée tout confort : espace cuisine, salle de bain et climatisation chaud-froid. Au réveil, vous profiterez d'un panier petit-déjeuner. Quand vient l'été, vous plongerez dans la piscine tout en admirant les monts boisés alentour.

HÔTEL RESTAURANT ANTHON*** €€

40, rue Principale
✆ 03 88 09 55 01
www.restaurant-anthon.fr
Chambre simple à partir de 65 € ; chambre double de 85 € à 110 € ; suite à partir de 159 €. Petit déjeuner buffet 12 €.

Les chambres suivent la tradition alsacienne : les lits dans une alcôve. La vue sur la nature est imprenable et les chanceux observeront les animaux sauvages. Du côté du restaurant, ce sont les produits frais et locaux qui sont mis à l'honneur et la qualité prime, même le pain est maison, à l'ancienne. À la carte par exemple : raviole à l'alsacienne, schniderspäetles de truite aux échalotes confites, mille-feuille glacé au chocolat noir et coulis d'oranges amères...

HÔTEL RESTAURANT ALSACE-VILLAGE €

49, rue Principale
✆ 03 88 09 50 59
www.alsacevillage.com

Le vendredi et le samedi le soir. Également sur réservation à partir de 4 personnes. Menus de 20 € à 28 €.

Pension de famille après la guerre, puis chambre d'hôte et enfin hôtel restaurant au naturel, les différentes générations et passions ont fait évoluer cette maison, riche de souvenirs. Christelle et son équipe s'inspirent de la nature environnante pour concocter des plats savoureux, avec des produits de la ferme et des fruits et légumes biologiques récoltés dans le jardin de l'auberge. Dans l'hôtel, les chambres sont grandes et équipées de salles de bains. Il y a aussi six studios.

RESTAURANT AU WACHTFELS €€

62, rue Principale ✆ 03 88 09 55 08
www.auwachtfels.fr

Ouvert du vendredi au mardi midi et soir. Menus de 20 € à 33 €. Carte : 20 € environ. Menu enfant jusqu'à 12 ans : 9 €.

Ce restaurant traditionnel vous propose de nombreux plats alsaciens bien réalisés et copieux pour une addition raisonnable. La famille Fichter vous y reçoit avec le sourire dans sa grande salle de restaurant à la décoration ancienne. Toujours à base de produits frais, le chef vous concocte toutes les semaines des plats dont il a le secret, notamment à base de truite ou de gibiers des forets alentour. Le dimanche, c'est tartes flambées maison, traditionnelles et parmi les meilleures du coin. La terrine maison et le magret fumé ici même sont excellents.

CHÈVRERIE DU STEINBACH

6, rue de la Rohrmatt
✆ 03 88 09 57 42
www.fermedusteinbach.fr

Ouvert du mercredi au lundi de 10h à 18h.

Rita et Pierre Sturtzer élèvent avec amour et respect leurs 170 chèvres de race alpine. En visitant la ferme, vous pourrez acquérir quelques-uns de ses très variés et très bons fromages (aussi disponibles sur de nombreux marchés locaux), assister à leur fabrication, à la traite ou au nourrissage des animaux. Le couple propose également à la location un chalet pour six personnes, le Chalet du Liesthal, dans un cadre verdoyant. Il est composé de3 chambres, cuisine équipée ouverte sur le séjour, 2 salles d'eau, terrasse, piscine, sauna, parking privatif...

NIEDERSTEINBACH

Niedersteinbach est un tout petit village apprécié pour ses paysages boisés et montagneux. Ancienne dépendance, à la fin du XVIIIe siècle, du comté de Hanau-Lichtenberg, le village de Niedersteinbach rejoint alors le giron de la France. De nouveau propriété du Grand-Duché de Hesse après la chute de Napoléon, il ne redeviendra définitivement français qu'après les deux guerres mondiales au XXe siècle. Pleine de charme, la commune de Niedersteinbach est appréciée aujourd'hui pour ses paysages à découvrir le temps de randonnées balisées, mais également pour son patrimoine historique. Son ban contient en effet de nombreux châteaux et vestiges.

CHÂTEAU DU WASIGENSTEIN

On peut y accéder à partir d'Obersteinbach. La route longe le Gœtzenberg, la Montagne des Païens où l'on a retrouvé des traces du néolithique et notamment un long mur d'enceinte. Les deux ruines du Wasigenstein datent du XIIe siècle. Il existe une chanson de geste du Waltharilied qui raconte un terrible combat, du temps d'Attila, dans la brèche séparant les deux châteaux. Le grand-Wasigenstein conserve un donjon pentagonal, mur-bouclier, logis et le petit-Wasigenstein, une tour de 4 étages incluant une citerne à filtration et un mur-bouclier.

HÔTEL AU CHEVAL BLANC*** €€

11, rue Principale ✆ 03 88 09 55 31
www.hotel-cheval-blanc.fr

Roulote 86 € la nuit. Chambre simple 50 € ; double de 76 € à 92 € ; chambre PMR 96 €. Appartement de 106 € à 170 €.

Les Zinck gèrent depuis 1924 d'une main de maître cet établissement idéalement placé dans le Parc naturel régional des Vosges du Nord. L'hôtel est charmant, ses chambres ont toutes une décoration ultra soignée et l'environnement fait de ce lieu un havre de repos et de calme par excellence ! Sauna, piscine, billards, terrain de pétanque, minigolf et échiquier géant vous attendent ! De nombreux forfaits vous seront proposés sur le site Internet, combinant gastronomie, randonnée, sports de plein air ou loisirs détente et romantiques.

MERKWILLER-PÉCHELBRONN

C'est le pétrole qui fit un temps la renommée de ce village situé dans l'ensemble des « Cibéliades », villes et villages possédant des sources thermales. Connue dès le XVᵉᵉ, une source bitumineuse alimentait les paysans en « graisse mécanique ». Au XVIIIᵉ siècle on fit des recherches sur cette matière qui s'avéra être du pétrole. L'exploitation débute aussitôt pour culminer à une production de 70 000 tonnes/an. Autour de Merkwiller, la course à l'or noir démarra au XIIIᵉ siècle et perdura jusqu'en 1970. On aperçoit çà et là quelques pompes à balancier et des terrils de sable. Merkwiller est aussi connue pour ses sources d'eau chaude.

MUSÉE DU PÉTROLE

4, rue de l'École

✆ 03 88 80 91 08

www.musee-du-petrole.com

Ouvert du 1er avril au 31 octobre de 14h30 à 18h. Fermé lundi et samedi en juillet-août.

Le musée retrace l'histoire du pétrole en Alsace de 1498 à la fermeture de la raffinerie en 1970. Ce qui fut pendant 500 ans l'activité principale ici est illustré par des documents, des maquettes et du matériel pétrolier. Des sorties découvertes organisées une fois par mois vous emmèneront sur les anciens sites d'exploitation, à la découverte des terrils, ou bien au château Le Bel qui fut le point de départ de l'exploitation pétrolière à Pechelbronn. Ces sorties sont animées par des spécialistes ou des témoins ayant connu l'époque de l'exploitation.

GÎTE HAUSHALTER €€

12, rue de l'École

✆ 03 88 80 90 87

www.gitehaushalter.com

2 chambres (peuvent être louées en gîte). Chambre double de 60 € à 65 €, petit déjeuner inclus.

Anny Haushalter vous reçoit dans sa superbe maison à colombages, dans une rue paisible près du musée du Pétrole, en formule gîte ou chambres d'hôtes avec petit déjeuner copieux. Les gîtes vous offrent l'indépendance et tout le confort nécessaire pour profiter agréablement de votre séjour ; vous pourrez même profiter d'un sauna ! Vous serez idéalement situés pour visiter les nombreux sites touristiques proches des gîtes, et pour profiter de la gastronomie de la région. Pour ce faire, Anny vous conseillera avec sa gentillesse sans pareille.

HÔTEL-RESTAURANT À L'ÉTOILE** €€

1, route de Woerth ✆ 03 88 80 71 80

www.hotel-restaurant-etoile.com

Chambre simple à partir de 58 € ; chambre double à partir de 63 € ; chambre supérieure à partir de 75 €.

L'hôtel-restaurant À l'Étoile offre de nombreuses chambres toutes uniques et adaptées aux budgets et envies de chacun. Spacieuses, elles bénéficient toutes d'équipements de qualité. Le grand jardin fait de ce lieu un endroit calme et apaisant, idéal pour se ressourcer. Depuis son arrivée le chef du restaurant n'a jamais cessé de faire évoluer sa cuisine. Créatif, il surprend chaque jour avec ses nouvelles recettes alliant cuisine traditionnelle et d'inspiration de divers univers.

RÉSIDENCE LES HÉLIONS €€

7 a, route de Lobsann

✆ 06 88 80 53 17

www.baechel-brunn.com

5 chambres. Chambre double 95 € ; suite 4 personnes 170 €. Petit déjeuner buffet + taxe inclus.

Située dans un cadre bucolique, dans un immense parc bordé d'un ruisseau, la résidence dispose de 5 chambres de charme meublées et décorées avec goût. Elles sont toutes différentes mais possèdent tentures et dessus de lit fleuris, jolis luminaires, têtes de lit pour plus de confort, on s'y sent presque comme chez soi. Dès les beaux jours, profitez de l'extérieur pour vous ressourcer. Vous pouvez vous restaurer au Baechel Brunn, c'est toujours une expérience unique ! Et puis, pour parfaire ce séjour détente, le ménage est compris dans votre location !

AUBERGE BAECHEL- BRUNN €€€

3, route de Soultz

✆ 03 88 80 78 61

www.baechel-brunn.com

Ouvert du vendredi au dimanche midi et soir.

Thomas Limmacher vous propose une cuisine raffinée exclusivement basée sur des produits saisonniers du terroir sélectionnés avec soin et travaillés avec délicatesse et inventivité pour votre plus grand plaisir. Baechel-Brunn a été modernisée dans sa conception comme dans sa décoration, élégante sans ostentations, contemporaine et cosy. Tout est cuisiné à partir de produits locaux pour toujours plus de fraîcheur et de saveurs. Profitez de la carte des vins très variée sans vous inquiéter, les chambres d'hôtes du même établissement sont là pour ça !

BOUXWILLER ★

Élevée au rang de cité au XIIIe siècle, Bouxwiller fut la capitale des Hanau-Lichtenberg puis connut une autre période de gloire sous les Hesse-Darmstadt. Il faut suivre le circuit de découverte historique, distribué dans les musées et à l'office de tourisme et se promener dans la petite ville pour admirer les ravissantes maisons à colombages aux oriels gracieusement sculptés, la délicieuse place du Marché-aux-Grains, les vestiges des bâtiments princiers (château, jardins en terrasse, chancellerie…) et les immeubles témoins de la renaissance économique de la cité au XIXe siècle grâce aux mines de lignites utiles à l'industrie des colorants.

LE BASTBERG - SENTIERS DE DÉCOUVERTE ★

Rue du Bastberg ✆ 03 88 00 38 30
www.tourisme-alsace.com
Brochure très complète décrivant les sentiers disponible au point d'information tourisme, place du Château.

Trois sentiers de découverte permettent de partir sur les traces des richesses naturelles et culturelles de ce site. Ils ont été jalonnés de chortens représentatifs des roches de la région. La renommée du Bastberg, colline des sorcières qui organisaient ici leurs sabbats, a nourri bien des légendes ! Gœthe y aurait puisé son inspiration lors de la rédaction du *Faust*. Le Bastberg abrite une grande diversité d'animaux rares, d'arbres et de fleurs protégés dont une discrète orchidée.

MUSÉE DU PAYS DE HANAU ★

3, place du Château
✆ 03 88 00 38 39
www.museedupaysdehanau.eu
Horaires variables selon les saisons, consulter le site Internet.

Au rez-de-chaussée est évoquée la vie de cour aux temps des Hesse-Darmstadt. Le premier niveau de la chapelle est réservé au comté de Hanau-Lichtenberg. Le Bastberg, terre d'inspiration pour les poètes et site remarquable pour les scientifiques, est présent au troisième et dernier niveau de la halle. Le monde rural et le monde bourgeois en pays de Hanau, traités sous la forme d'intérieurs reconstitués, servent d'écrin à de magnifiques collections de meubles polychromes, de costumes traditionnels et d'objets usuels alsaciens (deuxième niveau de la halle).

MUSÉE JUDÉO-ALSACIEN

62 A, Grand-Rue ✆ 03 88 70 97 17
http://judaisme.sdv.fr/today/musee
Ouvert du mardi au vendredi, le dimanche et les jours fériés de 10h à 13h et de 14h à 18h ou sur rendez-vous.

C'est un musée passionnant, installé dans l'ancienne synagogue. Les collections sont d'une grande richesse et les explications accessibles. Une muséographie originale vous invite, avec une galerie ascendante, à suivre l'émouvant parcours de la communauté juive « de l'esclavage vers la liberté ». Mannequins en fer, maquettes, poupées costumées et autres vidéos illustrent cette histoire mouvementée. Le vide intérieur de l'édifice (les nazis en avaient fait une usine) a permis de créer un espace sur mesure où l'histoire de la communauté juive locale est racontée.

AU FIL DU TEMPS €€

45, rue de l'École
✆ 03 88 70 23 48
www.aufildutemps67.com
Chambre simple de 65 € à 70 € ; chambre double de 89 € à 90 €. Petit déjeuner inclus. Pension de chevaux.

Janick Regnauld vous accueille dans sa très belle maison d'hôtes située à Imbsheim dans une ferme du XVIIIe siècle. Rénovée avec des matériaux traditionnels, il s'est attaché à la restaurer en respectant le cachet de la maison. Ici il n'y a que des suites ! Elles sont spacieuses, charmantes, certaines bénéficient d'un balcon. Vous ne pourrez qu'apprécier le charme, le calme et l'authenticité. En séjournant ici, c'est une véritable expérience complète qui vous attend grâce à des hôtes très pleins de bons conseils pour vos visites et d'attentions.

AU FREIDBARRY €€

27, rue du Pasteur-Schroeder - **SCHILLERSDORF**
✆ 03 88 89 42 80
www.freidbarry.com
Gîtes de France (4 épis). Chambre double de 80 € à 85 € ; chambre triple à partir de 100 €. Petit déjeuner inclus.

Cette ferme à colombages de 1848 a été parfaitement restaurée par Serge Jung, qui y a aménagé six charmantes chambres d'hôtes. Les chambres sont toutes décorées avec goût, dans un style rustique-chic, avec meubles chinés ici et là, grandes armoires alsaciennes, secrétaires en bois, chaises sculptées etc. Le petit déjeuner est servi dans la grande salle à manger commune ou dans le jardin. Ce dernier est d'ailleurs un lieu de vie à part entière et vous permettra de passer d'agréables moments de détente. Pour parfaire le tout, ne manquez pas le dîner d'hôtes.

HÔTEL-RESTAURANT LA COUR DU TONNELIER*** €€

84a, Grand-Rue

✆ 03 88 70 72 57

www.courdutonnelier.fr

Chambre double de 63 € à 107 €. Pension complète : 32 €. Demi-pension : 22 €. Petit déjeuner buffet : 9 €.

C'est une adresse de confiance d'un excellent rapport qualité/prix. Les chambres, à la décoration sobre et contemporaine, sont confortables. Elles sont toutes très agréables même lorsque l'on séjourne en famille. Que l'on choisisse l'hôtel, le restaurant où que l'on combine les deux, on est ici toujours bien accueilli et jamais déçu ! Quand la tradition s'allie à la modernité et à une attention du détail permanente, on ne peut que se sentir très bien.

MAISON D'HÔTES DU MONT €€

5, rue des Chevaux - **MORSCHWILLER**

✆ 03 88 72 51 20 - www.ecurie-du-mont.com

Chambre double 65 €. Lit supplémentaire : 20 €. En formule gîte à 420 € la semaine ou 60 €/nuit pour 2 personnes.

Voici le lieu incontournable pour tous les amis de la nature et des animaux, et en particulier des chevaux. Si l'Ecurie du Mont est une pension pour équidés, Agnès et Joseph Kandel accueillent tout le monde même les non-initiés avec autant de gentillesse. En cet endroit vous trouverez la sérénité de la campagne, les bons produits du terroir, le plaisir d'une balade au grand air. Gîtes, chambres et table d'hôtes sauront vous combler quels que soient vos goûts car ici, tout est merveilleusement bien pensé pour vous satisfaire toujours plus.

LE BOIS FLOTTÉ €€

58, rue Principale - **WEINBOURG**

✆ 03 88 89 41 15

www.leboisflotte.fr

Ouvert du mardi au jeudi de 12h à 15h ; du vendredi au dimanche de 12h à 00h. 29 € menu du marché.

La cuisine du « Bois Flotté » est tenue par Cédric Brumm. C'est un créatif qui revisite la tradition avec les produits du marché et du terroir. Les saveurs sont toujours travaillées et les plats très bien présentés dans vos assiettes. Les produits locaux et de saison sont privilégiés. Voici quelques suggestions piochées sur la carte : allogène de gibier au foie gras et ris de veau, cappuccino de champignons à l'huile de noisettes grillées, filet de canette aux épices douces et pastille de cuisse aux pruneaux... Pensez à garder de la place pour le dessert !

AUX COMTES DE HANAU €€

139, rue du Général-de-Gaulle - **INGWILLER**

✆ 03 88 89 42 27

www.aux-comtes-de-hanau.com

Ouvert tous les jours le midi ; le mardi et du jeudi au dimanche le soir. Chambre double de 75 € à 95 €.

La famille Futterer vous reçoit Aux Comtes de Janau depuis une vingtaine d'années. Au restaurant, dont la salle est des plus chaleureuses, vous dégusterez des plats savoureux qui rendent hommage aux produits de la région et du terroir. Louis, le patron et chef, se met derrière les fourneaux pour vous préparer de superbes plats dignes des repas familiaux d'antan. Pour profiter de la belle carte des vins sans risques, vous pourrez également réserver une chambre et séjourner ici. De ce côté aussi le niveau de service est optimal et les services nombreux.

S'BASTBERGER-STUEWEL €€

25, rue Principale

IMBSHEIM

✆ 03 88 70 73 85

Du mardi au dimanche le midi de 12h à 14h30 et le soir de 19h à 21h30 ; du mercredi au dimanche le midi de 12h à 14h30.

La décoration de la S'Basterger-Stuewel, qui signifie « le chaudron du Bastberg », combine traditionalisme alsacien et phrases humoristiques. Deux générations de Reixel sont ici présentes pour vous combler : Anny et Pierre au service et Jean-Luc en cuisine. Chacune des 4 salles a sa propre identité mais toutes sont chaleureuses. Lorsque l'on aime la cuisine traditionnelle au bon goût d'autrefois, on est ici comblé ! Chacun y trouve son compte et les plus gourmands seront ravis des nombreuses formules proposées à midi comme le soir... Délicieux !

AU CHARME DU PASSÉ

38, Grand'Rue

✆ 03 88 91 57 56

Ouvert du mercredi au dimanche de 11h à 18h. Antiquaire, salon de thé.

Entrer ici, c'est comme d'ouvrir la malle aux trésors oubliée dans le grenier. Nichée dans une maison alsacienne, la boutique s'étage sur deux niveaux, combles pour ainsi dire du sol au plafond. Partout, une profusion d'objets anciens se déploie, posés ou suspendus : vaisselle, dînettes, lampes, statues, balances, sacs, bibelots, objets insolites du quotidien, vêtements... Le tout agencé avec beaucoup de goût. Il est agréable de venir et de revenir dans ce lieu unique pour y dénicher un trésor ou pour passer un bon moment, attablé devant une pâtisserie maison.

BAS-RHIN

TIERS LIEU

59, Grand'Rue

✆ 06 88 72 92 45

www.tierslieu59grandrue.com

Ouvert du mercredi au jeudi de 14h à 19h et le samedi de 10h à 17h.

On entre ici attiré par la vitrine, on reste pour la chaleur humaine. Dans cette étonnante boutique, l'important c'est d'abord la rencontre. Ici, on prend un café ou un thé en petit comité, favorisant la conversation, l'échange, la co-création. Des artistes y sont régulièrement exposés, des ateliers de couture, de confection de bougie, etc., régulièrement proposés sur inscription. On y lit aussi. Enfin, on y succombe au très bon goût de sa propriétaire qui vend ses coups de cœur dans un lieu sans cesse renouvelé et particulièrement bien agencé.

HANAUTIC

Rue de Babanhausen

✆ 03 88 71 38 38

www.cc.pays-de-hanau.com/fr/hanautic

Ouvert toute l'année. Tous les jours et les jours fériés de 14h à 20h ; le dimanche de 9h à 13h et de 14h à 18h.

Il s'agit d'un immense complexe aquatique ! Vous allez pouvoir profiter de la piscine couverte et de ses 25 mètres de bassin, d'une pataugeoire et d'un toboggan de 52 mètres de long. Il y a de quoi s'amuser en famille et faire son sport donc, mais aussi de quoi se détendre : sauna, hammam et même puits d'eau froide... Plusieurs activités de groupe sont également proposées sur place : aquagym, natation synchronisée ou encore de la gym douce. Attention, les horaires changent souvent, allez directement vous renseigner sur le site Internet.

DOSSENHEIM-SUR-ZINSEL

Dossenheim possède un patrimoine historique très riche. Son Refuge fortifié est un site délimité par une enceinte défensive construite vers le XIIIe siècle autour de l'église paroissiale et de son ancien fossé. Dans une maison de l'enclos ecclésial, occupant l'emprise de cinq celliers, a été installé un lieu d'exposition retraçant le pourquoi d'un tel site. Ne manquez pas non plus le « D' WACHT » du XIXe siècle. Ce corps de garde en pierre de grès rose des Vosges du Nord, avec façade et chaînage d'angle en pierre de taille, abritait le local du garde champêtre, un cachot de prison et la balance publique.

CHÂTEAU DE HUNEBOURG

Le château est situé sur le Chemin des châteaux forts d'Alsace sur l'étape n°8 qui va de La Petite Pierre à Ernolsheim-lès-Saverne.

Accès libre.

Ces ruines nous offrent un magnifique point de vue. La construction de ce château daterait du XIIIe siècle mais il fut abandonné au XVe. Restauré par F. Spieser à partir de 1933 en un style néo-régionaliste et néo-roman, une belle tour sera construite. Pendant la Seconde Guerre mondiale, il sera un haut lieu de la propagande nazie avant d'être mis sous séquestre en 1945 puis de devenir lieu de vacances et hôtel. Tout près, ne manquez pas La Grotte d'Amour, aménagée spécialement pour les rencontres romantiques entre amoureux.

MUSÉE DU REFUGE FORTIFIÉ ★

80, cour de l'Église ✆ 03 88 70 04 45

Ouvert du 12 avril au 25 octobre le dimanche et les jours fériés de 14h à 18h. Juillet et août : tous les jours.

Deux maisons ont été aménagées en centre d'interprétation du site et illustrent la vie dans le refuge à l'époque. Très bien conservé, ce qui est rare, le refuge datant du XIIIe siècle permet de comprendre comment s'organisait la vie dans ces monuments d'architecture défensive. Il était à l'origine pourvu d'un chemin de ronde couvert et garni de créneaux dont il ne subsiste que le mur d'enceinte en moellons de grès utilisé dans la construction des maisonnettes. Leurs sous-sols conservent les traces des anciennes celleria ou gaden.

LE BALTHAZAR €€

2, montée du Tilleul

✆ 03 68 04 66 14

lebalthazar.fr

Ouvert du mercredi au dimanche le midi ; du jeudi au samedi le soir.

Elisabeth et Thierry Philippe vous reçoivent avec passion et bienveillance dans leur beau restaurant. Ici, on se sent bien, et l'on est toujours bien reçus. Côté carte, les plats sont simples et traditionnels, mais avec un petit quelque chose qui fait la différence : une cuisson à la braise dans la cheminée ! Presque toutes les régions françaises sont représentées car ici ce que l'on aime proposer, c'est avant tout le bon produit frais du terroir. Que l'on aime les viandes, les poissons ou les légumes, on trouve toujours quelque chose de bon à déguster.

KIRRWILLER

Les deux églises face à face au centre du village sont à l'origine du toponyme « Kirihuilare » de Kirrwiller comme « village église ». Kirrwiller se trouve auprès de la route romaine reliant Brumath à Bouxwiller. Le lieu dit « im Römer » ainsi que les pièces romaines trouvées dans l'ancien puits du village rappellent cette voie. Vers 650, devant l'attrait croissant pour la foi chrétienne, les paysans libres de Kirrwiller et des villages alentour y construisent une première église très certainement à colombages, qui rassemblait les villageois de sept communes ! Kirrwiller est donc sans conteste depuis longtemps la ville des églises !

L'ÉTÉ EN NOVEMBRE €€

46, rue Principale

✆ 06 10 96 35 63

www.ete-en-novembre.fr

Chambre double de 70 € à 80 €. Petit déjeuner inclus.

Sandrine a décoré ses chambres très bien situées pour découvrir la région d'un subtil mélange créatif chiné : matériaux bruts, récupération industrielle détournée et meubles dépareillés côtoient avec audace les équipements confortables et les touches de couleur apportées par d'atypiques objets mystérieux. Tout ici invite à la rêverie et à la détente ; vos hôtes s'adapteront à vos besoins, en se faisant très discrets ou au contraire en vous conseillant et en partageant des moments de convivialité avec vous si vous le souhaitez. Voici de quoi s'offrir un bon moment.

ROYAL PALACE - MUSIC HALL ADAM MEYER

20, rue de Hochfelden ✆ 03 88 70 71 81

www.royal-palace.com

Ouvert mercredi, jeudi et samedi de 12h à 18h ; vendredi et samedi de 19h30 à 2h30 ; dimanche de 12h à 18h.

En 35 ans, le Royal Palace s'est hissé parmi les trois plus grands music-halls français. Pénétrez dans la prestigieuse salle de spectacle de 1 000 fauteuils et laissez-vous enivrer par le talent des artistes qui vous feront vibrer avec « tempo » : la performance, le goût du risque, la course époustouflante… Tant d'émotions vous attendent lors des numéros à la fois artistiques et périlleux présentés par des talents d'exception dans un tourbillon entraînant de musique et de paillettes !

NEUWILLER-LÈS-SAVERNE

Neuwiller-lès-Saverne compte de très nombreux sites et monuments historiques à visiter absolument : les remparts, avec la tour de guet et le très ancien cimetière juif dans les lices du XIIIe siècle ; l'église Saints-Pierre-et-Paul, succession de styles architecturaux du VIIIe au XVIIIe siècles, les statues du XVe siècle, cuve baptismale du XIe siècle ; l'église Saint-Adelphe et la salle du chapitre du XIIe siècle ; les maisons Renaissance, les puits et fontaines, mais aussi les monuments funéraires napoléoniens et le polissoir préhistorique, les ruines de châteaux, les fondations de la chapelle Saint-Nicolas ou encore la source Saint-Adelphe !

L'ABBATIALE SAINTS-PIERRE-ET-PAUL ★

5, cour du Chapitre

Fermé du 1er novembre au 1er mars. Visites guidées sur demande.

En y pénétrant, vous tomberez sur la cuve baptismale romane, dont le socle est une sculpture des démons chassés par les sacrements du baptême, sur le tombeau reliquaire de saint Adelphe (XVIIe siècle), le Saint Sépulcre, et quatre statuettes de bois polychrome du XVe siècle. L'église conserve une magnifique tapisserie de la fin du XVe siècle tissée en fils de laine, d'or et de soie qui narre sur plus de 20 mètres la vie de saint Adelphe, qui fut également évêque de la ville de Metz.

HÔTEL-RESTAURANT DU HERRENSTEIN** €€

20, rue du Général-Koenig ✆ 03 88 70 00 53

www.herrenstein.fr

Chambre simple 67 €. Chambre double 77 €. Demi-pension 131 €. Petit déjeuner 9,50 €. Soirée étape 77 €.

Dans ce bel hôtel-restaurant qui rend hommage tant aux traditions alsaciennes qu'à celles du Sud-Ouest, vous trouverez 13 chambres toutes très confortables et très bien équipées, à la décoration soigneusement élaborée d'éléments contemporains comme plus anciens. Ici on se sent bien et on n'hésite pas à profiter de nombreux services proposés, comme le délicieux petit déjeuner ou la demi-pension qui ravira les amateurs de produits de qualité et de recettes maîtrisées.

HÔTEL-RESTAURANT DU HERRENSTEIN €€

20, rue du Général-Koenig
✆ 03 88 70 00 53
www.herrenstein.fr

Logis de France 3 Cocottes et 2 Cheminées. Ouvert du vendredi au mercredi et les jours fériés le midi et le soir.

L'hôtel-restaurant du Herrenstein est situé dans une ancienne demeure du XVIIIe siècle. Fabrice Cazemajor, vous y proposera une cuisine élégante et créative aux accents du Sud-Ouest, faisant la part belle aux produits de saison des producteurs locaux. Quoi que l'on choisisse on ne pourra pas se tromper et le cadre finira de vous convaincre. Pour goûter à la belle carte des vins sans risque, n'hésitez pas à réserver une nuitée dans l'hôtel au bon niveau de service lui aussi.

FERME-FROMAGERIE HERRENSTEIN

7, rue de la Gare
✆ 03 88 70 31 07
www.fermeherrenstein.fr

Ouvert du mardi au samedi de 10h à 12h et de 14h à 19h. Fermé le mardi après-midi.

L'activité commence en 1989, dans le sous-sol de la maison d'habitation où est créé le premier fromage : le Randonneur. Suivront : le Herrenstein, le Fleurie, le beurre, les yaourts... Le fils Eddy vient ensuite renforcer l'équipe et en 2006, une nouvelle page se tourne avec la construction d'une fromagerie. En vous fournissant ici, vous aurez l'assurance de ne trouver que de bons produits et surtout de vous régaler. Qu'y a-t-il de mieux finalement ?

OBERMODERN-ZUTZENDORF

Avant la Révolution française, Obermodern a fait partie du comté de Hanau Lichtenberg. Depuis le Moyen Âge, c'est un village agricole riche. Son histoire, dont les premiers vestiges remontent à 773, est étroitement liée à La Moder et au fief des seigneurs de Hanau Lichtenberg à partir de 1273. Les trois moulins ancrés le long de La Moder ponctuent l'histoire du village. Propriétés de la seigneurie, ils étaient donnés en cause héréditaire à des emphytéotes moyennant cens et rentes. Le village compte plusieurs maisons à colombages toujours visibles, œuvres des renommés charpentiers Schini, dont les descendants habitent encore ici.

ESPACE DE LA LOCOMOTIVE À VAPEUR

3, chemin du Sable
✆ 03 88 90 18 04
www.tourisme-hanau-moder.fr

Ouvert le mercredi, le jeudi et le dimanche de 14h à 17h. Gratuit jusqu'à 1 ans. Visite guidée.

La première salle de ce musée est dédiée au matériel ferroviaire : outils, casquettes, anciens billets, lanternes et comporte aussi une étonnante maquette à un tiers en coupe de la dernière machine à vapeur ayant parcouru les rails alsaciens. La seconde salle présente d'autres maquettes à l'échelle 1/20e, déambulant sur leurs rails et crachant du feu et de la fumée. Enfin, celle à échelle plus réduite tente de rivaliser avec un poste de conduite de locomotive grandeur nature.

LES LETTRES DE MON MOULIN €€

2, impasse du Moulin
✆ 06 88 17 17 28
www.leslettresdemonmoulin.fr

A partir de 89 € la nuit pour deux personnes petit déjeuner inclus.

Dans un ancien moulin qui borde une petite rivière, on passe un agréable moment dans l'une des cinq chambres d'hôtes charmantes, à la décoration voulue comme un cabinet de curiosités : vieux papiers, meubles chinés, objets et livres anciens. Chaque chambre rend hommage à un écrivain, en reconstituant son univers et son époque. Pas étonnant, car ici on aime l'écriture et on propose même des ateliers dédiés, ainsi que des espaces de vie communs lieux de rencontres et de créations.

HÔTEL RESTAURANT ERNENWEIN €€

11, rue de la Gare
✆ 03 88 90 80 08
www.ernenwein.com

Ouvert du lundi au mercredi, le vendredi et le samedi le midi et le soir ; le dimanche et les jours fériés le midi.

Le bar ouvre pour la matinée à partir de 10h et l'accueillante salle de restaurant permet de déguster parmi les incontournables des bâtonnets tièdes d'asperges et fleurette de saumon fumé ou l'émincé de rognons de veau. Les végétariens trouveront eux aussi de quoi se régaler dans des menus peu onéreux. On ne s'y trompe d'ailleurs pas en observant les clients qui fréquentent le lieu : s'il y a des touristes, les habitués sont eux aussi bien présents, gage de qualité.

SARRE-UNION

Le nom étonnant de Sarre-Union lui vient du fait qu'ont été réunies deux communes, l'une appelée Vicus Saravi à l'époque gallo-romaine et l'autre appelée Villeneuve, ou Neu-Saarwerden. À la mort du dernier duc de Lorraine, ses domaines revinrent à la couronne française. Pour ces raisons historiques, le patrimoine religieux est particulièrement riche : chapelle des Jésuites, églises, temple réformé, synagogue... Passez aussi par la belle fontaine dite des Boucs et découvrez la Ville Neuve remarquable par son plan en damier. Les promenades en barque de Sarre-werden à Sarre-Union sont une autre façon de découvrir la Sarre, avec un autre point de vue.

SITES GALLO-ROMAINS DE MACKWILLER

Rue de l'École
MACKWILLER
Visite libre toute l'année.

Il s'agit des restes d'un mausolée, à l'origine sans doute pourvu de plusieurs étages et construit selon un plan circulaire. Ce type de monument était assez courant au milieu du IIe siècle après J.-C. dans le Nord-Est de la Gaule. Un peu plus loin, les thermes d'une villa (domaine cultivé appartenant à un riche propriétaire foncier) ont été retrouvés, révélés au XIXe siècle par le pasteur Ringel qui a laissé également de nombreux croquis visibles aux musées de Strasbourg et Saverne.

CHAPELLE DU KIRCHBERG

Chemin fléché à partir de la rue principale de Berg
BERG
✆ 03 87 97 86 49
Accès libre au site toute l'année.

Le Kirchberg est le sujet de prédilection pour les peintres amateurs de la région lorsqu'ils s'intéressent au motif. La construction de la tour ronde remonte au XIIe siècle, le chœur gothique date des XIVe et XVe siècles. Les dommages subis au cours de la dernière guerre ont été réparés et le site a maintenant retrouvé son exceptionnel attrait. L'association de sauvegarde du Kirchberg propose des tartes flambées le premier dimanche des mois d'été et une permanence est assurée sur le site du 1er mai à fin octobre à partir de 15h30.

MOULIN ET AUBERGE DU MOULIN

5, rue du Meunier
HARSKIRCHEN
✆ 03 88 00 90 45
Ouvert le week-end de 19h à 0h. En semaine pour groupes, sur réservation uniquement.

Le Moulin de Willer est un des rares moulins à eau encore en fonctionnement. Édifié en 1713 sur la rive gauche de la Sarre il est mis en mouvement par trois roues à aubes au XIXe siècle. L'intérieur est ravissant. Roger Roesel, le meunier, vous propose chaque samedi et dimanche soir des tartes flambées, des pizzas ou encore des planchettes de truite fumée locale. Bien sûr, la farine des pâtes vient d'ici et vous ne trouverez donc pas matière première plus proche du consommateur !

LA GRANGE AUX PAYSAGES

90, rue Principale - **LORENTZEN**
✆ 03 88 00 55 55
www.grangeauxpaysages.fr
Le dimanche, le lundi et les jours fériés de 14h à 18h ; du mardi au vendredi de 10h à 12h et de 14h à 18h.

Dans les dépendances du château de Lorentzen (l'ancien moulin à grain, la grange dimière et la maison de maître qui y était accolée) a été installée la Grange aux Paysages. Son but est de vous faire découvrir les richesses du patrimoine naturel et culturel alsacien, mais aussi de sensibiliser aux enjeux environnementaux. L'exposition permanente « Secrets de paysages » invite à découvrir au fil des saisons les paysages de l'Alsace Bossue : photos, maquettes en bois, écrans interactifs et bornes sonores ou installations présentant la géologie de la région...

CAMPING LES SAPINS*** €

14, rue de la Paix
KESKASTEL
✆ 03 88 00 19 25
www.keskastel.fr
Ouvert toute l'année.

Ce camping dispose d'emplacements pour y planter sa tente, mais aussi de charmants petits chalets : couchages confortables (linge de lit fourni) et cuisine équipée ! Ici, les activités en plein air ne manquent pas quelle que soit la saison : sentiers de randonnée, circuits cyclotouristiques et VTT, et en période estivale jeux gonflables sur le plan d'eau pour les enfants. Ces derniers sont d'ailleurs ici rois car tout est fait pour les occuper avec un encadrement professionnel et des activités organisées, quel que soit leur âge.

BAS-RHIN

L'ARCHE DE NOÉ - CABANE DANS LES ARBRES €€€

9, rue Goussaud - **KESKASTEL**
✆ 06 12 33 34 07
www.archedenoe.eu
A partir de 115 € pour une nuit pour deux en basse saison, 130 € en haute saison.

Il a fallu trois ans pour bâtir ce cocon niché à 6 mètres du sol, entre les trois arbres qui étalaient leurs frondaisons au fond du jardin. C'est une véritable petite maison avec 4 couchages dont 2 en mezzanine, qui va vous permettre de réaliser votre rêve ou celui de vos enfants ! L'aménagement est charmant et cosy. Un petit chauffage permet de séjourner en hiver. Une tyrolienne est disponible pour les enfants et vous pourrez même faire un barbecue et un feu de camp.

AU TILLEUL €

18, rue de Phalsbourg
DRULINGEN
✆ 03 88 00 63 41
Ouvert du jeudi au lundi le soir ; du jeudi au mardi le midi. Menus de 25 € à 38 €. Plat du jour : 10 €.

Au Tilleul, il fait bon s'arrêter pour l'accueil, le cadre et la cuisine. On s'y restaure à petits prix de plats du jour et de spécialités. Le chef Samuel Mexique n'a de cesse de trouver de nouvelles idées ! L'été, on s'attable sur la terrasse, dans le jardin au calme à l'arrière du restaurant. Les plats et menus du jour, sur place ou à emporter, sont une véritable aubaine ! Les soirées à thème qui sont organisées tout au long de l'année sont elles aussi des immanquables et font vite le plein; pour en profiter, pensez à réserver.

LA CHARRUE €€

13, rue Principale
REXINGEN
✆ 03 88 01 77 36
Ouvert du mercredi au dimanche le midi et le soir. Menus de 26 € à 46 €. Carte : 40 € environ. Formule du midi : 11 €.

Ici la cuisine se veut délicate, savoureuse et très abordable. Si les plats régionaux sont bien représentés, ils sont souvent concurrencés par d'autres dont l'inspiration est plus maritime. Parfois même terre et mer se mêlent en de surprenants mélanges. Le tout est de se laisser surprendre, de goûter sans a priori, et on sera très souvent surpris par des associations inattendues mais qui fonctionnent à merveille auprès des papilles même les plus exigeantes. Le service est souriant et attentionné, Élisabeth fait tout pour vous satisfaire.

RESTAURANT DE LA HEIDENKIRCH - CHAMBRES D'HÔTES €€

Chemin des Mineurs - **RATZWILLER**
✆ 03 88 02 09 87
www.restoh.fr
Ouvert du mercredi au samedi de 18h30 à 22h ; le dimanche et les jours fériés de 12h à 15h et de 18h30 à 22h.

Ce restaurant accueillant vous propose une cuisine traditionnelle basée sur les produits frais, locaux et de saison comme les gibiers et champignons qui viennent directement du bois. Vous vous installerez dans une grande salle aux tonalités rouge et noires, dans un décor avec poutres et grande cheminée qui mêle la rusticité du bois et un esprit plus contemporain. À la belle saison on profite tout aussi bien du charmant extérieur en prenant le temps de déguster.

RESTAURANT LE WINDHOF €€

3, Windhof - **BURBACH**
✆ 03 88 01 72 35
www.windhof.fr
Ouvert du mardi au dimanche le midi de 12h à 14h et de 19h à 21h ; du mercredi au samedi le soir. Menus de 26 € à 62 €.

Le Windhof propose une cuisine inventive à base de produits frais, de grande qualité et de saison, pour la plupart en provenance des producteurs du coin. Le cadre est agréable et le service impeccable. Sur la carte, ces bons ingrédients sont sublimés par de belles associations et idées novatrices, tout en étant respectés et en conservant leur goût naturel. Cette vision de la cuisine si singulière est l'œuvre d'un chef expérimenté. Le Windhof propose également d'excellents accords mets et vins pour une expérience sensorielle et gustative incroyable.

CIRCUIT CYCLOTOURISTIQUE

90, rue Principale
LORENTZEN
✆ 03 88 00 40 39
www.tourisme.alsace-bossue.net
Horaires variables selon les saisons et formules : consulter le site Internet.

Ce circuit cyclotouristique est audio-vidéo-guidé par GPS. Une quarantaine de VTC enfants et adultes sont en location tout comme les PDA. Clipsé sur le guidon, le PDA est constitué d'un écran sur lequel on se localise et un haut-parleur vous fournit des indications de direction, des informations touristiques, naturalistes, historiques. Le guidage est accessible sur l'application « Alsace Bossue Tour » gratuitement, un module « itinéraires » référence l'ensemble des circuits et d'autres catégories existent comme « Où manger », « Où dormir », « Que faire ? ».

ALTWILLER

Ce charmant village est plein d'histoire ! Des fragments de vases et d'autres pièces gallo-romaines ont été trouvés à Bonnefontaine. Le site est situé sur le passage de la route du sel. Outre les deux annexes de Neuweyershof et le domaine de Bonnefontaine, le village comptait en ses proches environs un hameau disparu, Honkesen-Huntzen. Altwiller a été déserté au XVe siècle et reconstruit un peu plus loin en 1559 par des huguenots principalement lorrains. Détruit à nouveau partiellement par les Croates en 1635, il sera reconstruit et vivra enfin sans encombres. Ne manquez pas son moulin à blé, sa source d'eau minérale et son château du XIXe siècle.

L'ÉCLUSE 16 €€

16, lieu-dit Bonne-Fontaine
✆ 03 88 00 90 42
www.ecluse16.com

Ouvert du jeudi au lundi le midi et le soir. Réservation recommandée. Menus de 22 € à 52 €. Carte : 40 € environ.

Ce restaurant est un ancien relais de halage en briques rouge, au bord du canal des Houillères. Côté plats, il y a de tout et ici tout est sélectionné pour faire frémir vos papilles. Entre tradition et effet de surprise, on se laisse guider au fil des menus dans une véritable aventure gustative. C'est naturel, c'est frais, c'est gourmand et cela se déguste dans un cocon feutré et chaleureux propice à la dégustation, voire à la délectation, sans même en rougir. Pour les amateurs de belle gastronomie, ce restaurant deviendra vite un incontournable.

PARC D'ANIMATIONS NATURE DE CHEVAL

7, Neuweyerhof
✆ 03 88 01 45 21
www.parc-naturedecheval.fr

Fermé du 1er septembre au 30 avril. Entrée : 8 € (tarif jours de spectacles).

Profitez de ce parc d'animations que fait vivre une équipe chevronnée de cascadeurs et fantaisistes équestres. Pour les plus jeunes, camp indien, tipis, initiation à la voltige, jeux de découverte autour de la mini-ferme (un atelier de découverte et soin des animaux permet aux enfants d'approcher et brosser les animaux) et pour les grands, randonnées équestres (sur réservation), parties de pêche, balades à vélo ou à pied, nuits insolites dans des kotas finlandais ou nuitées en tipis.

DEHLINGEN

De nombreuses trouvailles prouvent que Dehlingen était déjà habitée pendant la préhistoire. Dehlingen fut occupée ensuite par les Romains comme en atteste la découverte de nombreux restes de murs, tuiles, briques, pièces de monnaie, etc. Même une bague et une statuette divine en bronze furent trouvées ! Aujourd'hui, on y profite de de nombreux attraits : de superbes maisons datant du XVIe siècle dont certaines avec des Schop (*Schopfhuss*), le cimetière juif créé vers 1830 et laissé à l'abandon, le site archéologique de la villa gallo-romaine du Gurtelbach au nord et le centre d'interprétation du patrimoine archéologique de Dehlingen.

LA VILLA

5, rue de l'Église
✆ 03 88 01 84 60

Juillet-août du dimanche au vendredi de 14h à 18h. Du 1er septembre au 31 octobre, du mercredi au vendredi de 14h à 18h.

Venez découvrir l'histoire d'une ferme du Nord-Est à l'époque de la Gaule. Dans ce bâtiment du XVIIe siècle restauré tout en conservant sa volumétrie originelle on peut recueillir une multitude d'informations sur la vie dans une villa gallo-romaine. La visite peut se faire à sa guise, soit en se promenant à son rythme dans les quatre niveaux du CIP, soit en réalisant, à l'aide d'un support remis à l'entrée une petite enquête archéologique, ou encore en visite guidée. La visite du centre est complétée par celle du site de la villa gallo-romaine du Gurtelbach.

DIEDENDORF

L'église de Diedendorf a connu bien des préripéties. Rebâtie en 1700, elle contient trois pierres tombales, une d'un parent de la famille Streiff, une autre d'un des fils du pasteur Perroudet et celle du pasteur Samuel Perroudet. La présence de ce personnage, venu de Suisse, provoqua la migration d'un grand nombre de familles helvétiques dans la région. Les bornes de la Grenztranchée (tranchée frontalière longue d'environ trois kilomètres) s'étendant entre Harskirchen et Sarrebourg, encore visibles aujourd'hui, furent autrefois la frontière d'État entre la France et l'Allemagne de 1766 à 1793. Ne manquez pas non plus le château du XVIe siècle.

CHÂTEAU DE DIEDENDORF

51, rue Principale
✆ 03 88 01 01 96
Extérieur visible toute l'année. Intérieur du château : visites guidées pour les groupes sur réservation.

Le château de Diedendorf est l'un des rares exemples de demeures seigneuriales de la Renaissance encore conservées en Alsace. La construction a débuté en 1577 pour le compte du bailli de Sarrewerden. À l'origine, le bâti était entouré d'un mur d'enceinte pourvu de quatre tours rondes dont il ne subsiste que la tour Nord-Ouest. Le portail d'entrée extérieur en segment d'arc, où était logé le pont-levis, a retrouvé son emplacement d'origine. Le verger à l'arrière de la demeure est un exceptionnel témoin des vergers de haute tige qui couvraient la région.

DOMFESSEL

Avant 1793, Domfessel appartenait au comté de Sarrewerden, devenant par la suite alsacienne. Vers la fin du XVIIIe siècle, des fouilles eurent lieu, menées par le pasteur Ringel. Ces fouilles permirent de mettre au jour les vestiges d'une grande villa romaine, qui s'étend sur 300 mètres et qui date du Ier siècle. Un autre point d'intérêt majeur du village est son église, fortifiée pour la protection des habitants, Saint-Gall, de la première moitié du XIVe siècle. Son homogénéité et ses proportions en font l'un des joyaux de l'art gothique en Alsace. Henri de Sarrewerden, alors curé de Domfessel aurait été à l'initiative de sa construction.

COLLÉGIALE DE DOMFESSEL

Rue de l'École
✆ 03 88 00 40 33
Ouvert toute l'année. Visites guidées organisées en été.

L'église de Domfessel est un magnifique édifice fortifié de style gothique construit dans la première moitié du XIVe siècle. Au troisième niveau de la tour se trouve la chambre du guetteur. L'intérieur, majestueux et solennel, invite au recueillement. Le mur d'enceinte, interrompu par un porche surmonté d'un étage, encercle l'église même s'il n'a plus sa hauteur originelle. Un orgue, indispensable dans un lieu de culte protestant, a été ajouté au XIXe siècle et sur une chaire en bois du XVIIIe siècle sont sculptés les animaux symboles des quatre évangélistes.

LA PETITE-PIERRE ★★

La commune présente deux visages : la charmante ville historique et son étonnant château, et la localité « moderne » qui se développa peu à peu après l'incendie ayant frappé la vieille ville en 1745. De nombreux citadins viennent ici régulièrement pour s'offrir une cure d'air pur, mais aussi de gourmandise, chez les hôteliers-restaurateurs de la région. La Petite-Pierre est un lieu de départ rêvé pour la randonnée pédestre ou à VTT, ou plus simplement la promenade. La Petite-Pierre se distingue aussi par son festival de jazz, à ne pas manquer chaque année au mois d'août, rendez-vous de grandes figures du style et des musiques du monde.

CHÂTEAU DE LA PETITE PIERRE-MAISON DU PARC ★

Rue du Château
✆ 03 88 01 49 59
www.parc-vosges-nord.fr

La Maison du Parc est installée dans un ancien « Bergschloss » réaménagé. Le Parc est classé Réserve de la Biosphère par l'Unesco, puis reconnu en 1998 comme première Réserve de biosphère transfrontalière en Europe occidentale. Les Vosges du Nord, importante zone boisée parsemée de nombreux cours d'eau, bénéficient d'une faune et d'une flore très diversifiées. Une documentation très étoffée est à votre disposition dans la Maison du Parc, qui abrite aussi des expositions.

MAISON ET JARDIN DES PAÏENS ★

Derrière la mairie
✆ 03 88 70 49 70
Haute saison : du mardi au dimanche et les jours fériés de 10h à 12h et de 14h à 18h.

De style Renaissance, elle a été édifiée en 1534 à l'emplacement d'une ancienne tour de guet de l'époque romaine, d'où son nom de Maison des Païens. Les traces des fondations romaines subsistent toujours dans la cave. Il semblerait que ce lieu ait toujours eu une fonction d'observation et probablement qu'une route du sel empruntait ce col. Lieu magique et sacré d'Alsace, il a quelque chose d'enchanteur à voir et à ressentir ici pour les passionnés d'ésotérisme.

BAS-RHIN

© TOBAGO77 / ADOBE STOCK

La Petite-Pierre.

MUSÉE DES ARTS ET TRADITIONS POPULAIRES-SPRINGERLE

11, rue des Remparts ✆ 03 88 70 48 65
www.musee-sceau.com
Juillet-août : tous les jours sauf le lundi. Adulte : 2,50 €.

En plein cœur du bourg fortifié (le Staedel), le Musée collectionne les moules à gâteaux qui ont voyagé à travers les âges. Ces moules en bois confectionnés du XVIe au XXe siècle servaient à imprimer avant cuisson la pâte de petits gâteaux de Noël, appelés en alsacien « Springerle » : « petits sauteurs ». Les thèmes de décoration évoquent le cœur et l'amour, les métiers, les animaux réalistes ou mythiques, les scènes de la Bible, les tenues élégantes ou encore les uniformes...

MUSÉE DU SCEAU ALSACIEN

17, rue du Château
✆ 03 88 70 48 65
www.musee-sceau.com
Du 1er juillet au 30 septembre ouvert tous les jours sauf le lundi : 10h-12h et 14h-18h.

Ce musée extraordinaire et original créé par Charles Haudot, sigillographe passionné de la ville de Strasbourg, est installé dans une chapelle construite par Vauban à la fin du XVIIème siècle, cadre qui sied parfaitement à ces images où sont représentées les armes ou les marques symboliques d'états, de souverains, de nobles, de corporations ou même de particuliers... Le musée rassemble une collection de près de 2 000 sceaux, des documents originaux, des centaines de fac-similés ainsi que des reproductions d'écus et de gonfanons armoriés.

LE RELAIS DES ARTS

37, rue Principale
✆ 03 88 70 44 65
giterelaisdesarts.com
Galerie ouverte de Pâques à la Toussaint le week-end et les jours fériés 14h-18h.

Denis Lavoyer, entomologiste passionné, a reconstitué dans son Relais des Arts un cabinet de curiosité en hommage à Henry Fabre, le célèbre naturaliste provençal. Vous y observerez de très belles collections d'insectes mais pas seulement car Denis a décliné sa passion dans des créations originales : peintures, sculptures, maquettes et décors... Des œuvres que l'on peut acheter ! Une salle de classe d'antan a même été reconstituée dans la cour de son atelier (son épouse Anny était institutrice à la Petite Pierre). En été, l'exposition se prolonge dans le jardin !

LES ROCHERS DE LA BANDE NOIRE

A la limite Moselle/Bas-Rhin après la traversée du ruisseau du Nesselbach.

Un surplomb rocheux au-dessus du chemin et de nombreuses petites grottes forment cet ensemble qui aurait été utilisé par les contrebandiers du XIXe siècle fournissant tabac et alcool aux soldats de Phalsbourg. Gravés dans la roche, vous pourrez admirer inscriptions et dessins, dont de nombreuses discussions en italien et des portraits de Napoléon. Tout près de là, passez aussi voir la grotte des amoureux dans laquelle les soldats emmenaient leurs conquêtes...

AUBERGE D'IMSTHAL*** €€

3, route Forestière-d'Imsthal
✆ 03 88 01 49 00
www.petite-pierre.com

Chambre simple à partir de 66 € ; chambre double à partir de 79 €. Pension complète (+ 18 €). Demi-pension : 162 €.

Un hôtel-restaurant situé dans un décor idyllique, au cœur de la forêt, face à un étang de pêche, où vous serez reçus avec professionnalisme par la famille Michaely. L'espace bien-être avec bain bouillonnant, hammam et sauna est une invitation à ne s'occuper que de soi. Une salle de jeux vous propose de passer des soirées conviviales. Tout est fait pour que l'on ne veuille plus partir et le matin, si on a du mal à quitter le lit tant il est douillet, le fabuleux petit déjeuner et la perspective d'un excellent déjeuner au restaurant motivent grandement.

CHEZ NADINE HAMM €€

45, rue Principale - **WEITERSWILLER**
✆ 03 88 89 23 20
www.giteamsteingawel.free.fr

Ouvert toute l'année. 2 chambres (chambre familiale (2 lits doubles)). Chambre double à partir de 54 €.

Une magnifique maison de maître à colombages du XVIIIe siècle, typiquement alsacienne, vous accueille au cœur du Parc naturel des Vosges du Nord. Deux suites, Ève et Mélanie, l'une au premier étage et l'autre au second, mêlent bois et vieille pierre et procurent aux hôtes tout le confort nécessaire à un séjour reposant. Votre hôte vous fera partir du bon pied chaque matin avec de délicieuses confitures et du pain frais et vous conseillera pour la construction de votre itinéraire du jour en vous indiquant les sites touristiques immanquables de la région.

HÔTEL-RESTAURANT AUX TROIS ROSES*** €€

19, rue Principale
✆ 03 88 89 89 00
www.aux-trois-roses.com

Chambre simple à partir de 70 €, double à partir de 70 €, triple à partir de 121 €, suite à partir de 99 €.

Dans la cité médiévale de la Petite Pierre, cet hôtel-restaurant vous fera passer un séjour plus qu'agréable. Sa façade du XVIIIe siècle et ses chambres au style atypique avec balcon donnant sur la vallée vous raviront. En plus du décor magnifique, vous pourrez profiter de l'espace bien-être grâce à la piscine, au sauna et aux soins. Pour vous restaurer, vous n'irez pas loin car ici on vous propose d'excellents menus faisant la part belle aux produits de la région.

HÔTEL-RESTAURANT DES VOSGES** €€

30, rue Principale ✆ 03 88 70 45 05
www.hotel-des-vosges.com

Chambre double à partir de 95 €. Demi-pension. Petit déjeuner buffet : 12 €. Lit supplémentaire : 16 €.

Ici recevoir est une très longue tradition familiale et cela se ressent particulièrement dans le soin accordé à la décoration et à l'équipement des chambres dont la vue sur la forêt vous ravira. Dans le jardin, une balançoire et un toboggan occuperont les enfants alors que les adultes se prélasseront sur les chaises longues. Un espace fitness avec bain bouillonnant, cabine de vapeur et sauna vous offriront des moments de détente. L'accueil est irréprochable, tout en gentillesse.

SPA HÔTEL-RESTAURANT AU LION D'OR - CENTRE DE SOINS D'ARBROTHÉRAPIE*** €€

15, rue Principale ✆ 03 88 01 47 57
www.liondor.com

Chambre double à partir de 80 € ; suite à partir de 180 €. Animaux acceptés (10 € par nuit). Bain bouillonnant, sauna.

La famille Velten officie dans cet établissement depuis sept générations et prend soin de vous, entre une séance d'arbrothéraphie (méthode de remise en forme fondée sur les bienfaits de la forêt), la piscine, le sauna ou le bain bouillonnant ! Les chambres sont spacieuses et confortables. Tout ici est orienté vers la nature et c'est l'occasion de s'offrir un vrai ressourcement en se déconnectant du quotidien le temps d'un weekend ou d'un séjour plus long.

SPA HÔTEL LA CLAIRIÈRE**** €€€

63, route d'Ingwiller
✆ 03 88 71 75 00

Parking fermé. American Express, Chèque Vacances. Animaux acceptés. Séminaires. Réceptions et mariages. Spa.

En lisière de forêt, le Spa-Hôtel La Clairière est conçu pour le bien-être et le repos parfait. Les chambres sont équipées de literie en latex naturel avec couette en laine bio. Dans les salles de bains vous trouverez peignoirs et chaussons. Le prix de la chambre comprend le wifi et l'accès au Spa ouvert sur la forêt avec bains vapeur, saunas, piscine extérieure d'hydrothérapie chauffée et piscine intérieure. Et pour encore plus de bien-être, des nombreuses formules.

LA COURONNE €€

13, rue de Wimmenau - **REIPERTSWILLER**
✆ 03 88 89 96 21
www.hotel-la-couronne-67.com
Ouvert le jeudi midi ; du vendredi au dimanche le midi et le soir. Menus de 32 € à 44 €. Carte : 40 € environ.

Une cuisine inventive, légère et goûteuse, tout ici est fait maison depuis les amuse-bouches jusqu'aux fantaisies d'après dessert, et le saumon est fumé « maison ». Dans une salle à manger à l'ambiance *cosy* et détendue, avec vue sur la forêt, vous pourrez déguster des mets triés sur le volet. Un soin particulier est apporté aux matières premières mais aussi aux recettes qui pour certaines sont traditionnelles, ancestrales et jalousement gardées. Le service est aux petits soins et à la belle saison, lorsqu'on s'installe sur la terrasse, on a un goût d'éternité.

AU GRÈS DU MARCHÉ €€

19, rue du Château
✆ 03 88 70 78 95
www.augresdumarche.fr
Le jeudi et le vendredi de 12h à 13h30 ; le week-end de 12h à 13h30 et de 19h à 21h.

Estelle et Frédéric Jung, maîtres restaurateurs, gèrent un établissement aux spécialités régionales. Au menu, que des produits locaux. Vous pourrez vous régaler le midi notamment avec le plat du jour toujours de saison en fonction de l'arrivage du marché. Sur la carte on note cependant quelques hommages à d'autres régions françaises et à leurs traditions avec de belles associations. Il y a beaucoup de choix et chacun y trouve son compte. Le service est agréable et attentionné, très souriant. Il y a donc tous les ingrédients pour passer ici un bon moment.

HÔTEL-RESTAURANT À L'AIGLE €€

55, rue Principale - **WIMMENAU**
✆ 03 88 89 70 41
www.hotelrestaurantalaigle.fr
Fermé le lundi toute la journée, mardi, mercredi et dimanche soir. Menus de 30 € à 38 €. Carte : 25 € environ.

Cet établissement est géré depuis cinq générations par la famille Schmitt ! La carte, revisitée souvent, propose de belles choses, avec des recettes mêlant sans complexe différentes influences sans pour autant tomber dans les clichés de la cuisine fusion et en respectant le produit. Au dessert, on craque totalement pour le tiramisu aux pommes et spéculos, un délice ! On n'oublie pas bien sûr les tartes flambées servies le soir, en terrasse en été.

LES JARDINS D'UTOPIE

14, rue Principale
✆ 03 88 89 54 86
Du mercredi au dimanche et les jours fériés de 10h à 18h30. Salon de thé, petite restauration.

Dans un décor d'angelots dodus, de lapins de Pâques et de lustres de grand-mère, ressemblant à une caverne de bric-à-brac, bercés par de la musique douce, vous pourrez déguster des thés excellents, des soupes, des quiches ou de petits plats alsaciens et d'excellents desserts. Mais le plus surprenant ici est peut-être le fait qu'en plus de passer une agréable pause, on peut aussi acheter de nombreux petits objets, tous plus surprenants les uns que les autres, hétéroclites et plus ou moins utiles mais toujours décalés et amusants.

L'ÉTAGÈRE DE NOS GRANDS-MÈRES

8, rue Ritti
WIMMENAU
✆ 03 88 89 80 79
l-etagere-de-nos-grands-meres.fr
Ouvert tous les jours de 10h à 19h.

Depuis 2004, Denise se consacre à sa grande passion : la confection de confitures et de produits artisanaux. L'idée est de créer des produits goûteux, sains et à la manière de nos grand-mères, dans une bassine en cuivre traditionnelle. Elle propose des confitures et gelées, travaillées pour la plupart avec les fruits de son verger. Ses confitures vont des grands classiques à des saveurs un peu plus originales telles que la confiture aux bourgeons de sapin par exemple.

LA MAISON DES PAÏENS - L'ATELIER DE LA FORÊT

24, rue Principale ✆ 03 88 70 49 70
www.atelier-de-la-foret.fr
Le week-end et les jours fériés de 10h à 12h et de 14h à 18h. Du 1er juillet au 15 septembre, du mardi au dimanche.

Dominique et Christian Débat ont leur atelier dans la Maison des Païens, maison de la Renaissance perchée sur un promontoire rocheux. Y sont fabriqués, sous la marque Atelier de la Forêt dans des matériaux uniques (cuirs de pleine fleur, bois de wengé, d'alisier…) de très beaux sacs, des serviettes, des pochettes d'ordinateur et d'autres objets de petite maroquinerie (accessoires de bureau) tous très élégants, aux formes originales ou plus classiques, distribués dans le monde entier !

GRAUFTHAL

Graufthal est surtout connu pour ses grottes naturelles creusées dans la falaise, d'abord utilisées comme entrepôts, puis aménagées en habitations semi-troglodytiques au XVIIIe siècle. Habitées jusqu'en 1958, ces « Maisons des Rochers » peuvent aujourd'hui être visitées pendant la saison touristique. Mais Graufthal est aussi connu pour ses deux églises. L'ancienne église mixte est devenue église protestante en 1904. Il n'y avait pas d'orgue à l'époque, et le premier instrument de Graufthal a été construit dans la nouvelle église catholique. Ce positif de trois jeux a été posé ici en 1981 par Gaston Kern. Il s'agit d'un Positif-armoire.

MAISON DES ROCHERS

Rue des Fontaines
✆ 03 88 70 19 16
www.maisonsdesrochers-graufthal.fr

Horaires variables selon les saisons, consulter le site Internet.

Le lieu servait d'entrepôts au Moyen Âge, puis de logements après les affres de la guerre de Trente Ans. Au XVIIe siècle, des travaux de maçonnerie ont transformé ces refuges en maisons d'habitation, occupées encore au début du XXe siècle et pour l'une d'entre elles jusqu'en 1958 ! La visite permet d'imaginer les conditions de vie rudes des occupants de l'époque. Ces trois maisons semi-troglodytiques accrochées à la paroi en grès rose, ont été restaurées et ravivées de couleurs. Deux d'entre elles ont été remeublées et l'autre abrite une exposition.

AU CHEVAL BLANC €€

19, rue Principale
✆ 03 88 70 17 11
auchevalblanc.net

Le lundi et le mercredi le midi ; du jeudi au dimanche le midi et le soir. Menus de 26 € à 38 €. Plat du jour : 12 €.

Le Cheval Blanc, c'est une cuisine de tradition dans un cadre bourgeois. L'établissement propose un menu du moment qui varie en fonction des saisons et inspirations du chef et une carte avec de belles choses qui combinent mets de qualité et recettes traditionnelles. Ici on n'a pas peur de cuisiner comme autrefois, avec des cuissons longues ou des recettes demandant beaucoup de dextérité. De l'entrée au dessert tout est très travaillé. Très belle carte des vins. Victime de son succès, attention à l'attente le dimanche à midi toutefois !

HÔTEL-RESTAURANT AU VIEUX MOULIN €€

7, rue du Vieux-Moulin
✆ 03 88 70 17 28
www.auvieuxmoulin.eu

Menus de 32 € à 70 €. Menu enfant : 11,50 €. Chèque Vacances, Chèque Restaurant.

La Famille Kassel vous propose une cuisine de terroir. La salle à manger se trouve sous une spacieuse verrière avec vue sur la nature environnante. Que vous soyez friand de cuisine alsacienne ou amateur de cuisine plus raffinée, Vianney Kassel et son fils Guillaume sauront ravir votre palais en cuisine. Laissez-vous tenter par les menus dégustation qui vous feront vivre une belle expérience culinaire de l'entrée au dessert. Le service est aimable et efficace.

Maisons des rochers de Graufthal.

LICHTENBERG

L'histoire du village se confond avec l'histoire du château, édifié dès le XIIIe siècle, et de ses seigneurs, les sires de Lichtenberg puis comtes de Hanau-Lichtenberg, qui ont régné sur une partie de l'Alsace pendant plusieurs siècles. Plusieurs évêques de Strasbourg sont issus de la famille. Puisque des seigneurs puis des garnisons y défendaient les alentours, le village a été victime des guerres plusieurs fois ; la guerre de 1870 a laissé beaucoup de traces dans les esprits après un bombardement meurtrier des troupes allemandes. La troupe de théâtre de Lichtenberg, très active, propose des spectacles en alsacien depuis 100 ans.

CHÂTEAU DE LICHTENBERG ★

✆ 03 88 89 98 72

www.chateaudelichtenberg.com

De mars et octobre et le 1er novembre de 10h à 17h sauf le mercredi, jour de fermeture du site.

© LEONID ANDRONOV - SHUTTERSTOCK.COM

La naissance de ce château à la longévité remarquable remonte à 1206. Au XVIe siècle, l'architecte Daniel Specklin l'embellit et un siècle plus tard, la bâtisse devient forteresse du Royaume de France avant d'être remaniée une nouvelle fois par Vauban au XIXe siècle. Lors de la guerre de 1870 le site est réduit à l'état de ruines qui servirent de refuge aux habitants de la région durant les bombardements de la Seconde Guerre mondiale. En 1990, le château est restauré avec des apports architecturaux contemporains clairement identifiables aujourd'hui.

RUINE DU TIERKIRCHLEIN ✝

Accès libre.

Cette chapelle du XVIIe siècle était en son temps immense ! Ses ruines ne lui rendent pas hommage mais elles sont tout de même intéressantes d'un point de vue historique et architectural. La Tierkirchlein était à l'origine un lieu de pèlerinage pour les animaux, où les paysans conduisaient leurs bêtes pour leur éviter les maladies contagieuses et mortelles, et que les animaux sauvages de la forêt auraient selon la légende construite eux-mêmes. Des offrandes étaient déposées puis brûlées une fois par an pour évacuer les mauvais esprits.

STRUTH

Dans ce petit village né de la volonté du comte de La Petite-Pierre d'installer une verrerie dans la forêt proche, a régné une rare tolérance religieuse : luthériens, catholiques, juifs et anabaptistes s'y sont en effet côtoyés. On peut voir à Struth la synagogue du XIXe siècle, les cimetières juif et protestant, la maison dite du berger et des maisons traditionnelles du XVIIIe siècle. Au mois de mai, la fête des épouvantails rassemble depuis une dizaine d'années tous les amateurs du genre, quelques-uns des 245 habitants de Struth réalisent pour l'occasion leur épouvantail qu'ils exposent devant leur porte. Une visite insolite à faire en famille.

FERME DES SOURCES €€

1, hansmannshof

✆ 03 88 02 83 72

Sur une colline entourée de forêt et d'un paysage charmant, cette ferme en grès des Vosges dispose de deux chambres doubles. Il y a aussi un gîte composé d'une chambre avec salle de bains ouverte (bain, wc séparé) et d'une seconde chambre à l'étage dont la salle de douche est située au rez-de-chaussée (douche, wc), cuisine équipée, salle à manger spacieuse, salon avec canapé-lit confortable... Profitez de votre séjour pour découvrir les différentes espèces animales d'une ferme traditionnelle et pour vous initier à ses différentes pratiques et productions.

BAS-RHIN

RUCHERS DES VOSGES DU NORD

12, rue des Bergers
✆ 03 88 01 52 42
www.ruchers-vosgesdunord.fr
Le vendredi de 13h30 à 17h ; le samedi de 8h30 à 12h. Visite de l'exploitation pour groupes sur demande.

Le bien-être de leurs colonies d'abeilles, un millier de ruches, et la qualité de leur production, sont essentiels pour les Lehr. C'est pourquoi ils pratiquent la transhumance pour permettre aux abeilles de produire une grande variété de miels de qualité : de fleurs, d'acacia, de tilleul, de châtaignier, de forêt, de lavande, noisette et miel pour ne citer que ceux-là. Les Lehr produisent aussi du miel de sapin, réputé pour ses vertus antianémiques et son arôme résiné.

WINGEN-SUR-MODER

La tradition verrière dans les Vosges du Nord est ancienne : elle remonte à la fin du XVe siècle. En effet, le grès riche en silice et l'importante couverture forestière de la région fournissaient aux verriers la matière première et le bois de chauffage nécessaires à l'exercice de leur métier. En 1921, René Lalique crée la Cristallerie d'Alsace. Il y apporte son génie et le prestige de son nom. Rééditions d'œuvres anciennes et créations contemporaines sont toujours produites à Wingen-sur-Moder par des maîtres verriers, dont plusieurs meilleurs ouvriers de France, perpétuant ainsi le culte de l'excellence. Le musée est d'ailleurs très instructif.

MENHIR SPITZSTEIN

D935 en direction de Volksberg.

Spitzstein, ou pierre pointue, est un menhir authentique de trois mètres de haut pour une épaisseur d'environ un mètre. Des croix ont été gravées sur trois de ses faces afin de le christianiser au Moyen Âge. Une cavité gravée dans la pierre devait servir de support pour une statue qui n'existe plus mais il est de tradition d'y déposer offrandes diverses et petite monnaie. Plusieurs sentiers s'offrent à vous, pédestres ou à VTT, pour découvrir cette curiosité. Des boucles vous offrent aussi la possibilité de voir plusieurs points d'intérêt sur le même circuit.

MUSÉE LALIQUE

40, rue du Hochberg
✆ 03 88 89 08 14
www.musee-lalique.com
Ouvert tous les jours de 10h à 18h. Fermé en janvier. Gratuit jusqu'à 6 ans.

Ce musée est consacré au maitre verrier et bijoutier René Lalique et à ses successeurs. Vous y découvrirez de magnifiques créations qui ont été réalisées au fil de la saga des Lalique. Pour mieux comprendre la technique mise en œuvre pour la fabrication des pièces, prenez le temps de voir les deux films sur le travail du verre, en fin de visite. Ils sont particulièrement instructifs. Cette visite (2 h) est une belle occasion de découvrir ces petits trésors en verre. La visite du musée Lalique est tout à fait adaptée à vos différents projets avec des enfants.

VILLA RENÉ LALIQUE RESTAURANT ET HÔTEL***** €€€

18, rue Bellevue
✆ 03 88 71 98 98
www.villarenelalique.com
6 chambres. Suite de 350 € à 800 €. Petit déjeuner : 25 €. Parking ouvert. American Express.

L'ancienne villa privée de René Lalique a été transformée, avec succès, en hôtel de grand style : cristal opalescent à tous les étages, des salles de bains au bar. Les suites sont très vastes, équipées de mobilier et accessoires haut de gamme et chacune sa propre identité et son décor unique. Le cadre est incroyable, propice à la détente avec de superbes vues sur la nature et les bois environnants. Prolongez le plaisir en déjeunant ici et en visitant le musée.

CAFÉ CRISTA'LION €

40, rue du Hochberg
✆ 03 88 02 54 04
www.musee-lalique.com
Basse saison : ouvert du mardi au dimanche de 10h à 18h. Haute saison : tous les jours et les jours fériés de 10h à 19h.

Toute l'équipe du Crista'lion vous accueille aux heures du musée Lalique. Tenu par Agnès Velte, diplômée du lycée hôtelier d'Illkirch, l'établissement propose une cuisine maison et des pâtisseries que vous pourrez manger à toute heure ! La carte est saisonnière et faite de petits plats simples mais bien exécutés. Ce café est également un lieu de vie qui propose de nombreuses animations, y compris pour les groupes sur réservation, dont le calendrier est à consulter en ligne. C'est idéal pour bien terminer sa visite du superbe musée.

SAVERNE ★★

Saverne est une importante ville d'étape depuis l'époque romaine qui a su préserver son histoire. Au gré des rues, de belles façades Art déco, les maisons à colombages et les monuments en grès de Vosges s'offrent à vous. Parmi eux, le château des Rohan et le château du Haut-Barr, surnommé « l'œil de l'Alsace », sont les témoignages les plus illustres de l'implantation des évêques de Strasbourg. On découvre également en déambulant dans la ville un patrimoine religieux d'exception : le cloître des Récollets (1303), l'église Notre-Dame-de-la-Nativité. Saverne se distingue également par ses six jardins dont une roseraie et un jardin botanique.

CHÂTEAU DES ROHAN ET MUSÉE DE SAVERNE

Place du Général-de-Gaulle
✆ 03 88 71 63 95
www.tourisme-saverne.fr
Ouvert le mercredi après-midi, le samedi et le dimanche en journée.

Monument majeur de la ville, le château des Rohan prend son assise sur un fort édifié au XIIe siècle et s'étend jusqu'au XVIIIe siècle. Le musée, créé en 1858, est, après ceux de Strasbourg et de Colmar, le plus ancien musée municipal d'Alsace. Il comporte trois sections : la première consacrée à l'archéologie, la deuxième dénommée « art et histoire », la troisième consacrée à Louise Weiss, une journaliste qui a voué sa vie à l'idée européenne et aux droits des femmes.

CHÂTEAU DE GREIFENSTEIN

Après le col de Saverne, prendre en direction de la maison forestière du Schweitzerhof et suivre le fléchage à pied.

Petit et Grand Greifenstein cohabitent. Le premier apparaît en 1156, le second en 1240. À partir de 1541, les châteaux tombent progressivement en ruine et leurs pierres sont utilisées pour construire le Palais épiscopal à Saverne. Oserez-vous visiter ces ruines hantées par une dame blanche ainsi punie pour son avarice de son vivant ? Au XIXe siècle, elle émut un vitrier qui venait là chaque dimanche jouer de la flûte. Pour la libérer, il fallait l'embrasser quand elle avait l'apparence d'un crapaud. Le jour venu, le vitrier perdit courage et renonça...

CHÂTEAU DU HAUT-BARR ★

Rue du Haut-Barr
✆ 03 88 91 80 47
www.tourisme-saverne.fr
Ouvert toute l'année. Visite libre. Gratuit.

Le château du Haut-Barr culmine à 470 mètres d'altitude. Juché sur trois rochers, il offre un beau panorama dominant la plaine. Cité pour la première fois en 1123, il est remanié à plusieurs reprises. Le tremblement de terre de 1356 lui cause de premiers préjudices. La guerre de Trente Ans lui donnera le coup de grâce. Il reste de l'édifice d'origine un logis seigneurial et une chapelle romane. On y accède de nos jours par une porte d'entrée Renaissance construite en 1583 qui débouche sur une petite place, juste devant la chapelle.

BAS-RHIN

Saverne.

ÉCOLE DES SORCIÈRES - HEXENKREIS

Route forestière du Mont Saint-Michel
SAINT-JEAN-SAVERNE

Le rond des sorcières, ou école des sorcières, est un lieu mystérieux construit à même la roche sur le promontoire du Mont Saint-Michel. Bassin de 4 mètres de diamètre pour 50 cm de profond, il servait de rassemblement aux sorcières apprenties d'Itta, épouse Lutzelbourg. On raconte que les sorcières se baignaient, y recevaient des enseignements, y faisaient des sacrifices et s'envolaient de là sur leurs balais en direction du Bastberg ! Les Celtes l'ont probablement construit.

HEIDENSTADT

Route forestière du Mont Saint-Michel
SAINT-JEAN-SAVERNE

La Heidenstadt, ou ville des païens, est un oppidum celtique. Deux remparts, un fossé et des roches naturelles délimitent le site. Aux IIe et Ier siècles av. J.-C., ces fortifications servaient de défense et de piège pour les ennemis. On pourra également observer ici un menhir, des roches creusées, *opferteller*, servant de réceptacle à offrandes de l'époque celte. En continuant, vous trouverez une carrière médiévale, les ruines du château du rocher du Daubenschlagfelsen et deux très gros rochers qui paraissent en équilibre : Kanzel et Spitzfelsen.

ÉGLISE NOTRE-DAME-DE-LA-NATIVITÉ

Place de l'Église
✆ 03 88 01 73 46
Visite libre.

En pénétrant dans l'église par la tour-porche romane, on verra à droite du portail des étalons de mesures anciennes. Notre-Dame-de-la-Nativité regorge de trésors : chaire de 1495, Vierge en bois polychrome de la fin du XVe siècle attribuée à Nicolas de Haguenau, monument funéraire de Robert de Bavière de la fin du XVe siècle, statuette du XVIIe siècle de Saint Vit émergeant du chaudron de son martyre. Certains vitraux de la chapelle de la Vierge sont datés des XIVe et XVe siècles.

JARDIN BOTANIQUE DU COL DE SAVERNE

RD1004
✆ 03 88 91 80 47
www.jardin-botanique-saverne.eu
Ouvert d'avril à octobre, de 14h à 18h. De mai à août tous les jours de 10h à 18h. Adulte 3 €.

Émile Walter, pharmacien botaniste, créa en 1931 ce jardin qui rassemble environ 2 000 variétés de plantes. C'est un vrai labyrinthe de tourbières, bassins, de plantes sèches, carnivores, insectivores ou encore aquatiques. On y trouve la plus importante collection d'orchidées de France ainsi que 80 espèces de fougères. Trois circuits sont proposés pour découvrir le jardin. Parmi les animations, des expositions et des ateliers sur les insectes, les plantes à bulbes ou les épices.

GROTTE SAINT-VIT ET JARDIN ALPESTRE

Après le col de Saverne, prendre en direction de la maison forestière du Schweitzerhof et son parking puis suivre le fléchage à pieds.
À la maison forestière du Schweitzerhof et son parking, suivre le fléchage à pied.

En 1518, les Strasbourgeois sont pris d'une frénésie qui les pousse à danser sans s'arrêter jusqu'à l'épuisement. Malgré les prières et la médecine, certains commencent à décéder. Ils sont conduits, de force, à la grotte dédiée à saint Guy, Vitus en latin. Là, ils guérissent miraculeusement ! Depuis, ce lieu accueille les pèlerins. Sur les terrasses alentour, vous découvrirez un superbe jardin alpestre et les vestiges d'une ancienne chapelle avec une vue imprenable.

MONT SAINT-MICHEL

Route forestière
SAINT-JEAN-SAVERNE

A 437 mètres d'altitude, le rocher du mont Saint-Michel est moins connu que son homonyme marin mais tout aussi attrayant. Il offre un panorama superbe sur les villages environnants. Au IVe siècle avant Jésus-Christ déjà, le lieu aurait été occupé et ne cessera de l'être jusqu'à aujourd'hui. On pourra y visiter une jolie chapelle construite en 1593 sur un ancien site païen dédié au culte de Mercure qui porte de nombreuses gravures faisant allusion aux sources telluriques puissantes du lieu. Un circuit permet de découvrir les autres lieux alentour dignes d'intérêt.

ROCHER DU SAUT DU PRINCE CHARLES

15, chemin du Koepfel

Le site tient son nom de la légende du prince Charles, qui, lancé au galop pour échapper à des poursuivants ou lors d'une chasse, n'aurait pu s'arrêter et serait tombé sur la roche. Là, son cheval aurait laissé l'empreinte de ses quatre fers, se sauvant avec son propriétaire qui en serait sorti indemne. Ces marques auraient plus probablement été gravées dans le rocher à l'époque celtique. En bas, vous verrez une niche oratoire et une grotte à laquelle on accède par des escaliers.

LA ROSERAIE DE SAVERNE

Route de Paris

© 03 88 71 83 33

www.roseraie-saverne.fr

Ouvert de fin mai à fin août, du lundi au samedi 14h à 19h, dimanche 10h à 19h. Septembre, tous les jours de 14h à 19h.

La roseraie, dessinée par l'architecte Peter Lambert, fut créée en 1898 par la Société Alsacienne et Lorraine des Amis des Roses de Saverne. Ce jardin extraordinaire offre à la vue et au nez de ses visiteurs plus de 8 500 rosiers qui fleurissent au printemps dans une explosion de couleurs et de parfums. De nombreuses activités sont proposées pendant la période d'ouverture de la roseraie : cours de taille, de greffe, coupe des roses fanées, fête des roses (mi juin), visite guidée... Dégustation de thé et cake à la rose pour les groupes de 8 personnes.

TOUR DU TÉLÉGRAPHE CHAPPE ★

Route du Haut-Barr

© 03 88 66 15 84

www.tourchappe.fr

Ouvert du 2 avril au 2 octobre de 13h à 18h, du mercredi au lundi.

La France fut, grâce aux travaux de Claude Chappe, le premier pays à bénéficier d'un réseau de télécommunications. Des bénévoles formés par la Société d'Histoire de la Poste et des Télécoms en Alsace vous feront visiter le musée, aménagé dans une maisonnette à côté de la tour du télégraphe, et effectuent une démonstration de l'appareil. Le musée vous apprendra tout sur la tour, de manière interactive et ludique. La visite peut aisément être combinée à celle du château du Haut Barr.

NICOLS YACHT

11, rue de l'Orangerie

© 03 88 02 29 71

Ouvert du lundi au vendredi de 9h à 18h30 et le samedi de 9h à 17h.

Louez un bateau électrique sans permis, offrez-vous une croisière d'un week-end ou d'une semaine, ou profitez du calme d'une tranquille péniche. Vous pourrez naviguer en direction de Strasbourg et sa célèbre Petite France, ou en direction de Lützelbourg et son célèbre ascenseur à bateaux ou encore vers les insolites tunnels de Niderviller. Après une petite formation, une multitude d'escapades et de formules s'offrent à vous et vous pourrez ainsi redécouvrir la région avec un œil neuf et ce, même si vous pensiez la connaître déjà par cœur !

HÔTEL EUROPE*** €€

7, rue de la Gare

© 03 88 71 12 07

www.hotel-europe-fr.com

28 chambres (dont une suite). La nuitée de 76,50 € à 91,50 €/personne et de 85 € à 116 € pour deux personnes.

Ce charmant hôtel offre un accueil remarquable, chaleureux et souriant, dans un cadre propice à la détente, à proximité du centre-ville et des principaux points touristiques du coin. Les chambres sont confortables, décorées dans des tons clairs et délicats, équipées de bureau, coin salon avec canapé et table basse, télévision à écran plat, connexion wifi, coffre-fort électronique, facilité thé et café, salle de bains avec bain, douche et sèche-cheveux, air conditionné... Les petits déjeuners sont copieux et servis dans une très belle salle.

HÔTEL-RESTAURANT CHEZ JEAN €€

3, rue de la Gare

© 03 88 91 10 19

www.chez-jean.com

Chambre double à partir de 72 € ; suite à partir de 100 €. Demi-pension 36 €.

Dans cet hôtel très bien situé, on fait la part belle au traditionnel, sans oublier tout le confort et l'équipement moderne, ce qui fait des chambres un lieu propice à la détente et au repos dans un cadre chaleureux. L'établissement propose également un espace détente avec bain bouillonnant, sauna, hammam et masseur. Pour vous restaurer, il y a, au choix, la salle à manger Jean, ou la winstub S'Rosestiebell. Vous y dégusterez de délicieux menus, audacieux ou du terroir.

LE CAVEAU DE L'ESCALE €

10, quai du Canal
✆ 03 88 91 12 23
www.escale-saverne.fr

Ouvert jeudi, vendredi, dimanche et lundi midi et soir et samedi soir.

Venez profiter de la terrasse avec vue sur les bateaux ainsi que les deux salles dont une voûtée au sous-sol. En décor, de grands aquariums accentuent l'effet aquatique. Dans l'assiette, moules fraîches en saison, très beaux plateaux de fruits de mer (un week-end par mois) et la farandole des spécialités alsaciennes. Pour accompagner, la carte des vins propose bien évidemment une déclinaison importante des cépages locaux, ainsi que d'autres en provenance notamment de la vallée du Rhône, ou de la Gironde y sont très bien représentés.

CAVEAU S'ZAWERMER STUEBEL €

4, rue des Frères
✆ 03 88 71 29 95
www.szawermer.fr

Ouvert du mercredi au dimanche midi et soir. Carte : 13 € environ.

Voûtes de pierre et belle cheminée qui réchauffe en hiver, voici un agréable caveau à la carte des vins bien fournie ! Élodie est en salle, Hervé est en cuisine : c'est bon, copieux, bien présenté et à petits prix ! Régulièrement, de nouveaux menus sont proposés en fonction des produits de saison. La terrasse est agréable l'été, donnant une véritable impression de vacances ! Pour prolonger le plaisir, profitez de l'épicerie et de toutes ses douceurs réalisées par Hervé.

PÂTISSERIE HAUSHALTER €

43, rue Saint-Nicolas
✆ 03 88 89 64 62
www.patisserie-haushalter.com

Ouvert du lundi au samedi de 7h à 18h. Plat du jour : 8,50 €.

Si Haushalter est surtout connue pour ses pâtisseries et autres chocolats, ainsi que pour ses glaces en saison estivale, on peut également s'y attabler pour y déjeuner le midi. Les plats sont simples, traditionnels alsaciens ou plus exotiques, mais bien cuisinés, copieux et peu chers. Ils changent avec les saisons et les jours. Là, on trouvera toujours son bonheur pour se restaurer vite mais bien. Bien sûr il faudra garder de la place pour un dessert... La Maison Haushalter est depuis 2018, certifiée Maison artisanale, grâce au Label « Fabrication Maison ».

LE BISTRONOME €€

58, Grand Rue
✆ 06 86 84 41 33
www.bistronome-saverne.fr

Ouvert du mercredi au dimanche midi et soir.

L'art d'allier l'ambiance et la simplicité du bistro à la recherche de l'excellence gastronomique : voilà la devise du chef Daniel Funfrock et de sa femme Sylvie ! Les produits frais changent en fonction des saisons, les menus aussi, car ici tout est frais, local et fait maison. Les plats sont créatifs, innovants, pleins de saveur, d'odeurs et de couleurs. Et si vous aimez, sachez que vous pouvez trouver les plats qui vous sont ici proposés sous forme de bocaux à emporter. Là encore, dedans il n'y a que de la vraie cuisine, sans aucun additif.

LA GARENNE €€

88, rue du Haut Barr
✆ 03 88 70 84 38
www.lagarenne.fr

Ouvert du mardi au samedi midi et soir et dimanche midi. Suggestion du jour : 15 €.

Sébastien Schmitt, le chef, propose à La Garenne une cuisine moderne et inventive, qui varie au fil des saisons, composée par les produits frais et du terroir : tranche de filet de cerf fumée au bois de hêtre, lobster roll comme un hot-dog de pinces et bras de homard, thon Rossini avec petits navets et radis glacés à la sauce soja... Mais le lieu est aussi un bar à vins qui offre plus de 250 vignerons référencés, pour tous les goûts et tous les budgets. Pour en profiter pleinement, dormez sur place dans l'hôtel, moderne, accueillant et tout confort.

HOTEL-RESTAURANT KLEIBER €€

37, Grand-Rue - **SAINT-JEAN-SAVERNE**
✆ 03 88 91 11 82 - www.kleiber-fr.com

Du mardi au vendredi et dimanche midi et soir, lundi et samedi soir. Menus de 15,50 € à 42,50 €. Carte : 22 € environ.

La famille Lorentz vous accueille chaleureusement depuis quatre générations dans la tradition des Logis de France, dans leur jolie maison fleurie. La cuisine est à la hauteur des 2 cocottes : on s'attable dans un cadre rustique où la cuisine régionale et les produits locaux, frais et de saison sont à l'honneur. Vous trouverez les incontournables de la cuisine alsacienne : choucroute garnie, baekeoffe, fleischnäcke, tarte flambée mais aussi des pièces de bœuf ou de gibier d'exception ! Le menu découverte vous égayera les papilles en plusieurs vagues.

LÀ-HAUT €€

Château du Haut-Barr
✆ 03 88 91 17 61
restaurant-lahaut.fr

Ouvert tous les jours de 11h à 15h et de 19h à 21h30. Menus de 25 € à 39 €. Menu enfant : 7 €.

Là-Haut n'a que des atouts ! Devant un panorama spectaculaire, sur un site historique en visite libre, on déguste une cuisine traditionnelle et raffinée. On trouve à la carte tous les incontournables régionaux, pourquoi pas sur la magnifique terrasse en été. En hiver, c'est un village composé de chalets qui vous accueille pour déguster raclettes, fondues ou pierrades en famille ou entre amis. Convivialité garantie ! Autres atouts du lieu : la salle panoramique privatisable et les chambres d'hôtes haut de gamme pour profiter des vins.

PHIL GOOD €€

66/68, Grand Rue
✆ 03 88 91 71 69
phil-good.eu

Ouvert du mardi au jeudi de 7h à 19h ; du vendredi au dimanche de 7h à 23h. Suggestion du jour : 13 €. Vin au verre.

Chez Phil Good, on se sent bien ! Normal me direz-vous avec ce nom ! Mais c'est bien mérité ! Dans la salle aux tons très chaleureux, entouré de nombreuses boiseries, on prend le temps de s'installer. L'équipe très souriante est aux petits soins et vous conseille en vous apportant la carte. Le midi, les plats ou salades du jour sont d'un excellent rapport qualité-prix mais on pourra aussi opter pour les autres plats proposés, tout aussi bien réalisés : carpaccio, onglet, tarte flambée... Mention spéciale pour le merveilleux PhilGood Burger !

RESTAURANT LA MARNE €€

5, rue du Griffon
✆ 03 88 91 19 18
www.lamarne-saverne.fr

Ouvert tous les jours, fermé jeudi soir et dimanche soir. Menus de 35 € à 40 €. Carte : 20 € environ.

À l'intérieur, dans un espace chaleureux mais épuré ou, sur la terrasse en bordure du canal qui divise la Grand Rue, La Marne est l'endroit idéal pour déguster de bons plats régionaux. Le service est rapide, chaleureux et souriant, la cuisine est résolument alsacienne : jarret de veau, rognons, spätzles et tartes flambées, mais aussi plus moderne : burgers. La devise ici, c'est qu'une bonne cuisine est avant tout composée d'aliments sains, une attention toute particulière est donc apportée à la provenance des matières premières.

RESTAURANT LE STAEFFELE €€€

1, rue Poincaré ✆ 03 88 91 63 94
www.staeffele.com

Ouvert du mercredi au samedi midi et soir et le dimanche midi. Menu de 50 € à 60 €. Carte : 29 € environ.

Tout à côté du cloître des Récollets et à deux pas du château Rohan, le Staeffele régale ses clients depuis plus de 25 ans maintenant, avec sa cuisine actuelle, fine et originale dans un décor contemporain de bois clair, de murs crème et de chaises en moleskine noire. Michel Jaeckel, chef de cette belle table, toujours en quête de nouvelles saveurs, séduit avec une carte raffinée et de haute volée, dont voici un exemple : saint-pierre braisé à la crème, fraises marinées à la vanille meringue et menthe, tartelette de morilles et ris de veau...

LA VIGNE VAGABONDE

38, rue Principale
SAASENHEIM
✆ 07 83 42 68 22
www.lavignevagabonde.fr

Ouvert lundi et mardi de 8h à 19h, mercredi de 7h à 19h et du jeudi au samedi de 7h à 20h.

La Vigne Vagabonde, c'est la toute première cave itinérante d'Alsace ! À chaque saison, on vous fait découvrir de nouveaux producteurs locaux, attachés à leurs terres et amoureux de leurs vins. Sur les marchés, à domicile pour des ateliers de dégustation ou sur certains événements de la région, vous ne serez jamais déçus avec La Vigne Vagabonde, qui propose aussi un bar à vins privatisable ! Sarah de Boistel, sommelière-caviste à la tête de cet établissement, n'est pas avare de bons conseils et vous orientera au mieux pour vos accords mets et vins.

CENTRE NAUTIQUE L'OCÉANIDE

10, rue du Centre-Nautique ✆ 03 88 02 52 80
www.loceanide.fr

Ouvert tous les jours, de 10h jusqu'à 18h, 19h ou 21h selon saison. Entrée adulte 6 €, enfant 4,50 €.

Dans un joli cadre de verdure on profite de 3 bassins. L'hiver, les nageurs sont au chaud dans une ambiance tropicale. Les enfants peuvent jouer dans un bassin ludique avec toboggan, jeux d'eau et bain bouillonnant. Pour les nageurs confirmés, un bassin sportif de 25 mètres permet de s'entraîner. Des aquabikes sont à disposition du lundi au vendredi. À l'extérieur, un bassin chauffé est accessible toute l'année. Il est possible de suivre des cours de natation ou d'aquagym.

OHL VÉLO ET OXYGÈNE VTT ET CYCLOTOURISME

10, rue Saint-Nicolas
✆ 03 88 91 17 13
www.cycles-ohl-jouets.fr/
Ouvert lundi après-midi et du mardi au samedi toute la journée.

Depuis 1923, ce magasin historique vous propose, à Saverne, la vente, location et réparation de vos vélos, qu'ils soient de course, vtt, vtc, ville, enfants, ebike, tandems, etc. ou de karting et autres scooter (50-125 cc). Pour être complet, vous y trouverez également tous les accessoires nécessaires pour vous protéger, vous éclairer, gonfler, etc. Enfin, le magasin vend aussi des jouets, de quoi divertir toute la famille à domicile ou en plein air !

LA CUVE DE PIERRE

Schaeferplatz
Lieu insolite, objectif de promenade en forêt.

La cuve de pierre est un immense bloc de grès taillé de 4,5 mètres de diamètres pour 2,10 mètres de haut. En son centre, on trouve un bassin circulaire accessible par de petites marches. Selon la légende, elle avait été commandée par l'abbaye de Marmoutier mais les ouvriers ne parvinrent pas à la déplacer une fois achevée. Une autre explication serait celle d'une réserve d'eau pour l'oppidum celte mais les archéologues ne sont pas tous en accord et certains pensent que la cuve a été taillée au Moyen Âge. Allez la voir et, pourquoi pas, percez son secret !

HAEGEN

Entouré par les communes de Saverne, Ottersthal et Thal-Marmoutier, Haegen se situe au nord-ouest de Saverne, la plus grande ville à proximité. La rivière Zorn, le canal de la Marne au Rhin et le ruisseau Rosselbach traversent le village. Il est un point de départ idéal pour les amoureux de nature en quête d'activités en extérieur. Quelques sentiers de randonnée rayonnent alentours, partant soit vers la plaine d'un côté, soit vers la forêt, de l'autre. De là, on rejoint facilement les châteaux ruinés des petit et grand Geroldseck, la table des sorcières ou la tour et le rocher du Brotsch. Quelques belles heures de randonnées en perspective !

SITE ARCHÉOLOGIQUE DU WASSERWALD

Site gallo-romain

Ici, la culture celte est restée prédominante et les échanges avec les autres peuples ont été réduits. On peut observer les restes de maisons à une ou deux pièces encerclées par un mur de protection et reliées par des chemins. Les fermes sont regroupées autour d'un plan en T. On pourra également observer un sanctuaire gaulois appelé *fanum*. Les fouilles ont permis de retrouver de très belles statues et bon nombre d'éléments dignes d'intérêt pour les archéologues et passionnés.

CHÂTEAU DU GRAND GEROLDSECK

✆ 07 82 56 95 19
http://progeroldseck.free.fr
Ouvert toute l'année. Visites guidées d'avril à octobre. Renseignements auprès de l'association Pro Geroldseck.

Les vestiges du château se dressent à 481 mètres d'altitude. Le donjon édifié au XIIe siècle est l'un des plus importants d'Alsace de par ses dimensions. Lorsque l'on redescend, on aboutit à un col d'où l'on peut accéder au château du Petit-Geroldseck. L'association organise des concerts de soutien et des animations annoncés sur son site. Pensez à tester la « cuvée des seigneurs de Geroldseck », l'occasion d'appuyer leurs efforts tout en se faisant plaisir...

RESTAURANT AU BAIN €

7, rue du Maréchal-Leclerc
✆ 03 88 71 02 29
www.restaurant-au-bain.fr
Ouvert du mardi au dimanche de 12h à 13h30 ; du jeudi au dimanche de 12h à 13h30 et de 19h à 21h30.

Au détour d'une petite route, voici un restaurant familial bien sympathique où simplicité rime avec gentillesse. Les salles sont décorées avec goût et l'espace est climatisé en été. L'ambiance ici est conviviale et bon enfant : pas de chichi, de la cuisine simple et authentique alliée à un service souriant. Tête de veau, bouchée à la reine, salade de pot-au-feu et ses fraîches crudités, cordon bleu, presskopf de joue de porc, jarret de porc caramélisé ou encore hareng à la crème comptent parmi les propositions, aux côtés des délicieuses tartes flambées.

HOCHFELDEN

Des bifaces de la Préhistoire, présents au musée de la Zorn, à la grille contemporaine du sculpteur Mathieu Mercier sur la place du Marché, en passant par l'admirable chapelle Saint-Wendelin dont la forme actuelle date du XVe, toutes les périodes ont laissé leur empreinte. Le mobilier funéraire de la Dame de Hochfelden, princesse des steppes venue dans le sillage d'Attila, est bien connu des historiens. Hochfelden a toujours été un important carrefour routier pour la circulation des hommes et des marchandises. L'ancien relais de poste, aujourd'hui restaurant, et la brasserie Meteor, indépendante et fondée en 1640, en sont des témoins privilégiés.

CHAPELLE SAINT-WENDELIN

1, rue du 23 Novembre
✆ 03 88 89 07 89
www.hochfelden.fr

Le début de la construction de cette chapelle remonte à 1435. Elle est dédiée à saint Wendelin, dont la légende dit qu'il abandonna les privilèges que lui auraient valu sa qualité de fils de roi d'Écosse pour devenir berger. Un cimetière, désaffecté depuis 1859, l'entoure et les quelques stèles qui s'y trouvent encore confèrent un charme supplémentaire au lieu. On remarquera en particulier la stèle de l'abbé Weisrock, prêtre réfractaire mort en 1812, et celle où un angelot tenant un ciboire a pris la place habituellement occupée par saint Jean.

MUSÉE DE LA ZORN

12, place du Général-Koenig
✆ 03 88 89 04 52

Ouvert sur demande auprès de l'association Arche de Hochfelden.

Installé dans l'ancienne synagogue, le musée renseigne sur les richesses archéologiques, historiques et culturelles de la région. De nombreux objets et documents racontent la vie quotidienne au pays de la Zorn, habité depuis plus de 7 500 ans. Vous y découvrirez l'histoire locale des tuileries et des potiers, ainsi que celle des brasseries. Arrêtez-vous devant les vitrines d'objets fabriqués par nos ancêtres il y a plus de 100 000 ans, pour admirer le bracelet à tampons de l'âge du bronze ou les pièces de monnaie de l'empereur Antonin le Pieux...

VILLA METEOR

1b, rue du Général Gouraud
✆ 03 88 02 22 44
www.brasserie-meteor.fr

Haute saison : du mardi au dimanche. Basse saison : du mercredi au vendredi et le dimanche. Adulte 8 €, étudiant 5 €.

Grâce à de nombreux témoignages et objets historiques, cette villa vous raconte l'histoire de Meteor de 1640 à aujourd'hui. La visite dure 1h30 et consiste en sept étapes : le jardin et ses matières premières, la maison familiale datant du XVIIe siècle et ses souvenirs intimes, la serre qui abrite les laboratoires des XIXe et XXIe siècles, la cour d'honneur et sa salle de brassage, la salle de fermentation et de maturation, la salle des machines, et, enfin, le bar où des spécialistes vous initieront à la découverte des bières !

CAVEAU DU VIEUX CHÂTEAU €€

7, rue de l'Eglise
✆ 09 87 15 42 83
www.caveauduvieuxchateau.eatbu.com

Ouvert mercredi soir et du jeudi au dimanche midi et soir.

C'est une histoire de famille, un couple et leur fille, qui se sont lancés dans la restauration et dont le succès ne cesse de croître avec des clients habitués de plus en plus nombreux. Dans leurs plats, ils rendent hommage à la tradition culinaire alsacienne et aux bons produits en proposant seulement du fait-maison, local. Même la tarte flambée est réalisée de manière artisanale, avec une pâte faite sur place chaque jour ! C'est un endroit très convivial où l'on est aux petits soins pour vous faire passer un bon moment. Les fêtes de famille y sont bienvenues !

STAMMTISCH MÉTÉOR €€

13, rue du Général-Lebocq ✆ 03 88 01 04 48
www.stammtischmeteor.com

Ouvert du lundi au jeudi 10h-14h30 et du vendredi au dimanche 10h-14h 30 et 18h-22h. Plat du jour : 9 €.

Les photos noir et blanc au mur de ce lieu convivial rendent hommage au personnel de la dernière brasserie alsacienne indépendante. La carte quant à elle s'élabore autour de plats régionaux typiques faits maison : bouchées à la reine, fleischkiechle, harengs fumés... Les portions sont très généreuses, les gros mangeurs seront ravis. Choucroute et baeckeoffe sont à commander à l'avance, préparation maison oblige ! Détail amusant : vous pourrez vous aussi tirer votre propre bière au petit comptoir, après avoir coché l'ardoise qui comptabilisera vos consommations.

BRASSERIE METEOR

6, rue du Général-Lebocq
✆ 03 88 02 22 22
www.brasserie-meteor.fr
Ouvert du lundi au jeudi de 8h à 12h et de 13h à 17h ; le vendredi de 8h à 12h.

En activité depuis le IXe siècle, la brasserie est aujourd'hui gérée par la huitième génération de la famille Metzger. La visite permet de découvrir les différentes étapes de la fabrication de la bière et d'admirer les magnifiques cuves en cuivre. La production annuelle de 500 000 hl environ couvre une large gamme de bières et de goûts. Au terme de la visite, vous pourrez déguster les différentes bières produites dans la brasserie, telles que la blonde Meteor Pils, la Blanche de Meteor au goût floral ou la Wendelinus. N'hésitez pas à demander conseil !

VOELLERDINGEN

Vœllerdingen a été mentionnée pour la première fois en 1128. Elle appartenait au comté de Sarrewerden, puis au Nassau-Weilburg (1745-1793). Il y avait autrefois, au nord du ban de la commune, un village nommé Heimeldingen, détruit et disparu entre 1345 et 1513. Aujourd'hui, on y découvre un banc-reposoir sur la route D 237 à la limite du ban communal de Sarre-Union, une église protestante (de l'église du XIVe ou du XVe siècle, il ne reste que l'ancienne tour porche ; en 1841, la nef a été reconstruite entre la tour et le chœur d'origine puis bombardée en 1944), et le monument Pilâtre de Rozier sur la colline du Bœtzel, lieu de son accident de ballon.

MONSWILLER

Les premières traces de population sur le territoire de la commune ont été découvertes en 1970, sous la forme de pièces de monnaie datées de l'époque gauloise (270-274), et des fondations d'un édifice datant lui aussi du IIIe siècle. Monswiller fut, dès le début du XIXe siècle, le siège d'industries métallurgiques utilisant le force motrice de l'eau. L'église Notre-Dame-de-l'Assomption abrite une importante collection de 86 ex-votos, datés de 1795 à 1825, à voir absolument ! Au XIXe siècle, Monswiller était, en effet, un des plus importants pèlerinages à la Vierge de la région et les peintres ont ici réalisé de véritables chefs-d'œuvre !

MOULIN KLEIN

31, rue du Moulin
✆ 03 88 00 42 48
Ouvert du mardi au jeudi de 14h30 à 19h ; vendredi de 9h30 à 19h ; dimanche de 7h à 12h30 et de 13h à 19h.

Ce moulin du XVIe siècle est toujours en activité pour le plus grand plaisir des amateurs de bon pain. Friedbert Klein est la troisième génération d'une famille de meuniers qui a restauré et modernisé ce moulin au début du XIXe siècle. Dans la nuit, il se met au pétrin pour faire du pain traditionnel cuit au feu de bois, de belles miches d'un kilo et demi, dont on peut n'acheter qu'une moitié, qui se conservent quelques jours. Vous pourrez aussi trouver ici de très nombreuses farines. On peut y casse-croûter d'avril à octobre et pêcher dans l'étang attenant.

RESTAURANT KASBÜR €€€

8, rue de Dettwiller
✆ 03 88 02 14 20
www.restaurant-kasbur.fr
Ouvert du mardi au samedi midi et soir et dimanche midi.

Vous dégusterez ici une délicate et gastronomique cuisine de saison signée Yves Kieffer, dont les arrières grands-parents ont ouvert le restaurant en 1932. Kasbür signifie « paysan fromager » en alsacien et se réfère à l'activité des ancêtres du chef. Voici un exemple de ce que l'on peut trouver : noix de Saint-Jacques françaises rôties et gnocchi de potiron, émulsion d'une crème d'oignon doux ; tronçon de barbue rôti au beurre salé et velouté d'huîtres fines de claire ; pigeon d'Anjou grillé en crapaudine à la crème de thym et poêlée de girolles fraîches...

LES VERGERS D'ARLETTE

9, rue Principale
✆ 03 88 00 07 91
www.lesvergersdarlette.com
Ouvert le mercredi, le vendredi et le samedi de 15h à 17h. Et boutique en ligne.

Tout un éventail de certifications : Ecocert, Naturland, Nature et Progrès, Demeter... sont obtenus par ces amateurs de l'arboriculture bio, puis la biodynamie, pour ensuite investir dans un atelier à jus de pommes et l'achat d'un alambic. Vous trouverez chez les Carrier, jus de fruits, apéritifs, liqueurs et eaux de vie bio, dont la liqueur de fleurs de sureau, leur grand succès. Ils produisent aussi des vinaigres et des bières, dont la Gégé, à l'épeautre et au houblon bio ou l'Arlette. Certaines bières sont parfumées à la pomme, à la quetsche, à l'aspérule.

WANGENBOURG-ENGENTHAL ★

L'Office de tourisme vous conseillera pour vos itinéraires de randonnée : 120 kilomètres de pistes VTT balisées vous amènent dans le massif du Schneeberg, de 200 à 900 mètres d'altitude, d'où les panoramas sont exceptionnels sur la plaine d'Alsace. Des sorties nature guidées sont proposées tout au long de l'année sur demande, l'occasion de découvrir la faune et la flore avec des spécialistes. En hiver, on chausse les skis de fond pour parcourir les 75 kilomètres de pistes aménagées dans la forêt. Des refuges jalonnent le parcours. Les forêts de pins sylvestres dits de Wangenbourg ont largement contribué au développement économique de la région.

OFFICE DE TOURISME DE WANGENBOURG-ENGENTHAL

32 a, rue du Général de Gaulle © 03 88 87 33 50
www.mossig-vignoble-tourisme.fr
Label Vignoble & Découverte. Ouvert lundi : 14h30-17h. Du mardi au vendredi : 9h30-12h, 14h30-17h. Samedi, dimanche en juillet/août : 9h-12h30, 14h-16h.

Blotti au pied du massif du Schneeberg, ce cœur vert d'Alsace vous propose une multitude d'activités en pleine nature : randonnée pédestre, marche nordique, VTT, cyclisme, escalade, équitation… Vous pourrez parcourir de nombreux sentiers forestiers tout en découvrant la faune et la flore du Massif Vosgien, des châteaux médiévaux, une chapelle romane et des paysages panoramiques époustouflants. Les experts locaux vous conseilleront sur les meilleures expériences à vivre !

CHÂTEAU DE WANGENBOURG

Ouvert toute l'année. Gratuit.

Les ruines du château sont emblématiques de la commune. On voit de loin le donjon aux créneaux bien réguliers au sommet duquel flotte un drapeau. Sa construction, ordonnée par les sires de Wangen, eut lieu au troisième quart du XIIIe siècle. En très mauvais état au début du XVIe siècle, des restaurations très importantes sont effectuées, cofinancées par l'évêque de Strasbourg et les Wangen. Comme bien d'autres châteaux de la région, il fut occupé par les garnisons de Louis XIV, qui le firent sauter en partie pour le mettre « hors de défense ».

CAMPING LES HUTTES €

Route du Nideck
© 03 88 87 34 14
www.camping-wangenbourg-engenthal.com
Ouvert du 6 juillet au 18 octobre. Tarif journalier 4,80 € par adulte ; 2,80 € par enfant.

Idéalement situé en pleine nature, ce petit camping agréable et très bien entretenu permet de passer de beaux jours à la découverte de l'Alsace et de ses richesses. L'ambiance y est familiale et c'est un point de départ idéal pour les amateurs de randonnées. Détendez-vous sur le terrain de pétanque, ou sur les aires de pique-nique aménagées sous les frondaisons. Les plus petits profiteront d'une aire de jeux avec balançoires et modules ludiques. Tout proche, le village, où vous pourrez faire vos emplettes chez de petits commerçants.

SOMMET DU SCHNEEBERG

Le sommet du Schneeberg culmine à 961 mètres d'altitude. Cet ensemble rocheux en grès est réputé pour être un haut lieu de magnétisme. Le Lottelfels ou « pierre branlante » était selon la légende une pierre d'ordalie mérovingienne. Le coupable devait faire acquiescer la grande pierre qui pouvait vaciller si l'accusé(e) s'allongeait de tout son long. Le jugement était imposé en particulier aux femmes soupçonnées d'adultère. Plus tard, c'est devenu le rendez-vous des amoureux : de beaux jours étaient promis à ceux qui arrivaient à le faire bouger.

LE PARC HÔTEL*** €€

39, rue du Général-de-Gaulle
© 03 88 87 31 72
www.parchotel-alsace.com
Chambre double de 104 € à 124 €.

Dans un environnement naturel de rêve, l'hospitalité se transmet depuis sept générations. Un spa à l'équipement complet (sauna, hammam, bain bouillonnant, massage), permettent de passer ici un moment inoubliable dédié au soin de soi et au plaisir. Les chambres sont très confortables, souvent remaniées : certaines ont un balcon qui donne sur le jardin. Pour se divertir, le salon de billard et la salle de jeux avec ping-pong, baby-foot, flipper sont appréciables. En toutes saisons, on profite des nombreuses activités détente ici, à l'intérieur comme à l'extérieur.

GRENDELBRUCH

Des peuples divers ont foulé le sol de Grendelbruch depuis l'âge de bronze. La fouille des tumulus découverts entre Mollkirch et Rosenwiller ont mis à jour une lame d'épée et une autre de poignard ainsi que deux fibules trouvées au milieu de poteries d'argile. Culminant à 540 m d'altitude, le bourg est le point de départ idéal pour faire de belles randonnées grâce aux nombreux sentiers aménagés par le Club vosgien. On peut rejoindre le signal de Grendelbruch – 752 mètres – qui offre un large panorama sur la plaine d'Alsace et la Forêt noire, jusqu'à la vallée de la Bruche et la chaîne des Vosges avec, au loin, le Donon couronné d'un petit temple.

VERLORENE ECK

Plein de mystère, ce lieu offre une trentaine de menhirs disposés en rond, des tables de pierre et des dolmens. Idéal pour faire rêver les enfants qui penseront à Astérix et Obélix. Cependant, le site ne sera pas du goût des puristes car les pierres ont en effet été trouvées couchées et relevées puis disposées ainsi dans les années 1980 à l'aide de plans faits par des sourciers et des radiesthésistes... Néanmoins, c'est une belle promenade et un lieu très intéressant du point de vue culturel et ésotérique, pour ceux qui y croient...

RESTAURANT LA GRENOUILLE €€

26, rue de l'Eglise ✆ 03 88 95 52 27

Ouvert du lundi au mercredi midi et du jeudi au dimanche midi et soir. Carte : 50 €.

N'hésitez pas à entrer, même si la maison ne paye vraiment pas de mine, car vous allez découvrir un trésor ! Dans une salle claire, décorée de déclinaisons sur la grenouille mais sans exagération, vous allez passer un moment de pur bonheur, intimiste. Ludovic, aux fourneaux, vous mitonnera des plats comme lui seul en a le secret, osant mélanger des saveurs inhabituelles entre elles : les cuisses de grenouille bien sûr, mais aussi un pigeon rôti aux griottes et des spécialités régionales. De succulents desserts viendront compléter votre dégustation gourmande.

OBERHASLACH

La commune renferme des trésors historiques comme la chapelle Saint-Florent et ses ex votos, le château du Nideck, les ruines du Hohenstein et du Ringelstein. Les légendes contées par les Frères Grimm autour du Nideck (le massif forestier avoisinant), le premier symposium de sculptures réalisé par des artistes, et les nombreux circuits de marche font d'Oberhaslach un lieu idyllique pour les randonneurs et les vététistes. Labellisée Station verte de vacances, récompensée de 3 fleurs au concours national des villes et villages fleuris et située sur la route des châteaux d'Alsace, Oberhaslach est un haut lieu touristique du Piémont vosgien.

CASCADE DU NIDECK

98, rue du Nideck

Parking gratuit. Promenade accessible aux familles dont les enfants sont entraînés à marcher.

On rejoint le site au départ du parking en face du Café de la Cascade du Nideck, route du Nideck ou en face de la Maison forestière du Nideck sur la D218. Un sentier relie le château à la cascade. Haute de 25 mètres, elle se jette sur un mur de roches porphyriques. La promenade est accessible aux familles. En été, suivant la météo, la cascade est moins abondante mais on apprécie tout de même la fraîcheur et la verdure de l'endroit. En hiver, le site devient féerique. Prévoyez de bonnes chaussures de marche, le terrain est parfois glissant.

CHÂTEAUX DE RINGELSTEIN ET DE HOHENSTEIN

Site du Grand Ringelstein

Ouvert toute l'année. Visite libre.

Culminant à 640 mètres d'altitude, ils ont été bâtis au XIIIe siècle. Ringelstein, propriété des Eguisheim, passa à l'évêque de Strasbourg après l'extinction de la famille. Repaire de chevaliers brigands, il fut détruit en 1470. Le second château fut bâti par la famille de Hohenstein. L'évêque de Strasbourg fut l'un des propriétaires au XIIIe siècle. On verra aussi au cours de la balade l'étonnante enceinte du Petit Ringelsberg, un mur de pierres sèches datant de l'époque romaine.

BAS-RHIN

CHÂTEAUX DU NIDECK

✆ 03 88 38 11 61

www.ot-molsheim-mutzig.com

Ouvert toute l'année. Gratuit. Visite libre.

Les ruines se composent de deux châteaux distincts culminant à 534 m. Celui du haut présente un fossé et un mur-bouclier à l'attaque. Celui du bas montre un donjon carré qui protège un logis exigu. Le premier date du milieu du XIIIe siècle, alors que le second semble plus tardif (début du XIVe). En 1636 un incendie détruit les bâtiments qui semblent dès lors avoir été délaissés. Une plaque commémorative célèbre le poète romantique Von Chamisso qui magnifie la légende des géants du Nideck dans *Das Riesenspielzeug*, traduit par *La Fille du géant*.

WASSELONNE ★

Wasselonne, déjà connue de l'homme du néolithique, se développa à l'époque celtique puis gallo-romaine. Aujourd'hui, on y admire les vestiges de son château, de sa tour de guet carrée. On admire encore dans la cité les nombreuses enseignes ou clés de linteaux, sculptés dans la pierre : ces emblèmes symbolisent la diversité des corps de métiers qui ont fait jadis la prospérité des lieux. Le temple protestant de 1757 possède un intéressant buffet d'orgue Silbermann. L'office de tourisme organise des visites guidées à thèmes. À l'image de sa place principale où se déroule un marché hebdomadaire, Wasselonne est une ville agréable, animée et fleurie.

LE SENTIER DES GÉANTS DU NIDECK

Ouvert toute l'année. Gratuit. Visite libre.

Des énormes blocs de grès des Vosges de plusieurs mètres de haut ont été installés en pleine forêt sur le Sentier des sculptures. Retenues parmi les projets de 80 artistes internationaux, chacune illustre la légende des Géants du Nideck. Ce parcours est le premier sentier international de sculptures contemporaines en Alsace. L'occasion de profiter d'une balade forestière tout en admirant ces créations. Comptez environ 2 h, pour un circuit de 4,2 km, en partant du Sandweg.

GITES DE CHARME, MEUBLES DE TOURISME LE 59 €€

59, rue du Général de Gaulle

✆ 06 60 44 99 50

www.le59.eu

Le 59 est une ancienne droguerie-herboristerie fondée au début du siècle dernier transmise de père en fils jusqu'à notre génération. C'est l'envie de faire perdurer en ce lieu les bons conseils et la qualité de l'accueil qui a motivé Sabine, votre hôte, à rénover la bâtisse. Trois gîtes vous y attendent, mêlant délicieusement les meubles anciens et les équipements modernes. Chacun a son extérieur et une superbe vue sur les toits. Vous ne serez jamais déçus ici !

LES JARDINS DU NIDECK €€

59, rue du Nideck

✆ 03 67 98 70 84

lesjardinsdunideck.fr

Chambre double à partir de 75 € ; studio / appartement à partir de 148 € ; suite à partir de 85 €.

Aux Jardins du Nideck, vous trouverez des gîtes familiaux, des chambres d'hôtel et une salle de réception pour vos mariages, séminaires ou autres évènements, un espace détente ainsi que des stages autour du bien-être et du développement personnel. Élodie et Annika sont aux petits soins et vous réservent plein de surprises durant votre séjour, y compris pour déjeuner ou boire un verre. Leur accueil est si chaleureux que l'on ne veut plus repartir ! C'est vraiment le lieu idéal pour qui veut se ressourcer et profiter de la nature en toute convivialité.

HOSTELLERIE DE L'ÉTOILE €€

1, place du Général Leclerc

✆ 03 88 87 03 02

www.hostellerie-etoile.com

Chambre simple à partir de 53 €, chambre double 56 €. Petit déjeuner : 9 €. Parking inclus.

Ce charmant établissement familial, à l'arrière dans une cour intérieure, vous propose 33 chambres confortables, bien équipées et spacieuses. Lits jumeaux ou grands lits, dans tous les cas la literie est douillette ! Un parking privé dans la cour est à votre disposition. Labellisé Accueil Vélo, l'établissement fait aussi la part belle aux mobilités douces. À proximité de la route des vins, vous serez ici très bien pour découvrir l'Alsace, dont la gastronomie se décline à la carte du restaurant : truite aux amandes, quenelles de foie, choucroute...

RESTAURANT LA PETITE SUISSE €

69, route de Cosswiller

✆ 03 88 87 05 38

Ouvert du lundi au jeudi midi et du vendredi au dimanche midi et soir. Menu à 25 €. Carte : 20 € environ.

À la carte, beaucoup de suggestions mais ce sont les plats régionaux qui assurent la renommée de l'établissement (choucroute, jambonneau braisé, poissons...). On s'emballe vite pour cette cuisine généreuse et savoureuse, servie avec le sourire. Pizzas et tartes flambées diverses vous seront aussi proposées, cuites comme le veut la tradition, au feu de bois. Tous les goûts s'y retrouvent. Profitez en été de la terrasse, certes en bord de route mais pourtant paisible.

LIBRES BALLONS DU BASTBERG

17, rue de l'Etang - **LOCHWILLER**

✆ 06 78 03 67 26

www.lbb-67.fr

Planning des vols à définir en fonction de la saison et des conditions météorologiques. Tarifs sur demande.

Découvrez les paysages d'Alsace avec une vue imprenable grâce aux montgolfières de cette association dynamique. Du débutant au confirmé, et même pour les baptêmes, elle accueille tout le monde. La plus grande spécificité de l'association est qu'elle dispose de nacelles accessibles aux personnes en situation de handicap afin que chacun puisse être emmené dans les airs sereinement. Le vol en ballon est une expérience à tenter au moins une fois dans sa vie !

MARMOUTIER ★★

L'histoire de la ville est, en fait, intimement liée à celle de son abbaye. Au XIIe siècle, une église est bâtie avec l'imposant massif ouest que nous connaissons aujourd'hui. Les XIVe et XVe siècles marquent le déclin de l'abbaye, ruinée par les propriétaires de la ville, la famille de Geroldseck. La guerre des paysans en 1525 et la guerre de Trente Ans causent la destruction et le pillage de certains bâtiments de l'abbaye mais elle renaîtra de ses centres et prospérera jusqu'à la Révolution française.

MUSÉE DU PATRIMOINE ET DU JUDAÏSME ALSACIEN

6, rue du Général-Leclerc

✆ 03 88 02 36 30

www.museedemarmoutier.fr

Horaires variables selon les saisons, consulter le site Internet.

La maison à colombages, richement décorée du XVIe siècle et longtemps habitée par des juifs, conserve un *ancien mikvé* ou bain rituel. Sur les trois étages, vous découvrirez la vie quotidienne au XIXe siècle dans les différentes pièces à vivre où des ensembles sont reconstituées. Le musée conserve des objets d'art et traditions populaires dont des chaises curules, des moulures et peintures polychromes, des moules et céramiques, et bien sûr des objets de croyance et de culte juifs.

ÉGLISE ABBATIALE SAINT-ÉTIENNE

Place du Général-de-Gaulle

Visite guidée sur réservation à l'office de tourisme.

Marmoutier rayonne spirituellement jusqu'au XIIIe siècle. La façade Ouest érigée vers 1150 est ornée d'un porche ouvert à trois arcades flanqué de deux tours carrées. La façade Sud illustre présente une façade romane. La nef et transept sont gothiques et le chœur date du XVIIIe siècle. À l'intérieur de l'église on trouve un superbe orgue d'André Silbermann, une Vierge de pitié en bois, une chaire du XVe siècle, un cénotaphe du XVIIe siècle et de belles stalles dans le chœur.

LA SOURCE INTÉRIEURE €€

31, rue Principale

REINHARDSMUNSTER

✆ 06 30 02 33 92

www.lasourceinterieure.org

A partir de 59 € la nuit et 330 € la semaine. Jusqu'à 14 personnes.

La Source Intérieure est un lieu chaleureux, vivant et serein. Dans une ancienne ferme alsacienne refaite à neuf, vous profiterez d'une literie de qualité grande et confortable ainsi que d'une salle de bains privative dans chaque chambre. L'espace cuisine-salle à manger fournit la place nécessaire et l'ambiance parfaite pour des retrouvailles en famille ou entre amis. Tous les équipements de convivialité sont présents ! Le gîte entier vous est exclusivement réservé quel que soit votre nombre et son entrée indépendante vous assure autonomie et liberté.

MUTZIG ★

Mutzig fut une cité importante jusqu'à la Révolution française. Elle se développe dès le Moyen Âge et s'entoure de murailles, comme en atteste sa belle porte, dernier témoin de l'ancien système de fortifications. Au cours du XIXe siècle, quelques industries florissantes s'y installent, dont la manufacture d'armes des frères Coulaux. Mutzig devient rapidement un enjeu lors des différents conflits entre la France et l'Allemagne : la construction d'un fort prussien réputé imprenable démarre en 1893. Lors de la seconde moitié du XXe siècle, la renommée de la petite ville grandit grâce au renom de sa bière éponyme, production qui cessa dans les années 1990.

MUSÉE MUNICIPAL ★

39, rue du Château
✆ 03 88 38 31 98
www.villedemutzig.fr
Ouvert tous les week-ends en août, ouvertures variables à consulter sur Internet le reste de l'année.

Le château de Mutzig fut érigé au XIVe siècle. La grande collection d'armes à feu, d'armures, d'armes blanches (fabriquées à Klingenthal sous le Premier Empire, la Restauration et le Second Empire), de cuirasses, de fusils de l'ancienne manufacture de Mutzig et de coiffures militaires y est présentée au second étage. Une salle sur l'époque romaine expose des poteries en terre sigillée et l'époque mérovingienne avec un squelette et un couvercle de sarcophage pour sépulture multiple. C'est donc une visite très riche qui vous est ici proposée !

ROCHER DE MUTZIG

LUTZELHOUSE

Avec ses 1 010 mètres d'altitude, le Rocher de Mutzig est le point culminant du Massif des Vosges dans le Bas-Rhin. Il s'agit en fait d'un gigantesque rocher composé de différents blocs de grès, eux-mêmes incrustés de galets, une particularité géologique appelée « poudingue ». Le Rocher offre un panorama unique sur la vallée et demeure l'une des étapes indispensables des randonnées dans la région. Les alentours sont couverts de forêts et de sommets hauts de plus de 900 mètres. Avec un peu de chance, vous y verrez quelques-uns des habitants sauvages du coin.

LES RALLYES D'AGLAE

3, rue de la Forêt
URMATT
✆ 03 88 47 36 71

Vous faire découvrir l'Alsace de façon ludique : tel est l'objectif de l'équipe ! A pied, en voiture, en bus, à vélo, avec ou sans GPS, vous arpenterez les rues, les routes, les chemins de traverse et les vergers de la région afin de résoudre diverses énigmes et charades… Adaptées à tous les âges, ces chasses au trésor seront agrémentées d'une pause gourmande et d'une remise de prix ! Basés à Urmatt, Les Rallyes d'Aglaé organisent leurs jeux de pistes à Strasbourg, Dambach-la-Ville et Obernai, ainsi que dans le Haut-Rhin à Colmar, Ribeauvillé et Turckheim.

HÔTEL-RESTAURANT L'OURS DE MUTZIG €€

24, place de la Fontaine
✆ 03 88 47 85 55
www.lours-de-mutzig.fr
Chambre double de 79 € à 99 €. Pension complète : 52 €. Demi-pension : 32 €. Petit déjeuner buffet : 12 €.

En plein cœur de Mutzig, retrouvez à l'Ours la plus pure tradition hôtelière d'Alsace. L'établissement offre 48 chambres bien agencées, lumineuses et confortables, communicantes pour certaines. Le petit déjeuner, salé ou sucré, se prend en buffet. L'été, on peut se baigner dans la piscine ou lézarder en terrasse sous les parasols. Que l'on soit seul, en couple, parents ou amoureux d'animaux, on bénéficiera toujours d'un accueil personnalisé aux petits soins.

L'ERMITAGE DU REBBERG €€€

49, rue de la Hoube - **URMATT**
✆ 03 88 47 33 31
www.ermitagedurebberg.com
Chambre double de 125 € à 175 € ; chambre triple de 135 € à 190 €. Petit déjeuner inclus. Lit supplémentaire : 39 €.

Voici un manoir avec de superbes chambres d'hôte dans un écrin de verdure et de calme, idéal pour se ressourcer. Il est labellisé Station Verte. Chacune des chambres est unique et propose une ambiance particulière mais toutes sont grandes, lumineuses, confortables et bien équipées avec vue sur les montagnes ou sur le parc arboré. Vous pouvez aussi opter pour le gîte indépendant tout aussi bien agencé. Le lieu est particulièrement adapté pour y organiser des mariages et des fêtes de famille grâce à une belle salle et à des formules complètes.

LE CAVEAU DE MUTZIG €

64a, rue du Maréchal-Foch
✆ 03 88 38 57 66
www.caveau-de-mutzig.fr
Ouvert le lundi de 12h à 14h30 ; du mercredi au dimanche de 12h à 14h30 et de 19h à 22h. Menus de 17 € à 25 €.

La famille Campiglio, qui gère cet établissement, vous propose à la carte de nombreuses pizzas, tartes flambées, charcuteries italiennes, salades ou encore belles pièces de viande. La pâte est réalisée avec une une farine *light*, mélange de trois farines, allégée en gluten, et qui provient du moulin Aguriaro, près de Parme en Italie. En salle ou sur la belle terrasse, on profite donc de très bons produits qui sont parfaitement sublimés dans des recettes traditionnelles et tout cela pour un excellent rapport qualité-prix puisque les menus sont très abordables.

HÔTEL-RESTAURANT L'OURS DE MUTZIG €

24, place de la Fontaine
✆ 03 88 47 85 55
www.lours-de-mutzig.fr

Ce restaurant propose des plats classiques et à tendance régionale mais aussi des menus dégustation selon le marché du moment, un menu du jour et un autre dédié aux végétariens. L'hiver, on les déguste devant l'agréable cheminée, profitant du charme discret de la salle de restaurant, le cadre idéal de vos repas d'affaires et de vos soirées entre amis. Pour profiter au mieux de la carte des vins, on pourra réserver une nuit à l'hôtel qui propose de très bons services.

AU NID DE CIGOGNES €€

25, rue du 18-Novembre
✆ 03 88 38 11 97
www.auniddecigognes.fr
Ouvert le dimanche, le lundi, le jeudi et le vendredi midi et soir ; le mardi midi ; le samedi soir.

Voici une sympathique adresse au décor typique de la région, avec ses colombages, ses nappes à carreaux rouges et blancs, ses chaises en bois sculptées et surtout son fameux poêle à bois central si agréable en hiver. Cette ancienne poste transformée en auberge est une véritable aubaine pour goûter à la cuisine locale : cordons bleus, bouchées à la reine, quenelles de foie, terrines, escargots, munster et autres vous attendent sans oublier les célèbres tartes flambées. Le tout est servi très efficacement et avec le sourire pour un très bon moment.

LA STUB DES 2 ÉTANGS €€

210, rue de la Gare - **HEILIGENBERG**
✆ 03 88 50 00 51
www.la-stub.fr
Lundi, mardi et jeudi de 11h30 à 14h, vendredi de 11h30 à 14h et de 19h à 21h30, week-end de 19h à 21h30.

À La Stub des Deux Étangs on reçoit dans un décor idyllique entouré de deux étangs bordés par la Bruche selon la règle des quatre A : accueil, ambiance, assiette, addition. La carte brasserie propose de nombreuses spécialités régionales ainsi que des inspirations d'autres régions françaises. Les suggestions varient avec les produits frais. L'accueil et l'ambiance sont tout simplement parfaits, et l'on se sent instantanément comme chez de vieux amis en se restaurant ici. Pour finir, sachez que vous passerez une bonne soirée sans vous ruiner.

LES PÂTISSIERS CHRISTOPHE FELDER ET CAMILLE LESECQ

29, rue du Maréchal Foch ✆ 03 88 38 13 21
www.lespatissiers.fr
Ouvert du mardi au vendredi de 7h30 à 12h15 et de 13h30 à 19h ; le week-end de 7h30 à 18h. Terrasse.

Camille Lesecq, ex prodige du Meurice, et son ancien maître du Crillon le célèbre Christophe Felder sont installés à Mutzig depuis 2012, pour le plus grand bonheur des gourmands de la région. Cette pâtisserie est un écrin contemporain au style très épuré qui dévoile leurs sublimes créations signées « Les Pâtissiers ». Prenez votre temps et profitez de l'instant dans ce temple de la gourmandise aux recettes traditionnelles comme très novatrices et contemporaines.

SIMCARS GP

29, boulevard Clemenceau
✆ 03 69 78 21 70
www.simcars-gp.com
50 € pour 30 minutes, 90 € pour 1 heure. Pensez à les contacter pour les promos en cours.

Vous pourrez choisir entre le simulateur de pilotage Rallye ou la Formule 1, à pratiquer sur plusieurs centaines de véhicules toutes catégories (Lamborghini, Audi R8 ou Mac Laren, mais aussi R8 Gordini, Alpine Renault et bien d'autres). Sur place ou en location, vous passerez un moment unique, sur un outil exceptionnel destiné à un large public tel que particuliers, professionnels, événements d'entreprise, journées portes ouvertes, animations originales dans les salons etc... Simacrs GP est aussi une idée cadeau et propose même une carte de fidélité.

DINSHEIM-SUR-BRUCHE

La première mention de la commune remonte à 1007 sous le nom de Dunginisheim mais son histoire est bien plus ancienne car des recherches archéologiques ont mis à jour des pièces romaines du IIIe siècle, témoins d'une présence sur les lieux, ainsi que des céramiques sigillées qui ont marqué l'histoire. Situé entre rivière et collines, Dinsheim-sur-Bruche est un village agréable, bien desservi par les réseaux routiers. La vitalité et le dynamisme de la commune se traduit également par ses très nombreuses associations sportives et culturelles qui offrent un panel d'activités et son vaste réseau de commerçants, artisans et d'entreprises diverses.

L'ANATABLE €€

69, rue du Général-de-Gaulle
✆ 03 88 04 02 40
www.restaurant-molsheim.fr
Le lundi et le mardi le midi ; du mercredi au dimanche le midi et le soir. Formule du midi : 8,90 €.

Le chef Joan Schmitt prépare des plats familiaux avec des produits locaux. La décoration est simple mais chaleureuse et l'on se sent immédiatement bien. Les menus et suggestions sur ardoise varient très souvent, en fonction des saisons et des produits frais disponibles au marché car ici tout est fait maison à base de matières premières de qualité ! À l'Anatable, il n'y a pas que les recettes qui font la réputation du lieu mais aussi l'ambiance qui y règne, notamment lors des soirées à thème qui sont organisées tout au long de l'année.

FORT DE MUTZIG ★★

Rue du Camp - DINSHEIM-SUR-BRUCHE
✆ 06 08 84 17 42 - www.fort-mutzig.eu
Visite guidée env. 2h30. Horaires à consulter sur le site. Adultes : 12 € ; Jeune de 6 à 16 ans : 6 €. Réserver.

© FORT DE MUTZIG

Cet ouvrage militaire a été construit sous Guillaume II, en 1893, et abritait des troupes allemandes. Il se visite en 2h30 au fil d'un parcours de 2 kilomètres comprenant de nombreux escaliers et un vaste dédale de souterrains. Le fort compte plusieurs ouvrages spécialisés (batteries, casernes, postes de commandes, observatoires) reliés entre eux par des galeries. C'est la plus vaste fortification construite avant la Première Guerre mondiale : 40 000 m² de superficie souterraines, 22 tourelles d'artillerie... Le site permet de bien comprendre l'histoire du fort.

SCHIRMECK

Fondée au Moyen Âge, Schirmeck apparaît en 1315 dans un acte de fondation de la collégiale de Haslach. La cité a longtemps vécu grâce aux ressources naturelles tirées de ses forêts avoisinantes. Son nom signifie « endroit protégé » et elle a occupé dès l'origine une position stratégique sur la Bruche, à un carrefour de routes très fréquentées reliant l'Alsace à la Lorraine. Désormais, c'est une petite agglomération commerçante et vivante, qui a su tisser un réseau d'activités économiques, notamment avec ses communes voisines. La présence traumatisante sur son ban d'un ancien camp d'extermination nazi lui vaut aujourd'hui le statut de Ville du souvenir.

CASCADE DE LA SERVA

Chemin forestier de la Serva
NEUVILLER-LA-ROCHE

Sur une belle promenade bien qu'un peu difficile, la cascade de la Serva vaut le détour. La grande boucle vous fera également passer par le Champ du Feu. Avec ses 730 mètres et son dénivelé important, le lieu vaut bien la cascade plus connue et plus touristique du Nideck. Prévoyez cependant au moins deux bonnes heures de marche et préférez les périodes du printemps ou de l'automne pour ne pas être déçus par un manque d'eau une fois sur place. Vous serez tout le long dans un site naturel protégé, pensez donc à ne pas le détruire ni le salir.

BAS-RHIN

MÉMORIAL ALSACE-MOSELLE

Lieu-dit du Chauffour
✆ 03 88 47 45 50
www.memorial-alsace-moselle.com
Tous les jours de 9h30 à 18h. Gratuit jusqu'à 7 ans. Adulte : 11 €. Enfant (jusqu'à 18 ans) : 9 €. Tarif réduit : 9 €.

La frontière entre la France et l'Allemagne a été déplacée 4 fois entre 1870 et 1945, ballottant les Alsaciens-Mosellans entre une culture française ou allemande. Ils ont changé de langue, de lois, de régime politique et même d'uniforme ! Pour découvrir l'âme de la région et ses particularités, laissez-vous transporter au cœur d'un parcours historique et interactif. Plongez dans les méandres du destin d'une région frontière avec un éclairage particulier sur la Seconde Guerre mondiale, le système totalitaire et un espace consacré à la construction européenne.

HÔTEL-RESTAURANT NEUHAUSER €€€

Les Quelles
✆ 03 88 97 06 81
www.hotel-neuhauser.com
Chambre double de 88 € à 107 €, suite de 148 € à 198 €. Demi-pension 98 €. Petit déjeuner 14 €. Lit supplémentaire 25 €.

Loin des routes et au milieu de la verdure et du grand air, cet hôtel est labellisé Relais du Silence. Les chambres sont spacieuses et cosy, quant aux suites, elles disposent chacune d'un balcon. Et puis, il y a aussi de jolis chalets en bois qui se prêtent bien aux séjours en famille. Pour vous détendre, les équipements dédiés au bien-être sont nombreux et le lieu est ainsi idéal pour une parenthèse de ressourcement ou pour une escapade entre amoureux.

LES PETITS PLATS DE MAMAMA €

6, place du Général de Gaulle
ROTHAU
✆ 03 88 47 15 28
www.lespetitsplatsdemamama.wpweb.fr
Ouvert tous les midis sauf le mercredi. Fermé le soir. Carte : 25 € environ. Menu enfant : 9 €.

Mamama c'est la grand-mère en dialecte alsacien. On comprend mieux la philosophie de la maison qui propose des plats copieux, généreux, préparés avec passion et composé de produits frais et de la région. Ce restaurant vous sert une cuisine mitonnée avec amour à partir de produits frais locaux et de saison. Pour découvrir l'Alsace, tous les ingrédients sont donc ici présents car la décoration est elle aussi traditionnelle, le tout pour une note très raisonnable.

MOLLKIRCH

Les premières traces de vie humaine dans les environs sont les tumuli celtes qui se trouvent dans la forêt du Bannholz. Le site gallo-romain le plus intéressant accessible à pied depuis Mollkirch est le Purpurkopf. Mollkirch a une histoire assez riche, car le village est étroitement lié à son château, le Guirbaden, qui est perché à un point stratégique donnant sur la vallée de la Magel. C'est à Mollkirch qu'ont eu lieu les premières manifestations de la révolte des paysans appelée la Guerre des Paysans. La chapelle Kloesterlé, située à la sortie de Laubenheim, est le bâtiment le plus ancien de la commune. Elle date de 1135.

CHÂTEAU DE GUIRBADEN

Accès libre.

Plusieurs sentiers montent vers le château qui se trouve sur la colline du Burckberg à 565 mètres d'altitude. C'est l'occasion d'une agréable promenade avant de parvenir au plus vaste château d'Alsace, construit au XIe siècle par les comtes d'Eguisheim sur un ancien site romain afin de protéger l'abbaye d'Altorf. Aujourd'hui envahies par la végétation, les ruines réservent toutefois de belles surprises aux visiteurs et les vestiges subsistent tant bien que mal. La chapelle Saint-Valentin, d'origine romane mais remaniée au XIXe siècle, se trouve sur le site.

LE CHEMIN DES DEMOISELLES DE PIERRE

✆ 03 88 50 00 53
Départ près de la chapelle au parking situé en bordure de la route départementale n° 704, à la sortie de Mollkirch.

Le sentier des demoiselles de pierre donne l'occasion de faire de belles découvertes, seul ou en visites guidées. Il est balisé par de superbes pierres sur lesquelles est gravé un elfe. Un peu après le début du sentier, on emprunte un chemin à la pente raide avant de franchir un petit pont de bois. Plus loin, on peut s'écarter du sentier pour accéder aux ruines du château fort de Guirbaden du XIe siècle. Des panneaux d'information illustrés sont proposés régulièrement aux randonneurs.

BRASSERIE-RESTAURANT LES CHÂTAIGNIERS €

1, rue des Châtaigniers ✆ 03 88 50 04 90
www.restaurantleschataigniers.fr

Ouvert le lundi midi ; du mercredi au dimanche de 10h à 22h30. Menu unique à 29 €. Carte : 25 € environ.

Le chef Francis propose une cuisine basée sur les produits frais et de saison, pour des plats accompagnés de vins du terroir excellents. Les gibiers et spécialités alsaciennes sont à commander car ici on les cuisine intégralement et pour la plupart d'entre elles les recettes traditionnelles demandent beaucoup de temps et d'attention. En saison, ne manquez pas les plats à base de châtaigne dont le concours de lancer est organisé chaque année avec un record à 9 mètres !

HÔTEL RESTAURANT MONT CHAMP DU FEU €€

154, route de la Serva
✆ 03 88 97 30 52
montchampdufeu.com

Chambre double à partir de 95 € ; chambre triple à partir de 155 €. Petit déjeuner buffet inclus.

L'hôtel Mont Champ du Feu est idéalement situé pour des bouffées d'air frais, juste au bord des pistes. La décoration des chambres inspire le cocon et la sérénité, avec des touches de bois et des couleurs claires. Elles sont équipées de lits doubles ou simples, de salles de bains privatives avec douche et WC séparés, pour certaines d'un balcon avec une vue magnifique. Les activités proposées et les petits plus sont ici très nombreux et chacun trouvera de quoi s'amuser ou se détendre.

BELMONT

Coquet petit village montagnard, Belmont, accroché au flanc du champ du feu, domine de ses 788 m la vallée de la Schirrgoutte et la haute vallée de la Bruche ; c´est le plus haut village du Bas-Rhin. De charmants petits sentiers invitent le promeneur a découvrir la faune et la flore particulières d´altitude, la forêt et son sous-bois. La station du Champ du Feu (1 000 à 1 099 m d´altitude) offre une grande diversité d´activités sportives et de détente. Le climat de Belmont est typique, avec beaucoup de pluies et d'orages en été, des vents parfois forts, et des neiges plus ou moins intenses en hiver mais ce village mérite que l'on s'y attarde.

LA BROQUE

L'étymologie de La Broque viendrait du mot gaulois « Brocco » dont le sens topographique évoquerait un éperon défriché, un lieu à la fois à l'abri des inondations de la rivière et à côté de points d'eau. La Seconde Guerre mondiale vit l'installation à La Broque d'un camp de redressement (pour Alsaciens récalcitrants) dit de « Schirmeck ». Il ne reste plus sur ce lieu de douleur qu'une seule construction mais on trouve de nombreux témoignages historiques. La commune est depuis deux siècles la plus peuplée de la Haute-Vallée de la Bruche. Elle contribue et participe pleinement au dynamisme économique et culturel du canton dont elle fait partie.

BAS-RHIN

LE CHAMP DU FEU ★

www.lechampdufeu-ski.com

La Station du Champ du Feu est le rendez-vous incontournable des familles et des amoureux de poudreuse ! Trois domaines, neuf remontées mécaniques et quatorze pistes des vertes aux rouges forment ce complexe. Pour les plus jeunes la piste de luge avec tapis roulant est parfaite. De nombreux chemins balisés permettent aussi de pratiquer la marche et le ski de fond. Randonnées à raquettes ou chiens de traîneaux pour des promenades naturelles et romantiques complètent le tableau. À la fonte des neiges, les VTT de descente prennent le relais.

RESTAURANT LA SCHLITTE €

26, route de Fréconrupt
✆ 03 88 97 06 07
www.restaurant-schlitte.com

Maître Restaurateur. Lundi, mardi et jeudi de 12h à 13h30, du vendredi au dimanche de 19h à 20h30. Menus de 28 € à 38 €.

La Schlitte, comprenez « traîneau en bois » en alsacien, porte bien son nom : il est tout en rondins de bois. L'intérieur mélange le bois et la pierre de taille, tout en offrant par les baies vitrées une vue imprenable sur la forêt. Ce que l'on sert, ce sont avant tout des plats à base de produits frais en provenance des producteurs avoisinants. Les menus leur font la part belle avec des recettes traditionnelles, généreuses et gourmandes. En circuit court au maximum, ne manquez pas les gibiers de chasse locale ou les champignons fraîchement cueillis.

MUHLBACH-SUR-BRUCHE

L'un des principaux attraits de Muhlbach-sur-Bruche est caché dans son église. Il s'agit d'un orgue Stiehr et Mockers à deux claviers et un pédalier de 27 notes. Le buffet est en chêne et n'a jamais eu de paroi arrière. Économie, oubli ? Le mystère reste entier. Cet orgue demeure dans un état d'authenticité remarquable, mis à part les 27 tuyaux de façade en zinc, les tuyaux d'étain ayant été réquisitionnés en 1917. Au XVIIIe et XIXe siècles, la vie agricole, rythmée par les saisons et les fêtes religieuses a laissé des traces au détour d'un chemin, au milieu des champs, au coin d'un jardin… Muhlbach compte ainsi de très nombreuses croix.

HÔTEL-RESTAURANT JULIEN €€€

Route de Strasbourg ✆ 03 88 97 30 09
www.hoteljulien.com

Une nuitée en demi-pension 172 €/personne. Deux nuits en demi-pension de 133 € à 190 € par jour et par personne.

Labellisé Logis d'Exception, l'hôtel-restaurant Julien est une valeur sûre de la région ! L'établissement cumule tous les atouts : charme, calme et confort. Dans une imposante bâtisse aux balcons débordants de fleurs, quatre catégories de chambres s'offrent à vous, toutes avec vue sur les forêts vosgiennes, certaines dans un esprit traditionnel alsacien et d'autres dans un esprit plus contemporain. Tout sera fait pour votre détente avec de nombreux équipements bien-être et des formules vous proposant d'aller encore plus loin grâce à des massages ou à des soins.

LA BRUCHOISE €€

6, rue de la Gare
✆ 03 88 47 37 56
www.restaurant-la-bruchoise.fr

Fermé le mercredi toute la journée, et les lundi soir, mardi soir et jeudi soir. Réservation recommandée.

La Bruchoise est un établissement familial où l'on aime les bons produits et il y en a pour tous les goûts ! Le menu du jour, que l'on peut prendre sur la terrasse couverte dès les beaux jours, est une aubaine à petit prix. Si le cadre et la cuisine sont déjà très agréables, le service suit et ici on sait recevoir avec le sourire et avec tout le soin d'un grand restaurant. Les plus gros appétits trouveront de quoi se rassasier car les proportions sont généreuses sans jamais rogner sur la qualité et on ne manquera pas de se laisser guider parmi les spécialités.

GRANDFONTAINE

Pendant des siècles, Grandfontaine et Framont désignaient le même lieu. Il faut cependant distinguer de Grandfontaine l'origine d'une source : une « fontaine » abondante. Par contre, Framont vient du nom de la montagne dominant le village : *Ferratus mons*, la montagne ferrifère, en 1261. Aujourd'hui, ce nom s'est déplacé, il ne désigne plus que le site au fond de la vallée où s'étaient développées les infrastructures métallurgiques principales : les forges de Framont. Vous trouverez ici de nombreux monuments à visiter, depuis les pierres du sabbat préhistoriques jusqu'aux ruines des forges, impressionnantes encore aujourd'hui de par leur taille.

FOUDAY

Fouday est un petit village paisible aux pieds de la montagne, où il fait bon vivre, idéal pour se ressourcer dans la nature. La première mention de Fouday remonte au XIVe siècle. Le village apparaît alors dans les textes sous le nom d'Urbach. Il existait pourtant déjà à la fin du XIe siècle, comme l'atteste le clocher de l'église, typique de l'art roman de cette époque. Après son attrait pour les catholiques, Fouday est devenu au XVIIIe siècle un haut lieu du protestantisme, grâce à une personnalité bien connue pour son œuvre philanthropique, le pasteur Jean Frédéric Oberlin (1740-1826), qui repose dans le cimetière attenant à l'église.

LE DONON

Depuis Schirmeck D 392 en direction de Grandfontaine. Départ : en face du parking sur D 993, suivre le balisage rectangle rouge et le pictogramme Donon. Distance : 4,2 km aller/retour. Dénivelé : 270 m.

Accès libre.

Ce sommet est l'un des plus hauts des Basses-Vosges et culmine à 1 009 mètres. Il était un haut lieu de culte à l'époque celtique puis gallo-romaine. Aujourd'hui encore, il revêt un caractère sacré et alimente de nombreuses légendes. Sur le sommet du Grand Donon s'élève un sanctuaire gallo-romain datant du IIe siècle. Un bâtiment imitant un temple gréco-romain a été construit au sommet par l'architecte Boltz en 1869 pour abriter diverses trouvailles archéologiques. Finalement ce sont les graffitis sculptés sur ses murs par les visiteurs qui en ont pris possession.

BRASSERIE DE FRAMONT

1, rue du Haut Fourneau
✆ 06 63 07 64 94
www.brasseriedeframont.com
Ouvert du lundi au vendredi de 16h à 19h ; le week-end de 10h à 18h.

Dans l'ancienne demeure du maître des forges à Grandfontaine a pris place la brasserie artisanale de Framont. Les malts français et le houblon alsacien y rencontrent l'eau de la source des minières en ébullition pour faire jaillir ce nectar, qui une fois refroidi et fermenté se nomme bière. Vous trouverez ici de délicieuses productions pleines de saveurs, qui changent grandement de celles des brasseries plus célèbres mais qui sauront tout autant vous combler : blondes, ambrées, blanches et brunes, IPA alsacienne, Stout ou encore aux bleuets ou au basilic !

NATZWILLER

De nombreuses et agréables promenades ou randonnées vous attendent ici, dont une belle sur le sentier botanique. Natzwiller compte également de très bonnes adresses, autant pour l'hébergement ou la restauration que pour faire ses emplettes de produits locaux, frais et typiques. Tout proche, le Champ du Feu vous offre l'hiver la possibilité de profiter de nombreuses activités sportives dans la neige mais on aimera tout autant venir visiter le site l'été. Un riche patrimoine historique militaire vous attend aussi : le mémorial Alsace-Moselle retrace l'histoire de l'Alsace et de la Moselle de 1870 jusqu'à la réconciliation franco-allemande.

AUBERGE METZGER*** €€

55, rue Principale ✆ 03 88 97 02 42
www.hotel-aubergemetzger.com
Chambre double de 100 € à 125 €. Demi-pension : 116 €. Petit déjeuner buffet : 15 €. Lit supplémentaire : 20 €.

Décor raffiné et ambiance familiale, façade avec balcons fleuris, terrasses et jardin d'agrément : bienvenue à l'auberge Metzger ! Corinne et Yves Metzger proposent 15 chambres de caractère dans leur charmante demeure. Poutres apparentes, mansardes, mobilier en bois et équipements modernes se combinent harmonieusement au sein de chacune d'elles. Ici le mieux est de tenter l'expérience complète en choisissant l'une des formules combinant la randonnée mais aussi les plaisirs de la bouche avec une demi-pension qui vous donnera du baume au cœur le soir venu.

STRUTHOF ★★★

RD130 ✆ 03 88 47 44 67
www.struthof.fr
Du 16 avril au 15 octobre : tous les jours de 9h à 18h30. Gratuit jusqu'à 10 ans. Adulte : 8 €. Réduit : 4 €.

Haut lieu de la mémoire nationale. Au cœur des Vosges, à 800 m d'altitude sur le Mont-Louise, sont conservés les vestiges du seul camp de concentration situé sur le territoire français. Au lieu dit « Le Struthof », en Alsace annexée par l'Allemagne du IIIe Reich, les nazis ouvrent dès le printemps 1941 le *Konzentrationslager* (KL) Natzweiler pour l'exploitation d'un filon de granite rose repéré en 1940. Jusqu'en septembre 1944, les déportés connaîtront l'enfer de ce camp, entourés d'un paysage magnifique. 52 000 personnes, originaires de toute l'Europe, sont déportées au KL-Natzweiler ou dans son réseau de camps annexes. Ce sont essentiellement des déportés politiques et résistants mais aussi des Juifs, des Tsiganes, Témoins de Jéhovah, homosexuels... Le site du Struthof s'étend sur 4,5 hectares de pentes et de terrasses. Il témoigne de la terrible réalité concentrationnaire : les baraques, les miradors, le four crématoire, la chambre à gaz destinée aux expériences médicales... Un musée retrace l'histoire du camp et transmet le souvenir des déportés de Natzweiler dont un tiers d'entre eux y a disparu à jamais. Le Centre européen du résistant déporté est élevé au-dessus de la Kartoffelkeller, une cave en béton armé construite par les déportés. Il apporte un éclairage sur la montée du nazisme et sur les résistants qui se sont engagés contre la barbarie. Un film d'une dizaine de minutes introduit la visite historique. Son exposition permanente « S'engager, Résister, Combattre » fait réfléchir le visiteur non seulement sur le passé mais aussi sur la construction de l'Europe après la Seconde Guerre mondiale, son avenir et les éventuelles menaces auxquelles faire face pour maintenir la paix. Le Mémorial aux Héros et Martyrs de la Déportation a été inauguré en 1960 par le général de Gaulle, président de la République française. La monument, haut de 40 m, gravé d'un déporté squelettique représente une flamme. Un déporté inconnu a été inhumé au pied du Mémorial et des urnes contenant les cendres de plusieurs déportés d'autres camps de concentration reposent dans la crypte. Autour se trouve la nécropole du Struthof. Tout cet ensemble participe au nécessaire devoir de mémoire. Une visite riche en émotions.

▶ **Pour une visite complète du site, prévoyez 2h30 à 3h.** Rendez-vous sur le site Internet pour préparer votre visite, idéal si vous venez avec des jeunes. Plusieurs ressources sont mises à disposition du public, comme des témoignages d'anciennes déportés. L'Agenda permet de connaître les expositions temporaires qui sont régulièrement présentées.

Centre européen du résistant déporté.

WALDERSBACH

L'immanquable ici : dans l'ancien presbytère, le musée Oberlin recèle des trésors de connaissances dans des domaines aussi variés que l'astronomie, la botanique, la pédagogie, l'agronomie, les sciences, l'économie... Une visite incontournable ! D'autant que le musée vient d'être rénové et agrandi. Les collections du musée Oberlin racontent une vision du monde, mais surtout évoquent la vie remarquable d'un homme du siècle des lumières, aussi préoccupé du développement spirituel que du développement matériel de sa communauté. Un personnage passionnant et attachant pour tous ceux qui prennent la peine de pousser la porte de l'ancien presbytère.

BOURG-BRUCHE

Situé non loin de la source de la Bruche, le village est marqué dès 1650 par une forte présence de la communauté mennonite (mouvement religieux issu de la réforme protestante à Zurich en Suisse vers 1520). Aujourd'hui encore, en plus d'un ancien cimetière et de fermes dans la clairière du Hang, les membres de cette dernière disposent de leur propre chapelle. Une autre chapelle, sur les hauteurs, est dédiée à la Vierge depuis son apparition dans le bourg. De nombreuses manifestations locales sont organisées sur le territoire de la ville tout au long de l'année. N'hésitez pas à profiter ici du calme et de la sérénité qui règnent en permanence.

MUSÉE OBERLIN

25, montée Oberlin
✆ 03 88 97 30 27
www.musee-oberlin.com
Été : tous les jours de 10h à 19h, sauf le mardi.
Hiver : tous les jours de 14h à 18h.

Ce musée rend hommage au pasteur Oberlin, pédagogue et ardent protecteur des Droits de l'Homme, l'une des personnalités les plus importants de la région au XVIIIe siècle. Il est à l'origine des toutes premières écoles maternelles en 1769. Visitez aussi les jardins du presbytère, organisés en trois thèmes : ethnobotanique, enseignement aux enfants et observation. Ils permettent d'accroître ses connaissances sur ce que l'on aura pu découvrir et apprendre au musée, où la place des relations entre l'homme et la nature dans la vie quotidienne est grandement soulignée.

FERME-AUBERGE DU NOUVEAU CHEMIN €€

Nouveau Chemin
✆ 03 88 97 72 08
www.fermedunouveauchemin.fr
Repas samedi et dimanche midi, autres jours pour les groupes sur réservation. Menus de 18 € à 21 €.

Nadine et Wilfred Kreis ont investi cette ferme montagnarde en 1979. Sur une trentaine d'hectares, ils élèvent un troupeau de vaches allaitantes, des lapins, ainsi que des abeilles dans leurs ruches. Nadine, discrète mais attentionnée, propose la semaine un menu très local : pâté en croûte, tarte au munster, baeckeofe, fleischschnaka, ragoût de veau à la sauge et späzele, tarte aux fruits de saison, tarte aux myrtilles, charlotte aux fruits, crème vanille au kirch, glace fermière...

TURLUPAIN

8, chemin de la Pierrechelle - **SAALES**
✆ 03 88 47 76 39
www.turlupain.com
Ouvert lundi, vendredi : 14h-19h30. Samedi : 7h30-12h30. Vente sur les marchés de la région. Boutique en ligne.

Cette boulangerie artisanale tire son nom du Turlutin, un lutin malicieux héros d'une chanson entonnée par les enfants à la fête de la Saint-Martin. Les pains sont cuits dans un four au feu de bois : à l'ancienne, fourrés de graines, de raisins, de noix ou d'olives, fougasses, viennoiseries. Il y a aussi les manalas en décembre et les galettes des rois en janvier. Le samedi, on peut petit-déjeuner sur place au fournil. Les produits Turlupain sont également vendus sur les marchés de la région et dans divers points de vente bio en Alsace. Commande en ligne possible.

COLROY-LA-ROCHE

En 1360, le village est appelé pour la première fois Colroy et au XVIIe siècle, son nom alsacien Koenigsberg signifie « la colline du roi ». Après avoir été détruit et en partie décimé pendant la guerre de Trente Ans, le village se repeuple avec les nombreux survivants ayant fui dans les bois avant d'accueillir des Vosgiens des contrées voisines, mais aussi des Suisses et autres réfugiés du pays de Montbéliard après 1660. Deux points d'importance ici : l'habitat typique avec la maison de type Haute-Vallée de la Bruche, ancienne ferme de type monobloc, et les autels de l'église Saint-Nicolas, baroques et qui proviendraient du mont Sainte-Odile.

LE CLIMONT

Accès libre.

Le Climont récompense, lorsque l'on gravit ses 970 mètres, par un magnifique et imprenable point de vue sur les vallées des alentours. Un panorama plus incroyable encore est à découvrir en montant à la pointe de la Tour Panoramique Julius Euting bâtie à la fin XIXe siècle par le Club Vosgien. Le mot Climont, en langue latine *clivus mons*, et en dialecte *Winkberg*, font tous deux référence à sa forme clivée. Nombre de légendes se rapportent à cette montagne magique, qui a au cours des décennies servi de cachette à beaucoup de moines et de sectes en tous genres.

HOSTELLERIE LA CHENEAUDIÈRE & SPA***** €€€

3, rue du Vieux-Moulin
✆ 03 88 97 61 64
www.cheneaudiere.com
Ouvert toute l'année. Petit déjeuner buffet. Parking. American Express, Diners Club, Chèque Vacances. Restauration.

Le jardin est un véritable écrin et son ascenseur panoramique offre un point de vue incroyable sur cet ensemble paysager très travaillé. Perfection, confort et raffinement sont ici les maîtres mots. Les matériaux naturels et nobles sont privilégiés. Certaines chambres bénéficient d'une terrasse et pour votre confort l'établissement possède trois Top-Suites qui disposent d'un bain à bulles chauffé sur leur terrasse. Ne manquez pas l'espace bien-être et les merveilleux repas.

AU BON PÊCHEUR €€

1, rue des Pêcheurs
✆ 03 88 97 60 38
Ouvert du vendredi au mardi de 12h à 13h30 et de 19h à 21h ; le mercredi de 12h à 13h30. Menus de 15 € à 25 €.

La terrasse est sublime avec toutes ses fleurs et la chaleur est aussi dans le cœur de vos hôtes qui vous reçoivent comme de vieilles connaissances. Si les températures sont froides ou qu'il pleut, on appréciera tout autant profiter de la salle chaleureuse et de la bonne humeur qui y règne. Sandre sur choucroute sauce au riesling, filet de bœuf vieux Strasbourg, lutsche, bacc keoffe, choucroute ou tartes flambées comptent parmi les incontournables du lieu mais ceux qui préfèrent trouveront des pizzas et autres suggestions de saison.

HOSTELLERIE LA CHENEAUDIÈRE & SPA €€€

3, rue du Vieux-Moulin
✆ 03 88 97 61 64
www.cheneaudiere.com
Tous les soirs et le dimanche à midi. Menu à 105 €.

Argenterie, cristal, fauteuils en tissu et lueur des chandelles, le décor déjà fait rêver. Gastronomique, fine, inventive et généreuse, la cuisine est le domaine du maitre restaurateur Roger Bouhassoun et de Daniel Stein qui subliment les produits locaux. De l'entrée au dessert on n'a de cesse de se faire surprendre par les plats tous plus créatifs et savoureux les uns que les autres. Si vous séjournez sur place, profitez des accords mets et vins complets.

RANRUPT

Ici, le dépaysement est garanti : les fermes ne ressemblent en rien à celles qui existent dans la plaine d'Alsace. Elles sont typiques de l'architecture rurale du coin : les maisons et fermes monobloc sont en général implantées parallèlement aux rues selon la tradition vosgienne, mais nous pouvons rencontrer également des bâtiments implantés pignon sur rue selon la tradition alsacienne. À Ranrupt, au départ d'une scierie encore en activité, un agréable sentier sans difficultés mène à la chapelle Notre-Dame-des-Malades. Une multitude d'éléments viennent enrichir les noyaux anciens : pavage de bords de route, usoirs, chapelle, calvaires...

LES CONFITURES DU CLIMONT

14, route du Climont
✆ 03 88 97 72 01
www.confituresduclimont.com
Ouvert du mardi au samedi de 10h à 12h et de 14h à 18h. Livraison possible (boutique en ligne).

Sans gélifiants ni conservateurs, Frédéric Hilberer propose une trentaine de confitures, marmelades et gelées. Visite et dégustation sont gratuites. Confitures traditionnelles à l'abricot, à la griotte, mais aussi rhubarbe fraise, poire au gingembre, ou carotte au gewurtzraminer... Impossible de ne pas citer la sauce cameline, grand classique de la cuisine médiévale : délicieuse confiture de pommes, d'oranges, et figues, de sucre, d'épices, de fruits secs et d'un peu de vinaigre.

AUBERGE DU CLIMONT €€

10, rue Principale ✆ 03 88 47 24 71
www.auberge-du-climont.fr
Ouvert du jeudi au lundi de 12h à 14h et de 19h à 22h ; le mardi de 12h à 14h. Menus de 23 € à 34 €.

C'est dans cette très belle et chaleureuse maison typiquement alsacienne que depuis 1999 Laurence et Roger Lemke vous reçoivent amicalement. Leur devise est d'ailleurs « Bons produits, cadre chaleureux, ambiance conviviale ». Ici que du fait maison avec des produits frais ! Régulièrement, des soirées à thèmes sont proposées mais à la carte il y a déjà largement de quoi combler toutes les envies et tous les appétits avec des recettes incontournables de la région et de nombreuses pièces de gibier en saison. De l'entrée au dessert il y a de quoi se faire plaisir !

POTERIE DU CHANT DE LA FONTAINE

7B, rue de Lavrelle
✆ 03 88 47 25 76
www.poterieduchantdelafontaine.com
Atelier ouvert, téléphoner avant.

Utilitaires ou décoratives, les poteries ici proposées sont traditionnelles, artisanales et de grande qualité. Les céramiques sont nuancées et épurées, avec des productions oscillant entre tradition et modernité grâce à des formations des artisans en décoration au CNIFOP de Saint-Amand et en tournage auprès des Maîtres Potiers de Betschdorf. Bols, saladiers, pots, chopes, vases et bien d'autres vous sont proposés directement à l'atelier ou sur les marchés régionaux.

ANNE EHRET VERRE CRÉATION

6, rue Principale
✆ 03 88 47 23 15
www.anne-ehret-verre-creation.fr
Ouvert du lundi au vendredi de 8h à 12h et de 14h à 16h. Sur rendez-vous le week-end. Boutique en ligne.

Anne Ehret est une spécialiste des arts de la table et fournit professionnels et particuliers. Ehret Verre Création est installé depuis 1970 dans une ancienne usine de tissage du début de l'ère industrielle construite en 1900. Préservée et rénovée, elle est aujourd'hui l'écrin des ateliers que l'on peut visiter pour toucher du doigt les techniques artisanales utilisées. Ici, vous trouverez un peu de tout et pourrez personnaliser chaque modèle pour qu'il soit unique, comme vous !

FERME ÉQUESTRE DU CHAUFFOUR

2, chemin du Chauffour ✆ 03 88 97 73 06
www.ferme-chauffour.fr
Promenade à cheval à partir de 12 €. Location gîte (2/7 personnes) à partir de 50 €/nuit selon le nombre de personnes.

La ferme équestre du Chauffour organise des randonnées à cheval pour découvrir la faune et la flore uniques de la région, les nombreuses ruines, les rochers, les petits canyons et bien d'autres merveilles. Les chevaux espagnols sont élevés sur place. Ils ont été croisés avec des andalous et des petits chevaux des Pyrénées pour améliorer leurs qualités. Ils sont calmes, robustes, endurants, attentifs et gentils : ce sont des compagnons rêvés pour les cavaliers débutants.

MARLENHEIM ★

C'est un bourg avenant, et nombre de détails se révèlent au promeneur lorsqu'il s'y attarde : maisons à tourelle Renaissance, tympan roman et bas-relief de l'église, joli ensemble architectural du XVIIIe siècle abritant la mairie, et bien sûr la chapelle de la Vierge de Douleurs avec son toit à bulbe en ardoise et le chemin de croix du Marlenberg, bel exemple d'art populaire alsacien du XVIIIe siècle. Marlenheim est aussi la porte Nord de la Route des Vins d'Alsace, liée à la culture de la vigne depuis le VIe siècle, alors que la commune abritait un palais mérovingien. La commune fait partie de la Couronne d'Or, le vignoble historique de Strasbourg.

GÎTES DES DIX VINS €€

5, rue du Village
DAHLENHEIM
✆ 07 87 56 58 00
www.gitesdesdixvins.com
De 60 € à 90 € la nuit. De 350 € à 550 € la semaine.

Les gîtes des Dix Vins vous accueillent pour passer un moment agréable dans la campagne alsacienne, tout près de la Route des Vins. Les prestations sont de qualité : véranda, espace buanderie avec tout le nécessaire, sauna, piscine extérieure chauffée... Tout ici est fait pour que votre séjour soit réussi et les propriétaires se mettent en quatre pour satisfaire vos envies qu'elles soient de barbecues, de raclette ou de dégustation de vins. Voilà donc des gîtes qui portent très bien leur nom et tout cela pour un budget fort raisonnable.

GÎTE ENTRE-DEUX-VIGNES €€

7A, rue de l'Église
SCHARRACHBERGHEIM-IRMSTETT
✆ 06 24 39 63 38
A partir de 300 € les deux nuits pour deux personnes.

Idéalement situé pour visiter la route des vins d'Alsace, le gîte Entre-deux-vignes est un établissement très bien tenu par des hôtes charmants et aux petits soins. Au rez-de-chaussée on trouve un bel espace salon, une cuisine ultra équipée et un superbe espace de détente qui donne envie de ne plus jamais sortir tant il séduit avec son bain bouillonnant, son sauna et sa pierre de sel. À l'étage, deux chambres sont proposées, séparées par un couloir en mezzanine : chacun trouve son intimité, parfait lorsque l'on vient à plusieurs couples !

UNTER DER LINDE €€

11, rue de la Mairie - **NORDHEIM**
✆ 09 54 05 48 66
www.unterderlinde.fr
Chambre double à partir de 110 € ; suite à partir de 190 €. Petit déjeuner inclus.

Aménagées dans une ferme viticole du XVIIe siècle, enregistrée aux Monuments Historiques d'Alsace, ces 5 chambres d'hôtes, dont 2 suites splendides, vous attendent. Toutes ont gardé le charme d'antan, avec des matériaux rustiques mais qualitatifs et des meubles typiques de la région. Le confort moderne n'en est cependant pas délaissé avec des équipements haut de gamme pour un confort optimal. Vous profiterez également des extérieurs et pourrez pousser plus loin grâce aux vélos que vos hôtes vous loueront pour une escapade ressourçante, en amoureux pourquoi pas.

BAS-RHIN

Fête des vendanges à Marlenheim.

LE CERF €€€

30, rue du Général de Gaulle
✆ 03 88 87 73 73
www.lecerf.com

Chambre double de 75 € à 300 € ; studio/appartement de 225 € à 450 € ; suite de 200 € à 400 €.

Les chambres Tradition sont décorées avec des objets traditionnels de la région, en bois ou en kelsch. La suite, plus moderne, propose un salon privé et un accès réservé au jardin et à la terrasse. Le garden lodge et spa à l'écart dans le jardin est un duplex super équipé et très douillet, indépendant. Il offre sauna privé, vaste baignoire balnéo, deux TV grand écran. Quelle que soit la formule on profite d'équipement de bien-être et de services haut de gamme. Prolongez le plaisir en déjeunant ou en dînant sur place au restaurant, les menus y sont délicieux !

AUBERGE MUSCULUS €

1, rue Principale
SCHARRACHBERGHEIM-IRMSTETT
✆ 03 88 50 66 24 - www.restaurant-musculus.fr

Ouvert du mercredi au dimanche le midi. Le soir sur réservation pour les groupes. Carte : 20 € environ.

Nichée dans le vignoble de la Couronne d'Or, cette sympathique adresse est gérée par la famille Musculus depuis 1880. Ici, les traditions culinaires se transmettent authentiquement de père en fils... ou fille ! Aujourd'hui c'est Martine et ses parents André et Suzanne qui sont à l'œuvre. La carte se décline autour de la cuisine traditionnelle et familiale alsacienne, élaborée à partir de produits régionaux de qualité qui reflètent la finesse de notre terroir. Toutes les terrines et le foie gras sont maison sans oublier au dessert l'excellent biscuit au kirsch.

KOBUS RESTAURANT & LOUNGE BAR €€

2, rue du Kronthal
✆ 03 88 81 15 99
www.kobus-marlenheim.fr

Ouvert le lundi et le mardi le midi ; du jeudi au dimanche le midi et le soir.

Olivier Munch propose ici une cuisine locale teintée de saveurs exotiques. Il vous reçoit avec sa compagne Karine Schmieg dans son restaurant au cœur d'une ancienne carrière de grès. Dans un sobre et élégant décor souligné de teintes gris-brun et blanc cassé, on se régale à prix raisonnables de mets parfaitement cuisinés. Entre tradition et inspirations venues d'ailleurs, les plats invitent à la découverte et ouvrent de nouveaux horizons, d'autant plus qu'ils changent souvent.

LE RELAIS DES SAVEURS €€

1, place du Kaufhaus ✆ 03 88 87 50 05
www.relais.fr

Ouvert du mardi au dimanche midi. Fermé le samedi midi. Menus de 25 € à 45 €. Carte : 27 € environ.

Stéphane et Sandra, disciples d'Escoffier, vous reçoivent avec chaleur et vous proposent une cuisine du marché axée sur les produits locaux et saisonniers. Ils se sont lancé un défi : élaborer au quotidien des plats sachant vous étonner, tout en respectant votre budget. De la salade strasbourgeoise en passant par les joues de porc confites, le chef compose une cuisine du marché traditionnelle mais aussi revisitée, une cuisine locale ou encore plus colorée. Sur la belle terrasse ou dans la salle aux délicats tons clairs, on passe toujours ici un excellent moment !

LE CERF €€€

30, rue du Général de Gaulle
✆ 03 88 87 73 73
www.lecerf.com

Ouvert du jeudi au lundi midi et soir. Maître Restaurateur. 1 étoile au Guide Michelin 2020. Menu à partir de 51 €.

Le Cerf est une étape gastronomique incontournable en Alsace : il suffit de rappeler que la première étoile attribuée par le Guide Michelin à l'établissement l'a été en 1936 ! Aujourd'hui, le chef Joël Philipps revisite avec brio les traditions du terroir et virevolte avec celles venues d'ailleurs. Lorsque l'on souhaite déguster des menus gastronomiques, l'adresse est donc parfaite. Et pourquoi pas profiter sans se soucier des délicieux accords mets et vins proposés tout au long du repas en prenant l'une des magnifiques chambres sur place ?

HOSTELLERIE REEB €€€

2, rue du Docteur Albert Schweitzer
✆ 03 88 87 52 70
www.hostellerie-reeb.fr

Ouvert du mardi au dimanche et les jours fériés. La Winstub La Crémaillère ouverte du mardi au samedi.

L'Hostellerie Reeb dispose de deux restaurants à l'atmosphère et à la carte distincte. La winstub la Crémaillère est connue pour sa cuisine de terroir où des grillades faites sur l'impressionnant feu de bois sont proposées. Si on préfère tenter une autre expérience, on choisira la seconde ambiance où cette fois on dégustera des plats un peu plus travaillés, aux accents épicés et exotiques. Quelles que soient les envies, on trouve donc toujours quelque chose d'intéressant à l'Hostellerie Reeb et on ne se lasse jamais d'y revenir.

ARTHUR METZ

102, rue du Général de Gaulle ✆ 03 88 59 28 69
www.arthurmetz.com

Ouvert du lundi au vendredi de 10h à 12h30 et de 14h à 18h30 ; samedi de 10h à 12h30 et de 14h à 18h.

La Maison Arthur Metz, c'est une collection impressionnante de crémants d'Alsace et de vins tranquilles (Grands Crus, Vendanges Tardives, Sélections de Grains Nobles, Rouge d'Ottrott, Klevener de Heiligenstein...). Son excellence repose sur l'alliance du savoir faire d'une équipe d'œnologues hautement qualifiés avec les deux centres de pressurage et de vinification dont dispose la Maison Arthur Metz. L'année 2020, aura été synonyme de nouveauté chez Arthur Metz avec la sortie du tout premier crémant Bio & Vegan, dans une démarche respectueuse de la terre.

DOMAINE HUBERT REYSER

26, rue de la Chapelle - **NORDHEIM**
✆ 03 88 87 76 38
www.vins-reyser.com

Vigneron indépendant. Visites et dégustations sur rendez-vous.

Le vignoble de Lionel Reyser, fils d'Hubert, s'étend sur plus de onze hectares et est conduit selon les règles de l'agriculture biologique. Il dispose de beaux terroirs, qui présentent une grande diversité de sols, ce qui permet lui d'exploiter au mieux les particularités de chaque cépage alsacien, et quelques spécificités propres au domaine, comme ce Crémant Brut Rosé issu à 100 % de pinot noir. Ce cépage est également décliné en Rouge du Stéphansberg (élevé en barrique de chêne) 2007, mais aussi en Rosé d'Alsace 2012. Une visite est possible sur simple demande.

DOMAINE MOSBACH

10, place du Kaufhaus
✆ 03 88 87 50 13
www.vinsmosbach.com

Ouvert du lundi au samedi de 8h30 à 12h et de 13h30 à 18h ; le dimanche et les jours fériés de 9h à 12h.

La viticulture chez la famille Mosbach, c'est une longue histoire puisqu'on est ici viticulteur de père en fils depuis 1577. À la tête de ce domaine de 23 ha, dont une partie classée en zone « Grand Cru Steinklotz », Jean-Marie dans les vignes et Paul à la vinification perpétuent la tradition. L'exposition plein Sud favorise la floraison précoce de la vigne et la lente maturation des raisins. Ne manquez pas le Pinot Noir 2018, paré d'une robe rouge sombre et brillante. Nez ouvert sur le fruit rehaussé de délicates notes d'écorce d'orange, griotte, cerise noire.

DOMAINE XAVIER MULLER

1, rue du Moulin
✆ 03 88 59 57 90
www.vin-alsace-muller.fr

Vigneron Indépendant. Ouvert tous les jours de 10h à 12h et de 13h30 à 18h.

Le domaine est installé dans un ancien moulin, nommé Thomanns Muehle. Il exploite aujourd'hui 35 hectares de vignes, dont une partie sur le terroir du Grand Cru Steinklotz (argilo-calcaire et exposé plein Sud) qui se réchauffe très vite au printemps. On pratique ici la viticulture raisonnée, la vinification se fait en cuves en inox, mais certaines cuvées sont élevées dans les célèbres foudres en bois de la Cave des Hospices Civils de Strasbourg. Tous les cépages alsaciens sont vinifiés ici, ainsi que des crémants dont la réputation n'est plus à faire.

MAURICE HECKMANN

72, rue Principale - **DAHLENHEIM**
✆ 03 88 50 67 25
www.vinsheckmann.com

Ouvert du lundi au samedi de 9h à 12h et de 14h à 18h. Ouvert le dimanche (sur rendez-vous de préférence).

À la tête du domaine depuis 1988, Maurice Heckmann privilégie la qualité et le travail bien fait. Le vignoble compte 10 hectares couvrant Dahlenheim et Avolsheim et regroupant les sept cépages alsaciens. Rigoureux, les membres de la famille Heckmann cultivent et vinifient dans le respect des traditions et de l'environnement pour des vins acides et forts en goût : épicés, gras, charpentés, équilibrés... ils ont toutes les qualités ! AOC Alsace, AOC Alsace grands crus, AOC Crémant d'Alsace, Sélection grains nobles, Vendanges tardives et autres vous sont proposés.

LE CERF

30, rue du Général de Gaulle
✆ 03 88 87 73 73
www.lecerf.com

Du jeudi au lundi midi et soir. Menus à 51 € ou à 124 € hors vins.

Le Cerf est un hôtel, restaurant et... un espace de loisirs ! Et oui, ici on vous propose de prendre des cours de cuisine. Il vous suffit de sélectionner un thème de votre choix, macaron, cuisson en croûte de sel, autour de la tomate, par exemple, et vos disponibilités... et vous apprendrez à concocter les meilleurs plats. Régulièrement des stages de préparation de foie gras sont organisés pour les gourmands, avec Michel Husser aux fourneaux ! Vous pouvez aussi offrir ces cours grâce à des bons cadeaux qui feront toujours leur effet !

BAS-RHIN

BALBRONN

Bénéficiant d'un terroir propice à la viticulture, le village est connu pour ses nectars depuis le Moyen Âge. Pour preuve, ses anciens noms sont Winburne – fontaine à vin – ou Wingarde – jardin à vin. Élevée sur un ancien sanctuaire celtique, son église fut fortifiée. Elle conserve une relique, la main de fer articulée du chevalier Hans von Mittelhausen, bailli de Balbronn au XVe siècle. On suppose que lors de la guerre des paysans, il perdit son bras gauche tranché par un coup hache ou de faux. Il n'existe en Europe que deux exemplaires d'une telle prothèse mécanique, celle-ci est une réplique, l'original se trouve au Musée historique de Strasbourg.

KIRCHHEIM

Kirchheim a existé dès l'époque romaine (découvertes de vestiges). Au VIIe siècle, elle fut la résidence des rois mérovingiens. Dagobert II, Charles le Gros, l'impératrice Richarde s'y établirent. La légende dit que la célèbre chanson populaire de Dagobert mettant sa culotte à l'envers y est née à cette époque. Au temps de Gutenberg, une ou plusieurs petites imprimeries se situaient à Kirchheim. Les armoiries de la commune s'y réfèrent : un livre ouvert avec une initiale d'or, le K de Kirchheim, accompagné en pointe d'un tampon encreur imprimerie d'or. De très nombreuses associations sont à l'œuvre pour proposer des animations tout au long de l'année.

ATELIER DE POTERIE PLUSS

39, rue des Femmes
✆ 06 83 95 61 93

Horaires de la boutique variables : téléphoner avant de se déplacer. Cours pour adultes et enfants : se renseigner.

Françoise et Jean-François Plüss travaillent l'argile depuis une quarantaine d'années. Que ce soit en céramique, porcelaine, grès ou raku, leur travail est très original. Il s'agit d'œuvres uniques, à l'esprit très contemporain, avec une touche de nature. Ils utilisent plusieurs sortes d'argile, terre à grès, chamottées ou non, blanches ou plus foncées, porcelaine. Le tournage permet d'obtenir des objets utilitaires : bols, théières, vases, boîtes... Le modelage, lui, fait naitre des bols, des sculptures, visages, animaux et tout autre objet créatif.

DISTILLERIE ARTISANALE HAGMEYER

119, rue Principale
✆ 03 88 50 38 99
www.distillerie-hagmeyer.com

Ouvert du lundi au samedi de 9h à 12h et de 14h à 18h. Visites guidées de la distillerie sur rendez-vous.

Héritière d'un savoir-faire séculaire, la famille d'arboriculteurs et de distillateurs Hagmeyer vous accueille avec fierté dans sa distillerie artisanale. Willy y distille essentiellement les fruits de ses propres récoltes. Christophe s'occupe de l'entretien des vergers et des vignes jusqu'à la récolte, avec l'aide d'André. Michèle et Elsa vous accueillent à la boutique. La visite de la distillerie vaut vraiment le coup ! On apprécie d'autant plus la dégustation qui la suit.

RESTAURANT À L'ARBRE VERT €

51, rue du Général de Gaulle
✆ 03 88 87 51 00

Fermé le lundi et le samedi midi. Menu enfant : 7 €. Formule du midi : 9,90 €. Carte et suggestions.

Appréciée par les amateurs de bonne cuisine traditionnelle, cette charmante adresse doit son nom aux magnifiques et immenses catalpas plantés voici plus de quarante ans ! Ils procurent un agréable ombrage agréable à la terrasse en été mais ne sont pas le seul atout charme du lieu. Le second point remarquable est l'attention et l'amabilité du personnel. Enfin, les plats sont eux aussi à la hauteur, gourmands et généreux, au bon goût de notre enfance pour certains.

JEAN-MARIE BECHTOLD

5, rue Jean Grüninger
✆ 03 88 50 66 57
http://bechtold.alsace

Visite et dégustation du lundi au samedi de 9h à 12h et de 14 h à 17h (appeler avant votre venue).

Jean Marie Bechtold est à la tête de cette exploitation de 12 hectares certifiée bio depuis 2010. Une partie de ses parcelles est cultivée en Grand Cru Engelberg, rare terroir de calcaire oolitique. Une carrière désaffectée qui coupe la colline permet d'ailleurs d'avoir un aperçu : sur une profondeur de 30 mètres, les strates géologiques constituent un terroir exceptionnel. Si les rieslings provenant du Grand Cru Engelberg sont réputés, un autre terroir s'avère intéressant : le lieu-dit Obere Hund, très favorable aux pinots gris et noir d'excellence.

TRAENHEIM

Ancienne propriété du roi Dagobert II, le village est constitué de très belles et anciennes maisons alsaciennes. Son église luthérienne présente une tour du XIIe siècle et une nef érigée au XVe siècle. Insolite : dans le village, une ancienne synagogue a été découverte en 1986 sous les combles d'une maison particulière. Un petit oratoire décoré de peintures murales et d'inscriptions hébraïques orne le grenier. Son origine remonterait à 1723, un lieu de prière aménagé pour un aveugle. Synagogue clandestine ? Non, les archives montrent que le pasteur de l'époque voulait interdire cette « synagogue du diable » mais elle fut tolérée par les seigneurs.

AUBERGE DE TRAENHEIM - ZUM LOEJELEGUCKER €€

17, rue Principale
✆ 03 88 50 38 19
www.aubergedetraenheim.com

Maître Restaurateur. Ouvert le lundi et le mardi de 12h à 14h ; du mercredi au dimanche de 12h à 14h et de 19h à 21h30.

Lydie et Claude Fuchs, maîtres restaurateurs, vous reçoivent dans leur ravissante ferme à colombages construite en 1777. Boiseries, chaises sculptées et fresques murales peintes par Jean Cramer en 1946 retraçant la vie des vignerons créent un cadre chaleureux. La carte propose de découvrir à bon prix quelques recettes traditionnelles locales mais aussi d'autres issues de diverses régions de France ou même du monde. Voilà donc un bon moment en perspective !

CAVE DU ROI DAGOBERT

1, route de Scharrachbergheim ✆ 03 88 50 69 03
www.cave-dagobert.com

Horaires d'ouverture variables en fonction des saisons : cf site web. Activités œnotouristiques. Boutique en ligne.

La Cave du Roi Dagobert tire son nom de son emplacement sur le territoire d'un ancien palais mérovingien. Toute l'année, elle propose diverses animations œnotouristiques (projection de film, visite de cave et dégustation commentée, balade dans le vignoble en remorque aménagée tirée par un tracteur, week-ends « food-truck »...). La Cave du Roi Dagobert regroupe 250 vignerons sur quasiment 1 000 ha du vignoble strasbourgeois. Les terroirs et cépages sont très variés, la boutique en témoigne en véritable caverne d'Ali Baba de tout amateur de bons vins.

DOMAINE FRÉDÉRIC MOCHEL

56, rue Principale
✆ 03 88 50 38 67
www.mochel.alsace

Visite et dégustation du lundi au samedi de 8h à 12h et de 13h30 à 17h, de préférence sur RDV. Boutique en ligne.

Les Mochel sont installés dans le centre de Traenheim depuis 1669 ! Ils vous accueillent dans une ancienne demeure typique du coin, pleine de cachet, et vous proposent de partir à la découverte de leurs vins exceptionnels ! Respect du fruit, de la tradition, sans pour autant oublier une touche de modernité, travail rigoureux et amour des fruits, bien produits et transformés, caractérisent ce domaine. À découvrir : l'AOC Alsace Grand Cru, entre finesse et puissance, avec une acidité affirmée, une structure élégante et un équilibre digeste recherché.

FERME FRUITIÈRE ROTHGERBER

1 A, route du Scharrach
✆ 03 88 50 38 07
www.rothgerber.alsace

Ouvert le lundi de 14h à 19h ; du mardi au vendredi de 8h à 19h ; le samedi de 8h à 18h.

Depuis 1542, la famille Rothgerber s'est toujours consacrée à la culture des vignes et à l'arboriculture. Une quinzaine de variétés de pommes sont produites ici en agriculture biologique et les jus de fruits, mis en bouteille sur place, se déclinent tous autour, parfois agrémentées d'ingrédients originaux (coing, fleur de sureau, mangue) 100% naturels. Ils sont régulièrement primés au Concours général agricole. Un magasin de producteurs et une boulangerie-restaurant complètent l'offre.

WANGEN

Wangen présente de nombreux vestiges de son passé médiéval : mur d'enceinte et tourelle du XIe siècle, tour du Sommertor, fermes cossues qui témoignent de la richesse générée par la viticulture pratiquée ici depuis bien longtemps... On verra également l'église Saint-Étienne, reconstruite en 1830 à l'aide d'éléments provenant des constructions antérieures, comme le tympan roman et le vitrail représentant le Christ trônant. De la jolie fontaine place de l'Église coule chaque année, le 3 juillet ou le dimanche qui suit cette date, du vin en commémoration de la résistance des habitants du village à un impôt prélevé directement dans les fûts des vignerons.

HOUSE LES HIRONDELLES €€

36, rue Birris
✆ 06 77 54 06 18
au-temps-des-hirondelles.fr

Dans ce superbe gîte, vous serez très bien reçu et très à l'aise pour une famille ou un groupe d'amis de quatre personnes. La décoration est très chaleureuse et l'ensemble des pièces et équipements très fonctionnel, de grande qualité. Soigné, propre et au calme, le lieu est idéal pour rayonner dans la région de par sa position avantageuse et parfait pour se ressourcer le soir après une grande promenade. Votre hôte charmante se fera d'ailleurs une joie de vous conseiller sur les immanquables de la région, tant pour les visites que pour vos gourmandises.

CENTRE ÉQUESTRE FERME KLEINERLEN GÉNÉRATION CHEVAL

Route de Westhoffen ✆ 03 88 87 73 96
www.generation-cheval.com

Tous les jours de 9h à 12h et de 14h à 20h30. En belle saison, balades nocturnes.

Dialoguer, respecter, écouter et comprendre sont les maîtres mots de l'enseignement ici. Sur près de neuf hectares on trouve manèges couverts, carrière extérieure éclairée, rond de longe, terrain de cross et de TREC... La passion du cheval se ressent chez le propriétaire. La palette des activités proposées est grande et conviendra aux experts comme aux débutants, aux plus petits avec le baby-poney comme aux plus âgés avec des randonnées calmes à la découverte du patrimoine naturel.

AU CERISIER €€

8, rue Birris
✆ 09 50 62 96 37
www.aucerisier.fr

Maître Restaurateur. Ouvert le lundi midi ; du mercredi au vendredi et le dimanche le midi et le soir ; le samedi soir.

Les chefs Nicolas Pfirsch et Yannick Weber ont obtenu la double distinction fort convoitée de Chefs d'Alsace et de Maîtres-Restaurateurs, et c'est tout à fait mérité ! La qualité et l'inventivité de leurs créations culinaires sont alliées aux fumets savoureux des viandes et autres poissons agrémentés de légumes souvent méconnus. En prime, le pain est fait maison, cuit sur place. Les chefs accordent une grande importance à leur village et mettent bien évidemment son produit phare à la carte, à savoir la cerise ! On trouve cependant d'autres belles propositions.

WESTHOFFEN

On vient de toute la région pour célébrer la fête de la cerise à la mi-juin même si, entourée de vignes, de vergers et de bois, Westhoffen est une bien jolie commune en toute saison. On remarquera les vitraux de l'église Saint-Martin que l'on date du XIIIe siècle, le château Rosenbourg, commencé au XIe siècle pour protéger l'église, les beaux pans de bois, les oriels et les portes des maisons du XVIIe siècle, les remparts et la tour carrée du Staedelglöckelturm. Westhoffen abritait au XVIIIe siècle une des plus importantes communautés juives d'Alsace, ce dont témoignent la synagogue en grès rose, de style orientalisant, et le cimetière juif.

RESTAURANT WINSTUB SILVERGLOECKEL €€

23, rue Birris
✆ 03 88 50 54 52
www.silvergloeckel.com

Ouvert le mercredi midi ; du jeudi au dimanche le midi et le soir. Menu unique à 28 € (menu du week-end).

Le *Silvergloeckel*, cloche d'argent, occupe une maison du XVIe siècle et propose des plats typiques, simples, mais qualitatifs. Issu d'une famille de boulanger, boucher et restaurateur, Philippe Recher a baigné dans le respect du produit et du goût. Parmi les incontournables de la maison on retrouve des recettes d'antan un peu perdues et de nombreux abats. Si l'on pourrait être réticent, il faut pourtant y goûter car ce chef a le don de vous les faire adorer !

MOLSHEIM ★★

Molsheim appartenait à l'évêché. Lorsque Strasbourg passa à la Réforme, Molsheim devint le bastion de l'église catholique dans le Bas-Rhin. Les Jésuites y fondèrent un collège réputé. La ville perdit de son importance après la restitution du culte catholique à la cathédrale de Strasbourg par Louis XIV. On remarquera les restes de fortifications, la porte des Forgerons, la Metzig et son horloge à Jacquemarts, les maisons à pans de bois des XVIe et XVIIe siècles, le prieuré des Chartreux, l'église des Jésuites, le château d'Oberkirch... La gloire de Molsheim revint lorsqu'elle devint, à partir de 1910, le berceau des prestigieuses voitures Bugatti.

ÉGLISE ABBATIALE SAINT-CYRIAQUE

Place Saint-Cyriaque
ALTORF
Haute saison : tous les jours et les jours fériés de 10h à 18h ; 13h30 à 17h en hiver.

Témoin privilégié de l'architecture romane bien qu'elle fût changée des suites de l'apparition du style baroque, l'abbaye fut bâtie en 974. Les traces architecturales les plus anciennes observables aujourd'hui sont le portail et la nef romans, qui datent de la toute fin du XIIe siècle. L'intérieur de cet édifice renferme nombre d'œuvres d'art, dont un magnifique buste reliquaire de saint Cyriaque, une cuve baptismale du XVe siècle, la chaire et le maître autel baroque.

MUSÉE DE LA CHARTREUSE ET DE LA FONDATION BUGATTI ★

4, cour des Chartreux
✆ 03 88 49 59 38
www.molsheim.fr
Pour les groupes et scolaires ouvert toute l'année sur rendez-vous.

Les collections évoquent l'histoire de la Vallée de la Bruche. Les mêmes locaux abritent la Fondation Bugatti qui perpétue à travers la présentation de voitures, d'objets insolites et de nombreux documents, le souvenir du constructeur Ettore Bugatti (1881-1947), créateur de l'usine installée à la périphérie de la ville depuis 1909. L'itinéraire se poursuit à l'extérieur par la visite des bâtiments conventuels dont trois cellules de chartreux qui ont retrouvé leur mobilier d'origine !

HÔTEL BUGATTI*** €€

Route Ecospace
✆ 03 88 49 89 00
www.hotel-le-bugatti.com
59 chambres (4 appart'hôtels). Chambre double de 68 € à 78 € avec accès sauna et fitness inclus.

L'hôtel Bugatti s'est donné pour défi de vous offrir les meilleures conditions au prix le plus bas. Confort et design, les chambres sont modernes et agréables, bien entretenues. Les Appart-Hôtel, dotés d'une kitchenette, sont idéals pour accueillir à plus long terme et en toute indépendance. Quoi que l'on choisisse, la qualité de service est optimale avec des employés très professionnels véritablement aux petits soins pour vous. Pour compléter les offres, vous profiterez du bar avec ses cocktails et planchettes diverses, du distributeur de vin ou encore du sauna.

HOTEL DIANA, RESTAURANT & SPA**** €€

14, rue Sainte Odile
✆ 03 88 38 51 59
www.hotel-diana.com
Chambre double de 98 € à 150 € ; suite de 170 € à 240 €. Pension complète. Demi-pension : 30 €.

Situé au bord de l'eau, cet élégant hôtel très design propose 65 chambres dont 2 suites, 6 salles de conférence, 2 salons, un bar/lounge, une piscine couverte chauffée avec jets, sauna et hammam, 2 salles de massages, un espace de relaxation en bordure de la rivière la Bruche et une salle de fitness. En séjournant ici on déconnecte et on prend le temps de passer un excellent moment. C'est une belle idée de week-end ou d'escapade pour se retrouver à deux, en amoureux.

UN SOIR D'ÉTÉ €€

19, rue Haute
ERNOLSHEIM-BRUCHE
✆ 06 11 98 57 38
www.unsoir-d-ete.com
Chambre double de 80 € à 100 €.

Deux chambres d'hôtes de charme dans une belle maison alsacienne à colombages du XVIIIe siècle, dont la terrasse est particulièrement agréable en été : voilà ce qui vous attend ici ! Venez découvrir cette maison-musée qui s'amuse des arts populaires, consuméristes et décoratifs du XXe siècle. Elle est décorée avec goût et agrémentée de trouvailles des 70's qui ont été chinées par Nathalie pour le plaisir de ses hôtes. Durable aussi, car elle recycle quantité d'objets négligés et qui bénéficient ici d'une seconde vie pour le bonheur de tous.

BAS-RHIN

À LA VILLE DE PARIS €€

16, place de l'Hôtel de Ville
© 03 88 04 97 32
www.alavilledeparis-molsheim.fr

Ouvert du mardi au jeudi de 12h à 14h et de 19h à 21h30 ; le vendredi et le samedi de 12h à 14h et de 19h à 22h.

À la Ville de Paris, n'en a que le nom car ici on fait dans la tradition et on mange alsacien ! Dans la salle chaleureuse ou en terrasse, on s'installe bien volontiers pour une pause gourmande. Les recettes font la part belle aux belles pièces de viande ou de poissons, accommodées de différentes manières, mais le petit plus est sans conteste la grande variété de sauces faites maison. C'est un bonheur de ne pas en laisser une goutte avec son pain en fin de repas. La carte des vins pour accompagner ces mets est vaste et élaborée pour tous les budgets.

LE BÉNÉDICTIN €€

27, rue Principale - **ALTORF** © 03 88 38 83 02
www.le-benedictin.fr

Ouvert du jeudi au lundi de 12h à 14h et de 19h à 21h. Menus de 20 € à 40 €. Suggestion du jour 12 €.

La cour et l'arrière d'une ferme d'autrefois ont été transformés en cette charmante auberge, où le chef Philippe prépare une cuisine régionale fort bien maîtrisée. La carte des vins est bien fournie, avec une sélection proposée au verre et des coups de cœur qui sont régulièrement suggérés sur l'ardoise, qui compte aussi des plats du jour variant fortement. Les saisons inspirent aussi les mets proposés avec un incontournable choisi à chaque fois et décliné de plusieurs façons, si bien que l'on ne se lasse jamais de revenir découvrir toujours de nouvelles choses.

LE CHEVAL BLANC €€

5, place de l'Hôtel de Ville
© 03 88 50 00 22
www.lechevalblanc-molsheim.fr

Ouvert le lundi de 8h à 22h ; du mardi au dimanche et les jours fériés de 10h à 22h. Menus de 32 € à 39 €.

Le Cheval Blanc vous invite à profiter des plaisirs de la table dans un environnement qui marie avec bonheur murs en pierres de taille, boiseries et mobilier design au rez-de-chaussée. À l'étage, une belle salle est privatisable sur demande. Vous trouverez ici des plats traditionnels qui mettent à l'honneur les producteurs locaux et les recettes très travaillées. Lucas, le chef, n'a pas peur de cuisiner de A à Z et propose des mets aux cuissons longues ou des mijotés. Le petit plus, ce sont les horaires de service très amples pour se restaurer à toute heure.

CHATOUILLEZ-MOI

15, rue de Strasbourg
© 06 29 90 31 89
www.chatouillez-moi.com

Ouvert du mardi au vendredi de 10h à 12h30 et de 14h à 17h45 ; le samedi de 10h à 18h.

Chatouillez-moi est une boutique kawaï proposant artisanat, imports japonais, bijoux, tissus, papiers et autres accessoires ou fournitures pour loisirs créatifs. Pièces uniques ou en petites séries vous seront proposées, surtout avec des chats, l'emblème de la boutique. Pour mettre un peu de fantaisie dans vos tenues, c'est le lieu idéal ! Vous pourrez également retrouver tous les objets à Strasbourg ou en vente en ligne sur le site. Il y en a pour tous les goûts et tous les budgets, de la petite pièce cadeau au gros élément de déco.

MAISON ZOELLER

14-16, rue de l'Église - **WOLXHEIM**
© 03 88 48 88 59
www.vins-zoeller.fr

Ouvert tous les jours, sauf jours fériés. Groupes : visite de cave et du vignoble sur RDV. Certification Ecocert.

Christelle et Mathieu Zoeller incarnent la dixième génération de viticulteurs qui veillent sur ce magnifique domaine depuis près de 4 siècles. Vignerons indépendants, ils conduisent en agriculture biologique leurs 11,5 hectares de vignes, dont 3 hectares sont situés sur le Grand Cru Altenberg de Wolxheim. Les sept cépages alsaciens sont plantés chez les Zoeller. Les vendanges se font à la main, le raisin est trié sur place. Les vins des Zoeller sont fruités et riches, leurs vendanges tardives et leurs sélections de grains nobles font de superbes vins de garde.

AVOLSHEIM

Deux monuments chrétiens majeurs se trouvent dans cette petite commune. La chapelle Saint-Ulrich, au centre du village, est sans doute le plus ancien sanctuaire d'Alsace encore existant. Son étonnant plan centré couvert d'une coupole et les fresques, dégagées en 1968, font belle impression. À l'extérieur du village, l'église du Dompeter, noyau d'un hameau disparu au XVIIIe siècle, est édifiée sur des fondations de l'ère mérovingienne. Un curieux chapiteau (XIIe siècle) termine le montant droit du portail de la nef. Le maître autel du chœur (XIXe siècle) est le mémorial des 185 scouts d'Alsace morts pendant la Seconde Guerre mondiale.

LE BASILIC €€

4, rue Saint Materne
✆ 03 88 47 48 28
www.lebasilic67.com
Dimanche, lundi, jeudi et vendredi de 12h à 14h30 et de 18h30 à 22h, mardi de 12h à 14h30, samedi de 18h30 à 22h.

Voici un petit coin d'Italie au cœur de la campagne alsacienne ! Aude et Sébastien Wander vous accueillent avec chaleur dans leur restaurant élégant et sobre, où l'on se sent bien en famille ou entre amis. La spécialité de la maison, ce sont les raviolis et ils sont excellents, qu'ils soient classiques, aux épinards ou, étonnants, aux escargots ! Vous trouverez beaucoup d'autres propositions à la carte, à accompagner de bons vins italiens ou alsaciens mais quoi que vous choisissiez, vous n'aurez pas de surprise : l'addition est toujours très correcte.

AUBERGE DE LA BRUCHE €€€

1, rue Principale
✆ 03 88 38 14 90
www.auberge-bruche.com
Lundi, mardi, jeudi et vendredi de 12h à 14h et de 19h à 21h ; samedi de 19h à 21h ; dimanche de 12h à 14h.

Installée sur les rives de la Bruche, près de la Tour de Garde médiévale et du château de Turckheim, cette auberge gastronomique vit au gré des inspirations culinaires d'Hubert Raugel. Le chef mélange cuisine moderne et gastronomie classique, en valorisant les produits frais et de saison. On trouve ainsi des recettes créatives assez peu développées dans la région, avec des saveurs différentes et des produits que l'on n'a pas l'habitude de déguster en Alsace. Il faut se laisser tenter par les propositions sans préjugés et la surprise est au rendez-vous !

DACHSTEIN

Occupé dès le néolithique, le ban de Dachstein est particulièrement riche en vestiges archéologiques. Au Moyen Âge, les évêques de Strasbourg sont attirés par le site, qui forme une grande île enserrée par les bras de la Bruche. Dachstein, à l'époque médiévale, était protégée par d'importantes fortifications. De celles-ci, il ne subsiste plus aujourd'hui que quelques remparts et fossés, ainsi que la magnifique porte de la Bruche ou Breuschtor, qui possède des angles renforcés par des pierres à bossage. De plan carré, elle est abaissée de moitié à la fin du XVIe siècle, comme l'atteste l'inscription de 1574 ornant la façade extérieure de l'édifice.

DORLISHEIM

À l'entrée Est du village, sur le rond-point se dresse une colonne indicatrice avec cadrans solaires datant de Napoléon Ier. Autre point d'intérêt : l'église romane. Cet édifice du XIIe siècle est constitué d'une triple nef romane et d'un clocher-porche gothique. Entrez, vous pourrez admirer de superbes fresques entre les ogives. Il s'agit de motifs à la grisaille datant vraisemblablement du XVIe siècle, époque à laquelle les artisans reprenaient les traditions de l'Antiquité. Le portail et les bas-reliefs sur les murs extérieurs du chœur méritent votre attention. Enfin, Dorlisheim est un haut lieu de la viticulture, depuis 1 000 ans !

BAS-RHIN

RESTAURANT DE LA GARE €

221, rue d'Altorf
✆ 03 88 38 15 19
www.restaurant-gare.com
Le lundi et le mardi de 11h45 à 14h ; du mercredi au dimanche et les jours fériés de 11h45 à 14h et de 19h à 22h.

Aurélie, Alexis et toute leur équipe sont ravis de vous accueillir dans leur cadre sur le thème du chemin de fer. Dans une ambiance cosy, Alexis, le chef de gare, vous propose de voyager vers plusieurs destinations où se mêlent différentes saveurs mais on trouve de nombreuses belles pièces de viande, de qualité et aux cuissons parfaitement maîtrisées. Le service est chaleureux et accueillant et pour parfaire le tout on s'en sort avec une addition très raisonnable, notamment grâce aux menus du jour et aux suggestions très avantageux.

LE DORMEUR-« LE SCHLOFFER »*** €€

25, Grand-Rue
✆ 03 90 22 22 10
www.hotelledormeur.com
Chambre simple de 82 € à 125 € ; chambre double de 94 € à 140 € ; chambre triple de 135 € à 195 €.

Avec sa situation idéale et ses chambres tout confort, très bien équipées et surtout bien décorées, dans une optique résolument moderne, Le Dormeur est un bon plan. Une chambre spécialement équipée est disponible pour les personnes à mobilité réduite. Tout est pensé pour que vous puissiez passer un excellent moment, de vos envies de détente et de bien-être jusqu'à vos envies de visites ou même de sport. Avec une équipe si attentionnée, on est immédiatement conquis !

LA FERME MAURER €

Lieu-dit Lange Gewann
✆ 03 88 38 42 86
www.lafermemaurer.com
Ouvert du lundi au vendredi le midi ; le samedi soir ; le dimanche midi et soir.

Ici on se sent bien, entouré d'un écrin de nature et de sculptures végétales étonnantes qui raviront petits et grands. Il fait bon s'y attabler pour savourer de multiples produits du terroir ainsi que les spécialités de la famille. Chaque saison est l'occasion d'en mettre une nouvelle en avant, notamment grâce à des soirées très conviviales comme le très attendu sanglier à la broche ou encore la cochonnaille. N'oublions pas bien sûr les excellents fruits et légumes que l'on pourra d'ailleurs, avec d'autres produits, rapporter chez soi.

S'DORF STUEBEL €€

25, Grand-Rue
✆ 03 88 38 73 08
www.hotelledormeur.com
Ouvert 7j/7. Menu unique à 32,50 €. Carte : 35 € environ. Menu enfant : 9,50 €. Plat du jour : 10,90 €.

Le S'Dorf Stuebel est un très bon restaurant qui vous proposera une cuisine régionale ou plus ouverte sur le monde en fonction des inspirations du chef et les nombreux habitués qui affluent ne s'y trompent pas. Ils savent en effet que la découverte est toujours au rendez-vous. La décoration est élégante, emplie d'œuvres de Pascklin. Toute l'équipe est passionnée et cela se ressent dans les assiettes comme dans l'ambiance générale du lieu qui est très agréable. Chaque plat pourra être accompagné d'un bon verre de vin soigneusement sélectionné.

GRESSWILLER

Les habitants sont parfois nommés « Schwedekorps »: corps de Suédois, à cause de l'occupation du village pendant la guerre de Trente Ans, et en référence à un comte suédois qui aurait possédé des biens. Vous pourrez visiter l'église Saint-Martin. Le clocher de style gothique tardif (1523) est agrémenté d'un tympan, représentant saint Martin partageant son manteau avec un pauvre. La nef et le chœur datent de 1766. Ne manquez pas non plus de monter le Wurmberg, butte calcaire dont le sommet est inculte. Les pentes abritent des pelouses d'orchidées et des fleurs particulièrement rares. De nombreuses fêtes folkloriques sont organisées toute l'année.

L'ÉCU D'ALSACE €

12, route Gutenberg ✆ 03 88 83 35 56
www.lecudalsace.fr
Chambre simple de 65 € à 70 € ; chambre double de 70 € à 80 € ; chambre triple à partir de 85 €. Petit déjeuner : 8 €.

L'Écu d'Alsace est un hôtel-restaurant typiquement alsacien, de style alpin, tenu par la famille Kunstmann qui se fait toujours une joie de vous recevoir au mieux. Les chambres sont calmes puisque entourées de campagne, décorées sobrement mais bien équipées (TV, Wifi, salles de bains avec douches ou baignoires), avec pour certaines un balcon donnant sur la nature. Chaque été est l'occasion de participer à de nombreux événements organisés par l'établissement, très conviviaux. Les sorties organisées sont aussi de bonnes occasions de découvrir la région en s'amusant.

ROSHEIM ★★

Faites un détour par ce petit bourg de vignerons... De ses anciennes fortifications, Rosheim conserve quelques remparts intérieurs (XIIIe siècle) et extérieurs (XIVe siècle), ainsi que 4 portes : celle de la Vierge, de l'École et du Lion, et la tour de l'Horloge dans le prolongement de la mairie. Témoins de l'histoire du village, elles cohabitent avec de très belles maisons à colombages de style Renaissance, dont les façades débordent de géraniums à la saison. Des topos guides bien faits présentent une dizaine de sentiers pour découvrir le canton de Rosheim à pied, et des circuits pour randonner à vélo. Ainsi équipés, vous n'irez pas à l'aveuglette !

MAISON ROMANE

23a, rue du Général-de-Gaulle
✆ 03 88 62 32 97
De 15h à 18h, de mai à septembre, du mercredi au dimanche. D'octobre à décembre et mars-avril, le week-end uniquement

Cette atypique maison romane, bâtie en 1154, est l'une des plus anciennes traces de l'architecture civile médiévale alsacienne. Elle est carrée, montée avec des pierres en grès à bossages et de petites ouvertures qui la font ressembler à une tour fortifiée rappelant les châteaux forts. On sera séduit par la jolie baie géminée et l'étonnant visage sculpté sous la toiture. Après avoir visité la Maison Romane il ne faut pas oublier de jeter un œil au jardin, médiéval lui aussi, juste à côté. Cette maison d'importance apparaît dans de nombreuses publications.

Porte du Milieu à Rosheim.

ÉGLISE SAINT-PIERRE-ET-SAINT-PAUL ★

© ALEXANDER SOROKOPUD - SHUTTERSTOCK.COM

La construction de l'église Saints-Pierre-et-Paul de Rosheim débuta en 1150. Romane, elle est typique de la construction traditionnelle rhénane. La nef est encerclée par deux bas-côtés et traversée par un transept créant ainsi une grande croix latine qui supporte le clocher octogonal qui aurait été ajouté après la construction du reste de cet édifice religieux. Les décorations extérieures et intérieures sont travaillées, grâce entre autres à des sculptures en ronde-bosse remarquables.

GÎTE « AUX OISEAUX DE PASSAGE « €

73, rue des Prunelles
✆ 06 24 58 21 25
auxoiseauxdepassage.fr

De 330 € à 390 € la semaine. 180 € le week-end pour deux personnes, 200 € pour quatre personnes.

Aux Oiseaux de Passage, on a envie de se poser ! Ici tout est fait pour que vous vous sentiez bien. En premier lieu, c'est l'accueil exceptionnel qui vous est réservé qui vous séduira, avec plein de petites attentions. Dans le gîte, tout est fonctionnel, bien équipé, de bon goût, y compris dans la décoration avec ses touches régionales discrètes et sa récupération. Que l'on vienne en couple, en famille ou entre amis, chacun sera conquis et trouvera son espace propre.

AUBERGE DU CERF €€

120, rue du Général de Gaulle
✆ 03 88 50 40 14

Fermé le dimanche soir, le mardi soir, le mercredi et le samedi midi. Carte : 25 € environ. Menu enfant : 12 €.

Les jeunes et dynamiques Céline et Arnaud Collet sont à la tête de cette auberge. Dans l'une des salles lumineuses et chaleureuses, au décor contemporain, ou dans le jardin où est installée la terrasse derrière le restaurant, ils vous proposent des plats de saison, simples mais parfaitement réalisés. Vous trouverez à la carte des mets très variés, inspirés de toutes les traditions françaises mais aussi des recettes et épices du monde. Voici donc une adresse qui change un peu, idéale pour qui aime se laisser surprendre et n'a pas peur des nouvelles saveurs.

HOSTELLERIE DU ROSENMEER €€

45, avenue de la Gare ✆ 03 88 50 43 29
www.le-rosenmeer.com

Maîtres Cuisiniers de France. Ouvert du mardi au samedi de 12h à 14h et de 19h30 à 21h30 ; le dimanche de 12h à 14h.

Hubert Maetz, renommé et reconnu par ses pairs, vous propose au restaurant gastronomique des plats très travaillés et créatifs. En menu ou à la carte, c'est un véritable voyage des papilles qui s'offre à vous. Les vins, au verre ou en bouteille, sont spécialement sélectionnés en accord avec les mets proposés. La winstub propose quant à elle des plats plus traditionnels et à prix plus réduits mais pas moins dénués d'intérêt. Quoi que vous choisissiez, vous bénéficierez toujours d'un service très professionnel, attentionné et souriant.

LA CIGOGNE EN VRAC

97a, rue du Général de Gaulle
✆ 06 58 70 92 83
http://lacigogne-envrac.fr

Ouvert du lundi au samedi de 9h à 19h. Vente en vrac de produits bio.

Marie-Ange vous accueille en compagnie de sa belle-sœur Camille, toutes deux joliment vêtues de tenues inspirées du costume traditionnel du Kochersberg subtilement revisitées par la marque Geht's in ! La Cigogne en Vrac regorge de fruits et légumes, œufs et céréales, thés et tisanes, jus de fruits, bières et vins fournis par des producteurs majoritairement locaux et biologiques. Ajoutez à cela des cosmétiques ainsi que des produits d'hygiène ou encore d'entretien pour la maison, surfant sur la vague de la vente en vrac par conviction plus que par effet de mode.

DOMAINE KUMPF ET MEYER

34, route de Rosenwiller
✆ 03 88 50 20 07
http://kumpfetmeyer.com
Vigneron indépendant. Certifié Bio. Vins nature. Visite, dégustation du lundi au samedi sur RV. Groupes sur réservation.

À la tête d'un domaine de 15 ha répartis sur 5 communes et 70 parcelles, la charmante Sophie Kumpf vous accueille avec le sourire pour partager avec vous sa passion pour les vins vivants qui sont élaborés en agriculture biologique et au naturel par son associé Julien Albertus. Ce jeune vigneron vinifie des cuvées mémorables garanties sans intrants. On parle ici de vins très fins, d'un bel équilibre et d'une densité remarquable. À découvrir absolument lors de votre visite : l'*Infrarouge*, un Pinot Noir issu d'une macération de 10 jours, délicieusement fruité !

DOMAINE PHILIPPE KIRMANN

2, rue du Général de Gaulle ✆ 03 88 50 43 01
www.baronkirmann.com
Ouvert le vendredi et le samedi de 9h à 19h ; le dimanche de 9h à 12h. Ouvert sur rendez-vous du lundi au jeudi.

Corinne et Philippe Kirmann exploitent 11 ha de vignobles sur lesquelles sont plantés tous les cépages alsaciens. Ils pratiquent les vendanges de façon manuelle et leurs cuvées 2021 sont maintenant toutes bio. Le secret d'un bon vin selon eux ? Une connaissance sans faille du terroir qui leur permet d'offrir une plus grande complexité à leurs vins. Leurs cuvées d'exception portent le nom de Baron Kirmann : cet aïeul de la famille (né en 1768 dans une famille de vignerons de Bischoffsheim) a accompli divers exploits qui lui ont valu le titre de baron d'Empire.

SOULTZ-LES-BAINS

Le village, entouré de coteaux calcaires propices à la culture de la vigne est à mi-chemin entre tradition et modernité. Le passé thermal glorieux de cette bourgade est encore présent dans tous les esprits et chacun se réjouit que cette merveilleuse aventure ait pu renaître. Un circuit de 5 kilomètres vous permettra de découvrir les fortifications édifiées par les troupes du Kaiser entre 1914 et 1916, la beauté des panoramas, les vues sur le Kronthal et les villages environnants. Un autre fait découvrir croix et édicules. Soultz-les-Bains est un village chaleureux et celui qui le quitte après un long séjour a forcément un pincement au cœur.

L'OLIVAR €€

3, rue de Saverne
✆ 03 67 07 06 10
www.lolivar.fr
Ouvert le soir de 18h30 à 23h ; le midi de 12h à 15h. Fermé le lundi, mardi et samedi midi.

Ici les suggestions changent très régulièrement car le chef Joël utilise uniquement des produits frais. Fils de viticulteurs, de la région, il s'est formé dans des restaurants renommés aux quatre coins du monde. En cuisine, il s'inspire de ses voyages en Inde, Asie, Amérique du Sud pour créer des mets délicieusement épicés. Les habitués et connaisseurs viendront surtout pour les pièces de viande qui sont, il faut bien le dire, véritablement exceptionnelles. Pensez cependant à garder de la place pour la petite touche sucrée de fin de repas tout aussi travaillée.

MAISON DE FOIE GRAS LUCIEN DORIATH ET RESTAURANT LA TABLE DU DOMAINE

30 A, rue de Molsheim
✆ 03 88 47 98 98
www.lucien-doriath.fr
La boutique est ouverte du lundi au samedi de 9h à 19h et le dimanche de 10h à 17h.

Après Lucien et Betty Doriath, Mickaël, le fils, est aujourd'hui à la tête de l'entreprise familiale à laquelle il impulse un vent de nouveauté. À emporter ou à déguster sur place au restaurant La Table du Domaine, on prend conscience de toutes les possibilités de cuisine du canard. Frais, mi-cuits et conserves, les foies gras sont évidemment en première place mais rillettes, saucissons, ou magrets sont aussi là ! Le restaurant est le seul de la région à être spécialisé en foie gras.

LES THERMES DE SULZBAD

45, Le Canal
✆ 03 88 33 23 27
www.sulzbad.com
Ouvert le lundi de 14h à 19h ; du mardi au vendredi de 9h à 19h ; le samedi de 9h à 18h.

Profitez des vertus de la source Saint-Amand renommée depuis des siècles. Chlorurée, sulfatée, bicarbonatée, sodique et potassique, cette eau régénérante est unique. Les curistes profitent d'un vaste panel de soins et de séances de remise en forme. Tous les besoins peuvent être comblés : se détendre, soulager ses douleurs, se tonifier, se détoxifier, recevoir des soins d'amincissement, anti-âge, pour les futures mamans ; et tous les profils sont bienvenus : sportif, stressé, déprimé, actif, ou tout simplement ceux qui veulent préserver leur capital santé !

BAS-RHIN

OBERNAI ★★★

La charmante cité viticole d'Obernai a connu son âge d'or au XVIe siècle. La ville connaît depuis les années 1960 un essor économique et touristique impressionnant. Elle conserve de magnifiques édifices, des portails et des monuments remarquables, mais on apprécie également l'atmosphère de ses ruelles et de ses arrière-cours. Encerclant la partie ancienne de la ville, les vénérables remparts invitent à la balade en toute saison. La majeure partie de leurs trente-huit tours est encore présente, même si certaines ont été intégrées dans des maisons d'habitation. La place du Marché conserve indéniablement son âme de cœur médiéval de la ville.

Façades typiques à Obernai.

HÔTEL DE VILLE ★

Place du Marché

Pour les visites, contacter l'office de tourisme ✆ 03 88 95 64 13.

Ce que l'on voit actuellement est le résultat de remaniements successifs mais on peut toujours observer dans la salle du rez-de-chaussée un support d'arcades qui constituaient la Laube que l'on date de 1370. Des peintures ornent la façade depuis une époque plus récente et elles s'inspirent de son allure et de son apparence primitive. Au premier étage, l'ancienne salle de Justice est décorée depuis 1610 par d'incroyables boiseries et des fresques retraçant les Dix Commandements. L'intérieur de l'hôtel de ville abrite aussi d'autres peintures et objets incroyables.

KAPELLTURM ★

Place du Beffroi

En 1597 on construisit un cinquième étage formé d'une galerie surmontée d'une flèche culminant à soixante mètres de hauteur. Du haut de cette galerie, des gardiens surveillaient la ville en permanence et avaient pour mission de signaler toute menace commençant à pointer. Ces veilleurs sonnaient avec la cloche les heures de l'horloge, mais la fiabilité de celles-ci était alors plus qu'aléatoire et des cadrans solaires, grattés sur les murs, permettaient de vérifier le bon fonctionnement et la justesse de ladite horloge pour la régler si besoin.

PUITS À SIX SEAUX

À l'angle de la rue du Général-Gouraud et de la rue Chanoine-Gyss.

Ce puits est sans doute le plus pris en photo par les touristes et pour les cartes postales ! Construit en 1579 dans un style Renaissance, il fut autrefois peint de décors somptueux. Même s'ils ont aujourd'hui disparu, il n'en demeure pas moins remarquable avec ses trois colonnes à chapiteaux corinthiens qui supportent un baldaquin octogonal muni de sculptures inspirées du Nouveau Testament. Les inscriptions qui y figurent sont en réalité la trame du discours sur le Pain de Vie et de l'entretien que le Christ eut avec la Samaritaine devant le Puits de Jacob.

OFFICE DE TOURISME OBERNAI

Place du Beffroi

✆ 03 88 95 64 13

www.tourisme-obernai.fr

Horaires variables selon les saisons, consulter le site Internet.

L'office de tourisme d'Obernai vous accueille pour vous conseiller au mieux lors de vos sorties culturelles ou naturelles à la découverte du riche patrimoine alsacien et pour vous renseigner sur les événements, fêtes, marchés et manifestations en tous genres du moment, pour vous indiquer les bons plans, pour vous restaurer ou vous loger. Ne manquez pas le circuit découverte de la vieille ville qui vous permettra de parcourir les principaux monuments du centre-ville d'Obernai.

© PIERRE VIOLET / ADOBE STOCK

Place du marché à Obernai.

LA MAISON DE LA CHOUCROUTE - LE PIC

1, rue Lehen - **MEISTRATZHEIM** ✆ 03 88 69 42 97
www.lamaisondelachoucroute.fr

L'entreprise organise des visites guidées (uniquement sur réservation au numéro de téléphone indiqué) de ses ateliers.

La visite de l'entreprise vous permettra de tout connaître de la fabrication de ce mets. Vous partirez pour la visite guidée qui vous apprendra tout ce qu'il y a à savoir depuis la graine de chou jusqu'à la dégustation en passant par la pousse, la récolte, la transformation, le conditionnement... Vous pourrez regarder en complément un film de dix minutes, puis, et c'est le moment généralement le plus attendu, vous pourrez déguster une choucroute crue, une cuisinée et une confite !

LA DILIGENCE** €€

23, place du Marché
✆ 03 88 95 55 69
www.hotel-diligence.com

Logis. Petit déjeuner : 9,50 €. Garage : 9,50 €. Tarifs évolutifs selon la saison : consulter le site web.

Pignon sur la magnifique place du Marché, l'Hôtel La Diligence est dirigé depuis 1956 par la famille Fritz-Garstecki. L'hospitalité de cette superbe demeure à colombages et aux nombreuses boiseries polychromes va de pair avec le confort absolu de ses chambres aux fenêtres débordantes de géraniums, son salon de thé avec ses gourmandises maison... Ce dernier est d'ailleurs accessible aux non-résidents de l'hôtel. C'est une excellente adresse très bien située pour découvrir l'Alsace et on passera toujours ici un excellent moment.

HÔTEL À LA COUR D'ALSACE**** €€€

3, rue de Gail
✆ 03 88 95 07 00
www.cour-alsace.com

Chambre double à partir de 139 € ; suite à partir de 305 €. Petit déjeuner buffet : 20 €. Hammam, piscine, sauna.

Les Barons de Gail occupaient autrefois cet imposant bâtiment parfaitement rénové qui héberge aujourd'hui la Cour d'Alsace et ses somptueuses chambres décorées dans un esprit luxueux de bon goût. Le bois est mis en avant dans l'ancienne aile tandis que dans la partie refaite, les chambres ont un accès direct à l'espace détente. Tout ici est sublime et chacun des espaces communs, du bien-être au repos dans le jardin, invite à la rêverie et à la détente.

LE PARC HÔTEL OBERNAI**** €€€

169, route d'Ottrott
✆ 03 88 95 50 08
www.leparchotel.fr

62 chambres (dont 7 suites). Chambre double dès 192 €. Suite dès 258 €. Petit déjeuner 24 €. Restaurant. Winstub. Spa.

Voici un hôtel parfait pour qui a envie d'une parenthèse enchantée. Si on apprécie bien sûr les chambres et suites, qui sont tout bonnement sublimes et où le confort est tel qu'on souhaiterait ne plus jamais en sortir, on aimera tout autant le superbe jardin ou l'espace spa. Ce dernier est tout bonnement incontournable et compte des équipements parmi les meilleurs du coin. Enfin, pour vous restaurer, vous profiterez du restaurant ou de la winstub selon votre goût.

O'101 €

101, rue du Général Gouraud
© 03 88 47 37 83
www.o101-pizzeria.fr

Ouvert du mardi au vendredi de 11h30 à 14h et de 18h à 22h ; le samedi de 18h à 22h.

Vous ne trouverez ici que des pizzas, mais des pizzas de qualité car un soin particulier est apporté aux ingrédients qui les composent, qu'il s'agisse de pizzas classiques ou de créations plus originales avec de nouveaux produits : truite, fior di latte et légumes bio ou cannabis par exemple. La pâte est réalisée sur place à base de quatre farines biologiques différentes moulues à la pierre à l'ancienne à Vérone en Italie. Elle mature ensuite 72 heures pour être plus digeste et vous apporter plein de nutriments tout en offrant un goût sans égal.

O'4 SUSHI BAR €

4, rue des Pelerins
© 03 88 20 27 18
o4-sushi-bar.fr

Du mardi au samedi de 11h45 à 14h et de 18h30 à 22h. Le dimanche de 18h30 à 22h.

Dans ce charmant lieu à la décoration épurée et contemporaine, on prend le temps de découvrir les saveurs du Japon autrement. Réalisés minute à partir de produits sélectionnés et ultra frais, les sushi, maki, sashimi et autres yakitori rivalisent de goût et de fraîcheur. Le chef met un point d'honneur à travailler les meilleurs produits et laisse souvent son imagination créer de nouvelles choses, si bien qu'il y a toujours à découvrir. Entre classiques et nouveautés, on se laisse aisément tenter par les formules avantageuses pour petits et grands.

A L'AGNEAU D'OR €€

99, rue du Général Gouraud
© 03 88 95 28 22
http://alagneaudor.e-monsite.com

Ouvert du mardi au vendredi le midi et le soir ; le samedi soir ; le dimanche midi. Menus de 32 € à 43,50 €.

Attention, pour déjeuner ici il ne faut pas venir à l'improviste car il n'y a que 25 couverts vite pris d'assaut par les habitués. La déco vaut le détour : poutres vénérables, boiseries murales et plafond peints, fenêtre vitrail et tableaux représentant des scènes de repas alsacien traditionnel, tables nappées de carreaux rouges et blancs. Ici on mange alsacien mais selon les recettes traditionnelles, de celles qui prennent du temps et qui demandent de bons produits frais et un savoir-faire que l'on n'apprend pas dans les livres. De très bons vins sont proposés.

L'OSMOSE €€

18, rue du Général Gouraud
© 03 88 99 38 89
www.restaurantlosmose.fr

2 Toques Gault & Millau (14/20). Ouvert du mardi au samedi de 12h à 14h et de 19h à 21h.

L'Osmose vous accueille dans un cadre original qui conjugue l'authenticité des matériaux bruts avec la contemporanéité de l'agencement et de la décoration. Cette alliance est à l'image de la cuisine. En effet, le Chef Antoine Botter sublime son art pour vous assurer une explosion des sens à travers la magie de ses plats minutieux. Chacun est composé comme une œuvre d'art et rien qu'à sa vue on a déjà l'eau à la bouche mais quand on goûte, alors les saveurs se révèlent et c'est l'orgasme culinaire. Les accords mets et vins sont particulièrement travaillés.

QUI DIT VIN €€

22, rue du Marché
© 03 88 81 97 36
www.quiditvin.fr

Ouvert du mardi au samedi de 18h à 1h. Planchette de charcuteries, assiette de fromages, formule à partager.

C'est un mix subtil entre boudoir féminin, galerie d'art et cabinet de curiosité. Une impressionnante armoire à vin recèle près de 400 références de vins nature, bio et biodynamiques, parmi lesquels on découvre une cinquantaine de vins d'Alsace. Pour révéler leurs arômes, vous pouvez profiter de planchettes de charcuteries et de fromages ainsi que de petite restauration. Aurore et son équipe vous conseilleront selon vos goûts et vos envies du moment mais aussi selon votre budget car ici pas de surprise sur la note, on peut ainsi organiser une belle soirée.

LA STUB DES GOURMETS €€

24, rue Sainte-Odile
© 03 88 48 25 78
www.lastubdesgourmets.fr

Ouvert le mardi et du jeudi au samedi de 12h à 14h et de 19h à 22h ; le mercredi de 12h à 14h.

Passionnés de bonnes choses, Sandrine et Christophe se sont associés pour créer cet établissement où ils privilégient des produits authentiques, frais et de saison. La carte change très régulièrement, avec des propositions de saison le midi et des suggestions le soir. La tourte des gourmets reste cependant l'incontournable, comme la choucroute ou le cordon bleu. En plus de ces belles choses dans l'assiette, on sera surpris par le lieu qui est tout bonnement sublime et dans lequel on se sent bien et inspiré pour passer un délicieux moment de plaisir.

THIERRY SCHWARTZ - LE RESTAURANT €€€

35, rue de Sélestat ✆ 03 88 49 90 41
www.bistro-saveurs.fr

Ouvert du mardi au samedi de 12h15 à 14h et de 19h15 à 21h30. Menus de 109 € à 139 €. Formule du midi : 59 €.

Thierry Schwartz, chef et Chevalier du Mérite Agricole, a fait ses classes chez les frères Ibarboure, Émile Jung, ou Robuchon. Chaque nouvelle saison, chaque nouvel événement est l'occasion pour ce chef talentueux de laisser son imagination le porter et on ne se lasse ainsi jamais en redécouvrant sans cesse son talent. Avec vos menus, laissez-vous tenter par une formule mets et alcools élaborée par le sommelier Cyril. Une formule mets et sans alcool est aussi proposée, unique !

THIERRY SCHWARTZ : LA BOULANGERIE

7, rue du Marché
✆ 03 88 95 54 80

Ouvert 7 jours/7 de 7h à 16h30. Terrasse. Service traiteur. Certification Bio Ecocert.

Thierry Schwartz affirme que la qualité est intimement liée à l'origine bio des produits du terroir ! Cela se vérifie autant dans ses plats délicieux servis dans son fameux restaurant, que dans ses multiples pains et spécialités déclinées dans sa boulangerie. Ici, tout est certifié bio Ecocert : viennoiseries et bretzels pur beurre, Knack'Zel (version alsacienne du hot-dog), pains spéciaux, bredeles, madeleines, kougelhopfs, sans oublier un bon choix de produits d'épicerie fine…

BOUTIQUE LABONAL

104, rue du Général-Gouraud ✆ 03 88 95 67 70
www.labonal.fr

Ouvert du mardi au vendredi de 9h30 à 12h et de 14h à 18h30 ; le samedi de 9h30 à 12h30 et de 13h30 à 18h30.

L'entreprise de Dambach-la-Ville fut créée en 1924. Ici on chouchoute vos pieds quelles que soient leurs tailles ou leurs formes avec des matières soigneusement sélectionnées. Couleurs et motifs sont également variés, des plus classiques aux plus extravagants ! Mi-chaussettes élégantes, mi-bas, socquettes, collants colorés, fantaisie ou classiques, layettes… Mais le plus incroyable, ce sont les chaussettes qui sortent de l'ordinaire : les chaussettes anti moustiques, les chaussettes pour arbres qui éloignent les nuisibles ou encore les chaussettes massantes !

DISTILLERIE LEHMANN

Chemin des Peupliers
✆ 03 88 50 41 29
www.distillerielehmann.com

Ouvert du lundi au vendredi de 9h à 12h et de 14h à 18h ; le samedi de 9h à 12h et de 14h à 16h.

La Maison Lehmann perpétue la tradition de l'art de la distillation depuis cinq générations. Célèbre pour ses eaux-de-vie qui subliment le goût du fruit, elle l'est aussi pour son whisky « Made in Alsace », le Elass Whisky. Les fruits sont sélectionnés avec soin avant de fermenter (pour les fruits à noyau) ou de macérer (pour les baies) dans des fûts ou des cuves. La distillation se fait ensuite traditionnellement en « double passe », c'est-à-dire avec deux chauffes successives, dans des alambics en cuivre à feu nu ou en bain-marie.

LES PETITS BOCAUX

126, rue du Général Gouraud
✆ 09 86 75 55 00

Ouvert du mardi au samedi de 10h à 18h. Épicerie bio, vente en vrac.

SI la boutique est petite il y a néanmoins un choix gigantesque dans tous les domaines ici ! Au fil des saisons, Pauline sélectionne des fruits et légumes pleins de fraîcheur, des thés aromatisés de la collection Les Jardins de Gaïa, des sirops et jus de fruits délicieux, de savoureux condiments, mais aussi des confitures et des douceurs 100 % vegan. Il y a aussi un bon choix de produits de beauté et d'hygiène, une droguerie écologique et de jolis objets de décoration en matériaux naturels. Toutes les semaines vous aurez une proposition de paniers garnis.

HARMONIE DÉTENTE OBERNAI

4a, rue du Général Leclerc ✆ 07 85 91 04 04
www.bien-etre-obernai.com

Massages de 33 à 83 €/séance. Ouvert les jeudi, vendredi et samedi. Accompagnement énergétique. Hypnose, Hypno-massages.

La bien nommée Harmonie vous accueille pour un moment de pur plaisir ! Accompagnements en thérapies autonomes, hypnose ericksonienne, évolutive spirituelle ou thérapie archétypale sont autant de cordes à son arc. Mais surtout, ne manquez pas ses massages, super professionnels et agréables pour un pur moment de totale détente : californien aux huiles essentielles, détente, énergétique, du dos, aux pierres chaudes, assis, drainant, aux ventouses, sur le buste ou encore massage thaï herbal siam. Surprenez vos proches, offrez-leur ce moment grâce aux cartes cadeau !

BOERSCH

En 1340, des remparts sont construits suite à l'obtention du statut de ville. La guerre de Trente Ans ravage le village, qui connaissait une période de prospérité. Au XIXe siècle, Boersch rayonna grâce à la manufacture d'armes de Klingenthal, avant de devenir, au début du XXe siècle, un centre culturel de premier ordre avec la collégiale de Saint-Léonard, au pied du Mont Sainte-Odile. Aujourd'hui encore, il abrite la Marqueterie d'art Spindler. Ce charmant village conserve de ce passé des demeures du XVIe siècle, un superbe puits Renaissance, ainsi que trois belles portes dont l'une mène au chemin de ronde, point de départ d'une balade.

KLINGENTHAL

Le nom de Klingenthal signifie « vallée des larmes ». C'est pourtant un charmant hameau situé à côté d'Ottrott. On a plaisir à y séjourner ou simplement flâner. Klingenthal est réputé auprès des collectionneurs pour son ancienne Manufacture royale d'armes blanches. Créée au XVIIIe siècle, elle a cessé son activité mais une équipe de passionnés la fait visiter. Non loin de là, en cheminant vers Ottrott, un petit tour par les carrières de Saint-Nabor offre de belles balades. D'autres promenades conduisent aux émouvantes ruines de Niedermunster, l'abbaye fondée par sainte Odile pour accueillir les pèlerins trop affaiblis pour monter jusqu'au Hohenburg.

LE SCHTAMPFEL €€

1, rue du Rempart ✆ 09 82 20 06 26
leschtampfel.fr
Lundi de 12h à 13h45, du mercredi au vendredi et dimanche de 12h à 13h45 et de 19h15 à 21h30, samedi de 19h15 à 21h30.

Cindy et Hervé Fuchs ont fait de ce lieu un endroit sympathique à l'ambiance familiale, petit et douillet. L'établissement est labellisé Maître Restaurateur depuis décembre 2016 et propose une cuisine d'instinct, gourmande et savoureuse, rythmée par les saisons et les produits du marché. La suggestion du jour est toujours très attendue par les habitués car elle est toujours créative et surprenante. On pourra aussi se délecter des plats à la carte qui, s'ils sont régionaux pour la plupart, sont souvent remis au goût du jour avec quelques modifications surprises.

MAISON DE LA MANUFACTURE D'ARMES BLANCHES ★

2, rue de l'École ✆ 03 88 95 95 28
www.klingenthal.fr
De mars à décembre du mercredi au dimanche de 14h à 18h ; les jours fériés de 14h à 18h sauf 25 et 26 décembre.

Klingenthal doit son existence à la création d'une manufacture royale d'armes blanches en 1730 par Louis XV. Le village, qui regroupe essentiellement d'anciennes constructions de la manufacture, dispose d'un musée sympathique et familial, instructif et bien présenté. Les collections permettent d'observer des reconstitutions d'ateliers ainsi qu'un nombre important d'armes anciennes. Savoirs-faire d'antan et techniques de production sont exposées depuis la création jusqu'à la fermeture.

BAS-RHIN

Caves Schaetzel - Boersch.

RESTAURANT À L'ÉTOILE ET L'ÉTAPE 9 €€

7, place de l'Étoile
✆ 03 88 95 82 90
www.restaurantaletoile.fr

Du mardi au dimanche midi, le vendredi et le samedi soir. Menus de 19,80 € à 45 €. Formule du midi : 15,50 €.

Frédéric Lehn, le chef, puise son inspiration dans les produits frais et de saison. L'établissement est charmant et on observe des truites passer sous nos pieds pendant que l'on mange, truites que l'on retrouve d'ailleurs à la carte, sorties minute de la rivière, il n'y a pas plus frais ! Si elles sont incontournables, il n'y a cependant pas qu'elles et le reste de la carte est tout aussi alléchant, accompagné de bons vins. Voilà donc de quoi passer un excellent moment.

KRAUTERGERSHEIM

Pendant des siècles, la vie économique du village reposait les exploitations agricoles. Bien connu des gastronomes pour son légume fétiche, Krautergersheim, souvent surnommé « Kraut » (signifiant « chou » en alémanique), s'illustre comme étant la capitale incontestable de la choucroute. Son dynamisme en fait un village attractif grâce à ses nombreuses entreprises, associations et manifestations. À la fois imprégné du traditionalisme rural et résolument tourné vers la modernité, il fait bon vivre à Krautergersheim ! Cinq choucrouteries et une fête annuelle qui attire des milliers de visiteurs confortent encore aujourd'hui la renommée du village.

LE CHOU'HEIM €€

2, rue Clemenceau
✆ 03 88 99 08 20
www.lechouheim.fr

Ouvert tous les jours et les jours fériés de 12h à 14h et de 18h30 à 22h.

Pascale Vogler est aux fourneaux de ce superbe établissement niché au cœur d'une ancienne ferme dîmière bien retapée. Chaque jour, on peut y déguster les plats alsaciens. Les tartes flambées sont évidemment de la partie et sont réalisées de manière traditionnelle, avec une cuisson au feu de bois. Pour les fêtes et les événements, les menus se font plus élaborés tout en gardant leur ancrage régional pour notre plus grand plaisir. Si vous êtes à la recherche d'un lieu accueillant pour une réunion de famille ou un événement, voici un établissement qui vous comblera.

OTTROTT ★

On dit que les habitants d'Ottrott sont des « Geisse » (chèvres), des « Muttle » (chèvres sans cornes) et des « Rebmesserhengscht ». Ce dernier sobriquet témoigne de l'importance des vignes dans la commune et de l'art des habitants d'Ottrott de manier la serpette, peut être pas seulement pour le travail de la vigne, mais aussi pour le règlement de certains conflits inter-villages. Le cépage roi à Ottrott est le pinot noir. Son origine remonte en l'an 1109, quand les moines bénédictins de Saint- Léonard venus de Bourgogne, apportèrent de jeunes plants de vigne. Aujourd'hui le Rouge d'Ottrott est connu et apprécié bien au-delà de nos frontières.

LES CHÂTEAUX DE BIRKENFELS ET DU LANDSBERG

Le château du Birkenfels se dresse à 675 mètres d'altitude, érigé en 1260. Le château compte un immense corps de logis sur trois niveaux encerclé par un donjon en forme de pentagone fait de pierres à bossage. Le château du Landsberg, bâti lui vers 1190, regarde Heiligenstein du haut de ses 590 mètres d'altitude. On y observe toujours les incroyables fenêtres romanes du logis seigneurial, la porte d'entrée en arc brisé et l'immense donjon carré du château premier.

MUR PAÏEN

www.mur-paien.fr

Ce mur, au mode de construction étrange où les spécialistes n'ont su reconnaître ni les techniques gauloises ni celles des Romains, est fait d'énormes blocs mal équarris joints par des tenons terminés en queue d'aronde et sans trace de mortier. C'est l'un des plus importants monuments mégalithiques d'Europe. Aujourd'hui encore, aucun scientifique n'a su dater exactement son origine, ni définir sa fonction originelle. Pour certains, sa fondation remonterait au IIe siècle avant notre ère, pour d'autres, elle serait beaucoup plus précoce ou bien plus récente.

LE MONT SAINTE-ODILE ★★

À 10 km au sud d'Ottrott.
✆ 03 88 95 80 53
www.mont-sainte-odile.com
Ouvert tous les jours. Gratuit. Visite guidée sur réservation. Restauration self-service salle des Pèlerins.

Pauvre Odile, née fille et aveugle ! Le baptême lui permit de retrouver la vision et elle décida de fonder un monastère avant de décéder en l'an 720. Haut lieu de pèlerinages, les curieux viennent aussi apprécier le panorama à plus de 763 mètres d'altitude. L'église conventuelle de type halle, construite en 1692 renferme entre autres œuvres remarquables de magnifiques confessionnaux ainsi qu'un chemin de croix en marqueterie réalisé par le célèbre Charles Spindler. La chapelle des Anges et celle des Larmes, construites au XIIe siècle, sont à ne pas manquer.

LES CHAMBRES CHEZ CHRISTINE €€

1, rue du Schliffweg
✆ 06 18 48 82 32
www.giteottrottchezchristine.com
Gîte de 290 € à 320 € la semaine. Chambre de 75 € à 125 € la nuit. Table d'hôtes 25 €.

Chez Christine, tout est fait pour que vous vous vouliez plus repartir. Que l'on choisisse les chambres d'hôtes ou le gîte, on trouve toujours des lieux très bien équipés et décorés avec goût, comme des petits cocons pour se retrouver et se ressourcer. L'été au bord de la piscine ou l'hiver bien au chaud on prend le temps de vivre une véritable expérience en étant ici, que l'on prolongera volontiers en goûtant à la table d'hôtes régionale qui est proposée sur réservation.

HÔTEL-RESTAURANT DU MONT SAINTE-ODILE €€

Mont Sainte-Odile
✆ 03 88 95 80 53
www.mont-sainte-odile.com
Chambre simple à partir de 70 € ; chambre double à partir de 75 € ; chambre triple à partir de 95 €.

Niché à 763 mètres d'altitude, l'hôtel est vaste : 100 chambres, trois salles à manger et un self-service proposant un menu du marcheur. L'hôtel fait la part belle aux professionnels, en mettant à leur disposition six salles de séminaires entièrement équipées d'installations de conférences complètes pour la tenue de réunions, congrès ou séances de formation… Les chambres sont confortables, bien entretenues et bien équipées, modernes malgré de nombreuses références à la tradition.

A L'AMI FRITZ*** €€€

8, rue des Châteaux ✆ 03 88 95 80 81
www.amifritz.com
Chambre double de 101 € à 140 € ; studio/appartement 199 € ; suite de 151 € à 167 €. Petit déjeuner buffet : 16 €.

L'Ami Fritz, dans une belle demeure construite en 1895, est un hôtel où l'on se sent bien ! Un caveau en pierre avec une grande cheminée ouverte ainsi qu'une stub alsacienne ont été aménagés dans la maison vigneronne accolée. 22 chambres classées 3-étoiles, une piscine chauffée, ainsi qu'un jardin et deux chambres Deluxe, une chambre familiale, un appartement, un sauna, un hammam, un bain à bulles et une salle de fitness complètent le tout. On peut également prendre ses repas au restaurant, offrant une cuisine régionale et de saison, gourmande et copieuse.

ROUGE D'OTTROTT €

2, route de Barr
✆ 03 88 95 91 77
www.restaurant-ottrott.fr
Ouvert du mercredi au samedi de 12h à 14h et de 19h à 22h ; le dimanche de 12h à 14h et de 18h à 21h.

Voilà une typique winstub, chaleureuse et accueillante. La grande terrasse partiellement couverte et chauffée en hiver permet de profiter d'un repas extérieur en toutes saisons. Mais les deux salles sont elles aussi des plus agréables. Le soir, les tartes flambées se diversifient dans le salé et sont aussi proposées en version sucrée. Le midi, on profite des classiques régionaux, pour la plupart faits maison. Les portions sont généreuses et les prix très raisonnables, le service efficace et souriant et l'ambiance toujours très agréable même avec les enfants.

HOSTELLERIE DES CHÂTEAUX - RÉSIDENCE DES CHÂTEAUX €€€

11, rue des Châteaux
✆ 03 88 48 14 14
www.hostellerie-chateaux.fr
Ouvert du mercredi au dimanche le midi et le soir. Menus de 49 € à 95 €. Carte : 80 € environ.

Au restaurant gastronomique, le chef Ernest Schaetzel transmet avec passion le « bonheur dans les assiettes » en déclinant de savoureuses compositions qui rendent hommage à la gastronomie alsacienne, à son village natal Ottrott et aux produits du terroir. Si les assiettes sont alléchantes, c'est l'ensemble qui fait de ce lieu un incontournable : la décoration est chaleureuse et très soignée, le service impeccable et la carte des vins très fournie et diversifiée, fabuleuse.

DOMAINE FRITZ-SCHMITT

1, rue des Châteaux
✆ 03 88 95 98 06
www.fritzschmitt.com
Ouvert tous les jours de 9h à 18h.

Une attention toute particulière est apportée aux étapes de la vinification, dont on contrôle même la température à tout moment. Mais ce n'est pas tout, le fruit et le végétal comptent aussi et le domaine favorise le travail à la main et à l'aide d'un cheval lorsqu'il est possible de remplacer les éléments mécaniques. Le Rouge d'Ottrott est la spécialité ici et il s'exporte dans le monde entier, mais il n'y a pas que lui sur le domaine ! Pour le découvrir, participez aux visites et dégustations, ou réservez le gîte pour passer un agréable séjour au calme.

BARR ★

Chef-lieu de seigneurie au Moyen Âge puis chef-lieu de canton à la Révolution, Barr a connu un bel essor au XIXe siècle grâce à l'industrie du cuir et du textile. La tannerie Degermann fournit toujours des cuirs pour de grandes marques internationales. Depuis 1906, Barr accueille la plus ancienne foire aux vins d'Alsace à la mi-juillet. En été, les Jeudis musicaux à l'église protestante sont très fréquentés. Un charmant marché en zone piétonne réunit des producteurs et des artisans locaux. Un sentier géologique débute sur la place de l'Hôtel-de-Ville et mène sur les pentes du Mont Sainte-Odile en passant par le mur païen et le château du Landsberg.

L'ESPRIT GOURMAND €€

4, rue de la Kirneck
✆ 03 88 74 93 18

Ouvert le lundi, le mercredi et le jeudi de 9h à 21h ; le vendredi et le samedi de 11h45 à 14h et de 19h à 21h30.

Dans ce restaurant à la décoration intérieure charmante et à la très sympathique terrasse Guillaume, le chef, propose une cuisine fraîche sortie tout droit sortie de son imagination. Les plats changent très souvent mais on trouve toujours des produits frais et de saison et quelques incontournables comme le steak au four ou l'agneau. Selon les périodes de l'année et l'inspiration la carte évolue pour toujours plus de plaisir et on revient avec bonheur sans jamais se lasser. Le service est rapide, attentionné et souriant. C'est un sans faute !

MUSÉE DE LA FOLIE MARCO

30, rue du Docteur Sultzer
✆ 03 88 08 94 72
www.musee-foliemarco.com

Ouvert tous les jours sauf le mardi de mai à septembre : 10h12h, 14h-18h. 5 €/adulte, 2 €/étudiant. Gratuit - 16 ans.

Sertie dans un superbe parc, la Folie Marco fut construite au XVIIIe siècle pour Louis-Félix Marco, alors bailli de la seigneurie de Barr. Cette demeure patricienne sert aujourd'hui d'écrin à un musée d'Arts décoratifs où l'on peut admirer du mobilier bourgeois en vogue entre le XVIIe et le XIXe siècle, ainsi que des collections d'étains, porcelaines et autres faïences. Des animations et des expositions y sont régulièrement organisées. À l'extérieur, on peut se promener sur les terrasses engazonnées du jardin en contemplant le clos du vignoble de la Folie Marco.

RESTAURANT BELLE VUE €€

1, route de Barr - ZELLWILLER ✆ 03 88 08 94 12
http://restaurant-baur.fr

Ouvert lundi et mardi à midi, du jeudi au dimanche à midi et le soir. Plat du jour : 8 €. À emporter. Traiteur.

Jérôme Baur gère avec brio ce restaurant installé dans une bâtisse à colombages dont la façade jaune attire l'œil à coup sûr. Sa spécialité, ce sont les moules qu'il sert, de septembre à janvier, en 3 services : mouclade, marinière et provençale, avec frites à volonté bien évidemment ! Au printemps, place aux asperges qui se dégustent avec des sauces maison et un bel assortiment de charcuterie. En toute saison, Jérôme prépare de bons petits plats sans chichis (sole meunière, steak au poivre, cordon bleu…) et, en décembre, il prépare du vrai bon pain d'épices !

5 TERRES HÔTEL & SPA MGALLERY BY SOFITEL**** €€€

11, place de l'Hôtel de Ville ✆ 03 88 08 28 44
www.5terres-hotel.fr

26 chambres + 1 suite. Chambre double dès 160 €. Petit déjeuner buffet : 24 €. Restaurant. Bar. Spa. Piscine intérieure.

Cet hôtel allie sa vénérable structure historique datant du XVIe à une verrière qui apporte une belle luminosité à son lobby. Si les chambres brillent par leur confort et leur élégance, le spa aménagé dans une cave voûtée est sidérant de luxe et de volupté : mur recouvert de feuilles d'or, piscine avec cascade, douche sensorielle, hammam, sauna... En bonus : un bar à vins (bons crus bio et biodynamiques) et un restaurant qui fait la part belle à une bistronomie pleine d'allant !

LA TABLE DU 5 €€

11, place de l'Hôtel de Ville ✆ 03 90 57 10 10
www.5terres-hotel.fr

2 Toques Gault & Millau. Du mardi au vendredi midi et soir, samedi soir. Menu 70 €, enfant 14 €. Midi 28/38 €. Terrasse.

La cuisine bistronomique de terroir possède deux ambassadeurs de choix : Paul Boizet et Quentin Dassé. Ces jeunes chefs ont notamment fait leurs armes à l'Auberge de l'Ill à Illhaeusern avant de passer à La Table du 5. Ce tandem dynamique n'a pas son pareil pour mitonner sa version décalée du coq au riesling en cuisson lente et douce, le tout accompagné de foie poêlé et de spätzlés. À l'instar de ce plat signature, les mets proposés à la carte composent, au fil des saisons, une symphonie de saveurs en harmonie avec une carte des vins riche en cuvées surprenantes.

DOMAINE STOEFFLER VINCENT

1, rue des Lièvres
✆ 03 88 08 52 50
www.vins-stoeffler.com
Vigneron Indépendant. Certification Ecocert. Ouvert du lundi au samedi : 10h à 12h et 13h30 à 18h. Boutique en ligne

Vincent Stoeffler est un viticulteur qui suscite la sympathie dès le premier abord. Il conduit son domaine de 17 hectares en biodynamie depuis deux bonnes décennies. Ses vins étonnants reflètent parfaitement les terroirs dont ils sont issus, notamment le Crémant Millésimé 2017 qui a décroché la 1re place (note de 18/20) du classement VINUM des crémants d'Alsace. Autre belle pépite à découvrir : Le Beurot Nature, un vin issu d'une macération de pinot gris rosé, fruité et gourmand.

ANDLAU ★★

Étape incontournable sur la route des Vins d'Alsace et sur la Véloroute (EuroVelo5), Andlau doit son nom à une petite rivière qui prend sa source dans les Vosges près du Champ du Feu. La cité a pour emblème un ours que l'on retrouve sur de nombreux puits et fontaines, ainsi que dans l'abbaye d'Andlau. Consacrée en 1049 par le pape Léon IX, l'abbatiale Sainte-Richarde est un monument phare de l'art roman en Alsace. Ce village viticole se distingue par ses ruelles étroites bordées de maisons typiques soigneusement conservées. Outre la découverte de vignerons aussi passionnés que réputés, une visite en famille des Ateliers de la Seigneurie s'impose !

© S. NICOLAS - ICONOTEC

Vue générale d'Andlau.

LES ATELIERS DE LA SEIGNEURIE ★

Place de la Mairie ✆ 03 88 08 65 24
www.lesateliersdelaseigneurie.eu
Ouvert du mardi au dimanche. Horaires et tarifs détaillés : consulter le site web. Animations, expositions, boutique.

Ce musée pas comme les autres est consacré à l'architecture, l'art, la sorcellerie et la culture alsacienne au fil de l'histoire. Il se déploie dans l'ancien hôtel de style Renaissance des Sires d'Andlau. On y admire de superbes pignons à volutes ainsi qu'une jolie porte sculptée et une tourelle polygonale qui abrite un escalier à vis.

En 2022, les ateliers de la Seigneurie inaugurent un parcours à destination des familles placé sous la houlette de Charles Rouge, ancien habitant des lieux. Au fil du parcours d'exposition permanent, une vingtaine de nouvelles manipulations viennent prendre place dans les étages de la Seigneurie. Jeux de construction, d'observation, de reconnaissance ou d'association invitent le public à découvrir le patrimoine régional de façon ludique et pédagogique via le chantier de construction d'une maison à pans de bois, l'édification d'un château fort et l'art de vivre d'un seigneur de la Renaissance.

Quant aux expositions temporaires, elles mettent traditionnellement en lumière des facettes méconnues des us et coutumes de la région. Pour 2022, l'équipe du centre d'interprétation du patrimoine vous propose « ENTRE-DEUX, regards croisés sur l'Alsace de l'entre-deux guerres, 1920-1930 ».

À cela s'ajoutent divers événements ponctuels : ateliers animés par des artisans, conférences, concerts, after-works/dégustations... Tout au long de l'année (sauf pendant la fermeture annuelle en janvier), Les Ateliers de la Seigneurie vous réservent d'heureuses surprises !

CHÂTEAU DU SPESBOURG

✆ 03 88 08 66 65
www.chateau-spesbourg.fr
Gratuit. En accès libre.

Érigé à 451 m d'altitude sur un promontoire en granite au Rothmannsberg, ce château fort du XIIIe siècle domine le Val d'Andlau. Il offre ainsi une belle vue sur le château d'Andlau. On accède à son donjon d'environ 24 m par une porte haut placée. On découvre deux logis encerclés par une courtine à l'ouest, des murs boucliers et quelques restes de fresques dans le logis seigneurial du côté est. Durant la fête médiévale, des animations sont organisées sur le site : reconstitution de banquets, démonstrations de combats de chevaliers, artisans en costumes moyenâgeux.

BAS-RHIN

ÉGLISE ABBATIALE SAINT-PIERRE-ET-PAUL ★

Cour de l'Abbaye
✆ 03 88 08 66 65
Ouvert tous les jours et les jours fériés de 9h à 19h. Groupes : visites guidées sur RDV toute l'année.

Consacrée par le pape Léon IX en 1049, cette église possède un portail sculpté réputé être le plus riche d'Alsace. Ses sculptures présentent des épisodes de la Bible et des Evangiles. Les 48 dalles d'une frise historiée du XIIe siècle dévoilent des scènes plus triviales de la vie romaine. À voir aussi : une châsse reliquaire des ossements de sainte Richarde, des stalles du XVe siècle, une crypte voûtée du XIe siècle et une Vierge à l'Enfant du XVe siècle jadis vénérée par les pèlerins.

AU BŒUF ROUGE €€

6, rue Docteur Stoltz
✆ 03 88 08 96 26
www.andlau-restaurant.com
Fermé mercredi soir et jeudi. Menus : 29 € à 39,80 €. Tartes flambées (uniquement le soir) : 7,60 € à 11,90 €. Terrasse.

En terrasse ou en salle, on adore s'attabler dans cet ancien relais de poste daté de 1546, car, ici, l'accueil comme la cuisine sont chaleureux et sans fausses notes ! Le Maître Restaurateur Pierre Kieffer varie les plaisirs en fil des saisons avec des mets savoureux qui ne manquent pas d'originalité. Sa tarte flambée d'automne au jambon de sanglier et artichauts confits et ses Lawerknepfle (quenelles de foie) servies avec de la choucroute et des spaëtzlés valent le détour ! Quant au Bettelmann aux pommes et aux cerises, il fait le bonheur des becs sucrés !

HOTEL-RESTAURANT LE KASTELBERG €€

10, rue du Général Koenig ✆ 03 88 08 97 83
www.kastelberg.com
Ouvert du lundi au samedi le soir, dimanche midi et soir. Menu et suggestions. Prix moyen : 18 €. Vente à emporter.

Au cœur des vignes, ce bel hôtel*** (29 chambres) tenu par la famille Kirrmann dispose d'un excellent restaurant où l'on s'attable pour déguster des mets fins et savoureux qui varient au gré des arrivages du marché. Carpaccio de bœuf Aubrac, magret de canard en sauce aux fruits rouges, kougelhopf glacé au marc de gewurztraminer, on se régale ! Au terme de vos agapes, vous pouvez, si le cœur vous en dit, passer au bar de l'hôtel qui propose une belle sélection de digestifs d'Alsace.

VAL D'ELÉON €€

19, rue du Docteur Stoltz ✆ 03 88 08 93 23
www.valdeleon.fr
1 Toque Gault & Millau. Fermé dimanche soir, lundi, vendredi midi. Menu 28 €. Midi 15 € (3 plats). Enfant 9 €. Terrasse.

La famille Urban vous ouvre les portes de son sympathique restaurant qui fait honneur aux charmantes traditions alsaciennes, tant sur le plan de la déco qu'en matière de gastronomie ! Maître Restaurateur, Bernard Urban fait merveille avec son jambonneau rôti à la bière et au cumin. Mais il peut tout aussi bien vous suggérer un savoureux pavé de cabillaud et son crumble de morue servis avec une fondue de poireaux. Côté dessert, on craque pour le Strudel tiède aux pommes. Service attentif, soirées musicales et bons petits plats (sur réservation) à emporter.

EPFIG ★

Comptant 580 hectares de vignes, Epfig est la plus grande commune viticole d'Alsace. Au pied de la colline du Ungersberg, ce village se serait formé autour d'un fortin romain construit par Jules César. Il fut la propriété des évêques de Strasbourg du XIe siècle à la Révolution. Sa chapelle Sainte-Marguerite est un édifice majeur de l'art roman régional. Quant à la Maison Kirmann, elle déploie de magnifiques colombages et abrite un restaurant réputé qui propose des animations folkloriques en été. Parmi les bâtiments remarquables à Epfig, citons le pavillon de chasse des Rohan (1725), l'église Saint-Georges (XVIIIe siècle) et l'hôtel de ville (1857).

RESTAURANT KIRMANN €€

6, rue des Alliés ✆ 03 88 85 51 17
www.kirmann.com
Du mercredi au dimanche midi et soir. Tartes flambées : 9,90 € à 12,80 €. Burgers : 18,20 €. Pizzas : 10,90 € à 12,50 €.

Ce resto est le lieu idéal pour déguster d'authentiques tartes flambées au feu de bois car il fait partie de la Confrérie du Véritable Flammekueche. Sinon, la carte propose, entre autres délices, du foie gras maison, un fish & chips à l'alsacienne, du jambonneau au munster, de bons gros burgers ou un suprême de poulet aux herbes. Le tout s'accompagne de bons crus issus du domaine de la famille Kirmann : Rosé d'Alsace, Pinot Blanc Auxerrois, Riesling Vieilles Vignes, Pinot Noir Barrique… Insolite : ici on s'attable sous une grande verrière chauffée et climatisée !

BAS-RHIN

CHAPELLE SAINTE-MARGUERITE ★

Rue Sainte Marguerite
✆ 03 88 85 54 42
www.ste-marguerite-epfig.fr
Visite libre de 8h à 20h pendant la belle saison, de 8h à 17h en hiver.

© MARIE CATHERINE ACH

Cette jolie chapelle romane fut bâtie au XIe siècle puis dotée d'un portique en équerre du XIIe siècle avec des galeries uniques en leur genre dans la région. Au XVIe siècle, les fenêtres du chœur et du transept ont été remplacées par des vitraux à l'effigie de sainte Marguerite et de sainte Barbe. Devant la chapelle, un jardin médiéval respecte la symbolique d'usage dans les jardins monacaux et invite à la contemplation. Des concerts y sont organisés durant la période estivale.

AUX TROIS ROSES €€

18, rue des Alliés
✆ 03 88 85 59 01
Ouvert du mercredi au lundi, midi et soir. Menus et suggestions à l'ardoise. Tartes flambées. Pizzas. Prix moyen 17 €.

Cadre rustique chic et convivialité de bon aloi caractérisent ce restaurant alsacien tenu depuis une décennie par le Maître Restaurateur Gilles Roeckel. Ce chef jovial et débonnaire mitonne aux petits oignons une vraie cuisine de terroir : escargots au beurre d'ail, presskopf, bibeleskas aux pommes de terre sautées, cuisses de grenouille au riesling, choucroute alsacienne. Il remet aussi au goût du jour les amourettes (rognons blancs) et la tête de veau, avis aux amateurs ! Les gros manageurs apprécieront le cordon bleu en sauce version XXL (450 g) !

DOMAINE DU FOIE GRAS DU VIGNOBLE

2, route de Nothalten ✆ 03 88 85 52 96
www.foie-gras-vignoble.fr
Horaires variables selon la saison : consulter le site web. Épicerie fine. Restaurant. Terrasse. Boutique en ligne.

Serti dans un immense parc verdoyant entre forêt et vignoble, ce domaine réunit le site de production de foie gras, une boutique de vente et le restaurant Gansaliesel Stebel, prolongé par une terrasse. Ici, on déjeune sur réservation. Au menu : duo de foie gras d'oie et de canard, baeckeoffe de canard, choucroute à l'oie... Après ces agapes, un passage à la boutique permet de s'approvisionner en foie gras, rillettes, confits, magrets, plats cuisinés et autres produits du terroir.

FRANCIS BECK ET FILS EARL

79, rue Sainte Marguerite
✆ 06 77 01 58 53
https://francisbeck.com
Ouvert du lundi au samedi de 10h à 12h et 14h à 19h. Visite de groupe : à partir de 5 €/personne. Vente en ligne. Gîte.

Gérée avec passion par Julien Beck et son épouse Céline, cette sympathique entreprise familiale cultive ses 10 ha de vignes dans une perspective de respect de la biodiversité, avec des rendements contrôlés et un contrôle permanent de tout ce qui se passe dans les caves. Les vins du domaine dévoilent ainsi idéalement l'expression de leur terroir respectif, à l'instar du Riesling Hertenstein « Cuvée Louis » 2016 estampillé de 2 étoiles au *Guide Hachette des Vins* 2021.

MAORN

25, rue de la Montagne ✆ 06 11 87 60 31
http://randonnee-alsace.com
Ouvert du lundi au vendredi : 9h à 12h30 et 14h à 17h30. Randonnées en Alsace et dans les Vosges. Tarifs cf. site web.

Depuis une bonne décennie, l'agence Maorn propose des escapades toniques en Alsace et dans le massif des Vosges, avec un encadrement assuré par des accompagnateurs en montagne diplômés d'état. À pied, en VTT ou en raquettes à neige, marche nordique, rando photo ou course d'orientation : la nature s'offre à vous lors d'une parenthèse enchantée d'une demi-journée et plus si vous le désirez. En hiver comme en été, une yourte vous attend au Champ du Feu pour prendre un repas (tartiflette, raclette, barbecue) et passer une nuit inoubliable sous les étoiles !

GERTWILLER

Bienvenue dans la capitale du pain d'épices ! Dans cet ancien village d'Empire, cette douceur est connue depuis 1453, grâce notamment aux moines cisterciens de Marienthal qui en dégustaient lors des fêtes de Noël. La renommée du pain d'épices de Gertviller prit ensuite une telle importance que, aux XIXe et XXe siècles, on le retrouva alors sur tous les marchés et dans les fêtes de village de la région. Dans les années 1900, on comptait 8 ou 9 fabricants dans le village. Aujourd'hui, ils ne sont plus que deux : Fortwenger, qui a ouvert en 2009 son Palais du Pain d'Épice, et Lips qui a créé en 1998 le Musée du Pain d'Épice et de l'Art populaire alsacien.

FORTWENGER & LE PALAIS DU PAIN D'ÉPICES

144, route de Strasbourg
✆ 03 88 08 96 06
www.fortwenger.fr

Ouvert tous les jours de 9h à 12h et de 14h à 18h. Boutique en ligne.

L'Alsace sans son pain d'épices c'est comme une choucroute sans ses knacks : i-ni-ma-gi-na-ble ! Fortwenger vous invite à découvrir les secrets de fabrication de ses produits dans un espace interactif, sur les traces du *Mannele* (bonhomme en pain d'épices) qui fait le bonheur des petits et des grands gourmands. Au terme de votre visite au Palais du Pain d'épices, libre à vous de faire un tour dans la boutique attenante qui regorge de délicieux gâteaux et autres spécialités régionales !

DOMAINE ZEYSSOLFF - AU PÉCHÉ VIGNERON

156, route de Strasbourg ✆ 03 88 08 90 08
https://zeyssolff.com

*Ouvert 7 j/7. Visite de cave et dégustation sur RDV. Épicerie fine. Salon de thé. Boutique en ligne. 5 Gîtes****.*

Fondé en 1778 par Jean-Daniel Zeyssolff, ce domaine familial s'étend sur 10 ha, dont 33 ares sur le Grand Cru Zotzenberg. Il est aujourd'hui conduit en bio par Yvan Zeyssolff qui élabore des vins séduisants réputés pour leur originalité. Notamment un Pinot Gris *Rose* - Douceur de Vigne 2020, parfait avec du foie gras. Sur le domaine, Yvan et son épouse Céline ont créé une épicerie fine Au Péché du Vigneron, un salon de thé, un bar à manger et 5 gîtes (4-7 personnes) de haut standing.

HEILIGENSTEIN

Posé au pied du Mont Sainte-Odile entre vignoble et forêt, ce village est le point de départ de superbes circuits de randonnées balisés par le Club Vosgien. Disponibles à la mairie, des dépliants précisent les itinéraires pour rejoindre le château du Landsberg, le Mur Païen et le Mont Sainte-Odile. Si sa renommée viticole remonte au IIIe siècle, Heiligenstein est surtout réputé pour son savoureux klevener issu du cépage savagnin rose, dont la culture n'est autorisée que dans la commune et quelques villages avoisinants. Initié en 1742 par le bourgmestre Ehrardt Wantz, ce vin très particulier est mis à l'honneur durant tout un week-end au mois d'août.

RELAIS DU KLEVENER €€

51, rue Principale ✆ 03 88 08 05 98
www.relaisduklevener.com

31 chambres. Chambre double dès 60 €. Suite familiale : dès 95 €. Petit déjeuner : 8,50 €. Demi-pension. Restauration.

La famille Meckert vous ouvre les portes de sa belle demeure jaune paille où il fait bon séjourner dans l'une de ses jolies chambres (2-6 pers). Et puis il y a le restaurant où le chef Olivier Meckert (membre de l'Académie Nationale de Cuisine) élabore une cuisine alsacienne d'excellente tenue : quenelles de foie sauce au rouge d'Alsace, jarret de porc gratiné au munster, dos de sandre rôti au Klevener de Heiligenstein et, bien sûr, choucroute garnie et tartes flambées variées. Le tout s'accompagne volontiers de bons vins issus du domaine de la famille Meckert !

LE HOHWALD ★★★

Le Howald recèle de nombreux attraits. Et pour cause : cette petite station climatique de moyenne montagne (comprise entre 450 et 1 100 mètres) accueille avec bonheur les touristes en toute saison. En hiver, on s'y rend en famille pour goûter aux plaisirs enneigés des promenades en raquettes ou des descentes en luge. Le reste de l'année, plus de 120 kilomètres de sentiers balisés offrent de fabuleuses randonnées à travers prairies et forêts. Facilement accessible depuis la Route des Vins, le Mont Sainte-Odile ou le Champ du Feu, Le Howald est apprécié pour son patrimoine naturel exceptionnel, son superbe ensoleillement, son calme et son air pur !

CASCADE DU HOHWALD ★★

Route du Kreuzweg
www.tourisme-obernai.fr
Libre accès toute l'année, équipement en fonction de la météo mais chaussures de marche recommandées.

Nichée dans la verdure et haute d'une vingtaine de mètres, la cascade du Hohwald est l'une des plus belles du massif des Vosges. Un dépliant informatif est disponible l'office de tourisme du Pays de Barr. À pied, on accède à la cascade par un sentier de randonnée (1h30 aller-retour). En voiture, on se gare sur le parking en contrebas, après quoi petite marche d'environ 10 minutes. Superbe en toute saison, ce lieu devient magique en hiver quand la neige étend son blanc manteau... Avis aux gourmets, la ferme-auberge du Lindenhof se trouve à proximité de la cascade !

PEDILUVE

Rue du Eck
Accès libre toute l'année.

Installation connue en Allemagne sous le nom de *Kneippanlage*, l'origine historique du pédiluve est associée à l'abbé Kneipp. Ce dernier s'est rendu célèbre au XIXe siècle en élaborant une méthode de bien-être mêlant hydrothérapie, phytothérapie et diététique. Le pédiluve dont s'enorgueillit le Hohwald est une véritable aubaine pour les randonneurs, les cyclistes ou tout simplement les curieux ! Déchaussez-vous, entrez dans l'eau, marchez et tournez autour du bassin... Vous serez étonnés du bien-être procuré, surtout après une longue randonnée ou une balade à vélo.

L'ERMITAGE** €€

34, rue du Wittertalhof ✆ 03 88 08 31 31
www.ermitage-alsace.com
Chambre double dès 75 € ; chambre triple dès 115 €. Petit déjeuner : 11 €. Restaurant végétarien. Espace de bien-être.

Lovée dans un écrin de verdure, cette superbe demeure du XIXe siècle accueillait autrefois des personnalités pour des séjours *nature*. Aujourd'hui, c'est un hôtel dédié au bien-être et au ressourcement au sein de son espace Le Salon de Samara qui propose des soins thématiques et de massages. Côté chambres, pas de télévision, mais de grands lits douillets et des salles d'eau cosy. Fidèle à sa philosophie zen, l'Ermitage recèle un restaurant bio 100 % végétarien qui propose des mets sains et raffinés élaborés à partir de produits issus de l'agriculture biodynamique.

LA YOURTE UN AUTRE MONDE €€

Chaume des Veaux ✆ 06 82 00 24 31
www.layourte-unautremonde.fr
Location 90 €/semaine (4 pers), 190 €/week-end (7 pers). Restauration 17,5 €/adulte, 9 €/enfant. Randonnées.

Dormir dans une yourte mongole... en Alsace ? En voilà une bonne idée ! Raphaël et Christophe vous invitent à vous installer (jusqu'à 15 pers.) dans un chouette cocon de 40 m² chauffé en hiver par un gros poêle à bois. En guise de lits et de couettes : des tatamis en latex naturel et des couvertures en mouton. Côté repas (sur réservation) selon la saison : tartiflette, raclette, fondue, civet de sanglier ou barbecue au menu. Pour se dégourdir les jambes, des circuits en raquettes, randonnées pédestres et jeu de piste familial. À découvrir !

MITTELBERGHEIM ★★

Niché à flanc de coteau, Mittelbergheim est considéré comme l'un des 100 Plus Beaux Villages de France. Ses rues sinueuses témoignent d'un passé millénaire. Fleurant bon la vigne et le terroir, elles regorgent d'enseignes et de vieilles demeures de vignerons. Comme l'indique un panneau situé à son entrée, le vin est roi à Mittelbergheim depuis le Ve siècle. Notamment le sylvaner, le seul à être classé Grand Cru en Alsace. À découvrir aussi : l'hôtel de ville et le moulin à huile construits au XVIIIe siècle, ainsi que le pressoir de la cour dîmière (1739). Mittelbergheim est également un point de départ idéal pour d'agréables balades dans le vignoble.

HÔTEL-RESTAURANT LE SARMENT €€

1, rue Rotland ✆ 03 88 08 91 37
www.le-sarment.fr
Ouvert du mercredi midi au dimanche midi. Menu 39 €. Midi 19 € (3 plats). Brunch. À emporter. Terrasse. 10 chambres.

Un vent de jeunesse souffle sur Mittelbergheim. Laurent et Nicolas vous accueillent dans un discret havre de paix dédié à la détente et à la bistronomie décomplexée : *Le Sarment*. Un restaurant lumineux et chaleureux où l'on s'attable avec des amis pour se régaler d'une truite farcie à la mousseline de poisson blanc et d'un presskopf de queue de bœuf à la sauce raifort ou d'un magret de canard rôti à la clémentine. En point d'orgue, vive la crème brûlée à la mangue et son sorbet coco !

BAS-RHIN

AU RAISIN D'OR €€

1, rue Principale ✆ 03 88 08 93 54
www.raisindor-mittelbergheim.com
Fermé lundi et mardi. Menus : 24,50 € à 38 €. Enfant : 14,80 €. 4 chambres d'hôtes : 80 €. 1 gîte : 360 €/semaine.

Aménagé dans une belle maison vigneronne riche en vénérables boiseries avec une terrasse dans une cour intérieure, ce restaurant de tradition alsacienne ne vous réserve que des bonnes surprises dans l'assiette ! La carte propose notamment une terrine de lapereau au foie gras d'oie, du jambonneau rôti à la bière et au munster servi avec des pommes sautées, sans oublier une plantureuse choucroute à l'ancienne. Côté dessert, on plébiscite le kougelhopf glacé au kirsch sur coulis de fruits. Cette chouette adresse propose aussi 4 charmantes chambres d'hôtes et 1 gîte.

DOMAINE ARMAND GILG

2, rue Rotland ✆ 03 88 08 92 76
www.domaine-gilg.com
Ouvert du lundi au samedi : 8h-12h, 13h30-18h (17h sam). Dimanche : 9h-11h30. Boutique en ligne. Certification HVE et AB

Lors de votre visite au Domaine Armand Gilg, vous pourrez admirer une magnifique statue médiévale du XIe siècle (retrouvée sur le domaine en 1964), ainsi que les caves du XVIe siècle et le caveau de dégustation où de superbes vins vous attendent. Notamment le Riesling Grand Cru Moenchberg 2019 médaillé d'or au Mondial des Vins 2021 et estampillé d'une étoile dans le guide Hachette des Vins 2022. Dans un esprit tout aussi festif, le Crémant d'Alsace Brut Nature 2018 vous accompagne de l'apéritif au dessert. Sa fine effervescence éveille délicatement vos sens !

DOMAINE BOECKEL

2, rue de la Montagne ✆ 03 88 08 91 02
www.boeckel-alsace.com
Du lundi au samedi : 9h à 12h, 14h à 18h. Groupes (+20 pers) : visite de cave, dégustation sur RDV. Boutique en ligne.

Jean-Daniel et Thomas Boeckel vous ouvrent volontiers leurs caves qui recèlent des fûts de chêne plus que centenaires ainsi qu'un convoyeur à bouteilles de 250 mètres de longueur : mis en place en 1950, c'est une rareté ! Autre trésor : une collection de très anciens millésimes parfaitement conservés, notamment des rieslings de 1911 ! Les vins du Domaine Boeckel remportent régulièrement les suffrages des revues spécialisées. *Wine Enthusiast* décerne ainsi les notes de 93 points au Crémant Brut chardonnay 2016 et 95 points au Riesling Grand Cru Zotzenberg 2016.

DAMBACH-LA-VILLE ★

Dambach-la-Ville s'appuie sur la renommée de ses vins d'Alsace produits par une bonne trentaine de viticulteurs. Le sentier pédestre du Grand Cru Frankstein contribue à la reconnaissance des traditions viticoles du cru. Remarquable cité médiévale, Dambach conserve une grande partie de ses remparts édifiés au XIVe siècle, ainsi que trois portes en granit, celle d'Ebersheim étant la plus imposante. Un circuit dévoile des bâtisses du Moyen Âge porteuses d'emblèmes des métiers d'autrefois. Quant à l'usine Labonal, elle est réputée depuis 1924 pour la qualité de ses chaussettes. Le magasin de vente offre une belle vitrine à cette enseigne quasi centenaire !

CHAPELLE SAINT-SÉBASTIEN

✆ 03 88 92 61 00
www.paysdebarr.fr
Visite libre ou visite guidée pour groupes sur réservation.

Nichée à flanc de coteaux sur le Grand Cru Frankstein, cette chapelle est aussi appelée « Oberkirch ». Outre une tour-clocher romane et une nef gothique, elle recèle trois statues des XVe et XVIe siècles ainsi qu'un autel en bois de style baroque réalisé par Philippe et Clément Winterhalder. Un ossuaire contient les restes de victimes de la guerre des Paysans de 1525. Facilement accessible depuis le sentier viticole, la chapelle peut être le point de départ d'une charmante balade jusqu'aux ruines du Bernstein. Visites guidées : contactez l'office de tourisme.

L'UNGERSBERG

Visite libre.

Culminant à 901 mètres d'altitude, l'Ungersberg (Montagne des Hongrois) est un contrefort du massif du Hohwald qui sépare les cantons de Villé et de Barr. Sa richesse naturelle est exceptionnelle car l'Ungersberg ravitaille les villages alentour en eau potable, la chasse y est prisée et sa forêt de conifères et de feuillus permet l'exploitation sylvicole. L'Ungersberg compte de nombreux sentiers de randonnée balisés par le Club vosgien. Depuis la tour Héring (érigée en 1864), la vue sur la plaine d'Alsace et sur les monts des Vosges est purement magnifique.

DOMAINE PIERRE ARNOLD €

16, rue de la Paix ✆ 03 88 92 41 70
www.vins-pierre-arnold.fr
Gîte : 580 € à 670 €/semaine/4 pers. Vigneron Indépendant. Ecocert. Visite, dégustation sur RDV. Groupes : 5 €/pers.

Chez la famille Arnold, vigneron rime avec passion depuis 1711 ! Aujourd'hui, ses vins bio certifiés Ecocert sont réputés pour leur caractère, notamment le pinot noir élevé en pièces bourguignonnes. Attenant au domaine, un superbe gîte est aménagé dans une charmante maison rénovée dans le respect de l'architecture alsacienne, avec des matériaux 100 % naturels. Sur deux niveaux, ce gîte comprend une cuisine ouverte sur un bel espace à vivre, deux chambres à coucher, deux salles d'eau, une terrasse et un garage privé. Un hébergement atypique et délicieusement cosy !

LE VERGER DES CHÂTEAUX*** €

2, route Romaine
DIEFFENTHAL
✆ 03 88 92 49 13
www.verger-des-chateaux.fr
Chambre double à partir de 68 €. Suite à partir de 120 €. Petit déjeuner 12 €. Restaurant La Table du Verger. Terrasse.

Au pied du vignoble avec vue sur le Haut-Koenigsbourg, le Verger des Châteaux dispose de 32 chambres avec ou sans balcon. Couleurs tendres, anciennes portes sculptées en bois en guise de tête de lit, tables de nuit en bois tourné, ciels de lit charmants : ambiance rétro-chic réussie ! Le restaurant La Table des Châteaux propose une cuisine traditionnelle de bonne tenue. Dans la winstub réchauffée d'un poêle en faïence, on déguste des tartes flambées dans un cadre typiquement alsacien.

LA COUR ZAEPFFEL €€

19, rue de la Paix
✆ 03 88 92 40 26
www.lacourzaepffel.fr
5 gîtes pour 2 à 7 personnes. 410 € à 780 € la semaine. Week-end (2 nuits) à partir de 200 €/2 pers. Jardin. Barbecue.

Nicole et Roland Roesch ont aménagé 5 adorables gîtes au sein de leur magnifique propriété nichée dans un parc richement arboré et fleuri où il fait bon lézarder au soleil dans un transat. Ces gîtes sont tous joliment aménagés et décorés : meubles de famille et alsaciens, tapis pour réchauffer les pièces et éclairages tamisés. Le coin cuisine est bien équipé, les salles de bains sont spacieuses, les toilettes séparées. Nicole et Roland mettent à disposition des jeux extérieurs pour les enfants, des barbecues et des salons de jardin. Une adresse rare et nature !

DOMAINE PIERRE ARNOLD

16, rue de la Paix
✆ 03 88 92 41 70
www.vins-pierre-arnold.fr
Vigneron indépendant. Accueil 7 j/7 sur RV, particuliers et groupes (10 à 50 personnes). Gîte « Les 3 Épis d'Or ».

© SUZANNE ARNOLD

Chez Pierre Arnold, vigneron rime avec passion ! Il élabore de divins nectars issus notamment du Grand Cru Frankstein. À découvrir aussi : ses fameuses cuvées élevées en pièces bourguignonnes durant 18 à 20 mois. Envie de prolonger le plaisir ? Vous pouvez séjourner dans une charmante maison rénovée dans le respect de l'architecture alsacienne avec des matériaux 100 % naturels. Aménagé sur deux niveaux, le gîte Les 3 Épis d'Or est conçu pour héberger en tout confort 4 personnes. Il se révèle tout aussi atypique et délicieusement cosy !

GÎTE AU REPOS DE L'OURS FRANCIS CLOG €€

28, rue du Général de Gaulle
✆ 06 85 42 85 61
www.gite-francis-clog.fr
Trois gîtes pour 2 à 6 personnes. À partir de 300 €/semaine et de 180 €/week-end. Terrasse. Barbecue. Parking privé.

Le sympathique Francis vous reçoit comme des amis dans l'un de ses trois gîtes tout confort pour deux à huit personnes. Tout ici est vraiment charmant et bien pensé, fonctionnel et très bien décoré. Avec Francis on ne s'ennuie jamais, c'est un hôte très attentionné plein de bons conseils pour visiter la région. Il sait respecter votre indépendance tout en gardant ce côté très convivial qui lui est cher. Ce passionné de moto accueillera les motards comme personne !

DOMAINE RUHLMANN-SCHUTZ

34, rue du Maréchal Foch
✆ 03 88 92 41 86
www.ruhlmann-schutz.fr

Horaires d'ouverture du caveau : du lundi au samedi, de 9h à 12h et de 14h à 18h.

Conduit par la nouvelle génération, ce domaine de 50 ha produit des vins qui expriment la belle richesse d'une mosaïque de terroirs, en particulier sur les Grands Crus Frankstein et Muenchberg. Une visite au caveau familial est source de découvertes enrichissantes ! À déguster : l'Étoile de Rose aux arômes délicats de fruits rouges, le Muscat Fleur de Printemps finement croquant et un intense Gewurztraminer Grand Cru Frankstein. Œnotourisme au domaine : 4 chambres d'hôtes, balade en gyropode, Petit Train du Vigneron, Balade gastro-vinique, Boutique vins & cadeaux.

© ANTOINE SCHUTZ

© ANTOINE SCHUTZ

GÎTES BECK - DOMAINE DU REMPART €€

5, rue des Remparts ✆ 03 88 92 42 43
www.vins-beck.fr

5 gîtes (2/7 personnes). Semaine dès 400 €. Aire d'accueil camping-cars. Vente : vins du domaine, produits du terroir.

Depuis 1763, les Beck transmettent de génération en génération un savoir-faire et une passion de la vigne dans le plus grand respect des traditions, notamment avec les Grands Crus Frankstein, tout en finesse et avec une structure minérale tout simplement inimitable. Le domaine propose 2 gîtes jouissant du cadre traditionnel de la vraie demeure alsacienne. Ces gîtes ont été entièrement revisités cet hiver pour vous offrir tout le confort pour y passer un séjour romantique.

LE REFUGE DU REMPART €€

11, rue des Remparts
✆ 06 61 79 75 29
lerefugedurempart.fr

5 gîtes pour deux à sept personnes. A partir de 400 € la semaine.

Avec ses 3 gîtes et ses chambres d'hôtes, voici le lieu du bonheur. Dans cette bâtisse traditionnelle et tendance à la fois, de nombreuses découvertes vous attendent. Entre la qualité du lieu, les petits déjeuners de Frédérique, les bonnes bouteilles de Gilbert et l'accueil des plus chaleureux, vous ne pourrez pas être déçus ! Ceux qui rêvent d'insolite dormiront dans le tonneau vigneron et les amoureux profiteront de l'espace détente avec son sauna et sa terrasse pour bronzer. Les casaniers gourmands profiteront des excellents plats cuisinés sur place.

À L'ARBRE VERT €€

2, rue du Général de Gaulle
✆ 03 88 92 41 01

Ouvert lundi, mardi, jeudi à midi. Du vendredi au dimanche à midi et le soir. Plat du jour : 8,50 €. Vente à emporter.

Alain et Claire Bergmann gèrent avec une bonne humeur complice leur chaleureux établissement décoré de boiseries et de fresques anciennes peintes sur les murs. L'ambiance qui règne ici est celle d'un vrai bistrot de village. Claire est au service en salle, Alain est en cuisine où il mitonne du presskopf sauce gribiche, des quenelles de foie sur choucroute, du coq au riesling et spaëtzle maison et une succulente choucroute ou un bon baeckeoffe. Pour ce dernier, attention, il faut le commander à l'avance... Tartes flambées et pizzas à emporter le dimanche soir.

BAS-RHIN

HÔTEL & SPA ARNOLD*** €€

98, route des Vins ✆ 03 88 85 50 58

www.hotel-arnold.com

Chambre double dès 80 €. Petit déjeuner 13 €. Spa, piscine intérieure. Borne de recharge voiture électrique. Restaurant.

Cette superbe adresse offre le must en matière d'hébergement en Alsace ! Ses chambres, suites et duplex sont décorés dans un esprit cosy et vintage avec des balcons donnant sur le vignoble, la plaine d'Alsace et le Kaiserstuhl. Côté spa, aménagé dans un esprit très zen, on trouve une piscine intérieure avec jets de massage et bain bouillonnant, un hammam et un sauna, un vélo connecté et un rameur à eau. Bien vu : une borne de recharge est accessible aux voitures électriques directement sur le parking de l'hôtel avec une carte de chargement fournie à la réception !

PÂTISSERIE KAMM

80, rue du Maréchal Foch ✆ 03 88 92 40 65
https://patisserie-kamm.fr/

Du mercredi au vendredi de 9h à 18h. Samedi de 8h à 18h. Dimanche de 8h à 17h. Terrasse. À emporter. Boutique en ligne.

Outre son *flagship store* originel à Sélestat, Mathieu Kamm a désormais pignon sur rue à Dambach. Mathieu est ce que l'on pourrait appeler un « styliste pâtissier » ! Après avoir dirigé la boutique Pierre Hermé à Tokyo au Japon, il est revenu en Alsace pour prendre les rênes de la pâtisserie familiale avec son épouse Mina. Membre des fameux Relais Desserts depuis 2018 (année où il a aussi décroché le trophée Pâtisserie Gault & Millau Grand Est), Mathieu Kamm signe des délices de haut vol : gâteaux, petits fours, macarons, chocolats, glaces et autres gourmandises !

BOUTIQUE LABONAL

13, route de Blienschwiller ✆ 03 88 92 65 29
www.labonal.fr

Du lundi au vendredi : 14h-18h. Samedi : 10h-17h. Visite gratuite des ateliers, groupes sur RDV. Boutique en ligne.

Si le *made in France* est tendance en ce moment, Labonal va plus loin encore avec du 100 % Alsace ! Créée en 1924, cette entreprise emblématique chouchoute vos pieds, quelle que soit leur taille ou leur forme, avec des matières soigneusement sélectionnées. Elle produit 3 millions de paires de socquettes et chaussettes hautes ou basses par an. Le tout se décline en coloris et motifs variés, des plus classiques aux plus extravagants. Les stylistes de la maison Labonal créent quelque 300 nouveaux modèles par saison, de quoi satisfaire les goûts de toute la famille !

CAVE WOLFBERGER

39, rue de la Gare ✆ 03 88 92 40 03
www.wolfberger.com

Du lundi au vendredi : 8h-12h, 14h-18h. Week-end : 10h-12h, 14h-18h. Dégustation groupe (10-55 pers.) : 6 €/pers.

Depuis sa naissance en 1902, la maison Wolfberger n'a cessé de jouer un rôle majeur dans l'évolution du vignoble, poursuivant passionnément sa quête d'excellence et d'authenticité. Vous trouverez dans sa boutique de Dambach-la-Ville l'entier de sa gamme de vins, crémants et eaux-de-vie, notamment les Grands Crus d'Alsace dont le Frankstein et le Kirchberg de Barr, issus de terroirs proches. Robe jaune paille intense et parfums suaves de fruits jaunes confits ou de miel : une belle invitation pour déguster tout particulièrement les vendanges tardives de la maison.

ITTERSWILLER ★

Implanté sur une colline piémontaise, le village d'Itterswiller (du latin *Itineris villa*) est situé à la croisée d'une ancienne route romaine. Il est mentionné pour la 1re fois au XIIe siècle sous l'égide des seigneurs d'Andlau. Très pittoresques, des pergolas de vignes sont tissées à travers sa rue principale bordée de maisons à colombages. Richement fleuri dès les beaux jours, il se niche au sein d'un vignoble prestigieux. Il se distingue aussi par le clocher carré de son église (dont les parties inférieures sont romanes) et sa flèche rhomboïdale. Itterswiller s'impose comme une étape viticole et gastronomique incontournable sur la Route des Vins.

EMMEBUCKEL FALLER €

26, route des Vins
✆ 03 88 85 50 24
www.emmebuckel-faller.com

Maître Restaurateur. Ouvert 7 j/7 midi et soir (fermé jeudi et samedi midi). Carte 18 € env. Terrasse. 14 chambres.

Ce bon restaurant jouit d'un superbe panorama sur la plaine d'Alsace et les Vosges depuis sa vaste salle, sa véranda cosy et son agréable terrasse. Le chef Bruno Faller mitonne avec maestria d'authentiques délices régionaux : foie gras de canard, baeckeoffe, choucroute, escargots à l'alsacienne, jarret de porc, gibier de saison... Autre spécialité incontournable : le coquelet à l'huile d'olive et au thym en « crapaudine » est un must ! Ici, le titre de Maître Restaurateur est vraiment un gage de qualité, en cuisine comme au service, aimable et très attentionné.

LA WINSTUB ARNOLD €€

98, route des Vins ✆ 03 88 85 50 58
www.hotel-arnold.com

Logis Gourmand et Michelin Bib Gourmand. Ouvert du mardi soir au dimanche midi. Formule midi : 25 € (3 plats). Terrasse.

Au restaurant de l'Hôtel Arnold, on s'attable dans une authentique cave à vins dotée un ancien pressoir. Poutres apparentes, boiseries et vitres en cul de bouteille confèrent au lieu un charme indéniable. Ici, le chef vous régale de mets délicieux élaborés à partir de produits frais et locaux. Parmi ses incontournables, le parfait de foie gras de canard au gewurztraminer est une merveille. On peut aussi se laisser tenter par un filet mignon de porc au Pinot noir, un Elsass Burger ou de fines *flammekueche*. Superbe carte des vins, accueil et service sans faille.

ARMAND LANDMANN

74, route du Vin - **NOTHALTEN** ✆ 03 89 92 41 12
www.vins-armand-landmann.fr
Vigneron Indépendant. Certification HVE3. Ouvert 7 jours/7 : 8h-19h. Vendanges d'un jour. Initiation à la dégustation.

Président du Syndicat viticole de Nothalten, Armand Landmann est un viticulteur passionné doublé d'un pianiste émérite qui régale ses visiteurs de musique et de vin à l'occasion de concerts apéritifs. Il organise également des visites du vignoble ainsi que des initiations à la dégustation et participe à l'opération saisonnière « Vendanges d'un jour ». À découvrir notamment dans son caveau du XVIe siècle : le frais et gouleyant Sylvaner La Quintessence Vieilles Vignes et le Muscat Vieilles Vignes Prestige qui accompagne à merveille un bon foie gras d'Alsace !

BLIENSCHWILLER

Fondé en 750 si l'on en croit le témoignage écrit d'un parent de sainte-Odile, ce délicieux bourg viticole doit sa renommée au Grand Cru Winzenberg qui se déploie sur un terroir granitique réputé pour son ensoleillement sud-est exceptionnel. Ses vignes produisent d'excellents rieslings, gewurztraminers et autres pinots gris. À Blienschwiller, on peut admirer notamment une chapelle (probablement élevée au XIIe siècle) dédiée à saint Erasme censé guérir les maux de ventre. Il y a aussi des vestiges de conduites d'eau de l'époque gallo-romaine, une fontaine (1850) et quelques très jolies maisons sur les bords de la Route du Vin et de la Route du Hohwarth.

DOMAINE LÉON FALLER

17, route Romaine ✆ 03 88 85 50 49
www.vins-et-vacances.com
Du lundi au samedi : 9h-12h, 13h-19h. Dimanche en haute saison. Vente en ligne. 3 gîtes (2 à 7 pers) dès 355 €/semaine.

Ce domaine compte 14 hectares de vignes situées sur Itterswiller, Epfig et Nothalten. Cathia et Jacky Derringer Faller décrochent régulièrement des commentaires très élogieux pour leurs vins. Ceux-ci sont déclinés en 4 gammes : Tradition, Vins d'exception, Les Terroir et les Vendanges Tardives. Eaux-de-vie et jus de raisin pasteurisés sont également proposés. Ces excellents crus peuvent être achetés sur place au caveau où l'on trouve également des produits du terroir soigneusement sélectionnés. La famille Faller propose aussi trois gîtes modernes et tout confort.

GÎTE LA MAISON DE CAROLINE - CLAUDE MORITZ €€

55, route des Vins
✆ 06 76 22 52 77
www.domaine-moritz.fr

Sur la Route des Vins d'Alsace, prenez le temps de faire une agréable pause en famille ou entre amis grâce à ce gîte pour quatre personnes aux deux belles chambres. Le barbecue et la terrasse du gîte feront votre bonheur pendant la saison estivale. Il est doté d'une cuisine comprenant lave-vaisselle, lave-linge, ainsi qu'une télévision. Vous profiterez de votre halte pour découvrir l'exploitation Moritz et vous initier en compagnie de votre hôte à l'œnologie.

BAS-RHIN

Blienschwiller, village tourné vers la viticulture.

LE PRESSOIR DE BACCHUS €€

50, route des Vins
03 88 92 43 01

Bib Gourmand Michelin. Fermé lundi soir, mardi, mercredi midi. Carte et suggestions. Traiteur.

Ce restaurant séduit d'emblée par sa déco déclinée en noir, blanc et anis, discrètement contemporaine. En cuisine, Sylvie et Kevin Grucker mêlent habilement tradition régionale et originalité pour sublimer toujours plus les saveurs. La carte change en fonction de l'approvisionnement en produits frais locaux, mais compte toujours quelques plats incontournables comme le presskopf à la vinaigrette moutardée et les ravioles de carpe à la sauce fumée. Bien vu : Le Pressoir de Bacchus a décroché leTrophée Terroir d'exception Grand Est lors du Gault & Millau Tour 2020.

DOMAINE HUBERT METZ

3, rue du Winzenberg 03 88 92 64 94
http://hubertmetz.com

Visite, dégustation du lundi au samedi de 9h à 18h30. Certification AB. Terra Vitis. Vignes vivantes. Boutique en ligne.

Hubert Metz et sa fille Céline gèrent avec passion leur superbe domaine familial de 10 ha réputé pour ses vins d'exception. Certaines cuvées sont élevées dans de grands foudres traditionnels qui sont alignés dans la vénérable Cave de la Dîme construite en 1728. C'est un lieu hors du temps où l'on peut déguster notamment un Pinot Noir élevé en barriques 2017 (1 étoile au *Guide Hachette des Vins* 2020), un Pinot Blanc « Pierre de Lune » 2015 plébiscité par James Suckling (noté 93/100), de même que le frais et fruité Riesling Réserve de la Dîme 2018 (noté 91/100).

SCHERWILLER

Commune viticole réputée, Scherwiller regorge d'attraits : deux châteaux forts, les chapelles Saint-Wolfgang et Sainte-Odile, de superbes maisons à colombages, dont celles qui abritent aujourd'hui le restaurant La Couronne et l'antenne de l'Office de oourisme (sublime oriel décoré de feuilles d'acanthe et de volutes), de nombreux lavoirs le long de la rivière Aubach. En juillet et en août, des manifestations sont organisées en l'honneur des lavandières. Au nord de Scherwiller, on découvre les anciennes habitations ouvrières de Kientzville créées en 1947 par l'industriel du textile Robert Kientz. C'est désormais un charmant quartier résidentiel.

CHÂTEAU DE L'ORTENBOURG

Parking Hühnelmühle
03 88 58 87 20
www.selestat-haut-koenigsbourg.com

Accès libre toute l'année. Visite guidée pour les groupes sur RV. Renseignements à l'OT Sélestat Haut-Koenigsbourg.

Les ruines de l'Ortenbourg s'élèvent sur un piton rocheux à 437 mètres d'altitude. Ce château tire son nom de la famille Ortenberg, présente à Scherwiller depuis le Xe siècle. Construit en granit blanc au XIII^esiècle, c'est un exemple admiré par les férus d'architecture militaire de l'Alsace médiévale. Il présente un donjon pentagonal de 32 mètres, un rempart de 17 mètres avec trois rangées d'archères, et un logis seigneurial à fenêtres gothiques. En partant de la Hühnelmühle où l'on peut garer sa voiture, la montée au château prend environ trois quarts d'heure.

HÔTEL & AUBERGE RAMSTEIN*** €€

1, rue du Riesling
03 88 82 17 00
www.hotelramstein.fr

Logis Hôtel Cosy. Chambre double dès 86 €. PDJ : 11,80 €. Restaurant 2 Toques Gault & Millau, Logis Table Distinguée.

Cet établissement lové dans le vignoble, séduit par son cadre bucolique. Ses chambres sont sobres et agréables. L'une d'elles est accessible aux personnes à mobilité réduite. Un charmant pavillon abrite 6 studios avec balcon et un espace de détente de 135 m^2 avec piscine couverte et bain bouillonnant. De bons petits plats vous attendent à l'Auberge Ramstein où le chef Nicolas concocte de délicieuses merveilles gustatives. Belle carte de vins d'Alsace et d'ailleurs.

RESTAURANT À LA COURONNE €€

2, rue de la Mairie 03 88 92 06 24
www.couronne.com

7 j/7 midi et soir. Menu enfant (-10 ans) 9 €/10 €. Tartes flambées : 9,90 € à 13,80 €. Terrasse. Bar. Vente à emporter.

C'est par une cour-terrasse que l'on accède à ce restaurant sis dans un superbe bâtiment à oriel du XVIIIe siècle. Ici, l'ambiance est chaleureuse, à l'image de la cuisine du Maître Restaurateur Didier Roeckel. Ce dernier signe des mets de terroir de haut vol, à l'instar de la Ries'Soupe (authentique potage au riesling d'Alsace), des raviolis au munster et de la choucroute royale. Au bar, on sirote de la bière pression, du vin au verre ou des spiritueux alsaciens. Détail insolite : les « chiotilus » (WC) semblent tout droit sortis du Nautilus du Capitaine Nemo !

BRASSERIE ARTISANALE L'ALTRUISTE

13, allée de Fautenbach ✆ 03 68 05 63 56
brasserie-laltruiste.fr
Ouvert jeudi, vendredi : 16h-19h. Samedi : 10h-12h. Bier Garten en été, jeudi à dimanche : 16h-22h. Boutique en ligne.

Biérophiles avertis, Julien et Benjamin se sont formés notamment dans le Nord de la France avant de fonder leur toute jeune brasserie artisanale. Ce sympathique tandem produit des bières généreuses, équilibrées, avec du caractère et 100 % bio. En plus, les résidus de leurs brassages sont récupérés par un agriculteur du coin. En été, on adore se poser dans le Bier Garten avec vue imprenable sur le château de l'Ortenbourg pour siroter, par exemple, une Irish Pale Ale *Luì na gréine* !

DOMAINE ACHILLÉE

50, rue de Dambach
✆ 09 54 49 19 16
https://achillee.com
Vignobles et Découvertes, Ecocert et Demeter. Visite de cave, dégustation, achat de vins : tous les jours de 10h à 19h.

Bienvenue dans le plus grand bâtiment en paille construit à ce jour en Europe. Disposant de 18 ha de vignes et d'un chai bioclimatique innovant, le Domaine Achillée (certifié Ecocert et Demeter) dévoile ici toute la gamme de ses vins issus des 7 cépages alsaciens. Le Guide *Bettane & Desseauve* attribue une étoile pour son engagement écologique, l'originalité et la qualité de ses bons crus à ce domaine dont le nom renvoie à une fleur utilisée en biodynamie. Très purs, minéraux et droits, les vins Achillée se distinguent en prime par leurs étiquettes très originales.

DOMAINE FREY-SOHLER - ALSACE

72, rue de l'Ortenbourg
✆ 03 88 92 10 13
www.frey-sohler.fr
Du lundi au samedi : 8h-12h, 13h-19h (10h samedi). Dimanche de mai à décembre : 10h-12h, 14h-18h. Boutique en ligne.

Cette boutique est une belle vitrine pour le domaine homonyme, dirigé par Damien et Nicolas Sohler, avec pas moins de 29 hectares de vignes produisant l'ensemble des sept cépages alsaciens. Sur place, la dégustation vous permettra de choisir votre ou vos bouteilles préférées. La boutique propose également un bel assortiment de produits du terroir : moules à baeckaeoffe ou à kougelhopf, verrerie, coffrets sommelier, jeux de société autour du vin et de la gastronomie.

DOMAINE JEAN-PAUL SCHMITT

Hühnelmühle
✆ 03 88 82 34 74
www.vins-schmitt.com
Ouvert du lundi au vendredi de 9h à 19h. Samedi de 14h à 19h. Dimanche sur RDV. Certifié Ecocert et Demeter.

Ce vignoble de 8 ha implanté d'un seul tenant sur les coteaux du Rittersberg est dominé par l'imposante ruine du château de l'Ortenbourg. Jean-Paul Schmitt tire profit de son terroir exceptionnel en appliquant les méthodes vertueuses de la biodynamie. Ses vins sont régulièrement salués par la presse spécialisée. À découvrir : le Pinot Noir Rittersberg Grande Réserve et le Crémant Brut Zéro qui est issu d'un assemblage de pinot noir et de pinot blanc, sans dosage après dégorgement.

KINTZHEIM

Renommé pour la qualité de ses vins d'Alsace, Kintzheim possède quelques monuments dignes d'intérêt : la mairie de style baroque, la chapelle de l'Aigle, les trois fontaines, le banc reposoir (dit de Joséphine). Au centre du village, l'église Saint-Martin rappelle que Kintzheim fut jadis pourvu de fortifications. Dominant le vignoble, son château du XIIe siècle est classé aux Monuments historiques. Il accueille l'un des plus grands spectacles de rapaces en liberté de France. En été, des visites guidées du vignoble sont organisées au départ de l'Office de Tourisme. Enfin, Kintzheim offre un accès direct au château du Haut-Kœnigsbourg via la RD35.

LA MONTAGNE DES SINGES ★

La Wick
✆ 03 88 92 11 09
www.montagnedessinges.com
Haute saison ouvert tous les jours de 9h30 à 18h. Adulte : 9,50 €. Enfant de 5 à 14 ans : 5,50 €.

Quelque 200 macaques de Barbarie évoluent en liberté au pied du Haut-Koenigsbourg, dans une forêt de 24 ha. Originaires des montagnes d'Afrique du Nord où les hivers sont rudes, ces singes vivent dehors toute l'année sans problème. On les observe depuis des chemins balisés et on peut leur donner du pop-corn fourni à l'entrée du parc. Des panneaux interactifs permettent de tout connaître de la vie quotidienne de ces animaux et des guides répondent à vos questions. Séances de nourrissage toutes les 45 min et jeu de piste à réaliser en famille.

CIGOLAND ★

Route de Sélestat
✆ 03 88 92 36 36
www.cigoland.fr

Ouvert du 26 mars au 6 novembre 2022, 10h-18h, selon calendrier cf. web. Adulte : 18,50 €. Enfant (3-11 ans) : 16,50 €.

Ce charmant parc de loisirs réunit tous les ingrédients pour satisfaire petits et grands désireux de découvrir l'univers des cigognes blanches d'Alsace tout en s'amusant ! Monorail aérien, Cigopanoramique, Sentier pieds nus, Train de la mine, Tracteurs, King Kong, mais aussi un espace aquatique : Mar'OJeux, bateaux tamponneurs, canoës, canards géants… Vous rencontrerez aussi : poneys, chèvres, lamas, ânes, oies, daims, grues et bien d'autres animaux. À noter des animations spéciales à Pâques et Halloween. Chaque visite à Cigoland est source de bonheur en famille.

© CIGOLAND

© CIGOLAND

VOLERIE DES AIGLES ★

Château de Kintzheim ✆ 03 88 92 84 33
www.voleriedesaigles.com

Haute saison ouvert tous les jours et jours fériés de 10h à 18h30. Adulte : 10 €. Enfant de 5 à 14 ans : 6,50 €.

Implanté dans les ruines du château de Kintzheim, ce parc entièrement dédié aux rapaces mérite vraiment le détour. Chouettes, hiboux, aigles, milans et autres buses se laissent découvrir sur leurs perchoirs assortis de fiches explicatives, mais aussi et surtout lors un spectacle de vol libre féerique ! Les formules « Journées d'exception » comprennent une visite privée en compagnie des soigneurs, une initiation à la fauconnerie avec mise en vol des oiseaux, une promenade suitée et repérage ou recherche par télémétrie d'un oiseau égaré. Émotions fortes garanties !

HÔTEL-RESTAURANT JENNY** €€

39, rue de la Liberté ✆ 03 88 82 17 06
www.hotelrest-jenny.fr

Chambre double à partir de 65 € ; chambre triple à partir de 80 €. Petit déjeuner : 7 €. Restauration. Vente à emporter.

Charme et hospitalité alsacienne sont assurément de mise ici. Les 7 chambres sont charmantes, spacieuses et douillettes, parées de colombages intérieurs. Le petit-déjeuner est varié et copieux, de quoi démarrer la journée du bon pied. On peut aussi déjeuner ou dîner dans la winstub qui propose de bonnes spécialités régionales : tarte à l'oignon, escargots à l'alsacienne, foie gras de canard maison, tartes flambées... La choucroute royale (deux personnes minimum) est bien garnie. Détente assurée dans la véranda et sous les parasols de la terrasse fleurie.

AUBERGE SAINT-MARTIN €€

80, rue de la Liberté
✆ 03 88 82 04 78

Ouvert du jeudi au lundi à midi et le soir. Tartes flambées, plat du jour, menus. Prix moyen à la carte : 15 €.

Salle d'esprit winstub ou de chalet alsacien, terrasse en plein air ou couverte : ici, on s'offre un repas gourmand en bonne compagnie. L'ambiance est au diapason du contenu des assiettes : chaleureuse et généreuse. Outre de gargantuesques tartes flambées (cuites dans un grand four à bois à découvrir dans la cour), on se régale de foie gras de canard maison, de noix de joues de porc braisées et de pièces de bœuf d'exception. Que dire d'autre sinon que le lieu est magique, que les desserts sont à tomber et que le kir à base de griottes à l'eau-de-vie est un must !

JEAN-MARIE KOEHLY

64, rue du Général de Gaulle ✆ 03 88 82 09 77
www.vins-koehly.com

Certification HVE3. Ouvert tous les jours de 9h à 12h et de 13h à 18h. De janvier à mars sur RDV. Boutique en ligne.

Toute de bleu crépie, la jolie maison alsacienne de la famille Koehly attire les regards avec ses vénérables colombages et ses jardinières qui débordent de géraniums dès le printemps ! La Maison Koehly produit des vins harmonieux, fruités et équilibrés. Joseph Koehly et ses parents vous invitent à découvrir de bons crus lors d'une visite de cave guidée, accompagnée d'un petit historique de l'exploitation familiale. À déguster lors de votre visite : le Gewurztraminer Grand Cru Gloeckelberg et le Crémant d'Alsace Blanc de Noirs Brut. Vous serez à coup sûr conquis !

CHÂTENOIS

Châtenois se déploie dans un écrin de vignes serti par les bois du Hahnenberg. On peut faire une promenade sur les remparts où un important travail de restauration a été entrepris depuis plusieurs années. La double enceinte entourait autrefois un cimetière fortifié. Cette balade permet d'admirer le clocher roman de l'église Saint-Georges qui abrite des reliefs en bois sculpté du XVIe siècle et un très bel orgue Silbermann. Authentique icône de l'illustration alsacienne traditionnelle, la tour des sorcières est coiffée d'un nid de cigognes. Le jardin médiéval dédié aux plantes tinctoriales rappelle l'importance de l'industrie textile dans la région.

LA MAISON DU DISTILLATEUR

Route de Villé
✆ 03 88 57 84 87
www.maisondudistillateur.fr

Ouvert du lundi au dimanche de 10h à 19h. Tarif musée : 4 €/personne, gratuit - 12 ans. Parking. Boutique en ligne.

Au gré d'alambics et de bornes tactiles, La Maison du Distillateur évoque l'histoire des bouilleurs de crus. Diversité des fruits en Alsace, techniques de distillation… au fil des salles de ce musée, on découvre un métier passionnant ainsi que son expansion dans la région via un parcours didactique avec le lutin Wurzel. Hommage au Val de Villé, berceau historique des eaux-de-vie en Alsace, mais aussi à la Distillerie Meyer qui demeure la plus primée au Concours Agricole de Paris !

HOTEL RESTAURANT BEYSANG** €€

36, rue du Maréchal Foch ✆ 03 88 58 38 58
www.hr-beysang.com

16 chambres. Chambre double à partir de 75 €. Petit déjeuner 12 €/adulte, 5 €/enfant. Restaurant alsacien. Local à vélo.

Bienvenue dans l'une des plus anciennes demeures du village ! La famille Beysang vous héberge dans des chambres simples et chaleureuses (l'une est accessible PMR). Les petits déjeuners sont riches en spécialités maison : kougelhopf, confitures, fromages, charcuteries… Au restaurant, on s'installe en salle ou sur la belle terrasse. Des plats généreux se déploient sur des tables nappées de Kelsch : tarte à l'oignon, jambonneau braisé, choucroute garnie, c'est tout bonnement succulent !

AUBERGE LE MEISENBERG €€

1, rue Clemenceau ✆ 03 88 82 55 78
www.aubergelemeisenberg.com

Du vendredi au mardi, midi et soir. Menus : 27 € à 39 €. Midi : 19 €. Vente à emporter. Terrasse. 5 chambres d'hôtes.

Dès qu'on passe le seuil, on apprécie la chaleur de l'ambiance dans cette auberge alsacienne sise dans une bâtisse à colombages de 1630. Aux commandes du Meisenberg : Stéphanie en salle et Ismaël, Maître Restaurateur, en cuisine. Ce chef jovial pratique, selon ses propres mots, une « cuisine de grand-mère qui a du goût avec un mélange de cultures et d'idées ». Il ravit les papilles avec son œuf parfait accompagné de gambas et d'un coulis de petits pois. On craque volontiers pour ses généreuses bouchées à la reine et son magistral baeckaoffe aux 3 viandes. Miam !

LA VIGNETTE €€

60, rue du Maréchal Foch ✆ 03 88 82 39 17
www.lavignettechatenois.com

Fermé dimanche soir, lundi midi et soir, mardi soir. Carte, menu, suggestions du jour. Vente à emporter. Terrasse.

À La Vignette, tout est charmant : la terrasse ombragée, la salle claire et cosy, l'accueil et le service attentifs et souriants. Au menu, à la carte ou selon les suggestions du moment, le chef réalise avec brio des mets d'inspiration régionale et d'ailleurs aussi délicieux que copieux. Foie gras maison, soupe de poissons, carpaccio de bœuf servi à volonté, civet de sanglier en automne, hamburger XXL, osso buco à la napolitaine et desserts gourmands, le tout assorti d'une superbe sélection de vins d'Alsace et de France. Ici, les enfants sont les bienvenus.

MICHEL GOETTELMANN

27A, rue des Goumiers
✆ 03 88 82 12 40

Visite et dégustation sauf dimanche. Accueil des groupes sur RDV. Pique-nique chez le vigneron le lundi de Pentecôte.

Michel Goettelmann produit avec passion des cuvées de fort belle qualité qui sont très appréciées par les gens du coin tout comme par les visiteurs de passage, lesquels ne manquent d'ailleurs pas de revenir ! En juillet, chaque dimanche vers 17h, Michel propose une visite du Sentier des murailles et des vignes suivie d'une dégustation au caveau familial. Une belle occasion pour découvrir en toute convivialité les excellents vins de Michel Goettelmann. Notamment un riesling sec et fruité à souhait et un gewurztraminer lieu dit Hahnenberg aromatique et bien rond.

AUBERGE DU KIRCHBERG €€

8, Grand Rue ✆ 03 69 30 18 51
http://aubergedukirchberg.fr

Ouvert du mercredi au vendredi le soir ; le week-end à midi et le soir. Plats 6,50 € à 23 €. Terrasse. Vente à emporter.

Membre de la Confrérie de la Tarte Flambée, l'Auberge du Kirchberg est un charmant établissement familial dont la salle baigne dans une ambiance résolument rustique : poutres et colombages apparents, tables joliment nappées à l'alsacienne. La carte et les suggestions varient au gré des arrivages mais la choucroute, l'escalope panée et les tartes flambées font partie des plats incontournables de la maison. Sur réservation préalable, on peut aussi se régaler d'un succulent baeckeoffe. Toujours sur réservation, on peut récupérer sur place des plats à emporter.

ORSCHWILLER

Limitrophe du département du Haut-Rhin, la petite cité viticole d'Orschwiller est dominée par le majestueux château du Haut-Koenigsbourg. Son patrimoine témoigne d'un riche passé : maisons du XVᵉ siècle, ancienne cour dîmière, église Saint-Maurice (1781). Cet édifice baroque de grès rose a été restauré il y a quelques années, suite à un incendie qui le ravagea en 1985. Il abrite un bel orgue Stiehr-Mockers. À voir également le château de l'Oedenbourg (XIIᵉ et XIIIᵉ siècles), surnommé le Petit-Koenigsbourg. Situé sur les hauteurs du bourg à 300 mètres du Haut-Koenigsbourg, il en subsiste une enceinte polygonale, un mur bouclier et des fenêtres ogivales.

CAVE LES FAITIERES D'ORSCHWILLER

3 et 4a, route du Vin ✆ 03 88 92 09 87
www.cave-orschwiller.fr

Lundi-samedi : 9h-19h. Dimanche et jours fériés : 10h-12h et 14h-18h. Visite/dégustation : sur RDV. Boutique en ligne.

Fondée en 1957, cette belle cave viticole doit son nom aux tuiles faîtières qui coiffent son toit. Dans le caveau de dégustation, un vaste comptoir en bois invite les clients à découvrir d'excellents vins : les Grands Crus issus du Praelatenberg sont vraiment délicieux. Un petit musée attenant expose des fûts en bois et des outils dont se servaient jadis les vignerons. Avis aux amateurs de crémant d'Alsace : la cave fait partie du Top 10 des Meilleurs Effervescents du monde !

HÔTEL-RESTAURANT AU FIEF DU CHÂTEAU** €€

20, Grand'Rue ✆ 03 88 82 56 25
www.au-fief-du-chateau.fr

8 chambres. Chambre double à partir de 70 €. Demi-pension : 75 €. Petit déjeuner buffet : 8 €. Restaurant. Terrasse.

Dans une belle bâtisse restaurée, 8 chambres cosy vous accueillent pour une nuit ou plus. Elles présentent un joyeux métissage de tradition et de modernité, notamment en ce qui concerne les salles de bains lumineuses et bien équipées. Et puis, il y a le restaurant où Christophe Fuchs et Bernard Haag proposent une cuisine alsacienne d'excellente tenue : filet de sandre sur choucroute, cordon bleu au munster ou croustillant de tête de veau sauce ravigote, et, bien sûr, tartes flambées !

DOMAINE ALLIMANT-LAUGNER

10, Grand Rue ✆ 03 88 92 06 52
www.allimant-laugner.com

Du lundi au samedi : 8h-12h, 13h30-18h. Dimanche sur RDV. Boutique en ligne. 3 gîtes (4-12 pers) : dès 300 €/semaine.

Joli domaine viticole qui s'étend sur 12 ha au pied du château du Haut-Kœnigsbourg. Depuis 1724, il pérennise les traditions transmises d'une génération à l'autre. Ce domaine familial cultive l'élégance et la légèreté pour ses vins. Les spécialistes ne s'y trompent pas, car les vins Allimant-Laugnier sont régulièrement récompensés. On remarque notamment l'excellent Riesling Grand Cru Praelatenberg 2017 qui présente une belle fraîcheur et un nez vif finement citronné avec une bouche longue, encore sur les agrumes. Il s'apprécie avec une choucroute de poissons.

© MORGENSTJERNE - STOCK.ADOBE.COM

CHÂTEAU DU HAUT-KŒNIGSBOURG ★★★★

Route du Château
✆ 03 69 33 25 00
www.haut-koenigsbourg.fr
Ouvert toute l'année sauf jours fériés. Horaires, tarifs détaillés disponibles sur le site web. Restauration. Boutique.

Édifié au le XIIe siècle, le château du Haut-Kœnigsbourg exerce une fascination qui ne se dément pas. Dominant hiératiquement la plaine d'Alsace du haut de ses 757 mètres, cette fière place forte stratégique est passée de main en main au cours de sa longue histoire. Construite par les Hohenstaufen en 1147, elle est détruite en 1462 et confiée aux Tierstein qui la reconstruisent et lui donnent le nom définitif de Hohkœnigsbourg. Au cours de la guerre de Trente Ans, le château est pillé et incendié par les Suédois, après quoi il est abandonné pendant deux siècles. Au XIXe siècle, alors que l'Alsace est sous domination allemande, sa restauration est initiée par Guillaume II. En 1901, un spécialiste de la fortification médiévale prend les choses en main. Il s'appelle Bodo Ebhardt. Pour mener à bien sa tâche, il répertorie les vestiges archéologiques recueillis sur les lieux, étudie les documents d'archives et se réfère à d'autres châteaux forts de la même époque. Actuellement, diverses visites sont proposées : thématique, insolite, théâtralisée. Le jardin médiéval se visite de mai à septembre. Tout au long de l'année, des manifestations sont organisées et donnent vie à ce lieu magique. Outre la Nuit de la chauve-souris et celle des musées, la programmation événementielle est sans cesse renouvelée. On peut rejoindre le château au départ de la gare de Sélestat par une navette qui fonctionne les week-ends et les jours fériés de mars à décembre, et tous les jours en pleine saison.

VILLÉ

La commune de Villé est située sur l'ancienne Route du Sel qui reliait l'Allemagne à la Lorraine. Presque entièrement ravagée lors de la guerre de Trente Ans, elle possède de belles maisons urbaines des XVIIe et XVIIIe siècles. L'église Notre-Dame-de-l'Assomption a été reconstruite en 1754. Le canton de Villé compte 18 communes à découvrir pour leurs vins, leur patrimoine et leurs producteurs du terroir qui aiment faire découvrir leurs métiers ancestraux. Leurs coordonnées sont disponibles à l'office de tourisme, où l'on peut retirer également des topoguides pour les randonnées, que l'on soit soit marcheur, cycliste ou même bébé en poussette.

PÂTISSERIE RESTAURANT PFISTER

9, rue du Général-de-Gaulle
✆ 03 88 57 17 56
www.patisserie-restaurant-pfister.fr
Ouvert du mardi au vendredi de 7h30 à 18h45 ; le week-end de 7h30 à 18h.

Depuis trois générations, la Pâtisserie Pfister vous propose de découvrir les saveurs de l'Alsace grâce à des recettes ancestrales et artisanales jalousement gardées : une gamme très variée de pains d'épices, de chocolats, de bredele, de gâteaux, de pâtisseries et d'entremets pour vos réceptions et événements vous attend. Salon de thé ou déjeuner en terrasse, pour la restauration, plusieurs types de repas y sont proposés, le tout au juste prix, pour poursuivre le plaisir.

L'ALTENBERG €€

4, rue de l'Altenberg - **NEUBOIS**
✆ 03 88 85 60 56
www.chambres-de-l-altenberg.net
5 chambres (tarif dégressif à partir de 3 nuitées). Chambre simple 54 € ; chambre double 64 € ; chambre triple 79 €.

Dans une demeure de style contemporain vous profiterez de cinq chambres d'hôtes, bénéficiant de tout le confort et de l'espace nécessaires à un bon moment, et auxquelles le mobilier en bois donne une touche de rustique. Chacune, classée 3 épis aux Gîtes de France, est dotée d'une salle de bains avec WC privatifs, d'une télévision et d'une connexion Wifi gratuite. Dehors, meubles de jardin et barbecue vous permettront de profiter de l'air pur en admirant la vallée, et le coin lecture ou les jeux prêtés par les hôtes dans la véranda raviront petits et grands.

LA BERGERIE DE BERLICOMBEL

14, rue Principale
FOUCHY
✆ 07 85 57 72 07
Vente de fromages et de yaourts bio à base de lait de brebis : sur place le mardi de 16 à 18h et le samedi de 14 à 16h.

Dans une autre vie, Morgane Guth fut éducatrice spécialisée. Voici 3 ans, cette jeune femme amoureuse de la nature a opéré un virage à 180° pour se reconvertir dans l'élevage de brebis laitières. Installée dans la ferme de sa belle-famille, Morgane produit de délicieux fromages de brebis frais, ainsi que des yaourts (conditionnés dans des pots en verre) tout aussi succulents, nature ou sur lit de fraise, d'abricot ou de châtaigne. Et depuis mai 2022, ses produits sont labellisés bio !

RESTAURANT-TRAITEUR WENDLING €€

5, place Charles-de-Gaulle
✆ 03 88 57 26 36
www.restaurant-wendling.fr
Ouvert du mercredi au dimanche le midi de 12h à 14h ; du jeudi au samedi le soir de 19h à 21h.

Cette poissonnerie qui officie à Villé depuis plus de 30 ans, possède désormais un restaurant, placé sous la houlette de Rémy. Au menu, une cuisine à base de poissons bien sûr, où on les découvre sous toutes leurs formes. De mer ou de rivière, communs ou plus méconnus, on prend plaisir à les déguster dans des recettes maîtrisées. En été, on y trouve aussi, pour notre plus grand plaisir – et en terrasse si le temps est clément – moules-frites à volonté.

VAL DE NATURE

19, place du Marché
✆ 09 50 27 27 17
www.val-de-nature.com
Ouvert du mardi au vendredi de 9h (8h mercredi) à 12h30 et de 14h30 à 18h30. Samedi de 9h à 17h. Dimanche de 9h à 12h.

Après un parcours professionnel dans les énergies renouvelables, Robin Margogne vient d'ouvrir une chouette épicerie de proximité riche en produits bio et majoritairement locaux. On y trouve vraiment de tout : fruits et légumes de saison, viennoiseries et pains frais, produits laitiers, épices, et condiments, légumineuses et féculents en vrac (riz, pâtes…), douceurs (biscuits, confitures, miels, chocolats…), et boissons (jus de fruits, thés et cafés, bières et vins). Sans oublier un rayon bien fourni en produits de soins corporels et d'entretien pour la maison.

CENTRE NAUTIQUE AQUAVALLÉES

Route de Villé - **BASSEMBERG** ✆ 03 88 58 93 93
www.aquavallees.fr
Tous les jours. Horaires variables selon saison et périodes scolaires : consulter le site. Entrée : 4,50 € (adulte).

Dans un parc arboré, encerclé des superbes paysages de la vallée, le Centre Nautique Aquavallées invite à la détente : loisirs, forme ou bien-être, chacun profite des espaces et des équipements comme il l'entend. Toboggan, bassin extérieur, rivière à contre-courant, geysers, pataugeoire, les jeux aquatiques ne manquent pas. Cours d'aquabike et aquagym s'y pratiquent encore. Le centre compte aussi sa salle de fitness, un sauna, un hammam et une salle de relaxation !

ALBÉ

Vous pouvez découvrir ses vignes, idéalement situées sur des versants pentus et bien ensoleillés, grâce à un chemin du patrimoine balisé. Albé conserve de nombreuses maisons vigneronnes aux linteaux datés et décorés du XVIIIe siècle. On s'attarde devant la maison Schloessel, construite en 1722, ainsi que devant les différents emblèmes des corporations professionnelles encore visibles sur certains porches et frontons des fermes. À ne pas manquer en période estivale la manifestation Albé en Habit de lumière. Son but : faire découvrir le village en compagnie d'un guide, une visite nocturne jalonnée de saynètes de rue et de maisons remarquables.

MUSÉE - MAISON DU VAL DE VILLÉ

4, place du Tilleul
✆ 03 88 57 08 42
Ouvert du jeudi au dimanche et les jours fériés de 14h à 18h d'avril à octobre. Gratuit jusqu'à 12 ans.

La Maison du Val de Villé et son musée permettent au visiteur d'appréhender la richesse de l'histoire, du patrimoine et des traditions de la vallée à travers son archéologie, sa géologie, son agriculture, sa viticulture ou son artisanat. On y présente la reconstitution d'un intérieur d'antan, d'une salle de classe et des ateliers traditionnels, avec démonstration de métiers anciens. Une salle consacrée à l'archéologie conserve des vestiges de fouilles des sites de la Vallée de Villé.

CHEZ HANS

64, rue de l'Erlenbach ✆ 07 81 71 01 18
www.chezhans.fr
Ouvert mardi et jeudi : 16h-19h ; vendredi : 16h-20h ; samedi : 7h30-11h30. Commande et réservation possible par tél.

Alain Hertrich se définit comme un artisan-boulanger engagé, soucieux de préserver l'art de la boulangerie dans ce qu'il a de plus authentique. Moyennant quoi, il élabore des pains au levain naturel qu'il pétrit entièrement à la main dans un pétrin en hêtre ! Il utilise des farines bio issues de semences anciennes fournies par des moulins et fermes de la région. Alain cuit ses pains dans un four à bois doté d'une sole en poterie de Soufflenheim. Il en va de même pour les viennoiseries, brioches et autres kougelhopfs… et les tartes flambées. Plus roots, y'a pas !

DOMAINE CHRISTIAN BARTHEL

2, rue de la Chapelle
✆ 03 88 57 22 79
www.domaine-christianbarthel.com
Ouvert du mardi au vendredi : 10h-12h, 16h-18h. Samedi : 10h-12h, 13h30 -17h. Gîte (4 pers) : dès 250 €/semaine.

Le Domaine Barthel est l'un des plus hauts d'Alsace avec une altitude d'environ 500 mètres, d'où son classement en « Vignoble de montagne » ! Implantées sur 11 ha de coteaux schisteux (uniques en Alsace), les vignes bénéficient d'un ensoleillement exceptionnel. La spécialité de la maison, c'est le pinot noir, décliné en délicieuses cuvées : Pinot Noir Rosé, Clos du Sonnenbach, Vieilles Vignes, Cuvée René. Le domaine produit également d'excellents vins blancs et crémants d'Alsace.

EQUIVALLÉE

Lieu-dit Sonnenbach
✆ 03 88 58 97 72
www.equivallee67.com

Le Centre Équestre Equivallée vous permettra de découvrir, quels que soient votre âge et votre niveau, les sublimes paysages du Val de Villé. Les chevaux seront bien évidemment adaptés à votre niveau. Des moniteurs diplômés et des animateurs compétents encadreront les différentes activités : leçons, promenades, balades à la demande (à partir de trois cavaliers), stages courts portant sur une demi-journée ou une journée et nombreuses activités ludiques adaptées au jeune public figurent parmi la vaste gamme proposée par ce centre.

BREITENAU

Le nom est probablement dérivé d'un toponyme faisant référence à la géographie des lieux : l'endroit était couvert par des prairies. Le nom pourrait donc être traduit par « large pré », *die Au* signifiant « pré (ou prairie) humide ». C'est une appellation courante de part et d'autre du Rhin, notamment en plaine. Découvrez l'église Saint-Dié, la chapelle dite « du bonhomme », les nombreuses croix mais aussi des curiosités naturelles comme le rocher du Pas d'âne qui témoignerait du passage de l'âne de saint Déodat qui a imprimé ses pas dans la pierre, son maître ayant laissé les traces de ses genoux et de sa crosse, ou la Roche des Fées.

BREITENBACH

Les origines du village sont incertaines, mais on pense qu'elles sont liées avec celles de l'abbaye de Honcourt, située à deux kilomètres à peine en aval et fondée vers l'an 1000. Il est fort probable que l'abbaye est dès son origine propriétaire du village de Breitenbach. Il existe à cette époque de nombreux coteaux viticoles qui assurèrent l'aisance du village. Il existait déjà aussi à cette époque une petite chapelle pour les habitants du village. Breitenbach a durant plus de trois siècles été le théâtre d'affrontements juridiques pour la possession de sa forêt et l'exploitation de son bois, alors unique source de subsistance pour ses habitants.

BAS-RHIN

À L'OMBRE DU VERGER €€

61, rue Principale
✆ 06 79 93 82 78
www.alombreduverger.fr

4 chambres. Chambre double de 65 € à 75 €. Petit déjeuner inclus. Lit supplémentaire : 30 €. Semaine de 430 € à 490 €.

Niché en contrebas du massif de l'Altenberg, « À l'Ombre du verger » vit au rythme du clocher de son village. Vous trouverez ici de quoi vous ressourcer dans un écrin de verdure, au grand air. L'intérieur est charmant, baigné de lumière naturelle ou en provenance de superbes lustres. On rejoint les chambres par des passerelles de bois. Toutes sont équipées d'un lit queen size, douche à l'italienne, Wifi, et décorées de poutres apparentes, fenêtres au ras du plancher, kelsch, mobilier ancien... Profitez de votre séjour ici pour vous reposer, c'est le cadre idéal !

AUBERGE AU COL DE FOUCHY €€

30, route du Col-de-Fouchy ✆ 03 88 57 98 25
www.aubergeaucoldefouchy.com

Ouvert du mercredi au dimanche, midi et soir. Réservation impérative. Menu enfant : 9,50 €. Plat du jour : 10 €.

Cette bâtisse blanche rénovée se trouve dans un superbe écrin de verdure. Elle dispose d'une belle terrasse ombragée et d'une salle de restaurant cosy avec cheminée. Écolo dans l'âme, Joanna élève des poules pour avoir des œufs frais et gère les déchets. Elle a également aménagé un grand potager où elle cultive, de manière raisonnée, divers légumes. Ici on accorde donc une attention particulière aux matières premières et cela se ressent parfaitement dans les plats qui, bien loin de les dénaturer, subliment plutôt leurs saveurs originelles.

PARC ALSACE AVENTURE

Col du Kreuzweg
✆ 03 88 08 32 08
www.parc-alsace-aventure.com

Horaires variables selon les saisons, consulter le site internet.

Entre parc de loisirs et mises à l'épreuve sportives, le Parc Aventure de Breitenbach joue la carte du plein air récréatif ! Accrobranche, baptêmes en biplace de parapente, randonnée VTT, combat de sumo, jeux d'oppositions, rallye GPS et /ou photo, paintball, tyroliennes, espace gladiateur, baby-foot humain, sentier des fourmis, aventure gourmande ou même tir à l'arc... Ici, les amateurs de sensations fortes en auront pour leur argent. Les plus téméraires testeront la Tour de l'Extrême, joyau architectural de 35 mètres de haut, d'où on effectue un saut pendulaire.

48° NORD LANDSCAPE HØTEL €€

1048, route du Mont Sainte-Odile
✆ 03 67 50 00 05 - https://hotel48nord.com

14 hyttes (chalets nordiques) pour 2 à 4 personnes. Nuitée à partir de 120 €/2 personnes (sans PDJ). Restaurant. Spa.

Emil Leroy Jönsson vous accueille dans un lieu enchanteur niché sur les hauteurs de Breitenbach. Cet espace insolite et écologique se compose de 14 hyttes, cabanes chic scandinaves. Elles sont réparties autour de la Felle Hytte, maison commune où sont servis des petits déjeuners et des dîners 100 % bio. Quelle que soit la cabane choisie, on trouve toujours de quoi être totalement dépaysé et certaines permettront de se relaxer comme en Scandinavie. Voilà une très belle idée pour s'accorder une parenthèse hors du temps et juste profiter de la déconnexion.

DIEFFENBACH-AU-VAL

Le Village est remarquable par son intégration dans l'environnement, un habitat disséminé sur de larges étendues ; des groupements de maisons que séparent des zones de vergers, font la fierté des Dieffenbachois. De nombreux gîtes et chambres d'hôtes permettent aux touristes attirés par la qualité du cadre de vie, la quiétude, la richesse de l'environnement, de faire escale dans ce village. En résidant ici, vous profiterez du parcours sportif, des ruines du château du Franckenbourg, du massif de l'Altenberg et du sentier de découvertes aménagé par l'association Rund Um Dieffenbach en 1994. Pour se remettre, restaurants et distillerie sont là !

LE HÜHNERSTALL €

8, rue de l'Église ✆ 03 88 85 62 70
www.chambres-le-huhnerstall.fr

Fermé le lundi. Réservation recommandée. Menus de 27 € à 35 €. Carte : 25 € environ. Menu enfant : 5 €.

Étienne Kuhn a transformé cette ferme bleue en restaurant il y a déjà longtemps. Découvrez un superbe bar rustique chic qui donne accès à 3 salles cosy (2 au rez-de-chaussée et 1 à l'étage). Aux commandes du Hühnerstall depuis 2017, Stéphanie Kuhn vous réserve un accueil chaleureux en diable et se fait un plaisir de vous dévoiler les spécialités de la maison à base de volaille. Ces dernières sont des plus surprenantes et les plats vous permettront de découvrir les multiples possibilités qu'offrent les volailles, bien loin du simple et traditionnel poulet rôti.

DISTILLERIE MASSENEZ

1, Z.I. du Haechy ✆ 03 88 85 62 86
www.massenez.com

Ouvert du lundi au samedi de 9h à 12h et de 14h à 18h. Visites gratuites avec dégustation pour groupes sur rendez-vous.

La distillerie Massenez était au départ spécialisée dans les eaux-de-vie de fruits puis a étendu progressivement sa gamme de produits. Célèbre dans le monde entier pour sa qualité, la marque est pionnière dans la promotion d'une autre façon de découvrir les alcools. Découvrez les cocktails Miss Massenez et laissez-vous séduire… La boutique propose une large gamme d'eaux-de-vie, crèmes et liqueurs de fruits, comme l'eau-de-vie de framboise sauvage, péché mignon de la reine de Suède au début du XXe siècle... A découvrir aussi de très nombreux ateliers !

SAINT-PIERRE-BOIS

Ce village, remarquable par son église perchée sur une colline élevée est visible depuis une grande partie du Val de Villé. Il doit son origine à un couvent construit dès la fin du VIIe siècle par saint Hydulphe, abbé fondateur de l'abbaye de Moyenmoutier. Lors du passage des Suédois en 1632, de nombreuses maisons furent détruites et une bonne partie de la population est décimée ou trouve refuge dans les bourgs fortifiés de la plaine. La Maison des Suédois, construite en 1571, est épargnée et compte actuellement parmi les plus anciennes habitations de la vallée, arrêtez-vous pour l'admirer. Ne manquez pas non plus l'autel du Altkolster de 1721.

MEYER'S - DISTILLERIE FRIDOLIN MEYER

18, rue Saint Gilles ✆ 03 88 85 61 44
www.distilleriemeyer.fr

Boutique ouverte du lundi au jeudi au vendredi de 8h à 12h et de 13h à 17h30, fermeture à 16h30 le vendredi.

Fondée en 1958 par Fridolin Meyer cette distillerie est à ce jour la plus primée de France avec un palmarès de 200 médailles et deux prix d'excellence ! Meyer's propose des whiskys alsaciens à des prix abordables, notamment un whisky blend avec une finition cn fût dc pinot noir pcn dant six mois, en plus des traditionnelles eaux-de-vie (framboise, poire Williams, mirabelle, quetsche, kirsch…) qui font sa renommée et des apéritifs divers (pastis alsacien, Alsaquina, gin artisanal).

TRIEMBACH-AU-VAL

Le village primitif se trouvait probablement à l'intersection de la route du Sel (via Salinatorium) entre Barr qui relie la plaine d'Alsace et Ehl près de Benfeld. Cette route du Sel reliait la Lorraine en passant par Steige, la Salcée, Saales, Raon-l'Étape et Lunéville. Une ancienne chapelle édifiée au XVIe siècle est dédiée à saint Christophe. Le claveau daté de 1619 et armorié (rameau de feuillage, onde stylisée et croix grecque) provient certainement de cette chapelle, reconstruite ou agrandie avant le déclenchement dans la vallée des hostilités de la guerre de Trente Ans. L'église actuelle, qui le renferme, remonte à 1777.

BAS-RHIN

RESTAURANT SAULOCH €€

117, route de Hohwarth

© 03 88 57 11 20

www.sauloch.fr

Ouvert en été du mercredi au dimanche, le reste de l'année consultez le site.

Envie d'un bon bol d'air frais, de s'éloigner un peu des sentiers battus et passer un moment au vert ? À quelques minutes de Villé, au cœur de la forêt, le Sauloch vous accueille sur la terrasse en été, au coin du feu en hiver. Dans ce restaurant à l'ambiance chaleureuse, la décoration fait honneur au cochon (*Sauloch* signifie le trou au cochon). Dans les assiettes aussi le porcin est à l'honneur, sous toutes ses formes, pour notre plus grand plaisir. Les gros mangeurs seront conquis et les plus difficiles convaincus dès les nombreuses entrées.

AUBERGE CHEZ GUTH €€

5a, rue du Bas-des-Monts

© 03 88 58 12 05

www.auberge-chez-guth.fr

Ouvert du mercredi au dimanche de 12h à 15h et de 19h à 21h. Menus de 28 € à 72 €. Formule du midi : 28 €.

Courus par les amateurs de nature et d'authenticité, dans un paysage de rêve, les plats de Yannick Guth sont délicieux, inventifs et raffinés, issus de produits locaux et saisonniers : légumes des fournisseurs amis, gibiers en provenance des forêts avoisinantes et l'on ressent facilement en se délectant du contenu des assiettes superbement dressées, le plaisir que Yannick a éprouvé en mettant au point les recettes dont il fait profiter ses clients. La carte des vins est bien fournie. L'ambiance est ici très agréable et le service est très attentionné, souriant.

STEIGE

Steige doit sa notoriété mondiale à Pasteur. C'est ici qu'il pratiqua le premier vaccin contre la rage sur un être humain, Joseph Meister, un jeune habitant du village mordu par un chien enragé. Cette jolie petite commune vosgienne est également connue pour son savoir-faire en matière de distillerie. Son ancienne église paroissiale abrite de beaux fonts baptismaux ainsi qu'un autel du XVIIIe siècle. L'actuelle chapelle du cimetière constitue les restes d'un ancien vestige de l'église primitive du village. Celle-ci construite, à la fin du XVIIe siècle, est transformée durant la Révolution française en « temple de l'Être suprême », puis en étable.

DISTILLERIE JOS NUSBAUMER

23, Grand'Rue

© 03 88 57 16 53

www.jos-nusbaumer.com

Visites possibles du lundi au vendredi sur réservation seulement. Peut accueillir des groupes jusqu'à 60 personnes.

Cette belle distillerie familiale élabore une trentaine de variétés d'eaux-de-vie de fruits et de baies sauvages de haute qualité, distillées et vieillies suivant les recettes traditionnelles de cette vallée, ainsi que des liqueurs artisanales à base exclusive de fruits et d'eaux-de-vie, titrant de 30° à 35°/vol. et comportant seulement 240 grammes de sucre au litre. Citons parmi ces sublimes liqueurs, celle de whisky Mokafé créée à l'occasion des soixante-dix ans de la maison.

URBEIS

Urbeis c'est aussi le Climont dont la partie urbanisée située à 660 m d'altitude est au pied d'un massif qui sert de départ à de nombreuses randonnées menant au sommet à 966 m où, après être monté sur la plateforme de la tour Jules, vous découvrirez un panorama exceptionnel sur le val de Villé, la vallée de la Bruche, les Vosges et la plaine d'Alsace. Stèle Napoléon III, chemin du Patrimoine, église Saint-Nicolas, chemin de la Résistance et de la Liberté, château du Bilstein, Maison du mineur et mine Théophile sont autant de lieux de découvertes et d'explorations à ne pas manquer. Découvrez aussi le surprenant et peu connu tunnel d'Urbeis...

ANCIENNE MINE THÉOPHILE

Direction d'Urbeis à partir du bourg de Lalaye. Un sentier balisé de blanc mène à l'entrée. Si ce voyage vous conduira à vaincre votre claustrophobie, votre peur du noir et des chauves-souris, il ne vous conduira pas à la fortune. Les mines ont été exploitées jusqu'à l'os ! Pendant des siècles, le val de Villé tira sa richesse de l'extraction de l'argent, du plomb, du cuivre et de l'antimoine. Creusées à la pointerole et au burin, ces galeries mesurent près de quatre mètres de hauteur, un prodige de technique pour l'époque. Soyez néanmoins prudents et prévoyants.

CHÂTEAU DE BILSTEIN

Accès libre.

Du haut de son promontoire, il surveille le village. Le château du Bilstein était autrefois un défenseur de poids pour la vallée. La montagne est séparée de ses murs par un profond fossé et l'édifice n'est accessible que par une passerelle en bois. Édifié en grès rose, le fort est pourvu d'un donjon carré du XIIe siècle qu'une double enceinte protège. Celle-ci fut modifiée sous le règne des Wurtemberg au XIVe siècle. On rentre dans le donjon par une magistrale porte en forme d'ogive. Ce bastion fortifié permet de profiter de l'imprenable vue sur la vallée.

FERME HUMBERT

83, rue Principale
✆ 03 88 57 06 00
www.biofermehumbert.com
Ouvert du lundi au samedi de 16h30 à 18h.

En bio depuis 1990, cette petite ferme de montagne propose en vente directe yaourts, crème, beurre, desserts lactés, fromage frais, lait cru, glaces, viandes de bœuf et de veau, charcuteries à base de bœuf, œufs, légumes de saison et pain. Signe de qualité, elle a été de nombreuses fois récompensée par les labels bio européen, biocohérence, le trophée de l'agriculture durable 2012 et la marque race bovine vosgienne. Faites vos courses et profitez-en pour faire un petit tour à l'étable dire merci aux vaches, et prendre le temps de discuter avec Dédé.

ÉCURIE DU CLIMONT

1 bis, route des Crêtes
✆ 06 88 56 59 22
www.ecurieclimont.com
Ouvert toute l'année. Tarif sur demande en contactant l'écurie.

Elle jouit d'un écrin incroyable : le sommet du Climont est original car il comporte un abri ainsi qu'une tour d'une dizaine de mètres de haut. De son sommet, le panorama sur les Vosges est superbe. Encerclée par les forêts à perte de vue, l'Écurie est idéale pour les randonneurs et amateurs de nature et de grand air. Vous profiterez de ses nombreuses formules pour apprendre l'équitation ou vous perfectionner en vous amusant. De l'équitation pieds nus est même proposée pour plus de sensations ! C'est aussi un gîte étape pour les cavaliers et leurs chevaux.

DISTILLERIE JOS NUSBAUMER

23, Grand'Rue
✆ 03 88 57 16 53
www.jos-nusbaumer.com
Ouvert le lundi et samedi de 9h à 12h et de 14h à 18h. Du mardi au vendredi de 9h à 12h30 et de 14h à 18h30.

« Distiller, c'est extraire l'âme des fruits ». Cette citation de Joseph Nusbaumer résume la passion qui anime sa famille depuis 1947. Dans cette distillerie, les traditions ancestrales sont préservées. Une visite s'impose pour prendre le temps de découvrir les différentes étapes qui permettent de métamorphoser les fruits en divins nectars ! Envie d'une liqueur ou d'une eau-de-vie ? Ici vous aurez largement le choix et découvrirez même des productions très innovantes.

© DISTILLERIE JOS NUSBAUMER

© DISTILLERIE JOS NUSBAUMER

BAS-RHIN

ERSTEIN

La révolution des transports au XIXe siècle favorisera son développement. Témoins de cette période prospère : les anciennes tanneries, la filature et les maisons ouvrières. D'autres bâtiments du XIXe siècle relèvent de la campagne de reconstruction par les autorités allemandes en 1871. L'eau, bien que domptée, est toujours présente et la réserve naturelle d'Erstein est parcourue par un réseau dense d'anciens bras du Rhin, où l'on croisera iris pseudacores, grenouilles véloces, sittelles, et maintes espèces de libellules. De jolies maisons de pêcheurs à colombages rappellent d'ailleurs combien cette activité était importante dans la région.

ETAPPPENSTALL - MUSÉE EXPOS

16, rue du Général-de-Gaulle

✆ 03 90 29 93 55

www.ville-erstein.fr

Ouvert le dimanche, le lundi et du mercredi au vendredi de 14h à 18h.

L'architecture de l'Etapppenstall oscille entre passé et présent. Cela en fait un équipement insolite dont le nom rappelle sa fonction d'origine de relais militaire. Espace d'exposition et de découvertes, ses programmations proposent des expositions temporaires sur des thèmes variés : patrimoine, sciences, arts plastiques... On y profitera également d'ateliers pédagogiques visant à sensibiliser le public aux éléments de patrimoine et aux pratiques culturelles régionales.

MUSÉE WÜRTH

Rue Georges Besse

✆ 03 88 64 74 84

www.musee-wurth.fr

Du mardi au samedi de 10h à 17h ; le dimanche de 10h à 18h. Gratuit. Audioguide : 6 €. Visite guidée le dimanche : 6 €.

Le musée Würth présente la collection homonyme, l'une des plus importantes d'art moderne et contemporain en Europe. Le bâtiment abrite 3 salles : une grande nef au rez-de-chaussée et deux grandes salles à l'étage. Sur près de 800 m², 18 000 œuvres reflètent l'évolution de l'art de la fin du XVIIIe siècle à nos jours, inspiré essentiellement par le monde du travail. Des expositions temporaires sont également accueillies. Régulièrement, des animations sont proposées. La boutique du musée propose une sélection d'objets intéressants.

RÉSERVE NATURELLE DE LA FORÊT D'ERSTEIN - LA SOMMERLEY

Rue du Muguet ✆ 03 89 83 34 10

www.conservatoire-sites-alsaciens.eu

Visite libre ou visite guidée sur demande.

La réserve naturelle de la forêt d'Erstein est protégée depuis 1989. 180 hectares composent cette forêt alluviale rhénane parcourue par des bras fluviaux nommés Giessen. La richesse de la faune et de la flore y est exceptionnelle ! Plus de de trois cent espèces végétales y poussent, dont cinquante-sept espèces d'arbustes et arbres. Les ornithologues amateurs ou confirmés pourront y admirer soixante-dix-huit oiseaux différents ou d'innombrables espèces d'insectes rares.

SUCRERIE CRISTAL-UNION

Route du Rhin

✆ 03 88 59 61 61

www.sucre-erstein.com

Visite guidée (pour les individuels sur réservation auprès de l'office de tourisme, pour les groupes, à la sucrerie).

Erstein, c'est aussi l'histoire de la marque homonyme ! L'aventure a commencé il y a plus de 100 ans. Créée en 1893, elle est l'un des fleurons de l'industrie agro-alimentaire locale. Le site accueille la production des quelque 520 planteurs de betteraves sucrières répartis sur l'Alsace. La récolte s'échelonne entre la mi-septembre et la mi-novembre, avant la période de grands froids. La production avoisine les 100 000 tonnes. Lors de la visite, vous êtes pris en charge par les retraités de l'entreprise qui vous guident tout au long de la chaîne de fabrication.

OFFICE DE TOURISME ERSTEIN

16, rue du Général de Gaulle

✆ 03 88 98 14 33

www.grandried.alsace

Ouverture variable selon la saison (voir site Internet). Wifi gratuit.

Réputée pour sa sucrerie, la jolie cité d'Erstein est située à 20 km au sud de Strasbourg. Son territoire offre toute une gamme d'activités très variées : visite de la ville, promenades dans la forêt alluviale rhénane, découverte de la réserve naturelle. Avis aux amateurs de culture : il vous faut absolument visiter le Musée Würth France Erstein, superbe musée d'art moderne et contemporain. À l'Etappenstall, vous découvrirez aussi des expos temporaires et des ateliers pédagogiques.

LE DOMAINE D'AUTREFOIS**** €€€

40, rue de l'Eglise - **BOLSENHEIM**

✆ 03 88 21 90 26 - www.lesauthentics.com

6-10 personnes. Semaine dès 750 €. Nuitée dès 180 € (hors week-end). Bain bouillonnant, sauna. Terrasse privative.

Aménagés dans une vénérable ferme alsacienne de 1620, ces hébergements se nichent dans un environnement campagnard à 13 km d'Obernai. Grandes chambres, cuisine et salle de douche contemporaine, beaux espaces de séjour, terrasse avec mobilier outdoor très chic et espace de détente (sauna, bain bouillonnant, massages...) comptent parmi les atouts du lieu. Vous serez parfaitement accueillis et profiterez des bons conseils de vos hôtes pour la programmation de vos visites de la région.

AUBERGE DE LA TUILERIE €€

9, rue des Muguets

✆ 03 88 98 08 02

Mardi et mercredi de 12h à 14h, jeudi, vendredi et dimanche de 12h à 14h et de 18h30 à 21h45, samedi de 18h30 à 21h45.

Dans cette sympathique auberge qui privilégie les produits frais, de saison et le fait maison, vous pourrez venir déguster les plats alsaciens typiques et de nombreuses suggestions qui varient très souvent. Les enfants sont ici rois et tout est pensé pour passer un agréable moment en famille. Ils trouveront cadeaux, sucreries, de quoi les occuper, et les parents trouveront tous les accessoires pour les faire manger dès le plus jeune âge. C'est une excellente adresse pour une sortie familiale même s'il l'on a un petit budget car ici l'addition est très raisonnable.

JEAN-VICTOR KALT €€€

41, avenue de la Gare ✆ 03 88 98 09 54

www.jv-kalt.com

Ouvert du mercredi au samedi le midi et le soir ; le dimanche midi. Réservation recommandée. Carte : 40 € environ.

La cuisine de Jean Victor Kalt est authentique et raffinée, alliant le goût du terroir et un sens très sûr des accords pour le plaisir des gourmets. Des miroirs sont placés au plafond, une grande table centrale présente des bouteilles des meilleurs crus. Les menus sont très judicieusement composés de saveurs d'Alsace et d'ailleurs, pour des rencontres épicées surprenantes invitant au voyage. En plus des classiques et autres incontournables, on trouvera toujours ici de nouveaux plats de saison, proposés par exemple à l'occasion de soirées dédiées ou d'évènements.

LUDESSIMO

3, rue de la Pente

✆ 07 83 73 91 50

Boutique en ligne, retrait sur rendez-vous ou en livraison.

Pour éviter le gaspillage, Brigitte récupère des milliers de jeux et jouets qu'elle complète, remet en état et bichonne pour vous les proposer comme neufs à prix réduit. Plus de 3 000 sont disponibles et 7 000 sont en attente... Autant dire qu'il y en a pour tous les goûts ! Solidaire et écologique, cette boutique de jeux et jouets offre une véritable alternative à la surconsommation et propose aux plus petits budgets de gâter leurs enfants sans se ruiner car tout est à au moins moins cinquante pour cent par rapport aux prix en magasins.

LIMERSHEIM

Limersheim vient de *leammer* comme brebis, tout comme schaeffersheim de *schaeffer* (berger) et on disait à l'époque mérovingienne que les brebis mangeaient déjà sur les terres déboisées de Limersheim et que les huttes des bergers étaient à Schaeffersheim. Le vrai nom de Limersheim provient d'un soldat romain nommé Lithomar dans les légions romaines. Lithomar était un nom très répandu et sur ce territoire ont été trouvés de nombreux restes de cette époque. Limersheim est un charmant petit village alsacien situé à 18 km au sud de Strasbourg. Sa fameuse rue Circulaire avec ses magnifiques maisons à colombage ne vous laissera pas indifférent.

FERME KIEFFER

Lieu dit Auf Rotzen

✆ 06 06 66 96 87

www.ferme-kieffer.fr

Possibilité de visite simple aux animaux ou de les nourrir le mercredi et le samedi à 17h, labyrinthe de maïs en saison.

Ouverte à tous, la Ferme Kieffer offre un moment unique et émouvant de contact privilégié avec les animaux qu'elle abrite. Des ânes, des chevaux, des moutons, en passant par Saucisson le cochon, Charly le bouc et Marquise la vache, les animaux ont l'habitude du contact et le recherchent ! La ferme organise également de nombreux évènements : anniversaires à la ferme, chasse aux œufs, labyrinthe de maïs de début juillet à fin octobre, soirées nocturnes comme pour Halloween, nourrissage des animaux en famille, contes de Noël...

BAS-RHIN

CHANTAL ET JEAN-PIERRE €€

54, rue Circulaire
✆ 03 88 64 24 52

Chambre simple 45 € ; chambre double 55 €. Petit déjeuner inclus.

La maison au crépis rosé propose une suite familiale de quarante mètres carrés située à l'étage et divisée en 2 pièces : 1 chambre à coucher de 16 m² avec 1 lit pour 2 personnes, 1 salon de 14 m² équipé d'un convertible pour 2 personnes, une salle de bains avec baignoire et douche, WC séparé. Lit et chaise bébé sont fournis au besoin. Le petit déjeuner est servi dans la salle à manger familiale. Vous bénéficierez d'une situation géographique très avantageuse pour découvrir les principaux atouts touristiques de toute la région, et ce en toutes saisons.

LES PHILOSOPHES €€

91A, rue Verte ✆ 03 88 98 08 80
www.lesphilosophes.fr

Ouvert du mardi au vendredi midi et soir, samedi soir. Menu du jour : 9,90 € (2 plats). Enfant : 9,90 €. Terrasse.

Les Philosophes, c'est une pizzeria sympathique qui offre d'excellents plats du jour très abordables en semaine. De nombreuses références à des lieux, des personnages illustres ainsi que d'étranges termes et appellations se sont glissés sur la carte. Le but ? Bousculer les codes et rendre cette carte plus ludique. N'hésitez pas à « googliser » ce qui vous interpelle et bonne chance pour certaines prononciations ! Cela dit, quel que soit le plat sur lequel vous porterez votre choix, il vous sera servi avec le sourire, pourquoi pas accompagné d'un bon verre de vin !

NORDHOUSE

Le village de Nordhouse trouve ses racines dans la préhistoire. Des fouilles archéologiques, menées il y a quelques années, l'attestent. À 500 mètres au sud du village, dans un méandre de l'Ill, au lieu dit Burckelmatt, se trouve un petit groupe de tertres où des tombes datant de la Tène ancienne (400 ans av. J.-C.), du Hallstatt (600 à 700 ans av. J.-C.) et de la fin du bronze final (1200 ans av. J.-C.) ont été mises à jour. D'autres fouilles au Ochsenfeld ont permis de mettre en évidence la présence d'un site gallo-romain (IIe siècle). Un habitat du haut Moyen Âge (VIIIe et IXe siècles) a été découvert et étudié au lieu dit Oberfuert.

LA CLÉ DES CHAMPS €€

171, rue de l'École
✆ 03 88 98 86 24

Lundi, mardi et mercredi midi. Jeudi, vendredi et dimanche midi et soir. Samedi soir. Menu à 25 €.

Aurélie et Franck vous reçoivent dans leur restaurant à la décoration rustique-chic, légèrement bohème. La terrasse est aménagée dans une grange. Franck, connaisseur en vins, vous sortira avec plaisir l'un des bons crus de sa cave, avec une préférence pour les vins naturels qui s'accordent à merveille avec ses plats inspirés par les marchés et les terroirs. Sur place ou à emporter, on trouve quelques incontournables à la carte qui font la joie des habitués mais aussi de nombreuses nouveautés à chaque saison, à chaque période festive de l'année.

OSTHOUSE

Niché entre les forêts de feuillus bigarrés et les champs de maïs, parcouru par l'Ill et ses berges ombragées bucoliques, ce petit village est ravissant et regorge de trésors. On s'y arrête pour ses belles maisons alsaciennes et son magnifique château du XVe siècle entouré de douves. Propriété privée, il ne se visite malheureusement pas. S'ajoute à cela un sentier de Noël organisé une année sur deux, remarquable et remarqué, non seulement pour son marché de Noël, mais surtout pour les nombreuses activités qu'il propose de fin novembre à début décembre. Voici donc un détour à faire, si vous êtes dans le coin en période de fêtes de fin d'année.

CHÂTEAU D'OSTHOUSE

✆ 03 88 98 14 33

Visite guidée pour groupes de 5 à 30 personnes sur rendez-vous. Durée 1h30.

Le château d'Osthouse est le dernier château de plaine d'Alsace dont les douves sont encore en activité, alimentées par l'Ill. La construction de la première aile date du XVe siècle. L'aile Ouest est construite vers 1436 par Claus Zorn de Bulach. Elle est rénovée en 1558 d'après l'inscription sur la porte de la cave. Un ruisseau et un mur délimitent le domaine qui comporte un large fossé d'eau périphérique avec un pont, une enceinte primitivement fortifiée avec 4 grosses tours d'angle polygonales, un ouvrage d'entrée dans l'axe du pont...

HÔTEL À LA FERME*** €€€

10, rue du Château
✆ 03 90 29 92 50
www.hotelalaferme.com

Chambre double de 99 € à 156 € ; suite de 156 € à 210 €. Demi-pension. Petit déjeuner buffet : 16,50 €.

La demeure typique de la région et ses dépendances composent cette ancienne ferme du XVIIIe siècle qui a été aménagée en un hôtel charmant et atypique, qui allie traditions et touches de modernité, grâce à l'inventivité et la passion de Brigitte et de Jean-Philippe Hellmann. Toutes les chambres donnent sur le jardin aménagé de telle sorte qu'il vous apportera toute la sérénité et le calme recherchés. En hiver, vous apprécierez tout particulièrement de pouvoir vous installer au coin du feu pour bouquiner ou pour échanger avec vos charmants hôtes.

LE JARDIN DES IRIS

15, rue de l'Abbé Wendling
DIEBOLSHEIM
✆ 03 88 74 80 75

Ouvert sur rendez-vous et au moment de la floraison de 14h à 19h.

Marie-Berthe et Auguste Andlauer vous invitent à pénétrer dans leur jardin intégralement dédié à la culture des iris. Le couple de retraités amoureux du jardinage cultive aussi clématites, roses et hémérocalles tout autour de leur ancien corps de ferme. Plus de cent vingt espèces d'iris différentes offrent aux visiteurs la joie de profiter de leur floraison entre avril et juin. Certaines variétés supplémentaires viennent prendre le relais au mois d'août et jusqu'aux premières gelées, ou poussent encore dans le bassin en parfaite harmonie avec les nénuphars.

BENFELD ★

Habité vraisemblablement dès 2000 avant notre ère, mentionné dès 1307 en tant que « ville libre », le bourg de Benfeld hérite d'un riche passé historique, mais a malheureusement fait l'objet de destructions lors des conflits qui ont jalonné l'histoire de la région. Benfeld est le point de départ de randonnées pédestres sur des chemins balisés par le club vosgien et des pistes cyclables vous mènent aux alentours sur quelques boucles faciles. Un beau plan d'eau se situe en direction Herbsheim avec une plage aménagée et surveillée en été, une buvette snack est ouverte en saison. Le village des Antiquaires regroupe plus d'une vingtaine d'exposants.

OFFICE DE TOURISME BENFELD

Place de la République
✆ 03 88 74 04 02
www.grandried.alsace

Ouverture variable selon la saison (voir site Internet). Wifi gratuit.

À Benfeld, l'antenne locale de l'Office de Tourisme du Grand Ried est implantée au cœur de la vieille ville. Avant d'en passer le seuil, arrêtez-vous un instant afin d'admirer l'horloge à Jacquemart (1620) qui pare la tourelle de l'hôtel de ville et comporte trois automates sculptés en bois de chêne. De nombreuses brochures, cartes et plans pour découvrir le Grand Ried à pied ou à vélo sont à votre disposition, ainsi qu'une boutique bien fournie en artisanat local.

HÔTEL DE VILLE ★

1, place de la République
✆ 03 88 74 04 02
www.grandried.fr

Visite guidée (réservation à l'Office de Tourisme du Grand Ried ✆ 03 88 74 04 02 - participation 2 €).

L'hôtel de ville fut construit en 1531. Le bailli rendait alors justice sous les arcades ouvertes. La tour fut ajoutée en 1619 par Ascagne Albertini, architecte et bailli de Benfeld. Les trois personnages en bois de l'horloge à Jacquemart représentent la Sagesse et la Mort. Le troisième personnage, que les habitants appellent le Stubbenhansel, tient le bâton prévôtal qu'il lève et abaisse, en ouvrant et fermant la bouche. Entre les personnages, trois horloges : un cadran lunaire, un cadran indiquant l'heure de Paris et le troisième l'heure locale de Strasbourg.

L'ALSACE AUTREMENT

✆ 06 41 10 64 51
www.lalsaceautrement.com

Balade en side-car toute l'année. Itinéraires pré-établis ou sur mesure. À partir de 39 €/pers. Tarifs détaillés cf web.

Éric est un inconditionnel et indécrottable amateur de deux-roues (hautement) motorisés depuis sa plus tendre enfance ! Cet adorable personnage vous convie à vous installer dans le side-car hyper confortable de sa moto bichonnée avec amour. Il peut aussi embarquer une personne de votre choix sur le siège passager de son gros cube. Pour votre sécurité, il vous équipe de casques, gants et protections de pluie. Après quoi, roulez petits bolides ! Cap sur la Route des Vins d'Alsace, le Ried alsacien et autre itinéraire sur mesure. Devis sur demande poliment formulée !

AMBIANCE-JARDIN €€

12, rue de l'Abbé-Wendling - **DIEBOLSHEIM**
✆ 03 88 74 84 85
www.ambiance-jardin.com
Chambre double de 88 € à 98 €. Petit déjeuner inclus. Lit supplémentaire : 20 €. Parking fermé. Taxe de séjour incluse.

Nichées dans la vieille grange d'un grand corps de ferme typique de la région, vous profiterez ici de l'une des 4 charmantes chambres d'hôtes champêtres. Le mobilier ancien et les éléments de décoration ont été chinés au gré des coups de cœur. Les volets bleus de ces anciennes dépendances s'ouvrent sur un grand jardin plein de poésie et de fantaisie. Le petit déjeuner proposé pourra d'ailleurs y être pris à la belle saison, il est composé de nombreuses choses et très varié, très frais. N'hésitez pas à échanger avec vos hôtes, ils sont charmants et attentionnés.

AUBERGE DES SAUTERELLES €€

9, rue du 1er-Décembre - **SERMERSHEIM**
✆ 07 68 46 88 82 - www.auberge-sauterelles.fr
5 chambres. Chambre simple à partir de 40 € ; chambre double à partir de 80 €.

Frédéric Bertrand et sa femme vous recevront dans une belle demeure alsacienne réagencée. On accède à cette auberge par la rue de la Paix. À l'étage de cet ancien corps de ferme, on trouve quatre chambres accueillantes ayant chacune leur propre identité. L'auberge propose également sa table d'hôtes et peut recevoir jusqu'à une cinquantaine de personnes. C'est Frédéric qui cuisine et cela vaut le détour car ses plats sont de véritables hommages aux bons produits de notre région et à la cuisine traditionnelle. Émotion des papilles garantie à coup sûr !

AU P'TIT BONHEUR ALSACIEN €€

6, rue de la Chapelle - **FRIESENHEIM**
✆ 03 69 33 52 13
www.au-ptit-bonheur-alsacien.com
Chambre double de 90 € à 105 €. Petit déjeuner inclus. Lit supplémentaire : 38 € (lit enfant 20 €). Vélos à disposition.

Marie-Laure Fritsch a aménagé 3 adorables chambres d'hôtes dans une ancienne grange en grès des Vosges. Celle-ci est nichée dans un luxuriant jardin verdoyant joliment fleuri à la belle saison, avec une agréable piscine et une terrasse où l'on a plaisir à savourer un copieux petit déjeuner. Les chambres quant à elles sont très agréables et douillettes, avec des équipements modernes et de qualité et une décoration charmante. Les enfants sont bien reçus ici.

CHATEAU DE WERDE €€€

11, hameau de Werde - **MATZENHEIM**
✆ 03 88 74 20 16
www.chateaudewerde.com
Chambre double à partir de 89 € ; suite à partir de 99 €. Petit déjeuner : 10 €. Gratuit pour les enfants.

En 1185, le château était encerclé par de larges fossés et on y accédait par un pont-levis. Aujourd'hui les chambres et suites aux décors personnalisés et raffinés sont adaptées au confort moderne tout en conservant leur charme d'antan. Au premier étage, la chambre chaleureuse et intime offre une vue reposante sur l'Ill et le lavoir et la suite familiale offre une ambiance château de campagne et une vue sur tout le domaine. C'est l'endroit idéal pour les couples qui rêvent de s'offrir la vie de château lors d'une escapade qui vous fera le plus grand bien.

RESTAURANT DE L'ILL €€

14, rue du Général Leclerc
EBERSMUNSTER
✆ 03 88 85 75 40
Ouvert du jeudi au mardi de 12h à 13h30 ; du jeudi au dimanche de 19h à 21h. Carte : 25 € environ.

Voici un sympathique restaurant, en plein cœur d'Ebersmunster. Sur la terrasse à la belle saison ou à l'intérieur lorsqu'il fait plus frais, le cadre est charmant, bien décoré et chaleureux. Marielle vous reçoit avec le sourire et veille à votre bien-être. L'incontournable ici c'est la carpe frite et on la trouve tout au long de l'année, ce qui est rare pour ce plat, généralement plutôt réservé à l'extrême Sud alsacien et à une période bien précise. Si cela ne vous tente pas, sachez que quel que soit le plat choisi, la générosité est dans les assiettes !

AU ZOLL €€

1, route du Rhin
✆ 03 88 08 48 74
www.auzoll.e-monsite.com
Ouvert le lundi et le mardi de 12h à 14h ; du vendredi au dimanche de 12h à 14h et de 19h à 21h.

Jean-Christophe propose des plats aux ingrédients de qualité issus des marchés tandis que Cynthia, son épouse, met tout en œuvre en salle pour vous faire passer un agréable moment. On trouvera sur la carte qui change souvent de très bons plats, inspirés par les produits de saison et les envies du chef qui ne se contente pas que de la gastronomie alsacienne mais sait au contraire s'ouvrir sur des saveurs parfois internationales et inattendues. Si vous êtes œnologue amateur, vous serez conquis car ici on sait choisir les cépages et les accorder à merveille !

BAS-RHIN

© FREDO OBERLE

© PIERRE HIEBER

OFFICE DE TOURISME DU GRAND RIED

✆ 03 88 74 04 02
www.grandried.alsace

4 bureaux : Benfeld, Erstein, Marckholsheim, Rhinau. Horaires selon saison, voir sur le site web.

Lové au cœur de l'Alsace, le Grand Ried dévoile une richesse naturelle tout à fait exceptionnelle ! Cet espace préservé se découvre à pied ou à vélo, mais aussi à cheval et en barque à fond plat. L'OT du Grand Ried propose un grand nombre d'activités autour de son patrimoine : nature, culture, artisanat local, se dévoilent au gré d'un agenda riche en manifestations mémorables. En bonus : accueil personnalisé, bons plans hébergement et gastronomie, cartes et brochures détaillées.

© PHOTO CLUB DU RIED

BOOFZHEIM

Ce village a préservé de belles maisons à colombages des XVIIe et XVIIIe siècles, son moulin à eau du XVIIe siècle et son église du XVIe siècle. Elle mérite la visite pour la porte de sacristie Renaissance et son autel surmonté d'une toile du XVIIIe siècle représentant saint Etienne lors de sa lapidation. Les amateurs de nautisme connaissent surtout Boofzheim pour son port de plaisance, qui permet de découvrir la région différemment, sur les 320 kilomètres de canal jalonnés par près de 160 écluses. Des embarcations peuvent être louées. À quelques kilomètres, Daubensand se démarque surtout par la richesse de son environnement spécifique au Ried.

HUTTENHEIM

Huttenheim s'est formé autour de la pêche. À l'origine, le village n'était qu'un petit regroupement de huttes de pêcheurs. Il conserve une jolie chapelle baptisée Notre-Dame-du-Grasweg et âgée d'environ 600 ans. Elle recèle une statue de la Vierge à l'Enfant du XVe siècle et des peintures qui auraient été réalisées à la même époque. L'autre église du village, placée sous le patronage d'Adelphe et reconstruite entre 1843 et 1845, est dotée d'une tour porche romane. Pour découvrir plus en détails Huttenheim, Sernersheim et Kogenheim, un topoguide est en vente à l'office de tourisme de Benfeld. Il détaille un circuit découverte de 12 kilomètres.

LA PERLE DU RIED €€

3, route de Strasbourg

✆ 03 88 58 10 10

www.alsace-gite.fr

9 gîtes de 2 à 6 personnes. De 300 € à 470 € la semaine selon saison. Animaux acceptés.

Cette vaste et somptueuse demeure conviendra aux couples comme aux familles, puisque les neuf logements peuvent recevoir de deux à six personnes chacun. Les appartements entièrement meublés dans un style typiquement alsacien sont chaleureux et accueillants, et ils vous proposent une cuisine équipée avec tout le nécessaire pour la vie quotidienne... sauf la télé ! Eh oui, la philosophie de la maison est plutôt de vous inciter à déconnecter et surtout à sortir, à découvrir, à visiter, à s'émerveiller..., bref, à se construire de beaux souvenirs.

AUBERGE DE LA TREILLE €€

14, route de Rhinau

✆ 03 88 74 60 44

Ouvert du vendredi au mardi de 9h à 14h et de 17h à 21h30. Fermé le mercredi et le jeudi. Menu unique à 26 €.

À l'Auberge de la Treille, on se sent comme en famille ! Ici, l'ambiance est familiale et chaleureuse, que l'on profite de la terrasse en été ou de la belle et grande salle avec bar en hiver. Si la carte change régulièrement, on retrouve toujours la qualité et la générosité dans les plats. Tout est alléchant et fait maison : les gourmets et gourmands ne s'y tromperont pas ! En famille ou entre amis, on profite régulièrement de soirées thématiques autour d'un plat convivial. Emmenez vos enfants, ils sont particulièrement bien reçus eux aussi.

LE PASTORAL €

24, rue du Général-de-Gaulle

✆ 03 88 74 84 61

Du mardi au jeudi de 11h30 à 21h30 ; le vendredi de 11h30 à 23h ; le samedi de 18h30 à 23h ; le dimanche de 18h30 à 22h.

La décoration est chaleureuse : poutres, chaises en bois et plantes vertes. Le chef, totalement passionné, laisse libre cours à sa créativité en proposant des menus gastronomiques dès qu'il le peut, mais on trouve en permanences les classiques alsaciens tout comme italiens dans un subtil mélange des genres. Ces derniers sont simples mais particulièrement bien réalisés avec un soin poussé apporté au choix des produits qui les composent. L'adresse conviendra très bien aux gros mangeurs puisque les portions sont très généreuses, avec souvent des restes à emporter.

ALSACE-VINTAGE.COM

✆ 06 73 93 04 43

www.alsace-vintage.com

Belle sélection de vins d'Alsace, large fourchette de prix.

Spécialiste de la vente en ligne, Alsace Vintage propose, comme son nom l'indique, uniquement des vins alsaciens. Créé par des passionnés issus pour la plupart du monde du vignoble, ce site fonctionne depuis novembre 2012 et propose plusieurs centaines de références provenant de plus d'une trentaine de producteurs : André Ostertag, Zind-Humbrecht, Rolly-Gassmann, Weinbach, Trimbach, Allimant-Laugner, Bott Frères et bien d'autres tout aussi recommandables. Vins d'Alsace traditionnels, bio ou biodynamiques, il y en a pour tous les goûts et toutes les bourses !

RHINAU

La petite cité de Rhinau se situe en bordure du Rhin et son bac automoteur gratuit permet de passer facilement en Allemagne voisine. En période d'affluence, il assure une rotation continue et en période normale, c'est une fois tous les quarts d'heure. Le bac est utilisé par les habitants pour se déplacer quotidiennement et par les nombreux visiteurs du parc d'attractions Europa Park. En ville, passez voir le chœur gothique de l'église Saint-Michel, datant de 1519. C'est l'un des rares vestiges de la vieille ville. Côté activités, il ne faut pas manquer les promenades en barques à fond plat à l'île de Rhinau, sur le Brunnwasser et dans le Taubergiessen.

L'ÎLE DE RHINAU

Accès par la centrale hydroélectrique située à hauteur de Diebolsheim à 6 km au sud de Rhinau. Parking au niveau des écluses.

Ouvert toute l'année.

Longue de dix kilomètres, large de presque quatre cent mètres, elle compte trois cente soixante-quinze hectares dont certains sont classés en réserve naturelle. Cette île subit l'inondation de manière saisonnière, notamment au printemps lorsque les crues du Rhin lui offrent la possibilité de régénérer son environnement naturel exceptionnellement riche en flore comme en faune. Cinq cent espèces végétales, une dizaine d'espèces de champignons, cent quarante espèces d'oiseaux, trente-neuf de libellules et autant d'abeilles et de guêpes sauvages sont ici recensées !

OFFICE DE TOURISME RHINAU

35, rue du Rhin

✆ 03 88 74 68 96

www.grandried.alsace

Ouverture variable selon la saison (voir site Internet). Wifi gratuit. Location de vélos.

En bordure du Rhin, l'équipe du bureau d'information touristique vous conseille sur les lieux et les activités incontournables : les promenades en barques à fond plat et la visite de l'île de Rhinau (« la petite jungle rhénane »), où la faune et la flore sont préservées dans une réserve naturelle à découvrir à pied, en canoë, en barque ou à vélo. Possibilité de location de vélos électriques en saison. Poursuivez votre visite en découvrant l'Allemagne grâce au bac automoteur !

HOSTELLERIE BORDS DU RHIN €€

10, route du Rhin

✆ 03 88 74 60 36

www.aux-bords-du-rhin-rhinau.fr

Ouvert du mercredi au dimanche de 12h à 13h45 et de 18h à 20h45. Menu unique à 38 €.

Le restaurant Aux Bords du Rhin à Rhinau est une véritable institution familiale depuis 1883 ! Patrice officie en cuisine avec son neveu Mathieu qui constituent les 5e et 6e générations de Berna aux fourneaux ! Yves assure de main de maître le service et la découpe à table de la spécialité de la maison : le sandre aux pommes de terre. C'est un incontournable qui ravira les puristes, tout comme le reste de la carte, très orientée vers les poissons d'eau douce.

SÉLESTAT ★★

Pour se garer en ville, le plus simple est d'accéder au parking gratuit qui vous accueille non loin d'un impressionnant château d'eau de 1906 qu'un éclairage valorise particulièrement à la nuit tombée. Vous rejoignez ensuite à pied l'office de tourisme et on vous renseignera avec le sourire, qu'il s'agisse d'un hébergement à trouver, d'une visite du patrimoine religieux ou culturel ou d'une idée de randonnée. Une étape indispensable dans ce bâtiment du XVIe siècle s'impose avant de vous lancer à l'assaut de cette ville superbe, qui regorge de trésors. Durant un week-end d'août a lieu le Corso fleuri où plus de 500 000 dahlias décorent les chars.

BIBLIOTHÈQUE HUMANISTE ★

1, place du Docteur Maurice Kubler

✆ 03 88 58 07 20

www.bibliotheque-humaniste.fr

Horaires d'ouverture et tarifs détaillés : consulter le site Web. Visites guidées. Boutique.

Fondée en 1452 et installée dans la Halle aux Blés depuis 1889, la Bibliothèque Humaniste est inscrite depuis 2011 au Registre Mémoire du Monde de l'Unesco pour la partie de ses collections léguées par l'humaniste Beatus Rhenanus (1485-1547). Placé sous l'égide de ce savant, le parcours muséographique dévoile des collections uniques dans les six espaces qui composent l'exposition permanente, notamment 154 manuscrits médiévaux et 1 611 imprimés datés des XVe et XVIe siècles. Le Trésor dévoile les ouvrages les plus précieux grâce à un dispositif numérique inédit.

ÉGLISE SAINT-GEORGES ★

Place Saint-Georges
✆ 03 88 58 00 38
Ouvert toute l'année. Gratuit.

L'édifice gothique, construit en plusieurs phases entre 1220 et 1500, se dresse sur des fondations bien antérieures. On y observe des épitaphes d'humanistes, dont celle de Beatus Rhenanus dans le narthex ainsi qu'un benitier avec l'emblème des Habsbourg : un aigle. La chaire dite de Jérôme Kruch qui est soutenue par les épaules de Samson fut achevée en 1619. Regardez en l'air et contemplez longuement les clés de voûte ornées de sculptures, mais surtout les très beaux vitraux du chœur, dont trois verrières remontant au XVe siècle.

MAISON DU PAIN D'ALSACE ★

Rue du Sel
✆ 03 88 58 45 90
www.maisondupain.org
De septembre à novembre, du mardi au samedi 9h-18h ; dimanche 9h-12h30 et de 14h à 18h. Décembre, tous les jours 9h-18h.

Pénétrez dans ce musée incroyable qui rend hommage à l'un des plus anciens métiers, celui de boulanger ! En visitant ce lieu magique et animé, on vous livrera tous les secrets de fabrication, depuis le blé jusqu'à la farine et au pain, et on vous familiarisera avec les machines utilisées au fil du temps. Des ateliers avec des créations, des cuissons au four et tout ce qu'il faut savoir pour déguster un pain de qualité sont proposés. Un ancien fournil a été recréé et parfois un boulanger commente pour les visiteurs les étapes de la naissance d'un pain.

ÉGLISE SAINTE-FOY ★

Place du Marché-Aux-Poissons
✆ 03 88 58 00 38

Église prieurale bâtie durant la deuxième moitié du XIIe siècle, son plan basilical à transept est un classique de l'art rhénan. Elle fut modifiée au XVIIIe siècle par les Jésuites pour correspondre à leur style baroque, notamment le mobilier. Contemplez la superbe chaire de 1733 créée par Ignace de Saint-Lô, qui retrace l'existence de saint François Xavier. Les chapiteaux de la nef, dont une partie remonte au XIIe siècle, sont remarquables. Les vitraux originels ne sont plus visibles car ils furent remplacés à la fin du XIXe siècle.

DANS LES PAS DU LION ET DU GÉANT SLETTO

10, boulevard Leclerc
✆ 03 88 58 87 20
www.selestat-haut-koenigsbourg.com
Ouvert toute l'année.

Sur ce parcours gratuit et accessible à tous pour découvrir les principaux sites remarquables de la ville en 24 étapes, laissez-vous guider par les empreintes de lion et du géant au sol. Les pas de géant sont ceux de Sletto dont la légende raconte qu'il aurait fondé la ville de Sélestat. Il suffit de flasher le QR code pour découvrir les sites incontournables de Sélestat puis de flasher ceux proches des différents bâtiments pour découvrir les informations historiques relatives.

Bibliothèque humaniste.

RÉSERVE NATURELLE DE L'ILLWALD

✆ 03 88 58 85 12

Ouvert toute l'année. Gratuit.

Cette réserve naturelle de 2 000 hectares est composée de parcelles boisées, de prairies et de rivières. Cette zone humide est célèbre chez les naturalistes de toute l'Europe : proche du centre de la ville, le calme et la sérénité de ce lieu permettent de se ressourcer. Véritable musée naturel vivant, elle attire de nombreux promeneurs et curieux ou naturalistes. Pensez à vous munir de chaussures de marche ou de bottes car la réserve est potentiellement inondable.

VESTIGES DES FORTIFICATIONS ★

Gratuit.

Les remparts de la ville, bâtis entre 1675 et 1691 sur ordre du roi Louis XIV suivant les contours de l'enceinte médiévale, n'ont pas survécu à leur démantèlement à partir de 1874, à l'exception de la Porte de Strasbourg, d'une courtine et de deux bastions. La tour des Sorcières. construite en 1216, servait de prison pour femmes dès 1550. La tour Neuve, ou de l'Horloge, avec ses deux arcs brisés, témoignent de la seconde vague de fortifications de la ville.

LE PETIT TRAIN DE SÉLESTAT

3, place d'Armes

✆ 06 51 02 52 55

www.lesvitrinesdeselestat.fr

D'avril à septembre. Vendredi, samedi, dimanche (mercredi pendant vacances scolaires). 10h-18h. 5 €/adulte. 3 €/groupe.

© VITRINES DE SÉLESTAT

Découvrez le centre historique de Sélestat avec le petit train qui prend son départ place Kubler, juste à côté de la Bibliothèque humaniste et de la Maison du Pain. Commentée par audioguide, cette balade d'environ 30 minutes vous permettra d'admirer notamment l'église Saint-Georges bâtie entre le XIIIe et le XVIe siècle. Le parcours passe aussi par la médiathèque pour longer l'Ill et les vénérables remparts de Sélestat. Attention au départ, tout le monde en voiture !

SÉLESTAT HAUT-KOENIGSBOURG TOURISME

2, place du Docteur Maurice Kubler

✆ 03 88 58 87 20

www.selestat-haut-koenigsbourg.com

Les horaires diffèrent selon la période de l'année : consulter le site web de l'Office de tourisme. Brochures. Boutique.

À proximité de la Maison du Pain d'Alsace, l'Office de tourisme intercommunal Sélestat Haut-Koenigsbourg Tourisme rassemble en un même lieu toutes les informations sur les activités culturelles, sportives et touristiques à Sélestat. On y trouve également un bel éventail de documentation gratuite sur les sites mémorables à voir absolument, les balades et autres découvertes à faire dans la région. Fêtes, expositions, monuments à visiter, marchés, rien ne vous échappera !

ALSACE CANOËS - LES CANOËS DU RIED

Route de Marckolsheim ✆ 03 88 08 13 01

www.alsace-canoes.com

Ouvert toute l'année. Tous les jours. Sur réservation. Adulte : 45 €. De 5 à 9 ans : 18 €. 38 € pour les 10-17 ans.

Alsace Canoës organise de multiples sorties sur les canaux et rivières d'Alsace : balades en toute autonomie ou promenades avec un accompagnateur diplômé qui aura à cœur de vous faire découvrir la flore, la faune et le patrimoine environnants ! Différents circuits sont proposés pour répondre à toutes les envies, en Centre Alsace et dans les secteurs de Rhinau, Ostwald, Plobsheim, Strasbourg. Alsace Canoës organise également des sorties d'une semaine. La réservation est obligatoire.

SÉLESTAT : UN LABEL VILLE D'ART ET D'HISTOIRE

2, place du Docteur Maurice Kubler
✆ 03 88 58 87 20
www.selestat-haut-koenigsbourg.com
Horaires variables selon la saison : consulter le site web. Boutique, service de billetterie, connexion wifi gratuite.

Sélestat est labellisée Ville d'Art et d'Histoire depuis 2016. Pour découvrir cette charmante cité dans ses moindres détails, des visites guidées thématiques sont proposées, notamment en suivant les empreintes du géant Sletto qui sont signalées au sol au fil d'un parcours de deux heures. Quant à sa Bibliothèque humaniste, son fonds a été constitué aux XVe et XVIe siècles. L'Unesco a reconnu « l'intérêt exceptionnel et le caractère unique et irremplaçable de cette collection »

CHEZ YOUPEL €

24, rue du Président Poincaré
✆ 03 88 92 29 82
www.chezyoupel.fr
Fermé les premières semaines de janvier. Fermé le lundi, le mercredi soir et le jeudi. Réservation recommandée.

© DIDIER MÉRIUS

L'ambiance qui règne au sein de ce restaurant familial est à la hauteur de la qualité des plats servis : délicieuse ! Déjeuner ou dîner en amoureux, avec des amis ou en famille, c'est un sans-faute… En terrasse comme en salle, l'accueil et le service réactif incitent à prolonger sans complexe le plaisir des agapes. Au fil des saisons, les assiettes s'emplissent avec générosité de spécialités de la région : terrine de gibier maison, salades diverses, tartines campagnardes ou vosgiennes, belles pièces de bœuf, rognons de veau, tartes flambées et choucroute.

LA GRANGE SAINT NICOLAS €€

4, rue des Grenouilles ✆ 06 52 57 48 69
www.grangesaintnicolas.com
1 gîte/5 chambres d'hôtes. Nuitée dès 80 €/2 personnes PDJ buffet inclus. Dîner d'hôtes s/ réservation : 29,50 €/pers.

Nichée au cœur de Sélestat, cette superbe maison d'hôtes se déploie au sein d'une vénérable grange fabuleusement rénovée avec des matériaux nobles et chaleureux. Elle compte 5 chambres doubles douillettes avec salle de bains privative, ainsi qu'un très agréable salon commun agrémenté d'une impressionnante cheminée contemporaine. Steve et Kévin vous accueillent tout au long de l'année en compagnie de leur chat Tom, la mascotte des lieux. Privatisation intégrale des lieux possible : cette formule « prestige » permet d'héberger jusqu'à 10 personnes (minimum 7 nuits).

HÔTEL-AUBERGE DE L'ILLWALD*** €€€

Route de Marckolsheim ✆ 03 90 56 11 40
www.illwald.fr
Chambre double à partir de 125 €. Pension complète. Demi-pension. Petit déjeuner : 16 €. Animaux acceptés (16 €).

L'hôtel-auberge de l'Illwald vous propose de belles chambres tout confort (certaines avec balcon) qui allient rusticité chic et détails contemporains avec tout le confort moderne. À cela s'ajoute un charmant parc bucolique avec une piscine extérieure sertie dans une plage de pierre. En bonus : salle de fitness ultra moderne, sauna et espace de repos. L'établissement conviendra particulièrement aux événements et autres séminaires puisqu'il est particulièrement bien équipé pour.

HÔTEL LES HUMANISTES**** €€€

4, rue du Golf ✆ 03 67 20 13 67
https://hotel-les-humanistes.fr
Ouvert toute l'année. Accueil 24h/24. 60 chambres. Chambre double à partir de 103 €. Petit déjeuner : 16 €.

Ce magnifique hôtel (Best Western Plus) mérite amplement ses 4 étoiles ! Inauguré à la mi-novembre 2018, il offre une vue imprenable sur le château du Haut-Kœnigsbourg. Conçu dans un esprit contemporain très zen, il rend hommage à de grandes figures de l'humanisme moderne dont les portraits sublimes ornent les 60 chambres de l'hôtel. La détente est très présente au sein de cet établissement avec de très nombreux équipements dédiés et la possibilité de profiter de soins ou d'activités diverses et variées. Le restaurant complète agréablement l'offre.

HÔTEL-RESTAURANT VAILLANT*** €€€

7, rue Ignace Spies ✆ 03 88 92 09 46
www.hotel-vaillant.com
Ouvert toute l'année. 47 chambres. Chambre double à partir de 60 € ; chambre triple à partir de 77 €.

Depuis 53 ans, ce bel établissement ne cesse de se réinventer pour vous mieux vous satisfaire ! Il jouit d'une implantation idéale. Construit en 1967 par M. Vaillant dans un dessin moderne avant-gardiste, il a su évoluer aujourd'hui encore. Vous y découvrirez de nombreuses œuvres d'art dont les *Musiciens* de Maurice Frantzen. Dans les chambres tout confort comme au charmant restaurant, tous les ingrédients sont réunis pour faire de votre séjour ici une réussite.

LES PRÉS D'ONDINE €€€

5, rue de Baldenheim ✆ 03 88 58 04 60
www.presdondine.com
Chambre double dès 91 €. PDJ : 14 €. Sur réservation, restauration le soir : de 21 € (2 plats) à 39 € (4 plats et vin).

Posé dans un jardin bordé par une rivière au cœur du Ried, cet adorable hôtel associe bonheur bucolique et ambiance poétique. 12 chambres douillettes sont à votre disposition, leur atmosphère et leur décoration rendent hommage à d'ineffables poètes (Baudelaire, Ronsard, Pierre Reverdy, Gérard de Nerval…). En bonus : espace détente avec bain bouillonnant et sauna. Mais aussi table d'hôtes le soir dans une belle salle à manger et salon-bibliothèque fort cosy avec ses canapés et ses fauteuils moelleux où il fait bon se prélasser en compagnie du chat de la maison !

CHEZ CLOTHILDE ET EDOUARD FALLER €

47, rue des Chevaliers ✆ 06 62 41 50 23
www.edouard-faller.fr
Ouvert tous les jours de 10h à 21h. Café, salon de thé, winstub, petite restauration. Vente de vins du domaine familial.

Édouard Faller incarne la 6e génération d'une famille de viticulteurs enracinée dans les terres sélestadiennes. Avec sa femme Clothilde, il a créé un lieu chaleureux à deux pas de la Bibliothèque Humaniste : un mix original de café, salon de thé, brasserie et bar à vins. En cas de fringale, on s'y régale d'une soupe de saison, de tartes flambées, planches de fromages/charcuteries variées et autres gratins de munster. Et l'on repart avec quelques bonnes bouteilles du domaine familial !

LE CALABRAIS €€

12, route de Colmar ✆ 03 88 57 91 67
www.lecalabrais.ipizzaphone.fr
Du mardi au samedi : 11h30 à 14h, 17h30 à 21h30 (22h vendredi, samedi). Dimanche de 18h à 22h. Sur place et à emporter.

© LE CALABRAIS

Consacré champion du monde de la meilleure pizza à Rome en octobre 2021, Cosmino Laurito défend avec ardeur l'authentique pizza italienne, dont l'illustration parfaite serait sa fameuse Teglia grâce à sa composition exclusive : poivrons, ricotta, tomates séchées, bresaola et quelques ingrédients dont il garde le secret ! Mais pas question pour Cosmino de choper la grosse tête car son ambition demeure avant tout de satisfaire sa clientèle habituelle qui se régale sans façon de Marinara et autre Napoletana. Sur place ou à emporter à la maison : on en redemande !

RESTO BIO L'ACOUSTIC €

5, place du Marché Vert
✆ 03 88 92 29 40
www.restobiolacoustic.com
Du lundi au jeudi le midi ; le vendredi et le samedi le midi et le soir. Service petit déjeuner le matin.

Propriétaire de ce resto bio charmant et chef bien inspiré en cuisine, André mitonne des mets succulents composés d'ingrédients 100 % bio ! Son engagement écologique le pousse en outre à utiliser des produits d'entretien exclusivement bio eux aussi et… du papier toilette recyclé ! La quinoa, les algues ou le gomasio pour ne citer qu'eux comptent parmi les ingrédients des plats qui mettent en valeur le produit plutôt que la recette, parfois de façon surprenante en allant sans complexe vers les inspirations exotiques et les épices rares ou méconnues.

BAS-RHIN

RESTAURANT LE CG €€

9, place du Marché aux Choux
✆ 03 88 92 18 59
www.le-cg.com
Du mardi au dimanche midi et soir. Rés. recommandée. Plat du jour : 9,40 €. Terrasse. 1 chambres d'hôtes (1-2 pers).

© GANGLOFF CHRISTOPHE

Niché à deux pas de la bibliothèque humaniste au cœur de la cité médiévale de Sélestat, et décoré avec un goût très sûr, le CG accueille des expositions d'artistes contemporains. L'équipe en cuisine concocte des mets savoureux inspirés de la gastronomie régionale et de contrées plus lointaines. Quant au plat du jour, il séduit par son prix et par la fraîcheur de ses ingrédients. Quand le soleil brille, on apprécie la terrasse ombragée ! En bonus, il y a une charmante chambres d'hôtes (2 personnes), lumineuse et cosy, avec vue sur la vieille ville de Sélestat.

LA TABLE DE JOHNNY €

2, rue des Marchands
✆ 03 90 58 67 67
Fermé le lundi et le mardi.

Johnny Hallyday a désormais son temple en Alsace ! Lucien et Germaine Rees, anciens disquaires et fans de la première heure qui ont eu la chance de rencontrer la star à plusieurs reprises, ont décidé suite à la mort du chanteur de lui rendre hommage. La décoration, l'ambiance musicale et même les plats : tout rappelle ici l'idole des jeunes. C'est donc avant tout pour l'ambiance que l'on vient de prime abord mais à la carte, finalement, on n'est pas déçu. Si elle est simple, elle permet toutefois de déguster de bons petits plats pour un budget moyen raisonnable.

AU BON PICHET €€

10, place du Marché-aux-Choux
✆ 03 88 82 96 65
https://aubonpichet.fr
Ouvert du mardi au samedi de 12h à 13h30 et de 19h à 21h30. Menu unique à 33 €.

La façade du Bon Pichet est décorée de fresques et à l'intérieur le chaleureux décor de bois crée une atmosphère intime agréable. Franck Barthel, le chef, est issu d'une famille de bouchers et il sélectionne la plupart du temps ses viandes sur pied auprès des meilleurs éleveurs. Tout est préparé en cuisine par le chef selon l'arrivage du marché et les produits de saison. Les amateurs de viande seront donc conquis mais la carte permettra à ceux qui préfèrent les poissons ou les légumes d'y trouver eux aussi leur compte. La carte des vins complète bien les plats.

CASA PIETRA €€

2, allée Georges Charpak
✆ 03 88 82 68 09
www.casapietra.fr
Ouvert du lundi au vendredi de 12h à 14h. Menu du jour (3 plats) : 20 €. Buddha Bowl : 14 € à 18 €. Burger : 19 €.

Cette nouvelle adresse propose une expérience bistronomique riche en produits fournis par des producteurs triés sur le volet dans un rayon de 20 km autour de Sélestat. Passé par l'Auberge de l'Ill (Illhaeusern), le chef Alexandre Bouchain propose une cuisine authentique, au feu de bois, comme les rôtisseries d'antan. Outre de belles pièces de viande grillées, on peut opter pour un ceviche de poisson archi frais, un tartare de bœuf au couteau ou un buddha bowl. Soirées à thème (sur réservation) : poulet fermier rôti, barbecue estival, cochon de lait à la broche.

RESTAURANT LE DROMADAIRE €€

33, boulevard Amey ✆ 03 88 92 00 54
www.ledromadaire.fr
Ouvert le lundi de 12h à 14h30 ; du mardi au dimanche de 12h à 14h30 et de 19h à 23h.

Le Dromadaire est une véritable invitation au voyage culinaire en Tunisie ! La charmante patronne Leila vous réserve un accueil rayonnant dans une belle salle lumineuse où l'on s'attable en tout confort, sans être gêné par ses voisins. En cuisine, le chef Mohamed Jemel prépare tous les plats à l'ancienne. Ils gardent donc toutes leurs saveurs, leur parfum et surtout leur authenticité grâce aussi à la vaisselle traditionnelle. Le duo n'hésite d'ailleurs pas à importer directement certains ingrédients de Tunisie, gage de saveurs pures et dépaysantes pour nous.

LA VIEILLE TOUR €€

8, rue de la Jauge
© 03 88 92 15 02
www.vieille-tour.com
Maître Restaurateur. Ouvert lundi et du jeudi au samedi à midi et le soir, dimanche midi. Terrasse. Service traiteur.

Dans ce restaurant ultra cosy sis en plein centre historique de Sélestat, la cuisine raffinée des frangins Samy et Nicolas Ruhlmann (Maîtres Restaurateurs) enchantera à coup sûr vos papilles. Leur indéniable osmose culinaro-pâtissière fait merveille au fil des saisons. La carte regorge de délicieux mets alsaciens (tripes au riesling d'anthologie). Il y a aussi des plateaux de fruits de mer, de succulents plats de viande ou de poisson et d'irrésistibles desserts. Un incroyable festival de saveurs vous est ici promis ! En hiver, soirées fondue sur réservation.

L'AMUSE BOUCHE

5, place du Marché Vert
© 06 19 29 58 20
Du mardi au jeudi 11h45-13h30, 18h-21h30 (22h30 vendredi et samedi). Petite restauration. Terrasse. Vente à emporter.

Dans une ambiance cosy et décontractée, l'Amuse Bouche vous propose de déguster des vins biologiques, biodynamiques et nature ainsi que des bières artisanales et softs locaux. Si vous n'avez pas l'habitude, vous serez guidés et conseillés par une équipe souriante et aux petits soins, qui connait ses produits sur le bout des doigts et vous oriente selon vos goûts. Pour accompagner cela, on vous proposera des planches dînatoires, des assortiments apéritifs et quelques suggestions suivant les saisons qui seront en accord parfait avec vos boissons.

BAR LE TIGRE

5, rue d'Iéna
© 03 88 92 07 06
www.barletigre.fr
Ouvert du lundi au jeudi de 10h à 1h30 ; le vendredi et le samedi de 10h à 3h ; le dimanche de 13h à 1h30.

Les Sélestadiens le savent bien : au Bar Le Tigre, tous les prétextes sont bons pour faire la fête ! Les soirées thématiques s'enchaînent : à la Saint-Patrick, le kilt est préconisé pour la gent masculine et Le Tigre prend alors des allures de pub irlandais un peu déjanté. D'autres soirées sont consacrées aux impros, au karaoké, au burlesque, à la chanson, à la magie... c'est bien cette ambiance particulière qui fait du Tigre un incontournable de la ville. Et même si l'on y vient seul ou par hasard, on est instantanément intégré et présenté aux habitués !

LARMES DE VIN

2, place d'Armes © 03 88 82 22 94
www.bar-larmesdevin.fr
Ouvert du mardi au samedi de 12h à 14h30 ; le vendredi et le samedi de 18h à 1h. Réservation conseillée en soirée.

Les épicuriens sélestadiens en rêvaient... Caroline Bauer l'a fait ! La propriétaire de La Petite Ferme Riedwasen est la créatrice de ce sympathique bar à vin implanté sur la place d'Armes dans le centre historique de Sélestat. On s'y pose à midi pour se régaler de tartines tout aussi succulentes que généreuses et en soirée, place aux tapas, bruschettas et autres planchettes de fromages et charcuteries. On peut aussi bien sûr y venir pour déguster un bon verre de vin, soigneusement sélectionné parmi les productions de domaines de toute la France et d'ailleurs.

MAISON HIROSE

2, place du Marché Vert © 03 90 56 13 56
www.hirose.fr
Boulangerie-pâtisserie bio. Boutique en ligne ; Ouvert du lundi au samedi : 7h30-12h30 et 14h-18h. Dimanche : 7h30-12h30

Des produits certifiés Ecocert, frais et originaux : voici ce qu'élaborent Naoto Hirose et Paul Petersen. Le premier vient du Japon, le second est alsacien. Au sein de la vieille ville, leur charmante boulangerie-pâtisserie Maison Hirose enchante les papilles des gourmets gourmands avec de multiples pains et viennoiseries qui dévoilent des saveurs incomparables. Et, côté pâtisseries, c'est Byzance ! Éclairs sublimes, tartelettes au citron acidulées, paris-brest revisité en version... Paris-Tokyo fourré à la compote d'azukis et crème au thé vert matcha. On adooore !

PÂTISSERIE SALON DE THÉ BENOIT WACH

7, rue des Chevaliers
© 03 88 92 12 80
Ouvert du lundi au samedi de 7h30 à 19h ; le dimanche de 7h30 à 13h. Terrasse. Livraison possible.

La belle façade de cette pâtisserie est signée Edgar Mahler, artiste peintre alsacien réputé. Ici, LA spécialité incontournable, originalement épicée : le Chevalier de Sainte Foy, un cake moelleux qui fait la fierté de Benoit Wach. Outre ses délicieux desserts, Benoît Wach élabore une variété impressionnante de chocolats maison. A emporter ou à déguster sur place, à toute heure, cela fait du bien de passer la porte et de s'offrir une petite douceur... ou plusieurs !

L'ÉPICERIE ÉPICURIENNE

4, rue de la Poste ✆ 03 88 92 98 14
https://lepicerie-epicurienne.fr
Ouvert du mardi au samedi de 10h à 19h. Dimanche de 10h à 12h30. Paniers cadeaux. Commande par tél. Boutique en ligne.

© DR

Cette nouvelle adresse sélestadienne ne manque pas d'atouts pour séduire les amateurs de bonnes choses. Aménagée dans un bel espace tout de bois et de pierre paré, l'Épicerie Épicurienne porte bien son nom. On y trouve plus de 1 000 références sélectionnées avec passion par Sandra, qui ne demandent qu'à s'inviter dans votre quotidien pour y glisser de délicieuses touches de plaisir gustatif. Épices et cafés en vrac, précieux condiments, vins fins et conserves chic, chocolats et préparations pour gâteaux festifs, mais aussi fromages et charcuteries… On dit miam !

D'ÂME NATURE

41, rue des Chevaliers
✆ 09 87 55 28 22
Ouvert du mardi au samedi de 9h à 12h et de 14h à 18h45. Fermeture à 18h le samedi.

Sandrine Buchholtz a l'âme verte chevillée au corps ! Implantée au cœur de la vieille ville de Sélestat, elle met en pratique ses connaissances en matière de cosmétologie et de bien-être en proposant une large gamme de produits élaborés à partir de composants 100% naturels. Vous trouverez ici de quoi vous occuper de vous et de toute votre maison, des produits d'utilisation courante aux petits plus qui font toute la différence. N'hésitez pas à passer la porte, il y en a pour tous, pour tous les goûts et pour tous les budgets.

CAMPING CARS DETHLEFFS

4, rue Waldkirch
✆ 03 88 82 93 54
www.dethleffs.fr
Ouvert du lundi au vendredi de 8h à 12h et de 13h30 à 17h.

L'entreprise Dethleffs développe ses véhicules en concertation avec ses clients. Cette société réputée pour son rapport qualité/prix propose un large choix de véhicules particulièrement bien étudiés avec des packs intéressants pour compléter l'équipement de base ainsi qu'un réseau de plus de 350 concessionnaires attentionnés à travers toute l'Europe. Des véhicules d'entrée de gamme aux véhicules de grand luxe, des équipements pour deux aux véhicules familiaux (jusqu'à 6 personnes), Dethleffs propose des camping-cars adaptés aux désirs et aux besoins de chacun.

PÂTISSERIE SALON DE THÉ KAMM

15, rue des Clefs
✆ 03 88 92 11 04
www.patisserie-kamm.fr
Ouvert du mardi au vendredi de 8h à 18h30 ; le samedi de 8h à 18h ; le dimanche de 8h à 12h.

Mathieu Kamm est ce que l'on pourrait appeler un « styliste pâtissier » ! Après avoir dirigé la boutique Pierre Hermé à Tokyo au Japon, il est revenu en Alsace pour reprendre les rênes de la pâtisserie familiale avec son épouse Mina. Membre des fameux Relais Desserts depuis 2018 (année où il a aussi décroché le trophée *Pâtisserie Gault & Millau Grand Est*), Mathieu Kamm signe des délices de haut vol : gâteaux, petits fours, cakes, macarons, chocolats, glaces et autres gourmandises !

GALERIE CAFE LA LIGNE BLEUE

1a, rue Sainte Foy ✆ 06 42 69 85 02
www.galerie-art-ligne-bleue.com
Galerie d'art, brocante. Café, salon de thé. Du mercredi au vendredi et dimanche : 14h-18h. Samedi : 10h-12h, 14h-18h.

Dans un joyeux mélange d'ancien et de contemporain, le lieu historique du XVIIe siècle du Mönchhof (ancien grenier à grains de l'église Sainte-Foy) offre 250 mètres carrés d'exposition et un café surprenant aux allures de cabinet de curiosités. Philippe Zamolo y scénarise des expositions aussi étonnantes que variées et y organise d'intéressantes conférences. C'est un endroit où l'on se sent bien et où l'on peut appréhender diverses facettes d'un art très lié au consumérisme ludique.

LA PETITE FERME RIEDWASEN

44, rue des Chevaliers
✆ 03 88 58 48 22
www.lapetitefermeriedwasen.fr
Ouvert du mardi au samedi de 8h à 19h (fermé à 18h samedi) et le dimanche de 10h à 13h. Petite restauration. Terrasse.

Nichée à deux pas de l'église Sainte-Foy, cette enseigne déploie une belle sélection de ce qui s'avère le meilleur en matière de produits artisanaux d'Alsace et d'ailleurs ! Cette adorable boutique est spécialisée dans les laitages et les fromages, la viande fermière, les vins et moult produits du terroir. La Petite Ferme Riedwasen confectionne également de superbes paniers garnis, au gré de vos envies, avec d'excellents produits d'épicerie fine. Petite restauration à toute heure.

LA RAISON DU RAISIN

34, rue du Président Poincaré
✆ 09 80 88 37 00
www.la-raison-du-raisin.fr
Ouvert du mardi au jeudi de 9h à 13h et de 14h à 19h ; le vendredi de 9h à 19h ; le samedi de 9h à 18h.

Estampillé « caviste de proximité » par son créateur Philip Catt, ce lieu épicurien ouvert en juin 2017 tient plus que largement ses promesses ! Car ici, l'amateur de bonnes bouteilles trouve toujours son bonheur : il y en a pour tous les goûts et tous les budgets en matière de vins biologiques, biodynamiques et naturels. Pépites alsaciennes (issues notamment des domaines Kumpf et Meyer, Le Vignoble du Rêveur, La Grange de l'Oncle Charles, Geschickt, Jean-Louis et Eric Kamm, Charles Frey...) mais aussi d'ailleurs en France sont à découvrir.

L'ETINCELLE

Allée Georges Charpak
✆ 03 88 82 68 05
www.letincelle-sport.fr
Du lundi au vendredi : 6h-22h. Samedi, dimanche : 6h-19h (18h dimanche). Fitness, multisport, escalade. Tarifs cf web.

Fitness, escalade, foot5, squash, paddle tennis, badminton, natation et plus si affinité : il y en a vraiment pour tous les goûts, tous les niveaux et tous les âges à L'Étincelle ! Ce superbe complexe sportif prend ses aises sur 6 800 m² et propose une incroyable variété d'activités sportives pour les adultes comme pour les enfants. Son plateau de cardio et de musculation est équipé avec ce qui se fait de mieux en la matière. À cela s'ajoutent des terrains multisports, une piscine intérieure et un espace sauna-hammam. En prime, il y a aussi un bon restaurant !

SÉLEST'KART-IN

Route de Bergheim
✆ 03 88 82 77 21
www.selestkart-in.com
Karting indoor du lundi au jeudi de 14h à 23h ; vendredi de 14h à 00h ; samedi de 10h à 00h ; dimanche de 14h à 22h.

Cette superbe piste de karting indoor de 305 mètres de long est unique en son genre dans la région de Sélestat. Son créateur Thierry Kammerer met à votre disposition des karts thermiques 200 cm³ qui vous permettront de vivre des sensations tout à fait inoubliables, dûment équipés d'une combinaison et d'un casque à votre taille ! Les plus jeunes pourront eux aussi s'essayer au pilotage, c'est donc une bonne idée sortie en famille d'autant plus qu'il existe de nombreuses formules avantageuses lorsque l'on vient à plusieurs pour faire la course !

MACKENHEIM

Mackenheim bénéficiait des activités commerciales de l'importante communauté juive de la commune. L'émouvant cimetière juif du XVIIe siècle dont les stèles dépassent à peine les importunes graminées et la synagogue aujourd'hui centre culturel sont les témoins de cette présence passée. La prospérité de la commune, bien que frappée régulièrement par les terribles crues du Rhin, est attestée par les belles fermes à colombage aux poteaux corniers sculptés. Sont également à voir les moulins – à huile et à grain –, la mairie, l'école et l'impressionnante église surnommée la « cathédrale du Ried », joyau de l'architecture néo-gothique bâtie en 1864.

JUDENGARDEN

Dans la forêt, là où coule le Mühlbach, l'ancien cimetière israélite prend place. Sa partie la plus récente, avec maison mortuaire (tahora hiesel), est encore utilisée mais c'est sans doute la partie la plus ancienne qui est la plus intéressante avec ses tombes cachées. Certaines sépultures datent du XVIIe siècle, époque à laquelle il était très difficile pour le peuple juif de se faire enterrer dans les grandes villes de la région. C'est le seule cimetière israélite d'Alsace à être communal. Depuis 2009, un mémorial de la déportation y est installé.

BAS-RHIN

AUBERGE DU GRAND RIED €€

4, rue de Wyhl
✆ 03 88 74 92 60

Ouvert le vendredi, le samedi et les jours fériés de 18h30 à 22h ; le dimanche de 12h à 14h et de 18h30 à 22h.

Cette auberge de campagne est ouverte le week-end en complément de l'activité viticole de Rémy Biwand. Tous les plats sont faits maison et élaborés à partir de produits locaux pris chez les producteurs amis du coin. Vous y découvrirez également les vins produits ici à partir de raisin bio ainsi que des spécialités alsaciennes plutôt classiques mais très bien exécutées, dans la plus pure tradition régionale. Sur commande, vous profiterez de baeckehoffe, matelote ou choucroutes garnies. Pour tous vos évènements, le lieu peut être privatisé.

MARCKOLSHEIM

Construite sur un ancien carrefour romain, la petite ville de Marckolsheim se démarque par son fleurissement : la population s'implique particulièrement ce qui lui vaut 4 fleurs aux derniers concours. On peut visiter le centre ancien avec un dépliant disponible à l'office de tourisme. Des visites guidées sont organisées en été. À voir l'ancienne chapelle de Mauchenheim, village aujourd'hui disparu. Celle-ci présente de belles fresques restaurées du XIIIe siècle. Poussez jusqu'aux deux écluses sur le Grand Canal d'Alsace à hauteur de la centrale hydroélectrique, une passerelle aménagée permet d'observer le passage des bateaux ou conteneurs.

OFFICE DE TOURISME MARCKOLSHEIM

13, rue du Maréchal Foch
✆ 03 88 92 56 98
www.grandried.alsace

Ouverture variable selon la saison (voir site Internet). Wifi gratuit. Location de vélos.

Bienvenue à Marckolsheim, charmante cité où la modernité se mêle à la richesse de son patrimoine historique et naturel. Afin de préparer votre séjour, l'équipe du bureau d'information touristique vous informe sur le tourisme de mémoire, les festivités, les hébergements et les bonnes adresses de restaurants. Nombreuses activités de pleine nature : randonnées, vélo, musée mémorial de la Ligne Maginot et visite de la centrale hydroélectrique située sur le Rhin.

MUSÉE DE LA LIGNE MAGINOT DU RHIN ★★

Route du Rhin ✆ 03 88 92 56 98
www.visit.alsace

Horaires variables selon les saisons, consulter le site Internet. Entrée adulte : 4 €.

Casemate (aussi appelé bunker en anglais) standard, celle de Marckolsheim fut changée en Mémorial pour rappeler les effroyables combats qui eurent lieu du 15 au 17 juin 1940. Ouvert depuis 1972, ce mémorial permet au visiteur de pénétrer la casemate de la 3e ligne n° 35 durant les trois jours de bataille, à la suite desquels la ville de Marckolsheim fut détruite à plus de 80 %.

Installé dans une casemate, il reconstitue les locaux tels qu'ils étaient à l'époque des faits, avec leurs chambres de tirs, leurs dortoirs, leur poste de commandement, etc. Des annexes extérieures rappellent d'autres événements historiques : comme cet obusier lourd russe, symbolisant les « Malgré-nous », ou encore un half-track de la 1re DFL, le char Hartmannswillerkopf de la 2e DB, une automitrailleuse de la division Leclerc, un canon anti-aérien Bofors et un élément de pont Bailey.

À l'intérieur du bunker, on trouve diverses salles, comme le poste de commandement, le dortoir, la soute à munitions. Sont également exposés de multiples objets ainsi qu'une exposition de photos sur la vie dans la région pendant la Seconde Guerre mondiale.

Possibilité de visites guidées pour les groupes sur rendez-vous. Boutique sur place, avec livres, cartes postales, affiches...

Côté pratique, attention, avec les mesures et le protocole sanitaire, l'entrée est limitée à 10 personnes en même temps. N'hésitez pas à vous renseigner sur les conditions via le site Internet avant votre visite.

LES LOGES DU RIED €€

21, avenue de l'Europe
✆ 03 88 58 25 00
www.logesduried.com

Pictos : moteur ; mobilité réduite ; mental ; équipement sanitaire moderne ; jardin ou parc. Ouvert toute l'année.

La résidence hôtelière Les Loges du Ried vous accueille toute l'année dans un cadre bucolique. La région est réputée pour ses richesses naturelles exceptionnelles ! Idéalement situé entre Strasbourg et Colmar, cet appart-hôtel est un parfait point de chute pour sillonner l'Alsace, les Vosges et l'Allemagne voisine. Vous pourrez suivre la route des vins, visiter les musées de la région, vous promener à pied ou en VTT. L'hôtel possède un studio fonctionnel de 37 m^2 entièrement adapté pour les personnes à mobilité réduite pouvant accueillir jusqu'à 4 personnes.

MUTTERSHOLTZ

Muttersholtz conserve quelques belles maisons à colombages et une église luthérienne. Théâtre de nombreuses initiatives environnementales, elle abrite la Maison de la Nature du Ried et de l'Alsace centrale. Ses animateurs sensibilisent au respect de l'écosystème via des ateliers pédagogiques et des stages. Deux circuits de découverte vous sont proposés au départ de la Maison de la Nature avec panneaux explicatifs. Le village est en outre connu pour avoir été un actif centre de production textile à domicile. Il a été un des derniers bastions ruraux du kelch, tissu à l'origine en lin à carreaux multicolores, communément bleus ou rouges...

L'ESCALE DU RIED €€

3, route de Sélestat
✆ 03 88 85 12 90
http://restaurant.escaleduried.fr
Ouvert du mercredi au dimanche le midi et le soir. Menus de 26,50 € à 29,30 €. Menu enfant : 8,50 € et 9,70 €.

Dans un cadre typiquement alsacien fait de boiseries et poutres apparentes, mobilier rustique et tables nappées de carreaux, on s'attable en toute convivialité en salle ou dans une véranda lumineuse pour se régaler de spécialités proposées à la carte ou au menu. L'Alsace est ici à l'honneur avec tous les classiques régionaux réalisés dans la plus pure tradition et accompagnés de vins du coin. Les proportions sont très généreuses, et entre ces bons points et l'accueil de Veronique, on a vite l'impression d'être en plein repas de famille !

LE BATELIER DU RIED - CALF'ATELIER

21, Ehnwihr
✆ 03 88 85 13 11
www.batelier-ried.com
Ouvert tous les jours de 9h à 12h et de 14h à 17h. Sur réservation. Tarifs : de 15 € à 25 € par adulte.

Patrick Unterstock est le dernier batelier en activité dans le secteur du Ried. Il vous emmène au gré de l'onde dans une barque en bois à fond plat fabriquée dans son propre atelier. Patrick organise des circuits d'une demi-journée ou d'une journée, avec dégustation d'une matelote. Il met aussi à votre disposition sa Hutte des Castors, un gîte (4 personnes) très écolo : énergie solaire pour l'eau et bois pour le chauffage. Très chouette également, son Tipi de la Presqu'Ill.

WITTISHEIM

À Wittisheim, l'événement immanquable est la fête de la tarte aux quetsches. Cette fête instaurée en 1983, fait honneur au fruit emblématique de l'Alsace et à la plus célèbre des tartes aux fruits alsacienne. Plus de 800 tartes sont confectionnées dans la nuit de samedi à dimanche (le 2e dimanche de septembre), pour le plus grand plaisir des nombreux visiteurs. Ne manquez pas non plus l'église Saint-Blaise du XIIe siècle. Au milieu du XVIIIe siècle, l'édifice est agrandi. Une nouvelle nef est alors construite. De plus, le clocher est rehaussé et l'ancienne chapelle transformée en chœur avant d'être reconstruite entre 1832 et 1835.

LE BUS Ô RIED €€

23b, rue Welschinger
✆ 06 51 69 44 38
Pour 4 personnes (45 m², 1 chambre). À partir de 68 € la nuitée. Wifi gratuit. Salon de jardin, terrasse, barbecue.

Claude Schmitt a eu l'idée géniale et saugrenue de transformer un bus articulé de dix-huit mètres de long en gîte tout confort. Implanté sur une belle pelouse, ce Bus Ô Ried dispose d'une grande terrasse (protégée par un store électrique) avec vue sur un charmant potager et quatre nids de cigognes. L'intérieur est parfaitement équipé, avec tous les éléments nécessaires au bon déroulement de votre séjour. Tentez l'expérience, vous ne pourrez pas être déçus par cet hébergement, insolite certes, mais des plus confortables et qualitatifs.

BOULANGERIE HELFTER

1, rue de l'Église,
✆ 03 88 85 21 78
Lundi, mardi, jeudi, vendredi : 4h-13h, 15h-19h. Mercredi, samedi : 4h-13h.

Dans la famille Helfter, on est boulanger de père en fils depuis 1896 ! C'est dire si cette adresse est hautement recommandable, et, en prime, elle est certifiée bio depuis 2020. Stéphane Helfter entretient la tradition avec une jolie touche perso. On lui doit notamment de délicieux croissants bicolores framboise-chocolat ou à la crème de marrons. Il vient aussi de décrocher une médaille d'or au concours de la meilleure galette des rois feuilletée du Bas-Rhin 2022. Pains traditionnels ou spéciaux, viennoiseries, chocolats, desserts et glaces : tout est succulent !

LES JARDINS DE GAÏA

6, rue de l'Écluse
✆ 03 88 85 88 30
www.jardinsdegaia.com
Ouvert du mardi au samedi de 10h à 12h et de 13h à 18h. Terrasse. Achat en ligne possible.

Dans ce lieu insolite, 500 variétés de thés, de tisanes et de rooibos sont proposées. Goûtez à des mélanges traditionnels en provenance d'Inde, du Sri Lanka, de Chine ou encore d'Afrique du Sud, tous issus de l'agriculture bio et une majorité certifiés commerce équitable. La balade dans les jardins japonais incite volontiers à la méditation. Pour parfaire cette cérémonie, les Jardins de Gaïa proposent tous les accessoires indispensables : théières en porcelaine, boîtes à thé... La maison organise des manifestations culturelles et artistiques.

LA VANCELLE

La Vancelle est en plein cœur des bois. En arrivant, le panorama qui s'étend à gauche fait découvrir le Hahnenberg, le Haut-Koenigsbourg et le massif du Taennchel. Si l'espace est très ouvert vers le sud, il n'en est pas de même vers le nord et l'ouest. En effet, on peut apercevoir sur la droite le Schlossberg avec le château du Frankenbourg, le rocher du Coucou dominé par le pylône hertzien de télédiffusion de France, la longue muraille de la crête et enfin à l'ouest le Chalmont. Ce village est donc un lieu privilégié pour tous les amoureux de calme et de patrimoine d'autant qu'il compte de magnifiques hôtels et de très bons restaurants.

CHÂTEAU DU FRANKENBOURG

Les ruines du château du Frankenbourg sont situées au sommet de la montagne du Schlossberg. S'il est construit au Ve siècle par Clovis, les traces humaines sur ce site sont bien plus anciennes : on y trouve un « mur païen » datant de l'époque gallo-romaine. L'étymologie du Frankenbourg signifie « château des Francs » et les premières mentions à son sujet datent du XIIe siècle seulement. La château a été plusieurs fois reconstruit en partie et modifié jusqu'au XVe siècle. De beaux vestiges ont été conservés, comme la base de son donjon et certains de ses bâtiments.

HÔTEL-RESTAURANT ÉLISABETH €€

5, rue du Général-de-Gaulle
✆ 03 88 57 16 56
www.restaurant-elisabeth.fr
Ouvert tous les jours midi et soir.

Dans la salle habillée de boiseries ou sur la terrasse insérée dans un jardin d'été, on s'attable sans chichis pour déguster des plats savoureux concoctés par le chef Jérôme Mourlan dont les bouchées à la reine médaille d'argent au concours de la Foire européenne de Strasbourg 2017. Vous pourrez agilement opter pour le bistrot qui vous transportera instantanément dans l'univers si particulier des fifties. Une adresse à retenir pour un repas convivial et surtout délicieux.

AUBERGE FRANKENBOURG €€€

13, rue du Général-de-Gaulle
✆ 03 88 57 93 90
www.frankenbourg.com
Du vendredi au mardi de 12h à 13h45 et de 19h à 21h. 1 étoile au Guide Michelin. Menus de 145 € à 185 €.

La salle à manger ouverte sur la nature et surplombée d'une charpente de bois blond, le petit salon cosy, le bar moderne, la terrasse dédiée à vos apéritifs estivaux… La cuisine des Buecher innove et est emplie de modernité. Les mardis soirs sont l'occasion de laisser la créativité du chef s'exprimer grâce à un menu qui favorise la proximité entre client et restaurateur. Il faut véritablement tenter cette expérience car elle vous permet de redécouvrir sans cesse le talent du chef dans de nouveaux plats et si cela vous plaît, participez à un atelier cuisine !

HAUT-RHIN

Depuis le 1er janvier 2021, le Haut-Rhin fait partie, au même titre que le Bas-Rhin, de la Collectivité Européenne d'Alsace (CeA). Créé historiquement le 4 mars 1790, le Haut-Rhin s'étend sur 3 525 km^2 au sud de l'Alsace et fait partie de la région Grand Est. Limitrophe des départements du Bas-Rhin au nord, des Vosges à l'ouest et du Territoire de Belfort au sud, il partage une frontière avec l'Allemagne à l'est le long du Rhin, et une frontière avec la Suisse au sud. Il est bordé à l'ouest par les Hautes-Vosges, son point culminant est le Grand Ballon (1 424 m d'altitude). Ses deux villes principales sont Colmar et Mulhouse. Votre périple haut-rhinois peut débuter au nord par le Val d'Argent, territoire atypique doté d'une grande richesse historique et artistique. Libre à vous de descendre ensuite vers le sud jusqu'au Sundgau (terre d'élection du cyclotourisme) en sillonnant, sur 170 km, la mythique Route des Vins d'Alsace !

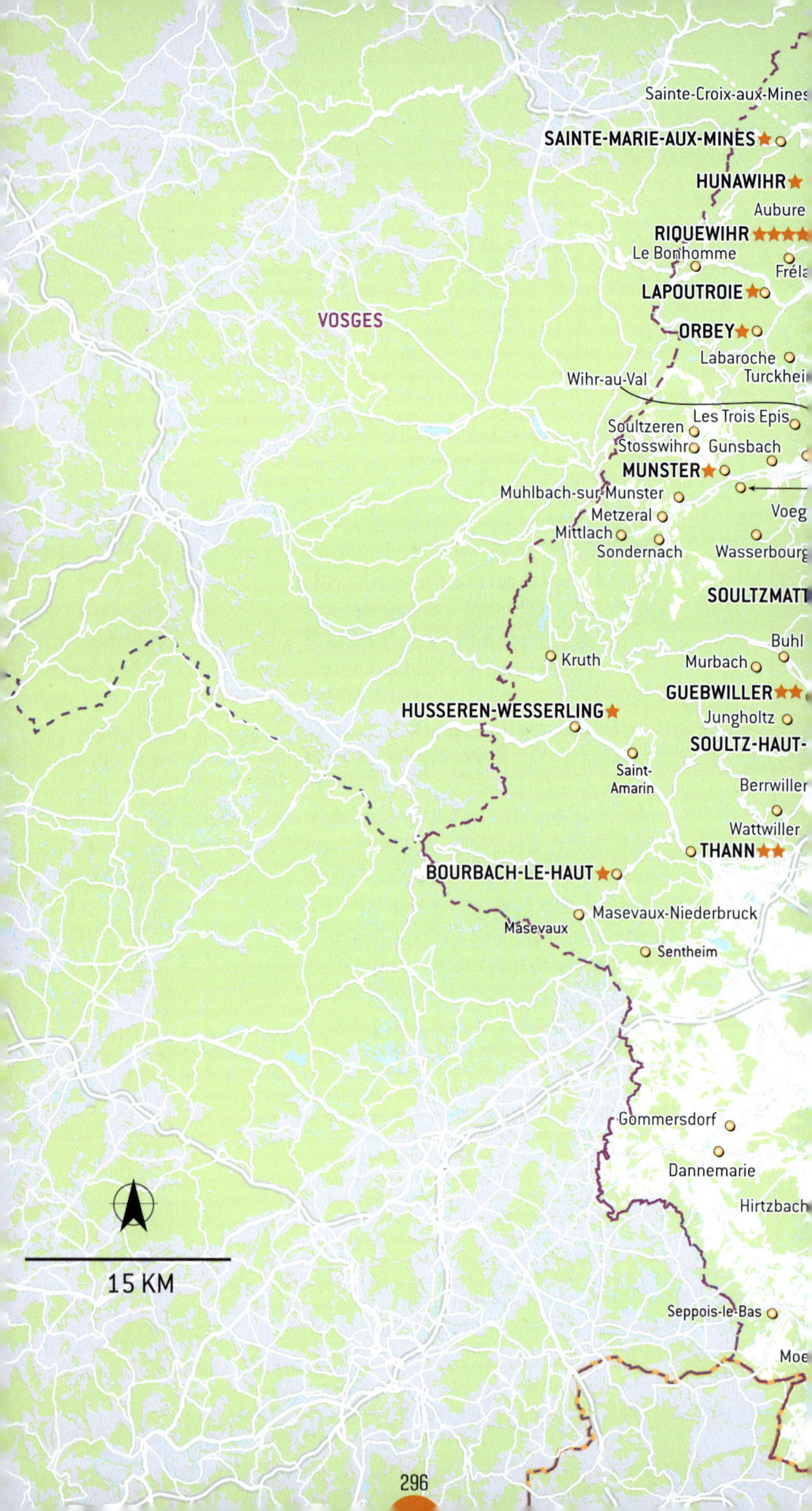

Sainte-Croix-aux-Mines
SAINTE-MARIE-AUX-MINES
HUNAWIHR
Aubure
RIQUEWIHR
Le Bonhomme
Fréla
LAPOUTROIE
VOSGES
ORBEY
Labaroche
Turckhei
Wihr-au-Val
Les Trois Epis
Soultzeren
Stosswihr
Gunsbach
MUNSTER
Muhlbach-sur-Munster
Voeg
Metzeral
Mittlach
Sondernach
Wasserbourg
SOULTZMATT
Buhl
Kruth
Murbach
GUEBWILLER
HUSSEREN-WESSERLING
Jungholtz
SOULTZ-HAUT-
Saint-
Amarin
Berrwiller
Wattwiller
THANN
BOURBACH-LE-HAUT
Masevaux-Niederbruck
Masevaux
Sentheim
Gommersdorf
Dannemarie
Hirtzbach
15 KM
Seppois-le-Bas
Moe

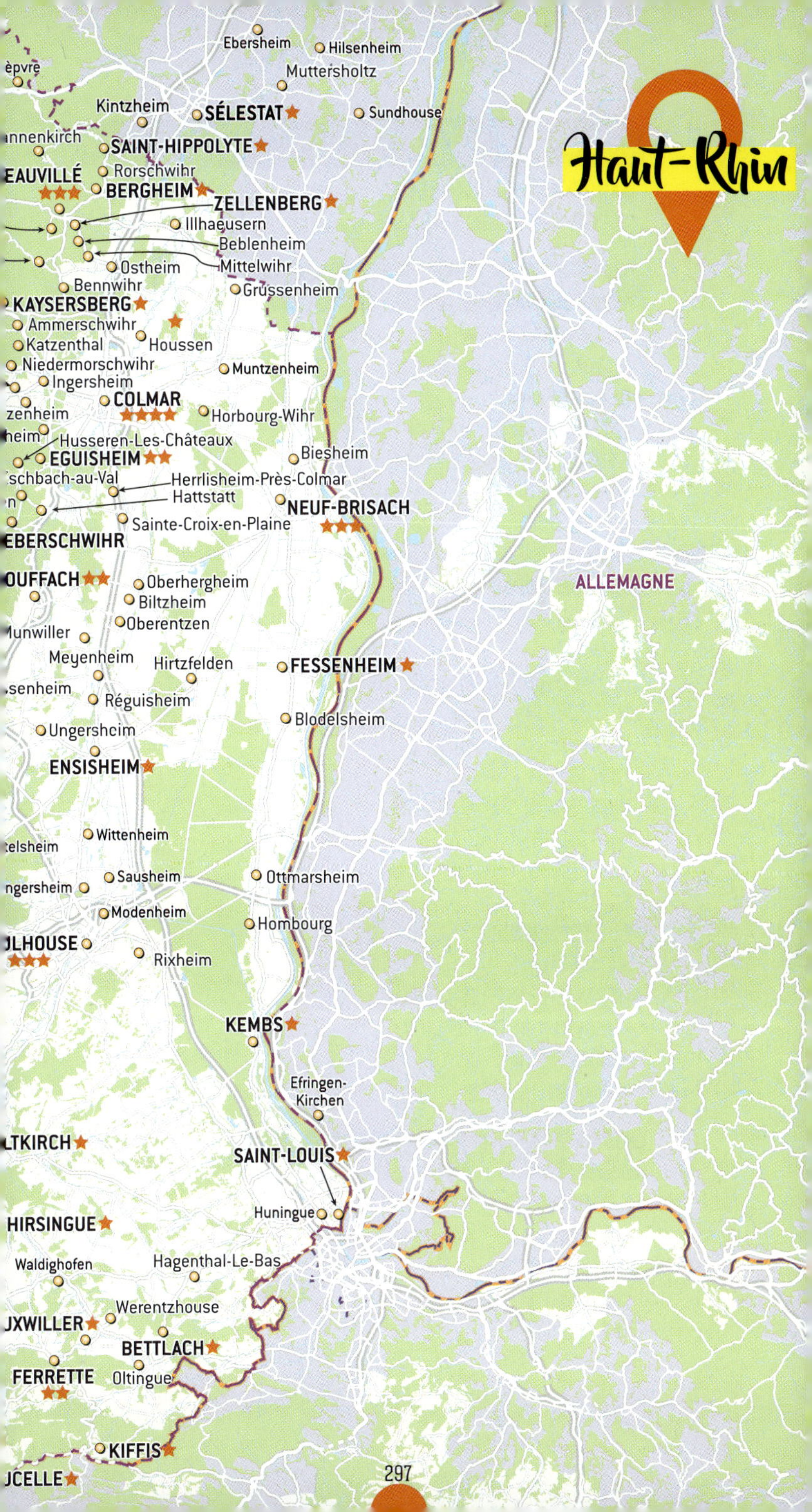
Haut-Rhin
Ebersheim
Hilsenheim
Muttersholtz
Kintzheim
SÉLESTAT
Sundhouse
SAINT-HIPPOLYTE
Rorschwihr
BERGHEIM
ZELLENBERG
Illhaeusern
Beblenheim
Ostheim
Mittelwihr
Bennwihr
Grussenheim
KAYSERSBERG
Ammerschwihr
Katzenthal
Houssen
Niedermorschwihr
Ingersheim
Muntzenheim
COLMAR
Horbourg-Wihr
Husseren-Les-Châteaux
EGUISHEIM
Biesheim
Herrlisheim-Près-Colmar
Hattstatt
NEUF-BRISACH
Sainte-Croix-en-Plaine
Oberhergheim
Biltzheim
Oberentzen
ALLEMAGNE
Meyenheim
Hirtzfelden
FESSENHEIM
Réguisheim
Blodelsheim
Ungersheim
ENSISHEIM
Wittenheim
Sausheim
Ottmarsheim
Modenheim
Hombourg
Rixheim
KEMBS
Efringen-
Kirchen
SAINT-LOUIS
Huningue
HIRSINGUE
Waldighofen
Hagenthal-Le-Bas
Werentzhouse
BETTLACH
FERRETTE
Oltingue
KIFFIS

PAGES

SAINTE-MARIE-AUX-MINES ★

Sainte-Marie-aux-Mines doit son nom aux anciennes mines d'argent de la région, mais celles-ci ne constituèrent pas sa seule source de richesse. À partir du XVIIIe siècle, la filature du coton apporta une nouvelle prospérité à la ville et à sa vallée. Confrontées à une sévère crise économique, les usines textiles fermèrent leurs portes dans les années 1960 et 1970. Aujourd'hui, les principaux revenus de Sainte-Marie-aux-Mines sont issus de l'exploitation forestière et des activités liées au tourisme. La ville recèle quelques maisons de style Renaissance reconnaissables à leur tourelle, à découvrir sur le parcours historique de Sainte-Marie-aux-Mines.

MINE D'ARGENT SAINT LOUIS-EISENTHÜR ★

5, rue Kroeber Imlin
✆ 03 89 58 62 11
www.asepam.org

Horaires détaillés sur le site web. 12 €/adulte. 6 €/enfant (5-16 ans). Groupes sur RDV. Visite guidée. Animations.

Cette ancienne mine d'argent constitue à ce jour, en la matière, l'un des plus beaux sites de la Renaissance en Europe. Mise en activité en 1549 par les moines d'Échery, elle fut l'une des plus riches de la région du Val d'Argent. Elle est inscrite aux monuments historiques. Depuis plus de 30 ans, des passionnés d'archéologie et de spéléologie minière ont exploré près de 70 km de galeries et de puits. Actuellement, l'ASEPAM (Association Spéléologique pour l'Étude et la Protection des Anciennes mines) vous invite à visiter une galerie de près de 1 km. Au fil de cette visite, vous découvrirez un panorama complet des techniques minières de la Renaissance. En pratique : rendez-vous devant le Centre du Patrimoine Minier - L'Aventure des Mines. Après quoi, en route pour un trajet en convoi de 5 km, en voiture personnelle, suivi d'une marche d'approche en forêt. Pour l'ensemble de la visite, il faut compter 3h, dont 1h sous terre. Des bottes, cirés et autres casques avec éclairage vous sont fournis gracieusement par l'ASEPAM. Avis aux jeunes de 18 ans et plus, un chantier de mise en valeur du patrimoine minier est accessible en été, sur inscription, une expérience assurément riche en enseignements ! Fort original, dans le cadre de l'animation « Ombres et Lumières » en décembre, la visite du site Saint-Louis-Eisenthür s'effectue à la lueur naturelle de bougies. Elle comprend une dégustation de vin chaud et de *bredele* (petits biscuits de Noël) au fond de la mine !

MINE GABE-GOTTES

5, rue Kroeber Imlin ✆ 03 89 58 62 11
www.gabe-gottes.fr

Horaires détaillés sur le site web. Gratuit jusqu'à 5 ans. Adulte : 9 €. Enfant (de 5 à 15 ans) : 4 €. Visite guidée.

Connue au XVIe siècle sous le nom de *Heilig Kreuz*, cette mine d'argent est appelée *Gabe-Gottes* depuis le XVIIIe siècle. Son exploitation fut définitivement stoppée en 1940. Les guides de l'ASEPAM vous accompagnent au cours d'une visite qui dure environ 1h30, avec port de vêtements chauds vivement conseillé car la température dans la mine n'excède pas les 10 °C ! L'ASEPAM vous fournit un casque avec éclairage, des bottes et un ciré. Cette visite n'est pas adaptée aux enfants en bas âge ni aux personnes ayant des difficultés à marcher ou souffrant de claustrophobie.

MINERAL & GEM

✆ 03 89 73 53 52
www.sainte-marie-mineral.com

57e édition du 23 au 26 juin 2022. Gratuit pour enfants - 10 ans accompagnés d'1 adulte. Adulte : 10 €/j., 15 €/2 j.

Chaque année, au cours de la dernière semaine de juin, Sainte-Marie-aux-Mines dévoile mille et une merveilles issues des entrailles de la terre, des trésors aussi mystérieux que fascinants. On découvre des minéraux du bout du monde et des pierres précieuses dont la pureté et la rareté peuvent atteindre des sommets. Mineral & Gem hisse Sainte-Marie-aux-Mines dans le top 3 mondial entre Hong Kong et Tucson, avec un millier d'exposants issus d'une cinquantaine de pays. Professionnels et amateurs peuvent admirer et acquérir minéraux, fossiles ou encore pierres fines.

OFFICE DE TOURISME DU VAL D'ARGENT

Place du Prensureux ✆ 03 89 58 80 50
www.valdargent-tourisme.fr

Horaires variables selon la saison : voir site Web. WiFi gratuit. Boutique (minéraux et bijoux). Billetterie en ligne.

Le Val d'Argent est une mine d'or en matière de tourisme : histoire, spéléologie, patrimoine minier et textile, arts, musique. Il y en a réellement pour tous les goûts et tous les âges ! L'OT du Val d'Argent vous informe au fil des saisons : gastronomie, hébergement, randonnées à pied ou à vélo, piscine, tennis, équitation et autres activités sportives ou ludiques. En bonus, une belle boutique propose un choix très intéressant de pierres brutes, fossiles, bijoux et autres merveilles !

TELLURE MINE D'ARGENT

Lieu-dit Tellure © 03 89 49 98 30
www.tellure.fr
Horaires détaillés, voir site web. 12,50 €/adulte. 9,50 €/5-12 ans. Billetterie en ligne. Boutique. Petite restauration.

Découvrez le patrimoine minier du Val d'argent de manière ludique et /ou sportive ! Le Parc Tellure vous plonge au cœur de la mine de Saint-Jean-Engelsbourg et de sa grande colonne : c'est la cavité souterraine la plus vaste des Vosges ! Les aménagements sont conçus pour tous les publics, petits et grands.

Les plus courageux s'éclatent sur l'un des parcours sportifs, au cœur des entrailles de la terre : Via Ferrata souterraine, descente en rappel, tyrolienne au-dessus du vide, spéléologie au sein de galeries datant du XVIe siècle… Nouveauté 2022, la Via Ferrata « spéciale kids » : ponctué d'escalade, de descente en rappel et d'une tyrolienne, ce parcours permet aux enfants dès 8 ans de découvrir cette activité.

Le Parc Minier Tellure présente aussi le tout premier escape game souterrain jamais conçu à ce jour : Escape the Mine - « Le dernier Nanti », qui se déroule par équipe de 3 à 8 personnes (dès 12 ans). Un décor incroyable pour une aventure insolite... Claustrophobes s'abstenir ! Une version Escape Room spéciale kids, L'Expédition des Mini Trolls, est désormais ouverte aux enfants de 5 à 10 ans.

Très courues aussi, les animations pour Halloween sont décoiffantes ! Sinon, pour les moins audacieux, il y a le parcours muséographique, le cinéma panoramique et ses écrans géants ainsi que le théâtre optique avec ses jeux d'ombre et de lumière. Enfilez un casque, profitez du silence et... en route pour un voyage au centre de la Terre !

SEGTOURS DÉCOUVERTE

15, La Petite Liepvre
© 07 70 58 68 93
http://segtours-decouverte.fr
Sur réservation. Initiation au Segway (15 minutes), 10 €/personne. Circuit (de 30 min à 2 heures), de 20 € à 60 €/pers.

Cette société est pionnière en matière d'escapade en gyropode, drôle de trottinette électrique au look futuriste. Après une phase préalable d'initiation, on part, dûment casqué, en balade sur les sentiers du vignoble ou des Vosges avec un instructeur agréé, au gré de divers circuits (30 min à 2h) depuis Hunawihr, Riquewihr et Zellenberg jusqu'au Haycot dans le Val d'Argent. Voici donc une manière fort originale de communier avec la nature en toute décontraction ! Mais attention : la réservation est indispensable, par téléphone ou par mail.

CAMPING LES REFLETS DU VAL D'ARGENT*** €€

20, rue d'Untergrombach © 06 07 44 75 69
www.les-reflets.com
Ouvert toute l'année. Horaires et tarifs détaillés : cf site web. Restauration. Piscine extérieure. Sauna. Pétanque.

Serti dans un écrin de sapins, ce camping familial propose des emplacements individuels et des bungalows douillets. Côté loisirs : grande piscine, ping-pong, volley, pétanque, animations pour petits et grands, soirées thématiques. Dans les environs, on s'adonne à la pêche, à l'équitation, à la spéléologie (Parc Minier Tellure), au vélo (Bike Parc de Sainte-Croix-aux-Mines), au ski et à la luge (station des Bagenelles). En bonus : épicerie, snack et restaurant-brasserie Les Reflets.

HOSTELLERIE LES BAGENELLES*** €€

15, lieu-dit la Petite Lièpvre © 03 89 58 70 77
www.bagenelles.com
Label Hôtels au Naturel. 12 chambres (1-4 pers), 1 suite (6 pers). Tarifs sur demande. Restaurant. Aire de jeux. Jardin.

Cet adorable établissement multiplie les arguments écologiques pour vous offrir un séjour vraiment éco-responsable. Certifié Ecolabel européen, il dispose de prises extérieures pour recharger les véhicules électriques. Chaleureuses et cosy, ses 12 chambres et suite sont décorées dans un esprit « S'échapper à la montagne ». Côté auberge, Birgit et son équipe mitonnent d'excellentes spécialités alsaciennes assorties d'une carte des vins riche en bons crus de la région. Une top adresse !

GIOVANNI PIZZA €

1, rue Saint Louis
© 03 89 72 70 69
Fermé lundi, mardi, et le midi samedi et dimanche. Pizzas, tartes flambées, paninis, pâtes fraîches. Vente à emporter.

C'est un couple charmant qui vous accueille dans cette chouette pizzeria saint-marinienne ! Jennifer et Vincent vous régalent de pizzas réalisées dans les règles de l'art italien : al taglio, calzone, parma, bolognaise, napolitaine, pecora... Il y en a vraiment pour tous les goûts, à déguster sur place ou à emporter, de même que les tartes flambées, bowls de pâtes, paninis ou bruschetta. Notez que Giovanni Pizza gère aussi un distributeur automatique de pizzas implanté 70 rue Maurice Burrus à Sainte-Croix-aux-Mines. Il permet de se fournir 7 jours/7 et 24h/24 !

HAUT-RHIN

1549
La Mine d'Argent d'Alsace
TELLURE
MINE D'ARGENT
CITÉ DE LA MINE
THE BOUTIQUE BIJOUX & MINÉRAU
ESCAPE ROOM SOUTERRAINE
PARCOURS SPÉLÉOS | VIA FERRATA
VOYAGEZ
AU CŒUR DE LA TERRE
INFOS & BILLETERIE
WWW.TELLURE.FR
PARC MINIER TELLURE | SAINTE-MARIE-AUX-MINES | ALSACE

LES REFLETS €

20, rue d'Untergrombach ✆ 03 89 58 64 83
www.lesreflets68.eatbu.com
Ouvert 7 jours/7 (fermé lundi soir et mardi en basse saison). Menu midi : 9,50 € (2 plats). Vente à emporter. Terrasse.

Ce restaurant est attenant au camping Les Reflets du Val d'Argent. En été, on a plaisir à lézarder sur la terrasse en bordure de piscine et, toute l'année, on s'installe confortablement dans la salle joliment cosy et lumineuse. Patrice vous régale de ses délicieuses spécialités élaborées à partir de produits frais de saison. Des tartes flambées fines et légères se dégustent sur place ou peuvent être emportées. Service en continu durant la période estivale, soirées à thème et privatisation du restaurant possible, le tout assorti d'un menu composé sur mesure !

L'ATELIER DE GUILLAUME €€

1, Lieu-Dit Sur les Prés ✆ 03 89 22 37 08
www.atelierdeguillaume.fr
Collège Culinaire de France. Label Green Food. Du lundi au jeudi à midi, vendredi midi et soir. Traiteur. Épicerie fine.

Aussi insolite que décalé dans l'environnement plutôt roots de la vallée de Sainte-Marie-aux-Mines, ce restaurant pas comme les autres rend hommage aux racines industrielles et textiles du Val d'Argent. En cuisine, Guillaume et sa brigade puisent dans un vaste vivier de produits frais issus d'un circuit le plus court possible pour concocter des plats qui mêlent délicieusement la terre et la mer au gré d'une carte joliment inspirée. La formule du midi propose 2 entrées, 2 plats et 2 desserts au choix. Superbe carte des vins et bel espace de vente d'épicerie fine.

AUBERGE LE PETIT HAUT €€

56, lieu-dit Petit Haut
✆ 09 72 88 43 48
Ouvert du mardi au dimanche midi et soir. Formule du midi : 14 € (3 plats). Terrasse. Jardin. Hôtel : 10 chambres.

Lovée dans un cadre verdoyant, cette auberge séduit aussi bien les randonneurs que les familles avec des bambins. Ceux-ci s'ébattent à l'envi dans l'espace de jeu avec balançoires et toboggan. Dès votre arrivée, les toutous de la maison vous font la fête ! En cuisine, le chef mitonne des plats alsaciens généreux à souhait, mais aussi un fameux couscous royal ou du sanglier rôti à la broche lors de déjeuners thématiques fort animés. Ajoutez à cela 10 chambres (dont une familiale) confortables. Une auberge comme on les aime : authentique et sans chichis !

RESTAURANT LA CALÈCHE €€

2A, La Bourgonde
✆ 03 89 58 73 92
www.la-caleche-auberge.com
Ouvert du mercredi au dimanche midi et soir + le mardi en été. Menu midi : 15 € (3 plats). Enfant 10,50 €. Terrasse.

Cette Calèche a de quoi vous emballer : ambiance bucolique en lisière de forêt, terrasse ensoleillée d'où l'on peut apercevoir des biches, 2 salles parées de bois, larges banquettes confortables, service souriant. Selon l'inspiration et le marché du jour, Sébastien Didierjean vous régale de belles bouchées à la reine, de rognons de veau aux champignons crémés ou d'un savoureux pavé de biche, le tout accompagné de légumes de saison, de spätzlés ou de frites à l'ancienne. Menu et suggestions du jour fort alléchantes, excellent rapport qualité-prix.

L'ENIVRÉE €€

1, place de la Fleur ✆ 09 50 31 95 99
www.lenivree-lacave.fr
Ouvert lundi, mardi, jeudi : 11h-22h30. Vendredi, samedi : 11h-00h. Menu : 12,50 €. Bar à vin. Caviste. Epicerie fine.

Aménagé dans un esprit contemporain lumineux, ce nouveau restaurant est le bébé de Manon et Alexandre. À midi, on s'y régale d'un savoureux plat du jour mitonné par Alexandre : fondante blanquette de veau, truite meunière sur lit de choucroute, suprême de pintade à la polenta crémeuse, le tout servi dans d'adorables assiettes en porcelaine vintage. Toute la journée ou en soirée, vive les planches de charcuterie et de fromage variés, les tartines végétariennes et autres tapas de saison. En bonus : une cave à vin riche de 200 références et un corner épicerie fine.

CORNE ET CAROTTE

1, lieu-dit Sur Les Prés
✆ 03 89 71 91 30
www.corneetcarotte.fr
Magasin de producteurs locaux. Ouvert vendredi de 15h à 19h et samedi de 8h30 à 13h. Grand parking gratuit.

Ce sympathique magasin de producteurs est tenu par des paysans partenaires désireux de promouvoir leur savoir-faire et de favoriser l'art du bien manger. Ils proposent un large choix de produits frais, locaux et de saison, pour la plupart bio et issus de petites exploitations du Val d'Argent. Ici, vous pourrez faire le plein de fruits et légumes, fromages et laitages, œufs et pain frais, viandes et charcuteries, confitures et miels, sirops, bières et vins, savons et autres produits 100 % artisanaux. N'hésitez pas à y faire une halte, vous ne serez pas déçus !

LA FERME HUSSON

2, La Cude
WISEMBACH
✆ 03 29 51 73 63

Vente à la ferme tous les jours. Commande possible par téléphone ou par email. Service traiteur.

La famille Husson est réputée pour son élevage de vaches, de chèvres et de volailles. Elle fait partie de d'une association dédiée à une espèce menacée : la chèvre de Lorraine. Ici, on fait le plein de bons produits 100 % artisanaux : foie gras de canard ou d'oie, chapons, pintades, poulets, brochettes, chipolatas et moult produits laitiers. La famille Husson propose aussi des tourtes, pâtés en croûte, bouchées à la reine, tartelettes aux myrtilles, kougelhopf, pain d'épice… N'hésitez pas à téléphoner pour vous annoncer : vous serez accueillis à bras ouverts.

SAVONNERIE DU VAL D'ARGENT ARGASOL

41, rue d'Untergrombach ✆ 03 89 58 83 43
www.argasol.fr

Label Nature & Progrès. Ouvert du lundi au vendredi 8h à 17h. Groupes (+ 20 pers) : visite sur RV. Boutique en ligne.

Voici l'adresse idéale pour découvrir un savoir-faire artisanal hors pair et des produits certifiés bio par *Nature et Progrès*. Hydratants et nourrissants, les savons, shampoings et dentifrices Argasol contiennent des huiles végétales (argan, olive…), du lait d'ânesse et des plantes en inclusion ou en macération. Ils font le bonheur des peaux sensibles, notamment le savon à l'huile d'argan et à la verveine élu meilleur produit bio en 2020. Bien vu : la visite des lieux est gratuite !

RANDONNÉES PÉDESTRES ET VTT

Place du Prensureux ✆ 03 89 58 80 50
www.valdargent-tourisme.fr

Itinéraires des circuits téléchargeables sur le site web. Topo-guide des randonnées disponible à l'ffice de tourisme.

Avis aux amateurs de randonnées pédestres ou en vélo, le Val d'Argent compte 18 circuits d'une durée de 2 heures 30 à 6 heures, soit quelque 320 kilomètres de sentiers balisés accessibles à tous ! Pour faire court, Sainte-Marie-aux-Mines est LE point de départ idéal pour pratiquer le tourisme vert et sportif, d'autant plus que l'office de tourisme propose des randonnées thématiques accompagnées. Parfait pour découvrir l'une des plus belles régions de France… en mode nature !

SAINTE-CROIX-AUX-MINES

Les origines de Sainte-Croix-aux-Mines remontent officiellement au XIe siècle. Son nom fait référence à une croix rurale installée à l'entrée du Grand-Rombach et aux mines d'argent exploitées à la Herrschaft et à la Stimbach. Cette charmante petite cité a longtemps tiré sa richesse de la papeterie, de la filature et de la teinture d'étoffes. Aujourd'hui, ses principaux atouts sont sa forêt communale, ses exploitations bovines et le tourisme. Son patrimoine architectural comprend notamment les chapelles Saint-Blaise et du Grand Rombach ainsi que la Villa Burrus et son superbe parc qui accueille des manifestations culturelles tout au long de l'année.

LA FERME D'ARGENTIN

3, chemin du Frarupt - **LIÈPVRE**
✆ 03 89 22 19 19
www.ferme-argentin.com

Tous les jours de 10h à 18h30. Animations sur réservation. Visites possibles sur réservation hors période d'ouverture.

La ferme d'animation d'Argentin est un tout nouvel espace particulièrement bien pensé où petits et grands découvrent en s'amusant l'histoire de l'agriculture de la Préhistoire à nos jours. Ce voyage dans le temps ludique et vivant, où l'on approche et caresse les animaux et où l'on prend le temps de flâner à travers champs et vergers en en apprenant plus sur les plantes qui nous entourent, est une véritable expérimentation complète. Cette structure solidaire met l'accent sur l'accessibilité du site y compris dans ses nombreuses animations.

SCIERIE MUSÉE VINCENT

2B, rue Maurice Burrus
✆ 03 89 58 78 18
http://scieriemuseevincent.com

Visite guidée 7 jours/7 de mai à septembre de 10h à 19h. Sur RDV d'octobre à avril. 7 €/adulte, 3 €/enfant (6-10 ans).

Inscrite au Patrimoine industriel, cette scierie transformée en musée mérite une visite car c'est l'une des rares en Alsace à avoir conservé son parc de machines intact. On découvre notamment une machine à vapeur Farcot-Corliss de 1893 associée à une chaudière Cornwal de 40 m^3. Cette dernière est reliée à une cheminée en brique de 25 m de hauteur qui attire les regards à l'extérieur. La visite fournit amplement matière à méditer sur le génie de nos ancêtres quand tout, de nos jours, paraît si facile à réaliser par le biais des nouvelles technologies !

HAUT-RHIN

CAMPING DU HAUT KOENIGSBOURG*** €

Rue de la Vancelle - **LIÈPVRE** ✆ 09 67 12 43 20

www.camping-hautkoenigsbourg.com

Ouvert du 1er avril au 15 octobre 2022 et en décembre (chalets uniquement). 59 emplacements. 6 chalets (4-6 personnes).

Régulièrement récompensé pour la richesse de ses espaces fleuris, ce charmant camping est niché dans un écrin de verdure traversé par un ruisseau. Il compte 59 emplacements et 6 chalets (dont un accessible PMR). Ici, vous pourrez conjuguer repos, nature, sport et culture en famille ou avec vos amis : sentiers de randonnées pédestres ou VTT, tennis, équitation, piscines couvertes ou de plein air, Parc Minier de Tellure dans le Val d'Argent, Montagne des Singes, Volerie des Aigles…

DOMAINE D'ESTARY €€

1, vallée de Frarupt - **LIÈPVRE**

✆ 03 89 58 42 15

https://domaineestary.fr

3 gîtes pour 12 à 17 pers. À partir de 1 000 €/semaine, 750 €/week-end. Table d'hôtes (sur réservation) : 22 €/pers.

Cette jolie propriété se niche dans un superbe écrin bucolique de quelque 14 ha émaillés de prés et de forêts. Fanny et Laurent vous proposent 3 gîtes (12-17 pers), c'est vraiment l'idéal pour les familles et les groupes d'amis. Ici, on séjourne au calme et on sillonne la campagne environnante. Fanny et Laurent proposent des balades à dos d'âne en compagnie de leurs baudets du Poitou qui sont trop mignons ! En outre, le jeune couple ouvre sa table d'hôtes le soir, sur réservation. Au menu : de délicieux mets faits maison avec des produits régionaux de saison.

AUBERGE AUX DEUX CLEFS €

9, rue de la Gare - **LIÈPVRE** ✆ 03 89 58 93 29

www.auxdeuxclefs.com

Fermé lundi, samedi midi, dimanche soir. Menu : 19 € à 29 €. Enfant 13 €. Terrasse. Vente à emporter. Hôtel 8 chambres.

Cette auberge coquette est une valeur sûre car, ici, on a vraiment la sensation d'être chez soi : dans les 8 jolies chambres comme dans l'agréable salle de restaurant, mais aussi sur la grande terrasse bordée par un luxuriant jardin. Les lieux reflètent à merveille la jovialité de la patronne Marie-Christine Herment qui, avec sa fidèle équipe, réinterprète les traditions culinaires de la région au gré de mets délicieux confectionnés avec d'excellents produits de saison. La clé du succès de cette adorable auberge tient en 3 mots : confort, quiétude, gastronomie !

AUBERGE DU SOBACH €€

40, lieu-dit Sobache

✆ 03 89 58 83 01

www.auberge-sobache.com

Ouvert du jeudi au lundi le midi et le soir. Terrasse. Jardin. 6 chambres : 62 €/nuitée, petit déjeuner 8 €.

Nature luxuriante, terrasse ensoleillée, salle cosy, cuisine gourmande et chambres confortables : à l'Auberge du Sobach, tout vous invite à profiter des petits plaisirs de la vie sans faire de chichis ! Catherine et Marc Will sont réputés pour leur sens de l'accueil et la qualité de leurs spécialités alsaciennes (jambonneau braisé, choucroute, tartes flambées) mais aussi de mets très fins, notamment de délicieux filets de soles à la crème persillée. On vient de loin pour s'attabler à l'Auberge du Sobach parce que cette bonne adresse brille par son authenticité !

MARCHÉ DU TERROIR ESTIVAL

11a, rue Maurice Burrus

✆ 06 22 95 39 32

Du 1er juillet au 23 août 2022, chaque mardi de 18h à 22h. Marché rural, animations, restauration, jeux pour enfants.

Organisée chaque été au cœur du magnifique parc de la Villa Burrus, cette sympathique manifestation est émaillée de multiples animations : démonstration de bûcheronnage, découverte des animaux de la ferme, concours de la meilleure tarte aux myrtilles, fabrication de munster, atelier de poterie... Sur place, on peut se sustenter sans bouder son plaisir : charcuteries et autres produits fermiers, tartes flambées... et des barbecues permettent de faire ses propres grillades !

MONTAGNE PASSION ITINÉRANCE

10, rue de la Creuse des Vignes

ROMBACH-LE-FRANC ✆ 03 89 58 56 40

www.speleologie-mines-alsas.fr

Activités toute l'année. Visites de mines anciennes. Spéléologie. Randonnées touristiques. Devis sur demande.

Guide montagne chevronné alliant professionnalisme et sécurité maximale, Pascal Hestin vous emmène sur les sentiers terrestres et souterrains du Val d'Argent et des Vosges. Découverte d'anciennes mines d'argent, initiation à la spéléologie, randonnées pédestres ou en raquettes à neige : sous terre comme au sommet des massifs, Patrick Hestin vous propose des parcours organisés sur mesure. Voici de quoi combler à coup sûr vos rêves, même les plus aventureux !

RIBEAUVILLÉ ★★★

Ribeauvillé fait partie des plus beaux villages d'Alsace ! Sa mention apparaît aux alentours du VIIIe siècle sous le nom de « Radbaldovillare ». Au XIe siècle fut érigé le château de Ribeaupierre, suivi 2 siècles plus tard par les châteaux de Girsberg et de Saint-Ulrich. Au Moyen Âge, la cité fut le siège des Ribeaupierre, puissante seigneurie à l'origine de l'édification de ces trois châteaux forts. Après le XVIIe siècle, la ville devint un important centre textile qui se modernisa régulièrement. Construite de façon longitudinale, Ribeauvillé possède de magnifiques maisons à colombages qui illustrent la richesse des notables de l'époque.

LES CHÂTEAUX

✆ 03 89 73 23 23
www.ribeauville-riquewihr.com
Accessible toute l'année. Gratuit. Parcours balisé « Circuit des trois châteaux » : durée : 2h30 environ.

Les trois châteaux de Ribeauvillé témoignent d'une vie moyenâgeuse riche en péripéties. Le château de Saint-Ulrich (ou Rappolstein) est le mieux conservé. Bâti à 530 m d'altitude au milieu du XIIIe siècle, il fut la résidence des Ribeaupierre jusqu'au XVe siècle. Face à lui, le château de Girsberg s'élève sur un impressionnant piton rocheux. Il possède un donjon pentagonal daté du XIIIe siècle. Le château du Haut-Ribeaupierre (ou Altenkastel) surplombe Ribeauvillé à 645 m d'altitude. Son accès est interdit mais on peut admirer ses vestiges en cours de rénovation.

L'HÔTEL DE VILLE ★

2, place de l'Hôtel de Ville
✆ 03 89 73 20 00
www.ribeauville.fr
Visite uniquement lors des Journées du Patrimoine en septembre.

La façade de l'hôtel de ville de Ribeauvillé (1773) est surmontée d'un fronton de facture classique. Ses fenêtres et sa porte comportent des remplages en grès sculpté. Un balcon présente un garde-corps en ferronnerie de style Louis XVI. La salle du Trésor renferme une collection de hanaps en argent offerts par les seigneurs de Ribeaupierre à la cité des Ménétriers. Le hall d'honneur recèle le *Pfifferdaj*, peinture monumentale de Léo Schnug (1878-1933) et un panneau japonais offert à la ville en 1964 par les Ets Steiner connus aujourd'hui sous le nom de Beauvillé.

NOTRE-DAME DE DUSENBACH

✆ 03 89 73 64 12
Le dimanche de 9h30 à 17h30 du 1er dimanche de Carême au 1er novembre. Restauration. Hébergement (12 chambres, 19 lits).

Fréquenté par de nombreux pèlerins, touristes et randonneurs, le sanctuaire de Notre-Dame de Dusenbach se niche au fond d'un vallon entouré de forêt. On y accède par la route qui mène de Ribeauvillé à Sainte-Marie-aux-Mines. Ce lieu de pèlerinage est dédié la Madone à l'Enfant rapportée d'Orient par Eguenolphe, seigneur de Ribeaupierre. Détruit à maintes reprises, le bâtiment fut reconstruit au XIXe siècle dans un style néogothique. Il se compose d'une grande église, d'une chapelle de la Vierge, d'un chemin de Croix long de 800 m et d'un abri pour les pèlerins.

© LES CHÂTEAUX

Ribeauvillé et ses majusteux Trois Châteaux en arrière plan qui surplombent la ville.

LA TOUR DES BOUCHERS ★

Édifiée en 1290 sur 3 étages puis rehaussée en 1536, la Tour des Bouchers surplombe à 29 mètres les toits de Ribeauvillé. Appelée *Metzgerturm*, elle tire son nom de la Corporation des Bouchers, chargée, en cas d'attaque extérieure, de défendre la ville depuis cette tour. Au Moyen Âge, la cité de Ribeauvillé était divisée en 4 quartiers dotés de fortifications distinctes. La Tour des Bouchers faisait partie des édifices qui permettaient le passage d'un quartier à l'autre. Elle marquait la frontière entre la ville moyenne (Mittelstadt) et la vieille ville (Altstadt).

GÎTE « LA MAISON DES TANNEURS » RIBEAUVILLÉ €€

114, Grand'Rue © 06 13 14 19 49
www.gite-colmar-ribeauville.com

Gîte (90 m2) 6 personnes. Tarifs détaillés sur demande. Garage privé à disposition. Equipement bébé, jeux pour enfants.

Aménagé au rez-de-chaussée d'une vénérable bâtisse alsacienne, ce charmant gîte s'avère douillet et cosy en hiver, agréablement frais en été. Outre sa décoration soulignée de colombages originels et émaillée de jolis objets choisis avec un goût très sûr, cet appartement de 90 m^2 est parfaitement équipé pour accueillir 6 personnes en tout confort. En bonus, il est situé à quelques pas de délicieux restaurants et de divers commerces, notamment d'excellentes pâtisseries !

L'HÔTEL & SPA RIBEAUVILLÉ**** €€

2, Grand Rue © 03 67 82 01 65
www.hotelsparibeauville.com

Chambre double à partir de 77 €. Petit déjeuner buffet : 17 €/adulte, 10 €/6-12 ans. Sauna, hammam, piscine intérieure.

Magistralement rénové, cet hôtel est vraiment *the last place to be* à Ribeauvillé ! Jugez un peu : 37 chambres climatisées conçues dans un esprit Chic Alsacien, accueil aux petits oignons réservé à vos enfants, mais aussi superbe cocon de relaxation intimiste et cosy à souhait avec une sublime piscine intérieure, un hammam, un sauna et un bain bouillonnant. Le tout s'offre à vous (moyennant réservation quand même) juste à l'entrée de la rue principale de la célèbre Cité des Ménétriers !

HÔTEL RESTAURANT DU MOUTON** €€

5, place de la Sinne © 03 89 73 60 11
www.hoteldumouton.fr

Chambre double dès 80 €. Suite (3 pers.) dès 100 €. Petit déjeuner : 11 €. Restauration. Terrasse. Vente à emporter.

Cet établissement (Logis-Hôtel Cosy) est adorable ! Il doit son nom au fait que des moutons se désaltéraient, autrefois, dans la fontaine voisine ! Aujourd'hui, certes, il n'y a plus l'ombre d'un ovin dans les parages, sauf en éléments décoratifs ! Ses 14 chambres et suites sont des cocons douillets aménagés dans un esprit néo-rustique très chic du plus bel effet. Côté restauration (Logis-Restaurant Savoureux), la tradition alsacienne est à l'honneur et la carte des vins est top !

LE CLOS SAINT VINCENT**** €€€

1, lieu-dit Spiegel © 03 89 73 67 65
www.leclossaintvincent.com

Chambre double dès 165 €. Suite à partir de 225 €. Petit déjeuner 18,50 €. Sauna. Bain à remous. Piscine. Restaurant.

Blotti au cœur du vignoble, ce charmant hôtel jouit d'un large panorama sur la plaine d'Alsace, les Vosges et la Forêt noire. Chic et cosy, les chambres et suites disposent, pour certaines, d'un balcon ou d'une terrasse. Au Clos Saint Vincent, on se détend au jardin et dans le spa avec piscine intérieure, bain bouillonnant, sauna. Côté restauration, le chef propose le soir des petits plats inventifs et savoureux. Ajoutons à tout cela une excellente cave à vins en point d'orgue !

PÊCHE DE VIGNE €€€

31, rue du Pinot Noir - **RODERN** © 03 89 71 67 91
www.pechedevigne-rodern.com

Chambre d'hôtes (2-4 pers) dès 135 €/nuitée. Suite (2-4 personnes) dès 250 €. Piscine extérieure. Spa. Table d'hôtes.

Lucie et Bernard ont transformé une ancienne ferme vigneronne du XVIe siècle en un superbe complexe de vacances. Très engagés en matière d'écologie, ils ont doté leur domaine d'une chaufferie au bois, d'une installation solaire thermique et d'une station de recharge pour voiture électrique. Le complexe se déploie autour d'une cour intérieure tapissée de vigne vierge. Détente assurée au bord de la piscine dans le jardin et dans le Spa (sauna, hammam, salle de repos massages ayurvédiques). Notez que Lucie et Bernard tiennent une table d'hôtes, sur réservation.

HAUT-RHIN

RESORT BARRIÈRE RIBEAUVILLÉ**** €€€

Route départementale 106 ✆ 03 89 73 43 44
www.resort-ribeauville.com
Chambre double dès 169 €. Suite dès 269 €. 2 restaurants. 2 bars. Centre balnéo/spa (hammam, sauna, bain à bulles).

Meilleur Resort Spa de France 2021, prestations au top : casino, hôtel, centre balnéo, spa beauté, 2 restaurants, 2 bars. Les chambres sont agencées dans un esprit contemporain, les suites disposent d'un double balcon. L'espace balnéo comprend 2 bassins intérieurs et 1 bassin extérieur : parcours aquatiques jalonnés de bains bouillonnants, jets massants et rivière à contre-courant. Cerise sur le gâteau : hammam, sauna, douche de neige, chaises longues à l'intérieur et à l'extérieur.

AU CHEVAL NOIR €€

2, avenue du Général de Gaulle ✆ 03 89 73 37 83
https://cheval-noir-ribeauville.fr
Fermé le lundi et le mardi. Réservation recommandée. Menus à 22 € et 22,50 €. Formule du midi 12 €. Carte, suggestions.

Cette jolie winstub séduit par son ambiance de brasserie cosy et lumineuse magnifiée par 2 fresques signées Charly Barras. Au Cheval Noir, on se régale bien évidemment de flammekueche, baeckeoffe, choucroute garnie et autre wädele (jambonneau) braisé, mais aussi de cordon bleu de veau au Ribeaupierre et de poulet fermier au riesling. Ou encore, franchement insolite... de nems farcis de choucroute ! L'accueil est toujours chaleureux, les bambins sont chouchoutés et la terrasse est généralement prise d'assaut. Mieux vaut donc penser à réserver à l'avance !

A LA VILLE DE NANCY €

7, Grand'Rue ✆ 03 89 73 60 57
https://restaurant-villedenancy.com
Fermé mercredi soir, jeudi soir, dimanche. Menu du marché 19,90 €. Enfant 11 €. Menu 3 services le soir 33 €. Terrasse.

© VILLE DE NANCY - RIBÔ

Ce bel établissement mérite amplement le label Restaurant de Qualité attribué par le Collège Culinaire de France. Florence et Gérald privilégient des produits frais et de saison pour proposer un intéressant Menu du Marché (excellent rapport qualité-prix) servi à midi. Le soir, le chef compose, au gré de son inspiration, un délicieux menu « surprise » en trois services. Côté vins, la diversité se conjugue en mode qualité autour d'une bonne centaine de références (souvent bio) d'Alsace et d'ailleurs : de quoi satisfaire les papilles œnophiles les plus exigeantes !

AUBERGE AU ZAHNACKER €€

8, avenue du Général de Gaulle ✆ 03 89 73 60 77
www.restaurant-zahnacker.fr
1 Toque Gault & Millau. Du vendredi au mardi midi et soir, mercredi midi. Menu 25 €. Enfant 13 €. Terrasse. À emporter.

Membre de l'Association Gastronomique des Disciples d'Escoffier, le chef Joseph Leiser vous propose d'excellentes spécialités alsaciennes. Escalope de foie d'oie poêlée aux pommes, choucroute de la mer, jambonneau braisé au munster, baeckeoffe aux 3 viandes, gibier de saison. Des mets très fins tels que la lotte au lait de coco ou l'œuf parfait au parmesan suscitent aussi de délicieuses sensations gustatives. Excellente carte des vins, salle de restaurant très cosy (mention spéciale aux belles boiseries), agréable terrasse nichée sous une somptueuse glycine.

LA FLAMMERIE €€

9, Grand'Rue ✆ 03 89 73 61 08
www.flammerie-ribeauville.com
Fermé le lundi. Fermé le dimanche soir hors saison. Menus : de 23 € à 33 €. Enfant : 11 €. Terrasse.

Cette chouette winstub est tenue par deux sœurs, Florence en cuisine et Sophie en salle. La carte fait la part belle aux spécialités du terroir interprétées avec originalité. Il en va ainsi du fameux Strudel Façon du Chef qui dévoile sous sa croûte des pommes de terre fondante, de la saucisse fumée et du munster... La Flammerie propose aussi plusieurs sortes de choucroutes maison, un délicieux filet de sandre au riesling et quelques petits plats végétariens. Service attentif, ambiance bon enfant, déco typiquement alsacienne, terrasse ombragée : que du bonheur !

HAUT-RHIN

HÔTEL-RESTAURANT AUX 3 CHÂTEAUX €€

2, route de Sainte-Marie-aux-Mines
✆ 03 89 73 82 22
www.hotelrestaurant3chateaux.fr

Du vendredi au mercredi midi et soir. Menu : 22 € à 38 €. Végétarien 21,50 €. Terrasse. Hôtel : dès 80 €/nuitée/2 pers.

Voici une très bonne adresse où l'on s'attable dans une salle d'inspiration médiévale ou dans un espace plus contemporain. Dans l'assiette : rien que du bon fort généreusement servi, à l'instar du fameux cordon-rouge de bœuf XXL et de la choucroute vraiment royale ! Avis aux amateurs d'asperges : au printemps, il faut absolument déguster les savoureuses asperges blanches servies avec un assortiment de jambons et des sauces maison. En été, place aux soirées barbecue sur la terrasse !

ZUM PFIFFERHUS €€

14, Grand'Rue
✆ 03 89 73 62 28

Assiette Michelin - Cuisine de Qualité. Ouvert toute l'année. Menu et carte. Vente à emporter. Accueil des groupes.

Cette jolie winstub est aménagée au rez-de-chaussée d'une vénérable demeure ornée de colombages, oriel et fresques qui illustrent l'univers des ménestrels d'antan. Bénédicte et Roland vous régalent d'excellents petits plats : salade Ganseliesel au foie gras d'Alsace, tarte à l'oignon fondante, coquelet au riesling, choucroute garnie, queue de bœuf braisée au pinot noir, civet de biche, spätzlé maison. Ici, l'expression « cuisiner avec amour » prend tout son sens ! En prime, la carte des vins fait la part belle aux vignerons de la commune. Réservation impérative.

BOULANGERIE PÂTISSERIE CONFISERIE VOGEL

15, Grand'Rue
✆ 03 89 73 66 63

Ouvert du mardi au samedi : 7h-18h30 (17h le samedi). Salon de thé. Formule du midi 13 € (2 plats). Vente à emporter.

Les présentoirs de cette boulangerie à la devanture vintage regorgent de succulents délices salés ou sucrés : pains et baguettes de toutes sortes, quiches, sandwiches, viennoiseries, brioches, kougelhopfs, pâtisseries… Le midi, on se régale d'un plat du jour ou de tartines gourmandes, burgers, pizzas, planchettes et autres salades variées... Quant à l'espace salon de thé très cosy, il est décoré dans un esprit chalet montagnard agrémenté de touches typiquement alsaciennes.

CHOCOLATERIE DANIEL STOFFEL

Route de Guémar ✆ 03 89 71 20 20
www.daniel-stoffel.fr

Du lundi au samedi : 9h30-12h30, 13h30-19h. Dimanche en décembre : 14h-18h. Visite de groupe sur RV. Boutique en ligne.

Entièrement relookée début 2021, cette chocolaterie familiale vous invite à vivre une expérience immersion au cœur de ses ateliers où sont fabriqués artisanalement une multitude de chocolats franchement succulents ! Petits et grands peuvent participer à des ateliers au sein du Choco'Wahou, un espace dédié à diverses démonstrations et à la dégustation de délices cacaotées ! La chocolaterie organise aussi des ateliers de dégustation « vin & chocolat » pour les adultes, sur réservation.

LE GOUPIL

2, place de l'Ancien Hôpital ✆ 03 89 78 81 23
http://goupilbaravin.wordpress.com

Ouvert de début mai à mi-décembre, du mercredi au dimanche de 17h à 23h30. Restauration. Animations. Concerts. Terrasse.

Roland Frey accueille les amateurs de bons crus assortis de tapas, tartines gourmandes, planchas et terrines artisanales. La bonne humeur est de mise ici, dans un décor composé de chêne et d'acier. Les vins sélectionnés par Roland illustrent la richesse des terroirs alsaciens (plus de 50 Grands Crus) et français. Ils sont majoritairement issus d'une viniculture raisonnée ou bio et expriment, dixit le maître des lieux, « la personnalité du vigneron, son travail de la vigne, sa recherche du grain et de la résonance. Attention : réservation fortement conseillée !

GOURMANDRINKS

81, rue des Juifs
✆ 03 89 73 86 44

Ouvert du lundi au mercredi et vendredi de 18h à 00h. Week-end : 12h à 13h30, 18h à 00h. Petite restauration. Terrasse.

Ce bar dînatoire séduit par son ambiance cosy et chaleureuse rehaussée par une déco rustique très chic. La carte des vins met l'accent sur de bons crus bio du coin, mais elle recèle également de bien jolies pépites d'autres régions de France et du monde. Gourmandrinks propose en outre des cocktails, rhums, whiskys et autres spiritueux, ainsi que d'excellentes bières artisanales. Pour accompagner la dégustation : planchettes variées et originales, tartes flambées et... tartines géantes ! En matière d'accueil et de service, Gourmandrinks effectue un sans-faute.

PÂTISSERIE GILG

Grand'Rue
✆ 03 89 49 74 53
www.patisserie-gilg.com
De 8h30 à 18h45 du mardi au samedi (18h). Dimanche de 8h30 à 12h30. Jours fériés : voir site Web. Boutique en ligne.

Nichée en retrait de la Grand'Rue, cette adresse arbore une déco originale où moules à gâteau anciens et lustre *Zeppelin* de Marcel Wanders cohabitent harmonieusement. Salé ou sucré, ici il y en a pour tous les goûts ! Tourtes, quiches et friands, tartelettes, éclairs, paris-brest, ganaches et chocolats, macarons... Il y a aussi le *langhopf* (kougelhopf allongé), les *bredele* et les bûches de Noël, les galettes des rois, les beignets de Carnaval et autres *schenckele* aux noisettes... Ici, on fait fi des calories car, c'est bien connu : quand on aime on ne compte pas !

ATELIER CHRIST - JOUETS EN BOIS

8, Grand'Rue
✆ 03 89 73 72 09
Du mardi au samedi : 9h30 à 12h et 14h30 à 18h30 (18h le samedi). Les dimanches en décembre : 10h à 12h et 14h30 à 18h.

Si d'aventure l'idée venait au Père Noël de délocaliser son atelier de Laponie en Alsace, il choisirait à coup sûr l'Atelier Christ car cette boutique est un véritable enchantement pour les enfants ! Elle regorge d'objets ludiques : jouets en bois colorés, puzzles, instruments de musique, poupées, peluches, doudous, jeux d'éveil... À l'entrée, un ménestrel vous rappelle que vous êtes bien dans la cité des Ménétriers tandis que, à l'extérieur, des bulles de savon attirent les regards !

CAVE DE RIBEAUVILLÉ

2, route de Colmar
✆ 03 89 73 20 35
www.vins-ribeauville.com
Ouvert du lundi au vendredi : 8h-12h, 14h-18h. Week-end et jours fériés : 9h30-12h30, 14h30-18h30. Boutique en ligne.

Fondée en 1895, la Cave de Ribeauvillé fait partie des meilleures caves coopératives d'Alsace. Elle regroupe 40 viticulteurs qui œuvrent au gré d'une mosaïque de terroirs : 8 Lieux-dits, 8 Grands Crus et mythique Clos Zahnacker. Le tout se déploie sur 235 ha certifiés HVE3 et, d'ici 2023, 23 % des vignes seront cultivées en bio. La Cave de Ribeauvillé propose quelque 80 références de haut vol, parmi lesquelles on craque pour le Crémant Giersberger Brut (91/100 Wine Enthusiast). Accueil et conseils au top, petit musée de la vigne, espace de jeux pour les enfants.

LE CLOS LIEBAU

30, route de Bergheim
✆ 06 19 23 73 03
Certification Bio. Vins méthode nature. Visite et dégustation de préférence sur RV. 1 gîte pour 2-3 personnes.

Issu d'une famille de vignerons, Sébastien Schwach a attendu de souffler ses 33 bougies pour créer, en 2017, son micro domaine de 3,2 ha : Le Clos Liebau. Pensé comme un jardin sauvage, il est certifié AB, les vignes sont cultivées en permaculture de manière 100 % naturelle, majoritairement sans usage de soufre ni de cuivre. Sébastien produit des cuvées uniques qui ne manquent pas de caractère. Lors de votre visite, nous vous recommandons chaudement de déguster le Sylvaner (macération 10 mois en barrique) et le Clos Liebau, délicieux assemblage de cépages nobles.

DISTILLERIE ARTISANALE MARCEL WINDHOLTZ

31, avenue du Général de Gaulle ✆ 03 89 73 66 64
www.distillerie-windholtz.com
Ouvert du lundi au samedi de 8h à 12h et de 14h à 18h. Dimanche sur RDV. Dégustation gratuite pour les particuliers.

Cette entreprise familiale a été élue Meilleure Distillerie d'eaux-de-vie de fruits au Monde par la *Revue du vin de France*. Une reconnaissance bien méritée car les Windholtz perpétuent depuis 3 générations l'art délicat de capter les subtilités aromatiques des plus beaux fruits ! Abricot, sureau, framboise, mirabelle, coing, griotte, alisier... Voici un aperçu des excellentes eaux-de-vie que vous pourrez découvrir lors d'une dégustation commentée avec passion par Michel Windholtz.

DOMAINE JEAN SIPP

60, rue de la Fraternité ✆ 03 89 73 60 02
www.jean-sipp.com
Du lundi au samedi : 8h-12h et 14h-18h. Dimanche et jours fériés sur RDV. 2 chambres d'hôtes dès 85 €/nuit/2 pers.

Jean-Guillaume Sipp conduit cette belle exploitation familiale dont les origines remontent à 1654. Jean-Guillaume privilégie le travail des sols afin de mettre en valeur les terroirs du domaine, tout particulièrement les Grands Crus Kirchberg, Ostenberg et Altenberg qui en sont les fleurons. La gamme actuelle des vins s'avère d'une indéniable qualité : le guide *Hachette des Vins* 2022 référence ainsi le Riesling LD Grossberg 2019 et offre une étoile au Pinot Noir Osmose 2017 dans son édition 2021. Une visite au beau caveau permet de déguster des crus magnifiques !

DOMAINE XAVIER WYMANN

41, rue de la Fraternité
✆ 03 89 73 66 83
https://vins-wymann.com
Certifié AB. Du lundi au samedi 10h-12h, 15h-18h. Dimanche/jours fériés 10h-12h. Visite de cave, dégustation sur RV.

Jean-Luc Schaeringer conduit son vignoble (6,5 ares) en bio depuis 2004. Ce sympathique viticulteur vous reçoit avec plaisir dans son caveau chaleureux, attenant à la cave où il élève ses vins. À déguster, par exemple, lors de votre visite : un Riesling Steinacker (frais et cristallin, arômes de pêche blanche), un Gewurztraminer Cuvée Zacharie (arômes de fruits exotiques épicés), un Pinot Gris Aux 4 Vents (superbe vin d'apéritif) et le délicieux pétillant naturel La Bulle de Michèle. Excellent potentiel de garde pour la plupart des vins produits par Jean-Luc.

ÉPICERIE FINE WUST-FISCHER

37, Grand'Rue
✆ 03 89 73 61 01
www.maison-fischer.fr
Ouvert toute l'année, 7 j/7 de 9h à 18h. De juin à septembre, fermeture à 19h. Boutique en ligne.

Cette épicerie vintage séduit les gourmets qui viennent s'y approvisionner en spécialités fromagères de la Maison Fischer réputée pour ses fromages de Munster. On y trouve aussi des vins d'Alsace, des conserves artisanales, des miels et des confitures bio, des condiments originalement aromatisés, des vinaigrettes surprenantes, des charcuteries, du foie gras, des fruits et autres légumes de saison… L'accueil est à la hauteur de l'atmosphère de cette boutique : enchanteur !

L'ÉCHOPPE PAYSANNE

42, route de Guémar
✆ 03 89 58 79 05
Magasin de producteurs. Ouvert du mercredi au vendredi : 9h30-12h30, 15h-18h30. Samedi : 8h30-13h. Parking gratuit.

Cette boutique regroupe une vingtaine de producteurs locaux qui délivrent des produits en provenance directe de leur ferme. Vous contribuez ainsi à la mise en valeur de circuits courts en achetant des produits issus d'une agriculture raisonnée ou bio. Légumes, fruits, choucroute, fromages, laitages, œufs, volailles, viandes, pains, jus de fruit, sirops, confitures, miels, tisanes, vins d'Alsace ou encore fleurs coupées : L'Echoppe Paysanne affiche clairement la provenance de tout ce qui garnit ses rayons. Elle fait le bonheur des gens du coin et des touristes !

MAGASIN-BAR L'HIRONDELLE

100, route de Guémar
✆ 03 89 73 62 32
www.leribeaupierre.com
Ouvert du mercredi au vendredi de 14h à 19h. Samedi de 9h à 12h et de 14h à 19h. Terrasse. Aire de jeux. Vente directe.

La Ferme de l'Hirondelle produit le fameux Ribeaupierre, fromage à pâte pressée non cuite parfois appelé tomme d'Alsace. Une visite dans son magasin-bar s'impose pour découvrir ses multiples variétés : à l'ail des ours, à l'ortie, au basilic, aux fines herbes, à la moutarde, à la tomate… ou tout simplement nature ! À déguster à l'apéro ou en raclette. On trouve aussi des oeufs frais et des produits fermiers locaux. Ici, on se pose en terrasse pour siroter une bonne bière pendant que les enfants s'ébattent en toute sécurité sur une aire de jeux.

MAGASIN BEAUVILLÉ

19-21, route de Sainte-Marie-aux-Mines
✆ 03 89 73 74 74
www.beauville.com
Du lundi au vendredi : 9h-11h45, 14h-17h45. Samedi : 9h30-17h45. Les dimanches en décembre : 14h-18h. Boutique en ligne.

Sur le plan historique mais aussi économique, la cité de Ribeauvillé est intimement liée à la grande aventure de l'impression sur étoffes. Depuis 1838, la Manufacture d'impression sur étoffes de Beauvillé (labellisée Entreprise du Patrimoine Vivant depuis 2009) crée du linge de table (nappes, serviettes, torchons…) fabriqué à partir de matières 100 % naturelles (coton, lin, soie…) de style classique ou contemporain. Ici, on fait plein de jolies choses pour égayer sa maison et choisir des cadeaux pour ses proches. Nouveauté 2022 : service de nappe sur mesure !

MAISON TRIMBACH

15, route de Bergheim
✆ 03 89 73 60 30
www.trimbach.fr
Ouvert du lundi au vendredi de 8h à 11h45 et de 14h à 17h15. Samedi sur RV. Dégustation sur RV. Boutique en ligne.

Depuis 1626, 13 générations pérennisent le terroir Trimbach à travers la richesse de ses vins fins. Pierre Trimbach est classé parmi les 10 meilleurs vinificateurs du monde en matière de vin blanc. Cette reconnaissance tient sans nul doute au fait que Pierre Trimbach élabore des vins de garde aromatiques et secs, dans la plus pure tradition rhénane, appelés à se bonifier sereinement durant 3 lustres et plus. Mention spéciale au riesling Clos Sainte-Hune 2017 issu d'un terroir d'exception sur le Rosacker à Hunawihr. Il est noté 100/100 par Bettane & Desseauve !

LA PLACE

Place de l'Hôtel de Ville
✆ 09 53 13 69 10
Ouvert du mardi au samedi. Fromager et bar à fromage. Dégustations commentées et soirées thématiques. Vente à emporter.

Vous êtes allergique au fromage ? Passez votre chemin ! Mais si vous adorez les spécialités fromagères d'Alsace, de France et d'ailleurs, bienvenue à *La Place*. Cette échoppe regorge de délices estampillés AOC, AOP ou bio : le roi Munster bien sûr, mais aussi de multiples fromages de chèvre et de brebis, ainsi que diverses trouvailles qui varient au gré des arrivages. Vente à la coupe, à la pièce ou bien sous forme de plateaux personnalisés. Voici une bonne adresse pour une pause déjeuner, un apéro festif, une soirée raclette savoyarde ou une fondue helvétique !

TERROIR D'ALSACE

114, Grand Rue
✆ 06 12 51 51 94
Ouvert du mardi au samedi de 10h à 18h30. Samedi de 9h à 17h. Dimanche de 10h à 17h. Spécialités de gibier. Traiteur.

Cette sympathique échoppe est perchée tout en haut de la Grand Rue. On s'y arrête le temps de prendre un café et de faire un brin de conversation avec l'emphatique patronne Martina. Après quoi, on se fait pas prier pour remplir son panier de bons produits du terroir. Martina est spécialisée dans la charcuterie à base de gibier issu de la chasse locale. Elle propose aussi de la viande de venaison fraîche, ainsi qu'une sélection de produits d'épicerie, des fruits et légumes de saison et des plats cuisinés. Une adresse comme on les aime : conviviale et gourmande !

PISCINE DE PLEIN AIR CAROLA

48, route de Bergheim ✆ 03 89 73 64 40
www.ribeauville.fr
Ouvert 7 jours/7 du 1er juin au 31 août 2022, de 10h à 19h. Entrée : 2,50 €/adulte. 1,80 €/5-16 ans. Snack-bar.

C'est un pur bonheur de piquer une tête dans les eaux turquoise dans la charmante piscine Carola quand le mercure prend l'ascenseur ! C'est une véritable institution qui, depuis 68 ans, fait le bonheur des petits et des grands amateurs de baignade en plein air avec ses deux bassins, ses plongeoirs et sa pataugeoire. Espaces verts, zones ombragées, tables de pique-nique, terrains de volley et de foot, ping-pong, snack-bar : voici de quoi profiter des beaux jours à ciel ouvert !

PISCINE INTERCOMMUNALE DES TROIS CHÂTEAUX

1, rue Pierre de Coubertin ✆ 03 89 73 27 27
www.piscine-3-chateaux.fr
Horaires d'ouverture sur le site web. Tarifs : 5,70 €/adulte, 3,60 €/enfant/étudiant. Sauna, hammam, fitness.

Coiffée d'une vaste verrière, cette piscine familiale comprend deux pataugeoires (une intérieure et une extérieure), un grand toboggan central, un parcours balnéo avec des buses de massage, un grand bassin et un bassin d'apprentissage. Après l'effort, place à la détente dans le bain bouillonnant ! La salle de fitness, le sauna et le hammam sont accessibles toute l'année. À l'extérieur en été : aires de jeux, tables de ping-pong, boulodrome, terrain de volley et tables de pique-nique.

AUBURE

Aubure a la réputation d'être le village alsacien le plus élevé : il domine ainsi la plaine d'Alsace à 800 mètres d'altitude. Protégé des vents par le massif du Brézouard, il jouit d'un microclimat qui en fait, depuis la fin du XIXe siècle, un lieu de villégiature et de cure fort réputé pour la qualité de son air, en été comme en hiver. De plus, c'est également un excellent point de départ pour partir en balade sur les multiples sentiers de randonnée environnants. À ne surtout pas manquer : le Belvédère, un magnifique monument situé sur le col de Fréland en direction de Salem. Il offre un point de vue incroyable sur les crêtes vosgiennes !

GÎTES ADELSPACH**** €€

Lieu-dit Adelspach ✆ 03 89 73 91 61
www.adelspach.com
5 gîtes (50 m² à 150 m²) pour 2 à 14 pers. Tarifs sur demande. Piscine intérieure, sauna, hammam, bain bouillonnant.

Un havre de sérénité dans un écrin boisé à environ 4 km d'Aubure ! Martine et Jean-Marc vous accueillent dans 5 gîtes (2-14 personnes) habillés de superbes boiseries. Chaque appartement est parfaitement équipé : chambres douillettes, salon avec cheminée et poêle en faïence, cuisine et salle de bains moderne. En bonus, il y a un sublime espace wellness avec piscine de nage à contre-courant, bain à remous, hammam, sauna, bain nordique et terrasse ensoleillée équipée de transats. En hiver, on vous fournit gracieusement des raquettes et des bâtons de marche nordique !

HAUT-RHIN

LE CHEMIN DU BIEN-ÊTRE

Chemin du Combattant
✆ 03 89 73 23 23
www.ribeauville-riquewihr.com
Parcours pédestre gratuit, accessible toute l'année. Niveau facile, pour toute la famille.

Cette balade repose sur 2 boucles de 2,8 km et 17 kilomètres. Elle est jalonnée de 14 bornes qui permettent de découvrir différents points de shiatsu, technique japonaise d'auto-massage par pression des doigts. Divers exercices sont proposés pour dénouer les tensions corporelles et réactiver la circulation des énergies. Détail insolite : chaque borne renvoie au portrait sonore et vidéo d'un Auburien ou d'une Auburienne par l'intermédiaire d'un flash-code ! Un topoguide est disponible auprès des bureaux de l'Office de tourisme du Pays de Ribeauvillé-Riquewihr.

LE CADRAN SOLAIRE ASTRONOMIQUE

www.ville-bergheim.fr

Daté de 1711, ce cadran solaire est surmonté d'une banderole portant les initiales de son créateur ainsi que la devise latine « *Sicut umbra fugit vita* », traduisez : « comme l'ombre, la vie s'enfuit ». Il est considéré comme l'un des plus beaux de la région. Outre son intérêt esthétique, il indique les heures, les demi-heures et les quarts d'heures, mais aussi l'heure du lever et du coucher du soleil ainsi que les changements de saison et la position du soleil dans le zodiaque.

BERGHEIM ★

La cité de Bergheim a tout d'une miraculée, car, contrairement à la plupart des villages voisins, elle a connu le bonheur d'être épargnée par les deux dernières guerres mondiales ! Moyennant quoi, elle conserve aujourd'hui de nombreux vestiges amoureusement préservés. Sa double enceinte fortifiée datant du XIVe siècle présente une porte haute et 9 tours. L'hôtel de ville date de 1776 et, à côté de l'église on trouve un ossuaire Renaissance de 1550. L'église Notre-Dame-de-l'Assomption dévoile un chœur du XIVe siècle et un clocher-porche gothique. Outre la Tour des Sorcières dite Peltzkappe, il y a aussi un tilleul qui aurait été planté en l'an 1300 !

Bergheim.

LA MAISON DES SORCIÈRES

5, rue de l'Église
✆ 03 89 73 18 64
http://haxahus.org
Ouvert de juillet à début octobre du mercredi au dimanche de 14h à 18h (sept-oct uniquement les dimanches). Adulte 3 €.

Ce musée retrace les procès pour sorcellerie jugés à Bergheim de 1582 à 1683 par le biais de gravures, d'archives et de films documentaires. Il éclaire une part sombre de l'histoire de l'Alsace quand croyances, esprits malins, religion et justice agitaient les populations. La Maison des Sorcières s'appuie exclusivement sur des faits historiquement avérés. Outre l'histoire de la sorcellerie en Alsace, ce musée offre des perspectives intéressantes sur de nombreux thèmes annexes : la représentation de la femme, la tolérance et la crainte de l'inconnu.

LE TANZLINDE

Jardin public
✆ 03 89 73 63 01
www.ville-bergheim.fr
Accessible toute l'année. Gratuit.

Le Herrengarten (jardin public) de Bergheim recèle un trésor végétal : un tilleul planté en 1313 ! Il s'agit du plus vieil arbre répertorié dans le Haut-Rhin. Ses mensurations sont impressionnantes : 17 mètres de hauteur pour 6,30 mètres de circonférence. L'association A.R.B.R.E.S (acronyme signifiant Arbres Remarquables, Bilan, Recherche Et Sauvegarde) a décerné au Tanzlinde le label « Arbre remarquable de France » et collabore avec la cité de Bergheim pour sa préservation. Son nom renvoie aux fêtes populaires organisées à l'ombre de son très généreux feuillage.

FOCUS

DES RACINES ET DES HOMMES

AU MUSÉE DU VIGNOBLE ET DES VINS D'ALSACE

300 m² d'exposition dans une magnifique dépendance du Château de la Confrérie Saint-Étienne : un lieu unique en son genre, dédié au labeur ancestral des vignerons alsaciens.

Fidèle reconstitution

Venez découvrir les multiples facettes de la vie et du travail du vigneron au fil des siècles. De la vigne à la cave, ce musée régional dévoile les arts et les traditions populaires des générations anciennes. Au rez-de-chaussée, une cave est ainsi soigneusement reconstituée : cuves, fûts, pressoirs (le plus ancien date de 1640), rien ne manque ! Jolie curiosité : un alambic transportable daté des années 1930 trône ici en majesté.

Métiers anciens

Étroitement lié à la viticulture, l'artisanat tonnelier se dévoile au gré de nombreux objets parfaitement conservés. Il en va de même pour la verrerie. Cruches, bouteilles, flacons et moult verres ou gobelets : ces objets aussi beaux qu'utilitaires permettent d'appréhender avec finesse l'évolution de l'art œnologique à travers les siècles.

Matériel technique

Pompes à vin, sulfateuses et autres soufreuses : ces objets datant de la fin du XIXe siècle et du début du XXe, illustrent d'autres aspects du travail des vignerons, notamment la lutte contre le terrible phylloxéra et les maladies cryptogamiques comme le mildiou et l'oïdium. Quant au travail en cave, il est décrit avec minutie par le biais d'accessoires utilisés au cours de la la première moitié du XXe siècle : filtres, tireuses, boutonneuse, capsuleuses et autres objets fort intrigants.

Tout au long de votre visite, de passionnants documents imprimés et photographiques se dévoilent sous vos yeux pour éclairer l'évolution du monde de la viticulture et, ce faisant, l'histoire millénaire de l'Alsace !

MUSÉE DU VIGNOBLE ET DES VINS D'ALSACE

1 bis, Grand'Rue
KIENTZHEIM
✆ 03 89 78 21 36
www.musee-du-vignoble-alsace.fr

© CLAUDE DIETRICH

© CLAUDE DIETRICH

© CLAUDE DIETRICH

LA COUR DU BAILLI*** €€

57, Grand Rue ✆ 03 89 73 73 46
www.cour-bailli.com

Chambre/studio 2 pers dès 82 €. Suite/2 pers dès 117 €. PDJ : 12 €. Restaurant. Terrasse. VitiSpa. Piscine intérieure.

Séjour de rêve assuré au sein de cette splendide demeure vigneronne du XVIe siècle où l'esprit alsacien est associé à une modernité pleine de sobriété dans les chambres, suites, studios et appartements (terrasse privative pour certains). Aménagé dans une ancienne cave vigneronne, le *Vitis Spa* invite à se ressourcer en toute sérénité : piscine intérieure, sauna, bain bouillonnant. Le restaurant La Cave du Bailli fait le bonheur des petits et grands gourmets. Au vu des prestations assurées, la Cour du Bailli présente indéniablement un excellent rapport qualité/prix.

L'ECLOS DES VIGNES €€

8, Faubourg Saint-Pierre ✆ 06 08 21 08 35
www.leclosdesvignes.alsace

5 appartements pour 4-6 personnes. Tarifs : consulter le site web. Spa. Terrasse. Borne de recharge véhicule électrique.

Dans un cadre verdoyant bercé par les gazouillis des oiseaux, ces 5 gîtes offrent un niveau de confort peu commun : boiseries et déco de toute beauté, cuisine ultra équipée, douche à l'italienne, salon cosy, chambres douillettes, ascenseur, climatisation, Spa avec sauna, bain bouillonnant et hammam, espace fitness. Équipé de barbecues et de mobilier outdoor, le jardin invite à se prélasser au soleil. Les petits déjeuners sont gargantuesques, la table d'hôte (sur réservation) est infiniment raffinée. En bonus : soirées tartes flambées à volonté, sur réservation.

LE GÎTE DU ROTENBERG €€

Ferme du Rotenberg ✆ 03 89 73 34 14
www.rotenberg.fr

2 gîtes (4-5 pers) à partir de 290 €/semaine. Accueil cavaliers + chevaux en gîte d'étape. Parking privé. Garage à vélo.

Pascal et Sylvie ont aménagé 2 appartements rustiques (4-5 personnes) dans une vénérable grange au milieu des vignes. Le plus grand dispose d'une belle terrasse. Implanté sur les circuits équestres des Lignes Bleues et des Cigognes, le Rotenberg fait également office de gîte d'étape pour les cavaliers logés dans une grange au-dessus des écuries, ainsi que pour leurs montures qui pourront profiter des boxes et des prés environnants. Parfait pour faire un break lors de vos randonnées en étoile ! Espace camping-car avec électricité où les toutous sont admis.

ANIMUS €€

14, place du Dr Pierre Walter
✆ 03 89 73 73 97
https://restaurant-animus.fr

2 Toques Gault & Millau. Fermé mercredi, jeudi, samedi midi. Menu unique à midi 19 €. Terrasse. Réservation recommandée.

Animus fait partie de la sélection *109 - Le sang neuf de la cuisine française - 2021* du Gault & Millau, un vrai gage de qualité mais aussi d'originalité ! Andrea Martin est un chef joyeusement créatif qui excelle dans l'art d'élaborer des mets alliant la chaleur de l'Italie à la générosité de l'Alsace. Sa *Carbonara 2.0* s'avère opulente à souhait et ses *Fischnacka* de saumon mariné sont délicieusement surprenants. Le tout s'accompagne de très bons crus italiens ou locaux, majoritairement bio. Bien vu : les coffrets et bons cadeaux à offrir à vos proches !

LES DEMOISELLES DE REICHENBERG

28, place du Dr Pierre Walter ✆ 03 67 35 07 63
www.reichenberg.fr

Ouvert du jeudi au dimanche de 10h à 12h30 et de 16h30 à 18h30. Sur RDV lundi, mardi et mercredi. Boutique en ligne.

Heureux propriétaire du Domaine de Reichenberg adossé aux collines sous-vosgiennes à l'entrée de Bergheim, Patrick Cognacq a aménagé un charmant caveau de vente au rez-de-chaussée d'une maison alsacienne joliment rénovée. Un lieu propice à la dégustation de crus délectables, notamment un Pinot Gris Reichenberg 2020 aromatique et opulent, parfait avec des mets exotiques. Patrick Cognacq vous accueille avec jovialité et distille de précieux conseils en matière d'accords mets et vins.

GUSTAVE LORENTZ

91, rue des Vignerons
✆ 03 89 73 88 07
www.gustavelorentz.com

Ouvert du lundi au samedi de 10h à 12h et de 14h à 18h. Groupes sur RDV : à partir de 8 €/pers. Boutique en ligne.

Fondée en 1836, la Maison Gustave Lorentz entretient, au fil de 7 générations, un amour indéfectible pour l'univers de la vigne ! Elle élabore des vins internationalement réputés (certifiés bio Ecocert depuis 2012) à découvrir dans un splendide caveau de dégustation. Notamment le Riesling Grand Cru Kanzlerberg de Bergheim 2017 (noté 94/100 par *Decanter*), le Pinot Noir *La Limite* 2015 (noté 91/100 par *Wine Enthusiast*) et le Riesling Grand Cru Altenberg de Bergheim SGN 2012 noté 97/100 par Paolo Basso, l'un des six meilleurs sommeliers du monde !

THANNENKIRCH

Vous sillonnez la Route des Vins ? N'hésitez pas à faire une halte dans cet adorable village niché dans un écrin de verdure en contrebas du massif du Taennchel. Vous découvrirez alors le monde merveilleux de Thannenkirch, à quelques battements d'ailes de cigogne du château du Haut-Kœnigsbourg. Ce village de moyenne montagne (468 m) a connu son heure de gloire après la reconstruction du château quand le tourisme s'est développé dans la région. Sa réputation de village paisible s'est alors répandue comme une traînée de poudre. Dédiée à sainte Anne, une source locale (à laquelle on prêta longtemps des vertus miraculeuses) a renforcé l'attrait du village. Entre les deux guerres, les frères Bernheim fondèrent la Vosges Fox Farm, exploitation dédiée à l'élevage de renards argentés car, dans les années 1920, la bourgeoisie était friande de belles fourrures ! Mais, en 1929, la crise provoqua l'effondrement des cours des peaux et La Renardière, dont il subsiste encore les bâtiments sur les hauteurs du village, fut liquidée. Labellisée Station Verte depuis 1997, Thannenkirch est un havre de paix pour les amateurs de nature préservée. L'hôtellerie y est de qualité et plusieurs bonnes tables valent le détour. Impulsée par la municipalité avec l'appui des habitants, une politique environnementale ambitieuse positionne aujourd'hui Thannenkirch parmi l'un des villages les plus écologiques d'Alsace. Il constitue le point de départ de nombreuses randonnées, en particulier vers le Taennchel, fabuleux massif gréseux qui nourrit de nombreuses légendes et abrite des rochers aux formes fantasmagoriques.

LE MASSIF DU TAENNCHEL

✆ 03 89 73 23 23

Circuits de randonnées guidées. Informations : Office de tourisme de Ribeauvillé-Riquewihr. Topo-guide : 7 €.

Magnifiquement préservé, ce massif des Vosges centrales est accessible depuis Ribeauvillé ou par le Val d'Argent, mais c'est quand même via Thannenkirch que son accès s'avère le plus aisé ! Le Taennchel culmine à 992 m d'altitude, et mérite franchement qu'on lui consacre une grande journée de balade. Et pour cause : le Massif du Taennchel est un haut lieu d'anciens cultes mégalithiques. Ses immenses blocs rocheux aux formes tourmentées façonnées par des siècles d'érosion ont été baptisés Rocher des Reptiles, des Titans, des Géants, et autres noms tout aussi fantasmagoriques. Certains de ces rochers dégageraient une intense énergie tellurique, confirmée, paraît-il, par les pendules des sourciers. Moyennant quoi, si l'on en croit les amoureux des dolmens et des menhirs, c'est vraiment l'endroit idéal pour recharger ses batteries ! On y découvre également un dédale de rochers aux appellations fort évocatrices : la Fosse aux Loups, la Source des Esprits, la Source du Corbeau, la Roche des Fées... Autour de son sommet, se dévoilent les vestiges d'un mur dit païen, lequel demeure un mystère archéologique. Massif emblématique, le Taennchel révèle une juxtaposition de milieux naturels d'une incroyable variété. Il fait par ailleurs l'objet d'une protection spéciale sur environ 500 ha de forêts. Auréolée de légendes mystérieuses, la « Grande Montagne » (comme la nommaient les anciens) se parcourt sans modération, tout en la respectant ! Bon à savoir : Elsass Altitude propose des randonnées guidées d'une demi-journée ou d'une journée.

LES CABANES ESSENTIELLES €€

8 Melkerhof ✆ 03 89 58 61 08

www.les-cabanes-essentielles.fr

À partir de 60 €/nuitée/gîte/2 pers. et de 160 €/nuitée/cabane/2 pers. Restauration bio. Sauna. Modelages bien-être.

Perchées sur les hauteurs de Thannenkirch au pied du Taennchel, ces cabanes dans les arbres sont chauffées et hébergent 2 à 6 personnes. Original à souhait, ce domaine propose aussi 2 gîtes confortables (2-6 personnes) dans une maison familiale à Thannenkirch. Petit déjeuner classique ou gourmand, repas ou panier pique-nique bio et végétarien, stages de botanique et d'herboristerie, séminaires et retraites bien-être : voici autant de propositions pour agrémenter un séjour bucolique et écologiquement responsable dans un cadre boisé 100% nature !

HÔTEL DU HAUT-KOENIGSBOURG*** €€

9, rue de Rodern ✆ 03 89 22 46 60

www.hotel-haut-koenigsbourg.com

Boutique hôtel. Nuitée dès 85 €/2 pers. Petit déjeuner : 13 € (gratuit -15 ans). Salon de thé. Parking, local à vélo.

Au sein d'une adorable demeure du XVIIIe siècle, ce charmant établissement est un hôtel boutique où l'on peut acquérir des objets de déco et des produits de la région. Outre 9 chambres cosy, il dispose d'un jardin orné de cerisiers. Hormis son salon de thé et sa cave à vins, il n'y a pas de restauration sur place, mais vos hôtes se feront un plaisir de vous indiquer quelques bons restaurants du coin. Gros coup de coeur pour cette belle adresse où les chiens sont les bienvenus !

HAUT-RHIN

HÔTEL-AUBERGE DU MELKERHOF** €€

10, Lieu-dit du Melkerhof
✆ 03 89 73 13 09
www.auberge-melkerhof.fr
7 chambres et 1 suite (2-4 pers). Nuitée dès 95 €/2 pers. Petit déjeuner : 12 €. Gîte équestre. Restaurant. Terrasse.

© AUBERGE_MELKERHOF

Aménagé dans une vénérable bâtisse datée de 1832, le Melkerhof dispose de 8 chambres (dont une PMR), toutes tapissées de boiseries chaleureuses. L'auberge vous propose des chambres doubles ou des suites de 2 à 4 personnes avec une cuisine équipée. Passionnée d'équitation, Corinne héberge Franklin le poney, Vanille l'ânesse ainsi que les chevaux des randonneurs de passage. Quant au restaurant, il met l'accent sur la cuisine du terroir et offre un excellent choix de vins d'Alsace !

AUBERGE LA MEUNIÈRE €€

30, rue Sainte Anne ✆ 03 89 73 10 47
www.aubergelameuniere.com
Logis Restaurant Savoureux. Menus : 23 € à 43 €. Midi : 16,90 € (2 plats). Enfant : 10,50 €. Terrasse. Logis Hôtel Cosy.

Cette auberge semble tout droit sortie d'une vallée tyrolienne ! Sa terrasse panoramique offre de magnifiques points de vue sur le château du Haut-Koenigsbourg et les Vosges. Son restaurant est décoré objets anciens chinés par les propriétaires des lieux. En cuisine, Thomas Dumoulin fait preuve d'une belle créativité au fil de mets joliment dressés dans l'assiette. Côté hébergement, la famille Dumoulin vous propose 25 chambres très confortables ainsi qu'un espace de bien-être avec bain bouillonnant et sauna. Bonne adresse où l'on est assuré de séjourner au calme.

RORSCHWIHR

Le site de Rorschwihr fut occupé dès l'époque romaine. Son nom provient de l'appellation « Chrodoldeswillare » (traduisez la ferme de Chrodold). À la fin du XIIIe siècle, Rorschwihr devint une propriété des seigneurs de Ribeaupierre, avant d'être cédé aux Habsbourg. Parmi ses monuments remarquables, citons l'église Saint-Michel (1837) dotée d'un clocher-chœur voûté du XIIIe siècle, et le Meyerhof, ancienne propriété abbatiale du XIIe siècle. Mais Rorschwihr est avant tout réputé pour son vignoble exploité par des viticulteurs émérites qui tirent parti d'un mésoclimat exceptionnel caractérisé par une pluviométrie basse et des températures très clémentes.

HÔTEL SPA LE CLOS DES SOURCES*** €€€

2, rue de Rodern ✆ 03 89 73 10 01
www.leclosdessources.com
33 chambres et suites pour 2 à 6 personnes. Restaurant (Maître Restaurateur). Terrasse. Bar. Spa. Piscine intérieure.

Membre des Hôtels au Naturel, cet établissement détient aussi l'Écolabel européen. Il doit son nom aux sources jaillissant du massif du Taennchel qui alimentent en eau pure son Bio Spa de 1 000 m² : piscine chauffée, bain bouillonnant, sauna, salle de massage, fitness. Esprit chalet chic pour les 33 chambres et suites douillettes à souhait. Au restaurant du Clos des Sources, le Chef propose des mets d'inspiration régionale agrémentés d'herbes aromatiques cultivées dans son jardin bio !

APPARTEMENTS SOJOLIDAYS €€

12, route du Vin ✆ 06 58 35 24 27
www.sojolidays.fr
2 studios et 3 appartement pour 2 à 4 personnes. Tarifs détaillés sur demande ou cf web. WiFi gratuit. Jardin. Barbecue.

Au sein d'une bâtisse bourgeoise de 1827 magistralement rénovée, vous séjournerez en tout confort dans un cadre à la décoration contemporaine pleine de goût. Magnifiques parquets en bois massif et carrelages anciens au sol, électroménager dernier cri dans la cuisine, matelas king size avec mémoire de forme dans les chambres, douche à l'italienne dans les salles de bains, télé haute définition (avec accès à Netflix) au salon et WiFi gratuit partout. À l'extérieur, un petit jardin permet de prendre le soleil et de préparer de sympathiques barbecues.

DOMAINE ROLLY GASSMANN

15, Grand Rue ✆ 03 89 73 63 28
www.rollygassmann.fr
Du lundi au samedi, 10h-12h, 13h30-18h. 2e et 4e dimanche 10h-12h, 14h-18h. Dégustation commentée. Boutique en ligne.

Bienvenue dans la « cathédrale du vignoble », caveau panoramique offrant des vues à 360° sur les vignes, la Plaine d'Alsace et la Forêt noire. Ce lieu époustouflant dévoile des poutres monumentales en forme d'arbre et une exposition géologique présentant les 21 types de sols alsaciens. Dans cet écrin sans pareille, on découvre d'excellents crus, dont certains sont âgés de plus de 20 ans. Gros coup de cœur pour le Pinot Gris Rotleibel Rorschwihr Vendanges Tardives 1996. Chouette espace de jeux pour les enfants.

SAINT-HIPPOLYTE ★

Édifiée à flanc de coteaux au pied du Haut-Koenigsbourg, cette cité viticole est réputée pour ses vins d'appellation Rouge de Saint-Hippolyte. Le village a conservé une bonne partie de ses fortifications ainsi que la Tour des Cigognes (seule rescapée des quatre tours originelles), reconnaissable à son toit pointu. Construite en 1316, l'enceinte fortifiée enserre aujourd'hui encore tout le village. On peut en faire le tour en empruntant une promenade balisée. À l'intérieur de la ville, vous découvrirez de belles maisons du XVIe siècle ou de style baroque du XVIIIe, ainsi qu'une fontaine datée de 1555 qui fait face à l'hôtel de ville construit en 1782.

DOMAINE SYLVIE FAHRER ET FILS €€

24, route du Vin
✆ 03 89 73 00 40
www.fahrer-sylvie.com
Chambre double à partir de 65 €, petit déjeuner inclus. Ouverture du caveau pour les dégustations de vins.

Les vins d'Alsace du domaine Sylvie Fahrer et Fils sont issus d'un savoir faire de 4 générations de vignerons, mettant en avant le travail de la vigne dans le plus grand respect des terroirs et des traditions. Afin de profiter au mieux votre séjour en Alsace, vous êtes invité à séjourner dans des chambres d'hôtes entièrement rénovées et parfaitement équipées, où vous bénéficiez de tout le confort moderne et serez plongé en plein cœur de la vie viticole alsacienne.

LE PARC - HÔTEL & SPA - RESTAURANT**** €€€

6, rue du Parc ✆ 03 89 73 00 06
www.le-parc.com
Logis Hôtel d'Exception. Chambre double dès 151 €. PDJ 18 €. Piscine couverte. Sauna. Hammam. Logis Table Distinguée.

Fondé en 1924, cet établissement haut de gamme est réputé à juste titre son cadre hors norme. Ses chambres et suites sont décorées dans un style contemporain agréablement lumineux, avec TV satellite et climatisation dans toutes les chambres. Quant à son Spa, c'est un vrai havre de bien-être où il fait bon se délasser au bord de la piscine intérieure. En bonus : sauna finlandais, bain bouillonnant, hammam, salle de fitness. Côté bar, on peut déguster d'excellents crus de la région.

À LA VIGNETTE €€

66, route du Vin ✆ 03 89 73 00 17
www.alavignette.com
Logis Restaurant Gourmand. Fermé mercredi, jeudi midi. Menus 19,50 € à 23 €. Enfant (-12 ans) 9,50 €. Hôtel 25 chambres.

La famille Humbrech gère avec brio un restaurant qui séduit les gastronomes férus de plaisirs alsaciens en version... *slow food* ! Foie gras d'oie et gelée de gewurztraminer, jambonneau sur lit de choucroute, magret de canard au cassis, suprême de poulet au riesling, entrecôte de bœuf sauce au poivre : ici, on prend son temps pour se régaler ! Notez que La Vignette dispose de 25 chambres (double, triple, familiale, certaines avec balcon ou terrasse) très confortables, accessibles par un ascenseur. Formules demi-pension ou étape, familles avec enfants bienvenues.

HUPSA PFANNALA €€

59, route du Vin ✆ 03 89 73 03 65
www.hupsapfannala.com

Ouvert tous les jours midi et soir. Tartes flambées : 8,20 € à 12,95 €. Chambre d'hôtes (2 pers), appartement (4 pers).

Ce restaurant est aménagé dans un lieu chargé d'histoire qui fut tour à tour un caveau, une ferblanterie et une boucherie ! On s'y attable en terrasse, dans une winstub alsacienne ou dans espace conçu comme un chalet vosgien. Dans l'assiette, rien que des bonnes spécialités régionales : jambonneau braisé à la bière, magret de canard au pinot noir, florilège de flammekueche et de poêlées de pommes de terre au munster et autres fromages du cru. Dûment rassasié, on peut séjourner en chambre d'hôte ou en appartement dans une ambiance rustique chic du meilleur effet.

LE PARC - HÔTEL & SPA - RESTAURANT €€

6, rue du Parc
✆ 03 89 73 00 06
www.le-parc.com

Restaurant gastronomique : menus de 60 € à 78 €. Midi : 36 €. Winstub : menus à 35 € et 42 €. Enfant : 16 €. Terrasse.

© PARC HÔTEL & SPA SAINT-HIPPOLYTE

Au Parc, on aime s'attabler en toute saison et occasion ! La winstub *Rabseppi Stebel est* un adorable bistrot alsacien (boiseries et poutres apparentes) où l'on se régale d'une choucroute garnie ou de bouchée à la reine. Au *Restaurant Joséphine*, vive la gastronomie dans la salle très chic ou sur la terrasse ceinte d'arbres fruitiers. Œuf confit à la truffe, homard tiède, agrumes et gel mangue, filet de veau et crémeux de pois chiches au chorizo... Aussi beau à voir que bon à savourer !

DOMAINE ALINE ET RÉMY SIMON

12, rue Saint Fulrade
✆ 03 89 73 04 92
www.domaine-simon.fr

Certif. Haute Valeur Environnementale (HVE3). Chambre d'hôtes dès 45 €/nuit/2 pers/PDJ. Gîte (2-4 pers) dès 260 €/sem.

© ALINE SIMON

Toute de bleu parée, voici une charmante demeure alsacienne riche en colombages et encorbellements, où l'on peut, sur rendez-vous préalable, découvrir des crus tout à fait exceptionnels. Il y a notamment un fabuleux Pinot Gris Vieilles Vignes 2017 estampillé de 3 étoiles au *Guide Hachette des Vins* 2020. Mais aussi un Muscat Vieilles Vignes accompagné d'un énorme coup de cœur dans le guide *Dussert-Gerber* 2022. En outre, 2 gîtes et 3 chambres d'hôtes sont à disposition sur le domaine.

DOMAINE MARC KOEBERLE BLEGER

1, route du Vin ✆ 03 89 73 00 08
www.vins-koeberle-bleger.fr

Ouvert tous les jours d'avril à décembre, sur RDV de janvier à mars. Groupes : visite, dégustation sur RDV, 6 €/pers.

Dignes représentants d'une longue lignée de vignerons, Marc Koeberlé et son épouse Christiane Bléger ont transmis leur passion pour la culture de la vigne à leurs fils qui participent activement à la vie de ce domaine familial de 27 ha. Lors de votre visite, outre le Gewurztraminer Réserve des Frimas, vous pourrez déguster un délicieux Crémant d'Alsace Brut rosé et le fameux Rouge de Saint-Hippolyte. Accueil fort sympathique, conseils accords mets et vins très intéressants.

HAUT-RHIN

RIQUEWIHR ★★★★

Surnommée fort logiquement la « perle du vignoble », cette cité fortifiée plonge ses origines dans le Haut Moyen Âge. Elle séduit le promeneur avec ses demeures des XVIe et XVIe siècles, ses oriels, ses maisons Renaissance en pierres de taille, ses bâtisses bourgeoises à pans de bois, ses cours intérieures, ses vieux puits, fontaines et pavés séculaires... Propriété du comte de Horbourg, Riquewihr s'est entourée de murailles dès 1291. Lors de la dernière guerre, alors que plusieurs localités des environs furent entièrement détruites au cours de l'hiver 1944-1945, Riquewihr fut relativement épargnée malgré la proximité du front et des tirs d'artillerie.

Riquewihr, au coeur du vignoble alsacien.

GÉOVINO

✆ 03 89 73 23 23
www.geovino.alsace
Parcours pédestre (2,5 km) dans les vignes ouvert toute l'année. Infos : Office de Tourisme de Ribeauvillé-Riquewihr.

Ce parcours pédestre (sur 11) permet de découvrir les particularités d'un vignoble d'exception. Son point de départ est situé en face de la mairie de Riquewihr. Il est signalé par un totem composé de 6 blocs superposés qui représentent les roches et sols composant les terroirs locaux. Cette agréable balade de 2,5 km est jalonnée de bornes d'informations en relation avec la viticulture et les vins alsaciens ! Une carte du parcours est disponible à l'office de tourisme de Riquewihr. En parallèle, des vignerons proposent des visites guidées et diverses animations.

MUSÉE DU DOLDER ★

57, rue du Général de Gaulle
✆ 03 89 58 44 08
www.musee-riquewihr.fr
Horaires détaillés sur le site web. 3 €/adulte. Billet groupé (Tour des Voleurs + Maison de Vigneron) : 7 €.

En alsacien, *dolder* signifie « le point le plus haut ». Construit en 1291, le Dolder servit de beffroi et de tour de guet aux habitants de Riquewihr pendant des siècles. On y accède par un escalier en pierre plutôt raide qui menait jadis au chemin de ronde. Le musée du Dolder dévoile l'histoire et l'évolution de la cité médiévale fortifiée de Riquewihr du XIIe au XVIIe siècle, ainsi que ses moyens de défense. Depuis le 4e niveau de la tour, on jouit d'une vue imprenable sur les toits de la cité et sur la plaine d'Alsace. Durée de la visite : environ 30 min.

TOUR DES VOLEURS ★

14, rue des Juifs
✆ 03 89 58 44 08
www.musee-riquewihr.fr
Dates et horaires d'ouverture 2022 : voir site web. Tarif : 7 € (groupé avec musée du Dolder et Maison de vigneron).

Au Moyen Âge, on accédait par un chemin de ronde couvert à cette ancienne tour angulaire. Aujourd'hui, on y pénètre par la cour des Juifs. Cet édifice défensif servit de prison et de siège de l'exercice de la justice seigneuriale jusqu'au XVIIIe siècle. On y découvre une chambre des tortures, une oubliette, une salle des gardes et une collection d'instruments de torture. La Tour des Voleurs jouxte une maison de vigneron datant du XVIe siècle. On y voit du mobilier, des ustensiles de cuisine et des outils de viticulture. Comptez environ 45 minutes pour la visite.

VISITE GOURMANDE

2, rue de la 1ère Armée ✆ 03 89 73 23 23
www.ribeauville-riquewihr.com
Chaque lundi du 8/07 au 26/08. Départ à 16h30 devant l'Office de tourisme. Durée de la visite 2 heures. Gratuit.

L'Office de tourisme vous invite à découvrir Riquewihr d'une manière insolite et goûteuse ! Chaque lundi, en juillet et août, un guide-conférencier dévoile légendes et détails de la grande Histoire au fil des ruelles et des cours intérieures. Le tout s'accompagne d'une dégustation de produits locaux en collaboration de vignerons du cru ainsi que d'artisans et de commerçants riquewihriens. Voici une bien jolie manière de découvrir les secrets de la cité, les savoir-faire artisanaux et les saveurs du terroir alsacien ! Visite gratuite, sans inscription préalable.

HAUT-RHIN

GÎTE LES BAINS*** €€

6, rue de la 1ère Armée
✆ 03 89 47 98 30
www.gitesleslesbainsriquewihr.com

3 gîtes pour 2 à 4 personnes. Nuitée : 66 €/2 personnes ; 117 €/3-4 personnes. Parking privé.

Ces logements de vacances sont aménagés dans les anciens bains municipaux (1442 à 1721) de Riquewihr. On admire une porte datée de 1618 et un puits qui servit à alimenter ces bains. La déco du studio (2 pers) et des 2 appartements (2-4 pers) est soulignée de jolies touches alsaciennes : colombages, parquets en chêne massif, superbe mobilier chiné dans la région. Les cuisines et les salles de bains bénéficient d'équipements modernes (douche hydro-massante, baignoire balnéo...). Confort, calme, luminosité et connectivité pour un excellent rapport qualité-prix !

HÔTEL À L'ORIEL*** €€

3, rue des Écuries Seigneuriales
✆ 03 89 49 03 13
www.hotel-oriel.com

Chambre double dès 90 €. Suite (2-5 pers) dès 169 €. Petit déjeuner : 13,50 € (5-12 ans 10 €). Parking fermé : 10 €.

Aménagé au sein des remparts dans un bâtiment édifié en 1577, cet hôtel jouit d'une situation privilégiée au cœur de Riquewihr. Ses chambres, suites et duplex sont propices à la détente : teintes douces, literie douillette... À la qualité de l'accueil et de l'hébergement est associé un plantureux petit déjeuner servi dans la salle à manger ou dans la cour intérieure. Il y a aussi un bar aménagé dans un caveau tapissé de vieilles pierres : on y déguste de bons crus alsaciens. Ici, foin de voiture : dans l'enceinte de Riquewihr, on se déplace... à pied !

HÔTEL DE LA COURONNE** €€

5, rue de la Couronne ✆ 03 89 49 03 03
www.hoteldelacouronne.com

Chambre double à partir de 62 €. PDJ buffet : 13,50 €/adulte, 7 €/enfant. PDJ express au bar 6 €. Parking privé : 5 €.

Légèrement en retrait de la rue principale de Riquewihr, cet hôtel est aménagé dans une demeure datée de 1550. Ses chambres de caractère, avec du beau mobilier ancien, présentent un haut niveau de confort afin de vous assurer un agréable séjour. Certaines d'entre elles sont décorées de magnifiques plafonds peints du XVIe siècle qui leur apportent un authentique cachet ! Avantage ô combien appréciable : le parking privé de ce charmant établissement s'avère un atout maître. Et pour cause : en haute saison à Riquewihr, les places de stationnement valent de l'or !

HÔTEL LE SCHŒNENBOURG*** €€€

2A, rue de la Piscine ✆ 03 89 49 01 11
www.hotel-schoenenbourg.fr

Chambre double à partir de 93,50 €. PDJ buffet 16 €/adulte, 7 €/enfant. Spa + piscines, sauna, hammam. Garage fermé.

Cet établissement est estampillé Clé Verte en raison de ses aménagements respectueux de l'environnement. Il compte 69 chambres, suites et duplex, dotés d'un balcon ou d'une terrasse pour certains. Au Schoenenbourg, le bien-être est de règle : piscine intérieure et extérieure, terrasse solarium, hammam, sanarium et sauna sec finlandais, fitness, soins du corps et du visage (sur réservation). Le Schoenenbourg offre un excellent rapport qualité-prix au vu des prestations fournies et de sa situation privilégiée au pied des vignes à l'entrée de Riquewihr.

MAISON REBLEUTHOF***** €€€

7, cour des Vignerons ✆ 06 76 66 12 77
www.gites-rebleuthof-riquewihr.fr

3 appartements (35 à 50 m2) pour 2 à 3 pers. Nuitée à partir de 120 €/2 personnes. Sauna. Location de vélos.

Vue imprenable sur le vignoble du Schoenenbourg pour ces 3 gîtes luxueux aménagés au sein d'une demeure datée de 1605 : studio au rez-de-chaussée, appartement au 1er étage, duplex sous les toits. Ils brillent par leurs prestations haut de gamme : chauffage écologique, TV Full HD, lecteur Blue-Ray, système de literie haut de gamme (Hüstler Nest), couettes garnies de laine de mouton 100% naturelle... Une salle de remise en forme est mise gracieusement à votre disposition avec bio-sauna, station de musculation, vélo et tapis de course... Difficile de trouver mieux !

LE RIQUEWIHR*** €€€

3, route de Ribeauvillé
✆ 03 89 86 03 00
www.hotel-le-riquewihr.fr

Chambre double à partir de 80 €. Suite (2-4 pers) à partir de 120 €. Piscine intérieure. Sauna. Fitness. Bar. Terrasse.

Superbe vue sur le vignoble depuis cet hôtel situé sur la route du Zellenberg en contre-bas de Riquewihr. Il vous accueille en tout confort dans ses chambres doubles ou suites et son appartement (4 personnes) aménagé en rez-de-jardin avec terrasse, cuisine, coin repas, salon et 2 chambres. L'ambiance qui règne ici est douillette et familiale. De plus, Le Riquewihr dispose d'une piscine couverte, d'un sauna et d'un espace de remise en forme. Avec autant de prestations de qualité, vous êtes assurés de passer un séjour inoubliable en Alsace !

BISTROT MODERNE €€

3, rue du Général de Gaulle ✆ 03 89 78 81 68
https://le-bistrot-moderne.eatbu.com

Ouvert 7 j/7. Carte : 19 € environ. Plats enfant. Choucroute garnie. Planchettes variées. Terrasse. WiFi gratuit.

La déco contemporaine de cet établissement est radicalement opposée à l'authenticité alsacienne de la charmante maisonnette dans laquelle il est aménagé ! Ici, on mange des yeux des plats artistiquement dressés dans l'assiette avant de se laisser titiller les papilles par leurs saveurs d'Alsace et d'ailleurs : bol détox au saumon, burger Black Angus et frites au cheddar, salade de poulet au citron confit, tajine de cabillaud safrané, choucroute bien garnie, jarret de porc braisé… Le tout s'accompagne volontiers de quelques bons vins du Domaine Dopff Au Moulin !

LE CAVEAU DES ROIS €€

1, rue Hederich
✆ 03 89 49 04 77

Ouvert du mercredi au dimanche : 11h30 à 14h, 18h30 à 21h. Brasserie/petite restauration en été (15h à 17h). Terrasse.

Alexandra et Joséphine vous accueillent dans leur sympathique restaurant situé au calme à l'écart du flot des touristes. Le cadre est superbe : vieux puits, murs de pierre, poutres apparentes, salle climatisée, terrasse ombragée. La carte du Caveau des Rois propose de bonnes spécialités régionales (filet de sandre au riesling, salade vigneronne, choucroute royale, hot-dog alsacien, tartes flambées…). Il y a aussi des suggestions fort alléchantes : *fish & chips made in Alsace*, burger de galettes de pommes de terre… Et les desserts sont irrésistibles !

L'ÉCURIE €€

16, rue du Général de Gaulle
✆ 03 89 47 92 48

Ouvert du mercredi au samedi midi et soir, dimanche midi. Cuisine alsacienne raffinée. Carte et suggestions. Terrasse.

© SARAH LINDER

Dans une belle cour intérieure masquée par un portail en bois, L'Écurie attire les regards avec sa décoration émaillée de vieux objets chinés par les patrons. Le chef mitonne d'excellentes spécialités régionales (tartes flambées, jarret de porc braisé, choucroute traditionnelle, baekaoffe, bouchée à la reine…). Mais aussi des mets plus fins à l'instar du foie gras poêlé et de délicieux ris de veau. Mention spéciale à la choucroute verte dont les saveurs insolites titillent insolemment les papilles. Pensez à réserver car L'Écurie est une adresse très courue !

HAUT-RHIN

D'BRENDELSTUB €€

48, rue du Général de Gaulle ✆ 03 89 86 54 54
www.jlbrendel.com

Ouvert du jeudi au lundi le midi et le soir. Menu : 25 €. Enfant 11 €. Tarte flambée : 8,50 € à 16 €. Vente à emporter.

Jean-Luc Brendel réinterprète le concept de la winstub régionale traditionnelle pour créer un lieu hors du temps, métissé de boiseries anciennes et de décoration contemporaine. Le tout est réchauffé par une rôtisserie où, sur des broches, du jambon d'Alsace (servi à volonté) exhale de délicieux arômes miellés. La carte propose aussi notamment une choucroute au canard fumé, un MC Brendel Angus burger maousse, une côte de bœuf cuite au four à bois et 7 sortes de tartes flambées. Côté desserts, on ne boude pas son plaisir devant le baba au rhum aux fruits exotiques !

LA FRINGALE €€

12, place des 3 Églises
✆ 03 89 49 05 94

Ouvert du mardi au dimanche en continu : 11h30-22h. Terrasse. Tartes flambées, burger alsacien, choucroute, baeckeofe.

Voici un sympathique établissement qui propose, sans se pousser du col, de bonnes spécialités alsaciennes : flammenkuches variées, tourte de la vallée, choucroute, jambonneau braisé, baeckaoffa, burger au Ribeaupierre, bouchée à la reine et spätzle… Ici, on s'attable sans chichis dans une atmosphère bon enfant entretenue par Philippe et son chef Jason qui comble au passage les appétits des viandards avec de belles pièces de bœuf ou de veau. C'est aussi à la bonne franquette que l'on partage quelques excellents flacons issus du Domaine Joël Siegler à Mittelwihr.

LA GRAPPE D'OR €€

1, rue des Écuries Seigneuriales
✆ 03 89 47 89 52
www.restaurant-grappedor.com

Ouvert de 12h à 13h30 et de 18h30 à 20h30 sauf mercredi soir, jeudi, vendredi midi. Menu alsacien 26,50 €. Enfant 10 €.

Au sein d'une demeure construite en 1554, cette belle adresse (une Toque Gault & Millau, Assiette de Qualité Michelin) s'avère une valeur sûre pour la cuisine alsacienne gastronomique. On s'installe dans l'un des trois espaces distincts (2 salles, 1 caveau) afin de déguster les merveilles concoctées par Francis Becker (Chef d'Alsace) : cocotte de munster chaud en croûte de sésame, médaillons de filet de porc au citron confit, choucroute Le Grand Écuyer, sans oublier un plantureux baeckeoffe maison. Mais pour s'attabler ici, mieux vaut penser à réserver !

L'ARBALÉTRIER €€

12, rue du Général de Gaulle
✆ 03 89 49 01 21
www.restaurant-larbaletrier.fr

Ouvert mardi midi et du jeudi au lundi midi et soir. Menu : 19,50 € à 24 €. Enfant : 9,50 €. Réservation recommandée.

Cette adresse est cultissime ! Sise dans une demeure datée de 1610 (classée aux Monuments Historiques), elle séduit par son cadre hors norme : une cave voûtée de superbes pierres de taille. Au menu ou à la carte, la gastronomie alsacienne est magistralement mise à l'honneur : entrecôte au marc de gewurztraminer, choucroute La Riquewihrienne (choucroute verte), tourte de gibier, tarte flambée de L'Arbalétrier… Sans parler de LA spécialité de L'Arbalétrier : le fameux cordon-bleu au munster (de 300 g ou 500 g) qui est un vrai régal !

LE RELAIS DES MOINES €€

21, rue du Général de Gaulle
✆ 03 89 86 04 74
www.relaisdesmoines.com

Ouvert en continu 7j/7 en haute saison. Menus et suggestions. Groupes acceptés. Climatisation. Terrasse. WiFi gratuit.

Au Relais des Moines, on s'attable en bonne compagnie et dans la bonne humeur en terrasse ou dans l'une des deux salles habillées de boiseries et de vitraux colorés, mais aussi dans un incroyable caveau restauré dans son jus. Les Ziegler comblent les appétits carnivores avec de succulents plats de viande : filet de porc façon jambon à l'os ou entrecôte de bœuf Simmental et sa sauce aux girolles par exemple. Foie gras de canard, spätzle, fleischnaka… ici, tout est fait maison. Au Relais des Moines, on fait bombance dans une ambiance franchement épicurienne !

RESTAURANT AU DOLDER €€

52, rue du Général de Gaulle
✆ 03 89 47 92 56
www.dolder.fr

Ouvert du vendredi au mardi le midi et le soir. Menus, carte, menu enfant, menus groupes. Vin au verre. Terrasse.

La famille Merius gère ce sympathique établissement depuis cinq générations. En cuisine, Jacky mitonne des plats traditionnels (filet de sandre sur lit de choucroute, langue de bœuf sauce au raifort…). Mais il propose aussi de savoureux mets à l'ardoise. Et puis surtout, il y a la fameuse Riquewihrienne ! Cette choucroute verte intègre des herbes fraîches et s'accompagne de saucisses de canard et d'oie, de lard grillé tranché fin et d'une saucisse de foie. À l'arrière du restaurant, une somptueuse terrasse vous accueille dès les beaux jours !

AU TROTTHUS €€

9, rue des Juifs ✆ 03 89 47 96 47
www.trotthus.com

Ouvert uniquement le soir et sur réservation, du mardi au samedi. Spécialiste du bœuf Wagyu. Menus : 65 €, 130 €, 185 €.

Le raffinement japonais est à l'honneur au Trotthus (2 Toques Gault & Millau), dans un cadre alsacien avec colombages, poutres apparentes et pressoir transformé en bar ! Le Chef Philippe Aubron a longtemps vécu à Tokyo, il s'inspire de cette fabuleuse expérience pour proposer à ses convives trois menus (mais pas de carte) axés sur de subtiles alliances entre l'Alsace et le Japon. Le fameux bœuf Wagyu tient la vedette avec maestria, associé à des mets aux saveurs fines et infiniment insolites. Attention : ici on s'attable exclusivement le soir et sur réservation !

BOUTIQUE LE CELLIER

28, rue du Général de Gaulle
✆ 03 89 47 85 62
www.boutique-cellier.fr

Ouvert tous les jours. Horaires variables selon la saison : voir page Facebook. Arts de la table. Boutique en ligne.

Cette boutique se distingue des échoppes riquewihriennes dédiées au folklore alsacien. Niché dans une adorable maison à colombages, Le Cellier est géré depuis plus de 30 ans par la famille Heinfling qui cultive une passion sans faille pour les arts de la table. Vaisselle, coutellerie, verrerie et autres accessoires œnologiques se dévoilent dans un cadre chic et cosy en diable. On trouve aussi de très jolis objets décoratifs ainsi qu'une sélection pointue de vins et de spiritueux. Gros coup de cœur pour cette adresse où l'accueil et les conseils sont au top !

BOUTIQUE VINI

27, rue du Général de Gaulle ✆ 03 89 47 99 37
www.boutiquevini.com
Ouvert du lundi au vendredi ainsi que les week-ends de Pâques à Noël, de 9h30 à 12h et de 13h à 18h. Boutique en ligne.

Cette vinothèque fait le bonheur des amateurs de bons crus d'Alsace bien sûr, mais aussi d'autres terroirs de France : Bourgogne, Beaujolais, Champagne, Jura et Savoie, Loire et Rhône, ou encore Languedoc-Roussillon, Provence, Corse et Bordelais. La palette des références est impressionnante, et ce d'autant plus qu'elle intègre aussi de très bons nectars étrangers (Autriche, Allemagne, Italie, Espagne, Grèce, Australie, États-Unis…) ! N'hésitez pas à vous arrêter à la Boutique Vini : ici, on vous conseille volontiers en fonction de vos goûts et de votre budget.

BRASSERIE DU VIGNOBLE

8, avenue Jacques Preiss ✆ 03 89 49 06 72
www.brasserie-vignoble.fr
De 14h à 21h sauf mercredi. Week-end : 10h-21h (17h dimanche). Visite guidée, dégustation sur RV. Boutique en ligne.

La Bra'V : tel est le petit nom donné par les initiés à cette brasserie indépendante qui élabore de manière 100 % artisanale d'excellentes bières blondes, blanches ou ambrées. Et puis, en décembre, La Bra'V propose aussi son fameux Élixir du Brasseur, une bière façon vin chaud ! En tout cas, quelle que soit la saison, on se pose au bar aménagé au sein de la boutique ou au *Biergarten* (chouette terrasse ombragée) pour déguster une bonne pression ! Notez que La Brav' propose également des eaux-de-vie ainsi que des accessoires dédiés à l'univers de la bière.

LA CRISTALLERIE

12, rue du Général de Gaulle
✆ 03 89 47 86 05
https://lacristallerie.com
Ouvert du lundi au dimanche ainsi que les jours fériés de 9h à 19h. Boutique en ligne. Cartes cadeaux.

Lampes, vases, verres, carafes, fleurs en cristal ou blocs laser 3D réalisés à partir de photos : la Cristallerie – Atelier Hubert pratique la gravure, la taille et la décoration sur verre pour créer des objets raffinés et uniques. L'équipe (dont un meilleur ouvrier de France) vous accueille ainsi toute l'année dans son atelier-boutique pour vous faire découvrir un précieux savoir-faire artisanal lié à la taille du cristal. Vous pouvez également commander en ligne différentes créations déclinées au gré de collections sublimes aux noms infiniment poétiques.

FÉERIE DE NOËL

1, rue du Cerf
✆ 03 89 47 94 02
www.feeriedenoel.fr
Ouvert 7 j/7 jours fériés compris. Horaires détaillés : voir site web. Fermé de janvier à mi-février. Boutique en ligne.

Près de la Tour du Dolder, cette boutique regorge de décorations de Noël absolument sublimes ! Sur 3 étages, c'est un univers enchanteur qui dévoile des milliers d'objets fabriqués artisanalement. Boules de Noël certes, mais aussi figurines et santons de Provence, casse-noisettes, ornements en bois, crèches, guirlandes et autres fantaisies noëlesques. Impossible de détailler en quelques mots l'opulence des lieux : il faut vraiment y consacrer une visite une fois dans l'année. On retrouve aussi cette féerie durant le Marché de Noël à Strasbourg place du Château.

© FÉERIE DE NOËL

© FÉERIE DE NOËL

HAUT-RHIN

DOMAINE AGAPÉ

10, rue des Tuileries ✆ 03 89 47 94 23
www.alsace-agape.fr
Du lundi au vendredi : 9h-18h. Samedi 10h-15h. Groupes/RDV. 3 gîtes : 85 €/nuitée, 520 €/semaine. Boutique en ligne.

En grec, *agapè* désigne « l'amour divin et inconditionnel ». Vincent Sipp a choisi de nommer ainsi son domaine car, dit-il, « le vin est un lien avec le passé et nous, nous sommes des passeurs d'émotions ». L'excellent travail de ce sympathique viticulteur n'a pas échappé à l'œil des critiques : ses vins sont souvent cités dans les revues œnologiques de référence. Son Riesling Expression est une petite merveille de minéralité. Quant à son Crémant d'Alsace Rosé Brut, ses délicieux arômes de groseille framboisée s'apprécient aussi bien à l'apéritif qu'au dessert !

DOPFF AU MOULIN

2, avenue Jacques Preiss
✆ 03 89 49 09 69
www.dopff-au-moulin.fr
Ouvert 7 j/7 de 10h à 19h. Groupes et dégustations sur rendez-vous : à partir de 7 €/personne. Boutique en ligne.

La famille Dopff perpétue depuis le XVIe siècle un précieux savoir-faire vinicole transmis au fil de 13 générations. Cette dynastie est à l'origine de multiples concepts novateurs qui ont fait date dans la sphère viticole, notamment l'invention de la bouteille flûtée et l'AOC Crémant d'Alsace. La visite (sur RDV) du musée, de l'œnothèque et des chais Dopff vous plongera au cœur de ce qui nourrit la légende des vins d'Alsace. Au nombre des belles cuvées à découvrir lors d'une dégustation commentée : le Crémant Chardonnay sans soufre ajouté 2019 est un must !

HUGEL ET FILS

3, rue de la 1ère Armée ✆ 03 89 47 92 15
www.hugel.fr
Salon de dégustation ouvert du lundi au vendredi en hiver, 7 j/7 de Pâques à Noël : 9h-12h, 13h-18h. Boutique en ligne.

Grand nom de la viticulture alsacienne depuis 1639, la famille Hugel fait partie des *Primum Familiae Vini*, une prestigieuse association qui regroupe 12 maisons de vin familiales issues des grandes régions du monde viticole. La famille Hugel abrite en ses chais un foudre tricentenaire, le Sainte Catherine qui est en service depuis 1715 ! Il faut absolument programmer une visite au salon de dégustation Hugel où d'incroyables cuvées vous seront proposées. Notamment le Riesling Schoelhammer 2010 noté 99/100 par le célèbre critique américain de vins James Suckling !

HUNAWIHR ★

Monument majeur de la région, l'église fortifiée de Hunawihr figure en bonne place sur les dépliants touristiques car elle résume la perfection du charme alsacien ! Elle date du XIVe siècle pour sa tour-donjon. Son clocher massif porte un cadran d'horloge à une seule aiguille. Classée aux Monuments historiques depuis 1929, l'église présente des fresques retraçant la légende de saint Nicolas. Hunawihr recèle aussi une attraction touristique fort originale : le NaturOparC, un espace naturel dédié aux loutres, cigognes et autres animaux de la région. Il côtoie le Jardin des Papillons exotiques, un enchantement pour les amoureux des lépidoptères !

JARDINS DES PAPILLONS EXOTIQUES VIVANTS ★

Route de Ribeauvillé ✆ 03 89 73 33 33
www.jardinsdespapillons.fr
Haute saison : ouvert tous les jours et les jours fériés de 10h à 18h. Adulte : 8 €. Enfant de 5 à 14 ans : 5,50 €.

Ce jardin extraordinaire héberge quelque 200 espèces de papillons originaires de diverses régions situées entre le 25e parallèle sud et le 25e parallèle nord. Mais ce ne sont pas les seules stars des lieux : caméléons, phasmes, abeilles, fourmis et grenouilles tropicales se dévoilent sous les feuilles de multiples végétaux. Le Jardin des Papillons vous invite par ailleurs à devenir une abeille le temps d'un vol par le biais de l'expérience Bzz360 : à vivre via son site Web !

NATUROPARC ★

Route de Ribeauvillé ✆ 03 89 73 72 62
https://naturoparc.fr
D'avril à octobre. Horaires détaillés cf. web. Adulte : 11 €. Enfant (3-12 ans) 8 €. Restauration. Billetterie en ligne.

Sur 5 hectares, on parcourt ici un labyrinthe dédié aux sens des hommes et des animaux. Sur une terrasse perchée à 7 mètres de haut, on découvre les secrets de la cigogne. Tout au long de la journée, les soigneurs animaliers proposent des rendez-vous où ils présentent le petit déjeuner des loutres, la collation des hamsters, l'apéro des ragondins ou encore le dessert des ratons laveurs : voici de quoi faire, à coup sûr, de belles rencontres animalières sous la houlette des soigneurs attentifs ! En bonus : ateliers sensoriels et pédagogiques pour petits et grands.

GÎTES EN ALSACE €€

1bis, route de Ribeauvillé ✆ 03 89 47 89 74
www.gite-alsace.eu

2 appartements de vacances/2-3 pers. 390 €/semaine. 62 € à 65 €/nuit hors saison (3 nuits min). Terrasse. Parking privé.

La famille Meyer vous ouvre les portes de ses deux appartements de vacances aménagés avec soin pour accueillir 2 à 3 personnes en tout confort. Spacieux et fort lumineux, les gîtes Loutres et Mirabelles présentent un agencement chic et pratique, avec une déco joliment colorée. Ils s'avèrent parfaits pour un séjour en couple ou un trio d'amis. Nichés en bordure de vignoble, ils sont aménagés de plain-pied et disposent d'une petite terrasse. Voici un excellent point de départ pour partir tranquillement à la découverte de la Route du Vin en voiture ou à vélo !

GÎTE AU TONNELIER**** €€€

6, rue du Luehrert ✆ 03 89 73 81 85
www.alsace-gite-tonnelier.com

Gîte (180 m²) pour 4/10 personnes. Semaine dès 980 €. Gratuit pour enfant -3 ans. Terrasse. Barbecue. Location de vélo.

Ce gîte est aménagé sur 2 niveaux dans un ancien atelier de tonnelier. On y accède par une cour intérieure et un escalier rustique. La décoration marie meubles anciens, touches design et accessoires hi-tech. Les chambres sont ravissantes avec leurs courtepointes romantiques. Équipement haut de gamme dans la cuisine et dans les deux salles de bains. À l'extérieur, il y a un petit jardin et un patio ombragé où il fait bon prendre ses repas en été (barbecue mis à disposition). Voici une adresse cosy et atypique pour découvrir en toute sérénité l'Alsace authentique !

O'BERGE DU PARC €€

1, route de Ribeauvillé
✆ 03 89 71 74 93

Ouvert midi et soir du vendredi au mardi. Menus 15,50 € à 35 €. Enfant 9 €. Midi : 12,90 €. Vente à emporter. Terrasse.

Envie de savourer quelques bonnes tartes flambée ? L'O'Berge du Parc vous propose une douzaine de *flammekueche* différentes qui peuvent constituer, si vous le souhaitez, un menu à volonté ! Sinon, la carte présente d'excellentes spécialités alsaciennes : gratin de munster, jarret de porc braisé à la bière, choucroute garnie et autre baeckeoffe. On peut aussi opter pour un double carpaccio de bœuf ou un filet de dorade aux agrumes. Belle carte des vins, accueil topissime, enfants chouchoutés et vaste terrasse ombragée avec vue sur le vignoble environnant.

WISTUB CHEZ SUZEL €€

2, rue de l'Église ✆ 03 89 73 30 85
https://suzel-hunawihr.com

Ouvert midi et soir du lundi au samedi, dimanche midi. Plat du jour : 10/11 €. Vente à emporter. Gîte 2 pers/58 €/nuit.

Eric et Pascale vous accueillent dans leur chouette restaurant tout de bois et de pierre paré. C'est rustique et sans chichis mais super convivial. Dans l'assiette, rien que de bons petits plats élaborés à partir de produits majoritairement locaux. Tartes à l'oignon, tourtes moelleuses, fines tartes flambées, succulent burger (galettes de pomme de terre, kasher, choucroute, munster), fleischnackas, spätzlés et pâtisseries : ici, tout est garanti fait maison, même le pain ! Quant aux bons crus, ils sont fournis par les viticulteurs du village. Plus local, y a pas...

CAVE VINICOLE DE HUNAWIHR

48, route de Ribeauvillé
✆ 03 89 73 61 67
www.cave-hunawihr.com

Ouvert du lundi au vendredi : 9h-12h et 14h-18h. Le week-end : 9h30-12h et 14h-18h. Groupes sur RDV. Boutique en ligne.

Le caveau de dégustation de la Cave de Hunawihr présente de belles cuvées issues d'une vaste mosaïque de terroirs et parées depuis peu de nouvelles étiquettes. Elles sont régulièrement plébiscitées par les professionnels. C'est le cas du Gewurztraminer Grand Cru Rosacker 2018 estampillé d'une étoile au guide *Hachette des Vins*. Si vous ne pouvez pas vous déplacer, n'hésitez pas à visiter la boutique en ligne qui est fort bien conçue : elle propose même un service de conseil sommelier !

DOMAINE MITTNACHT FRÈRES

27, route de Ribeauvillé ✆ 03 89 73 62 01
www.mittnachtfreres.fr

Certification Bio et Demeter. Visite et dégustation tous les jours, sauf le dimanche. Sur rendez-vous pour les groupes.

Certifié Ecocert (bio) et Demeter (biodynamie), ce domaine est conduit dans le respect du cycle naturel de la vigne par Marc Mittnacht, son épouse Paule et leur fils Pierre. L'accueil au caveau est particulièrement chaleureux : ici on vous présente des vins de caractère assortis de conseils accords mets et vins. Vous pourrez notamment déguster le Gentil Cuvée Copains-Copines (délicieux assemblage de pinot blanc, auxerrois, riesling, pinot gris, muscat et gewurztraminer) et le Riesling Esprit Libre (vin nature élaboré sans intrant) agréablement sec et frais !

SIPP MACK VINS D'ALSACE

1, rue des Vosges ✆ 03 89 73 61 88
www.sippmack.com
Du lundi au samedi : 9h-12h, 14h-18h.
Uniquement samedi sur RDV de janvier à mars.
Boutique en ligne. Gîtes (2-5 pers).

Fondé en 1698, ce domaine viticole est conduit par Jacques Sipp épaulé par son épouse Laura et sa fille Carolyn. Certifié bio, ce domaine de 24 ha possède des parcelles sur les terroirs des grands crus Rosacker et Osterberg. Une visite au caveau vous permettra de déguster notamment un Rosé d'Alsace frais et fruité, un Riesling Vieilles Vignes pur et minéral, un Pinot Gris Grand Cru Rosacker sec et savoureux. Envie de prolonger le plaisir ? 5 gîtes (2-5 pers.) très confortables, avec vue imprenable sur le vignoble, sont à votre disposition sur le domaine Sipp-Mack.

ZELLENBERG ★

Infiniment pittoresque, ce village attire irrésistiblement les regards depuis la Route du Vin : implanté sur une colline haute de 285 mètres, il domine tout le vignoble environnant ! Pour apprécier ses différentes facettes, une balade pédestre s'impose sur le sentier de découverte. Des petits panneaux vous fournissent des informations historiques, notamment sur l'époque où Zellenberg était le chef-lieu d'un baillage des seigneurs de Ribeaupierre. La cité est également connue pour ses bons restaurants, mais avant tout et surtout pour ses viticulteurs ô combien talentueux qui exploitent, entre autres merveilles, les Grands Crus Froehn et Schoenenbourg.

DOMAINE EDMOND RENTZ

7, route des Vins - **ZELLENBERG**
✆ 03 89 47 90 17 - www.edmondrentz.com
HVE3. Ouvert toute l'année sauf du 24/12 au 02/01. Groupes (+10 pers) : visite, dégustation sur RV. Boutique en ligne.

© CATHERINE RENTZ

Faire une halte dans cette superbe exploitation est un vrai plaisir ! Il faut dire que la famille Rentz a du métier car elle travaille la vigne depuis 1785… Les excellents vins produits au Domaine Edmond Rentz sont réputés pour la finesse de leur fruité et la richesse de leur corps. Il y a par exemple le Pinot Noir Pièce de Chêne corsé et légèrement tanique, le Gewurztraminer Grand Cru Froehn minéral et délicatement épicé, ou le Crémant d'Alsace Brut Rosé délicieusement festif. Œnotourisme : découverte du Sentier des Grands Crus et visite du vignoble en Segway.

CLOS FROEHN €€

46, rue du Schlossberg ✆ 03 89 47 95 68
www.clos-froehn.com
Chambre double dès 80 €. Suite dès 105 €.
Appartement My Home (3 nuits min.) :
68 €/2 pers/nuit. Enfant : 10 €/20 €.

Voici une adresse rare, exceptionnelle et confidentielle ! Martine et Alphonse Obry vous accueillent au sein de leur demeure familiale ornée d'une superbe tourelle datée du XIIIe siècle. Ils vous proposent 2 chambres d'hôtes Riesling et Muscat, la suite Roses Sauvages et 2 appartements très cosy, les charmants Capucine et My Home. L'ameublement authentique et les équipements haut de gamme en font une villégiature de rêve. D'où la nécessité impérative de réserver suffisamment à l'avance pour goûter aux plaisirs de séjourner dans ce petit paradis épicurien.

HÔTEL-RESTAURANT LE SCHLOSSBERG*** €€

59 A, rue de la Fontaine ✆ 03 89 47 93 85
www.leschlossberg.com
Chambre double à partir de 95 €. Suite à partir de 125 €. Petit déjeuner : 9 €. Restauration (Maître Restaurateur).

Derrière la façade à colombages de cet hôtel typiquement alsacien se nichent 5 chambres et 4 suites confortables, avec terrasse privative et vue sur le vignoble et les Vosges. Le Schlossberg a bien du charme avec ses poutres apparentes, ses murs de pierre et ses boiseries peintes. Belle réputation aussi pour son restaurant qui propose de délicieux mets du terroir : foie gras d'oie maison, choucroute au riesling, baeckeofe fondant à souhait. Une adresse au calme, pleine de cachet.

BEBLENHEIM

Ce village viticole est posé au pied du coteau du Sonnenglanz (l'éclat du soleil). Connu sous le nom de Beblenheim dès le Xe siècle, il a appartenu aux comtes d'Éguisheim, de Ferrette, de Horbourg et aux comtes de Wurtemberg. Instigateur de l'école publique laïque, Jean Macé (1815-1894) y a vécu de 1852 à 1872. C'est à Beblenheim qu'il fonda (en 1863) le mouvement pour les bibliothèques populaires. Un monument est érigé en sa mémoire dans le village. À découvrir aussi : une fontaine gothique du XVe siècle, des maisons à colombages (XVIe siècle au XIXe siècle) et 8 dalles funéraires dédiées à la mémoire des notables qui font la fierté de Beblenheim.

AUBERGE DU FROEHN €€

5, route d'Ostheim ✆ 03 89 47 81 57
www.auberge-du-froehn-zellenberg.com

Ouvert du mercredi au samedi à midi et le soir, dimanche midi. Menus 39 € à 49 €. Enfant 10,50 €. Vente à emporter.

Cette auberge a un charme fou ! Murs chaulés, poutres apparentes, détails décoratifs originaux : on s'attable ici dans une atmosphère joliment intimiste. La carte du Chef Romain Gutleben présente des mets fort alléchants : risotto de crozets aux escargots, homard au court-bouillon et ravioles d'oignons confits, caille des Vosges farcie au foie gras et morilles, sablé citron aux éclats de meringue et râpé de combava. La carte des vins présente une bonne sélection de crus alsaciens et d'ailleurs. À tester impérativement lors de votre périple sur la Route des Vins !

HÔTEL-RESTAURANT AU RIESLING €€

5, route du Vin ✆ 03 89 47 85 85
www.au-riesling.com

*Fermé à midi lundi, mardi, samedi. Menus : 30 € - 36,50 €. Midi 16,50 €. Enfant 9,50 €. À emporter. Hôtel*** Logis Cosy.*

Ce restaurant Logis Table Gourmande fait la part belle aux produits frais de saison. Le Chef Pascal Brand interprète les recettes traditionnelles avec un zeste d'originalité. Consommé de bœuf avec ses ravioles aux cèpes, steak de veau farci aux herbes et polenta à l'ail des ours, buchette des crêtes aux pommes, noix et caramel salé... Côté hébergement : ambiance sereine dans les 36 chambres douillettes (dont 2 PMR) de cet hôtel 3 étoiles Logis Cosy niché au calme dans les vignes.

JEAN BECKER SAS

4, route d'Ostheim ✆ 03 89 47 90 16
www.vinsbecker.com

Caveau ouvert toute l'année. Activités œnotouristiques sur réservation. Dates disponibles sur site web. Vente en ligne.

Voici quatre siècles que la famille Becker est implantée à Zellenberg. Elle bichonne son superbe vignoble en version bio depuis 20 ans déjà. En cave, les petites vinifications donnent naissance à des crus finement fruités qui illustrent somptueusement les terroirs dont ils sont issus. Notamment le Riesling Kronenburg 2018 (1* *Hachette des Vins* 2021) et le Riesling Grand Cru Mandelberg 2019 médaillé d'or au concours Feminalise 2021. Par ailleurs, de passionnantes activités œnotouristiques (dates sur le site web) vous sont proposées, sur réservation préalable.

« CÔTÉ COUR » DOMAINE MAULER €€

3, rue Jean Macé ✆ 03 89 49 07 43
www.chambres-cote-cour.com

Clévacances 3 Clés. 5 chambres d'hôtes. Nuitée à partir de 60 €/2 pers. Petit déjeuner inclus. Caveau de dégustation.

Claudine Mauler propose 5 chambres d'hôtes dans une bâtisse du XVIIIe siècle ornée de superbes colombages et dotée d'une cour intérieure généreusement fleurie aux beaux jours. Certaines disposent d'un poêle en faïence. Le petit-déjeuner regorge de délicieuses préparations maison. À votre disposition : coin cuisine avec micro-ondes, réfrigérateur, bouilloire et vaisselle. Profitez de votre séjour pour visiter le Domaine Mauler exploité par la famille de Claudine depuis 4 générations !

CAVEAU LE GAMBRINUS €

4, rue des Raisins
✆ 03 89 49 02 82
www.legambrinus.fr

Ouvert du mardi au dimanche de 17h à 1h. Réservation impérative. Tartes flambées, grillades au feu de bois. Terrasse.

Au Gambrinus, on se régale de délicieuse tartes flambées dans un caveau orné de poutres et décoré de mobilier polychrome. Fines et goûteuses, les flammekueche salées ou sucrées sont cuites dans un four à bois et présentées sur des planchettes comme le veut la tradition : on les mange avec les doigts avec un bon verre de vin d'Alsace ou un bock de bière bien fraîche. L'autre spécialité du Gambrinus, c'est le fameux « steak au four » servi avec des frites maison. Il y a aussi deux gîtes (2-4 pers.) et des chambres d'hôtes (2 pers.) à disposition toute l'année.

HAUT-RHIN

AUBERGE LE BOUC BLEU €€

2, rue du 5 Décembre
✆ 03 89 47 88 21
www.aubergeleboucbleu.com

1 Toque au Gault & Millau. Fermé mercredi, jeudi, vendredi midi. Menu : 21 € à 57 €. Midi : 21 €. Enfant 13 €. Terrasse.

Tenu par Romain Hertrich et Romain Lambert, ce restaurant atypique séduit par sa décoration associant murs de pierre et belles boiseries. Ici, on se régale de mets composés à partir de produits régionaux de haut vol. Par exemple : filet d'omble chevalier à l'écrasé de céleri et jus de langoustine, effiloché de faon de cerf d'Alsace... Côté vins, la carte recèle de belles pépites. Il n'y a rien à reprocher à cette adorable auberge, si ce n'est qu'elle dispose seulement de 40 couverts (20 en salle et 20 en terrasse) : la réservation est donc hautement conseillée !

CAVE DE BEBLENHEIM

14, rue de Hoen ✆ 03 89 47 90 02
www.cave-beblenheim.com

Accueil toute l'année : caveau, boutique. Horaires cf site web. Groupes : visite/dégustation sur RV. Boutique en ligne.

Un magnifique espace de dégustation dévoile ici d'impressionnants foudres de bois. La visite (sur réservation) de cette cave créée en 1952 s'accompagne de commentaires passionnants. Après quoi, place à la dégustation de différents vins accompagnés de l'incontournable kougelhof alsacien ! Un excellent cru à découvrir : le Gewurztraminer Grand Cru Mandelberg 2019 noté 95/100 et estampillé d'une médaille d'or bien méritée lors du prestigieux Concours Décanter 2021 ! Autre point de vente de la Cave de Beblenheim : sa boutique située 1 route du Vin (grand parking).

DOMAINE BOTT-GEYL

1, rue du Petit Château ✆ 03 89 47 90 04
www.bott-geyl.com

9h-11h30, 14h-17h30. Fermé le dimanche. Groupes sur RV. Le Gîte Vigneron : dès 200 €/WE, 400 €/semaine.

Une dégustation dans le caveau ancestral de la famille Bott-Geyl est un moment de pur régal ! Ses excellents crus sont issus de vignes conduites dans le respect des règles biodynamiques et ne sont commercialisés que lorsqu'ils sont arrivés à maturité. On s'installe près d'un vieux pressoir afin de découvrir, par exemple un Muscat « Les Éléments » fruité et croquant, un Pinot Noir « Galets Oligocène » souple et soyeux, ou encore un Riesling Grand Cru Schoenenbourg intense et minéral. Envie de prolonger le plaisir ? Installez-vous sur le domaine au Gîte Vigneron !

BOULANGERIE ALAIN REBERT

1, route du Vin ✆ 03 89 72 00 23
www.boulangerie-rebert.fr

Ouvert du lundi au samedi : 6h-19h (18h samedi). Dimanche 6h30-12h. Petite restauration. Salon de thé. Service traiteur.

Boulanger-pâtissier réputé dans la région de Colmar, Alain Rebert vient d'ouvrir une nouvelle adresse en bordure de la route du Vin. C'est une véritable aubaine pour les gens du coin comme pour les touristes de passage. L'offre est pléthorique : pains spéciaux et baguettes croustillantes, viennoiseries pur beurre, pâtisseries individuelles et superbes gâteaux, sandwichs, burgers et petites salades variées... On peut prendre le temps de s'attabler dans l'agréable espace de restauration afin de déguster ces bonnes choses accompagnées d'un café ou d'un thé délicieux !

DOMAINE DE LA VIEILLE FORGE

5, rue de Hoen
✆ 03 89 86 01 58
www.domainedelavieilleforge.com

*Sur RV. Dégustation, visite avec le vigneron du Chemin des Grands Crus. Gîte*** 5 personnes à partir de 450 €/semaine.*

Denis Wurtz et son cousin Pascal gèrent de concert leur beau domaine de 10 hectares. Ils produisent des vins fort appréciés pour leur droiture. Quelques bonnes cuvées à déguster lors de votre visite : Pinot Noir (excellent vin de garde élevé en fût de chêne), Hépahïstos (100 % pinot blanc, gris et noir), Gewurztraminer Vendanges Tardives (racé, puissant et concentré). Notez que le Domaine de la Vieille Forge dispose d'un gîte fort original pouvant héberger 5 hôtes en tout confort.

LES FROMAGES DU GRAND-PÈRE FISCHER

2, route du Vin © 09 86 32 42 82
www.maison-fischer.fr
Ouvert toute l'année : les horaires détaillés sont consultables sur le site web. Parking gratuit. Boutique en ligne.

Fort appréciée par les amateurs de bons fromages affinés dans la région colmarienne, la Fromagerie Fischer vous accueille dans sa boutique à l'entrée du village en venant de Ribeauvillé. Ici donc, des fromages en veux-tu en voilà ! La spécialité de la maison, c'est le munster : fermier, au lait cru ou pasteurisé. On trouve aussi du Ribeaupierre alsacien, du camembert normand, du comté du Jura, du reblochon savoyard ou encore du vacherin fribourgeois. On se fait une raclette party ?

MAISON PIERRE SPARR SUCCESSEURS

14, rue de Hoen © 03 89 78 24 22
www.vins-sparr.com
Ouvert tous les jours : horaires disponibles sur le site web. Visite et dégustation sur RDV. Parking. Boutique en ligne.

Fondée en 1680 par Pierre Sparr, cette vénérable Maison produit une belle palette de vins : Terroirs et lieux-dits, Grands Crus, Vendanges Tardives, Sélections de Grains Nobles, Crémants d'Alsace. On découvre ces excellents crus au caveau, 14 rue de Hoen, ou à la boutique sur la Route du Vin. Coup de cœur pour le Pinot Gris Grand Cru Mambourg et pour le Crémant Brut Clos Sainte Odile (100 % chardonnay, vinifié comme un extra-brut) : deux petites merveilles aux saveurs incomparables !

VINS D'ALSACE HARTWEG

39, rue Jean Macé © 03 89 47 94 79
www.vins-hartweg.com
Ouvert du lundi au vendredi de 9h à 12h et de 14h à 18h, samedi sur RDV. 5 gîtes (2-6 pers) : 300 € à 490 € la semaine.

Frank Hartweg élabores des crus de belle tenue salués par les spécialistes, par exemple le Riesling Grand Cru Mandelberg 2019 gratifié de 2 étoiles dans le *Guide Hachette des Vins* 2022. On peut aussi se laisser tenter par des cuvées plus insolites, tel le Paradiso (rosé aux arômes de cerise et de groseille) ou le Nectar de Bacchus (assemblage de pinot gris, muscat et gewurztraminer). Frank propose des balades commentées sur le Sentier Viticole de Beblenheim. En outre, 2 studios (2-4 pers.) et 3 appartements (4-6 pers.) sont à votre disposition sur le domaine.

OSTHEIM

Établie en contrebas de la route des Vins à environ 9 km au nord de Colmar, la commune d'Ostheim a été quasiment rayée de la carte durant l'épisode sanglant de la Poche de Colmar à la fin de la Seconde Guerre mondiale. Par voie de conséquence, son patrimoine est très restreint. Reconnue officiellement cité martyre avec attribution de la Croix de guerre en 1948, Ostheim conserve un mur couronné d'un nid de cigognes, seul témoin des combats de la Libération. Un détour s'impose néanmoins pour une halte gourmande et viticole car le village comprend quelques caves et restaurants de haut vol. Bon point de départ aussi pour explorer la région colmarienne.

HÔTEL-RESTAURANT AU NID DE CIGOGNE*** €€

2, rue de Colmar © 03 89 47 91 44
www.nid-de-cigognes.fr
72 chambres (4 PMR). Nuitée/2 pers. à partir de 85 €. PDJ 12 €. Piscine intérieure, sauna, hammam. Bar. Restaurant.

Les 72 chambres du Nid de Cigogne sont réparties entre l'hôtel proprement dit et son annexe La Résidence des Cigogneaux. Les résidents ont accès à un bel espace de bien-être : piscine intérieure, sauna, hammam, salle de fitness, terrasse de repos en bois. Au restaurant, la gastronomie alsacienne est à l'honneur : cassolette de ris et rognons de veau à la moutarde ancienne, matelote aux 3 poissons, poulet au riesling… Voici une bien belle adresse, toute dédiée à l'art du bien-vivre !

AU COMPTOIR GOURMAND €€

1, rue Albert Schweitzer
© 03 89 58 75 35
Restauration, salon de thé, épicerie fine, traiteur. Du lundi au samedi 7h-18h30 (17h30 lundi, 16h30 samedi). Terrasse.

Vous recherchez une adresse originale ? Ce « comptoir » devrait vous plaire : il fait épicerie fine, restaurant, salon de thé, traiteur en un seul lieu. De quoi faire le bonheur des autochtones comme des touristes de passage dans la région. On trouve ici un bon choix de produits régionaux, notamment des confitures faites maison par Clémence Zehrfuss, des jus de fruits du Pressoir de la Vallée et les excellents vins d'Alsace de la Maison Bott. Au Comptoir Gourmand, on s'installe aussi pour une pause déjeuner ou pour goûter, dans la boutique ou sur la jolie terrasse.

ILLHAEUSERN

Illhaeusern est un ancien village de pêcheurs fondé au XIVe siècle par la corporation des Fischerzunft. Son nom est issu de l'Ill, la rivière qui traverse la bourgade nichée dans un cadre bucolique. Ses deux églises sont réputées pour leurs vitraux d'art. L'église Saints-Pierre-et-Paul (1958) est surmontée d'un poisson en fer forgé. Elle recèle un superbe retable de style contemporain réalisé par l'artiste strasbourgeois Christoff Baron sur des planches de palettes usagées et laissées à l'état brut. Outre deux excellents restaurants, Illhaeusern est un bon point de départ pour découvrir la réserve naturelle de l'Illwald et le Ried à bord d'un canoë !

L'AUBERGE DE L'ILL €€€

2, rue de Collonges au Mont d'Or
✆ 03 89 71 89 00
www.auberge-de-l-ill.com

Du mercredi au dimanche midi et soir. Menus : 154 € à 210 €. Véranda. Terrasse. Service traiteur. Boutique en ligne.

2 étoiles Michelin et 5 Toques Gault & Millau pour ce temple de la gastronomie alsacienne fondé en 1952 par la famille Haeberlin. Héritier de 5 générations de restaurateurs hors pair, le Chef Marc Haeberlin tutoie les sommets avec sa cuisine d'exception : langoustines poêlées accompagnées d'huîtres et d'asperges vertes, tartare de bœuf au caviar oscietre... Et puis, bien sûr, il y a les fameux « plats signature » : saumon soufflé de l'Auberge de l'Ill, truffe sous la cendre, mousseline de grenouilles Paul Haeberlin. Autant d'extases gustatives !

HÔTEL DES BERGES***** €€

4, rue de Collonges au Mont d'Or ✆ 03 89 71 87 87
www.hoteldesberges.com

Chambre double à partir de 330 €. Petit déjeuner : 32 €. Spa des Saules. Restaurant L'Auberge de L'Ill (2 Michelin).*

Conçu dans l'esprit d'une ferme alsacienne cossue, cet hôtel se love dans le luxuriant jardin de l'Auberge de l'Ill (2* Michelin). Il compte 7 chambres et 6 suites aux noms de cigares cubains ! Deux autres hébergements fort originaux vous sont proposés : la Maison du Pêcheur posée en bordure de l'Ill et l'Airstream Overlander International, une caravane américaine vintage. Le Spa des Saules est aménagé dans un écrin de bois qui s'inspire des anciens séchoirs à tabac du Ried : hammam, sauna, bain bouillonnant, cabines de soins, tisanerie, bassin de nage extérieur.

MITTELWIHR

Cette commune fut détruite en quasi-totalité durant les combats de la Poche de Colmar entre décembre 1944 et janvier 1945. Huit siècles après son édification, le vieux château dit « Reflinger Schlössel » a totalement disparu lors de cet épisode sanglant. Mais Mittelwihr a fait l'objet d'une soigneuse reconstruction et figure aujourd'hui en bonne place parmi les *Perles du Vignoble* sur la Route des Vins. Son microclimat très particulier permet chaque année à de magnifiques amandiers de fleurir entre deux rangées de vignes sur la colline du Mandelberg. À voir : l'ancienne abbaye cistercienne qui offre un magnifique point de vue sur la plaine d'Alsace.

À LA TRUITE €€

17, rue du 25 Janvier ✆ 03 89 71 83 51
www.restaurant-alatruite.com

Fermé mardi soir et mercredi. Menus : 22,50 € à 49,90 €. Midi : 15,30 €. Enfant : 9,40 €. Terrasse. Vente à emporter.

Incroyable mais vrai : cette superbe maison alsacienne est tenue par la famille Poujol depuis plus d'un siècle ! Christophe concocte des mets succulents : foie gras d'oie médaillé d'argent, matelote de poissons d'eau douce médaillée d'or au concours de la meilleure matelote de poissons d'Alsace, sans parler des fameux filets de carpes frites à la semoule ! Côté viandes, on peut déguster une escalope de veau à la crème et ses knepflas, des rognons la moutarde ancienne ou du gibier local en saison. Les desserts sont faits maison. Rapport qualité/prix imbattable.

HÔTEL LE MANDELBERG*** €€

1, chemin du Mandelberg
✆ 03 89 49 09 49
www.hotelmandelberg.fr

Fermé en janvier. Chambre double à partir de 77 €. PDJ 14 € (6 €/enfant). Piscine intérieure, sauna, hammam. Restaurant.

Le Mandelberg affiche une allure de château de la Belle au bois dormant... en version alsacienne ! En tout cas, voici une adresse qui a tout bon : accueil aux petits oignons, 18 chambres et suites très cosy, jolie vue sur la colline des amandiers (un émerveillement au printemps quand les arbres sont en fleur). Il y a aussi une belle terrasse où l'on peut prendre un petit-déjeuner copieux et un bar où l'on déguste de bons crus du terroir. En bonus, il y a l'espace spa avec piscine intérieure, hammam, sauna, bain bouillonnant, soins corporels et tisanerie.

HAUT-RHIN

BIER & CO

22, route du Vin
© 03 89 22 50 54
Ouvert du mardi au vendredi de 9h à 12h et de 14h30 à 18h30. Samedi de 9h à 12h et de 14h à 18h. Bières du monde entier.

Cette sympathique enseigne a de quoi se faire bien mousser car elle propose plus de 700 bières venues d'Alsace, des USA, du Royaume-Uni, d'Allemagne, du Danemark... Brune, blonde, ambrée, IPA, il y en a pour tous les goûts ! Ces bières sont vendues en bouteilles, en mini-fûts, en coffrets, et même... en calendrier de l'Avent durant le mois de décembre ! Bier & Co sélectionne aussi des bières millésimées de très haute qualité. Avis aux biérophiles de tous bocks : consultez la page Facebook de Bier & Co pour emplir virtuellement vos chopes de nouvelles bières !

DISTILLERIE THÉO PREISS

8, rue du Château © 03 89 47 96 53
www.theo-preiss.fr
Ouvert du lundi au vendredi de 8h à 12h et de 14h à 17h. Visite commentée (1/2 heure) sur demande. Boutique en ligne.

Depuis 77 ans, cette belle et bonne distillerie alsacienne perpétue la tradition et le savoir-faire d'une eau-de-vie de qualité, reflétant fidèlement son slogan évocateur : « Les fruits ont une âme » ! Les nectars distillés chez Théo Preiss sont d'une qualité tout à fait exceptionnelle. Vous pourrez surprendre vos convives avec une eau-de-vie au céleri, une exclusivité fort insolite qui agrémente à merveille des mets à base de saumon fumé ou une assiette norvégienne. Tout aussi recommandable : le whisky alsacien Preiss qui n'a rien à envier aux blended écossais !

DOMAINE SCHEIDECKER & FILS

13, rue des Merles
© 03 89 49 01 29
www.scheidecker-fils.com
Ouvert du lundi au samedi de 9h à 19h. Sur RDV dimanche et jours fériés. Gîte 4 personnes : semaine de 490 € à 590 €.

Diplômé en œnologie, Laurent Scheidecker conduit ce domaine familial depuis 2015. Il élabore des vins de terroir généreux, des Grands Crus, Vendanges Tardives et Sélections de Grains Nobles d'exception, des crémants d'Alsace et des eaux-de-vie. Coup de cœur pour le Muscat Grand Cru Froehn intensément fruité. Outre la dégustation de bons vins dans son caveau, la famille Scheidecker met à votre disposition un gîte (4 pers.) aménagé dans un esprit contemporain, avec chauffage au sol.

VINS D'ALSACE JEAN-PAUL MAULER

3, place des Cigognes
© 06 85 10 64 01
www.vin-mauler.fr
Certification HVE. Visite et dégustation 7j/7 sur RV. Gîte des Cigognes (60 m2), 2-6 personnes : tarifs sur demande.

© JULIEN MAULER

Certifié HVE, ce domaine familial est dirigé par Julien et Aurélie, incarnant une 3e génération de viticulteurs fortement engagés dans la préservation de traditions viticoles de tout premier ordre. Lors de votre visite, vous serez séduits par le Sylvaner « Cuvée Paul » ou le Gewurztraminer Grand Cru Mandelberg 2018 (3* Hachette des Vins). Vous pourrez prolonger le plaisir de la dégustation en séjournant au Gîte des Cigognes, bel appartement (60 m2) tout confort pour 2 à 6 personnes.

BENNWIHR

Le secteur de Bennwihr a toujours été un lieu de passage : les Celtes l'empruntaient déjà lorsqu'ils longeaient les Vosges ! La première mention de Bennwhir apparaît en 777 sous le nom de Bebonovillare. Terre des seigneurs de Horbourg au XVe siècle, le village fut détruit entre décembre 1944 et janvier 1945 durant la bataille de la Poche de Colmar. Seul le monument aux morts de la guerre 1914-1918 (aujourd'hui appelé Monument de la Fidélité) a été épargné. Le village fut reconstruit entre 1946 et 1959 dans le style de l'école d'architecture néo-alsacienne. Bennwihr est situé sur le parcours du sentier viticole des Grands Crus *Les Perles du Vignoble*.

HAUT-RHIN

PARC DE SCHOPPENWIHR

Rue du Château
© 03 89 41 22 37
www.schoppenwihr.com
Ouvert 7 j/7. Du 1er avril au 1er novembre de 14h à 17h. Adultes : 7 €. Groupes : 6 €/personne. Visite guidée sur RV.

Ginkgo de Chine, sophora du Japon, cèdres du Liban, taxodiums, liquidambars, chênes rouges d'Amérique, hêtres pourpres, ifs, buxus, jardin de rocaille, étangs, pièces d'eau : voilà ce qui compose ce parc enchanteur où tout semble magique et féerique. Le Grand Etang et ses îles romantiques, dont la fameuse île des Demoiselles où subsistent les vestiges d'un petit temple de l'amour, n'y est pas pour rien... Les arbres remarquables, étranges, méconnus et plusieurs fois centenaires de ce parc sauront vous faire voyager dans un autre monde !

O'CONNEL LODGE €€€

10A, rue du Commandeur O'Connel
© 06 88 85 31 66
www.oconnel-lodge.com
Gîte écologique (12 pers, 206 m²). Tarifs détaillés sur demande. Sauna. Borne de rechargement pour voiture électrique.

Construit en bois avec un toit plat végétalisé, ce gîte (12 pers.) bénéficie du label Maison Passive. Il dispose d'un système de ventilation écologique et de volets brise-soleil commandés par une centrale domotique. Il comprend 5 chambres (dont une pour PMR) équipées chacune d'une douche avec lavabo. Cuisine avec îlot central, salle à manger, salon et espace télé/hifi, mezzanine avec baby-foot, espace bibliothèque, sauna, terrasse, barbecue et jardin clos. Dernier détail totalement éco… logique : il y a une borne de recharge pour voiture électrique !

LES PARAGES €€

5, passage des Glycines
© 09 54 13 82 45
Du dimanche au mardi à midi. Jeudi et vendredi : midi et soir. Samedi soir. Menu midi : 17 €. Réservation recommandée.

Mathieu et Delphine ont transformé un ancien café de gare en un très agréable restaurant dédié à un esprit culinaire joliment créatif, axé sur du 100 % locavore. Delphine élabore des mets aux saveurs originales à base d'ingrédients toujours archi frais (bio ou issus d'une agriculture raisonnée) fournis par des petits producteurs du coin. À midi, on se régale d'un menu unique qui change chaque jour. Le soir, on pioche dans les suggestions (3 entrées, 3 plats, 3 desserts) avec quelques options végétariennes. Excellente carte de vins bio, biodynamiques ou naturels.

BESTHEIM

3, rue du Général de Gaulle
© 03 89 49 09 29 - www.bestheim.com
Horaires variables selon la saison, cf. site web. Activités œnotouristiques. Boutique en ligne. Port offert dès 200 €.

Bestheim rend hommage aux *Mondfangers* (Chasseurs de Lune) qui ont reconstruit la cave après 1946 : nouveau logo et nouvel habillage pour les différentes cuvées commercialisées par Bestheim, notamment celles dédiées aux Grands Crus Schlossberg, Mambourg, Zinkoepflé et Kaefferkopf. Bestheim vous convie aussi à expérimenter des sensations inédites lors d'une expérience immersive de réalité virtuelle à 360° pour découvrir la naissance d'un grand vin. En famille, vous pouvez en outre participer à une chasse au trésor dans le vignoble sous la houlette des *Mondfangers* !

TURCKHEIM ★★

Turckheim s'impose comme un passage obligé pour accéder au massif vosgien par la vallée de Munster. Riche de 3 500 habitants, cette cité médiévale n'a rien à envier à Kaysersberg ou à Eguisheim, 2 autres étapes incontournables de la Route des Vins d'Alsace. Ses trois portes (du Brand, de Munster et de France) ainsi que ses remparts témoignent de son ancien statut de ville libre octroyé en 1312 : Turckheim fit partie de la Décapole, alliance de dix villes alsaciennes formant une ligue fondée en 1354 et dissoute en 1679. À l'intérieur des remparts, les maisons superbement restaurées illustrent ce que l'Alsace possède de plus typique en matière architecturale. Turckheim est aussi connue depuis des siècles pour ses vins, notamment grâce au vignoble du Brand, l'un des 51 Grands Crus d'Alsace. La légende raconte qu'un dragon sorti de la mer (qui occupait alors la plaine d'Alsace) se serait endormi au sommet de la colline du Brand. La chaleur fut telle que ses écailles se mirent à fondre et le dragon se vida de son sang. Celui-ci se répandit alors sur le flanc du Brand et pénétra dans la terre. Les anciens prétendent que le sang du Dragon a durablement fertilisé la terre pour donner naissance à des vins d'une exceptionnelle pureté. Une balade sur le sentier viticole qui traverse le Brand permet d'apprécier la singularité architecturale de la commune ainsi que le panorama magnifique qui embrasse l'entrée de la vallée de Munster, le château du Hohlandsbourg et le vignoble de l'embouchure de la vallée. À visiter aussi : la cave vinicole de Turckheim qui est l'une des meilleures d'Alsace !

FOCUS

VIVE LES « CHASSEURS DE LUNE »

BESTHEIM REND HOMMAGE À SES FAMEUX MONDFANGERS !

Renaissance

Au terme de la Seconde Guerre mondiale, en 1946, 32 hommes de caractère, libres, audacieux et franchement visionnaires, ont généreusement choisi d'unir leurs forces pour reconstruire une cave commune afin d'y accueillir religieusement leurs récoltes de l'année. C'est de cette volonté commune de construire un avenir viticole placé sous l'égide du « plus haut, plus fort, ensemble... » qu'a pu naître, franchement et ex nihilo, la cave coopérative connue aujourd'hui sous le nom de Bestheim. Depuis 2019, désireuse de promouvoir une nouvelle identité plus forte, distincte et plus vraie, Bestheim s'appuie sur l'héritage des *Mondfangers* pour donner vie à des cuvées élégantes et racées qui enchantent les sens des œnophiles comme des néophytes.

Mondfangers

La nouvelle gamme des vins Bestheim fait la part belle aux crémants d'Alsace, incontournables complices d'inoubliables moments de fête, notamment la Cuvée « Grand Prestige », symbiose parfaite entre terroir de prédilection et savoir-faire unique. Les cuvées iconiques « Rayons de Lune » respirent l'authenticité et la tradition en associant caractère racé et fruité délicat. Clairement, la nouvelle gamme des vins Bestheim s'impose comme une complice privilégiée de vos meilleurs moments !

Œnotourisme 2.0

Non contente d'enivrer vos papilles œnophiles, Bestheim vous convie à expérimenter des sensations inédites lors d'une expérience immersive de réalité virtuelle à 360° qui vous permettra de découvrir le travail des vignerons ainsi que les étapes de la vinification susceptibles de générer la naissance d'un grand vin. En famille ou avec des amis, vous pourrez aussi participer à une chasse au trésor pédagogique dans le vignoble sous la houlette des *Mondfangers* !

BESTHEIM
3, rue du Général de Gaulle - **BENNWIHR**
✆ 03 89 49 09 29 - www.bestheim.com

© BESTHEIM

© BESTHEIM

© BESTHEIM

ÉGLISE SAINTE-ANNE

Rue Sainte Anne
03 89 27 38 44
www.turckheim.com

Ouvert 7 jours/7 et les jours fériés de 10h à 18h. Entrée libre, sauf pendant les messes et cérémonies religieuses.

Sainte Anne est la patronne de la paroisse depuis 1652. Le clocher de son église présente de belles tuiles vernies et est surmonté d'un tonnelet coiffé d'une girouette, le tout recouvert d'or. Il abrite l'ancien mécanisme de l'horloge (J. & A. Ungerer) daté de 1907. L'église Sainte-Anne possède aussi un précieux orgue Silbermann acheté en 1791 à l'abbaye cistercienne de Pairis. Elle présente en outre des vitraux de Léon Kempf d'après des dessins de Robert Gall. Des visites guidées sont organisées en été et des bénévoles tiennent une permanence.

PORTE DE FRANCE ★

03 89 27 38 44
www.turckheim.com

Accès libre toute l'année.

Cette porte fut construite au XIVe siècle après l'adhésion de Turckheim, en 1354, à la ligue de la Décapole. Massive et quadrangulaire, elle fait face à la Fecht. À l'origine, elle était munie d'un pont-levis, d'une herse, de tourelles ainsi que deux portes que l'on refermait la nuit et pendant la messe du dimanche. À cette époque, elle était dédiée aux échanges économiques du village, principalement orientés vers la Suisse. De ce fait, elle a successivement porté les armoiries du Saint Empire Germanique et de Louis XIV. Son toit pointu héberge un nid de cigognes.

PORTE DE MUNSTER ★

03 89 27 38 44
www.turckheim.com

Accès libre toute l'année.

La Porte de Munster est étroitement liée à l'histoire de la sorcellerie, car c'est de là que les femmes soupçonnées d'être des sorcières rejoignaient le lieu-dit de la Wann où elles étaient exécutées ! Elle présente des fenêtres décorées de coquilles Saint-Jacques. Celles-ci rappellent ainsi que Turckheim fut pendant longtemps une étape privilégiée sur l'itinéraire qui menait à Saint-Jacques-de-Compostelle. La Porte de Munster avait aussi pour fonction de prévenir de l'orage, comme en témoigne la cloche installée sous son petit clocher qui est toujours intact.

PORTE DU BRAND

03 89 27 38 44
www.turckheim.fr

Accès libre toute l'année.

En 1354, lorsque la ville de Turckheim a adhéré à la Décapole (ligue historique qui unissait dix villes fédérées au nom du commerce et de la solidarité, dont Colmar), elle a gagné le droit d'ériger ses trois portes d'entrée, ses remparts et ses marchés. Édifiée en 1377, la Porte du Brand (également dite Mocheltor) avait la vocation la plus défensive des trois portes de Turckheim. Elle était originellement dotée d'une herse et d'un pont-levis. Son architecture massive est ornée d'une sculpture nommée *Gorgone* qui avait pour objectif de se moquer de l'ennemi !

LES CIGOGNEAUX €€

3, rue Étroite
06 09 88 30 40
www.gites-cigogneaux.fr

2 gîtes (5-6 personnes). Semaine à partir de 320 €. Nuitée à partir de 80 €. Linge de maison et de toilette fournis.

Ces 2 logements de vacances sont nichés dans une petite rue piétonne au sein d'une bâtisse alsacienne du XVIIIe siècle. Impeccablement équipés, ils offrent un confort optimal et marient détails rustiques traditionnels (parquets et plafonds boisés, poutres apparentes) avec éléments contemporains vitaminés. On a plaisir à y séjourner dans cette ambiance cosy qui incite à savourer l'art de vivre en Alsace ! En pratique : nombreux commerces (boulangerie-pâtisserie, boucher-charcutier, traiteur, supérette...), bons restaurants et parking public gratuit à proximité.

HÔTEL DES DEUX CLEFS*** €€

3, rue du Conseil
03 89 27 06 01
www.2clefs.com

41 chambres. Ouvert toute l'année. Chambre double dès 59 €. Petit déjeuner buffet : 14 €. Terrasse. Location de vélos.

Aménagé dans une demeure érigée en 1540 qui est classée aux Monuments historiques, ce bel établissement se targue d'avoir accueilli des hôtes remarquables : le Docteur Albert Schweitzer, le maréchal de Lattre de Tassigny ou encore le général de Gaulle. Au cœur de la vieille ville de Turckheim, il constitue une étape du traditionnel parcours du veilleur de nuit de la ville. Il séduit par son cadre authentique : oriel orné d'un dragon bicéphale, linteaux sculptés, tapisseries vintage et mobilier cossu. Un mot suffit pour décrire l'Hôtel des Deux Clefs : superbe !

RÉSIDENCE LES MERISIERS €€€

3, rue des Merisiers ✆ 06 11 19 19 68
https://lesmerisiers.com

2 appartements de vacances pour 4-16 pers. À partir de 900 €/semaine. Bain bouillonnant. Terrasse. Jardin. Barbecue.

Ici, foin d'architecture alsacienne à colombages ni de décoration typique du terroir pour ces gîtes contemporains nichés dans un jardin clos sur les hauteurs de Turckheim entre plaine et vignes. Ils disposent de tout le confort souhaitable pour accueillir de 4 à 12 personnes, et même 16 personnes en combinant la location simultanée des deux gîtes. Matériaux haut de gamme, mobilier design, chambres hyper cosy, équipements de cuisine et sanitaires flambant neufs, bain bouillonnant extérieur : la Résidence Les Merisiers tutoie l'exception sans aucune faute de goût !

À LA VALLÉE DE MUNSTER €€

4, route de Zimmerbach - **WALBACH**
✆ 03 89 71 13 53
www.aubergevalleemunster.sitew.fr

Dimanche/lundi/mercredi : midi. Mardi/jeudi/vendredi : midi, soir. Samedi soir. Terrasse. Piste de quilles. Animations.

Le chef Jean-Michel Braesch vous régale de spécialités fromagères et de plats de viande bien garnis : tartes flambées bien sûr, mais aussi grillades de saison, baeckeofe, knepfle aux légumes, jambon au munster, entrecôte maître d'hôtel… Quant aux desserts, ils enchantent les papilles des petits et grands gourmands ! Ajoutez à cela des soirées à thème (moules frites, cochon de lait, accords mets et vins…) et musicales (concerts…) toujours très courues (réservation impérative). En bonus : deux authentiques pistes de quilles sont accessibles sur réservation.

L'ABREUVOIR €€

8, place Turenne
✆ 03 89 80 90 73
www.labreuvoirturckheim.fr

Ouvert midi et soir du vendredi au mardi. Choucroute : 18,50 €. Burger : 15 €. Enfant (-8 ans) 8 € Terrasse. À emporter.

La décoration pimpante et vintage de ce sympathique bistrot sympathique attire l'œil à tous les coups. Ici, les petits plats traditionnels sont tous fort alléchants. Foie gras de canard maison, choucroute aux 5 viandes, rognons de veau au cognac, entrecôte de bœuf et son os à moelle, burger de l'Abreuvoir maousse costaud. Côté dessert, on craque pour le tiramisu poire-chocolat-speculoos ! La plupart des fournisseurs de l'établissement sont du coin, voire habitent le village. On apprécie la très jolie terrasse aménagée au calme sur la vénérable place Turenne.

AU RAISIN D'OR €€

1, rue de l'Église - **ZIMMERBACH** ✆ 03 89 71 05 69
www.raisindor.fr

Ouvert du mercredi au lundi le midi et le soir. Menus de 31 € à 45 €. Enfant : 9 €/13 €. Terrasse. Plats à emporter.

Cet excellent restaurant est sis dans une maison vigneronne et ses dépendances joliment restaurées. Le tout est décoré d'objets anciens et de tableaux signés David Grandmaire. Entrée en matière incontournable, l'Assiette Gourmande est composée de foie gras, magret de canard, saumon fumé, jambon cru, presskopf, salade. Quant à l'os à moelle au four gratiné à la fleur de sel, c'est un must en la matière. Le Chef Joël Stamm excelle aussi dans l'art d'accommoder la matelote de poissons au riesling et le gibier de saison. Soirées gastronomiques à thème sur réservation.

L'AUBERGE DU BRAND €€

8, Grand'Rue ✆ 03 89 27 06 10
aubergedubrand.fr

Logis Table Savoureuse. Ouvert du mercredi au samedi midi, soir. Menus : 28 € à 48 €. Terrasse. Réservation recommandée.

Au sein d'une maison à colombages du XVIIIe, la salle de cette charmante auberge dépoussière les codes classiques de la décoration alsacienne. Le chef Lucas Vogt mise sur des produits frais du terroir pour alimenter sa carte renouvelée tous les 2-3 mois. Dans l'assiette, selon la saison : pâté en croûte selon la recette du papa de Lucas, tataki de thon et salade de wakamé, ravioles d'agneau confit aux notes d'Orient, tarte flambée destructurée, délicieux desserts et pain frais fait maison. En bonus : 3 adorables chambres d'hôtes (2-4 pers) chic et cosy en diable !

AUBERGE DU VEILLEUR €€

12, place Turenne ✆ 03 89 27 32 22
https://auberge-du-veilleur.eatbu.com

Ouvert du mardi au dimanche midi et soir. Fermé samedi midi. Soirée tarte flambée à volonté. Vente à emporter. Terrasse.

L'Auberge du Veilleur est réputée pour ses mets à base de bœuf de race limousine d'excellente qualité (certifiée Ecocert). Gros coup de cœur pour le délicieux Burger du Veilleur composé, entre autres bonnes choses, de fromage de chèvre frais et de foie gras poêlé ! Notez que la carte propose aussi des plats alsaciens tout à la fois traditionnels et originaux : bonbons de munster en feuille de brick, foie gras de canard fait maison, choucroute garnie, bouchées à la reine, spaetzle maison, tête de veau aux deux sauces, flammekueche… Ici, tout est cuit minute !

L'AUTREFOIS €€

47A, Grand'Rue ✆ 3 89 27 47 82
www.lautrefois-turckheim.eatbu.com

Ouvert midi et soir lundi et du jeudi au dimanche. Menu du midi (2 plats) : 12,50 €. Menu enfant : 9,50 €. Terrasse.

Décoration rustique chic et cuisine alsacienne pleine de finesse : L'Autrefois a tout bon ! Le chef Laurent Moser mitonne de délicieuses poêlées au fromage de Munster ou à la tomme de Ribeaupierre agrémentées d'une pointe de cumin. Il vous propose aussi des fleischnaka (escargots de pâte à la viande) ainsi qu'une bonne choucroute aux six garnitures. Salades composées de saison, tartes flambées, jarret de porc braisé et autre truite au riesling viennent s'ajouter à la carte. Accueil bienveillant, enfants bienvenus, petite terrasse posée en bordure de la Grand'Rue.

RESTAURANT DE LA TOUR €€

1, place de la République
✆ 03 89 27 06 29

Fermé mardi soir et mercredi toute la journée. Dernier service à 22h. Accueil des groupes. Terrasse. Vente à emporter.

Amateurs de vraie bonne cuisine alsacienne, bienvenue ! Ici, vous êtes invités à prendre vos aises avant de vous régaler d'une excellente terrine de canard et foie gras, d'une assiette d'os à la moelle, d'une bavette de bœuf au beurre de cèpes, ou d'un succulent civet de biche. À la carte aussi : gratins de spätzlés, flammekueche, baeckaoffe, cordon-bleu au munster, choucroute plantureuse. À la Tour de Turckheim, foin de mauvaises surprises, tant au niveau de l'accueil que de la qualité des plats servis en salle ou sur la grande terrasse ombragée.

PÂTISSERIE CARL

13, Grand'Rue ✆ 03 89 22 41 42
www.patisserie-carl.fr

Ouvert du jeudi au mardi de 8h30 à 12h30 et de 14h30 à 18h. Terrasse. Petite restauration. Service traiteur.

Cette alléchante adresse déploie une foison de viennoiseries, pâtisseries, petits gâteaux et autres chocolats ! Mention spéciale aux croissants proposés en version framboise, pistache, banane-chocolat, myrtille ou noisette. Au gré des saisons, on craque pour les bredelas de Noël, les torches aux marrons, les galettes des rois, les beignets de Carnaval, les fraisiers, les tartes aux fruits du moment et les adorables sujets en chocolat créés pour Noël, Pâques et autres occasions festives. Chez Carl, c'est un enchantement pour les yeux comme pour les papilles !

CAVE DE TURCKHEIM

16, rue des Tuileries
✆ 03 89 30 23 60
www.cave-turckheim.com

Horaires variables : voir site web. Balades œno-touristiques commentées gratuites en juillet et août. Boutique en ligne.

Depuis sa création en 1955, la cave coopérative de Turckheim s'est hissée au rang des meilleures références en produisant des vins fidèles à leurs origines et dotés de leur propre identité. Elle réunit quelque 216 viticulteurs qui exploitent 400 hectares de vignes. N'hésitez pas à consulter le site web de la cave, il est très bien conçu. Il répertorie les vins en diverses catégories : Tradition, Réserve, Terroirs, Spécialités, Grands Crus, Vendanges Tardives, Crémants d'Alsace, Bio... Par ailleurs, l'accueil à l'espace de dégustation et de vente est impeccable !

DOMAINE ARMAND HURST

8, rue de la Chapelle ✆ 03 89 27 40 22
www.hurst-shop.fr

Ecocert et Demeter. Du lundi au samedi 9h-12h, 13h30-18h. Visite/dégustation groupe sur RV. Boutique en ligne.

Ce domaine se déploie sur 12 hectares dont plus de 7 hectares sur le terroir du célèbre du Grand Cru Brand. Son vignoble est composé pour une bonne part de vieilles vignes âgées de plus 40 ans, et même de 70 ans pour certaines ! Conduit à 100 % en biodynamie depuis 2016, le Domaine Armand Hurst produit des vins sains et sans artifices, mais puissants et racés. Notamment le Pinot Noir Cœur de Dragon qui séduit par son expression charnelle et sa bouche soyeuse. Plus atypique, le SY'RO (vin issu d'une macération de sylvaner) accompagne volontiers un bon baeckeoffe !

DOMAINE ZIND-HUMBRECHT

4, route de Colmar ✆ 03 89 27 02 05
www.zindhumbrecht.fr

Ecocert, Vinabio, Biodyvin. Ouvert du lundi au vendredi : 8h à 12h, 13h à 17h. Visite/dégustation uniquement sur RDV.

Ce très fameux domaine familial est conduit selon les préceptes vertueux de la viticulture biologique et biodynamique. Il produit des vins appréciés dans le monde entier, jusqu'en Thaïlande, c'est tout dire. Les tarifs appliqués sont certes nettement plus élevés que la moyenne pratiquée dans la région, mais quel émerveillement lors de la dégustation... uniquement sur rendez-vous ! On se laisse séduire sans bouder son plaisir par le Muscat Roche Moulée au fruité joliment voluptueux, le Zind vif et salin ou le Pinot Noir Heimbourg, vin de garde profond et velouté.

STAUB

2, rue de l'Huilerie
✆ 03 89 27 11 55
www.staub.fr

Ouvert du lundi au samedi de 10h à 12h30 et de 14h à 18h30. 3 jours de Grande Braderie en novembre. Boutique en ligne.

Spécialiste d'ustensiles de cuisine en fonte et en céramique, la marque française Staub est reconnue pour les bienfaits de sa cuisson saine et savoureuse, et symbole d´excellence culinaire. Sur la route des Vins d'Alsace, le magasin historique de la marque à Turckheim est une adresse de référence grâce à son très large choix de cocottes à prix réduit, mais aussi la destination alsacienne pour s'équiper en couteaux de qualité et autres : faitouts, poêles, verres et autres ustensiles… Une grande braderie a lieu traditionnellement le 3e week-end de novembre.

© ZWILLING

© ZWILLING

INGERSHEIM

Très endommagé lors des bombardements de 1944, Ingersheim conserve une église du XVIIIe siècle avec un clocher à bulbe unique en son genre en Europe. Il y a aussi la Tour des Sorcières et quelques belles maisons Renaissance. Depuis Ingersheim, on rejoint Niedermorschwihr en montant vers le vallon du Weidbach, Turckheim en passant par le petit col du Brand, mais aussi Katzenthal à hauteur du Florimont. On plonge au cœur d'un vignoble réputé pour la grande qualité de ses vins issus de terroirs que se partagent les vignerons d'Ingersheim, Katzenthal, Turckheim et Niedermorschwihr. Au sommet du Letzenberg, la vue sur la plaine colmarienne est sublime !

AUX BERGES DE LA FECHT €€

18, quai de la Fecht ✆ 03 89 30 48 08
www.lesrivesdelafecht.net

Fermé mardi et mercredi et à midi en basse saison. Menu 3 plats : 13,80 €. Tartes flambées à volonté le soir. Terrasse.

En bordure de rivière, on s'attable en terrasse ou dans la salle dotée de larges baies vitrées. On se régale de foie gras en terrine et de tartes flambées, mais aussi de succulents de gros burgers accompagnés de frites et de ketchup maison. Equilibrée et variée, la carte a de quoi satisfaire toute la famille. Outre cette auberge bistronomique, la résidence des Rives de la Fecht propose des appartements de vacances clairs et bien équipés, du studio (2 pers.) au 3 pièces (6 pers.), disséminés dans un écrin de verdure. Espace détente avec piscine, pataugeoire, sauna.

LE SOT L'Y LAISSE €€

1 Bis, route de Colmar
✆ 03 89 27 14 43
www.lesotlylaisse.com

Ouvert midi et soir du mercredi au dimanche. Plat du jour : 13,50 €. Terrasse. Réservation conseillée. Vente à emporter.

Ce chouette restaurant est sis dans une maison à colombages en amont du pont qui enjambe la Fecht à l'entrée d'Ingersheim en venant de Colmar. Jolie salle avec cheminée, terrasse fleurie en été, chalet cosy en hiver : on a le choix ! La carte varie selon l'inspiration des chefs Fabien et Pascal. Et puis il y les valeurs sûres de la maison : sot-l'y-laisse de poulet, tartare, tartiflette, raclette, fondue... Ces plats s'accompagnent des bons crus du Domaine du Manoir voisin et de la cave Jean Geiler. Le Sot l'y Laisse distille un irrésistible goût de revenez-y !

FOCUS

DOMAINE DE L'ENVOL, J'ADORE !

DES VINS DE PLAISIR AUSSI NATURELS QUE POSSIBLE...

Genesis

Créé en 2016, ce jeune domaine prometteur est le fruit de l'union de la famille Hirsinger et de la Maison Jean Freudenreich. Dûment épaulés par leurs parents respectifs, Daniel Hirsinger, sa sœur Catherine (Reine des Vins d'Alsace 2010) et Raphaël Marchal ont pour objectif de pérenniser leur domaine conduit en biodynamie (certification Demeter en 2017) afin de produire des vins ancrés dans leur terroir, avec le minimum d'intrants à la vigne comme à la cave. Le Domaine de l'Envol se déploie sur 20 ha riches en beaux terroirs : Grand Cru Florimont, Grand Cru Wineck-Schlossberg, Grand Cru Steinert. Il compte aussi quelques jolis lieux-dits : le Bergweingarten à Pfaffenheim, le Steinweg, le Dorfburg et le Leztenberg à Ingersheim.

Entre Épicure et Dionysos

Une halte au Domaine de l'Envol s'avère une incomparable expérience épicurienne. Tout de bois clair revêtu, le caveau de dégustation s'égaye de superbes photos prises par Catherine. Au bar ou dans un fauteuil club cosy, ici on prend vraiment le temps de découvrir les bons crus du moment, lesquels sont assortis de conseils de dégustation personnalisés. Le tout se déroule dans une atmosphère conviviale et 100 % authentique pour de grands moments de partage et de découverte.

Balade insolite dans le vignoble d'Ingersheim et ses environs

Du lundi au samedi, le Domaine de l'Envol organise des visites de sa cave assorties de la dégustation d'une sélection de vins, avec, en super bonus, une très chouette excursion dans le vignoble, alliant originalité et convivialité : en calèche attelée à un tracteur vintage des années 1950 ! Durée : 1h30 à 2h, maximum 8 personnes.

DOMAINE DE L'ENVOL
Chemin Mattensteinweg
✆ 03 89 72 84 82
http://domainedelenvol.fr

© CATHERINE HIRSINGER

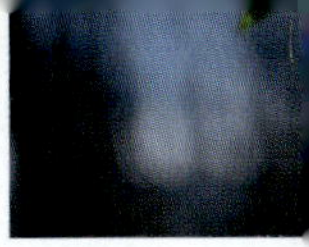

© CATHERINE HIRSINGER

© JEAN-LUC SYREN

LA TAVERNE ALSACIENNE €€

99, rue de la République
✆ 03 89 27 08 41
www.taverne-alsacienne-guggenbuhl.fr
Mardi/mercredi/vendredi/samedi : midi & soir. Dimanche midi. Menu 24 €/42 €. Midi : 20 €. Enfant 13 €. Vente à emporter.

La famille Guggenbuhl gère cet excellent restaurant depuis 58 ans, avec un succès qui ne se dément pas ! Ici, la choucroute est cuisinée traditionnellement à la graisse d'oie, les noix de Saint-Jacques flirtent avec l'ail noir, la pluma de porc ibérique est cuite à la plancha et les figues rôties s'accompagnent d'une divine crème glacée au miel ! En prime, la carte des vins propose des crus d'exception issus de domaines réputés de la région. En sortant de la Taverne, il n'y a que quelques pas à faire pour partir en balade digestive le long de la Fecht !

DOMAINE DE L'ENVOL

Chemin Mattensteinweg
✆ 03 89 72 84 82 - http://domainedelenvol.fr
Vigneron Indépendant. Certif. Ecocert et Demeter. Membre de l'association Vignes Vivantes. Visite, dégustation sur RV.

Fondé en 2016, ce jeune domaine est le fruit de l'union de la famille Hirsinger et de la Maison Jean Freudenreich. Daniel Hirsinger, sa sœur Catherine et Raphaël Marchal conduisent leur domaine en biodynamie pour produire des vins bio ancrés dans leur terroir avec un minimum d'intrants à la vigne comme à la cave. Il faut absolument visiter le caveau tapissé de boiseries claires inséré dans une construction neuve en bordure de vignes, elle aussi bardée de bois. On s'y installe au bar ou dans un fauteuil pour déguster de très bons crus dans une ambiance 100 % cosy !

BOUCHERIE SIGMANN

44, rue de la République ✆ 03 89 27 01 75
www.boucherie-charcuterie-sigmann.com
Lundi, mercredi : 7h30-12h15. Mardi, jeudi, vendredi, samedi (17h) : 7h30-12h15, 15h-18h45. Plat du jour. Traiteur.

Savoir-faire d'exception pour cette boucherie légendaire qui propose des spécialités alsaciennes de haut vol ! Charcuteries artisanales, viandes fumées (collet, kassler, palette...), et succulents foies gras d'oie. Avis aux gourmets carnivores, la qualité est au rendez-vous avec une sélection de bœuf charolais, porc d'Alsace, veau et agneau du Limousin, volailles fermières... Choucroute garnie, baeckeoffe traditionnel et plats du jour variés complètent l'offre de cette boucherie-charcuterie qui fait partie du très réputé Club Prosper Montagné. Livraison possible.

CAVE JEAN GEILER

45, rue de la République ✆ 03 89 27 90 27
www.geiler.fr
Ouvert du lundi au samedi de 9h à 12h et de 14h à 18h (18h30 haute saison), dimanche à partir de 10h. Boutique en ligne.

Regroupant 175 vignerons, la Cave Jean Geiler s'enorgueillit d'un vignoble de 390 ha répartis sur une mosaïque de terroirs variés (dont 10 Grands Crus). Son caveau est fort convivial, sa winstub accueille des dégustations pour les groupes et des événements culinaires. Un musée du Vigneron a été aménagé avec l'aide de la société d'histoire locale. La Cave Geiler est réputée pour la qualité de ses gewurztraminers : Cuvée Inspiration Terroirs, Collection Douceurs, Grand Cru Florimont sans oublier de bien belles Vendanges Tardives, véritable quintessence du goût !

DOMAINE DU MANOIR

56, rue de la Promenade ✆ 03 89 27 23 69
www.domainedumanoir.fr
Ouvert du lundi au samedi. Le dimanche et durant les vendanges sur RDV. Gîte (2-3 personnes) : 530 €/semaine, 85 €/nuit.

La famille Thomann gère avec passion cette exploitation de 9 ha dont 80 % de ses vignes sont déployées sur les coteaux du Letzenberg. Promenez-vous sur les hauteurs du domaine qui offrent une vue panoramique sur l'entrée de la vallée de Munster, avant de visiter le Manoir et de déguster de divins nectars : Pinot Noir Barrique, Pinot Gris Clos du Letzenberg Cuvée Victoria 2019 (noté 91/100 par la *Revue du Vin de France*)... La famille Thomann offre une bouteille de vin aux hôtes qui ont le bonheur de louer son superbe gîte (2-3 pers.) adjacent au Domaine du Manoir !

L'ÉPICERIE MODERNE

75, rue de la République ✆ 03 69 45 94 31
www.lepiceriemoderne.net
Ouvert du mardi au samedi de 9h à 12h30 et de 13h30 à 18h30 (16h30 samedi). Produits locaux. Boutique en ligne.

On adore cette épicerie délicieusement surannée : étagères récupérées dans une vieille grange, sol couvert de carrelage vénérable, objets vintage... Outre son look hors du temps, cette boutique mérite largement une halte car elle regorge d'excellents produits de la région : foie gras de canard ou d'oie, terrines et tartinades pour l'apéro, laitages, épices et condiments, biscuits, confitures, miels, chocolats et bonbons (présentés dans de grands bocaux), bières, vins et spiritueux... Sur place ou via le site web, on fait le plein de belles et bonnes choses !

WINTZENHEIM

On trouve des citations à propos de ce village de vigneron dès 786. Auparavant, à l'époque romaine, Wintzenheim fut un gîte d'étape comme en témoignent les vestiges d'une villa située sur le coteau Hengst ainsi que des pièces de monnaie retrouvées à proximité. Les chevaliers de Malte y possédaient une chapelle ainsi que le château Thurnburg qui est aujourd'hui l'hôtel de ville de Wintzenheim. On peut admirer ses beaux décors sculptés en façade. À voir également : les ruines du château de Pflixbourg datant du début du XIIIe siècle, de belles maisons de vignerons construites du XVIe au XVIIIe siècle, ainsi que la fontaine de la Vierge datée de 1756.

CHÂTEAU DU HOHLANDSBOURG

Route des Cinq Châteaux
✆ 03 89 30 10 20
www.chateau-hohlandsbourg.com
Ouvert du 2/04 au 13/11 2022. Horaires : voir site web. Gratuit - de 6 ans. Adulte 9,50 €. Enfant (6-17 ans) 7 €.

La vue sur la plaine d'Alsace et la Forêt-Noire est absolument exceptionnelle depuis ce château qui est fièrement perché à 620 m d'altitude ! Construit en 1279 par les Habsbourg, il fut démantelé au XVIIe siècle après la guerre de Trente Ans. Restauré à partir des années 1980, il accueille des expositions temporaires ou permanentes qui éclairent l'histoire du lieu, de l'âge du bronze à nos jours. Ses manifestations, ateliers, expositions, concerts en plein air et autre banquet médiéval en font un lieu incontournable à fréquenter idéalement en famille !

CHÂTEAU DU PFLIXBOURG

Accès libre depuis la route touristique des 5 châteaux. 15 minutes de marche depuis le parking.

Le château du Pflixbourg fut construit entre 1212 et 1219 par Woelfelin de Haguenau (gouverneur impérial de Frédéric II de Hohenstaufen). Abritant jadis une réserve d'eau, des logements et des communs, il n'en reste qu'un imposant donjon circulaire accessible par un sentier forestier. Selon la légende, une belle princesse fut autrefois métamorphosée par une fée en un monstre mi-femme, mi-dragon. Seul le baiser d'un chevalier était censé lui restituer sa forme humaine. Cette Dame Blanche apparaîtrait aujourd'hui encore dans les ruines. Alors... ouvrez l'œil !

GRIMMER

61, route de Colmar
✆ 03 89 80 60 40
www.grimmer-artisan-chocolatier.fr
Ouvert du lundi au vendredi de 9h à 12h30 et de 13h30 à 18h30. Samedi : 9h à 18h30. Fermé en juillet. Boutique en ligne.

Fondée en 1964, cette entreprise familiale entretient avec ferveur son indéniable *cacaophilie* ! Elle dispose d'un agréable salon de thé décoré dans des teintes gourmandes et prolongé par une vaste terrasse. On peut déguster plus de 20 grands crus de chocolats chauds ou froids ainsi que de délicieux desserts faits maison. Grimmer fabrique tous les jours plus de 100 variétés de bonbons de chocolat, c'est la spécialité de la maison ! Une adresse incontournable pour les amateurs de chocolat élaboré à partir de cacao d'origine rare : Madagascar, Costa Rica, Bolivie...

© GRIMMER

© GRIMMER

HAUT-RHIN

DOMAINE JOSMEYER

76, rue Clémenceau ✆ 03 89 27 91 90
www.josmeyer.com
Certif Bio AB, Biodyvin. Du lundi au vendredi 9h-12h et 14h-18h. Samedi 9h-12h. Groupes sur RV. Boutique en ligne.

Ce domaine est l'un des plus prestigieux d'Alsace. L'ensemble du vignoble est conduit intelligemment en biodynamie. Élevées dans des foudres en chêne centenaires, les cuvées produisent des vins racés déclinés en plusieurs gammes : Assemblages, Série Artiste (célèbre pour ses belles étiquettes), Vins de Terroir, Sélection Prestige, Grands Crus et Vins d'exception. Gros crush pour le Riesling Kottabe 2019 (noté 93/100 par la *Revue des Vins de France*) et pour l'incroyable cuvée Icare MMWVIII 2018 (Pinot Auxerrois, Riesling, Pinot Gris et Gewurztraminer), une bombe !

NIEDERMORSCHWIHR

Niché au creux du vallon du Weidach à l'ombre du Galz, le village de Niedermorschwihr est situé à la croisée de l'une des trois routes qui mènent à la station climatique des Trois-Epis. Ses habitants répondent au doux nom de Morvilois (ou Morvilais). En accédant à Niedermorschwihr, on remarque d'emblée le clocher vrillé de l'église datant du XIIe siècle, une curiosité en Alsace ! Petite anecdote : en 2013, on a retrouvé, dans la boule de sa girouette, une bouteille renfermant un message avec les signatures de toutes les personnalités ayant contribué à la rénovation de l'église après la Seconde Guerre mondiale. Et puis, bien sûr, il y a aussi son vignoble très pentu, avec en particulier le Sommerberg classé en Grand Cru. On y produit notamment des rieslings et des pinots gris racés issus d'un sol granitique de même nature que celui du Brand, autre Grand Cru réputé du lieu. Une promenade au cœur du Sommerberg permet d'apprécier pleinement la beauté typique de ce village à l'architecture bien préservée car il est entouré de vignes et les nouvelles constructions y sont quasiment impossibles. Il offre aussi un vaste panorama sur le Letzenberg, le col du Brand et la plaine d'Alsace. Pour la petite histoire, nos amis japonais sont tombés amoureux du village. En 1985, une trentaine de techniciens s'installèrent pour quelques mois à Niedermosrchwihr dans le but d'y réaliser les treize épisodes d'une série télévisée baptisée « Ciel bleu d'Alsace ». Diffusée à une heure de grande écoute par Fuji TV, la série a ainsi contribué à faire connaître ce petit coin d'Alsace au Pays du Soleil Levant !

© DUMOULIN CHRISTOPHE
Église du village de Niedermorschwihr.

HÔTEL DE L'ANGE** €€

125, rue des Trois Epis
✆ 03 89 27 05 73
www.hotelange.fr
19 chambres. À partir de 62 €/nuitée/2 pers. Petit déjeuner buffet 12 €. Restaurant À l'Ange. Terrasse. Visite de cave.

Niché dans un vénérable corps de ferme, cet hôtel plein de charme a préservé avec soin ses colombages et ses poutres apparentes d'époque ainsi que sa jolie cour végétalisée qui accueille une terrasse ombragée. Ses 19 chambres, douillettes à souhait, accueillent en tout confort deux à quatre personnes. À côté de l'hôtel, le restaurant À l'Ange propose d'excellentes spécialités alsaciennes. Lors de votre séjour, n'hésitez pas à visiter la cave familiale du Domaine Justin Boxler pour y déguster ses excellents crus. Elle est située juste en face de l'Hôtel de l'Ange !

CAVEAU DES CHEVALIERS DE MALTE €€

127, rue des Trois Épis
✆ 03 89 27 09 78
Ouvert le lundi et du jeudi au samedi le soir. Dimanche midi et soir. Réservation recommandée. Carte : 14 € environ.

Ce sympathique caveau dévoile un cadre historique dans son jus associant pierre et boiseries vénérables avec une touche de modernité. En l'occurence, une cuisine ouverte sur la salle avec un îlot central où l'on assiste en direct live à la mise en place des assiettes. Ici, on se sent comme à la maison ! À la carte : presskopf maison, boudin au pommes, tarte à l'oignon, bibeleskaas, kougelhopf glacé, rien que des bons produits locaux. La réservation par téléphone est indispensable !

CAVEAU MORAKOPF €€

7, rue des Trois Epis
✆ 03 89 27 05 10
www.caveaumorakopf.fr

1 Toque au Gault & Millau. Ouvert midi et soir du mardi au dimanche. Carte environ 20 €. Enfant 10,90 €. Vente en ligne.

Le Morakopf est LA star de Niedermorschwihr ! Le chef Lukas Edl fait merveille en matière de spécialités incontournables : foie gras de canard, presskopf, choucroute, baeckaoffe, wadle, fleischnacka, bibeleskas, tartes flambées... On plébiscite aussi les raviolis de volaille au foie gras et le dos de sanglier en croûte de noisettes. Excellente sélection de crus alsaciens, notamment la Cuvée Morakopf (délicieux assemblage de pinot blanc, pinot gris et gewurztraminer). Charmante décoration rustique, accueil bon enfant et plats succulents : on adore le Morakopf !

MAISON FERBER

18, rue des Trois Épis
✆ 03 89 27 05 69
www.christineferber.com

Ouvert du mardi au vendredi, 7h-12h30, 14h-18h30. Samedi 7h-18h. Dimanche 8h-12h30. Pâtissier, chocolatier, traiteur.

Bienvenue chez la fée des confitures ! Depuis plus de 30 ans, Christine Ferber transforme les fruits de saison en délices aux saveurs infiniment originales. L'un de ses plus grands fans n'est autre que Brad Pitt ! À la Maison Ferber, il y a aussi des spécialités charcutières, des pâtisseries, des bredalas, chocolats et autres glaces faites maison. On y trouve des livres de recettes de Christine Ferber. Cette dernière est réputée dans le monde entier pour son savoir-faire incomparable. Elle collabore régulièrement avec des grands noms de la gastronomie française.

EGUISHEIM ★★

Fondée au VIIIe siècle, la charmante cité viticole d'Éguisheim se révèle infiniment riche en histoire : elle a notamment vu naître le futur pape Léon IX à l'aube du XIe siècle. Cependant, divers vestiges archéologiques témoignent d'une occupation du site actuel d'Éguisheim dès le Paléolithique ! Bâti autour de son château, le village dévoile des fontaines, des cours colongères, des ruelles bordées d'adorables maisons alsaciennes ornées de vénérables inscriptions sur leurs linteaux de portes. Bâtie au XIIe siècle, l'église Saints-Pierre-et-Paul présente une architecture romane avec trois nefs et une tour. Classée aux Monuments historiques depuis 1933, elle abrite une rarissime *Vierge ouvrante* datée de l'an 1300. C'est l'un des deux seuls exemplaires restant en Alsace avec celle de Kaysersberg. En 1954, de nouveaux vitraux furent installés pour commémorer le 900e anniversaire de la mort du pape Léon iX. Avec ses quelque 1 768 habitants, Éguisheim a aussi la réputation d'être le « berceau du vignoble alsacien », notamment en raison de la réputation de ses Grands Crus Eichberg et Pfersigberg. Magnifiquement fleurie dès les premiers jours du printemps (Grand Prix national du fleurissement depuis 1989), cette cité fortifiée demeure un des fleurons de l'Alsace authentique. Tout au long de l'année, elle est hautement fréquentée, tant par les touristes que par les autochtones. Elle se pare de mille couleurs au gré de ses multiples animations : fête du vin, fête du champignon, foire à la truffe, marché de Noël... Eh oui, n'est pas élu « Village préféré des Français » (en 2013) qui veut !

DOMAINE JUSTIN BOXLER

15-16, rue des Trois Épis ✆ 03 89 27 11 07
www.vinsboxler.fr

Certification HVE. Visite et dégustation du lundi au dimanche de 8h à 12h et de 14h à 18h. Groupes : sur réservation.

Ce domaine familial se distingue par son respect des traditions vinicoles sans pour autant s'interdire de nouvelles pratiques culturales. Il est certifié en agriculture biologique en 2022 après 3 années de conversion. Déclinées en 4 gammes (Empreintes, Vignes Sélectionnées, Grand Cru, Exception), certaines cuvées offrent un beau potentiel de garde. À découvrir dans le superbe caveau lors de votre visite : le Riesling Lieu-Dit Pfoeller médaillé d'argent chez Terre de Vin et le Pinot Gris Grand Cru Sommerberg médaillé d'or au concours des Pinots Gris du monde.

SEGWAY ALSACE

34, Grand'Rue
✆ 06 76 43 11 05
www.segway-alsace.fr

Balade en Segway à partir de 30 €/pers. Visites guidées : caves à partir de 10 €/pers, vignoble à partir de 50 €/pers.

En toute saison, cette société spécialisée dans l'œnotourisme vous concocte un programme aux petits oignons 100 % personnalisé. Ses services vont de la simple visite chez un viticulteur à la visite guidée de villages viticoles en passant par une randonnée à vélo au cœur des vignes ou encore un dîner dans un lieu insolite. Cerise sur le gâteau : l'équipe basée à Eguisheim vous propose aussi des balades « slow cruising » en Segway (gyropode électrique) dans les vignes. Un mode de transport qui ravira à coup sûr les adeptes d'un tourisme vraiment écologique !

HAUT-RHIN

WOLFBERGER

6, Grand'Rue ✆ 03 89 22 20 46
www.wolfberger.com
Ouvert 7 jours/7 de 8h (10h samedi, dimanche) à 12h et de 14h à 18h. Boutique en ligne.

La boutique Wolfberger d'Eguisheim dévoile l'histoire de la viticulture alsacienne au fil d'un somptueux espace de découverte ponctué de films, fresques et expositions photo. Formation du relief alsacien, anecdotes historiques, explications autour des cépages, particularités du terroir, sélection des raisins, méthodes de vinification et de vendanges, déchiffrage des étiquettes, travail des œnologues… La vue sur les foudres en chêne de Hongrie acquis en 1902, d'une capacité de 5 000 hectolitres (et toujours utilisés pour la vinification) ponctue la visite.

LA FERME DU PAPE HOSTELLERIE*** €€

10, Grand'Rue ✆ 03 89 41 41 21
www.hostellerie-pape.com
Chambres pour 2 à 4 personnes. Tarifs détaillés sur le site web. Restaurant ouvert 7 jours/7, midi et soir. Terrasse.

Ce bel hôtel offre un concentré de la légendaire hospitalité alsacienne ! À l'entrée, l'espace de réception vous plonge dans une ambiance très rustique chic. Les chambres sont calmes et confortables, trois d'entre elles sont agencées PMR. Détail appréciable dans ce village largement piétonnier : l'hôtel dispose d'un parking privé ! Son restaurant propose une alléchante carte bistronomico-alsacienne : foie gras, burgers, röstis, flammekueche et quelques plats pour les végétariens.

LE CLOS D'EGUISHEIM**** €€

Route de Wettolsheim ✆ 03 89 30 41 20
www.pierreetvacances.com
Tarifs détaillés : consulter le site Web. Parking fermé. Service pain, viennoiseries. Piscine intérieure.

Cette résidence Pierre & Vacances séduit par ses bâtiments aux façades colorées agrémentées de colombages. Elle se compose de studios et appartements pouvant accueillir jusqu'à 7 personnes. Les logements en rez-de-chaussée sont adaptés aux personnes à mobilité réduite. Une piscine intérieure couverte d'un dôme vitré ainsi qu'une pataugeoire extérieure favorisent la détente en famille en toute saison. Bien vu : un service boulangerie est assuré chaque matin, on adore ! Pour un séjour durant la période des marchés de Noël, pensez à réserver bien à l'avance !

AUBERGE DES 3 CHÂTEAUX €€

26, Grand Rue
✆ 03 89 23 11 22
www.auberge-3-chateaux.fr
Fermé le mardi soir et le mercredi. Menus : 21,50 € à 26,50 €. Enfant : 10 €. Service traiteur. Chambre double dès 65 €.

Ce restaurant illustre à merveille la convivialité alsacienne avec ses chaudes boiseries et ses tables joliment nappées de rouge et de blanc. En cuisine, le patron Olivier Wolff élabore de bons petits plats du terroir : croustillant au munster, foie gras de canard maison, fricassée de pieds et joues de porc à l'ancienne, civet de sanglier aux girolles, baeckeoffe, choucroute garnie… Le tout s'accompagne des meilleurs vins issus des caves locales. Notez que l'Auberge des 3 Châteaux dispose de dix très jolies chambres récemment rénovées.

LA COUR DE L'EMPEREUR €€

9, rue Monseigneur Stumpf ✆ 06 95 55 66 65
Gîte tout confort pour 4 personnes (65 m², 2 chambres). Sur demande : tarifs détaillés selon saison et disponibilité

Cet appartement de vacances se niche au sein de l'une des plus anciennes cours colongères d'Eguisheim. Sa toute première citation historique remonte à l'an de grâce 810, en tant que donation de l'empereur Charlemagne. Alliant avec bonheur tradition et modernité en matière de décoration et d'équipements (cuisine, salle de bains, chambres, salon), il est situé au premier étage d'une vénérable bâtisse délicieusement fleurie dès le printemps. Voici un excellent point de départ pour partir à l'aventure sur la fameuse Route des Vins !

CAVEAU D'EGUISHEIM €€

1 et 3, place du Château Saint-Léon
✆ 03 89 41 85 72
www.caveau-eguisheim.fr
Du vendredi au mardi à midi et le soir. Menus : 25 € à 42 €. Midi : 18,90 €. Enfant 9,90 €. Caveau climatisé. Terrasse.

Ce caveau du XVIIe siècle associe avec bonheur pierres brutes et belles boiseries. On s'attable en terrasse, dans la salle dédiée à la gastronomie traditionnelle ou dans la brasserie de style winstub où l'on sert des tartes flambées et autres petits plats. En cuisine, le jeune chef Alexandre Niggel (membre de la Confrérie de la Choucroute) concocte avec brio des mets emblématiques du terroir alsacien : jarret à l'ancienne, coq au riesling, baeckeoffe, kassler, choucroute garnie… Côté vins, la carte met à l'honneur les bons crus des viticulteurs d'Eguisheim.

HÔTEL-RESTAURANT À LA VILLE DE NANCY €€

2, place Charles de Gaulle ✆ 03 89 41 78 75
www.villedenancy-eguisheim.com
Fermé mardi soir, mercredi. Menu du jour 12,50 € (3 plats). À emporter. Traiteur. Hôtel (7 chambres) 2 gîtes (5-7 pers).

Belle référence gastronomique à Éguisheim, le restaurant de cet hôtel est plébiscité pour sa chaude ambiance et sa cuisine 100 % maison. Le chef concocte au gré des saisons : foie gras de canard maison, bouchées à la reine, choucroute garnie, jambonneau braisé, civet de gibier, flamenkueche variées. En point d'orgue, il y a le feuilleté aux quetsches et l'incontournable kougelhopf glacé. Ambiance conviviale et service aux petits oignons ainsi que prestations hôtelières tout confort !

HÔTEL-RESTAURANT L'AUBERGE ALSACIENNE €€

12, Grand'Rue
✆ 03 89 41 50 20
www.auberge-alsacienne.net
*Logis Restaurant Savoureux. De mercredi midi à dimanche midi. Menus 22,50 €/38,50 €. Terrasse. Hôtel*** Logis Élégance.*

L'Auberge Alsacienne dévoile une table de haut vol ! Les petits plats sont gourmands et la carte des vins est extra : Charles Baur, Émile Beyer, Paul Zinck, Wolfberger... C'est l'élite éguisienne ! Le chef mitonne de succulentes spécialités d'Alsace : foie gras de canard, poulet au riesling et ses spätzlés, Baeckeoffe du Chef, choucroute garnie, bavette d'aloyau de bœuf charolais maturé, forêt noire au kirsch. Service irréprochable, superbe rapport qualité-prix !

KAS'FRATZ €€

1, rue du Château ✆ 03 89 41 87 66
www.kasfratz.fr
Ouvert du mardi au dimanche midi et soir. Planchettes, tartes, flambées, burgers, raclettes. Terrasse. Vente à emporter.

Ce restaurant est réputé pour ses spécialités fromagères : tartes flambées, fondue alsacienne au munster et à l'emmental, raclette, munster ou mont-d'or cuits au four dans leur boîte. Quant à la nouveauté 2022, la Fonclette, c'est une raclette bio affinée au vin blanc agrémentée d'un confit d'oignons et de lardons grillés, le tout servi avec des petites pommes de terre vapeur et des petits croûtons ! Côté viande, on peut opter pour un burger alsacien (bun en bretzel) ou un bon tartare de veau ou de bœuf au couteau. Portions généreuses et service tout à l'avenant.

BRUNO HERTZ

9, place de l'Église
✆ 03 89 41 81 61
www.lesvinshertz.com
Certification HVE. Mardi de 18h à 19h. Mercredi à dimanche de 16h à 19h. Groupes sur RDV. Œnotourisme. Gîte (2-6 pers).

Certifié Haute Valeur Environnementale, ce superbe domaine est conduit de père en fils depuis plus de 250 ans. Les vins Hertz sont issus de raisins produits exclusivement sur l'exploitation. Certains bons crus sont vieillis dans les caves historiques des Hospices de Strasbourg. Bruno Hertz vous dévoile sa belle cave du XVIe siècle avant de déguster de fins nectars dans le caveau aménagé juste au-dessus de la cave. Il vous propose aussi une visite guidée du vignoble en 2CV ou en Méhari (3 personnes max) avec pique-nique ou déjeuner dans un bon restaurant du coin !

© BRUNO HERTZ

© BRUNO HERTZ

HAUT-RHIN

LE PAVILLON GOURMAND €€

101, rue du Rempart Sud
✆ 03 89 24 36 88
www.pavillon-gourmand.fr

Maître Restaurateur. Ouvert du jeudi au lundi midi et soir. Menus 28 €/38 €. Midi 20 €. Enfant 11 €. Terrasse. Boutique.

Niché au sein d'une superbe maison alsacienne datée de 1683, ce délicieux restaurant fait le bonheur des amateurs d'extases épicuriennes au gré d'une carte qui assume une certaine tradition interprétée avec légèreté. On peut ainsi se régaler d'un œuf poché juste cuit à la fondue d'oignons rouges confits, d'un sandre soufflé au riesling, d'un filet de canard et son jus court au pinot noir et, pour faire bonne mesure, d'un mini kougelhopf au rhum ! À côté de la jolie terrasse ombragée, la Boutique Gourmande propose un bel éventail de produits régionaux.

AU VIEUX PORCHE €€

16, rue des Trois Châteaux
✆ 03 89 24 01 90
www.auvieuxporche.fr

Maître Restaurateur. Fermé mardi et mercredi. Menus de 32 € à 59 €. Enfant : 12 €. Terrasse. Traiteur. Vente à emporter.

Décor cossu en salle et bien agréable terrasse bercée par les sons cristallins de sa fontaine, ce restaurant sis sur le domaine viticole Paul Zinck est un lieu privilégié pour goûter aux délices de la cuisine alsacienne concoctés avec brio par le chef Eddy Fischer. Jugez plutôt : presskopf de porcelet et panier maraîcher, omble chevalier sur choucroute au safran et sauce au crémant d'Alsace, magret de canard et son manchon confit accompagnés de rösti, larme glacée au kirsch et coulis de griottes… Le tout accompagné d'excellents crus du Domaine Paul Zinck !

PÂTISSERIE MARX

39, Grand-Rue
✆ 03 89 41 32 56

Ouvert du mardi au dimanche : horaires variables selon la saison. Petite restauration. Salon de thé. Terrasse. Traiteur.

Cette enseigne gourmande mérite que l'on s'y arrête car ses spécialités pâtissières et chocolatières enchantent les papilles au gré des saisons. Tartelettes fruitées, éclairs et mille-feuilles, bredalas de Noël et Lebkuchen (pain d'épices), baba au rhum et forêt-noire, fraisier et saint-honoré, beignets de carnaval et jolis moulages de Pâques, chocolats fins à offrir en toutes occasion : on en salive d'envie ! La pâtisserie Marx vous accueille aussi pour déjeuner ou goûter en salle ou sur sa vaste terrasse qui prend ses aises dans l'ombre du Château Saint-Léon.

LA BOUTIQUE DU CHAMPIGNON

2b, rue du Rempart Nord
✆ 03 89 23 26 07
www.laboutiqueduchampignon.com

Ouvert 7 jours/7 : horaires variables selon la saison, voir page Facebook. Boutique en ligne.

Une boutique dédiée tout entière à l'univers des champignons ? Il faut le voir pour le croire ! On y trouve des champignons secs ou en poudre, des bocaux de champignons croquants à déguster à l'apéritif, des truffes d'été, des huiles et des sels aromatisés, des pâtes aux cèpes, du risotto aux champignons sauvages, du miel parfumé à la truffe blanche… Il y a aussi des objets décoratifs en bois ou en céramique ainsi que des beaux livres dédiés bien évidemment aux champignons !

DOMAINE ANTOINE STOFFEL

21, rue de Colmar ✆ 03 89 41 32 03
www.antoinestoffel.com

Ouvert du lundi au vendredi 9h-12h/14h-18h, sur RV le dimanche, jours fériés. Boutique en ligne. Accueil camping-cars.

Matthieu Kuehn conduit avec passion cette exploitation familiale de 8 ha qui collectionne les récompenses : 3 médailles d'or au Concours national des Crémants, 17 au Concours des Meilleurs Vins de Paris, 4 au Concours de Mâcon… Une réussite qui se laisse apprécier dans un caveau où l'accueil est à la hauteur des vins dégustés. Certaines cuvées s'avèrent exceptionnelles, notamment le Riesling Grand Cru Eichberg aux intenses notes agrumes. Quant au Crémant d'Alsace Brut 100 % Riesling, la *Revue du Vin de France* lui a décerné la superbe note de 17/20 !

DOMAINE LÉON BEYER - CAVEAU DE DÉGUSTATION

8, place du Château Saint Léon ✆ 03 89 21 62 30
www.leonbeyer.fr

Fermé en janvier-février. Ouvert tous les jours sauf mardi : 10h-12h et 14-18h. Groupes (max 10 personnes) : sur RDV.

Voici un très grand nom de la viticulture alsacienne. Le Domaine Léon Beyer fournit de nombreux restaurants triplement étoilés. Cette notoriété récompense le travail de la famille Beyer qui perpétue la tradition des vins d'Alsace secs de gastronomie. Au caveau de dégustation-vente, vous découvrirez assurément des crus de très haut vol dans une ambiance sympathique et conviviale. Coup de cœur pour le Riesling « R de Beyer » 2015, un superbe millésime noté 95/100 par Robert Parker !

HAUT-RHIN

FAMILLE HEBINGER

14, Grand-Rue ✆ 03 89 41 19 90
https://vins-hebinger.fr

Certification Bio et Demeter. Du lundi au samedi : 9h-12h, 13h-18h. Pique-nique chez le vigneron. Boutique en ligne.

Certifié en bio et en biodynamie, ce domaine familial de 11,2 ha est conduit par Christian et Véronique Hebinger avec leur fils Denis. Issus de vendanges manuelles, leurs vins sont commercialisé exclusivement à maturité. Quelques cuvées de belle facture à découvrir lors de votre visite : Pinot Noir Vieilles Vignes d'Eguisheim (vif et riche), Pinot Gris Saint-Jacques (gras et ample) et Gewurztraminer Grand Cru Pfersigberg (discret et raffiné). À cela s'ajoute une gamme de vins naturels, notamment *Persephone*, un surprenant vin orange aux arômes de jasmin !

MAISON A. EDEL

2, place du Château Saint-Léon
✆ 03 89 41 22 40
www.a-edel-traiteur-eguisheim.fr

Ouvert tous les jours sauf mercredi, de 8h à 19h. Traiteur. Restaurant-café, menu 19,90 €, enfant 8 €. Terrasse.

Fondée en 1897, cette boucherie-charcuterie fournit une variété de produits qui laisse bouche bée : foie gras, galantines, pâtés en croûte, saucisses, salaisons, superbes viandes et volailles d'origine exclusivement française… La Maison A. Edel propose aussi des tartes flambées, des quiches et des pizzas ainsi que des produits du terroir (moutardes, confitures, munster fermier…), des vins d'Alsace et des bières. Ajoutez à cela d'excellents plats du jour à emporter et un service de restauration sur place. Un vrai bonheur pour les gastronomes avertis !

WOLFBERGER

6, Grand'Rue ✆ 03 89 22 20 46
www.wolfberger.com

Ouvert du lundi au vendredi de 8h à 12h et de 14h à 17h, samedi de 10h à 12h et de 14h à 18h. Boutique en ligne.

Depuis sa naissance en 1902, Wolfberger n'a cessé de jouer un rôle majeur dans l'évolution du vignoble, poursuivant passionnément sa quête d'excellence et d'authenticité. Réputé pour la qualité et la variété de ses produits, Wolfberger respecte les préceptes du regroupement originel de vignerons désireux de produire ensemble des vins de qualité, à la pointe d'une viticulture en phase avec la nature. S'étant hissée à la première place des marques du vignoble alsacien, la maison Wolfberger fête en 2022 ses 120 ans et rayonne désormais aux quatre coins du monde.

PAUL GINGLINGER

8, place Charles de Gaulle
✆ 03 89 41 44 25
www.paul-ginglinger.fr

Vigneron Indépendant. Certification AB. Du lundi au samedi 9h-12h/14h-18h. Visite/dégustation sur RV. Boutique en ligne.

Fièrement enracinée dans l'histoire d'Eguisheim, la famille Ginglinger peut s'enorgueillit aujourd'hui de pas moins de treize authentiques générations de viticulteurs recensées depuis l'an de grâce 1610. À l'heure actuelle, ce superbe domaine viticole déployé sur quelque 13 hectares particulièrement bien exposés est mené avec maestria par Michel Ginglinger, œnologue chevronné et son épouse Loreto. Lors de votre visite, il faut absolument déguster le Pinot Gris Les Prélats 2020 (ample, gras et sec) et le Pinot Noir Les Rocailles 2018 racé et divinement charpenté.

© PAUL GINGLINGER

© PAUL GINGLINGER

HAUT-RHIN

GUEBERSCHWIHR

Gueberschwihr tire notamment sa fierté de son Grand Cru Goldert. Au fil de ses ruelles pavées, on découvre de belles bâtisses médiévales protégées par d'imposants porches. Calme et authentique, Gueberschwihr cache un bijou d'architecture : une église dotée d'un clocher roman du XIIe siècle qui s'élève à 36 m. Totalement excentrée, elle est adossée à la montagne. Pour la petite histoire, l'édifice fut érigé à l'emplacement d'une source sacrée, lieu de culte païen. En empruntant la départementale à travers le village vers l'ouest, vous découvrirez une autre facette de l'Alsace : celle des forêts à champignons, des falaises et des rochers en grès.

HATTSTATT

Hattstatt s'est développé sur un site gallo-romain appelé Altevic. Mais son nom est lié au patronyme du 1er propriétaire des lieux, un certain Hatton. Au XIIe siècle, la famille noble des Hattstatt a pris le contrôle du village jusque vers 1587. Hattstatt présente quelques beaux sites, notamment l'église Sainte-Colombe. Sa partie supérieure d'esprit baroque est datée de 1772. Il y a aussi la mairie, un superbe bâtiment à double escalier de style gothique (1554) et un ancien puits Renaissance (1550) portant les emblèmes de la famille des Hattsatt. La promenade du Grand Cru Hatschbourg offre un beau panorama sur le vignoble et Notre-Dame-du-Schauenberg.

HAUT-RHIN

DOMAINE ERNEST BURN

8, rue Basse ✆ 03 89 49 20 68
www.domaine-burn.fr

Ouvert du lundi au samedi : 8h30 à 12h et 13h30 à 18h30. Dimanche : 15h à 18h. Dégustation sur RDV. Boutique en ligne.

Le Clos Saint Imer doit son nom au protecteur de Gueberschwihr. En 1934, Ernest Burn a entrepris la restauration de ce vignoble historique surplombant l'aire du Grand Cru Goldert qui produit un Muscat très aromatique. Aujourd'hui, Francis Burn élabore des cuvées qui offrent certainement le meilleur rapport prix/plaisir en Alsace. On apprécie le Sylvaner Le Dauphin 2019, Prix Plaisir médaille d'Or Bettane & Desseauve (mai 2021) et le Muscat Clos Saint-Imer Grand Cru Goldert 2019, Médaille d'or au 15e Concours mondial des vins Féminalise à Paris (avril 2021).

DOMAINE HUMBRECHT 1619

33, rue de Pfaffenheim ✆ 03 89 49 31 51
www.vins-humbrecht.com

Certif AB, Demeter. Caveau ouvert du lundi au samedi de 10h à 12h et de 14h à 18h. Groupes sur RV. Cours d'œnologie.

Ce domaine de 8 ha est certifié AB bio depuis 2013 et Demeter (biodynamie) depuis le millésime 2020. Il possède des vignes sur le terroir du célèbre Grand Cru Goldert qui produit de fameux gewurztraminers et muscats. On apprécie particulièrement l'accueil de la famille Humbrech. Sylvie, Claude et Maxime décrivent avec passion leurs vins au cours d'une dégustation au caveau. On plébiscite notamment le Gewurztraminer Côté Terre 2018 (1 étoile au *Guide Hachette des Vins* 2022). Des cours d'œnologie payants d'une durée de 3h30 heures vous sont proposés sur réservation.

L'ALTÉVIC €€

4, rue de Wiggensbach
✆ 03 89 78 83 56
www.restaurant-laltevic.fr

Ouvert du mercredi au samedi midi et soir, dimanche midi. Formule du midi : 24 € (3 plats). Terrasse. Vente à emporter.

Dans ce restaurant (2 Toques Gault & Millau) tout de verre et de bois paré, le chef Jean-Christophe Perrin crée des mets originaux sublimés par les herbes qu'il cultive dans son jardin près de la terrasse de l'Altévic. Capuccino de homard aux cèpes et confit de canard, ballotine de cerf confite et chutney de potiron, soufflé aux pommes, infusion de reinettes et sorbet Granny Smith... A tester aussi : les Knepfels Box proposés par Florian, le fils de Jean-Christophe, dans son foodtruck ! Pour en savoir plus allez voir sur Facebook : KBoxFoodTruck.

LE CAVEAU DES SEIGNEURS €€

10, rue du Maréchal Leclerc
✆ 03 89 49 26 71
www.lecaveaudesseigneurs.com

Ouvert mardi midi et du jeudi au lundi midi et soir. Midi : 16 € (3 plats). Enfant : 8 €. Terrasse. Vente à emporter.

On franchit un porche fort impressionnant pour accéder à ce restaurant niché dans une cour intérieure où une terrasse est aménagée. Ici, on déjeune volontiers en famille car on s'y sent vraiment… comme à la maison ! Il est vrai que la carte a de quoi allécher petits et grands gourmets : farandole de flammekueche et de pizzas, onglet de boeuf au foie gras frais, côte de veau en basse température, burger alsacien… Les gros mangeurs sont vraiment à la fête car les portions, sacrément copieuses, ont de quoi satisfaire sans problème leur appétit d'ogre !

HERRLISHEIM-PRÈS-COLMAR

Situé sur un ancien chemin celte menant de la plaine d'Alsace aux Vosges, Herrlisheim fut mentionné dès le VIIIe siècle sous le nom de Herleichesheim, puis Herrlichesheim, terme germanique qui peut se traduire par « endroit charmant ». Le village fut pendant plus de deux siècles la propriété des seigneurs de Hattstatt avant de passer sous la férule des barons de Schauenbourg. Parmi les ouvrages historiques du village, citons l'église Saint-Michel du XVe siècle, la Tour des Voleurs (1370) et le Waschbach, ancien lavoir joliment restauré. Détail insolite : l'emblème d'Herrlisheim est une grenouille, batracien qui est aussi le surnom de ses habitants !

LE COIN DU MEUNIER €€

1, place de l'École
✆ 03 89 49 27 45
www.lecoindumeunier.com

Fermé dimanche soir et lundi. Formule du midi : 13,40 € à 29 €. Terrasse. Vente à emporter. Service traiteur.

Ce Coin du Meunier attire les amateurs de bonne chère en quête d'un rapport qualité/prix imbattable ! Quelques bons mets pour vous mettre l'eau à la bouche ? Il y a par exemple le tataki de canard et son taboulé, le dos de merlu et son risotto de crozets au chorizo et jus crustacés-citronelle ou encore l'onglet de bœuf sauce marchand de vin aux légumes et chips de pomme de terre. Côté desserts, on craque volontiers pour un cœur fourré framboise passion ! En été, on apprécie la terrasse, et, toute l'année, on plébiscite le service traiteur et les soirées à thème.

CONFISERIE ADAM

42, rue de la Gare
✆ 03 89 49 26 12
www.confiserie-adam.fr

Lundi : 14h-19h. Mardi à samedi : 9h30-12h, 14h-19h (18h samedi). Pâques et Noël, cf site web. Boutique en ligne.

C'est certain : le Willy Wonka de Roald Dahl adorerait cette version alsacienne de *Charlie et la chocolaterie* ! Chez Adam, du chocolat en veux-tu en voilà, surtout du bio, noir, blanc, au lait, praliné... Quant aux moulages créés lors des fêtes (Pâques, Noël, Saint-Valentin...), lapins, cocottes, cœurs enrubannés et autres lutins mutins sont aussi jolis à voir que délicieux à croquer ! Chez Adam, on fait aussi le plein de dragées au chocolat pétillant, de bonbecs d'antan et de moult sucreries irrésistibles. En toute saison, qualité et fantaisie font bon ménage !

DOMAINE STEINER

13, route du Vin
✆ 03 89 49 30 70
http://www.domainesteiner.com

Vigneron Indépendant. HVE. Accueil : 9h-12h, 14h-18h. Initiation à la dégustation sur RV. Pique-nique chez le vigneron.

Certifié HVE, ce domaine familial se déploie harmonieusement sur les collines environnantes : sur les lieux-dits Elsbourg (riesling, pinot noir) et Kastelweg (pinot gris), mais aussi sur les terroirs des Grands Crus Hatschbourg (gewurztraminer et riesling) ainsi que du Sporen (pinot gris) et de Schoenenbourg (riesling) situés sur le ban de Riquewihr. Philippe Steiner élabore des vins qui ne manquent ni de caractère ni de finesse, à l'instar de son Pinot Gris Kastelweg 2019 médaillé d'or lors du 50ème Grand Concours des Vins d'Alsace de Colmar.

HUSSEREN-LES-CHÂTEAUX

Établi au pied du massif du Stauffen et des Trois Châteaux, en surplomb à 380 m d'altitude au-dessus d'éguisheim, Husseren-les-Châteaux s'impose comme le village le plus élevé du vignoble alsacien. Il offre une vue à couper le souffle sur la plaine du Rhin jusqu'à l'horizon de la Forêt-Noire et les Alpes par beau temps. Intimement lié à l'histoire des Trois Châteaux (dont subsistent aujourd'hui de beaux vestiges), Husseren fut en effet construit par les ouvriers chargés de l'édification de ces géants de pierre à partir du XIe siècle. À visiter notamment dans le village : l'église Saint-Pancrace (1885) de style néogothique, dotée d'un chœur voûté.

HÔTEL SPA HUSSEREN COLLECTIONS**** €€

Rue du Schlossberg ✆ 03 89 49 22 93
www.hotel-spa-collections.com

74 chambres + suites, restaurant, bar, terrasse. Ouvert 7 j/7. Tarifs cf site web. Piscine. Spa, sauna, hammam, fitness.

Serti dans un écrin boisé en surplomb des fameuses cités viticoles d'Husseren-les Châteaux et d'Eguisheim, cet hôtel infiniment cosy marie avec bonheur modernité et tradition. Ses 74 chambres et suites (2-5 pers.) disposent d'un confort peu commun et offrent des vues splendides sur la plaine d'Alsace, les Vosges et la Forêt-Noire. Accès à volonté à l'espace spa & fitness : piscine intérieure, sauna hammam... Cerise le gâteau : le délicieux restaurant Bain de Forêt et sa terrasse !

HAUT-RHIN

DOMAINE KUENTZ-BAS

14, route des Vins ✆ 03 89 49 30 24
www.kuentz-bas.fr

Ouvert du lundi au vendredi : 9h-12h, 13h30-17h30. Samedi de Pâques à la Toussaint. Groupes sur RDV. Boutique en ligne.

Si son origine remonte à 1795, le Domaine Kuentz-Bas existe sous ce nom depuis le XIXe siècle. Certifiés Ecocert et Demeter, ses vins sont déclinés en 3 gammes : MozaïK ; Vendanges Tardives et Sélections de Grains Nobles ; collection Trois Châteaux dédiée aux vins biodynamiques (Muscat Ottonel, Pinot Gris Grand Cru Eichberg, Gewurztraminer Grand Cru Pfersigberg...). On adore la cuvée Signature 2019 (assemblage de pinot blanc, auxerrois, pinot gris, muscat) délicieusement minérale et fruitée. Il y a aussi d'excellentes eaux-de-vie alsaciennes artisanales !

EDMOND SCHUELLER ET FILS

26, route du Vin
www.alsace-schueller.com

Certif Bio. Visite de cave et dégustation sur RV. 1 gîte (5 pers.), 2 chambres d'hôtes (2 pers.) : tarifs sur demande.

Certifié Bio en 2012, ce petit domaine familial a le vent en poupe ! Damien Schueller élabore des vins de belle qualité, notamment un Pinot Gris Grand Cru Eichberg et un Gewurztraminer Grand Cru Pfersigberg en Vendanges Tardives. Il signe aussi des cuvées très originales, tel ce Pinot Noir Rosé Les Cocottes (sans soufre) léger et gouleyant à souhait, ou le délicieux Kritz, un spritz festif à base de Crémant d'Alsace ! Notez que la famille Schueller peut vous héberger dans un charmant gîte (5 personnes) et dans deux adorables chambres d'hôtes (2 personnes).

HÔTEL-RESTAURANT AU SOLEIL ••• €

20, rue Sainte Gertrude - **WETTOLSHEIM**
✆ 03 89 80 62 66
www.hotel-restaurant-au-soleil.fr

Logis Hôtel Cosy. Nuitée à partir de 76 €/2 pers. Piscine. Bain bouillonnant, sauna. Restaurant Logis Table Gourmande.

© CLAUDINE SCHILLING

Cette délicieuse adresse propose 16 chambres douillettes où il fait bon cocooner, avec, en bonus, un bel espace de détente : piscine chauffée, sauna, bain bouillonnant, salle de fitness. Voilà qui s'avère parfait pour lâcher prise dans une ambiance 100 % délassante. Côté restaurant, on s'attable avec bonheur en salle comme en terrasse pour se délecter des bons petits plats concoctés par Guillaume Schilling : foie gras de canard maison, choucroute garnie et autres délices régionaux !

WETTOLSHEIM

Délicieusement alanguie dans le vignoble entre Éguisheim et Colmar, la cité de Wettolsheim vous réserve une surprise de taille : on y trouve une réplique exacte de la grotte de Lourdes ! Celle-ci fut édifiée en 1912 à la demande Monseigneur Schoepfer sur les ruines de sa maison natale. Outre cette curiosité touristique, Wettolsheim comporte également un site archéologique sur la Koenigsbreite. De très nombreuses découvertes y ont été faites : outils en silex datant du Néolithique, maisons sur pilotis, tombes... Et puis, Wettolsheim compte d'excellents viticulteurs qui exploitent avec brio les Grands Crus du Steingrubler, Hengst et Pfersigberg.

LA PALETTE €€€

9, rue Herzog
✆ 03 89 80 79 14
www.lapalette.fr

Maître Restaurateur. Fermé lundi, mardi midi, dimanche soir. Boutique traiteur. Plats à emporter.

S'attabler chez Henri Gagneux est source de bonheur ineffable ! Le chef de cette Table Distinguée (Logis) n'a pas son pareil pour transformer des plats savoureux en œuvres d'art hautes en couleur. Fidèle à la philosophie slow food, il élabore des mets qui font voyager les papilles, à l'instar de ce croustillant de cabillaud et sa gelée de langoustine au colombo ou ce ris de veau rôti servi avec un tajine de légumes et une sauce Addis Abeba. Outre un service traiteur sans faille, Henri Gagneux vous ouvre les portes de son épicerie fine juste à côté du restaurant.

BRASSERIE BOUM'R

3, rue du Château
✆ 06 95 54 10 01
www.boum-r.com
Ouvert le samedi de 10h30 à 12h30 et de 14h30 à 18h30. En semaine : sur rendez-vous uniquement.

Cette brasserie artisanale est née sous l'impulsion de Pierre, Éric et Max, grands amateurs de bières devant l'Eternel ! Les trois compères brassent des mousses pleines de caractère qui vous séduiront par leur diversité et leur remarquable richesse aromatique. Il y a par exemple une Blonde de type Ale pleine de fraîcheur agrémentée d'une coiffe alsacienne, une Alsace Pale Ale à l'effigie de la Statue de la Liberté et une Single Hop Citra (IPA) légèrement caramélisée. Ces bières sont en vente directe à la brasserie ainsi qu'au Brin de Paille à Colmar.

DOMAINE ALBERT MANN

13, rue du Château ✆ 03 89 80 62 00
www.albertmann.com
Certifié Ecocert et Biodyvin. Dégustation-vente du lundi au samedi de 9h à 12h et de 14h à 18h, uniquement sur RDV.

Bienvenue dans une famille de vignerons passionnés qui conduit son vignoble en bio et en biodynamie, avec la double certification Ecocert et Biodyvin. La famille Barthelmé gère avec amour et harmonie son domaine qui figure parmi les plus belles réussites du vignoble alsacien. Ces bonnes pratiques permettent au Domaine Albert Mann de produire des vins étonnants d'équilibre. Il y a par exemple le Gewurztraminer 2019 (Trophée du Meilleur Vin Moelleux/Doux *Elle à Table* 2021) et le Pinot Noir Les Saintes Claires 2018 noté 96/100 par la *Revue des Vins de France.*

JEAN-CLAUDE BUECHER

31, rue des Vignes ✆ 03 89 80 14 01
www.cremant-buecher.fr
Grand spécialiste du Crémant d'Alsace depuis plus de 35 ans. Visite et dégustation toute l'année, exclusivement sur RDV.

Ici, on sait recevoir (sur RDV) au gré d'agréables dégustations commentées. Ce domaine produit uniquement des crémants d'Alsace ! On entame la dégustation par le Crémant Reflets (pinot blanc, pinot noir, auxerrois) dont les notes s'avèrent savoureusement pâtissières. On enchaîne avec le Crémant Murmure (100 % pinot noir) dont la jolie couleur rosée va de pair avec d'agréables notes de petits fruits rouges. On termine en beauté avec le Crémant Fleur de Lys, superbe Blanc de Blancs arômes délicatement floraux. Parfait pour un apéritif festif, c'est un must !

VOEGTLINSHOFFEN

Sublime balcon naturel surplombant la plaine d'Alsace à 340 m d'altitude, ce village est classé 2 Fleurs sur le plan national. Voegtlinshoffen (prononcez « feutlinnssofeun ») offre une vue magnifique sur le vignoble, le massif de la Forêt-Noire et, par beau temps, sur la chaîne des Alpes ! C'est le fief de valeureux viticulteurs qui entretiennent avec brio des traditions vinicoles (notamment sur le Grand Cru du Hatschbourg) dont les origines remontent au XIIIe siècle. Sur la place de la mairie, la statuette du Rabseppela (un petit bonhomme qui tient dans sa main une grappe de raisin) est érigée sur une superbe fontaine octogonale du XVIIIe siècle.

CATTIN GRANDS VINS ET CREMANTS D'ALSACE

35, rue Roger Frémeaux ✆ 03 89 49 30 21
www.cattin.fr
Ouvert 7 j/7 de 10h à 19h. Groupes : visite, dégustation sur RDV. Bar à vin panoramique. Animations œnotouristiques.

Le Belvédère de la Maison Joseph Cattin est sublime ! On y découvre des foudres et des tonneaux de la cave à travers d'impressionnantes parois vitrées. Le bar à vin en attique s'ouvre sur une terrasse avec vue à 360° sur le vignoble, la plaine d'Alsace et la Forêt noire. Au menu ici : visite de cave, dégustation de bons crus accompagnés de produits du terroir, ateliers Accords Mets et Vins, visite du vignoble à pied, à vélo ou en gyropode électrique tout-terrain !

GINGLINGER FIX

38, rue Roger Frémeaux
✆ 03 89 49 30 75
www.ginglinger-fix.fr
Ouvert du lundi au samedi de 9h à 19h (18h le samedi). Dimanche sur RDV. Groupes : visite, dégustation sur réservation.

On retrouve la trace du premier vigneron de la lignée Ginglinger en 1610 ! Aujourd'hui, André et Marie-Paule perpétuent la tradition avec leur fille Éliane qui a une formation d'œnologue. Certains de leurs vins sont élevés en fûts de chêne, d'autres ont obtenu un sigillé de la Confrérie Saint-Etienne. Lors de votre passage, vous pourrez visiter la cave (capacité d'accueil : 50 personnes) mais également le vignoble. Bon à savoir : vos enfants pourront s'ébattre sur une aire de jeux pendant que vous dégusterez quelques-uns des excellents crus Ginglinger-Fix !

HAUT-RHIN

KAYSERSBERG ★

Le nom de Kaysersberg signifie la montagne de l'Empereur. Ville natale du Docteur Schweitzer, Kaysersberg séduit par son église en grès rouge, son pont fortifié datant de 1514, son lavoir romantique, sa rue principale vénérablement pavée et ses pittoresques maisons à colombages soigneusement préservées. Le donjon du château impérial de Kaysersberg surplombe la ville, on peut y accéder à pied. Protégée par ses remparts, cette adorable petite cité a conservé de beaux vestiges du passé, notamment l'hôtel de ville Renaissance et l'église Sainte-Croix qui se distingue par son beau portail roman et, à l'intérieur, un superbe retable sculpté du XVIe siècle.

ABBAYE D'ALSPACH ★

Rue du Val Saint-Jean

http://kokenftp.humandata.info

Expositions samedi, dimanche et jours fériés de 14h à 18h, entrée libre. Concerts (entrée payante). Infos cf site web.

Cet espace dédié à l'art contemporain est aménagé dans une abbaye du XVIIe siècle qui fut transformée en manufacture de toiles peintes au XVIIIe siècle, puis en usine de pâtes à papier à la fin du XIXe siècle. On y accède depuis Colmar par la RD 415 en direction de Kaysersberg. Le trajet est fléché par des panneaux *Abbaye d'Alspach*. L'association des Amis d'Alspach organise des événements en relation avec le papier sous toutes ses formes, expositions mémorables, événements musicaux. Pour découvrir l'agenda 2022, consultez le site Web ou la page Facebook.

MUSÉE DU VIGNOBLE ET DES VINS D'ALSACE ★

1 bis, Grand'Rue - **KIENTZHEIM**

✆ 03 89 78 21 36

www.musee-du-vignoble-alsace.fr

Ouvert de début mai à mi-octobre. Horaires et tarifs : voir site web. Hors saison : visite de groupe sur RV. Boutique.

Sur quelque 300 m² d'exposition, ce musée dévoile le travail ancestral des vignerons alsaciens, via une cave à vin avec ses cuves, ses fûts, ses pressoirs et son alambic transportable. On s'initie au métier de vigneron et à son outillage, idem pour les tonneliers et les verriers. En déambulant dans ce très charmant musée, on appréhende toute la richesse de la viticulture régionale. Mais pas que : ici, c'est toute l'histoire de l'Alsace qui est dépeinte.

LES LACS ★★

Sertis dans un écrin naturel au fond de la vallée de Kaysersberg, le Lac Blanc et le Lac Noir charment les amateurs de randonnées vivifiantes ! Aménagés lors de l'annexion de l'Alsace à l'empire allemand après la guerre de 1870, ces deux lacs ont été reliés en 1933 dans le cadre de la réalisation de la toute première station de transfert d'énergie par pompage-turbinage installée en France. Séparés par 100 m de dénivelé, ils sont reliés par une conduite forcée. Le principe consiste à échanger l'eau entre les deux réservoirs au moment des heures creuses. Aux heures de forte consommation, l'électricité est produite par le turbinage de l'eau du bassin supérieur. En heures creuses, l'eau du bassin inférieur est envoyée par pompage vers le Lac Blanc pour y être stockée. En hiver, une atmosphère particulière règne sur le site. Voilà sans doute pourquoi Jean-Pierre Mocky a choisi d'y tourner, en 1987, la séquence d'ouverture de son film policier *Agent trouble* avec Catherine Deneuve. Quand la neige est au rendez-vous, le ski (alpin ou de fond) s'avère une activité fort prisée. Le sentier Cornelius permet d'aller du Lac Blanc au Lac Noir et inversement. À découvrir en outre sur les hauteurs du Bonhomme et de Lapoutroie, l'étang du Devin est dominé par la Tête-des-Faux et il présente toutes les caractéristiques d'une tourbière. C'est aussi un site protégé car il abrite une biodiversité exceptionnelle. Superbe panorama aussi autour du Lac du Forlet et du Lac Vert qui sont tous deux accessibles depuis le hameau des Hautes-Huttes à Orbey.

OFFICE DE TOURISME DE LA VALLÉE DE KAYSERSBERG

39, rue du Général de Gaulle ✆ 03 89 78 22 78

www.kaysersberg.com

Horaires d'ouverture disponibles sur le site web. Permanence tél. du lundi au samedi de 9h30 à 12h et de 14h à 17h.

Une équipe de professionnels polyglottes et passionnés vous accueille toute l'année. L'OT de Kaysersberg dispose d'une documentation touristique très fournie. Elle vous fournit également, de manière personnalisée, diverses suggestions de balades et de visites culturelles, des bons plans en matière d'hébergement, des adresses gastronomiques triées sur le volet. N'hésitez pas à consulter le site Web car il est actualisé quotidiennement. Sur place, la connexion WiFi est gratuite.

GÎTE DES 4 SAISONS €€

5, rue Jean Scriptoris
✆ 06 64 35 60 49
www.homelsass.jimdo.com

Gîte pour 6 personnes (120 m², 3 chambres). À partir de 750 €/semaine. Sauna. Terrasse. Barbecue. Garage clos.

Cet adorable gîte est aménagé sur trois niveaux au sein d'une vénérable maison alsacienne. Ses prestations sont haut de gamme : climatisation, garage de 37 m² (destiné à entreposer voiture, vélos, équipements de ski, poussette pour enfant), terrasse, barbecue, sauna, petite piscine extérieure, 3 chambres doubles, 2 salles de bains, cuisine équipée, salon avec cheminée, décoration alliant tradition et esprit contemporain. C'est un lieu de villégiature idéal en famille avec des enfants. La location inclut en prime la mise à disposition de 6 VTT électriques !

HÔTEL KLÉ**** €€

10, rue du Père Kohlmann ✆ 03 67 30 05 22
www.hotelkle.com

Ouvert toute l'année. 22 chambres. Tarifs détaillés cf web. Bar à vin et bière. Sauna, hammam, fitness. Parking gratuit.

Alliant bois, pierre et cuir, ce bel hôtel offre une symbiose réussie entre tradition régionale et modernité. Certaines chambres peuvent être associées pour héberger un groupe ou une famille de 4 à 6 personnes. Un caveau tapissé de pierres brutes vous accueille le temps d'un petit déjeuner roboratif ou lors d'une dégustation de vins locaux accompagnés de produits fermiers. Il y a aussi une salle de fitness et un bel espace de détente avec sauna, hammam et douche écossaise. En résumé : cette adresse s'avère idéale pour expérimenter l'art de vivre à l'alsacienne !

HÔTEL LES REMPARTS*** €€

4, rue de la Flieh
✆ 03 89 47 12 12
www.lesremparts.com

Logis Hôtel Élégance. Chambre double à partir de 77 €. chambre triple à partir de 99 €. Bar. Sauna. Jardin. Garage.

Cet hôtel familial dispose de 44 chambres tout confort (avec balcon pour certaines) aménagées au sein de deux pavillons noyés dans un océan de verdure. Il propose également des appartements meublés (location à la semaine et à la nuitée). À cela s'ajoutent un sauna, un bar et une salle de jeu avec billard, babyfoot, table de ping-pong... Pas de service de restauration sur place, mais il y a l'embarras du choix dans les environs directs de l'hôtel en matière de bonnes adresses gastronomiques. Qui plus est, elles sont toutes facilement accessibles à pied !

LE CHAMBARD***** €€€

9-13, rue du Général de Gaulle ✆ 03 89 47 10 17
www.lechambard.fr

Chambre double dès 260 €, suite dès 410 €. PDJ buffet 36 € (42 € en chambre). Piscine intérieure. Spa. Restaurant.

Sis dans une demeure du XVIIIe siècle, cet élégant hôtel associe éléments architecturaux conservés dans leur jus et mobilier contemporain riche en pièces iconiques : chaise lounge LC4 (Le Corbusier/Charlotte/Cassina Perriand), chauffeuses Barcelona (Van der Rohe/Knoll))... Coup de cœur pour la suite Madame composée de deux chambres, d'un salon et d'une kitchenette très chic. On se détend dans le sublime spa (piscine, bain bouillonnant, sauna, hammam, tisanerie, cabines de soins) ou au salon Marius, bar climatisé niché dans un ancien caveau en pierres de grès rose.

LE BRATSCHALL MANALA €

104, rue du Général de Gaulle
✆ 03 89 47 38 49

Ouvert 7 jours/7 dès 9h (brasserie), 11h30-15h, 18h30-21h (restaurant). Midi 13,90 €. Terrasse. Vente à emporter. Gîtes.

© JEAN-MARIE VIAUX

À l'image de l'équipe qui l'anime, ce resto ultra sympa se révèle génialement haut en couleur ! En cuisine, Joris Viaux fait la part belle aux fournisseurs du coin, souvent bio. On plébiscite le burger au jambon grillé, barkass et pain bretzel, les *käseknepfle* au chèvre, le bœuf bourguignon et sa purée à l'ancienne et, forcément, la choucroute ! Röstis copieux et *flammenkueche* croustillantes s'accompagnent d'un zeste d'originalité. Avis aux amateurs de vins biodynamiques ou nature : la carte recèle de superbes pépites issues de domaines alsaciens et d'ailleurs.

HAUT-RHIN

RESTAURANT HASSENFORDER €

129, rue du Général de Gaulle
✆ 03 89 47 13 54
www.roger-hassenforder.com
7 jours/7 midi et soir. Menu enfant : 10 €. Burgers, tartes flambées, choucroute. Prix moyen : 15 €. Groupes. Terrasse.

© RESTAURANT HASSENFORDER

Bien dans son jus, ce très chouette restaurant se niche au rez-de-chaussée d'une maison à colombages du XVIIe siècle. Jerry et son équipe vous accueillent avec bienveillance dans un bel espace paré de boiseries vénérables et de trophées de chasse. La carte regorge de mets régionaux très goûtus : tourte vigneronne, flammekueche (gratinée, chasseur, escargots...), choucroute, baeckeoffe, gratin de munster. Mais aussi, avis aux amateurs de gibier local et de saison : terrine de gibier, civet de biche... Voici autant de bonnes spécialités 100 % faites maison !

L'ALCHÉMILLE €€

53, route de Lapoutroie ✆ 03 89 27 66 41
www.alchemille.alsace
Une étoile Michelin. Ouvert le soir du mardi au samedi. Ouvert le midi, le vendredi et le samedi. Menus 70 € à 110 €.

Trois Toques au Gault & Millau et une étoile suivie d'une labellisation Gastronomie Durable au Guide Michelin : Jérôme Jaeglé et son Alchémille ont le vent en poupe ! Le jeune chef cultive un amour sans faille pour les légumes, les fruits, les herbes fines et autres végétaux qui poussent dans son propre jardin maraîcher ou qui proviennent de producteurs locaux triés sur le volet. Il compose des mets riches en saveurs et en couleurs, très poétiquement dressés dans l'assiette. Voici une adresse où l'extase gustative atteint des sommets ! Réservation indispensable.

AU BON COIN €€

6, place de l'Église - **SIGOLSHEIM**
✆ 03 89 78 22 33
www.auboncoin-sigolsheim.com
1 Toque Gault & Millau. Fermé dimanche soir, lundi, jeudi soir. Menu 26,50 €. Enfant 11 €. Terrasse. Vente à emporter.

Ce restaurant porte bien son nom car il attire aussi bien les gens du cru que les touristes ! Sa terrasse fait face à une fontaine et sa salle intérieure séduit avec ses chemins de table décorés de grandes fleurs stylisées et son Kachelofe (poêle à bois alsacien) en faïence. En cuisine, Thierry Margerie élabore des mets généreux et originaux : nems de choucroute au munster, côte de veau rôtie, crémeux au munster et biscuit de pomme de terre au lard, sans oublier, en automne, de succulents plats de gibier. Quant à la choucroute du Bon Coin, c'est un must !

CÔTÉ VIGNE €€

30, Grand Rue - **KIENTZHEIM**
✆ 03 89 22 14 13
www.cote-vigne.fr
Du mardi au vendredi midi et soir, samedi soir, dimanche midi. Menus, carte. Terrasse. Vente à emporter. Gîte (6 pers).

Chez Côté Vignes, on cultive l'authenticité sans esbroufe, à l'image de la décoration des lieux qui associe poutres vénérables et sobriété contemporaine. La carte régulièrement renouvelée peut ainsi dévoiler un ceviche de dorade aux radis et pamplemousse, un filet de canette à la betterave et pommes de terres confites ou un carré de porcelet aux giroles et gnocchis au sarrasin. Notez que Côté Vigne dispose d'un adorable gîte (6 personnes) aménagé dans une maison de 120 m^2, il comprend 3 chambres. Ce Nid de Victor porte bien son nom : il est douillet à souhait !

AU LION D'OR €€

66, rue du Général De Gaulle
✆ 03 89 47 11 16
www.auliondor.fr
Ouvert du jeudi au lundi midi, soir. Service brasserie en journée. Menu, carte, suggestions. Terrasse. Vente à emporter.

Ce bon restaurant alsacien vous accueille dans un cadre authentique : cheminée monumentale, vaisselier rustique, tables joliment dressées. Chez les Ancel, la restauration est une histoire de famille depuis 1724 ! Le chef privilégie les produits locaux pour composer de délicieux mets du terroir : bouchée à la reine, jarret de porc rôti aux 5 épices, choucroute aux 4 poissons, civet de marcassin Saint-Hubert, tartes flambées... Les hôtes végétariens se régalent d'un burger du potager ou d'un excellent couscous de légumes. Une petite carte est dédiée aux enfants.

RESTAURANT DU CHÂTEAU €€

38, rue du Général de Gaulle ✆ 03 89 78 24 33
www.restaurantduchateaukaysersberg.fr

Ouvert midi et soir du vendredi au mardi. Menu du jour : 16 € (3 plats). Plat du jour 11 €. Terrasse. Vente à emporter.

Sis dans une bâtisse historique, ce sympathique établissement séduit par son ambiance chic et sympathique. En cuisine, Ludovic Cuza magnifie la cuisine régionale traditionnelle en élaborant des mets aussi beaux à voir dans l'assiette que savoureux à déguster. Terrine de foie gras de canard marbré au pain d'épices, dôme de sandre et de saumon sur choucroute, suprême de canette à la mangue rôtie : on se régale ! On apprécie aussi la sélection de bons crus alsaciens (notamment ceux de Jean-Baptiste Adam), les prix très étudiés et le service toujours souriant !

LA TABLE DU PÂTISSIER €€

50, rue du Général de Gaulle ✆ 03 89 78 22 73
www.restaurant-latabledupatissier.fr

Ouvert du mardi au jeudi : 9h-18h30. De vendredi à dimanche : 9h-21h. Plat du jour : 12 €. Terrasse. Vente à emporter.

Cette excellente adresse présente 3 qualités indéniables : accueil souriant, ambiance conviviale, cuisine au top. Circuits courts, savoir-faire, imagination et créativité : le chef David Vilmain apporte sa touche personnelle à de bonnes spécialités régionales. Par exemple un filet de truite saumonée accompagné d'une gelée de liqueur de sapin. David est aussi réputé pour ses burgers, tous maousse délicieux, notamment celui du Chef au foie gras de canard. Enfin, il y a de divines pâtisseries aussi belles que délicieuses : on les savoure au dessert comme au goûter !

LA VIEILLE FORGE €€

1, rue des Écoles ✆ 03 89 47 17 51
www.vieilleforge-kb.com

Bib Gourmand Michelin. 1 Toque Gault & Millau. Du mardi au samedi midi, soir. Menus 31 € à 84 €. Menu enfant 17 €.

Au sein d'une vénérable demeure du XVe siècle, Laurine Gutleben fait merveille en cuisine. La jeune femme s'est formée chez Olivier Nasti (2 étoiles au Michelin) à Kaysersberg et à la Maison Troisgros (3 étoiles au Michelin) à Roanne. Elle compose des partitions culinaires pleines d'allant : foie gras poêlé à la sauce sésame et cédrat confit, cœur de ris de veau et rattes au romarin... Pour les vins, excellents, on fait confiance à Wilfried, le charmant sommelier. Réservation hautement conseillée car ce restaurant de taille restreinte affiche souvent complet !

CONFISERIE DES HAUTES VOSGES - CDHV

44, Habeaurupt - **PLAINFAING**
✆ 03 29 50 44 56 - www.cdhv.fr

Ouvert du lundi au samedi de 9h à 18h30 ; le dimanche de 10h à 18h. Visites guidées et gratuites avec dégustation.

Cette confiserie est l'héritière de la Confiserie des Images d'Épinal. Coquelicot, bergamote, violette, mirabelle, sapin des Vosges : ici, plus de 35 variétés de bonbons 100 % naturels sont fabriquées de manière artisanale. Ces douceurs à base d'huiles essentielles, d'arômes naturels et de sucre alsacien, sont cuites dans de grands chaudrons. Près de 300 tonnes sont confectionnées chaque année d'après une recette secrète transmise dans la famille Claudepierre depuis des générations.

L'ENFARINÉ

29, rue du Général de Gaulle
✆ 03 89 47 63 58
www.lenfarine.fr

Ouvert du mardi au samedi de 6h30 à 19h, dimanche de 6h30 à 13h. Boulangerie. Café, salon de thé. Petite restauration.

On adore passer un moment dans cette boulangerie artisanale où l'on s'offre sans barguigner un p'tit déj' assorti de brioches pur beurre AOP. À la pause déjeuner, vive les bagels, sandwichs et quiches variés. Au goûter, on succombe au charme du mille-feuille vanille, une tuerie ! Mais il y a avant tout et surtout ces incroyables pains à base de levain naturel et de farine biologique : pain aux céréales, aux graines de courges, à la carotte et cumin, au muesli, aux champignons et sésame... Ils sortent tout chauds du four tout au long de la journée. Un pur délice !

VINCENT STRACKAR

27, rue du Général de Gaulle
✆ 03 89 47 76 51
www.chocolaterie-strackar.fr

Ouvert du mardi au dimanche de 10h à 12h et de 13h à 18h30. Ouvert lundi en décembre. Boutique en ligne.

Classé parmi les meilleurs chocolatiers, de France, Vincent Strackar est aux fèves de cacao ce que le regretté Karl Lagerfeld fut à la haute couture... un vrai génie ! Il met vos papilles en fête par le biais de saveurs inédites et de multiples façons. Bonbons de chocolat noir, au lait ou blanc, tablettes, moulages originaux, orangettes, florentins, pâtes de fruits... Il y en a pour tous les goûts, même pour les diabétiques ! On apprécie les précieux conseils du chocolatier et ses merveilleuses créations réalisées sur mesure pour des occasions très spéciales !

HAUT-RHIN

BOUTIQUE BESTHEIM

20, rue du Général de Gaulle ✆ 03 89 47 18 43
www.bestheim.com

Jours d'ouverture, horaires cf. site web. Dégustation gratuite pour les particuliers. Groupes sur RV. Boutique en ligne.

La boutique de la Maison Bentheim présente des vins issus des meilleurs terroirs de la région. Lors de votre visite, vous pourrez découvrir notamment le Riesling Grand Cru Schlossberg 2019 (médaille d'or au Berliner Wine Trophy) et le Crémant Grand Prestige 2015 (2 étoiles au *Guide Hachette des Vins*). Parmi les nouvelles cuvées placées sous l'égide des *Mondfangers*, le Crémant « Qui chasse la lune récolte le Soleil » est une merveille délicatement fruitée et aromatique. Pour bénéficier d'une dégustation en groupe, pensez au préalable à prendre rendez-vous.

BRASSERIE BISAIGUË

23, rue du Général de Gaulle
✆ 06 17 31 03 48

Ouvert du jeudi au dimanche de 16h à 20h. Petite restauration. Soirées à thèmes. Livraison possible (20 km de KBG).

Thibaut Ansel a installé sa micro-brasserie en 2018 dans une ancienne cave vigneronne. À l'étage, il a aménagé un chouette bar de dégustation dans un cadre délicieusement vintage. C'est l'endroit idéal pour découvrir les bières non filtrées et non pasteurisées que Thibault élabore à partir de houblon alsacien. Schloss Beer (blonde), Kaeffer Beer (bière IPA) ou encore Fursten Beer (ambrée au miel de montagne), il y en a pour tous les goûts. Les amateurs apprécient particulièrement sa bière rousse de Noël à la mûre et aux bourgeons de sapin. Un pur délice !

DOMAINE FRITZ

3, rue du Vieux Moulin - **SIGOLSHEIM**
✆ 03 89 47 11 15
www.domaine-fritz.fr

*Vigneron indépendant. Visite et dégustation sur RV. Aire pour camping-cars. 3 gîtes** et *** (2-10 pers.) dès 45 €/nuit.*

Vigneron indépendant, Thierry Fritz a transformé un vieux moulin à farine hérité de son père en un superbe domaine viticole où se nichent aussi trois charmants gîtes décorés avec un goût très sûr par son épouse Catherine. On rêve de s'y poser pour cocooner en famille ou avec des amis (6-10 personnes) ! Thierry produit des vins droits, racés et très fins. On apprécie notamment son Gentil d'Alsace cuvée Sigols'Aime, un délicieux assemblage de riesling, pinot gris, gewurztraminer et auxerrois qui fait autant merveille à l'apéritif qu'avec une salade estivale !

DOMAINE WEINBACH

25, route du Vin ✆ 03 89 47 13 21
www.domaineweinbach.com

AB Ecocert et Demeter. Ouvert du lundi au vendredi : 9h-12h, 13h-18h. Samedi : 9h-12h, 13h30-17h. Sur RV de préférence.

Certifié Ecocert et Demeter, ce domaine est classé 5 étoiles dans les guides *Parker* et *Bettane & Desseauve* ! Il tire son nom du Weinbach (*ruisseau du vin*), le petit cours d'eau qui le traverse. Catherine Faller dirige le Domaine Weinbach avec ses fils Eddy et Théo. Les vins sont déclinés en Cuvées (Sainte-Catherine, Laurence, Colette, Théo), Terroirs (Clos des Capucins, Altenbourg), Grands Crus (Schlossberg, Furstenstum, Mambourg, Marckrain), Vendanges Tardives et Sélections de Grains Nobles. Ils allient authenticité et perfection, avec des tarifs à la hauteur !

LA FERME CLARISSE

28, route des Vins - **SIGOLSHEIM**
✆ 03 89 47 12 17
www.lafermeclarisse.alsace

Ouvert du mardi au samedi. En décembre, ouvert le dimanche. Horaires cf site web. Gite (9 pers) : tarifs sur demande.

Cette boutique de produits du terroir vous invite à faire des emplettes pleines de saveurs : asperges printanières, fraises de saison, fruits et légumes toute l'année. Il y a aussi un rayon de boucherie-charcuterie alimenté par des producteurs et des fermiers du coin. Idem pour les fromages et les laitages, les vins, les bières, les jus de fruits, les condiments et autres conserves, tisanes, miels et confitures qui garnissent les rayons. La Ferme Clarisse est une belle aubaine pour les gourmets du coin et les touristes en quête de produits alsaciens hors norme !

VERRERIE D'ART

30, rue du Général de Gaulle
✆ 03 89 47 14 97
www.verrerie-kaysersberg.fr

Jours et horaires détaillés selon la saison : voir le site Web. Visites guidées. Groupes acceptés. Boutique en ligne.

Les maîtres verriers sont installés dans un atelier au sein d'une cave voûtée nichée dans une petite cour intérieure. Pour le plaisir des petits comme des grands, l'atelier présente des démonstrations de soufflage de verre. Ouvrez grand les yeux : le spectacle est totalement magique ! Les maîtres verriers manipulent le verre en fusion avec une canne. Ils incorporent des oxydes au verre pour le colorer avant de le souffler à la bouche. Puis ils le façonnent délicatement pour créer de merveilleux objets qui seront vendus ensuite dans la boutique attenante.

HAUT-RHIN

ESPACE NAUTIQUE ARC-EN-CIEL

31, rue du Geisbourg
✆ 03 89 78 26 27

Horaires détaillés de la piscine et de l'espace forme sur le site web. Entrée : 3,50 €. Espace Bien-Être & Forme : 10 €.

Sport, loisir, forme et détente : ce centre nautique vous accueille en toute saison. Bassin de natation, bassin ludique de faible profondeur avec couloir de nage à contre-courant et jets massants, cascades d'eau et geyser, toboggan tube de plus de 60 mètres, pataugeoire avec petit toboggan et jeux d'eau, bain bouillonnant, espace détente et forme, aménagements extérieurs avec terrains de jeux, terrasse, solarium et snack : voici de quoi faire le bonheur des petits et des grands !

KATZENTHAL

Nichée au creux d'un vallon verdoyant, la cité de Katzenthal est dominée par le château du Wineck édifié au XIIe siècle. Ce dernier abrite aujourd'hui un petit musée archéologique. Au fil de son histoire, Katzenthal a appartenu à la Maison d'Autriche, elle a accueilli le fief des comtes de Ribeaupierre et a fait partie de la seigneurie de Hohlandsbourg. En matière de viticulture, Katzenthal est réputée pour son Grand Cru Wineck-Schlossberg. C'est aussi le point de départ de nombreuses randonnées qui vous feront découvrir le fameux vignoble. Le blason de la commune, plutôt original, représente une croix dorée sur fond bleu avec une demi-lune argentée.

ECO-LOGIS DU VIGNOBLE KLUR €€

105, rue des Trois Epis ✆ 03 89 80 94 29
www.klur.net

Appartements pour 2 à 14 personnes. Séjours de 3 nuits minimum. Nuitée en appartement 2 personnes : à partir de 115 €.

Un séjour sur le domaine de la famille Klur est source de détente assurée ! Ici, on fait la part belle à l'écologie sous toutes ses formes : bassin de baignade naturelle, jardin romantique, literie artisanale, sauna bio, studio de yoga, dégustation de vins bio produits sur la propriété familiale. Les appartements comprennent une à trois pièces avec cuisine et salle de bain, cheminée, poêle en faïence ou en fonte. Une adresse décalée pour se mettre au vert dans un cadre préservé.

GÎTES DE LA MÈRE MICHÈLE €€

9, Grand Rue ✆ 03 89 27 05 08
les-gites-de-la-mere-michele.com

Gîtes pour 2 à 10 personnes. Nuitée de 35 € (2 personnes) à 140 € (10 personnes). Wifi gratuit. Ouvert toute l'année.

La famille Stoecklé vous accueille dans l'un de ses jolis gîtes aménagés avec de beaux matériaux dans un ensemble de bâtisses alsaciennes. En couple, entre amis ou en famille, ce sont des cocons douillets (pour 2 à 10 personnes) où il fait bon se poser lors de votre découverte de la Route des Vins. La déco et les équipements brillent par leur originalité et leur qualité. Parmi les prestations en option, sur réservation, citons la visite de la cave familiale avec dégustation de bons crus agrémentée de produits du terroir ou le petit déjeuner dans les vignes !

HÔTEL-RESTAURANT À L'AGNEAU €€

16, Grand'Rue ✆ 03 89 80 90 25
www.agneau-katzenthal.com

Ouvert du jeudi midi au lundi midi. Menus de 39 € à 54 €. Midi : 24 € (3 plats). Terrasse. Vente à emporter.

Une Toque Gault & Millau et label *Assiette de Qualité* Michelin pour cet excellent restaurant tenu par le Maître Restaurateur Thierry Holy. Son épouse Sydonie vous réserve un accueil chaleureux avant de vous attabler dans une salle conçue dans un esprit winstub ou dans un espace décoré dans un style plus cosy. Dans l'assiette, par exemple : pot-au-feu de gambas Black Tiger, steak de veau rôti et sauce au foie gras et, bien sûr, LA vraie bonne choucroute alsacienne !

DOMAINE JEAN-MARC BERNHARD

21, Grand'Rue ✆ 03 89 27 05 34
www.jeanmarcbernhard.fr

Vigneron Indépendant. Certification Ecocert. Visite, dégustation s/RDV. Pique-nique chez le vigneron à la Pentecôte.

Conduit en culture biologique dès 2009, ce joli domaine familial exploite 11 ha de vignes avec de belles parcelles sur les Grands Crus Wineck-Schlossberg, Schlossberg, Furstentum, Kaefferkopf, Mambourg et Florimont. Incarnant la 9ème génération, Frédéric Bernhard élabore des fins, racés et gastronomiques qui sont fort appréciés pour leur fraîcheur et leur belle longueur. Parmi les pépites à découvrir lors de votre visite : le Pinot Gris Grand Cru Kaefferkopf, 1* au *Guide Hachette 2022*.

AMMERSCHWIHR ★

Niché entre vignes et forêt, Ammerschwihr est un village fleuri qui compte une quarantaine de domaines viticoles ! Historiquement, le peuplement de la contrée d'Ammerschwihr remonte à l'âge du bronze. Au cours des siècles, la bourgade s'est transformée en ville en s'étendant d'une manière tout à fait remarquable. En 1367, trois seigneurs se partagèrent le ban communal et ses revenus : le Saint-Empire germanique, la seigneurie des Ribeaupierre ainsi que celle des Hohlandsbourg. Plus près de nous, les violents bombardements de la Seconde Guerre mondiale ont malheureusement détruit la majeure partie du magnifique patrimoine d'Ammerschwihr. Miraculeusement épargné par les bombes, un imposant crucifix de 1606 est aujourd'hui conservé dans l'église Saint-Martin. Autres vestiges majeurs, la tour des Voleurs (ancienne prison) et celle des Bourgeois, toutes deux fortifiées, sont bien conservées. Elles accueillent aujourd'hui des salles de dégustation. Viticolement parlant, Ammerschwihr est mondialement réputée pour son fameux Kaefferkopf (traduisez *tête de scarabée*). Ce superbe terroir à nul autre pareil est classé Grand Cru depuis 2007. Il est exploité avec passion par des viticulteurs soucieux d'en préserver l'originalité et les qualités intrinsèques. Aujourd'hui, Ammerschwihr se démarque aussi de ses voisines par la présence sur ses terres d'un golf public 18 trous, implanté sur 60 hectares et sur 6 kilomètres de longueur. Deux circuits pédestres et des pistes cyclables permettent de découvrir les collines boisées environnantes.

Les vignobles autour du village Ammerschwihr.

LA COUR DE L'OURS**** €€

8, rue de l'Ours
✆ 03 89 58 92 70
www.gites-de-france.com

Gîtes de France (3 épis), 5 personnes. À partir de 65 €/nuitée/2 personnes. Terrasse. Barbecue. Jardin. Parking privé.

C'est une jolie maison bleue qui se niche sur les hauteurs du village. Claire et François Sellal y ont aménagé un charmant gîte auquel on accède par un escalier extérieur. Il dispose d'une terrasse et d'un adorable jardin qui s'avèrent bien agréables aux beaux jours. Ce gîte présente tout le confort souhaitable pour assurer votre bien-être en toute saison : chauffage au sol et poêle à bois, mobilier contemporain, beaux espaces à vivre, 2 chambres, 2 salles de bains, une mezzanine. En poussant la porte de La Cour de l'Ours, vous vous sentirez comme chez vous !

L'ALMARIC €€

Allée du Golf
✆ 03 89 71 93 26

Ouvert tous les jours de 9h à 19h. Menu du jour : 13,50 € (2 plats). Carte et suggestions. Service brasserie. Terrasse.

Implanté sur le golf d'Ammerschwihr, ce restaurant doit son appellation au chef alémanique Almaric dont découle le nom d'Ammerschwihr ! Charmante terrasse et jolie salle tapissée de bois blond : ici, on s'attable en toute sérénité pour se régaler de mets fins et délicats concoctés à partir d'excellents produits, locaux pour une bonne part : salades composées, plats de poissons et de viandes de belle qualité, tartes flambées, burgers, planchettes, desserts fort gourmands. En dehors des heures de repas, l'Almaric assure un service de brasserie avec snacks.

RESTAURANT WISTEWALA €€

4, rue du Wetzelhof
✆ 03 89 78 27 97
www.wistewala.com

Fermé le mercredi. Carte environ 20 €. Menu enfant 12 €. Suggestions du jour. Terrasse. Vente à emporter.

Ce restaurant typiquement alsacien mérite vraiment qu'on s'y attable : belle terrasse végétalisée, salle décorée dans un esprit rustique avec boiseries chaleureuses et poêle en faïence. Dans l'assiette, rien que du bon, élaboré avec des produits locaux et de saison. Foie gras d'oie en entrée, choucroute garnie ou joue de cochon au pinot noir en plat de résistance, assiette de fromage et/ou crème glacée à la mirabelle. Le soir, on se régale sans façon de flammekueche nature, gratinées ou au munster. Belle carte des vins, accueil charmant, réservation conseillée.

RESTAURANT JULIEN BINZ €€€

7, rue des Cigognes
© 03 89 22 98 23
www.restaurantjulienbinz.fr

1 Michelin, 3 Toques Gault & Millau. Fermé lundi et mardi. Menus. Carte 35 € env. Terrasse. Réservation recommandée.*

Chez Julien Binz, on s'attable dans une ambiance cosy placée sous le signe de Fragonard (fresque murale) rehaussée de boiseries gris souris. L'ensemble procure une impression de grande classe bourgeoise. Côté table : 35 couverts, pas plus, réservation impérative donc ! Selon la saison et l'inspiration du chef, on peut savourer, par exemple, un omble chevalier en croûte de pain à la crème de truffe ou un pigeonneau rôti, gnocchis et sauce aux épices. Le tout procure immanquablement un sentiment d'extase tout la fois visuelle et gustative !

DOMAINE GESCHICKT

1, place de la Sinne © 03 89 47 12 54
www.geschickt.fr

Certification AB, Ecocert, Demeter. Vins bio et nature. Visite et dégustation uniquement sur rendez-vous.

Conduit en biodynamie par Arnaud Geschickt, ce domaine familial produit des cuvées pures et équilibrées, notamment de superbes assemblages. Par exemple, le Phénix, vin nature (pinot gris, gewurztraminer) fin et frais, le Kaefferkopf Grand Cru (gewurztraminer, riesling, pinot gris) riche et gastronomique, le très naturel « Schlouk » (gewurztraminer et sylvaner) tout à la fois frais et puissant en bouche. Coup de cœur pour le Crémant « Double Zéro » (pinot blanc, chardonnay) délicieusement effervescent. À déguster au sein du vénérable caveau de la famille Geschikt.

DOMAINE JEAN-BAPTISTE ADAM

5, rue de l'Aigle © 03 89 78 23 21
www.jb-adam.com

Ouvert 7 j/7 : horaires sur site web. Visite/dégustation groupes (+ 12 pers) sur RDV, 6 €/pers. Boutique en ligne.

Voici une adresse incontournable sur la Route des Vins. Certifié Ecocert et Demeter, ce domaine est réputé pour la singularité de ses vins. La gamme est vaste : Traditions et Réserves, Cuvées JB Adam, Nature, Grands Vins, Vendanges Tardives, Sélections de Grains Nobles, crémants d'Alsace, eaux-de-vie et liqueurs. Parmi cette dernière, une nouveauté attire l'attention : le gin Original dont les notes fraîches d'agrumes épicées de coriandre raviront à coup sûr les amateurs du genre !

DOMAINE THIERRY SCHERRER

1, rue de la Gare © 03 89 47 15 86
www.thierry-scherrer.fr

Certif HVE. Œnologue-viticulteur. Visite/dégustation : RDV en semaine après 17h et dimanche. Vente par correspondance.

© THIERRY SCHERRER

Œnologue émérite, Thierry Scherrer gère avec maestria son domaine familial certifié Haute Valeur Environnementale (HVE). Son talent est régulièrement salué : son Muscat Cuvée Bernard 2017 fait ainsi partie de la sélection du *Guide Hachette des Vins*. On apprécie aussi son Muscat Cuvée Bernard 218 et son Gewurztraminer Grand Cru Kaefferkopf 2017 aux délicieux arômes d'abricots zestés d'agrumes.Thierry Scherrer peut recevoir des petits groupes d'une dizaine de personnes pour présenter son domaine. Une dégustation dans la cave entre les tonneaux parachève la visite !

GOLF D'AMMERSCHWIHR TROIS ÉPIS

Allée du Golf © 03 89 47 17 30
www.golf-ammerschwihr.com

Ouvert 7 jours/7 et jours fériés de 8h à 19h (9h-17h basse saison). Tarifs cf web. Restaurant. Boutique. Ecole de golf.

Ce superbe golf s'étend sur une soixantaine d'hectares entre vignoble et montagne. Il comporte deux parcours qui offrent des situations de jeux très diversifiées : un 18 trous et un Pitch & Putt homologué 9 trous. Il y a aussi un practice composé de 25 postes dont 4 couverts. Les golfeurs amateurs ou pro peuvent se perfectionner dans le cadre de cours individuels ou collectifs. De l'entraînement de base aux prestigieuses compétitions, polyvalence et technicité sont ici au rendez-vous.

HAUT-RHIN

LABAROCHE

Très étendu, le village de Labaroche se déploie entre 420 m et 980 m d'altitude, avec de superbes points de vue sur les Vosges et la Plaine d'Alsace ! Il regroupe 4 hameaux : La Place, Les Evaux, La Chapelle, Basse-Baroche. On accède à Labaroche par la route des Trois Épis ou celle du Linge, mais aussi par Orbey et Ammerschwihr. Ses habitants sont appelés les Barochais ou les Barotchais. Labaroche est un un bon point de départ pour randonner sur les sentiers balisés du Club Vosgien. En hiver, place au ski sur les pistes de la station du lac Blanc et aux balades en raquettes sur les crêtes des Vosges. À visiter sur place : le musée des Métiers du bois.

LES FERMES DE PINPIN €€

236, les Fontenelles ✆ 06 80 44 14 86

http://lesfermesdepinpin.fr

5 gîtes (2-7 pers). À partir de 85 €/jour/2 pers. (3 nuits minimum). Bain bouillonnant. Terrasse. Piscine extérieure.

Envie de séjourner en Alsace dans un lieu aussi rare que préservé ? Bienvenue aux Fermes de Pinpin ! Cet ensemble de 5 gîtes (2-7 personnes) superbement équipés est aménagé sur un ancien site de ferme welche. Vous avez le choix entre L'Étable, La Grange à Foin, Le Grenier, La Fermette et La Maison Troglodyte. En bonus, il y a un bain bouillonnant et une piscine extérieure, voilà qui est parfait pour se délasser après de vivifiantes balades sur les sentiers de randonnées voisins. Un cadre idéal pour une parenthèse idyllique en phase totale avec Dame Nature !

ESPACE DES MÉTIERS DU BOIS ET DU PATRIMOINE

395, La Place ✆ 03 89 78 94 18

www.musee-bois-labaroche.com

Ouvert 7 j/7 de 9h à 12h et de 14h à 18h de fin mars à fin octobre. 8 €/adulte, 4 €/enfant (4-16 ans). Boutique.

Ce musée atypique présente les divers métiers du bois : bûcherons, scieurs, menuisiers, sabotiers, fromagers... Au fil de la visite (env. 2 heures), on découvre des machines d'époque, un espace de menuiserie animé avec des marionnettes, des instruments de musique ainsi que plus de 900 jouets en bois. Les enfants sont munis d'un petit carnet pédagogique avec, comme fil conducteur, un sympathique petit personnage nommé le P'tit Welche. Ils peuvent aussi s'ébattre dans le parc du musée !

GITE LA CHAUME EN ALSACE €€

31, Lieu-dit Basse Baroche ✆ 06 26 75 62 16

www.gite-alsace-steinle.com

Gîtes de France (4 épis), 2 personnes (40 m², 1 chambre). À partir de 195 €/semaine. Cheminée. Terrasse. Parking privé.

Niché à 550 m d'altitude, ce charmant gîte s'avère idéal pour une escapade en amoureux de la nature ! Josiane et Manuel Steinlé ont aménagé avec beaucoup de goût un adorable studio au sein de leur demeure de caractère toute de pierre vêtue. Sertie dans un écrin de verdure agrémenté d'un petit plan d'eau, cette ancienne ferme du XVIIIe siècle bénéficie d'un cadre 100 % nature. Équipements et prestations de qualité, accueil attentif et convivial : voici une adresse tout indiquée pour arpenter les sentiers de randonnée voisins et sillonner la Route des Vins !

CAMPING LABAROCHE €

542, lieu-dit Giragoutte ✆ 03 89 78 37 82

https://camping-labaroche.alsace/

La Clef Verte. Du 15/04/22 au 18/09/22. Accueil camping-cars et caravanes. Snack et boissons. Ping-pong, badminton.

Niché dans une clairière à 800 m d'altitude en contre-bas de Labaroche, ce camping 100 % nature s'articule sur 3 espaces dédiés aux tentes, camping-cars et autres caravanes. À cela s'ajoute de charmantes huttes en bois et des bivouacs sur pilotis, des kotas finlandais eux aussi tout en bois. Espace d'accueil avec canapés et wi-fi, petite épicerie (snacks et boissons), sanitaires, table de ping-pong, matériel de badminton, balades pédestres ou à vélo : le camping de Labaroche vous invite à profiter pleinement des bienfaits de la nature entre forêt et montagne !

ROMANTIC STUDIO VACANCES*** €€

563, L'Etang

✆ 03 89 49 87 77

Clévacances (2 Clés). 2 studios pour 2 et 4 personnes. 300 €/semaine. 50 €/nuitée. Terrasse. Jardin. BBQ. Prêt de vélos.

Lové à 800 mètres d'altitude dans un cadre verdoyant romantique à souhait, ce gîte est composé de 2 studios aménagés en bordure de forêt près d'un parc à chevaux (initiation à l'équitation, promenades sur réservation). Les studios Petit Hohnack et Grand Hohnack hébergent 2 à 4 personnes. Charmant jardin, terrasse, mobilier outdoor, barbecue. Bon point de départ pour se ressourcer, faire des balades à pied ou à vélo dans le massif vosgien, partir à la découverte de la Route des Vins.

DATCHAS LODGES €€€

328, Les Plains Champs ✆ 06 08 35 33 57
http://datchas-lodges.fr
2 appartements pour 4/6 pers. À partir de 1 200 €/6 nuits/4 personnes. Sauna + bain finlandais en supplément. Terrasse.

Le charme slave au pied des Vosges ! Noëlle et François Bohrer ont reconstruit une authentique *datcha* de 1934 pour y aménager 2 gîtes écologiques et luxueux. Ils offrent des prestations haut de gamme : grande baignoire, douche à l'italienne, télévision LCD grand écran, home cinéma, canapés douillets, chambres cosy, poêle à bois en acier… Une vaste terrasse équipée de chaises longues offre une vue plongeante sur la plaine d'Alsace. Un espace de détente avec sauna, sanarium et bain finlandais est accessible sur réservation. Location conjointe des 2 gîtes possible.

HÔTEL-RESTAURANT LA ROCHETTE €€

500, lieu-dit La Rochette ✆ 03 89 49 80 40
www.larochette-hotel.fr
Logis Table Distinguée. Menus : 35 € à 46 €. Midi : 19 €. Enfant : 11 €. Terrasse. Traiteur. Logis Hôtel Élégance. Spa.

Chez les Lanoix, on fait merveille en cuisine de père en fils ! Les spécialités du restaurant de La Rochette (1 Toque Gault & Millau) font swinguer les papilles : foie gras de canard au confit de quetsche et poivre noir du Penjab (1er prix au concours du meilleur foie gras d'Alsace 2018), civet de gibier de saison, matelote de poissons à l'alsacienne. Côté hôtel : les chambres et suites sont toutes fort agréables et le R&SPA (sauna, hammam, bain finlandais, tisanerie) est somptueux !

MARCHÉ BIO

Parc du Musée des Métiers du Bois
✆ 03 89 49 83 23
www.kaysersberg.com
Ouvert chaque vendredi à partir de 17h de mi-juin à mi-septembre. Produits issus de l'agriculture biologique.

Chaque été, ce marché 100 % bio se tient dans le parc du musée des Métiers du bois. Il séduit par la variété et la qualité des denrées fournies par des producteurs locaux : produits laitiers, pains goûteux, légumes frais, viande vosgienne, plantes aromatiques et condiments, vins d'Alsace et bières artisanales. Mais aussi jus de fruits, miels et confitures, savons et produits cosmétiques, vannerie, arrangements floraux, objets de décoration en bois… On apprécie l'accueil toujours très sympa des exposants et l'ambiance conviviale qui règne sur ce marché !

HÔTEL-RESTAURANT & SPA AU TILLEUL €€

385, Lieu-dit La Place
✆ 03 89 49 84 46
https://hotel-tilleul.fr
*Ouvert du mardi au dimanche midi et soir. Menus 24,50 € à 43 €. Enfant 8,50 €. Terrasse. Hôtel***. 4 gîtes (1-7 pers.).*

Outre ses 30 chambres charmantes et cosy, ce bel hôtel 3 étoiles propose 4 gîtes et un espace spa (bain bouillonnant, hammam et sauna). Côté restaurant, très chic et climatisé avec 2 salles et une terrasse, le chef Justin Munier et son équipe mitonnent de délicieuses spécialités. Œuf parfait au munster, marbré de foie gras au gewurztraminer, bouchée à la reine aux ris de veau délectable, choucroute garnie aux 5 viandes, tartes flambées… Plats à emporter et service traiteur sur demande.

© LUCAS MULLER/LUKAM

© AU TILLEUL_LABAROCHE

HAUT-RHIN

LES TROIS EPIS

Fièrement perchée à 658 mètres d'altitude, la station des Trois-Epis doit son nom à une légende selon laquelle, le 3 mai 1491, Thierry Schoeré, un jeune forgeron d'Orbey, a vu apparaître la Vierge Marie tenant dans une main trois épis de blé et dans l'autre un glaçon. Les épis représentaient le bien et l'opulence, le glaçon symbolisait le mal et la misère. Le forgeron réussit alors à convaincre ses concitoyens d'édifier un sanctuaire à l'emplacement du chêne où la Vierge Marie lui était apparue. Ladite chapelle date de la fin du XVe siècle, elle attire chaque année de nombreux pèlerins. D'autre part, la station des Trois-Epis a connu son heure de gloire au début du XXe siècle grâce à un tramway qui acheminait depuis la vallée les touristes avides de grand air. Une période faste pour les hôtels et autres établissements qui coulèrent des jours heureux jusque dans les années 1970-1980. Le site des Trois-Epis bénéficie du label Station Climatique depuis 1980. Il mérite qu'on y fasse une halte pour profiter de la vue sur les Vosges, arpenter ses sentiers de randonnée ou séjourner dans l'un de ses établissements hôteliers qui proposent tous des prestations de qualité. On peut également visiter l'église Notre-Dame-de-l'Annonciation. Cette dernière offre un bon exemple de l'architecture religieuse des années 1960. Elle a été réalisée en béton avec une fausse voûte en lamellé-collé et des murs construits en partie en dalles de verre. Datée de 1991, la flèche faite de trois piliers symbolise les trois épis de la Vierge, juste retour à la légende initiale !

CHÂTEAU DU HOHNACK ★

Accès et visite libres toute l'année. Prévoir de bonnes chaussures de marche.

Trônant à 940 mètres d'altitude, c'est l'un des châteaux les plus élevés d'Alsace ! Construit à la fin du XIe siècle par les comtes d'Eguisheim, il devint la propriété des Ribeaupierre à la fin du XIIIe siècle. Au XVIe siècle, des travaux furent entrepris pour l'adapter à l'artillerie. Mais finalement considéré sans intérêt stratégique, il fut démoli à partir de 1655. Aujourd'hui, on peut encore admirer le donjon du XIIe siècle et les remparts remaniés au XVIe siècle. Attention tout de même, le chemin pour y accéder est plutôt raide... Alors accrochez-vous !

LES IRIS €€

28, chemin du Galtz
✆ 06 87 77 89 28
www.iris68.fr

4 chambres d'hôtes (2 personnes). Nuitée de 60 € à 80 €. Petit déjeuner inclus. Bain bouillonnant. Jardin, terrasse.

Cette charmante maison d'hôtes semble tout droit sortie d'un paysage anglais romantique à souhait. Il y flotte comme un air d'*Alice au Pays des Merveilles*... Le jardin est un éden luxuriant regorgeant de plantes et de fleurs variées. Les chambres marient tapisserie à fleurs, beaux parquets, lits à baldaquin, mobilier et objets de décoration vintage amoureusement chinés par les heureux propriétaires des Iris, Alain et Jean-Marc. Ces hôtes délicieux vous accueillent avec empathie toute l'année ils et vous régalent chaque matin de succulents petits déjeuners !

L'ALEXAIN*** €€€

10, rue Thierry Schoeré
✆ 03 89 49 81 61
www.alexain.net

Chambre double à partir de 95 €, PDJ inclus. Piscine intérieure. Hammam, bain bouillonnant, sauna. Restaurant. Terrasse.

Ce très bel établissement jouit d'un panorama à couper le souffle sur les Vosges, la plaine d'Alsace et la Forêt Noire. Il dispose de 42 chambres et suites qui sont meublées et décorées dans un esprit bourgeois très chic. Il y a aussi un sublime espace de bien-être qui comprend une piscine intérieure, un sauna panoramique, une grotte de sel, un hammam persan, une salle de soins de beauté, ainsi que des lits à eau qui favorisent la relaxation d'une manière tout à fait inédite ! Quant au restaurant gastronomique, lui aussi très chic, il est au diapason !

LA VILLA ROSA** €€

4, rue Thierry Schœré
✆ 07 83 68 32 30
www.villarosa.fr

5 chambres d'hôtes (2/5 pers) dès 92 €. Chalet (5 pers) dès 120 €. Piscine extérieure. Sauna. Jardin. Table d'hôtes.

Décorées dans un esprit vintage, ces 5 chambres d'hôtes portent les noms de personnalités illustres : Jack Kerouac, Aimé Césaire, Jack London, Nicolas Bouvier, Magellan. Dans le jardin fleuri de roses anciennes, il y a une piscine chauffée à l'énergie solaire ainsi qu'un gîte (5 pers.), Le Chalet. Table d'hôtes le soir : menu unique de saison élaboré à partir de produits majoritairement bio. Membre de l'association des Hôtels au Naturel, la Villa Rosa pratique le tri sélectif et le compostage des déchets verts afin de préserver durablement Dame Nature !

ORBEY ★

Orbey est le bourg le plus important de la vallée de la Weiss avec ses quelque 3 600 Orbelais et Orbelaises. Il rassemble de nombreux hameaux disséminés entre 400 m et plus de 900 m d'altitude. C'est aussi un haut lieu d'histoire au sein du Pays Welche. Mentionné dès 1049 sous le nom d'*Orbeiz*, Orbey fit successivement partie des possessions des comtes d'Eguisheim, de la seigneurie du Hohnack et des seigneurs de Ribeaupierre jusqu'à la révolution de 1789. Longtemps réputé pour son industrie textile et du bois, Orbey compte aujourd'hui des commerces nombreux et dynamiques. Son canton tient aussi le haut du pavé en matière d'hébergements touristiques.

CIMETIÈRE MILITAIRE DU WETTSTEIN ★

Col du Wettstein

Visite libre toute l'année, gratuit.

Classé Nécropole nationale, ce cimetière militaire offre une digne sépulture aux soldats morts au combat durant la Première Guerre Mondiale dans les communes des environs lors de la Bataille du Linge. Cet affrontement absolument terrifiant s'est déroulé entre le 20 juillet et le 15 octobre 1915. Il fut mené par le Maréchal Joffre côté français. Il s'est avéré particulièrement meurtrier : plus de 11 000 morts côté français et plus de 7 500 côté allemand.

VAL D'ORBEY ★★

Niché entre Kaysersberg, Munster et le Col du Bonhomme, le Val d'Orbey est un paradis verdoyant composé de bois et de pâturages, de forêts de sapins et de lacs d'altitude. Voici de quoi ravir les amoureux de la nature ! C'est aussi un lieu de villégiature incontournable pour les sportifs, fort apprécié en hiver du fait de la proximité de la grande station de ski du Lac Blanc. Mais également à la belle saison, car c'est le point de départ de nombreuses randonnées à pied ou en VTT. On peut aussi visiter le musée du Val d'Orbey dédié à la culture du Pays Welche.

MUSÉE MÉMORIAL DU LINGE ★★★

86, rue du Général de Gaulle ✆ 03 89 77 29 97

www.linge1915.com

Ouvert de début avril à fin octobre, 9h-12h30, 14h-17h30. Adulte : 5 €. Gratuit jusqu'à 15 ans (accompagné d'un adulte).

Dédié à un champ de bataille qui fut l'un des plus meurtriers de la Première Guerre Mondiale, le Musée Mémorial du Linge s'est agrandi en 2015 pour apporter un nouvel éclairage aux événements sanglants qui se déroulèrent sur le site du Linge (appelé à l'origine le Gazon de Leinge). Un lieu hautement stratégique de la défense allemande entre le 20 juillet et le 15 octobre 1915 car destiné à stopper l'avancée des troupes françaises vers Colmar. 17 000 victimes ont péri dans ces combats. L'association qui gère le musée a fidèlement recréé l'ambiance qui régna au cours de l'été 1915 au plus fort des combats. Ainsi, trois soldats du 74e régiment d'infanterie prussien, un officier allemand et un sapeur occupent une tranchée derrière laquelle se trouve un abri d'observateur d'infanterie. Chronologiquement, la visite dévoile des photos, des objets et des dioramas avec des mannequins grandeur nature vêtus d'uniformes d'époque. Des vitrines exposent le paquetage type du soldat (tabac, matériel de couture, martinet pour chasser les poux...), l'outillage militaire ainsi que des pièces de monnaie, armes, pipes, chaussures, médaillons et autres objets retrouvés sur le champ de bataille. Sur ce dernier, un cheminement a été conçu avec 16 panneaux trilingues placés en des endroits stratégiques pour matérialiser, ici et là, un abri équipé d'une grille anti-grenade, un poste d'observation d'artillerie. Le Mémorial du Linge rend hommage aux soldats tombés au champ de bataille tout en informant le public d'une manière attractive et didactique.

AUBERGE-REFUGE LE BLANCRUPT €

Station du Lac Blanc 1200 ✆ 03 89 71 27 11

www.blancrupt.com

2 gîtes et 2 chambres d'hôtes : tarifs cf site web. Restaurant. Terrasse. Location de skis, raquettes, luges, VTT, VAE.

Cette charmante auberge est située à deux pas des pistes de ski de la station du Lac Blanc 1200, tout près également du Bike Park, du Parc d'Aventures du Lac Blanc et du Sentier Pieds Nus. Conçue dans un esprit nordique, l'Auberge-Refuge Le Blancrupt dispose de chambres d'hôtes et de gîtes tout neufs, douillets et bien équipés. Côté restauration, la gastronomie alsacienne et vosgienne est de rigueur. Location de matériel de ski en hiver et de VTT ou de VAE à la belle saison.

TOUR DU FAUDÉ

Accessible toute l'année. Gratuit.

Construite en 1889 par le Club Vosgien de Kaysersberg-Lapoutroie, cette tour de guet coiffe le sommet du massif du Faudé qui culmine à 773 m. Sa petite histoire s'avère riche en péripéties et se confond avec la grande Histoire : en 1915, alors qu'elle sert de belvédère à l'armée allemande, la Tour du Faudé est détruite par des tirs d'obus français. Après la Première Guerre mondiale, elle est reconstruite sous une forme hexagonale en 1934 et s'élève alors à 16,50 m de haut. Dix ans plus tard, *bis et repetita* : la tour s'effondre sous les obus… allemands ! Il faut attendre 1990, date de la création de l'association des Amis de la Tour, pour que sa reconstruction prenne forme. Surnommés les « Fadas », les bénévoles de l'association s'improvisent alors tailleurs de pierre et maçons pour la reconstruire grâce à des financements variés (fête champêtre du 15 août, concours de belote, marché de Noël). Inaugurée en 2002, la Tour du Faudé est aujourd'hui accessible à pied depuis Orbey en suivant le fléchage Club Vosgien des disques bleus. Mais attention, la balade est pentue, donc plutôt réservée aux sportifs et aux marcheurs courageux équipés de bonnes chaussures. Une fois arrivé au pied de la tour, il faut encore gravir 92 marches... Mais le jeu en vaut franchement la chandelle ! Du haut de ses 16,50 m, une superbe vue à 360° sur la plaine d'Alsace et tout le massif des Vosges vous attend. Pour la petite anecdote : étymologiquement, Faudé signifie « Faux Dieu », en référence aux mauvais esprits qui hanteraient le massif !

LE CHALET DE CAMILLE €€

215, Basses-Huttes ✆ 06 01 22 68 42
www.gites-auberge-alsace.com

2 gîtes pour 6 pers chacun. À partir de 600 €/semaine et 500 €/week-end. Terrasse. Piscine intérieure. Sauna. Fitness.

Les propriétaires de la ferme-auberge du Rain des Chênes ont aménagé deux gîtes dans un beau chalet tout de bois vêtu, à l'extérieur comme à l'intérieur. Décorés dans un esprit montagnard rehaussé de détails contemporains, ces appartements très chic peuvent accueillir accueillent jusqu'à six personnes chacun. La grande terrasse du chalet offre une superbe vue sur la vallée des Basses-Huttes. Bien-être tous azimuts dans l'incroyable piscine intérieure aménagée dans un espace voûté et dans le sauna adjacent. En bonus il y a une salle de fitness richement équipée !

LES GÎTES DES ÉCURIES DE L'ABBAYE DE PAIRIS €€

232, lieu-dit Pairis ✆ 06 11 32 03 27
www.gitesdepairis.com

3 gîtes (4-9 pers) Clévacances 3 Clés et Tourisme équestre. À partir de 290 €/semaine. Piscine extérieure.

Ces trois gîtes peuvent accueillir jusqu'à 20 personnes en location combinée. Orientés plein sud, ils sont intégrés dans un domaine qui comprend une jolie piscine extérieure avec espace bain de soleil et chaises longues, une aire de jeux avec balançoires, toboggan et tourniquet, un barbecue extérieur commun, une table de ping-pong et un petit plan d'eau fort bucolique. Labellisé Centre de Tourisme équestre, le domaine accueille sans problème les cavaliers avec leurs chevaux.

DOMAINE DE BASIL HÔTEL-RESTAURANT* €

72, La Housserouse ✆ 03 89 71 28 15
www.domainedebasil.com

Chambre double dès 60 €/nuit. PDJ : 8 €. Suite familiale (5 pers) à partir de 110 €/nuit. Restaurant. Terrasse.

Le Domaine de Basil joue à fond la carte bucolique avec ses chèvres, ses moutons et ses poules qui s'ébattent au milieu d'un parc clôturé. Les chambres, suites, studios et appartements de cette résidence hôtelière disposent pour certains d'une terrasse privée. Avis aux sportifs, de nombreux circuits de randonnée à pied ou en VTT passent à proximité. En même temps, il est aussi infiniment bien agréable de paresser dans le jardin ensoleillé en compagnie d'un bon gros bouquin !

HÔTEL-RESTAURANT AUX BRUYÈRES*** €€

35, rue Charles de Gaulle
✆ 03 89 71 20 36
www.auxbruyeres.com

Logis Hôtel Essentiel. Chambre double à partir de 55 €. PDJ buffet : 10,50 €. Bar. Sauna. Restaurant. Terrasse. Jardin.

Ici, les familles sont particulièrement chouchoutées ! De plus, l'hôtel est accessible PMR en totalité. Chambres spacieuses et confortables (avec balcon ou terrasse pour certaines), ascenseur, jardin d'été, aire de jeu pour les enfants, sauna, bar-salon de thé. Au restaurant, on se régale de foie gras d'oie maison, de magret de canard au pain d'épices ou d'une plantureuse choucroute garnie. Accueil, hébergement, restauration, tarifs : l'Hôtel aux Bruyères réalise un sans-faute !

LES Ô WELCHES CÔTÉ LAC €€

336, Blancrupt ✆ 07 89 63 32 85
www.lesowelches.com
5 chambres d'hôtes (2-6 personnes) et 1 gîte (8 personnes). Demi-pension. Tarifs sur demande. Jardin. Terrasse. Parking.

La famille Schuster vous accueille dans un petit paradis de verdure niché en contrebas du Blancrupt. Entre forêt et pâturages, le lieu est enchanteur et la vue sur les Vosges environnantes est incroyable. Les Schuster ont transformé une ancienne colonie en une adorable maison de vacances. L'hébergement comprend 5 chambres d'hôtes dont deux familiales (6 personnes) avec salle de bains privative et un grand gîte pouvant accueillir jusqu'à 8 personnes. Il y a aussi un sympathique restaurant. Parfait pour une escapade dans les Vosges en famille ou avec des amis.

LA PETITE FINLANDE €€

290, Schoultzbach ✆ 06 20 06 39 15
www.lapetitefinlande.com
1 gîte (5 pers) : 500 €/semaine. 2 chambres d'hôtes (2-4 pers) : à partir de 100 €/nuitée (pdj inclus). Table d'hôtes.

Amoureux du Grand Nord, Anne-Lise et Frédéric Dubray ont rénové une ferme typique du Pays Welche dans un esprit scandinave. Dépaysement total au cœur des Vosges ! Outre un gîte (5 pers) tapissé de jolies boiseries claires, les Dubray vous proposent aussi deux chambres d'hôtes (Carélie et Laponie) décorées en hommage au folklore finlandais. Anne-Lise vous ouvre également sa table d'hôtes le soir (uniquement sur réservation) avec apéritif dans le jardin en été, ou au coin du feu en hiver. En bonus : balades en traîneau en hiver et en calèche à la belle saison !

CHEZ MADEÏ €

229, lieu-dit Pairis
✆ 06 10 76 45 15
Salon de thé, café, bar. Ouvert du mercredi au dimanche de 10h à 18h30. Terrasse. Vente à emporter. Jeux pour enfants.

Qu'il fait bon lézarder au soleil sur la jolie terrasse en bois chez Marie-Claire Gander alias Madeï ! Celle-ci vous régale de délicieuses pâtisseries maison qui varient au fil des saisons. Mais la grande spécialité de Madeï, ce sont les vacherins glacés ! Elle propose aussi des tartes flambées, de la quiche lorraine et des salades. En été, elle organise des concerts gratuits. Détail écologique : le salon de thé assure sa propre production d'électricité grâce à une turbine hydroélectrique et un barrage installés sur le cours d'eau voisin, le Noirupt.

LES TERRASSES DU LAC BLANC** €

348, lieu-dit Lac Blanc
✆ 03 89 86 50 00
www.lesterrassesdulacblanc.com
Chambre double à partir de 67 €. Appartement (3/5 pers) à partir de 500 €. PDJ 9,50 €. Restaurant. Terrasse. Campin-car.

Vue de dingue sur le lac Blanc depuis les chambres, appartements et restaurant panoramique de cet agréable complexe hôtelier doté de panneaux solaires et d'un chauffage aux copeaux de bois. Les lits douillets vous invitent à cocooner après vos prouesses à ski car Les Terrasses du Lac Blanc sont situées près des pistes de la station du Lac Blanc 1200. Côté restaurant, le chef propose une cuisine du terroir, simple et généreuse. Excellente adresse pour les familles, sportives ou non !

© PASCAL MARCHAND

© PASCAL MARCHAND

HAUT-RHIN

FERME-AUBERGE DU PRÉ BRACOT €€

331, lieu-dit Pré Bracot
✆ 03 89 71 25 29
www.fermeaubergeprebracot.com
Ouvert à midi du mardi au dimanche, le soir en été et le week-end. Repas marcaire. Terrasse. Jeux. Vente à emporter.

© CLAUDINE SIFFERT

Cette ferme-auberge est absolument somptueuse ! Elle est accessible en voiture toute l'année et son accueil est facilité pour les personnes à mobilité réduite. Murs tapissés de rondins de bois, grandes tables conviviales, clarines et objets vintage : la déco vaut le coup d'œil. Dans l'assiette : que du bon et fait maison à partir des produits de la ferme. Menu marcaire forcément, mais aussi choucroute garnie et baeckaoffe. Terrasse joliment fleurie, aire de jeux pour les aux enfants.

AUBERGE DES 2 LACS €€

310, lieu-dit le Noirrupt ✆ 03 89 71 33 22
www.auberge-des-2-lacs.fr
Ouvert à midi mercredi et jeudi, midi et soir du vendredi au dimanche. Carte. Menus groupes. Terrasse. Vente à emporter.

Ce bon restaurant dispose d'une immense terrasse qui offre une vue plongeante sur la vallée d'Orbey. Son chef José Di Luca est membre de la Commanderie des Cordons Bleus de France. Il élabore des mets délicieux à base de truite (également proposées à emporter dans la boutique de l'auberge) issues de la pisciculture Benoît Guidat. Il propose également un excellent foie gras de canard maison ainsi que de succulents médaillons de veau aux morilles. Le tout peut s'accompagner, bien sûr, de bons crus alsaciens. Accueil charmant et gastronomie de belle tenue !

AUBERGE DU BEUBOIS €€

306, Domaine du Beubois
✆ 03 89 22 77 57
www.domaine-du-beubois.fr
Ouvert mercredi, jeudi midi, vendredi, samedi midi et soir, dimanche de 12h à 18h. Menu : 22 €. Enfant : 9 €. 10 gîtes.

L'architecture de cette auberge est absolument remarquable ! Toit végétalisé, architecture en demi-lune, grandes baies vitrées offrant un panorama de dingue sur la crête du Linge et les Hautes-Huttes, le tout souligné de rondins écorcés : tout ici invite à une douce quiétude. Installés autour de tables en bois carrées ou trapézoïdales, vous êtes invités à vous régaler de bonnes spécialités du Massif vosgien : munster frit sur salade, soupière de truite saumonée, tourte du Beubois, bœuf gros sel et autres planchettes de charcuteries et de fromages locaux.

LA COCOTTE ROUGE €€

72, La Housserouse ✆ 03 89 71 28 15
www.cocotterouge.com
Du jeudi au mardi à midi et le soir. Réservation impérative. Carte env. 18 €. Enfant : 10 €. Groupes acceptés. Terrasse.

Niché à 700 mètres d'altitude au sein du Domaine de Basil, ce restaurant est conçu comme un chalet rustique avec cheminée, boiseries chaleureuses et grosses poutres apparentes. Ici, on s'attable en famille ou avec des amis pour se régaler d'une choucroute aux cinq viandes, d'un burger Chasseur (biche et tomme welche), d'un gratin de munster accompagné d'une saucisse de gibier fumée, ou encore d'une fondue suisse moitié-moitié (50 % gruyère, 50 % vacherin fribourgeois). Dès le printemps, sa grande terrasse panoramique est prise d'assaut !

FERME-AUBERGE DU CHÈVREMONT €€

323, Chèvremont ✆ 03 89 71 23 51
www.fermeaubergeduchevremont.fr
Jours d'ouverture : cf site web. Menu marcaire : 22 €. Terrasse. Vente à emporter. Aire camping-car. 4 chambres d'hôtes.

Cette accueillante ferme-auberge est nichée aux abords d'anciens sentiers de chèvres, d'où son nom ! Menu marcaire, planchette paysanne, tchic fermier, choucroute, baeckaoffe aux 3 viandes, tourte alsacienne, jambon au foin, fondue au munster : autant de plats généreux pour se rassasier après une belle randonnée ! La famille Guidat tient à disposition 4 chambres d'hôtes ainsi qu'un terrain équipé d'un bloc sanitaire pour les campeurs (tentes et caravanes) et les camping-caristes.

FERME-AUBERGE-GÎTE DU RAIN DES CHÊNES €€

215, Basses Huttes ✆ 03 89 71 30 42
www.ferme-auberge-alsace.com
Ouvert du jeudi au dimanche : 11h-22h. Carte, suggestions à l'ardoise. Accueil des groupes. Terrasse. Vente à emporter.

Une halte gourmande dans cette ferme-auberge pas comme les autres ! Outre un élevage traditionnel de vaches et de cochons, la famille Chaize dorlote également un troupeau de yaks ! Ici, on se régale de spécialités maison : terrine de yack, galettes vosgiennes, burger Mc Camille, côte de bœuf d'1 kg accompagnée de frites Mamie et tartes flambées à gogo. Quand le soleil brille, on adore s'installer sur la vaste terrasse qui offre une vision panoramique sur les hauteurs d'Orbey.

HÔTEL-RESTAURANT AU BOIS LE SIRE €€

20, rue Charles de Gaulle ✆ 03 89 71 25 25
www.bois-le-sire.fr
Logis Restaurant Savoureux. 7 j/7 midi et soir. Menus de 28 € à 56 €. Midi : 13,60 €. Enfant 10 €. Terrasse. Hôtel Cosy.

Sélectionné tout de go et sans ambages aucun, le restaurant de ce charmant hôtel séduit aussi bien les amateurs de bonne chère que les randonneurs de passage. En cuisine, David et Thomas font merveille avec les produits du terroir : escargots du Pré aux Colimaçons à l'ancienne, entrecôte de veau, choucroute généreusement garnie et vacherin glacé du Pays Welche. Les enfants savourent un menu spécialement concocté à leur attention avant de filer s'ébattre sur l'aire de jeux extérieure !

TURLUPAIN

97, route de Tannach ✆ 03 89 71 28 30
www.turlupain.com
Ouvert lundi, mercredi, vendredi de 16h à 19h30. Marchés de Rouffach, Turckheim, Munster, Colmar. Commande en ligne.

Le nom de cette boulangerie artisanale dédiée aux bons pains d'antan est un clin d'œil au *Turlutin*, malicieux lutin dont le nom est scandé à la fête de la Saint-Martin au gré d'une comptine enfantine. Les pains sont cuits dans un four au feu de bois : pains de froment, seigle, épeautre, garnis de graines, de raisins, de noix ou d'olives. On se fournit aussi en manalas en décembre et en galettes des rois en janvier. De plus, on trouve les produits Turlupain sur les marchés de la région et dans divers points de vente bio en Alsace. Commande en ligne possible.

LA FERME DU SCHOULTZBACH

284, Pairis
✆ 06 80 32 41 96
www.schoultzbach.fr
Horaires variables selon la saison : téléphoner ou voir site web. 2 gîtes (2-4 pers) et 3 chambres d'hôtes (1-3 pers).

Sylvie et Christophe Conreau commercialisent les délicieux produits issus de leur fromagerie artisanale. Du munster bien sûr, mais aussi plein d'autres spécialités laitières : tomme vosgienne, barkass, fromages affinés ou frais, Tchic (fromage blanc fermier), faisselles, yaourts... Ajoutez à cela des produits locaux fournis par des artisans voisins : charcuteries, jus de fruits, confitures, miels et autres délices. Voilà de quoi vous mettre à coup sûr l'eau à la bouche ! Notez enfin que la ferme du Schoultzbach dispose aussi de 2 gîtes et 3 chambres d'hôtes.

MUNSTER SCHUSTER

1, rue Paul Munier
✆ 03 89 71 20 08
www.munsterschuster.com
Ouvert du lundi au vendredi : 8h-12h, 13h30-17h30 (fermé mercredi après-midi). Vente en libre-service et à la coupe.

Depuis près de 135 ans, la famille Schuster fait mûrir des munsters à la belle croûte orangée dans ses caves d'affinage. Ces fromages emblématiques du Val d'Orbey sont affinés sur des planches en bois de sapin afin d'obtenir des munsters plus fruités et plus moelleux. Notez que la Maison Schuster produit également du fromage de munster non affiné, le bien nommé P'tit Blanc qui séduit le palais par sa fraîcheur acidulée. Profitez donc d'une balade sur les hauteurs d'Orbey pour découvrir les merveilles fromagères de la famille Schuster !

CHEMINS DU NORD

« La Petite Finlande »
✆ 03 89 71 00 37
www.cheminsdunord.com
Découverte nordique, trottineige, balade en chiens de traîneau. Tarifs : voir site web. 1 gîte et 2 chambres d'hôtes.

Anne-Lise et Frédéric Dubray partagent avec vous leur passion pour le Grand Nord par le biais d'activités sportives ou familiales : sorties en trottineige (petit engin léger tiré par un chien), randonnées en traîneau à chien mené par un musher... Quand la neige tire sa révérence, la trottineige se transforme en cani-trottinette ! Vous pouvez aussi opter pour une balade en calèche à chevaux sur les Hautes-Huttes. Voici de quoi découvrir d'une manière originale le Val d'Orbey en toute saison avec Anne-Lise et Frédéric qui forment un couple absolument charmant !

LE CLOS DU MENHIR

132 A, Le Hambout
06 71 05 99 39
Toute l'année, uniquement sur rendez-vous. Soins holistiques. Stages, conférences, expos : voir programme sur Facebook.

En quête de spiritualité ressourçante ? Bienvenue au Clos des Menhirs, où Lisa et Mathieu organisent ateliers, stages, conférences (sur réservation), expos… Ce couple charmant propose aussi divers soins holistiques (sur RV) qui peuvent, pour certains, être appliqués aux animaux. Le Clos du Menhir dispose en outre d'un espace boutique où l'on trouve notamment des minéraux, de l'encens, des bols tibétains ainsi que des bracelets, colliers et autres créations artisanales en provenance du Japon, du Népal et du Tibet et du Pérou. Dépaysement zen assuré en Alsace !

LE BONHOMME

Le Bonhomme doit son nom à saint Déodat surnommé l'« homme bon » dans les années 600. Passage obligé vers le col éponyme qui mène à Saint-Dié-des-Vosges, c'est par là que l'on accède à la station de sport d'hiver du Lac Blanc ainsi qu'à celle des Bagenelles. Des randonnées permettent d'apprécier cette région fort séduisante au printemps lorsque les éleveurs n'ont pas encore fauché leurs prés. La commune est dominée au nord-est par le massif du Brézouard (1 229 m) et au sud par le sommet de la Tête des Faux (1 224 m) où reposent de nombreux vestiges de la Grande Guerre. Le Bonhomme recèle de bonnes adresses proposant des produits du terroir de qualité.

LAC BLANC PARC D'AVENTURES - PAINT BALL

Station du Lac Blanc 03 89 71 28 72
www.lacblancparcdaventures.com
Dates d'ouverture et horaires, cf site web. De 11 € à 23 € selon âge et parcours. Réservation conseillée par téléphone.

Si vous vous sentez une âme de Tarzan, le Lac Blanc Parc d'Aventures est fait pour vous ! Il comprend 9 parcours aux difficultés variables qui vous mènent tout en haut de la cime des sapins. Du parcours de l'Ourson pour les enfants (3 à 7 ans) à celui du Lynx en passant par La Belette et Le Chamois, il y en a pour tous les âges. La grande tyrolienne offre son pesant de frissons ! Il y a aussi un espace paintball, accessible exclusivement sur réservation pour 6 personnes au minimum.

OFFICE DE TOURISME STATION DU LAC BLANC

Bâtiment d'accueil Lac Blanc 1200
03 89 78 22 78
www.lac-blanc.com
Horaires d'ouverture variables selon la saison : consulter le site web. WiFi gratuit. Billetterie. Boutique.

L'antenne locale de l'OT de la Vallée de Kaysersberg est situé dans le bâtiment d'accueil de la station du Lac Blanc. Son équipe vous accueille au fil des saisons pour vous apporter infos et conseils concernant les activités du moment. Randonnées à pied ou en VTT du printemps à l'automne et ski tous azimuts en hiver. Sur place : connexion wifi gratuite, boutique, billetterie. En bonus, on y trouve même un service de rechargement des batteries Bosch pour vélo à assistance électrique.

LE SENTIER PIEDS NUS

Station Lac Blanc 1200
03 89 71 28 72
www.sentier-pieds-nus-lac-blanc.com
Ouvert de début mai à fin septembre. Horaires détaillés sur site web. 7 €/adulte, 5,50 €/enfant, 20 €/famille (4 pers).

Lauréat du Challenge de l'Initiative Touristique Alsace, ce parcours d'1,2 km se découvre idéalement en famille. Il permet d'expérimenter des sensations inédites en marchant pieds nus sur le sol naturel de la forêt jonché de matériaux divers : sable, gravier, gravillons et cailloux, dalles, cônes de sapin et écorces, eau (parfois très froide). Le sentier est jalonné d'ateliers ludiques, pédagogiques et sensitifs. Au terme de cette balade d'une durée d'1h30 à 2h30, un point d'eau permet de se laver les pieds avant de récupérer ses chaussures à la consigne.

FERME CLAUDEPIERRE €€

159 a, lieu-dit Faurupt
03 89 47 55 04
www.fermeclaudepierre.fr
Gîtes de France (3 épis). Pour 6 personnes (120 m²). À partir de 550 €/semaine. Terrasse. Barbecue. Vente de fromages.

La ferme Claudepierre abrite un gîte qui peut accueillir jusqu'à six personnes. La décoration est rustique, mais le confort est maximal : salon avec cheminée, chauffage central et au bois, grande cuisine bien équipée, 3 chambres cosy, TV satellite, espace extérieur de jeux pour les enfants. Ajoutons à cela une terrasse avec vue imprenable sur la nature environnante. On peut aussi faire directement le plein de bons produits laitiers élaborés par Gérard Claudepierre : munster fermier, tomme de montagne, fromage blanc salé et autre Brézouard (fromage à raclette).

HÔTEL DE LA POSTE** €€

76, rue du 3ème Spahis Algériens
✆ 03 89 47 51 10
www.hotel-la-poste.com
Logis Hôtel Cosy. Chambre double à partir de 72 €. PDJ : 10 €. Piscine intérieure. Sauna. Jardin. Restaurant. Terrasse.

Ce bel établissement est géré depuis 4 générations par la famille Petitdemange. Il dispose d'un espace de détente avec une piscine bio climatique (sans chlore), un sauna en rondins et un bain bouillonnant en red cedar. On adore lézarder au soleil sur des transats dans le jardin ou sur la grande terrasse bordée par un petit cours d'eau. Quant aux 35 chambres, elles sont toutes extrêmement confortables : côté village, jardin ou piscine : à vous de choisir ! A cela s'ajoutent un bar alsacien et un très bon restaurant tenu par le Chef Michael, Maître Restaurateur.

HÔTEL LA TÊTE DES FAUX** €€

102, rue du 3e Spahis Algérien ✆ 03 89 47 51 11
www.hotel-restaurant-latetedesfaux.fr
Logis Hôtel Essentiel. Chambre double à partir de 75 €. Fitness. Logis Restaurant Savoureux : Vecchia Romana. Terrasse.

Construit en 1875, ce petit hôtel de charme allie confort et sérénité dans ses 7 chambres décorées dans un esprit baroque délicatement suranné. Pour un peu, on pourrait se croire transporté dans un palazzo de la vieille Rome ! Ce sentiment se prolonge quand on accède à la table de l'hôtel, le Vecchia Roma qui est estampillé « Restaurant Savoureux » par Logis. Au menu ou à la carte, le chef Giorgio Atzori vous régale avec une cuisine italianissime et gorgée de saveurs ensoleillées. A savourer dans une salle très cosy ou sur une terrasse agréablement ombragée.

LE RENARD PERCHÉ** €€

143, Renaud Rautsch
✆ 06 71 71 47 06
www.gitelerenardperche.com
Gîtes (6/9 pers) dès 490 €/semaine et 210 €/ week-end (2 nuits). Chambre d'hôtes : 70 €/ nuit/2 pers. Terrasse. BBQ.

Libera et Eric ont transformé une ancienne ferme en un éco-lieu niché dans un cadre très zen. Ils vous hébergent dans leurs gîtes Le Nid (6 pers.) et L'Alpage (9 pers.) ou dans l'une de leurs charmantes chambres d'hôtes (2-6 pers.). Terrasse, jardin, balançoire, barbecue, balades en poney, randonnées sur le GR5 voisin, ski et luge en hiver : voici de quoi vous occuper lors de votre séjour en famille. Notez que Libera et Eric proposent des pique-niques à emporter. Ils tiennent également une table d'hôtes le soir, le tout sur réservation préalable.

STATION DE SKI DU LAC BLANC 1200

Accès par la route du Bonhomme Lac Blanc 900, pour les remontées mécaniques.
✆ 03 89 78 22 78
www.lac-blanc.com
Ouvert de décembre à avril, selon l'enneigement. Tarifs détaillés des forfaits, location de matériel : voir site web.

Plus de 14 km de pistes de ski alpin et 67 km de pistes de ski de fond, 153 enneigeurs, 7 téléskis et un télésiège débrayable de 6 places, mais aussi un espace freestyle (avec un boardercross), un snowpark, un Nordic Park (qui est labellisé *So Nordic*), une piste pour chiens de traîneaux et ski joering, deux pistes de luge sécurisées et une luge sur rail (4 saisons) *Trick Track* d'1 km... Cette superbe station n'a absolument rien à envier à ses alter égo alpins ! Et en été, c'est VTT !

FRÉLAND

Nichée au fond d'un vallon à l'ombre du Brézouard qui culmine à 1 229 mètres d'altitude, cette petite commune séduit par la beauté de son cadre et sa Maison du Pays Welche, écomusée dédié à la culture de cette région où l'on parle encore un patois roman très ancien. Depuis Fréland, il y a de jolies promenades et randonnées, notamment vers le fameux Brézouard. Initié par le Parc naturel régional des Ballons des Vosges, un sentier de découverte des paysages de Fréland a été aménagé. Débutant en face de la mairie, il est constitué d'une dizaine de haltes. Il traverse les pâturages et offre des vues magnifiques sur le village et ses nombreux vallons.

LA MAISON DU PAYS WELCHE

2, rue de la Rochette ✆ 06 45 06 59 54
www.musee-pays-welche.alsace
Du 1er avril au 30 octobre, du vendredi au dimanche et jours fériés à partir de 15h. 6 €/ adulte, 3 €/enfant (6-14 ans).

Aménagé dans un presbytère où résidaient les curés de Fréland du XVIe au XVIIIe siècle, ce charmant musée témoigne des us et coutumes dans un canton qui, contrairement au reste de l'Alsace, parle le welche (langue romane) et observe des traditions voisines de celles qui ont cours dans les montagnes vosgiennes. A découvrir notamment : une médiathèque, un atelier de bois, une cave à fromage, une distillerie, un four à bois et un *escape game* original. A l'extérieur, le musée se repère d'emblée de jeu grâce à sa grande roue à eau issue d'un ancien moulin frélandais.

HÔTEL-RESTAURANT LE KALBLIN €

48, Grand-Rue ✆ 03 89 71 91 44
www.lekalblin.fr

7 chambres. Chambre double à partir de 59 €. Petit déjeuner buffet : 9 €. Jardin. Restaurant. Vente à emporter.

À ce jour, Le Kalblin est sans doute à le plus petit hôtel de la Vallée de Kaysersberg ! Aménagées dans un corps de ferme de 1750, ses 7 chambres sont accessibles par un escalier rustique. Au restaurant, Jean-Luc Kedinger propose des mets du terroir arrosés par des crus les plus réputés de la région. Son épouse Anne veille à ce que vous ne manquiez de rien tout au long de votre séjour. Avis aux amoureux de la nature : le Kalblin est un lieu de villégiature idéal pour partir en balade !

GÎTE DE L'ABEILLE BLEUE €€

La Taupré ✆ 03 89 47 20 28
https://gitedelabeillebleue.fr

Gîtes de France (3 épis). Label WWF Panda. Gîte 5/7 pers. À partir de 300 €/semaine et de 150 €/ week-end. Vente de miel.

Cet agréable gîte a tout bon : superbe cadre verdoyant et franche convivialité. Aménagé dans les combles d'une vénérable ferme vosgienne, c'est un endroit parfait pour découvrir la faune vosgienne. Marie et Dominique vous fournissent des jumelles pour observer diverses espèces d'oiseaux, chevreuils, biches, renards, blaireaux… Vos enfants vont adorer partir sur la piste du faux-bourdon Zébulon en suivant un parcours balisé depuis le gîte. Apiculteur chevronné, Dominique vous régale de pain d'épice, gelée royale, hydromel et autres délicieuses préparations !

LA PIERRE D'EAU €€€

11, lieu-dit de la Chaude Côte
✆ 03 89 49 80 77
www.lapierredeau.com

4 chambres d'hôtes (2 pers). Dès 150 €/nuit. Table d'hôtes. Atelier de cuisine. Prise de recharge voiture électrique.

La Pierre d'Eau est une ancienne ferme de 1835 posée sur un coteau à 560 m d'altitude. Elle dispose de 4 chambres d'hôtes qui peuvent être réservées conjointement pour héberger au total 8 personnes. Les prestations sont superbes : décoration toute en boiseries, chambres confortables, salles de bain aux dimensions généreuses, salle à manger avec cheminée, salon de plain-pied avec le jardin arboré… Table d'hôtes et cours de cuisine sur réservation. Petit détail écolo : La Pierre d'Eau tient à disposition une prise de recharge pour véhicule électrique.

L'API DE LA BROQUE

18, rue des Frênes
✆ 06 15 72 11 89

Ouvert le lundi et le mardi de 16h à 19h. Vente directe de miel artisanal. Dégustation gratuite.

Les abeilles disparaissent inexorablement en France : la faute aux pesticides, à certains parasites et au frelon asiatique. Au cœur du Pays Welsche, Benoît Parmentier travaille à préserver l'univers apicole. Il élève ainsi des abeilles dans un cadre préservé, au sein de ruches 5 étoiles joliment parées de couleurs vives qui égayent la nature environnante. Benoît élabore diverses variétés de miel qui séduisent les papilles par leurs saveurs raffinées et leurs textures pleines de douceur. À découvrir sur place ou à la boutique de l'hôtel Les Alisiers à Lapoutroie.

FERME LAURENT

La Taupré
✆ 03 89 47 55 37

Ouvert toute l'année de 8h à 19h (18h en hiver). Élevage laitier (label AB). Vente sur place de produits de la ferme.

La famille Laurent pratique l'élevage laitier en agriculture biologique. Ici, vous découvrirez le métier d'éleveur, les animaux de la ferme (vaches, chevaux, cochons). À travers les vitres de la fromagerie, vous assisterez aux différentes phases de la fabrication de fromage. Vous pourrez aussi participer à la traite des laitières. Avant de repartir, faites le plein de bons produits bio ! Tchic (fromage blanc frais du jour), munster, barkass, raclette, faisselle, yaourts… Vous trouverez également les produits de la Ferme Laurent à L'Échoppe Paysanne à Ribeauvillé.

NEMROD

63, Grand Rue
✆ 03 89 22 37 65
https://nemrod.co

Ouvert du lundi au vendredi de 9h à 17h et samedi de 9h à 13h. Boucherie spécialisée en gibier. Boutique en ligne.

Cette boucherie pas comme les autres a pour but de valoriser le gibier local tiré à Fréland et dans ses environs. Ses propriétaires s'approvisionnent directement auprès de chasseurs du coin pour conditionner de belles pièces de viande fraîche et élaborer dans leur atelier de délicieuses spécialités. Côtelettes de sanglier, entrecôte de cerf, rôti de biche, pierrade aux 3 gibiers, lard, saucissons et autre filet mignon fumé, terrines variées (on adore celle de chevreuil aux figues et aux pain d'épices !) : il y en a pour tous les goûts et toutes les occasions !

LAPOUTROIE ★

Placé sous l'égide des Hohenstauffen au XIe siècle, le village prit le nom de La Poutroye vers 1348. Au cœur du champ de bataille qui s'y est déroulé durant la guerre 1914-1918, Lapoutroie n'a gardé que très peu de séquelles de ces affrontements et la nature a su y reprendre ses droits. Niché au cœur de grandes forêts de sapins, protégé par les premiers reliefs des Vosges, ce village emblématique du Pays Welche réserve quelques belles surprises aux courageux qui grimperont jusqu'à lui. Randonnées au panorama unique, fromageries et fermes artisanales, eaux-de-vie, foire paysanne le 14 juillet : vous auriez tort de ne pas y faire une petite halte !

MUSÉE DES EAUX DE VIE RENÉ DE MISCAULT

85, rue du Général Dufieux ✆ 03 89 47 50 26
www.musee-eaux-de-vie.com

Ouvert 7 jours/7 de 9h à 12h et de 14h à 18h (fermé 25/12). Visite, dégustation : gratuit. Boutique de vente sur place.

Dans un ancien relais de poste daté du XVIIIe siècle, ce musée dévoile les secrets de la fabrication des eaux de vie et des spiritueux ! Il abrite une collection unique au monde de 300 bouteilles fabriquées en France dans les années 1950. Il expose aussi tout un matériel d'époque : alambics, sirogènes, alcoomètres, bouchonneuses, fûts à porte, pressoirs et autres moules à bouteilles. Au terme de votre visite, place à la dégustation (gratuite) dans la boutique adjacente au musée !

LES ALISIERS*** €€

5, Lieu-dit Faudé ✆ 03 89 47 52 82
www.alisiers.com

Chambre double à partir de 67 €. Restaurant (Maître Restaurateur - Chefs d'Alsace). Terrasse. Jardin. Parking privé.

Vue à 360° sur les sommets vosgiens et la plaine d'Alsace, nature environnante époustouflante en toutes saisons : Les Alisiers vous hébergent dans un cadre enchanteur ! Aménagé dans une ancienne ferme de 1819, cet hôtel au charme fou dispose de onze chambres et d'une suite douillettes à souhait, qui portent des noms de fleurs ! Les Alisiers disposent en outre d'un excellent restaurant. En cuisine, Matthias Degouy et son frère Benoît élaborent des mets originaux et savoureux qui peuvent s'accompagner d'excellents vins biologiques ou biodynamiques !

HÔTEL-RESTAURANT DU FAUDÉ** €€

28, rue du Général Dufieux ✆ 03 89 47 50 35
www.faude.com

Logis Hôtel Cosy. Chambre double dès 95 €. PDJ 13 €. Logis Restaurant Savoureux. Piscine intérieure. Hammam. Fitness.

Excellent rapport qualité-prix pour cet établissement tenu par la famille Baldinger depuis plus de 60 ans. Il dispose de 32 chambres tout confort (dont 3 suites) et d'un espace wellness avec piscine couverte et chauffée toute l'année, hammam et fitness. Son restaurant gastronomique (service assuré en costume alsacien !) propose une bonne cuisine régionale. En bonus, il y a une terrasse d'été et un adorable jardin bucolique qui est traversé par une petite rivière appelée La Béhine.

LE BOUTON D'OR €€

31, Le Bermont ✆ 03 89 47 50 95
www.leboutondor.com

Logis Restaurant Gourmand. Fermé lundi midi et mercredi. Menu 28 € (3 plats). Terrasse. Hôtel. Sauna. Bain finlandais.

© AUBERGE DU BOUTON DOR

Pile poil face à la Tour du Faudé, voici une adorable adresse nichée à 750 mètres d'altitude qui prend ses aises dans une vénérable ferme vosgienne. Le restaurant avec terrasse propose de délicieux plats régionaux et de succulents burgers composés à 100 % selon vos envies. Mais aussi et surtout, il y a la *potence*. C'est le plat signature du Bouton d'Or, avec crustacés et viandes saisis illico presto sous vos yeux. Des séjours hôteliers sont aussi proposés. Notamment le très réputé Finland'Or *avec sauna et grill-party* dans un kota finlandais tout à fait sublime !

HAUT-RHIN

HÔTEL-RESTAURANT LE VALTRIVIN €€

5, rue de l'Europe ✆ 06 33 32 67 16
www.levaltrivin.fr

Mardi, jeudi, vendredi 12h-21h. Mercredi, samedi 17h-21h. Dimanche 12h-15h. Terrasse. Hôtel 9 chambres (1 à 4 pers.).

Au cœur d'Hachimette, ce restaurant est une heureuse découverte ! Ouvert au cours de l'été 2020, il séduit autant par ses charmants propriétaires que par sa carte de mets délicieux élaborés à partir de produits bio et de saison. Notamment des knepfle aux escargots, à l'ail des ours et mousse de munster. Quant à la carte des vins composée par Tristan Ringenbach, sommelier-caviste, elle est somptueuse ! Agréable terrasse en bonus et côté hôtel, 9 belles chambres tout confort (1-4 pers).

LE CELLIER DES MONTAGNES

4, route de l'Europe ✆ 03 89 47 23 60
www.lecellierdesmontagnes.fr

Ouvert lundi et du mercredi au vendredi : 9h-12h30, 14h30 18h30. Samedi : 9h-18h. Dimanche : 10h-12h30, 14h30-18h30.

Ce sympathique point de vente directe de produits fermiers locaux commercialise des fromages et des produits laitiers, de la charcuterie, du bœuf de qualité biologique, de la viande de porc et d'agneau, de la truite sous vide, des légumes et du pain biologique. Il y a aussi des confitures et des miels, des tisanes et des sirops ainsi que des plantes médicinales. On y trouve également des vins d'Alsace, des bières artisanales, des eaux-de-vie et de délicieux jus de fruits (notamment du jus de myrtille aussi rare que goûteux), des bougies et des objets décoratifs.

AU BONHEUR DES OURS

16, rue Principale
HOHROD
✆ 06 29 92 16 91

Atelier de tournage sur bois ; démonstrations le matin. Boutique ouverte du lundi au vendredi de 9h à 12h, de 14h à 18h.

Bienvenue dans l'atelier de tournage sur bois de Doris ! Inspirée par la nature et ses merveilles, cette artiste discrète transforme n'importe quel bout de bois en une pièce unique, exceptionnelle et pleine de poésie. On adore notamment ses décorations destinées aux sapins de Noël. Si vous passez en matinée, vous assisterez gratuitement à une fascinante démonstration de son savoir-faire. Vous pouvez aussi participer (sur réservation) le mercredi matin, à une initiation au tournage sur bois. C'est passionnant et vous repartirez avec votre propre création !

DISTILLERIE G. MICLO

311, La Gayire
✆ 03 89 47 54 14
www.distillerie-miclo.com

Ouvert 7 j/7 de 9h à 12h et de 14h à 18h. Visite guidée + dégustation du 1/04 au 31/10 : gratuit. Boutique en ligne.

Fondée en 1962 par Gilbert Miclo, cette distillerie familiale est dirigée par la 3e génération. Cette équipe de distillateurs et de liquoristes de fruits présente aussi une gamme de whisky IGN, une gamme de gins et, pour les plus jeunes palais, des vodkas et apéritifs festifs. C'est un lieu incontournable de la culture et de la gastronomie alsacienne, plus particulièrement du Pays Welche. Visites guidées des installations, (alambics, chais, cuverie de vieillissement) et du jardin didactique. Ateliers ciblés (initiation au whisky, assemblage…). Dégustation sur RDV.

BRASSERIE DU PAYS WELCHE

84, rue du Général Dufieux
✆ 03 89 47 50 26
www.brasseriedupayswelche.fr

Magasin ouvert 7 jours/7. Visite (gratuite) du mardi au samedi : 9h-12h, 14h-18h. Location de tireuse.

La Brasserie du Pays Welche jouit d'une réputation bien méritée, la preuve par sa bière de Noël qui a remporté le Fourquet d'Or au Concours national de bière 2021 ! La brasserie élabore ses bières avec du malt bio et les résidus de fabrication sont récupérés par un agriculteur du village qui les recycle pour nourrir ses vaches ! Lors de votre visite, vous pourrez déguster et acquérir des bières blondes, brunes ou ambrées, mais aussi de délicieuses confitures à la bière. Et... pique-niquer dans l'espace couvert aménagé dans la cour de la brasserie !

MAISON DODIN

1A, rue du Docteur Macker
✆ 03 89 47 50 05
https://maison-dodin.fr

Ouvert du lundi au vendredi de 8h30 à 12h30 et de 13h à 18h. Spécialiste du munster affiné à l'ancienne depuis 1908.

Si la Maison Dodin brille par sa discrétion, son savoir-faire est unanimement salué car il perpétue la tradition de l'affinage de fromages de munster initié en 1908 par Adrien Bertrand. Ici, le fromage de munster est toujours affiné à l'ancienne : à la main, sur des planches en bois de sapin des Vosges. Il est lavé tous les deux jours, exclusivement avec de l'eau pure. Sa couleur jaune claire s'obtient au contact de la planche en bois. Il mûrit ensuite dans des caves artisanales. Munster traditionnel, crémier, au cumin ou blanc (non affiné) : à vous de choisir !

MUNSTER ★

Niché dans la vallée de la Fecht, Munster est réputé pour son fromage qui porte le même nom. Celui-ci aurait été fabriqué par des moines irlandais qui ont fondé, à cet endroit vers 660, une abbaye dédiée à Saint Grégoire. La vallée de Munster ou « Val Saint-Grégoire » est composée de 16 communes, Munster est le chef-lieu de canton. En 1308, la ville était entourée de remparts pour assurer une protection à ses habitants. AU XIXe siècle, Munster s'engagea alors dans une vaste modernisation : industrialisation, extension du réseau ferroviaire et multiplication des transports. Durant la Première Guerre mondiale, Munster fut détruite quasi complètement avant d'être reconstruite en 1918. Depuis, Munster est devenu un centre touristique incontournable renforcé par la présence d'un centre de cure thermale. La ville doit beaucoup à André Hartmann qui, au XVIIIe siècle, fonda, une des premières usines textiles de la région. Lors votre promenade, vous passerez forcément par la place du Marché car c'est le cœur historique de la ville. On y trouve l'hôtel de ville dont la façade date de 1550. Sa porte affiche le blason de Munster : un aigle bicéphale, symbole qui rappelle l'appartenance de Munster au Saint-Empire romain germanique. En face de l'hôtel de ville, il reste encore une partie de l'ancien palais abbatial datant de 1789, quelques arcades de l'abbaye, des ruines qui ont laissé l'empreinte du riche passé de la ville. L'Office de Tourisme de Munster se trouve juste à côté. A voir aussi, l'enclos à cigognes de l'autre côté de la rive de la Fecht. Elevés en volière pendant trois ans, les cigogneaux perdent leur instinct de migration : voilà pourquoi, été comme hiver, on peut apercevoir ces majestueux échassiers survoler le centre-ville pour nicher sur les toits de l'ancienne abbaye. La fontaine du Lion témoigne aussi de l'histoire de la ville : elle fut érigée en 1576 pour fêter le Traité de Kientzheim qui autorisait le libre choix du culte. La tradition raconte qu'à chaque fois que la ville était en conflit avec l'abbé, on tournait le lion de telle manière qu'il montrait son postérieur à l'abbaye, ce qui avait pour effet de plonger l'abbé dans une grosse colère ! L'imposante église protestante de Munster est également à visiter. Construite (de 1867 à 1873) en grès rose des Vosges dans un style néo-roman, elle recèle un baptistère du sculpteur suisse Henri Vallette et un orgue à traction mécanique de la manufacture Muhleisen de Strasbourg. Pour les plus gourmands, la commune propose de nombreux jolis et délicieux restaurants.

Église de Munster.

A'DRÉNALINE BIKES

15, rue des Artisans
✆ 06 86 27 57 60
www.adrenalinebikes.fr
Ouvert le lundi de 14h à 18h30. Du mardi au samedi de 9h à 12h, de 14h à 18h30.

Fondée voici une petite décennie par une équipe de passionnés de vélos, tous anciens compétiteurs et toujours grands amateurs de virées sportives, voici une chouette enseigne qui s'avère une sacrée aubaine, aussi bien pour les autochtones que pour les touristes ! C'est une valeur sûre en matière de location de VTT traditionnels ou à assistance électrique : votre vélo est fourni avec casque, sac à dos et kit de réparation. Livraison possible sur votre lieu de villégiature. Et, sur simple demande, on vous concocte aussi un itinéraire sur mesure !

HÔTEL DEYBACH*** €€

4, rue du Badischof
✆ 03 89 77 32 71
hotel-deybach.com
Chambre double à partir de 62 €, triple à partir de 89 €. Petit déjeuner : 12 € (6 € : 6-12 ans). Terrasse.

Cet adorable hôtel familial est implanté à l'entrée de Munster depuis 4 générations. Il vous séduira d'emblée par son atmosphère franchement bon enfant, parfois un tantinet désuète mais infiniment conviviale : dans le salon chic et cosy comme dans la salle dévolue aux petits déjeuners buffet vitaminés ainsi que dans les 16 chambres (dont une équipée PMR) douillettes à souhait. Ajoutons à cela un bel écrin de verdure extérieur qui recèle une charmante terrasse fleurie. Et puis surtout, il y a l'accueil aux petits oignons que vous réserve Sabine et son équipe !

HÔTEL-RESTAURANT AQUA VIVA** €€

Route du Linge - **HOHROD** ✆ 03 89 77 33 64
www.hotelaquavivamunster.fr

Chambre double à partir de 64 €. Studio à partir de 75 €. Petit déjeuner : 11 €. Restaurant. Terrasse. Jardin.

Ce n'est pas pour rien si Hohrodberg est surnommée le « balcon de la vallée de Munster » : le panorama visible depuis cet hôtel familial posé à 850 m d'altitude est absolument magnifique ! Ici, vous séjournez dans une ambiance très nature avec la forêt toute proche. De plus, cet établissement doit son nom à sa propre source qui alimente tous les robinets. Ici, les petits déjeuners sont vraiment copieux et, au déjeuner comme au dîner, le chef met les petits plats dans les grands !

HÔTEL RESTAURANT LA CIGOGNE*** €€

4, place du Marché ✆ 03 89 77 32 27
www.cigogne-munster.fr

Chambre double dès 75 €. Petit déjeuner buffet : 11 €. Demi-pension. Garage moto : 3 €. Restaurant. Brasserie. Terrasse.

Fièrement plantée face à la place du Marché, cette superbe bâtisse du XVIIIe siècle recèle 16 chambres de caractère. Situées au calme à l'arrière de l'établissement, elles sont sobres mais chics. Le restaurant sert de bonnes spécialités régionales dans trois salles claires et cosy : tartes flambées variées, choucroute de La Cigogne, tourte de la vallée, escalope de veau au munster… Avis aux motards : l'établissement dispose d'un garage pouvant héberger une vingtaine de bolides !

HÔTEL RESTAURANT SPA VERTE VALLÉE*** €€

10 rue Alfred Hartmann ✆ 03 89 77 15 15
www.vertevallee.com

Hôtel Logis Élégance. Dès 112 €/nuit/pers. SPA. Restaurant Logis Table Distinguée. Borne de recharge voiture électrique.

Serti dans un parc richement arboré, la Verte Vallée est un lieu de villégiature tout indiqué si vous êtes en quête de douceur et de sérénité. Accueil emphatique, chambres chics et douillettes, lobby et bar cosy, restaurant Michelin Bib Gourmand, sublime spa avec piscine intérieure, bain bouillonnant, sauna, hammam et jardin d'été : ici, tout vous invite au lâcher-prise pour bien cocooner sans se faire prier. Bel établissement pour un séjour en famille, avec des amis ou en amoureux !

S'STEWLA €

3, rue Alfred Hartmann ✆ 03 89 77 46 22
www.winstub-stewla.fr

Ouvert du jeudi au lundi midi et soir. Munstiflette : 14 €. Bibalaskas : 13 €. Tartes flambées : 7 € à 9 €. Terrasse.

Poutres apparentes, bar en sapin rehaussé d'un cor des Alpes, petites lampes décorées de cœurs alsaciens, clarines accrochées au plafond : la déco de ce chouette S'Stewla est 100 % rustique chic. Les enfants font des coloriages tandis que leurs parents choisissent des mets goûtus proposés à la carte : tourte de la vallée, spécialités fromagères, bons petits plats alsaciens, sans parler de succulentes pièces de viande. Gardez une p'tite place pour les desserts car ils sont franchement irrésistibles. Et… gros crush pour vos hôtes au S'Stewla : Christel et Manu !

AUBERGE DU WASEN €€

40, Grand Rue
✆ 03 89 77 28 77

Ouvert du mercredi au dimanche à midi et le soir. Formule du midi : 12 € (2 plats). Service traiteur. Vente à emporter.

Ici, on s'attable sans faire de chichis pour faire bombance avec de bons petits plats du terroir. Saumon fumé maison, salade vigneronne, feuilleté aux escargots, savoureuses quiches agrémentées de crudités pleines de fraîcheur, choucroute généreusement garnie, succulent jambonneau, tartes flambées (à partager par exemple en entrée), filet de bœuf tendre à souhait, gibier de saison… Sans parler du traditionnel couscous du jeudi et des desserts à tomber (fa-bu-leu-se forêt-noire…). À l'Auberge du Wasen, le chef Marc Thiebold fait des merveilles en cuisine !

FERME-AUBERGE DU CHRISTLESGUT €€

162, lieu-dit Christlesgut
BREITENBACH-HAUT-RHIN ✆ 03 89 77 51 11
www.christlesgut.com

Ouvert du 15/04 au 30/10/2022. Repas Marcaire 22 €. Terrasse. 3 gîtes (2/8 pers.) : à partir de 350 €/semaine.

Cette ferme-auberge est nichée dans un cadre verdoyant avec vue imprenable sur le Hohneck. En bonus : terrasse champêtre, jolie salle de restaurant, gîtes et chambres d'hôtes. À table, vive les spécialités alsaciennes élaborées à partir des produits de la ferme voisine : munster coiffé, steackaas (beignets de fromage de montagne), siaskass (fromage blanc au kirsch) et menu marcaire traditionnel, ou encore choucroute du montagnard, baeckaoffa et fleischnacka sur commande préalable.

HAUT-RHIN

L'OLIVIER €€

2, rue Saint Grégoire ✆ 03 89 77 34 08
https://lolivier-munster.com/

1 Toque au Gault & Millau. Fermé mardi et mercredi. Menu : 33 €. Midi : 21 € (3 plats). Enfant : 13 €. Vente à emporter.

Ce bel établissement intègre la sélection *109 - Le sang neuf de la cuisine française - 2021* du Gault & Millau qui met en lumière le parcours de chefs prometteurs. Distinction méritée en l'occurence pour Olivier Lamard qui s'est formé auprès de Bernard Leray (La Nouvelle Auberge à Wihr-au-Val) et chez Julien Binz (Ammerschwihr), tous deux gratifiés d'une étoile au Michelin. À midi en semaine (menu du marché en 3 façons), ou le soir et le dimanche (carte ou menu L'Olivier), le jeune chef vous régale de mets plein d'allant, hauts en couleur et riches en saveurs !

RESTAURANT LES GRANDS ARBRES €€

10, rue Alfred Hartmann ✆ 03 89 77 15 15
www.verte-vallee.com

Bib Gourmand Michelin. 2 Toques Gault & Millau. 7 j/7 midi et soir. Menus 22 € à 56 €. Terrasse. Réservation requise.

Chic mais sans esbrouffe, ce restaurant est une merveille du genre. Maître Restaurateur et Chef d'Alsace, Thony Billon vous régale de délices issues de produits frais d'une indéniable qualité. Au gré de son inspiration, il titille ainsi vos papilles d'une timbale de brochet au cœur coulant de crustacés ou d'un Wellington de bœuf Angus à l'alsacienne, jus de foie gras et choucroute caramélisée. En bonus : rapport qualité-prix imbattable et terrasse sertie dans un bel écrin végétalisé !

L'ENFARINÉ

16, rue St Grégoire ✆ 03 89 21 32 23
www.lenfarine.fr

Du mardi au samedi : 6h30-18h. Boulangerie et pâtisserie bio. Pains spéciaux. Café, salon de thé. Petite restauration.

On adore passer un moment dans cette boulangerie artisanale où l'on peut prendre un petit déjeuner accompagné de brioches pur beurre AOP. À midi, L'Enfariné propose des sandwichs, des quiches et de bons bagels. Au goûter, on craque pour un crémeux au citron ou une Linzertorte. Et puis il y a une foultitude de savoureux pains élaborés avec du levain naturel et des farines biologiques : pain aux céréales, aux graines de courge, à la carotte et cumin, au müesli, aux champignons et sésame… Ils sortent tout chauds du four tout au long de la journée, un vrai délice !

PÂTISSERIE THIERRY GILG

11, Grand-Rue ✆ 03 89 77 37 56
www.patisserie-gilg.com

Ouvert du mardi au vendredi de 7h30 à 18h30 ; le samedi de 7h à 18h ; le dimanche de 7h30 à 12h30. Boutique en ligne.

Formé auprès de Pierre Hermé chez Fauchon, Thierry Gilg fait partie de l'Olympe de la pâtisserie française. Fort de son label EPV (Entreprise du Patrimoine Vivant) et de son appartenance à Relais Desserts International, ce pâtissier émérite régale ses clients de surprenantes créations salées ou sucrées qui varient au gré des saisons et rendent hommage à la tradition. Verrines colorées, glaces maison, délicates viennoiseries, ganaches inventives, gâteaux féeriques, kougelhopf et brioches variées. Thierry signe aussi une collection de macarons qui sont à se damner !

HOPLA VINS

20, Grand Rue ✆ 03 89 30 00 45
https://hoplavins.fr

Ouvert du mardi au vendredi : 10h-12h30 et 14h-18h45. Samedi : 10h-18h30. Les dimanches en décembre. Boutique en ligne.

© HOPLAVINS

Ex-sommelier passionné d'œnologie, Maxime prodigue moult conseils avisés pour sélectionner les vins destinés à accompagner vos agapes quotidiennes ou festives ! Il propose plus de 250 jolies cuvées issues de domaines français conduits en bio et en biodynamie, idem les vins étrangers. Ajoutez à cela d'excellents whiskies, rhums, gins et autres délicieuses eaux-de-vie alsaciennes. Maxime organise régulièrement des soirées à thème (dates disponibles sur sa page Facebook) assorties de dégustations commentées très courues, donc pensez à réserver votre place !

BOUTIQUE F'UTILE

3, Grand'Rue
✆ 03 89 77 05 10

Lundi : 14h-18h30. Du mardi au samedi : 9h-12h, 14h-18h30. Ouvert en continu les week-ends en décembre jusqu'à Noël.

En quête d'accessoires décoratifs et de cadeaux originaux ? Faites un tour chez F'Utile ! Jean-Yves Fuchey a le chic pour dénicher des objets insolites aussi beaux qu'utiles. Chandeliers en fer forgé aux formes florales, bougies 100 % végétales aux parfums gourmands (lait de poule, brioche, crème brûlée...), miniatures pour maison de poupée, cocottes rigolotes, peluches toutes douces, plaids douillets, et plein d'autres curiosités en bois, verre soufflé, porcelaine, de Noël ou de Pâques, décorés d'un drôle de bestiaire... Voici de quoi égayer votre *home sweet home* !

WIHR-AU-VAL

Wihr-au-Val est la seule localité du canton de Munster à posséder une aire d'appellation contrôlée pour la production des vins d'Alsace. Sa 1re mention remonte à 896 sous le nom de Bonifacii Villare. Sa porte-tour, vestige de l'enceinte médiévale, fut reconstruite après les bombardements de juin 1940. On peut découvrir l'église Saint-Martin (1873), la chapelle ossuaire Saint-Michel (XVe siècle) et la chapelle Sainte-Croix du début XVIIIe siècle. Depuis cette chapelle, on accède par un sentier au Kìnderbrénnla, la « fontaine aux enfants » où, selon la légende, les cigognes venaient chercher les nouveau-nés pour les apporter aux heureux parents !

LA MAISON DE BALMY

3, rue Marcel Haedrich ✆ 06 71 27 12 97
www.lamaisondebalmy.com

Ouvert du mardi au vendredi de 10h à 12h et de 14h à 18h30 et le lundi en été. Samedi de 9h30 à 18h. Boutique en ligne.

Héritière du savoir-faire d'Hartmann et Fils, maîtres réputés du textile alsacien, La Maison de Balmy vous ouvre les portes de son magasin d'usine, à deux pas du centre historique de Munster. Elle est internationalement appréciée pour la qualité de ses collections de linge de maison. Parures de lit, linge de bain, nappes et torchons, mais aussi tissu au mètre, en percale 100 % coton. Ces créations bénéficient du label « Alsace Terre Textile » qui garantit une fabrication authentiquement alsacienne en circuit court et RSE (Responsabilité Sociétale des Entreprises).

LA NOUVELLE AUBERGE €€

9, route Nationale ✆ 03 89 71 07 70
www.nauberge.com

1 étoile Michelin. Du mercredi au samedi midi et soir, dimanche midi. Menus : 49 € à 85 €. Enfant : 20 €. Traiteur.

Avec une étoile au Michelin et deux Toques au Gault & Millau, ce restaurant se veut une étape gastronomique incontournable dans la Vallée de Munster ! Maître Restaurateur et membre du Collège Culinaire de France, le Chef Bernard Leray allie les saveurs de sa Bretagne natale à celles de l'Alsace pour concevoir une cuisine entre océan et marcairie. Ses mets aux arômes surprenants sont aussi beaux à voir que délicieux à déguster. Bernard Leray propose aussi des plats plus connotés « terroir alsacien » dans son espace Bistrot, avec un menu à l'ardoise très intéressant.

LA PISCINE

Parc de la Fecht
✆ 03 89 77 85 60
www.lapiscine-munster.fr

Horaires selon saison : cf site web. Tarifs min : 5 €/adulte, 4,20 €/4-17 ans. Remise en forme, balnéothérapie.

Adultes, ados, enfants, bébés nageurs : tous apprécient les nouveaux équipements extérieurs de La Piscine. Rivière sauvage, toboggan géant, piscine à vagues, pentaglisse : parfait pour faire le plein de sensations aquatiques et ludiques ! Il y a aussi des espaces dédiés au farniente et à la bronzette, la terrasse sablée par exemple. La Piscine dispose d'un bassin de nage, d'un petit bassin d'initiation, d'un espace spa/balnéothérapie équipé sur le mode indoor/outdoor. En bonus, on a accès à une salle de remise en forme et le nec plus ultra en matière de fitness.

BRASSERIE TAAL

4, rue de Soultzbach ✆ 03 89 73 17 68
www.biere-taal.alsace

Visite de la brasserie sur RDV (8 pers min), 6 €/pers. BrewPub : jeudi-vendredi 17h-22h, samedi 11h-18h. Vente en ligne.

Indépendante et artisanale, cette brasserie est l'œuvre de quatre mousquetaires biérophiles soucieux de produire des bières élaborées dans les règles de l'art en alliant traditions alsaciennes et américaines. Conditionnées en bouteilles et en fûts, elles sont à découvrir sur place dans le BrewPub qui est aménagé dans un style tout à la fois roots et cosy. Ces bières non filtrées et non pasteurisées se déclinent en Pale Ale, IPA, NEIPA ou Weizen et dévoilent toutes des saveurs inédites fort séduisantes. On peut visiter la brasserie sur RDV (8 personnes minimum).

VINS D'ALSACE SCHOENHEITZ

1, rue de Walbach

✆ 03 89 71 03 96

www.vins-schoenheitz.fr

Ouvert du lundi au samedi : de 9h à 12h et de 14h à 19h. Dimanche sur RV. Visite du vignoble en été. Boutique en ligne.

Henri et Adrien Schoenheitz conduisent leur très beau vignoble en appliquant les principes d'une agriculture respectueuse de l'environnement (certification HVE). Leur travail exemplaire donne naissance à de belles cuvées que vous aurez plaisir à découvrir lors de votre visite. Notamment un puissant Pinot Gris Val Saint Grégoire 2018 (noté 94/100 par James Suckling) sec et floral. Œnotourisme sur rendez-vous : visite du vignoble, initiation à la dégustation, accords vins et fromages.

SOULTZBACH-LES-BAINS

Située à l'écart des grands circuits touristiques, Soultzbach-les-Bains mérite cependant que l'on s'y arrête car ce village dévoile un charme discret et insolite avec ses maisons construites selon la technique dite à pans de bois. Dès le Moyen Âge, cette jolie commune fut réputée pour la qualité de son eau de source et, à partir de 1600, les seigneurs de Hattstatt transformèrent le château en un lieu de cure. Il se dit par ailleurs que le sulfureux Casanova y aurait séjourné vers 1782 ! Bien plus tard, durant la Grande Guerre, Soultzbach fut transformée en base arrière pour les troupes allemandes. Celles-ci en firent le point de départ d'un téléphérique acheminant du matériel lourd vers le massif du Petit Ballon, haut lieu de combats acharnés. La commune fut un moment réputée pour ses eaux bicarbonatées issues de la source Gonzenbach qui est à présent inexploitée. Au cœur du village, une fontaine permet tout de même de se faire une idée de la qualité de cette eau légèrement gazeuse. L'église Saint-Jean-Baptiste et la chapelle Sainte-Catherine présentent un beau mobilier de style baroque et des tabernacles muraux datés du XVIe siècle. Par ailleurs, Soultzbach-les-Bains constitue un passage obligé pour se rendre à Wasserbourg, mignonne commune de montagne ouvrant la porte vers le Petit Ballon. Ce massif typique des Vosges haut-rhinoises offre une kyrielle d'itinéraires de randonnées pédestres. Depuis Soultzbach-les-Bains, il est également possible de rejoindre les vallées de Soultzmatt (vallée Noble) et de Guebwiller via les cols du Firstplan et du Bœnlesgrab.

WASSERBOURG

Blotti au fond d'un vallon joliment verdoyant, le village de Wasserbourg fut mentionné pour la 1re fois au IXe siècle. André de Guirsberg y fit construire le château du Strohbourg en 1222. Cet édifice dont il reste aujourd'hui quelques ruines figure sur le blason de Wasserbourg. Ce charmant village est le point de départ privilégié pour de nombreuses promenades vers le massif du Petit Ballon. Depuis son sommet, vous bénéficierez d'une vue splendide sur les crêtes vosgiennes, la plaine d'Alsace, la Forêt-Noire allemande et, par temps clair, la chaîne des Alpes ! En voiture, vous pourrez rejoindre la vallée de Munster par Sondernach ou Mulhbach.

PETIT BALLON ★

www.vallee-munster.eu

Circuit de randonnée Le Tour du Petit Ballon. Brochure téléchargeable sur le site web de l'OT de la Vallée de Munster.

Culminant à 1 250 m d'altitude, le Petit Ballon est un sommet secondaire des Vosges qui offre de beaux points de vue panoramiques. Divers circuits débutent à Wasserbourg vers des sentiers pédestres et de VTT bien balisés. Les épicuriens s'attableront avec bonheur dans l'une des 7 fermes-auberges présentes dans ce secteur. Une montée au Petit Ballon permet ainsi d'accéder à la ferme-auberge du Petit Ballon ou à la ferme-auberge Buchwald. Belle occasion de se détendre au contact de la nature. Pour info, sa pente moyenne est à 7,5 % et sa pente maximale est à 16 %.

FERME-AUBERGE DU BUCHWALD €

131, Buchwald

✆ 03 89 77 37 08

Ouvert début avril à mi-novembre, uniquement le week-end en début de saison. Fermé le lundi. Terrasse. Vente à emporter.

À 1 050 mètres d'altitude, vue imprenable sur les sommets de la vallée et bons petits plats régionaux : bienvenue à la ferme-auberge de la famille Wehrey ! Il y a des vaches, des chèvres, des cochons, des chats et des chiens. On s'attable dans une jolie salle cosy ou sur une terrasse rustique. Dans l'assiette : croûtes au munster, jambon au four et Roïgabrageldi, tarte aux myrtilles panachée de crème chantilly. Au terme de ces riches agapes, une promenade digestive s'impose !

FERME-AUBERGE STROHBERG

Lieu-dit Strohberg ✆ 03 89 77 56 00
www.ferme-auberge-strohberg.com
Fermé du 1er novembre au 1er mai. Réservation recommandée. Menu Marcaire : 21,50 €. Terrasse. Vente à emporter.

Accrochée à une pente impressionnante à 1 100 m d'altitude, cette ferme-auberge à la décoration centrée sur l'univers des vaches s'ouvre sur deux terrasses d'où la vue coupe le souffle. La famille Barb nourrit les marcheurs avec son fameux menu marcaire. Chaque soir, le munster coiffé et les *gröstel* du Strohberg (pommes de terre, lardons, oignons, le tout recouvert de deux œufs au plat) sont au menu ! Et les soirées du week-end, c'est pierrade à gogo sur réservation. Les habitués du coin en profitent aussi pour faire le plein de fromages et de charcuterie maison !

GUNSBACH

Niché au pied des ruines du Schwarzenbourg, ce joli village fut le lieu de résidence d'Albert Schweitzer. Le célèbre docteur (mais aussi pasteur, théologien, musicologue, organiste et prix Nobel de la Paix) a grandi ici après avoir vu le jour à Kaysersberg. En 1913, Albert Schweitzer a quitté la vallée avec sa femme pour fonder l'hôpital de brousse de Lambaréné au Gabon. En 1928, il fit construire une maison à Gunsbach grâce à l'argent du prix Goethe récompensant son œuvre. L'orgue de l'« église simultanée » a été réalisé d'après des plans d'Albert Schweitzer. À partir de Gunsbach, une promenade mène à une sculpture à l'effigie du bon docteur Schweitzer.

LA MAISON DU FROMAGE ★

23, rue de Munster ✆ 03 89 77 90 00
www.maisondufromage-munster.com
Horaires variables selon la saison : cf site web. Musée, restaurant, boutique. Animations : programme cf. web, Facebook.

Tout, tout, tout, vous saurez tout sur le fromage de Munster ! Au menu : démonstrations en direct, expositions, visionnage de films, jeux et activités didactiques pour petits et grands. En boutique, vive les produits de la région : fromages, laitages, charcuterie, confitures, vins, eaux-de-vie, sirops... Des animations sont organisées au gré des saisons : patinage en hiver, chasse aux œufs à Pâques... En salle comme en terrasse, le restaurant propose une carte fort alléchante.

MAISON ALBERT SCHWEITZER

8, rue de Munster
✆ 03 89 77 31 42
www.schweitzer.org
Du 25/01 au 23/12 du mardi au samedi, le dimanche de juin à septembre : 10h-12h, 14h-17h. Adulte : 7 €, gratuit - 5 ans.

Après 3 ans de travaux intensifs, la Maison Albert Schweitzer a rouvert ses portes en septembre 2020, pour le grand bonheur des admirateurs du bon docteur de Lambaréné, prix Nobel de la Paix en 1952. Albert Schweitzer a fait construire cette belle demeure en 1929 grâce à l'argent du prix Goethe qui lui fut décerné par la ville de Francfort. La rénovation de l'édifice historique a été menée dans le respect de son cachet originel afin de plonger les visiteurs dans la vie et l'œuvre du Docteur Schweitzer au fil de nombreux objets et documents d'archives inédits. Le rez-de-chaussée est consacré à son enfance à Gunsbach, à son amour de la musique, ainsi qu'à ses études de théologie et de philosophie. La rénovation des lieux s'appuie sur une extension partiellement enterrée qui se fond harmonieusement dans le paysage. Elle est reliée au bâtiment originel par une galerie de photos d'art. Au sous-sol, un espace est entièrement dédié à Lambaréné au Gabon, où Albert Schweitzer a ouvert son hôpital en 1913. La scénographie mise en place propose notamment de multiples vidéoprojections. En outre, un espace est dédié à des ateliers pédagogiques pour petits et grands : origami, calligraphie, musique, ateliers philo, bricolages... Les enfants sont également invités à partir à la découverte du musée munis d'un livret jeu astucieusement élaboré. Par ailleurs, la nouvelle extension du musée accueille des expositions temporaires en rapport avec le respect de la vie, si cher au cœur d'Albert Schweitzer, médecin, musicien et penseur humaniste.

COTÉ PAYSAN

20, rue de Muhlele ✆ 03 89 77 35 65
www.cote-paysan.fr
Magasin de producteurs locaux bio. Ouvert du mardi au samedi de 9h à 19h. Dimanche de 9h à 12h30 et de 14h30 à 18h.

Une quarantaine de producteurs de la région de Munster fournit avec succès Côté Paysan en produits de saison et, pour la plupart, labellisés bio. On peut ainsi faire le plein de fruits, légumes, œufs, viande et charcuterie, laitages et fromages variés. Bon choix aussi en matière d'épicerie : pâtes, épices, confitures, miels, tisanes, bières, vins et autres délices locaux. Mention spéciale aux offres d'exception pour Noël. L'enseigne propose aussi sur simple réservation des paniers fraîcheur composés de fruits et de légumes pour 2 personnes ou toute la famille.

FOCUS

LA MAISON DU FROMAGE

VALLÉE DE MUNSTER : À LA RENCONTRE D'UNE CULTURE.

Parcours initiatique

Partez à la découverte de la vie et des traditions du Marcaire au fil des saisons : des transhumances des troupeaux à la construction des paysages façonnés par cette agriculture de montagne et à la fabrication du célèbre fromage de Munster. Après avoir observé les caves où lentement mûrissent les fromages produits sur place par les fromagers de la Laiterie de la Vallée de Munster, assistez à la démonstration de fabrication ancestrale du munster.

Après cette mise en bouche vous serez invités, en fin de visite, à déguster 3 fromages typiques de la Vallée de Munster accompagnés d'un verre de vin de la cuvée spéciale Maison du Fromage des Vins Schoenheitz.

Bistronomie lounge

Le Restaurant de la Maison du Fromage vous propose une carte mettant en avant des mets conviviaux autour de produits locaux, mais pas que ! Des spécialités fromagères (fondue, raclette, planchette de fromage, munstiflette…) sont à retrouver au menu toute l'année.

Profitez du magnifique cadre pour une pause à l'aire de pique-nique ou sur la terrasse du restaurant pendant que les enfants s'amusent dans l'aire de jeux thématisée à l'image de la Maison du Fromage.

Activités et shopping

Tout au long de l'année un programme d'animations vous est concocté : village d'hiver, mardis folkloriques en été, sorties en plein air, soirées à thème et activités ludiques au gré des quatre saisons. Avant de reprendre la route, passez à la boutique de la Maison du Fromage. Elle propose un large choix de produits du terroir : des fromages au lait cru de la Vallée de Munster, des produits d'épicerie et de nombreux objets artisanaux vous permettront de garder un souvenir de votre passage dans notre belle Vallée.

Amateurs de cyclotourisme en VAE : une borne de recharge électrique est en accès gratuit lors de votre visite !

LA MAISON DU FROMAGE

23, rue de Munster
✆ 03 89 77 90 00
www.maisondufromage-munster.com

© MAISON DU FROMAGE

© MAISON DU FROMAGE

© MAISON DU FROMAGE

ESCHBACH-AU-VAL

Selon toute vraisemblance, le nom d'Eschbach-au-Val provient d'une expression alémanique signifiant « ruisseau bordé de frênes ». L'origine du village serait liée à une donation du roi Louis le Pieux à l'abbaye de Munster en 824. Sa situation à l'écart de la vallée de la Fecht lui a permis d'échapper aux destructions de la Première Guerre mondiale. Face à la mairie coiffée d'un élégant clocheton, on peut découvrir un ancien lavoir du XIXe siècle. Depuis le village, un chemin mène aux ruines du château du Schwarzenbourg qui fut construit au XIIIe siècle, puis transformé en ruine romantique par l'industriel André Hartmann au XIXe siècle.

HÔTEL-RESTAURANT OBERSOLBERG** €€

117, Ober Solberg © 03 89 77 36 49
www.obersolberg.fr
13 chambres. Nuitée à partir de 57 €/2 pers. Petit déjeuner buffet 9,50 €. Sauna. Restaurant alsacien. Location de VTT.

Vue panoramique sur la Vallée de Munster et charme typiquement alsacien pour cette chouette auberge sise au calme absolu en bordure d'une jolie clairière. Les chambres sont spacieuses et confortables, décorées avec sobriété et élégance. Côté restaurant, la cuisine de Jean-Luc Bubendorf est authentiquement savoureuse, notamment la fameuse Marmite Bouchère : pommes de terre gratinées au munster et filet de bœuf à l'ail des ours, on dit miam ! Excellente adresse pour un séjour nature !

STOSSWIHR

Stosswihr est l'un des plus anciens villages de la vallée de Munster. Son origine remonte à l'an 634, date de la construction d'une église abbatiale et d'un monastère par des moines écossais au lieu dit Schweinsbache. De 1287 à la Révolution française, Stosswihr fit partie de la Communauté du Val et de la Ville de Munster. Fortement endommagé durant la Première Guerre mondiale, le village fut en grande partie reconstruit. À voir notamment lors de votre visite : un insolite moulin à huile daté de 1727 et la chapelle de Schweinsbach (1891). Stosswihr est un bon point de départ pour des randonnées via le Sentier des Roches et la grotte du Roi Dagobert.

LA FERME AUX RENNES

Schantzwasen
© 03 89 77 99 10
www.lafermeauxrennes.com
Ouvert du jeudi au lundi de 12h à 17h. Adulte : 6 €. Enfant de 3 à 10 ans : 4,50 €.

Installée sur 6 hectares à 1 096 mètres d'altitude, au cœur du Massif du Tanet. Les bois plein de velours ou le poil plus garni, chaque saison apporte une nouvelle observation des animaux et le printemps marque l'arrivée des bébés trop mignons. La visite débute par une vidéo de présentation de l'élevage, après quoi on se lance sur les sentiers nature parsemés de panneaux informatifs, au cœur du groupe de rennes en totale liberté. Le tout se termine par un passage au musée sâmi pour admirer la collection ethnographique d'Alan Borvo et la maison du Père Noël.

ALSACE BEER TRIP

3A, rue d'Ampfersbach
© 06 86 72 67 83
www.alsace-beer-trip.fr
Toute l'année, tous les jours (fermé mardi, dimanche) de 14h à 17h30. 39 €/personne (2 personnes minimum). Bons cadeaux.

Maître-nageur dans une vie antérieure et grand biérophile devant l'Éternel, Olivier propose des visites clé en main de diverses micro-brasseries du Grand Pays Colmarien. Une fois votre réservation faite, il vous embarque en tout confort dans son minibus (8 places) avec marche-pieds, climatisation, prises usb et grand coffre… histoire de faire le plein de bières hein, forcément ! De la brasserie Taal (Wihr-au-Val) à la Bisaiguë (Kaysersberg) en passant par la Bra'V (Riquewihr) ou celle du Grillen (Colmar), Olivier fait mousser le plaisir brassicole tous azimuts !

AUBERGE DU SCHANTZWASEN €

Lieu-dit Schantzwasen © 03 89 77 30 11
www.auberge-schantzwasen.com
13 chambres (2-6 personnes). Nuitée : 48 €/adulte, 34 €/enfant (3-12 ans). Restaurant (Maître Restaurateur). Terrasse.

Lovée dans un écrin de sapins et de hautes chaumes, cette adorable auberge bénéficie d'un panorama de dingue sur la vallée de Munster et la Forêt Noire. Elle dispose de 13 chambres de style montagnard fort chaleureuses. Un restaurant réchauffé par une grande cheminée sert, midi et soir, une savoureuse cuisine 100 % faite maison : marbré d'élan et foie gras de canard, assiette marcaire, bœuf gros sel, civet de biche… Petit conseil pour accéder à l'Auberge du Schantzwasen : laissez tomber votre GPS et fiez-vous plutôt l'itinéraire fourni sur le site web !

CHALET-REFUGE LES TROIS FOURS €

Route des Crêtes
✆ 03 89 77 32 59
Refuge FFCAM. 40 couchages. 1 chambre PMR, 7 dortoirs (2-8 lits). Tarifs cf site web. Restauration. Aire de pique-nique.

Posé sur un vaste replat de chaumes vosgiennes entre le col de la Schlucht et le Hohneck, ce refuge dispose de 40 couchages et peut accueillir des personnes à mobilité réduite, sauf en hiver car il n'est pas accessible en voiture durant cette période. En pratique, le refuge fournit des couettes et des oreillers, mais pas de linge de toilette ni de linge de lit (location de drap-sac possible). Formule demi-pension, petit déjeuner, repas chaud et panier pique-nique sur réservation.

TAVERNE DU VILLAGE €

61, Grand'Rue
✆ 07 56 88 88 86
www.taverneduvillage.fr
Ouvert mercredi soir, du jeudi au dimanche midi et soir. Burger : 16 €. Gratin de spätzlé : 14 €. Soirées à thèmes.

Les tenanciers de cette taverne villageoise se sont inspirés de l'univers des Vikings pour créer un lieu original sur le chemin des pistes de ski voisines. Selon eux, ce serait même le dernier endroit avant Valhalla ! En tout cas, il fait bon s'y arrêter pour boire une bonne bière ou un cocktail et se régaler de snacks sur le pouce ou de petits plats faits maison : Gaesalifur (foie gras de canard à l'hydromel d'acacia), Hamborgari (burger du moment), Grasker (gratin de spätzlé à la crème). En bonus : brunch dominical et soirées musicales qui dépotent !

AUBERGE DES TROIS FOURS €€

Route des Crêtes ✆ 03 89 77 31 14
www.auberge-des-trois-fours.com
De mai à début novembre et en février (vacances scolaires). Menu marcaire. Terrasse. Vente à emporter. Chambres d'hôtes.

Face au Hohneck et au Schaeferthal, cette sympathique ferme auberge offre une vue plongeante sur la Vallée de Munster depuis sa vaste terrasse ensoleillée. La famille Schott perpétue la cuisine traditionnelle du cru, notamment le repas marcaire composé de tourte de la vallée, de roïgabrageldi, de collet fumé, d'un assortiment de fromages et d'une tarte aux myrtilles, d'un skiaskass ou d'une meringue glacée. Sur place, on peut acheter du munster, du bargkass, du beurre et des fromages de chèvre frais. À disposition : 8 chambres d'hôtes (2-4 pers.) en demi-pension.

AU TAPIS ROUGE €€

24, rue d'Ampfersbach
✆ 03 89 77 46 13
www.restaurantautapisrouge.sitew.com
Lundi, mercredi à midi. Du jeudi au dimanche midi et soir. Formule 3 plats 11,90 €. Vente à emporter. Service traiteur.

Si Marina et Jean-Daniel ne déroulent le tapis rouge sous vos pieds, ils vous réservent cependant un accueil plein de gentillesse ! Amateur de viandes tendres et savoureuses, Jean-Daniel mijote du civet de gibier de saison, une souris d'agneau au jus réduit de thym ou un bon jambonneau accompagné d'une sauce au munster. Il vous régale aussi d'une délicieuse cassolette de noix de Saint-Jacques. En bonus : vente à emporter de spécialités maison (foie gras, saumon fumé...) pour les fêtes de fin d'année et service traiteur avec livraison à domicile de plats du jour !

© TAPIS ROUGE

© TAPIS ROUGE

HAUT-RHIN

SOULTZEREN

Mentionné pour la première fois vers l'an 900 sous le nom de Saltzeren, le petit village de Soultzeren doit sans doute son nom à la présence de sources d'eau salée sur son emplacement. La commune fut très durement touchée pendant la guerre de Trente Ans et, bien plus tard, durant la Première et la Seconde Guerre mondiale. Une borne mémorielle surmontée d'un casque militaire français est d'ailleurs implantée à l'entrée de Soultzeren. Depuis le Kaltenborn (à côté du stand des pompiers), on peut partir en balade vers le lac du Forlet via la route du Wettstein. D'autres circuits de randonnées conduisent au Hohrodberg, au lac Vert et au rocher du Bichstein.

FERME-AUBERGE GLASBORN-LINGE €

Col du Wettstein-Linge ✆ 03 89 77 37 78
www.ferme-auberge-glasborn.fr

Du 6/04 au 11/11, du mardi au dimanche : 9h-20h. Menu marcaire 24 €. Terrasse. Réservation impérative. Vente à emporter.

Posée à 950 m d'altitude à proximité du Col du Linge, cette ferme-auberge est gérée depuis plus de 40 ans par la famille Didierjean qui régale autant ses fidèles habitués que les touristes et les randonneurs ! Outre le traditionnel repas Marcaire, on peut opter (réservation préalable) pour un menu baeckaoffa, choucroute, jambon braisé ou « pic pic » (soupe et ailes de poulet grillé à l'ail et au persil). Le Glasborn propose en des produits fermiers (fromages, charcuteries) à emporter.

MUSMISS €

Col du Wettstein
✆ 03 89 71 32 33

Ouvert toute l'année (sauf en décembre). Repas marcaire. Terrasse. Vente de plats à emporter (sur commande préalable).

La ferme-auberge de la famille Baumgart vaut le déplacement car sa vue sur le Tannet, le Hohneck et le Falimont est grandiose ! Le cadre est rustique mais sans excès et, surtout, la table est généreuse ! Ici, le menu marcaire remporte toujours un franc succès : potage, tourte de la vallée, roïgabrageldi et munster. Au dessert, place au siaskass : ce fromage blanc au kirsch est tout simplement irrésistible. Les portions sont gargantuesques, mais rien ne vous empêche de partager à plusieurs une assiette de charcuteries et de fromages en guise de mise en bouche !

AUBERGE DU TANET « SEESTAEDTLE » €€

Lieu-dit « Seestaedtlé » ✆ 03 89 77 41 42
www.aubergedutanet.com

Membre des Chefs d'Alsace. Fermé lundi et mardi. Menus : 23,50 €/38 €. PDJ sur réservation. Terrasse. Vente à emporter.

Aménagée dans l'ancienne marcairie du Seestaedlé au bas des pistes de ski du Tanet, cette auberge décorée dans un esprit chalet séduit par ses mets bistronomiques. Le Chef Patrick Kempf met en lumière les produits locaux d'une manière originale et savoureuse. Pour vous mettre en appétit : ballottine de poulet fermier et foie gras de canard au gewurztraminer ou cannelloni de brochet et truite rose en sauce crémeuse au vin blanc. En résumé : c'est 100 % roots et chic, d'où super crush !

MUHLBACH-SUR-MUNSTER

Le nom de ce village provient d'un ruisseau qui prend sa source sur le versant sud du Tannkoepflé. Sa fondation remonte à l'an 896. Muhlbach fit partie de la Communauté de la Ville et du Val de Munster fondée en 1235. C'est aussi à Muhlbach que naquit, en 1575, Johann Carolus qui fonda le tout premier journal imprimé au monde ! Téléchargeable sur le site de la mairie, un circuit balisé permet de découvrir plus en détail l'histoire et le patrimoine de Muhlbach-sur-Munster. Depuis le village, on peut s'élancer à pied ou en VTT sur divers sentiers de randonnée menant, par exemple, au Braunkopf, au Gaschney, au Hohneck et au lac du Schiessrothried.

MUSÉE DE LA SCHLITTE ET DES MÉTIERS DU BOIS

11, rue de la Gare ✆ 03 89 77 61 08
www.vallee-munster.eu

7 jours/7 du 1/07 au 31/08, le dimanche en septembre : 14h30-18h. Sur RDV hors saison. 3,50 €/adulte. Enfant : 1,50 €.

Grande luge montée sur de longs patins, la schlitte était jadis utilisée pour transporter les grumes et le bois de feu à travers la forêt. Ce petit musée est dédié à la pratique du schlittage et aux métiers du bois : bûcheron, cuvelier, sabotier, tourneur, menuisier, charretier... À découvrir sur place, des schlittes certes, mais aussi divers outils et instruments menacés de tomber dans l'oubli. Ils sont sauvegardés ici grâce à la passion d'une équipe de bénévoles fort dynamiques !

CHALET ANDASKA***** €€€

Lieu-dit Altmatt ✆ 06 81 21 59 84
www.lamarcairie.fr

Gîtes de France (4 épis). 12 personnes (235 m², 5 chambres). Nuit à partir de 420 €. Terrasse. Sauna, bain bouillonnant.

Le Chalet Andaska incarne à merveille la tendance rustique chic en matière d'hébergement haut de gamme. Niché sur les hauteurs de Muhlbach (panorama de dingue à 360 degrés), ce gîte 5 étoiles conçu pour héberger jusqu'à 12 personnes s'avère à tout point incomparable. Larges baies vitrées, décoration sobre et chaleureuse, superbe foyer à bois scandinave, grands canapés design, équipement home cinéma, chambres et salles de bains incommensurablement douillettes, espace wellness avec sauna, bain bouillonnant et massages, service traiteur et même… chef à domicile !

LES CHALETS PERCHÉS***** €€€

Lieu-dit Altmatt ✆ 06 18 71 37 67
www.leschaletsperches.fr

3 gîtes pour 8/14 personnes (adultes et enfants). À partir de 2 200 €/semaine. Terrasse. BBQ. Sauna, bain bouillonnant.

Le grand luxe au sommet des Vosges ! Ces trois chalets sont certes rustiques dans leur conception mais leur décoration et leurs aménagements sont, quant à eux, résolument contemporains. Constructions neuves, superbes matériaux éco-compatibles, mobilier et sanitaires ultra design, équipements électroménager et high-tech dernier cri, prestations annexes *ad hoc* : cheminée, sauna Klafs, bain bouillonnant extérieur, produits de toilette estampillés L'Occitane, « dortoir montagnard » et espace extérieur dédié aux enfants… Exceptionnel à tous points de vue !

LA MARCAIRIE***** €€€

Lieu-dit Altmatt ✆ 06 81 21 59 84
www.lamarcairie.fr

Gîtes de France 4 épis. Pour 12 personnes (235 m², 5 chambres). Tarifs sur demande. Terrasse. Bain bouillonnant, sauna.

Ce chalet est le lieu idéal pour organiser des retrouvailles familiales ou amicales inoubliables car il peut héberger jusqu'à 12 personnes. Sa conception tout en bois lui confère une ambiance hautement chaleureuse, renforcée par la présence d'une belle cheminée. Sa décoration tout comme ses équipements en font une villégiature d'exception. Ajoutez à cela, sur réservation : petit déjeuner, dîner privé concocté sur place par un chef, service traiteur avec livraison directe au chalet, massages et soins, programme de fitness et coaching sportif. En résumé : sublime !

AUBERGE DU BRAUNKOPF €

203, route du Gaschney ✆ 03 89 77 60 53
www.aubergedubraunkopf.fr

Ouvert du 1er février au 19 décembre 2022. Fermé lundi soir, jeudi. Menu Marcaire, choucroute, tarte flambée. Terrasse.

Aux commandes du Braunkopf depuis cinq générations, la famille Wodey vous accueille avec le sourire et vous régale de plats généreux préparés à partir de produits 100% frais ! Il est d'ailleurs fortement conseillé de commander à l'avance votre menu : choucroute aux cinq viandes, baeckaoffe, poulet fermier au riesling et autre pot au feu sont mitonnés avec amour ! Parmi les autres spécialités de la maison, il y a bien évidemment le traditionnel repas marcaire (servi avec ses roïgabrageldis et son collet fumé), mais aussi le fameux « munster coiffé » !

PERLE DES VOSGES €€

22, route du Gaschney ✆ 03 89 77 61 34
www.perledesvosges.net

Logis Restaurant Savoureux. Menus de 27 € à 69 €. Vente à emporter. Terrasse. Logis Hôtel Essentiel. Sauna, hammam.

Lové dans un écrin boisé, cet établissement mérite bien son nom car c'est une authentique perle hôtelière ! Son restaurant La Châtaigneraie (Bib Gourmand Michelin) est le fief du Maître Restaurateur Ernest Benz, ex-disciple d'Alain Ducasse. Ce super chef fait merveille en cuisine avec des produits frais et locaux. Épicurienne en diable, la carte du restaurant est branchée *nature*, tout comme l'ensemble de l'hôtel (40 chambres, 5 suites et spa avec sauna, hammam) qui est équipé de panneaux solaires pour répondre à la majeure partie de ses besoins en électricité.

BRASSERIE DU MARCAIRE

8, rue de la Gare
✆ 06 74 67 23 04

Lundi, mardi, jeudi et vendredi : 14h-17h. Samedi : 9h-12h. Visite guidée sur RDV. Paniers garnis, coffrets cadeaux.

Biérophile avertie et entrepreneuse dynamique, Bérangère Thomen est la créatrice de cette jeune brasserie, laquelle propose des bières artisanales qui sont, à son image, pleines de caractère : Blonde des Chaumes, Ambrée du Chamois, Blanche des Pâturages et autres brassins éphémères. À déguster sur place et/ou à acheter au terme d'une visite commentée des lieux. Vous trouverez également les bières de la Brasserie du Marcaire à l'épicerie Au Brin de Paille à Colmar. Nul doute que cette petite brasserie unique en son genre n'a pas fini de faire parler d'elle !

METZERAL

Fondée en 817, Metzeral est la plus ancienne cité de la vallée de Munster. Son nom proviendrait du terme latin *macerolia* qui signifie « petit mur de clôture en pierres sèches ». Ce muret est reproduit sous la forme de pierres d'argent maçonnées de sable sur le blason de Metzeral. La localité s'enorgueillit de quelques beaux édifices, parmi lesquels on peut citer l'église de l'Emm (érigée sur la colline du même nom) qui est un lieu de pèlerinage séculaire dédié à la Vierge Marie. Connue aussi pour son eau de source de montagne Valon, Metzeral est par ailleurs un grand centre d'excursion vers la Vallée de la Wormsa et le massif du Hohneck.

LE HOHNECK ★★

www.vallee-munster.eu

Randonnées libres ou accompagnées. Infos, itinéraires téléchargeables sur site web de l'OT de la Vallée de Munster

À 1 363 mètres d'altitude, le Hohneck domine largement la plaine d'Alsace ! Troisième massif des Vosges, il se partage entre un versant ouest lorrain (dont il est le point culminant) et un versant est alsacien. On peut y accéder par la Route des Crêtes qui traverse le Grand Ballon. Si quelques troupeaux de chamois y ont trouvé refuge, les skieurs prennent possession des lieux quand la neige s'étend sur la station de ski de La Bresse Hohneck. Divers itinéraires de randonnée sont aussi accessibles aux marcheurs de tous niveaux, en version libre ou accompagnée.

AUBERGE DU KASTELBERG €

Route des Crêtes ✆ 03 89 77 62 25

www.kastelberg.fr

Ouvert de mi-avril à mi-octobre. Fermé le lundi sauf les jours fériés. Menu marcaire. Terrasse. Vente à emporter.

Bonjour veaux, vaches, cochons et… chamois ! Gérée par la famille Wehrey depuis 7 générations, cette auberge implantée sur la route des Crêtes dispose d'une vaste terrasse et d'une superbe salle rustique. Ici, le traditionnel menu marcaire est plantureux : tourte avec salade, roïgabrageldi (lamelles de pommes de terre cuites exclusivement sur les braises), collet fumé, munster et, pour finir, tarte maison ou fromage blanc au kirsch. On peut aussi acheter des produits de la ferme (munster, bargkass, collet fumé…). Voici une adresse vraiment très chouette !

LES COCOTTES À MIMI €

Kolbenwasen

✆ 06 38 82 09 44

Horaires sur Facebook. Réservation recommandée. Spécialités, raclette, tartes flambées. Terrasse. Vente à emporter.

Cette adorable adresse est un très chic mix de ferme auberge et de refuge montagnard. En hiver, la salle de restauration de cette ancienne marcairie est réchauffée par un poêle à bois. Michelle mitonne des petits plats 100 % faits maison avec des produits issus de son élevage de volailles, de son jardin et de producteurs locaux. Salades folles, burgers gourmands, soupes, foie gras, spécialités volaillères et tartes aux fruits de saison… Elle organise aussi des événements fort courus, notamment la Barikilbe en juin : apéro concert, grillades... et thé dansant !

FERME-AUBERGE UFF RAIN €

Lieu-dit Uff Rain

✆ 03 89 77 67 68

Ouvert de fin avril au 1er novembre. Fermé mardi soir et mercredi. Réservation recommandée. Terrasse. Vente à emporter.

Nichée à 1 180 mètres d'altitude à proximité du col du Platzerwasel, cette ferme-auberge bénéficie d'un superbe panorama sur les crêtes vosgiennes et la Vallée de Munster, qu'on peut admirer depuis sa grande terrasse. Ici, le repas marcaire est de règle, mais, le soir, place aux fleischnaka, gratin de munster et autre raclette fermière. Attention, la réservation est plus que recommandée ! Bien vu : les enfants profitent en toute sécurité d'une belle aire de jeux extérieure. Vente directe de produits fermiers : fromages, charcuteries et autres spécialités maison.

SONDERNACH

Étymologiquement parlant, le nom de Sondernach est issu de l'expression alémanique *zur sundern Ach* qui signifie « auprès du ruisseau sud de la vallée ». À l'entrée du village, on découvre l'église votive Notre-Dame-des-Neiges en grès rose des Vosges qui fut construite en 1928. Elle est dédiée à la mémoire des soldats français tombés pendant la guerre de 1914-1918. Et pour cause : la route qui monte vers les crêtes et le Markstein en passant par le col du Platzerwasel (1 183 m) est un ancien axe stratégique construit en 1915 par les Français. Il y a aussi le square nommé Anne-Aymone après la venue à Sondernach de Mme Valéry Giscard d'Estaing en 1976.

LOCATIONS DES 3 SOMMETS €€

15, rue Principale ✆ 06 80 27 28 38
http://locationsdes3sommets.fr
4 gîtes pour 4 à 14 personnes. Tarifs détaillés : voir site web. Sauna. Barbecue. Pétanque. Trampoline. Balançoire.

Ces quatre appartements de vacances sont aménagés au sein d'une vaste demeure de caractère entièrement rénovée et décorée avec un goût très sûr. Vous avez le choix entre Le Hohneck (14 personnes), Le Petit Hohneck (10 personnes), Le Schnepf (4 personnes) et Le Petit-Ballon (8 personnes). Les équipements intérieurs sont de belle qualité avec notamment un espace wellness avec un sauna aménagé dans une cave voûtée. À l'extérieur, il y a un terrain de pétanque, un trampoline, une balançoire, un espace BBQ, un parking pour les voitures et un garage pour les motos.

MAISON D'HÔTES DU LANDERSBACH €€

5, rue du Landersbach ✆ 06 62 18 32 35
www.chambresdhotesvalleedemunster.com
5 chambres d'hôtes. Gîtes de France (3 épis). Tarifs sur demande. Terrasse. Table d'hôtes. Parking gratuit.

Retraité de la marine nationale, Jean-Marie Ferreira a jeté l'ancre à Sondernach pour réaménager un vieil hôtel érigé en 1921. La décoration fait la part belle à de multiples éléments chinés et restaurés avec passion par Jean-Marie. Outre 5 chambres décorées de manière fort bucolique, les lieux intègrent un salon prolongé par un espace à manger (table d'hôte sur réservation) assorti d'un poêle à bois. Dans le jardin, une agréable terrasse invite à lézarder langoureusement au soleil !

AUBERGE DU RAEDLÉ €€

Chemin Raedlé
✆ 03 89 77 64 64
Fermé lundi soir, mardi soir et mercredi. Basse saison : ouvert uniquement samedi et dimanche. Terrasse. Gîte (4 pers).

Cette sympathique auberge se niche dans un cadre bucolique entouré par les cols du Klinzkopf, de Platzerwasel et de la Lauch. L'une des spécialités de la maison, ce sont les fleischschnaka (escargots de pâte à nouille fourrée de viande). Il y a aussi la soupe à la farine torréfiée dont le goût est très original. Et que dire du bœuf gros sel et des cordons bleus qui sont tout aussi savoureux ! L'Auberge du Raedlé est très fréquentée car c'est une véritable institution dans la Vallée de Munster. Mieux vaut donc penser à réserver, surtout si vous venez en nombre !

LE PANORAMIC €€

Lieu dit Schnepfenried
✆ 03 89 77 75 30
https://fr.restaurant-le-panoramic.fr
Horaires d'ouverture cf site web. Carte et suggestions. Terrasse. Vente à emporter. Borne de recharge vélos électriques.

Toute l'année (sauf en avril), Le Panoramic vous accueille dans un cadre idyllique avec son étang, sa grande terrasse et sa belle salle tout de bois et de verre vêtue. Le chef vous régale de salades composées et d'excellents plats de bœuf : faux-filet vintage beef, Panoramic Burger, tartare au couteau... Il y a aussi les suggestions du jour et le fameux *Chaporamix*, mix de grillades de bœuf, veau, blanc de poulet et magret de canard servi avec un bouillon de légumes. Petite faim ? Vive les tartes flambées, tartes aux fruits et autres crêpes salées ou sucrées !

FORM'AVENTURES

Station du Schnepfenried
✆ 07 81 90 03 57
www.formaventures.com
9 parcours accrobranche. Ouvert à partir de début mai. Horaires et tarifs cf site Web. Petite buvette. Yourte chauffée.

Envie de prendre du bon temps en plein air avec vos enfants ? Implanté au pied des pistes de ski du Schnepfenried, le Parc Form'Aventure propose 11 parcours d'accrobranche pour petits et grands, 100 % sécurisés avec le système suisse Saferoller. Il y a aussi L'Arbre ce Héros, un parcours sur le thème des arbres au cours duquel on s'oriente avec un Road Book, un GPS et une carte. Autres activités proposées : tir à l'arc, mini olympiades (tir à la carabine laser, course en sac...), sortie en raquettes à neige, marche nordique, randonnée à pied, en VTT ou VTT eBike.

YOUK VALLEY

Col du Platzerwasel ✆ 06 36 90 07 01
http://youk-valley.fr
Balades en traîneau et en kart + musher. Toute l'année sur réservation. À partir de 37 €/adulte, 30 €/enfant - 10 ans.

Découvrez les forêts enneigées des Vosges sous la houlette du musher professionnel Morgan Bachmann. Diverses formules vous sont proposées. Visite d'initiation, baptême d'une 1/2 heure, excursion d'une heure ou d'une 1/2 journée. Vous apprendrez comment le musher prépare son attelage et partagerez des moments inoubliables en compagnie de superbes chiens dans le cadre féerique d'une nature hivernale majestueusement drapée dans son grand manteau blanc. Le reste de l'année, Morgan troque son traîneau pour un kart spécialement adapté à son attelage de chiens nordiques.

HAUT-RHIN

MITTLACH

Fondée en 1741, Mittlach est la plus jeune localité de la vallée de Munster. Elle s'est développée grâce à l'immigration de bûcherons en provenance du Tyrol, de la Forêt-Noire et de Suisse. Le blason de Mittlach rend hommage à ces fiers pionniers avec une hache plantée de chaque côté d'un tronc. Plus près de nous, l'église du village, dédiée à l'Immaculée Conception, fut bénie le dimanche de Pentecôte 1929. Mittlach présente aussi 2 curiosités : la grotte de Lourdes (1922) destinée à remercier la Vierge d'avoir épargné le village durant la Première Guerre mondiale et le chalet *Mayerling* où fut tourné (en 1948) *le Secret de Mayerling* avec Jean Marais !

MUSÉE DE L'AMBULANCE ALPINE

9, rue Raymond Poincaré
✆ 03 89 77 61 53
www.mittlach.fr

D'avril à novembre, ouvert les week-ends de 14h à 18h. Entrée : 2 € (gratuit - 16 ans). Visite de groupe sur demande.

Inauguré le 11 juillet 2015, ce musée est unique en son genre. Il est l'œuvre d'une association de bénévoles désireux d'apporter un éclairage inédit sur la vie dans la vallée de Munster pendant le premier conflit mondial. Pour mémoire, Mittlach fut le seul village de la vallée à être resté français pendant la Première Guerre mondiale. Lorsque le front s'est fixé entre Metzeral et Muhlbach, la mairie-école de Mittlach fut transformée en *ambulance*, à savoir un hôpital de campagne. Le terme « ambulance » pour définir le véhicule d'évacuation est plus tardif. C'est donc en ces lieux que furent soignés les soldats et civils blessés de juillet 1915 à 1918, car l'Ambulance Alpine 301 de Mittlach a fonctionné jusqu'à la fin du conflit. Intelligemment restaurée, la mairie de Mittlach accueille aujourd'hui une installation muséale complétée par un sentier de mémoire installé par la CCVM et le Club Vosgien de la vallée de Munster. Ce circuit est balisé par 10 bornes renvoyant à un livret-guide trilingue et 9 panneaux explicatifs placés tout au long des 10 km de la balade. Il relie les communes de Mittlach et Metzeral et raconte la vie des combattants comme des civils durant cette funeste période. Le livret-guide est disponible à l'Office de tourisme de la Vallée de Munster, à la CCVM ainsi que dans les mairies de Metzeral et Mittlach. Les randonneurs peuvent également télécharger l'application gratuite Front des Vosges 14-18 pour suivre la balade depuis leur smartphone ou leur tablette.

LES BALADES SONORES DE JIM PETIT

Rue Erbersch ✆ 06 95 41 52 29
www.jimpetit.com

De juin à novembre, mercredi et week-end de 14h à 17h, uniquement sur réservation, groupes de 4 à 9 pers. Adulte : 10 €.

Lauréat du challenge touristique 2019, Jim Petit vous invite à faire une balade dans les bois de Mittlach. Sur réservation, vous découvrirez la Grotte de la Vierge et la falaise du Kiwi en écoutant, casque audio sur les oreilles, une œuvre originale composée par Jim Petit au fil de ses pérégrinations passées. Il suffit de télécharger l'application smartphone dédiée pour entendre le bruit du vent, le chant d'un enfant, des gazouillis d'oiseau et bien d'autres sons de la nature...

FERME AUBERGE DEYBACH €€

Lieu-dit Schnepfenried ✆ 03 89 77 61 61
www.ferme-auberge-deybach.fr

Ouvert du jeudi au mardi de 9h à 21h. 3 menus du jour. Terrasse. Vente à emporter. Chalet (9 pers) dès 560 €/semaine.

Cadre montagnard tout de bois revêtu : on s'attable ici dans une ambiance chaleureuse pour savourer en toute décontraction les plats plantureux de la famille Deybach. Repas marcaire, choucroute garnie, munster coiffé, côtelettes Grand-Mère et autres bouchées à la reine. La famille Deybach propose également des produits faits maison à emporter : lard, jambon cru, presskopf, metwurst, fromage de munster, bargkass, crème, beurre… Bon à savoir : la famille Deybach loue (semaine ou week-end) un chalet parfaitement équipé pour accueillir jusqu'à 9 personnes.

HÔTEL-RESTAURANT LE VALNEIGE €€

21, rue Principale ✆ 03 89 30 59 44
http://hotelrestaurantvalneige.fr

Ouvert du jeudi au lundi midi et soir. Menu du midi 13 €. Terrasse. Soirées thématiques. Chambre double dès 65 €.

Cet établissement associe boiseries et mobilier contemporain côté restaurant avec une ambiance plus roots côté brasserie. D'un espace à l'autre, les mets proposés ont de quoi satisfaire les gourmets comme les gourmands. Presskopf vinaigrette, filet de bœuf au pinot noir, tête de veau pané, fondue aux 3 viandes ou à la tomme des Vosges, planches de charcuteries et de fromages, flammekueche, il y en a pour toutes les faims ! À noter : le Valneige dispose de 9 chambres chic et cosy.

COLMAR

Ancienne ville libre du Saint Empire romain germanique, Colmar tire son nom du latin *Colombarium* (colombier). Elle fut intégrée à la prestigieuse Décapole d'Alsace au XIVe siècle. Elle compte aujourd'hui environ 70 500 habitants, une population marquée par un fort rajeunissement avec un indice de vieillissement de 1 personne de 65 ans ou plus pour 76,6 habitants de moins de 20 ans. Colmar est une ville réputée pour la qualité de son cadre de vie : labellisée « Ville Fleurie », elle a, outre ses 4 fleurs déjà acquises, obtenu le prix d'excellence « Fleur d'Or 2021 ». Elle bénéficie aussi de la distinction « Commune nature » (2 libellules). Son centre historique, typiquement alsacien, est de toute beauté avec ses maisons à colombages, ses bâtiments Renaissance et son fameux Musée Unterlinden. Ville natale du sculpteur Auguste Bartholdi, créateur de la statue de la Liberté de New York, Colmar est aussi la capitale des vins d'Alsace !

SE REPÉRER SE DÉPLACER

Colmar est une ville comme on les aime, à taille humaine, sans embouteillages, où la courtoisie est de mise. Voici une bonne dizaine d'années déjà que cette commune dynamique met en œuvre différents moyens efficaces pour favoriser la mobilité douce. Il en va ainsi du réseau TRACE (TRAnsports de Colmar et Environs), qui propose 12 lignes régulières urbaines, 7 lignes interurbaines, une navette électrique gratuite (dans le centre-ville de Colmar), un service de transport à la demande (FlexiTrace) et un service 100 % adapté au transport des personnes à mobilité réduite (TraceMobile). Les amoureux de la petite reine ont à leur disposition plus de 40 km (6 circuits cyclables touristiques) pour se déplacer en toute sécurité, avec leur propre vélo ou bien un deux-roues loué pour quelques heures et plus si affinités. Enfin, si besoin est, plusieurs agences de location de voiture proposent des services fiables et sans mauvaises surprises !

AÉROPORT DE COLMAR-HOUSSEN

43, route de Strasbourg
✆ 03 89 20 22 90
www.colmar.aeroport.fr

Aéroport d'affaires. Plate-forme pour les sports aériens : vol moteur, vol à voile, ULM, parachutisme, aéromodélisme.

Pas question d'effectuer un Colmar-New York depuis ce petit aéroport régional ! Mais il accueille les voyageurs d'affaires, le transport de marchandises et l'école d'aviation de loisir. Diverses associations sont aussi présentes sur son site : aéromodélisme, vol à voile, vol moteur, parachutisme, ULM. L'Aéroclub de Colmar assure ainsi la formation au brevet de pilote privé et la société AUL Formation propose une formation de pilotage d'ULM de classe 3 multi-axes.

GARE SNCF

9, place de la Gare
✆ 36 35
www.garesetconnexions.sncf

Ouvert du lundi au vendredi 5h-00h30 ; le samedi 5h30-00h30 ; le dimanche et les jours fériés 6h30-00h30.

Construit au début du XXe siècle, le bâtiment de la gare de Colmar est classé Monument historique. Son beffroi d'une hauteur de 36 m donne une allure unique à l'édifice. La grande ligne du TER Grand Est, Bâle-Strasbourg, opère toutes les demi-heures, vous pourrez également vous rendre dans la vallée de Munster, ou dans de multiples villages de la région. La gare de Colmar est une gare TGV, avec des liaisons directes pour Paris et les grandes villes. Vous y trouverez un corner de petite restauration et un Relay pour acheter de quoi lire dans le train !

BLACKSHEEP-VAN ALSACE

2, rue des Artisans - **SUNDHOFFEN**
✆ 09 51 38 88 15

Du lundi au vendredi 9h-18h30, sur RV le week-end. Location : à partir de 79 €/jour/2 pers., 119 €/jour/4 pers.

BlackSheep-Van vous invite à sillonner les routes d'Alsace au volant d'un camper-van ou un mini-bus. Ces véhicules offrent jusqu'à 6 couchages et sont dotés d'un bon équipement avec kitchenette, réchaud, mini frigo, douches, WC. Avouez que c'est une idée originale pour s'évader le temps d'un week-end ou plus pour découvrir l'Alsace en toute indépendance. L'agence propose aussi des bureaux mobiles parfaitement équipés (imprimante, wifi, rétroprojecteur...) pour vos déplacements professionnels. Un concept inédit adapté aux nouveaux modes de travail à distance !

COLMAR VÉLO - VÉLO DOCTEURS

9, place de la Gare
✆ 03 89 41 37 90
www.velodocteurs.com

Du mardi au samedi : 9h-12h, 14h-17h30. Location 1/2 journée : de 6 €/enfant à 22 €/E-Bike. Location mensuelle : 24 €.

Toute l'année, Colmar Vélo loue des vélos de ville, des VTC, des VAE et des vélos pour enfant, à la demi-journée et plus si affinités. Votre fier deux-roues vous est fourni avec antivol, panier et casque sur demande, mais aussi, pourquoi pas, une remorque enfant. Vous pouvez également louer des vélos au mois, une formule idéale en été. Bien vu : un atelier associatif d'auto-réparation est à votre disposition (sur rendez-vous) si vous possédez votre propre vélo !

À VOIR / À FAIRE

Visiter Colmar est un pur plaisir en toute saison : il se passe toujours quelque chose dans la belle cité natale d'Auguste Bartholdi. Celle-ci regorge de possibilités pour partir à la découverte de sa vieille ville, de ses quartiers animés, de ses environs enchanteurs et de la Route des Vins émaillée de villages ô combien pittoresques. Il y en a vraiment pour tous les goûts et tous les budgets. Colmar peut se visiter à pied en version libre ou sous la houlette de guides mandatés par l'Office de tourisme, avec un gros coup de cœur pour les circuits nocturnes qui révèlent la ville de manière inédite grâce à des jeux de lumière somptueux. On peut aussi monter à bord d'un bus cabriolet à toit ouvrant, voguer au fil de l'onde sur une barque, embarquer dans un petit train touristique, louer un vélo électrique, opter pour un circuit gourmet dans un van confortable ou, pourquoi pas, enfourcher un Solex !

OFFICE DE TOURISME DE COLMAR

Place Unterlinden
✆ 03 89 20 68 92
www.tourisme-colmar.com
Du lundi au samedi : 9h-18h (17h de janvier à mars). Dimanche : 10h-13h. Boutique. Forfaits séjours. WiFi gratuit.

L'Office de tourisme colmarien est situé à côté de l'extension du Musée Unterlinden. Il propose un grand choix de brochures (aussi téléchargeables sur le web) : hébergement, gastronomie, animations culturelles, loisirs, à Colmar et dans sa région. Côté boutique, on trouve des beaux livres, des cartes postales, des guides touristiques et autres cartes de randonnée. N'hésitez pas à consulter le site web de l'OT : il est régulièrement mis à jour. Sur place, WiFi gratuit.

L'ALSACIETTE

✆ 07 71 74 45 80
www.alsaciette.com
Balades toute l'année. Infos et réservations 7j/7 de 8h à 20h. Circuit dès 79 €/adulte. Marchés de Noël : 119 €/adulte.

Convivialité, gourmandise, partage et 100 % local : L'Alsaciette vous invite à sillonner la région à bord de ses vans (8 passagers) durant une demi-journée ou une journée. Envie de musarder sur la Route des Vins et de savourer au passage de délicieuses spécialités alsaciennes ? Optez donc pour le *Food Tour Vignoble* ! L'Alsaciette organise aussi des escapades dans la belle Vallée de Munster où d'autres bonnes dégustations vous attendent. En décembre, L'Alsaciette vous entraîne au cœur des plus beaux marchés de Noël du coin, avec, en tête de liste, celui de Colmar !

KUT'ZIG

Place de la Gare
✆ 03 89 24 76 65
www.kutzig.fr
Bus cabriolet à ciel ouvert pour sillonner la Route des Vins. Horaires : cf site web. Tarif : 15 €/adulte, 10 €/enfant.

Envie de sillonner la Route des Vins cheveux au vent ? Ce bus à ciel ouvert (son toit vitré est rétractable) effectue une boucle qui passe par Ribeauvillé, Hunawihr, Riquewihr, Kaysersberg Vignoble, Turckheim, Eguisheim et Vœgtlinshoffen. Valable toute la journée, le ticket permet de découvrir les mille et une facettes du vignoble alsacien (bonnes caves, restaurants…). Élaboré par les offices de tourisme de l'Alsace Essentielle et du Pays de Colmar, un carnet de voyage vous est offert, le tout assorti d'une application mobile interactive et gratuite.

VADROUILLE SOLEX

44, rue de la Semm
✆ 06 59 01 26 45
Ouvert d'avril à fin octobre : samedi et dimanche de 9h à 18h. Tarifs et devis sur demande. Bons cadeaux.

Benoît Graff loue des des Solex amoureusement retapés par ses soins ! Il vous présente ses deux-roues vintage dans une grange joliment restaurée qui lui sert de bureau de location. Solex 1010, 2200, 3300 et 3800, tous sont équipés de rétroviseurs et klaxons. Certains sont munis de sacoches et de sièges enfants. Benoît propose un service de location libre (pour 2, 4 ou 8 heures) et endosse avec bonne humeur le rôle de guide pour les groupes à partir de 6 personnes. Le tarif comprend l'assurance, l'essence, un casque, des gants et un antivol. Devis sur demande.

LE VÉLO LIBRE

37, rue Turenne

www.levelolibre.fr

Location de vélos à assistance électrique en libre-service, 7 jours/7, de 6h à minuit. Réservation uniquement en ligne.

Envie de découvrir Colmar et ses environs en VAE ? Commencez par surfer sur le site web levelolibre.fr. Ensuite, vous choisissez la date de location, le nombre de vélos souhaités et, le cas échéant, les options voulues. Une fois la location validée, il ne vous reste plus qu'à vous rendre au local où sont entreposés les VAE : vous y accédez grâce à un code reçu par email et les vélos se déverrouillent ensuite automatiquement ! C'est simple, pratique et sécurisant : chaque deux-roue est loué avec un casque, un gilet jaune, un panier et un support pour smartphone.

VISITE NOCTURNE DE COLMAR

Place Unterlinden

✆ 03 89 20 68 92

www.tourisme-colmar.com

Dates/horaires variables selon le mois.
7 €/adulte, 5 €/enfant (12-18 ans).
Infos et réservations à l'OT de Colmar.

Découvrir Colmar la nuit, c'est magique ! L'office de tourisme organise des visites guidées pédestres (1h15 environ). La plus ensorcelante est sans nul doute « La magie de Noël » qui dévoile une partition de rêve rythmée par les contes et légendes d'Alsace au détour de ruelles typiques. Il y a aussi « La féerie des lumières » qui révèle l'extraordinaire richesse du patrimoine colmarien par le biais de subtils éclairages. Parfait pour (re) découvrir Colmar de manière totalement... lumineuse !

VISITES GUIDÉES ★

Place Unterlinden

✆ 03 89 20 68 92

www.tourisme-colmar.com

Informations et tarifs à l'Office de tourisme de Colmar. Calendrier des visites guidées téléchargeable sur le site web.

L'office de tourisme de Colmar propose de multiples programmes de visites passionnantes tout au long de l'année. Sous la houlette d'un guide professionnel, vous découvrirez les arcanes de la vieille ville, ses lieux insolites et ses coins secrets, les significations de ses enseignes, le quartier allemand (1870-1918), les légendes alsaciennes, le marché de printemps et la magie de Noël, ou encore la féerie des lumières au cours d'une balade nocturne ! Informations, réservations et programme détaillé des visites guidées : consultez le site web de l'OT de Colmar.

CARROUSEL 1900

9, avenue de la République

✆ 03 89 29 64 39

Ouvert du mercredi au lundi de 14h à 19h.
5 €/5 places. Café, petite restauration Aux Délices du Carrousel. Terrasse.

Ce carrousel (le plus grand du genre de France) présente des fresques peintes à la main, des reproductions d'affiches 1900 et des tableaux décrivant la vie de Colmar à l'époque de la construction du manège. Sous sa galerie circulaire protégée, on virevolte en se riant des caprices de la météo. Ce jouet de rêve grandeur nature côtoie Les Délices du Carrousel, un kiosque à l'ancienne qui propose des boissons fraîches ou chaudes, des crêpes et des gaufres, des glaces artisanales ou à l'italienne, ainsi qu'un bel assortiment de bonbecs et autres sucreries !

LE CHAMP DE MARS

Boulevard du Champ de Mars

www.tourisme-colmar.com

Gratuit, accessible toute l'année.

Lors de votre passage à Colmar, il faut absolument prendre le temps d'arpenter le Champ-de-Mars, précieux poumon vert implanté au cœur de la cité natale d'Auguste Bartholdi ! Aménagé entre le boulevard du même nom et l'avenue de la République, c'est un authentique havre de paix où l'on adore flâner. À l'origine, ce lieu incontournable fut tout d'abord une promenade publique avant d'être transformé, en 1793 (aspirations révolutionnaires oblige), en un terrain d'exercices militaires et une place de fête rebaptisée « Champ-de-Mars ». Au cours du XIXe siècle, ce parc d'agrément a pris progressivement sa forme actuelle, avec ses vastes allées dont la disposition rappelle... une croix de la Légion d'honneur ! La partie nord est devenue la place Rapp lors de l'installation officielle de la statue du général Rapp en 1856. De nos jours, c'est un enchantement d'arpenter le Champ-de-Mars au fil des saisons. Pendant la saison estivale, on aime venir s'y retrouver entre amis ou en famille. Les parents bouquinent sur la pelouse pendant que les enfants s'ébattent en maillot de bain sous les jets d'eau de la fontaine de l'Amiral Bruat. Des adeptes du roller viennent parfois s'adonner à quelques démonstrations publiques. Un carrousel 1900 ainsi qu'un petit square avec toboggan et balançoires font le bonheur des bambins. En hiver, sa périphérie accueille une patinoire éphémère, diverses animations de Noël et un marché aux sapins très apprécié des Colmariens car ils peuvent y accéder en voiture pour charger le roi des forêts dans leur coffre !

CHOCO-STORY

12, place de la Cathédrale

✆ 09 88 99 44 30

www.choco-story-colmar.fr

Mercredi à dimanche : 10h-18h (7 j/7 vacances scolaires). Adulte 10 €. Enfant (6-11 ans) 7 €. Billetterie en ligne.

Après Bruges, Bruxelles, Paris, Prague, Uxmal, Valladolid et Beyrouth, la famille Van Belle rend hommage à la tradition chocolatière alsacienne au sein d'un superbe musée aménagé au cœur de la vieille ville colmarienne. C'est un lieu fantastiquement dépaysant qui se déploie sur sur 1 200 m^2 répartis sur 2 étages. La visite (1h30) se déroule au gré de 18 salles qui dévoilent les arcanes du chocolat de ses origines à nos jours. Dûment équipés d'un audioguide en 4 langues (français, allemand, anglais, chinois), les visiteurs découvrent ainsi les grandes époques de l'histoire du chocolat depuis 5000 ans, au fil d'un parcours émaillé de films, de projections 3D et de multiples bornes interactives. Faune et flore, temple du Dieu Quetzalcoatl, caravelle espagnole, jeu du Moussoir, spectacle son et lumière avec une statue de la Liberté réalisée entièrement en chocolat (2 mètres de haut, 300 kg !) au Cabaret-Show, démonstration virtuelle sur écran géant de 10 m avec 3 chocolatiers, ateliers où petits et grands peuvent fabriquer leur propres créations en chocolat… Il y a aussi une magnifique collection de 500 objets liés à l'univers du chocolat au fil des siècles. En fin de parcours, on découvre le savoir-faire de 80 chocolatiers alsaciens par le biais d'une ingénieuse cartographie et de passionnantes vidéos. Choco-Story offre ainsi une expérience immersive tout à fait inédite qui peut se conclure par l'achat de délicieuses spécialités cacaotées et autres ouvrages ou plaques émaillées dans la boutique aménagée au rez-de-chaussée.

ÉGLISE DES DOMINICAINS ★★

Place des Dominicains

✆ 03 89 20 68 92

www.tourisme-colmar.com

Ouvert tous les jours sauf le 1er mai et le 25 décembre. Entrée adulte : 2 €. Enfant : 1 €.

Cette église de style gothique fut construite entre 1283 et 1346. Initialement associée au couvent des Dominicains, elle hébergea longtemps la bibliothèque municipale colmarienne. Cet édifice avait pour ambition de faire ressentir un sentiment de grandeur. L'église des Dominicains est une sorte de grand vaisseau à plafond de bois illuminé de vitraux du XIVe siècle. Il s'agit de l'une des plus belles réalisations de l'ordre mendiant. La pièce maîtresse de la visite est, sans conteste, le fameux tableau de Martin Schongauer : *La Vierge au buisson de roses* (1473).

LES DOMINICAINS - BIBLIOTHEQUE PATRIMONIALE

1, place des Martyrs de la Résistance
✆ 03 89 41 07 02
https://dominicains.colmar.fr/
Jours et horaires d'ouverture variables selon la saison : consulter le site Web.

Construits vers 1300, les bâtiments conventuels des Dominicains ont connu des fortunes diverses au fil des siècles. Ils furent utilisés pour abriter une caserne de gendarmerie en 1795 avant d'être convertis en bibliothèque nationale en 1803 puis en bibliothèque municipale en 1951. Élément majeur des Dominicains, le cloître est constitué d'arcades sans réseau qui s'articulent autour d'un rectangle régulier. On peut admirer des peintures murales datées de la fin du XVe siècle qui illustrent le cycle biblique de la Passion. Dédié à la promenade contemplative dans un cadre richement végétalisé, ce cloître accueille régulièrement des concerts de musique de chambre. Aujourd'hui, l'ensemble des Dominicains - Bibliothèque Patrimoniale Jacques Chirac se veut tout à la fois musée, salle d'exposition, bibliothèque, lieu de conservation et de restauration au sein d'un atelier de reliure à nul autre pareil. Cette structure majestueuse a pour ambition de retracer « une histoire du livre et de l'image » en s'appuyant sur ses incroyables collections. Riche de plus de 200 000 livres remarquables par leur beauté, la Bibliothèque Patrimoniale réunit notamment 1 217 manuscrits (dont la plupart remontent au Moyen Âge), 2 300 incunables, ainsi qu'une collection d'alsatiques qui constitue un témoignage exceptionnel de l'histoire de la région. À cela s'ajoute d'importants fonds graphiques (gravures, lithographies, estampes, affiches, photographies...) et de superbes collections numismatiques.

ESPACE D'ART CONTEMPORAIN ANDRÉ MALRAUX

4, rue Rapp ✆ 03 89 20 67 59
www.colmar.fr
Ouvert du mardi au dimanche de 14h à 18h (jeudi de 12h à 17h). Entrée libre. Groupes : visite guidée sur RDV.

Sis dans une ancienne choucrouterie, l'Espace d'Art contemporain André Malraux (EACAM) propose chaque année cinq expositions gratuites de qualité mettant en valeur au moins un artiste issu du tissu culturel local ou régional. De juillet à octobre, l'EACAM accueille une exposition de plus grande envergure qui concerne généralement un artiste de renommée internationale. N'hésitez pas à consulter la page Facebook de l'EACAM pour suivre ses actualités au fil des mois !

LA MAISON DES TÊTES ★★

19, rue des Têtes
✆ 03 89 20 68 92
www.tourisme-colmar.com

Construite en 1609 par l'architecte Albert Schmidt pour le compte du marchand Anton Burger, la Maison des Têtes est de style Renaissance allemande. Elle doit son nom aux 111 têtes et masques biscornus qui ornent sa façade. La Maison des Têtes évoque l'âge d'or des commerçants et l'aisance de la bourgeoisie marchande colmarienne. En 1902, le pignon de l'édifice décoré de volutes et d'ailerons fut surmonté de la statue du Tonnelier, œuvre d'Auguste Bartholdi. Au début du siècle dernier, cet immeuble de trois étages abritait la Bourse aux vins de Colmar.

EGLISE SAINT-MATTHIEU ★★

9, Grand'Rue
✆ 03 89 41 44 96
www.paroisse-protestante-colmar.org
Visite 7 j/7 de 10h à 12h et 15h à 17h jusqu'au 02/10. Sauf dimanche matin et en cas de célébration ou de concert.

Construit à partir de 1292 par les Franciscains, cet édifice religieux fut achevé au cours de la 1re moitié du XIVe siècle. Il compte parmi les réalisations majeures des ordres mendiants dans la région. Restauré de 1982 à 1997, il présente toutes les caractéristiques du style gothique. Sa nef harmonieuse est remarquable de simplicité et son vitrail (1640) est le plus ancien de la ville. À découvrir aussi : le plafond de bois orné de motifs divers et le mausolée du Général Rapp. Construit en 1732, l'orgue Silbermann accompagne nombre de concerts classiques.

MUSÉE BARTHOLDI ★★

30, rue des Marchands ✆ 03 89 41 90 60
www.musee-bartholdi.fr
Ouvert du mardi au lundi de 10h à 12h et de 14h à 18h, du 1er mars au 31 décembre sauf jours fériés. Adulte : 6,70 €.

Aménagé dans la superbe demeure où Auguste Bartholdi naquit le 2 août 1834, ce musée met en lumière la vie et l'œuvre de ce sculpteur français majeur du XIXe siècle. La scénographie présente des maquettes originales des chefs-d'œuvre de Bartholdi (le Lion de Belfort, la statue de la Liberté...) et d'autres sculptures, dessins, peintures, photographies. Au fil de la visite, on déambule dans une superbe reconstitution de l'appartement du sculpteur. Pour une visite guidée, on peut réserver un créneau au musée Bartholdi ou se référer à l'office de tourisme de Colmar.

© BORIS817 - SHUTTERSTOCK.COM

Eglise Saint-Matthieu.

MUSÉE DU JOUET DE COLMAR ★★

40, rue Vauban ✆ 03 89 41 93 10
www.museejouet.com
Horaires variables selon la saison. Adulte 6,10 €. 8-15 ans 4,70 €. Gratuit moins de 8 ans. Museum-Pass-Musées.

Bienvenue au royaume fantasmagorique des jouets ! Ouvert officiellement le 3 décembre 1993, ce musée absolument génial est géré par l'association du Musée animé du Jouet et des Petits Trains (MAJEPT) avec le soutien de la ville de Colmar. Il est aménagé au cœur de la zone piétonne colmarienne dans un ancien cinéma de quartier, transformé sur 3 niveaux en un véritable terrain de jeu. Au fil d'un parcours thématique, il présente l'histoire et l'évolution des jouets qui ont marqué les générations du XIXe siècle à nos jours. Plus encore qu'une vitrine ludique, c'est un musée ethnologique à part entière car les jouets présentés reflètent l'image du monde dans lequel ils ont été créés. Un étage entier est ainsi consacré à l'histoire du modélisme ferroviaire et du train en tant qu'objet de jeu. Il dévoile deux réseaux animés et soigneusement décorés par une équipe de bénévoles passionnés issus des associations Musée animé du Jouet et des Petits Trains (MAJEPT) et Modélisme ferroviaire alsacien (AMFA 68). Le musée fait aussi la part belle aux jeux de construction, poupées, robots et jouets mécaniques, modèles réduits et autres jouets optiques, scientifiques et de transport. Jusqu'à fin 2021, une exposition temporaire était consacrée à l'épopée de l'aviation avec une collection de plus de 200 jouets reproduisant des machines volantes aussi mythiques qu'insolites. Au fil des mois, diverses manifestations et conférences sont régulièrement organisées au sein du musée du Jouet de Colmar : voir site Web et page Facebook.

LE PARC DU CHÂTEAU D'EAU

Avenue Raymond Poincaré ✆ 03 89 20 68 92
www.tourisme-alsace.com
En bordure de la Cour d'Appel de Colmar, à une centaine de mètres de la gare. Gratuit, accessible toute l'année.

Aménagé au XIXe siècle, ce parc entoure le plus ancien château d'eau de la région, construit entre 1884 et 1886 dans un style néogothique allemand. Le parc servit jadis aux vignobles et jardins expérimentaux de la Société d'horticulture et de viticulture. De nombreux arbres témoignent de ce passé botanique, notamment un impressionnant séquoia et un cyprès des marécages. En 1907, un monument à la mémoire du sculpteur Auguste Bartholdi fut érigé à l'entrée sud-est du parc. Une roseraie présentant 38 variétés embellit ce parc propice aux promenades et au repos.

LE VILLAGE HANSI & SON MUSÉE ★★

28, rue des Têtes
✆ 03 89 41 44 20
www.hansi.fr
Ouvert du lundi au vendredi : 10h-12h30, 13h30-18h. Week-end : 10h-18h. 5 € (+ 14 ans), 3 € (5-13 ans). Boutique.

Ce musée est dédié au célèbre caricaturiste et aquarelliste alsacien Jean-Jacques Waltz, dit Hansi ou encore Oncle Hansi. À l'étage, la partie muséale présente diverses œuvres originales : dessins d'enfance, aquarelles, Art nouveau, affiches publicitaires, vaisselle alsacienne et produits dérivés d'époque. Au terme de la visite, retour au rez-de-chaussée pour faire quelques emplettes au sein de la boutique du musée qui regorge de produits régionaux.

MUSÉE UNTERLINDEN ★★★

Place Unterlinden ✆ 03 89 20 15 50
www.musee-unterlinden.com
Ouvert toute l'année (sauf 1/01, 1/05, 1/11, 25/12) du mercredi au lundi de 9h à 18h. Billetterie en ligne. Boutique.

Le Musée Unterlinden vous invite à un voyage dans le temps au fil de quelque 7 000 ans d'histoire, de la Préhistoire à l'art du XXIe siècle, au cœur de collections encyclopédiques. Le parcours de visite permet de découvrir les multiples facettes de l'architecture du musée, unifiées et magnifiées par les architectes bâlois Herzog & de Meuron, à travers quatre espaces distincts.

Dans l'ancien bâtiment monastique, le parcours tourne autour du beau cloître médiéval du XIIIe siècle avec, en apothéose, le fameux *Retable d'Issenheim* (1512-1516) de Grünewald et Nicolas de Haguenau (entièrement rénové en 2019) présenté dans la chapelle. Cet espace est consacré à l'art du Moyen Âge, mérovingien, roman et gothique (statues, fonts baptismaux, pierres tombales) et de la Renaissance, plus particulièrement l'Art rhénan durant son âge d'or aux XVe et XVIe siècles. On peut ainsi découvrir des œuvres de Martin Schongauer, Hans Holbein et Lucas Cranach.

Dans le sous-sol du couvent, un espace est dédié à l'archéologie du Néolithique à l'âge du fer dévoile des objets rares (jarres néolithiques, bijoux en or de la sépulture princière d'Ensisheim…) et décrypte l'évolution de l'occupation humaine en Alsace : agriculture, artisanat, habitat, vie domestique, pratiques funéraires. Cet espace fournit de magnifiques témoignages des arts et des traditions populaires à travers l'histoire régionale, notamment par le biais de la *Mosaïque de Bergheim* (IIIe siècle).

La Galerie est consacrée à l'histoire du musée, ainsi qu'aux arts du XIXe et du XXe siècle. On découvre des collections issues des patrimoines de mécènes et de grandes familles industrielles d'Alsace. Gustave Doré, Jean-Jacques Henner ou Auguste Renoir font partie des artistes majeurs présentés dans cette section, de même que Théophile Schuler, Georges Rouault et Claude Monet.

On prend aussi la mesure de l'importance de la peinture de paysage en Alsace grâce à des toiles peintes par Jean-Jacques Karpff (1770-1829) et son talentueux élève Henri Lebert (1794-1862).

Côté XXe siècle, le Musée Unterlinden met en lumière des peintures, aquarelles, estampes, sculptures et verreries signées de grands noms des années 1930 : Robert Delaunay et Hans Reichel, Daum et Gallé, Alberto Magnelli, Jeanne Coppel…

Inaugurés en 1906, les anciens bains offrent un espace propice aux manifestations temporaires (concerts, conférences, expositions...) et autres réceptions privées. L'aile contemporaine adjacente constitue le nouvel écrin des artistes majeurs du XXe siècle. L'Ackerhof se distingue par son architecture épurée qui lui permet de se fondre aux autres bâtiments qui constituent le musée dans sa forme actuelle. Son habillage de briques et sa couverture de cuivre ainsi que les ouvertures qui dessinent des ogives gothiques, tout cela concourt à son intégration harmonieuse dans l'ensemble architectural originel. Jusqu'aux cimaises conçues par les architectes Herzog & de Meuron, qui ressemblent aux structures créées pour exposer les volets du *Retable d'Issenheim* dans l'ancien couvent.

Construit sur deux niveaux, l'Ackerhof accueille la collection d'art moderne du Musée Unterlinden. Des œuvres d'artistes majeurs sont magistralement mises en valeur : Dubuffet, Baumeistern Hartung Léger et Picasso voisine avec les tenants de l'abstraction lyrique tels que Hartung, Hantaï, Atlan, Poliakoff, Soulages ou encore Maria Elena Vieira Da Silva.

▶ *Guernica*. Le Musée Unterlinden expose la célèbre tapisserie réalisée d'après l'œuvre de Picasso par Jacqueline de la Baume-Dürrbach. C'est l'un des trois exemplaires existants à ce jour, le tout premier étant exposé dans la salle du Conseil de Sécurité de l'ONU à New York.

▶ Jean Dubuffet (1901-1985). Le Musée Unterlinden présente plusieurs œuvres de l'artiste havrais, la plus célèbre étant sans nul doute *Don Coucoubazar* (1974) pour la réalisation de laquelle l'artiste condense peinture et sculpture dans un jeu de formes qui s'emboîtent pour mieux s'enchevêtrer dans une constante exposition de couleurs acryliques scandées par le blanc, le bleu, le rouge et le noir. Cette œuvre est une figure majeure de la collection de la collection colmarienne.

▶ Le fonds Otto Dix (1891-1969). Le Musée Unterlinden compte désormais seize œuvres de cette figure majeure de l'expressionnisme allemand. Début 2022, deux de ses dessins à la craie noire sur papier, *Les Pouls* et *Billy Montigny*, sont venus enrichir la collection d'œuvres d'Otto Dix gérée par le musée. C'est la plus grande en France à ce jour. Otto Dix, le saviez-vous, entretenait des liens forts avec la ville de Colmar. Retenu prisonnier au camp de Loglebach durant la Seconde Guerre mondiale, l'artiste a eu l'occasion de découvrir le *Retable d'Issenheim*, œuvre pour laquelle il a développé une inextinguible fascination.

Au terme de votre visite qui, gageons-le, ne devrait pas manquer de vous imprégner d'images inoubliables, prenez donc le temps de savourer une collation au Café Schongauer, l'agréable espace de détente et de restauration du musée. Il dispose d'une terrasse aménagée dans la cour de l'Ackerhof qui invite à la quiétude et au repos à l'ombre de jeunes pommiers. Un service en continu y est assuré de 11h à 16h30, la carte propose des mets simples mais raffinés ainsi que de délicieuses pâtisseries. Pour finir en beauté, un passage à la boutique du musée s'impose : catalogues d'expositions et beaux ouvrages sur l'art, articles de papeterie et accessoires très chics, jeux et livres pour les enfants, il y en a pour tous les goûts et tous les âges !

COLLÉGIALE SAINT-MARTIN ★★

18, place de la Cathédrale
www.tourisme-colmar.com
Visite tous les jours de 8h à 18h30, sauf le dimanche matin et pendant les offices.

© S. NICOLAS - ICONOTEC

L'imposante collégiale Saint-Martin de Colmar est une œuvre gothique. Édifiée sur les vestiges d'une basilique du IXe siècle, elle devait comporter deux tours, mais une seule fut construite. Victime d'un incendie qui détruisit sa charpente et son couronnement en 1572, la tour fut remplacée en 1575 par le lanternon à bulbe qui donne à l'édifice sa silhouette remarquable. Les tons ocre du grès de Rouffach lui confèrent une intensité lumineuse infiniment remarquable. La lumière qui vient jouer sur les sculptures du portail Saint-Nicolas est franchement somptueuse !

FONTAINE SCHWENDI

Place de l'Ancienne Douane
Posée sur la place de l'Ancienne-Douane juste derrière le Koïfhus, cette magnifique fontaine est surmontée d'une statue en bronze conçue par le sculpteur colmarien Auguste Bartholdi en 1898. Ladite statue représente Lazare de Schwendi (1522-1583), célèbre diplomate et général d'empire de Charles Quint puis de Maximilien II. En récompense de ses services, il obtint la seigneurie de Hohlandsberg assortie du château de Kientzheim. Lazare de Schwendi est représenté brandissant un plant de Tokay, cépage qu'il rapporta de ses campagnes militaires en Hongrie.

LE KOIFHUS ★★

Place de l'Ancienne Douane
Le Koifhus est le plus ancien bâtiment de Colmar (1480). Entouré à l'origine d'un grenier à sel et d'une grande boucherie, il faisait partie de la vie économique colmarienne. À l'étage, il accueillait les services administratifs de la ville et le tribunal, tandis que le rez-de-chaussée hébergeait des entrepôts et les services de douane. Admirez, au premier étage, de magnifiques vitraux décorés des armes des villes de la Décapole : cette puissante ligue a en effet réuni, de 1354 à 1679, dix villes libres alsaciennes au sein du Saint-Empire romain germanique.

MAISON DES CHEVALIERS DE SAINT-JEAN ★

Rue Saint-Jean
✆ 03 89 20 68 92
tourisme-colmar.com
Cet édifice de style Renaissance italienne mérite qu'on s'y arrête car il se distingue de l'architecture typiquement alsacienne des autres monuments colmariens. Construit en 1608 par l'architecte Albert Schmidt (par ailleurs maître d'œuvre de la fameuse Maison des Têtes), il fut détruit au XIXe siècle puis reconstruit à l'identique. Sa façade et sa toiture sont classées aux monuments historiques. Sa galerie d'arcades surmontée d'une balustrade en pierre est tout bonnement sublime.

MAISON PFISTER ★★

11, rue des Marchands
✆ 03 89 20 68 92
www.tourisme-colmar.com
Édifice colmarien emblématique, la Maison Pfister fut construite en 1537 pour le compte du chapelier Ludwig Scherer qui fit fortune grâce au commerce du minerai d'argent dans le Val de Lièpvre. Elle doit son nom à la famille qui l'occupa de 1841 à 1892. C'est le tout premier exemple de la Renaissance architecturale à Colmar avec son oriel d'angle à deux étages, sa galerie en bois, sa tourelle octogonale et ses peintures murales réalisées par Christian Vacksterffer. Celles-ci représentent des empereurs germaniques, des évangélistes et des scènes de la Genèse.

LA PETITE VENISE ★★

La Petite Venise désigne le quartier des Maraîchers autour de la rue Turenne, un secteur baigné par la Lauch qui est un affluent de l'Ill. C'est l'un des endroits les plus romantiques du vieux Colmar, remarquable pour l'alignement pittoresque des maisons alsaciennes de part et d'autre de la rivière. Des balades en barque sont proposées dans le quartier. Au fil de l'eau, vous pourrez apprécier le calme et la sérénité infinis des lieux. N'oubliez pas votre appareil photo afin d'immortaliser votre venue. Eu égard à la magie du cadre, vos clichés seront inoubliables !

MARCHÉ COUVERT ★★

13, rue des Écoles ✆ 03 69 99 56 28
www.marche-couvert-colmar.fr
Ouvert mardi mercredi de 8h à 18h, jeudi de 7h à 18h, vendredi de 8h à 19h, samedi de 8h à 17h, dimanche de 10h à 14h.

© LEONID ANDRONOV - SHUTTERSTOCK.COM

Inaugurée en 1865, cette halle faite de briques, de fer et de fonte est l'œuvre de l'architecte Louis-Michel Boltz. Un marché s'y tenait, d'où sa position au bord de la Lauch facilitant le déchargement des denrées par les maraîchers depuis leurs barques. Dans l'angle sud-ouest du bâtiment, une fontaine sculptée par Auguste Bartholdi en 1869, représente un jeune vigneron en train de boire à un tonnelet. Depuis 2010, le Marché Couvert héberge une vingtaine de commerçants : boucherie, boulangerie, fromagerie, poissonnerie, primeurs, pâtissier, traiteurs, fleuriste...

MUSÉE D'HISTOIRE NATURELLE ET D'ETHNOGRAPHIE

11, rue Turenne
✆ 03 89 23 84 15
www.museumcolmar.org
Du mardi au dimanche. Horaires cf web.
Plein tarif : 5,50 €. Tarif réduit : 3 €. Animations. Conférences. Escape Game.

Créé en 1859 par la Société savante d'histoire naturelle (SHN), le musée d'Histoire naturelle et d'Ethnographie de Colmar se visite idéalement en famille avec des enfants. Il est aménagé sur deux étages (11 salles) dans un magnifique bâtiment historique qui hébergea tour à tour le siège de la Corporation des Tailleurs de pierre en 1467, la mairie de Colmar de 1810 à 1886 et divers établissements scolaires. Dans ces lieux vénérables, petits et grands esprits curieux auront plaisir à y découvrir la faune alsacienne (renard, sanglier, blaireau…), mais aussi des animaux venus d'autres continents (mouette rieuse, singe hurleur du Guatemala, koala cendré…). L'espace dédié à l'herpétologie fait la part belle aux sauriens, ophidiens, crocodiliens et autres chéloniens : tortues terrestres, d'eau douce et marines, iguanes, varans et caméléons, serpents, crocodiles. Coquillages, invertébrés marins et terrestres ainsi que de nombreux insectes piqueront sans doute également votre curiosité. Autre intérêt du musée : la partie géologie qui abrite une collection impressionnante de minéraux, pierres et fossiles. L'espace dédié à l'ethnographie présente notamment les cultures de l'Égypte ancienne et de l'Afrique noire. Par ailleurs, le musée organise chaque année une exposition thématique majeure. N'hésitez pas à consulter le site web pour découvrir en détail les animations et expositions de cette année 2022. Nouveauté passionnante : l'escape game *Perditae Margaritae* !

PROMENADES EN BARQUE ★★

10, rue de la Herse
✆ 03 89 41 01 94
www.barques-colmar.fr
7 jours/7 de mars à décembre (sauf 24 et 25/12) : 10h-18h30. Départ toutes les 30 min. Tarif : 7 €, gratuit - 10 ans.

Découvrir le vieux Colmar au fil de la Lauch ? En voilà une bonne idée ! Le point d'embarquement est situé au bas du pont Saint-Pierre au bout de la rue de la Herse. Cette balade aquatique dure environ une demi-heure. Au fil de l'onde, en compagnie de cygnes, canards et autres poules d'eau, on aperçoit de belles villas des années 1900 abritées sous des frondaisons vert tendre. Après quoi, retour vers la Petite Venise et ses pittoresques maisons à colombages. Instructive et reposante, cette escapade romantique est une véritable parenthèse enchantée !

LE QUAI DE LA POISSONNERIE ★★

Jonction entre le quartier des Tanneurs et la pittoresque Petite Venise.
www.tourisme-colmar.com

Site colmarien incontournable, le quai de la Poissonnerie fut le lieu de résidence privilégié des pêcheurs au XVIe siècle : ils y entreposaient et y vendaient leurs poissons. En 1706, un incendie ravagea plus d'une quarantaine d'habitations. D'importants travaux de rénovation ont permis de mettre à jour des colombages typiques de la région. De nos jours, chaque année, la fête du Marché Couvert (ancienne fête des Bateliers) fait le bonheur des Colmariens et des touristes.

SE LOGER

L'Alsace est traditionnellement réputée pour son sens inné de l'hospitalité et, de ce point de vue là, Colmar tient vraiment le haut du pavé. Quelle que soit la durée de votre séjour, vous êtes assurés de trouver votre bonheur parmi la pléthore d'offres hôtelières. En couple, en famille, avec des amis ou en solo, un bon lit vous attend, le tout assorti de prestations de haut vol. Hôtel bourgeois ou traditionnel, bobo chic ou plutôt roots, résidence hôtelière avec services de conciergerie : à vous de choisir ! Il convient d'ajouter à tout cela un vaste éventail de gîtes et de chambres d'hôtes aménagés en majorité dans de vénérables demeures alsaciennes avec colombages et vue sur la Petite Venise ou sur certains édifices colmariens majeurs. Là encore, l'esprit des lieux affiche résolument une réjouissante variété : rustique, chic, cosy, arty, bohème, style loft new-yorkais ou Art déco : le dépaysement est assuré en tout confort !

COLMAR HÔTEL*** €€

14, route de Rouffach © 03 67 30 00 77
http://colmarhotel.fr

Ouvert toute l'année. Accueil 24h/24. Tarifs détaillés : consulter le site web. Terrasse. Boutique. Parking privé.

Près de la gare de Colmar, cet hôtel est un cocon douillet où il fait bon séjourner dans une ambiance design et contemporaine de haut vol. Il marie bois blond et couleurs chaudes, le tout émaillé de fresques représentant les hauts lieux colmariens. Insonorisées et climatisées, les chambres invitent à la détente grâce à une literie haut de gamme. 3 d'entre elles sont communicantes, 3 autres sont équipées PMR. Le Colmar Hôtel dispose aussi d'un bar lounge (ouvert jusqu'à minuit) où l'on peut déguster d'excellents vins d'Alsace accompagnés de produits régionaux.

DOMAINE MARTIN JUND €€

12, rue de l'Ange © 03 89 41 58 72
www.vin-bio-jund.com

Chambre d'hôtes/studio (2-4 pers) dès 55 €/nuit. Appartement (4-5 pers) dès 100 €/nuit. Parking privé sur réservation.

Myriam et Cécile Jund vous hébergent au sein de leur domaine familial niché au centre de Colmar, à proximité du Musée du Jouet et des principales artères commerçantes. Vous séjournerez dans une superbe maison vigneronne datée de 1630. Dotée de magnifiques colombages, elle est lovée dans un bel écrin de verdure. Les chambres d'hôtes, studios et appartements sont tous confortables et bien équipés. Bon à savoir : issue d'une longue lignée de vignerons-récoltants, la famille Jund vous accueille dans son caveau pour une dégustation commentée des vins de son domaine.

GRAND HÔTEL BRISTOL - BEST WESTERN**** €€

7, place de la Gare © 03 89 23 59 59
www.grand-hotel-bristol.com

Ouvert toute l'année. 91 chambres. Dès 88 €/nuit/2 pers/PDJ inclus. Sauna, hammam. Parking fermé. Restaurant. Terrasse

Dans un très beau bâtiment construit en 1920 face à la gare, cet établissement séduit par son cadre moderne et cosy. Il comprend un espace de bien-être avec sauna, hammam, fitness. Un pôle de documentation permet de découvrir Colmar de manière personnalisée. Côté table, L'Auberge Brasserie vous accueille en salle au rez-de-chaussée de l'hôtel ou sur une vaste terrasse. Il y a aussi cinq espaces de réunion (200 personnes). Des forfaits séjours sont proposés sur le site web de l'hôtel.

HÔTEL PAUL & PIA*** €€

1, rue de la Gare © 03 89 41 34 80
https://paul-pia-hotel.com

41 chambres. Tarifs détaillés : consulter le site web. Climatisation. Wi-Fi gratuit. Cuisine commune. Animaux acceptés.

Ce nouvel hôtel colmarien est aménagé dans l'ancien Kyriad, à deux pas de la gare et du centre-ville. Il est conçu comme une maison d'hôtes décontractée et cosmopolite, à l'image de ses créateurs Pia et Paul. Les chambres douillettes bénéficient d'une déco métissée haute en couleur et, côté salle de bains (équipée de produits éco-certifiés), on a le choix entre douche ou baignoire. Le salon commun est équipé de canapés et poufs confortables, jeux d'arcades et autres flippers. Une cuisine ouverte permet de concocter sur mesure des petits déjeuners d'anthologie !

HÔTEL-RESTAURANT LES MARAÎCHERS*** €€

83, route de Bâle
✆ 03 89 24 14 79
www.les-maraichers.com

Ouvert toute l'année. Chambre double à partir de 54 €/nuit. Chambre triple à partir de 75 €/nuit. Restaurant. Terrasse.

Cet hôtel est apprécié pour son cadre associant harmonieusement tradition et modernité. Ses chambres accueillent jusqu'à 4 personnes en tout confort (climatisation, ascenseur…). Le petit déjeuner est servi en version buffet. Côté restauration, en salle, dans la véranda ou sur la terrasse, on se régale de bons petits plats alsaciens : jarret de porc braisé, choucroute garnie, tartes flambées... Une bonne adresse pour découvrir Colmar en famille ou en amoureux !

HÔTEL ROI SOLEIL PRESTIGE**** €€

26, rue des Métiers
✆ 03 89 30 50 50

Ouvert toute l'année. Accueil 24h/24. 99 chambres. Chambre double dès 85 €/nuit/PDJ. Parking gratuit. Local à vélos.

Les chambres de cet hôtel sont ornées de fresques originales mettant en scène un personnage ou un décor issus du règne du rayonnant Louis XIV. Elles sont équipées d'une salle de bains, d'un dressing, et d'une machine à café Nespresso. Après une bonne nuit de sommeil, on savoure un petit déjeuner buffet... royal ! L'hôtel abrite aussi un bar *lounge* où l'on peut se détendre autour d'un verre dans une ambiance intimiste. Vous l'avez compris : ici, le Roi Soleil, c'est bien vous !

HÔTEL TURENNE*** €€

10, route de Bâle ✆ 03 89 21 58 58
www.turenne.com

Ouvert toute l'année. 93 chambres. Chambre double à partir de 62 €. Petit déjeuner buffet : 11 €. Sauna, hammam. Garage.

Implanté à proximité directe du fameux quartier de la Petite Venise, cet hôtel 3 étoiles dispose de 93 chambres et suites pouvant accueillir jusqu'à 5 personnes. Vous serez sans nul doute séduits par leur décoration alliant mobilier contemporain et couleurs audacieuses. Et puis, il y a son nouvel espace bien-être absolument superbe : sauna, hammam, douche sensorielle, fitness. Petit déjeuner buffet copieux, charmant bar à l'ambiance intimiste, garage fermé (voitures et motos) et local à vélos : le Turenne s'avère une adresse à l'excellent rapport qualité/prix.

JAMES BOUTIQUE HÔTEL**** €€

15, rue Saint-Eloi ✆ 03 89 21 93 70
www.james-hotel.com

Ouvert toute l'année. Chambre double à partir de 105 €/nuit. Petit déjeuner buffet : 17 €. Bar lounge. Service pressing.

Cet établissement est idéalement situé en bordure de la vieille ville, à quelques minutes à pied de la Petite Venise, du Musée Unterlinden et des marchés de Noël. Élégant et sobre, il se démarque des grandes chaînes hôtelières par son concept original de boutique hôtel. Ses chambres climatisées sont cosy et design : literie de haute qualité, salle de bains avec wc indépendants, baignoire ou douche italienne et produits de toilette Codage Paris. Chic et raffinée, la décoration marie laiton et bois en touches dorées, pastel et papier peint néo-vintage.

NOVOTEL SUITES COLMAR CENTRE**** €€

27, rue Bartholdi ✆ 03 89 21 59 59
www.accorhotels.com

Ouvert toute l'année. 72 chambres et suites. Tarifs détaillés : voir site web. Sauna, hammam, fitness. Bar. Garage.

À proximité du quartier de la Petite Venise, cet hôtel séduit par sa décoration très chic qui se décline dans des tons crème, chocolat et café. Mobilier et luminaires ultra design, chambres climatisées et aménagées en suites bien équipées. Le buffet de petit déjeuner est riche en produits locaux. Il y a aussi un bar, un espace dédié aux enfants, une salle de co-working, un centre de bien-être et un parking souterrain. Prestations haut de gamme assorties de tarifs très intéressants !

LE RAPP**** €€

1-3-5, rue Weinemer ✆ 03 89 41 62 10
www.rapp-hotel.com

Logis Hôtel Élégance. Chambre double dès 130 €/nuit. Petit déjeuner 18 €. Piscine intérieure. Sauna, hammam. Restaurant.

Les prestations de cet hôtel sont suffisamment rares en centre-ville pour être soulignées : piscine intérieure chauffée, sauna, hammam, restaurant gastronomique, salle de séminaire modulable parfaitement équipée, garage. Les chambres décorées dans un style épuré très chic sont climatisées. Literie de qualité, salle de bains avec baignoire ou douche, télévision à écran plat, accès satellite avec bouquet de chaînes nationales ou internationales… Côté restauration, en salle ou en terrasse, on apprécie les spécialités du terroir interprétées avec une réelle modernité.

REFLETS SUR LA LAUCH €€

2, rue Turenne © 06 20 66 51 68
reflets-sur-la-lauch.colmar-hotels.com
Ouvert toute l'année. 5 appartements de vacances avec balcon pour 4 à 8 personnes. Climatisation. Tarifs sur demande.

En bordure de la Lauch au cœur de la Petite Venise, ces appartements saisonniers (2-8 personnes) sont aménagés dans une maison à colombages du XVIIIe siècle. Ils ont un sacré cachet avec leurs parquets en bois brut et ils disposent chacun d'une cuisine et d'une ou deux salles de bains parfaitement équipées. Leurs balcons offrent une vue littéralement plongeante sur la rivière. Par ailleurs, leur situation au cœur du quartier historique de Colmar est vraiment exceptionnelle. Marchés de Noël, commerces, restaurants : tout est accessible en quelques minutes à pied !

VILLA ELYANE €€

26 A, rue Camille Schlumberger © 06 99 04 55 23
www.villa-elyane.com
City Break Luxury/Gîtes de France. 5 chambres d'hôtes dont 2 suites. Terrasse, jardin, sauna. Tarifs sur demande.

Niché dans un jardin verdoyant, cet ancien hôtel particulier recèle des trésors de l'École de Nancy superbement préservés. Trois chambres et deux suites (avec terrasse privée) se déploient dans un cadre mêlant harmonieusement Art nouveau et design contemporain. Il y a aussi un espace sauna, un salon-bibliothèque avec home cinéma, et une salle réservée au billard. Un copieux petit déjeuner composé essentiellement de produits locaux (pour la plupart bio) et de jus de fruits fraîchement pressés est servi dans une belle salle à manger ou dans le charmant jardin.

LE COLOMBIER**** €€€

7, rue Turenne © 03 89 23 96 00
www.hotel-le-colombier.fr
Chambre double à partir de 110 €. Bar lounge. Sauna, fitness. Parking privé. Borne de recharge pour véhicule électrique.

Cet hôtel se déploie au sein d'une demeure construite vers le milieu du XVIe siècle qui recèle un surprenant escalier hélicoïdal en pierre et une cour intérieure ornée d'une fontaine monumentale. À cela s'ajoute une belle extension aménagée dans une bâtisse superbement rénovée. Les 45 chambres et suites (dont 2 avec terrasse) du Colombier sont décorées dans un esprit contemporain avec de discrètes touches alsaciennes. En bonus, il y a une petite salle de sport et un agréable sauna. Voici de quoi allier quiétude et modernité pour un séjour inoubliable à Colmar !

L'ESQUISSE HÔTEL & SPA***** €€€

2, avenue de la Marne © 03 67 28 20 22
www.lesquisse-colmar.com
Ouvert toute l'année. 57 chambres, 3 suites et 2 appartements. Spa By Clarins. Tarifs détaillés : consultez le site web.

En lisière du parc du Champ-de-Mars, L'Esquisse fait pendant au restaurant JY'S** de Jean-Yves Schillinger où sont servis les petits déjeuners. Ses 57 chambres sont dotées d'un balcon et de persiennes. Les 3 suites et les 2 appartements bénéficient d'une terrasse privée avec vue sur le parc. Au sous-sol de l'hôtel, le Spa by Clarins se déploie sur 500 m² : couloir de nage (15 x 4 m), sauna, hammam, bain bouillonnant, espace fitness, solarium et tisanerie. Luxe, calme et volupté !

LE MARÉCHAL**** €€€

4-5, place des Six Montagnes Noires
© 03 89 41 60 32
www.le-marechal.com
Ouvert toute l'année. 30 chambres. Chambre double à partir de 95 €. PDJ buffet : 18 €. Restaurant À l'Échevin. Terrasse.

Au bord de la Lauch, ce superbe hôtel se déploie au sein d'une vénérable demeure du XVIe siècle. Il séduit par son ancrage au sein de la Petite Venise et par ses équipements hors normes : lits king size ou à baldaquin, baignoires à bulles, magnifique mobilier ancien, climatisation. Il y a aussi une terrasse nichée dans un patio ombragé. Côté restaurant, le chef associe créativité et recettes du terroir qui se dégustent romantiquement aux chandelles. Petit conseil cependant, eu égard à la réputation de ce bel établissement : pensez à réserver bien à l'avance !

BERAWEKA*** €€

14, rue des Serruriers © 03 89 47 47 17
https://enapparte.lodgify.com
Appartement pour 6 personnes. Location à partir de 800 €/semaine et de 135 €/jour (pour 2 nuitées requises au minimum).

Ce gîte (6 personnes) porte le nom d'une délicieuse spécialité alsacienne, petit pain aux fruits secs qui se déguste durant les fêtes de fin d'année. Implanté à deux pas des Dominicains, il séduit par sa décoration raffinée mariant boiseries authentiques et mobilier design. Il comprend 2 chambres confortables, une cuisine ouverte sur un salon avec coin détente et canapé-lit, une salle d'eau avec douche et un espace fitness avec vélo d'appartement et équipement de musculation. Situé au 3e étage d'une bâtisse rénovée, cet appartement jouit d'un calme incomparable !

SE RÉGALER

Gourmets ? Gourmands ? Bienvenue à Colmar ! Une bonne centaine d'établissements dédiés aux plaisirs de la table, en terrasse ou en salle vous y attend. La plupart ont le bonheur d'être distingués par les guides Michelin et Gault & Millau, certains sont étoilés et d'autres non, mais tous ont à cœur de mettre les petits plats dans les grands pour mieux vous régaler ! Les enseignes spécialisées dans la cuisine alsacienne sont bien évidemment légion. Elles proposent, à la carte ou au menu, les incontournables mets régionaux : choucroute, baeckeoffe, flammekueche, foie gras, fleischnaka et autre matelote de poisson. En un mot comme en cent on dit « miam » ! Mais Colmar compte aussi d'excellentes pizzerias et autres restaurants plus exotiques : cuisine thaï, japonaise, marocaine, turque, végétarienne et même vegan… Il y en a vraiment pour tous les appétits. À Colmar, qu'on se le dise, impossible de rester sur sa faim !

Baeckeoffe.

ANADOLU €€

31, rue Vauban ✆ 03 89 23 71 71
www.anadolu.fr

Ouvert du mardi au samedi, midi et soir. Plat chaud dès 13,50 €. Menu de 15 plats : 39 €. Vente à emporter. Livraison.

L'Anadolu s'avère sans conteste la meilleure adresse de la région colmarienne en matière de gastronomie ottomane. Sa déco reflète l'ambiance chaleureuse d'un intérieur anatolien traditionnel. Les plats servis dans une jolie vaisselle colorée sont au diapason avec l'accueil et le service : chaleureux et généreux. On s'ouvre l'appétit avec un assortiment de mezze, après quoi on peut se laisser tenter par le Güvec, divine estouffade d'agneau et de légumes en croûte. Les desserts sont tous délicieux : du coup, on s'offre la totale avec l'Assiette de la Favorite !

LA COCOTTE DE GRAND-MÈRE €€

14, place de l'École ✆ 03 89 23 32 49
www.lacocottedegrandmere.com

Ouvert du lundi au vendredi midi et soir. Formule du midi 3 plats : 18,90 €. Ardoise de suggestions le soir. Terrasse.

Réservation impérative pour avoir le plaisir de déguster les mets savoureux concoctés par le chef Paul Édouard qui privilégie les produits frais relevés d'une pincée d'originalité. À midi, c'est menu unique (3 plats). En soirée, place à l'ardoise de suggestions renouvelées quotidiennement : viande ou poisson, bons petits plats avec des légumes oubliés, desserts fins et gourmands, le tout sans esbroufe. Superbe sélection de vins, petite salle pleine de charme, agréable terrasse et service souriant : cette Cocotte de Grand-Mère a un délicieux goût de revenez-y !

LE COLMAR €€

1, rue Saint-Martin ✆ 03 89 21 01 41
www.restaurant-le-colmar.fr

Ouvert du jeudi au lundi de 12h à 14h et de 19h à 22h. Plat du jour 14 €. Menu 38 €. Enfant 12 €. Terrasse. Animations.

Légèrement en retrait de la Collégiale Saint-Martin, ce superbe restaurant déploie sa vaste salle dans un cadre contemporain souligné de fresques murales et de cascades végétales, avec en bonus une cheminée ! Ses grandes baies vitrées dévoilent une terrasse nichée dans une cour intérieure végétalisée. Les tables forment des îlots cosy fort intimes. Artistiquement dressés dans l'assiette, les mets inventifs concoctés par le chef sont tous plus succulents les uns que les autres. Belle carte des vins, service au top et rapport qualité-prix franchement bluffant !

LE PETIT SCHLOSSBERG €€

2, rue de l'Ange
✆ 03 89 41 07 43
www.le-petit-schlossberg.com

Ouvert du vendredi au mardi : 10h-24h. Service chaud : 12h-22h. Menus : 22 € à 26 €. Enfant : 9 €. Pizzas, pierrades.

Envie de bons petits plats alsaciens ? Ou de pizzas et de pastas italiennes ? Et pourquoi pas une pierrade variée et conviviale ? Au Petit Schlossberg, chaque appétit, petit ou grand, y trouve son compte. Outre de belles pièces de veau, de bœuf ou de gibier issu de la chasse locale, pourquoi ne pas vous laisser tenter par un steak de crocodile ? En prime, pour accompagner ces mets délectables, la carte des vins regorge d'excellents crus d'Alsace et d'ailleurs. Gros coup de cœur pour le cadre chaleureux émaillé d'objets vintage et de décorations en trompe-l'œil.

© SARAH LINDER

© SARAH LINDER

COLMAR

L'INCONTOURNABLE €€

23, rue d'Aspach
✆ 03 89 23 45 57
Ouvert du jeudi au samedi le midi et le soir ; le dimanche midi. Menu du midi (3 plats) : 24 €. À emporter. Terrasse.

Vainqueur de l'émission Top Chef 2015 et sélectionné dans le *Guide des 109* de 2021 du *Gault & Millau*, Xavier Koenig vous accueille avec sa jeune épouse Fiona dans un bel espace très cosy assorti dune petite terrasse. Xavier élabore des mets qui suivent le rythme des saisons, avec des produits frais issus de circuits courts : œuf parfait à la crème d'artichaut et son émulsion barigoule, pigeonneau cuit sur coffre au jus d'airelles sauvages, figues confites au crémant rosé et crumble aux noix... Le tout peut s'accompagner d'un excellent vin d'Alsace biodynamique !

JY'S - JEAN-YVES SCHILLINGER €€€

3, allée du Champ de Mars ✆ 03 89 21 53 60
www.jean-yves-schillinger.com
*Michelin 2**. Ouvert mardi soir. Mercredi à samedi, midi et soir. Menus 69 € à 194 €. Terrasse. Réservation impérative.*

Jean-Yves Schillinger offre un nouvel écrin à son restaurant gastronomique (Michelin 2 étoiles) ! Depuis la mi-octobre 2020, le JY'S se love dans le parc du Champ de Mars, au rez-de-chaussée de l'Esquisse Hôtel & Spa (5*). Une dizaine de tables à peine sont disposées dans un bel espace de 200 m^2. Réservation indispensable donc pour savourer le fameux homard breton cuit dans sa cafetière Cona ou un tartare de bœuf au caviar Petroissan Ossetra. Service et cadre d'exception !

LA KILBE €€

37, route de Neuf-Brisach ✆ 03 89 24 00 23
www.la-kilbe.com
Du mardi au vendredi midi, soir. Week-end le soir. Carte env 15 €. Terrasse. Réservation recommandée. Vente à emporter.

Esprit rustique chic pour ce sympathique établissement tenu par Bénédicte et Franck qui proposent des mets faits maison à partir de bons produits de saison, majoritairement locaux et bio. On peut ainsi se régaler de gravlax de saumon mariné à la sauce raifort, de savoureuses viandes maturées, de burgers généreux, de tartes flambées croustillantes, notamment une recette vegan qui est à tomber ! Côté dessert, on plébiscite le kougelhopf interprété en version pain perdu. L'agréable terrasse ombragée fait revivre avec brio l'esprit des kilbes alsaciennes d'antan.

L'ARPÈGE €€

24, rue des Marchands
✆ 03 89 24 29 64
www.larpegebio.com
Ouvert du mardi au samedi le midi, du mercredi au samedi le soir. Menu du jour végétarien, viande, poisson. Terrasse.

Niché au fond d'une cour végétalisée, L'Arpège est réputé pour l'originalité de ses mets concoctés avec des produits bio, locaux et de saison. Ici, les suggestions varient quotidiennement. Quant au menu du jour, il est centré sur 3 entrées, 3 plats et 3 desserts. Sans aucunes fausses notes, il met en valeur le vrai goût des bonnes choses. Divins sont le velouté de légumes, la cuisse de poulet farcie, le tiramisu revisité... Quand arrivent les beaux jours, on profite avec bonheur de la terrasse lovée dans un jardin d'été qui se déploie comme un éden urbain !

LE PETIT BIDON €€

14, rue Etroite
✆ 03 89 24 97 93
www.petitbidon.com
Ouvert du lundi soir au vendredi soir. Carte : 18 € env. Réservation impérative. Traiteur. Caviste. Vente à emporter.

Dédié aux amateurs de bons vins et de bonne chère, ce petit restaurant dispose de quelques tables en bois avec vue sur la cuisine ouverte et de multiples bidons de lait vintage. Les plat faits maison sont élaborés à partir de produits majoritairement locaux. La carte des mets change tous les 15 jours. Au sous-sol, un espace dédié aux bons crus offre plus d'une centaine de références à tester sur place, certaines sont aussi proposées à emporter. En outre, Le Petit Bidon organise régulièrement des ateliers de dégustation. Voici une adresse conviviale à souhait !

RESTAURANT PFEFFEL €

1, rue du Rempart ✆ 03 89 41 45 71
www.restaurant-pfeffel.fr
Ouvert 7 jours/7 de 11h à 23h, service en continu. Menus groupes (+ 20 pers) : 15 € à 45 €. Enfant : 9,50 €. Terrasse.

Face au Musée Unterlinden, ce restaurant est dédié à la cuisine alsacienne dans un décor 100 % traditionnel. La carte décline les grands classiques de toute winstub digne de ce nom : foie gras de canard maison, pâté vigneron chaud, flammekueche, bouchées à la reine, collet fumé, baeckaoffa, choucroute garnie... Sans parler des quiches, lasagnes aux légumes et autres salades composées. Une alternative végétarienne est même proposée en menu. S'il vous reste de la place pour le dessert, optez pour la Gourmandise de Quetsches et sa glace au pain d'épices : un must !

L'ATELIER DU PEINTRE €€€

1, rue Schongauer
✆ 03 89 29 51 57
www.atelier-peintre.fr

Ouvert le mardi soir, du mercredi au samedi midi et soir. Réservation impérative. Menus dès 55 €. Menu déjeuner : 45 €.

Une étoile au Michelin et 3 toques au Gault & Millau pour ce fabuleux restaurant qui est installé au sein d'une vénérable demeure du XVe siècle, dans un décor sobre ponctué d'œuvres picturales. Chef émérite, Loïc Lefebvre brosse un portrait convaincant de la gastronomie française actuelle. En bouche, c'est une explosion de saveurs inédites et ineffables. Avis aux amateurs de vin, un sommelier propose de superbes suggestions œnologiques. En résumé : L'Atelier du Peintre érige la cuisine au rang d'œuvre d'art : ici, tout est gastronomiquement esthétique !

LA COUR DES ANGES €

4, place de l'Ancienne Douane
✆ 03 89 24 98 02
www.la-cour-des-anges.com

Ouvert du mardi au samedi midi et soir (hiver : horaires variables). Réservation recommandée. Terrasse. Vegan friendly.

Restaurant et salon de thé, cet établissement coquet en diable croule sous la glycine en été et les décorations de Noël en décembre. Tapissé de boiseries, il vibre au son de doux rythmes jazzy. Ici, on se régale de petits plats préparés avec des produits de saison issus principalement de l'agriculture biologique et de proximité. Les appétits vegan trouvent leur bonheur avec, par exemple, une poêlée de légumes au curry coco ou une tarte flambée Jardinette (aux légumes de saison et au Barkass. En bonus : belle terrasse où il est fait bon lézarder au soleil !

BRASSERIE SCHWENDI €

23, Grand'Rue
✆ 03 89 23 66 26

Ouvert tous les jours. Service continu de 12h à 22h. Spécialités : röstis, tartes flambées. Terrasse.

Cette brasserie typiquement alsacienne est ouverte à partir de midi jusqu'à tard le soir : collations légères ou plats plus roboratifs sont servis en continu. La carte est énorme, de quoi ravir les amateurs de cuisine régionale. Elle propose un vaste éventail de mets alsaciens, les prix sont très raisonnables. Ici, on s'attable dans des box en bois et on peut se laisser tenter par des roestis (spécialité de la maison) servis dans des caquelons en fonte. Sur la terrasse fleurie et ombragée, on prend le temps de savourer d'excellentes bières tirées à la pression.

BRASSERIE DES TANNEURS €

12, rue des Tanneurs ✆ 03 89 41 88 05
https://tanneurs.fr

Ouvert 7j/7 midi et soir. Carte et suggestions. Spécialités alsaciennes. Prix moyen à la carte : 15 €. Terrasse.

Joliment paré de boiseries, cet agréable restaurant alsacien invite à la détente gourmande et conviviale. Le service est aux petits oignons et la carte recèle de bonnes spécialités : choucroute de Grand-Mère, baeckeoffe longuement mitonné, farandole de flammekueche (nature, gratinée, végétarienne, sucrée…), munster au four et jambon cru, salade vigneronne au cervelas… Quant à la carte des vins, elle met en vedette quelques-uns des meilleurs domaines viticoles de la région, notamment Jean-Baptiste Adam (Ammerschwihr). Excellent rapport qualité-prix en bonus !

AU CHAUDRON €€

5, rue du Conseil Souverain ✆ 03 89 24 42 21
www.auchaudron.fr

Ouvert lundi et jeudi à midi, mardi, mercredi, vendredi, samedi midi et soir. Menu du jour et suggestions. Terrasse.

Valeur sûre à Colmar, cet excellent restaurant bénéficie d'une atmosphère intime et sereine qui invite à partager un moment convivial en tête-à-tête ou avec des amis. En cuisine, le charmant chef Gaël Bodenan élabore des plats 100 % faits maison à partir de produits frais. Fidèle à ses origines bretonnes et alsaciennes, il s'attache à proposer des mets qui titillent les papilles des gourmets avertis. Par exemple : brochette de Saint-Jacques et de gambas, tagliatelles aux escargots et à l'ail des ours, feuilleté de boudin aux pommes, mousse au kirsch glacée !

L'ESCALE €€

42, Grand'Rue
✆ 03 89 24 39 73
www.restaurant-lescale.fr

Ouvert du mardi au samedi midi et soir. Fermé à midi hors saison. Restaurant et bar à tapas. Carte env. 17 €. Terrasse.

Tout à la fois resto sympa et bar hyper ambiancé, L'Escale arbore des fresques hippiques bigarrées tandis que son plafond est constellé de suspensions de type Pet Lamps. Selon l'heure et l'envie du moment, on s'y régale de planchettes ou de plateaux de *finger food* qui font voyager (La Havane, Marrakech, Barcelone…). Sinon, on peut opter pour quelques tartes flambées ou pour un excellent plat du jour : filet de sandre sur choucroute au riesling, faux-filet au four à l'ail, huile d'olive et parmesan... Bonne cuisine, super ambiance musicale et petite terrasse.

LE FER ROUGE €€

52, Grand'Rue ✆ 03 89 20 80 69
www.leferrouge.alsace

Ouvert tous les jours de 12h à 23h. Carte brasserie l'après-midi. Tartes flambées servies de 14h à 23h. Terrasse.

La déco néo-rustique du Fer Rouge marie fer forgé, bois brut et clins d'œil à des artistes colmariens (Hansi, Bartholdi, Schongauer et Grünewald). En cuisine, le chef mitonne de bonnes spécialités régionales : fondant de jambonneau au miel, caquelon de spätzle au munster, baeckeofe au pinot noir. En décembre, on savoure un foie gras délicieusement mariné au citron et au gewurztraminer. Petite carte brasserie l'après-midi (tartes flambées, planchettes alsaciennes…). Un ascenseur permet aux personnes à mobilité réduite d'accéder à l'étage en tout confort.

LA MAISON ROUGE €€

9, rue des Écoles ✆ 03 89 23 53 22
https://restaurant-maisonrouge.com

Ouvert du mercredi au samedi : 12h-14h et 19h-22h. Menu enfant : 9 €. Menu déjeuner : 19,50 € (3 plats). Terrasse.

Jean Kuentz est l'ancien sous-chef de Jean-François Piège au Grand Restaurant (2* Michelin). Ce trentenaire plein d'allant compose des mets très fins et joliment colorés, proposés à l'ardoise et à la carte. On succombe volontiers à son toast de chair de tourteau et caviar Kristal ou à son cochon noir de Bigorre servi sur choucroute avec un jus acidulé au lard. Les desserts sont très gourmands aussi, notamment le baba au rhum et son minestrone à l'ananas. Quant aux vins, Jean Kuentz propose des crus d'exception, certains servis au verre, ce qui est plutôt rare !

LA ROMANTICA €

40, Grand'Rue
✆ 03 68 61 10 80

Ouvert toute l'année du lundi au dimanche, midi et soir (23h30). Pizza à partir de 9 €. Vin au verre. Terrasse.

Installé au rez-de-chaussée de la maison dite « Au Lièvre » construite en 1530, ce charmant restaurant spécialisé dans la cuisine italienne est très apprécié des Colmariens qui plébiscitent ses pizzas généreuses et ses risottos ainsi que ses planchettes de charcuterie et de fromages. Il propose aussi quelques bonnes spécialités alsaciennes : tartes flambées, choucroute, baeckeoffe… Outre son cadre cosy chic et son service impeccable, La Romantica dispose d'une agréable terrasse qui offre une vue plongeante sur le Koïfhus et la place de l'Ancienne Douane.

LA SOÏ €

17, rue des Marchands
✆ 03 89 29 63 50
www.lasoicolmar.fr

Ouvert tous les jours midi et soir. Tartes flambées : 8,50 € à 11 €. Réservation indispensable.

Ce petit établissement tout en longueur est meublé de quelques tables et d'un comptoir qui poussent à l'échange et à la convivialité. Emblème de la Soï, le cochon est également le thème principal d'une fresque qui décore les lieux. Ici, on s'attable pour déguster exclusivement le plat emblématique de la cuisine alsacienne : la Flammekueche, traduisez la tarte flambée, déclinée à la tomme fermière fumée, basilic, piment, wasabi, truffe… On se régale et on en a largement pour son argent. En résumé : on passe un bon moment dans une ambiance détendue sans chichis.

WINSTUB AU KOÏFHUS €

2, place de l'Ancienne Douane ✆ 03 89 23 04 90
www.restaurant-koifhus-colmar.fr

Ouvert toute l'année 7 jours/7 midi et soir. Menus de 21,50 € à 30 €. Menu enfant (jusqu'à 12 ans) : 10 €. Terrasse.

Face à la fameuse fontaine Schwendi, cet agréable restaurant dispose d'une terrasse ombragée où l'on prend le temps de siroter une bonne bière ou un verre de vin blanc. Cette belle winstub propose un bon choix de tartes flambées. La carte dévoile aussi une choucroute aux cinq viandes, une tête de veau sauce ravigote et une entrecôte à la crème de munster. Vous êtes amateurs de gibier ? Le chef fait des merveilles en la matière ! Avis aux groupes : l'établissement dispose (sur réservation) d'une seconde salle à l'étage qui peut accueillir jusqu'à 35 personnes.

LE ZINC €€

45, Grand'Rue ✆ 03 89 29 85 79
www.lezinccolmar.fr

Ouvert du lundi au jeudi : 12h-14h, 19h-22h ; vendredi, samedi : 12h-14h, 19h-22h30. Plat du jour : 12,90 €. Terrasse.

Très apprécié par les amateurs de bonnes viandes et d'abats, ce restaurant cultive un esprit brasserie à l'étage (tables hautes conviviales) tandis que son sous-sol recèle un caveau intimiste tapissé de pierres. Ici, il y en a pour tous les goûts et on mange généreusement bien, à la carte ou comme au gré des suggestions du jour. Gage de qualité, les viandes sont fournies par les boucheries alsaciennes Michel Herrscher et Jauss. Les portions sont plus que copieuses, le choix des vins d'Alsace et d'ailleurs a de quoi satisfaire les néophytes comme les connaisseurs.

À L'ÉCHEVIN €€€

4/6, place des Six Montagnes Noires
✆ 03 89 41 60 32
www.le-marechal.com

Ouvert 7 jours/7 midi et soir. Formule déjeuner : 38 € (3 plats). Menu enfant : 18 €. Terrasse. Bons cadeaux.

Deux toques au Gault & Millau pour ce très bon restaurant gastronomique établi au sein de l'Hostellerie Le Maréchal. Son jeune (27 ans) et nouveau chef Paul Fabuel n'a pas son pareil pour enchanter les papilles de ses hôtes. Ses créations pleines de fraîcheur sont fort audacieusement dressées dans l'assiette. Quant à la carte des vins, elle offre un superbe aperçu des meilleurs domaines de la région (Becker, Hugel, Trimbach, Schoenheitz...). Gros coup de cœur pour la terrasse aménagée sur la Lauch, un cadre romantique à souhait pour un dîner aux chandelles.

L'ATELIER DES SAVEURS €€

51, Grand'Rue
✆ 03 89 29 02 82
www.atelier-saveurs-colmar.fr

Ouvert du mardi au vendredi de 10h à 19h. Samedi de 9h à 17h30. Traiteur, épicerie et restaurant méditerranéen BIO.

Restaurant d'inspiration méditerranéenne, mais aussi traiteur et épicerie fine, l'Atelier des Saveurs invite à la *dolce vita* au cœur de la Petite Venise alsacienne. On s'y attable dans un cadre cosy chic pour savourer des bruschettas et des parts de pizzas variées, un filet de merlu et sa sauce au prosecco, des spaghetti alla Scoglio (moules, coques, palourdes, couteaux) ou un mille-feuille de veau/tomate/aubergine/mozzarella... Côté épicerie fine : super choix d'antipasti charcuteries, fromages, pâtes fraîches, plats cuisinés, condiments et très bons vins.

BORD'EAU €€

17, rue de la Poissonnerie ✆ 03 89 21 53 65
www.jean-yves-schillinger.com

Du mardi au samedi midi et soir. Menus : 41 € (2 plats), 51 € (3 plats). Vin au verre. Terrasse. Réservation conseillée.

Le Bord d'eau prend ses aises dans l'ancien cadre du célèbre JY'S (désormais installé au Champ de Mars). Son chef Benoît David interprète une bistronomie sans frontières pleine d'élégance et de saveurs inédites. Les convives sont invités à sélectionner 2 ou 3 plats au gré d'un menu-carte élaboré à quatre mains avec Jean-Yves Schillinger. Parmi les belles pépites du Bord d'eau, on craque pour les gambas snackées aux moules et légumes thaï ou la tranche de bœuf en croûte de moutarde de Meaux et piment d'Espelette. Service aux petits oignons, réservation impérative.

CAVEAU SAINT JEAN €€

47, Grand'Rue
✆ 03 68 61 23 30

Ouvert midi et soir sauf jeudi. Tartes flambées, pizzas, petits plats. Vin au verre. Terrasse. Réservation recommandée.

Tenu par un jeune couple dynamique, ce petit restaurant se distingue par sa déco haute en couleur et son mobilier douillet. En cuisine, Julien élabore des mets goûteux à partir de produits frais et locaux : pizzas et tartes flambées généreuses, belles salades composées, bonnes pièces de viandes et desserts tout aussi fins que délicieux. Le tout s'accompagne d'excellents crus alsaciens et de la bonne humeur contagieuse de la charmante Claire au service ! Pensez à réserver car cette bonne adresse colmarienne est fort logiquement très recherchée !

LE CAVEAU SAINT PIERRE €€

24, rue de la Herse ✆ 03 89 41 99 33
http://caveausaintpierre-colmar.fr

Ouvert du jeudi au lundi midi et soir. Réservation recommandée. Menus : 26,50 € à 32 €. Midi : 14,50 €. Enfant 10,50 €.

Aménagé dans une demeure bâtie en 1568 en bordure de la Lauch, ce restaurant typiquement alsacien offre un cadre romantique pour des agapes en couple, en famille ou entre amis. En cuisine, Alexandra Gross compose une partition parfaite en matière de gastronomie régionale : choucroute aux 5 viandes ou aux 3 poissons, jambonneau braisé à l'écrasé de pommes de terre, baeckaoffa joliment mijoté, sans oublier des tartes flambées et quelques propositions végétariennes. Service au top, réservation hautement recommandée, surtout à Pâques et en période de marché de Noël.

LE COMPTOIR DE GEORGES €€

1, place des Six Montagnes Noires
✆ 03 89 20 60 72
www.le-comptoir-de-georges.fr

Ouvert du mardi au dimanche midi, soir. Plat du jour 11,50 €. Tartare 20,80 €. Choucroute 5 viandes 18,70 €. Terrasse.

Salle cosy et terrasse sur pilotis aménagée sur la Lauch : le Comptoir de Georges offre un cadre original et convivial pour déjeuner ou dîner en bonne compagnie. Ici, on se régale d'excellentes viandes fournies par la boucherie voisine : steak tartare royal, burgers plantureux, côte de bœuf mousse, le tout accompagné de grosses frites maison. La choucroute aux 5 viandes vaut aussi le déplacement. Pour les petites faims, ce restaurant propose des planchettes de charcuterie et de fromages assorties d'une salade de choucroute. Excellente adresse à tout point de vue.

L'ÉPICURIEN €€

11, rue Wickram ✆ 03 89 41 14 50
www.epicurien-colmar.com

Ouvert du mardi au samedi midi et soir. Bar à vins le soir. Réservation recommandée. Carte et suggestions. Terrasse.

Une toque Gault & Millau pour cet établissement géré depuis une décennie par Nicolas Groell (membre des Chefs d'Alsace) et Noémie Mann. Pensez à réserver pour vous attabler ici car le nombre de couverts est restreint. À midi, on a le choix entre le menu du jour, celui du Marché ou du Chef. Le soir, formule bar à vin. On choisit parmi les plats tous fort tentants proposés à la carte pour composer son dîner. Quant aux enfants, ils peuvent se régaler d'une petite pièce de bœuf Black Angus et d'un dessert maison. De quoi leur transmettre l'amour des bonnes choses !

LE PALMYRE €

1, rue du Canard ✆ 03 89 41 57 13
www.lepalmyre.com

Ouvert du lundi au samedi midi et soir Menu végétarien : 15 €. Menus de 18 € à 27,50 €. Vente à emporter. Terrasse.

On plébiscite ce restaurant libano-syrien pour son ambiance dépaysante, l'accueil jovial de son patron et sa grande terrasse ombragée. Mais c'est dans l'assiette que la magie opère plus encore ! Au menu ou à la carte, c'est un festival de saveurs ineffables : hors-d'œuvre froids ou chauds, kafta mechoui, brochettes chich taouk, chawarmas... Un menu végétarien est proposé avec 7 assortiments de hors-d'œuvre froids et chauds. N'hésitez pas à tester la version libanaise de la traditionnelle tarte flambée alsacienne, composée de viande hachée et de fromage de chèvre.

LE QUAI 21 €€

21, quai de la Poissonnerie ✆ 03 89 58 58 58
www.restaurant-quai21.fr

Ouvert midi et soir du mardi au samedi. Menu du jour (3 plats) : 25 €. Enfant : 12 €. Terrasse. Vente à emporter.

Ce charmant restaurant mêle harmonieusement pierres apparentes, boiseries blanchies et mobilier contemporain. Ancien second du restaurant du Chambard**** à Kaysersberg, Frédéric Tagliani élabore des mets délicats rehaussés de belles touches d'inventivité. Poulpe laqué au soja aux zestes d'agrumes et endives à la plancha, croustillant de caille au foie gras, cheesecake crémeux aux spéculoos et à l'ananas : c'est un festival de saveurs inédites qui se décline au gré des saisons et au fil d'une carte resserrée ou de menus du jour proposés à des prix plutôt mesurés !

AUX TROIS POISSONS €€

15, quai de la Poissonnerie
✆ 03 89 41 25 21

Ouvert du mardi au samedi le midi et le soir. Réservation recommandée. Menu du Pêcheur (midi, 3 plats) : 30 €. Terrasse.

Cette belle institution colmarienne est dédiée aux poissons d'eau douce ou salée. On s'y attable dans une salle décorée d'un beau plafond de bois et de tentures grises. Parmi les grands classiques de la maison, citons la soupe de poissons, les cuisses de grenouille à la provençale, le filet de sandre sur lit de choucroute et petits lardons, l'aile de raie à la grenobloise, la matelote au riesling et la bouillabaisse (pour 2 personnes). Situation privilégiée avec terrasse estivale en bordure directe des canaux de la Petite Venise. Réservation ultra recommandée.

VERSION ORIGINALE 68 €€

22, quai de la Poissonnerie
✆ 06 72 77 23 57

Fermé le jeudi. Service de restauration en continu à partir de 12h. Carte et suggestions. Terrasse et cuisine d'été.

Aménagé dans une vénérable maison de famille, cet adorable resto est un lieu ineffable où il fait bon s'attabler. Dans une ambiance intimiste et conviviale, des mets délicieux (salades, tartes flambées, foie gras d'Alsace...) vous sont proposés en version originale. Chantal est aussi à l'origine d'un concept inédit, « Alsacorse », associant produits du cru et délices de l'Île de Beauté : bières, vins, charcuteries, fromages corses. Il y a aussi une agréable terrasse végétalisée avec cuisine d'été aménagée au calme dans une cour intérieure. Zénitude assurée à 100 % !

WISTUB DE LA PETITE VENISE €

4, rue de la Poissonnerie
✆ 03 89 41 72 59

Ouvert lundi, mardi, vendredi et samedi à midi et le soir. Jeudi et dimanche uniquement le soir. Réservation impérative.

Niché dans une ruelle pavée en retrait du pont Turenne, ce petit restaurant séduit par son authenticité : vieille maison alsacienne avec parquet de bois et déco vintage riche en objets du temps passé. Et puis, il y a l'accueil souriant et le service aux petits oignons ! La carte allie plats alsaciens et mets originaux déclinés en copieuses portions. En résumé : voici une excellente adresse pour laquelle il convient de réserver impérativement afin de s'y attabler tout à son aise !

D'MELICHKANN €€

2, place Saint Martin - **JEBSHEIM**
✆ 03 89 71 61 25
www.restaurant-melichkann.fr
Ouvert à midi mardi et mercredi, du jeudi au dimanche midi et soir. Carte : environ 18 €. Terrasse. Vente à emporter.

Épicuriens revendiqués, Ludovic et Olivia puisent dans le vivier des producteurs locaux pour élaborer des mets fort alléchants : tarte Tatin de boudin noir aux pommes, magret de canard et son feuilleté de champignons, tiramisu maison aux crêpes dentelle… Le tout s'accompagne de superbes vins de la région, les assiettes sont artistiquement dressées et tout est fait maison. Dans la salle décorée de tableaux colorés ou sur la terrasse ensoleillée, le D'Melichkann offre un excellent rapport qualité-prix, sans conteste l'un des meilleurs dans la région colmarienne !

FLAMME & CO €€

4, rue du Général de Gaulle - **KAYSERSBERG**
✆ 03 89 47 16 16
www.flammeandco.fr
Ouvert du vendredi au mardi midi/soir. Menu dégustation 25,90 €. Tartes flambées 9,30 € à 18,90 €. Pierrade dès 17,50 €.

Atypique en diable, Flamme & Co associe design branché et tartes flambées ! Foin de folklore alsacien, la déco est 100 % contemporaine. Les flammekueche se déclinent en diverses versions, de la plus nature à la jambon cru en passant par la plus végétarienne. Les becs sucrés se régalent de petites flammées (citron, crème brûlée…). Flamme & Co propose en outre des pierrades (gambas et lotte sauce thaï, filets de poulet mariné au curry, entrecôte sauce béarnaise) très conviviales. Petit conseil : pensez à réserver pour vous attabler dans cette *flammerie* décalée !

AU P'TIT MUNTZ €€

9, rue de Colmar
MUNTZENHEIM
✆ 03 89 49 12 86
Mardi, mercredi, vendredi et samedi à midi et le soir. Dimanche midi. Carte env. 14 €. Terrasse. Vente à emporter.

On s'attable avec plaisir dans ce sympathique établissement qui séduit par son accueil enthousiaste ! Au P'tit Munz, tout est fait maison à partir de produits frais de saison. Salades composées, tartes flambées, pizzas, cordon bleu, tête de veau sauce gribiche, belles pièces de bœuf, steak au four à l'ail et au parmesan, bonnes spécialités à base de poisson : il y en a vraiment pour tous les appétits. Quant aux délicieux desserts, ils sont eux aussi faits maison. Excellent rapport qualité-prix pour déjeuner ou dîner à la bonne franquette entre amis !

LA PORTE BLEUE €€

53, route de Bâle - **SAINTE-CROIX-EN-PLAINE**
✆ 09 54 45 44 73
https://restaurant-laportebleue.com/
Du lundi au samedi à midi, du jeudi au samedi le soir. Menu midi : 18 €/22 €. Menu soir : 38 €/58 €. Enfant : 12 €.

Le lieu est plein de caractère avec ses grandes fenêtres lumineuses, ses boiseries et son bar convivial, pas de terrasse, mais une climatisation douce. Il y a aussi et surtout un chef plein d'allant, Antony Djemaa, originaire de Touraine et venu s'installer en Alsace par amour ! Les créations culinaires d'Antony répondent avec créativité aux canons de la bistronomie frenchy. Son risotto carnoli de gambas au pimenton est une petite merveille de saveurs, de même que son cochon rôti au lard de Bigorre. Quant à ses desserts, ils sont proprement fabuleux !

HÔTEL-RESTAURANT AU SOLEIL €€

20, rue Sainte Gertrude - **WETTOLSHEIM**
✆ 03 89 80 62 66
www.hotel-restaurant-au-soleil.fr
Maître Restaurateur, Logis Table Gourmande. Ouvert du jeudi au mardi midi et soir. Menus 27 € € et 46 €. Enfant 10,50 €.

Une ambiance tout à la fois chaleureuse et bon enfant règne dans ce bel hôtel familial créé en 1960 et récemment rénové avec beaucoup de goût. Côté restaurant (Logis Table gourmande), Guillaume Schilling vous régale de bons petits plats d'inspiration régionale. Tarte fine de magret de canard fumé, filet de bœuf sauce au pinot noir, plantureuse choucroute garnie : il y en a pour tous les goûts. Ajoutez à cela une carte des vins de haut vol et un service aux petits oignons !

AUBERGE DU MOULIN €

1, rue du 1er RCA - **WIDENSOLEN** ✆ 03 89 71 59 43
www.restaurant-auberge-du-moulin.com
Ouvert midi et soir lundi, mardi, vendredi et samedi. Mercredi midi. Dimanche de 12h à 18h. Vente à emporter. Terrasse.

Posée dans un cadre bucolique au bord d'un petit étang, cette charmante auberge est dirigée par Mélinda et Dominique qui mitonnent des plats 100 % faits maison. Si la formule du midi (3 plats) s'avère fort intéressante, les mets à la carte sont tous plus alléchants les uns que les autres : foie gras de canard avec chutney pomme/poire, rognons de veau sauce moutarde, carpes frites, choucroute ou baeckeofe (sur commande)… Soirées à thème en bonus : fondue chinoise, paella, raclette… Ici, on s'attable de manière conviviale en famille ou avec des amis !

FAIRE UNE PAUSE

Une balade dans Colmar procure des joies ineffables, tant sur le plan historique que culturel et artistique. Seulement voilà, marcher c'est bien beau, mais ça donne soif et ça suscite quelques petites fringales... Et quand on se promène en compagnie de bambins, une pause est la bienvenue ! Pas de panique à bord : le centre-ville colmarien regorge de boulangeries et de pâtisseries assorties pour la plupart d'un salon de thé ou d'un espace de restauration. Parfait pour manger sur le pouce, goûter en famille ou encore, pourquoi pas, s'offrir un brunch d'anthologie. Et puis que serait l'Alsace sans ses winstubs et ses cafés hauts en couleur ? Demi de bière sans faux col, petit ballon de vin d'Alsace, apéro endiablé, café serré ou tout simplement une bonne tasse de thé... Colmar recèle là encore quelques bonnes adresses que vous pourrez découvrir tout à loisir dans cette rubrique dédiée à l'art de prendre son temps en bonne compagnie !

L'ALIANE

13, rue de la Cigogne
✆ 09 83 99 86 99
www.laliane.com

Café-bar et boutique de jeux de société. Ouvert mardi, mercredi, vendredi et samedi de 11h à 18h30. Jeudi de 14h à 23h.

Cette adresse sans équivalent dans la région colmarienne propose quelque 600 références de jeux de société. L'Aliane vous ouvre ainsi de vastes horizons ludiques en vous permettant de découvrir des créations originales et des jeux qui sortent complètement des sentiers battus. Le petit plus : on peut tester certains jeux avant de les acquérir. Côté bar, on sirote d'incroyables cocktails aux intitulés magiques et de bonnes bières artisanales de Colmar. Diverses sessions de jeux en groupes sont organisées au fil de l'année ainsi que des événements thématiques.

L'ARTÉMISE

10, rue des Ecoles
✆ 03 89 29 57 35

Ouvert du mercredi au dimanche : 10h30-18h30. Brunch le dimanche : 10h-14h sur réservation. Terrasse. Vente à emporter.

Méga coup de cœur pour ce salon de thé romantiquement désuet qu'on dirait tout droit sorti de la campagne anglaise ! Dans une ambiance vintage (papier peint fleuri, porcelaine victorienne, théières de Sheffield), on se régale avec les délicieuses créations de Johann : véritable mont-blanc à la crème de marrons, forêt-noire revisitée, scones accompagnés de confiture maison et de crème surette, tarte Ernestine à la crème d'amande et à la noix de coco... Côté boissons, le choix est vaste : thés, cafés ou encore jus de fruits bio... Brunch le dimanche sur réservation.

L'ATELIER DE YANN

10, place de la Cathédrale
✆ 03 89 20 01 00
www.atelier-de-yann.com

Du mardi au samedi : 8h30-18h30. Ouvert le dimanche en décembre. Menu du jour. Terrasse. Traiteur. Boutique en ligne.

La décoration de ce salon de thé-pâtisserie en jette un max avec ses 650 ***stalactites*** sculptées dans du bois de sapin suspendues au plafond. On s'attable pour le petit-déjeuner et le goûter ou pour savourer des petits plats à midi. Les viennoiseries, chocolats, entremets et autres sublimes pâtisseries sont franchement à tomber ! La boutique en ligne réserve aussi de belles surprises toute l'année. Notez encore que Yann Navarro organise des ateliers de pâtisserie pour les adultes et les enfants, au cours desquels il dévoile des recettes tout à fait incroyables !

LE BAR M

15, rue Turenne
✆ 03 89 23 45 11

Ouvert du lundi au samedi de 6h à 20h (fermeture à 13h le mercredi), dimanche de 8h à 13h. Bar, tabac, presse, PDJ.

Michel Clog voit défiler beaucoup de monde dans son tabac-presse désormais transformé en bar chaleureux et convivial en diable. Pour l'anecdote, il est le seul buraliste français à annoncer les prix en dollars alsaciens ! Mais rassurez-vous, il accepte bien sûr les paiements en euros... Outre la vente de journaux et de magazines français ou étrangers ainsi que les guides touristiques et les jeux de loterie ou de PMU, cette sympathique enseigne est également dépositaire de titres de transports Trace, et fait office de lieu de retrait de colis.

BIZKOT

2, boulevard du Champ de Mars
✆ 03 89 41 84 74
www.bizkot.fr
Du lundi au samedi (sauf mercredi) : 7h30-19h (18h samedi). PDJ 3,50 € à 9,50 €. Plat du jour 11,50 €. Enfant : 6 €.

Cette boulangerie dispose d'un sympathique bistrot/salon de thé qui est aménagé en grande partie sous une superbe verrière. On s'y attable pour prendre un petit déjeuner sucré-salé, déjeuner ou goûter, mais aussi bruncher le vendredi ou le samedi. Tous les produits sont élaborés sur place avec des ingrédients locaux : pains frais, viennoiseries, pâtisseries, petits plats. Consécration : BizKot a participé au concours 2019 de la « meilleure boulangerie » sur M6, accédant en demi-finale de la région Grand-Est après avoir décroché la 1re place en Alsace !

BOULANGERIE KRAETZ

6, place Jeanne d'Arc ✆ 03 89 41 06 25
www.boulangerie-kraetz.fr
Ouvert lundi : 7h-19h15. Du mardi au vendredi : 6h30-19h15. Samedi : 6h30-19h. Petite restauration. Accès PMR (rampe).

Gérée par Claude Kraetz (membre de l'Union des Boulangers Artisans Créateurs) cette boulangerie-pâtisserie est connue pour sa médaille d'or d'Alsace du bretzel brioché et surtout pour sa spécialité, le kougelhopf, reconnu à deux reprises pour être le meilleur de la région ! Une médaille d'argent récompensant les meilleurs croissant et baguette du Haut-Rhin complète ce beau palmarès. Ici, on fait le plein de bons pains, de délicieux bredalas et viennoiseries, de sandwichs et pâtés lorrains bien garnis, de pâtisseries et plein d'autres spécialités très gourmandes !

DEER & BEER

1A, place de l'Ancienne Douane
✆ 06 81 45 90 90
Ouvert du mardi au samedi de 11h à minuit et le dimanche de 11h à 18h. Terrasse. Apéro-concert. Vente à emporter.

La décoration intérieure de ce bar a vraiment de quoi vous laisser baba ! Plafond tapissé de rondins rustiques, murs lambrissés de boiseries artistiquement chenues, lampes agrémentées de cors de cerf et trophées de chasse : le Deer & Beer célèbre l'art de la vènerie en version tyrolienne. Dans les verres : bons petits vins d'Alsace, bières à la pression, cocktails de folie servis avec des pailles en pâte alimentaire et shooters glacés au Jägermeister. Tout ceci se consomme bien évidemment... avec modération. Belle terrasse implantée pile poil en face au Koïfhus.

LES FAMEUSES BRETZELS DE COLMAR

6, rue des Boulangers ✆ 03 89 24 32 43
www.bretzels-colmar.fr
Ouvert 7 jours/7 : 8h-19h (18h le dimanche). Bretzels, sandwiches, paninis, glaces. Service traiteur. Boutique en ligne.

Ici, les bretzels sont 100 % fraîches et moelleuses ! Elles se dégustent à toute heure de la journée en version nature, salée, gratinée, aux lardons, au pavot, au sésame ou alsacette. Il y a aussi des viennoiseries, des paninis et des sandwichs variés. À consommer à la pièce et en formule petit déjeuner ou déjeuner. À l'extérieur, un stand alléchant propose, à la minute, selon la saison, des crêpes, des gaufres, des glaces et autres granités. Service traiteur et commande en ligne.

LEGEND TRACK

180, rue du Ladhof ✆ 06 36 47 72 57
https://legendtrack.com
Sur réservation : particuliers, anniversaires, EVG/EVJF, séminaires, team buildings. Formules de 20 € à 54 €/heure.

Avis aux fans de sport automobile, le Legend Track est un lieu pensé pour vous car il mêle SLOT et SIM Racing ! Sis dans un ancien garage, il compte 10 machines équipées chacune d'un écran incurvé devant lequel on s'installe dans un fauteuil de voiture de sport avec pédalier et volant professionnels. On pilote par exemple une Porsche 911 GT3 RS sur le ou les circuits de son choix. L'expérience est ébouriffante, surtout si l'on choisit une course en réseau local. Pour se remettre de ses émotions, un petit tour au bistrot La Soupape du Legend Track s'impose !

MAISON HIROSE

35, rue Kléber
✆ 03 89 29 04 49
www.hirose.fr
Boulangerie pâtisserie franco-japonaise. Bio. Ouvert du mardi au samedi : 7h30-12h30 et 14h-18h. Dimanche : 7h30-12h30.

Des produits certifiés Ecocert, frais et originaux : voici ce qu'élaborent Naoto Hirose et Paul Petersen. Le premier vient du Japon, le second est alsacien. Maison Hirose, leur boulangerie-pâtisserie colmarienne, enchante les papilles des gourmets et des gourmands avec de multiples pains et viennoiseries qui dévoilent des saveurs incomparables. Et, côté pâtisseries, c'est Byzance ! Éclairs sublimes, tartelettes au citron acidulées, Paris-Brest revisité en version... Paris-Tokyo fourré à la compote d'azukis et crème au thé vert matcha. On craaaque !

MOKKA COLMAR €

35, Grand'Rue
✆ 03 69 34 16 29
Café, déjeuner, goûter. Du mardi au jeudi : 8h-18h. Vendredi et samedi : 8h-21h. Dimanche : 13h-18h. Vente à emporter.

Ce chouette café sert des petits déjeuners dès 8h, des petits plats à midi et des douceurs pour le goûter. Il y a des viennoiseries et des petites tartines du matin, puis de copieuses tartines pour le déjeuner ou en cas de fringale subite : truite fumée, fromage frais, chiffonnade de jambon, comté, noisettes, magret de canard, bibeleskaes… L'après-midi, place à des douceurs qui ont un fabuleux goût d'enfance (cookies, mousse au chocolat, glaces italiennes artisanales…). L'ambiance chez Mokka est chaleureuse, à l'image de ses propriétaires Ambre et Pierre.

LES SIX MONTAGNES €€

Place des Six Montagnes Noires
✆ 03 68 61 13 70
www.les-six-montagnes.com
Du mardi au dimanche 10h-23h (9h dimanche). Petit déj (7,50 à 17 €), midi (plat du jour 14,50 €), apéro, dîner.

Esprit bohème chic dans la petite salle comme sur la terrasse de ces Six Montagnes. Petit déjeuner pour débuter : tartines, viennoiseries, jus d'orange, boisson au choix et plus encore selon la formule choisie (classique, business, gourmet). À midi : plat de jour ou suggestions de saison (foie gras d'oie et de canard, tournedos de bœuf aux girolles…). À l'apéro comme au dîner, on se régale d'huîtres en provenance directe de l'île de Ré, de moules de bouchot du Mont Saint-Michel, d'un mijoté d'encornets aux poivrons ou de linguine aux palourdes. Miam !

LA TERRASSE DU MARCHÉ

13, rue des Écoles
✆ 06 62 16 92 04
Ouvert mardi/mercredi : 8h à 18h. Jeudi : 7h à 18h. Vendredi : 8h à 19h. Samedi : 8h à 17h. Terrasse au bord de l'eau.

On assume un vrai gros coup de cœur pour cette bien-nommée Terrasse du Marché qui se niche au cœur du Marché Couvert colmarien, car sa très chouette terrasse sur pilotis surplombe idylliquement les eaux calmes de la Lauch au cœur de la Petite Venise. On s'attable dans ce lieu romantique à souhait pour savourer un petit déjeuner en paix (sans Stéphan Eicher malheureusement) et déguster des petits plats typiquement alsaciens, notamment d'excellentes flammekueche. Le tout peut s'accompagner d'une bonne bière ou d'excellents crus de la région.

THIERRY MULHAUPT

6, place de l'École
✆ 03 89 41 24 63
www.mulhaupt.fr
Ouvert du mardi au vendredi de 10h à 18h. Samedi de 9h30 à 18h. Espace salon de thé. Boutique en ligne.

Impossible de résister à la tentation suscitée par les délicates créations de Thierry Mulhaupt ! Celui-ci revisite les trésors pâtissiers alsaciens ou français : Linzertorte, Stollen, mini kouglof en chocolat, financier aux framboises, saint-honoré, tartelette au citron, ganaches variées... De quoi retomber en enfance ! Quand Noël arrive, on adore ses délicieux pains d'épices et ses bredalas subtilement épicés ainsi que ses fabuleuses bûches pâtissières ou glacées. Les becs salés plébiscitent les canapés et autres amuse-bouches qui font merveille à l'apéritif !

VIREVOL'THES & GOURMANDISES

2A, rue Rapp
✆ 09 82 38 88 88
Ouvert du mardi au samedi de 8h à 18h30. Service petit déjeuner. Plat du jour 9,50 €. Brunch (samedi). Vente à emporter.

Cadre vintage en salle comme en terrasse le temps d'une boisson chaude servie tôt le matin avec des viennoiseries pur beurre. À midi, la suggestion du jour est toujours savoureuse. Il y a aussi de succulentes pâtisseries faites maison qui se dégustent tout au long de la journée. Virevol'Thés vous accueille en rez-de-chaussée ou à l'étage dans un espace meublé avec goût dans des teintes pastel reposantes. Il y a même un coin dînette avec des jeux pour les enfants !

Pas question de rejoindre vos pénates sans rapporter un petit souvenir pour glisser une petite touche alsacienne dans votre *home sweet home* ou faire plaisir à vos proches... Après avoir fait le tour des musées colmariens, profitez de vos pérégrinations au gré des rues pittoresques de la ville pour vous adonner aux joies du shopping ! Vous découvrirez des boutiques sympathiques, insolites et riches en heureuses trouvailles. Plaisirs de bouche au gré de chocolatiers, fabricants de bredalas, de pain d'épices et autres douceurs typiquement régionales. Tentations salées au fil de charcutiers, fromagers ou artisans spécialisés dans les cochonnailles et le foie gras. Galeries d'art, librairies, carteries ou boutiques de gadgets rigolos. Coups de cœur pour votre home sweet home dans des échoppes fondues de déco, de vaisselle, verrerie, bougies et autres senteurs. Amateurs de bons vins ? À vous les cavistes et autres domaines viticoles !

BRETZEL AIRLINES

39, rue des Clefs
✆ 03 89 23 49 35
www.bretzelairlines.com
Ouvert du mardi au samedi de 10h à 12h30 et de 13h30 à 18h30 (fermé le lundi sauf en décembre). Boutique en ligne.

Vin, knack'n rock'n'roll : tel est le slogan (ô combien évocateur de fêtes des vins d'Alsace endiablées) signé Bretzel Airlines, enseigne alsacienne fondée par les frères Sylvain et Gaston Kopferschmitt. La boutique colmarienne regorge de T-shirts et d'objets originaux créés par ce label qui est réputé pour sa créativité en matière de slogans humoristiques nourris de jeux de mots brillants mais parfois douteux. Voici de quoi vous séduire à coup sûr... pour peut que vous soyez en quête de d'idées de cadeaux décalés sans pour autant rechigner sur la qualité !

L'AMIE D'ANTOINE

13, quai de la Poissonnerie
✆ 03 89 23 99 86
Ouvert 7 jours/7, horaires variables selon la saison. Produits régionaux, objets de décoration, souvenirs.

Cette très jolie petite échoppe regorge de produits régionaux de belle qualité : poteries alsaciennes, linge de maison, savons naturels, sans parler d'une vaste gamme d'objets de décoration qui varient au fil des saisons. Vos enfants vont craquer sans coup férir pour les adorables peluches toutes mignonnes qui se dévoilent dans tous les coins de la boutique. L'Amie d'Antoine s'approvisionne auprès d'artisans alsaciens, notamment chez Véronique Mellinger qui crée de charmantes figurines pour petits et grands, à accrocher partout dans la maison !

LE HAMEAU

23, rue des Serruriers
✆ 03 89 23 06 07
Lundi 14h-18h30. Du mardi au jeudi, 9h30-12h, 14h-18h30. Vendredi 9h30-18h30. Samedi 9h30-18h. Juil-août-déc : non-stop

Cette boutique rigolote se niche dans une cour intérieure accessible via le passage qui relie la place des Dominicains à la rue des Marchands et vice versa. On découvre alors une courette émaillée de présentoirs riches en cartes postales ou de vœux très originales. Et lorsqu'on entre dans la boutique, c'est une incroyable caverne d'Ali Baba qui se dévoile sous nos yeux ébahis : gadgets ludiques, articles de papeterie, affiches, calendriers (ceux de l'Avent sont superbes) et autres trouvailles insolites. C'est l'adresse idéale pour dénicher des cadeaux originaux.

LES 3 PTIS COCHONS

7, rue Saint-Nicolas ✆ 09 83 38 15 20
https://les3ptiscochons.com
Ouvert du mardi au vendredi de 10h à 12h30 et de 13h30 à 19h30. Samedi de 10h à 19h30. Boutique en ligne.

Dans le cochon tout est bon, surtout le saucisson ! Aux 3 Ptis Cochons, on trouve de quoi alimenter largement les apéros et autres occasions festives à partager entre amis. Du saucisson en veux-tu en voilà donc sous toutes ses formes. Classique, 100 % volaille, au gibier, au fromage, au piment, en version mini-croc et même sucré-salé. On peut aussi se laisser tenter par des préparations à tartiner, des planchettes variées, des bretzels et des malicettes au sésame, au cumin ou aux graines de courge. Les 3 Ptis Cochons assurent en prime un service traiteur.

BRASSERIE DU GRILLEN

31, rue des Jardins © 03 68 61 03 80
https://brasseriedugrillen.com
Mardi/mercredi 17h-22h. Jeudi 17h-23h. Vendredi/samedi 10h-23h. Terrasse. Bar. Boutique. Animations. Privation possible.

Née sous l'impulsion de trois amis d'enfance tout à la fois bourlingueurs et biérophiles avertis, cette micro brasserie propose des boissons houblonnées aux saveurs franchement incomparables, fruit des expériences vécues par Luc, Thibaut et Jean-Cyril. Ces trois mousquetaires de la mousse proposent des bières dites classiques : Cirrus (White India Pale Ale), Mosaïc (Pale Ale), Hindi (India Pale Ale). À cela s'ajoutent des Beerstorming, brassins éphémères élaborés en fonction des saisons. Le tout peut se déguster sur place dans le Brewup qui allie bar et boutique !

BRASSERIE SAINTE CRU

14, rue Denis Papin © 06 74 10 67 81
www.sainte-cru.com
Du mercredi au vendredi : 17h-22h30. Samedi : 10h-13h 15h-22h30. Dégustation et vente au Taproom Bar. Boutique en ligne.

Les bières de cette microbrasserie cultivent un humour décoiffant ! Les illustrations de leurs étiquettes déchirent et leurs petits noms pratiquent l'art du jeu de mots percutant : Ni Dieu Ni Maître, Salut À Toi, No Risk No Fun... Sans parler des désormais grands classiques estampillés Sainte Cru : Orange Mécanique (au miel d'acacia), Read is Dead (rousse houblonnée), White Rabbit (blanche délicieusement givrée), stout Antisociale et double pale India Sex, Ale & Rock'n'Roll. À déguster (avec modération) dans le Taproom Bar où règne une ambiance très déjantée !

AU BRIN DE PAILLE

61, Grand'Rue
© 03 89 23 35 36
www.au-brin-de-paille-epicerie.fr
Ouvert du lundi au vendredi de 9h30 à 18h30, le samedi de 9h30 à 18h et le dimanche de 10h à 18h. Boutique en ligne.

Cette épicerie centenaire met à l'honneur de très bons produits du terroir alsaciens : charcuterie, fromages, vins fins... Sans oublier tout un assortiment de sirops, confitures et miels, des huiles, vinaigres, épices et condiments. Tout est aussi disponible en paniers garnis à offrir au retour. Avis aux amateurs de bières artisanales, une bonne trentaine de microbrasseries régionales sont représentées ! Soucieuse de préserver son envie de proximité, des fruits et légumes de saison, des œufs frais et des produits de première nécessité sont à la vente.

LA CAVE WOLFBERGER

2, chemin de la Fecht
© 03 89 30 40 70
www.wolfberger.com
Ouvert du lundi au samedi : 10h-18h. Fermé le 1/01, 2/04, 1/11, 25-26/12. Boutique en ligne. Label Tourisme & Handicap.

La Boutique Wolfberger organise diverses animations et ateliers, notamment la dégustation commentée *Prestige* (une heure, 10 à 55 pers.) ou la visite guidée du vignoble. Lors de votre visite, n'hésitez pas à vous attarder au bar de dégustation, vous y ferez de belles découvertes ! Après quoi, libre à vous de faire votre choix parmi les crémants d'Alsace, riesling Vendanges Tardives, gewurztraminer Grand Cru et autre pinot gris Sélection de Grains Nobles. À côté de ces grandes cuvées, vous trouverez également une belle sélection d'eaux-de-vie et de liqueurs.

CHOCOLATERIE CAPRICES

19, Grand'Rue
© 03 89 29 88 85
www.chocolats-caprices.fr
Du mardi au samedi : 9h30-12h, 14-18h30 (18h samedi). Dimanche et lundi en décembre (marchés de Noël). Vente en ligne.

Dynastie chocolatière fondée voici plus de 50 ans, la famille Brunstein dévoile ses délicieuses gourmandises dans une boutique lumineuse et très chic où les chocolats, ganaches et autres fruits confits glacés sont présentés tels des joyaux précieux ! Au gré des saisons, on s'extasie devant des moulages en chocolat très originaux : des créations pour les événements festifs de l'année. Il y a aussi une belle collection de tablettes de chocolat noir ou au lait Pure Origine et d'énormes morceaux de chocolat (noisettes, orange, Smarties...) vendus à la casse !

LE COMPTOIR DE MATHILDE

6, rue des Serruriers
© 03 89 41 44 24
www.lecomptoirdemathilde.com
Ouvert du mardi au samedi de 10h à 18h30 : horaires susceptibles de changer selon la saison. Boutique en ligne.

Conçue comme une épicerie à l'ancienne, cette boutique vous accueille dans un cadre revêtu de jolies boiseries. Elle regorge de produits artisanaux élaborés dans la Drôme provençale, notamment du chocolat (noir, lait, blanc) décliné en tablettes ou à casser avec un marteau en bois ! Il y a aussi des pâtes à tartiner : noisettes, caramel au beurre salé et autres saveurs insolites et goûteuses. Ajoutez à cela un grand choix de tapenades, confitures, huiles d'olive, moutardes et vinaigres aromatisés. Voici donc autant de bonnes idées cadeaux vraiment futées !

DOMAINE KARCHER ROBERT ET FILS

11, rue de l'Ours ✆ 03 89 41 14 42
www.vins-karcher.com

*Du lundi au samedi : 8h-12h, 13h30-19h. Dimanche 8h-12h. 7j/7 en juillet, août, décembre. Boutique en ligne. 3 gîtes***.*

Héritier d'une longue lignée de vignerons, Georges Karcher gère son domaine de 10 ha en conversion bio avec ses fils Pierre et Gilles. Pour les Karcher, le vin s'élabore avant tout dans les vignes afin que le terroir s'exprime au mieux. Ils possèdent la plus vieille cave en service à ce jour à Colmar. L'accueil au caveau est fort sympathique, on y déguste notamment un Pinot Auxerrois 2019 médaillé d'or au Grand Concours de Colmar. Trois gîtes*** sont disponibles sur le domaine.

L'ÉTABLE

3, place des Martyrs de la Résistance
✆ 06 75 58 29 37

Fromagerie artisanale, salaisons, vins d'Alsace. Ouvert 7 j/7 de 11h à 18h30. Janvier : vendredi à dimanche, 10h-18h30.

La façade de cette fromagerie attire les regards à côté des Dominicains car elle tranche résolument sur son voisinage avec son allure de grange toute de bois brut tapissée ! Du bois, il en a aussi à l'intérieur, ainsi que des gros bidons de lait, une reproduction de vache grandeur nature et d'énormes meules de fromages à pâte pressée : bargkass, tomme vosgienne, chèvre à la truffe, comté fermier, tomme aux orties et à la lavande… Il y a également un bel assortiment de munsters, des saucissons (porc, sanglier, aux cèpes…) et des vins du Vignoble Ruhlmann-Schutz.

LA FROMAGERIE SAINT-NICOLAS

18, rue Saint Nicolas
✆ 03 89 24 90 45
www.fromagerie-st-nicolas.fr

Fromager-affineur. Ouvert lundi 14h-19h. Du mardi au jeudi, 10h-12h30, 14h-19h. Vendredi, samedi 9h-19h (18h30 samedi).

Cette fromagerie fait partie du Club Gastronomique Prosper Montagné. Ici, on ne transige vraiment pas sur la qualité quand il s'agit de munster et de produits bio. Fromages, beurres, yaourts et crèmes fraîches fleurent bon le terroir. Jacky Quesnot sélectionne quelque 400 références fromagères auprès de producteurs régionaux, nationaux et internationaux. Il assure l'affinage de ses fromages dans ses caves aménagées à Buhl à grand renfort de planches d'épicéa, de sapin et de mélèze.

LE GARDE MANGER DE PETIT JEAN

42, rue Vauban
✆ 03 89 29 80 37

Épicerie fine ouverte du mardi au samedi de 9h à 19h. Ainsi que les dimanches pendant la période des marchés de Noël.

Chef émérite du restaurant colmarien *La Maison Rouge*, Jean Kuentz est réputé pour sa cuisine aussi délicate qu'inventive. Fin novembre 2021, celui qu'on surnomme Petit Jean a ouvert son garde-manger idéal au cœur de Colmar. Avis aux épicuriens : ici, c'est LE pays de cocagne ! Au rayon frais : volailles, gibier de saison, charcuterie, saumon fumé, beurre, fromages et autres merveilles. Côté épicerie fine : caviar, huiles d'olive, épices, condiments, etc. Superbe cave à vin en bonus !

LA SOMMELIÈRE

19, place de la Cathédrale ✆ 03 89 41 20 38
www.lasommeliere.fr

Ouvert du mardi au samedi : 10h à 12h30, 13h30 à 18h. Le dimanche en décembre. Ateliers de dégustation sur réservation.

Incontournable dans la région colmarienne, ces cavistes proposent de bons crus d'Alsace, notamment leur propre production (Domaine Marc Tempé à Zellenberg), ainsi que quelques-unes des meilleures références alsaciennes. Marc et Stéphane présentent également une sélection de bonnes bouteilles en provenance d'autres régions de France, ainsi que des spiritueux et des accessoires oenologiques. Le tout se découvre dans un cadre original fait de matériaux bruts. Bon à savoir : La Sommelière organise régulièrement des ateliers de dégustation en présence d'un vigneron.

LA VINOTHÈQUE (ABEDIS)

19, rue Curie ✆ 03 89 24 42 11
www.vinotheque.fr

Lundi : 14h30-19h. Du mardi au vendredi : 9h30-12h, 14h30-19h. Samedi : 9h-12h20, 14h-18h. Location de tireuse à bière.

La Vinothèque propose plus de 1 200 références sélectionnées avec soin dans son espace de vente de 300 m² située dans la ZAC Nord de Colmar. Ses vendeurs vous conseillent avec une réelle passion dans vos achats en fonction de vos goûts et de votre budget. Vins régionaux de France et du monde entier, bag-in-box, bières, cafés et autres spiritueux : ici, vous avez vraiment le choix ! Des dégustations sont organisées pour découvrir les offres du moment. Bon à savoir pour vos fêtes et événements privés : location de tireuses pression, de tables et autres garnitures.

BOUGER & BULLER

Célébrée pour sa philosophie d'accueil basée sur un tourisme à taille humaine, Colmar est aussi une ville dédiée au sport et au bien-être. Elle compte deux piscines (une couverte et une en plein air avec un bassin olympique), ainsi qu'une base nautique qui s'avère une véritable oasis de détente durant la saison estivale avec sa plage de sable fin. Dédiées au fitness et à la remise en forme tout azimut, des enseignes réputées pour leur expertise proposent toutes les disciplines en vogue : musculation, cardio-training, biking, cross-training, escalade... il y en a pour tous les goûts. Colmar compte en outre de bons clubs d'équitation et une patinoire où l'on peut s'adonner aux joies de la glisse dès le plus jeune âge. Avis aux amateurs de sensations aériennes, vous avez la possibilité de vous initier, par exemple, au vol en montgolfière ou en ULM. Et puis, côté bien-être, vive la balnéothérapie au Resort Barrière situé à 17 km de Colmar !

AÉROVISION

34, chemin de la Speck ✆ 03 89 77 22 81
www.aerovision-montgolfiere.com

Vols en montgolfière. Accueil tél. du lundi au vendredi 10h-12h, 14h-16h. Vol Découverte : 280 €/pers. Achat en ligne.

Toute l'année, sous réserve de bonnes conditions météorologiques, découvrez l'Alsace en montgolfière avec Aérovision. Vous prendrez ainsi de la hauteur au-dessus du massif vosgien, du vignoble, de la plaine d'Alsace et du Ried entre Munster et Colmar ou dans la Grande Région de Saverne. L'escapade dure 4-5 heures, dont 1 à 2 heures de vol effectif. Le décollage a lieu en général au lever du jour : les conditions de lumière et de vent sont les meilleures à ce moment-là. En point d'orgue de votre balade aérienne, une coupette de crémant d'Alsace vous sera offerte !

AQUALIA

7, rue du Pigeon ✆ 03 89 24 66 00
www.colmar.fr/piscine-aqualia

Horaires et tarifs détaillés sur le site Web. Solarium, sauna, hammam, bain bouillonnant, aquagym. Cafétéria.

Cette piscine couverte comprend un bassin sportif avec un fond mobile, un bassin familial, un bassin de loisirs avec banc massant, cascade et jets massants, une pataugeoire et deux toboggans de 35 et 55 m. Dès l'arrivée des beaux jours, on peut prendre le soleil sur la plage extérieure, minérale et végétale. Toute l'année, sauna, hammam, solarium et bain bouillonnant invitent à la détente ! Des séances d'aquagym, d'aquabike et autre aquatraining sont proposées. Pour finir en beauté, on peut se poser à la cafétéria : boissons, sandwiches, glaces et friandises.

BICYCLETTE GO !

2, impasse du Tokay - **VOEGTLINSHOFFEN**
✆ 06 87 47 44 31
www.bicyclettego.com

Activités toute l'année. Circuits guidés à vélo et à pied. Tarifs selon l'itinéraire choisi et nombre de participants.

Glenn Ford est un vrai sportif qui pratique la marche, le running et le vélo. Fort de sa passion pour la petite reine, il organise des randonnées à bicyclette dans le vignoble et sur la Route du Vin. L'équipement fourni est nickel : vélos hybrides 21 vitesses ou e-bikes, casques, sacoches, eau minérale, barres énergétiques, véhicule de soutien... En bonus lors de votre périple cycliste, vous ferez d'agréables haltes pour pique-niquer en pleine nature, déjeuner dans un bon restaurant alsacien, mais aussi visiter des caves de viticulteurs réputés. Let's go !

COLMAR BIKE TOURS

5, rue du Chasseur
✆ 03 69 45 96 48
http://colmarbiketours.com

Du 1/04 au 31/10. Location de vélos enfants, VTC et vélos électriques : de 18 € à 50 €. Tours guidés : de 45 € à 110 €.

Découvrir Colmar et ses environs en roue libre, en voilà une bonne idée ! Colmar Bike Tours propose des circuits (entre 25 km et 62 km) à des tarifs très intéressants. Ceux-ci comprennent la location d'un vélo à assistance électrique ou d'un deux-roues traditionnel, et, sur demande, un siège bébé, une remorque pour enfant ou encore un vélo suiveur. À cela s'ajoute un GPS avec itinéraire préenregistré et un casque de sécurité. Mais attention : pensez à réserver suffisamment à l'avance pour profiter des services de Colmar Bike Tours !

COLMAR PLAGE

37, rue Denis Papin ✆ 03 89 21 97 60
www.agglo-colmar.fr/base-nautique
Ouvert fin mai à fin septembre. Horaires cf site web. Entrée 4 € (gratuit - 6 ans). Billetterie en ligne. Restauration.

La plage version colmarienne : une vaste étendue de sable et un superbe plan d'eau sécurisé enchâssés dans un écrin végétal. Couloir de nage (150 m de long sur 5 m de large), paddle, bateaux à pédales : on se croit sur la Riviera ! Il y a aussi le super aquaparc qui fait fureur avec ses toboggans, trampolines, plongeoirs, murs d'escalade et autres éléments gonflables aquatiques et rigolos. Pour la pause déjeuner et les envies de farniente, le restaurant Côté Plage propose une carte de petite restauration et des transats en location. Plaisirs balnéaires en Alsace !

L'ETINCELLE

Allée Georges Charpak - **SÉLESTAT**
✆ 03 88 82 68 05
www.letincelle-sport.fr
Du lundi au vendredi : 6h-22h. Samedi, dimanche : 6h-19h (18h dimanche). Fitness, multisport, escalade. Tarifs cf web.

Fitness, escalade, foot5, squash, paddle tennis, badminton, natation et plus si affinité : il y en a vraiment pour tous les goûts, tous les niveaux et tous les âges à L'Étincelle ! Ce superbe complexe sportif prend ses aises sur 6 800 m² et propose une incroyable variété d'activités sportives pour les adultes comme pour les enfants. Son plateau de cardio et de musculation est équipé avec ce qui se fait de mieux en la matière. À cela s'ajoutent des terrains multisports, une piscine intérieure et un espace sauna-hammam. En prime, il y a aussi un bon restaurant !

LES FRÈRES MAWEM

3, rue Jacques Daguerre
✆ 03 89 23 98 74
https://lesfreresmawem.fr
Ouvert du lundi au vendredi : 7h30-23h. Samedi/dimanche : 9h -22h. 20 €/adulte, 15 €/enfant. Tarifs détaillés cf web.

Vous êtes accro à l'escalade sous quelque forme que ce soit, indoor ou outdoor ? Les frères Mawem vous accueillent dans leur salle colmarienne. Déjà présents aux JO de Tokyo, Mickael et Bassa espèrent bien briller à Paris en 2024. En attendant, ils vous invitent à vous livrer aux plaisirs de l'escalade tous azimuts dans leur salle équipée d'un bloc d'initiation ainsi que de voies destinées à vous permettre de grimper le mieux possible. Il y a aussi un espace enfant, totalement sécurisé, pour permettre aux gamins de s'initier aux plaisirs de la grimpe.

PATINOIRE DE NOËL

Place Rapp
✆ 03 89 80 09 05
www.patinoirecolmar.fr
Patinoire éphémère ouverte de fin novembre à fin décembre. Tarifs : 2 € ; location patins 2 €.

Sertie dans un décor féerique de paysage de montagne enneigé, cette patinoire éphémère en plein air invite à partager les joies de la glisse en famille ou entre amis. La tradition de cette installation remonte à loin dans le temps quand les employés de la ville profitaient d'une installation rudimentaire pour patiner en famille. De nos jours, un circuit spécialement conçu pour les enfants de 3 à 10 ans est ouvert le mercredi et le samedi de 14h à 17h. En outre, divers temps forts sont prévus de fin novembre à fin décembre, tels qu'une visite du Père Noël !

BALNÉO BARRIÈRE RIBEAUVILLÉ

Route départementale 106
RIBEAUVILLÉ
16 €/2 heures. Forfait journée 26 € (28 € week-end et jours fériés). Forfait nocturne 16,50 € (19,50 € le week-end).

Vous êtes en quête de de lâcher-prise et de délassement ? Bienvenue dans le Meilleur Resort Spa de France 2021 ! Car, outre son casino, son hôtel, ses deux restaurants et ses deux bars, le superbe Resort Barrière de Ribeauvillé dispose d'un fabuleux *espace* balnéo : 2 bassins intérieurs, 1 bassin extérieur, parcours aquatique jalonné de bains bouillonnants, jets massants, rivière à contre-courant. Cerise sur le gâteau : hammam, sauna, douche de neige, chaises longues indoor et outdoor.

SORTIR

En matière de sorties diurnes ou nocturnes, Colmar fait preuve d'un éclectisme et d'un dynamisme qui ne présente aucun signe d'essoufflement. De jeunes entrepreneurs pleins d'allant sont à l'origine de nombreuses manifestations culturelles, ludiques et fort conviviales. Il en va ainsi des escape games et autres laser games qui font le bonheur des esprits curieux et des familles en quête de sensations originales. Les cinéphiles ne manqueront pas de fréquenter les salles high-tech du complexe CGR : celui-ci propose le meilleur en matière de films pour tous les publics. La musique a elle aussi droit de cité à Colmar avec divers festivals pop, rock ou classique tout au long de l'année. Envie de faire une partie de bowling ou de billard ? Rendez-vous au Funpark ! Quant aux amateurs de clubbing, les discothèques colmariennes leur permettront de s'éclater jusqu'à très tard dans la nuit sur les rythmes les plus pointus du moment !

ROTA CLUB

8, rue Timken
✆ 06 71 57 08 38
Vendredi, samedi, veilles de fêtes dès 23h. Entrée 5 €. Club généraliste, salon VIP, rhumerie latino, salon chill out.

Réputé et donc très couru, le Rota Club met l'accent sur une ambiance latino *muy caliente* forcément très animée ! Son bar à rhum est conçu comme une place de village cubain : il s'envisage comme un coin de soleil à Colmar arrosé d'une bonne vingtaine de références issues d'excellentes rhumeries. Outre sa grande salle de clubbing plus généraliste et dotée de jeux de lumière totalement dingues, le Rota Club a aussi une salle *Chill Out*, sans musique mais avec flipper et billard. Un espace VIP est réservé à une clientèle triée sur le volet avec un bar 100 % exclusif !

ESPACE LÉZARD

12, route d'Ingersheim
✆ 03 89 41 70 77
www.lezard.org
Concerts, débats, spectacles, expositions. Tous publics. Programme détaillé : voir site web.

Concerts, cinéma, expositions, festivals, marionnettes : l'association Lézard organise des expos d'art contemporain qui témoignent de la richesse de la création plastique locale. L'association développe aussi une riche programmation musicale dans et hors les murs, avec le Grillen. Elle programme en outre des soirées ciné-débats avec le CGR autour de questions sociétales. Initiateur de festivals très courus, notamment celui des Musiques métisses programmé chaque année au printemps dans divers lieux, le Lézard n'est jamais à court d'idées ludiques et éclectiques.

COMÉDIE DE COLMAR

6, route d'Ingersheim
✆ 03 89 24 31 78
https://comedie-colmar.com/
Horaires d'ouverture de la billetterie : du mardi au vendredi de 13h30 à 18h et 1h30 avant le début des représentations.

La Comédie de l'Est a changé de nom sous l'impulsion de ses nouveaux directeurs, Émilie Capliez et Matthieu Cruciani, soucieux de rendre son ancrage local plus visible. Elle s'appelle désormais la Comédie de Colmar. Pour le reste, la nouvelle Comédie de Colmar poursuit sa mission de créations originales et de présentation d'œuvres en provenance de toute l'Europe : théâtre, opéra, danse et spectacles destinés aux enfants. Dans une volonté de rendre la culture accessible à tous, elle organise régulièrement des ateliers ouverts à des publics spécifiques.

FUN PARK COLMAR

11, rue Curie
✆ 03 89 21 18 38
www.funparkcolmar.fr
Bowling, laser game, Kids Park, billards, jeux d'arcade, restaurant, bar. Horaires et tarifs détaillés : voir site web.

Bienvenue dans un fabuleux complexe de loisirs spécifiquement aménagé pour satisfaire toutes les tranches d'âge : bowling (16 pistes), deux labyrinthes de 1 200 m² au total pour débusquer vos adversaires dans des parties de laser game, un Kids Park (de 1 à 12 ans), une salle de billards ainsi qu'une salle de jeux d'arcade comportant une vingtaine de jeux vidéo. Bien vu : diverses formules sont proposées pour l'organisation d'un anniversaire : une ou deux activités (bowling et/ou laser game) au choix, une boisson et un bon gros gâteau d'anniversaire !

GRUSSENHEIM

Situé à une quinzaine de km de Colmar, à la frontière nord du département du Haut-Rhin, Grussenheim s'est développé au fil des siècles le long d'une ancienne voie romaine, la *Heidenstraessel*. La localité est connue dès l'an 736 sous le nom de Grosinhaim, traduisez « village de Grozo ». Construite en 1750, son église de l'Exaltation de la Sainte-Croix de style baroque possède un remarquable maître-autel. Dédié aux amoureux de la nature, son sentier du Sanglier est accessible aux familles avec enfants. Il dévoile de précieuses informations sur la vie de ces sympathiques mammifères omnivores au sein d'un cadre de prairies soigneusement préservées.

ALSACE EN DEUCHE

9, impasse du Moulin
✆ 06 47 81 89 70
www.alsace-en-deuche.fr
Tarifs location : 130 €/journée, 250 €/week-end ou 2 jours, 350 €/3 jours. Vente de pièces détachées.

Quoi de mieux pour une visite touristique atypique de la Route des Vins d'Alsace ou pour un week-end festif, que de partir à bord d'une des plus mythiques voitures françaises, la 2CV ? Mécano passionné par cette sympathique « Deux-Pattes », Matthieu Heim propose divers modèles à la location, alors choisissez celui qui vous correspond le mieux ! Les formules proposées sont « tout-en-un » et clé en main, selon vos désirs. La location comprend toutes les les assurances nécessaires ainsi qu'un service d'assistance et un briefing lors de la prise en main du véhicule.

HOUSSEN

Mentionné dès 1176 sous le nom de Mansus Houzen (groupe de maisons) dans un inventaire des biens de l'abbaye de Pairis, Houssen fut à l'origine un fief impérial du château de Pflixbourg. La commune revint ensuite aux seigneurs de Ribeaupierre jusqu'à la Révolution française. Par ailleurs, une sépulture de l'âge de bronze, des objets de l'époque romaine et un trésor de monnaies gauloises témoignent d'une occupation humaine des lieux bien plus ancienne. Construite à partir de 1862, l'église Saint-Maurice accueille régulièrement des concerts car elle dispose d'un bel orgue réalisé par Martin Rinckenbach et doté d'un buffet néo-roman de Théophile Klem.

ALSACORSE €€

1, rue de Ribeaupierre
✆ 09 83 80 90 79
Ouvert du dimanche au mardi midi. Du jeudi au samedi midi et soir. Menu du midi : 16 €/3 plats. Enfant : 10 €. Terrasse.

Ce restaurant flambant neuf ne fait rien comme les autres ! Plutôt que de s'installer dans un secteur touristique, il voisine avec un centre commercial. Et, côté cuisine, le cœur du chef balance entre l'Alsace et la Corse. Dans l'assiette, ce mariage inédit se traduit par d'excellents plats : le fiadone (tarte au brocciu frais) se pare d'un délicieux streusel et le quasi de veau tigre corse s'accompagne d'une sauce au foie gras alsacien. Le temps d'un apéro, on se régale aussi de charcuteries et de fromages en provenance directe de l'Île de Beauté !

HORBOURG-WIHR

Horbourg-Wihr est établi sur un ancien site gallo-romain. Dans sa partie ancienne, on peut aussi admirer des fermes seigneuriales du XVIIe siècle dotées de porches fort imposants. Quant à l'église Saint-Michel, de style roman, elle présente un donjon carré daté du XIVe siècle. À l'intérieur, de très belles peintures murales du XVIe siècle (classées au Monuments historiques) dévoilent des détails de la vie de sainte Marguerite. En outre, Horbourg-Wihr est intégré à l'Itinéraire culturel européen Heinrich Schickhardt (ingénieur, cartographe et urbaniste du XVIIe siècle) ainsi qu'à la fameuse Route Verte qui relie les Vosges à la Forêt-Noire via l'Alsace.

HÔTEL IBIS COLMAR EST*** €€

13, route de Neuf-Brisach ✆ 03 89 23 46 46
www.ibishotels.com
86 chambres (3 PMR). Chambre double à partir de 78 €/petit déjeuner inclus. Restaurant ouvert 7 jours/7. Terrasse.

Bon rapport qualité-prix pour cet établissement situé à 10 min en voiture du centre de Colmar. Ses 86 chambres (dont 3 PMR) sont sobres, contemporaines et vraiment douillettes. Côté petit déjeuner, pas de mauvaises surprises avec la formule buffet à volonté ! La brasserie alsacienne *D'Stub* propose des spécialités régionales de bonne tenue et dispose d'une petite terrasse ombragée. Ajoutez à cela un bar convivial, un personnel attentionné ainsi que trois salles de séminaire. Entièrement rénové en 2016, cet hôtel dispose d'un espace lounge dédié à la détente.

L'ESPRIT LIBRE €€

43, Grand Rue
✆ 03 68 61 06 07
Fermé samedi midi, dimanche soir, lundi. Menu midi : 18 €. Terrasse. Réservation conseillée. Caviste. Vente à emporter.

On adore s'attabler (de préférence sur réservation) à L'Esprit Libre, tout particulièrement sur sa terrasse/patio intimiste. Les mets proposés s'inspirent d'une bistronomie légère et bio, régionale et saisonnière. L'œuf fermier posé sur son lit de cressonnette alsacienne coloré d'un gravlax de truite saumonée est un must ! Quant au *Livre de Cave* (carte des vins), il célèbre la biodynamie avec de divins nectars alsaciens et d'ailleurs. Et puis, L'Esprit Libre c'est aussi un caviste et une boutique qui propose une jolie sélection de produits faits maison !

LA PORTE BLEUE €€

53, route de Bâle
✆ 09 54 45 44 73
https://restaurant-laportebleue.com/
Du lundi au samedi à midi, du jeudi au samedi le soir. Menu midi : 18 €/22 €. Menu soir : 38 €/58 €. Enfant : 12 €.

Le lieu est plein de caractère avec ses grandes fenêtres lumineuses, ses boiseries et son bar convivial, pas de terrasse, mais une climatisation douce. Il y a aussi et surtout un chef plein d'allant, Antony Djemaa, originaire de Touraine et venu s'installer en Alsace par amour ! Les créations culinaires d'Antony répondent avec créativité aux canons de la bistronomie frenchy. Son risotto carnoli de gambas au pimenton est une petite merveille de saveurs, de même que son cochon rôti au lard de Bigorre. Quant à ses desserts, ils sont proprement fabuleux !

KINII €€

4, rue de Mulhouse ✆ 03 89 41 72 85
www.kinii68.fr
7 j/7. À volonté. Midi : 15,90 €/adulte, 11,90 €/enfant. Soir : 23,90 €/adulte, 15,90 €/enfant. Vente à emporter.

On plébiscite ce restaurant dédié aux délices du Pays du Soleil Levant ! Lumineux et aéré, son cadre convient aux couples comme aux familles et aux groupes. Sa déco s'inspire des fameux restaurants du quartier tokyoïte de Shibuya, avec de jolies alcôves serties de cloisons à la japonaise. Chez Kinii, on savoure à volonté sushis, sashimi et autres leppanyalei selon un processus bien rodé. On peut commander jusqu'à 5 plats toutes les 10 minutes via une tablette tactile. Le service à table est rapide et sans reproche. Notez que le Kinii est fermé le dimanche midi.

RESTAURANT LE ST CRU €€

8, rue Amédée Bollée
✆ 03 89 29 58 30
https://restaurant-le-st-cru.fr
Du dimanche au mercredi et vendredi à midi. Du vendredi au dimanche le soir. Carte 20 € env. Terrasse. Vente à emporter.

Look post-industriel très chic pour ce restaurant incroyable qui est paré d'immenses baies vitrées : mobilier et luminaires archi design, bar cosy qui invite à se poser pour siroter un cocktail insolite et superbe cave à vins ! La carte fait la part belle à des pièces de viande de choix (tartare, carpaccio, burger côte de bœuf…). On plébiscite aussi les salades composées, les planchettes variées, les tartes flambées, pizzas et autres pastas. Voici donc une adresse unique en son genre : Le St Cru est vraiment « the last place to eat » aux portes de Colmar !

SAINTE-CROIX-EN-PLAINE

Cette belle bourgade doit son origine à une abbaye de moniales bénédictines fondée en 1006 par les parents du pape Léon IX. Au début du XIIIe siècle, le couvent et le village furent entourés de murs, anticipant la construction du *Burg*, un fier château entouré de douves. Sainte-Croix-en-Plaine est ainsi devenue une cité fortifiée, dont il reste quelques vestiges harmonieusement intégrés dans la configuration actuelle de la localité. Fort remarquable, l'église Saint-Barthélemy repose sur des fondations romanes, tandis que la partie supérieure de son clocher date de 1700. Elle recèle un magnifique orgue Callinet de 1840 amoureusement restauré en 2018.

LA GRANGE

2, 4e Impasse
✆ 06 28 21 49 83
https://distillerielagrange.com
Distillerie artisanale bio. Vendredi et samedi : 10h-12h, 14h-19h. Ateliers de dégustation sur RV. Boutique en ligne.

Le fondateur de cette distillerie artisanale s'inspire avec créativité de belles pratiques ancestrales. Installée dans une grange joliment rénovée, la distillerie possède un sublime alambic conçu tout spécialement pour elle. Florian Gil distille du gin 100 % alsacien décliné en 3 versions : *Pin Up Wings* (médaille d'or au Concours International de Lyon 2020), *Rose des Vents* (genévrier alsacien et safran) et *Super Broussard* (coriandre, agrumes, thym et romarin). Bon à savoir : Florian organise sur rendez-vous des ateliers pour créer votre propre gin !

ENSISHEIM ★

Ville au riche passé, Ensisheim présente, sous une apparente sobriété, des trésors insolites le long d'une promenade historique et ludique. Le musée de la Régence, qui accueille toute l'année de nombreuses manifestations, évoque par son nom la présence des Habsbourg et l'héritage dont peut s'enorgueillir la ville. Des tumuli fouillés au XIXe siècle ont révélé un trésor celte actuellement conservé au musée Unterlinden à Colmar : torque et bracelets, boucles d'oreilles en or… Les fouilles de la nécropole néolithique, une des plus importantes de France, à permis de mieux connaitre les rites funéraires de cette surprenante civilisation. Cependant, c'est la fin du Moyen Âge et la Renaissance rhénane qui sont le mieux représentés par les témoins du passé : une météorite de 127 kg tombée dans un champ de blé en 1492 dont un morceau est exposé au musée de la Régence, le majestueux palais de la Régence, ancien hôtel de ville, les écrits de Jacob Baldé ou encore les différents éléments d'architecture qui ponctuent la ville ici et là, rappelant sa place de capitale de l'Autriche antérieure dans l'empire des Habsbourg. Les temps modernes sont eux aussi représentés par des édifices surprenants comme l'hôtel de la Couronne, l'ancienne église du collège jésuite, les vitraux de l'église Saint-Martin… Le musée de la Régence, au parcours scénographique entièrement repensé, permet de découvrir l'histoire séculaire et riche de la commune grâce à des collections qui reflètent les différents visages d'Ensisheim, dont le passé minier qui a marqué le XXe siècle par la difficile exploitation de la potasse.

ÉGLISE SAINTE-LUCIE

NIEDERHERGHEIM

L'église dédiée à sainte Lucie, patronne des aveugles, des électriciens et des oculistes est constituée d'une tour rectangulaire surmontée d'une flèche à 6 pans qui culmine à 42 m. Elle est dotée de 6 cloches, une rareté dans le Haut-Rhin. Sa tour comprend 3 étages de fenêtres en plein cintre à encadrement de pierre et à deux arcatures. L'intérieur de l'église renferme un mobilier néo-roman et des peintures murales (classées aux Monuments historiques) datées de 1896 et signées Philipp Carl Schilling. Inaugurée en 1870, l'église a été restaurée en 1984 et 1986.

PARC DE L'EIBLEN

Chemin de l'Eiblen

✆ 03 89 83 32 10

Ouvert toute l'année. Gratuit.

Le Parc de l'Eiblen est une zone de loisirs et véritable poumon d'oxygène de la ville. Aire de jeux, espace pique-nique, parcours vital et parc animalier : 16 hectares dédiés aux familles, sportifs et amoureux de la nature. Enfin, l'Eiblen accueille ponctuellement des manifestations où rencontre et convivialité se conjuguent avec culture et plaisir partagés. On y trouve un enclos à cigogne, fier échassier, emblème de nos contrées car l'Eiblen participe aussi à sa réintroduction et à sa protection. L'oiseau symbole de l'Alsace n'a pas fini de claqueter !

HAUT-RHIN

Ensisheim.

LE MUSÉE DE LA RÉGENCE

Place de l'Église ✆ 03 89 26 49 54

Ouvert toute l'année, horaires modulables. Adulte : 2 €.

Ancienne capitale des Habsbourg, Ensisheim possède une des plus belles réalisations architecturales rhénane du XVIe siècle : Le Palais de la Régence. Rénové en 2019, son parcours muséal est vraiment interactif grâce au multimédia. qui offre une immersion à 360° au cœur de l'histoire. Le grand changement vient des présentations dynamiques (mapping, vitrine interactive...) qui mettent en valeur le fonds historique. La partie historique, l'archéologie et l'aventure humaine des mines de potasse sont toujours présentes. Une rénovation très réussie pour tous publics.

LA FLAMME €€

✆ 03 67 26 01 94

www.restaurant-la-flamme.fr

Fermé les dimanches et lundis. Menu à 24 €. Formule du midi : 12,50 € (entrée + plat + dessert).

Simple, authentique et très conviviale, La Flamme est une vraie taverne gourmande alsacienne où l'on déguste de typiques et excellentes tartes flambées et de délicieux lawerknepfles accompagnés de bières artisanales de la brasserie voisine ! En phase avec les assiettes généreuses, on trouve au mur une fresque dépeignant une Alsacienne aux formes généreuses et de bons vivants alsaciens faisant ripaille. Le prix est attractif tant pour les plats que pour les boissons. Bref on met le Stampfle Petit Futé, traduction : on valide !

DOMAINE DU MOULIN**** €€

44, rue de la 1re-Armée

✆ 03 89 83 42 39

www.hotel-domainedumoulin-alsace.com

Ouvert toute l'année. Hôtel-restaurant ; spa.

Le Domaine du Moulin vous propose une multitude de forfaits dans un lieu de caractère. Nous sommes tombés sous le charme de cet établissement : e complexe thalasso est au diapason de l'hôtel et du restaurant ! Les chambres sont raffinées et sobres, le spa dispose d'une piscine intérieure et extérieure parfaite pour oublier les tracs de la vie. Une équipe d'experts est à votre service pour toutes vos velléités de massage ou de relaxation. L'espace est purement et simplement propice au bien-être. Une perle nichée au creux d'Ensisheim... Allez-y sans plus attendre.

LA VILLA DU MEUNIER €€

44, rue de la Première-Armée

✆ 03 89 83 42 39

www.hotel-domainedumoulin-alsace.com

Ouvert tous les jours sauf le samedi midi ; le samedi soir. Menus de 23,50 € à, 66,50 €. Plat du jour : 11,50 €.

Au restaurant « la Villa du Meunier » l'accueil est à la hauteur de sa renommée, chaleureux et sobre et le service efficace. Vous savourerez un repas parfait à l'accent gastronomique alsacien. La carte des vins est variée et en adéquation avec la qualité des mets, les desserts sont délicieux. Pour profiter de cet oasis, laissez-vous tenter le temps d'un week-end par une formules hébergement. Le « Domaine du Moulin » vous propose une multitude de forfaits agrémentés d'activités diverses (visites de caves, cours de cuisine...). Allez-y sans plus attendre !

LA COURONNE**** €€€

47, rue de la Ire-Armée-Française

✆ 03 89 28 20 20

couronne-ensisheim.com

Ouvert toute l'année. Chambre double 115 €. Petit déjeuner buffet. Soirée étape 122 €. Wifi. Restauration. Sauna.

L'auberge de la Couronne existerait depuis le XVIe siècle ! Plus de 500 ans d'histoire inscrite dans les pierres. Une belle rencontre entre luxe et prestige. Les chambres, très confortables et spacieuses, ont un cachet incomparable et sont la promesse de nuits délicieuses. Des soins sont proposés sur rendez-vous et dans la chambre pour des moments bien-être relaxants. Le restaurant comblera les envies des plus folles. Parfait pour la famille, rêvé pour les amoureux mais aussi les entreprises car l'hôtel est parfaitement adapté aux séminaires.

BRASSERIE LA PASSERELLE

D 201 ✆ 03 67 26 01 94

Ouvert du lundi au samedi de 8h à 12h et de 14h à 17h. Visites sur RV. Grande Terrasse.

La bière : toute une histoire en Alsace ! La Ansa est brassée à Ensisheim (d'où elle tire son nom) et fait un tabac ! Née de la passion de ses créateurs, elle se décline en quatre couleurs : blanche, blonde, noire et rousse. Mais quand une micro-brasserie a soif d'innovation elle ne s'arrête pas à ses produits stars ! D'où une belle gamme de bières personnalisées et de saison. Des produits locaux et riches en goût élaborés dans le respect des traditions. Au sein de la brasserie, un restaurant alsacien et la possibilité de s'initier aux secrets de fabrication.

Le Palais de la Régence

Contenus multimédias !

Ancien palais des Habsbourg, la Régence abrite un musée archéologique, historique et de la mine... et la fameuse météorite d'Ensisheim. Accessible à tous et réimaginé, il vous propose de nouvelles expériences avec ses contenus multimédias et virtuels inédits !

Plus d'infos et horaires : www.musee.ensisheim.net

Découvrez aussi notre ville avec notre balade historique en accès libre (avec contenus multimédia) mais également nos cyclo-tours sur les thèmes du patrimoine et du fleurissement !

Le parc de l'Eiblen

Pour flâner, jouer, observer les animaux dans la nature ou dans le cadre de notre parc à cigognes, ou encore nager dans notre piscine découvrable aux beaux jours...

Bienvenue au parc de l'Eiblen !

Villes et Villages Fleuris
LE LABEL NATIONAL DE LA QUALITÉ DE VIE

Village Cigogne d'Alsace
ELSÄSSICHES STORCKA-DORF

Les marchés paysans

Chaque 1er vendredi du mois d'avril à novembre, rendez-vous pour un marché dédié aux produits du terroir et productions locales !
Sur la place de l'Eglise (centre-ville) à partir de 17h

Le petit plus... chaque mois une nouvelle animation gratuite vous est proposée !

Plus d'infos : www.ensisheim.net/marche

COMITE NATIONAL
COMMERCES DE PROXIMITE
DANS LA VILLE
DU COMMERCE DE PROXIMITE ET DU CENTRE-VILLE

VILLE D'ENSISHEIM
Ville d'histoire, ville d'avenir

Plus d'info sur :

www.ensisheim.net

ESPRIT D'ALSACE

Z.A, de la Passerelle
✆ 03 89 74 08 50
www.jardinsdalsace.com
Ouvert du lundi au vendredi de 9h à 19h ; le samedi de 9h à 17h.

© ESPRIT D'ALSACE

Un bel endroit où se rassemblent de nombreux producteurs locaux alsaciens mais pas que... Esprit d'Alsace est aussi une marque gourmande dont le centre de production est accolé au magasin. L'idée : proposer des produits locaux de qualité avec pour mot d'ordre la promotion des traditions culinaires et artisanales alsaciennes. Côté boutique, on retrouve les meilleures spécialités du patrimoine, côté production, c'est la part belle aux pâtes fraîches sans glutamate ni conservateur ajoutés. Impossible de ne pas trouver son bonheur !

LES MARCHÉS PAYSANS

Place de l'Église
✆ 03 89 26 97 40
Tous les 1ers vendredis d'avril à novembre à partir de 17h. Animations sur inscription, places limitées.

Parfaits pour éviter les intermédiaires, les marchés paysans sont des moments privilégiés d'échanges avec de 25 commerçants et artisans les producteurs locaux de produits frais de qualité. Lancés en 2013, ils rencontrent un franc succès. La ville Ensisheim a prévu un gros plus : des animations gratuites rythmées par le club des accordéonistes. Transmission de savoir-faire, ateliers de sensibilisation à l'environnement, dégustations ou encore jeux : autant de moments instructifs et conviviaux à partager en faisant son marché !

BILTZHEIM

Village à vocation agricole, il apparaît la 1er fois dans des textes du XIIIe siècle. Plusieurs seigneurs y possédaient des terres : les abbés de Murbach, les Habsbourg, les chevaliers teutoniques de Rouffach, les seigneurs de Hattstatt... Jusqu'en 1648, Biltzheim est inféodé aux vassaux des Autrichiens. Des vestiges du passé gallo-romain ont été exhumés du site nommé « Unterfeld », un moulin, le Biltzermühle, aurait été remanié au XIXe siècle. Un joli colombier, le presbytère du XVIIIe siècle ainsi que deux oratoires du XIXe siècle sont à l'entrée de cours de fermes. Enfin, les passionnés d'automobile seront comblés puisqu'y réside : l'Anneau du Rhin !

MEYENHEIM

Situé sur l'ancienne voie romaine le long de l'Ill, Meyenheim est mentionné par écrit pour la première en 789 lorsque le village est légué à l'abbaye de Murbach. Ses origines sont cependant bien antérieures puisque des vestiges archéologiques témoignent d'une présence humaine depuis l'âge du bronze. Des vases campaniformes du bronze final – 1200 et 725 av. J.-C. – sont exposés au musée Unterlinden à Colmar, ou des tombes à incinération au musée de la Régence d'Ensisheim. Différentes vestiges telles qu'une canalisation romaine, un puits découvert au niveau de la gravière Boog et des pièces, attestent également de la présence d'un habitat gallo-romain.

LE COLOMBIER

Le colombier fait partie des vestiges du premier moulin à eau du village moulin à eau dit Obermühle, situé sur le canal des Douze Moulins. Construit au XVIIIe siècle, il alimentait en énergie Meyenheim et repose aujourd'hui sur un mur en pierre et deux poteaux en chêne. D'après la tradition orale, il s'agirait d'une ancienne maison dîmière. Une fresque sous le colombier représente le Christ du Jugement dernier, assis sur un arc-en-ciel et tenant sa croix, une Vierge est, quand à elle, agenouillée sur des nuages pour intercéder en faveur des pécheurs.

HAUT-RHIN

ÉGLISE DU XVIIIE SIÈCLE

11, rue de l'Église
✆ 03 89 81 01 40
L'église est placée sous le patronage jumelé de saint Pierre et saint Paul. Édifiée au XIIe siècle, il n'en subsiste que sa tour clocher. Cet édifice fait partie de la route romane d'Alsace et vaut le détour pour ses peintures murales restaurées et ses vitraux remarquablement conservés ainsi que pour son orgue Kern reconstruit en 1981. À l'intérieur, le retable, peint au XVIIIe siècle par Joseph Esperlin, présente l'Apparition de la Trinité. Il proviendrait de l'ancienne église du collège jésuite d'Ensisheim, fermé en 1764 lors de sa transformation.

OBERENTZEN

Situé sur la rive gauche de l'Ill, le village d'Oberentzen comprenait à l'origine les 2 communes d'Entzen. De nombreuses découvertes au lieu dit Giessen traduisent l'occupation des sols dès la préhistoire. A la fin du XVIIe siècle, le village est rattaché au baillage d'Ensisheim et donné à l'intendant de La Grange. Au XVIIe siècle, il passe aux mains des Kinglin, qui sont déjà seigneurs d'Oberhergheim. Cette même famille possédait, entre autre, un hôtel particulier à Strasbourg qui est l'actuel Palais de la Préfecture. Un orgue Rabiny, construit par Louis Dubois et rénové par Callinet constitue un des trésors de la paroisse dédiée à Saint-Nicolas.

MUNWILLER

Cité pour la première fois au XIIIe siècle, Munwiller devait exister bien avant, étant donné qu'un sarcophage mérovingien y a été découvert. Le village est d'abord propriété des évêques de Strasbourg, puis des Habsbourg – de 1269 à 1648. En 1763, il devient propriété des Klinglin. À la fin du XVIIIe siècle, il est intégré au baillage de Ollwiller. En 1819, on construit un bâtiment aux fonctions multiples – école, mairie, presbytère – au centre du village. Pendant l'occupation, le village sert de quartier aux troupes allemandes. Durant la 1er Guerre mondiale, le village accueille les habitants des villages voisins qui cherchent à échapper aux combats.

OBERHERGHEIM

Les objets trouvés permettent d'attester une présence gauloise et romaine. Au XIIIe siècle, le village d'Hergheim est scindé en deux. À cette époque le village fait partie de l'abbaye de Murbach et par la suite à la seigneurie des Habsbourg. Il a ensuite été concédé aux nobles de Hattstatt qui l'ont cédé à M. Klinglin. En 1478, Guillaume de Ribeaupierre fait emprisonner 30 villageois et exige une rançon pour les libérer. En 1585, le domaine passe aux Schauenbourg, qui construisent un château considéré comme l'un des plus beaux d'Alsace. Un atelier de pièces détachées d'avion est installé par les allemands. Le village est libéré le 5 février 1945.

TOUR-CLOCHER DE L'ÉGLISE SAINT-ARBOGAST

Datée du XIe siècle et composée de 3 niveaux, la tour est surmontée d'un étage ajouré de baies géminées triples, reliées par des colonnettes. Les arcs sont en pleins cintres. La nef et le chœur datent de 1841 et abritent un très beau mobilier des XVIIIe et XIXe siècles : maître-autel de saint Arbogast ressuscitant Siegbert de 1844, autels latéraux en bois polychrome, chaire à prêcher. Un arc triomphal brisé à l'entrée du chœur témoigne d'aménagements pendant la période gothique.

CANAL VAUBAN

En 1697, Louis XIV prit la décision de protéger le village de Neuf-Brisach. Sur demande du roi, l'ingénieur Sébastien Le Prestre, marquis de Vauban, s'attela alors à la réalisation d'une véritable place forte. Pour charrier les pierres issues des carrières de Gueberschwihr et de Pfaffenheim, on creusa donc le canal Vauban en puisant l'eau dans le Quattelbach à Ensisheim et l'emmenant jusqu'à Oberhergheim. Le canal fut en partie comblé pour des raisons militaires dès 1703. Certains tronçons existent toujours, ils servent notamment à irriguer les terres agricoles.

ÉGLISE SAINT-LÉGER

Fondée par les abbés de Murbach, l'église est reconstruite en 1744 sur les plans de l'architecte Laubser dans un style néoclassique. Elle abrite une horloge de Schwilgué et un orgue d'Ignace Callinet de Rouffach, classé Monument historique en 1977. Ses vitraux datant de 1886, rendent hommage aux 14 saints intercesseurs. Le maître-autel a été réalisé par le sculpteur Joseph Saur. Patron des obèses, saint Léger était évêque d'Autun. Décapité, il eut les yeux crevés et la langue arrachée. Représenté en évêque, il tient dans ses mains les instruments de son martyre.

LA TOUR ROMANE DE L'ÉGLISE SAINT-ÉTIENNE

42, Grande rue

Tour érigée au XIIe siècle, son aménagement permet de penser qu'elle a servi de guet et de refuge. Haute de 50 mètres, elle est caractérisée par des baies géminées en arc en plein cintre, liées par des colonnettes centrales. La nef et le chœur ont été bâtis en 1778 et le clocher baroque a reçu ses cloches en 1888. Saint Etienne, patron des palefreniers et des chevaux, est présenté en dalmatique de diacre, imberbe, avec l'étole et à la main les pierres de sa lapidation !

STÈLE GÉODÉSIQUE

De forme pyramidale, cet édifice classé Monument historique, est composé de six blocs superposés en grès rose des Vosges. La stèle mesure 5 mètres, date de 1804 et est entourée de 12 petites bornes en cercle. Elle a été élevée à cet emplacement à la demande de Napoléon par l'équipe de l'astronome Maurice Henry pour établir une carte de l'Helvétie. La distance entre cette stèle et celle de Sausheim était à l'époque la plus longue base mesurée à la surface de la Terre et servait de triangulation. Une troisième aurait dû être érigée à Jungholtz.

GUEBWILLER ★★

A cheval sur le Parc naturel régional des Ballons des Vosges et la Route romane, le regard tourné vers la Route des Vins, la région de Guebwiller offre un cadre idéal pour des vacances actives. Riche d'un passé historique, lié à celui de l'abbaye de Murbach, et industriel, la capitale des pays du Florival est aussi connue pour ses coteaux que pour les concerts prestigieux des Dominicains. Côté environnement, c'est un paradis pour randonneurs et cyclistes en été et les skieurs en hiver. La route des crêtes ravit les motards tandis que les amateurs de repas marcaires se régaleront avec les nombreuses fermes-auberges qui parsèment le territoire.

RÉGUISHEIM

Réguisheim est situé sur une ancienne voie romaine importante qui reliait la Suisse actuelle à Strasbourg. Envahi par les francs, le village est alternativement la propriété de différents seigneurs avant de s'administrer librement à partir de 1789.Selon la légende, le lieu-dit du Kastelgraben sur lequel s'érigeait le château des nobles du village est entouré de mystères… Dans la forêt qui le borde, on entendrait par moments le bruit des fers d'une horde de chevaux menés par Pierre de Réguisheim se rendant à Francfort. Des messes auraient été organisées jusqu'au XIXe siècle pour expier les fautes de cet homme réputé pour sa cruauté et ses méfaits…

CHÂTEAU HUGSTEIN

Accès à pied par Guebwiller, rue de Liebenberg ou par Buhl, rue de Murbach.
www.pro-hugstein.com
Visite libre.

Ce château a été fondé sur les bans de Buhl et de Guebwiller par l'abbé de Murbach Hugo, un fidèle de Frédéric II de Hohenstaufen, vers le XIIIe siècle. Bâti au débouché du vallon de Murbach, le Hugstein avait pour mission la défense et la surveillance de Guebwiller. Son plus célèbre habitant fut l'abbé Barthélemy d'Andlau. Classé aux Monuments historiques en 1930, l'association locale Pro Hugstein s'efforce de le faire devenir un des attraits culturels du Florival, dans le cadre du développement touristique induit par le label de Pays d'Art et d'Histoire.

ÉGLISE SAINT-LÉGER ★

2, place Saint-Léger

Visite guidée (s'adresser à l'OT). Audioguide disponible + application mobile gratuite : Les voies du patrimoine.

Cette église paroissiale de style roman a été construite de 1182 à 1235 sous l'impulsion de l'abbé de Murbach, en remplacement d'une chapelle située au même endroit. L'architecture harmonieuse de l'édifice le distingue des autres églises romanes d'Alsace dont la construction est souvent restée inachevée. Plusieurs adjonctions et modifications sont intervenues au cours des siècles, par exemple l'abside à 5 pans, ou encore les parties hautes du chœur. À l'intérieur de l'église, de magnifiques vitraux contemporains ont été créés par François Chapuis en 1986.

HÔTEL DE VILLE ★

Audioguide disponible à l'Office de tourisme de Guebwiller + application mobile gratuite : Les voies du patrimoine

L'hôtel de ville est un bâtiment classé monument historique depuis 1975. Une inscription sur son oriel précise que cette superbe demeure bourgeoise fut bâtie en 1514 pour un riche drapier du nom de Markart Hesser. A sa mort, ses héritiers le vendirent à l'abbaye de Murbach, ce n'est que par la suite qu'elle deviendra le siège de l'administration municipale. Vous y remarquerez de belles fenêtres à meneaux, différentes moulures curvilignes, un oriel à cinq pans, ainsi que dans une niche d'angle, une Vierge à l'Enfant du XVIe siècle.

MUSÉE THÉODORE DECK ★

1, rue du 4-Février

✆ 03 89 74 22 89

www.ville-guebwiller.fr

Ouvert toute l'année. Du mercredi au dimanche de 14h à 18h.

Artiste innovant, Théodore Deck a transformé l'art de la céramique du XIXe siècle en consacrant sa vie à parfaire l'art de la faïence. Obsédé par la couleur il est le découvreur de l'inimitable bleu Deck, un bleu turquoise éclatant et très particulier. Le musée abrite plus de 500 pièces de cet enfant de Guebwiller et pour compléter, le musée abrite une des plus belles collections de minéraux de la région. Pièces d'art issues de principauté de Murbach, développement de l'artisanat et de l'industrie locale, le musée retrace sur 5 étages, l'histoire de Guebwiller.

LES DOMINICAINS DE HAUTE-ALSACE ★★

34, rue des Dominicains

✆ 03 89 62 21 82

www.les-dominicains.com

Concerts du 8 au 29 juillet dans le cadre des Afterworks de Guebwiller. Saison estivale du 1er juillet au 31 août.

Un centre culturel labellisé par le ministère de la Culture ! Directeur depuis 2005, Philippe Dolfus et son équipe sont engagés dans un projet culturel atypique axé autour de la musique et des arts numériques.

Le couvent abrite un centre audiovisuel. Le lieu accueille des artistes en résidence. Les productions (mappings immersifs, spectacles numériques) s'exportent avec succès.

Le projet développe des actions vers les publics dit éloignés de la culture via le Labo des jeunes.

© DR

© DR

HAUT-RHIN

GRAND BALLON ★★★

Êtes-vous prêts à gravir le plus haut sommet du massif vosgien ? L'ascension vaut le détour, une vue imprenable attend les randonneurs chevronnés à son sommet ! Culminant à 1 424 mètres, le Grand Ballon est le plus haut sommet du massif vosgien. Il est bien connu des randonneurs et des amateurs de ski, et cela depuis le XIXe siècle : avec l'apparition des chemins de fer dans les vallées avoisinantes, les premiers touristes viennent de toute l'Europe pour admirer et se confronter au Grand Ballon. À son sommet, se dresse le monument des Diables bleus, érigé à l'initiative du Club alpin français et du Club vosgien en hommage aux victimes des bataillons de chasseurs alpins, engagés sur le front des Vosges pendant la Première Guerre mondiale. Les visiteurs seront également surpris de tomber sur un étrange bâtiment sphérique, il s'agit d'un radar de l'aviation civile conçu par Claude Vasconi en 1997. Le Grand Ballon est encore parfois aussi appelé Ballon de Guebwiller, en référence à la ville éponyme, située à proximité. La capitale du Florival reste le point de départ idéal pour partir à l'assaut de l'impressionnant sommet. Randonnées pédestres, circuits VTT, raquettes à neige et ski en hiver… pour les plus sportifs, repas marcaires, dégustations et visites de caves pour les gastronomes, il y en a pour tous les goûts ! En été, nombreux sont les motards qui aiment emprunter la route des Crêtes pour se rendre au Grand Ballon. Vous apprécierez sa faune et sa flore préservées, le calme et ses couleurs verdoyantes…

© LEONID ANDRONOV / ADOBE STOCK

ROUTE DES CRÊTES ★★★

Grand Ballon

Située en plein cœur du massif vosgien, la célèbre route des Crêtes est un magnifique itinéraire touristique, qui relie Cernay à Sainte-Marie-aux-Mines. Elle fut créée pendant la Première Guerre mondiale par le Haut-Commandement français, qui souhaitait bénéficier d'un axe de ravitaillement pour ses troupes qui combattait sur le du front des Vosges. Parallèle à la Route des vins, la route des Crêtes côtoie les plus hauts sommets vosgiens en passant du nord au sud par le col du Bonhomme, le col de la Schlucht, le massif du Hohneck, le Markstein, le Grand Ballon et le Vieil Armand. Son point le plus élevé est à 1 343 m au passage du Grand Ballon. Serpentant tantôt sur le versant alsacien des Vosges, tantôt sur le versant lorrain, elle devient exclusivement alsacienne à partir du sommet du Rainkopf. Si les forêts sont nombreuses sur cet itinéraire, la route des Crêtes traverse surtout des pâturages qui culminent au sommet des ballons, leur donnant cet aspect dégarni caractéristique. L'été, ces prairies accueillent des vaches de races vosgiennes, dont le tintement des cloches rythme agréablement les randonnées, tandis que quand la neige recouvrent les prés, les bovinés cèdent leur place aux amateurs de sport d'hiver. Adaptée à l'automobile dans les années 1920, on la parcourt désormais à pied, à vélo, en camping-car ou en voiture afin de profiter de la vue à couper le souffle. Ses panorama permettent d'admirer les paysages les plus caractéristiques de la chaîne des Vosges : ses ballons, ses lacs, ses cols. Par temps dégagé, on peut apercevoir depuis ses sommets, la plaine d'Alsace et la Forêt-Noire mais aussi le Liechtenstein et le mont Blanc. Randonnées, VTT, ski et même vol libre au-dessus des cirques glaciaires, l'endroit est idéal pour les sports de plein air. Un seul bémol pour les amateurs de silence : c'est le paradis des motards en été autant que des skieurs en hiver ! Des navettes permettent de rejoindre les sommets en toute saison. Les amoureux de la nature seront à l'affût des chamois, réintroduits dans les années 1950, qui parcourent désormais les massifs du Hohneck, du Markstein et du Grand Ballon. Au printemps, alors que les jonquilles fleurissent dans les pâturages, les botanistes amateurs pourront se mettre en quête du magnifique et rare lys martagon. En hiver, la route des Crêtes est fermée au nord entre le col de la Schlucht et le col du Calvaire afin de laisser le champ libre aux skieurs et entre le col du Bonhomme et le col des Bagenelles et au sud entre le Grand Ballon et les pistes de ski de La Bresse-Kastelberg.

SENTIER VITICOLE

WUENHEIM

Créé voici une vingtaine d'années et entièrement réhabilité au printemps 2017, le sentier viticole de Wuenheim arpente les coteaux de la commune sur 3 km. Le départ se fait depuis le parking de la Cave du Vieil Armand. Il est jalonné par 17 panneaux explicatifs grâce auxquels on peut découvrir les différents travaux de la vigne au fil des mois, les cépages du terroir, le domaine d'Ollwiller et son château ainsi que la faune, la flore et la biodiversité locales. Un excellent moyen pour joindre l'agréable à l'utile au cours d'une balade dans les vignes !

FERME-AUBERGE DU HAHNENBRUNNEN €

Route des Crêtes - **LAUTENBACH**

✆ 03 89 77 68 99

www.fermeauberge-hahnenbrunnen.fr

Fermé le lundi sauf lundi de Pentecôte. Ouvert de mi-mai à mi-octobre, selon la neige. Réservation recommandée.

Cette ferme auberge fait partie de la tradition ! Profitez bien de cette halte où l'on déguste du munster avec du beurre de la ferme, de la tomme, du bargkas et du fromage blanc maison. Le repas marcaire qu'on vous sert est riche en goût : tourte en entrée, puis pommes de terre fermières, viande fumée et salade, fromages et dessert. Les tartes aux fruits de saison sont excellentes. Reste le plus difficile : trouver ce lieu, caché en contrebas de la route des Crêtes !

CASA DOLCE €€

18, rue du Maréchal Joffre

✆ 03 67 94 07 97

Ouvert tous les jours sauf le lundi, le midi et le soir.

Tout nouveau à Guebwiller, la Casa Dolce a repris les locaux du Jardins de sens. Arno Cassani, le gérant en a profité pour reprendre les ingrédients qui avaient fait le succès du restaurant : l'équipe et la qualité des produits. Il apporte une touche italienne avec des pâtes fraîches et une belle gamme de vins italiens à déguster au bar à vin. Un menu du jour épicurien remportera l'adhésion des amateurs tout comme les spécialités gourmandes du chef : tagliatelles à la crème de truffe ou le cordon bleu de veau à la crème morilles ! On en salive déjà !

DOMAINE DU LAC*** €€

244, rue de la République

✆ 03 89 76 15 00

www.domainedulac-alsace.com

2 hôtels tarifs à consulter sur site Internet. Restauration ; animaux acceptés à l'hôtel du Lac ; garages privés.

Le Domaine du Lac porte bien son nom puisqu'il comporte deux hôtels 3 étoiles aux univers contemporains et modernes et un restaurant qui forment une trinité du bien-être. Les bâtiments ont été récemment rénovés, pour une ambiance design des plus chics avec vue imprenable sur le lac. Tout est mis en œuvre afin de rendre votre séjour ici aussi agréable que possible. Situé en lisière de forêt, le domaine possède également des salles de séminaires. C'est un véritable havre de paix, au départ de nombreuses balades, idéal pour déconnecter.

© MATHIEU KLEINDIENS

© MATHIEU KLEINDIENS

HAUT-RHIN

LES TERRASSES €€

244, rue de la République
✆ 03 89 76 15 00
www.domainedulac-alsace.com
Fermé samedi midi. Menu du jour complet à 19 €.

Cette grande « baraque » bardée de bois et située en bordure d'un petit plan d'eau garde le cap. Décoration colorée et design avec une belle terrasse au bord du lac, l'environnement, agrémentés de jolis arbres, est propice à la détente et à la dégustation. C'est parfait : du service impeccable à la cuisine créative et gourmande du chef et de son équipe. Les assiettes réjouissent les appétits les plus solides avec des plats réalisés sur place. Une petite déambulation de Léon le Paon qui a adopté ces lieux et la séquence sera juste parfaite !

DOMAINE CAMILLE BRAUN ET FILS

16, Grand'Rue - **ORSCHWIHR**
✆ 03 89 76 95 20
www.camille-braun.com
Vigneron Indépendant. Certifié AB et Demeter. Accueil du lundi au samedi : 9h-12h, 13h30-18h30

Les racines de la famille Braun remontent à 1583. En 1978, Camille Braun a transmis le flambeau à son fils Christophe qui cultive le domaine familial de manière écologique, biologique et biodynamique (certifié Bio et Demeter depuis 2005). Les vignes se déploient sur divers terroirs : le Grand Cru Pfingstberg et le Grand Cru Kaefferkopf ainsi que sur la colline du Bollenberg, le Lippelsberg, le Buchrod et autour d'Uffholtz. La famille a aménagé 2 gîtes ruraux au pied du Bollenberg.

CAVAVIN

19, rue de la République
✆ 03 89 37 88 53
www.cavistguebwiller.fr
Fermé le dimanche et lundi matin.

Une jolie petite boutique gourmande avec plus de 400 références de vins, 400 références d'alcools mais aussi des gourmandises régionales et locales. Le chef d'orchestre, ancien restaurateur, sait parfaitement harmoniser les associations mets/vins. Plutôt subtil, libre et fin, il saura vous prodiguer les conseils avisés, d'un connaisseur et amoureux de la vie. M. Kilzer est un amateur éclairé de rhum (une centaine de références), plutôt rare dans la région. À noter enfin, de belles gammes de vins bio et de vins d'Alsace exclusivement au prix du vigneron !

DOMAINES SCHLUMBERGER

100, rue Théodore Deck
✆ 03 89 74 27 00
www.domaines-schlumberger.com
Vigneron Indépendant. Certification HVE. Dégustation gratuite du mardi au samedi. Visite guidée et dégustation sur RV.

Sept générations ont cultivé avec amour les 130 ha des Domaines en façonnant les coteaux de Guebwiller. L'utilisation de chevaux francs-comtois pour le labour des parcelles les plus abruptes, les 50 km de mur des terrasses, la vinification en foudres centenaires témoignent de l'envie d'associer traditions et dernières technologies. Soucieux de partager leur vision d'une viticulture respectueuse et responsable, les responsables ont développé une offre œnotouristique qui vaut le détour : visite des vignes, des caves et dégustation des vins de l'exploitation.

CAVE MATERNE HAEGELIN ET FILLES

45, Grand-Rue
ORSCHWIHR
✆ 03 89 76 95 17
www.materne-haegelin.fr
Ouvert du lundi au samedi de 8h30 à 12h30 et de 14h à 18h30. Fermé le dimanche.

Le vin n'est pas qu'une histoire d'hommes, la preuve avec la cave Materne Haegelin dont l'héritage et le savoir-faire sont portés par des femmes. 20 hectares au cœur du vignoble, une belle diversité des terroirs et des parcelles de prestige tels Le Bollenberg ou Le Lippelsberg. Des vins fins et élégants qui respectent la typicité et le caractère de chaque cépage. C'est une passion que les femmes du domaine ont plaisir à partager et à faire découvrir.

MAISON HIROSE

4, place Saint Nicolas - **ORSCHWIHR**
✆ 09 72 90 73 35
www.hirose.fr
Boulangerie-pâtisserie bio. Ouvert du lundi au samedi : 6h30-12h15 et 14h-18h. Dimanche : 7h-12h30. Boutique en ligne.

Des produits certifiés Ecocert, frais et originaux : voici ce qu'élaborent Naoto Hirose et Paul Petersen. Le premier vient du Japon, le second est alsacien. À Orschwihr, leur charmante boulangerie-pâtisserie Maison Hirose enchante les papilles des gourmets et des gourmands avec de multiples pains et viennoiseries qui dévoilent des saveurs incomparables. Et, côté pâtisseries, c'est Byzance ! Éclairs sublimes, tartelettes au citron acidulées, Paris-Brest revisité en version… Paris-Tokyo fourré à la compote d'azukis et crème au thé vert matcha. On craaaque !

CLUB VOSGIEN DE GUEBWILLER

12, rue du Canal ✆ 03 89 74 21 80
www.clubvosgien.livehost.fr
Certificat médical obligatoire. Adhésion 2020 : 26 € avec la revue « Les Vosges » 20 € sans la revue.

Le Club vosgien de Guebwiller est une équipe de bénévoles ayant en charge le balisage et le contrôle de 360 kilomètres de sentiers régulièrement inspectés. Des guides formés titulaires d'un brevet fédéral organisent un panel de balades guidées et thématiques : randonnées à thèmes, séjours, sorties raquettes, marche nordique... La nature en montagne recèle de riches collections botaniques à découvrir pour la beauté des couleurs et la variété des essences. Laissez-vous guider !

NAUTILIA

1, rue de la Piscine
✆ 03 89 76 86 91
www.nautilia.fr
Haute saison : ouvert du lundi au vendredi de 8h30 à 19h, le week-end de 8h30 à 18h. Entrée adulte : 5,50 €.

Le centre aquatique a ouvert ses portes en septembre 2018, c'est un espace de près de 6 000 m² dédiés au plaisir de l'eau sous toutes ses formes. Pour les sportifs un bassin de 25 m et 8 couloirs, pour les moins aguerris un bassin d'apprentissage et bien sûr des bassins de détente avec tous les équipements requis : jets, buses massantes, rivière à courant. Tous les jours de nombreuses activités sont proposées. Sans oublier l'espace forme et bien-être avec plusieurs formules pour bouger. Et pour finir le Tart'Art accueille toutes les petites faims ! Top !

STATION DU MARKSTEIN

LAUTENBACHZELL
✆ 03 89 82 14 46
www.lemarkstein.net
Bulletin d'enneigement et ouverture des pistes sur le site Internet.

Située à 1 247 m d'altitude, la station renouvelle les activités été comme hiver, ce qui en fait un lieu apprécié des sportifs. Les pistes de ski alpin sont ouvertes en nocturne et le stade de slalom des épreuves de Coupes du monde a été totalement réaménagé et équipé d'enneigeurs. L'été, la station reste très attractive, puisqu'elle est équipée de luges sur rails, d'un salto-trampoline et d'un mini-golf. Ne manquez pas non plus de faire un tour en parapente ou en aile delta, le site étant un lieu de décollage parfait. Pour s'y rendre, il y la navette des crêtes.

PÂTISSERIE-CHOCOLATERIE HELFTER €

8, place de l'Hôtel-de-Ville
✆ 03 89 74 27 44
www.helfter.fr
Le lundi de 13h à 19h ; du mardi au samedi de 7h30 à 19h ; le dimanche et les jours fériés de 7h30 à 18h30.

Claude Helfter, chocolatier-pâtissier et chef d'orchestre de nos papilles distille son talent à Mulhouse et à Guebwiller ! Ces deux bonnes maisons nous régalent avec de simples pâtisseries mais aussi avec les spécialités de la maison qui en font sa réputation : son chocolat, ses pâtes d'amande ou son célèbre panettone ! On peut y faire péché de gourmandise même le midi avec les suggestions du jour. D'ailleurs personne ne s'y trompe, c'est toujours plein !

© HELFTER

© HELFTER

HAUT-RHIN

BUHL

Pour découvrir la partie la plus ancienne de cette petite cité, il faut aller jusqu'à son promontoire où trône l'église et un magnifique Retable, bijoux de la peinture Renaissance. C'est d'ici, que vous pourrez lire l'évolution du village. Entouré de magnifiques forêts, la commune a bien l'intention de redonner vie aux très belles vignes du vignoble d'antan. Bien installée dans son écrin de verdure, elle profite de sa situation privilégiée dans la vallée du Florival, dont elle a occupé peu à peu, toute la largeur. Quelques demeures à l'architecture traditionnelle rappellent un passé rural, mais le bourg conserve, aujourd'hui, un caractère industriel.

ÉGLISE NÉOROMANE

À l'est du village de Bulh, l'église renferme, au chœur de sa nef, un trésor inestimable : un retable consacré à la Passion du Christ. Méconnu mais néanmoins exceptionnel, il est classé monument historique depuis 1841. Œuvre picturale majeure du bassin rhénan, c'est le seul triptyque peint d'Alsace qui ne soit pas conservé dans un musée. Réalisé au XVe siècle par l'école de Martin Schongauer, il représente, sur plusieurs mètres de largeur, une remarquable crucifixion et reste, depuis tout temps, le point d'attraction du monde artistique.

HOSTELLERIE SAINT-BARNABÉ*** €€€

53, rue Murbach
✆ 03 89 62 14 14
www.le-stbarnabe.com
Ouvert toute l'année. 26 chambres tout confort. Restaurant sur place. Spa, hammam et minigolf.

C'est dans un magnifique coin de nature que se trouve le Saint-Barnabé, un endroit idéal pour se faire chouchouter. Les chambres sont tout confort, de nombreuses activités sont proposées : piscine extérieure chauffée mais surtout un espace spa de 400 m² avec saunas, hammam, hydrothérapie, soins... Le restaurant offre une cuisine créative et saine, basée sur les produits locaux et de saison, et propose des plats végétariens et sans gluten. Pour se ressourcer en toute sérénité !

AU SOLEIL D'OR €

6, rue du Colonel-Bouvet
✆ 03 89 76 08 98
www.caveaubuhl.fr
Fermé lundi soir, mardi soir, mercredi en journée, jeudi soir et dimanche soir et mercredi.

Le Soleil d'Or est situé à Buhl, à la sortie de Guebwiller en direction du Markstein. C'est l'assurance de se requinquer après une journée passée à la montagne. L'ambiance est décontractée. Le chef est créatif et propose plusieurs spécialités : les fritures de filets de carpe Gabylou (à volonté tous les jours), les bouchées à la reine (également à volonté), les Trabertines bulhoises (baguettes gratinées) ou encore les röstis de pommes de terre proposés en 10 recettes différentes. L'été, on profite de la terrasse ombragée au bord de la Lauch.

ISSENHEIM

Citée pour la première fois en 1135, les vestiges retrouvés le long de la route antique situent sa conception à l'époque gallo-romaine. Autrefois seigneurie autrichienne, Issenheim fut brûlée au cours de la guerre de Trente Ans. La ville est connue grâce à son retable peint par Mathias Grünewald. Dans cette célèbre peinture figurent les plantes qui servaient à soigner le « Feu de Saint-Antoine ». Une partie du couvent est aujourd'hui reconvertie en espace muséographique consacré à l'histoire de l'ordre des Antonins. Egalement été marquée par l'ère industrielle et textile, l'histoire d'Issenheim se retrouve à travers l'architecture de la filature Gast.

LA FILATURE GAST ★

9, rue de Cernay
Renseignements : Office de tourisme de Guebwiller et des Pays du Florival ✆ 03 89 76 10 63 - www.tourisme-guebwiller.fr.

Formé chez Zimmermann Frères, Édouard Gast choisit en 1851 de créer sa filature à Issenheim. Installée en rez-de-chaussée, elle crée la surprise par sa conception innovante et son architecture insolite ! Sa façade, inspirée de l'architecture industrielle anglaise, la fait ressembler à un château fort ! Autre innovation : le choix de s'affranchir de la force hydraulique en équipant l'usine d'une machine à vapeur lui permet de se placer à côté des grands axes de circulation. Fermé en 2004, le site est en pleine restructuration et accueille diverses activités.

LA TABLE DE FRED €€

9, rue de Cernay
03 89 26 91 29
www.restaurant-latabledefred.com
Ouvert du mardi au samedi. Réservation recommandée. Formule midi : 16 €, Menu Surprise du chef : 36 €.

Installée dans le « Château d'Issenheim », la table de Fred n'a pas fini de vous étonner ! Outre son cadre moderne, avec un beau rappel au passé industriel, on y vient pour la cuisine finement traditionnelle qui emballe les papilles les plus exigeantes. Tous les vins sont proposés au verre et même la carte des desserts se veut branchée ! Une petite terrasse au pied de la tour, une ambiance sympa, conviviale et des plats aussi colorés que délicieux. La Table de Fred, c'est aussi une philosophie de vie : « Tant qu'on s'amuse, on continue ! »

JUNGHOLTZ

Le charmant village de Jungholtz doit son nom à l'allemand et traduit littéralement se rapprocherait de jeune bois. Le village doit son nom au château attesté qui servait à protéger le prieuré de Thierenbach. En 1220, le domaine est occupé par les chevaliers Jungholtz qui fondent le village vers 1259. Pendant longtemps Jungholtz fait partie de la commune de Soultz pour la partie, e château est détruit au cours de la Révolution. Au XVIIIe siècle, le village est occupé par des Juifs qui obtiennent l'autorisation d'inhumer leurs morts, le cimetière israélite est un de plus beaux de la région. Le village est détruit pendant la première guerre mondiale.

CIMETIÈRE JUIF DE JUNGHOLTZ ★

Ouvert toute l'année. Visite guidée. Visites guidées par l'office de tourisme de Guebwiller-Soultz.

Dans les fossés de l'ancien château des Schauenbourg se trouve le cimetière juif de Jungholtz, un des plus anciens cimetières israélites d'Alsace. Vendu comme bien national après la Révolution, la communauté a dû en racheter les parcelles. Il présente de beaux exemples de l'art funéraire si particulier du judaïsme alsacien. Dans ce lieu insolite et unique, inscrit à l'inventaire des monuments historiques, les plus anciennes stèles datent de 1715 et les plus récentes de 1923.

MURBACH

En mai 728, l'évêque missionnaire saint Pirmin fonda une abbaye dans le vallon de Murbach, à la demande du comte Eberhard, frère du duc d'Alsace. Ce lieu isolé séduisit immédiatement les religieux. Ainsi, durant plus d'un millénaire, dans l'abbaye la plus riche et la plus prestigieuse d'Alsace, vécurent les moines bénédictins. Si Murbach est encore resté aujourd'hui un « bout du monde », l'ancienne abbaye n'en a pas pour autant vécu repliée sur elle-même. D'importantes donations lui assurèrent un énorme patrimoine foncier dans le Rhin supérieur, du pied des Alpes à la région de Mayence. Au XIIe siècle fut édifiée l'abbatiale actuelle. Construction étonnante, l'église surprend le visiteur par son élévation et l'originalité du décor sculpté des parties hautes inspirée de modèles orientaux. Protégée par les Habsbourg, Murbach devient au XVIe siècle l'un des bastions de la Contre-Réforme catholique. Après les ravages causés par la guerre de Trente Ans et l'annexion par la France en 1680, l'abbaye se reconstruit. En 1693 est bâtie une chapelle Notre-Dame-de-Lorette. Les religieux, séduits par les nouveaux canons architecturaux en vigueur, envisagent de rebâtir l'abbatiale en style baroque. Les travaux, débutés en 1738, entraînent la disparition de la nef. Un petit village s'étend à la place de l'ancienne abbaye dont il porte le nom. Conscientes de la valeur de ce patrimoine historique et architectural, la commune et la paroisse ont eu à cœur depuis plus de cent cinquante ans d'entretenir l'ancienne abbatiale, la chapelle de Lorette, et de préserver l'environnement montagnard.

HAUT-RHIN

Abbaye de Murbach.

SOULTZ-HAUT-RHIN ★

Vous tomberez sous le charme de cette petite bourgade, jadis fortifiée avec trois châteaux et dix-huit tourelles, héritage de la prospérité qu'a connu le village à la Renaissance grâce à la viticulture. Soultz sait attirer l'œil avec ses anciennes demeures, ses ruelles pittoresques, ses porches millésimés, ses lavoirs, sa double enceinte de remparts protégeant encore le centre. Les gens du cru vous diront que dans chaque Soultzien sommeille un artiste. Ville natale de Katia Krafft, volcanologue disparue en 1991 mais aussi du baron d'Anthès qui, en 1837, tua le dramaturge Pouchkine. Son histoire est véritablement liée à celle de l'Evêché de Strasbourg.

LA NEF DES JOUETS

12, rue Jean-Jaurès
✆ 03 89 74 30 92

Ouvert du deuxième week-end de mars jusqu'au 30 décembre, du mercredi au lundi de 14h à 17h.

La Nef des Jouets vous invite à pénétrer dans le monde merveilleux de l'enfance. Joëlle et Richard Haeusser font revivre ces objets qui suscitent émotions et bonheurs simples et présentent, depuis 1994, une collection unique de jouets anciens, des automates aux ours traditionnels en passant par les poupées, les avions... Une véritable invitation au rêve qui enchantera toute la famille et ce d'autant plus que de nombreuses animations redonnent vie à ce musée : spectacles de marionnettes, pièces de théâtre, contes, mais aussi expositions temporaires et variées.

BASILIQUE NOTRE-DAME-DE-THIERENBACH

Thierenbach

Visites guidées par l'Office de Tourisme de Guebwiller-Soultz.

Notre-Dame-de-Thierenbach est le symbole du pèlerinage marial le plus important du Haut-Rhin. c'est sur les lieux d'un miracle supposé que l'abbé de Cluny fonda un prieuré bénédictin en 1130. De style baroque autrichien, l'église actuelle fut construite début XVIIIe et érigée en basilique mineure en 1936. Sur les murs, des ex-voto en remerciement ou en demande à la Vierge Marie. Lors des Musicales de Thierenbach, de nombreux concerts sont joués dans ce lieu historique.

SUR UND SIESS €€

92, route de Guebwiller
✆ 03 89 28 60 49
www.winstub-surundsiess.com

Congés de fin décembre à début janvier. Ouvert le mardi et le dimanche midi ; du mercredi au samedi le midi et le soir.

Sür und Siess, un « sucré-salé » bien de terroir ! Dans ce restaurant de nombreuses spécialités régionales telles que les bouchées à la reine, les fleischnakas, la salade vigneronne, les carpes frites ou le jarret braisé sur lit de choucroute feront le bonheur des amateurs. Ici, pas de chichis, la table est réputée pour son très bon rapport qualité-prix et sa cuisine généreuse. Pour preuve un très correct menu du jour avec quiche lorraine, rôti de porc au four et purée maison suivie d'une forêt-noire. « La plus belle terrasse de la région » dixit le patron !

MUSÉE DU BUCHENECK ★

Rue du Kageneck
✆ 03 89 76 02 22
www.ville-soultz.fr/p_bucheneck.aspx

Ouvert du 2 mai au 31 octobre, du mercredi au lundi de 14h à 18h. Gratuit jusqu'à 6 ans. Adulte : 5 €.

Les 10 grandes salles du château du Bucheneck évoquent le riche passé de Soultz ainsi que l'histoire des familles illustres qui y ont vécu. Les portraits des Waldner de Freundstein ornent la salle du 1er étage. Au 2e étage, vous verrez les souvenirs de la famille de Heeckeren d'Anthès, dont le plus célèbre est Georges-Charles qui causa la mort du poète russe Pouchkine. Les salles voisines exposent les œuvres de Soultziens tels Robert Beltz et le général Werlé. Deux étages de combles aménagés sont réservés aux métiers anciens et à la vie d'antan.

SOULTZMATT ★

L'origine du nom du village provient de l'allemand Sultz (sel) et de Matt (prairie), le sel qui compose les fameuses eaux. Connu comme le village des eaux minérales Lisbeth, tirées des sources de Soultzmatt. Les nombreuses bâtisses des XVIe et XVIIIe siècles, aux cours fermées par de magnifiques portes cochères, témoignent d'un passé viticole. Un sentier viticole débutant derrière la mairie vous promène, pendant plus de 2h, dans le massif du Zinkoepflé, classé grand cru, il s'agit ici des vignes les plus élevées d'Alsace, situées à 400 m d'altitude. A voir : l'église dédiée à saint Sébastien depuis 1309, un édifice du style basilical à trois nefs.

MENHIR DU LANGENSTEIN

Sentier forestier du terrain de football

Langenstein, qui signifie « pierre longue », porte bien son nom ! Avec une base carrée d'un mètre et une hauteur de 4 mètres, cette pierre fut remise debout par un industriel de la région au début des années 1900. N'allez pas le voir une nuit de pleine lune ! Vous risqueriez d'y rencontrer des dames blanches, des fées, des esprits et de voir la pierre tourner sur elle-même ! Mais c'est toujours sympa de se faire peur ! On adore cela et on en redemande ! En poursuivant sur le chemin forestier, vous trouverez le rocher Grossfels, idéal pour une pause pique-nique.

BOULANGERIE KITZINGER

1, rue d'Or

✆ 03 89 47 01 31

Un lundi sur deux, mardi, jeudi et vendredi 5h30 à 12h30 et 15h à 18h30, mercredi 5h30 à 12h30, samedi 6h30 à 15h.

© SANDRA KITZINGER

Maison Kitzinger - Artisan boulanger-pâtissier. On se croirait dans un film de Pagnol tant l'authenticité, la gentillesse et l'amour du travail bien fait se ressentent dans cette boulangerie-pâtisserie ! Petite par la taille, grande par le talent ! Ici la fabrication reste traditionnelle avec une créativité sans cesse renouvelée. Vous découvrirez une gamme de pains spéciaux addictifs ! L'ADN et le succès de cette bonne maison n'en reste pas moins leur excellent Kugelhopf qui additionne les récompenses et les fans ! La passion est le moteur de cette bonne maison !

CAVE VINICOLE DU VIEIL ARMAND

1, route de Cernay

✆ 03 89 76 73 75

www.cavevieilarmand.com

Certification HVE3. Ouvert du lundi au samedi 9h-12h et 14h-18h30, dimanches et jours fériés : 10h-12h et 14h-18h.

© NOÉMIE BOLL

Fondée en 1959, cette coopérative rassemble près de 80 viticulteurs et 150 ha de vignes. Certaines parcelles se trouvent sur les terroirs des Grands Crus Ollwiller, Spiegel et Zinnkoepflé. La cave abrite un musée et une boutique achalandée en produits de la région. Le sentier viticole de Soultz-Wuenheim, les vignes du château d'Ullwiller sont des témoins forts de l'œnotourisme développé ici. Le domaine est cours de conversion biologique, avec les premiers millésimes 2020 !

L'ECRIN €€

Rue du Lussweg

✆ 03 89 22 12 42

Ouvert du lundi au vendredi midi et soir. Formule complète à 12 €. Superbe Terrasse.

Délicatement posé à la sortie du petit village de Soultzmatt, l'Ecrin possède une vue imprenable sur la colline Zinnkoepflé. Le restaurant propose une cuisine traditionnelle mais c'est surtout pour les pizzas et les tartes flambées au feu de bois qu'une clientèle conquise se déplace en nombre pour un rapport qualité/prix défiant toute concurrence. L'accueil sympathique du personnel vous encourage à rester encore plus longtemps afin de profiter de la nourriture et du paysage majestueux qui s'offre à vous. Une belle adresse qui se découvre dans un bien bel écrin.

HAUT-RHIN

HÔTEL-RESTAURANT KLEIN** €€

44, rue de la Vallée ✆ 03 89 47 00 10
www.klein.fr

Fermé en janvier. 10 chambres. Petit déjeuner : 8 €. Chambre à partir de 80 €.

Une magnifique adresse au cœur de la vallée noble. L'hôtel restaurant Klein vous propose toute l'année des chambres confortables qui ont du style ! Certaines possèdent des lits à baldaquins mais chacune a sa personnalité. De la carte au menu, des spécialités alsaciennes cuisinées avec goût et pour les accompagner, une carte de vins exceptionnelle. Une salle pour banquets ou séminaires peut accueillir jusqu'à 150 convives. Une adresse incontournable pour découvrir la cuisine française dans toutes ses lettres de noblesse !

HÔTEL-RESTAURANT KLEIN €€

44, rue de la Vallée ✆ 03 89 47 00 10
www.klein.fr

Ouvert du mardi au samedi midi et soir et le dimanche midi. Formule du midi : 12,50 €.

La première chose qui frappe en entrant dans le restaurant de cet hôtel, c'est la coursive pourvue d'un plafond de verre : une mini galerie des glaces accompagnée d'une décoration digne d'un film de Harry Potter ! Ambiance feutrée et chaleureuse parfaite pour les longues soirées d'hiver. Nous, on aime beaucoup et le service tient la route. Les assiettes sont remplies de douceur et de gourmandises, la carte des vins est exhaustive... Une fois le repas terminé, prenez le temps de vous promener à Soultzmatt et de visiter une des caves de ce beau terroir viticole.

DOMAINE PAUL KUBLER

103, rue de la Vallée ✆ 03 89 47 00 75
www.paulkubler.com

Le lundi, le mardi et du jeudi au samedi de 10h à 12h et de 14h à 19h. Sur rendez-vous : mercredi et dimanche matin.

Chez les Kubler, la viticulture est une tradition familiale depuis 1620. Auteur de prestigieux millésimes, Paul Kubler a développé le domaine jusqu'à atteindre une dizaine d'hectares déployés au cœur de la Vallée Noble. C'est un véritable jardin de vignes entretenu avec des méthodes culturales respectueuses de l'environnement. Au tournant des années 2000, Paul Kubler a passé le relais à son fils Philippe, diplômé d'œnologie. Ce dernier élabore des cuvées précises, en progression constante, qui séduisent toujours plus d'amateurs et de spécialistes.

PHILIPPE BRUN

18, rue d'Or
✆ 03 89 47 00 51
www.vinsphilippebrun.fr

Ouvert du mardi au vendredi de 9h à 12h et de 14h à 19h ; le samedi de 9h à 12h et de 14h à 18h.

Les premières traces de cette famille de viticulteurs remontent en 1680. Depuis, les générations se sont succédé, Philippe Brun et Antoine, son fils, sont bien décidés à perpétuer la tradition. Philippe a repris les rênes en 2000 avec sa femme Alexandra. Ensemble, ils continuent à exploiter le domaine de 10 hectares et produisent des cuvées traditionnelles et une cuvée spéciale, produite chaque année selon les millésimes et l'inspiration. Des dégustations se font sur le site, avec en prime la visite de l'exploitation. Des apéritifs de mariage sont organisés.

ROUFFACH ★★

Située dans la plaine d'Alsace, face à la vallée noble, Rouffach vous accueille. Fortifiée à partir du XIIe siècle, cette cité possède une Tour des Sorcières, séquelle de l'Inquisition. Sous le règne d'Henri V, les habitants se révoltèrent et les bourgeois de la ville mirent le roi hors de la ville qui la fit raser. Rouffach est aussi la ville natale du maréchal Joseph Lefebvre, mari de la célèbre madame Sans-Gêne. Le château d'Isenbourg domine la commune. De plus, chaque mercredi après-midi a lieu un marché bio. Tous les ans a lieu la traditionnelle Fête de la Sorcière en juillet. C'est que les procès en sorcellerie ont ici une longue histoire !

CAMPING D'OSENBACH*** €

31, rue du Stade - **OSENBACH**

✆ 03 89 47 05 22

www.camping-osenbach.com

Réservation recommandée. Terrain de 3 ha. 128 emplacements. Emplacement + véhicule + 2 personnes à partir de 18 €.

Attention, camping alternatif ! Dans le charmant village d'Osenbach, c'est 100 % nature, vous pourrez camper au choix sous la tente, dans un bungalow, une lodge, une hutte ou dans une cabane trappeur. Le souci premier de ce lieu est le respect de l'environnement. Idéal aussi pour tous ceux qui aiment les vacances actives et authentiques. Escalade, géocaching, course à pied nature, randonnées... Les activités sportives ne manquent pas et le personnel du camping se fera un plaisir de vous aiguiller. Parce que l'accueil y est aussi essentiel.

LE DOMAINE DU VERGER €€

4, rue Albert Schweitzer - **OSENBACH**

✆ 06 09 42 80 78

www.ledomaineduverger.net

Chambres d'hôtes et gîtes. Espace détente (piscine intérieure, sauna, hammam, bain bouillonnant). Taris sur demande.

Tel un paradis préservé accessible moyennant réservation préalable, le Domaine du Verger vous accueille dans un cadre idyllique niché dans un écrin de verdure soigneusement mis en valeur entre Colmar et Guebwiller. Il associe chambres d'hôtes et gîtes douillets en diable, le tout assorti d'espaces privatifs de bien-être avec bain bouillonnant, sauna et hammam, sans parler d'une piscine intérieure chauffée. De quoi se concocter un scénario hollywoodien en version alsacienne, à deux pas de la ville natale d'Auguste Bartholdi et du plus beau marché de Noël du coin !

AU RELAIS D'ALSACE HÔTEL*** €€

Lieu dit Mittler Befand

✆ 03 89 49 66 32

www.aurelaisdalsace.com

Ouvert toute l'année, le soir uniquement. Chambre double de 80 € à 95 €.

Situé en pleine nature avec terrasses et jardins, le Relais propose une trentaine de chambres, spacieuses et confortables. L'ambiance est familiale avec une mention spéciale pour cet accueil « comme à la maison ». Tant et si bien que ce qu'on pourrait prendre pour un hôtel de passage, au bord de la départementale, réussit à fidéliser de nombreux clients. Surnommée l'ancienne route, elle permet d'admirer la plaine d'Alsace qui en a fait sa renommée et le massif vosgien !

HAUT-RHIN

Église Notre-Dame-de-l'Assomption à Rouffach.

ROMAIN KUENTZ ET FILS €€

22-24, rue du Fossé
PFAFFENHEIM
✆ 03 89 49 61 90
www.vinskuentz.fr
2 gîtes (60 m2 et 90 m2). De 250 € à 300 € la semaine selon saison. 90 € le week-end.

L'Alsace est une région touristique très prisée autant pour sa gastronomie que pour ses paysages préservés et ses vins. En effet, les viticulteurs sont nombreux le long de la Route des Vins. Depuis quelques temps, on observe un phénomène relativement nouveau, les gîtes ruraux chez le vigneron, une façon originale de découvrir les caves de la région. Situés dans le domaine viticole des Vins Romain Kuentz, 2 gîtes meublés et dotés de tout le confort nécessaire. Les animaux sont acceptés et un garage peut être mis à disposition.

CHÂTEAU D'ISENBOURG***** €€€

Route de Pfaffenheim
✆ 03 89 78 58 50
www.isenbourg.com
Ouvert toute l'année. 41 chambres. Chambre double de 115 € à 359 € ; suite de 269 € à 639 €. Petit déjeuner : 25 €.

Un accueil de contes de fées vous attend dans cet ancien château. Dormez dans des chambres ornées de papier peint à motifs fleuris et meublées de vieilles commodes, relaxez-vous au spa avec vue et régalez-vous au restaurant Les Tommeries où vous pourrez vous sustenter avec des plats raffinés et surprenants. Le personnel est très attentionné que ce soit au restaurant, à l'hôtel ou au spa. Tête-à-tête romantique, escapade détente ou mariage d'exception, le Château d'Isenbourg est la promesse d'un moment unique chargé d'émotions !

AUBERGE AU VIEUX PRESSOIR €€

Domaine du Bollenberg - **WESTHALTEN**
✆ 03 89 49 60 04
https://bollenberg.com
Maître Restaurateur. Ouvert du jeudi au lundi et les jours fériés le midi et le soir.

Depuis que Michel Runner a repris la toque de Pierre Meyer en cuisine, l'adresse reste une valeur sûre. Une très belle carte aux mille saveurs : foie gras de canard maison, brochette de carreau d'agneau parfumé au thym et autres délices, moelleux pistache ou abricots poêlés à la vanille... On accompagne le tout de vins bio du domaine du Bollenberg, vinifiés dans les caves du vieux pressoir. À l'Auberge, on cultive toujours l'esprit des traditions au fil du calendrier. Immanquable !

AU RELAIS D'ALSACE HÔTEL €€

Lieu dit Mittler Befand
✆ 03 89 49 66 32
www.aurelaisdalsace.com
Du lundi au samedi le soir et le dimanche midi uniquement pour les groupes. Réservation recommandée.

Carte française et classique à laquelle viennent s'ajouter quelques valeurs alsaciennes comme la terrine de foie gras, le jarret de porc grillé sauce munster et en saison les célèbres asperges d'Alsace. Cette bonne table fait partie des confréries reconnues : asperges et choucroute ! De nombreuses suggestions à l'ardoise. Décidément au Relais d'Alsace, c'est un sans-faute ! Amateurs de cuisine traditionnelle, vous êtes ici chez vous ! À partir de juin et jusqu'en septembre, c'est Barbecue sur la terrasse les vendredi soir et samedi soir ! Top !

LES TOMMERIES €€€

Route de Pfaffenheim
✆ 03 89 78 58 50
www.grandesetapes.com
Ouvert tous les jours le midi et le soir. Menus de 33 € à 80 €.

Avec sa cuisine raffinée et gastronomique, le restaurant des Tommeries est un lieu magique. Situé au pied du château d'Isenbourg, il surplombe le vignoble alsacien. Gourmandises régionales, produits frais et délicats, le restaurant offre une très belle osmose entre authenticité et plaisir de la table. Deux salles aux ambiances différentes, une ancienne orangerie bordée d'une terrasse fermée pour les repas en amoureux et la salle Dagoberg, une ancienne cave voûtée, décorée d'armures et d'armoiries vous plongera dans l'atmosphère chevaleresque du XVIe siècle.

CHOCOLATERIE RITTER

PFAFFENHEIM
✆ 03 89 49 62 93
www.chocolaterie-ritter.com
Visite sur réservation. Tarifs : 2 € adulte, 1 € enfant (comprend une dégustation).

Ici, c'est le paradis des amoureux du chocolat ! Derrière la boutique de vente, la chocolaterie. On fond et on coule plusieurs sacs de pastilles par jour ; des petites mains s'affairent sur les chaînes de production de manière très artisanale. Chacun a sa tâche, certains exercent le même métier depuis plusieurs décennies... L'entreprise est une affaire familiale. Vous découvrirez ici tout des coulisses de la fabrication des petites douceurs chocolatées et pourrez faire provision de délicieux moulages qui varient selon les saisons.

BESTHEIM

52, route de Soultzmatt - **WESTHALTEN**
✆ 03 89 78 09 09
www.bestheim.com
Ouvert du mardi au samedi et les jours fériés, également ouvert les dimanches en juillet, août et décembre.

Au tournant de l'an 2000, la cave de Westhalten et la Maison Heim sont devenues partie intégrante de la cave de Bennwihr. C'est de cette heureuse fusion qu'est né le nom de Bestheim, synonyme de terroirs riches en crus fameux et association de savoir-faire complémentaires ! Aujourd'hui, le site est dédié à l'élaboration et à la fabrication des crémants. Juste retour des choses puisque la cave de Westhalten fut l'une des instigatrices de l'appellation Crémant d'Alsace ! N'hésitez pas à faire un tour sur le site Web pour passer vos commandes en toute sécurité.

DOMAINE BERNARD WALTER ET FILS

10, rue de la Tuilerie - **PFAFFENHEIM**
✆ 03 89 49 62 85
www.vins-walter.com
Ouvert du lundi au samedi de 8h à 12h et de 14h à 19h. Le dimanche, sur rendez-vous. Aire d'accueil pour camping-cars.

Dans la famille Walter, la passion du vin se transmet de père en fils sur plus de 4 générations ! Ce domaine produit tous les cépages alsaciens sur 13 ha, notamment sur le Grand Cru Steinert et le 1er Cru Côte de Rouffach. Dans certaines parcelles, la plantation de fleurs agrémente la complexité des différents cépages. La vinification s'effectue dans des foudres en chêne centenaires ! C'est le lieu idéal pour faire une halte en camping-car tant le cadre est bucolique...

DOMAINE BANNWARTH C & FILS

19, rue du 4e Spahis Marocains
✆ 03 89 49 62 37
www.vins-bannwarth.com
Du lundi au vendredi 8h à 12h et 13h30 à 19h, samedi 8h à 12h et 13h30 à 18h, dimanche et jours fériés sur RV.

© VINS BANNWARTH

La famille Bannwarth recueille depuis 3 générations le fruit de16 ha de vignes dorées sur les collines. Si tous les cépages régionaux sont vinifiés, le domaine a une prédilection pour le gewurztraminer grand cru et le crémant. Les vendanges sont manuelles, le pressurage pneumatique, la vinification se fait en cuves en inox et est suivie d'un élevage sur lies fines. Une dégustation vous permettra de recueillir des informations sur les sols et leur influence sur le vin et ses arômes.

DOMAINE DU BOLLENBERG

WESTHALTEN
✆ 03 89 49 60 04
www.bollenberg.com
Vigneron Indépendant. La cave est ouverte tous les jours de 9h à 18h, dimanches et jours fériés inclus.

Le domaine du Bollenberg, est un endroit formidable : 25 hectares de vignoble composés de tous les cépages alsaciens. Le lieu-dit étant un site protégé, la famille Meyer applique les règles de l'agriculture biologique sur le domaine. Ici la passion est familiale, les générations ont préservé l'authenticité et la qualité de leurs produits de terroir. Le domaine propose la visite de la Cave mais aussi des repas à l'auberge du vieux pressoir. Un vin de glace ainsi que de nombreuses confitures et produits originaux maisons sont proposés aux œnotouristes.

DOMAINE LE FREUD

26, rue du Fossé - **PFAFFENHEIM**
✆ 03 89 49 31 40
www.robert-freudenreich-et-fils.com
Vigneron Indépendant. Certification HVE3. Dégustation et visite de cave sur rendez-vous toute l'année.

Dans la famille Freudenreich, on est vigneron depuis 1730 ! Tout comme son père Robert avant lui, Christophe conduit fort intelligemment son domaine Le Freud (8,5 ha), disposant de parcelles sur les lieux dits Bergweingarten et Côte de Rouffach. Côté cave, Christophe élabore avec une inépuisable passion des vins fins, élégants et bien équilibrés, toujours de grande fraîcheur. Il vous accueille avec son épouse Anne pour vous offrir de beaux moments de dégustation assortis de commentaires éclairants sur les qualités de ses bons crus et les accords mets et vins.

DOMAINE PAUL HUMBRECHT

6-7, place Notre-Dame - **PFAFFENHEIM**
✆ 03 89 49 62 97
www.vins-humbrecht.fr
Certification Ecocert et Demeter. Accueil sur RV le lundi. Du mardi au samedi de 10h à 12h et de 14h à 18h.

Les racines du domaine Paul Humbrecht sont implantées depuis 1620. Les Humbrecht travaillent la vigne selon les règles de l'agriculture biologique et biodynamique. Ainsi, ils labourent au cheval de trait et utilisent des moutons. Ils favorisent également le déploiement de fleurs et plantes pour les pollinisateurs et installent des nichoirs pour les oiseaux. Le domaine Paul Humbrecht donne naissance à des vins qui s'avèrent exceptionnels selon les millésimes. À tester grâce à diverses formules de séjour alliant œnologie, santé et forme.

DOMAINE PIERRE FRICK

5, rue Baer - **PFAFFENHEIM** ✆ 03 89 49 62 99
www.pierrefrick.com
Certification Ecocert et Demeter. Caveau ouvert du lundi au samedi sur rendez-vous. Entrée véhicules : 9 rue du Fossé.

Converti de longue date en agriculture biologique (1970) et en biodynamie (Demeter,1981), ce domaine est estampillé d'une étoile par le *Guide des meilleurs vins de France* 2021 ! Une précieuse reconnaissance du travail fourni par Jean-Pierre Frick, pionnier des vins sans sulfites ajoutés. Salués pour leur caractère hors académisme, ces excellents crus sont déclinés dans la gamme « Purs Vins - Zéro Sulfite Ajouté ». À déguster lors de votre visite, le Pinot Gris 2018 Macération à la surprenante robe couleur griotte et aux subtils arômes de groseille et de grenade !

LA POTERIE ALFALAURE

31, rue du Maréchal-Lefèbvre ✆ 07 69 70 97 91
Ouvert le mercredi et le samedi de 10h à 12h. Et sur rendez-vous.

À Rouffach, vous trouverez de jolies échoppes dont la poterie Alfalaure située au centre-ville. La poterie c'est le domaine de Fabio Mazza, artisan potier aux doigts d'or, il crée des objets artisanaux traditionnels. Poterie utilitaire ou plus contemporaine, vous trouverez des vases, de la vaisselle d'art, des lampes de chevet côtoient des sculptures surréalistes nées de son imagination. Dans sa boutique, vous trouverez également des chemisiers en soie peints à la main ainsi que de nombreux bijoux réalisés par l'artiste. Chaque œuvre est unique.

PFAFF LA CAVE DES VIGNERONS DE PFAFFENHEIM

5, rue du Chai - **PFAFFENHEIM** ✆ 03 89 78 08 03
www.pfaffenheim.com
Ouvert du lundi au samedi de 9h à 12h et de 14h à 18h ; le dimanche de 10h à 12h et de 14h à 18h. Boutique en ligne.

Si la Cave des Vignerons de Pfaffenheim est considérée comme l'une des plus qualitatives d'Alsace, c'est grâce à une ligne de conduite qu'elle suit depuis 1955 : favoriser l'empreinte du terroir et encourager les bonnes pratiques du vignoble (lutte raisonnée, enherbement, vendanges en ver...). Ici sont vinifiés les raisins provenant de divers grands crus qui constituent les fleurons de la production. Chaque semaine, des visites de cave suivies de dégustations sont programmées.

ALSACE GOLF LINKS

Moulin de Biltzheim
✆ 03 89 78 52 12
www.alsacegolflinks.com
18 trous semaine : 65 €. 18 trous week-end : 75 €. 9 trous semaine : 35 €. 9 trous week-end : 40 €.

Au cœur de la plaine d'Alsace, le golf de Biltzheim vous propose un moment de détente sportive. L'accueil s'effectue dans un ancien Moulin qui a su garder le charme de son histoire tout en offrant le confort actuel et un service de qualité. Situé dans un paysage pittoresque avec un style *links* design, le parcours de 18 trous offre un challenge pour les joueurs. Le panorama sur les Vosges et sur les villages reflète les contours doux du parcours. Vous pourrez également bénéficier d'un terrain d'exercices avec Driving Range et 3 trous : par 3 + par 4 + par 3.

LE SPA D'ISENBOURG

Rue de Pfaffenheim
✆ 03 89 78 58 50
www.isenbourg.com
Ouvert tous les jours de 8h à 21h. Soins sur réservations de 10h à 13h et de 15h à 20h. Accès illimité pour l'hôtel.

Entièrement rénové en 2019, le Spa d'Isenbourg est un havre de bien-être. Équipé d'une piscine intérieure avec vue, d'un sauna, hammam et d'un bain à bulles avec une baie surplombant les vignes, l'espace offre une vue panoramique. Ouvert à tous, les amateurs de relaxation peuvent s'offrir plusieurs escales : accès à l'espace bien-être avec soin de 50 minutes, à choisir dans une carte fournie. Laissez votre sac de piscine à la maison, peignoirs, draps de bain et chaussons sont fournis. Seul, en amoureux ou avec des amis, c'est le moment de prendre le temps !

NEUF-BRISACH ★★★

Enregistrée en 2008 au Patrimoine Mondial de l'Unesco, cette petite ville recèle d'incroyables richesses historiques. C'est Sébastien Le Prestre de Vauban, grand spécialiste en poliorcétique (technique de siège des villes) qui supervisa la construction de Neuf-Brisach entre 1698 et 1703. L'objectif était de fortifier la rive française après la restitution par la France à l'Autriche de la cité de Breysach. En 1870, puis en 1945, la ville fut presque entièrement détruite, sauf... l'œuvre de Vauban qui résista vaillamment aux bombes ! Les remparts se visitent à pied : cette balade de 2,4 km vous mènera de la Porte de Colmar à celle de Belfort.

PLACE FORTE DE NEUF-BRISACH ★★

6, place d'Armes (office de tourisme)
✆ 03 89 72 56 66 (office de tourisme)
www.tourisme-paysdebrisach.com
Le tour des remparts peut se faire à pied environ 45 minutes. Visite guidée possible.

© PLACE FORTE DE NEUF-BRISACH

« De tous les diamants de la Couronne de France, le plus beau est la forteresse du Rhin ». Ainsi parlait Louis XIV de la Place Forte de Neuf-Brisach, chef-d'œuvre d'architecture militaire inscrit au Patrimoine mondial de l'Unesco depuis 2008. Au XVIIIe siècle, Vauban entreprit de protéger le passage du Rhin en créant un octogone parfait, doté de huit bastions, à l'intérieur duquel les rues se croisent à angle droit et s'organisent dans un plan en damier. C'est un site unique !

MAUSA VAUBAN/ MUSÉE D'ART URBAIN ET STREET ART 🏛

Place de la Porte de Belfort
mausa.fr
Ouvert du mardi au dimanche de 11h à 19h. Gratuit jusqu'à 10 ans. Adulte : 10 € (réduit : 8 €).

Ce musée d'art urbain et de street art, au cœur des remparts de la forteresse de Neuf-Brisach, a ouvert ses portes en juillet 2018. Dans cet endroit atypique sur 1 200 m², vous pourrez découvrir des œuvres des artistes de renommée internationale tels que C215, Jérôme Mesnager, entre autres. On ne compte pas moins de 17 « pièces » qui hébergent des œuvres en perpétuel mouvement. Un lieu unique dirigé par deux passionnés, Clémentine Lemaitre et Stanislas Belhomme ; à découvrir.

MUSÉE VAUBAN 🏛 ★

7, place de la Porte de Belfort
✆ 03 89 72 51 68
www.neuf-brisach.fr
Jours d'ouverture et horaires selon la saison, tarifs : consulter le site web.

Le musée Vauban est le lieu idéal pour découvrir l'histoire et l'architecture de la place forte de Neuf-Brisach dont le plan octogonal fut choisi par Louis XIV. Dans 2 salles aménagées vous consulterez plans et dessins ayant trait à la technique de construction. La pièce maîtresse est l'admirable reproduction de la maquette de la place de Neuf-Brisach animée de commentaires sonores. En outre, une installation ludique sur les fortifications permet de mieux comprendre l'originalité de la citadelle et d'appréhender ses moindres cachettes et tunnels !

CHEMIN DE FER TOURISTIQUE DU RHIN 👉

2, rue de la Gare
VOLGELSHEIM
✆ 03 89 45 29 84
www.ried-express-cftr.fr
Horaires et tarifs détaillés : consulter le site web.

À l'heure des TGV, quel plaisir de voir le paysage défiler à 25 km/h ! Le temps d'une balade sur les bords du Rhin, prenez place dans un train à vapeur pour apprécier en *slow motion* les paysages du Ried alsacien avec ses canaux, sa faune et sa flore ! Gérant depuis 35 ans ce circuit d'environ 26 km en s'appuyant sur des bénévoles, l'association possède un joli parc : locomotives à vapeur, locotracteurs et diesels, wagons autrichiens et suisses, fourgons plus que centenaires..

LE PETIT TRAIN TOURISTIQUE

6, place d'Armes
✆ 03 89 72 56 66
www.tourisme-paysrhinbrisach.com/

Circule d'avril à septembre : jours, horaires cf. site web. Gratuit jusqu'à 4 ans. Adulte : 7 €. 4-12 ans : 3 €.

Le petit train touristique de Neuf-Brisach vous conduit à travers la fière cité et ses remparts édifiés par Vauban, un authentique joyau architectural inscrit au patrimoine mondial de l'UNESCO. Au départ de la Place d'Armes, vous embarquerez pour une balade de 35 minutes qui vous fera découvrir l'histoire de ces incroyables fortifications construites sous le règne de Louis XIV. Soit pas moins de 2,5 km de parcours, le tout commenté par audioguide. Billetterie à l'Office de Tourisme.

VISITES GUIDÉES DE NEUF-BRISACH

✆ 03 89 72 56 66

Visites guidées avec guide en en costume d'époque – tous les mardis et vendredis à 14h30 en haute saison. Tarif : 6 €.

Ultime œuvre fortifiée de Vauban, la cité de Neuf-Brisach fut construite en 1699 sur ordre de Louis XIV pour sécuriser l'Alsace. Cette place forte, classée au patrimoine mondial de l'humanité depuis 2008 est remarquable pour sa conception en étoile. Opter pour une visite guidée, c'est l'assurance de découvrir les secrets de cet ingénieux système de défense, agrémentée d'anecdotes instructives. La découverte se conclut avec la visite du musée Vauban et de l'église royale Saint-Louis.

GUESTHOUSE LE VAUBAN €

17, rue de Bâle
✆ 03 89 72 56 06
vauban.alsace/

Appartements indépendants avec connexion Wi-Fi gratuite.

Cette gesthouse est située à quelques mètres de la place d'Armes avec 5 suites aménagées avec une dominance de matériaux naturels, de meubles chinés et rénovés. Chaque suite comprend une chambre équipée d'une literie haut de gamme, une salle de bains cosy et une cuisinette tout équipée ouverte sur le séjour. Gros coup de cœur pour la suite Saint-Martin-de-Ré avec sa terrasse en bois privative ! Le linge de lit et de toilette ainsi que le ménage sont compris dans le prix de la location. Les 5 suites étant convoitées, mieux vaut réserver à l'avance.

HÔTEL-RESTAURANT AUX DEUX ROSES*** €

11, rue de Strasbourg ✆ 03 89 72 56 03
www.alsace2roses.com

42 chambres. Chambre simple à partir de 53,20 € ; chambre double à partir de 64,90 €. Petit déjeuner buffet : 9 €.

Sise au cœur de la cité de Vauban, cette belle bâtisse héberge un hôtel plein de charme où il fait bon se ressourcer ou dîner aux chandelles en amoureux. Les chambres confortables jouent la carte familiale avec des formules jusqu'à 7 personnes. Vous pourrez vous attabler dans sa winstub pour déguster de bonnes spécialités alsaciennes. Bon à savoir : l'établissement est membre de l'association « Rhin Vivant » et s'engage, par diverses actions, à préserver notre précieux environnement !

LA CITADELLE €€

12, rue du Général-Herr
✆ 06 46 11 74 22
www.gite-citadelle.fr

Clévacances. Gîte 3 étoiles pour 2 à 4 personnes.

Une charmante adresse à proximité du Musée Vauban ! Un gîte confortable avec une déco de bon goût ! Rien ne manque : cuisine moderne équipée, salle de bain avec fenêtre, deux chambres douillettes, salon cosy avec un vaste canapé, TV écran plat et lecteur de DVD, salle de billard, buanderie avec lave-linge, sèche-linge, table et fer à repasser, petite piscine extérieure avec salon de jardin... Ajoutez à cela l'accueil vraiment sympathique des propriétaires qui vous fourniront avec plaisir plein de bons tuyaux pour découvrir l'Alsace et l'Allemagne voisine !

LE RENDEZ-VOUS DES COPAINS €€

5, Grand'Rue - **LOGELHEIM** ✆ 03 89 24 96 14
www.rdv-des-copains.fr

Ouvert du mardi au vendredi le midi et le soir ; le samedi soir ; le dimanche midi. Réservez. 8 chambres et un gîte.

Très bien situé, cet hôtel-restaurant porte bien son nom ! Un accueil hyper convivial et souriant, des chambres simples mais chaleureuses et confortables nous donnent l'impression d'être à la maison avec des amis ! La cuisine est délicieusement traditionnelle et copieuse, la carte réduite mais avec de belles propositions à base de produits frais et le café gourmand est une tuerie, comme tous les desserts proposés ! Une très jolie découverte au rapport qualité/prix imbattable !

RESTAURANT KASTENWALD €€

37, rue Principale - **WOLFGANTZEN**
© 03 89 27 39 99
www.restaurant-kastenwald.com

Ouvert du mercredi au dimanche de 11h45 à 14h et de 19h à 21h30. Menu du jour : 13 €. Assiette enfant : 8,50 €.

Sobre et chic, cet établissement propose une cuisine raffinée et transparente : vous savez ce que vous mangez et d'où viennent les produits ! Le couple Scheer vous accueille avec le sourire et vous conseille au gré de la carte de saison. Que l'on soit végétarien ou carnivore, il y en a pour tous les goûts : gravlax de saumon sauce scandinave, rösti de chèvre chaud et lard fumé, dos de sandre au jus vert et vitelotte à l'ail, steak tartare Kastenwald, risotto croustillant aux petits légumes... Ajoutez de délicieux desserts et d'excellents vins d'Alsace !

LE SOLEIL DU RHIN €€

6, rue du Pourquoi Pas
VOLGELSHEIM
© 03 89 27 33 67

Cuisine asiatique. Ouvert 7 jours/7 de 12h à 14h30 et de 19h à 22h30.

Ne vous fiez pas à l'environnement de ce restaurant asiatique implanté en zone commerciale, l'intérieur vaut largement le détour ! On s'installe dans un vaste espace très lumineux, agréablement meublé et décoré. Ici, c'est buffet à volonté mais le personnel est aux petits soins tout au long de votre repas... Sushis et makis, coquillages et crustacés, nems et beignets, grillades au wok, desserts à tomber : on fait bombance à prix doux. Les groupes sont les bienvenus, les enfants aussi. Et si c'est votre anniversaire, Le Soleil du Rhin vous offre votre repas !

BRASSERIE ARTISANALE SAINT ALPHONSE

2, rue du Rothgern - **VOGELGRUN**
© 03 89 72 70 07
www.brasseriesaintalphonse.com

Ouvert le jeudi de 17h à 18h ; le vendredi de 15h à 18h ; le samedi de 9h à 12h. Visite de la brasserie le samedi à 10h.

Né en Belgique non loin de la célèbre abbaye d'Orval, Joël Halbardier pourrait dire qu'il est tombé tout petit dans la marmite... à bière ! Passionné de breuvages mousseux, Joël a installé, sur les bords alsaciens du Rhin, une micro-brasserie qui porte le nom du saint patron de Vogelgrun. Elle produit 6 gammes de bières blondes, brunes ou ambrées. On adore la bien-nommée Meid'la, bière blonde de fermentation haute, non filtrée, brassée avec des houblons alsaciens !

LA BOÎTE À SEL €€

11, rue du Rhin - **VOLGELSHEIM**
© 03 89 72 56 30
www.laboiteasel.net

*Fermé lundi, dimanche soir, jeudi soir. Plat du jour, carte, groupes. Terrasse. À emporter. Service traiteur. Hôtel**.*

© KATIA HENNY

Ce charmant restaurant doit son nom à une stèle dédiée aux héros de la Grande Guerre dont la forme évoquait vraiment une boîte à sel ! Le cadre extérieur est tout à fait ravissant avec sa terrasse ouverte sur un jardin bucolique. À l'intérieur : brasserie, salle de restaurant et grande salle dédiée aux fêtes de famille ou aux repas d'affaire. Bien vu, la Boîte à Sel organise des soirées grillades au jardin en été (réservation indispensable). De plus, la Boîte à Sel dispose de 13 belles chambres et suites. Service traiteur, demi-pension et pension en bonus.

BOWLING RHINOR PALACE

route de Volgelsheim - **ALGOLSHEIM**
© 03 89 22 98 71
www.rhinorpalace.fr

Horaires et tarifs détaillés : consulter le site Web. Location de matériel. Restauration.

Décoré de fresques murales illustrant l'univers du Rhin, ce complexe moderne comprend un bowling composé de 8 pistes assorties d'équipements spéciaux pour les enfants, les personnes à mobilité réduite ou mal voyantes. Ajoutez à cela des tables de billard, un bar lounge avec service snacking, ainsi qu'un Funpark. Il intègre une zone dédiée aux bambins jusqu'à 8 ans ainsi que des trampolines, des baby-foot, tables de ping-pong et skatepark... Quels que soient votre âge ou votre condition physique, vous êtes assurés de vous éclater sans vous soucier de la météo !

CHEZ PIERRE** €€

28, rue du Canal-d'Alsace
© 03 89 48 60 62
www.restaurantchezpierre.com
8 chambres. Chambre double 66 €. Petit déjeuner : 8 €. Soirée étape : 70 €. Restauration.

Cet établissement plus que centenaire est tenu par Jacques Thuet et ses fils. Chaleureux et décoré de manière sobre et classique, une belle table vous attend avec une carte inspirée par l'Alsace et ses producteurs locaux avec des spécialités de saison : de belles propositions de gibier en automne et asperges au printemps sans oublier la choucroute. Une belle carte des vins qui vous fera sans doute hésiter parmi un choix très varié. Pour le repos du guerrier bien mérité, huit chambres sont disponibles avec option soirée-étape, demi-pension et pension complète.

© PIERRE THUET

© CHEZ PIERRE

BLODELSHEIM

Calé entre le Rhin et la forêt de la Hardt, Blodelsheim est également situé sur la Route de l'Evacuation qui a vu sa population transplantée, en 1939, dans le village de Gimont dans le Gers, créant ainsi des liens particuliers avec cette région. Le village est aussi connu pour son patrimoine religieux, qu'il soit matériel comme par exemple son orgue Silbermann classé aux Monuments historiques, ou immatériel avec notamment le culte des reliques de saint Anicet. Les actions engagées du célèbre curé Philippi (XIXe siècle) pour stimuler la foi sont, elles aussi, des témoignages précieux des croyances et de leur possibilité de mobiliser les foules.

PONEY PARC

© 06 15 49 81 70
Ouvert le mercredi, le samedi et le dimanche à partir de 14h. Entrée du parc gratuite. Parking.

Situé sur une ancienne cité minière, le terrain a été transformé en parc dans les années 1950. Depuis, ce lieu a fait le bonheur de plusieurs générations. Un tour sur le dos d'un poney n'est qu'une des nombreuses activités qui enchantent les enfants. Sur place, des animaux de la ferme, poules, moutons, oies... À la pause de midi, pique-nique pour tous dans l'aire près d'une petite buvette. Avec un restaurant en cours de création et un espace extérieur couvert pour réception, le parc se modernise et offrira un cadre magnifique et naturel pour cérémonies.

FESSENHEIM ★

La plaine du Rhin n'est pas en reste de merveilles à découvrir, qu'il s'agisse de nature ou de son histoire industrielle. La forêt de la Hardt, le Rhin et les Iles du Rhin ou encore l'ancien canal du Rhône au Rhin sont de riches réservoirs de biodiversité et des espaces propices à la promenade. La Maison de la nature du vieux canal basée à Hirtzfelden accompagne l'immersion des citoyens dans ces milieux et favorise par ses actions l'éducation à l'environnement. Un patrimoine industriel et hydraulique est organisé autour de la Centrale nucléaire de production d'électricité et de la Centrale hydroélectrique, ou encore de l'écluse sur le Canal d'Alsace.

HIRTZFELDEN

Ancien village de bergers, Hirtzfelden garde des traces de son histoire. Aujourd'hui, le village est connu pour sa fête de la Fraxinelle, cette plante aux mille vertus que convoitent les spécialistes de l'herboristerie. Au « Nouma inna » (appelé aussi « À l'Arbre Vert »), le passant peut trouver une auberge au nom alsacien bien familier et avenant qui traduit la convivialité autour de la table mais aussi l'accueil chaleureux et le sens de l'hospitalité. Et puis, « La Maison du Boulanger » (boulangerie, pâtisserie, sandwicherie et mange debout...), destinée à tisser les mêmes liens autour d'un café, donne un bon exemple de la convivialité du village.

MAISON DE LA NATURE DU VIEUX CANAL - ÉCLUSE

Rue de Bâle
✆ 09 64 25 55 54
www.vieuxcanal.eu

Ouvert du lundi au vendredi de 9h à 12h et de 13h30 à 16h30 (hors jours fériés).

La mission principale de la Maison de la Nature est de sensibiliser le public à la protection des espaces naturels. Observation des oiseaux, exploration des milieux humides, autant de richesses à découvrir le long du sentier du vieux canal. L'ancienne maison éclusière porte de belles valeurs qu'elle distille lors d'ateliers parfois insolites. Nombreuses animations, conférences et débats à suivre. À noter: pour les enfants des activités à partager entre copains, à retrouver sur le site.

BIESHEIM

Cette cité fleurie est bordée par le Rhin à l'est et par la forêt à l'ouest. Historiquement, le territoire de Biesheim est habité depuis l'époque gallo-romaine. Un site archéologique très important apporte de multiples preuves d'une occupation romaine jusqu'au IVe siècle. Biesheim offre aujourd'hui de belles opportunités de promenades en barque au fil du Giessen, dont les rives ont été intelligemment aménagées. Vous pourrez également profiter d'un parcours de santé ainsi que de 2 pistes cyclables reliant Biesheim à Kunheim et à Vogelsheim. Biesheim entretient aussi une importante vie culturelle grâce au Musée Gallo-Romain et au Musée de l'Optique.

CÔTÉ CUISINE €€€

1, chemin du Schmolgasse
HIRTZFELDEN
✆ 03 89 74 81 96
www.cote-cuisine-restaurant.com

Ouvert du mercredi au dimanche. Carte : 20 € environ. Le menu Wie Daheim (Comme à la Maison) : 14,50 € (entrée + plat).

Un régal, comment nommer ce moment autrement ? Plaisir des sens : commençons par le goût avec une cuisine surprenante mêlant produits locaux et herbes aromatiques du jardin, de très belles associations gourmandes et audacieuses. Très simple mais travaillée avec amour. Plaisir des yeux ensuite avec une présentation soignée et le ballet des serveurs réglé comme une mélodie sous la direction du brillant chef d'orchestre Emmanuel Waltisperger ! L'espace restauration sobre et lumineux, ouvert sur la terrasse et la cuisine. La carte est réduite et change régulièrement.

© E.WALTISPERGER

© E.WALTISPERGER

HAUT-RHIN

MUSÉE GALLO-ROMAIN

Place de la Mairie
✆ 03 89 72 01 58
www.ville-biesheim.fr

Mercredi et vendredi 14h-17h30 ; le jeudi 9h-12h et 14h-17h30 ; le week-end 14h-17h. Gratuit -12 ans. Adulte : 2,50 €.

Ce musée, installé dans le bâtiment du Capitole, est consacré aux découvertes archéologiques provenant du vaste site d'Odenburg. Ce site a révélé l'existence d'importants vestiges datant de l'Antiquité romaine, notamment des camps de légionnaires, ainsi qu'une agglomération civile et une nécropole. Des urnes à incinération, mais aussi un remarquable sarcophage en grès et des petites statuettes à l'effigie de divinités romaines témoignent des croyances de l'époque et des rites funéraires. Le musée abrite aussi une importante collection d'objets domestiques.

PORT DE PLAISANCE DE L'ÎLE DU RHIN

Zone touristique de l'île du Rhin ✆ 03 89 72 67 77
www.biesheim.fr

Ouvert de début mai à fin octobre de 9h à 18h. Location de places de port. Réservation obligatoire. Toilettes, douches.

Ce port de plaisance est sans nul doute l'un des plus beaux de toute la région rhénane et le plus attractif en prestations. Installé à la pointe de l'Île du Rhin dans un site privilégié à l'abri des courants. À la boutique Rhin Marine, vous trouverez en vente tout l'accastillage dont vous pourriez avoir besoin et un atelier de réparation. À noter que l'Île du Rhin accueille un camping 4 étoiles. À 200 m du camping, la piscine Sirénia s'avère idéale pour rafraîchir petits et grands.

PROMENADE ROMANTIQUE SUR LE GIESSEN

Rue du Stade ✆ 03 89 72 01 69
www.biesheim.fr

Ouvert du 25 juin au 5 septembre 2022, du mercredi au dimanche de 13h30 à 18h. Adulte : 3 €. Enfant : 2 €.

Une balade au fil de l'eau qui se déroule sur un bras mort du Rhin hébergeant diverses variétés de poissons. Cette faune aquatique fait la fierté de Biesheim dont la population vivait naguère de la pêche. Cette escapade de 45 minutes s'effectue en barque à fond plat équipé d'un moteur électrique sous la houlette de guides-bateliers qui vous dévoilent l'histoire de Biesheim ainsi que les caractéristiques de la faune et de la flore qui peuplent le Giessen. C'est un enchantement !

HÔTEL DE LA CLEF DES CHAMPS*** €

19 a, Grand'Rue
✆ 03 89 72 08 18
www.la-cle-deschamps.com

Citotel. 28 chambres : double de 52 € à 115 €. Petit déjeuner buffet : 9 €. Parking privé.

Situé à 18 km de Colmar et 35 min d'Europa Park, cet établissement est le pendant moderne de l'Hostellerie des Deux Clefs gérée elle aussi par la famille Groff. Vous serez séduits par ses chambres tout confort, sa terrasse bien exposée et fleurie, son jardin, son coin salon et son bar. Après une bonne nuit de sommeil, un buffet sucré/salé vous sera servi. Pour vos repas, prenez « la clef des champs » jusqu'à l'Hostellerie des Deux Clefs où l'on vous servira de délicieux mets du terroir.

ÎLE DU RHIN €€

Zone touristique Île-du-Rhin
✆ 04 30 05 15 28
www.campingiledurhin.com

De début avril à mi-septembre. Mobil-home pour 6 à partir de 300 € la semaine.

Implantation originale et séduisante pour ce camping de la zone touristique de Biesheim (réserve naturelle classée), entre le Rhin et le Grand Canal d'Alsace. Les sapins et un environnement aquatique composent une ambiance toute particulière. Vous disposez sur place d'un panel impressionnant d'équipements de confort et de loisirs. Pour autant, ne vous privez pas de quitter ce cocoon pour découvrir les richesses alentour et particulièrement de manière insolite. Laissez-vous tenter par une balade fluviale ou une virée en chemin de fer touristique !

AUX DEUX CLEFS HOSTELLERIE GROFF €€

50, Grand-Rue
✆ 03 89 30 30 60
www.deux-clefs.com

Tarifs détaillés : consulter le site Web. Wifi gratuit. Restaurant (Logis 3 cocottes). Terrasse.

Posée au cœur du Ried, cette maison familiale est un petit paradis ! L'hôtel vous propose des soins de beauté et massages ainsi que des forfaits intéressants pour une escapade gourmande ou bien-être à deux. Côté restauration, le chef et sa brigade concoctent de bons petits plats du terroir et autres mets au rythme des saisons. L'établissement vous propose également des prestations de traiteur et peut accueillir jusqu'à 12 personnes dans sa salle de séminaire équipée.

THANN ★★

De passage à Thann, une balade au cœur du vignoble classé Grand Cru, s'impose. Orienté plein sud, le terroir volcanique du Rangen se dresse face à la ville surveillé par « l'œil de la sorcière », une ruine provenant de l'ancien château. Les autochtones friands d'histoire raconteront qu'un grand nombre de sorcières furent brûlées à Thann ! En vous promenant dans ce vignoble légendaire, vous découvrirez la façon dont les viticulteurs travaillent la vigne, encordés pour des raisons de sécurité, la pente étant raide à 68 % par endroit ! Parcourez la belle cité de Saint-Thiébaut et découvrez l'histoire de chacun des monuments, les mythes et les légendes.

LE MARCHÉ DE NOËL

www.marche-de-noel-alsace.com

Gratuit. Animations. Spectacle tous les soirs à 19h devant la collégiale.

Les marchés de Noël sont incontournables en Alsace, celui de Thann ne fait pas exception. Intégrées au pays des chants et des étoffes, une trentaine de petites cabanes se retrouvent au milieu de sapins décorés par les écoles de la vallée de la Thur. Odeurs de vin chaud et de bredelés, ce petit marché authentique remet les traditions au goût du jour : c'est d'ailleurs du haut de la collégiale que le père Noël descend du ciel lançant ainsi les festivités. Et quoi de plus féerique qu'un conte de Noël revisité par la fabuleuse troupe des Bâtisseurs sous la neige ?

COLLÉGIALE SAINT-THIÉBAUT ★★

Place Joffre

ville-thann.fr/collegiale

Ouverte toute l'année de 8h30 à 17h. Visites guidées organisées par l'OT : 03 89 37 96 20 (pour groupes sur rdv).

La légende raconte que le comte Ferrette, ayant aperçu trois lumières au sommet du sapin où reposait la relique de saint Ubaldo, promit de bâtir une chapelle. Après deux siècles de travaux, l'édifice est l'un des plus représentatifs de l'art gothique en Alsace. Son grand portail avec 150 scènes et 500 personnages est unique ! La Collégiale est un patrimoine inestimable sauvegardé, restauré en grande partie grâce à l'action d'une fondation créée pour la restauration de ce monument.

MOULIN DE STORCKENSOHN

20, rue de la Mairie - **STORCKENSOHN**

✆ 03 89 38 77 28

www.moulinstorckensohn.com

Fermé en janvier, en février et en mars. Pour les horaires se référer au site Internet. Adulte : 4 € ; enfant : 2 €.

Témoin d'un vieux métier, le moulin a été construit en 1732 et a poursuivi son activité jusqu'à l'arrêt de sa roue, en 1962. Jusqu'à cette date, les pommes et les poires servaient à la fabrication de cidre tandis qu'à partir des noix, du colza et du tournesol on tirait une huile fine et délicieuse. 30 ans plus tard, une équipe de bénévoles a reconstitué à l'identique la roue à augets. Désormais, l'ançestrale machinerie s'active comme autrefois. À deux pas du moulin, la maison de l'ouvrier paysan à l'ambiance d'antan vous ouvre ses portes.

HAUT-RHIN

Thann.

MUSÉE SERRET ★

7, rue Clemenceau
SAINT-AMARIN
✆ 03 89 38 24 66
www.museeserret.fr

Ouvert tous les jours de 14h à 18h sauf le mardi. Entrée : 3,20 € ; enfant : 0,80 €.

Le musée porte le nom du général Marcel Serret, commandant de troupes qui trouva la mort lors des combats du Hartmannswillerkopf. Le bâtiment servait d'hôpital militaire durant la Grande Guerre. Le rez-de-chaussée est consacré au souvenir du front des Vosges de 1914-1918, de la guerre de 1939-1945 et à la résistance alsacienne ainsi qu'à la libération de la vallée. Ne manquez pas les éléments de la salle capitulaire de la collégiale de Saint-Amarin, des mises en scène liées à des métiers du passé, des sceaux et monnaies ainsi que des objets d'art religieux.

LES RUINES DU CHÂTEAU DE L'ENGELBOURG ★

Gratuit. Accessible à pied.

Le château fut détruit par l'intendant Poncet. Les explosifs brisèrent le donjon en plusieurs parties et l'une d'elles, en retombant, se figea tel un œil sur le promontoire. Cet immense anneau est impressionnant et les habitants de Thann, ville qui aurait brûlé autrefois de nombreuses « sorcières », préfèrent penser aujourd'hui que cet œil est bienveillant… Le site offre un superbe panorama à 360° sur la ville et sert parfois de cadre à de magnifiques spectacles son et lumière.

TRAIN THUR DOLLER

Route d'Aspach
ASPACH-LE-BAS
✆ 03 89 82 88 48
www.train-doller.org

Train spéciaux hors saison. Fermé pour la saison hiver/printemps.

C'est un véritable bond dans le passé que propose le TTDA. A bord d'une authentique locomotive à vapeur, les passagers profitent d'un voyage grâce au travail des bénévoles. Le train se meut avec tant de lenteur qu'il permet de profiter pleinement du paysage avant de rejoindre le site des réjouissances, dont le thème change en fonction des saisons (attaque d'Indiens en été, jeux avec des sorcières pour Halloween en automne, spectacles). Les animateurs mettent le paquet sur la décoration et les costumes pour valoriser ce train qui traverse les âges !

LES BOULEAUX**** €

8, rue des Bouleaux - **RANSPACH** ✆ 03 89 82 64 70
www.alsace-camping.com

Camping fermé pour congés les 3 dernières semaines de novembre et les deux dernières semaines de janvier.

Membre de la chaîne Flower Camping, le camping des Bouleaux vous accueille dans un cadre fleuri. Agréable et tranquille, le camping est entouré de lacs, de vallées et de forêts. Situé à côté du parc de Wesserling et du lac de Kruth, des nombreuses activités de découverte s'offrent aux vacanciers qui ne souhaitent pas profiter des nombreuses animations proposées. Les chalets sont entièrement équipés, les emplacements spacieux et plusieurs espaces de loisirs sont proposés dont un espace dédié au bien-être et une piscine intérieure. Un excellent séjour vous attend !

HOTEL DU RANGEN €€

35/37, rue du Général-de-Gaulle
✆ 03 89 37 47 33
www.hoteldurangen.com

27 chambres. Chambre simple à partir de 60 € ; chambre double à partir de 70 €.

À quelques pas de la collégiale de Thann se trouve l'hôtel du Rangen, situé juste en face des ceps du célèbre grand cru éponyme. L'établissement est calme et bien situé. Plébiscitées pour le confort de la literie, les chambres sont simples et chaleureuses. Ici, les petits déjeuners sont copieux et les fromages proposés de terroir ! Pour la partie restauration, il suffit de traverser la route pour se rendre dans le caveau du Rangen bien connu pour ses dégustations de pépites issues des vignobles alsaciens. Idéal pour le repos et la découverte !

HÔTEL-RESTAURANT AU FLORIDOR*** €€

54, rue du Floridor
✆ 03 89 37 09 52

Chambre double à partir de 58 €. Chambres accessibles PMR. Animaux acceptés. Wifi. Menu du jour à partir de 12,50 €.

Niché sur les hauteurs de Thann, cet ancien café a été agrandi en 1925 sous l'impulsion de Joseph Christen. Transmis au fil des générations, Le Floridor est devenu une étape incontournable. Les chambres offrent un séjour réparateur. Côté restauration, la 5e génération apporte un souffle novateur avec des formules « Burger ». Le chef, membre de la route de la Truite, garde la main sur les plats traditionnels ! L'adresse est épicurienne et d'un très bon rapport qualité/prix.

HÔTEL RESTAURANT AUX SAPINS €€

3, rue Jeanne-d'Arc
✆ 03 89 37 10 96
www.hotelrestaurantauxsapins.com

17 chambres. Chambre double de 70 € à 75 €. Demi-pension : 72 €/pers. Menu du jour 14 €.

Situé à l'entrée de Thann, au pied des contreforts vosgiens, ce charmant hôtel vous accueille parmi ses 17 chambres adorables. Chacune bénéficiant d'une décoration unique et de tout le confort nécessaire. Le chef Gilbert Wolfhart sert, dans le restaurant de l'hôtel, des spécialités alsaciennes unanimement saluées à des prix très raisonnables. L'été, à l'ombre d'un imposant magnolia, des soirées ginguette sont organisées sur la magnifique terrasse de l'hôtel.

HÔTEL DU PARC*** €€€

23, rue Kleber
✆ 03 89 37 37 47
www.alsacehotel.com

21 chambres. Chambre double de 69 € à 169 €. Petit déjeuner : 14 € (en buffet). Lit supplémentaire : 20 €.

Dans cette bâtisse imposante du XIXe siècle entourée d'un petit parc et d'une belle piscine extérieure, l'Hôtel du Parc vous accueille dans une de ses 21 chambres avec TV et wifi, au mobilier d'époque et la décoration raffinée. Les chambres sont très spacieuses ; *queen size* à partir de la catégorie supérieure. Celles de la catégorie prestige ont toutes une magnifique vue sur le parc et certaines d'entre elles ont une terrasse privée. Un spa, équipé d'un centre de remise en forme, d'un hammam et d'un bain bouillonnant, vous permettra de vous ressourcer.

AU BRAM'S €€

2, route du Bramont - **WILDENSTEIN**
✆ 03 89 74 12 02
www.au-bram-s.fr

Ouvert toute l'année. Du vendredi au dimanche, le midi de 12h à 13h30 et le soir de 19h à 20h30. Brasserie le dimanche.

La vue depuis cet établissement est imprenable. Le Bram's surplombe la vallée de Kruth-Wildenstein, au bord de la route du col du Bramont, avec vue sur le lac de Kruth-Wildenstein. Son slogan « Une cuisine traditionnelle de qualité » laisse imaginer ce que l'on trouve dans nos assiettes. Au menu : les grands classiques à l'instar des bouchées-à-la-reine ou alors revisités comme les Fleischnakas façon Rossini. La maison complète son offre de restauration par des chambres à louer avec petit déjeuner inclus. Une adresse dans laquelle on s'arrête sans hésiter.

LE F €€

54, rue du Floridor ✆ 03 89 37 09 52
www.hotel-floridor-thann.com

Hotel ouvert toute l'année. Restaurant du lundi au samedi Réservation recommandée. Menus de 12 € à 60 €.

Niché sur les hauteurs de Thann, cet ancien café, agrandi en 1925 sous l'impulsion de Joseph Christen, est transmis au fil des générations. Renommé « Le F », il est devenu une étape incontournable. Côté restauration, la 5e génération apporte un souffle novateur avec des formules « Burger » étonnantes ainsi qu'un menu végétarien. Le chef, membre de la route de la Truite, garde la main sur les plats traditionnels avec ses gargantuesques bouchées à la reine ! Avec sa décoration cosy et chaleureuse, l'adresse est épicurienne et d'un très bon rapport qualité/prix.

FERME-AUBERGE DU HAAG €€

Au pied du Grand-Ballon - **GEISHOUSE**
✆ 03 89 48 95 85
www.fermeaubergealsace.fr

Ouvert du jeudi au lundi de 9h à 23h ; le mardi de 9h à 14h. Fermé de mi-décembre à mi-janvier.

© FA DU HAAG

Les journées commencent tôt à la ferme-auberge, la famille Munsch le sait bien. Pauline vous accueillera avec bonne humeur. Nicolas est au début de la chaîne. C'est lui qui trait puis fait le fromage dont le cœur du Massif, une tomme à base de lait de vosgiennes ! Ici on pratique une agriculture biologique, comme les maraîchers et les vins d'Alsace sont en biodynamie. On vous servira tout au long de la journée, d'excellentes assiettes froide de fromages, de lard de la ferme... ou encore un bon verre de lait chaud de la ferme ou un *glühwein* en hiver !

HÔTEL RESTAURANT AUX SAPINS €€

3, rue Jeanne-d'Arc
03 89 37 10 96
www.hotelrestaurantauxsapins.com
Ouvert du mardi au samedi inclus. Menu du jour complet à 14 €. Magnifique terrasse ombragée.

Une magnifique terrasse à l'ombre d'un magnolia nous convie aux soirées guinguette. Ce restaurant familial est une adresse pour gourmets. Si la table est reconnue pour ses spécialités alsaciennes et la qualité des produits utilisés, elle surprend agréablement par de petites touches exotiques et fruitées dues au chef Gilbert Wolfhart. Un beau mélange entre traditions et modernité qui se retrouve dans la présentation des assiettes très colorées. Et avec des tarifs raisonnables !

RESTAURANT LE CASEUS €€

100, rue de la Première Armée
03 89 37 10 68
www.lecaseus.fr
Ouvert du lundi au samedi le midi et le soir. Réservation recommandée. Formule du midi : 13 €. Terrasse.

1993-2021, 27 ans de bonheur... et de gourmandises ! Ce restaurant d'esprit néo winstub est le lieu idéal en hiver pour déguster de bonnes raclettes et des plats montagnards à base de fromages dans un décor tout de bois et de convivialité empreint ! Au printemps, tout change et refleurit à l'image de la charmante courette pleine de couleurs, où l'on s'attable pour déguster de succulentes salades. Le Caseus est décidément un « *casus cenae* », traduisez : une bonne occasion de manger ! Pensez à réserver car ce restaurant est très couru, succès oblige.

ATELIER ELEMENT TERRE

12, rue des Écoles
FELLERING
06 84 68 17 43
Boutique ouverte de 9h à 19h uniquement sur rendez-vous

L'atelier de la céramiste Pascale Kayser vous ouvre ses portes. Passionnée par le modelage et façonnage de la terre, elle est spécialisée dans la cuisson au raku, une méthode japonaise qui utilise la cuisson au feu en extérieur et donne aux pièces cuites un brin de poésie. Auprès de Pascale, vous pourrez vous initier toute la semaine lors d'ateliers ainsi que les week-ends lors de stages pour ceux qui souhaitent apprendre l'émaillage et le raku. Inscriptions auprès de Pascale ou de l'office de tourisme de Thann, l'occasion de donner vie à ses créations.

FERME HAENNI

7, rue de Merxheim
RAEDERSHEIM
03 89 48 11 94
www.asperge-haenni.fr
De avril à juin : du lundi au samedi de 9h à 12h et de 13h30 à 18h30 ; le dimanche de 9h à 12h.

C'est la référence dans la production d'asperges, en Alsace. La ferme Haenni a planté ses premières griffes d'asperge en 1983. Cette culture peu répandue leur a permis de s'ouvrir à la vente directe. Les asperges ont connu un tel succès que la surface d'exploitation atteint aujourd'hui 28 hectares et le magasin a dû s'agrandir. Il faut dire que la qualité des asperges est très importante pour cette exploitation familiale et les clients en sont conscients ! Et pour les gourmands les asperges sont vendues dans 2 cabanons à Vieux-Thann et Sausheim.

LES MARCHÉS PAYSANS

Place Joffre
Premier et troisième mercredi du mois de 15h à 18h.

Le Marché des producteurs de Thann se tient deux fois par mois au pied de la collégiale, une bonne façon d'allier consommation locale, circuits courts et convivialité. Ces marchés paysans sont l'occasion de s'approvisionner en denrées naturelles avec la garantie de produits frais et de qualité. Muni de votre panier, parcourez les étals des producteurs et remplissez-le de volailles, fruits et légumes, produits laitiers, miel, pain d'épice, kougelhof, porc et charcuteries paysannes, viandes fumées et fraîches, de pains, plantes médicinales..., la liste est longue !

CENTRE ÉCOLE DU MARKSTEIN

Chemin du Wegacker - Z.I.
ODEREN
03 89 82 17 16
www.centreecolemarkstein.com
Vol baptême en binôme de 100 à 290 €. Ouvert du lundi au samedi de 9h à 18h.

Créée en 1977, c'est la plus ancienne école de vol libre de France et l'une des plus importantes labellisée par la FFVL. L'équipe de 8 moniteurs brevet d'État choisit les meilleurs créneaux météo pour la théorie ou la pratique, en formule adaptée à chacun. Le principal axe est l'enseignement du vol libre. Des baptêmes de l'air sont proposés en saison. À noter, grâce à un fauteuil spécial, les personnes à mobilité réduite peuvent découvrir cette sensation grisante !

HUSSEREN-WESSERLING ★

Wesserling a été pendant plus de 200 ans le fleuron de l'industrie textile ! En 1762 débute la fabrication des premières Indiennes et des tissus imprimés, dans le château de Wesserling. Au début du XIXe siècle, la première entreprise textile d'Alsace se trouve à Wesserling. Les activités consistent en la filature, au tissage et à l'impression. Les tissus sont distribués sous la marque « Gros-Roman et Cie ». Durant l'entre-deux-guerres, le secteur est racheté par Marcel Boussac. Transformé en parc, les anciennes industries accueillent aujourd'hui un musée textile retraçant l'histoire industrielle, des jardins remarquables ainsi que la grande chaufferie.

BLEU DES VOSGES

3, rue des Fabriques
✆ 03 89 82 19 61
www.bleudesvosges.fr
Ouvert du lundi au samedi de 9h à 12h et de 13h30 à 18h30.

À Wesserling le textile c'est une tradition et le lieu idéal pour Bleu des Vosges, magasin dédié aux couturières ainsi qu'aux fans de loisirs créatifs. 500 m^{2} de tissus, fils et matières sous toutes les coutures. Un univers coloré au choix très vaste : tissus d'habillement, d'ameublement, laine, mercerie et même bagages, décoration d'intérieur et machines à coudre. Avec une mention spéciale pour le linge de maison d'excellente qualité ! Ici, les conseils sont pointus et adaptés aux demandes, il y a même un blog pour partager astuces et idées.

LE PAVILLON DES CRÉATEURS

5, rue des Fabriques
www.parc-wesserling.fr
Ouvert toute l'année. Tous les jours de 9h à 19h. Restauration. Boutique

Le Parc de Wesserling est un site témoignant de l'âge d'or des industries textiles. C'est dans ce haut lieu que se trouve le Pavillon des Créateurs. Installés dans un ancien hangar datant de 1880, une petite dizaine d'artisans ont leurs ateliers. Dans cet espace d'expression et de création, vous trouverez une concentration de libres talents ! La médiathèque de Wesserling s'est aussi installée sur le site. Appréciez le travail de toutes ces formes d'art portées par la passion.

PARC DE WESSERLING

Rue du Parc
✆ 03 89 38 28 08
www.parc-wesserling.fr
Fermé de janvier à mai. Horaires sur Internet. Adulte : 10,50 €. Enfant : 6 €. Tarif Famille (4 personnes) : 29 €.

Le Parc de Wesserling est le témoin de l'extraordinaire aventure de l'ancienne manufacture royale d'impression textile. Une collection unique mêlant patrimoine industriel, un musée consacré à l'histoire du site où sont présentés les métiers du textile, et de splendides jardins labellisés Jardin Remarquable. Cette année, en juin 2022, après l'Égypte, partez pour une nouvelle aventure incroyable ! Quand aux « Noël au jardin », c'est féerique ! Visites atypiques, costumées ou déambulations au cœur de la grande chaufferie, le parc s'anime tout au long de l'année.

© PATENOSTRE @GK PROD.JPG

© PATENOSTRE @STEEVE JOSH.JPG

HAUT-RHIN

AU PONT ROUGE €

36, route Nationale
✆ 03 89 82 76 80
Ouvert toute l'année du jeudi au lundi de 10h30 à 0h, le mardi de 10h30 à 14h. Formule du midi : 12,50 €. Vin au verre.

L'ADN du lieu, c'est l'ambiance simple et joyeuse de ce restaurant-bar. Complètement relooké ce petit établissement de la Route 66 de la vallée de la Thur ! Et le moins que l'on puisse dire, c'est que c'est réussi ! Une décorum boisé où le moindre objet de déco a été longuement chiné. On sent que cette adresse est une adresse de passionnés avec Adrien, toujours le sourire au service. On y rigole et surtout on y mange bien ! Une cuisine certes traditionnelle alsacienne mais orchestrée avec amour du goût. Une vraie bonne petite adresse où il fait bon vivre !

© R.FELLMANN

© R.FELLMANN

FERME DU RUNTZENBACH

Rutzenbach
✆ 03 89 38 73 67
agneaux-runtzenbach.fr/about/
Fermé le lundi en haute saison et les jeudi après-midi, les vendredis et les dimanches matin en basse saison.

Installée sur les hauteurs du village de Mollau, la ferme du Runtzenbach a été bâtie par Monique et Francis Schirck. Vaches, chèvres et porcs ont cédé leur place aux brebis. Une reconversion en adéquation avec les convictions de ces agriculteurs de montagne. Deux races d'agneaux rustiques sont élevées : l'Engadine et la Solognote. Ici les animaux sont protégés par des chiens de bergers et soignés naturellement. Particularité : la ferme détient le label Agriculture biologique depuis 1986 et fait partie de Saveurs & Couleurs, groupement de producteurs locaux.

SAVEURS ET COULEURS DE LA MONTAGNE

7, rue des Fabriques ✆ 03 89 39 14 43
www.saveursetcouleurs68.com
Basse saison : jeudi 14h-18h, vendredi et samedi 9h30-18h, dimanche 10h-13h. Haute saison : mardi-dimanche 10h-18h.

Depuis 2005, les agriculteurs de la montagne vosgienne et les associations locales se sont regroupés afin de satisfaire les consommateurs en rassemblant leurs meilleurs produits du terroir au sein d'une même enseigne. Le succès a été immédiat ! La décoration est naturelle, les produits sont présentés sur des étagères en bois et nommés sur des ardoises. Il suffit de prendre un panier et se servir ! Au détour d'une allée, vous trouverez même de l'encre de brou de noix et sa plume.

KRUTH

Kruth est situé sur la route qui va de Saint-Amarin à Wildenstein. C'est un village récent dont origine remonterait au Moyen Âge . Cette arrière-vallée appartenait alors à l'abbaye de Murbach, qui a inféodé ses droits à des vassaux, en dernier ressort le comte de Wurtemberg jusqu'en 1467, puis aux Bollwiller à travers la Maison d'Autriche. Le village restera aux abbés de Murbach jusqu'à la Révolution. Kruth est également connu pour son lac artificiel, paradis des pêcheurs et des amoureux de baignade. on peut même le survol en tyrolienne. La commune possède également le château de Wildenstein perché au sommet du Schlossberg, à découvrir.

HAUT-RHIN

LE LAC DE KRUTH - WILDENSTEIN

Lac de Wildenstein

Bien qu'envisagée au XIXe siècle, la construction d'un bassin de retenue ne fut effective qu'en 1954. Entièrement construit sur le domaine de Kruth, le lac artificiel est mis en eau à partir de 1964 et ses chiffres sont impressionnants : 12 millions de m³ d'eau pour une profondeur maximale de 35 m. D'une superficie de 81 ha, le plan d'eau offre de multiples activités de loisirs – pêche, bateau à pédales, canoë-kayak, baignade, Parc aventure, restauration...

AUBERGE HUSS €

Route des Crêtes

✆ 03 89 82 27 20

Fermé du 15 octobre au 15 mai. Ouvert tous les jours. Réservation recommandée. Repas marcaire : 21 €.

Une des meilleures adresses de la route des Crêtes ! André Schickel et sa famille travaillent dans la tradition marcaire et accueillent, depuis plus de 60 ans, leurs clients dans 2 salles typiques des Hautes-Vosges. Un repas marcaire, c'est calorique et toujours copieux mais il y a aussi de quoi rassasier les petites faims. L'exploitation compte une quarantaine de bêtes qui produisent le lait pour le munster, élaboré dans une marmite en cuivre chauffée au feu de bois. La terrasse offre un splendide panorama sur la vallée de la Thur et le massif du Rossberg.

AUBERGE DU GRIEB €€

Lieu-dit Grieb

✆ 03 89 82 27 72

www.aubergegrieb.com

Ouvert toute l'année du jeudi au mardi. Fermé le mardi soir et le mercredi. Réservation impérative. Terrasse.

Dans cette ferme ancestrale de transhumance, la famille Durighello a décidé d'ouvrir une auberge en 1975. Ici, la cuisine est familiale, savoureuse et concoctée avec amour. Les cochonnailles, les fleischnakas et le gibier sont autant de spécialités culinaires à découvrir. Fréquentée par les randonneurs ou skieurs, l'auberge sert de copieuses assiettes. Jean-Luc vous parlera avec passion de ses saucissons fabriqués à la main. Vous serez accueillis comme des amis, on vous fera découvrir des petits trésors du terroir connus des Alsaciens les plus gourmets !

LES QUATRE SAISONS €€

Le Frenz

✆ 03 89 82 28 61

www.hotel4saisons.com

Logis. Ouvert du jeudi au lundi de 12h à 13h30 et de 19h à 20h30. Menu 33 €.

On peut traverser ce hameau sans se douter que l'on va dénicher notre bonheur gourmand. Quelle découverte ! Avec un tel nom, les menus changent à chaque saison. Lors de notre passage, nous étions en automne. Il a donc fallu faire un choix. C'est le menu pom pom pom pommes qui a convaincu. Nous débutons par une tartine de magret de canard fumé aux parfums de sapin et compote de pommes aux épices avant de poursuivre par un tartare de Saint-Jacques aux pommes de terre et pommes Granny Smith et de conclure par un granité de pommes. Vivement les prochaines saisons !

WATTWILLER

Le village de Wattwiller est niché au pied du Molkenrain. Mentionnée pour la première fois en 735 et reconnue pour la qualité de son eau minérale pure et sans nitrate depuis l'époque romaine, la commune de Wattwiller en a fait son principale atout. Aujourd'hui, présente sur toutes bonnes tables alsaciennes, l'eau de Wattwiller s'exporte dans le monde entier. Le thème de l'eau est récurent ici, tout les ans les habitants l'honore lors de la fête de l'eau et des fontaines sont installées. Autre atout : La fondation François Schneider, un centre d'art sur le thème de l'eau a choisi de s'installer sur le ban de la commune à l'aube du XXIe siècle.

FONDATION FRANÇOIS SCHNEIDER ★

27, rue de la 1ère-Armée ✆ 03 89 82 10 10

www.fondationfrancoisschneider.org

Ouvert toute l'année (sauf exceptions vérifier sur site) du mercredi au dimanche et les jours fériés de 11h à 18h.

À part à Wattwiller, où aurait pu s'implanter un centre d'art contemporain dédié à l'eau ? Installé sur un ancien site d'embouteillage, le choix coulait de source pour François Schneider le fondateur. Le lieu, où l'eau s'inscrit en filigrane a été conçu pour accueillir les artistes émergents, œuvre à l'éclosion des talents. Entre vastes salles aérées et jardin de sculptures, 4 expositions par an se succèdent pour le plaisir des visiteurs. Un lieu à part pour une immersion aquatique !

LES GRANDES SOURCES DE WATTWILLER

2, rue de Guebwiller
✆ 03 89 75 76 77
www.wattwiller.com
Gratuit. La fontaine de la source Artésia coule du lundi au vendredi de 7h à 19h.

L'eau minérale, d'une pureté absolue jaillit dans le parc naturel régional des Ballons des Vosges à Wattwiller. Sans nitrate et à faible taux en sodium, ses vertus thérapeutiques sont connues depuis l'Antiquité. Son petit goût s'est invité en 1993 à toutes les tables de la région ! Bien que l'eau soit embouteillée, les habitants de la commune peuvent s'approvisionner à la fontaine restaurée en bas du village. N'hésitez pas à vous désaltérer si vous êtes de passage, ça vaut un détour !

HARTMANNSWILLERKOPF OU VIEIL-ARMAND ★★

✆ 09 71 0 88 77
www.memorial-hwk.eu
Historial ouvert tous les jours de 9h30 à 17h de début avril à mi-novembre. Gratuit jusqu'à 10 ans. Adulte : 5 €.

Le HWK est un éperon rocheux surplombant la plaine d'Alsace. Cette position stratégique, enjeu de batailles de la Première Guerre mondiale, connut près de 30 000 morts. Aujourd'hui, lieu de mémoire le champ de bataille est un musée à ciel ouvert. Le monument national a été érigé en mémoire des combats : l'autel de la patrie domine la nécropole et la crypte est un lieu de recueillement. L'historial franco-allemand est une page d'histoire permanente pour comprendre cette guerre.

L'AUBERGE DU HIRZ €€

Lieu dit du Hirzentstein
✆ 03 89 81 00 00
www.domaineduhirtz.com
Ouvert tous les jours le midi et le soir. Formule du midi : 16,50 €.

Niché au creux de la montagne, ce domaine est construit de façon écodurable. Tout en bois, en ardoise et en pierre, il s'intègre parfaitement au paysage. Vous passerez un bon moment gastronomique au vert ! La plupart des plats sont faits maison. L'incontournable reste la tarte flambée, cuite au feu de bois. Un délice. Tous les produits sont frais et locaux. Et si d'aventure vous souhaitiez poursuivre votre expérience culinaire par une bonne nuit, les studios et autres lodges sont confortables avec une décoration sobre et épurée.

MASEVAUX-NIEDERBRUCK

Bienvenue chez les Masopolitains. C'est ainsi que l'on doit appeler les 3300 habitants de cette ville de la Vallée de la Doller, chef-lieu du canton. Évoquée depuis le XIIIe siècle, la construction par le Comte Mason, d'un château sur les hauteurs du Schlossberg lui donne ses lettres de noblesse. Masevaux a connu dès lors une histoire mouvementée entre les guerres, les occupations successives autrichiennes, anglaises ou allemandes pour enfin redevenir définitivement française en 1944. Retenons en particulier le nom de Conrad Alexandre Gerard, Masopolitain né en 1729 et qui deviendra le premier ambassadeur de France auprès des États-Unis.

BARRAGE DE MICHELBACH

3, rue des Vieilles Vignes (parking)
ASPACH-MICHELBACH
Visite libre. Visite guidée possible (lors de la saison estivale, organisée par l'office de tourisme de Thann-Cernay).

Construit entre 1979 et 1982 à l'origine pour réguler la nappe phréatique, le barrage de Michelbach est aujourd'hui une réserve naturelle protégée. Le lieu est propice à de jolies et agréables promenades grâce à un réseau de chemins. Un tour de 4 kilomètres est possible à pied et vous permet de découvrir toute la richesse ornithologique hébergée sur ce site. Des panneaux et des observatoires jalonnent d'ailleurs le parcours et vous permettront d'en apprendre plus sur la faune et la flore locales. Parfait pour une sortie en famille ! Possible aussi à vélo.

CHAPELLE NOTRE-DAME-DES-BOULEAUX ✝

GUÉWENHEIM

Dans la forêt de l'Oberwald, au sud du village de Guewenheim, se trouve une très jolie chapelle. Citée dans l'inventaire de l'abbaye de Masevaux en 1569, détruite en 1792, elle fut reconstruite entre 1866 et 1868 à l'initiative des villageois. À l'intérieur, une statue miraculeuse de la Vierge découverte par un paysan, après la guerre de Trente Ans. La légende raconte qu'après avoir trouvé la statue dans son champ et l'avoir remise à l'église, il l'a retrouva lendemain au même endroit.

ÉGLISE SAINT-GEORGES

SENTHEIM

L'architecte Gaspard Mertz, rattaché à l'abbaye de Masevaux, a élaboré les plans de cette église construite en 1779 à l'emplacement d'un premier édifice. Si la paroisse célèbre saint Wendelin, l'église est consacrée à saint Georges. À l'intérieur, autels, confessionnaux, chaire, sont en bois. L'orgue a été construit par les frères Rinckenbach en 1909. À noter : le chemin de croix de Jean-François Mattauer. 14 stations représentant l'histoire du Christ. Une vision personnelle et contemporaine, de cet artiste caricaturiste bien connu dans la vallée de la Doller.

ÉGLISE SAINT-MAURICE

GUÉWENHEIM

L'église Saint-Maurice de Guewenheim datant du XVIIIe siècle fut reconstruite en 1828-1829, puis entièrement restaurée de 1958 à 1965, suite aux dommages causés par les deux guerres mondiales. Vous remarquerez deux autels, celui de la Vierge au Rosaire et celui de saint Antoine de Padoue, en bois peint par Antoine Feuerstein en 1833. Ils sont encadrés par deux colonnes surmontées de chapiteaux corinthiens. Les fonts baptismaux proviennent de l'ancienne église. L'orgue a été construit par Joseph Stiehr en 1833 et a subi plusieurs épisodes de restauration.

LE LAC D'ALFELD ★

SEWEN

Ouvert toute l'année. Baignade non surveillée - Pêche autorisée. Gratuit.

© S. NICOLAS - ICONOTEC

Ce lac est le spot de baignade des habitants de la Doller, l'interdit n'empêchant pas les jeunes de plonger du barrage ou les familles de profiter de la fraîcheur de l'eau. L'endroit conserve un côté sauvage et naturel agréable pour la balade. La vue sur la vallée depuis le chalet et la cascade du Wasserfall valent le détour ! Construit sous administration allemande, le barrage du lac d'Alfeld est un ouvrage colossal qui permettait d'alimenter les usines textiles de la vallée. Aujourd'hui il régule le débit de la Doller et alimente la nappe phréatique de Mulhouse.

LA GRANGE BURCKLE

24, rue du Chêne

www.grange-burckle-masevaux.fr

Ouvert d'avril à octobre. Adulte : 12 €. Programmation disponible sur le site.

Loin de l'amateurisme bon enfant de certaines troupes théâtrales, la Grange Burckle propose des spectacles de haute volée aux spectateurs. Pour vous donner une idée, *La Tempête* de Shakespeare ou *La Banqueroute* de Goldoni ont été données dans cette salle atypique. Mais la Grange Burckle c'est avant tout l'histoire de passionnés qui animent la vie de cet établissement inclassable. L'ambiance est unique, chaleureuse et chaque spectacle se clôture par un pot de l'amitié. Attention en début et en fin de saison, prévoyez une petite laine !

LE LAC DE SEWEN

SEWEN

Ouvert toute l'année. Ouvert pour la pèche de mi-mars à début octobre. Gratuit.

Niché en fond de vallée glaciaire, Sewen a plus d'une particularité dans son lac ! Cette tourbière est le seul lac naturel non modifié d'Alsace. Espace Natura 2000 à l'environnement exceptionnel, il regorge d'espèces protégées endémiques : castors, sphaignes et droséras. Attention ! Fragile, la tourbe s'étend et le lac se referme. Évitez donc de sortir des sentiers balisés ; par chance une balade vous permettra de longer ce magnifique plan d'eau et de profiter de son calme avant d'arriver au pied de l'impressionnant barrage du lac d'Alfeld.

HAUT-RHIN

MAISON DE LA TERRE DE HAUTE-ALSACE

35, Grand Rue - **SENTHEIM**
✆ 06 47 29 16 20
www.geologie-terre-alsace.fr
Pour les horaires d'ouverture du musée contactez le musée au 06 47 29 16 20. Gratuit jusqu'à 7 ans.

La Maison de la Terre de Haute-Alsace accueille les visiteurs depuis 40 ans. Renommé pour sa variété représentative des ères géologiques sur 350 millions d'années, son sentier géologique unique abrite une des plus belles grottes d'Alsace. En plus des expositions temporaires en rapport avec l'homme, la nature et l'environnement sont organisées, l'exposition permanente de douze vitrines didactiques présentent une vaste collection de roches, fossiles et minéraux.

LE SCHIMMEL

Schimmel

Dominant Masevaux, sur les pentes du Südel, le Schimmel semble sorti d'un conte. Ancien pavillon de chasse de Nicolas Koechlin, il a été transformé en hôtel de luxe en 1820. Un air vivifiant, une vue époustouflante ont fait sa renommée auprès des fortunés de l'époque qui fréquentaient l'établissement. Détruit en 1914, il ne fut pas reconstruit. Le Schimmel que l'on aperçoit a été reconstruit sur les ruines du Schimmeleck, et a été transformé en maison de cure devenue aujourd'hui un établissement de soins de suite et de réadaptation polyvalent.

CHALET DU LANGENBERG €

Grand Langenberg
SEWEN
✆ 03 84 29 03 11
https://chaletlangenberg.ffcam.fr
Ouvert toute l'année. Gratuit pour les enfants de moins de 8 ans. 26 couchages.

Ce refuge jouit d'une implantation idyllique au Ballon d'Alsace. Il offre une vue imprenable sur la plaine d'Alsace, la Forêt-Noire et les Alpes suisses. Disponible toute l'année, il est équipé pour accueillir jusqu'à 26 personnes. Parfait pour les grandes réunions de famille ou les retrouvailles entre amis, c'est un bon point de départ pour randonner, pratiquer l'escalade, s'adonner au ski alpin ou nordique. En pratique, couettes et couvertures sont mises à disposition. En revanche, il convient de vous munir de votre propre linge de lit et de toilette !

FERME-AUBERGE LES BUISSONNETS €

24, rue des Buissonnets - **BOURBACH-LE-HAUT**
✆ 03 89 38 85 87
www.ferme-auberge-buissonnets.fr
Pour les horaires, voir le site. Menus de 17,50 € à 20,50 €. 55 € la 1/2 pension. Linge de maison et de toilette fourni.

Ici on a toujours profité du meilleur de la nature. La cuisine est familiale, montagnarde et goûteuse. Y passer un week-end en été, c'est juste formidable. Le système de demi-pension est d'un excellent rapport qualité/prix ! Les chambres sont coquettes et confortables. On est loin du concept « dortoir ». On y ajoute une belle randonnée, les possibilités sont multiples, la contemplation des chèvres et du paysage ! Un petit moment de paix et de bonheur dans des vies bousculées !

LES CHALETS DE LA DOLLER €€

http://club-vosgien-masevaux.fr
Chalets accessibles uniquement à pied et ouverts à tous. Animaux acceptés.

Voilà un concept qui devrait faire des émules, à une demi-heure d'un village de la vallée de la Doller, une dizaine de chalets en fuste, répartis entre Lauw et Sewen, accueillent gratuitement les randonneurs. Ne craignez plus un « grain » inattendu ou la brusque tombée de la nuit ! De confort simple et rustique, vous y passerez un agréable moment avant de reprendre la route. On ne peut ni les réserver, ni les louer et les poubelles doivent être emportées par les marcheurs sous peine d'amende. Accessibles uniquement à pied, c'est un vrai moment de liberté !

AUBERGE SONNEMATT €

Chemin des Weihermatten
✆ 06 60 59 37 65
Ouvert du jeudi au lundi le midi et le soir. Réservation recommandée. Petite restauration entre 12 et 18 €.

Amoureux de montagne, de calme et de nature, cette adresse est faite pour vous. L'auberge Sonnematt est installée à Houppach et offre un panorama sur la vallée de Masevaux. Aux manettes, Josiane et Michel Bleu, des anciens du Gsang qui se plaisent à cuisiner frais et local avec les produits issus des vallées environnantes. Pot-au-feu, fleischnacka, baeckeofe ou encore palette au four se succèdent pour un prix très doux. Pas de cartes à rallonge mais un menu du jour à base de produits du terroir excellents ! Idéal pour un soir d'été au bord de la terrasse.

CHEZ ROSE €

Ballon d'Alsace
SEWEN
✆ 03 84 23 97 02

Ouvert tous les jours le midi et le soir. Fermé le mercredi pendant la saison d'hiver. Carte : 12 € environ. Terrasse.

Si l'extérieur paraît sorti d'un conte de fées, l'impression cesse dès la porte poussée. Rose et Serge, après avoir passé une grande partie de leur vie de restaurateurs à Saint-Tropez ont décidé de retaper cet établissement pour continuer à régaler leurs clients au Ballon. La décoration et l'accueil ne vous laisseront pas indifférent. Quand à la cuisine, elle est méditerranéenne avec une pâte à pizza et une persillade confectionnées par Rose. Des plats simples et savoureux, comme nos hôtes. Une adresse véritablement à tenter....

AUBERGE FLUHR €€

Route du Ballon-d'Alsace
SEWEN
✆ 03 89 48 96 37
www.auberge-fluhr.fr

Horaires variables en fonction de la saison. Réservation recommandée. Location de ski en saison.

Au Langenberg on dort et on mange bien ! Si l'établissement a changé de nom après la reprise par Damien, le fils de Chanclôte et de Brigitte, la tradition familiale reste ! Ici, on ne badine pas avec la table ! Surtout qu'après une randonnée sur le Ballon d'Alsace les appétits sont aiguisés. Damien orchestre avec gourmandise une cuisine traditionnelle, généreuse et savoureuse. Grandes tablées ou déjeuner sur la terrasse rénovée, l'accueil aux petits oignons ! La nouveauté de l'année c'est le bar extérieur avec restauration rapide pour les petites faims.

FERME-AUBERGE DU HINTERALFELD €€

SEWEN
✆ 03 89 82 98 44
www.ferme-auberge-du-hinteralfeld.com

Fermeture annuelle de décembre à mars en fonction de la météo. Réservation recommandée.

À 2 km après le lac d'Alfeld, cette ferme-auberge est accessible en voiture, mais bien cachée dans un écrin de verdure. On vous y servira ce que la nature produit de meilleur. Après une longue balade par exemple, quoi de mieux qu'une bonne omelette au lard, des fromages maison ou une terrine campagnarde ? On trouve un réel choix de produits en provenance directe de la ferme ou de fermes alentour. Vente à emporter de lard fumé, de jambon, de fromage et produits laitiers.

FERME-AUBERGE ENTZENBACH €€

✆ 03 89 82 45 49
www.ferme-aubergeentzenbach.fr

Fermé en janvier. Ouvert du jeudi au mardi. Réservation impérative. 20 min à pied, camping à la ferme.

Isolée et nichée en pleine nature, le cadre est rustique mais authentique. Bernard Leiser a reconverti sa ferme à la biodynamie et l'exploite avec son fils. Ici, on produit bio, d'ailleurs la fondue au bargkass est à tester. Des journées découvertes sont proposées autour des activités traditionnelles : la forge, le travail du bois, le rôle des animaux, l'intérêt des jardins de plantes aromatiques et médicinales. Tout un programme pour redécouvrir le plaisir dans la simplicité ! Conseil futé : venez avec votre tente et profitez de ce que la nature vous offre.

RESTAURANT DE LA GARE €€

2, rue de Soppe
GUÉWENHEIM
✆ 03 89 82 51 29

Du jeudi au lundi le midi et le soir. Réservation recommandée.

En route pour un voyage gastronomique. Vous choisirez de vous installer dans la jolie véranda donnant sur le jardin, dans la salle brasserie ou dans la salle des banquets. L'accueil est à la fois efficace, sympathique et le service rapide. Alors oui, la cuisine est excellente et c'est même la destination gastronomique de la vallée de la Doller, mais c'est surtout pour sa cave que les amateurs se déplacent. Michel Seidel, aux fourneaux depuis 1985 est un épicurien passionné de bonnes bouteilles. Le restaurant est facile à trouver, il suffit de suivre les rails...

STATION DE SKI DU BALLON D'ALSACE

✆ 03 29 25 20 38
www.ballondalsace.fr

Pistes ouvertes de 9h30 à 17h. Forfait jour : adulte 19 € ; enfant 16 €. Ski nocturne les vendredis à la Gentiane.

Le ski au Ballon d'Alsace c'est pour tous les niveaux : 11 pistes de la verte pour les débutants à LA noire du Langenberg et 9 téléskis pour profiter au maximum du domaine. À cela s'ajoutent le snowpark, plus de 40 km de pistes de fond ainsi que les circuits à raquettes et la piste de luge ! On peut même apercevoir un musher avec son traîneau ! Au printemps, c'est le retour des randonneurs, des cyclistes et des motards ! Le Ballon d'Alsace aussi agréable en hiver qu'en été !

STATION DE SKI LE SCHLUMPF

Rue du 11ème-Bataillon-de-Marche - **DOLLEREN**
© 03 89 82 01 41
www.dolleren-ski.fr
Ouverture en fonction de la neige se renseigner sur le site Internet ou téléphoner.

Petite mais connue comme la plus longue piste de ski des Vosges, la station du Schlumpf est plébiscitée pour sa convivialité, son vin chaud et sa simplicité. Très prisée des amateurs de sensations, la station (régie municipale) est gérée par des bénévoles ! Passionnés, ils passent leurs week-ends à entretenir la piste et les remonte-pentes, toujours aux petits soins pour les skieurs. Autre bonheur : l'arrivée au sommet (1 012 m) est une belle récompense : la vue est inoubliable.

BOURBACH-LE-HAUT ★

Dissocié de la commune de Bourbach-le-Bas, le village, situé à 600 m d'altitude est le plus élevé du pays de Thann. La commune bénéficie d'un environnement privilégié au pied du massif du Rossberg, donnant ainsi tout son sens à la dénomination tourisme vert, c'est d'ailleurs une des dernières zones blanches d'Alsace. Au fil des saisons, on peut profiter des pistes de ski de fond, terrains de tennis et nombreux sentiers pédestres, les flancs de montagnes permettant tantôt l'équitation, tantôt le vtt ou les raquettes voire une délicieuse dégustation en ferme auberge. Bourbach-le-Bas est plus connu pour ses anciennes galeries et puits souterrains.

FERME-AUBERGE LES BUISSONNETS €

24, rue des Buissonnets
© 03 89 38 85 87
www.ferme-auberge-buissonnets.fr
Pour les horaires, voir le site. Menus de 17,50 € à 20,50 €. 55 € la 1/2 pension. Linge de maison et de toilette fourni.

© JENN

Ici on a toujours profité du meilleur de la nature. La cuisine est familiale, montagnarde et goûteuse. Y passer un week-end en été, c'est juste formidable. Le système de demi-pension est d'un excellent rapport qualité/prix ! Les chambres sont coquettes et confortables. On est loin du concept « dortoir ». On y ajoute une belle randonnée, les possibilités sont multiples, la contemplation des chèvres et du paysage ! Un petit moment de paix et de bonheur dans des vies bousculées !

LA ROUTE JOFFRE ★

Voie de ravitaillement construite pendant la Première Guerre mondiale, cette route permettait d'approvisionner le front du Hartsmannwillerkopf en hommes et en matériel depuis la vallée de la Doller. Au col du Hundsrück, un monument rend d'ailleurs hommage au 1er bataillon de choc qui a libéré la commune de Bourbach-le-Haut en 1944. De stratégique, la route rénovée est devenue touristique ! Elle offre de superbes balades pour les randonneurs, un beau dénivelé pour les cyclistes, des lacets sympas pour les motards et des fermes auberges pour les gourmets.

FERME-AUBERGE LES BUISSONNETS €

24, rue des Buissonnets
© 03 89 38 85 87
www.ferme-auberge-buissonnets.fr
Pour les jours d'ouverture se reporter au site. Menus de 15,50 € à 18,50 €. 50 €/personne la demi-pension.

Nichée entre les vallées de la Doller et de la Thur, cette ferme-auberge bénéficie d'une vue superbe depuis sa terrasse. Très facile d'accès, elle accueille les randonneurs et les gourmands dans un cadre préservé ! Les spécialités maison sont renommées et servies avec le sourire. Baptiste, Caroline, la petite Capucine y assurent un service d'excellente qualité ! Vous y dégusterez une cuisine familiale avec des viandes issues de la ferme. Les grillades sont goûteuses à souhait !

MULHOUSE

© VILLE DE MULHOUSE

Située dans le sud de l'Alsace, Mulhouse est la première commune du Haut-Rhin en population avec 109 531 habitants en 2022. Son nom, dérivé de Mulhausen vient d'une légende qui voudrait que la cité ait été construite sur un moulin (*Mühl*), d'ailleurs son blason représente un roue à eau rouge. En 1374, elle devient la république de Mulhouse et son nom sera francisé en 1848 pour aboutir à Mulhouse. Passée sous le joug allemand après la guerre de Sedan en 1870, elle réintégrera la France en 1918. Idéalement située au bord du Rhin et au carrefour entre l'Allemagne et la Suisse avec qui elle entretient de forts liens, c'est une ville cosmopolite au patrimoine industriel très ancré. Marquée par la crise industrielle, la ville a muté en se développant autour de plusieurs axes : la culture, la connaissance et la technologie de pointe. Aujourd'hui très agréable à vivre, Mulhouse est un petit joyau au cœur historique contemporain !

SE REPÉRER SE DÉPLACER

À Mulhouse, le transport urbain et péri-urbain est très développé, d'ailleurs la première ligne de tramway a été inaugurée en 1882 ! Depuis le Tram a pris le relais, avec un forme hybride qui le mène jusque dans la vallée de Thann. Ici la mobilité est prise au sérieux, la ville, engagée dans une politique de développement des axes cyclistes, cherche à diminuer son empreinte carbone pour le plus grand bonheur des habitants. Mulhouse a été une des premières villes à se doter de vélos en libre-service. Les pistes cyclables sont mises à l'honneur, les déplacements doux plébiscités avec des itinéraires pédestres de balades. De nombreux parkings-relais sont installés en périphérie pour limiter la circulation des véhicules, et on peut très facilement depuis la gare rejoindre les villes importantes Fribourg, Strasbourg, Paris et très bientôt une desserte devrait pouvoir vous amener directement à l'aéroport de Bâle !

COMPTE MOBILITÉ

www.compte-mobilite.fr

Application téléchargeable sur smartphone.

Vélocité est devenu le compte mobilité ! Ce qui apparaissait encore il y a quelques années comme un mode de transport compliqué est devenu une évidence que personne ne remettrait en cause. Le compte mobilité n'échappe pas à cette règle, pour preuve les services toujours plus nombreux proposés avec les nouvelles technologies. Le compte mobilité c'est également un service à combiner selon les envies : transports en commun, parkings et voitures en libre-service, tout cela à portée de smartphone. Un véritable couteau suisse des transports mulhousiens !

MÉDIACYCLES

161, avenue du Général-Leclerc

✆ 03 89 45 25 98

Du lundi au vendredi de 5h45 à 20h. Haute saison : le samedi de 9h à 18h. Location à partir de 3 € la demi journée.

Vous arrivez par le train et souhaitez Mulhouse à vélo ? Déposez vos sacs à la consigne et entrez chez Médiacycles ! Vous choisirez entre vélos classiques, VTT, VTC, tandems et vélos pour enfants. Les parents auront des vélos équipés d'un siège bébé ou même d'une remorque et on vous prêtera même le casque. Pas de système de bornes, on ramène simplement le vélo à la fin. Médiacycles gère aussi les objets trouvés dans l'enceinte de la gare. Une partie de l'équipe a aussi mission de médiation ou accompagnement d'enfants handicapés dans les transports en commun.

ELEQTRON

37B, rue des Trois Rois

✆ 03 69 61 61 41

www.eleqtron.fr

Ouvert du mardi au samedi de 10h à 18h. Location de trottinettes. Seule adresse dans le Haut-Rhin.

Pourquoi ne pas faire le choix d'une trottinette électrique pour vous déplacer ? Chez Eleqtron, il y a du choix ! Que ce soit simplement pour aller à la boulangerie le matin ou pour vous rendre tous les jours sur votre lieu de travail, dans tous les cas, ils ont ce qu'il vous faut ! Et puis si c'est votre première n'ayez crainte, ils vous la feront volontiers essayer. D'ailleurs en cas de panne ou d'accident, aucun stress vu qu'il assurent le SAV ! Alors effet de mode peut être mais n'empêche que ces 2-roues sont bien pratiques !

SOLÉA TRANSPORTS DE L'AGGLOMÉRATION MULHOUSIENNE

109, rue Lefebvre ✆ 03 89 66 77 77

www.solea.info

Agences Porte Jeune et Gare Centrale. Ticket 1 Voyage à 1,40 €, ticket 24h à 4,50 €, ticket Famille à 4,60 €.

Les transports en commun de l'agglomération desservent quotidiennement 39 communes avec 3 lignes de tramway, 1 ligne de tram-train, 14 lignes de bus, 10 lignes de cars interurbains et des services de transport à la demande appelés Filéa et Chronopro sur réservation. 2 parkings + tram situés au nord et au sud de la ville de Mulhouse garantissent une connexion en 10 min au centre-ville. En période de crise sanitaire, le port du masque est obligatoire à bord et aux arrêts dès 6 ans.

À VOIR / À FAIRE

Le charme de Mulhouse saura combler les plus exigeants des voyageurs. Labellisée Ville d'Art et d'Histoire pour son patrimoine d'exception, Mulhouse regorge de pépites : bâtiments historiques, musées de renom international aux collections uniques tels que la Cité de l'automobile et la Cité du train, un centre-ville animé et très bien achalandé, un parc zoologique et botanique. En été, les promeneurs profiteront de festivals de rue enflammés, d'une jolie balade au bord de l'eau, d'une terrasse animée, de concerts dans les parcs de la ville, ou pourquoi pas partiront à la recherche de mystères la nuit. En hiver, ils déambuleront dans les allées du marché de Noël, un verre de vin chaud à la main, découvriront les collections époustouflantes des musées avec l'application SAM. Le plus sportif grimperont en haut de DMC, ou profiteront d'aller applaudir l'ASPTT Mulhouse Volley ou encourager l'équipe du FC Mulhouse Basket ! Vous allez adorer !

OFFICE DE TOURISME DE MULHOUSE ET SA RÉGION

1, avenue Robert-Schuman ✆ 03 89 35 48 48
www.tourisme-mulhouse.com
Haute saison : du lundi au samedi de 9h30 à 18h30 ; le dimanche et les jours fériés de 10h à 13h.

Mulhouse ne demande qu'à dévoiler ses charmes. Au pied de la Tour de l'Europe, l'équipe de l'office de tourisme est à la disposition des familles, des couche-tard, des gastronomes ou encore les férus de musées ou d'art... Les visiteurs profiteront du confort du lieu pour feuilleter les brochures, surfer en ligne, du Wi-Fi gratuit, des iPad prêtés, de l'espace enfants et faire quelques achats dans la boutique aux 1 000 références ! L'office de tourisme est la porte d'entrée de la ville.

VILLE DE MULHOUSE

2, rue Pierre et Marie Curie
✆ 03 89 32 58 58
www.mulhouse.fr

Mulhouse, capitale du Sud Alsace ! La belle endormie sous-estimée qui se réveille et qui a tant à montrer ! Elle a des atouts uniques : sa position au cœur de l'espace rhénan, cousine de Bâle et de Freiburg-im-Breisgau, son effervescence culturelle, son pôle muséographique, sa grande convivialité ! Mulhouse est à la confluence du Sundgau, des vallées vosgiennes, mais aussi du Pays de Guebwiller ! Les bords du Rhin ne sont pas loin et promettent bien des découvertes. Mulhouse est une vraie destination qui gagne en attractivité autant touristique qu'économique.

LE CHEMIN DE FER TOURISTIQUE DU RHIN

26, rue Jean Jaurès
RIXHEIM
✆ 03 89 45 29 84
www.ried-express-cftr.fr
Ouvert de mai à septembre. Train seul : 10,50 €. Départ à 15h. Train et bateau : 21 €.

Activité unique en Alsace, le train à vapeur d'époque vous propose de faire un beau circuit au sein du Ried, présentant une flore et faune exceptionnelles. Grâce aux bénévoles de cette association, membre de la Fédération des amis des chemins de fer secondaires (FACS), vous pourrez faire une balade à partir du mois de mai à travers le Ried alsacien, en prenant place dans une rame à plates-formes ouvertes, tirée par une locomotive à vapeur du début du XXe siècle.

FUN2SPORT

22, rue des Grillons
HABSHEIM
✆ 06 34 10 83 02
www.fun2sport.fr
Ouvert du lundi au vendredi de 8h30 à 12h et de 14h à 18h. Le mercredi de 8h30 à 12h.

Fun2Sport propose une grande variété de vacances actives et de séjours cyclistes, que ce soit à vélo de route, à VTT ou même à vélo à assistance électrique. Chacun trouvera la formule idéale et le rythme qui convient le mieux. Des destinations magnifiques, des circuits et des parcours à couper le souffle, du stage d'entraînement réservé aux cyclistes les plus aguerris aux randonnées loisir purement touristiques, il y en a pour tous les âges et tous les goûts. Accompagnés ou libres, vous profiterez d'une visite de l'Alsace autrement !

MUSÉE NATIONAL DE L'AUTOMOBILE ★★★★

17, rue de la Mertzau ✆ 03 89 33 23 23
www.musee-automobile.fr

Ouvert tous les jours sauf le 25/12. 14 €, 11 € réduit, 42 € famille. Visite groupe. Restaurant. Bar. Boutique.

Le plus grand musée automobile du monde présente plus de 500 véhicules d'exception issues de la collection Schlumpf sur une surface de 25 000 m^2.

Cette vaste collection de véhicules classiques, on la doit aux frères Schlumpf, des industriels passionnés d'automobiles. En 1957, ils achètent une ancienne filature de laine construite en 1880 – classé Monument historique depuis 1979 – où ils installent, quelques années plus tard, l'ensemble de leur collection. Ils lancent ce musée grâce à leur collection secrète de voitures mais doivent l'abandonner en 1976, après la faillite de leur industrie textile.

En 1982, le musée ouvre au grand public avec pour vocation de faire découvrir l'évolution de cette industrie, qui a tant changé notre mode de vie. Les véhicules exposés proviennent de différents constructeurs automobiles et illustrent les avancés techniques qui ont bouleversé ce secteur. Une section du musée retrace également l'histoire des frères Schlumpf, tandis qu'une série de véhicules « incontournables » regroupe les fleurons de cette industrie. Des animations sont proposées tout au long du parcours afin de compléter votre visite de manière ludique : il est possible de se projeter quelques décennies en arrière en essayant de démarrer un moteur à manivelle ou d'embarquer dans une voiture tonneau ! Il est aussi possible de conduire la voiture de ses rêves parmi la collection d'automobiles anciennes mythiques et de voitures de sport modernes qui ont marqué l'histoire de l'automobile. Différentes formules sont proposées sur la piste d'essais de la Cité de l'Automobile ou sur les routes d'Alsace !

Enfin, les visiteurs dont le cœur penche plutôt du côté de l'industrie ferroviaire, pourront avoir un premier aperçu de la collection depuis le petit train électrique.

Le musée a été rénové en 2022 avec un nouveau restaurant, une nouvelle boutique avec des produits exclusifs, un bar Années folles et une exposition des trésors des réserves à l'occasion de son 40e anniversaire !

Le Musée national de l'Automobile propose également des journées sécurité routière à destination des entreprises. Ces formations aux risques routiers sont animées par des formateurs expérimentés et diplômés d'État, et permettent de prévenir des risques du quotidien et d'appuyer la culture sécurité de l'entreprise.

Toute une gamme de prestations riches et diversifiées est également disponible pour les événements professionnels ou privés : anniversaire, mariage, dîner, cocktail, séminaire, etc.

LA CITÉ MANIFESTE - QUARTIER DE LA CITÉ

La Cité Manifeste voit le jour en 2005 dans le quartier de la Cité. Pierre Zemp réalise ce projet sur le lieu même. À l'époque, un industriel avait fait construire 1 240 maisonnettes du même modèle. Pierre Zemp a convaincu l'architecte Jean Nouvel de rassembler autour de lui une équipe de jeunes architectes français et étrangers reconnus. Ce succès ne pouvait se réaliser qu'à Mulhouse, ville cosmopolite. Un lieu unique en son genre qui rend hommage à l'histoire ouvrière de Mulhouse.

ÉGLISE CATHOLIQUE SAINT-ÉTIENNE

9, rue du Chanoine Brun

Cette église de quartier fut construite entre 1855 et 1860 par Jean-Baptiste Schacre. De style néogothique, l'édifice cruciforme offre des vitraux illustrant douze versets du Nouveau Testament. A savoir : l'église fut construite pour accueillir les nouveaux ouvriers arrivés des environs pour travailler en ville. Aucun autre lieu de cette taille n'existait alors, le culte catholique ayant été à nouveau autorisé à Mulhouse uniquement à partir de 1804.

LA FILATURE ★

20, allée Nathan-Katz
✆ 03 89 36 28 28
www.lafilature.org

Scène labellisée « Scène nationale ».

La Filature fut conçue en 1993 par Claude Vasconi avec le souci de concilier fonctionnalité et esthétisme, elle compte 3 salles et offre une programmation riche et ouverte sur le monde, grandes références du répertoire et créations contemporaines. Cette scène propose chaque saison 50 spectacles – théâtre, danse, musique, cirque, jeune public – en mettant en avant à la fois des artistes reconnus et des propositions de jeunes talents. Les lieux abritent également un bar, une bibliothèque, l'Orchestre symphonique de Mulhouse et accueille l'Opéra national du Rhin.

© S. NICOLAS - ICONOTEC

HÔTEL DE VILLE ★★

Place de la Réunion

Monument historique.

Lorsque Mulhouse était encore libre, le Rathaus, symbolisait la puissance de la première bourgeoisie mulhousienne. L'édifice actuel date de 1553 et les allégories des façades furent peintes en 1698 par Jean Gabriel. Le 2e étage, construit en 1778-1779, subit de nombreuses restaurations extérieures. Aujourd'hui, le lieu héberge le Musée historique et la salle des mariages de l'étage, aux armoiries des différents bourgmestres depuis le XIVe siècle. Ce n'est pas pour déplaire aux Mulhousiens qui apprécient de vivre ce moment unique dans ce lieu empreint d'histoire.

MUSÉES MULHOUSE SUD ALSACE

7, rue Pierre et Marie Curie
✆ 03 69 77 77 40
www.musees-mulhouse.fr

Fédérant les 12 musées du Sud Alsace, MMSA est l'association pour la mise en valeur d'un des plus précieux réseaux de musées techniques et civilisation industrielle d'Europe accueillant 650 000 visiteurs par an. MMSA est aussi la créatrice de la Nuit des Mystères, grande chasse au trésor drainant 30 000 participants. À l'occasion de ce jeu d'énigmes, on parcourt les musées de la ville. Pour ne rien manquer, consultez le site web des musées mulhousiens, il y a énormément à découvrir.

MUSÉE HISTORIQUE ★★

Place de la Réunion
✆ 03 89 33 78 17
www.musees-mulhouse.fr
Ouvert tous les jours de 13h à 18h30. Gratuit.

Situé sur la place de la Réunion, dans l'hôtel de ville, le Musée historique retrace la vie de Mulhouse à travers les siècles. Le Musée historique expose essentiellement la période faste de la République de Mulhouse du XVIe au XVIIIe siècle. Il abrite une salle dédiée aux grandes figures de l'épopée industrielle : Dollfus, Mieg et Koechlin. Quant au Grenier d'Abondance, il accueille la salle archéologique dédiée à la préhistoire en Haute-Alsace. Ce musée permet à la fois de connaître l'histoire de la ville et de comprendre ce qu'elle est devenue aujourd'hui.

JARDIN DES SENTEURS ★

11, rue des Franciscains
✆ 03 89 32 68 70

Datant de 1987, ce petit jardin, construit en partie sur les anciennes douves de la ville est situé derrière l'Université Populaire. Au départ, une idée, celle du docteur Rolf Benner, ophtalmologue, qui voulait offrir un espace aux aveugles et malvoyants en leur permettant de se guider à l'aide du toucher et de l'odorat. Le cheminement a été facilité par un dallage spécifique, l'information sur les 130 espèces de végétaux peut s'obtenir grâce aux panonceaux en braille. Venez profiter de ce cadre bucolique traversé par un joli ruisseau en plein cœur de ville !

PARC SALVATOR

Rue de Stalingrad
www.tourisme-alsace.com
Parc ouvert toute l'année

Premier jardin public, il a été aménagé en 1890 sur l'emplacement des anciens cimetières de la ville. Situé derrière l'église Sainte-Geneviève, il offre une promenade reposante et romantique au milieu d'une grande variété d'essences. Trois magnifiques séquoias entourent un petit bassin aux poissons rouges et un petit pont chinois. En été, le parc s'anime et accueille les Jeudis du Parc : concert à l'auditorium suivi d'une projection ciné en plein air. En juillet, le festival des rues investit le lieu qui sert d'écrin aux spectacles à l'atmosphère magique.

MUSÉE DES BEAUX-ARTS

4, place Guillaume-Tell
✆ 03 89 33 78 11
www.musees-mulhouse.fr
Entrée gratuite. Ouvert du mercredi au lundi de 13h à 18h30. Gratuit.

Ce musée municipal propose de belles collections léguées jadis par le patronat mulhousien. On y trouve un bel aperçu de l'histoire de l'art, de la peinture française ainsi que de nombreuses œuvres d'artistes régionaux. Le XIXe siècle constitue le point fort des collections. N'oublions pas l'artiste alsacien Jean-Jacques Henner à qui une salle est consacrée. Enfin, la création contemporaine se découvre au deuxième étage, avec des artistes de renommée internationale et des plasticiens de la région mulhousienne. Ce musée connaît une fréquentation en augmentation.

PLACE DE LA RÉUNION ★★

Ici bat le cœur de Mulhouse depuis le Moyen Âge. Ce palais est un véritable petit joyau de la Renaissance rhénane. Sur le fronton, le Klapperstein, masque de pierre grimaçant de quelques kilos que les femmes médisantes devaient porter le jour de grand marché. À côté, le temple Saint-Étienne, dont la construction a duré dix ans, à partir de 1858. À l'arrière du temple se dresse une colonne, édifiée pour honorer la mémoire du savant Jean-Henri Lambert. C'est sur cette « place du village » pour les Mulhousiens, qu'a lieu chaque année le marché de Noël.

QUARTIER DE LA BOURSE ★

Place de la République et place de la Bourse

Ce quartier fut construit en 1826 sur l'initiative de 3 jeunes industriels. Avec l'essor du textile, les remparts de la ville sont détruits de 1807 à 1812, et Mulhouse déborde en dehors de la porte de Bâle. Les architectes, Félix Friess et Jean-Godefroi Stotz, imaginent des constructions en arcades, inspirées de la rue de Rivoli à Paris. La place de la Bourse est traversée par l'allée de la Parfaite Harmonie débouchant sur la SIM, fondée par 22 industriels. Ainsi, le quartier de la Bourse est l'un des sites les plus dépaysants de Mulhouse.

SQUARE DE LA BOURSE

Rue de la Bourse

Pendant les belles années de l'industrie textile, l'industriel Nicolas Koechlin s'est largement investi pour créer un nouveau quartier tout proche du centre de la ville. Trois importants immeubles donnent une forme triangulaire à ce square central. Sa forme fait référence à l'appartenance de Nicolas Koechlin à la loge maçonnique de la Parfaite Harmonie. Cette forme triangulaire est un cas unique en Europe. En 1925, ce jardin privé est ouvert au grand public dans le cadre d'un bail de 99 ans. Des animations artistiques s'y déroulent régulièrement.

LES REMPARTS

C'est toute la cité médiévale qui était enserrée dans un mur d'enceinte. La destruction des remparts a créé un centre tertiaire inspiré du style Empire, autour d'un jardin triangulaire. Suivez le tracé des remparts de porte en porte. Seuls vestiges des fortifications, les tours Nessel, du Diable, restaurées et surélevées en 1906, et la tour du Bollwerk, ornée d'une fresque, œuvre du peintre Ferdinand Wagner. Subsistent encore une partie des murs d'enceinte, entrée rue de l'Arsenal ou rue des Franciscains ainsi que le chemin de ronde côté cour des Chaînes.

SQUARE STEINBACH

Accès par la rue de la Sinne, place Guillaume Tell, rue Alfred Engel, rue des Fleurs.

Entouré par l'Hôtel du Parc et le théâtre de la Sinne, le musée des Beaux-Arts, le square Steinbach est un coin de nature d'1 ha en plein cœur de la ville. Lieu de rencontre intergénérationnel : pique-nique, jogging, aire de jeux pour les enfants, il est particulièrement apprécié depuis son réaménagement en 2017. Le parc tient son nom de la famille Steinbach, famille mulhousienne qui habitait dans la Villa Steinbach, devenue le musée des Beaux-Arts. On y trouve des espèces d'arbres exceptionnels, tel que le ginkgo, dit « arbre au quarante écus ».

LE SÉCHOIR

25, rue Josué-Hofer

✆ 03 89 46 06 37

www.lesechoir.fr

Ouvert tous les samedis et dimanches de 14h à 18h. De mi-janvier à mi-juillet et de mi-septembre à mi-décembre.

Le Séchoir se situe dans l'ancienne Maison de la céramique. Une quinzaine d'artistes, dont une céramiste, ont investi leurs ateliers sur une surface de 1 800 m² auxquels s'ajoute un espace d'exposition de 300 m². Le Séchoir ne veut pas fonctionner en vase clos mais ambitionne de devenir un lieu d'échanges et de confrontation, de mutualisation des expériences et des pratiques, grâce à une activité intense : 3 cycles d'exposition par an, des résidences d'artistes. On ne peut que se réjouir de ce lieu qui donne une bouffée d'oxygène au milieu artistique local.

SYNAGOGUE

Rue de la Synagogue

Voilà encore un bâtiment important, construit par le célèbre architecte, Jean-Baptiste Schacre au milieu du XIXe. Pendant la Seconde Guerre mondiale, les nazis le réquisitionnent et s'en servent comme entrepôt de peinture pour les décors du théâtre de Mulhouse. On raconte qu'un employé de la ville aurait caché un exemplaire de la Torah dans l'armoire de l'oratoire auquel il aurait suspendu un portrait de Hitler pour en cacher la porte. En 1959, les dons de la communauté juive permettent de restaurer l'édifice, classé au titre des Monuments historiques en 1984.

TEMPLE SAINT-ÉTIENNE ★★

Place de la Réunion
✆ 03 89 46 58 25

© DENIS MATHIS - FOTOLIA

Le temple Saint-Étienne est le principal édifice de l'Église réformée de la ville de Mulhouse. Ne vous fiez pas à son style architectural, il a été construit en 1866 à la place d'une église du XIIe siècle. Jean-Baptiste Schacre, l'architecte, eut la bonne idée de faire réinstaller les vitraux de l'ancien édifice. Édifice protestant le plus haut de France (97 m), son architecture lui vaut d'être considéré comme la « cathédrale » de Mulhouse. Lieu de vie et de culture, le temple s'ouvre à toutes les musiques notamment les samedis à 17h pour l'Heure musicale.

TOUR DE L'EUROPE ★★

Place de l'Europe

La Tour de l'Europe, c'est un peu le symbole de Mulhouse. Construite en 1972 et haute de 106 mètres, elle était exclusivement destinée à l'habitat. Dans une sorte de folie douce du modernisme bétonné en vogue dans les années 1970, il était question d'en construire au moins une deuxième. Finalement, la Tour de l'Europe est restée fille unique.... Sa sœur jumelle se trouve à Bucarest. Pendant longtemps, elle abritait un restaurant panoramique et tournant qui effectuait une rotation complète en une heure, mais les rouages se sont grippés...

TOUR DU DIABLE ET TOUR DE NESSEL

Rue de la Tour-du-Diable

Ces deux tours sont des vestiges de l'ancien château épiscopal. La tour du Diable, intégrée dans le mur d'enceinte après la destruction du château est le symbole d'une chasse aux sorcières implacable. Elle servait de prison pour les femmes accusées de pratiquer la sorcellerie. La tour de Nessel était une tour qui donnait accès à la ville. Construite probablement au cours du XVIe siècle, elle fut transformée en prison puis vendue à un bourgeois de Mulhouse en 1803.

TOUR DU BOLLWERK ★★

Rue de Metz

© MILOSK50 - SHUTTERSTOCK.COM

C'est un des derniers vestiges du mur d'enceinte qui protégeait cette partie du bourg. D'ailleurs Mulhouse est parfois nommée Cité du Bollwerk. Elle fut classée monument historique en 1898 sous le nom de tour des Cochons, en raison de la proximité des abattoirs. Elle est ornée d'une fresque, peinte en 1893 par le peintre Ferdinand Wagner, qui représente l'attaque de Mulhouse par le chevalier Malterer en 1385 et restaurée dans les années 1970 par Bernard Latuner, peintre mulhousien. Depuis 2006, le tramway passe juste aux abords de la tour.

LA FORÊT DU TANNENWALD

Mulhouse a de multiples atouts, dont celui, entre autres, d'être aux portes de la nature. Quel plaisir pour le promeneur de découvrir une nature préservée et accessible. La forêt du Tannenwald, située à proximité du Jardin zoologique et botanique, c'est 300 hectares de tranquillité, 25 kilomètres de sentiers et 8 kilomètres de parcours réservés VTT. On peut y courir pour s'entretenir ou se balader le long du sentier botanique. En cas de pluies, plusieurs sites sont équipés d'abris et c'est idéal pour un pique-nique en famille.

MUSÉE DE L'IMPRESSION SUR ÉTOFFES ★★

14, rue Jean-Jacques-Henner
✆ 03 89 46 83 00
www.musees-mulhouse.fr
Ouvert du mardi au dimanche de 13h à 18h.
Gratuit jusqu'à 6 ans. Adulte : 11 €.

Flânez en découvrant un patrimoine textile unique. Au cœur des siècles, voyagez en immersion grâce aux archives bien conservées et mises en scène. Le parcours muséographique privilégie une technique par étage : au rez-de-chaussée, l'impression à la planche en relief et le XVIIIe siècle et au premier, l'impression aux rouleaux de cuivre et les machines du XIXe siècle. Cet ensemble unique au monde s'est constitué par strates, avec des dons importants et de grandes acquisitions.

TOUR DU BELVÉDÈRE

Rue du Belvédère

Juste à côté du zoo, quartier du Rebberg, se dresse la Tour du Belvédère, une structure métallique haute d'une vingtaine de mètres à laquelle on accède par un escalier. La tour offre un superbe panorama sur Mulhouse et ses environs, la plaine d'Alsace et les collines du Sundgau. La vue dégagée à 360° permet d'apercevoir les Vosges, la Forêt-Noire et selon la météo, les Alpes suisses. Au pied de la Tour se dresse un mémorial des anciens de Tambov, souvenir douloureux de la mort de 17 000 incorporés de force durant la Seconde Guerre mondiale.

PARC ALFRED-WALLACH

4, rue des Sapins ✆ 03 89 54 44 76
www.mulhouse.fr
Du 1er avril au 30 septembre de 7h30 à 20h.
Du 1er octobre au 31 mars de 8h30 à 19h.
Gratuit. Visite guidée (possible).

© VILLE DE MULHOUSE

Seul véritable jardin à la française de Mulhouse, le parc fut conçu en 1935 par le célèbre paysagiste Achille Duchesne. Propriété de l'industriel mulhousien Alfred Wallach, le parc fut offert à la Ville de Mulhouse en 1950. Il possède tous les charmes d'un jardin à la française et promet une promenade romantique dans les différentes scènes offertes par le lieu. La roseraie colore ce ravissant tableau de dégradés de roses et de rouges grâce aux 136 variétés de roses que compte le parc. Une aire de jeux a été aménagée pour les plus jeunes visiteurs.

ZOO DE MULHOUSE

51, rue du Jardin-Zoologique
✆ 03 69 77 65 65
www.zoo-mulhouse.com
Haute saison ouvert tous les jours et jours fériés de 9h à 19h. Adulte : 16,50 €. Enfant de 4 à 16 ans : 13,50 €.

Véritable institution locale, rhénane, alsacienne, c'est le premier site touristique du Haut-Rhin. On y vient aussi bien pour ses 170 espèces animales que pour sa flore, ses grands arbres et son jardin botanique. Un emplacement « Grand Nord » de 10 000 m² est dédié aux animaux qui vivent dans le froid. On trouve tigres, lions, kangourous et bien d'autres animaux venant du monde entier. Il est possible d'assister au repas de nombreuses espèces tout au long de la journée. Complétez la visite grâce à l'application smartphone qui se veut ludique et intuitive !

CITÉ DU TRAIN - PATRIMOINE SNCF ★★★

2, rue Alfred de Glehn
✆ 03 89 42 83 33
www.citedutrain.com
Du 1er novembre au 31 mars de 10h à 17h, du 1er avril au 31 octobre de 10h à 18h.

Le plus grand musée ferroviaire d'Europe avec plus de 30 000 m² d'espace d'exposition. La première halle présente 27 pièces de légende, notamment la locomotive à vapeur la plus ancienne conservée en Europe : la 111 Buddicom n° 33.

Sur les 8 quais de gare de la seconde halle, avec ses 64 matériels ferroviaires de collection, de la plus ancienne locomotive à vapeur au TGV Euroduplex de 2013, on parcourt l'histoire du chemin de fer français de 1844 à nos jours. On y découvre le fonctionnement de la locomotive à vapeur inventée en 1804 par Richard Trevithick au Royaume-Uni, avant de s'intéresser aux machines diesel et électriques qui l'ont progressivement supplantée. Toutes les 30 min, ne manquez pas la mise en marche de la célèbre locomotive à vapeur 232 U1 qui date de 1949 et pouvait atteindre jusqu'à 200 km/h. Après la visite de la seconde halle, organes de roulement, tender, bissel, échappement, système de distribution, n'auront plus de secrets pour vous. Ni la Pacific Nord 231 E 22 conçue par l'ingénieur André Chapelon, puissante, rapide et construite pour les réseaux français, ni la 232 U 1 Hudson, de l'ingénieur Marc de Caso, témoin des ultimes perfectionnements appliqués à la traction vapeur.

En plus de ses deux halles couvertes, la Cité du Train vous accueille dans un espace extérieur de 16 000 m² avec expositions permanentes et temporaires, ainsi que de nombreuses animations ferroviaires ludiques à faire en famille, tel le mini-express d'Alsace, le dernier manège ferroviaire forain de France et même un baptême du rail en draisine.

La partie extérieure du musée se divise en trois secteurs : le quai de Cluny, l'espace technique et les voies d'expositions temporaires. Vous pourrez également profiter du passage des trains modernes tels que les TGV, les Intercités internationaux, les Corail TER Alsace 200, les différents matériels TER, les trains de Fret, les trams-trains SNCF et les tramways Soléa du réseau de Mulhouse. Deux voies encadrant la « marquise » de la gare de Cluny accueillent des matériels ferroviaires pour des expositions temporaires. Le signal mécanique Lartigue, l'imposante grue de gare, les divers objets ferroviaires et le poste d'aiguillage de Paris Invalides viennent donner vie à la reconstitution d'une petite gare du début du XXe siècle.

L'espace technique, sécurisé, offre diverses animations ferroviaires, tandis qu'un plan de voie, en bordure du Panorama Ferroviaire, permet d'organiser des expositions temporaires d'avril à octobre.

DMC MOTOCO

13, rue de Pfastatt
✆ 06 33 09 96 60
www.motoco.fr

C'est L'ADN de l'histoire industrielle mulhousienne. Installé dans le bâtiment 75 de DMC, lieu de création, Motoco accueille 140 artistes et 7 espaces ouverts. Menuisier, plasticien, photographe, entrepreneur tels sont les habitants de cet espace. Ex-friche industrielle qui renaît de sa jachère, elle est régulièrement mise à l'honneur dans la presse. On y trouve aussi les locaux de la radio MNE. Des soirées institutionnelles ou professionnelles y sont organisées : quoi de plus tendance qu'un événement dans un lieu aussi insolite.

LA KUNSTHALLE MULHOUSE CENTRE D'ART CONTEMPORAIN

16, rue de la Fonderie ✆ 03 69 77 66 47
www.kunsthallemulhouse.com
Du samedi au mardi de 14h à 18h ; du mercredi au vendredi de 12h à 18h. Fermé durant les périodes de montage.

La Kunsthalle, située dans le bâtiment de la Fonderie qu'elle partage avec l'université de Haute-Alsace, est un espace pour tous que l'on soit amateur d'art contemporain ou pas. Les expositions sont variées et nombreuses au long de l'année. La Kunsthalle ne se contente pas d'exposer mais aussi propose des lectures, concerts et même des apéros qui permettront à tous d'appréhender l'art au travers de voies nouvelles. Un vrai rendez-vous convivial et accessible à tous les férus d'art !

MUSÉE ÉLECTROPOLIS ★★

55, rue du Pâturage
✆ 03 89 32 48 50
www.musee-electropolis.fr
Ouvert mardi au dimanche 13h30-18h. Fermé en janvier et les jours fériés.

Inauguré en 1992, le musée Électropolis a été créé pour sauver de la destruction un groupe électrogène à vapeur Sulzer-BBC, qui alimentait les usines DMC, fleuron de l'industrie textile mulhousienne. On y découvre l'histoire de l'énergie électrique à travers les âges en retraçant le parcours de l'électricité. Un nouvel espace dédié complète le parcours. On redécouvre avec nostalgie des appareils électroménagers au look désuet. Les enfants s'amusent dans l'espace d'expérimentation avec l'électricité statique qui laisse une coiffure un peu décalée !

ABBATIALE D'OTTMARSHEIM ★★

6, rue de l'Église
OTTMARSHEIM
✆ 03 89 26 27 57
Visites guidées historiques et costumées sur réservation, en français et en allemand. Durée : 45 min.

Située sur la Route Romane d'Alsace, l'abbatiale Saints-Pierre-et-Paul est un joyau de l'architecture romane du XIe siècle. Édifiée entre 1030 et 1050 sous la direction de Rodolphe d'Altenbourg, un des fondateurs de la maison de Habsbourg, et dédiée aux apôtres du Christ saint Pierre et saint Paul. Elle sera consacrée en 1049 par le pape alsacien Léon IX et destinée à des bénédictines.

Son plan centré octogonal, inspiré par la chapelle palatine d'Aix-la-Chapelle, en fait un édifice unique de l'architecture religieuse du Haut-Rhin puisqu'il incorpore des éléments de style paléochrétienne, byzantine, pré-romane, carolingienne, et ottonienne.

En presque 1 000 ans, l'abbaye a été plusieurs fois dévastée, détruite par guerres et incendies, et reconstruite. Elle est définitivement dissoute à la suite de la Révolution française, et ses trésors dispersés. Les siècles suivants voient les campagnes de restauration se succéder pour rendre toute sa gloire à l'édifice. La dernière s'est terminée en 2018, mettant en valeur les deux chapelles gothiques des XVe et XVIe siècles. Depuis 1991, la vie monastique a également repris son cours : un prieuré des Serviteurs de Jésus et de Marie, congrégation fondée en 1930, est créé à Ottmarsheim pour desservir l'église et les paroisses environnantes. Le couvent abrite une dizaine de religieux.

Des visites guidées théâtralisées en costume d'époque, vous permettent de découvrir l'histoire tumultueuse de l'édifice aux côtés de Rodolphe et Cunégonde, comte et comtesse d'Altenbourg.

ABBAYE D'OELENBERG

REININGUE
www.abbaye-oelenberg.com
Participation selon vos possibilités.

Fondé en 1046, il s'agissait à l'origine d'un monastère de chanoines réguliers de Saint-Augustin. Situé sur l'une des dernières collines du Sundgau, l'édifice a connu une histoire mouvementée et a été en partie détruit à plusieurs reprises. À la Révolution, l'abbaye est vendue et c'est en 1825 que des moines trappistes s'y installèrent. Ils vivent encore aujourd'hui selon la règle de pauvreté cistercienne. Le magasin monastique propose de la farine et des pâtes produites au moulin d'Oelenberg. Ils accueillent aussi les fidèles pour des retraites spirituelles.

MUSÉE DU PAPIER PEINT [LA COMMANDERIE] ★

28, rue Zuber - **RIXHEIM**
✆ 03 89 64 24 56
www.museepapierpeint.org
Toute l'année de 10h à 12h et de 14h à 18h. Fermé le mardi d'octobre à août. Gratuit pour les - 4 ans.

Depuis près de 40 ans, ce musée fait revivre l'histoire et la technique du papier peint à la Commanderie de Rixheim qui abrite la manufacture Zuber depuis 1797. Ce musée, unique au monde, s'efforce de montrer à travers ses expositions combien ce matériau a joué et joue encore un rôle dans notre quotidien. La collection compte plus de 160 000 documents de la fin du XVIIe siècle à nos jours, constituant l'une des rares collections de référence existantes dans le monde.

ÉCOMUSÉE D'ALSACE ★★★

Chemin Grosswald - **UNGERSHEIM**
✆ 03 89 74 44 74 - www.ecomusee.alsace
Se renseigner sur les horaires et tarifs sur le site Internet. Guide numérique avec l'application SAM à télécharger.

Dès 1971, face à la détérioration du patrimoine architectural alsacien, un groupe de jeunes passionnés décide de mettre en œuvre un projet de sauvegarde. En 1980, une première maison est sauvée de la démolition et reconstruite sur un terrain en friche de la commune d'Ungersheim ; c'est le début de la grande aventure de l'Écomusée d'Alsace. Le musée accueille ses premiers visiteurs durant l'été 1984 ; aujourd'hui, c'est le plus grand musée à ciel ouvert de France !

L'Écomusée d'Alsace s'organise comme un véritable village alsacien du début du XXe siècle en plein cœur de la nature ! Découvrez le patrimoine rural alsacien en évoluant parmi plus de 70 bâtiments traditionnels : maisons, fermes, école, chapelle, gare, scierie… Il présente ainsi les principaux types d'architecture alsacienne, sélectionnés en fonction de leur représentativité par rapport à un terroir, à une époque ou à un groupe social. Ces bâtiments sont tous aménagés grâce aux dons des Alsaciens. L'immersion est complétée par une collection de près de 100 000 objets du quotidien, vêtements, ou outils pour un véritable saut dans le passé ! Mais c'est aussi un espace de biodiversité préservée avec 4 sentiers nature : par les champs, la forêt et le long de la rivière. Grâce aux animations et aux bénévoles, le village vit au rythme des saisons et des traditions alsaciennes : nourrissage des cochons, traite de la vache, école d'antan et recettes de cuisine de saison. À ne pas manquer : les balades en barque, en charrette ou en tracteur.

SE LOGER

Envie de profiter de votre séjour ? On vous comprend, Mulhouse regorge de tant d'activités qu'il faut pouvoir y passer quelques jours, voire y revenir, pour prendre le temps de tout faire ! Heureusement, l'offre hôtelière est riche en lieux où passer une ou plusieurs nuits. En famille, entre amis, seul ou juste en amoureux, le confort des chambres mulhousiennes est pour vous et vous pourrez dire que le sens de l'hospitalité proverbiale des Alsaciens n'est pas un vain mot. Des hôtels quatre étoiles aux établissements plus modestes et gîtes chaleureux en passant par les chambres d'hôtes, au centre-ville ou en périphérie, impossible de ne pas trouver votre bonheur ! Certains proposent un service restauration, un parking, des chambres insolites ou la possibilité d'emmener votre compagnon à quatre pattes mais tous ont un point commun, vous y serez accueillis comme des rois ! On y vient pour découvrir et on y revient pour profiter !

HÔTEL DE BÂLE** €

19-21, passage Central
✆ 03 89 46 19 87
www.hoteldebale.fr
28 chambres. Petit déjeuner buffet : 9 €. Animaux acceptés (gratuit). Wifi gratuit.

Repris en mai 2016 par un jeune couple passionné par cette adresse historique mulhousienne, l'Hôtel de Bâle est situé en plein centre-ville. Toujours très bien tenu par ses propriétaires successifs, l'hôtel a retrouvé un coup de jeune grâce aux travaux de travaux de rénovation entrepris (sols, douches, décoration des chambres, etc.) qui n'ont pas touché à l'ADN du lieu : l'horloge mulhousienne et les toiles historiques resteront en place. Chantal est toujours là et continuera à servir de succulents petits déjeuners à base de produits frais !

HÔTEL DU PARC**** €€€

26, rue de la Sinne
✆ 03 89 66 12 22
www.hotelduparc-mulhouse.com
Chambre double à partir de 99 €. Petit déjeuner buffet : 14 €. Réceptions et mariage. Restauration.

Héritage de l'ambition visionnaire des frères Schlumpf, cet hôtel prestigieux doit attendre 1988 et l'arrivée de Robert Tarazi, propriétaire tombé sous son charme, pour devenir ce lieu symbole d'une idée du luxe à la mulhousienne, empreint de nostalgie des Années folles. Bien sûr, il y a cette superbe décoration de style Art déco ! Vous apprécierez également la cuisine du restaurant et le cachet intimiste et musical du Charlie's Bar. L'Hôtel du Parc ne connaît pas de concurrence, depuis trois décennies, il fait de l'excellence une réalité quotidienne.

LES GÎTES DE BÉATRICE €€

✆ 06 03 20 64 76
www.lesgitesdebeatrice.com
Les Etoffes de Mulhouse, le Studio Sixties, Le Vintage, Le Loft des Musiciens, Le Little Garden.

Style bourgeois, studios sixties ou appartement-jardin ? Les Gîtes de Béatrice déclinent des ambiances très différentes, loin de standards impersonnels. « L'idée est de meubler et de décorer les gîtes avec des objets chinés. » En soi, c'est aussi voyager que de se retrouver dans une ambiance vintage ou typique des intérieurs bourgeois mulhousiens 1900 », explique Béatrice, qui n'oublie pas pour autant le confort en proposant une literie de qualité, du linge de lit haut de gamme et une propreté irréprochable. Vous allez aimer votre séjour mulhousien !

PEONIA AT HOME €€€

48, boulevard Léon-Gambetta
✆ 03 89 40 26 24
www.gitemoreth.com
5 chambres.

Bienvenue à Peonia, chambres d'hôtes de charme, située dans le quartier du Rebberg à Mulhouse. Magnifique maison de maître revisitée aux goûts d'Andrea et Antonio D'Onghia, Peonia dispose de suites aux noms d'indiennes (tissu star lors de la grande épopée du textile mulhousien). Design haut de gamme, étoffes luxueuses et accueil généreux à l'italienne, tel est le cocktail de cette adresse so chic. De multiples services sont également à votre disposition. Sa réputation va crescendo et il est prudent de réserver à l'avance. Tout n'est que luxe et volupté

LES CHAMBRES DE LOUISE €€

81a, rue du Général-de-Gaulle
HABSHEIM
✆ 03 67 26 06 31
www.chambredelouise.fr

5 chambres et 1 appartement. A partir de 85 € pour deux personnes.

Fondé par Oguz Karadag, également propriétaire du restaurant La Table de Louise à Habsheim, cet établissement Bed & Breakfast est composé de 5 chambres et d'un appartement. Un hébergement situé en plein cœur du village dans une bâtisse de caractère avec une magnifique façade peinte et une jolie vue sur les jardinets d'Habsheim. Décor soigné, design contemporain et éléments rustiques donnent aux Chambres de Louise tout leur caractère. Lydia se fera un plaisir de vous concocter un délicieux buffet aux allures de brunch avec des produits exclusivement régionaux.

© CHAMBRES DE LOUISE

© CHAMBRES DE LOUISE

BRISTOL*** €€

18, avenue de Colmar
✆ 03 89 42 12 31
www.hotelbristol.com

Accueil 24h/24. Chambre double de 60 € à 120 €. Petit déjeuner buffet : 11 €. Parking fermé inclus.

L'hôtel Bristol dresse sa belle façade 1900 et propose calme et confort au cœur de la cité. Un tarif de base raisonnable pour une qualité qui se mesure dans les plus petits détails. Les chambres sont spacieuses avec salles de bains aux baignoires-bain bouillonnant. Pas de lits d'appoint pour les enfants mais de véritables lits bien confortables. Le petit déjeuner est un buffet digne de ce nom. 2 beaux appartements avec kitchenette équipée et prestations complètes sont à louer au mois. Le Bristol propose des formules avec visite des principaux musées de la ville.

© MARIE BRISTOL

© MARIE BRISTOL

SE RÉGALER

Le plaisir de la table est une institution en Alsace que l'on aime partager. Déguster de bons petits plats régionaux fait partie de la tradition : une choucroute accompagnée d'un verre de pinot gris ou un munster flanqué d'une vendange tardive, un régal ! Mais ne pensez pas que les Mulhousiens ne mangent que terroir, bien au contraire, ils sont férus de nouveautés et d'exotisme. En fins gourmets et grands gourmands, ils apprécient le plaisir d'une table gastronomique, d'un winstub, les saveurs italiennes, les douceurs asiatiques ou même végan. Certains restaurants affichent complet plusieurs mois à l'avance ! Un point commun ? L'amour de la cuisine et des produits frais, la qualité du service et l'envie de chouchouter leurs hôtes. Une touche particulière, un cadre, chaque restaurant a sa propre signature et nous vous les conseillons tous. Le seul problème, c'est que pour trouver votre préféré, il va falloir tous les essayer !

L'incontournable choucroute.

LE 4 €€€

5, rue Bonbonnière
✆ 03 89 44 94 11
www.restaurantle4.com

Fermé le lundi et le dimanche. Réservation recommandée. Carte : 25 € environ. Terrasse.

Tous les gourmets de la ville sont déjà passés par le 4. Lionel et Tatiana proposent une cuisine contemporaine et raffinée dans un cadre moderne et intimiste. La carte, succincte, propose des entrées de saison, deux plats de viande ainsi que deux plats de poissons et quelques desserts. Une formule « à faire » le midi est également proposée, rapport qualité-prix imbattable et l'offre change régulièrement. Les dressages et assaisonnements sont précis, les produits sont de qualité, en bref c'est bon. On y retourne avec plaisir pour découvrir les propositions du moment.

LE 9 SOIXANTE ET UN €€

4a, rue Poincaré
✆ 03 89 45 55 54
www.le961.com

Ouvert du mardi au samedi le midi et le soir. Menu enfant : 10 €. Mezzés de 20 € à 35 € par personne dès 2 personnes.

Une adresse bien connue des Mulhousiens ! Le restaurant de Marie-Rose comporte une jolie petite salle à l'ambiance feutrée et une terrasse fleurie, vrai bonheur l'été. La carte propose les classiques de la gastronomie libanaise. Pour en avoir le meilleur aperçu, optez pour les assortiments de mezzés. Les assiettes nous font voyager. Les plats sont empreints d'authenticité et vous trouverez votre compte au niveau des quantités servies ! Un très bon rapport qualité-prix ! Voilà une adresse idéale pour un rendez-vous culinaire oriental ! Dépaysement assuré !

AUBERGE DES FRANCISCAINS €€

46, rue des Franciscains
✆ 03 89 45 32 77
www.auberge-des-franciscains.com

Formule du jour à partir de 13,90 €. Fermé dimanche soir et mardi.

Une cuisine soignée et inventive bien que traditionnelle avec d'excellentes spécialités alsaciennes. On oublie pas les entrecôtes, tartares ou filets de sole ou saumon ni le petit clin d'œil au Sundgau tout proche, avec les carpes frites. En cuisine, Mme Belkacem, la patronne, n'hésite pas à retravailler régulièrement sa carte. Ses derniers petits trésors : bouchées à la reine aux morilles ou bien les amourettes. On aime cette adresse pour le sourire de la patronne, la saveur des plats, la déco, tout y contribue ! Une belle adresse pour une cuisine savoureuse.

CHEZ AUGUSTE €€€

11, rue Poincaré ✆ 03 89 46 62 71
www.chez-auguste.fr

Ouvert du mardi au samedi. Réservation impérative. Carte : 20 € environ. Formule : 25 € (midi et soir).

Chez Auguste, tout reste parfait depuis plus de 20 ans. Luc Chervy, chef d'orchestre et sa belle équipe vous reçoivent dans ce petit espace à la décoration sobre, avec un zeste de décontraction et beaucoup d'enthousiasme ! On n'y sert pas plus de 21 couverts par service et le midi, vous composez vous-même votre menu, sur la carte, parmi une entrée, un plat ou/et un dessert. La carte est classiquement gourmande. Quelques suggestions : la poêlée de pleurotes à l'ail, le ris de veau et bien sûr le célèbre Auguste au chocolat qui a fait la renommée du restaurant !

LA BRUSCHETTA €€€

1, rue du Mittelbach
✆ 03 89 45 22 62
restaurant-labruschetta.fr

Ouvert du mardi au samedi le midi et le soir. Entrée + pâtes à 12 €. Entrée + viande à 14 €.

La Bruschetta, c'est le restaurant italien raffiné par excellence ! Des produits italiens frais et de qualité, un accueil chaleureux, une belle carte de vins de pays, l'Italie est à portée de main. Beaucoup de finesse et de créativité dans les préparations qui subliment les classiques. Le souci du détail sur l'assiette, le choix du pain, ajoutent au mélange raffiné des saveurs. En résumé une cuisine classique, avec un très bon niveau et une décoration au diapason. Un point supplémentaire pour le service consciencieux et attentif. On est fan et depuis longtemps !

AUX HALLES €€

26, quai de la Cloche
✆ 03 89 60 49 28

Ouvert en continu et uniquement les jours de marché : le mardi, le jeudi et le samedi de 9h à 15h.

Ouvert uniquement les jours de marché, ce bistrot au cœur même des halles constitue l'une des institutions de Mulhouse : il est dans la même famille depuis 1946 ! Une ambiance animée, toute alsacienne, vous attend au rez-de-chaussée en prise directe avec le marché ou, à l'étage, sur la terrasse, offrant une vue panoramique. Les habitués du marché ne s'y trompent pas et viennent nombreux, dès le petit matin, y faire une pause entre deux achats pour un café, un potage, un picon-bretzel ou une saucisse chaude. Un lieu unique en son genre !

IL CORTILE €€€

11, rue des Franciscains
✆ 03 89 66 39 79
www.ilcortile-mulhouse.fr
Ouvert du mardi au samedi. Formule du midi : 39 €. Menu Riviera à 65 €, menu Dolce Vita à 85 €. Magnifique terrasse.

Dans cette très belle maison toujours auréolée d'une belle étoile, Jean-Michel Feger est aux commandes depuis 3 ans et a su garder le cap avec brio. Il Cortile, c'est avant tout une équipe soudée et passionnée qui vogue en eaux paisibles. Les retours, d'ailleurs, sont excellents. À la carte, les fondamentaux d'une cuisine méditerranéenne, versée italienne, de haute volée, raffinée, avec une constante recherche de fournisseurs haut de gamme. La carte est courte, toujours de saison. Cette très belle adresse contribue à l'attractivité de la ville.

L'ESCALOPE €

18, rue du Couvent
✆ 03 89 66 18 18
www.restaurant-escalope.fr
Fermé mercredi, dimanche soir et mardi soir. Plat du jour à 9,60 € et Menu Complet à 13 €.

Quel plaisir de venir goûter cette cuisine savoureuse dans un cadre tout à fait convivial ! D'ailleurs, elle fera le bonheur des gourmandes et des gourmands ! Avec l'escalope comme spécialité, impossible de résister à la Wiener Schnitzel, la traditionnelle escalope à la viennoise au format XXL ! Avec une carte qui évolue chaque jour, des plats faits maison et des produits dénichés sur les étals du marché, il n'est pas étonnant de constater tout le succès que rencontre cet établissement. L'Escalope, une cuisine où se mêlent saveurs, tradition et authenticité !

LE PETIT PARIS €€€

12, rue de la Moselle
✆ 03 89 61 17 85
www.lepetitparis.pro
Ouvert du mardi au samedi de 12h à 13h30 et de 19h à 21h. Réservation recommandée. Menus de 20 € à 39 €.

Le Petit Paris trône quasiment au centre de la rue de la Moselle. Situé à côté du bar à vins La Quille, il offre un beau complément. La décoration est chic et discrète. Une petite véranda éclaire les lieux en attendant les beaux jours et la terrasse. Qualité et fraîcheur sont le credo de cet établissement. Le poisson arrive à peine pêché. Les fromages sont sélectionnés chez un maître-affineur. Et le vin est adoubé par la Fédération culturelle des vins de France. Pas de faute de goût dans cet établissement désormais bien installé.

UN PETIT TRUC EN + €€

3, place de la Paix
✆ 09 83 07 05 80
unpetittrucenplus.fr
Fermé lundi, mardi et mercredi. Ouvert jeudi, vendredi et samedi de 11h à 13h.

Une formidable aventure humaine et solidaire au cœur de Mulhouse. Avec une équipe composée de personnes porteuses de Trisomie 21, de bénévoles, c'est un lieu unique et porteur de sens ! Aurélie Bernard, chef du restaurant, a su motiver les troupes pour aboutir à ce concept exceptionnel, plein de joie de vivre ! Les personnes trisomiques qui y travaillent ont le statut de salarié. La cuisine est faite maison avec eux. Vous passerez vraiment un moment de bonheur tout en vous régalant car la carte est aboutie ! Fiers de l'existence de restaurant à Mulhouse !

LE PIADINA €

10, passage de l'Hôtel-de-Ville
✆ 03 89 66 01 21
Ouvert du lundi au samedi, midi et soir ; uniquement le midi le dimanche. Formule du midi : 12 €.

Si vous cherchez un coin d'Italie au cœur de Mulhouse, il y a une très bonne adresse, la Piadina. Ouvert dès potron-minet, on peut y déguster un café fort en goût tout en devisant sur les résultats de la Ligue 1. Ensuite, la cuisine italienne prend le relais. Dans ce lieu complètement réaménagé dans un style prohibition, vous pourrez manger le meilleur plat de pâtes de la place. L'ambiance est au rendez-vous grâce à Sebastian, le patron du lieu qui a toujours le bon mot avec ses clients. Pour vous sentir au sud de l'Italie, ne vous manque que le verre de chianti !

PUM €

7, rue de Mittelbach
✆ 03 89 46 05 56
www.pumthaifoodchain.fr
Ouvert tous les jours. Formule du midi : 10 €. Boutique en ligne et restaurant en ligne.

Do *simple, use natural and create beauty* ! En 2004, Pum exportait son concept de restauration thaïlandaise en Europe, d'abord à Mulhouse pour le meilleur ! Depuis la carte est restée fidèle à ses débuts, que du bon, sans colorants artificiels ou exhausteurs de goût, aux saveurs de la Thaïlande. Même les prix sont restés les mêmes. Grâce à l'open kitchen, on est spectateur de la cuisine préparée à la minute. Si vous êtes pressé, commandez vos plats préférés en ligne. PUM fait des petits en mode XXIe siècle à Cernay, à Wittelsheim et d'ici peu au cœur de la ville !

LE RUSTIQUE €€

116, rue de Bâle
✆ 03 89 64 40 99
restaurant-lerustique.fr

Fermé le dimanche soir, les mardi et mercredi midi. Menu du jour 17 €. Plat à 13 €. Menu Plaisir à 36 €. Terrasse.

Dans le quartier de la rue de Bâle, on référence quelques pépites et parmi elles : le Rustique ! Une déco chic, une cuisine choc ! Une carte variant au fil des saisons, des suggestions du marché, une cuisine raffinée autour de recettes classiques et alsaciennes. Citons quelques plats *star* de cette carte : le cordon bleu du chef ou encore l'excellent surlawerla ! 95 % de fait maison ! Le menu Plaisir permet de déguster tout ce qu'on veut sur la carte ! Depuis quelque temps, une jolie terrasse, ombragée et pleine de verdure vient compléter ce lieu gastronomique !

LA TABLE DE MICHÈLE €€€

16, rue de Metz
✆ 03 89 45 37 82
www.tabledemichele.fr

Du mardi au vendredi de 12h à 13h30 et de 19h à 21h30 ; le samedi soir. Formule du midi : 22 €. Menus de 24 € à 40 €.

La Table de Michèle est un restaurant qu'on aimerait garder secret pour ne l'avoir qu'à soi. Mission impossible car cet établissement est un incontournable de la gastronomie mulhousienne. Les amateurs de fruits de mer se jetteront sur la poêlée de noix de Saint-Jacques, côté abats, les rognons de veau à la moutarde de Meaux. À ne surtout pas rater : l'assiette gourmande, florilège de tous les desserts présentés à la carte, à savourer seul, si vous êtes vraiment gourmand, ou à deux pour en partager de douces saveurs sucrées ! !

LE SINCLAIR €

2, avenue du Maréchal-Joffre
✆ 03 89 56 69 13
www.restaurant.sinclair.asso.fr

Du lundi au vendredi le midi de 11h45 à 13h45. Plat du jour : 10,80 €. Formule du midi : 12,90 €. Prestations Traiteur

Manger au Sinclair c'est manger solidaire ! Le personnel en situation de handicap vous propose chaque jour un menu équilibré avec un très bon rapport qualité/prix. Le menu complet est un véritable bon plan pour le midi ! L'association Marguerite Sinclair, basée à la même adresse, permet à des personnes accueillantes, chaleureuses et souriantes de travailler et d'accéder à l'autonomie. Dès 7h le matin, tout le monde s'active pour préparer le déjeuner. L'été, vous pourrez apprécier la terrasse très agréable en plein cœur de la ville et à côté de la gare.

LE VIEUX COUVENT €€

23, rue du Couvent
✆ 03 89 54 43 45
www.le-vieux-couvent.fr

Fermé dimanche et lundi. Menu du jour complet 17,50 €. Menu enfant offert. Tartes flambées. Salle de réunion. Terrasse.

Aux manettes Guillaume Kriegel et toute son équipe ! C'est un lieu de caractère magnifié par une complète rénovation décorative qui met en lumière les murs peints. Ce qui n'a pas changé, c'est la cuisine alsacienne, toujours aussi goûteuse, avec sa choucroutes, ses bouchées à la reine, ses fleischnackas (excellents), ses rognons, etc. Une carte cependant resserrée avec beaucoup de suggestions. Les vins sont en provenance des Brasseries de l'Ill et mention spéciale aux bières. C'est un lieu amené à vivre intensément et avec gourmandise !

LE STROGANOFF €€

9, rue de l'Arsenal
✆ 03 89 45 11 98
stroganoff-restaurant.eatbu.com

Ouvert du mardi au samedi de 12h à 14h et de 19h à 22h. Réservation recommandée.

Bienvenue dans le cœur de la gastronomie russe ! Autant vous dire que votre passage au Stroganoff vous réservera un véritable voyage aussi bien gustatif que visuel. Côté cuisine, on a goûté leurs blinis aux saumon et crème fraîche servis en entrée, juste un délice ! Nous vous invitons aussi à découvrir le traditionnel bœuf Stroganof accompagné de purée de pomme de terre maison, et pour finir, pourquoi ne pas tester un Medovik (gâteau à la confiture de lait, miel et noix). Et pour finir, un petit verre de vodka servi avec un cornichon ? Avec modération bien sûr.

WINSTUB HENRIETTE €€

9, rue Henriette
✆ 03 89 46 27 83
www.winstub-henriette.com

Ouvert du mardi au samedi. Carte : 20 € environ. Vin au verre. Terrasse.

À deux pas de la place de la Réunion, la Stuwa, au décor typiquement alsacien, tenue de main de maître par Marie-Christine Musslin fait honneur à la gastronomie régionale. Une carte simple, abondante en spécialités locales comme le surlawerla, le jarret de cochon ou le fleischschnacka. C'est aussi l'endroit idéal pour glaner les derniers potins sur le centre-ville : on remercie les habitués et la taille du restaurant ! On aime par-dessus tout cette belle et bonne adresse qui saupoudre une pointe de chic sur les incontournables de l'assiette alsacienne.

AUBERGE DU ZOO €€

31, avenue de la 9e-Division-d'Infanterie-Coloniale ✆ 03 89 44 26 91
www.auberge-zoo.com

Du mercredi au dimanche. Formule du midi 17 €. Brunch le dimanche et les apéros le vendredi soir en juin.

À l'orée du Parc zoologique et botanique, l'Auberge du zoo est bien connue depuis le début du XXe siècle ! On y cultive le goût de l'histoire et l'art de recevoir. On vous encourage à vous rendre dans ce lieu à la superbe décoration où vous dégusterez des petits plats de l'Alsace gourmande ou des grands classiques revisités. Et puis, il s'y passe toujours quelque chose : la fête de la gastronomie, le tango, le carnaval, etc. La connexion avec le zoo est fluide, on peut y faire une halte à la terrasse du self ou dans les chalets pour s'abriter en cas d'intempéries.

RESTAURANT L'ESTEREL €€€

83, avenue de la Première-Division-Blindée
✆ 03 89 44 23 24

Fermé dimanche soir, lundi et mardi.

L'Estérel fait partie de ces restaurants qui font rayonner la culture gastronomique française. Depuis quelques années, installés dans l'avenue de la première division blindée du goût et des saveurs, Anne et Régis Weber font bien plus que de la résistance à la malbouffe ambiante. Entre la belle terrasse ombragée les beaux jours, la véranda l'hiver et l'agréable salle, nous sommes dans un temple de la cuisine dite de saison. Notez que la cave à vins est fournie en petits et grands crus. Gourmets de tous bords, grimpez à l'assaut de L'Estérel sans tarder.

LE BISTROT À HUÎTRES €€€

2, rue du Moenschberg
✆ 03 89 64 01 60
www.bistrot-a-huitres.fr

Ouvert du mardi au samedi 12h-13h30 et le soir 19h-21h30. Réservation recommandée. Carte : 30 € environ.

Le Bistrot à huîtres est le restaurant incontournable des amateurs de la mer. La carte propose divers plateaux de fruits de mer et crustacés selon les arrivages saisonniers ainsi que du poisson. Les produits sont d'une qualité et d'une fraîcheur parfaite. Tout y est succulent, les assaisonnements et cuissons sont maîtrisés tout en valorisant parfaitement les produits. Mention spéciale pour le Méli-Mélo de homard, Saint-Jacques et gambas et les petits à-côtés comme les crevettes en amuse-bouche et les petites douceurs en fin de dîner. Prenez le large !

LE PANTOGRAPHE €

30, rue Francois Spoerry
www.le-pantographe.fr

Ouvert du lundi au vendredi de 8h30 à 18h. Sur place, à emporter, formule traiteur.

Le Pantographe, c'est bien plus qu'un restaurant, c'est un concept ! Situé à km0, il affiche un cadre historique et unique. Ouvert la semaine en continu de 8h30 à 18h on s'y rend aussi bien pour une petite pause autour d'un café que pour partager un repas plein de saveurs avec ses collègues, sur place ou à emporter. Avec une véritable démarche éco-responsable, Muriel et Étienne, les gérants, prennent soin de sélectionner des produits locaux et se sont entourés d'une équipe ayant les mêmes valeurs. Leur crédo : manger bien, bon et sainement !

WITTMANN BRAND LE RESTO €

4, rue de la Locomotive
✆ 03 89 45 11 30

Ouvert du lundi au vendredi de 9h à 15h. Menu du jour à 11 €. Plat du jour à 9 €. Prix à la carte : 14 €.

Un des meilleurs restaurants pour les carnivores et amateurs de cuisine alsacienne ! Emmanuel et Sandra tiennent cette excellente adresse avec un bonheur communicatif ! Une superbe décoration « Boucherie » avec affichés fièrement au mur les diplômes et décorations de la famille. Une sympathique terrasse donne sur une jolie placette. Enfin les ripailles sont bien évidemment au niveau, entre côte de bœuf et steak tartare, sortez fourchettes et couteaux et régalez-vous ! Une bonne omelette à la ciboulette est aussi possible pour ceux qui ne seraient pas carnivores.

À L'ANCIENNE POSTE €€

82, rue Principale - **BATTENHEIM**
✆ 03 89 57 62 85
www.relaisdelapostebattenheim.com
Fermé dimanche soir et le lundi. Menu du jour complet à 16 €. Menu gastronomique à 32,80 €. Menu du Terroir à 21,50 €.

C'est un lieu charmant et historique situé au milieu du village de Battenheim. A côté de l'église, on y passe du bon temps et on y déguste une bonne cuisine familale. On rajoute quelques zestes de convivialité, de la bonne humeur et on a presque la recette du bonheur ! Les spécialités alsaciennes sont exécutées avec beaucoup de maîtrise. Le roi de la carte, c'est le cordon bleu.Difficile de faire plus typique avec sa terrasse située au centre de ce qui était jadis un relais pour chevaux. Suivez les cigognes, elles vous indiqueront l'adresse !

PINOCCHIETTO €€

258, avenue d'Altkirch
BRUNSTATT-DIDENHEIM
✆ 03 89 06 06 99
Ouvert 7j/7. Formule du midi : 15,90 €. Vente à emporter. Réservation impérative.

Toujours à la barre, toujours au top ! Claudio et son équipe tiennent toujours la barre haute. C'est un vrai bonheur en ces temps tourmentés, de passer un moment gastronomique, sympathique, de décontraction. Une déco assumée de style baroque et une carte lumineuse toute méditerranéenne. Une véritable cuisine italienne fine, travaillée avec des produits nobles ! La carte des vins est en symbiose. La pâte des pizzas est à tomber, la meilleure du coin ! Les proportions sont justes, comme les assaisonnements. L'addition est d'un excellent rapport qualité-prix !

LA TABLE DE LOUISE €€€

76, rue du Général-de-Gaulle - **HABSHEIM**
✆ 03 89 31 93 19
www.tabledelouise.fr
Ouvert du lundi au samedi de 12h à 13h30 et de 19h à 21h30. Menu du marché à 19 €. Menu Inspiration à 46 €.

En voilà un établissement qui au fil des années connaît toujours et encore le même succès. La Table de Louise allie tradition et cuisine à l'ancienne en y rajoutant un côté moderne, raffiné et de caractère. Elle reste néanmoins accessible à tout à chacun et l'ambiance qui y règne est tout à fait conviviale. Vous pouvez vous laisser séduire par « le retour de pêche », un délicieux assortiment de poissons grillés, mini-légumes glacés et son émulsion de crustacés ! Avec une telle description, vous êtes déjà en train de réserver !

RESTAURANT STRAUSS €€€

2 bis, rue de la Forêt
HEIMSBRUNN
✆ 03 89 81 84 84
Fermé le lundi.

Le restaurant Strauss est situé au calme, à la sortie de Heimsbrunn en bordure de forêt. Il a été créé en 1991 par Thibault Strauss, formé dans des cuisines prestigieuses de la région, notamment chez Kieny à Riedisheim. Ce restaurant possède deux salles : « Le Bistrot de Camille », décoration alsacienne ouverte pour le midi, « Le Salon Antoinette » pour le soir, pour une séquence plus gastro. La cuisine est copieuse et solide, nous rajouterons goûteuse. Une adresse bien implantée dans notre bon Sundgau, une valeur sûre avec l'atout indéniable de la nature !

MAISON KIENY €€€

7, rue du Général-de-Gaulle - **RIEDISHEIM**
✆ 03 89 44 07 71
www.restaurant-kieny.com
Ouvert midi et soir du mercredi au samedi. Ouvert le dimanche uniquement le midi. Menus de 65 € à 125 €.

Cette belle maison existe depuis 1850 ! Ce fut un bureau de poste, un relais pour diligence, un café, une auberge de campagne et enfin un restaurant gastronomique reconnu ! C'est le papa de Jean-Marc qui fut le premier à opérer ce virage de haut vol ! Jean-Marc Kieny lui donna ses étoiles. Cette maison continue d'enchanter nos papilles sous la direction bienveillante de Marielle Kieny. Les plats traditionnels avec une touche de culture locale ou de l'autre bout du monde, nous on adore ! Laissez-vous guider avec le menu dégustation, vous vous en souviendrez !

RESTAURANT LE SAINT VINCENT €€

26, rue de Mulhouse - **RIEDISHEIM**
✆ 09 83 51 72 63
www.restaurantlesaintvincent.eatbu.com
Fermé le lundi, le mercredi soir et le dimanche soir. Petit déjeuner dès 8h30. Menu du jour complet à 14 €.

Cet établissement a été repris d'une main de maître par le jeune et talentueux Marco Vilaca ! Il a fait ses classes à l'auberge alsacienne du parc zoologique. Côté déco, de la lumière et un cadre épuré. La cuisine est d'inspiration alsacienne. Le service est ton sur ton. Une ambition de toute l'équipe pour faire de cette bonne table une référence culinaire mais aussi un lieu de convivialité qui ouvre de bonne heure et permet de prendre un petit déjeuner en commentant l'actualité.

MUSÉE NATIONAL DE L'AUTOMOBILE

COLLECTION SCHLUMPF

Rendez-vous au Musée National de l'Automobile
pour une journée pleine de surprises !

10h : Soyez en pole position pour découvrir la plus belle collection automobile du monde

12h : Savourez la cuisine locale et gourmande au restaurant L'Atalante

14h

La voiture tonneau, le démarrage d'une voiture à manivelle et pleins d'autres animations, vous attendent !

16h

En piste ! Rendez-vous sur l'autodrome pour un baptême de pilotage

18h

Pause shopping à la librairie-boutique pour s'offrir un souvenir original

20h

Le Gatsby bar vous accueille pour un moment de détente

www.musee-automobile.fr | 17 Rue de la Mertzau, 68100 Mulhouse | 03 89 33 23 23

FAIRE UNE PAUSE

Se balader le nez au vent, gambader dans les parcs et arpenter les musées, c'est très sympa mais parfois s'installer pour souffler et prendre le temps de profiter, c'est pas mal aussi. Un petit creux à combler, une petite soif à étancher ou juste un petit café pour le plaisir, voilà qui nous redonne un petit peu d'énergie pour repartir à l'assaut de la ville. Les enfants apprécieront une glace maison, et peut-être même une gourmandise s'ils ont été sages, les parents profiteront d'un moment de repos pour déguster de bonnes pâtisseries, deux amoureux se partageront une salade ou picoreront un brunch le dimanche matin. Ce sont des endroits calmes, où l'on peut partager un instant à papoter, se détendre ou à bouquiner des magazines et parfois même acheter des produits locaux. Voici quelques bonnes adresses pour prendre son temps en toute quiétude au cœur d'une ville qui mérite toute votre attention !

LE BOUDOIR DE LÉA

15, rue des Tanneurs
✆ 03 67 92 14 68
Fermé le dimanche. Ouvert le lundi de 13h à 19h et tous les autres jours de 8h30 à 19h.

Ceci n'est pas un café-BD, mais un salon de thé dans un magasin de BD. Pas question donc de bouquiner les ouvrages du magasin en buvant votre café. Dans ce petit lieu douillet aux allures scandinaves, on retrouve quelques viennoiseries et pâtisseries maison qui varient d'une semaine sur l'autre, mais la star ce sont les petits sablés de Léa préparés chaque matin et déclinés en de multiples parfums. Pour accompagner tout ça, des cafés et thés, des jus de fruits et confitures issus de producteurs locaux. Une chouette adresse !

LE GUILLAUME TELL

1, rue Guillaume Tell
Ouvert tous les jours de 9h à 1h30. Terrasse.

Une statue du héros national suisse sur le pignon de la façade et une terrasse de 300 m^2 sur la plus belle place de Mulhouse, impossible de passer à côté du Guillaume Tell. Avec de nouveaux horaires prolongés jusqu'à 1h30 du matin, une nouvelle carte qui propose des planchas et des tapas pour accompagner l'apéritif et un beau choix de cocktails de toutes les couleurs, cette institution de la vie mulhousienne diurne s'est métamorphosée en profondeur. Plus intime et chaleureux, la décoration redonne au lieu ses lettres de noblesse.

LA GOURMANDISE

7, rue des Boulangers
✆ 03 89 46 56 47
patisserie-lagourmandise.fr
Ouvert toute l'année. Du mardi au vendredi de 8h à 18h30 ; le samedi de 7h45 à 18h15. Plat du jour à 8,90 €. Terrasse.

La Gourmandise est l'histoire de la famille Brodbeck depuis 50 ans. C'est aussi l'histoire des Mulhousiens qui viennent y siroter un café en terrasse ou une tourte-salade à l'heure du déjeuner. Il y a du changement à la tête de la célèbre adresse ! Thomas Brodbeck, le fils, prend la main, passionné et forcément gourmand comme son papa. On garde bien évidemment l'esprit dans la déco Art déco, mais on revisite ! Travaux prévus au premier semestre 2022. Côté gourmandises, on garde les classiques et on y apporte une petite pincée de renouveau.

L'INVITATION

8, rue de Belfort
✆ 03 89 36 02 20
Fermé les après-midi le dimanche et le lundi. Ouvert du mardi au samedi de 7h à 14h et de 16h à 18h30.

On vous invite à faire péché de gourmandise. Trois copains, Vincent, Nicolas et François ont décidé de se faire plaisir en vous faisant plaisir ! La décoration vous permet de planer tout en restant campé sur vos 2 pieds avec une belle proposition de produits gourmands, locaux et bio. Évidemment, on peut y acheter son pain et autres viennoiseries, y boire un thé en dégustant une pâtisserie, mais aussi y déjeuner. Et puis, une excellente adresse pour dénicher de bonnes idées d'épicerie fine. Mention spéciale pour les vins naturels et bio.

LE NID

20, rue des Franciscains
✆ 03 89 44 17 96

Fermé le dimanche. Du lundi au jeudi de 8h à 18h30 ; le vendredi de 8h à 20h ; le samedi de 10h à 20h. Terrasse.

Le Nid, guinguette urbaine, résulte d'un projet créé par Charlotte et Sophie, deux copines très sympathiques. L'endroit est très cosy et convivial ! C'est aussi un concept original qui est un peu à mi-chemin entre un restaurant et un salon de thé. Vous pouvez y déguster aussi bien des tartes et cookies faits maison que des salades ou des tartines. Vous pouvez aussi vous laissez tenter par un brunch le samedi matin. En été, vous ne manquerez pas de profiter de la charmante terrasse. Il y règne une ambiance chaleureuse. Le Nid, un bon plan !

NOMAD CAFÉ

28b, rue François Spoerry
✆ 03 89 43 63 40
www.nomadcafe.fr

Ouvert du mardi soir au samedi soir. Brunch le dimanche à partir de 10h (sauf l'été). Terrasse décalée.

Laurent Mathieu, l'infatigable visionnaire, Dorce et Jonathan, constituent l'équipe de choc qui gagne toujours : la satisfaction de la clientèle, une notoriété à nulle autre pareille, une remise en question régulière ! C'est LE lieu à Mulhouse, presque une attraction touristique. Situé dans le quartier de la Fonderie, en osmose avec l'incubateur numérique km0, son voisin. Autant vous dire que si vous ne réservez pas, vous n'y arriverez pas ! Aux beaux jours, la terrasse est friendly. Pour y manger un morceau, la carte est streetfood, fingerfood... Bref, tendance !

L'OPÉRA

2, rue Paille
✆ 03 89 36 08 51

Ouvert du mardi au samedi de 8h à 19h. Plat du jour à 10 €. Petit déjeuner à 7 €.

Le célèbre salon de thé mulhousien est à présent orchestré par la charmante et prévenante Dominique. Cette dernière rayonne et est aux petits soins pour sa clientèle. Une ambiance feutrée, un décorum revisité avec beaucoup de goût tout en conservant les célèbres chaises de « l'aristocratie mulhousienne » qui s'y retrouve pour prendre le thé, déguster une pâtisserie. Un chef passionné propose des mets sucrés savoureux dont sa spécialité : le mendiant ! La terrasse est toujours aussi agréable avec là aussi une belle façade décorée au gré des saison.

PÂTISSERIE HELFTER

27, passage Central
✆ 03 89 56 00 88
www.patisserie-helfter.fr

Ouvert du mardi au samedi de 7h30 à 18h30 ; le dimanche de 7h30 à 17h. Fermé le lundi et les jours fériés.

Plus de 25 ans de passion pâtissière et pas une ride pour cet artisan cité par les plus grands guides culinaires et qui est connu pour ses chocolats faits d'alliances subtiles de ganache, de praliné, de caramel ou de pâte d'amande dont il réalise lui-même les modelages. Il faut dire qu'il a été formé par le grand Andréas Sindern... la célèbre pâte d'amande de Lübeck, vous connaissez ? Ne manquez pas la bière au chocolat ou une autre spécialité maison : le panettone italien. On peut aussi déguster sur place dans le salon de thé de la boutique.

PÂTISSERIE RISS

107, rue du Général-de-Gaulle - **RIEDISHEIM**
✆ 03 89 65 45 60
www.patisserieriss.com

Du mardi au vendredi de 8h30 à 12h30 et de 14h à 18h45, samedi de 8h à 12h30 et de 14h à 17h45, dimanche de 8h15 à 13h.

À Riedisheim, se trouve l'un des plus beaux temples dédiés au dieu de la pâtisserie ! Il est vrai que la pâtisserie pur beurre de M. Riss est délicieuse et nous renvoie à de gourmands souvenirs d'enfance. Dans son laboratoire, il innove sans cesse pour le plus grand plaisir de ses fidèles gourmands ! Des macarons, vous font de l'œil, avec leurs pulpes de fruit. Les glaces artisanales sont aussi à recommander et cela toute l'année. Que dire des torche-marrons ? Les meilleures de toute l'agglomération, un pur régal ! Péché de gourmandise quand tu nous tiens.

TILVIST

23, rue de la Moselle
✆ 03 69 54 48 12
www.tilvist-coffteashop.fr

Ouvert le lundi et du mercredi au samedi de 7h30 à 20h ; le dimanche de 10h30 à 18h. Mardi pour privatisation.

Au Tilvist c'est comme être à la maison : Séverine a trouvé l'essence de ce que l'on recherche, du fait-maison, du partage, de l'humain, et ça fait du bien ! Tout est délicieux et il y a un choix incroyable du petit déjeuner au repas ! Les brunchs se font sur réservation, sont généreux et donnent le sourire pour la journée. On y trouve aussi des produits artisanaux et de quoi faire de beaux cadeaux ! On en ressort le ventre et le cœur pleins. Et on a un scoop : Séverine a ouvert sa boutique de Home déco dans Mulhouse, le Tilvist, merveilleux sur tous les fronts !

(SE) FAIRE PLAISIR

Quand on on visite, on a toujours plaisir à offrir aux gens qu'on aime un souvenir du lieu qui nous a tellement plu. Côté commerces, le centre-ville de Mulhouse est très dynamique, pour preuve, le soin apporté par la ville pour garder ses boutiques et attirer des enseignes tendance, et une association, Cœur de Mulhouse, qui fait vibrer les vitrines des commerçants. Alors, ne boudez pas votre plaisir, shoppez et flânez au gré de vos envies et laissez-vous happer ! C'est vrai que l'on commence toujours par la gastronomie : un petit bout de terroir avec des gourmandises sucrées ou salées, bretzels, pain d'épices et autres spécialités traditionnelles alsaciennes ou quelques bouteilles exceptionnelles de vin de la région. Mais Mulhouse regorge de petites boutiques d'artisans, de galeries d'art, de librairies éclairées, de bijouterie de qualité... Le choix est vaste, le plus compliqué sera de n'oublier personne !

MAISON ENGELMANN

8 bis, rue du Moulin
✆ 06 29 63 92 42
Ouvert lundi de 14h à 19h30 ; du mardi au vendredi de 9h à 19h30 ; le samedi de 9h à 19h.

Avec une déco inspirée des passages couverts, sous une immense verrière, les boutiques y privilégient la qualité, les productions artisanales et la convivialité, au travers de rencontres culturelles et gastronomiques. On déguste un excellent café italien à l'Engel's Coffee tout en lisant le bouquin du moment de la librairie 47 Degrés Nord. Le caviste Clos 3/4 vous propose d'excellents vins et l'artisan pâtissier de succulentes pâtisseries. Avec Mamma Mozza, on grignote italien à toute heure. Vous y trouverez même une Biocoop !

BEYER

19, rue de l'Écluse - **PFASTATT** ✆ 03 89 52 22 33
www.beyer.alsace
Retrouvez les produits gourmands Beyer dans les moyennes et grandes surface qualitatives en Alsace.

Depuis 1921, la famille Beyer veille sur « L'hirondelle mulhousienne ». Elle fête donc cette année... ses 100 ans ! La fabrication de confitures, de gelées et de fruits au sirop, confectionnés dans des chaudrons de cuivre et d'inox se perpétue. Aujourd'hui, Delphine et son frère Philippe Beyer sont les dynamiques héritiers de cette entreprise développant sa gamme et augmentant son marché, sa notoriété jusqu'au Japon. L'entreprise reste centrée sur la qualité, notamment avec sa célèbre confiture d'églantines sauvages et fait vivre le patrimoine culinaire local !

MON UNIVERS

22, rue Poincaré
✆ 03 89 56 34 91
Du mardi au vendredi de 10h à 19h. Le lundi, uniquement la boutique de 13h à 19h.

Bienvenue dans un univers mystérieux où cohabitent Harry Potter et ses amis. Un lieu fantastique pour tous les fans, situé dans la rue Poincaré qui, le mois d'octobre venu avec ses nappes de brouillard, conforte encore plus le sentiment d'étrangeté mais aussi d'enthousiasme qu'éprouve le visiteur en poussant la porte. À l'intérieur, un décorum chaleureux vous incite à prendre le thé mais aussi à vous plonger dans les livres, jeux et autres gadgets estampillés Potter. Le salon de thé propose des pâtisseries locales, jus de fruits artisanaux et d'excellents thés.

CABOSSE

5, rue du Raisin
✆ 03 89 54 91 40
www.patisserie-cabosse.fr
Ouvert le lundi de 13h à 18h ; du mardi au vendredi de 10h à 19h ; le samedi de 9h30 à 18h30.

Bastien Dangelser a créé cette pâtisserie-chocolaterie. Le CV impressionne : Major de sa promo à 24 ans seulement, il fait ses armes aux côtés de Franck Fresson, à Metz, avant de revenir en Alsace, pour intégrer les équipes de Thierry Mulhaupt. Aujourd'hui, il expose sa créativité par le biais de petites pâtisseries remarquables : macarons, entremets, chocolats... Impossible de résister, ne serait qu'à l'odeur en entrant ! Il y a toujours une bonne raison de s'arrêter chez Cabosse....et une bonne excuse de céder à la gourmandise !

CAVES BAUMANN

3, rue du Siphon
✆ 03 89 42 35 84
www.caves-baumann.fr
Du lundi au samedi de 8h à 12h et de 13h30 à 19h. Marché couvert mardi, jeudi et samedi. Boutique en ligne.

À Mulhouse depuis plus d'un siècle, les Caves Baumann représentent le point d'ancrage de nombreux Mulhousiens, passionnés de bons vins. Il y a aussi le stand sur le marché où des dégustations de haut niveau culinaires, sont organisées régulièrement. Vous serez servi avec beaucoup de prévenance et de conseil. On trouve tout ou presque tout, du petit vin de table aux bouteilles précieuses avec un très bon rapport qualité/prix. Et puis, il y a aussi le site de vente en ligne avec un nombre important de références. Une véritable adresse 4.0 ! Bravo !

LABEL HISTOIRE

9, rue Henriette
✆ 03 89 59 13 34
Ouvert en semaine et le samedi.

Marie-Jo Gebel est une des nombreuses ambassadrices de notre ville bien-aimée ! C'est elle qui réalise la fameuse étoffe de Noël disposée sur les façades. Elle travaille en collaboration étroite avec le musée de l'Impression sur étoffes pour le choix annuel des motifs. Elle s'est aussi illustrée par le passé, à Altkirch où elle sublimait la « Forêt enchantée ». Et puis voilà, elle s'est lancée, elle a osé : ouvrir boutique en pleine période de pandémie ! Mais on y croit, notre Marie-Jo est douée, aime le risque et généralement, ça lui réussit plutôt bien !

MARCHÉ DU CANAL COUVERT

Avenue Aristide-Briand
www.marchedemulhouse.com
Ouvert le mardi, jeudi et samedi de 6h à 17h.

300 commerçants animés par la passion de leur métier, en contact direct avec leur clientèle. On parle, on rit, on gueule de temps en temps, mais on finit toujours par s'entendre ! Et lorsqu'on a envie de prendre un peu de hauteur par rapport à ce chaudron bouillonnant de vie, on se rend au restaurant Aux Halles ou et c'est la grande nouveauté, au Quai 26, nouvel espace de restauration, tendance, où l'on peut déguster en toute convivialité les différentes gourmandises achetées sur place. Le marché de Mulhouse, c'est le monde entier réuni au cœur du quartier Briand.

BISEY

35, place de la Réunion
✆ 03 89 46 58 14
www.bisey.eu
Ouvert le lundi de 10h à 19h ; du mardi au samedi de 9h à 19h.

Depuis plus de cent ans cette institution est toujours la référence mulhousienne. Les temps changent, les Mulhousiens, habitués à trouver Michel Bisey, entre deux étages, devront se consoler ! Ce dernier a pris une retraite bien méritée et à laisser les rênes de son établissement séculaire à son bras droit : Luc Widmaier ! On s'en réjouit car la librairie pourra continuer encore longtemps à brandir l'étendard de la librairie indépendante, chère à nos cœurs ! On y retrouve toujours les publications alsatiques, toutes les cartes routières du monde.

LE TRAITEUR DU BOLLWERK

151, rue de Bâle
✆ 03 89 56 23 05
habegger.alsace
Ouvert du lundi au jeudi de 8h à 13h ; le vendredi de 8h à 14h ; le samedi de 8h à 15h.

La rue est connue pour son restaurant, l'Auberge du boucher, à présent fermé, après des années de bons et loyaux services gourmands ! Mais la famille Habegger reste dans nos cœurs et continue à nous régaler grâce à cette nouvelle adresse pour les amateurs de bonne chère. Un retour aux sources car Pierre Habegger tenait déjà une boucherie dans ce local. Le traiteur du Bollwerk, entreprise familiale, propose des viandes de qualité, une charcuterie fabriquée maison et de nombreux produits régionaux. Le terroir directement du producteur au consommateur !

LE LISERON

5, rue du Couvent
✆ 03 89 43 47 37
librairie-leliseron.fr
Le mardi et le jeudi 10h-12h et 14h-18h30 ; le mercredi et le vendredi 10h-18h30 ; le samedi 10h-18h.

La librairie Le Liseron est un espace de bonheur littéraire pour les petits et même pour les plus grands ! Son fer de lance : des publications en langue étrangère, notamment en allemand. Le Liseron, c'est toute une ambiance où quelques fées aideront à dénicher le roman, le conte, le jeu, la musique, la poésie, le documentaire... Cette librairie jeunesse a pour objectif de partager le bonheur de la lecture et la découverte d'auteurs et d'illustrateurs dans un esprit bienveillant et convivial. Le Liseron organise des animations et des ateliers pédagogiques.

BOUGER & BULLER

À Mulhouse, le sport fait partie de la vie quotidienne des habitants. Dans les parcs, le long de la coulée verte ou sur les promenades aménagées le long de la Filature, les Mulhousiens chaussent leurs baskets ou enfourchent leurs vélos par passion ou par obligation, mais toujours avec plaisir. Les habitants vibrent avec leurs clubs sportifs préférés, les nombreuses associations les initient au yoga, aux arts martiaux, au hockey sur glace... D'ailleurs, l'agglomération mulhousienne a été labellisée « Terre de jeux 2024 », une reconnaissance des atouts de la ville en matière d'équipements sportifs. C'est également un terroir de champions : Arnaud Merklé, jeune prodige du badminton ou encore Oualid Ben Salem qui fait partie des 10 meilleurs apnéistes mondiaux. Mais que les adeptes de siestes ou de calme se rassure, à Mulhouse, on sait aussi buller en toute tranquillité : complexes nautiques et spas ressourçant vous attendent.

AQUARHIN

1, rue de la Piscine
OTTMARSHEIM
✆ 03 89 26 08 60
www.aquarhin.com
Horaires d'ouverture à consulter sur le site internet. Entrée : 4,50 € (tarif réduit 3,50 €).

En référence au Rhin et aux nombreuses propositions thermales existantes de l'autre côté de la frontière, ce complexe aquatique dispose d'une eau soigneusement filtrée par un dispositif écologique. La véritable nouveauté est l'espace bien-être et sa zone de repos wellness avec son toit végétalisé et des couleurs rappelant la nature. L'espace extérieur, il a été étoffé avec trois bassins (bassin familial, bassin olympique et bassin de plongeon) une structure ludique, un toboggan et une zone de jeux. Un paradis pour petits et grands proche de Mulhouse.

CLUB VOSGIEN MULHOUSE & CRÊTES

33, Grand-Rue
✆ 03 89 45 51 83
club-vosgien-mulhouse.fr
Cotisation à partir de 23 € (40 € par couple).

Né de l'union du Club vosgien de Mulhouse (fondé en 1872) et du Club vosgien Mulhouse-Crêtes (créé en 1933), cette célèbre association, qui compte une cinquantaine de guides et animateurs, organise nombre de randonnées, courses et apprentissage de l'orientation, sorties en raquettes, en ski ou à VTT dans la région. L'association compte actuellement près de 700 membres. Parmi eux, vingt-quatre se chargent de la création, l'entretien et la démarcation des sentiers bien balisés.

CLIMBING MULHOUSE CENTER

21, rue des Brodeuses
✆ 03 67 23 02 69
www.cmc68.fr
Du lundi au vendredi de 10h à 23h ; le samedi de 10h à 21h ; le dimanche de 10h à 19h.

Mulhouse accueille le plus haut mur d'escalade de France ! Pour tous les niveaux, du débutant au compétiteur ! Situé sur l'emblématique DMC, ancien site industriel en pleine métamorphose, il s'élève sur plus de 2 000 m^2 de surface de grimpe dont près de 400 m^2 de blocs ! Ses couleurs sont pleines d'énergie ! Une école d'escalade permet de découvrir ce sport en famille, avec des amis. Si vous êtes autonome, une simple signature sur la feuille de décharge vous donnera l'accès au nirvana ! Lieu d'événementiel par excellence, on peut y organiser des anniversaires.

COMPLEXE NAUTIQUE DE L'ÎLE-NAPOLÉON

5, rue de l'Industrie
HABSHEIM
✆ 03 89 63 44 90
Fermé le lundi matin et le dimanche après-midi. Horaires différents pour les bassins et le centre de remise en forme.

Agréable en été, le complexe permet de s'installer sur le gazon et se rafraîchir dans un bassin de 195 m^2 avec jets d'eau massants, grilles à bouillonnement, rivière à contre-courant et un toboggan pour les plus jeunes. L'extérieur comprend également un terrain de volley. L'intérieur n'est pas en reste avec son centre de remise en forme qui comprend sauna, hammam, bains bouillonnants et salle de repos en plus du bassin de natation de 25 m sur 15 m.

PISCINE PIERRE ET MARIE CURIE

7, rue Pierre-et-Marie-Curie
✆ 03 89 32 69 00
Dimanche : fermé. Entrée : 3,90 € (tarif réduit 3 €). Fermé de juillet à août.

Cette piscine est un petit joyau mulhousien ! Le bâtiment date des années trente et est classé aux monuments historiques. À l'étage, les bains romains, bains aux trois températures différentes, complétée par un sauna sec, un hammam, une salle de frottage et une zone de repos sont restés tels que jadis. Une rénovation s'impose cependant et une meilleure prise en compte de sa valeur en termes d'attractivité pour faire face aux voisins réputés en thermalisme.

BAINS ROMAINS

7, rue Pierre-et-Marie-Curie
✆ 03 89 32 69 00
Du mardi au samedi 7h30-8h30 ; mercredi 14h-19h ; jeudi 17h30-19h ; vendredi 17h30-20h30 ; samedi 14h-18h.

Les bains romains continuent depuis 1925 de dispenser détente et bien-être à tous les visiteurs. Le bâtiment somptueux offre un cadre exceptionnel : vitraux Art déco, robinetterie en laiton, marbres et service d'époque. Les Bains romains, c'est un rituel en 3 temps ; on se savonne puis on file au sauna sec à 95 °C. On se douche avant de s'immerger dans un bassin chaud. Passer quelques minutes dans le local vapeur à 40 °C. Pour clore le rituel, on plonge dans un bain à 10 °C. Avec une belle rénovation, cela pourrait devenir notre petit Badenweiler à nous !

ACTIVITÉS DE LOISIRS À L'ESPACE 110

1, avenue des Rives-de-l'Ill - **ILLZACH**
✆ 03 89 52 18 81
www.espace110.org
Lundi 14h-20h30 ; du mardi au jeudi 10h-12h et 14h-20h30 ; vendredi 10h-12h et 17h-20h30 ; samedi 9h-12h et 13h30-16h30.

À l'Espace 110, vous trouverez une offre complète d'activités pour prendre soin de vous (taï-chi-chuan, Pilates, yoga...), mais aussi de nombreuses activités d'expression scénique, sportives, culinaires, manuelles, littéraires, du Kuduro fit®, l'auto-hypnose ou encore la création textile. Tout au long de la saison, des rencontres sont organisées entre les activités de loisirs et la programmation culturelle de l'Espace 110. Plaisir et divertissement assurés pour tout le monde !

CONSERVATOIRE DE MULHOUSE HUGUETTE DREYFUS

1, rue de Metz ✆ 03 69 77 65 00
www.mulhouse.fr

Installé il y a peu dans un ancien centre commercial du centre de Mulhouse, le nouveau conservatoire a su redonner vie à ces quartiers endormis. Le bâtiment, élégamment remis à neuf, réunit toutes les infrastructures nécessaires pour transmettre l'amour de la musique. Avec un auditorium de 300 places pour se mettre en conditions et 7 000 m² de salles pour plus de 100 disciplines enseignées, le nouveau conservatoire est prêt à accueillir les musiciens en herbe et les autres.

ESPACE 110

1, avenue des Rives-de-l'Ill - **ILLZACH**
✆ 03 89 52 18 81
www.espace110.org
Le lundi de 14h à 22h30 ; du mardi au vendredi de 8h à 12h et de 14h à 22h30 ; le samedi de 8h à 12h et de 14h à 17h.

Lieu de référence à Illzach, l'Espace 110 contribue très largement à la vie culturelle de l'agglomération et plus encore. On peut y découvrir toute l'originalité et l'audace des créations de la compagnie des Rives de l'Ill mises en scène par Thomas Ress, le directeur de ce complexe culturel. À l'Espace 110, l'on voit bien sûr du théâtre, de la danse mais aussi une programmation musicale plutôt éclectique et de nombreuses expositions et conférences toutes plus intéressantes les unes que les autres. Ce lieu abrite bon nombre d'associations sportives et culturelles.

SORTIR

Envie de profiter de la nuit ? Que les noctambules se rassurent, à Mulhouse, la soirée est prévue pour s'amuser : bars sympas et conviviales, discothèques tendances, escape game angoissant, cinéma d'auteur ou familial vous permettent d'accéder à toutes sortes de divertissements. Des moments à partager en famille, seul ou en couple ou encore entre amis. Côté culture, la ville regorge de théâtres, parfois même en dialecte qui vous immergeront dans un autre temps, de scènes nationales éblouissantes, de médiathèques fournies et de salles de spectacles éclectiques. Pour sortir et s'amuser, pour se changer les idées ou découvrir de nouveaux lieux, pendant les vacances, en week-end ou en semaines, Les manifestations sont nombreuses et les événements récurrents, Mulhouse bouge, Mulhouse vit et Mulhouse respire, impossible de s'ennuyer, il y a toujours quelque chose à faire dans la cité du Bollwerk !

CINÉMA BEL-AIR

31, rue Fénelon
✆ 03 89 60 48 99
www.cinebelair.org
Ouvert toute l'année.

Unique cinéma d'art et d'essai du Haut-Rhin, le Bel-Air est composé d'une équipe de passionnés. Avec une petite salle intimiste, la programmation est riche, variée et s'adresse à tous. Le Bel-Air n'est pas un cinéma où l'on va juste « consommer » un film. Lieu d'échange et de partage, l'année au Bel-Air est truffée d'événements et propose régulièrement des rencontres autour de cycles de programmes, notamment le Festival Augenblick, festival régional de cinéma en langue allemande. Bref, au Bel-Air le cinéma c'est la vie qu'on aime !

CINÉMA PALACE

10, avenue de Colmar
✆ 03 69 61 84 54
www.lepalacemulhouse.com
Ouvert toute l'année.

Le Palace est le seul cinéma grand public qui diffuse des films en VO. Mais pour combien de temps ? Malheureusement faute de moyens, les grandes affiches sont de plus en plus absentes les lieux se dégradent et les problèmes techniques sont fréquents. Seul cinéma restant en hypercentre il vit des moments difficiles. C'est bien dommage pour un endroit apprécié des cinéphiles où on retrouve encore cette ambiance sympathique des cinémas de quartier d'antan. Notons que le personnel reste toujours souriant ! Attention, la dernière séance n'est peut-être pas loin.

LA FILATURE

20, allée Nathan-Katz ✆ 03 89 36 28 28
www.lafilature.org
Ouvert du mardi au samedi de 11h à 18h30 ; le dimanche de 14h à 18h. En continu les soirs de représentation.

Scène nationale, à la programmation pointue et léchée dans le domaines du spectacle vivants, elle met à l'honneur l'art en conjuguant des spectacles d'artistes reconnus avec des propositions de jeunes talents avec des résidences d'artistes remarquées, des travaux artistiques qui font écho à la ville. La Filature abrite également La Galerie, pour des expositions photo, l'orchestre symphonique de Mulhouse et l'Opéra national du Rhin. On y trouve également une médiathèque gérée par la Ville de Mulhouse, spécialisée dans la musique, le théâtre, la danse et la vidéo.

KINÉPOLIS

175, avenue Robert-Schuman ✆ 03 89 36 78 00
www.kinepolis.com
Ouvert toute l'année. Du lundi au samedi et les jours fériés de 13h à 1h ; le dimanche de 10h à 1h. Entrée : 10,55 €.

Le Kinépolis est un complexe disposant à Mulhouse de 14 salles qui proposent une programmation généraliste et familiale à laquelle viennent s'ajouter des retransmissions en live et simultanés de concerts, de ballets, des opéras, des avant premières, des documentaires. Concept belge primé, Eddy Duquenne, Président de Kinepolis Group, a reçu le prix du meilleur exploitant de salle de cinéma lors de CinemaCon, le plus grand événement pour l'industrie du cinéma du monde en 2014. Depuis le concept fonctionne bien et les amateurs de cinéma s'y rendent nombreux.

L'ENTREPÔT

50, rue du Nordfeld
✆ 03 89 54 46 31
www.lentrepot.org
Ouvert du jeudi au samedi de 18h à 1h30.

Cette salle de 300 places dédiée à l'humour sous toutes ses formes est née sous l'impulsion de deux passionnés d'art vivant et de poil à gratter, le couple Marguier. Parce qu'il manquait un endroit où exprimer de façon amusante les coups de gueule et les coups de cœur tant au niveau local qu'au plan national, l'Entrepôt se devait de combler ce vide. La programmation y est de grande qualité, de nombreux artistes nationaux viennent y tester leurs nouveaux spectacles. Le plus ? La possibilité de dîner ou de boire un verre avant ou après le spectacle.

THÉÂTRE ALSACIEN DE MULHOUSE [ETM]

41, rue de la Sinne
✆ 03 89 45 53 63

Le Théâtre alsacien mulhousien s'emploie à la conservation et au développement du théâtre dialectal et de la culture populaire mulhousienne, par la production régulière de pièces de théâtre en dialecte, souvent écrites par des auteurs régionaux. Le TAM propose chaque année ses célèbres « Herre'n Owe » et « Dame'n Owe ». Son QGI se trouve à côté du théâtre de la Sinne. Le Cercle dispose d'un bar et de deux salles et abrite les répétions de l'école de théâtre dialectal des jeunes.

NOUMATROUFF

57, rue de la Mertzau
✆ 03 89 32 94 10
www.noumatrouff.fr
Du mardi au samedi 14h-18h. Répétitions mardi et vendredi 17h-23h, mercredi et jeudi 14h-23h et samedi 14h-20h.

C'est en août 1992 qu'a eu lieu la première soirée dans cette friche industrielle reconvertie en scène de musiques actuelles. Ces labels attribués par le ministère de la Culture ainsi que l'histoire associative qui a porté ce projet ont contribué à faire du « Nouma » un haut lieu de la musique en Alsace et en France. L'accueil, l'organisation technique sans faille et les *after* avec les artistes ont fait de cette salle de concert une escale incontournable pour des milliers de groupes. Le Noumatrouff, c'est l'occasion d'être au cœur de l'actualité musicale !

THÉÂTRE DE LA SINNE

39, rue de la Sinne
✆ 03 89 33 78 00
www.theatre-sinne.fr
Caisse ouverte de 10h30 à 12h et de 16h30 à 18h30 du lundi, ainsi qu'une demi-heure avant le début des spectacles.

Majestueux, somptueux, le temps passe sans ternir le théâtre de la Sinne. C'est un lieu d'une autre époque. Les artistes et le public sont invités à se poser dans un écrin aux sièges de velours, aux balcons rouges et dorés, dans un décor de théâtre italien. La salle offre une acoustique irréprochable où passent toutes sortes de spectacles : théâtre de boulevard, spectacles de l'Opéra du Rhin, concerts du Conservatoire de musique, danse et art dramatique. Y aller, c'est passer un instant magique et profiter d'une programmation variée et tous publics.

LES SHEDS CAFÉ-THÉÂTRE

2A, rue d'Illzach
KINGERSHEIM
✆ 03 89 51 15 03
www.les-sheds.com
Voir programmation sur le site internet.

« Les Sheds » se veut un espace ouvert, multiple et polyvalent. Animé par ses membres impliqués dans la vie participative et intergénérationnelle, cet espace modulable abrite une épicerie bio, salle d'expo, restaurant-café-théâtre dont la programmation est encore balbutiante car toute nouvelle. Ouvert en 2014, le restaurant tient bien la route avec sa cohorte d'habitués qui sont souvent des membres actifs. La salle propose maintenant toute une palette d'artistes et de spectacles pour notre plus grand plaisir et notre faim de culture !

TEAM FACTORY

55, rue de Pfastatt
✆ 07 69 82 64 71
https://teamfactoryescape.com
Salle d'escape Game - A partir de 16 € par joueur.

Tic Tac, vous avez une heure pour mettre la main sur le plan de la première bombe à vapeur ou pour quitter les lieux angoissants du Freak Show... Implanté dans la friche DMC, l'escape game Team Factory va vous immerger dans des univers fascinants dont vous ne ressortirez pas indemnes ! Le concept est génial et peut s'adapter aux entreprises ! Team Factory c'est aussi un lieu de rencontre : le bar et ses jeux de sociétés à partager, des soirées à thèmes et des spectacles. Pas besoin d'être un geek, c'est the place to be pour se divertir et changer d'univers !

BERRWILLER

Cette commune d'un peu plus de 1000 habitants est mentionnée pour la 1re fois en 796. Une anecdote intéressante : l'actuel presbytère a été construit en 1730 avec les pierres de l'ancien château du Weckenthal qui dominait la ville jusqu'en 1652. À partir de la Révolution française, une belle ferme avec dépendances occupe ce site. Elle sera détruite au cours de la 1re Guerre mondiale. Les combats du Hartmanswillerkopf obligeront les Berrwillerois à quitter leur village en janvier 1915. Il y aura tant de dégâts à réparer après 1918 que Berrwiller devra attendre l'an 2000 pour retrouver un niveau de population équivalent à celui du début du XXe siècle.

AUBERGE DES DAHLIAS €€

Chemin Linngasse
✆ 03 89 28 23 67
www.aubergedesdahlias.fr
Du jeudi au lundi midi et soir et mardi midi. Fermé mercredi. Formule midi : 14 €. Chambres disponibles.

Au pied des vignes et des prés, la Ferme des Dahlias est ouverte toute l'année. Au milieu de la salle trône un Kachelhoffa qui diffuse une douce chaleur dès les premiers frimas. Le restaurant propose une cuisine campagnarde et saisonnière aux saveurs authentiques. Les entrées, les röstis et les fromages sont présentés sur ardoise. Le menu du jour est très attractif grâce au lien direct du producteur au consommateur. Terroir, convivialité et détente sont les maîtres mots ici. On peut aussi acheter les bons produits de la ferme.

RESTAURANT KOENIG À L'ARBRE VERT €€€

96, rue Principale
✆ 03 89 76 73 19
www.restaurant-koenig.com
Fermé le lundi, le mardi et le dimanche soir. Menus de 28 € à 60 €.

L'adresse réussit à concilier l'esprit village et l'excellence du service et des plats dignes des grands établissements gastronomiques. On retrouve à l'Arbre vert une carte plutôt bavarde qui n'hésite pas à prendre des risques réussis dans les combinaisons gustatives, tout en restant dans l'esprit du terroir alsacien. Une mention spéciale à la très belle carte des vins. Mathieu, le chef, est le digne représentant de cette famille de cuisiniers et restaurateurs que sont les Koenig !

HOMBOURG

Situé à proximité de la forêt de la Hardt, Hombourg signifie château élevé alors qu'il se situe en plaine. De nombreux vestiges attestent de l'occupation du site par les romains. C'est un joli village renommé également pour ses châteaux : le domaine de Hombourg est un lieu original ayant appartenu aux grandes familles industrielles, les Koechlins et les Burrus, où le médiéval flirte allégrement avec le XIXe siècle. Le Château médiéval en béton armé construit au XXe siècle abrite une ferme avec une étable.
A l'arrière se trouve un autre château autour duquel s'est installé un golf. Aujourd'hui, Hombourg est un village de plus de 1300 habitants.

GOLF DE HOMBOURG

1, rue Principale
✆ 0049 0 170 44 62 500
www.drei-thermen-golfresort.de
Basse saison : tous les jours de 9h à 17h. Haute saison : tous les jours de 8h à 19h. Restaurant.

Grâce à son château du XIXe siècle, jouez au golf comme un châtelain. Larges plaines à la vue imprenable sur les vallées environnantes, orée d'une forêt luxuriante au fil de votre parcours, le green vous surprendra par sa diversité. Après avoir tapé quelques balles, profitez de vous relaxer en prenant une petite collation au château. L'emplacement proche de la frontière allemande vous permet des moments d'échanges d'une grande richesse interculturelle ! Peut-être le moyen d'acquérir de nouvelles techniques venant de l'Allemagne ou de la Suisse ?

OTTMARSHEIM

Formé autour du VIIIe siècle, le village né le long de l'ancienne voie romaine qui reliait Bâle à Strasbourg, doit son nom à Saint Othmar, abbé de Saint-Gall, qui possédait des terres à proximité du Rhin. Il est entouré de la forêt domaniale de la Hardt. Ottmarsheim est non seulement connu pour son abbatiale, mais aussi pour son dynamisme. Le « Point Information » accueille les nombreux visiteurs toute l'année et organise les animations phares de la commune : marché de Noël des musées et des créateurs le 2e week-end de décembre et Nuit du folklore en juin. Les nombreux équipements sportifs et culturels contribuent au « bien vivre » dans ce village.

HAUT-RHIN

ABBATIALE D'OTTMARSHEIM ✝ ★★

6, rue de l'Église ✆ 03 89 26 27 57

Visites guidées historiques et costumées sur réservation, en français et en allemand. Durée : 45 min.

Située sur la Route Romane d'Alsace, l'abbatiale Saints-Pierre-et-Paul est un joyau de l'architecture romane du XIe siècle. Édifiée entre 1030 et 1050 sous la direction de Rodolphe d'Altenbourg, un des fondateurs de la maison de Habsbourg, et dédiée aux apôtres du Christ saint Pierre et saint Paul. Elle sera consacrée en 1049 par le pape alsacien Léon IX et destinée à des bénédictines.

Son plan centré octogonal, inspiré par la chapelle palatine d'Aix-la-Chapelle, en fait un édifice unique de l'architecture religieuse du Haut-Rhin puisqu'il incorpore des éléments de style paléochrétienne, byzantine, pré-romane, carolingienne, et ottonienne.

En presque 1 000 ans, l'abbaye a été plusieurs fois dévastée, détruite par guerres et incendies, et reconstruite. Elle est définitivement dissoute à la suite de la Révolution française, et ses trésors dispersés. Les siècles suivants voient les campagnes de restauration se succéder pour rendre toute sa gloire à l'édifice. La dernière s'est terminée en 2018, mettant en valeur les deux chapelles gothiques des XVe et XVIe siècles. Depuis 1991, la vie monastique a également repris son cours : un prieuré des Serviteurs de Jésus et de Marie, congrégation fondée en 1930, est créé à Ottmarsheim pour desservir l'église et les paroisses environnantes. Le couvent abrite une dizaine de religieux.

Des visites guidées théâtralisées en costume d'époque, vous permettent de découvrir l'histoire tumultueuse de l'édifice aux côtés de Rodolphe et Cunégonde, comte et comtesse d'Altenbourg.

FORÊT DE LA HARDT ★

A l'ouest de Mulhouse, la forêt de la Hardt est un gigantesque domaine boisé, le second de la région après Haguenau. Propriété des Habsbourg, elle est revenue à Louis XIV à l'issue de la guerre de Trente Ans. Le chêne rouvre est l'essence dominante de cette forêt au milieu de quelques pins et arbres fruitiers : merisiers, cormiers. La faune qu'on y rencontre est constituée d'espèces communes comme des sangliers, des chevreuils, des lapins... Cette magnifique forêt fort bien préservée est sillonnée par de nombreux chemins pour le seul plaisir des promeneurs.

ALS HÔTEL*** €€

Carrefour de la Vierge

✆ 03 89 26 06 07

www.alshotel.com

Ouvert toute l'année. 40 chambres. Chambre double de 50 € à 70 €. Petit déjeuner : 10,50 €.

Situé à une encablure de l'Allemagne, le village d'Ottmarsheim bénéficie de nombreux avantages dont la proximité avec la nature et des accès aisés vers les grandes agglomérations environnantes. C'est dans ce coin tranquille que Als Hôtel a installé un bel établissement de 40 chambres. Petit plus, votre animal de compagnie est accepté. L'accueil y est convivial et chaleureux pour un séjour tout confort. Les chambres ont été rénovées et offrent une décoration contemporaine et le choix de couleurs chaudes font que vous vous sentirez presque comme chez vous !

L'ÉTAPE ROMANE €

4a, rue de l'Eglise

✆ 07 68 41 13 00

www.etaperomane.fr

Ouvert du mardi au vendredi 9h-17h ; le samedi 10h-17h ; le dimanche 9h-18h. Plat du jour : 8,50 € (avec café).

Une adresse pleine de charme, installée à côté de la célèbre abbatiale d'Ottmarsheim et qu'on pourrait qualifier de salon de thé de campagne ! Idéale pour se poser tranquillement, la terrasse fera des heureux à la belle saison, l'occasion de boire l'un de leurs délicieux thés ou café mais pas que puisque de délicieux petits plats et autres tartines sont proposés le midi ! Tout est fait maison. On les retrouve aussi sur le très beau marché de Noël d'Ottmarsheim ! L'Étape romane est une adresse dans laquelle on n'hésite pas à s'installer et à philosopher !

AQUARHIN

1, rue de la Piscine

✆ 03 89 26 08 60

www.aquarhin.com

Horaires d'ouverture à consulter sur le site internet. Entrée : 4,50 € (tarif réduit 3,50 €).

En référence au Rhin et aux nombreuses propositions thermales existantes de l'autre côté de la frontière, ce complexe aquatique dispose d'une eau soigneusement filtrée par un dispositif écologique. La véritable nouveauté est l'espace bien-être et sa zone de repos wellness avec son toit végétalisé et des couleurs rappelant la nature. L'espace extérieur, il a été étoffé avec trois bassins (bassin familial, bassin olympique et bassin de plongeon), une structure ludique, un toboggan et une zone de jeux. Un paradis pour petits et grands proche de Mulhouse.

RIXHEIM

Pour la petite histoire, si le site semble avoir été occupé depuis le néolithique, il est attesté que les chevaliers de l'ordre teutonique s'y installèrent au XIIIe siècle. Ancienne bourgade viticole et agricole, Rixheim sait faire valoir ses atouts industriels et commerciaux, grâce à son emplacement stratégique. Avec ses 13 000 habitants, la ville se place au 6e rang départemental et héberge sur son ban une partie de l'usine Peugeot. C'est ici, aussi que le canal du Rhône au Rhin finit sa course. La forêt y tient également une grande place, avec ses 985 hectares en deux massifs, Hardt et Tannenwald, appréciée par le promeneur amateur de verdure.

PARC DE LA COMMANDERIE DES CHEVALIERS TEUTONIQUES

Réservé à la famille de Jean Zuber, industriel qui a participé à l'essor du papier peint, ce parc est un jardin privatif dans l'usine. Aujourd'hui devenu public, on y pénètre par la rue Zuber. Les platanes dans la cour d'entrée sont impressionnants par leur élévation et la régularité des troncs. À ne pas manquer : le système hydraulique original où un petit étang dessert des rigoles qui sillonnent le parc. Et une grande serre de 1820, de grande importance pour l'histoire du site !

CIMETIÈRE ISRAÉLITE ★

Une sensation de nostalgie et de tristesse nous étreint lorsque l'on découvre ces vieilles tombes couvertes de mousse. Nous sommes au cimetière juif de Rixheim, âgé d'un peu plus de 200 ans. On peut encore lire une date sur l'une des pierres silencieuses : 1797...Tandis que dans sa partie nouvelle, les tombes les plus récentes remontent à quelques années. Vestige d'un autre temps, ce cimetière raconte l'histoire des anciens habitants juifs de Rixheim : une communauté alors très importante qui représentait près de quinze pour cent de la population du village.

IL GUSTO €€

60, Grand'Rue

✆ 03 89 42 02 38

Fermé le lundi. Carte 15 € environ. Formule du midi à 13,90 € (plat + boisson + café).

Cette adresse dédiée à la gastronomie transalpine a été repris avec brio par Giovanni Zuddas et Gianni Orlando (du Bacio) ! Ces deux-là, ont redonné une âme aux lieux et jouent une véritable histoire gourmande italienne. L'originalité, c'est la carte à la partition italienne : antipasti, plat de pâtes, viandes et poissons, dessert. Vous dégusterez une vraie cuisine familiale italienne avec d'excellentes pizzas. Les stars de la carte : le carpaccio de filet de bœuf maison et les linguine pesto de pistache et gambas ! Mamma mia ! Risque d'addiction accrue !

MUSÉE DU PAPIER PEINT (LA COMMANDERIE) ★

28, rue Zuber

✆ 03 89 64 24 56

www.museepapierpeint.org

Toute l'année de 10h à 12h et de 14h à 18h. Fermé le mardi d'octobre à août. Gratuit pour les - 4 ans.

Depuis près de 40 ans, ce musée fait revivre l'histoire et la technique du papier peint à la Commanderie de Rixheim qui abrite la manufacture Zuber depuis 1797. Ce musée, unique au monde, s'efforce de montrer à travers ses expositions combien ce matériau a joué et joue encore un rôle dans notre quotidien. La collection compte plus de 160 000 documents de la fin du XVIIe siècle à nos jours, constituant l'une des rares collections de référence existantes dans le monde.

LE 7E CONTINENT €€€

35, avenue du Général-de-Gaulle

✆ 03 89 64 24 85

www.le7emecontinent.com

Fermé le samedi midi, le dimanche soir et le lundi. Menu du jour à 38 €. Menu Découverte à 85 €.

Laissez-vous surprendre par la cuisine raffinée et pleine d'audace de Laurent Haller. Ce dernier a été formé auprès de grands chefs cuisiniers et pâtissiers : Bernard Loiseau, Paulus et Stéphane Klein. Avec sa 1re étoile en 2015, la simple lecture de la carte vous mettra les papilles en éveil. La créativité, le mélange de saveurs, de couleurs et de textures font de chaque met une véritable expérience visuelle et gustative. Rajoutez à cela un cadre et un service d'exception, soyez-en sûr, vous passerez un moment unique et hors du commun.

UNGERSHEIM

Les origines de ce village semblent remonter à la fin du néolithique. Toutefois, la première mention écrite date de 735 : elle apparaît dans un acte par lequel le comte Ebehard fait don à l'abbaye de Murbach de biens fonciers situés à Annegisvilla, nom alors donné au village. Il semblerait que plusieurs maisons religieuses possédaient des terres à Ungersheim, du VIIIe siècle à la Révolution. Une chose est sûre : lorsque les Habsbourgs furent nommés Landgraves et s'installèrent à Ensisheim, vers 1130, Ungersheim devint leur propriété. Avant d'être donnée en fief à la famille noble d'Ongersheim, qui servait l'abbé du Murbach et les Habsbourg. Suite à l'extinction de la famille d'Ongersheim, la localité passa aux Rheinach, avant de scinder le village en 1534 : les deux tiers furent soumis aux nobles de Bollwiller tandis que le reste resta à la ville d'Ensisheim. Ce n'est qu'à la Révolution que le village fut à nouveau réunit et devint indépendant. Au XIXe siècle, si nombre d'habitants émigrèrent aux Etats-Unis, les autres travaillaient surtout dans le secteur agricole, forestier et textile avant que ne démarre, l'épopée des mines de potasse. Les armoiries du village, formées de trois trèfles dorés, représenteraient la richesse en terres du village. Aujourd'hui, Ungersheim est surtout connu pour l'implantation sur sa commune de l'immense Ecomusée (lire dans la partie musées de Mulhouse). Depuis quelques années, le calendrier des fêtes est marqué par l'organisation, en novembre, du salon régional du commerce équitable et de la consommation responsable, intitulé Consom'acteurs.

LA CAVE DU TRÈFLE

24, rue d'Ensisheim
✆ 03 89 74 66 42
www.la-cave-du-trefle.fr
Ouvert le lundi 14h-18h30 ; du mardi au vendredi 9h30-12h30 et 14h-18h30 ; le samedi 9h-12h et 14h-18h.

Accessible aux particuliers, ce magasin de détail de boissons a été créé par Les Brasseries de l'Ill. Agréable et bien achalandé, l'espace propose une grande diversité de vins, de bières mais aussi de rhums et de whiskys. En vrais passionnés, les vendeurs connaissent leurs produits et sauront vous guider dans vos choix. Des petits producteurs locaux aux grandes maisons et domaines, la palette est très vaste. Un beau plus pour le rayon spiritueux avec une belle mise en avant de produits régionaux de qualité tels que les whiskys alsaciens encore trop confidentiels.

ÉCOMUSÉE D'ALSACE ★★★

Chemin Grosswald ✆ 03 89 74 44 74
www.ecomusee.alsace
Se renseigner sur les horaires et tarifs sur le site Internet. Guide numérique avec l'application SAM à télécharger.

Dès 1971, face à la détérioration du patrimoine architectural alsacien, un groupe de jeunes passionnés décide de mettre en œuvre un projet de sauvegarde. En 1980, une première maison est sauvée de la démolition et reconstruite sur un terrain en friche de la commune d'Ungersheim ; c'est le début de la grande aventure de l'Écomusée d'Alsace. Le musée accueille ses premiers visiteurs durant l'été 1984 ; aujourd'hui, c'est le plus grand musée à ciel ouvert de France !

L'Écomusée d'Alsace s'organise comme un véritable village alsacien du début du XXe siècle en plein cœur de la nature ! Découvrez le patrimoine rural alsacien en évoluant parmi plus de 70 bâtiments traditionnels : maisons, fermes, école, chapelle, gare, scierie… Il présente ainsi les principaux types d'architecture alsacienne, sélectionnés en fonction de leur représentativité par rapport à un terroir, à une époque ou à un groupe social. Ces bâtiments sont tous aménagés grâce aux dons des Alsaciens. L'immersion est complétée par une collection de près de 100 000 objets du quotidien, vêtements, ou outils pour un véritable saut dans le passé ! Mais c'est aussi un espace de biodiversité préservée avec 4 sentiers nature : par les champs, la forêt et le long de la rivière. Grâce aux animations et aux bénévoles, le village vit au rythme des saisons et des traditions alsaciennes : nourrissage des cochons, traite de la vache, école d'antan et recettes de cuisine de saison. À ne pas manquer : les balades en barque, en charrette ou en tracteur.

ALTKIRCH ★

Cette petite cité médiévale se laisse volontiers découvrir par les visiteurs : il est agréable de flâner aux abords des sites culturels : le Musée sundgauvien, le Prieuré Saint-Morand, la tour du Schlaghaus, la fontaine de la vierge, les anciens remparts de la Ville et autres vestiges médiévaux ou encore la Maison du peintre Arthur Schachenmann. De nombreuses visites guidées sont aussi organisées mais aussi plus de 120 événements culturels et sportifs déclinés tout au long de l'année : la Forêt Enchantée en décembre, le Festival du Court Métrage au printemps, la Fête de la Musique et le Sound'Go Festival en été, des concerts et bien d'autres spectacles portés par les énergiques associations locales. Le dynamisme de cette ville se retrouve, certes, au travers d'infrastructures institutionnelles d'importance, tel le Centre Rhénan d'Art Contemporain – CRAC – ou encore l'École de musique du Sundgau, mais également un tissu associatif très développé ! Du côté des commerces, il faut noter la forte mobilisation de groupe depuis 1956, puisque, réunis au sein d'Altkirch Tradition, une centaine d'adhérents (commerçants, restaurateurs, artisans, professions libérales et prestataires de services) ont été primée de deux « panonceau d'Or » par la CCI Alsace pour les récompenser de leurs actions. La traditionnelle Foire Sainte Catherine est la plus ancienne foire agricole d'Alsace, avec la vente de produits du terroir, des expositions (machines agricoles, animaux de la ferme) et des animations musicales. Elle se tient tous les ans, dans les rue d'Altkirch, le dernier jeudi du mois de novembre !

LE CENTRE RHÉNAN D'ART CONTEMPORAIN ★

18, rue du Château ✆ 03 89 08 82 59
www.cracalsace.com

Ouvert du mardi au dimanche de 14h à 18h. Fermeture pendant les périodes de montage d'exposition et les jours fériés.

Véritable outil de sensibilisation, le CRAC soutient la recherche et la création en favorisant la rencontre. Discussions entre artistes et public lors d'expositions, actions de médiation qui engagent le dialogue, résidences d'artistes, c'est un lieu d'expérimentation qui accompagne la production artistique. La transmission se fait au travers de projets pédagogiques dédiés aux expositions, d'ateliers d'initiation et de visites commentées. Un bon moyen d'apprendre à décoder les œuvres !

MUSÉE SUNDGAUVIEN ★

1, rue de l'Hôtel-de-Ville
✆ 03 89 40 01 94

Ouvert tous les dimanches de 14h30-17h30. Juillet-août du mardi au dimanche de 14h30 à 17h30. Gratuit jusqu'à 18 ans.

Le musée est situé dans un bâtiment Renaissance. Un lieu riche en histoire dédié aux multiples facettes du sud de l'Alsace. Le Sundgau et Altkirch sont présentés ici à travers les âges et les guerres, les arts et traditions populaires et, les Beaux-Arts avec des œuvres du célèbre Jean-Jacques Henner, seul artiste alsacien ayant un musée parisien. Mais ce musée propose également des expositions thématiques temporaires tout au long de l'année avec des artistes-peintres, des périodes riches de l'histoire ou des mises en scène originales durant les fêtes de Noël.

LES ACACIAS*** €€

Rue de Hirtzbach ✆ 03 89 40 69 40
www.les-acacias-camping.fr

Ouvert de début avril à mi-octobre. Réservation impérative. Emplacement de base de 14 € à 15 €. Wifi gratuit.

Tout est facilement accessible à pied ; la piscine municipale et les commerces sont à 10 minutes. Pour ceux qui souhaitent découvrir les alentours, il existe maints circuits pédestres et cyclables. Le Sundgau est un trésor à visiter autant avoir un point de chute agréable ! Le camping des Acacias, c'est aussi un restaurant qui vous accueille toute l'année. Miguel et Deborah seront heureux de vous faire déguster leurs spécialités alsaciennes. Une étape à retenir si vous voyagez dans la région. C'est un camping simple, pratique qui vous assure des vacances nature.

À L'ARBRE VERT €€

18, rue Principale
EGLINGEN
✆ 03 89 25 30 29

Restaurant fermé le mardi, et les lundis et jeudis soir.

La carte fait honneur à une cuisine traditionnelle du Sundgau comme les carpes, les cuisses de grenouilles, les délicieux fleischnackas (recette paysanne). De nombreuses suggestions maison sont proposées tout au long de l'année et des plats ancestraux comme la mehl suppe, soupe de farine. Parmi les nombreux week-ends thématiques proposés, notez le week-end des cochonnailles. Il vous faudra sans doute jeûner avant et ne pas refuser le trou alsacien proposé dans le menu ! Le lieu est un repaire d'habitués, gage d'une qualité constante et de convives choyés.

L'AUBERGE €€

4A, rue Louis-Werner
BERNWILLER
✆ 03 89 70 14 63
Ouvert du mercredi au samedi mdidi et soir. Le dimanche de 11h45 à 15h. Carte : 20-25 €. Formule du midi : 13,50 €.

Si vous demandez à un Sundgauvien le restaurant de Bernwiller, il vous répondra « Yo ! C'est le Paradisvogel ». Fermé en 2009, il a rouvert avec Paul Schittly qui a repris la suite de sa mère, on ne change pas une recette qui gagne. On y dégustera donc une bonne cuisine alsacienne traditionnelle avec force choucroute, rognons et saucisses. Mais la reine incontestée de la carte reste la bouchée à la reine goûteuse comme l'ensemble de la cuisine de cette bonne maison. Précisons aussi que tous les fruits et légumes proviennent de la cueillette... du Paradisvogel.

LE BISTR'O €€

4, rue de l'Ill
✆ 03 89 88 66 55
Fermé mardi soir et mercredi soir. Carte : 18 € environ. Formule du midi : 13,90 €. Grande terrasse avec tour Eiffel.

Chaleur et convivialité sont les maîtres mots de cette brasserie à la parisienne située au pied d'une tour Eiffel (eh oui !). De grandes ardoises pour présenter les suggestions vous feront voyager au cœur des saveurs du mois ! Côté papilles on se régale, la cuisine est copieuse et goûteuse, et quand on apprend que le chef mixe circuits courts et respect de l'environnement, c'est encore meilleur ! Les produits sont sélectionnés et mis en valeur avec soins. Entre créations originales et menus express 45 minutes chrono le midi, le Bistr'O vaut le détour !

AU BON ACCUEIL (RESTAURANT-CAFÉ-TABAC) €€

2, rue d'Illfurth
SPECHBACH
✆ 03 89 25 40 21
www.aubonaccueil-spech.fr
Fermé le mercredi. Menu midi : 13,20 €. Carpes frites : 17,50 €.

Un café d'avant-guerre transformé en restaurant-café ! « Cultivons la gentillesse » pourrait être le slogan de la maison ! Martine Stoffel accueille ses clients en salle tous les midis pour déguster les suggestions du jour ou les carpes frites concoctées par son fils Luc. Ici les produits sont locaux, de qualité et de saison. Bref un typique café/restaurant de village avec tout le charme, la simplicité, et la qualité des plats qu'on espère y trouver.

AU CHEVAL BLANC €€

55, Grand-Rue - **HOCHSTATT** ✆ 03 89 06 27 77
www.au-cheval-blanc-hochstatt.com
Fermé du 1er au 15 août. Ouvert du jeudi au mardi le midi de 12h à 13h30 ; du jeudi au samedi le soir de 19h à 22h.

Connaissez-vous la cuisine de Davy Mathis ? Non, alors il est temps d'aller découvrir ce repère culinaire dans une maison au décor moderne et épuré. Ici, on délivre des émotions culinaires. Une cuisine inventive qui allie des saveurs authentiques et des produits de première qualité. En été, vous pourrez profiter de tous ces moments gourmands sur une terrasse ombragée. Le service y est attentif et agréable ; attention à réserver votre table pour profiter pleinement de votre dégustation où les plats savent jouer avec les saveurs, les textures et les couleurs !

LA COURONNE €€

9, rue de Steinsoultz - **CARSPACH**
✆ 03 89 40 93 09
www.la-couronne-hartmann-zimmermann.fr
Ouvert le lundi et du jeudi au samedi le midi et le soir ; le dimanche midi. Réservation recommandée.

Le restaurant La Couronne est membre de la Route de la carpe frite et certainement l'un des plus éminents. Car si le restaurant est spécialiste de poissons, c'est bien pour les carpes frites que les amateurs déplacent en masse. Les 150 couverts disponibles ne sont pas de trop pour contenir les aficionados du poisson alsacien. Moelleuses et croustillantes, servies à l'alsacienne (frites, salade et mayonnaise) la friture est suffisamment légère pour être mangée à volonté. A noter que bien qu'affairé, le personnel garde l'efficacité et le sourire, à volonté aussi !

LE MOULIN DE MERTZEN €€

9, rue de Strueth
MERTZEN
✆ 03 89 07 85 84
www.lemoulindemertzen.fr
Ouvert le mardi et du jeudi au dimanche le midi ; du jeudi au dimanche le soir. Carte : 20 € environ.

Une décoration revue et réussie, en rouge et blanc, une cuisine à base de produits frais, dans la plus pure tradition alsacienne, c'est la recette du succès de cette belle maison ! Carpes frites, bouchées à la reine et cordons bleus sont très appréciés des amateurs et le beau menu Route des Carpes vous sera proposé, avec terrine de canard, friture de carpes et sorbet arrosé. Si la carte des mets est réduite, la carte des vins est impressionnante ! C'est le Grand Livre du Vin, avec une carte des différents cépages ! Nous validons la 2e vie du Moulin de Mertzen !

RESTAURANT AUX TROIS FLEURS €€

23, rue Principale - **MONTREUX-JEUNE**
✆ 03 89 25 25 77
www.restaurant-aux3fleurs.com
Fermé dimanche, lundi et le samedi midi. Formule du midi : 12,50 €. Suggestions sur ardoise.

Le restaurant Aux Trois Fleurs est une référence gastronomique ! Que mange-t-on chez Christophe Berger, Maître Restaurateur de son état ? Des carpes frites en provenance directe du vivier mais aussi toute sorte de friture. La cuisine est raffinée et généreuse, les plats très colorés et la carte des vins alsacienne. Côté déco, une belle ambiance dans les tons violet-gris pour la salle intérieure et une terrasse très plaisante été comme hiver. Une adresse gourmande et chaleureuse !

RESTAURANT DE LA CARPE €€

60, rue Principale - **FRIESEN**
✆ 03 89 68 95 69
www.restaurant-de-la-carpe.com
Ouvert du mercredi au dimanche. Vente à emporter vendredi, samedi et dimanche sur commande. Menu du jour : 14,50 €.

Si Gaëtan Gobelet a choisi Friesen pour son restaurant, c'est parce que c'est la capitale de la carpe ! Ici, la demoiselle vous émoustille sacrément les papilles ! Longuement mijotée et mixée avec de la semoule, du pavot ou du sésame, revisitée ou classique, avec ou sans gluten, le chef propose la carpe dans tous ses états ! On travaille local avec les piscicultures du village ! Que les allergiques à la carpe se rassurent : l'autre spécialité est le cordon bleu maison. Une revisite des classiques qui ancre cet établissement dans le paysage gastronomique.

LE SUNDGAU, ROUTES DE LA CARPE FRITE €€

13, rue du Château
✆ 03 89 40 02 90
www.carpe-frite.fr

Désireux de faire connaître les traditions locales, une trentaine de restaurateurs du Sundgau se sont regroupés dans l'Association Sundgau, routes de la carpe frite. Ils s'engagent à mettre la gastronomie régionale à l'honneur avec la carpe. Chaque restaurant sa recette. Marinée, en beignets, fleischnakas, sushis, elle a même été déclinée en dessert ! Évidemment, on ne peut que soulever le couvercle, il faut aller découvrir par vous-même les surprises réservées par les chefs !

RESTAURANT DE LA GARE MUNZENBERGER €€

16, rue Principale
HIRTZBACH
✆ 03 89 40 93 27
www.restaurantdelagaremunzenberger.fr
Fermé le lundi toute la journée et le jeudi soir. Réservation impérative. Membre de la Route de la Carpe frite.

© RESTAURANT DE LA GARE

Si la carpe frite a fait son renom, le restaurant excelle dans les spécialités locales : rognons, lawerknepfla, fleischnacka… ou dans les plats plus sophistiqués. Peu importe votre choix, vous avez la garantie de retrouver une recette authentique élaborée à partir de produits locaux et de qualité ! Une grande salle typique et des desserts délicieux et vous avez la formule gagnante. Le restaurant ne désemplit pas mais pas de souci, l'attente sera courte.

LA TAVERNE DU SUNDGAU €€

21, rue de Bâle
RIESPACH
✆ 03 89 89 77 86
Ouvert le vendredi et le samedi de 18h30 à 23h. Dimanche de 11h30 à 15h.

La Taverne du Sundgau s'amuse avec les saisons. À chaque saison son légume, sa viande et sa gourmandise. Les chefs de l'établissement proposent tantôt des Surlawerla, tantôt du baeckeoffe, sans oublier les asperges ou les week-ends spécial gibier. Le cadre typiquement alsacien apporte sa touche de taverne alsacienne d'antan ! Les plats sont copieux et bien gourmands, il y en a pour tous les goûts et tous les appétits. Les produits travaillés sont frais, pleins de saveurs et le personnel très sympathique. Une petite perle dans l'écrin qu'est le Sundgau.

HAUT-RHIN

L'ORCHIDÉE €€€

33, rue Gilardoni
✆ 03 89 88 50 39
orchidee-altkirch.com
Ouvert du mardi midi au samedi soir. Carte restreinte. Réservation indispensable. Menu déjeuner : 55 €.

Un véritable voyage à travers les goûts, les couleurs et les textures ! Ici, la cuisine traditionnelle thaïlandaise est sublimée pour séduire les palais occidentaux. Tous les sens sont mis en éveil, la présentation et la composition des plats régalent les yeux, les arômes s'exhalent lentement, et dès la première bouchée les parfums explosent comme des petites billes en bouche. Curry, coriandre, citronnelle, basilic, les épices sont très équilibrés. Fins et délicats, les plats sont peu nombreux à la carte et c'est aussi bien, le choix serait trop difficile.

LES CHAMPS DE L'ILL

36A, rue de Thann
SPECHBACH
✆ 03 89 25 57 94
www.produits-fermiers-sundgau.fr
Ouvert le jeudi et le vendredi de 9h à 12h et de 14h à 18h30 ; le samedi de 9h à 12h30.

À Spechbach, local rime avec équitable ! Les Champs de l'Ill est un point de vente directe qui regroupe de producteurs locaux. Ici tous les produits sont d'excellente qualité, c'est la norme ! Une palette de produits fermiers pour remplir son panier de bonnes choses pour toute la semaine. L'accueil est très sympa et pour cause, ce sont les producteurs eux-mêmes qui vous serviront et vous conseilleront ! Le plus futé ? Le drive fermier, commandez sur le site et récupérez vos produits le jeudi soir au magasin ou le vendredi soir à la ferme Krust à Aspach-le-Haut !

CHOUCROUTERIE CLAUDE

1, rue d'Alsace
CHAVANNES-SUR-L'ETANG
✆ 03 89 25 21 96
choucrouterie-claude.fr
Ouvert du lundi au samedi.

Véritable institution, la Choucrouterie Claude a vu le jour dans le Sundgau en 1961, depuis, l'exploitation n'a cessé de grandir et fournit environ 80 % des besoins en choux. Au-delà de la choucroute traditionnelle crue ou cuisinée, l'entreprise familiale produit de nombreuses spécialités à base de chou. La Choucrouterie Claude a mis en place une petite boutique de produits locaux, Le Cabas du Terroir, 100 % made in Elsass. En été, il est possible de visiter la choucrouterie et la production maraîchère au naturel. Une maison historique qui ne cesse d'innover.

JOSEPH ET MARLYSE HELL

2, rue du Soufre
SCHWOBEN
✆ 03 89 07 85 28
www.fermehell.fr
Horaires à consulter sur le site.

Joseph et Marlyse produisent des céréales, élèvent des porcs, des poules et des poulets qu'ils transforment en produits à destination des marchés hebdomadaires ou mensuels de la région. Ils sont également membres du réseau Bienvenue à la Ferme dont les chartes sont assez strictes pour l'élevage des animaux. Dans leur magasin, vous trouverez de nombreux produits frais issus des circuits courts régionaux : pains paysans, kougelhof, viande fraîche, charcuteries fermières... Autant de produits frais dans le respect des traditions, des animaux et de la qualité.

ALSACE PLAISANCE

25C, rue de Cernay - **HAGENBACH**
✆ 06 80 75 56 15
www.alsace-plaisance.com
Formule location bateau 5 places sans permis : 120 € les 4h. Ouvert de Pâques à octobre.

Située à l'écluse du Corbusier sur le canal du Rhône au Rhin, Alsace Plaisance propose tous les services de la plaisance. C'est aussi un centre de formation pour passer les permis bateau et un magasin d'accastillage. On peut y louer des bateaux avec ou sans permis pour une balade originale. Environ 4h aller-retour pour une petite balade de l'écluse à Mulhouse, idéal pour découvrir un biotope exceptionnel, des berges naturelles, deux pontons sur 30 kilomètres de voie d'eau. Une pause pique-nique est prévue pour faire de cette journée un moment inoubliable.

BURN'HOPARK

4A, route de Guewenheim - **BURNHAUPT-LE-BAS**
✆ 06 84 67 68 58 - www.acropark.fr/burnhopark
Tarifs : de 12 € à 22 €. Groupes : tarifs réduits à partir de 10 personnes (uniquement sur réservation préalable).

Avis aux amateurs d'accrobranche, le Burn'Hopark a tout pour plaire avec ses 120 ateliers aménagés sur 120 ha dans un cadre bucolique. Parfaitement sécurisé, ce parc est équipé d'un système à aiguillage rotatif multidirectionnel qui vous permet de revenir au sol ou de changer de parcours sans être détaché de la ligne de vie brevetée. Lutin et Ouistiti pour les bambins, un parcours Panda pour les enfants et un parcours Acrobate pour les ados et les adultes, avec notamment une tyrolienne de 55 mètres ! Vous éprouverez à coup sûr des sensations dans ces arbres !

GOLF DE LA LARGUE

25, rue du Golf
MOOSLARGUE
✆ 03 89 07 67 67
https://lalargue-resort.com
Ouvert toute l'année. Horaires variables en fonction du mois. Restauration.

Le Golf de la Largue est situé sur l'ancienne ligne de front. Son magnifique paysage et son parcours très équilibré le classent parmi les plus beaux golfs de France. Le golf s'ouvre et se démocratise, même si le parcours de 18 trous reste réservé aux golfeurs justifiant d'un handicap de 54. Le parcours de 9 trous, à l'entrée du site, est ouvert à tous et dispose de son practice. Et pour ceux qui souhaitent s'initier à ce sport, une école de golf est ouverte pour les enfants et les adultes qui peuvent suivre des formations dispensées par d'anciens joueurs pro.

HIRTZBACH ★

Ce village est surtout connu pour son fleurissement, classé dans la meilleure catégorie au niveau national. Des fleurs et des maisons à colombages que l'on retrouve tout au long du ruisseau qui sépare le village en deux, mais qui a le triple intérêt d'avoir retrouvé son biotope naturel, d'être enjambé par 12 petits ponts et d'être encadré par une allée de tilleuls centenaires. À deux pas du ruisseau, se trouve le château de Reinach, classé Jardin remarquable. Le grand rendez-vous de ce village a lieu chaque premier week-end du mois d'août : la Fête nature rassemble une exposition florale, des stands artisanaux et un magnifique feu d'artifice.

DANNEMARIE

Entre Mulhouse et Belfort, Dannemarie est le chef-lieu d'un canton rattaché en 1870 à celui d'Altkirch. La première mention de la cité remonte à 823, sous le nom de Domnamarie. Dannemarie a appartenu aux comtes de Ferrette, puis, jusqu'en 1648, aux Habsbourgs et enfin aux ducs de Mazarin. Confortablement installée à proximité du canal du Rhône au Rhin et de l'Eurovéloroute, Dannemarie, qui a toujours été une ville commerçante, conserve des maisons et des bâtiments remarquables. Aujourd'hui, c'est une jolie ville très dynamique qui accueille de nombreuses manifestations et possède toutes les infrastructures nécessaires à l'épanouissement des habitants.

Village d'Hirtzbach avec en fond les Vosges.

L'ORGUE DE CALLINET

✆ 03 89 62 77 71
www.dannemarie.fr
Pour découvrir l'orgue Callinet de l'église Saint-Léonard, appelez le 03 89 62 77 71.

Le plus connus des orgues de la Porte d'Alsace est le Callinet de Dannemarie. Construit en 1846 par Joseph Callinet, il avait trois claviers et une quarantaine de jeux. En 1969, Pierre Coulon créa l'Association pour la Restauration de l'Orgue Callinet. 15 d'années d'efforts ont permis de rassembler 80% des fonds nécessaires à sa restauration organisée en trois étapes : 1977, 1983 et 1985. En 2004, les dorures du buffet ont été refaites par le MOF de 2000. Cet instrument, classé Monument historique en 2012, représente un bel héritage de savoir-faire alsaciens !

RESTAURANT DE LA GARE MUNZENBERGER €€

16, rue Principale
✆ 03 89 40 93 27
www.restaurantdelagaremunzenberger.fr
Fermé le lundi toute la journée et le jeudi soir. Réservation impérative. Membre de la Route de la Carpe frite.

Si la carpe frite a fait son renom, le restaurant excelle dans les spécialités locales : rognons, lawerknepfla, fleischnacka... ou dans les plats plus sophistiqués. Peu importe votre choix, vous avez la garantie de retrouver une recette authentique élaborée à partir de produits locaux et de qualité ! Une grande salle typique et des desserts délicieux et vous avez la formule gagnante. Le restaurant ne désemplit pas mais pas de souci, l'attente sera courte.

GOMMERSDORF

Comme dans toute la région, vous remarquerez à Gommersdorf de jolies maisons et fermes à colombages. Au XIXe siècle, l'exode rural n'a pas épargné la commune. Aujourd'hui, c'est un village à la fois agricole et résidentiel pour tous les actifs des pôles industriels et commerciaux. Ce qui a permis de maintenir une vie dans cette localité qui souhaite préserver son âme rurale. C'est aujourd'hui chose faite et bien faite car il y fait bon vivre. C'est dans cette localité qu'est née l'action de remise en valeur de l'architecture paysanne avec l'Association Maisons paysannes d'Alsace. Et on retrouve même à l'écomusée d'Alsace l'ancienne auberge.

CYCLES DIEBOLT

21, rue de Bettendorf
✆ 09 74 56 53 78
www.cycles-diebolt.com
Mardi 9h-12h et 14h-18h ; du mercredi au vendredi 9h-12h et 14h-18h30 ; samedi 9h-12h et 13h-16h.

Incontournable et fournisseur de tout le Sundgau, Philippe Diebolt vous conseille et vous oriente vers un choix adapté à vos besoins qu'il s'agisse d'achat ou de location. Spécialiste du cycle depuis de nombreuses années, vous y trouverez aussi de quoi vous équiper de pied en cap sans oublier le SAV, assuré avec sérieux et professionnalisme. Le plus ? En hiver la boutique fait office de magasin de ski : entretien, vente ou location, ici vous trouverez tout le matériel nécessaire à la pratique de la glisse ou de la raquette dans les meilleures conditions.

HIRSINGUE

À la croisée de la haute vallée de l'Ill et des routes qui conduisent d'Altkirch à Ferrette, Hirsingue est la plus importante commune du canton, devant Hitzbach, Waldighoffen, puis Pfetterhouse. Le village, qui formait initialement une mairie de la seigneurie d'Altkirch, fut inféodé en 1336 au Montjoie. Au début du XVIIIe siècle, Louis XIV, créa le comté Montjoie avec, entre autres, Ruederbach, Heimersdorf et Hirsingue, chef-lieu de canton depuis 1795. Le sanctuaire de Hirsingue, placé sous le vocable de saint Jean-Baptiste de 1774, a été réalisé par l'architecte Gabriel Ignace Ritter. Il comporte un beau mobilier baroque, les tableaux d'autel sont de Kau et de Hauwiller. À côté de l'église, se trouve la chapelle qui servit de nécropole aux comtes de Montjoie. Sur la gauche, dans la rue du château, subsistent les dépendances de l'ancienne demeure des Montjoie. C'était un château grandiose, rebâti en 1742 par Bagnato, avec chapelle, salle où étaient exposées des collections d'armures et de médailles, bibliothèque de 30 000 volumes, cave immense richement fournie, jardin à labyrinthe, souterrain. Au début de la Révolution, ce château fut pillé, saccagé, vendu comme bien national et démoli. Le châtelain ne dut son salut qu'à une fuite précipitée par un souterrain. À la sortie du village, dans la large vallée de l'Ill, on aperçoit, à gauche, de l'autre côté de la rivière, un oratoire qui rappelle l'antique église Saint-Martin. Démolie avant le XIXe siècle, elle était entourée par les habitations de Bettendorf, avant le déplacement de ce village dans les hauteurs.

EICHESTUBA €

28, rue Raoul-Lang
✆ 03 89 40 58 31
www.eichestuba.alsace
Chambre double à partir de 62 €. Petit déjeuner inclus. Restauration (soirée dégustation sur réservation : 20 €/pers).

Dans cette maison alsacienne rénovée au cœur d'un petit village de Hirsingue, choisissez entre la chambre vignoble et la chambre Alsace (chacune pour deux personnes) et la suite familiale pour deux à quatre personnes. Toutes sont équipées de salles de bains et de toilettes privées. Un gîte est également proposé. Profitez du bel extérieur. Et sur réservation, tentez la dégustation des vins d'Alsace. Placée sur la route de la Carpe frite, cette adresse est arrosée par un petit ruisseau et se trouve proche du golf de Mooslargue et d'une agréable piste cyclable.

JUSTE LA RESTAURANT MOBILE €

16, rue d'Altkirch
✆ 06 73 70 81 05
Restaurant mobile présent lors des marchés : Riedisheim, Wittenheim, Rixheim, Mulhouse, Sierentz, Altkirch, Dannemarie.

La carpe frite c'est l'ADN du Sud-Alsace ! Grâce à Kévin et Mélanie, et leur idée détonante de restaurant mobile, la carpe frite s'est offert une seconde jeunesse. Ils privilégient les circuits courts : les pommes de terre viennent de Spechbach, les carpes de Friesen, la semoule d'Hirsingue et les œufs de Michelbach-le-Bas ! Bref, vous l'aurez compris, la carpe frite connaît une ascension fulgurante, véhiculant avec elle et à bord des petits camions une très belle image du Sundgau.

L'ALSACE A SA RADIO :
DKL DREYECKLAND !
DKL
MUSIQUE
Toute la musique française et
internationale des années 70 à nos jour
JEUX
Concerts, sport, loisirs, bien-être...
Des cadeaux pour tous !
INFO
Informations régionales,
nationales et internationales,
info trafic, météo, bons plans...
Crédit photo : Adobe Stock
www.radiodkl.com
dab+

AUBERGE DES TROIS VALLÉES €€

16, rue d'Altkirch
✆ 03 89 40 50 60
www.aubergedestroisvallees.fr
Ouvert toute l'année. Fermé le mercredi. Réservation recommandée. Menus de 19,90 € à 35,30 €. Formule du midi : 11 €.

Reconnue pour ses carpes frites, l'Auberge des Trois Vallées accueille ses clients dans une chaleureuse salle aux tons pastel. Aux fourneaux, Pieter Harens mitonne ses petits plats dans le pur héritage des restaurants sundgauviens. Le restaurant est d'ailleurs membre de l'association de la Route de la carpe frite. Autres spécialités les rognons de veau ou le kougelhopf glacé au kirsch. Le chef-œuvre aussi à l'avènement du Sundgau touristique, tout comme votre guide préféré !

© E.SUAREZ

© E.SUAREZ

LE PETIT GRAIN DE SEL €€

40, rue du Général de Gaulle
✆ 03 89 07 15 48
www.lepetitgraindesel.fr
Ouvert du mardi au samedi de 12h à 14h et de 19h à 20h45. Le lundi, de 12h à 14h. Menu du jour : 15,50 €.

Récemment rénové et agrandi, le Petit Grain de Sel vous accueille dans un cadre agréable et moderne. La cuisine est traditionnelle et de terroir. La carte évolue au gré des saisons et des inspirations du chef. Selon les propositions du jour, on peut aussi bien déguster une pièce de gibier, un homard butternut ou encore une timbale de champignons. Le service est agréable et de bon conseil : l'autre plaisir du lieu étant de pouvoir accompagner son plat d'un bon verre de vin. Pour clore le tout, s'il y en a sur la carte, demandez des profiteroles.

MOERNACH

D'après des écrits du XIXe siècle, le village aurait été quasiment abandonné après la guerre de trente ans. D'ailleurs le village de Ertzach, situé entre Moernach et Koestlach mentionné en 1282 aurait lui aussi disparu et se situerait au nord de la chapelle Saint Catherine. Entre Moernach et Durlinsdorf, à l'amorce d'un virage sur la gauche, se trouve une petite chapelle qui abrite les statues de Notre-Dame de la Paix et de saint Nicolas. Un peu plus loin, sur la colline du Kleeberg, vous découvrirez une nécropole burgonde du VIIe siècle, avec squelettes et mobilier funéraire. Trois tumilis ont été découverts au pied du Kastelberg.

AUX DEUX CLEFS €€

218, rue Henri-Blenner
✆ 03 89 40 80 56
www.aux2clefs.com
Ouvert du vendredi au mardi le midi et le soir. Réservation recommandée.

Au milieu du village de Moernach, vous trouverez facilement cette imposante bâtisse restructurée en un hôtel 2 étoiles et son restaurant classique et élégant. L'accueil et le service sont soignés, le décor est cosy et sobre. Les détails sont importants, couverts en argent, amuse-gueules offerts et sourires garantis. Sur la carte, de beaux produits travaillés avec finesse et délicatesse. À découvrir la carte des vins aux 200 références. Les chambres de charme vous accueillent pour une halte dans ce petit village proche du golf de Mooslargue.

FERRETTE ★★

Porte du Jura et point stratégique au centre du Pays du Sundgau, le site de Ferrette, véritable petit joyau du Jura alsacien, est particulièrement séduisant avec ses rues étroites qui semblent dégringoler du haut du village. Les maisons paraissent prolonger les rochers sur lesquels elles sont accrochées, tout en contant l'histoire d'un passé prestigieux. Dominée par les imposantes ruines de ses deux châteaux, la cité médiévale, ancienne capitale du Sundgau, fut la propriété de la grande et puissante maison des comtes de Ferrette, puis des Habsbourgs jusqu'à la fin de la guerre de Trente Ans. En 1648, le traité de Westphalie accorde tous les biens propres de ces derniers sur la rive gauche du Rhin, dont le comté de Ferrette, à Louis XIV. En 1659, celui-ci offre le domaine et le titre à son ministre, le cardinal Mazarin. Vers 1775, la duchesse de Mazarin, épouse le prince Honoré IV de Monaco. Depuis lors, les Grimaldi portent légitimement le titre de comte de Ferrette. Ferrette est le point de départ idéal de nombreuses balades découvertes dans les collines boisées des environs, sentiers balisés par le Club vosgien.

Vous pourrez partir à la découverte des ruines du château, et profiter d'un magnifique panorama à 360° sur le Jura, les Vosges et la Forêt noire, mais aussi vous immerger dans la légende de la grotte aux nains. Tous les ans, le passé médiéval resurgit à Ferrette. Le temps d'un week-end, ménestrels, troubadours, chevaliers et autres personnages mystérieux reprennent possession des lieux. Une belle occasion de profiter de l'atmosphère si particulière de ce joli village.

LA BASSE VILLE ET L'ÉGLISE

Visite guidée. Topoguides et cartes en vente à l'OT de Ferrette.

Le château de Ferrette est connu pour être un des plus anciens d'Alsace. La basse ville est nichée juste à ses pieds. N'hésitez pas à vous promener le nez en l'air pour vous imprégner de son histoire ! L'église Saint-Bernard-de-Menthon, classée monument historique est d'ailleurs le point de départ d'une balade qui mène aux ruines du château et à la grotte aux Nains. Une fois tous les 2 ans, Ferrette retourne à l'époque médiévale, un événement où les chevaliers s'affrontent !

LES DEUX CHÂTEAUX ★

Petits mollets s'abstenir, ça grimpe ! C'est par la rue du Château que vous accéderez au piton rocheux. Le château du bas contient la base d'un donjon du XIe siècle, entouré d'une enceinte flanquée de trois tours, ouverte et construite en 1488. Pour accéder au château supérieur, une tour d'habitation datant du XIIe siècle, il faut s'engager sur un sentier très raide empruntant une rampe taillée dans la roche. De la plate-forme en bois, la vue sur les Vosges, la vallée du Rhin et de l'Ill, la Forêt-Noire et les hauteurs du Jura, est à vous couper le souffle.

La ville de Ferrette au printemps.

LA HAUTE VILLE

C'est en 1271 que la basse cour du château devient la haute ville. Les derniers vestiges de la porte du haut sont les deux piliers aux armes de Ferrette, dans la rue Saint-Bernard. La place des Comtes conduit à l'édifice abritant l'hôtel de ville. Le beffroi accueille l'ancienne cloche communale. Plus bas se trouvent d'anciennes boutiques et demeures, dont celle du peintre Léon Lehmann ou encore la maison natale du dramaturge Jean Henri Ferdinand Schwindenhammer. La Haute Ville prend fin à hauteur de l'ancienne maison dîmière et de la maison du gardien.

SENTIERS THÉMATIQUES

Renseignements à l'office de tourisme de Ferrette.

Le Sundgau est un territoire préservé tout simplement magique ! Trésors architecturaux, balades à travers les légendes et l'histoire de cette région, promenades familiales le long de circuits pédestres : ce sont de très belles découvertes que propose l'Office de tourisme de Ferrette. Entre la mystérieuse grotte des Nains à Ferrette, le sentier marocain à Winkel, le sentier Mélèzes à Durmenach, le sentier découverte et le parc à cigognes à Raedersdorf, le Gros Chêne à Sondersdorf..., le choix sera difficile. Et si vous les faisiez toutes ?

MUSÉE DU SAPEUR-POMPIER D'ALSACE

12-14, rue de Luppach - **VIEUX-FERRETTE**

✆ 03 89 68 68 18

www.musee-sapeur-pompier.fr

Ouvert du mardi au dimanche de 10h à 18h. Ouvert d'avril à fin octobre.

Ouvert en 2014, ce musée est un des plus grands dédiés aux sapeurs-pompiers de France. Il reprend, complète, modernise et surtout présente la collection de Mulhouse, présentée dans le cadre du musée du Chemin de fer de 1978 à 2003. Deux halls, des vitrines, une salle audiovisuelle, une boutique, une bibliothèque... Des engins sur roues, une centaine d'équipements, un central téléphonique complet, des avertisseurs publics d'incendie... pour le plus grand bonheur de tous !

LE FELSENECK €

42, rue du Château ✆ 03 89 08 21 28

Ouvert toute l'année. 5 chambres.

Rodolphe et Caroline ont décidé de reconvertir l'hôtel du Felseneck en chambre d'hôtes. Ce qui leur correspond parfaitement car au-delà du concept, les amoureux de ce mode d'hébergement, apprécient avant toute chose, la communication. Ils seront donc ravis de faire la connaissance de ces amoureux de la vie et des belles choses. De la plus petite avec vue sur le Château de Ferrette à la V, les chambres sont décorées avec soin, possèdent une literie confortable. L'impression qui s'en dégage, est... douillette et coquette. Une belle adresse pour séjourner à Ferrette.

SUNDGAU AUTRUCHE

49a, rue Général-de-Gaulle

SONDERSDORF

✆ 03 89 40 38 29

Bienvenue à la Ferme. Ouvert le dimanche de 14h30 à 17h30 sur réservation. Visite guidée

D'abord élevage puis le cheptel a grandi jusqu'à former un troupeau de 170 animaux avec l'autorisation d'abattage. On peut donc acheter de la viande d'autruche. La visite commence par un film sur la vie des autruches, puis un guide vous emmènera voir les animaux de près. Pour terminer la visite à la boutique, où tous les produits dérivés sont présentés, œufs d'autruches et d'émeus vidés nature, articles en cuir, produits cosmétiques et plumes. Ils organisent aussi des soirées avec repas sur le thème de l'autruche. Profitez des portes ouvertes pour les découvrir.

HÔTEL-RESTAURANT COLLIN** €

4, rue du Château

✆ 03 89 40 40 72

www.hotelcollin.fr

Logis. 8 chambres (2 belles chambres familiales).

Vous trouverez rue du Château une belle bâtisse rouge qui propose 8 chambres rénovées avec tout le confort moderne. L'ensemble est calme et lumineux, garantie d'un repos bien mérité. L'adresse gagne aussi à être connue pour sa cuisine de terroir utilisant les produits des producteurs locaux. On retrouve ici l'incontournable carpe-frites sans arêtes et son menu touristique. Sur la carte : tartes à l'oignon, choucroute, munster... Aux beaux jours, une belle terrasse vous accueille.

AU CHAUDRON €

15, place de l'Ancienne-Forge - **VIEUX-FERRETTE**

✆ 03 89 40 10 88

Ouvert du jeudi au dimanche de 10h à 14h et de 18h à 22h, jusqu'à minuit le samedi. Menu du jour : 11,50 €.

On vient Au Chaudron pour sa convivialité et son ambiance décontractée. La cuisine, goûteuse et authentique, est réalisée à partir de produits locaux. Spécialité de la maison, le "chaudron bleu », poitrine de poulet jaune habillée de jambon cru, panée aux Bretzels, servi avec son Pipalakaas, frites et salade verte. Incontournables, l'entrecôte charolaise et les traditionnelles carpes frites. Le chef surprend aussi avec sa carte des desserts, ne manquez pas son « Numéro 17 », un biscuit aux amandes avec une compote de zwatschga à la cannelle et glace vanille.

RESTAURANT AU CHASSEUR €

6, rue de Bâle

KNOERINGUE

✆ 03 89 68 61 52

Ouvert toute l'année. Le mardi, le mercredi, le vendredi et le samedi midi et soir ; le dimanche de 10h à 23h.

« C'est comme dans le temps » ! C'est un restaurant de village, tout ce qu'il y a de plus pittoresque ! À midi, le restaurant affiche souvent complet tant il est fréquenté par les gens du crû. Un menu du jour, goûteux et qui tient au corps. On vous dira que les spécialités sont les carpes frites mais aussi les cochonnailles qui démarrent en octobre jusqu'en février. Le pot-au-feu est lui aussi absolument délicieux. Bref vous l'aurez compris, si vous êtes dans le coin, ne passez pas votre chemin ! Précisons aussi que les petites faims sont les bienvenues.

AU CHEVAL BLANC €€

1 rue de Bisel - **FELDBACH**

✆ 03 89 25 81 86

cheval-blanc-feldbach.fr

Ouvert le lundi midi ; du jeudi au dimanche et les jours fériés le midi et le soir. Menu du jour : 13 €.

Adresse incontournable où le maître restaurateur Éric Ispa vous régale de plats respectueux des saveurs et des produits locaux. Le décor, aux tonalités chaudes et boisées, la convivialité, le service courtois et souriant sont appréciés des convives. Une carte avec de belles propositions : souris d'agneau braisée de 4 heures, désossé de caille farcie aux cèpes ou pavé de bar sauvage grillé, sauce nantaise ou une truite au bleu préparée à la minute, le restaurant ayant son propre vivier. Une belle carte des vins apporte un point supplémentaire à cette belle adresse.

FERME DU GRUMBACH

143 A, rue de Dannemarie

DURLINSDORF

✆ 03 89 08 12 96

Ouvert le jeudi de 14h à 19h ; le vendredi de 9h à 12h et de 14h à 19h ; le samedi de 8h à 16h.

La Ferme du Grumbach est la première ferme d'élevage agrotouristique. Sandra et Nicolas Gerster ont repris cette exploitation familiale en 1996. Au fur et à mesure des transformations, ils l'ont développée en centre de vente directe. Ainsi, vous pourrez trouver ici tous les produits transformés provenant des animaux de la ferme ainsi qu'un panel de produits locaux... Un service traiteur est également proposé pour vos banquets et mariages. La Ferme du Grumbach offre une vision du futur métier d'éleveur fait de production, de commercialisation et de passion.

RHENAMAP

11, rue du 1er-Septembre

MUESPACH

✆ 03 89 49 58 57

www.rhenamap.org

Vente directe. Ouvert le vendredi de 17h à 18h.

Rhénamap est un circuit de vente directe entre un producteur local et des consommateurs. très apprécié par les comsom'acteurs, ce système connaît un succès grandissant, tant et si bien qu'en 2010, les Amap du Sud-Alsace se sont réunies sous une seule bannière, Rhenamap. En perpétuel mouvement, Rhenamap est présente sur tous les fronts, d'Internet aux différentes foires qui se tiennent dans tout le département et offre 10 lieux de distribution dans le Haut-Rhin. Une bonne façon de produire et de consommer autrement et d'éveiller les consciences !

DOMAINE NORDIQUE DE WINKEL

WINKEL

✆ 03 89 08 23 88

Renseignements sur le taux d'enneigement et circuits www.sundgau-sudalsace.fr.

La luge, le ski de fond, les raquettes, chouette, vive la neige ! L'altitude du Jura alsacien permet à tous de pratiquer ces sports d'hiver sur le domaine nordique de Winkel. Longtemps confidentielle l'adresse est maintenant bien connue des fondus du ski de fond. Une petite dizaine de pistes sont tracées chaque année par les bénévoles et permettent aux passionnés de profiter des joies de la glisse en pleine nature, loin des masses touristiques. Attention les pistes ne sont pas damées.

BOUXWILLER

Attention, à ne pas confondre avec son homonyme bas-rhinois. Bouxwiller est une charmante commune du Jura alsacien. Proche de la frontière suisse, son histoire est fortement liée à celle des moines franciscains du couvent de Luppach. Saviez-vous que la coiffe traditionnelle, avec son grand noeud noir, et le bretzel sont originaires de Bouxwiller ? Jacques le Barbu, comte de Bouxwiller, aurait enfermé le boulanger qui se serait moqué de sa bien-aimée. Pour obtenir de sa liberté, il lui aurait dû réaliser un gâteau à travers lequel on pouvait voir trois fois le soleil... ! Au détour des ruelles, vous pourrez découvrir un magnifique patrimoine.

BRASSERIE JENNY €€

84, rue de Hegenheim ✆ 03 89 68 16 70
www.brasserie-jenny.com
Ouvert le soir du lundi au samedi, le midi le jeudi et le vendredi. Formule du midi : 24 €. Grande terrasse.

La Brasserie Jenny connaît un vrai succès d'estime après DEUX années d'ouverture. Aux commandes, Jean, le fils, qui a grandi dans cette belle maison accompagné de sa femme Alexia qui s'est vraiment prise au jeu. Adieu le restaurant gastronomique, le lieu a été réaménagé en open space : îlot bar central, décoration sobre à l'esprit contemporain, fenêtres donnant sur un écrin de verdure. On y déguste une cuisine simple et goûteuse où tout est fait maison ! Les vegan comme les viandards s'y retrouveront. Le succès est au rendez-vous et ne se dément pas !

HAGENTHAL-LE-BAS

L'histoire de cette commune est étroitement liée à celle d'Hagenthal-le-Haut. Au XIe siècle, elle appartient aux comtes de Ferrette avant de devenir la propriété des Hasbourgs et des comtes de Thierstein. En 1456, les seigneurs de Neuwiller s'établirent dans le château du village. En parcourant la cité, vous y trouverez encore un vieux moulin, la maison des Têtes qui mérite le coup d'œil, un cimetière israélite. En 1726, le conseil souverain d'Alsace ordonna la destruction de la synagogue construite sans autorisation début du siècle, elle sera rebâtie, transformée et reconstruite. Finalement désaffectée, elle sera transformée en atelier de serrurerie.

BETTLACH ★

Si les armoiries de la commune – un serpent noir avec une langue rouge sur un fond blanc – indiquent un village humide, la découverte récente de vestiges romains prouve que Bettlach fut très tôt prisée pour sa situation géographique. L'origine de la commune remonterait ainsi à l'époque gallo-romaine, lorsque Bettlach se trouvait sur une voie romaine reliant Porrentruy à Bâle. Les nombreuses maisons à colombages ajoutent aujourd'hui une agréable et surtout plus proche touche de passé alsacien. Situé le long d'une voie romaine qui cheminait par St.Blaise, le village faisait partie au moyen-âge de Bouxwiller, et de la seigneurie de Ferrette.

HÔTEL JENNY*** €€

84, rue de Héguenheim
✆ 03 89 68 50 09
www.jenny-hotel.com
Ouvert toute l'année. Chambre double à partir de 119 €, petit déjeuner inclus. Spa, sauna, hammam, salle de sport.

Transmis de mère en fille depuis 1930, cet établissement est un petit bijou ! Situé à 7 kilomètres de Bâle, l'hôtel est loin du bruit mais proche du monde ! Ici ce sont le calme et la sérénité qui priment : chambres spacieuses, décoration épurée et open-space cosy. L'espace Spa et fitness offre de très belles prestations. Une décoration épurée et très apaisante complétée par de très belles salles de bains. Une adresse des plus originales et surtout 100 % écolo, une véritable révolution verte qui est en train de se jouer sur les terres d'Hagenthal !

© VIANNEY MULLER
Maison à colombages à Bettlach.

SENTIERS DES CASEMATES

Ouvert toute l'année. Au départ de la mairie de Bettlach.

Créé en 2000 par la municipalité de Bettlach, ce sentier relie trois des sept fortins de la ligne Maginot. Un circuit d'environ 2 km jalonné de panneaux explicatifs racontant l'histoire de ces fortifications de la Seconde Guerre mondiale. La commune a rénové et sécurisé les bâtiments qui possédaient des canons défensifs. Laissés libres à la visite, il est conseillé de se munir d'une lampe pour les explorer et de faire très attention. Cette balade est aussi l'occasion de découvrir les contreforts du Jura alsacien. Le point de vue de la casemate sud est à tomber !

KIFFIS ★

Dès la seconde moitié du Ier siècle, les environs de Blochmont ont été occupés. Kiffis sera mentionné à partir de 1194 et relève de l'administration de Wolschwiller et du comté de Ferrette. Des biens sont possédés par les couvents de Beinwil et de Petit-Lucelle. Au XIXe siècle, ses sables ferrugineux sont exploités. Du charbon de bois est produit pour les fonderies de Lucelle. Kiffis reste tourné vers la Suisse tant sur le plan religieux que pour la scolarité jusqu'en 1871. L"histoire de ce petit bourg se parcourt à travers le château fort du Blochmont, l'église Saint-Pierre-et-Saint-Paul construite entre 1817 et 1820 ou encore sa chapelle de 1937.

STUDERHOF €

9, rue de Bâle
✆ 03 89 40 71 49
www.studerhof.fr

Fermé le lundi soir, mardi et mercredi. Carte : 22 € environ. Formule du midi : 12,50 € (entrée/plat/dessert).

C'est une adresse incontournable pour les amateurs du terroir alsacien ! Le fils, Jean Fischer, a repris le flambeau et il emmène les épicuriens à la découverte de classiques revisités. La carpe frite est reine et accommodée à toutes les sauces ! La choucroute n'est pas en reste et se décline avec gourmandise aux poissons mais aussi en quiche ou en cordon-bleu. Autre spécialité de la maison, les asperges sont un régal. Une cuisine raffinée et familiale à déguster bien installé sur une magnifique terrasse au panorama exceptionnel sur le Jura alsacien.

LES LAMAS DE LA MONTAGNE BLEUE

Ferme du Hornihof
✆ 03 89 40 33 60

Visite guidée dimanche et jours fériés sur rendez-vous de 15h à 17h.

Au col du Blochmont, il n'est pas rare de croiser des lamas et des chiens de bergers d'Asie centrale. La ferme du Hornihof élève ces animaux de plus en plus populaires. Idéal pour les balades, le lama peut servir de porteur mais aussi à l'entretien et à la valorisation des espaces naturels. L'élevage se visite et la ferme propose des promenades, pour une journée instructive. Une visite des plus déroutantes sur un site préservé d'une beauté à couper le souffle.

CONFRÉRIE DE LA CHOUCROUTE

9, rue de Bâle

Tradition culinaire alsacienne, la choucroute a sa confrérie depuis 1987. En effet, les restaurateurs membres s'engagent à servir un plat à base de choucroute toute l'année ! Une façon conviviale de réunir les épicuriens ! L'association organise des intronisations tous les ans et possède son propre hymne, un brin folklorique et drôle, mais en 2018, la choucroute d'Alsace a obtenu la très sérieuse reconnaissance IGP. Une belle récompense qui a dû réjouir les membres de la confrérie.

FERME ÉQUESTRE ZUM BLAUE €

5, rue de Wolschwiller ✆ 03 89 40 35 25
cheval-kiffis.com

Gîte d'étape : 20 €/nuit + petit déjeuner (5 €). Leçons d'équitation : 19 € en collectif. Randonnée (2h) dès 40 €.

La ferme équestre est le lieu parfait pour se couper du monde ! Une belle maison jaune à colombages abrite deux gîtes, un rural et un d'étape. Une bonne literie, un coin kitchenette, des douches et de jolis rideaux aux fenêtres... Les petits déjeuners à base de confitures maison vous permettront d'être d'attaque pour entamer une randonnée équestre. Cette ferme est une valeur sûre en matière d'équitation, tous les chevaux sont dressés et bien dans leur tête, les moniteurs passionnés et les infrastructures idéales. Ici, Vous êtes entre de bonnes pattes !

LUCELLE ★

C'est la plus petite commune du Haut-Rhin, ce qui n'enlève rien à sa beauté et à ses charmes. Jadis, siège de la plus grande abbaye cistercienne d'Alsace, elle conserve quelques vestiges ainsi que de l'ancienne maison de campagne de l'abbé Delfis. C'est saint Bernard qui bénit la première pierre et la source de la nouvelle abbaye qui abritera douze moines de Belleval. Grâce à la volonté indéfectible des moines et à la confiance en Dieu de tous, Lucelle reste, aujourd'hui encore, Lucis Cella, cellule de lumière et n'a de cesse d'illuminer le souvenir de toute sa grandeur. Si l'Europe se construit à Strasbourg et à Bruxelles, son âme se forge à Lucelle.

MAISON SAINT-BERNARD €

© 03 89 08 13 13

www.cerl-lucelle.fr

Fermé début janvier. Réouverture dernier week-end de janvier. 1 nuit avec petit déjeuner pour 2 personnes : 64 €.

Aménagée sur le site de l'ancienne abbaye de Lucelle, la Maison Saint-Bernard est un véritable relais culturel transfrontalier. Ce lieu propice à la méditation est le plus important équipement d'accueil du Sundgau, accueillant des groupes toute l'année. N'oublions pas de signaler les infrastructures de loisirs qui feront la joie de tous : le minigolf, la pétanque, l'aire de jeux pour les enfants et la pêche de rivière sur le domaine. Au départ de nombreuses randonnées à pied et à vélo au cœur du splendide Jura alsacien, c'est du bonheur supplémentaire !

OLTINGUE

Le village a su garder son cachet et ses artisans. Le musée du Sundgau, le sabotier ou la fameuse Oltinguette, où a été inventé le sorbet à la choucroute, participent au dynamisme local. L'église du village possède de très beaux orgues, classés aux Monuments historiques et mis en valeur le dernier dimanche de septembre par un magnifique concert. Saint-Martin-de-Champs, l'ancienne église, date du XIVe siècle et est classée par les Monuments historiques, des fouilles, effectuées en 1990, ont révélé des tombes anciennes dans la nef dont quelques-unes ont été mises en valeur. Le sentier du Thannewald vous mènera aux ruines du château du Landskron.

CHAPELLE SAINT-BRICE

Rue de Liebenswiller

Isolée, à quelques kilomètre d'Oltingue, cette ancienne chapelle a probablement été fondée par les moines de Murbach au XIVe siècle. Haut lieu de pèlerinage, il ne reste de cette époque que les baies en arc brisé sur le mur sud. Au début du XVIIIe siècle, des travaux sont entrepris et la chapelle est reconstruite. Un campanile est ajouté en 1705 et rebâti en 1985. 55 ex-votos en fer, découverts en 1910, sont aujourd'hui conservés au Musée archéologique de Strasbourg. En 1567, un ermitage s'élevait près de la chapelle, aujourd'hui remplacé par une ferme auberge.

MUSÉE PAYSAN ★

10, rue Principale

© 03 89 40 79 24

www.museepaysan-oltingue.com

Horaires d'ouverture sur le site.

Cette maison typique du Sundgau date du XVIe siècle et abrite le musée des Arts et Traditions populaires du Sundgau. La collection du XIXe et du début du XXe siècle qui le constitue a été rassemblée par l'abbé Étienne Bilger, curé à Oltingue de 1958 à 1976 et amoureux de son terroir. Il a sauvegardé des ustensiles du quotidien – vaisselle, four à pain, outils, linge de maison –, des objets de piété, des poêles et meubles typiquement alsaciens, des costumes, etc. Tout au long de l'année, des artistes locaux y exposent leurs œuvres.

PROMENADE DES CHÂTEAUX

Juste à côté de Leymen, il faut prendre le sentier du Thannewald pour trouver les ruines du château de Landskron. Cette promenade permet de jouir d'une vue superbe sur le Sundgau, le pays de Bâle. A l'écart de Levoncourt, du côté de Lucelle, les vestiges du château fort du Morimont sont impressionnants et à Ferrette, les ruines dominent encore la ville. Il existe aussi un circuit des trois châteaux du Jura alsacien, sur des sentiers balisés par le Club vosgien, une randonnée d'itinérance « clés en main » associant hébergeurs et restaurateurs.

WERENTZHOUSE

Dans ce petit village, il est intéressant d'aller faire un tour du côté de la rue de Ferrette où un ancien moulin à grains du XVIe siècle a conservé sa roue à aubes et son canal de dérivation. Il cessa pourtant son activité en 1936. Rue du moulin, l'un des deux anciens moulins à huile du XIXe siècle s'appuie encore sur une bâtisse du XVIe siècle. À l'arrière, on aperçoit encore les pressoirs à pommes, noix, groseilles et framboises. A noter que c'est Werentzhouse que le plus petit musée du monde s'est installé pour le plus grand plaisir des amoureux. Plus de 20 000 cartes postales retracent l'histoire du village sur plus de cent ans.

MUSÉE DES AMOUREUX ET DU PATRIMOINE SUNDGAUVIEN

2, rue de Ferrette ✆ 03 89 40 50 47
www.sundgau-sudalsace.fr
Ouvert tous les dimanches 14h30-18h en juillet et août et le 1er dimanche du mois 14h-17h d'avril à octobre.

Le plus petit musée de France ! Dans 19 m², les bénévoles ont rassemblé plus de 30 000 cartes et photos dont certaines ont plus de 100 ans. La collection se divise en 2 thématiques : une dédiée à l'amour et la deuxième répertorie une formidable rétrospective de l'histoire de la carte postale et locale en photos. Quelques photos personnelles complètent les mots d'amour écrits au verso des cartes. Tous les 15 premiers jours de février, Werentzhouse devient le village des amoureux !

LE BURAHUS €€

2, Grande-Rue ✆ 03 89 40 41 95
Ouvert du vendredi au dimanche toute la journée et le mardi midi.

Le Burahus, traduisez « la maison du paysan », est une adresse à ne pas manquer. Une décoration un peu vieillotte mais qui fait le caractère de la maison. Sur les murs, des fresques représentant des scènes de la vie paysanne, sur les tables, ces fameuses nappes à carreaux rouges et blancs. Dans une ambiance typique, on vient y déguster du gibier, des abats, de la choucroute, sans oublier la tête de veau. Côté cuisine, la star, forcément, c'est la carpe-frite. Au Burahus, on sait aussi faire la fête puisque des soirées à thèmes y sont régulièrement organisées.

SAINT-LOUIS ★

Située à la frontière suisse, Saint-Louis est une ville résolument culturelle et pas forcément la cité-dortoir des frontaliers que l'on a l'habitude de décrire. En témoigne les nombreuses manifestations éclectiques de la ville : le Forum du livre, l'un des plus importants festivals littéraires du Grand Est, le festival Art de rue, le salon des 40 consacré à la création contemporaine amateur... Saint-Louis abrite également la plus grande la réserve naturelle d'Alsace : la petite Camargue alsacienne, un patrimoine environnemental de 904 hectares. Parfait pour le tourisme fluvial, c'est une région verdoyante et accueillante pour qui aime la nature.

FONDATION FERNET-BRANCA ★★

2, rue du Ballon ✆ 03 89 69 10 77
www.fondationfernet-branca.org
Ouvert du mercredi au dimanche de 13h à 18h. Gratuit jusqu'à 18 ans. Adulte : 8 €. Visite guidée. Animations.

Construite en 1909, cette ancienne distillerie a fabriqué pendant presque un siècle le célèbre amer aux plantes. Après sa fermeture en 2000, le bâtiment, réhabilité en centre d'art contemporain, accueille des artistes du monde entier. Aujourd'hui la Fondation propose un espace de 1 500 m² avec l'art contemporain comme fil rouge. Avec son espace bar et sa librairie, il y a de quoi ravir tous les spectateurs. La Fondation Fernet-Branca est le seul musée à faire partir du circuit de la Nuit des Musées qui a lieu chaque année en janvier, à Bâle et alentour.

PETITE CAMARGUE ALSACIENNE ★★

1, rue de la Pisciculture ✆ 03 89 89 78 59
www.petitecamarguealsacienne.com
Animations et visites guidées. Expos muséographiques : Mémoire du Rhin entrée libre et Mémoire de saumons 3 €.

Créée en 1982 et agrandie en 2006, la Réserve naturelle de la Petite Camargue alsacienne est située dans le secteur des trois frontières. Après les travaux d'endiguement du Rhin et la construction du canal de Huningue, une zone humide a été maintenue rendant l'environnement propice au développement d'une faune et une flore spécifiques. La maison de la réserve accueille différentes expositions et de nombreuses animations pour découvrir cet espace protégé.

HOTEL BERLIOZ*** €€

14, rue Henner
✆ 03 89 69 74 44
www.hotelberlioz.com

Chambre simple ou double de 80 € à 96 €. Animaux : 12 €. Petit déjeuner buffet : 11 €. Réception ouverte jusqu'à 23h30.

Idéalement situé au cœur des 3 frontières, l'hôtel Berlioz est un établissement confortable et de qualité. Il dispose de 20 chambres agréables et lumineuses. Le personnel est attentif au moindre désir de ses clients, et le petit déjeuner est un régal ! Pour vos réunions de travail, vous pouvez réserver deux salles de conférence (capacité de 15 à 20 personnes). Si vous prévoyez de rester 1 à 3 mois, l'hôtel dispose également de studios climatisés, équipés de kitchenette, avec garage ainsi que des appartements de 2 à 3 pièces situés au centre-ville de Saint-Louis.

HÔTEL RESTAURANT LE CHEVAL BLANC** €€

6 A, rue Rosenau - **VILLAGE-NEUF**
✆ 03 89 69 79 15
www.lechevalblanc.fr

Ouvert toute l'année. Wifi. Restauration. Horaires sur site.

Idéalement installé au carrefour des Trois Frontières, Le Cheval Blanc est idéal pour les voyages d'affaires, aussi bien que pour les moments familiaux. La maison se découpe en trois parties : le restaurant qui propose des repas raffinés en toute intimité, une partie brasserie et l'hôtel. Côté fourneaux, c'est le chef Massimo Cataldo qui est aux commandes. Son truc à lui, c'est de varier ses plats en fonction des saisons. Et au moment des asperges, il est juste incontournable !

LA VILLA K €€

1, rue de Lectoure
✆ 03 89 70 93 40
www.lavillak.com

La semaine, chambre simple à partir de 99 €, chambre double de 109 € à 145 €. Petit déjeuner inclus. Restaurant. Spa.

Dans un cadre authentique et moderne, cinq types de chambres vous attendent : business, executive, chambre K, executive K et suite K. La décoration des chambres est à la fois sobre et classieuse. Selon le cas, vous trouverez un bain bouillonnant, une baignoire balnéo. Bien entendu, il est possible de déjeuner sur place. Le restaurant propose une cuisine semi-gastronomique en deux étapes : locale le midi et plus élaborée le soir. Autrement, la Villa K est synonyme de bien-être absolu avec un spa, un hammam et des soins dont la carte évolue tous les six mois.

AUBERGE NEUWILLER « CHEZ MARLYSE » €

7, rue d'Allschwill
NEUWILLER
✆ 03 89 68 17 70
www.auberge-de-neuwiller.com

Ouvert toute l'année. Tous les jours le midi et le soir. Brasserie ouverte de 10h à 22h.

Cette charmante auberge est appréciée par sa clientèle pour sa grande terrasse estivale et son service brasserie assuré avec le sourire. Que l'on soit végétarien ou carnivore, on se régale sans faire de manière de petits plats maison : fromage de munster frit sur salade, risotto aux morilles, cordon bleu de porc et frites à volonté, filet de bœuf au beurre maître d'hôtel... La carte de l'Auberge Neuwiller vous épate au gré de ses délicieuses créations de saison.

AUBERGE SAINT-LAURENT €

1, rue de la Fontaine - **SIERENTZ**
✆ 03 89 81 52 81
www.auberge-saintlaurent.fr

Restauration du mercredi au dimanche le midi de 12h à 13h30 et de 19h à 21h15. Menus de 47 € à 86 €.

Au fil des années, la famille Arbeit a imposé cet ancien relais de poste au rang des plus belles tables du Haut-Rhin. Depuis 2009, le chef Laurent Arbeit a pris les rênes de l'établissement familial et a réussi à conserver l'étoile Michelin, en poursuivant à sa manière la tradition d'excellence entamée par son père. Dans une ambiance feutrée, on y déguste des plats gourmands et raffinés, faisant la part belle aux produits saisonniers du terroir. On craque aussi pour les chambres de l'hôtel, des plus douillettes et décorées dans la plus pure tradition alsacienne.

À CÔTÉ WINSTUB €€

2, rue Rogg-Haas - **SIERENTZ**
✆ 09 83 37 16 80
www.auberge-saintlaurent.fr

Ouvert du jeudi au lundi et les jours fériés. Menus de 30 € à 70 €. Carte : 22 € environ. Formule du midi : 20 €.

Une déco chaleureuse, intimiste, confortable et un accueil attentif, c'est là notre première impression. Le fils du chef de l' incontournable Auberge Saint-Laurent située à deux pas, a repris et complètement transformé l'ancien café du village. Dans cette ambiance décontractée, on passe un bon moment autour d'une une cuisine créative. Quelques habitués sont fidèles à l'entrecôte bordelaise, son échalote confite, son gratin et son os à moelle. La carte des desserts est aussi très inventive. On choisit un vin parmi quatorze bouteilles, tous disponibles au verre.

AUBERGE AU CHEVAL BLANC €€

4, rue du Général-de-Gaulle - **HÉSINGUE**
✆ 03 89 67 56 99 - www.cheval-blanc-hesingue.com
Le mardi, le jeudi et le vendredi le midi et le soir ; le samedi soir ; le dimanche midi. Menu du jour : 16,50 €.

À Hésingue, la maison bleue aux colombages vous accueille dans une ambiance chaleureuse et relax. Le restaurant se taxe de détenir une recette de cordon bleu qui en fait un incontournable, quelle que soit la version. Côté terroir, le baeckeoffe vaut le détour tant la viande est parfumée et tendre grâce à sa marinade. Les traditionnelles tartes flambées sont déclinées en dix recettes dont une originale à base d'asperges en saison. Enfin, notre séquence préférée, c'est le patron, jovial et drôle ! Une adresse incontournable de la région des Trois Frontières.

LA DILIGENCE €€

8, rue de Mulhouse
✆ 03 89 69 38 14
www.ladiligence.fr
Ouvert du mardi au samedi le midi et le soir.

Installé dans un ancien relais de poste, le décor s'inscrit dans une veine rustique qui sent bon la convivialité des soirées entre amis. Une salle attenante, le caveau, est idéale pour les banquets, les repas de mariage ou les cocktails. La terrasse à l'arrière est à voir car fleurie avec goût. Dans l'assiette, on suit le fil des saisons au gré de l'inspiration du chef, avec par exemple les plats express, gourmands et abordables. Destination finale pour les gourmets, le winstub « le plus au sud de l'Alsace ». Le voyage se fait en diligence !

RESTAURANT LE GAULOIS €€

8, rue du Général-de-Gaulle
BARTENHEIM
✆ 03 89 70 71 84
www.legaulois-bartenheim.fr
Ouvert du mardi au dimanche. Menus de 48 € à 88 €. Réservation recommandée.

Aux manettes, Jérôme Paquin et sa cuisine semi-gastronomique. Des plats tout en raffinement comme la ballottine de volaille d'Alsace Label rouge ou plus traditionnels avec les Kasespaetzle au munster. Il sait aussi sublimer le burger en le revisitant façon Rossini ou munster. La carte, renouvelée à chaque saison, apporte son lot de surprises et le service est digne des plus grands palaces. Les gourmands et les gourmets apprécieront chaque dessert d'autant qu'il est offert dans la formule du jour le jeudi midi ! Une excellente adresse à découvrir !

LES CHAMBRES DE CÉCILE €€

49, rue du Maréchal Foch
KEMBS
✆ 03 89 48 17 94
www.lepetitkembs.fr
3 belles chambres. 80 € la nuit pour 1 personne, 88 € la nuit pour 2 personnes. Petit déjeuner inclus

Cécile préside aux destinées de 3 coquettes et douillettes chambres d'hôtes pendant que Lionel prépare les agapes épicuriennes du restaurant. Si vos pérégrinations vous portent en Sud-Alsace, vous serez ravis de poser vos valises chez Cécile et Lionel. L'accueil y est « comme à la maison » ! Vous pourrez vivre une expérience culinaire gastronomique si vous décidez de pousser la porte du restaurant, le petit déjeuner est authentique avec pain frais bio, mini-kugelhopf, etc. Et surtout, vous pourrez découvrir ce petit coin de paradis qu'est l'Espace Rhénan.

© CÉCILE

© CÉCILE

HAUT-RHIN

LE CLOS DES SENS €€€

10, route Nationale 66 - **SCHLIERBACH**
✆ 03 89 83 40 11
leclosdessens68.com
Du mercredi au samedi le midi et le soir ; le dimanche et le mardi, le midi uniquement. Menus de 48 € à 58 €.

Le Clos des Sens est une des grandes table gastronomique du Pays de Sierentz. Un établissement ouvert par le chef Loïc Paugain son épouse Palmira, longtemps aux manettes de l'établissement Le Petit Paris. Leur cheval de bataille n'est autre qu'une cuisine traditionnelle et gastronomique avec des produits locaux de qualité. Le Maestro a décidé de faire profiter de son art aux Sundgauviens et à tous ceux qui feront le détour pour découvrir des plats savoureux sur une carte inventive et évolutive. C'est un restaurant à afficher dans sa to-do liste !

LE PETIT KEMBS €€€

49, rue du Maréchal Foch - **KEMBS**
✆ 03 89 48 17 94
www.lepetitkembs.fr
Fermé mardi et mercredi. Menu Carte blanche : 45 € (3 verres + 25 €) ou 60 € (4 verres + 35 €).

Un nouveau concept bluffant by Cécile & Lionel dans ce petit village au bord du canal. Le Beau et le Bon sont l'ADN de cet établissement, la passion et la convivialité sont au rendez-vous. Avant de réaliser son rêve d'ouvrir un restaurant en Alsace, Lionel a bourlingué d'étoiles en étoiles pour enfin oser cette nouvelle expérience. Un décorum épuré évoquant la forêt, une magnifique cuisine ouverte permettant à Lionel de cuisiner, de vous servir, une cuisine passionnée... Deux menus de haute volée qui vous feront vivre une très belle expérience gastronomique.

RESTAURANT AU BOEUF NOIR €€€

2, rue de Folgensbourg - **HÉSINGUE**
✆ 03 89 69 76 40 - www.auboeufnoir.fr
Ouvert du mardi au vendredi midi et soir, le samedi soir et le dimanche midi. Formule du midi : 29 € (complète).

En véritable passionné, le chef Mickaël Schlienger nous sert ici une cuisine gastronomique inventive. Chaque détail est pensé, les assiettes sont originales et créatives, tout comme la cuisine aux multiples saveurs. Une carte resserrée, estampillée maison, pains, sauces glaces et mignardises inclus. La découverte se fait dans l'assiette, le chef ne dévoilant pas tout ses secrets sur la carte. Un restaurant qui réjouira les gourmands car pour un gastronomique, les assiettes sont copieuses ! Une belle sélection de vins sur une carte variée.

LE YAM €€€

4, rue d'Altkirch
✆ 03 89 91 27 28
https://restaurant-yam.com
Ouvert du mardi au samedi de 12h à 13h30 et de 19h à 21h30. Carte : 30 € environ. Menu du jour : 20 €.

Petit frère du restaurant gastronomique L'Orchidée, le Yam vous accueille dans un cadre chaleureux. L'ambiance est intimiste et on y retrouve tout ce qui fait le succès de son aîné : une sublimation de la cuisine française associée à ce qu'il y a de meilleur dans la cuisine thaï. Rien n'est négligé : des couleurs aux textures, tous vos sens sont en éveil. Même un simple velouté de potimarron vous fait voyager en Asie grâce à une savante association d'épices. Le menu du jour, servi du mardi au vendredi midi est un vrai bon plan. Réservation impérative.

CAVES MEYER-THUET

86, rue de Saint-Louis - **HÉSINGUE**
✆ 03 89 69 76 30
www.caves-meyer-thuet.com
Ouvert du mardi au vendredi de 9h à 12h et de 14h à 18h30 ; le samedi de 9h à 12h et de 13h30 à 17h. Livraison possible.

Ce caveau, l'un des plus grands de France, n'en reste pas moins convivial. C'est une combinaison entre boutique à l'ancienne et commerce moderne. Pas de hasard si les bouteilles sont couchées sur leur tapis, les bouchons restent ainsi humides, dans une lumière tamisée et sous température constance. 1 200 vins de domaines accueillent le visiteur mais la maison n'oublie pas pour autant les propriétaires récoltants. Ici, la devise est de « Proposer le meilleur vin au meilleur prix ». À chaque vin sa fiche explicative et les conseils d'une équipe aux petits soins.

AU MONDE DU VIN

23, avenue de Bâle
✆ 03 89 69 22 22
www.aumondeduvin.fr
Ouvert du mardi au vendredi de 10h à 13h et de 14h à 18h45, le samedi de 9h15 à 17h45.

Amateurs de vins et spiritueux, cette adresse est faite pour vous ! Au Monde du Vin propose 1850 vins et 850 spiritueux à découvrir dans une ambiance conviviale. Entre vins français et étrangers, 180 whiskies, 80 rhums, armagnacs et cognacs, sans oublier un espace épicerie fine et ses produits de terroir vous aurez l'embarras du choix. Le lieu organise des formations d'œnologie pour s'y retrouver parmi les régions, les appellations, les terroirs, les crus... Une adresse qui aime aussi organiser des soirées « Mets et vins » dans des restaurants partenaires.

AUX SAVEURS DES LYS

35, rue de Mulhouse
✆ 03 89 69 11 17
www.aux-saveurs-des-lys.com
Fermé le lundi et le dimanche. Du mardi au vendredi de 8h30 à 13h et de 15h à 19h. Le samedi de 8h à 18h.

L'odeur de fromage frais accueille le visiteur, la porte à peine poussée. Impossible de ne pas craquer et de ne revenir qu'avec une seule sorte de fromage. Pour tous les amateurs, la crèmerie fromagerie Aux Saveurs des Lys est un véritable paradis tenu par Denis Bugeaud, fromager-affineur. L'adresse idéale aussi en cas d'envie de fondue, de raclette ou de munster. Aux Saveurs des Lys est également sur les marchés régionaux (Soultzmatt, Muespach, Sierentz, Hégenheim, Blotzheim et Saint-Louis) et ne travaille qu'en circuit court.

LA COUPOLE

2, croisée des Lys ✆ 03 89 70 03 13
www.lacoupole.fr
Billetterie du théâtre ouverte du mardi au vendredi de 9h30 à 13h et une heure avant chaque spectacle.

Le théâtre La Coupole propose tout au long de l'année des spectacles de théâtre, danse, musique, cirque... La programmation est à découvrir sur le site Internet : danse classique, hip hop, théâtre de marionnettes, opéra... Pour partager ces grands moments artistiques et culturels, La Coupole dispose d'une salle de spectacles de 504 places, d'une petite salle d'une capacité de 100 places et d'un ensemble cinématographique de trois salles situé juste à côté du théâtre. Un bar est ouvert avant et après les représentations ainsi que pendant les entractes.

LASER GAME MEGAZONE

3, rue de Séville
✆ 03 89 67 10 10
www.megazone-saint-louis.fr
8 €/1 partie, 15 €/2 parties, 20 €/3 parties. Ouvert toute l'année.

Une arène moderne de 600 m² pour vous transporter sans risque pour une séance de « dézingage ». Vous êtes sécurisés pour aller faussement tuer des amis (qui ne le seront plus), des enfants (qui n'ont pas été sages), des parents (qui vous ont confisqué votre console) ou même de simples inconnus ; cela dépend du nombre de participants et de l'organisation des parties. Musique, effets sonores, pièce assombrie avec de fumée et balises lumineuses, tout est fait pour vous plonger dans une ambiance de guérilla. La partie terminée, prenez un rafraîchissement au bar !

HUNINGUE ★

Le nom de Huningue est mentionné pour la première fois dans un document daté de 828. Durant le Moyen Âge, il s'agissait d'un village et d'une grande propriété sous la direction du chapitre cathédrale de Bâle. Toujours pendant le Moyen Âge, le village devient la propriété des Habsbourg mais il est toujours convoité par Bâle qui, durant un siècle, le possède comme gage d'emprunts accordés aux Habsbourg. Il faut attendre le traité de Westphalie en 1648, pour que Huningue – et presque toute l'Alsace – retourne dans le giron de la couronne de France.

En 1680, sous la direction de Vauban, Huningue est lourdement fortifiée. La forteresse souhaitée par Louis XIV aux portes de Bâle et considérée comme un chef-d'œuvre avec ses 5 bastions, accompagnés d'autant de demi-lunes et de grands ouvrages à cornes. Vous pourrez en retrouver les plans au Musée historique et militaire, ou en empruntant le circuit pédestre qui suit les anciens remparts, fortifications ou maisons d'époque (plan disponible à l'office de tourisme). Les industries de la bière, de la soie et du cigare se développent, puis aujourd'hui, celles du textile médical, du volet roulant, des équipements électroniques et de la recherche militaire. Région connue pour son passé industriel, c'est désormais aussi une région en plein essor touristique, que l'on peut découvrir en vélo sur la piste cyclable qui longe le canal du Rhin, où l'on peut pratiquer des sports à sensations fortes sur le parc des eaux vives, mais aussi de la pêche, des croisières, et des randonnées dans la réserve naturelle de la Petite Camargue alsacienne.

MUSÉE HISTORIQUE ET MILITAIRE D'HUNINGUE

6, rue des Boulangers
✆ 03 89 89 33 94
www.histoire-huningue.eu
Ouvert le premier et le troisième dimanche du mois de 14h30 à 17h30. Fermé les jours fériés et au mois d'août.

Construite à la fin du XVIIe siècle pour le service de l'intendance et la direction des fortifications, la bâtisse abrite de belles collections retraçant l'histoire stratégique et militaire de la ville construite à partir de 1679 sur les ordres de Louis XIV. En confiant à Vauban la conception de cette tête de pont stratégique, le roi propulsa le village en véritable verrou militaire pour l'Alsace. Le musée raconte également l'histoire des trois sièges entre 1796 et 1815.

HAUT-RHIN

BACIO HUNINGUE €€

7, place Abbatucci
✆ 03 89 69 41 75
www.restaurantbacio.fr

Fermé le lundi. Pizzas de 9 € à 14 €. Salades de 12,90 € à 15,90 €. Pastas de 13,90 € à 16,90 €.

Bacio, c'est une belle épopée 100 % italienne au cœur de l'Alsace ! Une histoire de cœur pour une cuisine simple mais ô combien savoureuse. On parle italien dans le restaurant, l'accent est prononcé, en fermant les yeux, on pourrait presque croire avoir fait un saut spatio-temporel ! L'Italie à portée de fourchettes. Les pizzas sont excellentes ainsi que le reste de la carte, une cuisine réalisée avec des produits italiens, une bonne dose de bonne humeur, une pointe de décoration aboutie et tendance et vous obtiendrez une superbe recette italienne !

AUTOUR DE LA TABLE €€€

17, rue du Village Neuf
✆ 09 81 11 40 17
www.restaurant-autourdelatable.fr

Fermé lundi et mardi. Ouvert le soir du mercredi au samedi ; le midi les vendredi et dimanche.

Un restaurant de passionnés ! Une jolie pépite transfrontalière dans un terroir où on aime la vie épicurienne. Une fois poussé la porte, on ne regrette pas. Et l'on se concentre sur la table pour un voyage culinaire savoureux. La décoration intérieure est au diapason de « la Grande Carte ». Le service est abouti, en ces temps tourmentés pour la restauration, c'est plutôt rare. Le rapport qualité/prix, tout à fait correct même si les prix affichés restent transfrontaliers. Et cette idée de transformer la terrasse en chalet l'hiver, absolument géniale !

HAUT-RHIN

LA HUNINGUOISE

10, rue de France
✆ 03 89 89 86 00
www.la-huninguoise.com

Ouvert du mardi au jeudi de 16h à 23h ; le vendredi et le samedi de 10h à 00h ; le dimanche de 10h à 19h.

Ouvert en 2014, cet établissement est bien situé : au bord du Rhin en face de la passerelle des Trois Pays. Un joli cadre avec terrasse et salle cosy et intimiste la nuit tombée. La Huninguoise propose une sélection de vins au verre, des cocktails avec ou sans alcool et de la petite restauration : assortiments de fromages, charcuteries, croque-monsieur sur assiette... Un endroit idéal pour les personnes désireuses de se restaurer au calme. Une excellente adresse pour décompresser, boire un verre avant d'aller dîner de l'autre côté de la frontière.

2 RIVES 3 PONTS

www.2rives3ponts.eu

Piste cyclable.

À partir du coude du Rhin à Bâle, de nombreuses pistes cyclables sont offertes aux amateurs de vélos, telles que la Piste du Rhin (Véloroute Rhin), celle de la Vallée du Rhin, celle des Trois Frontières, celle de la Route verte à laquelle est reliée la piste Freiburg-Mulhouse ou l'EuroVelo6 Atlantique-mer Noire. Une belle variété de trajets au fil du Rhin, passant d'un pays à l'autre grâce à 3 ponts. Qu'il s'agisse de sportifs à vélo ou de familles, tous trouveront des itinéraires à leur convenance. Il y a même une piste de 10 km dédiée aux rollers !

PARC DES EAUX VIVES

3, quai du Maroc ✆ 03 89 89 70 20
www.ville-huningue.fr

Le parc est ouvert au public tous les jours de la semaine de début mars à fin novembre. Activités à partir de 15 €.

Créé en 1993, ce parc a été pensé pour permettre à tous de pratiquer en milieu urbain les sports d'eaux vives. Rafting, canoë-kayak, hydrospeed, stand-up paddle sont à portée de pagaie ! De nombreuses offres sont proposées et sont encadrées par une équipe d'animation aux petits oignons. En fonction de vos envies et sous certaines conditions, vous pourrez vous lancer dans l'aventure ! En autonomie ou en séances encadrées, seul ou en famille, débutant ou confirmé, pour un anniversaire ou pour une entreprise, il suffit de choisir la bonne formule pour s'évader !

ORGANISER SON SÉJOUR

Pour bien organiser son séjour en Alsace lorsque l'on n'est pas d'ici, la première étape est de penser son séjour globalement : que souhaite-t-on faire, comment souhaite-t-on le faire, sur combien de temps allons-nous le faire? Il faut, avant de se laisser aller à la déambulation au gré de nos envies, être un peu pratico-pratique pour délaisser ensuite cet aspect moins réjouissant et aborder le séjour plus sereinement. Dans cette rubrique, vous trouverez donc des idées pour rejoindre cette région et réaliser votre trajet, pour trouver des séjours sur mesure et des circuits intéressants de découverte, pour vous loger grâce à des sites Internet et associations qui regroupent beaucoup de bons plans, pour se déplacer sur place à vélo, en voiture ou à pied, pour s'informer sur toutes les superbes choses à voir et, pourquoi pas, pour rester si l'Alsace vous a conquis et que vous ne voulez plus la quitter !

S'Y RENDRE

Pour se rendre en Alsace, on peut bien sûr prendre sa voiture. Dans la région, vous bénéficierez d'une spécificité qui a son importance sur votre budget : les autoroutes sont gratuites ! Une seule portion de route est payante et il n'y a que trois ponts de péage. Sur ces routes qui traversent les principales villes touristiques, vous profiterez des différents paysages et prendrez le temps de vous arrêter comme bon vous semble, sans contrainte. Si l'on n'a pas de voiture ou que l'on ne souhaite pas l'utiliser, on peut rejoindre la région par l'un des deux aéroports (Bâle-Mulhouse et Entzheim) et utiliser ensuite les différents trains proposés. L'Alsace est très bien dotée concernant ce moyen de transport, que ce soit en TER ou TGV. Strasbourg et Mulhouse proposent même des formules à tarifs avantageux pour combiner navettes d'aéroports, trains et trams dans la ville, n'hésitez pas à en profiter !

AÉROPORT INTERNATIONAL DE STRASBOURG-ENTZHEIM

Bâtiment Louis Blériot - **ENTZHEIM**
✆ 03 88 64 67 67
www.strasbourg.aeroport.fr
L'aéroport est desservi jusqu'à quatre fois par heure par une navette train et une navette bus CTS.

L'aéroport international de Strasbourg accueille plusieurs compagnies aériennes, et propose plus de 50 destinations régulières. Il est relié aux principaux hubs européens Paris CDG, Amsterdam, Bruxelles, Madrid et Prague permettant ainsi de voyager partout dans le monde. Dans la salle d'embarquement : de nombreuses boutiques, des restaurants et des cafés, des espaces détente avec wifi gratuit, un distributeur permettant le retrait d'argent et des agences de voyage.

EUROAIRPORT BÂLE-MULHOUSE-FREIBURG

BÂLE
L'aérogare est accessible 24h/24.

Troisième aéroport suisse, cinquième français et européen, l'EuroAirport est le seul à abriter une frontière en son centre : d'un côté la France, de l'autre la Suisse. Il bénéfice d'une excellente situation au centre de l'Europe de l'Ouest et de trois régions économiquement fortes : l'Alsace, le nord-ouest de la Suisse et le Bade-Wurtemberg. Un projet de raccordement par le tram et par le rail devrait aboutir, en 2030, à l'unique réseau express trinational Trireno.

GARE CENTRALE DE STRASBOURG

20, place de la Gare
STRASBOURG
✆ 36 35
www.voyages-sncf.com
Ouvert du lundi au vendredi de 4h45 à 1h ; le week-end de 5h à 1h. Chèque Vacances.

La célèbre gare de Strasbourg permet aux voyageurs de se rendre facilement en train dans de grandes villes comme Paris, Aéroport CDG2 TGV ou Marseille. L'aéroport d'Entzheim y est aussi relié régulièrement directement. Elle permet aussi grâce à son réseau TER de rayonner facilement dans toute l'Alsace. Les services proposés y sont nombreux et ce lieu historique est en outre un formidable bâtiment que l'on peut visiter et découvrir grâce à des applications.

GARE SNCF

9, place de la Gare - **COLMAR**
✆ 36 35
www.garesetconnexions.sncf
Ouvert du lundi au vendredi 5h-00h30 ; le samedi 5h30-00h30 ; le dimanche et les jours fériés 6h30-00h30.

Construit au début du XXe siècle, le bâtiment de la gare de Colmar est classé Monument historique. Son beffroi d'une hauteur de 36 m donne une allure unique à l'édifice. La grande ligne du TER Grand Est, Bâle-Strasbourg, opère toutes les demi-heures, vous pourrez également vous rendre dans la vallée de Munster, ou dans de multiples villages de la région. La gare de Colmar est une gare TGV, avec des liaisons directes pour Paris et les grandes villes. Vous y trouverez un corner de petite restauration et un Relay pour acheter de quoi lire dans le train !

SÉJOURS ET CIRCUITS

Vous trouverez en parcourant les pages de ce guide beaucoup d'idées pour vous préparer vous-même un séjour et un parcours à votre convenance, en piochant dans notre sélection des meilleurs hébergements, des meilleurs restaurants et des meilleurs sites touristiques à visiter. Néanmoins, si vous le souhaitez, vous trouverez en Alsace de nombreuses sociétés spécialisées dans l'organisation de séjours et circuits touristiques. Adaptables, sur mesure selon vos envies, parfois même insolites, ces formules permettent, en choisissant une thématique (par exemple gastronomie, œnologie, châteaux, richesses naturelles...), de suivre sans se poser de questions un parcours pensé pour vous où tout est pris en charge, du transport à l'hébergement en passant par la restauration et les visites. Ainsi, vous aurez l'esprit libre et profiterez des explications avisées de vos guides professionnels qui mettent un point d'honneur à vous faire aimer l'Alsace.

ALSASMARTOURS

27, rue des Noyers - **APPENWIHR**
✆ 06 12 57 78 21
alsasmartours.com
Circuits touristiques. Tarifs et devis personnalisés sur demande. Véhicule de Transport avec Chauffeur (VTC).

L'agence AlsaSmarTours vous propose de découvrir l'Alsace au gré de circuits originaux (établis sur mesure), confortablement installés dans un véhicule VTC (9 places) haut de gamme avec chauffeur. Le concept d'AlsaSmarTours s'inscrit dans une démarche œnotouristique qui tend à mettre en lumière la biodiversité alsacienne par le biais de visites du vignoble et de superbes caves. L'agence favorise aussi des rencontres avec les acteurs de la culture, de la viticulture et de la gastronomie régionale. Voici de quoi vous initier en douceur à l'art de vivre alsacien !

LES COUPS DE CŒUR DE LIESEL POUR DÉCOUVRIR L'ALSACE AUTHENTIQUE

1, rue Camille Schlumberger - **COLMAR**
✆ 03 89 20 10 68 - www.liesel.alsace
Portail d'infos alimenté par 19 OT d'Alsace. Permanence tél. du lundi au vendredi de 9h à 12h30 et de 13h30 à 16h45.

L'adorable Liesel est l'égérie de cette plateforme d'infos alimentée par 19 offices de tourisme alsaciens en partenariat avec Alsace Destination Tourisme (ADT). Coiffée de sa *Schlupkapp*, Liesel vous accompagne dans la découverte de sa belle région au gré de ses coups de cœur. Il suffit de vous inscrire en ligne, puis d'indiquer les dates et lieux de votre séjour afin de recevoir des idées d'activités pour les jours à venir. C'est simple, rapide, facile et gratuit !

FUN2SPORT

22, rue des Grillons
HABSHEIM
✆ 06 34 10 83 02
www.fun2sport.fr
Ouvert du lundi au vendredi de 8h30 à 12h et de 14h à 18h. Le mercredi de 8h30 à 12h.

Fun2Sport propose une grande variété de vacances actives et de séjours cyclistes, que ce soit à vélo de route, à VTT ou même à vélo à assistance électrique. Chacun trouvera la formule idéale et le rythme qui convient le mieux. Des destinations magnifiques, des circuits et des parcours à couper le souffle, du stage d'entraînement réservé aux cyclistes les plus aguerris aux randonnées loisir purement touristiques, il y en a pour tous les âges et tous les goûts. Accompagnés ou libres, vous profiterez d'une visite de l'Alsace autrement !

TOUR ALSACE

Gare routière bus parc de l'étoile
STRASBOURG
tour.alsace
Tour de 9h à 19h30 avec visite de 2 attractions alsaciennes majeures et pause repas.

Tour Alsace vous propose de redécouvrir notre région grâce à un circuit en bus cabriolet décapotable. Partez à la découverte de plus d'une dizaine de villages et de sites touristiques majeurs, avec une pause dans un restaurant traditionnel. La vue panoramique que vous aurez avec ce mode de déplacement sera un véritable émerveillement pour vos yeux et vous apprendrez une multitude d'anecdotes et de faits intéressants grâce aux commentaires audio dans votre langue. Tour Alsace est une belle occasion de parcourir notre région avec un œil nouveau et sans se fatiguer.

SE LOGER

Nous avons déjà sélectionné les hébergements que nous avons préférés lorsque nous les avons testés dans ce guide, mais vous trouverez ici d'autres idées pour aller plus loin. Grâce à des sites Internet et groupements de professionnels du tourisme dédiés à un mode d'hébergement particulier, vous aurez encore plus de choix. Bien sûr, il y a les fameux Gîtes de France, Logis de France, Relais & Châteaux, Clef verte, Bienvenue à la ferme, Relais du silence et Tourisme et Handicap dont les labels sont gages de qualité, mais aussi des formes moins conventionnelles de logement : couchsurfing, échange de maisons, nuits à la ferme en woofing... N'hésitez pas si vous en ressentez l'envie à tenter ces expériences. Elles vous offriront souvent la possibilité de belles rencontres et de découvertes plus personnelles, centrées sur l'expérience du territoire des locaux, pour découvrir l'Alsace de l'intérieur.

COUCHSURFING €€

www.couchsurfing.com

Plateforme internet pour séjourner chez l'habitant. Tarif d'adhésion : 15€ environ.

Couchsurfing est le service d'hébergement gratuit en ligne regroupant le plus d'adhérents. Il suffit de s'inscrire pour accéder aux profils des locaux ou faire sa demande d'hébergement pour quelques jours, voire quelques semaines. En échange, vous pouvez par exemple inviter votre hôte à manger, lui offrir un cadeau ou bien l'accueillir chez vous. Le site Internet met en place des systèmes de contrôle : notation des membres, numéro de passeport exigé à l'inscription, etc. Les participants ont accès à des hébergements volontaires dans plus de 200 pays.

RELAIS DÉPARTEMENTAL DU TOURISME RURAL-GÎTES DE FRANCE €€

2, allée d'Oslo

SCHILTIGHEIM

✆ 03 88 75 56 51

www.gites-de-france.com

Gîtes de France®, est le leader français et européen de l'hébergement chez et par l'habitant avec 60 000 hébergements et 47 000 propriétaires, et troisième marque de tourisme la plus connue des Français. Ce label certifie la qualité des hébergements qui l'obtiennent (selon un classement en nombre d'épis) et permet à de nombreux propriétaires de développer au mieux leurs projets d'ouverture de gîtes grâce à des conseils avisés et des soutiens nombreux.

FÉDÉRATION UNIE DES AUBERGES DE JEUNESSE €

www.fuaj.org

Consultation et réservation en ligne.

La formule est plébiscitée par les plus jeunes, et de manière plus générale par celles et ceux qui souhaitent voyager à moindre coût. Ainsi, les auberges de jeunesse sont gérées par la fédération du même nom. En Périgord, elles sont peu nombreuses : citons celle du Buisson de Cadouin, tout à fait remarquable dans un bâtiment ancien, rendu très confortable avec beaucoup de charme. Elle est bien entretenue et vous propose différentes formules, de la chambre privative au dortoir.

VAOVERT €€

DIJON

www.vaovert.fr

Connaissez-vous Vaovert ? Née à Dijon, voici la première plateforme d'hébergements éco-responsables de France. Hôtels, gîtes ou chambres d'hôtes, campings ou lieux insolites, Vaovert référence plus de 1 200 belles adresses 100% françaises et entièrement respectueuses de l'environnement. Une offre adaptée à toutes les envies et à tous les budgets, pour un voyage qui comblera forcément vos attentes et fera du bien à la planète ! Ou comment allier plaisir et responsabilité. Une démarche séduisante et profondément dans l'air du temps. On adore !

Nous l'avons vu dans le chapitre sur « comment venir en Alsace », aéroports, trains et trams sont parfaits pour arriver à destination. Mais lorsque l'on est sur place, comment fait-on ? On peut bien sûr toujours utiliser ces modes de transports mais pour accéder à certains points d'intérêt touristique comme les châteaux et parcs naturels régionaux, cela ne suffit pas toujours. Pas de panique ! Vous trouverez dans la plupart des villes alsaciennes des services de location de voitures, classiques, électriques et même en autopartage ! Si vous vous sentez en forme, ou que vous souhaitez la garder, vous pourrez aussi profiter des nombreuses formules de location de vélos, certaines même avec des montures à assistance électrique et des remorques ! Les offices de tourisme de la région en proposent presque tous, et pourront même vous conseiller des itinéraires sur les innombrables pistes cyclables de la région.

CITIZ - AUTOPARTAGE

5, rue Saint Michel - **STRASBOURG**
✆ 03 88 23 73 47
www.alsace.citiz.coop
Ouvert du lundi au vendredi de 10h à 12h et de 14h à 18h ; le samedi de 10h à 12h et de 14h à 17h.

Profitez des avantages de la voiture sans ses inconvénients ! Les voitures blanches du réseau CITIZ sont disponibles dans les 58 stations de la métropole strasbourgeoise et dans le reste de l'Alsace. Pour bénéficier des services d'autopartage, il suffit d'effectuer votre réservation via le site ou l'application mobile, après inscription dans une agence ou via le site web. Les tarifs dépendent de la distance parcourue et de la durée de la location. L'assurance, l'assistance, l'entretien de la voiture et l'essence sont compris dans le prix de la location.

COLMAR VÉLO - VÉLO DOCTEURS

9, place de la Gare
COLMAR
✆ 03 89 41 37 90
www.velodocteurs.com
Du mardi au samedi : 9h-12h, 14h-17h30. Location 1/2 journée : de 6 €/enfant à 22 €/E-Bike. Location mensuelle : 24 €.

Toute l'année, Colmar Vélo loue des vélos de ville, des VTC, des VAE et des vélos pour enfant, à la demi-journée et plus si affinités. Votre fier deux-roues vous est fourni avec antivol, panier et casque sur demande, mais aussi, pourquoi pas, une remorque enfant. Vous pouvez également louer des vélos au mois, une formule idéale en été. Bien vu : un atelier associatif d'auto-réparation est à votre disposition (sur rendez-vous) si vous possédez votre propre vélo !

CYCLES DIEBOLT

21, rue de Bettendorf - **HIRSINGUE**
✆ 09 74 56 53 78
www.cycles-diebolt.com
Mardi 9h-12h et 14h-18h ; du mercredi au vendredi 9h-12h et 14h-18h30 ; samedi 9h-12h et 13h-16h.

Incontournable et fournisseur de tout le Sundgau, Philippe Diebolt vous conseille et vous oriente vers un choix adapté à vos besoins qu'il s'agisse d'achat ou de location. Spécialiste du cycle depuis de nombreuses années, vous y trouverez aussi de quoi vous équiper de pied en cap sans oublier le SAV, assuré avec sérieux et professionnalisme. Le plus ? En hiver la boutique fait office de magasin de ski : entretien, vente ou location, ici vous trouverez tout le matériel nécessaire à la pratique de la glisse ou de la raquette dans les meilleures conditions.

VELHOP

Gare de Strasbourg
STRASBOURG
✆ 03 67 70 70 70
www.velhop.strasbourg.eu
5 € la journée en boutique. 1 €/heure sans abonnement en station automatique.

Avec 600 km de pistes cyclables, il est très agréable de visiter Strasbourg à vélo. S'il est désormais nécessaire de s'inscrire sur une liste d'attente pour la location longue durée (entre 1 et 12 mois), succès oblige, il est toujours possible de louer un vélo pour quelques heures ou une journée en se rendant en boutique, ou bien directement aux bornes libre-service, disséminées un peu partout dans la ville. Velhop s'occupe de tout et pour l'entretien et les petits soucis du quotidien sur la route vous n'aurez rien à gérer. Plusieurs types de vélos sont proposés.

S'INFORMER

Pour s'informer, on pense bien sûr en premier aux offices de tourisme. Ils sont très nombreux, avec des horaires larges et des sites Internet très bien construits et pleins d'informations utiles. Sur place, les agents passionnés vous conseilleront sur tout ce qu'il y a à voir et à faire dans la région. Mais s'informer sur un territoire passe aussi par d'autres biais. « Il y a une fête demain, je l'ai entendu sur l'allemand », pourriez-vous entendre de la bouche d'un Alsacien... Comprenez alors que l'information de cette fête provient de la radio allemande. Car oui, en Alsace, les radios locales sont très utiles et on capte aussi celles d'outre-Rhin ! N'hésitez pas à les écouter pour vous tenir au courant de toutes les actualités. Pensez aussi à consulter la presse locale, dans laquelle vous trouverez des agendas et autres idées de visites ou de bonnes tables nouvelles où aller déguster un plat traditionnel.

CONSEIL INTERPROFESSIONNEL DES VINS D'ALSACE

12, avenue de la Foire aux Vins
COLMAR
✆ 03 89 20 16 20
www.vinsalsace.com
Accueil public : horaires disponibles sur le site web.

Le Conseil interprofessionnel des Vins d'Alsace (CIVA) a été créé le 22 avril 1963. Parmi ses multiples missions, on peut citer : mener des études sur la production et la commercialisation des vins d'Alsace, assister les producteurs et informer les consommateurs. Le site Web de ce regroupement de professionnels est très agréable à consulter car il présente les diverses facettes du vignoble alsacien au fil de la Route du Vin de manière tout à la fois dynamique et didactique.

ALSACE DESTINATION TOURISME

www.alsace-destination-tourisme.com

Alsace Destination Tourisme offre une multitude d'informations et de bons plans pour préparer son séjour le temps d'un weekend, voire plus, entre amis ou en famille. N'hésitez pas jeter un œil sur le site Internet dans la rubrique « cyclotourisme », vous y trouverez de nombreux circuits à vélo et à VTT pour tous les niveaux, avec des fiches détaillées à télecharger en ligne. Le département offre plus de 650 km de pistes cyclables et de routes pour la randonnée cyclotouristique.

COMITÉ RÉGIONAL DU TOURISME D'ALSACE

20 A, rue Berthe-Molly
COLMAR
✆ 03 89 24 73 50
www.visit.alsace

L'Agence Régionale du Tourisme Grand-Est s'inscrit dans le schéma régional de développement touristique 2018-2023. Grâce à l'innovation touristique, la promotion et la communication sur l'attractivité de la région avec des campagnes de grande ampleur, l'Agence Régionale du Tourisme Grand-Est avec l'Alsace Destination Tourisme a créé la marque visit.alsace et a ainsi mis en place des sites Internet thématiques pour vous proposer le meilleur des expériences touristiques.

ALSA'SPORTS

STRASBOURG

www.alsasports.fr

Gratuit mensuel disponible aux arrêts de trams.

Alsa'sports est le magazine gratuit dédié au sport en Alsace. Vous trouverez dedans tout ce qu'il y a à savoir sur l'actualité de vos équipes favorites, qu'il s'agisse de handball, de football, basket, hockey et bien d'autres sports collectifs ou individuels. Grâce à des reportages d'actualité et des interviews, vous en apprendrez plus sur les univers sportifs alsaciens. En plus, sur le site, vous trouverez plein d'infos supplémentaires et des bons plans en tous genres. La version papier est disponible gratuitement chaque début de mois aux arrêts de trams.

RMC RADIO MONTE CARLO - 93.1 FM

MULHOUSE

www.rmc.fr

RMC, c'est une antenne nationale dont la réputation n'est plus à faire. Les interviews matinales à 8h30, les Grandes Gueules et leur ton décalé, le sport en général et le football en particulier décortiqué par Jean-Michel Larqué, Luis Fernandez et Roland Courbis. Et n'oublions pas l'incontournable Brigitte Lahaie, prêtresse de la sexo-psychologie à l'écoute de ses nombreux auditeurs et auditrices. RMC, tout un programme, principalement pour les fans de sport !

ALSACE20

333 A, avenue de Colmar

STRASBOURG

✆ 03 88 52 81 23

www.alsace20.tv

Diffusion de programmes 24h/24 et 7j/7.

Alsace20 est une chaîne de télévision privée, subventionnée par des organismes publics et 100 % alsacienne. Vous pouvez visionner ses programmes sur la TNT, le câble et toutes les box. Des émissions variées, dont le thème central est avant tout l'Alsace, sont proposées. 24 heures en Alsace est l'émission phare qui décrypte l'actualité avec des JT, des invités, des chroniqueurs et des magazines... Vous pouvez consulter en *live* et en *replay* les programmes de la chaîne sur son site www.alsace20.tv et sur son application gratuite pour smartphones et tablettes.

ARTE

4, quai du Chanoine Winterer

STRASBOURG

✆ 03 88 14 22 22

www.arte.tv

Créée en 1991, la chaîne franco-allemande dont le siège est à Strasbourg (depuis 2003) est un véritable vecteur de culture et de réflexion qui porte un regard européen sur l'actualité mondiale. Soucieuse de garder son statut de chaîne transfrontalière et européenne, sa programmation reste dense et variée : cinéma d'art et d'essai, courts-métrages ou encore de danse et de séries. Diffusés en français et en allemand, un certain nombre de programmes peut aussi être sous-titré en anglais, en espagnol, en italien et même en polonais. Radio disponible sur Arteradio.com.

L'ALSACE

✆ 03 89 32 70 00

www.lalsace.fr

Le journal *L'Alsace* est le premier quotidien vendu dans le Sud-Alsace. On y retrouve en deux volets imprimés l'information nationale et internationale. Le second volet, plus important, est consacré aux infos locales, nouveauté les infos portent sur tout le Sud-Alsace. Via son support digital, vous êtes tenu au courant de l'info nationale et locale de façon instantanée. L'édition du lundi se concentre sur l'actualité sportive et politique. Le *Journal des enfants* est hebdomadaire et le journal *Sortir le week-end* et le *Journal immobilier et emploi* paraît le dimanche.

BIBOUILLE

24, rue du 22 Novembre

STRASBOURG

✆ 03 88 61 73 54

Bimestriel familial consultable gratuitement en ligne. Abonnement version papier possible.

Que faire avec un bébé en Alsace, des adolescents en Alsace ? Bibouille, magazine 100 % alsacien vous propose toute un vaste programme d'idées de sorties à faire en famille. Ce bimestriel offre un agenda très complet des activités, événements culturels, festivals, animations ludiques ou sportives à voir ou à faire dans toute l'Alsace. Dossiers thématiques, sélection de livres, jeux, films, produits culturels, ateliers bricolages... Imprimé sur du papier recyclé. Les numéros peuvent être consultés en ligne et le site Internet propose de nombreuses actualités.

6H-8H30 | APOLLINE MATIN
APOLLINE
COMME
VOUS
RMC
INFO TALK SPORT
APOLLINE DE MALHERBE
ÉCOUTEZ RMC PARTOUT TOUT LE TEMPS
EN TV CANAL 23
RMC
STORY

DKL DREYECKLAND 104.6 FM

52, rue du Sauvage - **MULHOUSE**
✆ 03 89 66 46 06 - www.radiodkl.com
Altkirch 96.4, Sélestat & Colmar 101.9, Obernai 103.8, Strasbourg et Saverne 103.6, Haguenau 91.5, Wissembourg 91.3

DKL DREYECKLAND est une radio fortement ancrée dans le patrimoine local. Elle sait, au travers de ses programmes de proximité et d'une programmation musicale centrée sur les plus belles chansons des années 1970 à nos jours, apporter à ses auditeurs de plus de 35 ans un produit tout à fait atypique et attachant. Quelques moments forts de la semaine : la matinale de 6h à 10h pour un réveil pétillant, l'émission de voyance en direct et recherche d'objets perdus de 13h à 14h, et l'ensemble des informations de proximité avec l'info locale, l'agenda des sorties...

FRANCE 3 GRAND EST

8, rue de la Justice
MULHOUSE
✆ 03 89 45 94 94

France 3 Grand Est est l'antenne régionale rattachée au groupe audiovisuel public France Télévisions. Sa vocation est essentiellement de diffuser les programmes télévisuels de proximité. Ainsi parmi les périodes dévolues aux décrochages régionaux, on retrouve les incontournables informations régionales : le 12/13, le 19/20 et Soir 3. On trouve parmi les autres programmes l'émission culinaire en dialecte et à vélo d'André Muller dans « A'Gueter », le journal « Rund Um », et « GsunTheim ! » où Christian Hahn met en lumière des invités étonnants...

DNA

7, rue de la Gare - **COLMAR** ✆ 03 89 20 37 37
www.dna.fr
Formules d'abonnement papier et numérique : consultez le site www.dna.fr/e-services/abonnements.

Parmi les plus anciens titres de la presse quotidienne régionale, les *Dernières Nouvelles d'Alsace* créées le 1er décembre 1877 sont plus souvent désignées sous son abréviation les *DNA*. Ce journal quotidien d'une quarantaine de pages se subdivise en 4 cahiers abordant les informations générales, régionales, et locales ainsi que le sport. Une version numérique existe également. À l'actualité, s'ajoutent des suppléments thématiques au fil de la semaine : *TV Magazine*, *Version Femina*, *DNA Emploi*, *DNA Immo*, *DNA Auto-moto* et *DNA Reflets* pour les sorties du week-end.

FRANCE BLEU ALSACE - 102.6 FM

✆ 03 89 56 20 00
www.francebleu.fr/alsace

France Bleu propose une grille de programmes entre infos locales et décrochages dont certains en dialecte *via* France Bleu Elsass. Elle joue la carte de l'interactivité permanente en jouant Leboncoin des ondes FM. En effet, elle permet à ses auditeurs de passer une annonce à l'antenne pour vendre sa voiture, chercher un appartement ou une maison. Très complète, la station passe en revue l'actualité régionale et nationale. Les rubriques zooment sur les sorties, les événements régionaux.

FÉDÉRATION FRANÇAISE DE CYCLOTOURISME

12, rue Louis-Bertrand
IVRY-SUR-SEINE
✆ 01 56 20 88 88
www.ffvelo.fr

Active depuis très longtemps, la fédération française de cyclotourisme est désormais fortement sollicitée, compte tenu de la recrudescence actuelle de l'engouement autour du vélo. Via son portail internet ou directement dans ses locaux, les informations ne manquent pas : des idées de promenades en passant par les diverses formations, toutes les actualités sont prodiguées avec efficacité et professionnalisme. Notez que la fédération est très active en Normandie !

RTL 2 - 91.2 FM

www.rtl2.fr/sujet/mulhouse
Fréquence FM : 91.2.

RTL2, c'est la radio du son pop rock avec les artistes majeurs français et internationaux. Vous aimez Coldplay, U2, Indochine, Julien Doré, Maroon 5, Queen ou encore les Rolling Stones ? Alors RTL2 est pour vous ! La station offre également tout au long de l'année à ses auditeurs des moments de musique uniques pour des live inédits et exclusifs avec différents artistes lors de concerts « très très privés ». RTL2 est en direct de Mulhouse tous les jours de 12h à 16h avec des jeux, de l'info locale et de proximité, des idées sorties et des bons plans de la région...

RTL2
LE SON POP-ROCK

LE POINT COLMARIEN

1, place de la Mairie - **COLMAR**
✆ 03 89 20 67 53
www.colmar.fr/publications
Journal municipal d'information bimestriel. Gratuit.

Ce magazine bimestriel est distribué gratuitement dans les boîtes aux lettres. Il compte plus d'une trentaine de pages dédiées à l'actualité du territoire colmarien et de ses acteurs, qui entreprennent, innovent et participent ainsi activement au rayonnement de la ville et de son agglomération. Les rubriques rendent compte de l'actualité municipale, traitent de questions économiques, relatent les évènements sportifs et culturels, indiquent la programmation à venir. Un magazine riche d'informations à consulter aussi en version numérique sur le site de la mairie.

POLY

16, rue Edouard Teutsch
STRASBOURG
✆ 03 90 22 93 30
www.poly.fr
Magazine culturel de référence dans le Grand Est. Gratuit.

Poly est un magazine mensuel gratuit diffusé dans toute l'Alsace, le Grand Est et en Franche-Comté depuis 1996. Chaque numéro vous informe sur ce qui se fait dans la région en musique, danse, théâtre, expositions, etc. Avec toujours plus d'interviews de créateurs, écrivains, cinéastes… Le tout assorti de rubriques décalées. Edité par BKN, *Poly* met en avant la culture à travers des chroniques, critiques et dossiers en privilégiant notamment la photographie. Diffusé dans de nombreux lieux culturels (liste sur le site), on peut aussi le feuilleter en ligne !

DETOURS EN FRANCE

22, rue Letellier - **PARIS** (15e)
✆ 01 43 23 45 72 - www.detoursenfrance.fr
Magazine dédié au tourisme en France qui propose de faire découvrir à chaque numéro, une région de France.

Depuis1991, *Détours en France* est au nombre des rares magazines (bi-média) tourisme et évasion consacrés aux régions de France. Titre de référence en son secteur, *Détours en France* invite ses lecteurs, à chacun de ses numéros, de partir à la découverte ou redécouverte d'un petit bout de France à travers son patrimoine culturel avec des idées de balades, des itinéraires ainsi qu'une sélection de bonnes adresses (hôtels, restaurants, artisanat, produits locaux, etc.) sans oublier des pages shopping, livres, etc. à consommer sans modération.

RADIO FG

51, rue de Rivoli - **PARIS** (1er)
✆ 01 40 13 88 00
www.radiofg.com
Fréquence : 98.2 FM.

Radio FG est la radio musicale de référence électro. Elle propose un programme axé sur la deep et la house-music. Acteur unique du paysage radiophonique français, Radio FG est la radio « Feel Good ». FG diffuse son programme dans 28 villes françaises. Radio FG est à l'origine du mouvement French Touch. C'est le découvreur et l'incubateur des nouveaux talents, pionnier dans la diffusion et le rayonnement de l'électro en France et dans le monde depuis 1992. Ecoutez FG en FM, DAB+, sur radioFG.com, Applis, Boxes, Satellite et 4G.

TOP MUSIC - 94.5 FM

2, avenue d'Alsace
STRASBOURG
✆ 03 88 88 88 88
www.topmusic.fr
1re radio indé d'Alsace.

Top Music : première en Alsace ! Radio musicale régionale, elle diffuse aussi bien les tubes du moment que les grands classiques. Retrouvez aussi des bulletins d'informations locales toutes les 20 minutes de 6h à 9h et chaque heure tout au long de la journée. La station ouvre à tout moment son antenne aux automobilistes qui signalent bouchons et autres ralentissements. Enfin, Top Music organise régulièrement des showcases privés, et le Top Music Live, deux fois par an. Un concert multi-artistes au Zénith de Strasbourg et au Théâtre de plein air de Colmar.

ZUT !

NANCY
www.zut-magazine.com
Le city-magazine propose trois éditions françaises : Strasbourg, Lorraine/Luxembourg, et Haguenau & Alsace du Nord.

Ce city magazine traite principalement de tendance, culture et lifestyle. Il s'intéresse aux boutiques de la région, à ceux qui font vivre et vibrer le secteur, aux artistes locaux et nationaux et à toutes les manifestations qui méritent un coup de projecteur. Idéal pour découvrir un nouvel aspect de sa ville ou de sa région. Les sujets sont pertinents, écrits par des plumes fines et pleines d'humour. Il est disponible dans près de 400 points de diffusion et sur son site Internet. Découvrez aussi son alter-ego, *Novo*, un bimestriel culturel du Grand Est.

FG.
radioFG.com
FeelGood.

INDEX

EDITION

Directeurs de collection et auteurs : Dominique AUZIAS et Jean-Paul LABOURDETTE

Avec la collaboration de Emmanuelle SUAREZ, Julia VESQUE, Martine PAVIA

Auteurs : Corinne LONGHI, Grégoire MEYER, Thierry DESAULES, Julia VESQUE, Martine PAVIA, Christine BECCARI, Emmanuelle VERGON-TRIPARD, Pierre SCHNITTER, Elise CAMUS, Pascale LETERTRE, Angélina MONTIGNY, Sarah MELIANI, Emilie JAFRATE, Anne ALBUGUES, Marie Catherine ACH, Kévin BERTRAND, Jean-Paul LABOURDETTE, Dominique AUZIAS et alter

Directeur Editorial : Stéphan SZEREMETA

Rédaction France : Briséis CREAC'H-MENUT, Mélanie COTTARD, Audrey VEDOVOTTO, Nicolas WODARCZAK

Rédaction Monde : Laure CHATAIGNON, Morgane VESLIN, Pierre-Yves SOUCHET, Natalia COLLIER

FABRICATION

Maquette et Montage : Romain AUDREN, Julie BORDES, Delphine PAGANO

Iconographie et Cartographie : Anne DIOT, Julien DOUCET

WEB ET NUMERIQUE

Directeur Web : Louis GENEAU DE LAMARLIERE

Développeurs : Guillaume BARBET, Adeline CAUX et Roland SPOUTIL

Intégrateur Web : Mickael LATTES, Antoine DION

Webdesigner : Caroline LAFFAITEUR

Community Traffic Manager : Alice BARBIER, Mariana BURLAMAQUI et Noémie LE SAUX

DIRECTION COMMERCIALE

Directeur commercial : Guillaume VORBURGER

Coordinatrice des Régies commerciales : Manon GUERIN assistée de Jonas HESOL

Account Manager Marketplace : Leila ROUGEOT assistée de Lola FAVRE-MOT

Responsable Régies locales : Michel GRANSEIGNE

Responsables Développement régie inter : Jean-Marc FARAGUET et Guillaume LABOUREUR et Camille ESMIEU

Chefs de Publicité Régie nationale : Caroline AUBRY, François BRIANCON-MARJOLLET, Perrine DE CARNE MARCEIN, Jonathan TOUTOUX et Amélie NOEL

DIFFUSION ET PROMOTION

Directrice des Ventes : Bénédicte MOULET assistée d'Aissatou DIOP

Responsable des ventes : Jean-Pierre GHEZ assisté de Nelly BRION

Relations Presse-Partenariats : Jean-Mary MARCHAL

ADMINISTRATION

Président : Jean-Paul LABOURDETTE

Directrice des Ressources Humaines : Dina BOURDEAU assistée de Sandra DOS REIS et Eva BAELEN

Directrice Administrative et Financière : Valérie DECOTTIGNIES

Comptabilité : Guillaume PETIT, Aminata BAGAYOKO, Jeannine DEMIRDJIAN

Recouvrement : Fabien BONNAN assisté de Sandra BRIJLAL

Responsable informatique : Elie NZUZI-LEBA

PETIT FUTÉ ALSACE

LES NOUVELLES EDITIONS DE L'UNIVERSITE
18, rue des Volontaires - 75015 Paris.
✆ 01 53 69 70 00 - Fax 01 42 73 15 24
Internet : www.petitfute.com
SAS au capital de 1 000 000 € - RC PARIS B 309 769 966
Couverture : Riquewihr, un des plus beaux villages de France © Freesurf - stock.adobe.com
Impression : CORLET IMPRIMEUR - 14110 Condé-en-Normandie
Achevé d'imprimer : avril 2022
Dépôt légal : 09/05/2022
ISBN : 9782305074450

Pour nous contacter par email, indiquez le nom de famille en minuscule suivi de @petitfute.com
Pour le courrier des lecteurs : info@petitfute.com

IMPRIMÉ EN FRANCE

P

R

S

T

U

V

W

Z